हिमाचल
एक सांस्कृतिक यात्रा

1

हिमाचल

एक सांस्कृतिक यात्रा

खण्ड : 1

राहुल सांकृत्यायन

वाणी प्रकाशन

वाणी प्रकाशन

44695, 21-ए, दरियागंज, नयी दिल्ली 110 002

फ़ोन : +91 11 23273167 फ़ैक्स : +91 11 23275710

शाखाएँ

अशोक राजपथ, पटना 800 004, बिहार

कॉफ़ी हाउस कैम्पस, महात्मा गांधी मार्ग, इलाहाबाद 211 001, उत्तर प्रदेश

महात्मा गांधी अन्तरराष्ट्रीय हिन्दी विश्वविद्यालय, वर्धा 442 001, महाराष्ट्र

सुल्तानिया रोड, मोतिया पार्क, भोपाल 462 001, मध्य प्रदेश

www.vaniprakashan.com
marketing@vaniprakashan.in
sales@vaniprakashan.in

HIMACHAL-1
by Rahul Sankrityayan

ISBN : 978-93-5000-069-4
Travelogue/Ethnography

संस्करण 2009, 2018
तृतीय संस्करण 2020

सम्पूर्ण (सेट) मूल्य : ₹ 1790

सिटी प्रेस, दिल्ली-110 095 में मुद्रित

वाणी प्रकाशन का लोगो मक़बूल फ़िदा हुसेन की कूची से

क्रम

हिमाचल

1

जलंधर खंड

प्राकृतिक रूप

हिमाचल प्रदेश को बनाते वक्त सिर्फ यही ख्याल रखा गया, कि सिरमौर से चम्बा तक फैली छोटी-बड़ी रियासतों को मिलाकर एक प्रदेश का रूप दिया जाए। यदि अंग्रेजों ने भाषा, संस्कृति आदि का कुछ भी ख्याल न करके केवल अपने शासन के सुभीते के लिए भिन्न-भिन्न भूभागों को मिलाकर प्रदेशों का निर्माण किया, तो उनके उत्तराधिकारियों ने भी इस विषय में कोई दूरदर्शिता से काम नहीं लिया। इनकी अपेक्षा पुराने समय के लोगों की दृष्टि ज्यादा व्यापक और बुद्धिमूलक थी, जिन्होंने हिमालय को पाँच खंडों में बाँटते हुए कहा था :

> "खंडाः पंच हिमालयस्य कथिता नेपाल-कूर्मांचलौ।
> केदारोऽथ जलंधरोऽथ रुचिरः कश्मीर-संज्ञोऽन्तिमः।।"

पाँच खंड ये हैं—1. नेपाल, 2. कूर्मांचल, 3. केदार, 4. जलंधर और 5. कश्मीर। काली नदी से पूर्व नेपाल खंड है, काली से पश्चिम कूर्मांचल या कुमाऊँ नन्दाकोट और रामगंगा (पश्चिमी) तक है—जो आजकल अलमोड़ा और नैनीताल के दो जिलों में विभक्त है। कूर्मांचल की पश्चिमी सीमा से जमुना तक अथवा गंगा और प्रायः जमुना का सारा पनढर केदार खंड है, जो मध्यकाल में छोटे-छोटे ठाकुरों (सामंतों) की 52 गढ़ियों में विभक्त होने से गढ़, गढ़वाल या बावनी कहा जाने लगा। देहरादून भी वस्तुतः पूर्वकाल में गढ़वाल का अंश रहा, किंतु अंग्रेजों ने मनमाने तौर से उसे मेरठ-कमिश्नरी में डाल दिया, जबकि गढ़वाल कुमाऊँ-कमिश्नरी में रह गया।

केदार खंड (गढ़वाल) के पश्चिम कश्मीर खंड की सीमा तक हिमालय का चौथा विशाल खंड जलंधर खंड फैला था, जो संभवतः जमुना, उसकी शाखा टोंस या पब्बर नदियों से चनाब की धारा तक फैला था। पहाड़ी रियासतों को मिलाकर बनाये गये हिमाचल प्रदेश की पश्चिमी सीमा चनाब की उपत्यका तक पहुँचती है, जिसके बाद जम्मू आ जाता है।

हिमाचल प्रदेश का नाम जलंधर खंड क्यों था, और आज जलंधर पहाड़ में न

होकर मैदान में पूर्वी पंजाब के सबसे बड़े शहर का नाम क्यों है, यह विचारणीय विषय है। चीनी पर्यटक स्वैन्-चांग के समय (7वीं शताब्दी) जलंधर मैदान में एक राज्य और नगर का नाम था। उससे दो-तीन शताब्दियों बाद जलन्धर सतलज से रावी-चम्बा तक के भू-भाग को कहा जाता था। लेकिन, भौगोलिक नामों का खिसकना भारत में अनेक जगहों में देखा जाता है। प्राचीन काल में सिंधु देश आजकल के मियाँवाली और डेरागाजीखाँ के जिलों में था, जहाँ सेंधा नमक की खानें थीं, और इसीलिए इस खनिक नमक का नाम सैंधव पड़ा। वर्तमान सिंध उस समय सौवीर के नाम से प्रसिद्ध था। उसी तरह आंध्र देश पहले ऊपरी गोदावरी के किनारे वर्तमान पैठन (प्रतिष्ठान)[1] के आसपास था, जहाँ आजकल मराठी बोली जाती है। पीछे वह गोदावरी और कृष्ण के निचले भूभाग का नाम पड़ा। जान पड़ता है, जमुना और झेलम (बितस्ता) के बीच की सतलज, व्यास, रावी और चनाब नदियाँ जिस पहाड़ से आती थीं, उसे जलंधर कहा जाता था। इतनी बड़ी-बड़ी नदियों का उद्‌गम-स्थान होने के कारण उसे जलंधर—जल धारण करने वाला—कहना उचित था।

हम यहाँ हिमाचल प्रदेश या जलंधर खंड को पुराने अर्थों में ही लेना चाहते हैं, और यह निश्चित है कि जम्मू छोड़कर सारा प्राचीन जलंधर खंड अदूर भविष्य में 'हिमाचल प्रदेश' बनेगा।

इस प्रदेश की सीमाएँ पूर्व में गढ़वाल (केदार खंड), पूर्वोत्तर में चीन गणराज्य, उत्तर में लद्दाख, पश्चिम में जम्मू-कश्मीर और पंजाब, और दक्षिण में हरियाणा तथा पंजाब से मिलती हैं।

हिमाल, मध्य हिमाल, सिवालिक के रूप में यह भी तीन भागों में बँटा हुआ है। हिमालय और सिवालिक दोनों का भेद यहाँ स्पष्ट नहीं है, और उसे पत्थरों की बनावट और दूसरी बातों से भूतत्ववेत्ता ही समझ सकते हैं। कहीं-कहीं यहाँ भी दूनें हैं। पुरानी नलगढ़ रियासत के तीन परगने, कुंडलू (चम्बा), मलाँव और रामगढ़ पहाड़ में हैं, जबकि धरमपुर, नालागढ़, पलासी और गुल्लरवाला के चार परगने देश के नाम से पुकारे जाते हैं, और वह हिमालय तथा सिवालिक की बीच की दून में अवस्थित हैं।

ऊँचाई का प्रभाव हिमाचल प्रदेश की जलवायु पर बहुत देखा जाता है। उसी के अनुसार वृक्ष-वनस्पति भी भिन्न-भिन्न प्रकार के होते हैं। 3500 फुट की ऊँचाई तक आम, पीपल, बरगद अच्छी तरह बढ़ते हैं, बान (बंज), बुरांस (गुराँस) साढ़े चार से छह हजार फुट की ऊँचाई तक मिलते हैं। ऊँचाई और तदनुसार भिन्न प्रकृति के अनुसार यहाँ के भूभाग को निम्न प्रकार बाँटा जा सकता है :

भाबर तथा चार हजार फुट की ऊँचाई तक की पहाड़ी उपत्यकाएँ गरम होती हैं, जहाँ का तापमान अप्रैल से अक्तूबर तक कष्टकर होता है। रात को भी गरम हवा चलती है। और मध्यम तापमान 40 रहता है। वर्षा में यहाँ मच्छरों और मक्खियों की भरमार

---

1. पठानकोट का पुराना नाम प्रतिष्ठान (पैठान) था।

रहती है, और वर्षा के अन्त में मलेरिया, चर्मरोग तथा पेचिश की शिकायत हो जाती है। इस भूभाग में नवम्बर से मार्च तक का समय बहुत अच्छा होता है।

पाँच से सात हजार फुट की ऊँचाई अत्यन्त स्वास्थ्यकर है। यहाँ के निवासी बारहों महीने बहुत-से रोगों से मुक्त रहते हैं। जाड़ा भी कठोर नहीं होता, बर्फ वैसे चार हजार फुट तक पड़ जाती है। यहाँ के फल भी स्वादिष्ट होते हैं, और अधिक ऊँचाइयों में जिस तरह सेब और दूस सेब-अंगूर खट्टे हो जाते हैं, वह बात यहाँ नहीं देखी जाती। यहाँ के लोग बारहों महीना शारीरिक और मानसिक परिश्रम कर सकते हैं। स्वास्थ्य की कामना से देश से बहुत-सी चिड़ियाँ गर्मियों को बिताने के लिए यहाँ पहुँच जाती हैं।

छह से चौदह हजार फुट से अधिक की ऊँचाई वाले इलाकों को तैंगा, गाहर, तुंद्रा और ध्रुवकक्षीय भूभाग कहा जाता है। हिमाचल में दुनिया के ठंडे से ठंडे देशों की आबोहवा मौजूद है। छह से दस हजार फुट की ऊँचाई पर यहाँ सिबेरिया की तैंगा देखी जा सकती है, जहाँ देवदार, वज्रकाष्ठ (बान, बंज), ओक, गुराँस (बुराँस) के जंगल हैं। पहाड़ों के उत्तरी भाग पर धूप ज्यादा देर तक नहीं रहती, जिससे धरती में नमी बनी रहती है, इसीलिए उत्तरी पार्श्व जंगलदार होते हैं। धूप के अधिक समय तक रहने के कारण दक्षिणी पार्श्व प्रायः वृक्षहीन देखे जाते हैं। तैंगा से ऊपर दस से तेरह हजार फुट पर घास से ढंकी ढलानें हैं, जिन्हें गाहर (बुकयाल, बुग्याल या पयार) कहते हैं। यहाँ पशुपाल-युग का स्वर्ग अब भी मौजूद है। बर्फ बहुत पड़ती है, लेकिन अप्रैल से वह पिघलने लगती है, फिर लम्बी-लम्बी हरी घासों का फर्श बिछ जाता है, जिसमें बरसात में रंग-बिरंगे फूलों की फुलवाड़ी सज जाती है। अप्रैल-मई से पशुपाल अपने पशुओं को लेकर यहाँ पहुँच जाते हैं, और सितंबर-अक्तूबर में तब तक बने रहते हैं, जब तक कि हिम-वर्षा नहीं शुरू हो जाती। हिमशिखर श्रेणियों की हिमानियों तथा हिमशिखरों के कुछ नीचे सिबेरिया की तुंद्रा की भाँति धरती साल में आठ महीने बर्फ से ढँकी रहती है। गर्मियों में कुछ महीनों के लिए बर्फ के पिघल जाने पर भी कुछ ही इंच नीचे धरती सदा हिमित रहती है, जिसमें मृत प्राणिशरीर सुरक्षित रहता है। सिबेरिया में पचासों हजार वर्ष पहले मरे हाथी का शरीर ताजा पाया गया है। कोई आश्चर्य नहीं, यदि इस भूमि में बीते युग के प्राणियों के सुरक्षित शरीर भी पाये जायें। तुंद्रा की भाँति यहाँ भी वनस्पति के नाम पर कुछ झाड़ियाँ और छोटे-छोटे पौदे पाये जाते हैं। तेरह-चौदह हजार फुट से ऊपर ध्रुवकक्षीय जलवायु आ जाती है। ध्रुवकक्षा की भाँति ही यहाँ दो मौसम होते हैं, जिनमें जाड़ा बहुत लम्बा और गर्मी बहुत छोटी होती है। इसी के कारण बर्फ अच्छी तरह पिघलने नहीं पाती, कि नई बर्फ पड़ने लगती है। अत्यंत शीतल होने के कारण इस भूमि में वनस्पति का अभाव है।

हिमाचल प्रदेश में तीन ऋतुएँ मानी जाती हैं, यद्यपि वह सभी ऊँचाइयों पर एक-सा प्रभाव नहीं रखतीं : 1. ग्रीष्म : 13 फरवरी-12 जून, 2. वर्षा : 13 जून-12 अक्तूबर, 3. शीतकाल : 13 अक्तूबर-12 फरवरी। नौ-दस हजार फुट से ऊपर के स्थानों में जून और जुलाई के महीने ग्रीष्म के हैं। उस समय दोपहर को घर में तापमान 70°-80° डिग्री

तक होता है, और घर से बाहर 90° से 110° तक। लम्बे दिनों और उसके ही कारण संचित होती गर्मी से नम्प्या-स्पू-स्पिती-लाइल में जुलाई में बोई फसल सितम्बर में पककर कटने लायक होती है। सितंबर के अंत से तापमान जल्दी-जल्दी गिरने लगता है। मई से सितंबर के पाँच महीनों के भीतर यहाँ वसन्त, ग्रीष्म और शिशिर तीनों ऋतुएँ समाप्त हो जाती हैं। जून से सितंबर के महीनों में भी ऐसे समय आते हैं, जब कि जल की जगह हिम-वृष्टि होने लगती है। सितंबर के अंत से अप्रैल के आरंभ तक बर्फ पड़ती और जमा होती रहती है, एवं खुली और समतल भूमि में छह से बारह फुट मोटी बर्फ जम जाती है। दिसंबर से अप्रैल तक कितने ही गाँव हिम की सफेद चादर से ढँके होते हैं। लेकिन, गढ़वाल और अलमोड़ा की तरह यहाँ के लोग अपने गाँवों को खाली करके नीचे की ओर नहीं चले जाते। हाँ, घर के कुछ आदमी अपने पशुओं और भेड़-बकरियों को लेकर कालसी (देहरादून), सुकेत और मंडी के गरम पहाड़ी स्थानों में चले जाते हैं, जहाँ उन्हें चारे का सुभीता रहता है। मानसून बम्बई से शिमला प्राय: दो हफ्ते में पहुँचती है; लेकिन, उसका प्रभाव सभी जगह एक जैसा नहीं पड़ता। भिन्न-भिन्न उन्नतांशों में कुमाऊँ और गढ़वाल की तरह यहाँ पर भी वर्षा में भेद देखा जाता है।

पिछले डेढ़ सौ सालों में गढ़वाल की जनसंख्या चौगुनी हो गई, हिमाचल प्रदेश में भी वह उससे कम नहीं बढ़ी, यद्यपि बहुपति-विवाह वाले स्थानों—कनौर, स्पिती, लाहुल—में वही बात नहीं हुई। बढ़ते हुए मुँहों के लिए जीविका का साधन खेती के बढ़ाने के सिवा और कुछ नहीं था, इसलिए जंगलों को बहुत नुकसान पहुँचा। 19वीं शताब्दी के उत्तरार्द्ध में यदि वनों को रक्षित रखने की कोशिश न की गई होती, तो उसको और भी हानि पहुँची होती।

बघेरा, चीता, लकड़बग्घा, बर्फानी चीता, लाल भूरा भालू, हिमाली काला भालू, मैदानी काला भालू, बढ़ेल, सेरा, कस्तूरा, साँभर, टाड़ आदि जानवर यहाँ मिलते हैं। भाबर में जंगली हाथी हैं, यद्यपि पहले की भाँति बहुसंख्यक नहीं। जब तक कोई हाथी नर-घातक न हो जाए हाथी का शिकार वर्जित है। खेड़ा के कारण हाथियों की संख्या कम हो गई थी, कि सरकार को बलरामपुर वालों का खेड़ा बंद करना पड़ा। भाबर में काफी बाघ हैं। पहाड़ में कभी-कभी उसे 10000 फुट तक पाया गया है। दूदातोली जंगल में कम-से-कम एक जोड़ा बाघ जरूर देखने में आता है। उत्तरी भाग में भी बाघ मिलता है। चाँदपुर, कंदरस्यूँ और दूदातोली इसके वासस्थान हैं, किंतु कभी-कभी तुंगनाथ, केदारनाथ तक उसे देखा गया है। चीता बघेरा पश्चिमी हिमाचल में बहुत पाया जाता है। बाघ या बघेरा मनुष्य पर तभी आक्रमण करता है, जबकि वह नरभक्षक हो जाता है। बघेरा कुत्तों का भारी शत्रु है। बर्फानी चीता बर्फानी स्थानों पर ही मिलता है। बिल्लियाँ यहाँ कई तरह की हैं, जिनमें गंधमार्जार भी एक है। इसकी नाभि-कस्तूरी भी कड़ी गंध वाली होती है। लकड़बग्घा चरक और भेड़िया पहाड़ में दुर्लभ जन्तु हैं। मैदानी रीछ भाबर और नीच नीचे के पहाड़ों में मिलता है। हिमालीय काला रीछ 3000 फुट से ऊपर मिलता है, यद्यपि जाड़ों में कभी-कभी वह भाबर तक चला जाता है। यह खतरनाक है, और मिलने

पर आदमी को झिंझोड़ डालता है। जाड़ों में यह दीर्घ निद्रा लेता है, और बरसात में ही इसे अधिक देखा जाता है। मंडुआ का यह बड़ा शत्रु है। कभी-कभी यह ढोरों और भेड़-बकरियों को भी मारता है। लाल रीछ बड़ा भीरु जन्तु है, और घने जंगलों में बहुत ऊँचाई पर रहता है। जाड़ों में यह भी किसी दुर्गम गुहा में छमासी नींद लेता है। कोक (कोकी) या जंगली कुत्ते विशेषकर पिंडार-उपत्यका और दूदातोली में पाये जाते हैं। यह झुंड में रहते हैं, ढोरों और भेड़-बकरियों पर एक साथ टूट पड़ते हैं। छतरैला (पाइमार्टन) छोटे शिकारों का शत्रु है, जिस तरह कि ऊद-बिलाव मछलियों का। ये दोनों जन्तु यहाँ पाये जाते हैं। पहाड़ी स्यार—इसकी छाल बहुत नरम और घनी होती है। हिमाचल में भी बानरों, लंगूरों तथा लालमुँहों का राज है। यह फल और फसल को भारी हानि पहुँचा रहे हैं। लोग त्राहि-त्राहि करते हैं, तो भी हनुमान जी का नाम सुनकर कुछ नहीं करना चाहते।

इतिहास

जलंधर खंड (हिमाचल प्रदेश) का इतिहास प्रागैतिहासिक बहुराजकता और गोरखों तथा अंग्रेजों के शासन काल का इतिहास है। वस्तुतः गोरखों और अंग्रेजों ने भी जलंधर खंड के छोटे-छोटे राजाओं को खतम करने की कोशिश नहीं की। कुमाऊँ (कूर्मांचल) और केदार खंड (गढ़वाल) की अपेक्षा यह खंड कहीं अधिक बड़ा भी था। 15वीं-16वीं सदी में जब हिमालय के भिन्न-भिन्न खंडों के छोटे-छोटे ठाकुरों और सामंतों को हटाकर एकीकरण का काम शुरू हुआ, उस समय यहाँ भी उसका प्रयत्न किया गया, इसमें शक नहीं। यह काम पूर्व में सिरमौर और बिसाहर के राजाओं ने किया, मध्य भाग में बिलासपुर, पश्चिम में कांगड़ा तथा चम्बा ने किया। लेकिन, अभी अपने काम को वह पूरा नहीं कर पाये थे, कि इसी बीच गोरखे आ धमके, और उसके बाद अंग्रेज आये, जिन्हें अपने विशाल एकीकरण के सामने इस छोटे एकीकरण की कोई फिक्र नहीं थी।

प्रागैतिहासिक काल: पूरे पाषण युग के आदि, मध्य, अंत अथवा निम्न, मध्य और ऊपरी स्तर के अवशेषों का जब तक पता न लगे, तब तक उसके बारे में कुछ कहना मुश्किल है। आदि-पुरापाषाण के अवशेष भारत में भी अभी नहीं मिले, इसलिए इसके बारे में आशा नहीं हो सकती। मध्य-पुरापाषाण भी संदिग्ध है, किंतु अंत-पुरापाषाण और मध्य-पाषाण युग के अवशेषों की संभावना है। शायद मध्य-पाषाण युग में किरात हिमालय के निवासी थे।

नेवारी भाषा में लोह या लहों पत्थर को कहा जाता है। लोह मूल नेवार भाषा का शब्द है, इसमें संदेह है, लेकिन पत्थर को धातु (लोह) का नाम देना यही बतलाता है कि हथियारों के बनाने की मूल सामग्री (पत्थर) के लिए किरात-भाषा का पहले कोई शब्द था, जिसकी जगह पर हिन्दी-आर्य लोह शब्द लाया गया। संभव है, किराती भाषाओं के तुलनात्मक अध्ययन से प्रागैतिहास काल पर और भी प्रकाश पड़े।

सारे हिमाचल में सबसे पुरानी जिस जाति का पता लगता है, वह किरात जाति है,

जिसे किन्नर और नाग भी कहते थे। यह जाति कोई छोटी-सी जाति नहीं थी, बल्कि एक समय कश्मीर से लेकर आसाम तक फैले हुए हिमालय के पहाड़ों और उसकी तराइयों के निवासी ही नहीं, बल्कि बर्मा के थलेंग, मलाया और जावा के मलयू, फिलिपीन के फिलिपिनों और इन्दोचीन के कम्बुज, लाओ, याई आदि जातियाँ भी इसी महाजाति के अंग थीं। इस जाति को मोन्-ख्मेर भी कहा जाता है। किरात भाषा बोलने वाले बहुत-से कबीले पीछे आर्य भाषाभाषी हो गये, लेकिन अपनी भाषा रखने वालों का अत्यंत अभाव अब भी नहीं है। चम्बा-कुल्लू के अधिकांश लाडले कुल्लू के मलाणा इलाके के लोग, कनौर के किन्नर, माणा और निती के मार्छा, पश्चिमी नेपाल के मगर-गुरुंग, मध्य-नेपाल के नेवार, पूर्वी नेपाल के किरात, सिकिम के लेप्चा लोगों की भाषाओं के रूप में अब भी प्राचीन किरात भाषा मौजूद है।

किरात दक्षिण-पूर्व एशिया की बहुत पुरानी जाति है। सारे हिमालय में किरातों का तो पता लगता ही है, उसके अतिरिक्त बर्मा के मोन् (करेन) हिंदी-चीन के ख्मेर, मलाया के मलय, जावा के जावी जातियाँ भी किरातों में से ही थीं। किरात का उच्चारण कभी-कभी चिलात भी देखा जाता है। नागार्जुनी कोंडा (श्रीपर्वत, आंध्र देश) के दूसरी शताब्दी के इक्ष्वाकुवंशीय राजा श्रीवीरपुरुषदत्त माढरी-पुत्र के चौदहवें वर्ष के एक अभिलेख में 'कश्मीर, गंधार, चीन, तोसली-अवरंत-ब्रंग-बनवासी-यवन-दमिल-मलूरा-तम्मपन्नी' का नाम आया है। यहाँ चिला (किरात) से मलय-प्रायद्वीप के निवासी अभिप्रेत थे। वाल्मीकि-रामायण के इस श्लोक से भी पता लगता है कि किरात द्वीपों के निवासी थे :

> "आममीनाशनाश्चापि किराता द्वीपवासिनः···
> अंतर्जलचरा घोरा नरव्याघ्रा इति स्मृताः ॥"

तालमी ने अपने भूगोल में किरातों को 'किर्रहादेइ' कहते हुए उन्हें गंगा और समुद्र के संगम का निवासी बतलाया है। उसने उनकी नाक चिपटी होने का भी उल्लेख किया है, जिसका अर्थ यह है कि उनका चेहरा-मोहरा मंगोलायित होता था। इसलिए यह सावधानी रखने की आवश्यकता है, कि जिस किसी जात की नाक चिपटी और गाल की हड्डियाँ उठी तथा पुरुषों के चेहरों पर कम बाल देखकर उन्हें चीन-किरात वंश के किसी एक (चीनी, मंगोली, हूणी या तिब्बती) वंश का नहीं मान लेना चाहिए। हिमालय में किरात यद्यपि अपने उत्तर के तिब्बती लोगों के घनिष्ठ संपर्क में आये और उन्होंने गिनती आदि के कितने ही तिब्बती शब्द ले लिये।

हिमालय खण्ड का प्रागितिहास किरातों का इतिहास है। अब भी सप्तकौशिकी को किराती प्रदेश और वहाँ के निवासी राई, लिम्बू और याखा किरात कहे जाते हैं। सप्तगंडकी के 'गुरुंग' और 'मगर' यद्यपि किरात नाम से आज नहीं पुकारे जाते, किंतु हैं वह वस्तुतः किरात जाति के ही, यही बात तराई के थारुओं की है। काली नदी के पश्चिम अस्कोट (अलमोड़ा) जिला की जनजाति राजी को राजकिरात भी कहते हैं, इस प्रकार दोर्जलिंग जिले से कुमाऊँ तक किरात नाम आज भी मिलता है। नीती और बदरीनाथ के

पास वाले माणा गांव के मारछा, ऊपरी सतलज के कनोरे, कुल्लू मलाणी, और लाहुले लोगों को किरात-वंश से संबंध जोड़ने का कारण उनकी भाषा है। कहा नहीं जा सकता, 'किरात' मूलतः किस भाषा का शब्द है। यदि आज की इन सभी किराती भाषाओं में पाये जाने वाले एक शब्द को लेकर कहना हो, तो इन्हें ती-जाति कहा जा सकता है। मलाणी कुल्लू वालों की भाषा में भी ती पानी को कहते हैं, लाहुली, मलाणी, कनोरी और मारछा भाषा में वह उसी अर्थ में प्रयुक्त होता है। नेवारी भाषा में यद्यपि पानी के लिए ल शब्द का प्रयोग होता है, लेकिन ती रस का पर्यायवाची है, जैसे ला-ती मांस-रस (शोरबा) को कहते हैं। यहाँ पानी के लिए उपयुक्त होने वाला ती शब्द संकुचित करके रस का पर्यायवाची बना दिया गया है, तो भी ती का मूल अर्थ पानी ही मालूम होता है। शायद च-अ-ती (पसीना) में ती पानी[1] के लिए आया है। किरात जातियों में कितनों ही ने अपनी मूल भाषा को बिल्कुल छोड़ दिया है, कितनी ही दुभाषिया हो गई हैं जैसे माणा के मारछा और कितनों ही की अपनी भाषा अब भी सुरक्षित है। नेपाल की सभी किरात-वंशी जातियाँ किसी-न-किसी कोने में अपनी भाषा को बोलती हैं। किरात भाषाओं में नेवारी सदियों पहले साहित्यिक भाषा का रूप ले चुकी है। यह भी उल्लेखनीय बात है, कि नेपाल में जहाँ भारतीय मैदानी संस्कृति का सबसे अधिक प्रसार हुआ, और नेपाल की सभी आधुनिक और पुरानी जातियों में नेवार सबसे पहले सुसंस्कृत हुए, साथ ही उन्होंने संस्कृत या संस्कृतज बहुत-से शब्दों को भी ले लिया; लेकिन तो भी नेवार-भाषा अपने मौलिक रूप को बहुत भारी मात्रा में अक्षुण्ण रखे हुए है।

बारिक भाषा का दूसरी भाषाओं से संबंध जानने के लिए जल को ले लीजिए, इसे गारो, अबेंग, अवे, दाक्का भाषा में ची कहते हैं, बांदो में दोई, लालुंग में बी, चुतिया में द्ज़ी, रुगा में ती, कोच भाषा में ती, बानपारा भाषा में ती, चांग भाषा में तेई, लूसेई भाषा में तूई कहते हैं। हिमालय की किरात-भाषाओं में भी ती पानी के लिए कहा जाता है। कुत्ते के लिए कुई शब्द का प्रयोग हिमालय की किरात भाषाओं में मिलता है, जिसकी तुलना नागा भाषाओं में निम्न प्रकार है—मोसांग में गुई, नमसंगिया में हू, आंगवंकू (तबलेंग) में कुई है।

केदार खंड (गढ़वाल) और कूर्माचल (कुमाऊँ) के इतिहास से मालूम है कि किरातों के बाद हिमालय में मध्य एशिया (काशगर-खसगिरि आदि) की तरफ से 'खस' पहाड़ ही पहाड़ आये। हिंदी-आर्य (वैदिक-आर्य) उनके बाद पहाड़ों में पहुँचे, और उनकी प्रधानता स्थापित होने से पहले किरात-मंडल खस-मंडल रूप में परिणत हो चुका था।

---

1. राबर्ट्स शेफ़र ने (बिहार रिसर्च सोसाइटी जर्नल, सितम्बर 1953) में चीन-तिब्बत भाषा-परिवार को निम्न भागों में बाँटा है: बोदिक—प्राचीन तिब्बती भाषा, बारिक—जिसमें नागा (आसाम-बर्मा) भाषा भी सम्मिलित है, बर्मिक—बर्मी तथा पास की भाषाएँ, करेनी—करेन (मोन्) भाषा से संबंध रखने वाली भाषाएँ, दाइक—थाई या स्यामी से संबंध रखने वाली भाषाएँ।

नेपाल के बारे में यह कहना मुश्किल है, कि वहाँ किरातों के बीच में पहले खस पहुँचे या मैदानी आर्य। संभव है, करनाली भूमि तक खस पहले पहुँचे हों, हो सकता है सप्तगंडकी में भी उनका प्रवेश हो गया हो; किन्तु जहाँ तक नेपाल-उपत्यका का संबंध है, वहाँ पहले खस नहीं, बल्कि मैदानी आर्य आये। आजकल गोरखा भाषा—जो कि खस-आर्य लोगों की सम्मिलित भाषा है—खसकुरा (खस-भाषा) के नाम से पुकारी जाती है, लेकिन इसका कारण यही हो सकता है, कि मैदानी आर्यों के पहुँचने पर भी करनाली-सप्तगंडकी भूमि में खसों की प्रधानता थी, और भाषा के साथ उन्हीं का नाम जुड़ गया। मैदानी आर्यों से कम-से-कम प्रभावित हुए खस कहाँ तक पहुँच चुके थे, इसका पता हमें उनकी कब्रों (समाधियों) से लगेगा। लदाख, चम्बा से बागेश्वर (अलमोड़ा) तक खसों की कब्रें मिली हैं, जो बहुत कुछ अपने मध्य एशिया और उत्तरी काकेशस के शक-भाइयों की कब्रों के नमूने पर बनाई जाती थीं। उनमें शिर के पास शराब और भोजन के दो बरतन अवश्य रखे जाते थे। सरदारों की कब्रें पत्थरों से चिनी छोटी-मोटा कोठरी जैसी होती थीं, और उनके बरतन भी काँसे-फूल के होते थे। साधारण लोगों की कब्रें चारों तरफ पत्थर चिन-कर ऊपर से बड़ी पट्टियों से ढाँक दी जाती थीं। खसों के प्रारम्भिक इतिहास को जानने के लिए उनकी समाधियों के अनुसंधान की बड़ी आवश्यकता है। लोग अज्ञानवश इन प्राचीन कब्रों को भी मुसलमानी कब्रें समझकर ध्यान नहीं देते। भौतिक सामग्री के सहारे ही मैदानी आर्यों से मिश्रित होने से पहले के खसों के समाज पर प्रकाश पड़ सकता है। कनोर में प्राप्त कंकालों से पता लगता है, कि खस दीर्घ कपाल थे।

यह भी ध्यान रखने की बात है, कि पश्चिमी तिब्बत में तिब्बती (भोट) लोगों का प्रवेश बहुत पीछे हुआ। वे संभवतः ईसा की 6ठी-7वीं सदी से पहले वह वहाँ नहीं थे। लदाख के लोग यद्यपि आजकल तिब्बती भाषा बोलते हैं, लेकिन वहाँ की प्राचीन कब्रें बतलाती हैं, कि पहले वहाँ गोल कपाल तिब्बती नहीं, बल्कि दीर्घ कपाल खस रहा करते थे। सतलज के किनारे तो तिब्बती-भाषी भारत के अंतिम गाँव नम्-ग्या तक में खसों की समाधियाँ मिली हैं। भोटांतिक गाँवों में संभवतः पश्चिमी तिब्बत की चरागाहों में तिब्बतियों से पहले वहाँ जो लोग पहुँचे, वह किरात या खस थे।

महाभारत में युधिष्ठिर के यज्ञ में भेंट लेकर आने वालों में खसों का उल्लेख है :

मेरुमंदरयोरमेध्यं शैलोदामभितो नदीम्।
एते कीचकवेणूनां छायां रम्यामुपासते ॥ 2 ॥
खसा एकासना ह्यर्हाः प्रदरा दीर्घ-वैणवः।
पारदाश्च कुलिन्दाश्च तंगणाः परतंगणाः ॥ 3 ॥
तद् वे पिपीलकं नाम उद्धृतं यत् पिपीलिकैः।
जातरूपं द्रोणमेयम् महार्षुः पुंश पुंजशो नृपाः ॥ 4 ॥
पार्वतीयं वलिं चान्यं आहृत्य प्रणताः स्थिताः ॥
अजातशत्रोर्नृपतेर् द्वारि तिष्ठन्ति वारिताः ॥

मेरु और मंदर दोनों पर्वतों के बीच शैलादा नदी के किनारे कीचक नामक बाँसों की रम्य छाया में खस, एकासन, अर्ह, प्रदर, दीर्घवेणु, पारद, कुलिंद, तंगण, परतंगण लोग बसते थे। वे राजा युधिष्ठिर के यज्ञ में पिपीलिकाओं (चींटियों) द्वारा निकाले पिपीलक नामक सुवर्ण को द्रोण-द्रोण भर तथा पार्वतीय उपायनों को लिये शत्रुहीन राजा युधिष्ठिर के द्वार को घेरे प्रणत खड़े थे।[1]

आज भी खस लोग इसी नाम से कांगड़ा से नेपाल तक पुकारे जाते हैं। कुलिन्द, कुनेत्, कनेत शिमला और कुल्लू के पहाड़ों में खसों के ही भेद माने जाते हैं। तंगण जाति और नगर का नाम कत्यूरी अभिलेखों में आया है। आज भी गढ़वाल और अलमोड़ा के राजपूतों की एक जाति टंगणिया है। पुरानी तंगण और परतंगण ज़ाति अलकनंदा तथा मंदाकिनी की ऊपरी उपत्यकाओं में रहती थी जहाँ कि पहले किरातों का प्राधान्य था।

महाभारत के युद्ध में खस लोग कौरवपक्षीय सात्यकि के साथ लड़े थे। मनु ने खसों को क्षत्रिय से शूद्र हो जाने का फतवा देते कहा है :

शनकैस्तु क्रियालोपाद् इमाः क्षत्रिय-जातयः।
वृषलत्वं गता लोके ब्राह्मणाऽदर्शनेन च ॥43॥
पौंड्राकाश्चौड्र-द्रविड़ाः कम्बोजा यवनाः शकाः।
पारदाः पह्लहवाः चीनाः किराता दरदाः खशाः ॥44॥

पौंड्र ओंड्र, द्रविड़, कंबोज, यवन, शक, पारद, पह्लहव, चीन, किरात, दरद और 'खश' यह क्षत्रिय जातियाँ संसार में क्रिया-भ्रष्ट होने तथा ब्राह्मणों का दर्शन न पाने से धीरे-धीरे शूद्र हो गईं।

यद्यपि यहाँ तथा अन्यत्र भी तंगणों, कुलिंदों, दरदों को खसों से अलग गिनाया गया है, किंतु वस्तुतः ये भी विशाल खस जाति के ही अंग थे।

महाभारत में खस आदि ऐतिहासिक जातियों की उत्पत्ति के बारे में बतलाया गया है, कि जब वशिष्ठ की गाय नंदिनी को उनके प्रतिद्वन्द्वी गाधिसुत विश्वामित्र ने जबर्दस्ती ले जाना चाहा, तो नंदिनी ने अपनी रक्षा के लिए इन जातियों को अपने भिन्न-भिन्न अंगों से उत्पन्न किया :

असृजत् पल्लवान् पुच्छात् प्रस्नवाद् द्रविड़ान् शकान्।
योनिदेशाच्च यवनान् शकृतः शबरान् बहून् ॥35॥
मूत्रतश्चासृजत् कांश्चित् शबरांश्चैव पार्श्वतः।
पौंड्रान् किरातान् यवनान् सिंहलान् बर्बरान् खसान्
चिबुकाच्च पुलिंदांश्च चीनान् हूणान् सकेरलान्।
ससर्ज फेनतः सा गौः म्लेच्छान् बहुविधानपि ॥37॥

अन्यत्र भी :

गंधारान् मद्रकान्, मत्स्यान् त्रिगर्तान् तंगणान् खशान् ॥18॥ (कर्णपर्व, अध्याय 8)

---

1. सभापर्व, अध्याय 52

और कल्किपुराण में :

खश काम्बोजकान् सर्वान् शबरान् बर्बरानपि ॥32॥···
मरुः खशैश्च काम्बोजैः युयुधे भीमविक्रमैः ।
देवापिः समरे चीनैर्बर्बरैः तंगणैरपि ॥41॥ (अध्याय 6)

इन उद्धरणों से पता लगता है, कि ईसा की आसन्न-पूर्व और पश्चात् की शताब्दियों में हमारे इतिहास-भूगोल के जानकारों को खसों का परिचय था।

रोमक इतिहासकार प्लीनी (79 ई०) ने खसों के बारे में लिखा है—"सिंधु (Indus) और जमुना (Jomanes) के बीच की पहाड़ी जातियाँ खस (Cesi) और क्षत्रियाणी खत्री है, जो जंगलों में रहती हैं।" ऐसे और उद्धरणों पर भी विचार करते हुए अट्किन्सन् ने लिखा है—"वह 1. दर्दों को सिंधु के उद्गम के पास और 2. कस्पेरोई (Kaspairoi) को झेलम, रावी, चनाब के उद्गमों के पास रखता है, 3. कुलिंद व्यास-सतलज-जमुना-गंगा के उद्गमों के पास रहते थे, जिनका देश कुलिन्द्रिन (Kulindrine) कहलाता था। इनमें से पहले दर्द अस्तोर और गिल्गित में आज भी बसते हैं, दूसरे कस्पेरोई कश्मीर (उपत्यका) और सतलज के बीच के निवासी थे, और तीसरे कुलिंद सतलज और गंगा के बीच के थे।"

गिल्गित से ज़ोज़ीला तक के निवासी आज भी दरद कहे जाते हैं। उनके डाँडे के इस पार कस्पेरोई या कश्मीरी झेलम (वितस्ता) की उपत्यका में रहते हैं। उनसे पूर्व चनाब तक (कश्तवार और चंबा) की जातियाँ खसों के अंतर्गत हैं, यद्यपि खस नाम का पूरा प्रयोग उससे पूर्व कुल्लू-कांगड़ा से लेकर नेपाल तक ही आजकल होता है। कुल्लू के कुनेत (कुलिंद) लोग आज भी खसिया और राज दो श्रेणियों में विभक्त हैं। कुनेत या कुनैत (कुलिंद) नाम आजकल कश्तवार—चम्बा से शिमला और कन्नौर (ऊपरी सतलज) तक ही अधिक प्रचलित है, किन्तु यह लोग खसिया या खोसिया नाम से भी प्रसिद्ध हैं, जिससे स्पष्ट है, कि कुनेत (कुलिंद) भी खसों ही में से थे।

खश, खस और कश एक ही शब्द के भिन्न-भिन्न उच्चारण हैं। नेपाल से कश्मीर तक की प्रभावशाली जातियाँ अब भी खश या कश (कश्मीरी) ही के नाम से पुकारी जाती हैं। तिब्बती भाषा में कश्मीर और कश्मीरियों को ख-छे कहते हैं, जो कि खश का ही बिगड़ा रूप है। आजकल वहाँ खछे मुसलमान को कहते हैं, जिसका कारण यही है, कि तिब्बती लोगों ने मुसलमानों को पहले-पहल कश्मीरियों (खशों) के रूप में देखा। हमारा भी मुसलमानों से घनिष्ठ परिचय तुर्कों के रूप में सर्वप्रथम हुआ था, इसलिए तुर्क शब्द को कबीर ने (हिन्दू-तुरक) मुसलमान का पर्याय मान लिया।

कश्मीर से आगे चित्राल और कश्कर (उत्तरी और दक्षिणी) तथा यस्सन और मस्तूज के इलाके हैं, जहाँ के निवासी खो कहे जाते हैं। कश्मीर की भाँति कश्कर में भी वही कश या खश शब्द जुड़ा हुआ है। इस प्रकार नेपाल से दरदों की पश्चिमी सीमा (गिल्गित) तक आज भी खश जाति रहती है। अट्किंसन् ने खशों, कश्कर के खोओं और काबुल के कटोरों को एक बतलाते हुए लिखा है :

"वे (खश) एक ऐसी जाति के अंग हैं, जिसने हिमालय के भिन्न-भिन्न भागों पर अपनी छाप छोड़ी है।···इनका तथा पश्चिमी हिमालय की जातियों का एक ही उद्गम है। कालांतर में यह महाजाति राजनीतिक कारणों तथा दूसरी जातियों के घुस आने पर भिन्न-भिन्न लोगों में बँट गई। इनमें से कुछ मुसलमान हो गये, कुछ बौद्ध रहे, और कुछ ब्राह्मणिक प्रभावों के कारण धर्म, आचार तथा भाषा में हिंदू हो गये।···सभी जानते हैं, कि मानवधर्मशास्त्र (मनुस्मृति) के कर्ताओं द्वारा शास्त्रीय रीति से स्थापित जातियों के लिए सम्मान, धन, शक्ति वंश-परंपरा से प्राप्त होती है, इसलिए वह खश अपना संबंध अपने से किसी उच्चतर वंश से जोड़ना चाहते हैं। आज भी ध्यान से देखने पर उन नियमों को काम करते देखा जाता है, जिन्होंने सैकड़ों वर्षों के भीतर आदिम पहाड़ी जातियों को अच्छे हिंदुओं के रूप में परिणत कर दिया। एक सम्पन्न कुमाऊँनी संगतराश आसानी से एक निम्न राजपूत—खसिया—की लड़की से ब्याह कर सकता है, और एक सफल खसिया किसी देशागत शुद्ध राजपूत की लड़की मोल ले ब्याह कर सकता है। ये लोग दिनों-दिन अधिक और अधिक कट्टर होते जा रहे हैं।···उत्तर में तिब्बत से और दक्षिण में मैदान से जो विजेता जातियाँ यहाँ आ घुसती रहीं, वह या तो पच्चर बन कर अलग जाति के रूप में यहाँ रह गईं, अथवा खसियों के ऊपर छा गईं—कहीं पर उन्होंने भिन्न जातियों के साथ ब्याह-संबंध से और कहीं अवैध संबंध से रक्त-संमिश्रण कर डाला। इन्हीं कारणों से कश्कर के खोओं और कटोरों अथवा कुमाऊँ के कत्यूरी और खसियों के बीच संबंध स्थापित करना संभव नहीं है। तो भी दोनों एक हैं, इसे मानने के काफी प्रमाण हैं।"

हिमालय की भिन्न-भिन्न जातियों और प्रदेशों के संबंध की पौराणिक जनश्रुतियों के आधार पर अट्किसन् की राय है—"गिल्गित और अस्तीर के निवासी दरद हैं, यह प्रसिद्ध ही है। खशीर भी कुनुओं की भाँति खशों की एक शाखा है, जिन्हें प्लीनी ने कसिरी (Casiri) कहा है। वराहसंहिता (बराहमिहिर) के नामों को लेने पर हम तंगणों के बाद ऊपरी टौंस के तट पर कुलूत और सारित्यों को पाते हैं, फिर वन-देश आता है, जो कि आजकल का स्वेन्-चांग का ब्रह्मपुर (बाडाहाट या उत्तरकाशी), तब दार्वाद या दारु देश अलमोड़ा के पास का इलाका है, जिसके पास जागेसर के समीप पूर्वकाल में अवस्थित आम्रवन था। फिर राजकिरातों का देश।···मार्कण्डेय पुराण में ब्रह्मपुर का उल्लेख है, जिसके एक तरफ वनराष्ट्र था और दूसरी आर एकपद, खस और सुवर्णभूमि के प्रदेश थे। सुवर्णभूमि या स्वेन्-चांग का सुवर्ण गोत्र तिब्बत का ङ-री-कौर-सुम (मानसरोवर) प्रदेश है, जो गढ़वाल और अलमोड़ा के उत्तर में अवस्थित है।"

इस प्रकार उस खस महाजाति का पता लगता है, जो किन्नर-किरात जाति की प्रधानता के बाद उनकी भूमि में फैल कर धीरे-धीरे सर्वेसर्वा बन गई। खसों और वैदिक आर्यों में आसानी से समझौता हो गया, क्योंकि वह मूलतः एक ही जाति की शाखायें थीं। दोनों की संयुक्त शक्ति ही किरातों को पूरी तौर से दबा सकी होगी।

खस और शक मूलतः एक जाति थी। शकों की भाँति खसों में भी मुर्दों को सामर्थ्यानुसार अच्छी प्रकार समाधि देने की प्रथा थी। महान् शक-सामन्तों की जो

समाधियाँ दक्षिणी रूस और अल्ताई में मिली हैं, उनके देखने से छोटे रूप में मिश्र की पुरानी समाधियाँ याद आती हैं। हिमालय के ये पशुपाल खस उतने समृद्ध नहीं थे, तो भी कोई आश्चर्य नहीं होगा, यदि खस-सरदारों की कुछ बड़ी कब्रें भी मिलें। खसों के विस्तार के अनुरूप ही यह कब्रें लदाख, लाहुल, चंबा, कनौर (किन्नर) से कुमाऊँ के द्वाराहाट, बैजनाथ, बागेश्वर तक मिलती हैं। किन्नर (कनौर) में लिप्पा, कनम्, स्पू से आगे तिब्बती सीमांत पर अवस्थित भारत के अंतिम गाँव नम्ग्या तक यह कब्रें मिलती हैं। आजकल मुसलमानों में ही कब्र देने का रिवाज देखकर लोग इन्हें भी उन्हीं की समझते हैं। लेकिन इन कब्रों में कुछ विशेषतायें हैं, जो मुसलमानी कब्रों से इन्हें पृथक् करती हैं। मुसलमानी कब्रों से भिन्नता यह है कि इनमें शव के शिर के पास मद्य और भोजन के दो बर्तन अवश्य रखे मिलते हैं। दोनों बर्तन प्रायः मिट्टी के होते हैं, किन्तु कुछ बड़ी कब्रों में धातु के बर्तन भी पाये गये हैं—लिप्पा की एक कब्र में मुझे भोजन-पात्र काँसे का अर्धगोल कटोरा मिला था। लिप्पा की एक कब्र को मैंने खोदकर देखा तो उसका शव दीर्घकपाल था, जबकि आजकल वहाँ मध्यकपाल तथा आयतकपाल ही लोग रहते हैं। उक्त कब्र का मुर्दा घुटने मोड़कर लिटाया हुआ था। शायद और जगहों में भी घुटने-मोड़ कब्रें मिलें, किंतु अभी यह कहना मुश्किल है, कि सभी खस-कब्रें घुटने-मोड़ हुआ करती थीं। लिप्पा की काँसे की बर्तन वाली कब्र में नीचे उतरने के लिए उसकी दीवार में तीन-चार खुड्डियाँ बनी थीं। छोटी कब्र कोनों पर छंटी चौकोर थी। चारो ओर अनगढ़ पत्थर की पट्टियों को खड़ा कर दिया गया था, और ऊपर चौड़ी पट्टियों से ढाँक दिया गया था। पहले ही से मुसलमान-कब्रें मान लेने से द्वाराहाट, बैजनाथ, बागेश्वर की कब्रों की जाँच-पड़ताल नहीं की गई। अलमोड़ा में गगास नदी के किनारे भी ऐसी कब्रें मिलती हैं जिनमें बर्तन मिलते हैं, ऐसा मुझे एक सज्जन ने बतलाया। यदि सावधानी से खोज की जाए, तो गिल्गित से नेपाल तक के सारे प्राचीन खस-प्रदेश में दीर्घकपाल खसों के अशन-पान के दोनों पात्रों के साथ कब्रें मिलेंगी।

2

सिरमौर

प्राकृतिक रूप

जलंधर खंड के पूर्वी छोर पर जमुना के पश्चिम सिरमौर पुरानी रियासत थी, जिसकी लम्बाई पूर्व से पश्चिम 43 मील और उत्तर से दक्षिण 50 मील की है। इसका क्षेत्रफल 1141 वर्गमील था और 1931 ई० में जनसंख्या 148568 थी। विलयन (1948) के बाद आसपास की और भी कितनी ही रियासतों को मिलाकर अब इसे सिरमौर जिला कहा जाता है। इसकी चोटियों में चूरीचोटी चूरीचंदनी की धार 11982 फुट है, नोहराधार पर हरिपुर का किला 8802 फुट पर अवस्थित है। पहले पुरानी राजधानी गिरी नदी के किनारे सिरमौर नाम से थी, जहाँ से उसे हटाकर पीछे नाहन में लाया गया। यह नगर पौंटा से 10 मील उत्तर गिरी के दाहिने किनारे पर था, जिसका एक बाढ़ में सन् 1082 ई० (संवत् 1139) में नाश हो गया। अब भी वहाँ एक तालाब है, जिसे सिरमौरी ताल कहते हैं। सिरमौर के ध्वंसावशेष से प्रायः एक मील दक्षिण-पूर्व राजबन है, जिसे राजा सुवंशप्रकाश ने 1095 ई० (27 फागुन संवत् 1252) में अपनी राजधानी बनाया। यह भी अब राजधानी के हट जाने से ध्वस्त हो गया है। सिरमौर के ध्वंसावशेष के बीच में एक छोटी-सी टेकरी के ऊपर गहरे छेद वाला एक पत्थर है, जो गिरी के दाहिने किनारे पर हैं। कहते हैं, इसी में खम्भा डालकर रस्सी तानकर स्त्री की परीक्षा ली गयी थी। इसी तरह का एक दूसरा पत्थर गिरी के दूसरे किनारे पर बतलाया जाता है।

सिरमौर में पहाड़ की सबसे ऊँची चोटी चूडधार है। चूडधार चोटी की ऊँचाई 11966 फुट है। इससे 13 शाखाएँ निकलती हैं :

1. टपरौली, 2. वपैणकुफर, 3. दियोठी, 4. नाहरा, 5. निमाली, 6. कमरऊ, 7. शिलाई, 8. चाँदपुर, 9. जूनी, 10. जामू, 11. रजाना, 12. संगडा, 13. दूधम।

चूडधार की सबसे ऊँची चोटी लिंग का बट्टा (11982 फुट) पर अप्रैल तक बरफ बनी रहती है। पहाड़ बान और केलू के वृक्षों से ढँका है, लेकिन चोटी पर केवल घास ही उगती है—तुंगनाथ (12071 फुट) की तरह। पानी का अभाव खटकता है।

चूडधार को उपचूडेश्वर महादेव या लिंगबट्टा कहते हैं। इसके पश्चिम में नीचे सुरगुल देवता के पास एक छोटी बावड़ी है। यहीं मेले के समय लोग ठहरते हैं। सिरमौर में नदियाँ हैं—1. जमुना, 2. टौंस, 3. गिरी, 4. जलाल, 5. मारकंडा, 6. सरस्वती, 7. बाता और 8. घग्गर।

सिरमौर जिले में नाहन से 24 मील उत्तर चेहता में चुम्बकीय लोहे की खानें हैं, जिनमें किसी समय काम होता था; लेकिन अब बन्द है। बेलीलानी (पाँवटा), खेरा, सिरमौर और कांसर के गाँवों में भी पुरानी लोहे की खानें मिलती हैं। इसके अलावा सीसा, ताँबा, फिटकरी, अभ्रक और संगमरमर, इंगुर भी सिरमौर में मिलता है। चूना-पत्थर सारे सिरमौर जिले में मिलता है। स्लेट रेनका और पछाड़ की तहसीलों में काफी परिमाण में पाया जाता है। रेनका और भलार में वह निकाला भी जाता है।

सोना मरकंडा, रून, बाटा तथा लोहगर, गुमटी, त्रिलोकपुर, खारी, भैरों और मातर के नालों में मिलता है। सोनी लोग बालू धोकर उसे निकालते हैं। सोना धोने में यदि पारे का इस्तेमाल करते, तो अधिक कणों को बटोर सकते थे, क्योंकि पारा कणों को अपने में चिपका लेता है, जो गरम करके अलग किये जा सकते हैं, और पारा सुरक्षित रहता है।

इतिहास

नेपाल, कुमाऊँ और गढ़वाल (केदार खण्ड) में जिस तरह बहुराजकता को हटाकर एक राज्य कायम करने का सफल प्रयत्न किया गया था, उस तरह का प्रयत्न हिमाचल में भी हुआ। पहले सिर्फ शिमला के आसपास ही अठारह ठकुराइयाँ थीं। लाहुल के छोटे-से इलाके में छह ठाकुर रहते थे। चीनी तहसील में भी दर्जनों ठाकुर थे। यही बात और जगहों की थी। अन्त में इन ठकुराइयों के ऊपर सिरमौर, बिसाहर, कहलर (बिलासपुर), कुल्लू, कांगड़ा और चम्बा के बड़े राज्य कायम हुए। सतलज के पश्चिम को लेकर कांगड़ा के राजा संसारचन्द ने 18वीं सदी में सतलज के पूर्व के इलाकों को भी एकाबद्ध करना चाहा, लेकिन इसी समय दक्षिण से रणजीत सिंह और पूर्व से गोरखों का सैलाब पहुँचा। गोरखों ने कुछ सालों के लिए सारे जलंधर खंड को विशाल गोरखा-राज्य का अंग बना लिया, किंतु रणजीत सिंह और अंत में अंग्रेजों के विरोध के कारण उन्हें वर्तमान नेपाल तक ही अपनी सीमा को सीमित रखना पड़ा।

सिरमौर गढ़वाल (केदार खंड) की सीमा पर शिमला तक फैला हुआ है। गढ़वाल, बिसाहर और बिलासपुर के साथ इसका बराबर झगड़ा रहता था। वर्तमान वंश के पहले भी यहाँ कोई राजवंश था, जिसके विनाश की बातें सुनी जाती हैं। 1082 ई० (संवत् 1139) में सिरमौर में मदनसिंह नामक सूर्यवंशी राजपूत राजा रहता था, जिसका राज्य सिरमौर या सिलमौर के नाम से पुकारा जाता था। जुब्बल की परम्परा उस राजा का नाम उगरसिंह बतलाती है। उसके सामने एक स्त्री ने आकर गिरी नदी को पहाड़ियों के बीच में कच्ची रस्सी के सहारे पार करने का दावा किया।

राजा ने कहा, यदि वह रस्सी पर से पार जाकर उसी तरह लौट आये, तो मैं अपना राज्य दे दूंगा। स्त्री पार जाकर जब रस्सी पर से लौटने लगी, तो राजा के आदमी ने धोखा देकर रस्सी काट दी और स्त्री नदी में डूब गई। इस पाप या स्त्री के शाप से गिरी नदी में भीषण बाढ़ आई, जिसमें राजा का सारा वंश और राजधानी नष्ट हो गई।

1095 ई० (संवत् 1152) में जैसलमेर के रावल उगरसेन हरिद्वार आये, जहाँ उन्हें सिरमौर के एक भट्ट होशंगरायनाथ मिले, जिन्होंने रावल को सिरमौर के खाली सिंहासन को लेने के लिए निमन्त्रित किया। रावल ने अपने पुत्र शोभारावल को भेजा, जिसने सारे राज्य को जीतकर राजवन को 1094 ई०(27 फागुन संवत् 1152) में अपनी राजधानी बनाया, और अपना नाम सुभंसप्रकाश रखा। तभी से सिरमौर के राजाओं के नाम के साथ प्रकाश जुड़ने लगा। चार वर्ष राज्य करने के बाद सुभंसप्रकाश मर गया। यह कहने की आवश्यकता नहीं कि पहाड़ के दूसरे राजवंशों की तरह सिरमौर ने भी अपने वंश को प्राचीन और प्रतिष्ठित साबित करने के लिए बहुत-सी पीढ़ियाँ ऐसे ही जोड़ी होंगी। नीचे से राज्यवंचित राजा और राजकुमार पहाड़ों में शरण लेते रहे, इसमे संदेह नहीं; लेकिन जब सभी राजवंश इसी तरह नीचे से आने का दावा करते हों, और अपने को खश या कनैत कहना नहीं चाहते हों, तो संदेह होने लगता है। होशंग जैसा मुसलमानी काल में प्रसिद्ध नाम 11वीं शताब्दी के अंत में, सो भी पहाड़ में, होना संभव नहीं है।

सिरमौर की दो वंशावलियाँ प्राप्त हुई हैं, जिनमें से एक राजकीय है और दूसरी महंत की। महंत की वंशावलि शमशेरप्रकाश तक आकर समाप्त हो जाती है। राजवंश अपने को यदुवंशी तथा जैसलमेर के भाटियों की शाखा मानते हैं। पहले के यदुवंशी राजा के निस्संतान मरने पर जैसलमेर के राजकुमार हासू को बुलवाया गया, पर वह यहाँ पहुँचते ही मर गया। उसकी गर्भवती रानी ने पलास के वृक्ष के पास पुत्र-प्रसव किया, जिससे उसका नाम पलासिया पड़ा। अपने इसी पूर्वज के कारण सिरमौर का राजवंश पलासिया भी कहा जाता है।

इसमें शक नहीं, कि और देशों की तरह पहाड़ में पुराने इतिहास के उद्धार में अभिलेखों और सिक्कों से बहुत सहायता नहीं ली गई। इसीलिए हाल के सिरमौरी अथवा भाटी राजपूत-वंश के पहले के इतिहास पर कम प्रकाश पड़ता है। वर्तमान भाटी-वंश के भी आरंभिक काल के बारे में बहुत कम ही उल्लेख मिलते हैं। सबसे पुराने मुस्लिम इतिहास 'तबकाते नासिरी' में 634 हिजरी (4 सितम्बर, 1236—26 जुलाई, 1237 ई०) में सिरमौर का जिक्र आता है। उस समय रज़िया सुल्तान दिल्ली की गद्दी पर थी, जिससे बगावत करके निज़ामुलमुल्क मुहम्मद जुनैदी ने सिरमौर-बरदार में शरण ली, और वहाँ ही वह मरा। इससे यह भी मालूम होता है, कि गुलाम-वंश के आरंभ ही से सिरमौर ने दिल्ली की अधीनता स्वीकार कर ली थी। इस समय तेरहवें राजा मैदनीप्रकाश का शासन था। इसके बाद मुस्लिम इतिहासकार 655 हिजरी (19 जनवरी—10 दिसंबर 1257 ई०) का जिक्र करते हुए बतलाता है, कि हिंदुस्तान

से लाहौर की तरफ हटने के समय कुतुलुक खान ने सन्तौरगढ़ में (कलसिया रियासत की राजधानी छछरौली के पास सिन्धुवंद नामक स्थान में सनतौरगढ़ के ध्वंसावशेष हैं) शरण ली थी। हिन्दू राजा ने उसकी रक्षा की थी। इस पर महमूदशाह प्रथम ने सनतौर पर आक्रमण किया, और उलुग ख़ाने-आज़मने सिलमौर (सिरमौर) के इलाके और किले के भीतर घुसकर उसे नष्ट-भ्रष्ट किया। इस प्रकार पुराने मंदिरों को 1257 ई० में मूर्तिभंजकों का सामना करना पड़ा। सिरमौर का इलाका उस समय सनतौर के राना रणपाल के हाथ में था। वह मुसलमानी सेना के सामने टिक न सका, और उसके भाग जाने पर सिलमौर (सिरमौर) राजधानी को आक्रमणकारियों ने लूटा। 'तबकाते नासिरी' में यह भी कहा गया है, कि इससे पहले इस इलाके में मुसलमानी सेना नहीं गई थी।

फ़ीरोजशाह तुगलक ने 781 हिजरी (19 अप्रैल, 1379—9 मार्च, 1380 ई०) अंबाला होते हुए सहारनपुर के पड़ाड़ों में प्रवेश किया, और वह सिरमौर तथा दूसरे पहाड़ी राजाओं से कर लेते दिल्ली लौट गया।

इसके बाद सिरमौर का जिक्र तैमूर के आक्रमण के समय मिलता है। तैमूर ने अपने आत्म-चरित में लिखा है—"14 जमादी प्रथम (12 मार्च, 1389 ई०) को मैंने अपने सामान के साथ जमुना पार करके सिवालिक पहाड़ों के एक भाग में डेरा डाला। यहाँ मैंने सुना, कि सिवालिक के इस अंचल में एक बहुत ही बड़ा शक्तिशाली राजा है, जिसका नाम रतनसेन है।" रतनप्रकाश तैमूर के आक्रमण से 60 से भी अधिक वर्ष बाद (1460 ई० में) गद्दी पर बैठा था। शायद यहाँ वंशावलि ही गलत हो और रतनसेन तैमूर का रतनसेन रतनप्रकाश ही रहा हो। यह भी हो सकता है, कि अभी तक सिरमौर के राजाओं के नाम के साथ प्रकाश नहीं, बल्कि सेन जुड़ा करता हो। तैमूर ने 791 हिजरी (13 दिसंबर, 1388—21 नवंबर, 1389 ई०) में आक्रमण किया, और 12 मार्च को जमुना पार किया। हो सकता है, तैमूर ने दून पर आक्रमण किया हो। पर तैमूर का यह आक्रमण श्रीनगर (गढ़वाल), देहरादून पर भी हो सकता है।

प्राग् मुस्लिम काल : प्राग् मुस्लिम काल में सिरमौर के राजाओं का विवरण इस प्रकार उपलब्ध है: मल्लहीप्रकाश (1108-17 ई०)—यह राजा बड़ा उदार और धार्मिक था। श्रीनगर (गढ़वाल) के राजा से इसने मालदा के किले को छीन लिया। यदि वंशावलि का काल ठीक है, तो अभी तक गढ़वाल में पँवार-वंश का शासन नहीं था। उदितप्रकाश (1121-27 ई०)—महंत की वंशावलि में मल्लहीप्रकाश और मूलप्रकाश का नाम आता है। सालबाहन, बालकचंद और मूल यह तीनों नाम बनावटी मालूम होते हैं, और वस्तुतः उदित प्रकाश छठा नहीं, बल्कि तीसरा राजा था। अब तक राजधानी राजबन थी, जिसे उदित कालसी ले गया। कालसी आजकल देहरादून जिले में परन्तु जमुना के उसी तरफ़ है, जिधर सिरमौर, और आज भी सिरमौर की सीमा उससे कुछ ही मील पर है। कालसी अशोक के समय (ई० पू० तीसरी सदी) में भी समृद्ध बस्ती थी, इसलिए उसने अपने शिलालेख यहाँ पर खुदवाये। उदित ने अपने लड़के के लिए गद्दी छोड़ दी।

सोमरप्रकाश (1149-58 ई०)—इस राजा ने रतेश (क्योंठल) किले को जीत उसे अपनी राजधानी बनाया।

मुस्लिम काल में सिरमौर के राजाजों का वर्णन इस प्रकार है। सूरजप्रकाश (1158-69 ई०)—सूरजप्रकाश ने कालिसी को फिर अपनी राजधानी बनाया। प्रजा ने असंतुष्ट होकर उसके महल पर आक्रमण किया, जिसकी वीरतापूर्वक रक्षा करते हुए उसकी लड़की ने वीरगति पाई। रतेशवालों को ऐसा गुस्सा आना स्वाभाविक था, क्योंकि राजधानी होने से उनके नगर की समृद्धि हुई थी। खबर सुनकर सूरजप्रकाश ने कालसी से आकर विद्रोहियों को दबाया और जुब्बल, बलसान, कुम्हारसेन, भौंड, सहरी, ठियोग, रँवाई और कोटगुरु (कोटगढ़) के ठाकुरों को भी अधीनता स्वीकार करने के लिए मजबूर करके अपने भाई कल्याणचंद को उनके ऊपर शासक नियुक्त किया। अब कालसी राज्य की राजधानी रही। वीरसालप्रकाश (1289-1316 ई०)—इस राजा ने भी अपने पुत्र को गद्दी देकर वानप्रस्थ लिया। जगत्प्रकाश (1342-56 ई०)—इसके शासन काल में जुब्बल, बलसान, कुम्हारसेन, सहरी, रँवाई और दूसरे ठाकुरों ने राजा के कुशासन के कारण विद्रोह कर दिया। वीरप्रकाश (1356-66 ई०)—इस राजा ने विद्रोही अठारहों ठाकुरों को दबाया और सहरी, रँवाई और जुब्बल की सीमा पर प्रसिद्ध हाटकोटी में किला बनवाया। नकदप्रकाश (1366-82 ई०)—यह राजधानी को नेरी ले गया। गर्बप्रकाश (1382-1400 ई०)—इसने हाटकोटी को अपना निवास-स्थान बनाया। इस समय राजधानी बराबर बदलती रहती थी, और अधिकतर उसे पहाड़ के अधिक भीतर रखा जाता था, जिसका अर्थ यही हो सकता है, कि शत्रुओं के आक्रमण के लिए उन्हें गिरि-दुर्ग का आश्रय लेना पड़ता था। ब्रह्मप्रकाश (1400-25 ई०)—इस राजा ने रतेश पर्गने के कोट और गरजारी स्थान को अपना निवास चुना, और वहीं चार पीढ़ियों तक राजधानी रही। बुहबलप्रकाश (1519-35 ई०)—इस राजा ने फिर राजधानी को कालसी में बदला, जहाँ वह तब तक रही जब तक कि करमप्रकाश ने नाहन को 1621 ई० (1678 संवत्) में स्थापित नहीं कर दिया। करमप्रकाश (1616-30 ई०)—जहाँगीर का समकालीन यह बड़ा ही योग्य और शक्तिशाली राजा था। कहते हैं नाहन नाहर (सिंह) का अपभ्रंश है। यहाँ के घोर जंगलों में नाहर (बाघ-सिंह) रहा करते थे, उन्हीं के भीतर बाबा बनवारीदास के नाम के एक साधु अरण्यवास करते थे। करमप्रकाश.बनवारीदास के भक्त थे और उनके कहने पर वहीं 1621 ई० में उसने अपनी राजधानी बनवाई। बनवारीदास के उत्तराधिकारी अब भी नाहन के जगन्नाथ मंदिर के महन्त होते हैं।

सिरमौर का मुगलकालीन शासक मंधाताप्रकाश (1630-54 ई०) था। इसी के समय शाहजहाँ के आठवें राजवर्ष (1534-35 ई०) में कांगड़ा के फौजदार (सेनापति) नजाबत खान ने श्रीनगर (गढ़वाल) को जीतने के लिए अपनी सेवायें अर्पित कीं। शाहजहाँ ने इसे स्वीकार किया और नजाबत खान सिरमौर के राजा की सेना के साथ श्रीनगर के ऊपर चढ़ा। इस समय गढ़वाल पर शायद महीपतशाह का शासन था। रास्ते में जमुना

के किनारे गढ़वाल के राजा के बनवाये शेरगढ़ किले पर अधिकार कर उसने कालसी को भी ले लिया। कालसी सिरमौरियों की पुरानी राजधानी थी, इसलिए नजाबत ने उसे उन्हें दे दिया। बैराठ के किले को भी गढ़वालियों ने सिरमौर से छीन लिया था, पर शाही सेना की मदद से सिरमौर ने बैराठ के किले को भी ले लिया। नजाबत खान ने आगे बढ़कर सनतौर के किले को लेकर उसे सौ सवार और हजार पैदल सेना दे लखनपुर के राजा जगतू के हाथ में दे दिया। लेकिन, अंत में ये सारी सफलतायें व्यर्थ गईं, और नजाबत खान को गढ़वाल के हाथों जबर्दस्त हार खानी पड़ी। जिसकी वजह से उसे अपने मनसब (पद) और जागीर से हाथ धोना पड़ा, और अब्दुर्रहीम खानखाना के पोते तथा शाहनवाज खान के पुत्र मिर्जा खाँ को उसकी जगह फौजदार (सेनापति) नियुक्त किया गया।

मंधाता को शाहजहाँ ने 28 जमादी 11 हिजरी 1064 (19 अप्रैल—18 मई) का लिखा एक फरमान भेजकर कहा, कि मैंने जम्मू और कांगड़ा के फौजदार ईरज खान को श्रीनगर (गढ़वाल) को जीतने के लिए नियुक्त किया है, पहाड़ के राजाओं और जमींदारों को उसकी सहायता करनी चाहिए। सफलता प्राप्त करने पर पड़ोसी भूभाग को सहायता करने वाले राजा पायेंगे, और सिरमौर के राजा को अपनी खाई हुई भूमि मिलेगी, और दून (देहरा) का इलाका शाही अधिकार में रहेगा। शाहजहाँ ने अपने दूसरे फरमान 24 मुहर्रम 1065 हि० (11 नवम्बर—11 दिसम्बर 1654 ई०) में लिखा था, कि बैरम खान की जगह खलीलुल्ला खान को दस हजारी सेनापति नियुक्त किया गया है।

शाहजहाँ[1] का फरमान (6-5-1654 ई०) : मानधाताप्रकाश के पास शाहजहाँ ने 6 मई 1654 के लिखे अपने फरमान में लिखा था—

"ज़ब्दतुल्-इम्साल वल्अक़रान मुतीअ़ुल्-इस्लाम राजा मानधातापरकाश ब-इनायत-बादशाहानः उमीदवार-गश्ता बदानद्।

कि, चूँ ओरा बंदा व दौलत-ख़्वाह-ई-दरगाह खलायक़-पनाह मीदानीम्। व पस् अज़् इन्क़ज़ाय बरसात लश्कर-उज़्मा मन्क़िस्म ब चहार फ़ौज अज़् पेशगाह ख़िलाफ़त काहिरः बर-ज़मींदार सिरीनगर मुअ़ुयन् ख़्वाहद्-गश्त, कि अज़्-चहार जानिब् ब-वलायत ज़मींदार मज़्बूर दर्-आयद्। व ब-शुजाअत्-शआ़र लायकुल्-इनायत-वल्-इह्सान ऐरज ख़ान फ़ौजदार जम्मू-व-काँगड़ा फ़रमान-आ़लीशान-करामत् सदूर याफ्ता, कि बा-जमीअ़त् बसियारे अज़् सवार-ो-प्यादा व हमगीं ज़मीदारान्-को हिस्तान मज़्कूर अज़् आँ-जानिब् रसीदा ब-मुल्क सिरीनगर दाख़िल शवद्। व बनाबर-आँ हुक्म् जहाँ-मताअ लाज़िमुल्-अन्क़ियाद वाजिबुल्-अत्बाअ़ ब-शरफ सदर मीपैवन्दद्, कि हरगाह ईं अफ़वाज बहुर-अमवाज अज़ी तरफ़ व अज़ाँ तरफ़ ब-सर-ज़मीन सिरीनगर दर आयद्। रू ब-ईं

---

1. अबुल्-मुज़फ़्फ़र शहाबुद्दीन मुहम्मद शाहजहाँ साहेब-क़रान-सानी

लशकर ज़फ़र-असर बूदः खिदमत्-बादशाही चुनां बायद् व हमीं शायद् ब-तक़दीम रसानद् ! व अज़् जुम्ला महाल सिरीनगर कि दरूँ कोह अस्त, ब-हदूद-ओ इत्तिसाल दारद्, हर क़दर कि मुतसर्रफ़ गर्दद्, कि ब-तरीक़ वतन ब-वै इनायत फ़रमूदीम् । अ आँचे दरूने-कोह मज़्बूर ब-कुमाउं मुत्तसिल अस्त, ब-ज़मींदार आंजा कि मर्ज़बान-सिरीनगर दुश्मन अस्त, मर्हमत् ख़्वाह् म् नमूद । व दून कि बैरून-कोह वाक़्या-शुदः दर्-तसर्रुफ़ औलियाय-दौलत् क़ाहिरः ख़्वाहद्-बूद् !

तारीख़ 18 जमादि-उस्-सानी सन् 28 जलूस वाला मुताबिक् 1064 हिजरी तहरीर याफ़्त ।"

इसका अनुवाद है : "समकक्षों और सरदारों में वरिष्ठ इस्लाम के अधीन बादशाही दया का इच्छुक राजा मानधाताप्रकाश को विदित हो : चूँकि हम लोक-शरण इस सरकार का उसे (मानधाता को) सेवक और शुभेच्छु समझते हैं, अतः बरसात की समाप्ति के बाद (हमारे) विजयी दरबार से चार सेनाओं में विभक्त विशाल (वाहिनी) श्रीनगर के जमींदार के ऊपर नियुक्त की जायेगी, जिसमें कि (वह) चारों ओर से उक्त जमींदार के देश में घुसे और कृपा-कृतज्ञता के पात्र जम्मू-कांगड़ा के फौजदार (सनप-राज्यपाल) अेरज खान को महामहिम आदेश प्राप्त हुआ है, कि उपरोक्त पहाड़ के राजाओं के साथ सवारों तथा पैदलों के भारी समूह को लेकर वहाँ से जा मुल्क श्रीनगर में दाखिल हो, इसलिए जगधन करणीय और अनुसरणीय यह शाही हुक्म प्रदान किया गया है, जिस समय समुद्र के लहरों जैसी यह फौजें इस तरफ और उस तरफ से श्रीनगर की भूमि में घुसें, तो इस विजयी सेना में मिलकर बादशाही सेवा ऐसी तरह पालन करे, और महलि महाल श्रीनगर का जो (भाग) पहाड़ के भीतर तथा उस (मानधाता) की सीमा से लगा है, जहाँ तक अधिकार कर सके अधिकार करे। हमने उसे उस (मानधाता) को देश के नियम के अनुसार प्रदान किया। और जो कि उक्त पहाड़ के भीतर कुमाऊँ की सीमा पर है, उसे वहाँ (कुमाऊँ) के राजा को--जो कि श्रीनगर के क्षत्रप का दुश्मन है— देन की हम कृपा करेंगे। और, दून (देहरादून) जो कि पहाड़ के बाहर अवस्थित है, शक्तिमान् सरकार के अधिकारियों के हाथ में रहेगा।

तारीख 18 द्वितीय-जमादी सन् 28 महाभिषेक, तदनुसार सन् 1064 हिजरी को लिखा गया।"

शाहजहाँ का फरमान (4-12-1654 ई०) : शाहजहाँ का दूसरा फरमान इस प्रकार था--"जब्रदतुल्-इम्साल मुतीअ्ुल् इस्लाम राजा मानधाता परकाश राजा-सिरमौर ब-इनायत् बादशाहानः उमीदवार बूदः बदानद् ।

कि चूँ सयादत्-पनाह व अमारत्-दस्तगाह लायक़ुल् मर्हमत् वल्—इह् सान-ख़लीलुल्ला खानरा बा दहहज़ार सवार जर्रार ख़ूँख़्वार जंग-जूय व पैकार-ख़ूय व दहहज़ार बर्क़-अंदाज़ बेखता कोहगर्द ब-जिहत् तख़रीब व इस्तीसाल गढ़वाल तअैय्यन् फरमूदः अेम्। व ओरा बंदः दौलत्-ख्वाह दरगाह-जहाँपनाह मीदानीम्, व हमीशा क़वायद्-दौलत्ख़्वाही व ज़वापत्-बंदगी ब-तक़दीम् मी रसानद् । बिना-बराँ हुक्म

जहाँ-मुताअ़ काजिबुल्-अत्बाअ़ सादर् मीशवद्, कि पस्अज़् वसूल ईं फ़रमान् आलीशान् क़ज़ा-अर्ग़रयान् कुद्रत् व-अमान् बा-जमीयत् खूबे निज़्द खान मशारुन्-अलैह रसीद: बे ब-सलाह व सवाब्-दीद् ओ लवाज़िम् जांसिपारी व मरासम् ख़िद्मत्-गुज़ारी ब-फ़ेअ़ल् आरद्। व, दर् अंज़ाह्-खिद्मत्-बादशाही दकीक: अज़् दक़ायक़् जद्द व इज़्तहाद् गैर-मरअ़ी न गुज़ारद्, ता जमीअ आँ मर्ज़-ो-बूम् मफ़्तूह शवद्। अज़् जुम्ल: ईं मम्लकत् वलायत् दून रा, कि बैरून्-कोह अस्त, व दर्-मैदान खालस: शरीफ: नमूद:, सिवाय् आँ हर् चे ब-मुल्क-ओ इत्तिसाल् दारद्, ब-ओ अता ख़्वाहीम् नमूद्। व आँ चे ब-दीगर् ज़मींदारान् पैवस्त: अस्त, अगर् आँहा तरीक़:-बंदगी मस्लूक् ख्वाहंद दाश्त व मस्दर् ख़िदमत् व दौलत्ख्वाही ख्वाहंद गश्त,ब आँहा इनायत् ख़्वाहीम् कर्द।

ब-तारीख बिस्त-व-चहारम् शह्र मुहर्रम् सन् जलूस 28 मुबारक् मुताबिक़् सन् 1065 हिज्री तहरीर याफ्त, बरिसाला कम्तरीन् मुरीदान् सईदुल्ला खान् मुरीद हज़्रत् शाहजहाँ बादशाह !"

अनुवाद—"समकक्षों और सरदारों में वरिष्ठ इस्लाम के अधीन बादशाही दया का इच्छुक राजा मानधाताप्रकाश राजा-सिरमौर को विदित हो :

चूँकि हमने स्वामित्वरक्षक सामन्ती अवलम्ब कृपा और उपकार के पात्र खलीलुलल्ला खान को दस हजार वीर खूँखार रणोद्यत लड़ाकू सवारों और दस हजार अचूक गिरिचर बर्कंदाजों (पैदलों) के साथ गढ़वाल को नष्ट-भ्रष्ट करने के लिए नियुक्त फरमाया है। और उसे (मानधाता को) हम जगत-शरण इस दरबार का शुभेच्छुक सेवक समझते हैं, और वह हमेशा खेरावाही के कायदों तथा सेवकाई के नियमों का अनुसरण करता है, (इसलिए उसे) जगत्-अनुसरणीय, पालनीय यह हुक्म दिया जाता है कि वह महामहिम मृत्यु से अनिवार्य प्रताप-सुरक्षा (स्वरूप) इस फरमान को पाने के बाद काफी जमात के उक्त खान के पास पहुँचकर उसकी राय और विचार के अनुसार प्राणार्पण के कर्तव्य तथा सेवा की रीति का पालन करे। एवं, बादशाही सेवा की पूर्ति के लिए यत्न और कोशिश करने में जरा भर भी उठा न रखे ताकि वह सारी भूमि जीत ली जावे। इन सारी भूमियों में से दून को—जो कि पहाड़ से बाहर तथा खालसा-शरीफाशाही निजी इलाका के मैदान में अवस्थित है—छोड़ जो भी उस (मानधाता) के मुल्क से लगा हुआ है, उसे प्रदान करेंगे। एवं, वह जो कि दूसरे जमींदारों के मुल्क से लगा हुआ है, अगर वे सेवापथ के तरीकों को अपनायेंगे तथा खिदमत और खैरखाही दिखलायेंगे, तो उसे हम उन्हें प्रदान करेंगे।

—तारीख 24 मास मुहर्रम् अभिषेक 28 तदनुसार सन् 1065 हिजरी को लिखा गया, लेखक हजरत शाहजहाँ बादशाह के अनुचर सईदुल्ला खान के अनुचरों में से (एक) तुच्छ (अनुचर)।"

सोमाग (सुभाग) प्रकाश (1654-64) के शासनकाल में शाही सेना ने गढ़वाल को हराया, जिसमें सुमंगलकप्रकाश ने बड़ी सहायता की थी। शाहजहाँ ने 22 जमादी 1065 हिजरी (30 मार्च 1655 ई०) के अपने फरमान द्वारा कोटाहा इलाका सुभग-

प्रकाश को प्रदान किया और सुभग ने वहाँ के जमींदार को हटा कर उस पर अधिकार कर लिया। गढ़वाल में इस समय पथिवीशाह (1646-60 ई०) का शासन था।

शाहजहाँ को कैदखाने में डालकर औरंगजेब ने मुगल सिंहासन पर बैठ 1068 हि० (9 अक्तूबर, 1650 ई०—30 अगस्त, 1658 ई०) में सिरमौर के राजा के पास शाहजादा मुहम्मद सुलतान के हाथ एक फरमान भेजकर अपने राज्यारोहण की सूचना दी। सिरमौर के मुहाफिज खाने में इस फरमान के ऊपर जो मुहर है, उसमें आलमगीर को बादशाह बल्कि शाहजादा उल्लिखित किया गया है जिससे साफ है कि अभी वह बाकायदा गद्दी पर न था।

तख्त पर बैठने के बाद 1069 हिजरी (29 सितम्बर, 1658—20 अगस्त, 1659 ई०) को औरंगजेब (आलमगीर) ने सिरमौर राजा के पास दूसरा फरमान भेज कर हुकुम दिया कि सुलेमानशिकोह—जो कि उस समय श्रीनगर में था—और उसके बाप दाराशिकोह (लाहौर) के बीच की लिखा-पढ़ी को रोके या पकड़े। इसी फरमान में औरंगजेब ने अपने भाई शूजा के पराजय की खबर देते हुए बतलाया कि फरमानवाहक सुलतान मुहम्मद उसका पीछा करने के लिए भेजा गया है। इसी साल के एक और फरमान में औरंगजेब ने आज्ञा दी कि कोशिश करो जिसमें सुलेमानशिकोह और दाराशिकोह के बीच में आपस में पत्र-व्यवहार न हो सके, और यह भी कि राजा राजरूप (जोधपुर के राजा यशवन्तसिंह के भाई) को श्रीनगर (गढ़वाल) के राजा जमींदार को दण्ड देने के लिए भेजा गया है, उसे सिरमौर-राजा सहायता दे। एक और फरमान में बतलाया गया कि राजा राजरूप श्रीनगर पर एक तरफ से आक्रमण करे और रअद खाँ दूसरी तरफ से। रअद खाँ की सहायता सिरमौर को करनी होगी।

औरंगजेब[1] का फ़रमान (6-7-1658 ई०) : "ज़ब्दतुल्-इम्साल् वल्-अैआन् मुतीअुल्-इस्लाम सुभाग परकाश राजा-सिरमौर ब-मर्हमत् शाही उमीदवार बूदः बदानद्।

कि चूँ दरीं अय्याम् फ़रखुन्दः फ़र-जाम्, कि आगाज़् तलूअ् नैय्यर आलम्-अफ़्रोज़ सल्तनत् जावीद्-तराज़् व नतूअ् सुबह् गीती-आराय दौलत् दाद् व अबद-मुद्दत् अज़ल्-बुनियाद अस्त, ब-ताईदात् आसमानी व तौफ़ीक़ात् रब्बानी फ़तूहात् ताज़ः व नस्रत्हाय व जहाँ-बानी व अ़नान-इन्तिज़ाम् अमूर-मम्लकत् पैराय व किश्वरसतानी ब-यदे इख़्तियार व क़ब्ज़ा इक़्तिदार-मा दर्-आमद। हक़ीक़त् नेको-बन्दगी व हुस्न अक़ीदत् आँ ज़ब्दतुल्-इम्साल ब-अर्ज़ अशरफ़् अक़्दस् आला रसीद्। बिनाबर आँ हुक्म जहाँ-मुताअ् वाजिबुल्-अत्बाअ् करामत सदूर मीयाबद्, कि इनायत् मुक़द्दस्रा शामिल् हालखुद् दानिस्तः बर् जादये-क़दीम दौलत्-ख़्वाही व ख़िद्मत्-गुज़ारी व मस्लक्-मुस्तक़ीम् इताअ़त् व फ़रमाँबरदारी—कि ब-हीं वसीलः आमाल व गज़ीन ज़रिया-बहबूदी हाल व मआल अस्त—साबित्-क़दम बाशद्, कि, दर खलूस-इरादत् व रसूख़-अक़ीदत् ब-इनाअ़त् व रिआ़यत् सरबुलन्दी ख़्वाहद् याफ़्त।

---

1. मुहीउद्दीन मुहम्मद औरंगजेब आलमगीर

तारीख पंज शह्र शव्वाल सन् 32 जलूस अज़् जलूस-वाला, मुताबिक़ सन् 1068 हिजरी क़लमी-नमूदः मुद्। ब-रिसालः नव्वाब क़ुदसी-अल्क़ाब नौ बादः—बारतानेख़िलाफ़त्-गर्ज़ी चिराग़े-दूदमान अब्हत्-फ़रोग खान्दान शौकत् क़ुर्रः बासिरः दौलत् व अक्बाल, इज़्ज़ः नासियः ह्श्मत् व अज्लाल गरामी नसब् समउल्-मकानुल्-मम्दूह ब-निशानुल्-अबीद वल्-हुर्र शाहज़ादा नामदार कामगार मुहम्मद सुल्तान बहादुर।"

अनुवाद : "संतुल्यों और सरदारों में वरिष्ठ इस्लाम के अधीन बादशाही दया का इच्छुक सुभगप्रकाश राजा सिरमौर को विदित हो।

चूँकि इस शुभ समय में जब कि सनातन सरकार के जगतप्रकाश के सूर्य के उदय का आरंभ सनातनकाल तक रहने वाली सृष्टारंभ से प्रतिष्ठापित जगद-शोभाकर सरकार का प्रातः है—दैवी सहायता तथा भगवान की कृपा से नयी विजयों व फतहों द्वारा जगपालन तथा प्रबन्ध की बागडोर, देश और राज्य के काम हमारे हाथ तथा अधिकार में आया। उस प्रतिष्ठावरिष्ठ (सुभगप्रकाश) की नेक-बंदगी और सुभक्ति की बात श्रेष्ठ पतित्रतम (हम) महान के पास पहुँची। अतः पजगत्-अनुसरणीय, पालनीय यह हुक्म दिया जाता है कि (हमारी) पवित्र दया को अपनी शामिलहाल समझकर, आशा-अभिलाषा के सुंदर साधन वर्तमान और भविष्य की भलाई के उपाय खैरखाही तथा खिदमतगुजारी के पुराने पथ और आज्ञापालन तथा अनुगामिता के सीधे मार्ग पर पक्की तौर से आरूढ़ रहे; क्योंकि सद्भाव तथा सद्भक्ति में (बादशाही) दया और रियायत द्वारा सरबुलन्दी मिलेगी।

—तारीख 5 मास शब्बाल 32 श्रीजी अभिषेक सन, तदनुसार सन् 1068 हिजरी लिपिबद्ध हुआ। लेखक पवित्रोपाधिक बादशाही फुलवाडी का नया पौधा स्वामित्व के कुल प्रताप के खान्दान का चिराग दौलत व अकबाल की आँखों का नूर, महिमा तथा प्रताप की ललाटप्रभा, प्रतिष्ठित कुलज, दास-स्वतंत्र पुरुषों द्वारा प्रशंसित नामदार शाहजादा कामगार मुहम्मद सुल्तान बहादुर।"

औरंगजेब का फरमान (7-7-1659 ई०) : "ज़ब्दतुल्-इमसाल वल्-अआ़न लायकुल्-इनायत् सुभगपरकाश राजा सिरमोर ब-इल्तिफ़ात बादशाहानः सरफ़राज़ व उमीदवार बूदः बदानद्।

अर्ज़दाश्ते कि दरीं अय्याम मीमनत् आग़ाज़ फ़रखन्दः अन्जाम अज़्-राह खलूस-अक़ीदत् व रसूख़—इरादत् ब-बारगाह अज़्नत्—व-जाह इर्साल दाश्तः बूद्, अज़् नज़र-अश्रफ़ अक़्दस्-आला गुज़श्त व बाइस् मज़ीद् मर्हमत् मुक़द्दस निस्बत् बहाल-ओ गश्त। आंचे अज़् निशान्दन् चौकी दर् अंकटा मुनासिब् व मसूदूद नमूदन् राहहा ब-जिहत् आँ कि खबर बे-शिकोह, कि आवारः दश्त-अद्बार गश्तः बर् पिसरश् व खबर-पिसरश्, कि पायबन्द ज़िन्दान-कोहिस्तान अस्त, ब ओ न रसद्, मारूज़ दाश्तः बूद्, मालूम राय आलम्-आरा गर्दीद्। बायद् कि जार्दये-अख़्लास् व बन्दगी व फ़रमाँबरदारी व ख़िद्मत्-गुज़ारी दर्गाह-आसमान-जाह, कि ब-हीं वसीलः हसूल आमानी व आमाल अस्त, साबित्-

क़दम बूदः दर्-इन्सदाद् तरीक़ व शवारअ् बेश-अज़्-बेश कोशीदः दक़ीक़ा-अज़्-दक़ायक़् हुज़्म व हूशियारी व इहतियात् व ख़बरदारी ग़ैर-मरई न गुज़ारद्। ई मअ़नी रा मुत्ज़म्मन् मुज्रा मुस्तलज़िम नतीजः नेकः शनासद्।

हक़ीक़त् काताह-अन्देशी ज़मींदार सिरीनगर व मुनाज़अ़ते कि मियान आँ ज़ब्दतुल-अक़रान व आँ मख़्ज़ूल वाक़अ् अस्त, मारूज़ दाश्तः बूद्, व आरज़ूय दर्याफ़्त सआदत् आस्तान-बोस् दर्गाह मुअल्ला ब मुवक्क़िफ़् अर्ज़ रसानींदः हुक्म जहाँ-मुताअ् शरफ़ सदूर मी-याबद्, कि ज़ब्दतुल-इम्साल वल्-अक़रान लायक़ुल्-इनायत् राजा राजरूप व जमअ् कसीर अज़् उम्रा व मन्सब्दारान दरीं ज़ूदी बराय गोशमाल व इस्तीसाल आँ मख़ज़ूल सिरीनगर अज़ पेशगाह सित्वत् व जलाल तअ़ैयन ख़्वाहंद् शुद्, बायद् कि आँ ज़ब्दतुल्-अश्वाह दर्-वतन बूदः जमीअत् ख़ुद्रा तुज़्क नमूदः मुस्तेद बाशद् कि हरगाह राजा राजरूप व दीग़र बन्दगान आस्तान् फ़लक-निशान् ब-आँ सर्ज़मीन रसीदः ब-क़लअ् व-क़मअ् आँ वाजिब्लु-तादीब् ब-परदाज़न्द ब नीज़ जमीअ़त् ख़्वेश् अज़् राहे, कि मुनासिब् दानद् क़ाबू यावद्, व महाल मुतअल्लक़ः आँ बद्-आमाल दर-आमदः दर् ख़राबी आँ मसाअ़ी जमीलः ब-ज़हूर रसानीदः चुनाँ नुमायद्, कि आँ मुत्रद् व मुस्ताअ़सिल् गर्दद्, व अज़् अ़दावत् व मुख़ासिमत्-ओ फारिगुल्बाल गश्तः अज़् पेशगाह ख़िलाफ़त् मूरिद् इनायत् व रिआयत् शवद।

ब-तारीख शांज़्दहम् शव्वाल् ख़तम बिल्-ख़ैर वल्-अक्बाल सन् अहद् अज़् जलूस मुबारक मुवाफ़िक़ सन् 1069 हिजरी नविश्तः शुद्।"

अनुवाद : "समकक्षों और सरदारों में वरिष्ठ मेहरबानी और बादशाही दया प्राप्त करने से सौभाग्यशाली और उम्मीदवार सुभगप्रकाश राजा सिरमौर को विदित हो।

आदि-कल्याण अंत-कल्याण वाले इन दिनों दृढ़ विश्वास और शुभ संकल्प से प्रेरित है जो आवेदन पत्र हमारे महिमा प्रतापशाली दरबार भेजा था, वह हमारी श्रेष्ठ-पवित्र-उत्तम दृष्टि से गुजरी और उस सुभगप्रकाश के लिए और अधिक पुनीत दया का कारण हुआ। दुर्भाग्य में पड़े मारे-मारे फिरते बे-शिकोह दाराशिकोह को खबर उस तरफ से पहाड़ी जेल में पड़े उसके पुत्र सुलेमानशिकोह के पास पहुँचती थी, उसके रास्ते को बंद करने के वास्ते अंकदा में चौकी बैठाने के बारे में जो निवेदन किया, वह हमारे लोकारंकारक राय में प्रकट हुआ। तुम्हारे लिए उचित है कि इच्छाओं और अभिलाषाओं को पूरा करने वाले आकाश से प्रतापी हमारे दरगाह की भक्ति, बंदगी, आज्ञानुसरण और खिदमत में पक्का साबित कदम रास्तों और बाटों को रोकने की अधिकाधिक कोशिश करने में जरा भी कमी न करते होशियारी, सावधानी और खबरदारी को छोटी से छोटी बात में भी चूक न करे, और इस बात को मलाई सुपरिणाम का आवश्यक तरीका समझे।

जमींदार श्रीनगर की अदूरदर्शिता तथा सरदारों में वरिष्ठ राजा सिरमौर तथा उस असहाय राजा श्रीनगर के बीच जो झगड़ा उपस्थित है, वह आवेदित हुई और महान् दरगाह के चौखट के चुंबन के सौभाग्य पाने की अभिलाषा ज्ञात हुई हो। लोकानुसरणीय यह हुक्म होने की दया बखशी जाती है—कि समकक्षों और सरदारों में वरिष्ठ मेहरबानी

के योग्य राजा राजरूप तथा अमीरों और मनसबदारों की एक भारी जमात बदजात श्रीनगर राजा की गोशमाली तथा बरबादी के लिए हमारी प्रताप-वैभवशाली दरगाह से जल्दी नियुक्त होंगे। उचित है कि वह समकक्षों में वरिष्ठ राजा सिरमौर अपने वतन में रहते अपनी जमात दुरुस्त करके तैयार रहे, जिसमें राजा राजरूप (नूरपुर) तथा आकाशध्वज हमारे आस्थान के दूसरे सेवक जब उस जगह पहुँच उस दंडनीय के नष्ट-भ्रष्ट करने में लगें तो राजा सुभगप्रकाश भी जिस राह से ठीक समझें और काबू पाये, पास वाले उस दुष्कर्मी के दूलाके में घुसकर उसे नष्ट करने की ऐसी अच्छी कोशिश करे कि वह दुष्ट नष्ट हो जाए और उसकी अदावत और दुश्मनी से घुट्टी पा हमारे शाही दरगाह से कृपा और मेहरबानी का हकदार हो।

तारीख 16 शब्वाल को खैरियत और अकबाल के साथ समाप्त, पुनीत अभिषेक से प्रथम सन् तदनुसार 1069 हिजरी को लिखित।"

दाराशिकोह के पुत्र सुलेमानशिकोह ने औरंगजेब के सेनापति महाराजा जयसिंह से हार खाकर गढ़वाल में शरण ली थी। उसे पकड़ने के लिए फिदा खाँ हरद्वार की ओर चला, और मुरादाबाद के अफसर कासिम खाँ ने नगीना की ओर से पीछा किया। सुलेमान शिकोह कोटद्वार के रास्ते जल्दी-जल्दी कूच कर रहा था। उसके साथ उसका दूधभाई मुहम्मद शाह तथा अपनी स्त्री और कुछ अनुचरों तथा दास-दासियों के अतिरिक्त कोई नहीं था। श्रीनगर में पृथीशाह ने शाहजहाँ के पोते का स्वागत किया। अब भी शायद औरंगजेब का भविष्य निश्चित नहीं मालूम हो रहा था, इसलिए यदि 'सम्राट' दाराशिकोह के भावी उत्तराधिकारी सुलेमान शिकोह को राजा ने अपनी किसी पुत्री को व्याह दिया हो, तो कोई आश्चर्य नहीं। फिदा खाँ और कासिम खाँ शाहजादे को पकड़ न पाये। फिर जम्मू के राजा राजस्वरूप को एक बड़ी सेना देकर भेजा गया। साल-भर के युद्ध के बाद भी सफलता नहीं मिली। पृथिवीशाह शरणागत को लौटाने को तैयार नहीं था। राजा के मंत्री ने प्रलोभन में पड़ कर शाहजादे को विष देना चाहा, किंतु भेद खुल गया और उसे अपने प्राणों से हाथ धोना पड़ा। शाही कोप में पड़कर राज्य को भस्म करना उच्च-कर्मचारियों ही नहीं स्वयं युवराज मेदिनीशाह को भी पसंद नहीं था, किंतु पृथिवीशाह अडिग रहा। शाही हुकुम से सिरमौरा (नाहन) की सेना पश्चिम से आक्रमण कर श्रीनगर से 45 मील पश्चिम (टेहरी से 4 मील) तक गंगा-किनारे पहुँच गई। गढ़वाली सेना उसे बड़ी मुश्किल से जमुना पार भगा सकी। कुमाऊँ की सेना ने भी शाही हुकुम को अपने सीमांत पर ही बजा कर छुट्टी ले ली। औरंगजेब की सेना ने अब दून पर आक्रमण किया। सारा दून और भाबर गढ़वाल के हाथ से जाता रहा। जयसिंह ने अपने पुत्र कुमार रामसिंह को समझाने के लिए भेजा। पृथिवीशाह ने उसका बड़ा सत्कार किया, किंतु सुलेमान को लौटाना स्वीकार नहीं किया। कुमार रामसिंह और युवराज मेदिनीशाह उसे पकड़ने को तुले हुए हैं—यह सुनकर सुलेमान शिकोह ने रात को तिब्बत की ओर भागना चाहा, किंतु रास्ते का पता नहीं था। सुलेमान ने भटकते हुए फिर श्रीनगर की ओर लौटकर एक गुफा में शरण ली। किसी ग्वालिये ने उसे देख लिया। राजा की इच्छा न

होने पर भी सुलेमान को पकड़कर रामसिंह के हवाले कर दिया गया। औरंगजेब ने सुलेमान को कुछ समय ग्वालियर के किले में कैद रखकर मरवा डाला और पृथिवीशाह को दून की सनद दी।

राजा सुभगप्रकाश योग्य शासक था, उसने खेती-बारी की उन्नति के लिए विशेष तौर से प्रयत्न किया। उसकी सेवाओं से खुश होकर औरंगजेब ने अपने सनजलूस के तीसरे साल में एक फरमान द्वारा कालाखर इलाके को यह कहकर प्रदान किया, कि उसके जमींदार राजा) ने ठीक से शासन नहीं किया। कालाखर शायद देहरादून के पास का आज का कोलागढ़ इलाका है; जो सिरमौर के हाथ में उसके विलयन के समय तक रहा।

सुभगप्रकाश के बिहारीमल और हरिसिंह दो लड़के थे, जिनमें से बिहारीमल बुद्ध-प्रकाश (1664-54 ई०) या बिघिचन्द प्रकाश के नाम से गद्दी पर बैठा। औरंगजेब ने 1 अगस्त 1667 ई० (10 सफर 1078 ई०) के फरमान द्वारा इसकी स्वीकृति दी। अपने 11 जुलहिज सनजलूस 16 या हिजरी 1084 (24 मार्च, 1674 ई०) के फरमान द्वारा एक ठेकेदार को कालाखर (कालागढ़) के जंगलों से मुफ्त में शाल लेने की इजाजत देने के लिए कहते, लिये गये कर को लौटा देने का हुकुम दिया। बादशाही इस्तेमाल के लिए 8 हजार रुपये की लकड़ी इस फरमान द्वारा ली गई।

सफर की अंतिम तारीख सनजलूस 17 या हिजरी 1085 (4 जून, 1674 ई०) के फरमान में औरंगजेब ने सिरमौर राजा को हुकुम दिया, कि बादशाह के दूध के भाई नवाब फिदा खान की रियासत में सम्मिलित पिंजौर परगने पर जबर्दस्ती अधिकार किये पहले के राजा के लड़के सूरजचन्द को वहाँ से भगा दे। इस फरमान को कार्यरूप में परिणत करते हुए राजा बुद्धिप्रकाश ने पिंजौर, सहवाना, जगतगढ़ एवं मुजफ्फरगढ़ के किले (जो आजकल अम्बाला जिले में है) पर अधिकार कर लिया। जो फरमान बादशाह ने भेजे थे, वे राज्य के मुहाफिजखाने (अभिलेख-गृह) में सुरक्षित थे। 1098 हिजरी (17 नवम्बर, 1686—8 अक्टूबर, 1787 ई०) में राजा ने बादशाह से प्रार्थना की थी, कि श्रीनगर के राजा ने मेरे कुछ परगनों पर अधिकार कर लिया है, जिस पर बादशाह ने उसे दिलाने के लिए सेना की मदद भेजी। इसके परिणामस्वरूप श्रीनगर के राजा ने बैराठ-कलसी के किले को राजा बुद्धप्रकाश को समर्पण किया। 1100 हि० (26 अक्टूबर, 1688—16 सितम्बर, 1689 ई०) को बादशाही फरमान में राजा के पत्र के प्राप्त करने की स्वीकृति देते हुए आज्ञा दी गई थी, कि वह भविष्य में श्रीनगर के राजा के मामले में दखल न दे। राजा बुद्धप्रकाश की बेगम जहाँआरा से भी लिखा-पढ़ी थी, जिसके पास कस्तूरी, जंगली अनार, और शिकार की भेंट भेजने के बदले में मूल्यवान खिलअतें मिली थीं। अपने पत्र में जहाँआरा ने जंगली मुर्गों और तीतरों के बहुत पसंद आने का जिक्र किया है। पहाड़ों की जड़ में खास तौर से गड्ढे बनाकर जाड़ों की बर्फ को जमा कर लिया जाता, और गर्मियों में उसे जहाँनारा के पास दिल्ली भेजा जाता। एक बार उसने बर्फ के खराब होने की शिकायत की, जिसके उत्तर में राजा ने कहा, कि दारोगा की बेपरवाही से ऐसा हुआ। दारोगा ने मजदूरों को ठीक से मजूरी नहीं दी। इस पर बेगम ने अपने दारोगा को खबरदार

किया। सिरमौर में जाड़ों का जमा किया हुआ बर्फ मजदूरों के ऊपर जमुना के किनारे धमरास पहुँचाया जाता, जहाँ बक्सों में बंद करके उन्हें बेड़ों के ऊपर रख खिज़राबाद परगने के दरियापुर में पहुँचाया जाता। वहाँ से नावों पर रखकर तीन दिनों में वह दिल्ली पहुँचते।

जहाँआरा (शाहजहाँ-पुत्री) का पत्र (1680 ई०) : "अल्लाहु अक्बर, अलैहुल्—आलिय:। जब्दतुल्-अमासिल् वल्-अक़रान बुधपरकाश ब-इनायत उमीदवार बूद: बदानद् :

अर्ज़दाश्तहाय मुतवातिर कि संदूक-बर्फ ब-जानिब कुद्सिय: इर्साल दाश्त: बूद, रसीद, अज़ नज्र अलिय: गुज़श्त। कैफ़ियत् मबर्हन् बर-राय आलम-आराय गरदीद् शुभा नविश्त: ईद, कि सैयद् शफ़ी व भूरे अज़् ज़खीर: सरकार बर-आवर्द: इर्साल दाश्त: अंद्, ब नविश्त: आँहा ब-मान रसीद: ब बर्फ़ हम् बसियार चिरकीन व यखे मुत्लवन् दरो न बूद्। अज़ीं ब-खातर-मा रसीद: कि शायद् अज़् यखदानहाय-मा न बाशद्। व ज़मींदार-गढ़वाल नविश्त: बूद्, कि मन् करिस्ताद: अेम्, वल्लाह अअलमो।

व दीगर आँकि मारूज़ दाश्त: ब-अर्ज़ मुक़द्दस मुअल्ला रसानीद: चुनाँ शवद्, कि हक़ ब-हक़दार रसद्। मारा आँ च बायस्त गुफ़्त क़बल् अज़ीं ब अर्ज़ हज़रत रसानीदेम्, चुनाँचे हज़्रत् मुकर्रर ब-बख्शियाँ हुक्म फ़रमूदंद—"ह स्बुल्-हुक्म बिनवीसीद्, कि हर कि तअद्दी व ज़ियादती ख़्वाहद्, नमूद्, ओ अज़् फ़ेअल-खुद् सज़ा ख़्वाहद् याफ़्त" व ओ ईं वतौर अर्ज़दाश्त नमूद: व पेश अह्दी बादशाही हम् गुफ़्त: कि मन् वर्-कसे तज़द्दी न कर्द: अम्। ईं हद् अज़् क़दीम् अज़् आबा व अज्दाद् मन् बूद:। ईंहा ब-तअद्दी गिरिफ़्त: बूदन्द। अल्हाल कि मन् क़ाबू याफ़्तीम्, हदूद-खुद गिरिफ़्तम्। ओ ईं—तौर मीगोयद् व शुभा ईतौर भी गोईद्, ताकि बादशाह अमीन न ख़्वाहन्द फ़िरिस्ताद् व तहक़ीक़ न ख़्वाहन्त फरमूद्, नफ़सुल्-अग्र मालूम बन्दग़ान-हज्रत न ख़्वाहद् शुद्, कि फ़ौज तअ्यन् नमूदन् हुक्म ख़्वाहंद फ़रमूद्। बाज़ दरीं अस्ना कि ब-सिम्त दकिन व काबुल लश्कर मीबायद्, अजब् अस्त कि तर्फ़ दीगर फ़ौज रवान: कुनंद।

संदूक साबिक़ हम् रसीद: बूद् हर से: संदूक़ व हाल रसीदंद।

तह्रीर फील्-तारीख़ हफ़्तुम शह्र जमादिउल्-अव्वल सन् 21 क़लमी शुद्।"

अनुवाद—"समकक्षों और सरदारों में वरिष्ठ मेहरबानी का उमेदवार बुधप्रकाश को विदित हो :

बर्फ की संदूक पुनीत (जहाँआरा बेगम) के पास भेजी गयी, इसके आवेदन आये, (और) महामहिम की नजर से गुजरे। उनकी बात लोक-शोभाकर को मालूम हुई। तुमने लिखा कि सरकार के भंडार में सैयद शफी और भूरे ने निकाल कर (बर्फ) भेजी, पर उनका लेख हमारे पास नहीं आया। बर्फ भी बहुत गंदी और उसमें जमावट बिल्कुल न थी। इससे मेरे मन में आया कि शायद वह हमारे बर्फदानों की न हो। जमींदार गढ़वाल ने लिखा था कि (बर्फ) मैंने भेजी है, अल्लाह जाने।

और दूसरा जो अर्ज (तुमने) पुनीत महामहिम (बादशाह) के सामने रखने की प्रार्थना की थी, कि ऐसा हो कि हकदार को हक मिले। हमें जो कुछ कहना था, इससे

पहले ही उसे हजरत (बादशाह) के सामने अर्ज कर दिया। और हजरत ने दुहराकर बखशियों को हुक्म दिया—हुक्म के अनुसार लिखो कि जो कोई जियादती और जुल्म करेगा, वह अपने के लिए सजा पायेगा। और उस राजा गढ़वाल ने इस तरह आवेदन करते बादशाह के सामने कहा है कि मैंने किसी पर जबर्दस्ती नहीं की है। मेरे बाप-दादा के पुराने समय से यही सीमा थी। इन्होंने (सिरमौरियों ने) जबर्दस्ती दखल कर लिया था। अब जब मेरा काबू हुआ, तो अपनी सीमा को ले लिया। वह ऐसा कहता है और तुम ऐसे कहते हो। बादशाह जब तक अमीन न भेजेंगे, और तहकीकात न फरमायेंगे, तब तक असली हजरत (बादशाह) के सेवकों को मालूम न होगी, जिसमें फौज तैनात करने का हुक्म देंगे। इसके अतिरिक्त इसी बीच दक्खिन की ओर और काबुल में लश्कर चाहिए। मुश्किल है कि दूसरी ओर फौज भेजें।

पिछली संदूकें भी मिली थीं—तीनों पुरानी और नयी संदूकें मिलीं। लिखित तारीख सप्तमी मास प्रथम जमाती सन् 21 कलमबद्ध हुआ।"

बुद्धप्रकाश के बाद उसका लड़का योगराज मेदिनीप्रकाश (1684-1704 ई०) के नाम से सिरमौर की गद्दी पर बैठा और बादशाह ने उसकी स्वीकृति देते हुए खिलअत बख्शी। इसी राजा के समय गुरु गोविंदसिंह नाहन रियासत में पोंटा में आकर रहे।

गुरु गोविंदसिंह पहले कहलूर (बिलासपुर) रियासत के अनन्तपुर गाँव में रहे, लेकिन वहाँ के राजा भीमचंद और हरिचंद ने माँगने पर भी एक हाथी न देने पर उन्हें वहाँ से हटने के लिए मजबूर किया गया और वे वहाँ से टोका चले गये। जहाँ से राजा मतप्रकाश उन्हें नाहन लाया और फिर वे पोंटा गये। इसी बीच में कहलूर का राजा श्रीनगर के राजा फतेहशाह की लड़की से अपने लड़के का ब्याह करने के लिए श्रीनगर गया। कहलूर के राजा ने देखा कि गुरु गोविंदसिंह ने राजा फतेहशाह के पास विवाह-संबंधी भेंट भेजी है। उसने गुस्सा होकर लड़की वालों को भेंट लौटाने के लिए मजबूर किया, क्योंकि हरिचंद गुरु को अपना शत्रु मानता था। इस पर गुरु ने भी लड़ाई की तैयारी की और उन पर आक्रमण करने के लिए फतेहशाह के साथ हरिचंद आगे बढा। जमुना के किनारे भंगानी में दोनों पक्षों की लड़ाई हुई, जिसमें गुरु ने पूर्ण विजय प्राप्त की। फतेहशाह और हरिचंद दोनों मारे गये। कहा जाता है—हरिचंद स्वयं गुरु के वाण से मरा। दोनों राजाओं की रानियाँ सती हुई, जिनके आठ सतीचोरे भंगानी में अब भी मौजूद हैं। गुरु ने अपनी विजयध्वजा यहाँ गाड़ी और उनके स्मारक में आज भी वहाँ गुरुद्वारा मौजूद है। मतप्रकाश संवत् 1761 (1704 ई०) में निस्संतान मरा, जिस पर बुद्धप्रकाश का दूसरा पुत्र हरिप्रकाश गद्दी पर बैठा। 2 रवि 1115 हि० (17 जून, 1703 ई०) के फरमान द्वारा औरंगजेब ने हरिप्रकाश (1704-12 ई०) को राजा स्वीकृत किया। हरिप्रकाश केवल आठ वर्ष राज्य कर सका। हरिप्रकाश के बाद विजयप्रकाश गद्दी पर बैठा। विजयप्रकाश (1712-36 ई०) का बादशाह बहादुरशाह ने भीमप्रकाश नाम पसंद किया था, लेकिन नये राजा ने अपना नाम विजय-प्रकाश रखा।

विजयप्रकाश के बाद प्रताप (प्रतीब) प्रकाश (1736-54 ई०) गद्दी पर बैठा। अब वह समय था जबकि दिल्ली की हालत बदतर हो गयी थी और वहाँ पर कमजोर बादशाहों को देख शक्तिशाली वजीर सलतनत की नोच-खसोट कर रहे थे। औरंगजेब के मरने (1707 ई०) के बाद पहले ही से मौजूद चार दरबारी दल राजशक्ति के लिए आपस में संघर्ष करने लगे। ये दल थे—तूरानी, ईरानी (शिया), अफगान (पठान) और हिंदुस्तानी। तूरानी दल मुगलों का अपना दल था, जिसका मुखिया कमरुद्दीन या चिंकिलिच खान था। निजामुलमल्क के पूर्वज उसी मध्य एशिया के तुर्कमान थे जहाँ से बाबर आया था। कमरुद्दीन पहले गोरखपुर का सूबेदार था। फर्रुखसियर के राजच्युत होने के समय वह मुरादाबाद का फौजदार था, लेकिन वह रुहेलखंड में नहीं जमा—उसे तो अपनी कार्यभूमि दक्खिन को बना हैदराबाद का प्रथम निजाम निजामुलमुल्क आसफजाह बनना था। सैयद-बंधुओं की मृत्यु के बाद निजाम का चचा महामंत्री बना जिसके मरने पर 1722 में निजाम भी एक साल महामंत्री रहा। मुगल भी मध्य एशिया के तुर्क थे, इसलिए तूरानी दल शाही दल था। यहाँ यह बात स्मरण रखनी चाहिए कि बाबर तैमूर के पुत्रों के खानदान का अतएव तुर्क था। रोब जमाने के लिए ही उसने अपने पैतृक खानदान की जगह चंगेज-वंशजा माँ के खानदान मुगल, मंगोल का नाम अपने साथ जोड़ना शुरू किया।

ईरानी दल एक तरह से शियों का दल था जिसमें पीछे मुर्शिदाबाद और लखनऊ के होने वाले नवाब सम्मिलित थे। हिंदुस्तानी दल के मुखिया अब्दुल्ला खाँ और हुसैन अली खाँ सैयद-बंधुओं के नाम से कितने ही समय तक दिल्ली के हर्ता-कर्ता रहे। इनका मूल स्थान जानसठ (मुजफ्फरनगर) था। इन्होंने दिल्ली छोड़ अपने लिए किसी लखनऊ या हैदराबाद की नवाबी तैयार नहीं की। औरंगजेब की मृत्यु के बाद की डेढ़ दशाब्दियाँ सैयद-बंधुओं के शासन की थीं। फर्रुखसियर को इन्होंने गद्दी पर बिठाया और जब पसंद नहीं आया तो 17 फरवरी, 1718 ई० को उसे उतार कर वे तब तक दूसरे कितने ही खिलौनों को शाह बनाते रहे जब तक कि मुहम्मदशाह के जमाने में दोनों भाइयों की समाप्ति नहीं हो गयी।

पठानों ने अवध से पश्चिम गंगा के दोनों पार (प्राचीन कुरु-पंचाल में) अपने लिए भूमि तैयार की। गंगा के दक्षिण फर्रुखाबाद बंगश पठानों का केंद्र था और गंगा से उत्तर के बड़े भूभाग को रुहेलों ने हथियाया, जो पीछे उन्हीं के नाम पर रुहेलखंड कहा जाने लगा और जिनका अंतिम अवशेष रामपुर की रियासत स्वतंत्र भारत में विलीन हुई। इन पठानों के बारे में मुताखरीन का लेखक लिखता है—"अफगानों को न दिल होता है न दिमाग। वह बड़े लालची होते हैं, नमक का हक अदा करना नहीं जानते। अफगान से झगड़ा करना भिड़ के छत्ते में हाथ देना है। अगर कोई अफगान मारा जाये तो उसका फिरका उस बात को कभी नहीं भूलता; चाहे कितना ही समय क्यों न बीत जाये, मौका मिलने पर वह बदला लेकर ही रहता है।"

उपरोक्त पंक्तियों में अतिरंजन से काम लिया गया है। यह इतिहासकार स्वयं

ऐसे दल का था जिसका पठानों से विरोध था।

अवध के सूबेदार सआदतअली खाँ का भांजा और दामाद मंसूर पीछे सफदरजंग के नाम से प्रसिद्ध हुआ। 1748 में निजामुल्मुल्क के मर जाने पर सफदरजंग दिल्ली का महामंत्री बना, किंतु दलबंदियों में निभ न सका, और 1753 में बगावत करके वह अवध चला आया। अपने स्वार्थों के लिए तूरानी और ईरानी दोनों दल मराठों से मदद लेना चाहते थे। सफदरजंग ने मराठों को बुलाकर फर्रुखाबाद के बंगश पठानों को समाप्त करवा दिया, और दवाबा को मराठों तथा अपने में बाँट लिया। मराठे रुहेलों की भूमि में भी पहुँचने लगे थे, किंतु इसी समय एक विदेशी शक्ति (अंग्रेज) बीच में आ कूदी। 1754 में सफदरजंग की मृत्यु पर उसका बेटा शुजाउद्दौला अवध का नवाब बना। इसके दो साल बाद 1756 ई० में अलीवर्दी खाँ के मरने पर उसका दामाद सिराजउद्दौला मुशिदाबाद का नवाब बना। अगले ही साल (1757 ई०) पलासी की लड़ाई में छल से विजय प्राप्त कर अंग्रेजों ने 190 सालों के लिए भारत पर अपना प्रभुत्व जमा लिया। इस अवस्था से लाभ उठाने में पश्चिमी पड़ोसी क्यों पीछे रहते? ईरान के शाह के सेनापति तुर्कमान नादिर कुली या नादिरशाह ने 13 फरवरी 1739 ई० को करनाल पहुँच दिल्ली की सेना को करारी हार दी, अवध का सूबेदार सआदत अली खाँ घायल हुआ। 9 मार्च, 1739 को नादिर ने दिल्ली में दाखिल हो दो महीने रह वहाँ कत्लेआम और लूट का बाजार गर्म किया। मुगल शक्ति को अंतिम प्रहार दे तख्तेताऊस तथा अपार संपत्ति ले नादिर 5 मई, 1739 को दिल्ली से विदा हुआ।

मराठों को इस गड़बड़ी के समय उत्तर में और आगे बढ़ने का मौका मिला, और जैसा कि ऊपर कहा, सफदरजंग ने उनकी मदद से दवाबा और रुहेलखंड के पठानों को दबाया। तुर्कमान नादिरशाह की लूट को देख अफगान अहमदशाह अब्दाली (दुर्रनी) क्यों चुप रहता? उस समय उत्तर भारत के एक बड़े इलाके पर उसके पठान भाइयों बंगशों और रुहेलों का अधिकार था। 1748, 1749 और 1751 तक पंजाब और मुलतान पर उसने अधिकार कर लिया। चौथी बार गाजीउद्दीन के महामंत्रित्व के समय 1756 के अंत में उसने और आगे कदम बढ़ाया और पानीपत में मराठों की सेना को हराकर 1757 की जनवरी में वह दिल्ली में दाखिल हुआ। वहाँ जो कुछ हाथ लगा, उसे तथा रँगीले मुहम्मदशाह की दो तरुण विधवाओं को भी लेते वह काबुल लौट गया। दो साल बाद 1759 में वह फिर दिल्ली की सूखी हड्डियों को चिचोड़ने वहाँ पहुँचा। अहमदशाह अब्दाली के आक्रमण के समय सहारनपुर को एक रुहेले सरदार नजीब खाँ नजीबुद्दौला ने अपना गढ़ बना लिया था। पठान होने से वह अब्दाली का कृपापात्र भी था। 1757 की लड़ाई में उत्तर में मराठों की शक्ति को भारी धक्का लगा। 1742 में जहाँ मुर्शिदाबाद मराठों के आक्रमण-क्षेत्र में था, वहाँ 1757 में अंग्रेज उसके संरक्षक बन बैठे। देश की यह अवस्था थी, जिसके भीतर से हमें तत्कालीन सिरमौर या हिमाचल को देखना है।

प्रतापप्रकाश के बाद उसका बड़ा लड़का कीरतप्रकाश (1754-70 ई०) राज-

गद्दी पर बैठा, जो अच्छा शासक और योग्य सैनिक भी था। गढ़वाल के राजा को उसने हराया, फिर सिक्खों के ऊपर पड़ा और उनसे नरायनगढ़, रामपुर, थानादारा, रामगढ़, मोरनी, पिंजौर और जगतगढ़ को छीन लिया। इस तरह अपनी शक्ति को मजबूत करके उसने पटियाला के राजा अमरसिंह के साथ सहायता की संधि की, और वजीर गंगाराम के नेतृत्व में विद्रोहियों के हाथ में चले गये सैफाबाद को पटियाला के हाथ में लौटाने में सहायता की। रुहेला सरदार नजीबुद्दौला-पुत्र गुलाम कादिर खाँ ने जब कहलूर (बिलासपुर) पर आक्रमण किया, तो कहलूर की मदद के लिए कीरतप्रकाश ने एक फौज भेजी। गोरखा जिस समय गढ़वाल पर आक्रमण करने आये उस समय अपने पहले के खानदानी बैर को भूल कर कीरतप्रकाश ने स्वयं सेना ले गोरखों का मुकाबला किया, लेकिन बीच में ही गढ़वाली सिरमौरियों को अकेला छोड़कर भाग गये। रसद भी नहीं रह गयी थी, तो भी कीरतप्रकाश ने लड़ाई में ऐसी वीरता का परिचय दिया कि गोरखों को सिरमौर के हाथ में गंगा (भागीरथी) से पश्चिम का भाग लेकर समझौता करना पड़ा। दुर्भाग्य से इसी समय संवत् 1820 (1770 ई०) में लड़ाई से लौटने पर लकड़घाट पहुँचने पर वह एकाएक मर गया।

कीरतप्रकाश के बाद उसका बड़ा लड़का जगत्प्रकाश (1770-89) गद्दी पर बैठा। इसके समय गढ़वाल के राजा जयकृतशाह को उसके मंत्रियों और कारदारों ने दुर्गत कर रखी थी और उसने कवि और चित्रकार भोलाराम के पास आकर प्रार्थना की, जिसके कहने पर जगत्प्रकाश ने सहायता दी। भोलाराम नें अपने ऐतिहासिक काव्य में इसके बारे में लिखा है।

जगतप्रकाश के बाद उसका छोटा भाई धर्मप्रकाश (1789-93 ई०) गद्दी पर बैठा। कहलूर की शाखा नालागढ़ के राजा रामसिंह ने सिरमौर के ठाकुरों के इलाके पर छीना-झपटी की, जिस पर धर्मप्रकाश सेना लेकर मुकाबले के लिए गया। उसने भागल के राना जगतचंद को बंदी बनाया और पिंजौर में डेरा डालकर भागल के सामंतों से कर वसूल किया। यहीं उसे खबर मिली कि गढ़वाल के कुँवर पराक्रमशाह ने खुशहालपुर (देहरादून के पास) के किले पर अधिकार कर लिया। इस पर उसने कुँवर ईसरीसिंह को सेना देकर भेजा।

यह गोरखा-राय-विस्तार का समय था। इसी समय कुमाऊँ और गढ़वाल के राजाओं की शक्ति भीतरी झगड़ों के कारण क्षीण हो गयी थी। पड़ोसी सिरमौर उतना कमजोर नहीं था, लेकिन उसका पश्चिमी पड़ोसी और प्रतिद्वंद्वी कहलूर (बिलासपुर) अच्छी अवस्था में नहीं था और सतलज के पार कांगड़ा के शक्तिशाली कटोच राजा संसारचंद ने अपनी बाँह पूर्व की ओर बढ़ानी चाही थी। संसारचंद ने कहलूर के राजा महांचंद के ऊपर आक्रमण करके सतलज के उत्तर के कई सैनिक महत्त्व के स्थानों पर अधिकार कर लिया। इस पर महांचंद ने धर्मप्रकाश से सहायता माँगी और इसके बदले में एक लाख रुपया नजराना देना मंजूर किया। धर्मप्रकाश ने अपनी और कहलूर की सेना का नेतृत्व करते अपने ठाकुर मददगारों तथा हिंदूर (हिंडूर, नालागढ़) के राजा रामसिंह

को लेकर कटोचों के खिलाफ सतलज के उत्तरी तट पर चरारातू पर अभियान किया, जो कि कटोच भूमि की सीमा पर था। इसी लड़ाई में संसारचंद से लड़ते समय धर्मप्रकाश ने संवत् 1850 (1793 ई०) में अपने प्राण गँवाये। धर्मप्रकाश का कोई पुत्र नहीं था, इसलिए उसका भाई करम (कर्म) प्रकाश (1793-1815 ई०) गद्दी पर बैठा। यह बड़ा ही विलासी और अयोग्य राजा ऐसे समय सिरमौर का शासक बना, जबकि शक्तिशाली गोरखा आगे बढ़ने की प्रतीक्षा में उसकी पूर्वी सीमा पर खड़े थे। उसके प्रभावशाली सरदार अजीबसिंह, प्रेमसिंह और किशनसिंह ने राजा के भाई रेतनसिंह को गद्दी पर बैठाने के लिए षड्यंत्र किया और नाहन से 32 मील पर दून में अब ध्वस्त कांगड़ा के किले में राजा को घेर लिया। लड़ाई में शकल-सूरत में करमप्रकाश जैसा एक सरदार चोलुमियाँ मारा गया। हल्ला हुआ कि राजा मारा गया, इससे फायदा उठाकर करमप्रकाश अपने परिवार सहित किले से भागकर तनारु पहुँचा और मुखिया झंजू की सहायता से कालसी गया। रतनप्रकाश का सिंहासन पर अधिकार देख करमप्रकाश ने गोरखा जनरल काजी रणजोर थापा से सहायता माँगी और वचन दिया कि गंगा से पश्चिम होने पर भी दून (देहरादून) पर मैं गोरखा के अधिकार को स्वीकार करूँगा। गोरखा तो यह चाहते ही थे, उन्होंने तुरंत सिरमौर पर आक्रमण कर दिया, पर रतनप्रकाश के भागने पर करमप्रकाश को देने की जगह नाहन पर अपना शासन स्थापित किया। कोटाहा, रामगढ़, लहरपुर, मोरनी, पिंजौर, जगतगढ़ और दूसरे स्थानों के राज्याधिकारियों ने करमप्रकाश का साथ छोड़कर गोरखों की अधीनता स्वीकार की और यह इलाका हमेशा के लिए सिरमौर से निकल गया। इसी समय युवराज गोपालसिंह की मृत्यु हो गई। करमप्रकाश के गुलेरी रानी से फतेहप्रकाश, मानसिंह और जयसिंह तीन पुत्र हुए, जिससे निर्वंश होने का डर नहीं रहा।

सिरमौर के गोरखों के हाथ में चले जाने पर राजा करमप्रकाश भागकर रामगढ़ के इलाके सुबाथू (शिमला के पास) शरण ली। खुशहालसिंह की सेवाओं के लिए उसे इस इलाके को प्रदान किया गया था, लेकिन उसके पुत्र मालदेव और नरायणसिंह ने राजा को सुबाथू छोड़ने के लिए कहा, यद्यपि शर्त के अनुसार उन्होंने सिरमौर की अधीनता और उसे सहायता देना स्वीकार किया था। इस प्रकार राजा करमप्रकाश ने एक मजहरनामा (सामान्य संधि) द्वारा 1 मई, 1812 ई० को पास के राजाओं से सहायता की प्रार्थना की। यद्यपि इस मजहरनामा पर पटियाला के महाराजा साहेबसिंह तथा दूसरे राजाओं की मुहर थी, लेकिन उसका कोई फल नहीं निकला और राजा अपने परिवार तथा वजीर मौजीराम मेहता के साथ बुरिया में शरण लेने के लिए मजबूर हुआ। गुलेरी रानी बड़ी साहसी और चतुर स्त्री थी। उसने लुधियाना में अवस्थित अंग्रेज पोलिटिकल एजेंट कर्नल अक्टर्लोनी के पास अपील की। इसी समय अंग्रेजों ने गोरखों के खिलाफ युद्ध घोषित किया था।

गोरखा-काल : गोरखा जैसे गुमनाम स्थान के एक छोटे-से राजा ने किस तरह अपनी शक्ति को बढ़ाते हुए नेपाल पर अधिकार किया, इसके बारे में हम अन्यत्र गढ़वाल

और नेपाल में बतला आये हैं। द्रव्यशाह (1559-70 ई०) ने इस दिशा में पहला कदम उठाया, जिसे उसके पौत्र रामशाह (1606-33 ई०) ने काफी आगे तक बढ़ाया। पर गोरखावंश के हाथ में एक विशाल राज्य देने का काम नौवें राजा पृथिवीनारायण (1742-74 ई०) ने किया, जबकि नेपाल की समृद्ध उपत्यका गोरखों के हाथ में आ गयी। पृथिवीनारायण की विजय यात्रा को उसके पुत्र सिंहप्रताप (1774-77 ई०) ने जारी रखा, किंतु वह तीन साल बाद ही मर गया। सिंहप्रताप का पुत्र रणबहादुरशाह (1777-99 ई०) यद्यपि झक्की, स्वेच्छाचारी और विलासी आदमी था, लेकिन अब गोरखा साम्राज्य का नेतृत्व कितने ही योग्य मंत्रियों-सेनापतियों के हाथ में था, जिन्होंने इस समय अपनी विजय-वाहिनी सारे हिमालय को जीतने के लिए भेजी। अंग्रेज गोरखों के सामने अनेक बार हार चुके थे। 1790 ई० में गोरखों ने अलमोड़ा पर अधिकार करके कुमाऊँ को ले लिया और फिर वह गढ़वाल के ऊपर पड़े। 1791 ई० में गढ़वाल पर आक्रमण करके लंगूरगढ़ से आगे बढ़ने में सहायता नहीं मिली, जहाँ गढ़वालियों ने साल-भर तक जबर्दस्त मुकाबिला किया। गोरखा आखिरी प्रहार की तैयारी कर रहे थे, इसी समय नेपाल पर चीनी सेना के आक्रमण की खबर आयी, क्योंकि गोरखों ने 1791 ई० में तिब्बत के भीतर घुस शिमर्चे (टशी-ल्हुन्पो) तक लूटमार की थी। इसी कारण 1792 ई० में गोरखा सेना ने लंगूरगढ़ का घेरा उठा लिया और गढ़वाल ने भी गोरखा की अधीनता स्वीकार की। नेपाल पर आये संकट को हटाने के लिए गोरखा लौट गये। भादों अनंत चतुर्दशी संवत् 1860 (1803 ई०) में गढ़वाल में भारी भूकंप आया, जिससे राजधानी श्रीनगर और दूसरे स्थानों को बहुत नुकसान हुआ। इसी साल गोरखा ने गढ़वाल को पूरी तरह से अपने हाथ में करने के लिए आक्रमण कर दिया। गढ़वाल के राजा प्रद्युम्नशाह ने देहरा के पास खुड़बुड़ा में लड़ते हुए जनवरी 1804 में अपने प्राण दिये। और गढ़वाल और कुमाऊँ के गोरखों के हाथ में चले जाने पर 1804 ई० में जमुना के पूर्व का दून (देहरादून) अब गोरखा शासन में था। इस समय नेपाल की सीमा जमुना और टोंस थी, लेकिन साल-भर के भीतर ही वह सतलज के किनारे पहुँच गयी, जहाँ कांगड़ा के राजा संसारचंद ने अपनी बाँह फैला रखी थी। पंजाब में रणजीतसिंह की शक्ति बढ़ रही थी, लेकिन अभी तक वह मैदानी प्रदेश में ही अपना प्रभुत्व रखते थे। करमप्रकाश ने पहले नेपाल से मित्रता बढ़ाकर काम निकालना चाहा, लेकिन उसमें असफल होकर भागने के लिए मजबूर होना पड़ा। जुब्बल, क्यूँठल, बघाट, पूथर, कनिया, मज्जी, धामी, महलांग, कोठी, कियारी, कोटगुरु, ठियोग जैसी छोटी-छोटी ठकुराइयाँ गोरखों का विरोध कर सकती थीं! जब कि पहाड़ के बड़े-बड़े राजा संसारचंद से बचने के लिए गोरखों को निमंत्रित कर रहे थे। संसारचंद ने सिक्खों को अपने रास्ते में रोड़ा समझ कर 1803 ई० में जलंधर के द्वाबे पर आक्रमण किया, किंतु उसे हार कर भागना पड़ा। अब उसने पहाड़ में ही सुकेत, मंडी, चम्बा आदि पर हाथ साफ किया। कहलूर (बिलासपुर) को भी संसारचंद से अकेले मुकाबिला करने की हिम्मत न थी और उसने सिरमौर के राजा को बुलाया था, यह हम बतला चुके हैं।

कहलूर के राजा महाचंद को अब संसारचंद से बचने के लिए एक ही उपाय सूझा कि गोरखों को बुलाया जाये। महाचंद को मुखिया बनाकर ग्यारह राजाओं ने नेपाली सेनापति अमरसिंह थापा के पास सहायता माँगने के लिए भेजा। ये राजा थे—

1. भूपसिंह (गुलेर)	6. विक्रमसिंह (सुकेत)
2. उमेदसिंह जसबन	7. विक्रमसिंह (कुल्लू)
3. गोविंदचंद (दातारपुर)	8. वीरसिंह (नूरपुर)
4. गोविंदसिंह (सीबा)	9. महेन्द्रसिंह (बिसौली)
5. जीतसिंह (चम्बा)	10. महाचंद (कहलूर)

काली के पश्चिम गोरखा राज्य का प्रधान अमासिंह थापा था। कांगड़ा के विरुद्ध अभियान करते समय अमरसिंह ने कुमाऊँ का भार अपने पुत्र रणजोरसिंह और दूसरे सेनापति वीरभद्र कुँवर के हाथ में दिया, गढ़वाल के हर्ता-कर्ता वीरभद्र के पिता चंद्रवीर कुँवर और सुब्बा सूरवीर खत्री को नियुक्त किया। नेपाल से काजी नैनसिंह थापा नई सेना लेकर क्यूंठल के रास्ते हिंदूर (नालागढ़) होते बिलासपुर में अमरसिंह के पास आया। 1805-6 ई० के जाड़ों में गोरखा वाहिनी जिवरी (सुकेत) और बिलासपुर (कहलूर) में सतलुज पार हुए, जहाँ सतलुज के पश्चिम के राजा सदलबल आ मिले। इसी नदी के किनारे महलमौरी में पहली भिड़ंत हुई, जिसमें संसारचंद की हार हुई। आगे बढ़कर गोरखा सेना ने नादौन (नदावं) में बारह वर्ष से संसारचंद के बंदी बने मंडी के राजा ईश्वरीसेन को मुक्त कर उसे अपना सहायक बनाया। इसी तरह सतलुज पार के कटलेहर को भी उसका राजा दे दिया। संसारचंद ने तीरासुजानपुर में मुकाबिला करना चाहा, किंतु वहाँ भी उसे हार खानी पड़ी। फिर उसने कांगड़ा के अजेय दुर्ग का आश्रय लिया। सचमुच ही प्रकृति और मानवी हाथों ने इस गढ़ को दुर्जेय बना दिया था। ज्वालामुखी नगरी गोरखों के हाथ में चली गयी। यहीं आकर इधर के उपरोक्त राजाओं ने अमरसिंह के दरबार में हाजिरी दे नेपाल की अधीनता स्वीकार की। गोरखा सेना ने कांगड़ा-दुर्ग को जीतने का बहुत प्रयत्न किया, किंतु परिणाम प्रधानमंत्री भीमसेन थापा के भतीजे नैनसिंह तथा कितने ही सैनिकों की बलि चढ़ाने के अतिरिक्त कुछ नहीं हुआ। अब गोरखों ने घेराबंदी करने का रास्ता लिया। 1806 ई० में महाराजा रणजीतसिंह ज्वालामाई (ज्वालामुखी) के दर्शन के लिए आये। संसारचंद ने पाँच लाख रुपये देने की बात कहकर उसे अपनी ओर करना चाहा, किंतु अमरसिंह ने उतना रुपया देकर रणजीतसिंह को उधर जाने नहीं दिया। कांगड़ा का संपूर्ण राज्य गोरखों के हाथ में था, किंतु कांगड़ा-दुर्ग में बंद संसारचंद अब भी आत्मसमर्पण करने को तैयार नहीं था। सफल होते न देख गोरखा सेना की धाक कम होने लगी और उनके दुर्व्यवहार से अधीनस्थ राजा सिर उठाने की बात सोचने लगे।

अगले तीन सालों में रणजीतसिंह की शक्ति और बढ़ी। मैदान में सतलुज के किनारे अंग्रेजी सीम के पास आ जाने से झगड़े का डर मालूम होने लगा जो अप्रैल 1809

की अमृतसर-संधि द्वारा हट गया—दोनों ने सतलुज को सीमा मान लिया। अब रणजीतसिंह को पूर्व की ओर राज्यविस्तार का मौका नहीं रह गया था और उसने पहाड़ की ओर मुँह किया। संसारचंद ने कुछ मोल-भाव के बाद कांगड़ा-किला रणजीतसिंह को देना स्वीकार किया। पश्चिम के पहाड़ी राजाओं की भी आँखें खुलीं और उन्होंने भी रणजीतसिंह की शरण में जाना बेहतर समझा। संसारचंद कौशलपूर्वक अब किले से बाहर चला गया था। सिक्ख सेना ने कांगड़ा में अवस्थित नेपालियों पर आक्रमण किया। दोनों ओर से बहुत-से सैनिक हताहत हुए, और अंत में गोरखों को 24 अगस्त 1809 को कांगड़ा छोड़ चला जाना पड़ा। नेपाल के पश्चिमाभिमुख प्रसार का रास्ता रुक गया—रणजीतसिंह पत्थर की चट्टान बनकर रास्तों में खड़ा हो गया। इसके कारण गोरखा सेना का रोब बहुत कम हो गया। अब भी मौके की ताक में अमरसिंह सतलुज और जमुना के बीच के इलाकों में तैयारी कर रहा था। उसने अर्की में अपनी छावनी डाल वहाँ से कुमाऊँ तक रास्ता तैयार कर जगह-झगह रक्षा-दुर्ग बनवाये। 1811 (चैतवदी 3 संवत् 1868) में अमरसिंह को मंत्री की पदवी मिली।

तोजेलिंग से कांगड़ा तक पहाड़ और कुछ भाग तराई का भी नेपाल राज्य में था। उधर दक्षिण से अंग्रेज भी बढ़ते-बढ़ते हिमालय की जड़ में पहुँच गये। अंग्रेजों की राज्यविस्तार की भूख तृप्त होनेवाली नहीं थी—विशेषकर विलायत जैसे ठंडे स्थानों और सुनने में आती वहाँ की बहुमूल्य खनिज सम्पत्ति (सोना-चाँदी) भी उनके लोभ को बढ़ा रही थी। ऐसी अवस्था में अंग्रेजों को कोई बहाना भर चाहिए था। वह नेपाल से हिमालय के अधिक से अधिक भाग को छीन लेने के लिए तुले हुए थे। अंग्रेजों ने युद्ध का कारण बतलाया था—1814 में नेपाल-युद्ध के आरम्भ होने से पूर्व कितने ही वर्षों से गोरखों ने हिमालय की जड़ में अवस्थित ब्रिटिश भूभाग पर छोटे-छोटे कितने ही हस्तक्षेप किये। सबसे अधिक गंभीर हस्तक्षेप गोरखपुर जिले के बुटवल परगने में हुए। 1804 में बुटवल पर गोरखालियों ने यह कहकर कब्जा कर लिया कि यह तो पाल्पा राजा का है, जिसका राज्य अब नेपाल में चला आया है। मामूली विरोध करने के सिवाय हमारी तरफ से कुछ नहीं किया गया। 1812 में वहीं गोरखालियों की ओर से और भी हस्तक्षेप हुए, जिस पर हमारी सरकार का ध्यान उधर गया।···लिखा-पढ़ी चली, किंतु कोई परिणाम नहीं निकला। इस पर गवर्नर जनरल लॉर्ड हेस्टिंग्ज ने अप्रैल 1814 में विवादास्पद भूभाग पर अधिकार करने का हुकुम दिया, और वह काम निर्विरोध पूरा हो गया।

दूसरे कारणों को अंग्रेजों के नवंबर 1814 के युद्ध-घोषणापत्र में इस तरह बतलाया गया है—···एक ओर ब्रिटिश सरकार का आचरण नेपाल के साथ सदा न्याय और सहिष्णुता के सिद्धांत के अनुसार रहा, दूसरी ओर सारी निश्चित सीमा पर ब्रिटिश सरहद के भीतर एक भी ऐसा जिला नहीं है, जिसमें माननीय कम्पनी के राज्य के भीतर की मानी हुई किसी भूमि को गोरखालियों ने हड़पा और कब्जा न कर लिया हो। नेपालियों का ऐसा अनुचित दखल पूर्णिया, तिरहुत, सारन, गोरखपुर और बरेली के

जिलों एवं जमुना तथा सतलुज के बीच के संरक्षित भूभाग में हुआ है। वहाँ की हरएक घटना ब्रिटिश सरकार की नरमी तथा सहिष्णुता एवं नेपालियों की उद्दण्डता तथा आक्रमण नीति का प्रमाण है। हेस्टिंग्ज की आज्ञा से 1814 के अप्रैल में अंग्रेजी सेना ने जब बुटवल पर अधिकार कर लिया, उस वक्त नेपाली चुप रहे। किंतु 29 मई 1814 को उन्होंने अंग्रेजी अधिकारियों को मार भगाया। इस पर अंग्रेजों ने 1 नवम्बर को युद्ध-घोषणा कर दी।

नेपाली सेना के बारे में अंग्रेजों की क्या राय थी, इसका निदर्शन नेपाल युद्ध के एक अंग्रेज कप्तान हियरसी का यह पत्र है—गोरखा कमांडर अब कुटिल, धोखेबाज, अविश्वसनीय और अत्यंत हठधर्मी होते हैं। वह विजय और युद्ध में सफलता के बाद खून के प्यासे, क्रूर एवं पराजय के बाद नीच तथा घृणायोग्य बन जाते हैं। उनकी किसी संधि या शर्त पर विश्वास नहीं किया जा सकता। अपने सैनिकों को लाल वर्दी पहना पत्थरकला से हथियारबंद कर वह हमारे निचले अफसरों के नामों की नकल करते अपने को हमारे राज्य का अंग बतलाते चीन-सरकार को आँख दिखाते हैं। हमारी सरकार के सामने वह चीनी रीति-नीति की नकल करते हमारे हृदय में यह भाव बैठाना चाहते हैं कि मानो वह चीन के अंग हैं। उनके सैनिकों के हथियार निर्बल हैं, शिंदे तथा होलकर के सैनिकों से उनकी तुलना नहीं हो सकती।

अंग्रेजी सेना ने चार स्थानों से नेपाली राज्य के ऊपर आक्रमण किया। सबसे अधिक सेना (पहले 8000 फिर 13000) मेजर-जनरल मार्ले की कमांड में बिहार से राजधानी काठमांडू की ओर रवाना हुई। गोरखपुर से आगे बढ़ने वाली 4000 सेना का संचालक मेजर-जनरल वूड था। मेजर-जनरल गिलेस्पी को 3500 सेना ले देहरादून पर अधिकार करने का काम सौंपा गया था। पश्चिमी छोर पर सतलुज-जमुना के बीच मेजर-जनरल अक्टरलोनी ने चढ़ाई की। जनरल गिलेस्पी की सेना पश्चिमी गोरखा सेना के बीच में घुसकर गोरखा राज्य के दो टुकड़े कर देना चाहती थी। युद्ध में गोरखों ने दिखला दिया कि कप्तान हियरसी की राय उनके बारे में गलत थी। यहाँ के अंग्रेज सेनानायक के कौशल के बारे में एक अंग्रेज लेखक को स्वीकार करना पड़ा —जनरल गिलेस्पी की सैनिक कार्रवाई अत्यंत दुर्भाग्यपूर्ण साबित हुई, किंतु वह अपमानजनक नहीं थी, क्योंकि जनरल ने कम-से-कम अपने को निर्भीक तथा उत्साही सैनिक साबित किया।

19 अक्तूबर 1814 को गिलेस्पी की सेना सहारनपुर से रवाना हुई। तिमली और मोहन के घाटों से सिवालक पार हो दोनों सेनाएँ 24 अक्तूबर को देहरादून में आकर मिल गई हैं। यहाँ आने में उन्हें कोई कठिनाई नहीं हुई, किंतु देहरादून से साढ़े तीन मील उत्तर-पूर्व में अवस्थित खलंगा में (नालापानी) के मामूली से दुर्ग में स्थित तीन-चार सौ नेपाली सैनिकों ने वीर बलभद्र थापा के नेतृत्व में अंग्रेजों को महीने-भर नाकों चने चबबाते दिखला दिया। 25 अक्तूबर को कर्नल माबी ने कुछ पौंडी तथा दो हवाइजर तोपों से खलंगा-दुर्ग को सर करना चाहा, किंतु कुछ ही गोलों के चलाने पर

प्रयत्न व्यर्थ मालूम हुआ, और सेना देहरादून लौट आयी। 26 अक्तूबर को जनरल गिलेस्पी ने सेना-संचालन अपने हाथ में लिया, किंतु वह खलंगा के बहादुरों का कुछ न बिगाड़ सकी। 21 अक्तूबर को बड़ी जबरदस्त तैयारी के साथ गिलेस्पी ने आक्रमण किया। वहाँ जब कि वह एक हाथ में टोप को हिलाते दूसरे में तलवार ले अपने आदमियों को प्रोत्साहन दे रहा था, इसी समय उसकी छाती में एक गोला लगा, और वह वहीं मरकर गिर पड़ा। उसके साथ ही उसका प्रतिहार ओहारा मारा गया तथा कितने ही अफसर घायल हुए।

अंग्रेजी सेना ने दिल्ली से सहायता आने तक के लिए आक्रमण को रोक दिया। प्रायः एक मास बाद 24 नवम्बर से दुबारा आक्रमण शुरू हुआ, किंतु उन्हें तब तक सफलता की आशा नहीं हुई, जब तक कि किले के नाहर से मिलने वाले पानी के झरने से दुर्गरक्षकों को वंचित नहीं कर दिया गया। प्यास की मार गोलों से भी बुरी थी। बलभद्र 30 नवम्बर की रात को अपने 70 साथियों के साथ अंग्रेजों की सैन्यपंक्ति को चीरते साफ निकल गया। आगे बलभद्र और उसके साथियों ने जोनागढ़ में जाकर अंग्रेजों की नाकों दम किया, फिर वह जैठक में लड़े। उसके भी हाथ से निकल जाने पर ये स्वतंत्रताप्रेमी बहादुर रणजीतसिंह की सेना में सम्मिलित हो गये। अंत में अफगानों के साथ लड़ते बलभद्र और उसके साथी वीरगति को प्राप्त हुए। हिमाचल के इन वीर पुत्रों का सम्मान उनके शत्रुओं ने भी किया। खलंगा में आज भी दो स्मारक खड़े हैं जिनमें से एक जनरल गिलेस्पी का है और दूसरा वीर बलभद्र और उसके साथियों का, जिस पर लिखा है—"हमारे वीर विरोधी दुर्गपाल बलभद्र और उसके वीर गोरखों के सम्मान में यह उत्कीर्ण है, जो कि पीछे रणजीतसिंह की नौकरी में रहते अफगान तोपखानों के सामने एक-एक करके मर गये।" इसी स्मारक स्तम्भ की दूसरी ओर लिखा है—"इस कब्र के ऊपरी ओर पर्वत के सर्वोच्च स्थान पर खलंगा (कलंगा) दुर्ग खड़ा था, जिसे 31 अक्तूबर तथा 17 नवम्बर के दो आक्रमणों के बाद ब्रिटिश सेना ने 1814 में कब्जा करके पूर्णतया भूमिसात् कर दिया।"

अंग्रेजों ने जहाँ सैनिक बल से नेपाल को परास्त करना चाहा, वहाँ नेपाली सेनापतियों को रिश्वत देकर फोड़ने की कोशिश की और सेनाओं की तरह पश्चिम में अमरसिंह थापा के मुकाबले में जनरल अक्टरलोनी 31 अक्तूबर 1814 को लुधियाना से 6000 सेना के साथ प्रस्थान कर पलासी में पहुँचा। बिहार और गोरखपुर से नेपाल की ओर प्रस्थान करने वाली सेनाओं को सफलता नहीं मिली। कुमाऊँ के शासक बमशाह को फोड़ने के लिए अंग्रेज उसे डोटी का राजा मानने के लिए तैयार थे, इसीलिए पहले कुमाऊँ पर सेना भेजने की आवश्यकता नहीं समझी गयी। मुख्य संग्राम अमरसिंह के खिलाफ अक्टरलोनी और गिलेस्पी को लड़ना पड़ा। अमरसिंह कई दुर्गों में तैयारी करके बैठा हुआ था। नालागढ़ के पास अंग्रेजी सेना 2 नवंबर को पहुँची। 4 तारीख को गोलाबारी आरंभ कर 24 घंटे में किले को तोड़ दिया, फिर किले को जीतना आसान था। इसके बाद एक के बाद एक नेपाली दुर्ग शक्तिशाली तोपों के सामने गिरने लगे। अमरसिंह ने अंत में

मलाँव के प्राकृतिक पहाड़ी दुर्ग में रुकने का निश्चय किया। मलाँव के किले के दाहिने सूरजगगढ़ का किला था, जिसका सेनापति भक्ति थापा था। शत्रु को भयानक तौर से नजदीक आया देख 16 अप्रैल को भक्ति थापा ने 2000 सैनिकों के साथ देवथल पहाड़ पर पहुँची अंग्रेजी सेना पर आक्रमण किया। अंग्रेजी सेना ने भी जवाब दिया। आधुनिक तोपों के सामने गोरखा वीरता कहाँ तक सफल होती? भक्ति थापा अपने 700 सैनिकों के साथ धराशायी हुआ। यह 70 वर्ष का बूढ़ा सेनापति वीरता के लिए प्रसिद्ध था। अक्टरलोनी ने अपने वीर प्रतिद्वंद्वियों को बड़े सत्कारपूर्वक नेपाली सैनिक के सुपुर्द किया। दूसरे दिन सेनापति के शव के साथ उसकी दो पत्नियाँ सती हुईं। भक्ति पहले लमजुंग के राजा केहरिनारायण शाह का सेनापति था, पीछे गोरखा-सेना में सम्मिलित हो पश्चिम-विजय में अमरसिंह का दाहिना हाथ तथा कितने ही समय तक कुमाऊँ का शासक भी रहा। इस विजय के उपलक्ष्य में अक्टरलोनी को बैरोनेट की उपाधि मिली।

मई के प्रथम सप्ताह में अंग्रेजी तोपें मलाँव दुर्ग पर प्रहार करने के लिए तैयार थीं। 8 तारीख को दो दिन का अवसर दे अक्टरलोनी ने अल्टीमेटम दिया। 10 तारीख से गोलाबारी शुरू हुई। 15 मई को मलाँव ने आत्मसमर्पण किया। इससे 18 दिन पहले 27 अप्रैल, 1815 को कुमाऊँ का शासक बमशाह आत्मसमर्पण कर चुका था। अमरसिंह की आज्ञा से अर्की, सबाथू, जेठक, जगतगढ़, रवाई आदि जमुना-सतलुज के बीच के सारे किलों को अंग्रेजों के हाथ में दे दिया गया। गढ़वाल के किलों को भी अंग्रेजों के हाथ में दे देने के लिए उसने काजी बख्तावरसिंह को लिखा।

रामशाह के समय से राजगुरु चले आते परिवार के गुरु गजराज मिश्र चंद्रशेखर उपाध्याय के साथ संधिवार्ता के लिए भेजे गये। अंग्रेजों ने निम्न इलाकों को लौटाने की शर्त रखी—लड़ाई के पूर्व के झगड़े के इलाके, काली-रापती के बीच की तराई, बुटवल छोड़ रापती और गंडक के बीच की तराई, गंडक कोशी के बीच की तराई, मेची-तिस्ता के बीच की तराई, मेची-तिस्ता के बीच का पहाड़ी इलाका, काली क पश्चिम का सारा गोरखा राज्य। नेपालियों ने शर्त नहीं मानी, विशेषकर काली से पूर्व की तराई को यह देना नहीं चाहते थे। इस पर फिर लड़ाई शुरू हो गयी। अक्टरलोनी 20 फरवरी 1816 को काठमांडू के रास्ते पर भिछाखोरी-अमलेखगंज पहुँच गया। जब महीने के अंत तक मकवानपुर में भी हार खानी पड़ी, तो नेपाल ने संधि की बहुत-सी शर्तें स्वीकार कर लीं और सुगोली की संधि पर हस्ताक्षर कर दिया।

अंग्रेजी-काल : दून में कलिंगर के किले से गोरखों को भगा कर अंग्रेजी सेना ने नाहन में डेरा डाला। रणजोर थापा अब भी जैठक के किले में था। यह नाहन से 7 मील पर एक ऊँची चोटी पर अवस्थित है। 7 दिसंबर 1814 ई० को अंग्रेजों ने इस किले पर आक्रमण किया। गोरखों ने उसे खाली कर तुरंत ही थकी-माँदी तथा तितर-बितर हुई अंग्रेजी सेना पर आक्रमण कर दिया। अंग्रेजों को भारी क्षति उठाकर भागना पड़ा। जैठक चार महीने और गोरखों के हाथ में रहा, और काजी रणजोर ने तभी खाली किया, जब कि गोरखों और अंग्रेजों से 1815 ई० में संधि ही गयी। अंग्रेजी काल में सिरमौर के राजाओं के नाम इस

प्रकार हैं—फतहप्रकाश (1815-50 ई०), रघवीरप्रकाश (1850-56 ई०), शमशेर-प्रकाश (1856-98 ई०), सुरेंद्रविक्रम प्रकाश (1898-1911 ई०), अमरप्रकाश (1911-33 ई०), राजेंद्रप्रकाश (1933-1948 ई०)।

हिमालय की दूसरी रियासतों की भाँति अंततः सिरमौर भी विलीन होकर हिमाचल प्रदेश का अंग बन गया।

सामाजिक स्थिति

सिरमौर के उच्च ब्राह्मण अपने को आदगौड़ कहते हैं और ये अधिकतर मैदान से आये लोग कस्बों और गाँवों में रहते हैं। इनके दो भेद हैं : शुद्ध गौड़ और गत्ता गौड़। दोनों आपस में ब्याह नहीं करते। इनके दो और भेद चिट्टी (सफेद) और काली कंठीवाला हैं। ये भी आपस में ब्याह नहीं करते और न वयस्का स्त्री के हाथ का खाते-पीते हैं। ये ब्राह्मण अधिकतर गिरी नदी के दक्षिण में रहते हैं।

गिरी नदी के उत्तर में सबसे बड़े ब्राह्मण पबूच हैं। वह भट्ट से ब्याह नहीं करते। लेकिन भट्ट लड़की के हाथ का भोजन कर सकते हैं। पबूच अपनी लड़कियों के हाथ का भी भोजन नहीं करते, यदि उसका ब्याह भट्ट से हुआ हो। पबूच निरामिषाहारी हैं और पाणी को मारने से परहेज करते हैं।

दूसरे ब्राह्मण भाट (भट्ट) हैं। हर्षवर्धन और उससे पहले के समय में ब्राह्मण को भट्ट कहा जाता था जिसका प्रयोग अब भी कितने ही दक्षिणी ब्राह्मण करते हैं। सिरमौर के भाट राजाओं और बड़े लोगों की वंशावलियाँ रखते हैं और करेवा (विधवा-विवाह) करते हैं। आजकल इनमें से अधिकांश खेती से गुजारा करते हैं और गिरी नदी के उत्तर-वाले कनैतों के साथ विवाह-संबंध भी रखते हैं। नाहन वाले भाट ब्राह्मणों के रीति-रिवाज का पालन करते हैं और पहाड़ के भीतर वाले कनैतों का। गिरी के उत्तर वालों की संख्या दक्षिण वालों से दूनी है।

कुठार के ब्राह्मणों में पहले कुछ भावी भी थे। कहते हैं बडोही के कनैतों ने मुकाबले में सीधे सफलता प्राप्त न कर यज्ञ में बुला उन्हें जहर देकर मार डाला, और केवल एक गर्भिणी स्त्री बची रह गयी जो भोज में नहीं गयी थी। इससे सुरजा नाम का एक लड़का पैदा हुआ। सुरजा मागरी के देवता को लेकर महलोग के शमनू गाँव में चला गया जहाँ उसके वंशज आज भी भगोतल ब्राह्मण कहे जाते हैं। बडोह गाँव के कनैत इस पाप के लिए आज भी बडोह गाँव में उनके नेवा की पूजा करते हैं और हर तीसरे या चौथे साल उनके लिए एक यज्ञ करते हैं, जिसमें कुठार रियासत भी सहायता करती थी।

हिंदू ज्वालामुखी देवी (लानारावँना) की आराधना करते हैं। महंत तवरनाथ की मुलाकात इस देवी से हरद्वार में हुई जब दोनों वहाँ स्नान के लिए गये हुए थे। विदाई लेते समय महंत ने देवी से पूछा—मुझे फिर कब आपके दर्शन होंगे। इस पर देवी ने कहा—दो साल बाद मैं रँवना में मिलूँगी। उसी समय देवी महंत के मुँह में प्रकट हुई। लेकिन महंत को पता नहीं लगा और उसने मुँह बंद कर लिया। इस पर देवी वहाँ से भाग गयी।

इसी समय सारे आसपास के जंगलों में आग लग गयी। लोग महंत से बहुत नाराज हुए और ब्राह्मणों को बात का पता लगाने के लिए कहा। पता लगने पर वहाँ देवी के लिए एक मंदिर बनाया गया और पूजा करने के लिए ब्राह्मण नियुक्त किया गया जो हर रविवार को और संक्रांति (सौरमास के प्रथम दिन) के सबेरे वह देवी को धूप-दीप और भोग लगाता है। आश्विन की सुदी 8 दुर्गाष्टमी को यहाँ मेला लगता है।

सिरमौर के बेला स्थान में नैनादेवी का मंदिर है जिसके पुजारी देवभट्ट लोगों के आठ परिवार हैं जो बारी-बारी से एक-एक महीना पूजा करते और दक्षिणा लेते हैं। देवी का यहाँ कोई मंदिर नहीं है, उसकी मूर्तियाँ एक भाट के घर में रखी जाती हैं। पहली मूर्ति क्यूँठल से लायी गयी थी और उसे इसी घर में रखा गया था जहाँ से उसे हटाया नहीं जाता। मूर्तियों की संख्या 15-16 है जिनमें से सबसे पुरानी की अचल स्थापना है। यह एक फुट लंबी और चार हाथों वाली है और केवल पत्थर में खोदी गयी है। इसके ऊपर से चाँदी का चँदवा है, गले में रुपयों का हमेल और सिर में चाँदी का सिसफुल, गले में चाँदी की गलसिरी है। इसकी पालकी भी चाँदी की है। सावन के पहले तीन दिनों में गाँव के ऊपर राँवीधार पर मेला लगता है जहाँ करालो और उसके आसपास के भोजों के लोग आते और नाचते-गाते हैं। मेले के समय हर शाम देवी की मूर्ति थोंथा, मशवा और तातियाना गाँव में जाती है, लेकिन दिन में वह मेले के स्थान में रहती है। नैनादेवी गढ़वाल और कुमाऊँ में भी पूजी जाती है और वहाँ उसे दुर्गा का भी रूप माना जाता है।

जमदग्नि और रेणुका के पुत्र परशुराम हिमाचल प्रदेश में एक प्रभावशाली देवता के तौर पर पूजे जाते हैं। सिरमौर जिले के रेणुका सरोवर पर हर साल बहुत बड़ा मेला लगता है। परशुराम यद्यपि विष्णु के दस अवतारों में माने जाते हैं, लेकिन पहाड़ में देश के प्रतिष्ठित देवता यहाँ के लोगों को संतुष्ट नहीं कर सकते, क्योंकि वह न किसी के सिर पर आकर बातचीत करते हैं, और न दुःख-सुख में ही सीधे सहायक हो सकते हैं। यहाँ के लोगों को पहाड़ी देवताओं के जैसा एक देवता चाहिए, इसीलिए परशुराम ने इस देवता का रूप लिया है। पहाड़ में परसरामी ब्राह्मण भी हैं और आजकल ब्राह्मण-राष्ट्रीयता के हामी कितने ही ब्राह्मण, क्षत्रियों के सर्वनाश करने वाले परशुराम जैसे अपने पूर्वज के लिए बड़ा अभिमान करते हैं। सिरमौर में परशुराम का केंद्र रेणुका तहसील है, जहाँ पर परशुराम की माँ जलस्वरूप हो रेणुका का बड़ा सरोवर बन गयी है। परशुराम के छोटे भाई छोटे सरोवर में मिल गये हैं। नये पुजारी लोग परशुराम के भाइयों को जलस्वरूप होने से इंकार करते हैं और छोटे तालाब को केवल परशुराम सरोवर कहते हैं। रेणुका को सतीत्व-भ्रष्ट देखकर जमदग्नि ने दूसरे लड़कों को जब माँ की गर्दन काटने के लिए कहा और उन्होंने वैसा करने से इंकार कर दिया तो बाप ने शाप देकर उन्हें स्त्री बना दिया, जो परशुराम की बहनें हो गयीं। इनमें से सबसे बड़ी लादेवी है जो बिरला गाँव में है। दूसरी बहन दौरमाई, तीसरी भदमछरी अथवा भदरकाली—ये दोनों कितने ही मंदिरों में एक साथ रहती हैं जिनमें सबसे प्रसिद्ध दैतार (पौंटा तहसील) गाँव में है। चौथी बहन कमलीदेवी का मंदिर रेणुका तहसील के चाना गाँव में है।

रेणुका में दो मंदिर हैं, जिनमें से पुराना सरोवर के किनारे है और दूसरा परशुराम-सर के पहाड़ के ऊपर। पुराने मंदिर का दरवाजा पश्चिम मुँह को है। इसमें गणेश की पत्थर की एकमात्र मूर्ति है। नये मंदिर पर सीढ़ियों से पहुँचा जाता है। इसके दरवाजे पूर्व, उत्तर और दक्षिण को हैं, लेकिन उत्तर और दक्षिण वाले दरवाजे केवल मेले के दिनों में खुलते हैं। इस मंदिर में 10 मूर्तियाँ हैं—परशुराम की एक साधारण पत्थर और एक संगमरमर की, यमदग्नि, रेणुका, गणेश, शिवजी, दुर्गा, क्षेत्रपाल, दिग्पाल की एक-एक मूर्ति है। इनमें से परशुराम, रेणुका और यमदग्नि की मूर्तियों की स्थापना की हुई (अचल) है, और उनके ऊपर चाँदी का छत्र टँगा है। कातिक की देवठान एकादशी को दो दिन तक यहाँ बड़ा मेला लगता है। इस समय जंबू, कोटाहा, माशो तीनों (मस्तभोज) और दोगाना की चार परशुराम की मूर्तियाँ, मनालदेवा रमा (नोहरा-भोज) और शैया (मझोटा-भोज) तहसील पछाड़ और जैतक (नाहन तहसील) से सिरगुल की तीन मूर्तियाँ, बिरला (नाहन) की लादेवी, मनारिया से मनारदेवी, बेला (ननोवाभोज, तहसील रेणुका) से नैनादेवी मोहर-कोटला, बराहरूपी, कानोउंशर से गो देवता की मूर्तियाँ लायी जाती हैं। ये मूर्तियाँ बड़ी धूमधाम से बाजे-गाजे और झंडे के साथ पालकी में आती हैं। जंबू की परशुराम की मूर्ति का विशेष तौर से सम्मान किया जाता है और मेले में घुमाते वक्त दूकानदार अपने बेचने की चीजों में से कुछ भेंट चढ़ाते हैं। बाहर से आने वाली मूर्तियाँ 4 बजे शाम को आती हैं और अगले दिन शाम को या तीसरे दिन सबेरे लौट जाती हैं।

जंबू को परशुराम का जन्मस्थान माना जाता है। यहाँ का मंदिर तिमंजिला है और सबसे ऊपर की मंजिल पर परशुराम की मूर्ति रखी है। मंदिर का दरवाजा दक्षिण मुँह को है। हिउन के भाटों में से नौ पुजारी यहाँ एक-एक महीने पूजा करते हैं। जिसकी बारी होती है वह पुजारी घर न जाकर यहीं मंदिर में रहता है। सूर्योदय के समय बाजगी (गायक-वादक) वंशी या शहनाई बजा कर देवता को जगाता है। शाम के वक्त वह सबके घरों में जाकर खाना खा चुकने के बारे में पूछता है और फिर बाजा बजाता है। देवता के सो जाने और बाजा बज जाने के बाद फिर गाँव वालों को खाना मना है। पूजा दिन में सबेरे और शाम दो वक्त होती है। पुजारी सरोवर में स्नान कर वहाँ से पानी ला मूर्ति पर छिड़कता है, फिर शंख बजा घी का दीपक जलाकर मंत्र पढ़ता है। एक बार फिर वह मूर्तियों पर जल छिड़ककर शंख बजाता है। पूजा क समय बाजगी शहनाई बजाता है और पुजारी लगातार घंटी बजाता है। जंबू के मंदिर में करीब 70 मूर्तियाँ हैं। परशुराम की मूर्ति पीतल की और अचल है। इसके ऊपर एक सोने का छत्र है, गले में एक अशर्फी के साथ रुपयों की माला है जिसके बीच में एक हीरा लगा हुआ है। पालकी चाँदी की है, जिसका मेहराब सुनहला है।

दोगाना मंदिर छोटा-सा केवल एक मंजिला है। उसमें तीन पत्थर की और दो पीतल की मूर्तियाँ हैं। पीतल की मूर्तियों में से एक को गुरु के झल्ला (पागल) ने एक बार आवेश में आकर तोड़ दिया। इससे देवता नाराज हो गया, और रेणुका से पत्थर की एक तीसरी मूर्ति लानी पड़ी। अखंडित पीतल की मूर्ति स्थापनवाली (अचल) है। दोनों पीतल

की मूर्तियाँ क्यूंठल से आयी हैं। यहाँ भी पूजा जंबू की तरह ही की जाती है और पुजारी भाट लोग हैं।

महासू में भी परशुराम का मंदिर है। यहाँ पीतल की दो 11 इंच ऊँची मूर्तियाँ परशुराम की हैं। पहले एक पत्थर रेणुका से लाकर यहाँ रखा गया था, वह भी पूजा जाता है। यहाँ भी पूजा आदि रेणुका की तरह ही होती है। पूजा के समय निम्न मंत्र पढ़ा जाता है—दीवा बले घंटा हले, जागती जोत बिखम तले। लोहे का बार, लेहे का बंदनवार, रछिया करो माता कालका। तुम्हारे नाम का जयजयकार ! बिसाहर कुल्लू और सुकेत में भी परशुराम की पूजा होती है और उनके लिए मुंडा की बलि दी जाती है जो कि नरबलि का अवशेष है। मुंडा-बलि के बाद परसरामी ब्राह्मणों ने शिंगला, शनेरी, लारसा और दमसा जैसे बिसाहर के स्थानों में अठारी-पूजा आरंभ की और मुंडा-बलि को प्रचलित किया। पीछे जहाँ भी परसरामी ब्राह्मण रहते थे, वहाँ इस मुंडा-प्रथा को प्रचलित किया गया।

सिरमौर में सिक्ख थोड़े-से रहते हैं। दशम गुरु गोविंदसिंह का सिरमौर से संबंध रहा है। पौंटा (सिरमौर) में वह स्वयं आकर पाँच वर्ष रहे थे। वहाँ जमुना के किनारे एक पुराना गुरुद्वारा है। नाहन से 26 मील पर अवस्थित इस जगह तक मोटर गई है। देहरादून से भी जमुना को नाव से पार कर वहाँ पहुँचा जा सकता है। गुरुद्वारा के पास सम्पत्ति है। पौंटा से 8 मील पर भंगनी में दूसरा गुरुद्वारा है। यहीं गुरु गोविंदसिंह ने बिलासपुर और गढ़वाल की सेना को हराया था। नाहन में भी एक गुरुद्वारा है। पहाड़ में मुसलमान बहुत कम पाये जाते हैं। जुब्बल, बागी, सिरमौर में कुछ मुसलमान रहते हैं।

सिरमौर में गिरी के उत्तर में चार बड़े-बड़े त्यौहार (सजा) हैं, जो आम तौर से तीन दिनों तक मनाये जाते हैं। बिसू का त्यौहार बैसाखी के दिन (13 अप्रैल को) पड़ता है। इसका मेला सिरमौर के बहुत-से गाँवों में होता है। मेला किसी पहाड़ की पीठ पर देवता के झंडे के नीचे होता है। लोग नाचते-गाते और खूब खान-पान करते हैं। हरियाली का त्यौहार एक सावन प्रतिपदा को मनाया जाता है, जो आषाढ़ के अंतिम दो दिनों में भी रहता है। इस समय के पकवान अधिकतर दूध-चावल के बनाये जाते हैं। गिरी के दक्षिण तरफ के लोग देस के त्यौहारों को अधिक मानते हैं, इसीलिए वहाँ दीवाली बहुत धूमधाम से मनाई जाती है।

सिरमौर में मेलों का बहुत प्रचलन है। रेणुका का मेला तो पूर्वी हिमाचल प्रदेश में सबसे बड़ा मेला है जो कि कातिक सुदी एकादशी को रेणुका सरोवर के किनारे होता है, जहाँ बीसियों हजार लोग आते हैं। अदरक, सोंठ, हल्दी, अखरोट और लकड़ी के बरतन बहुत परिमाण में बिकते हैं। सिरमौर के अन्य प्रमुख मेले इस प्रकार हैं—नाहन, छडियों का मेला, रेणुका, त्रिलोकपुर, पाँवटा (झंडा साहेब), सराहाँ, पल्हेछ (बिशु)।

सिरमौर के लोगों के खान-पान और रहन-सहन में काफी विभिन्नताएँ हैं। गिरी से उत्तर पहाड़ के दूसरे लोगों जैसा भोजन है। जाड़ों के सबेरे भोजन के साथ लोग दही या मट्ठा खाते हैं और रात को रोटी। गर्मी के दिनों में रास्ते में मक्की के सत्तू के खाने

का रिवाज है। किसान दिन में तीन या चार बार खाना खाते हैं। सबेरे के वक्त गगूटी, मध्याह्न में चौलाई और मंडुवा की रोटी, तथा रात को चावल या चपाती खाते हैं। सबेरे के भोजन को वहाँ जठालनू, मध्याह्न के भोजन को चेहली और शाम के भोजन को बियालू कहते हैं। गर्मियों के दिनों में दिन में दो-तीन बार लोग सत्तू खाते हैं। साँई और घरथी इलाके के लोगों का मुख्य भोजन सत्तू है। वहाँ मक्की के आटे की रोटी भी खाई जाती है। मांस, मछली सभी खाते हैं। पोटंदे का एक तरह का घी से बना चीला बहुत पसंद किया जाता है, जिसे देस में मंडा या पूडा कहते हैं, लेकिन पहाड़ में उसमें नमक या मीठा नहीं मिलाया जाता। त्यौहार का यह मुख्य भोजन है। पोटंदे को दूध और खीर के साथ खाते हैं। पिसे चावल का उसी तरह का उसकलियान बनाते हैं, जिसे घी और खाँड के साथ खाते हैं। पोटंदे, उसकलियान और खीर यहाँ के त्यौहारों के भोजन हैं।

स्त्रियों का स्थान सारे पहाड़ जैसा यहाँ भी है। कनैत वही खस हैं, जो नेपाल और दार्जिलिंग तक फैले हुए हैं। उनमें स्त्रियाँ हल जोतना छोड़कर खेती के सारे काम करती हैं, और अच्छे खाते-पीते लोग काम लेने के ख्याल से एक से अधिक स्त्रियों से ब्याह करते हैं। लेकिन करेवा और छूट (तिलाक) का रिवाज होने से स्त्री उतनी परतंत्र नहीं हैं। तो भी स्त्रियों को दायभाग में अधिकार नहीं है, जिसके कारण उसे सब तरह पुरुष के अधीन रहना पड़ता है। स्त्रियों और पुरुषों की आकृति उसी तरह की यहाँ भी है, जैसे गढ़वाल या कुमाऊँ में। उच्च जाति के स्त्री-पुरुष रंग में गोरे और मझोले कद के होते हैं। उनकी नाक लंबी और खोपड़ी भी प्राय: लंबी होती है।

सिरमौर जिले में गिरी के दक्षिण ओर के लोगों की पोशाक वही है, जो कि अंबाला और सहारनपुर जिले की। गिरी से उत्तर पुरुष बिना बटन का एक सफेद वेट (लोइया), काले रंग का ऊनी कटा हुआ पायजामा और एक ऊनी टोपी पहनते हैं। पायजामे की जगह पुरुष लँगोटी भी पहनते हैं। स्त्री की पोशाक है लहँगा, कुरती या अंगा और सिर पर सफेद कपड़े की रूमाल। लेकिन, उत्सव या विशेष अवसरों पर स्त्रियाँ बढ़िया कपड़े का सफेद कोट और रंगीन रूमाल पहनती हैं। विवाहित स्त्री नाक में सोने की नथ और सिर बाँधने के लिए चौके का उपयोग करती है। कोली या दूसरे छोटी जात के समझे जाने वाले लोग चाँदी के नथ पहनते हैं। चौक आम तौर से चाँदी के होते हैं, जिनसे सिर के पीछे बालों को सँभाला जाता है।

सिरमौर जिले में तीन प्राकृतिक विभागों के अनुसार खेती की फसलों में भी फर्क पाया जाता है— 1. पच्छाड़, रेणुका की तहसील तथा पौंटा के कुछ भाग ऊँचे पहाड़ वाले हैं। यहाँ बहुत कम खेत खाली छोड़े जाते हैं। बस्तियों से दूर खील और धाँग जैसे अधिक उपयोगी न होने वाले खेत भी खरीफ में बोये जाते हैं, और यदि वर्षा काफी हुई, तो रब्बी में भी उनमें खेती की जाती है। 2. घारथी श्रेणी और नाहन तथा पौंटा के खोल अपनी विशेषता रखते हैं। 3. कियारदा-दून देहरादून की दून की तरह की समतल-सी भूमि है।

आम तौर से दो फसलें (रब्बी और खरीफ) इस जिले में होती हैं। लेकिन, घारथी इलाके में एक फसल काट लेने के बाद खेत को दो या तीन साल के लिए दैंच छोड़ दिया

जाता है। रब्बी की फसल में जौ, गेहूँ, चना, सरसों, मसूर, तंबाकू और अफीम, जो सितंबर-अक्तूबर (आश्विन्) में बोये जाते तथा दिसंबर-जनवरी (पूस) में काटे जाते हैं। बर्फ पड़ने वाले पहाड़ों में गेहूँ को सितंबर में बो दिया जाता है, और वह अप्रैल, मई या कभी-कभी जन के आरंभ में तैयार होता है। खरीफ की फसल में मक्की, धान, गन्ना, तेलहन, अदरक, कपास, लाल मिर्च, चौलाई, मंडवा, कुल्थी, उर्द, गोगटी, कचालू, हल्दी हैं। मक्की अप्रैल के आरंभ में भी कहीं-कहीं बोई जाती है। आम तौर से खरीफ की फसलें वर्षा के आरंभ के साथ बोयी जाती हैं।

सिरमौर प्राय: चावल का इलाका है। बासमती, जीरी, छुहारा, झिंजान, मगोरा, मगोरी, मुंजी, बेगम, रामजवाइन, साँठी सिंचाई वाले खेतों में बोये जाते हैं और कालोन, ढोलू, चंपा, बोलोन, उजला, ऊखल, संदरू, बंकसर, रतवा, त्रिशाल वर्षा के भरोसे बोये जाते हैं। बासमती सबसे महँगा चावल है। उसके बाद झिंजान, रामजवाइन, छुहारा और जीरी का नंबर आता है। बासमती आम तौर से पहाड़ में होता है, जबकि रामजवाइन दून के खेतों में बोया जाता है। मझाई, जाँचा, भयंकरकुनार और कोटला की बासमती मशहूर है।

अदरक और हल्दी की फसल से सिरमौर को काफी आमदनी होती है। साँई इलाके में चैत के महीने में अदरक लगाया जाता है, और ऊपरी पहाड़ों में वह आषाढ़ (जून) में बोया जाता है। दिसंबर में अदरक को निकालकर अप्रैल तक जमीन के भीतर गाड़ दिया जाता है। हल्दी भी उन्हीं जगहों पर होती है। अदरक किसी खेत में साल में एक ही बार लगाया जाता है, जबकि हल्दी को दो साल तक उसी खेत में रखा जा सकता है, और अगले साल उसकी गाँठें बड़ी और अधिक भारी हो जाती हैं। हल्दी को निकालकर उबालकर सुखा लिया जाता है।

सिरमौर में पहाड़ी और काकर दो तरह के तंबाकू भी होते हैं, जिनमें पहाड़ी पहाड़ में अदरक के साथ बोया जाता है। काकर तंबाकू दून और नाहन तहसील के निचले पहाड़ों में सिंचाई वाले खेतों में बोया जाता है। इसमें पहाड़ी की तरह पत्ते दो बार नहीं बल्कि एक ही बार तोड़े जाते हैं।

सिरमौर में पशु-पालन अन्य पहाड़ी स्थानों जैसा ही है। यहाँ की गायें वही छोटी पहाड़ी गायें हैं, जो दिन में दो सेर तक दूध देती हैं। गिरी पार वाली गायें अच्छी मानी जाती हैं। वह दिन में तीन बार दुही जाती हैं, और पाँच सेर तक दूध देती हैं। ऊपरी पहाड़ों में ढोरों को मकान की निचली मंजिल में रखा जाता है, जिसे ओबरा कहते हैं। रात को पशुओं को वहाँ छोड़ दिया जाता है। ओबरा कहीं-कहीं चरागाह के पास गाँवों से दूर होते हैं। पर, भालू और बघेरे का डर रहता है, इसलिए वहाँ बिना आदमी के पशुओं को रख छोड़ना खतरे की बात है, इसके लिए उन्हें बड़ी मजबूत लकड़ियों से बनाया जाता है। धनी लोग भैंसें भी पालते हैं। इनके रखने के लिए दोहची (गौशालायें) बनाते हैं। आम तौर से एक गाँव की सारी दोहचियाँ चरागाहों में एक ही जगह बनाई जाती हैं। जम्मूवाल (मुसलमान) गूजर भी अपनी भैंसों को यहाँ चराने के लिए लाते हैं। जाड़े के दिनों में वह निचले पहाड़ों या कियारदून में रहते हैं, और गर्मियों के दिनों में जुब्बल

रियासत के पास वाले ऊँचे पहाड़ों में। किन्हीं-किन्हीं गूजरों के पास डेढ़ सौ तक भैंसें होती हैं। भेड़-बकरियाँ भी यहाँ के लोग पालते हैं। भेड़ों को खास तौर से ऊन के लिए पाला जाता है, लेकिन बकरियाँ मांस के लिए पाली जाती हैं। गर्मियों में निचली जगहों से भेड़ों को ठंडी जगहों में भेज दिया जाता है।

टांघन केवल कियारदून में पैदा किये जाते हैं। सिरमौर रियासत पहले ही से घोड़ों और खच्चरों के पालने, पैदा करने के लिए प्रोत्साहन देती थी, और इसके लिए पौंटा में एक घोड़ा और एक गदहा रखा था। रामलीला के मेले में अच्छे टाँघन पैदा करने वालों को इनाम भी दिया जाता था। सारे पहाड़ की तरह सिरमौर में भी सूअर पालना भंगियों और पहाड़ी कोलियों का काम है। जंगली सूअर का मांस यद्यपि कनैत और दूसरे लोग भी बड़े चाव से खाते हैं, लेकिन ग्राम्य सूअर के मांस को वह अभक्ष्य मानते हैं। मुर्गी पालने का भी बहुत कम रिवाज है।

सिरमौर में मामूली दस्तकारियों के अतिरिक्त उद्योग-धंधे की ओर भी कुछ कोशिश की गई है। नाहन में 1867 ई० में लोहे की ढलाई (फौंड्री) कारखाने का काम शुरू हुआ, जिसका काम था तौलने के लिए बटखरे ढालना। जब उससे काम बढ़ता नहीं दिखाई पड़ा, तो राजा शमशेरप्रकाश ने लोहे की आम ढलाई का काम कराना चाहा। यहाँ लोहे की घून मौजूद थी। शमशेरप्रकाश ने एक अंग्रेज इंजीनियर को मँगवाया, जिसने घून को देखकर बतलाया, कि यह असाधारण तौर से अच्छे चुंबकीय लोहे की घून है। इंग्लैंड से मशीन मँगा करके एक धौंकू भट्टा खड़ा कर दिया गया। पत्थर के कोयले का अभाव होने से लकड़ी के कोयले को इस्तेमाल करना पड़ा, जिससे लोहा बनाने में खर्च अधिक था। घून में चूंकि फासफोरस या गंधक का बिल्कुल अभाव-सा था, इसलिए लकड़ी के कोयले से बना हुआ लोहा भी स्वीडन के अच्छे लोहे के समकक्ष था। नाहन में यद्यपि इस प्रकार लोहा बनाने का तजर्बा सफल हुआ, लेकिन पीछे इसे छोड़ देना पड़ा और दूसरी तरह की चीजों के ढालने की जगह पर नाहन-फैक्ट्री ने ऊख पेलने की कलें बनानी शुरू कीं, जिसमें काफी सफलता हुई। फौंड्री प्रति सप्ताह 75 टन लोहा ढालने की क्षमता रखती थी, जिसके लिए कच्चा लोहा और कोक बंगाल में बराकर से मँगाया जाता था। साँचों के लिए 13 मील दूर डेरा से बालू ऊँटों पर मँगाया जाता था। इस शताब्दी के आरंभ में कारखाने में 600 आदमी काम करते थे, और वहाँ पीछे कोल्हू के अतिरिक्त कुछ दूसरी चीजें भी बनने लगी थीं।

स्वतंत्र भारत में नाहन फौंड्री ज्यादा आशा कर सकती थी, लेकिन राज्य के हाथ से भारत सरकार के हाथ में आने के बाद 1867 ई० में स्थापित इस फौंड्री को बंद कर दिया गया, सिर्फ इस ख्याल से कि वह अपना खर्च निकाल नहीं सकती थी। यह कहने की आवश्यकता नहीं, कि सरकार के हाथ में जाने पर अफसरों और दूसरे बेकार के टीमटाम पर इतना खर्च बढ़ा दिया गया, फिर बेचारी फौंड्री कहाँ तक खर्चा निकालती।

इस जिले के निर्यात और आयात निम्न प्रकार हैं : निर्यात—गेहूँ, चना, हल्दी, सौंठ (सूखा अदरक), अफीम, मक्की, चावल, मधु, सूखा अनारदाना, हरर (हर्रा), लकड़ी, बाँस, अखरोट। इनके अतिरिक्त नाहन फौंड्री के लोहे के कोल्हू भी बाहर जाते हैं। गेहूँ और चना यहाँ के कियारदून से चूहड़पुर (देहरादून) जाता है। कियारदून का अनाज अम्बाला जिले में भी पहुँचता था। शिमला, डगशाई, कसौली और सोलन भी सिरमौर की चीजों के बाजार हैं। आसपास के गाँवों के लोग अपनी चीजों को नाहन में बेचने के लिए लाते हैं, जो एक अच्छी मंडी है। नाहन से रेलवे-स्टेशन तथा नाहन से पौंटा, शिमला तक मोटरों के चलने से अब व्यापार के रास्ते भी यही हो गये हैं। पुराने समय में यहाँ के लोग सोंठ और हल्दी पीठ पर लाद कर बिलासपुर और जगाधरी (अंबाला) तक धावा मारते थे, और अपनी चीजों को बेच कर वहाँ से दूसरी काम की चीजें लाते थे। यहाँ के जंगलों की लकड़ी जमुना और गिरी में बहकर जगाधरी रेलवे-स्टेशन पर पहुँचती है, जहाँ से वह दूसरी जगह भेजी जाती है। तंबाकू, बासमती चावल और लाल मिर्च भी इस जिले से कुछ परिमाण में बाहर भेजे जाते हैं। आयात—मिल के कपड़े, कारखानों की दूसरी चीजें, ताँबे-पीतल-अलुमिनियम के बरतन, नमक और चीनी बाहर से आती हैं। नाहन तहसील छोड़कर बाकी जगहों में अपने खाने के लिए अन्न पर्याप्त होता है।

3

महासू

प्राकृतिक रूप

महासू[1] हिमाचल प्रदेश का सबसे बड़ा जिला चीन गणराज्य की सीमा पर अवस्थित तिब्बत, उत्तरप्रदेश (टिहरी, देहरादून जिलों), सिरमौर, पंजाब और जंमू-कश्मीर से घिरा है। इसका क्षेत्रफल 5177 वर्गमील तथा जनसंख्या (1951) 3,30,614 है। सिरमौर छोड़ सतलुज के पूरब की ओर बिलासपुर छोड़ सतलुज के पूरब की प्रायः सारी रियासतें इस जिले में हैं, जिनमें सबसे बड़ी रामपुर-बिसाहर की रियासत थी।

महासू में दो पर्वतश्रेणियाँ हैं—(1) हिमाल और (2) मध्यहिमाल। हिमाल वह श्रेणी है, जिसमें सदा हिमाच्छादित रहनेवाली चोटियाँ मौजूद हैं—महासू जिले में ये चोटियाँ 16000 से 21900 फुट तक ऊँची हैं। तिब्बत से आनेवाली सतलुज के ऊपरी भाग को उत्तर और दक्षिण में दो हिमाल श्रेणियाँ सीमाबद्ध करती हैं। दक्षिण वाली शृंखला पूर्वी हिमालय की महान् केन्द्रीय शृंखला का सबसे पश्चिमी भाग है, जो सराहन के पास आकर समाप्त होती है। इसके छोर से एक छोटी-सी पर्वतश्रेणी निकलकर दक्षिण-पूव की ओर जाती जमुना की शाखा टौंस की मुख्य शाखा पब्बर एवं सतलुज के बीच जल-विभाजक है और यही पर्वतश्रेणी तथा महासू जिले के रामपुर और रांडू तहसीलों की सीमा तथा जल-विभाजक हिमालय की मध्य श्रेणी है, यह दक्षिण-पश्चिम की ओर आगे बढ़ती शिमला हो सुबाथू तक पहुँचती है। हिमाल-श्रेणी की एक बड़ी शाखा वह है, जो कि बसपा-उपत्यका को उत्तर-पश्चिम से घेरती है, और जिसके कितने ही शिखर 18000 से 21000 फुट ऊँचे हैं।

मध्यहिमाल श्रेणी पूर्व में (पब्बर-उपत्यका में) 4000 फुट से ऊपर ऊँची है। यह पब्बर वाली श्रेणी देवराहा के 11006 फुट ऊँचे पर शिखर से चारोंओर को फूटती है।

---

1. सीमांत जिला होने से कनौर के तौर पर महासू बड़ा महत्त्व रखता है।

शिमला पर्वतश्रेणी की एक शाखा वह मुख्य श्रेणी है, जिसमें कूपरशिखर पड़ता है, और जो सतलुज तथा यमुना की जल-विभाजक है। बाघी के पास इस जल-विभाजक रेखा को छोड़कर वह दक्षिण-पूर्व की ओर चलती कूपर और कंचू (11358 फुट) होती चाचपुर-शिखर पर पहुँचती है। कूपर और चाचपुर के बीच में और कितनी ही पर्वतबाहियाँ निकल कर दक्षिण की ओर जाती हैं। कूपर-शिखर से एक पर्वतबाहीं उत्तर-पूर्व की ओर बढ़ती पब्बर के तट पर अवस्थित एक प्रसिद्ध देवी तथा पुरातत्त्व के महत्त्व के स्थान हाटकोटी में जाकर खतम होती है। इससे कुछ अधिक ऊँची श्रेणी कूपर से सीधे पश्चिम की ओर चुम्बी-शिखर पर पहुंचकर दक्षिण की ओर मुड़ सीधे 20 मील जाने के बाद चोर-शिखर (11966 फुट) पर पहुँचती है।

चोर-शिखर से दो पर्वतबाहियाँ निकलती हैं : एक सीधे दक्षिण की ओर जाती है, जो हरिपुर किले पर थोड़ा टेढ़ी हो जाती है, और फिर लँगड़ा टिब्बा पर पहुँचती है। दूसरी श्रेणी पहले पूर्व फिर दक्षिण की तरफ जाती है। इसके ही घिराव में जमुना की शाखा टौंस की एक शाखा सेंज नदी की घाटी है। ये श्रेणियाँ अधिकतर 8000 से 9000 फुट तक ऊँची हैं, और इनके ऊपर बड़े सुन्दर घने जंगल हैं। पूर्वी पर्वतश्रेणियों के पश्चिम में मध्यहिमालय की वह पर्वतश्रेणी है, जिसके ऊपर सोलन बसा हुआ है, और जो दक्षिण-पूर्व से उत्तर-पश्चिम की ओर जाकर करोल पहाड़ (7392 फुट) पर खतम होती है।

शिमला से पश्चिम नालागढ़ रियासत में दो पर्वतश्रेणियाँ गम्भीर नदी के दोनों किनारे दक्षिण-पूर्व से उत्तर-पश्चिम को जाती हैं। उत्तरी ओर तथा सबसे पूर्वी हिस्से पर सूरजगढ़ और मलांव के इतिहास-प्रसिद्ध दुर्गों के ध्वंसावशेष हैं, जिनमें दुर्गबद्ध हो गोरखों ने अंग्रेजों के दाँत खट्टे किये थे। दक्षिणी पर्वतश्रेणी पर रामव रामगढ़ और चम्बा के किले हैं—इस चम्बा का चम्बा-रियासत से कोई संबंध नहीं है। ये पर्वतश्रेणियाँ कहीं पर भी 4466 फुट से ऊँची नहीं हैं।

सतलुज जहाँ पहाड़ छोड़ती है, वहाँ पर भी कई पर्वतश्रेणियाँ हैं, जिनकी ऊँचाई अधिकतर 1500 से 2000 फुट तक है, और कहीं-कहीं ही वह 3000 से 4000 फुट तक पहुँचती है। इनका प्रसार उत्तर-पश्चिम से दक्षिण-पूर्व की ओर है। सतलुज के बायें किनारे नैनादेवी-धार एक श्रेणी के ऊपर अवस्थित है। सतलुज के दाहिने किनारे पर कोटकी-धार, जंघार-धार और तिउन-धार की पर्वतबाहियाँ हैं। सतलुज के दक्षिण-पश्चिम पूर्व के पहाड़ ज्यादा ऊँचे हैं, जो कहीं-कहीं 6000 फुट तक ऊँचे हैं, यद्यपि सतलुज स्वयं यहाँ पर 1500 फुट से अधिक ऊँचाई पर नहीं बहती। यहाँ की मुख्य पर्वतश्रेणियाँ हैं बंदलाधार और बहादुरपुर धार, जो एक-दूसरे के समानांतर उत्तर से दक्षिण की ओर जाती हैं। बहादुरपुर धार के सबसे ऊँचे स्थान (6164 फुट) पर बहादुरपुर का किला है। उससे और दक्षिण आगे बढ़ती पर्वतश्रेणी वहाँ तक गई हैं जहाँ मलांव का किला है। इन दोनों पर्वतश्रेणियों की ढलान बहुत तीखी है।

महासू की मुख्य नदियाँ हैं पब्बर टौंस (जमुना की शाखा), सतलुज, और बस्पा। टौंस (तमसा) के नाम की कई नदियाँ हमारे देश में मौजूद हैं। विंध्याचल से निकलने

वाली एक टौंस मिर्जापुर जिले में आकर मिलती है, आजमगढ़ में बहने वाली एक टौंस भी है, लेकिन हिमगलित पानी वाली परमपुनीत टौंस नदी वस्तुतः यही है, जो कि हिमाचल (जलंधर) प्रदेश के सबसे पूर्वी भाग में है। पब्बर इसी की एक शाखा है।

सतलुज सारे जलंधर खण्ड की सबसे बड़ी नदी है। उसका महत्त्व इसमें भी है, गंगा-जमुना, व्यास, रावी, चनाब, झेलम जैसी बड़ी नदियों में कोई हिमालश्रेणी के पार से नहीं आती। सिन्धु, करनाली (ऊपरी घाघरा), कोसी, ब्रह्मपुत्र और सतलुज यही पाँच नदियाँ हैं, जो हिमालश्रेणी को तोड़कर भारत में पहुँचती हैं। सतलुज मानसरोवर के हिम जुड़वाँ राक्स सरोवर से निकलती है, और महासू जिले के पूर्वी भाग के दो टुकड़े करती पश्चिम की ओर बहती है। इसके दाहिने तट को परला और बायें को वरला तट कहते हैं। सतलुज भारत के अंतिम गाँव नम्ग्या के पास तिब्बत से बाहर आती है, और स्पिती नदी के संगम पर यह समुद्रतल से 7600 फुट की ऊँचाई पर बहती है। 73 मील चलने के बाद रामपुर से नीचे यह ऊँचाई 2008 फुट रह जाती है। सतलुज आसपास के ऊँचे पहाड़ों के बीच बड़े सँकरे रास्ते से गुजरती है। इसकी शाखा बास्पा, जो भागीरथी (गंगा) और सतलुज के बीच 8500 फुट से 8000 फुट ऊँचाई पर बहती है। इसकी उपत्यका में सांगला, कामरू जैसे बहुत समतल स्थान हैं। बास्पा के अतिरिक्त स्पिती और नोगली इसकी शाखा नदियाँ हैं। स्पिती इसी नाम के इलाके से आकर सतलुज के भारत की सीमा में पहुँचने के कुछ मीलों बाद इसमें मिल जाती है। सतलुज के किनारे-किनारे इस संगम से होती स्पिती जाने के लिए जीप-सड़क बनाना कठिन नहीं है, और तभी यहाँ की खनिज सम्पत्ति का पूरी तौर से उपयोग हो सकता है। नोगडा दक्षिण-पूर्व से आकर रामपुर से चन्द मील नीचे सतलुज में मिलती है। सराहन के देवी भियाकाली के मन्दिर में नोगडी तक के लोग ही जा सकते हैं। सबसे सुन्दर उपत्यका बास्पा नदी की है, जिसके दोनों तरफ देवदारों ने घने जंगल हैं; और जहाँ कई तरह के फल होते हैं। पब्बर की शाखा वाशकलटी कूपर के नीचे से निकलकर उत्तर-पूर्व की जोर बहती देवराहा होते हाटकोटी में पब्बर से मिलती है। पुनार में कूपर की चोटी के दक्षिण की ओर से निकलकर शल्लू नदी टौंस में जा मिलती है। सेंज नदी चोर टेकरी के दक्षिण-पूर्व से निकल कर टौंस में मिलती है। पूर्व की नदियों में घिरी, असनी, मावरी भी हैं। घिरी काफी बड़ी नदी है। मावरी जाकर घिरी में मिलती है।

सिरसा नदी सतलुज की एक शाखा है, जो कालका के ऊपर के पहाड़ों से निकल कर उत्तर-पश्चिम के सिवालिक के चरणों में बहती अंबाला की रोपड़ तहसील में अवानकोट में सतलुज से मिलती है। इसमें आकर मिलने वाली पूर्व से पश्चिम को अख और बल्लाड, पाली, खरी, खोकरा, चिकनी और कुंडलू नदियाँ हैं। कनाहन नदी सिवालिक से निकलकर पलासी के किले के पास सिरसा के बायें तट पर आकर उससे मिल जाती है।

जलंधर खंड केवल जल का धारण करने वाला अर्थात् भविष्य में बिजली पैदा करने वाला समृद्ध प्रदेश ही नहीं है, बल्कि यहाँ धातु और अ-धातु बहुत तरह के खनिज

पदार्थ मिलते हैं। केवल महासू जिले की चिनी तहसील में ही बहुत प्रकार की खानें हैं। बांगतू से मौरंग तक सतलुज में बालू धोकर सोना निकाला जाता है, बहुत संभव है कि सोने की मातृका या घून भारत की सीमा के भीतर ही कहीं पर हो।

चगाँव में पहले किसी समय चाँदी निकाली जाती थी, यह कथा अब भी प्रचलित है। बसपा-उपत्यका में छितकुल गाँव के पास खनिज धातुएँ ही नहीं, बल्कि मिट्टी के तेल की भी संभावना है। वहाँ से लाये काले चूर्ण को आग पर रखने पर उससे हरे रंग की लौ निकलती है, जो थोड़ी ही देर में वह आग को बुझा देती है। उससे गंधक की असह्य गंध निकलती है। सीसा—यूला में बहुत अच्छे किसिम के ताँबे की घून मिलती मिली है। रांडू तहसील में भी लोहे की खानें हैं, जिनमें बहुत पीछे तक काम होता रहा। गोरखा युद्ध के समय (1814-15 ई०) में यहाँ के शिल्पियों को पुराने ढंग से लोहा निकालते देखकर अंग्रेजों को बहुत कौतुक हुआ था। यातायात और इंधन का सवाल यहाँ पर भी है, यदि पूँजी और टेक्नीक की समस्या हल भी कर ली जाये। परंतु आजकल भारत सरकार जब अपने उद्योग-धंधे की वृद्धि पूँजीपतियों के भरोसे करना चाहती है, तो उससे कहाँ आशा रखी जा सकती है कि पिछड़े पहाड़ी लोगों के जीवन-तल को ऊँचा करने के लिए यहाँ के खनिज-उद्योग को वह विकसित करने के लिए आगे आएगी।

चूना-पत्थर, सीमेंट और सलेटी पत्थर यहाँ बहुत मिलते हैं। क्योंठल के तारादेवी और करेयू स्थानों में चूना-पत्थर की खानें हैं।

31,33 अक्षांश का तो उतना नहीं, किंतु उन्नतांश(ऊँचाई) का प्रभाव यहाँ के तापमान पर जरूर पड़ता है। स्पिती और लाहुल की तरह चिनी तहसील के इलाके समुद्रतल से बहुत ऊँचे होने के कारण बहुत ठंडे हैं। महासू में वांगतू (सतलुज के किनारे) से पब्बर नदी की ओर के जल-विभाजक तक सतलुज-उपत्यका में करीब-करीब उतनी ही वर्षा होती है, जितनी शिमला में। वांगतू के ऊपर वर्षा कम होने लगती है, और नमग्या-स्पू में सूखा प्रदेश आ जाता है। वर्षा की कमी के कारण वहाँ के पहाड़ तिब्बत जैसे नंगे मालूम होते हैं। वंगतू से पश्चिम सतलुज-उपत्यका में साल में 70 इंच वर्षा होती है। वंगतू से पूर्व दस ही मील पर क्लिबा गाँव है, जहाँ वर्षा केवल 47 इंच होती है। शिपकी के तिब्बत के सीमांत के 10 मील पहले स्पू में वह 16 ही इंच रह जाती है। मानसून का जोर चिनी जाते-जाते करीब-करीब खतम हो जाता है, और वहाँ जो वृष्टि होती है, वह अधिकतर जाड़ों में हिमवृष्टि के रूप में होती है। बास्पा-उपत्यका की ओर मानसून बादल कुछ आसानी से पहुँच जाते हैं, और वहाँ वर्षा 40 इंच से ज्यादा हो जाती है। सतलुज के निचले भाग में गर्मी बहुत कड़ी होती है। पब्बर-उपत्यका भी गरम है, और वहाँ पोतू मक्खियाँ यात्रियों को बहुत तंग करती हैं। उनके काटने से शरीर फूल जाता है, और खुजलाने पर घाव पक भी जाता है। पोतू मक्खियाँ जमुनोत्री (टेहरी) के आसपास भी होती हैं।

बिलासपुर और निचले सिरमौर के इलाके अपेक्षाकृत गरम हैं। यहाँ की गर्मी पहाड़ों की कुछ ऊँची जगहों को छोड़कर असह्य होती है, यद्यपि पास के मैदानी इलाकों

के मुकाबले में वह कम होती है। यहाँ बहुत थोड़े से ही ऊँचे स्थान हैं, जहाँ कभी-कभी हिमवृष्टि होती है।

पुराने समय से ही जंगल को राज्य-सम्पत्ति माना जाता था, लेकिन राज्य-सम्पत्ति का मतलब यही था, कि राजा जंगल से कर उगाहता था, पर उसकी रक्षा की कोई परवाह नहीं करता था। झूम-प्रथा भी यहाँ बहुत प्रचलित थी, जिसके अनुसार लोग जंगल को काट-जलाकर वहाँ दो-चार साल खेती करते, फिर उसे छोड़कर दूसरी जगह चले जाते। यद्यपि झूम-प्रथा का यहाँ व्यापक प्रभाव नहीं था, क्योंकि लोग अर्ध-घुमन्तू नहीं, बल्कि स्थायी निवासी थे।

जुब्बल के जंगल अपनी अच्छी स्थिति तथा मूल्य के कारण विशेष महत्त्व रखते हैं। आज से कुछ दशक पहले यहाँ 56730 एकड़ रक्षित वनखंड थे, जिसमें से 30750 एकड़ में देवदार थे, बाकी में चीड़, कैल, बान और लुकाठ थे। देवदार के जंगल यहाँ बहुत ही अच्छी हालत में हैं, अनुकूल आबोहवा के कारण देवदार यहाँ जल्दी बढ़ते हैं। 1900-2 ई० की योजना के अनुसार प्रतिवर्ष 2200 प्रौढ़ देवदार यहाँ काटे जाते हैं। इनके अतिरिक्त कैल (Blue pine) की भी कटाई होती है। लकड़ी काटकर नदियों द्वारा नीचे बहा दी जाती है, जहाँ वह रेलवे के स्लीपर या मकानों की कड़ियों आदि के काम में आती है।

रोड़ू तहसील या बिसाहर राज्य का जंगल भी बड़ा समृद्ध है। इसके बारे में ए० एल० मैकिनटायर तथा सी० एस० हार्ट ने लिखा था :

"सतलुज-उपत्यका में अवस्थित बिसाहर के जंगलों में देवदार काटकर नीचे भेजने का काम 1850 ई० से शुरू हुआ। तब से 1864 ई० तक ठेकेदारों और व्यापारियों ने इतनी बेदर्दी से उसका संहार शुरू किया, कि शिमला—पहाड़ी—राज्यों के सुपरिंटेंडेंट (अधीक्षक) को राजा की शक्ति से बाहर देखकर उनकी रक्षा का प्रबन्ध करना पड़ा। 1864 ई० में राजा के कहने पर अंग्रेज सरकार ने जंगलों का ठेका ले लिया। पहले प्रत्येक काटे हुए वृक्ष पर राजा को राजस्व दिया जाता था, लेकिन 1877 ई० से दस हजार रुपया सालाना का ठेका कर दिया गया।" समय-समय पर रकम बढ़ाई गई, लेकिन बिसाहर के जंगलों का ठेका अंग्रेज सरकार के हाथ में 1947 ई० तक रहा। बिसाहर के जंगल केवल सतलुज की उपत्यका ही में नहीं हैं, बल्कि जमुना की शाखाएँ पब्बर और टौंस के किनारे के पहाड़ों में भी अवस्थित हैं, जिनका भी ठेका अंग्रेज सरकार ने लिया था। सतलुज-उपत्यका के जंगलों का सर्वे और सीमाबंधन जल्दी कर दिया गया, और 1854 से 1900 ई० के बीच जंगलों में गाँव वालों का क्या अधिकार है, इसे भी लेखबद्ध कर दिया गया। 1903 ई० में जंगल-बंदोबस्त की रिपोर्ट को अंग्रेज सरकार ने मान लिया, उसके बाद पब्बर और गिरि के जंगलों के बंदोबस्त का काम कितने ही सालों में खतम किया गया।

ठेका लेने के बाद बहुत सालों तक केवल देवदार की लकड़ी ही बाहर भेजी जाती थी। पीछे दूसरी लकड़ियाँ भी भेजी जाने लगीं। इन जंगलों को दो भागों में बाँटा गया—

1. वांगतू पुल से पूर्व सतलुज-उपत्यका के जंगल, जहाँ वर्षा कम लेकिन हिमपात बहुत अधिक होता है। 2. वांगतू से पश्चिम के सतलुज-उपत्यका के जंगल और पब्बर तथा गिरि के वन, जहाँ वर्षा बहुत किंतु जाड़ों में जल या हिमवृष्टि मामूली होती है।

ऊपरी सतलुज के जंगल शुष्क क्षेत्र में पड़ते हैं, यद्यपि जाड़ा और गर्मी दोनों मिलाकर वहाँ भी बाकी जंगलों से कम तरावट नहीं है। अधिक नम और ठंडे स्थानों में जंगल बहुत तेजी से बढ़ता है। साढ़े सात, आठ और साढ़े नौ हजार फुट की ऊँचाई देवदार के लिए बहुत अनुकूल है। इन्हीं स्थानों में पहले बहुत पुराने-पुराने देवदार के दरख्त थे। जैसे ही नदी से काठ बहाने का प्रचार हुआ, वैसे ही व्यापारी इन्हीं बड़े-बड़े दरख्तों पर टूट पड़े। सतलुज, वास्पा और उसकी कुछ बड़ी-बड़ी शाखायें इन लकड़ियों के बहाने का काम करने लगीं। अंग्रेजी सरकार के ठेके में जाने के बाद भी कितने ही समय तक पेड़ों के काटने पर जितना ध्यान दिया गया, उतना जंगल की रक्षा पर नहीं। देवदार कितनी ही जगह सीधी चढ़ाई वाले स्थानों पर होते हैं। वहाँ से लकड़ियों को नीचे गिराने में कितनी ही बार वह खंड-खंड होकर बेकार हो जाती थीं, पर व्यापारियों को उसकी क्या परवाह? पीछे जंगल-विभाग को अपनी गलती मालूम हुई, और लकड़ी काटने, पेड़ों को चुनने आदि की व्यवस्था की गई। कटी हुई जगहों पर बीज बोकर ढोरों और भेड़-बकरियों से रक्षा करने के लिए बाड़ें खड़ी कर दी गईं। जंगल-विभाग ने लट्ठों को गिराकर बेकार होने की भी मनाई कर दी।

शुष्क क्षेत्र के वृक्षों में नेवजा (चिलगोजा), कैल और तिलौंज (काँटेदार बानक) ज्यादा हैं, जो कि नौ हजार से ग्यारह हजार फुट की ऊँचाई तक पाये जाते हैं। इनकी लकड़ी का अच्छा दाम नहीं मिलता, इसीलिए इनकी रक्षा हो सकी।

नमी वाले क्षेत्र में देवदार से भी अधिक कैल (Blue pine) होता है, जिसके लिए छह से आठ हजार फुट की ऊँचाई बहुत अनुकूल है। निचली ऊँचाइयों में चील के जंगल ज्यादा हैं। ऊँचे जंगलों में तोस (हिमालयका फर), नाना प्रकार के बान, मापल, हार्स चैस्टनट (पांगर) आदि के दरख्त मिलते हैं। पाँच से सात हजार फुट की ऊँचाई की कुछ खड्डों में शमशाद के भी दरख्त मिलते हैं, लेकिन भारी होने की वजह से इनकी लकड़ी नदी में बहाई नहीं जा सकती, और मूल्यवान होने पर भी स्थल से ढोने पर दाम बहुत बढ़ जाता है, इसलिए इनका उपयोग सिर्फ स्थानीय लोग ही कर सकते हैं। शुष्क क्षेत्र देवदार के लिए सबसे अनुकूल साबित हुआ है, और यदि अच्छी तरह से रखा जाये, तो एक वृक्ष से सौ घनफुट लकड़ी प्रतिवर्ष निकल सकती है। बिसाहर के जंगलों का देवदार 100-140 वर्ष का होने पर काटने लायक हो जाता है।

क्योंठल के जुंगा, फागू और मटियाना इलाकों में देवदार, कैल, चील और बान के कितने ही जंगल हैं। वहाँ देवदार के पुराने वृक्ष पहले ही कट गये थे, जो पिछले 60-70 वर्ष में ही नये लगाये जा सके। फागू के आसपास चियांग और जुंगा के पास रथनू में देवदार के अच्छे वन लगाये गये हैं। शिमला के नजदीक होने से उनकी लकड़ी की माँग भी अच्छी है। पुनार और खाई के इलाकों में भी देवदार, कैल और तोस के विस्तृत जंगल

हैं। इसकी अवस्था पहले बहुत खराब थी, विशेषकर खाई के जंगलों का संहार बड़ी बेदर्दी से हुआ था, लेकिन, जंगल-विभाग ने उनकी रक्षा की है। सारे शिमला डिवीजन में पुनार के कैल के जंगल बहुत अच्छे हैं। बघाट के जंगलों में सीमाबद्ध वनखंड 6340 एकड़ में है, जिसमें से आधे में चील के दरख्त और दशांश में बान, बाकी में बाँस तथा दूसरे वृक्ष-वनस्पति हैं। यहाँ के जंगलों की लकड़ी और ईंधन सोलन, सबाथू, कसौली तथा दूसरी जगहों में जाता है।

कुम्हारसेन के इलाके में 15 हजार एकड़ से अधिक परिचिह्नित जंगल हैं, इनके अतिरिक्त और भी कितने ही देहाती जंगल हैं। यहाँ के जंगलों में देवदार, कैल, चील, तोस, बान और तिलोंज के दरख्त मिलते हैं। देवदार कम ही मिलते हैं, कैल भी बहुत नहीं हैं, लेकिन चील के पुराने-पुराने पेड़ भी काफी हैं। नरैन्ती और तालघोर के बान के वृक्षों की सुरक्षा के लिए कोशिश की गई। पेड़ों को कोयले के लिए काटा जाता है। शिमला के पड़ोस में मटियाना से ऊपर के पहाड़ के पार्श्व पर नरैन्ती के बान के जंगल बड़े ही समृद्ध हैं। हिन्दुस्तान-तिब्बत-सड़क के पास वाले जंगलों के तोस वृक्ष भी अच्छे दाम पर बिक जाते हैं। महलांग में 1518 एकड़ परिचिह्नित रक्षित वन हैं। इसके अतिरिक्त कुछ देहाती जंगल भी हैं, जिनमें अधिकतर चील के पेड़ हैं। बाँस के भी वन यहाँ मिलते हैं। कसौली और सबाथू में यहाँ का ईंधन, कोयला और घास जाती है, और बाँस कालका में। नालागढ़ में 52 जंगल हैं, जिनमें से 34 परिचिह्नित हैं। चील के पेड़ इन जंगलों में ज्यादा हैं, बाकी झाड़ियाँ और बाँस हैं। ईंधन, बाँस, घास तथा चराई का दाम जंगल की आमदनी थी। बलसान में 8 या 9 हजार एकड़ का बहुत सुन्दर जंगल है। यह शिमला डिवीजन के अधीन है। यहाँ के जंगलों की लकड़ी को गिरी में बहाकर जमुना के रास्ते नीचे ले जाना आसान है। लेकिन शिमला में उसकी माँग अधिक होने से अधिकतर वहीं ले जाया जाता है।

इतिहास

कनौर किन्नर देश है। किन्नर के लिए किंपुरुष शब्द भी संस्कृत में प्रयुक्त होता है, अतः इसी का नाम किंपुरुष देश या किंपुरुषवर्ष भी था। किन्नर या किंपुरुष देवताओं की एक योनि मानी जाती थी, किंतु उससे इतिहास के जानने में कोई सहायता नहीं मिलती। यदि किन्नर का शब्दार्थ 'बुरा आदमी' ले लें, तो अपने शत्रु के लिए ऐसे शब्दों का प्रयोग हुआ ही करता है। ऐसा नाम आर्यों की भाषा में होने से यह काम उन्हीं का हो सकता है, किन्नर को आजकल आसपास वाले कनौरा कहते हैं। पहले कनौर या किन्नर का क्षेत्र बहुत विस्तृत था। कश्मीर से पूर्व नेपाल तक प्रायः सारा ही पश्चिमी हिमालय तो निश्चित ही किन्नर जाति का निवास था। चन्द्रभागा चनाब नदी के तट पर आज कहीं कनौरी भाषा नहीं बोली जाती, किंतु सुत्तपिटक के 'विमानवत्थु' ईसा पूर्व द्वितीय-तृतीय सदी में लिखा है—"चन्द्रभागा नदीतीरे अहोसिं किन्नरो तदा', जिससे स्पष्ट है, कि पर्वतीय भाग के चनाब के तट पर उस समय किन्नर रहा करते थे। इसी तरह उत्तरकाशी टेहरी के पास

के घरासू आदि शब्दांत गाँव बतलाते हैं, कि कभी वहाँ भी किन्नरी भाषा बोली जाती थी—किन्नरी भाषा में 'शू या 'सू' शब्द देवता के लिए आता है। आर्यों द्वारा अपने पड़ोसी पहाड़ियों को यह नाम शत्रुता से ही नहीं, बल्कि उनके स्नानादि की उपेक्षा के कारण भी दिया गया हो सकता है, किंतु इसे हम तभी कह सकते हैं, जब मालूम हो कि उस समय के आर्य उनसे अधिक शुद्धता-प्रेमी थे।

अस्तु, जैसे भी हो आधुनिक 'कनौर' शब्द किन्नर का ही अपभ्रंश है, और किसी समय किंपुरुष किंपुरुषवर्ष प्रायः सारे हिमालय का नाम रहा होगा, यद्यपि आज वह संकुचित हो बुशहर-रियासत अब महासू जिला की एक तहसील चिनी तथा कुछ नीचे उतरकर उससे लगे हुए 20-25 गाँव के लिए व्यवहृत होता है।

भाषातत्व की दृष्टि से व विश्लेषण करने पर कनौरी भाषा—जिसका सर्वाधिक प्रचलित रूप हम्-स्कद् है—की बोलियाँ हैं थोशङ् पौ-स्कद, शुम्-छौ-स्कद्, शुन्नम्-स्कद्, उस्कद, न्यमस्कद्। इनमें तीन भाषाओं के तत्त्व मिले हुए हैं—तिब्बती (भोट) भाषा, संस्कृत और इन दोनों से भिन्न एक तीसरी किरात भाषा। मानव-समाज की सुपरिचित वस्तुओं के नामों में इन तीनों भाषाओं का भाग कितना है, इसे अभी ठीक से नहीं कहा जा सकता, क्योंकि किन्नर का अभी पूर्ण शब्दकोश तैयार नहीं हुआ है। यहाँ हम हम्-स्कद् के शब्दों का विश्लेषण करते हैं:

भोट भाषा के शब्द—मे (आग), शिङ् (काष्ठ), सेम्चन् (प्राणी), चङ्कू (भेड़िया), शा (मांस), क्रा (कैश), मिक् (आँख), मिक्पू (भौं), कद्, स्कद् (भाषा), निश् (दो), शुम (तीन), ङ (पाँच), टुग् (छह), किम् (घर), लाद् (उत्तर), शीमिक् (मृत्यु), तोङमिक् (मारना), ताङ्मिक् (देखना, दिखाई देना), ज़ल्मिक् (भेंट करना), फ़म्मिक (हराना), शैमिक् (मारना), तुङ्-मिक् (पीना-पिलाना)। संस्कृत के तत्सम-तद्भव शब्दों का प्रयोग करते समय अंत में बहुधा इङ् या अङ जोड़ दिया जाता है—मटिङ् (मिट्टी), दुवङ् (धुआँ), अञ्गारङ् (अंधार), सोर्गङ् (स्वर्ग, आकाश), रतिङ् (रात), रितङ् (ऋतु), भारङ् (भार), खेरङ् (क्षीर), दुवारङ् (द्वार), मज़ङ् (मध्य), कुखिङ् (कुक्षि)। कभी-कभी संस्कृत शब्दों के अंत में अस भी हो जाता है; जैसे—चोरस् (चोर), परमेशरस् (परमेश्वर), जैपालस् (अजपाल)। संस्कृत के शब्द कनौरी भाषा में काफी मिलते हैं और सभी तरह के—काठां (काष्ठ), कौहर (कुहरा), बिजुल (बिजली), रिखा (रीछ), खउ (खाद्य), छौप (सूप, मांसरस), रंडोलस (रँडुवा), बोगवान् (भगवान्), पुज़ा (पूजा), बोदी (बहुत), बया (भैया)। संस्कृत धातुओं में निक्, मिक् लगाकर प्रयोग किया गया है—लान्निक् (लाना), भगेन्निक् (भागना), हटैमिक् (हटाना), विचारेमिक् (विचारना), म्यङ्-मिक् (भय करना), पुज़ा लन्निक (पूजा करना), पकयामिक् (पकाना), फैक्यामिक् (फेंकना), पोलटेन्निक् (पलटना), जोडेमिक् (जोड़ना), लटक्यामिक् (लटकाना), भूज्यामिक् (भूँजना), वसन्निक (वसना), वज़मिक् (बजाना), छर्यामिक् (छोड़ देना), रङयमिक् (रँगना), सज्यामिक् (सजाना), लजाशैमिक् (लजाना), सुंचन्निक् (सोचना), कटयामिक (काटना), गोत्यामिक् (गलाना)।

किरात भाषा वस्तुतः कनौरी भाषा का मूल अंश है, जिसके कुछ शब्द हैं—शू (देवता), ओम् (पथ), रङ् (गिरि), ती (पानी), शुप् (फैन), पोम् (हिम), ठङ् (बर्फ), ठो (अंगार), राक (ताप), लान् (वायु), जू (बादल), युनंक् (सूर्य), लाइ (दिन), गोल् (मास), रुद (सींग), कुइ (कुत्ता), फाँ (हरिन), होम् (भालू), एरङ् (आखेट), खस (भेड़ी), दमस् (बैल), रो (तख्ता), पोलाच (रुधिर), वस् (मधु), टालङ् (चमड़ा), शोक् (कण्ठ), ताकुस् (नाक), गार् (दाँत), वङ् (चरण), लिङ् (हृदय), रिङ्-स् (बहिन), छङ् (पुत्र), चिमेत् (बेटी), छद् (जामाता), तैम् (पुत्रवधू), रु (ससुर), तेते (दादा), कोतेते (परदादा), कोणस् (मित्र), ज़ङ् (सोना), ठोग् (सफेद), सै (दस), रा (सौ), लोन्निक (बहुत), कुस्क्या (बहुत, ज्यादा), कैन् (तुम), कोमो (भीतर), रैनम् (बसन्त), इवा (नीचे), ईमिक् (प्रश्न करना), रोमिक् (बोलना), हचेमिक् (होना), स्कुन्निक् (उबालना), कुन्निक् (बाँधना), रन्निक (देना), रैन्निक (बेंचना), युन्निक् (चलना, चूर्ण करना), लन्निक (करना), कन्निक (बुलाना), बुन्निक् (आना), द्वन्निक् (निकलना, प्रकट होना), लौन्निक् (कहना), ग्वान्निक (खोदना, काटना), कस्-मिक् (मिलना, मिलाना), लन्निक (बनाना, पकाना), उन्निक् (लेना, माँगना), तोशे मिक् (बैठना), बन्निक (परिहास करना, हँसना), छिवमिक (चूसना), पन्निक (उबालना, पोंछना), हुन्निक् (सोखना), नार्मिक् (गिनना), चैन्मिक् (सोना), सवयुबमिक (लादना, उठाना)।

कनौर लोगों के प्रागैतिहासिक परिचय के लिए अभी तक उनकी भाषा ही एक मात्र सहायक है, आगे चलकर सम्भव है, उस समय की भौतिक सामग्री भी प्राप्त हो जाये। किन्नर जाति का सबसे पुराना स्तर है किरात-किन्नर, जिसका पहले खसों के साथ समागम हुआ। आर्य ताम्रयुग में भारत में पहुँच चुके थे। संभव है, उस समय चंद्रभागा से बहुत पश्चिम तक किन्नर रहते हों, और उसी समय खस पशुपालों से उनका संपर्क हुआ हो। आगे चलकर यह संपर्क तथा प्रभाव इतना बढ़ा, कि आज अधिकांश किन्नर-किरात लोगों ने अपनी भाषा को सर्वथा छोड़कर आर्य-भाषा को अपना लिया है। जैसे—हिमाचल के किन्नर खसों के बाहुल्य और प्रभाव के कारण अपनी भाषा को छोड़ बैठे, वैसे ही उत्तरी छोर के किन्नर पीछे भोट-देशियों के प्रभाव में आकर भोट भाषा-भाषी बन गये। किन्नर-किरात जाति चीनी-तिब्बती जाति की ही एक शाखा के थे। वह भोटवासियों के संपर्क में कब आये? आज की भाषा और लोगों की मुखाकृति को देखकर यह समझना गलत होगा कि मानसरोवर प्रांत, लदाख और कनौर के सीमांत भाग (हङ्-रङ्) में पहले भोट (तिब्बती) लोग रहा करते थे। वस्तुतः भोट-जाति का पश्चिम में विस्तार ईसा की सातवीं सदी में होने लगा, जबकि भोट-सम्राट् स्रोङ् चन-गैम्बो (630-50 ई०) ने सारे तिब्बत, सारे हिमालय और गिलगित्, ह्वाङ्हो-तट तक फैले भोट-साम्राज्य की स्थापना की। इसी समय किन्नर-देश में भी भोट सैनिक, शासक और पशुपाल पर्याप्त संख्या में आकर रहने लगे। भोट-साम्राज्य-स्थापक स्रोङ् चन्-गेम्बो ही तिब्बत में बौद्ध-धर्म का स्थापक तथा तिब्बती साहित्य का भी आरंभक था। उससे पहले बौद्ध-धर्म प्रचारक दूर-दूर तक पहुँच चुके थे, तो भी वह यहाँ के जैसे पिछड़े लोगों में पहुँचे, इसका प्रमाण नहीं मिलता।

हाँ, अशोक के राज्य से इनका संपर्क जरूर रहा होगा। देहरादून जिले में चकराता की सड़क पर पहाड़ से नीचे उतरते ही कालसी का पुराना किंतु अब ध्वस्तप्राय नगर पड़ता है। इसी के नीचे यमुना तट पर अब भी वह शिला है, जिस पर अशोक के अभिलेख खुदे हैं। अशोक के और अभिलेखों की भाँति ये भी ऐसे स्थान पर खुदवाये गये, जहाँ अधिक जनसमागम होता था। कालसी (खलतिका) उस समय मध्यदेश के साथ हिमालय के व्यापार का एक प्रधान केन्द्र था, इसमें संदेह नहीं। यहीं हिमवन्त की समूरीखाल (कादली मृग), पशम तथा कोमल ऊन के दुस्स, कस्तूरी तथा दूसरी बहुमूल्य वस्तुएं आकर बिकती थीं। पाली-वाङ्मय में उल्लिखित अजपथ (बकरी का रास्ता) यहीं से आरंभ होता था। आज भी जाड़ों में काफी संख्या में कनौरी अपनी भेड़-बकरियों को लेकर कालसी पहुँचते हैं, यद्यपि व्यापार की मंडियाँ रामपुर (बिसाहर), शिमला और कुल्लू में खुल जाने से अब कालसी का महत्त्व नहीं रहा, और वह प्राचीन नगरी सिसक-सिसककर मर रही है।

उपरोक्त कथन से यह निश्चित है, कि ईसापूर्व तीसरी सदी में किन्नर लोगों का अशोक के साम्राज्य के साथ संपर्क था। बौद्ध-धर्म से संपर्क स्थापित करने के लिए उनमें संस्कृति का स्तर ऊँचा होना चाहिए था, जिसका पता नहीं मालूम होता। इसका प्रमाण कनौर की प्रत्येक पुरानी बस्ती में पाई जाने वाली वह मृतक समाधियाँ हैं, जिन्हें यहाँ के लोग भ्रम से 'खछैरोम्खङ्' (मुसलमान-कब्र) कहते हैं। आधुनिक कनौर लोग सिवाय आपतकाल के अपने मुर्दों को जलाते हैं, इसीलिए मकान के लिए नींव खोदते, खेत बनाते या सड़क निकालते समय जब कोई पत्थर के टुकड़ों से चिनी, पटिया से ढँकी मृतक-समाधि निकल आती है, तो उसे वह मुसलमान की कब्र कह उठते हैं। उन्हें यह नहीं मालूम, कि मुसलमानी कब्रों में बर्तनों में भोजन और मदिरा नहीं रखी जाती, और नहीं इस प्रदेश में मुसलमानों का कभी निवास रहा। वह यह भी नहीं समझ सकते, कि कभी उन्हीं के पूर्वज अपने मृतकों को जलाते नहीं गाड़ते थे, और मृतात्मायें कब्र में आकर भूखी न रह जायें, इसके लिए प्राचीन मिस्रियों की भाँति कब्र में खाद्य और पेय सामग्री रखते थे।

जहाँ तक मुझे स्मरण है, कनौर की इन मृतक-समाधियों की ओर विद्वानों का ध्यान आकृष्ट नहीं हुआ, यद्यपि लदाख की मृतक-समाधियों का उल्लेख हुआ है, और यह भी माना गया है, कि पहले लदाख में तिब्बती-भाषाभाषी जाति नहीं रहती थी। जून 1948 में ऊपरी कनौर के लिप्पा (लितिङ्) गाँव में मैं ठहरा था। वहाँ के जोतिसी लामा ने किसी गुंवा (मठ) की नींव डालते समय हड्डी निकलने की बात कही। फिर कान खड़ा कर जब मैंने पूछा, तो सीधा-सादा उत्तर मिला—इधर 'खछे-रोम्खङ्' बहुधा निकल आती हैं। खछे (मुसलमान)—क़ब्र यहाँ नहीं हो सकतीं। सोचकर मैंने पूछा—"हड्डी के साथ बर्तन भी रहते हैं।" उत्तर मिला—"बर्तन मिलना अनिवार्य है।" यह भी पता लगा, कि बर्तन बहुधा मिट्टी के होते हैं, जिन्हें लोग फेंक देते हैं, या लड़के खेलकर फोड़ डालते हैं। और पूछताछ करने पर एक आदमी के खेत में कुछ साल पहले कब्र

निकलने का पता लगा। उसे बुलाकर कुदाल ले हम लोग उसके बायें खेत की ओर चल पड़े। यद्यपि वह बार-बार कह रहा था, कि कब्र को हमने खोदकर फेंक दिया। उसके खेत में कुदाल चलाने की नौबत नहीं आई, उसके पड़ोसी पंजीराम के खेत में भी कब्र निकलने का पता लगा। आठ साल पहले किसी पुजारी की असावधानी से आधा गाँव जल गया। यहाँ के मकानों का अधिक भाग लकड़ी का होता है। पंजीराम ने अपना घर गाँव के बीच में अवस्थित अपने खेत में बनाना आरंभ किया। नींव खोदते समय कुदाल पत्थर के पटिये से टकराई। पटिया हटाने पर पातालपुरी की ओर जाने का द्वार मिला, जिसके नीचे उतरने को पत्थर की खुड्डियाँ थीं। पंजीराम ने हाथ-दो हाथ खोदकर छोड़ दिया। लोगों ने छिपे खजाने की बात बतला कर उत्साहित किया। गाँव के जेलदार बंसीलाल भी पहुँच गये और कुदालें चलीं। चार-पाँच हाथ नीचे जाने पर जगह कुछ चौड़ी थी, जिसमें मुर्दे की खुड्डियाँ और दूसरी चीजें मिलीं। पंजीराम ने चीजों के मिलने से इंकार किया, किन्तु जैलदार के कथनानुसार उसमें बर्तन आदि निकले थे, खजाना नहीं। पंजीराम अब उस स्थान पर अपना घर खड़ा कर चुके थे। मैं कुदाल लिए उसे भीतर से देखने का आग्रह कर रहा था। पंजीराम ने कहा—अभी एक 'खछै-रोम्खङ्' निकली थी।

पंजीराम की जान में जान आई, जब मैंने कहा—चलो, इसी को खोदें। कब्र खेत के ऊपरी सिरे पर दीवार (मेंड़) की जड़ में थी, जिसके ऊपर से पानी की नाली बहती थी, और बरसों से पानी उसके भीतर पहुँच चुका था। खुदवाने पर तीन हाथ लम्बी डेढ़ हाथ चौड़ी हाथ-भर ऊँची पाषाणखंडों से चिनी कब्र मिली। पंजीराम की पहली कुदाल ने ढाँकने की एक पटिया को ही वहाँ रहने दिया था, उसे हटवाया। हड्डियाँ अस्तव्यस्त फेंकी हुई थीं, और पानी लगने से खुसखुस टूट रही थीं। खोपड़ी आधी (लंबाई में) थी, जिसकी लंबाई आधा घरा 18 इंच और चौड़ाई का आधा घेरा छह इंच था। देखने से स्पष्ट मालूम होता था, आदमी दीर्घकपाल था। हाथ-पैर की हड्डियाँ बतला रही थीं, कि आदमी लम्बे कद का था, और कब्र में पैरों को मोड़कर उसे रखा जा सका होगा। खोपड़ी में ऊपरी दाँतों की आधी पंक्ति मौजूद थी, जिसमें तीन दाढ़ें (तीसरी खोखली), फिर दो दाँत, एक कुकुरदंत फिर एक टूटे दाँत की जगह और तब दो सामने के दाँत—जड़ में कुछ आगे को बढ़े थे। आदमी की आयु 35-40 साल की रही होगी। हड्डियाँ इतनी खुसखुसी और इतनी टूटती थीं, कि उन्हें दिल्ली पहुँचाने का प्रबन्ध नहीं किया जा सकता था। यद्यपि मेरी बड़ी इच्छा थी, कि एक संपूर्ण कंकाल हाथ लगे, किन्तु यहाँ कब्र स्वेच्छा से खोदकर निकाली नहीं जा सकतीं। गाँव के वैद्य ने आँचल फैलाकर हड्डियों को माँग लिया। उन्होंने उन्हें जला-घोट कर दवा तैयार कर उसे कितने ही बीमारों के पेट में उतारा होगा।

इस कब्र से निम्न ऐतिहासिक बातों का पता लगा—लिप्पा के पुराने निवासी आजकल के अपने वंशजों की भाँति गोलकपाल या मध्यकपाल न हो दीर्घ कपाल थे—वैसे ही जसे लदाख के पुराने निवासी। वह मुर्दों को जलाते नहीं गाड़ते थे। कब्र में मुर्दों का सिर पश्चिम की ओर होता था। मुर्दे के साथ खाद्य और पेय रहते थे। संभवतः लोग

लंबे कद के थे। कब्र खोदते समय पंजीराम को मालूम हुआ कि मैं कब्र से निकली चीज का अच्छा दाम भी दूँगा, इसलिए उन्होंने घर से लाकर एक काँसे का कटोरा और एक मिट्टी का टोंटीदार मद्यकुतुप दे दिया। उनका कहना था कि दोनों चीजें इसी कब्र में सिर के पास दाहिनी ओर रखी हुई थीं। लेकिन, उनकी बात संदिग्ध है। हो नहीं सकता, कि बड़ी कब्र के मुर्दे के पास और कोई चीज न रही हो। जैलदार ने भी दूसरे दिन चीजों के निकलने पर जोर दिया, और जब पंजीराम को बुलाया, तो उन्हें आने की हिम्मत नहीं हुई। ऐसा कटोरा और मिट्टी का मद्यकुतुप आजकल इस इलाके में नहीं बनते। दोनों के कारीगर अपनी कला में दक्ष थे। कटोरा साढ़े सात इंच व्यास का पूर्ण अर्धगोल है, जिसकी पेंदी की धात बहुत जगह उड़ गई है। कुतुप में अँगूठे जाने लायक मुँह और एक पतली सुन्दर टोंटी लगी है।

समाधि के काल के बारे में कुछ बातें कही जा सकती हैं—उस समय यहाँ दीर्घ-कपाल आदमियों की बस्ती थी, जिनका तिब्बती गोलकपाल लोगों से संपर्क नहीं हुआ था। अभी बौद्ध-धर्म का परिचय नहीं था, इसलिए मृतक के खाद्य और पेय का प्रबन्ध करना पड़ता था—अर्थात् यह समाधियाँ उस समय की हैं, जब कि भोट (तिब्बती) लोगों का पश्चिम में विस्तार नहीं हुआ था, या राज्य-विस्तार होने पर भी अभी उसका व्यापक प्रभाव नहीं पड़ा था। भोट-इतिहास से हमें मालूम है, कि ईसा की सातवीं सदी के मध्य में भोट-राज्य का विस्तार इस प्रदेश में हुआ था, व्यापक प्रभाव के लिए कम-से-कम एक सदी और होनी चाहिए। इस प्रकार ऐसी कब्रें आठवीं सदी से पीछे की नहीं हो सकतीं।

कनौर की भाषा में तिब्बती शब्द और लोगों में तिब्बत-रक्त भी सातवीं सदी के मध्य से सम्मिलित होने लगा। खसों तथा आर्यों की भाषा और रक्त का प्रभाव उनके प्रथम संपर्क ताम्रयुग अथवा ईसापूर्व द्वितीय सहस्राब्दी से आरम्भ हुआ, जो आगे बढ़ता ही गया और आज तो किन्नरों का ऐसा बहुत थोड़ा भाग रह गया, जिसने अपनी आदिम किरात-भाषा कुछ अंश को सुरक्षित रखा है।

किन्नर (कनौर) के इतिहास को निम्न भागों में बाँटा जा सकता है—1. किन्नर (प्राग्-खश, प्राग्-आर्य)—काल (ताम्रयुगाई 8-10वीं सदी से पूर्व), 2. आर्य-खश (प्राग् भोट)—काल (ईसवी 7वीं सदी तक), 3. भोट-काल (ईसवी 13वीं सदी तक), 4. ठाकरशाही (ईसवी 15वीं सदी तक), और 5. कामरू (रामपुर)-राजवंश (फरवरी 1948 ई० तक)।

प्रथम काल की भौतिक सामग्री अभी हमें निश्चित तौर से नहीं मिली है। भाषा के सहारे कुछ बातें हम पहले लिख चुके हैं। उससे यह भी मालूम होता है कि किसी समय यह भूभाग मोन्-ख्मेर या किरात जाति का निवास-स्थान होने से इंदोचीन और इंदोनेशिया की जातियों से लगातार संबंधित था। उस समय से बहुत पीछे भोट-काल के आरंभ होते तक तिब्बत के भीतर भी किरात या मोन् लोग रहते थे। नेपाल-उपत्यका से उत्तर तिब्बत के भीतर कि-रोंग् वाला इलाका मोन्-युल् (मोन्-देश) कहा जाता है। आज भी मध्य-तिब्बत के दक्षिणी भाग में अवस्थित बहुतेरे ध्वंसावशेषों को मोन्-पा लोगों की

पुरानी बस्तियाँ बतलाया जाता है।

11वीं-12वीं शताब्दी के बाद बिसाहर में भी अनेक ठाकुरों का राज्य था, यह बात गढ़वाल, कुमाऊँ के उदाहरण से ही नहीं, बल्कि पड़ोसी तिब्बत के डरी के इतिहास से भी मालूम होती है। हरेक ठाकुर अपने को परम स्वतंत्र मानता था, और वह अपनी-अपनी अलग ढपली बजाता था। ईसवी 13वीं सदी तक बिसाहर के कम-से-कम कनौर इलाके पर पश्चिमी तिब्बत गूगे के राजाओं का शासन था। फिर 15वीं सदी के अंत तक ठाकुरशाही रही। 13वीं सदी के मध्य में ग्रगस-प-दे, (कीर्तिसेन) गूगे का राजा था। मानसरोवर से पश्चिम के तिब्बती भूभाग को गूगे कहा जाता था। कीर्तिसेन के उत्तराधिकारी जिन्दरमल, अजितमल, कलनमल, परतपमल (1320 ई० ?) हुए। इनका कुछ प्रभाव कनौर पर भी रहा होगा। अनेक ठकुराइयों में बँटे रहने पर भी चिनी का कुछ ज्यादा महत्त्व था, तभी भोटवासी आज भी इसे ग्यल्-सा (राजधानी) चिने कहते हैं। अधिक चौरस और उपजाऊ भूमि होने के कारण बसपा-उपत्यका का सांगला गाँव भी एक अच्छी-खासी राजधानी होने का अधिकारी था, लेकिन वहाँ और पास के मौने (कामरू) के दो अलग-अलग ठाकुर थे, जिनमें आपस में प्रतिद्वंद्विता रहती थी।

यह भी संभव है, कि गुर्जर-प्रतिहार और गहड़वार-वंशों के उत्कर्ष के समय कनौर — पब्बर-उपत्यका तो अवश्य — कन्नौज-साम्राज्य के भीतर रही होगी। चिने के पास कोठी—जो 7000 फुट की ऊँचाई पर होने के कारण कनौर का केन्द्रीय नगर बनने के अधिक उपयुक्त है—की परंपरा बतलाती है, कि यह स्थान कनौर में किसी समय बड़ा महत्त्व रखता था। कनौर में केवल वहीं प्राप्य दसवीं शताब्दी के हिंदू देवी-देवताओं की मूर्तियाँ भी इसी बात को प्रमाणित करती हैं। कोठीदेवी के कायथ (लेखक) नेगी ठाकुरसिंह जिस परंपरा को सुना रहे थे, उसके अनुसार नीचे से भागकर आया कोई राजा कोठी में महल बनवाकर रहने लगा। एक दिन जब वह रानी सहित बाहर टहलने या बगीचे में चौपड़ खेलने में लगा था, तो देवी ने उसके महल में आग लगा दी, और राजा को कनौर छोड़कर भाग जाना पड़ा। इस परंपरा की व्याख्या यही हो सकती है, कि महमूद गजनवी के बनारस तक के आक्रमण से जर्जरित होकर जब प्रतिहार-साम्राज्य ध्वस्त हुआ, तो कन्नौज का राजा या उसका कोई राजकुमार भागकर यहाँ आया। कन्नौज के बिगड़े राजकुमार का खर्च छोटा-सा किन्नर देश वहन नहीं कर सकता था। लोगों ने विद्रोह किया, और 11वीं सदी के प्रथम पाद में भगोड़े राजा को यहाँ से भागना पड़ा। कोठी में आज भी मौजूद सुन्दर पाषाण-कुंड के पास राजा ने एक भव्य मन्दिर बनवाया। हो सकता है, मन्दिर काष्ठका रहा हो, और जल जाने से उसका अवशेष नहीं मिलता, या खुदाई करने पर कुछ मिल जाये। उसी मन्दिर में दो फुट की चतुर्भुजी शिव-मूर्ति स्थापित थी, जो खंडित रूप में आज भी कुंड पर मौजूद है। इस असाधारण सुन्दर मूर्ति के साथ उतनी ही बड़ी एक दूसरी मूर्ति भी कहीं पर स्थापित थी, जिसके प्रभामंडल का एक खंड मालाधारी किन्नर-मिथुन के साथ वहीं रखा हुआ है। बहुत संभव है, वह मूर्ति गौरी की थी। कोठी की इस अद्भुत शिवमूर्ति और दूसरी काष्ठ-पाषाणमयी हिंदू मूर्तियों की व्याख्या केवल इसी तरह

की जा सकती है, कि प्रथम भोट-साम्राज्य के पतन के समय (10वीं सदी) और पश्चिमी तिब्बत (गूगे) के भोट-राजवंश के शक्तिशाली होने के बीच किन्नर देश पर कुछ समय गुर्जर-प्रतिहारों का अधिकार हो गया। फिर गूगे के राजवंश का भी हाथ शरणार्थी प्रतिहार राजा के विरुद्ध हुआ। यह भी याद रखने की बात है, कि इसी समय एक प्रतिहार राजकुमार भागकर सिंहल गया था, और वहाँ कुछ समय तक उसने राज्य भी किया। कुल्लू के राजवंश को पाल-वंश की शाखा बतलाया जाता है। परंपरा कहती है, कि मुसलमानों के आक्रमण से परास्त हो 11वीं सदी के तृतीय पाद में कोई राजकुमार मायापुरी (हरद्वार) और गढ़वाल के रास्ते कुल्लू पहुँचा। 11वीं सदी में पाल-वंश पर मुसलमानों के कारण कोई संकट नहीं आया था। नाम के साथ पाल आने के कारण उसका संबंध पाल-वंश से जोड़ा गया, पर कन्नौज के प्रतिहार-वंश में भी पाल नामवाले अनेक राजा हुए। महीपाल तो प्रभुता और प्रताप में दूसरा विक्रम था। हो सकता है पाल-उपनामक प्रतिहारवंशी ही राजा या राजकुमार पहले कनौर में और फिर यहाँ से भागकर कूल्लू गया हो। गूगे-काल (10वीं से 13वीं सदी) में एक बार फिर भोटवासियों की प्रभुता जगी थी। उस समय फिर कनौर पर उनका शासन स्थापित हो गया था। काशि-राजा के बारे में 'भोट्टन्ता ट्टिन्त चले' की बात जो समकालीन कविता में मिलती है, उससे यह पता लगता है, कि उत्तरी भारत के अंतिम प्रतापी राजवंश—कन्नौज के गहड़वार—के समय भी भोटदेशियों के साथ झगड़ा रहता था, पर कहा नहीं जा सकता, कि इस समय कनौर पर गहड़वारों ने अधिकार प्राप्त किया था।

ठाकुरशाही का बोलबाला उसी समय हुआ, जबकि दक्षिणी और पूर्वी सीमा पर कोई शक्तिशाली राज्य नहीं रह गया। 14वीं सदी के आरंभ में—जबकि गूगे-राज्य की शक्ति क्षीण हो गयी थी—हर दो-दो चार-चार गाँवों के स्वतंत्र राजा बन गये, जिन्हें कनौरी भाषा में ठकरा कहते हैं। ठाकर, ठाकुर और ठकरस मूलतः किस भाषा का शब्द है, यह कहना मुश्किल है। इसका प्रयोग काठियावाड़ और बंगाल तक मिलता है। कहीं यह राजपूतों की उपाधि है और कहीं बंगाल-मिथिला की तरह ब्राह्मणों की। बहुत-सी जगहों में हजाम को भी ठाकर कहा जाता है। जगन्नाथपुरी के देवता को ठाकुर जी कहते हैं। यदि यह तिब्बत भाषा का शब्द ठक्-कर् (श्वेत-रक्त) है, तो यह राजा के रुधिर के संबंध को प्रकट करता है। लेकिन, तिब्बती भाषा में इसका प्रयोग नहीं देखा जाता। एकताबद्ध होने से पहले संभवतः कनौर सात ठाकुरों में विभक्त था, जिसको 'सातखूँद' कहते थे। इन खूँदों में प्रत्येक के अपने-अपने ठकरस् और अपने-अपने राजदेवता थे, जैसे—

नाम	स्थान	देवता
1. दोशो खूँद	गौरा और नीचे	बसारू
2. पन्द्रह-बीस खूँद	गान्मी	लाछी
3. अठारह-बीस खूँद	सुङ्रा	मैंसू (मैंसुर)
4. बङ्-गो-खूँद	भाबा	मैंसू

5. पग्रामं (राजग्राम) खूंद	ठोलङ् (चगांव)	मैसू
6. छुवङ् खूंद	चिनी (छुवङ्)	चंडिका (कोठी)
7. टुक्पा-खूंद	कामरू (मौनै)	बदरीनाथ

आज भी कोठी की चंडिकादेवी तथा दूसरे कनौरी देवता धमकाते हैं—हमने सातों खूंदों और अठारह गढ़ों को नष्ट कर दिया। तुम्हारी भी वही दशा करेंगे, यदि बात नहीं मानोगे। अठारह गढ़ कनौर से नीचे रामपुर से शिमला तक के अठारह राजाओं के गिने जाते थे। सातों खूंदों में दोशो-खूंद कनौरी-भिन्न कोची (पहाड़ी) भाषा क्षेत्र में है, बाकी कनौरी भाषा में। हो सकता है, उस समय दोशो-खूंद में भी कनौरी भाषा बोली जाती हो। लेकिन, सातों खूंदों में सात ही ठाकुर थे, यह मानना गलत होगा। कनौरी खूंदों के भीतर भी लिप्पा (लिर्तिग), लबरंग, मोरंग (स्गनम्), तंग-लिग और चोलिंग में ठाकुर थे। सुंगनम् में भी ठाकुर रहा होगा। पुराने ठाकुरों के वंशजों में लब्रंग के नीचे स्पिलो में एक ठाकुर-वंश का पता मिलता है।

इन ठाकुराइयों को ध्वस्त करने में बारूद के हथियारों ने भी काम किया। ठाकुरों ने बड़े-बड़े गाँवों में अपने गढ़ बना रखे थे, जिनमें से कुछ आज भी लब्रंग, मोरंग और कामरू के गढ़ों के रूप में विद्यमान हैं। ये गढ़ 30-40 हाथ लंबे, उससे कुछ कम चौड़े और 6-7 मंजिला हैं। उदाहरणार्थ मोनेप्रा या मोनेगौरंग के नाम से वहाँ के लोगों में प्रसिद्ध कामरू का किला जमीन पर 24 हाथ लंबा और 24 हाथ चौड़ा है। नीचे वहाँ तक वह ठोस है, जहाँ सीढ़ी लगती है। ऊपर पाँच तल्ले हैं। प्रथम तल पर पाँच घर हैं—गोदाम, स्नानकोष्टक, पानीघर, रसोई और काठघर। जब सारे किले का घेरा केवल 96 हाथ है, तो कोठरियाँ कितनी छोटी होंगी, यह अच्छी तरह समझा जा सकता है। दूसरे तल के तीन कमरों में एक बहुत छोटा, दूसरा उससे कुछ बड़ा और तीसरा सबसे बड़ा पूजागृह है। यहाँ आठो थानापति देवताओं के बीच में राजगद्दी रखी है। तीसरे तल पर पाँच कमरे हैं, जिनमें एक कभी खोला नहीं जाता, दूसरे में त्योहार के समय सैकड़ों भेड़-बकरियाँ काटी जाती हैं, जबकि हर तीसरे वर्ष भीमाकाली सराहन से यहाँ पधारती हैं। तीसरे कमरे में बलिपशु का प्रोक्षण किया जाता है, चौथे में भीमाकाली बैठती हैं। पाँचवें कमरे में हथियार, कवच, बारूद, सीसा आदि सामान रखा जाता है। चौथे तल के कमरों में सबसे बड़ा दरबार-हाल है, दूसरा रनिवास है, तीसरा स्नानकोष्टक, चौथा बड़ा रसोईघर और पाँचवाँ पानीघर। पाँचवाँ तल सबसे अंतिम और सबसे ऊपर है, जहाँ एक छोटी-सी कोठरी है, जिसमें बटकुला देवता निवास करता है।

कनौर में अब भी बौद्ध-धर्म की प्रधानता है, और वहाँ तिब्बती भाषा में हस्त-लिखित कितनी ही पुरानी पोथियाँ नम्ग्या, स्पू, सुंगनम्, कनम् आदि में मिलती हैं। पुरानी प्रथा के अनुसार पुस्तक के आरंभ में लिखाने वाले दाता के साथ तत्कालीन राजा के नाम का भी उल्लेख होता है। कितनी ही पुरानी मूर्तियों पर भी लेख होते हैं, जिनसे उस समय के इतिहास पर प्रकाश पड़ सकता है। कामरू में 22 इंच लंबी एक सुंदर चतुर्भुज अवलोकितेश्वर की धातुमूर्ति वहाँ के बुद्ध-मन्दिर में मौजूद है, जिसकी आँखों पर

सदा उज्ज्वल रहने वाला चाँदी का पानी बतलाता है, कि मूर्ति छह-सात सौ वर्ष से कम पुरानी नहीं होगी। मूर्ति अति सुंदर संतुलित है। बाईं ओर के दोनों हाथों में से उपरले में पुस्तक, निचले में कमल, दाहिनी ओर के उपरले में अक्षमाला, और निचले में वरदहस्त। मूर्ति खड़ी और त्रिभंगी है। मूर्ति के पाद-पीठ पर पुरानी चतुरस्त भोट-लिपि में तीन पांतियों का लेख खुदा हुआ है—"लन्-बित्-व्यि-वन्दस्-फ्यग्-लेन्-मज़द्। स्मोन्-ब्लोन छै-क्लु मगोन्-म्छेद् यु-स्नस-क्विस् यौन्-बदग्-ग्यिस छै-दस्-प स्मोन्-ब्लोन्-छै शेस-बचन्-ग्यिस्र बसौद्-नस्र-सु रिगस्-ग्सुम्-ग्यिस्कु-ब शेड्-सु ब्सौल्-बस्। छै-दस्-ल दङ् मर-यस्-पऽि सेम्स-चन् थम्-चद्-स्ग्रव-प प्यद-बर ग्युरद्-चिग्।" इस लेख से मालूम होता है, कि मोने (कामरू) के महामात्य ग्यानी (शेस्-चन्) के पुण्यार्थ महामात्य नागनाथ और उसके परिवार ने 'त्रिजातिक मूर्ति' का निर्माण करवाया। 'त्रिजातिकनाथ' से बौद्ध-धर्म के तीन बड़े बोधिसत्वों—अवलोकितेश्वर, मंजुश्री और वज्रपाणि को पुकारा जाता है। इसलिए इस मूर्ति के साथ मंजुश्री और वज्रपाणि की भी दो धातु-मूर्तियाँ रही होंगी, जो नष्ट हो गईं या किसी दूसरी जगह चली गईं। मूर्तिकला और इतिहास दोनों की दृष्टि से अवलोकितेश्वर की यह मूर्ति बड़ा महत्त्व रखती है।

यह तो निस्संदेह है, कि कामरू के ठाकुर ने ही दूसरे राजाओं को हराकर कनौर को एक किया। लेकिन, वह कौन राजा था, इसे निश्चयपूर्वक कहना मुश्किल है। वहाँ के प्रधान देवता बदरीनाथ के साथ कल्याणसिंह का भी विमान निकाला जाता है, जो पद्मसिंह (म० 1947 ई०) से पहले दसवाँ राजा था, जिसे विष देकर मार डाला गया था, और अब कामरू में उसे देवता का पद मिला है। छतरसिंह उसकी जगह गद्दी पर बैठा। दोनों का आपस में क्या संबंध था, यह नहीं कहा जा सकता। बहुत संभव है छतरसिंह और उसके उत्तराधिकारी केहरीसिंह के समय ही कामरू ने ठाकुरों को हटाकर विशाल राज्य स्थापित करने में सफलता पाई। कामरू बस्पा-उपत्यका में पहाड़ के सानु पर है। पास में सांगला बहुत बड़ा गाँव और उसके पास बहुत समतल-सी भूमि है। इसमें शक नहीं, कि सांगला का ठाकुर कामरू के ठाकुर से पहले ज्यादा शक्तिशाली रहा होगा। परंपरा के अनुसार सांगला में मुखोबिश्नान् ठाकुर रहता था। मोने या कामरू के वंश का ठाकुर या उसके वंश का नाम पार्युदन (पाषाण) था। सपनी और ब्रुये के बीच बारी ठकरस् था। चोलिंग तथा तंगलिंग में भी अलग-अलग ठाकुर थे। चिनी का एमर्च ठाकुर बहुत तगड़ा था। मोने के ठाकुर ने अपनी दिग्विजय का आरंभ साङ्ला से किया और वीरता से नहीं धोखे से उसका सर्वनाश किया। मोने (कामरू) के कुन्थङ्-परिवार की लड़की मुखोविश्नान की स्त्री थी। उसको अपनी ओर मिलाकर सलाह हुई, कि दिन में जब भोजनोपरांत ठाकुर सो जाये, तो ठाकराणी काली झंडी दिखला दे—सफेद झंडी जागने का चिह्न थी। काली झंडी दिखलाई गई, और मोने ठाकर अपने दुश्मन पर चढ़ दौड़ा। साङ्ला की पराजय हुई। बदरीनाथ मनुष्य भी है देवता भी। उनके मँझले भाई ही ने टेहरी-गढ़वाल का राज्य स्थापित नहीं किया, बल्कि मोने बदरीनाथ ने भी पार्यू दन् को हटाकर यहाँ अपनी गद्दी स्थापित की और मोने में आज भी मौजूद किला उन्हीं

का बनवाया हुआ है। देवताओं की कथा बड़ी मनोरंजक होती है, लेकिन इतिहास में उसे ले बैठने पर कभी-कभी बड़ी गड़बड़ी होती है। हो सकता है कामरू के प्रथम विजेता ही को बदरीनाथ का सांकेतिक नाम दे दिया गयाहो। मोने के किले के बनाने में कहते हैं, विजित ठाकुरों के किलों की लकड़ियाँ और पत्थर इस्तेमाल किये गये—पत्थर को विशेष तौर से वारङ् से लाया बतलाया जाता है। जान पड़ता है, एमर्च (चिनी ठाकुर) को हराने में बड़ी कठिनाई का सामना करना पड़ा था। उससे लड़ने के लिए यमुना की शाखा-नदी टोंस के तटवर्ती फतेहपर्वत से बहुत-से लड़ाकू परिवार मँगाये गये थे। जीतने पर उन्हें खेती के लिए ब्यारङ् हलोटीका खेत, रहने के लिए सेरियाङ् कोठी और पशुचारण के लिए चाराकंडा दिया गया था। इन्हीं की सहायता से एमर्च को खतम किया गया। परंपरा बतलाती है, कि वाणासुर को खतम करके बदरीनाथ ने सराहन को परदुमसिंह को दिया। आगे 96वीं पीढ़ी में छतरसिंह हुए, जो राजधानी को यहाँ से हटाकर सराहन (शोणितपुर) ले गये।

जिस तरह जमुना-टोंस के पश्चिम के बहुत भारी भू-भाग को सिरमौर के भाटी-वंश ने एकताबद्ध किया, वही काम पब्बर और ऊपरी सतलुज की उपत्यकाओं में बिसाहर ने किया। विलयन के समय (1948 ई० में) इस रियासत का क्षेत्रफल 3820 वर्गमील था, जिसकी लम्बाई 84 मील और चौड़ाई 12 से 62 मील तक थी। पूर्व में चीन (तिब्बत) इसकी सीमा पर था।

बिसाहर का इतिहास 16वीं सदी से पहले छोटी-छोटी ठकुराइयों का इतिहास है। सभी नये राजवंशों की तरह बिसाहर के राजवंश ने भी अपना वंशवृक्ष कलयुग से पीछे ले जाने की कोशिश की, लेकिन ऐतिहासिक तौर पर वह कामरू (मोने) के ठाकुरों जब्बर (सई-पल्) से पीछे नहीं जाता। यहाँ की दो वंशावलियाँ कामरू और रामपुर में मिली हैं, जिनके अनुसार कृष्ण के पुत्र प्रद्युम्न और उनके पुत्र अनुरुद्ध से वंश का आरंभ हुआ। अनुरुद्ध ने वाणासुर की लड़की उषा से ब्याह करके इस भूमि का राज्य प्राप्त किया। इस तरह की परंपरा केवल बिसाहर में ही मशहूर नहीं है, वाणासुर की गढ़ियाँ जहाँ-जहाँ बतलाई जाती हैं, वहाँ-वहाँ यही कथा दोहराई जाती है। गढ़वाल में ऊखीमठ भी ऐसा ही स्थान है। नेपाल में फर्पिंग के पास वाणासुर का गढ़ बतलाया जाता है। पहाड़ ही में अनेक स्थान इसका दावा नहीं करते, बल्कि पुर्णिया जिले के वाणासुर के गढ़ की तरह और भी कितने ही गढ़ हो सकते हैं। 109 पीढ़ियाँ तो बिल्कुल जोड़ी हुई मालूम होती हैं और अंतिम 12 पीढ़ियाँ ही हो सकती हैं।

कामरू के राजा छतरसिंह जवर (1525 ई०) ने सारे बिसाहर का एक राज्य स्थापित किया। इसके समय पश्चिम में सतलुज से लेकर के पूर्व में जमुना तक का हिमाचल कहलूर, सिरमौर और बिसाहर के तीन राज्यों में बँटा हुआ था, जिनके नीचे बहुत-सी ठकुराइयाँ थीं। छतरसिंह के बाद के राजाओं में कल्याणसिंह को जहर देकर मार डाला गया, और उसके बाद केहरीसिंह (1554 ई०) कामरू और सराहन की गद्दी पर बैठा। बिसाहर के हरेक राजा को तब तक पूरा राजा नहीं माना जाता, जब तक कि

वह कामरू की गद्दी पर नहीं बैठ लेता था। केहरीसिंह ने अपने वंश के राज्य को और आगे बढ़ाया। संवत् 1611 (सन् 1554 ई०) में रामपुर बसाया और दो साल बाद (1556 ई० में) तिब्बत के साथ सन्धि की।

कामरू वंश ने ठाकुरशाही समाप्त कर सारे कनौर और बाहर भी एक बड़ा राज्य स्थापित किया। राज्य में शांति और व्यवस्था स्थापित होना लोगों के कम लाभ की बात नहीं थी। शासन-प्रणाली वही पुरानी थी, पर गुण-दोष दोनों रखते भी वह कम खर्चीली थी। शासन और न्याय चलाने के लिए गाँव-गाँव में एक 'मुखिया', एक 'चारस', एक 'हलमंदी' और एक 'टोक्न्या' रहा करते। हलमंदी और टोक्न्या कोली (अछूत) जाति के होते। इनके अतिरिक्त गाँव की पंचायत में 2-3 'भलेमानुस' भी होते थे। कर जमा करना, झगड़ों का फैसला करना इन्हीं का काम था। साल-दो साल में एक बार राजधानी से दरोगा आता, जो बड़े मुकदमों का फैसला करता। बंदियों के रखने के लिए एक कुएँ जैसा जेल कामरू में था, जिसमें बंदी को उतार कर समय-समय पर रोटी-पानी रस्सी से लटका दिया जाता। यही शासन, न्याय और दंड-व्यवस्था पहले के शासन के समय से चली आई थी, इसमें संदेह नहीं।

केहरीसिंह दिल्ली-दरबार में गया था। यह अकबर का समय होगा। वहाँ से उसे 'छत्रपति' की उपाधि प्राप्त हुई।

बिज्जा या विजयसिंह (1574 ई०) के समय का लिखा भोट-भाषा में 'सुवर्ण-प्रभास सूत्र' कामरू के बुद्ध-मन्दिर में मौजूद है, जिसमें राजा का नाम 'विर-दिरसिंह' दिया हुआ है। उसके दरबारी असि, असोल, ओसमोल और रोङ्-मोल आदि ने इस पुस्तक को लिखनाया था। तनेगी शामसुंदरदास (सन् 1948 में आयु 53 वर्ष) के घर से यह पुस्तक आई थी। उन्हें मालूम है, कि उनके पूर्वज ओसमोल राजा के बुतुङरू (परिषद् के सदस्य) थे। बिज्जासिंह के उत्तराधिकारी उदय के बाद रामसिंह (1620 ई० में) गद्दी पर बैठे। यद्यपि रामपुर के बसाने वाले केहरीसिंह कहे जाते हैं, लेकिन अधिक संभव है, कि रामसिंह ने ही बसाकर या नाम बदलकर वहाँ पर अपनी राजधानी स्थापित की। रामसिंह से कुल्लू के राजा के साथ बड़ा संघर्ष रहा, और केहरीसिंह के जीते हुए कितने ही इलाकों को कुल्लू ने छीन लिया। उगरसिंह (1811 ई०) राजा ने परगना सुहेल को जीतकर कुम्हारसेन के राजा को प्रदान किया, क्यूँठल, कोटखाई और ठियोग पर इसने अपना प्रभुत्व कायम रखा। कामरू के किले में इस राजा के संबंध के जो कागज-पत्र मिले हैं, उससे मालूम होता है, कि उसकी मोहर के बीच में 'श्री बद्रीनाथजी सदासहाय' और बाहर की परिधि पर उसी को तीन बार दोहराया गया है। एक मुहर पर 'बद्रीनाथ जी सहाय' फिर बाहर की ओर 'मुहर छाप रियासत बिसाहर सं० 1851' लिखा है। 1794 ई० में इसी तरह की मुहर होती थी। मुहर के बीच वाले वृत्त में केवल 'श्री' लिखा है। यह और पहली मुहर भी नागरी अक्षरों में है, बिसाहर में हाल तक प्रचलित टांकरी लिपि का इसमें प्रयोग नहीं हुआ है। कामरू में राजा उगरसिंह से पहले का कोई कागज मुझे नहीं मिला। संभव है, सारे भोजपत्रों को ढूँढ़ा जाए, तो उससे भी कुछ पुराने

लेख मिलें।

उगरसिंह का कुल्लू के राजा के साथ संघर्ष पैतृक था, जिसमें उसके अधीन सामंत भी अपनी भक्ति को बदलते रहते थे। कोटगुरु (कोटगढ़) के लिए दोनों का दावा था। पहले यह कोटखाई के राणा के हाथ में था, जिसने उसे कुल्लू के राजा को दे दिया था। उगरसिंह ने उसके लिए लड़ाई की, जिसमें कुल्लू का राजा मानसिंह (1688-1719 ई०) मारा गया। मृत राजा के शव को उसने तभी देना स्वीकार किया, जब कि कुल्लू वालों ने कोटगढ़ के ऊपर से अपने दावे को हटा लिया। 1811 ई० में उगरसिंह की मृत्यु हो गई।

1803-15 ई० तक बिसाहर का अधिकांश भाग गोरखों के हाथ में रहा। उन्होंने हट्टू पर्वतश्रेणी में हट्टू, कूराना, बाघी, नौगढ़, संगरी, बहली आदि में मजबूत किलेबंदियाँ कीं, रामपुर राजधानी को लूटा, और उसके पुराने कागज-पत्र जला दिये। गोरखों की इस बर्बरता की शिकायत हम क्या कर सकते हैं, जबकि 1948 ई० में भारत की स्वतंत्रता के बाद रियासत के विलयन के समय जिन्हें हर्ता-कर्ता बनाकर भेजा गया था, उन आधुनिक ढंग के शिक्षित नौकरशाहों ने खजाना लूटकर सबूत के डर के मारे भीमाकाली के मन्दिर के पुराने सभी कागजों को जला दिया। शायद भीमाकाली के कागजों को गोरखों ने भी नहीं जलाया था। यह हद दर्जे की बर्बरता थी, और शिकायत करने पर भी प्रादेशिक या केन्द्रीय सरकार के कानों पर जूँ तक नहीं रेंगी। सराहन के इधर का इलाका गोरखों ने ले लिया, लेकिन वह कनौर पर अधिकार करने में समर्थ नहीं हुए। उगरसिंह के मरने पर महेन्द्रसिंह राजा हुआ था।

गोरखों के आने पर तरुण राजकोष के साथ महेन्दरसिंह 1811 को लेकर उसके दरबारी कामरू चले गये। सराहन यद्यपि अब राजधानी नहीं रह गया था, लेकिन कामरू अंत तक बिसाहर की मूल-राजधानी माना जाता था। गोरखा-सेना ने कनौर पर आक्रमण करने की कोशिश की, पर चोगाँव (थोलंग) के पास छोलटू के पुल पर कनौरियों ने उन्हें बुरी तरह से हराया, और मजबूर होकर उन्हें लौट जाना पड़ा। एक दूसरी परंपरा के अनुसार, प्वारी वजीर फतेहराम ने पत्थर भरकर कितने ही तालाबंद बक्सों को खजाना कह गोरखों के हाथ से ताली गुम हो गई, कहकर बहाना कर दिया। गोरखा उसे साथ ले गये, पीछे खोलने पर असली बात मालूम हुई।

1814 ई० के अन्त में जब अंग्रेजों ने गोरखों के खिलाफ युद्ध घोषित किया, तो बिसाहर राज्य के लोगों ने गोरखों के खिलाफ तलवार उठाई। हट्टू पर्वतश्रेणी पर कीर्तिराणा के संचालन में गोरखा सेना पड़ी हुई थी। बिसाहर की सेना वजीर टिक्कनदास और बदरीदास के नेतृत्व में उनके ऊपर चढ़ी, जिसकी मदद के लिए 1815 ई० के आरंभ में कुल्लू के सैनिक भी आ गये। कीर्तिराणा को अंत में नवागढ़ में किलेबन्द होने के लिए मजबूर होना पड़ा। रसद और पानी के अभाव के कारण उसने बाघी से दक्षिण की ओर चम्बीधार से होकर राइनगढ़ की तरफ हटना चाहा। कुछ ही मील चलने के बाद रात के लिए सरारू-टिब्बा पर उसने मुकाम किया, जहाँ अगले दिन

शाम को बिसहरी सेनाओं से वह घिर गया। सिरमौर, गढ़वाल और कुमाऊँ की सेनाओं ने गोरखों का साथ छोड़ दिया, और कीर्तिराणा ने इस शर्त पर आत्मसमर्पण किया, कि हमारे सैनिकों को प्राणदान मिले और उन्हें सबसे नजदीक के अंग्रेज-जनरल के हाथों में दे दिया जाये। वहाँ से बिसाहर की सेना ने रायनगढ़ को जा घेरा, जहाँ सेनापति रणजोर थापा था। जुब्बल के वजीर दांगी के अधीन भी कुछ सेना उनके साथ थी। इसी समय मई, 1815 में फ्रेजर अपने सैनिकों के साथ हाटकोटी पहुँचा। उसने अपनी पुस्तक 'दी हिमाला मौंटेंस' में यहाँ के बारे में लिखा है—लड़ाई कोई वैसी भारी नहीं थी, पर वजीर टिक्कनदास ने बिसहरियों के एक हथियार का वर्णन किया, जो रोमन कतापुल्त जैसा मालूम होता था। यह हथियार मजबूत रस्सों और लकड़ी के लट्ठे का बनाया जाता था। लट्ठा एक बड़ी लकड़ी को गढ़कर तैयार किया जाता था। सौ-दो सौ आदमी उसे पीछे की ओर खींचकर एक साथ बड़े जोर से पत्थर के ढोके पर मारते थे, जिससे पत्थर काफी दूर तक फिंक जाता था। कहावत के अनुसार तो वह मीलों पहुँचता था। कामरू किले में एक दाग को बतलाकर कहा जाता है, कि यह उसी तरह के फेंके पत्थर की चोट है। बिसहरी भाषा में इसे धिंग कहते थे, और यह भी बतलाया जाता है, कि इसके बनाने का गुर सिर्फ एक परिवार को मालूम था। फ्रेजर के अनुसार बिसाहर की सेना में तीन हजार सैनिक थे, जिनमें से एक हजार के पास पलीतेवाली बन्दूकें, बाकियों के पास बाँस के धनुष और हड्डी के फल वाले तीर थे।

गोरखों के ऊपर विजय प्राप्त करने के बाद अंग्रेजों ने 6 नवम्बर, 1815 की सनद द्वारा राजा महेंदरसिंह को बिसाहर का राज्य प्रदान किया, लेकिन खाँई और कोटगुरु (कोटगढ़) को अपने हाथ में रखा। कुम्हारसेन की ठकुराई को भी बिसाहर से स्वतन्त्र माना। खाँई पहले गढ़वाल की थी, लेकिन उसके कुछ भाग को गोरखा-आक्रमण से थोड़े ही समय पहले बिसाहरियों ने छीन लिया था। खाँई के इस भाग को कुछ साल तक अंग्रेजों ने अपने हाथ में रखा, फिर शिमला शहर जिस भूमि पर अवस्थित है, उसके बदले में इसे क्यूँठल को दे दिया।

11 वर्ष की उम्र में शमशेरसिंह (1850-1911 ई०) गद्दी पर बैठा। नाबालगी की अवस्था में पहले मनसुखदास वजीर अभिभावक के तौर पर शासन करता रहा, फिर नूरपुर के तहसीलदार शामलाल को शिमला पहाड़ी रियासतों के एजेंट के अधीन मैनेजर बनाकर भेजा गया।

1857 ई० के स्वतन्त्रता-युद्ध के समय शमशेरसिंह अभी 18 ही वर्ष का हो पाया था, इसलिए अंग्रेजों का उस पर संदेह करना गलत था, और शामलाल उनका आदमी था। लेकिन, अंग्रेज शासकों को यह शिकायत थी, कि राजा ने अपने वार्षिक नजराने को अदा नहीं किया, अंग्रेजों की सहायता नहीं की, और राज्य के भीतर सफर करने वाले अफसरों के प्रति सम्मान नहीं दिखाया, मामूली रसद देने से भी इंकार किया। इतनी शिकायतों के इकट्ठा होने पर पहाड़ी रियासतों के एजेंट लार्ड विलियम हे ने यदि रामपुर पर बलप्रयोग करने का सुझाव दिया, तो कोई आश्चर्य नहीं, लेकिन उसके

लिए सेना मौजूद नहीं थीं। विद्रोह के समय कुछ नहीं किया जा सका। पीछे हे ने ऊपर लिखा, कि राजा को हटाकर पहाड़ी रियासतों का सुपरिंटेंडेंट सीधे अपने प्रबंध में रियासत को ले लें। लार्ड लारेंस ने इसे ठीक नहीं समझा, और विद्रोह के समय राजा के व्यवहार की ओर आँख मूंद ली गई।

सन् 57 के दो वर्ष बाद रियासत में विद्रोह हो गया, जिसका नेतृत्व राजा के बड़े भाई अ० रानी के पुत्र मियाँ फतेहसिंह ने किया। प्रजा अपनी शिकायत दूर करने के लिए जब कोई कड़ा कदम उठाती है, तो उसे दूम कहा जाता है। दूम बिसाहर में ही नहीं, बल्कि दूसरी रियासतों में भी ऐसे समय उठ खड़ा होता था। यह एक तरह का सत्याग्रह था। असंतुष्ट प्रजा अपने घरों को छोड़कर पहाड़ के किनारे डेरा डालती है, और जब तक शिकायत दूर न की जाए, तब तक घर नहीं लौटती। हिंसा का प्रयोग लोग शायद ही कभी करते हैं। खेती-बारी छोड़ देने के कारण राज्य की आय को खतरा पैदा हो जाता है, इसलिए रियासत के कारबारी समझौता करने के लिए जल्दी मजबूर हो जाते हैं। 1859 ई० के दूम में प्रजा को शिकायत का बड़ा कारण था, 1854 ई० में मुंशी शामलाल द्वारा नगदी मालगुजारी का निश्चित करना। रियासत में सिक्कों की भी कमी थी, इसलिए लोगों को और भी दिक्कत हो रही थी। अंग्रेजों को इसमें दखल देना पड़ा। पहाड़ी रियासतों के सुपरिंटेंडेंट बार्नेस ने वहाँ जाकर मामले को तै कर दिया, और नगदी की जगह जिन्सी मालगुजारी लेना तै हुआ। और शिकायतें भी दूर कर दी गईं, और रियासत के सुपरिंटेंडेंट के तौर पर नियुक्त परशुराम वकील को हटा दिया गया। परशुराम खानदानी वजीरों के परिवार का नहीं था। पुराना नियम फिर से लागू कर दिया गया, जिसके अनुसार केवल तीन वजीर नियुक्त किये जा सकते थे। इस प्रकार बिना खून-खराबे के यह आन्दोलन खतम कर दिया गया, और जनता ने कुछ अप्रिय अफसरों के घरों को ही सिर्फ लूटा। मियाँ साहब को पुलिस पकड़कर शिमला ले गई। लेकिन फतेहसिंह शरीर से बेकार हो चुके थे। हंगरंग वाले अपने ऊपर किये गये अत्याचारों से क्रुद्ध होकर मियाँ को ताजे चमड़े में बाँधकर लाये थे। चमड़ा सूखकर जकड़बंद हो गया, जिससे मियाँ के हाथ-पैर बेकार हो गये। फतेहसिंह को छोड़ दिया गया, किन्तु वह अधिक दिन तक जीवित नहीं रहे। मुर्तू सुंदरी बहुत दिनों तक अपने मायके में जीवित रही।

कामरू (मोने) के बदरीनाथ भीमाकाली के बाद राज्य के अपने सबसे बड़े देवता हैं। वह हर तीसरे साल गढ़वाल के बदरीनाथ से भेंट करते हैं। बड़े बाजे-गाजे के साथ वह बदरीनाथ-धाम पहुँचते हैं, और वहाँ के बदरीनाथ के साथ एक सिंहासन पर बैठाकर उनकी पूजा की जाती है। इससे शमशेरसिंह ने बदरीनाथ को गढ़वाली बदरीनाथ के पास ले जाने के लिए हुकुम देते हुए लिखा था—

"स्री महास्री परमबटारक स्री महाराजदिरज स्री महारज स्री शमसेर सिंघे देवन बचने। कमरू देवते बदरीनाथजी के करदारन नेगी रोणबद्र हीसे अच रामरम बचने बोल्या उप्रन्त जोकी बद्रीनाथजी अबके बद्री जाने का हुकुम फरमावते होगा, सो देवतेजी

की मरजी-हुकुम माफक देवताजी बद्री क्षेत्र में बेसक ले जाणा। व मूजब रकम के बद्री क्षेत्र में पुजा कर देणी और सरकारी तरफ से देवतेजी का रकम खरच अज तक मिला कर तीसां अववी रखम बूजय देवते की खरच सरकार से मिल जाएगी। तुमने रखम वमूजब खरच लगा देणी। तुमको सरकार से मुजरे मिलेगी। सं 1932 पौह प्रविष्टे 31 लिख्या हुकुम परमण। सुभ।" बाद में संवत् 1932 (सन् 1875 ई०) में इसी के बारे में बिसाहर के राजा शमशेरसिंह ने बदरीनाथ के रावल पुरुषोत्तम को चिट्ठी लिखी थी—"सोसती स्री महास्री बदरीस परचरजा राओल मरसोतमजी स्री महास्री परमबटारक स्री महाराजधिरज स्री महरजे स्री समसेर सिंघे पए लागणा पहुँचे। इहां के समाचार बले हैं। ताहीं के बले चाहिए। उप्रंत इहंसे हमारे गदी का देवता क्रीसन रूपी बदरीनाथजी, मारफत नेगी रौणबद्र व चोबदार नेगी हीरामन के साथ बद्रीजी को बेजे गए, सो देवतेजी का संगार पहेनाकर संगासन उप्र बठलाके पुजा-मनता हच्छी तरा करणा, बाद उसके मरफत नेगी रोणबद्र की देवतेजी को बेज देणा। आइंदे सुब। पत्र लिखते रहेणा। सं० 1938 हड गते 27 सुब, खतकी नकल है रजसाहेब की तरफ से बद्री छैन के ओलजी को।"

राजा शमशेरसिंह ने कामरू के बदरीनाथ को अपनी चिट्ठी में कृष्ण-रूप कहा है, लेकिन बदरीनाथ के रावल पुरुषोत्तम शर्मा ने अपने संवत् 1936 (सन् 1879 ई०) के पत्र में उन्हें बौद्धरूपी लिखा है। इस पत्र की मूल प्रति कामरू के गढ़ में सुरक्षित है।

पता लगता है कि संवत् 1926 श्रावण सुदी 2 चंद्रावासर तक कामरू के बदरीनाथ जहाँ बौद्धरूपी अथवा बुद्धरूप थे, वहाँ सं० 1632 में वह कृष्ण रूपी बन गये। कामरू में मिले हस्तलेखों के देखने से यह भी पता लगता है, कि सितम्बर 1857 तक अभी बिसाहर के राजा यह निश्चय नहीं कर पाये थे, कि उन्हें रघुवंशी बनना है या चंद्रवंशी।

बिसाहर राज्य में तीन खानदानी अमात्य-परिवार थे—प्वारी, कोहल और शूवा, जिनमें प्वारी सबसे पुराना खानदान था। इसका संस्थापक नरगू कुल्लू से वहाँ से आई रानी के साथ बिसाहर में आकर वजीर बना। उसके पीछे कोहल गढ़वाल से आया। शूवा के वजीर रियासत के रहने वाले थे। हो सकता है, ये लोग कामरू में राजधानी रहने के समय ही से वजीर होते आये थे। पहले के राजाओं के समय वजीरों की शक्ति उतनी अधिक नहीं थी, लेकिन राजा महेंदरसिंह की कमजोरी से उन्होंने फायदा उठाया। तीन वजीरों के अतिरिक्त एक चौथा वजीर भी होता था, जो खानदानी नहीं था, पर उसे पहले भी काफी अधिकार प्राप्त थे। इसे सरहदी वजीर कहा जाता था, जिसके जिम्मे सीमांत का काम था। टुकपा (बसपा-उपत्यका) या शूवा (ऊपरी सतलुज-उपत्यका) परगनों का सबसे योग्य आदमी इस पद पर नियुक्त किया जाता था और कनौर का सारा प्रबंध एक तरह उसके हाथ में रहता था। तीनों खानदानी वजीर-परिवारों के आदमी सरहदी वजीर नहीं बन सकते थे। गोरखा शासन के हटने के बाद वजीर-पद को हटा दिया गया।

1910 ई० के 'शिमला हिल स्टेट्स गजेटियर' में लिखा—"1877 ई० में बिसाहर के सारे जंगल 10 हजार रुपया वार्षिक पर (ब्रिटिश सरकार को) ठेके पर दे

दिये गये। 1857 ई० में राजा को इस बात के लिए मजबूर किया गया, कि वह अपने पूरे अधिकार को अपने एक मात्र वैध पुत्र रघुनाथसिंह को दे दे। रघुनाथसिंह ने अपनी मृत्यु के समय 1898 ई० तक रियासत का प्रबंध काफी सफलतापूर्वक किया था। इसी समय खानदानी वजीरों के अधिकार का जमाना करीब-करीब खतम हो गया। टिक्का रघुनाथसिंह के मरने के बाद सरकार ने कुम्हारसेन रियासत के भूतपूर्व मैनेजर रायसाहब मंगतराम को मुख्य वजीर नियुक्त किया, और वही अधिकार उसे दिया, जो कि टिक्का रघुनाथसिंह को था। अब रियासत के प्रबंध से राजा का एक तरह से कोई सरोकार नहीं था। उसका अपना उत्तराधिकारी नहीं था, लेकिन हाल में उसने गढ़वाल के राजा के भाई सुरेंद्रशाह को अपना धर्मपुत्र बनाया। उसके अपने पुत्रों में एक ही और अवैध पुत्र पदमसिंह बच रहा है।" 1906 ई० की गर्मियों में रोड़ू तहसील के दोदराकवार परगने में रणबहादुर ने अपना स्वतन्त्र राज्य स्थापित करना चाहा था, और मामला यहाँ तक बढ़ गया कि शिमला से पोलिटिकल सहायक-कमिश्नर की अधीनता में पुलिस भेजनी पड़ी। रणबहादुर को गिरफ्तार किया गया। रणबहादुर को पहले टिक्कारघुनाथ सिंह ने भी गिरफ्तार किया था, लेकिन टिक्का के मरने पर राजा ने फिर उसे पद पर बहाल कर दिया था। इस समय पुलिस ने उसे पकड़कर शिमला जेल में दो महीने रखा। जब उसने बाकी मालगुजारी को देना स्वीकार किया, तो उसे छोड़ दिया गया, पर वह वैसा करने से पहले ही मर गया।

गढ़वालक से गोद लिया टिक्का बिसाहर में ठहरने नहीं पाया। फिर जिसे अंग्रेजों ने अवैध संतान कहा था, उसी पदमसिंह (1911-47 ई०) को शमशेरसिंह के बाद गद्दी पर बैठाया गया। पदमसिंह भी भलेमानुस आदमी थे, किन्तु अपने पूर्वजों की अयोग्यता उन्हें भी खानदानी तौर से मिली थी। राजकाज अंग्रेज अपने आदमियों द्वारा कराते थे। 1947 ई० तक गद्दी पर रहकर पदमसिंह रियासत के विलयन से पहले ही मर गये। उनके दो पुत्र रणवीर और देवेंद्र 1921 और 1922 ई० में मर चुके थे। नई रानी के दो पुत्रों में से बड़े वीरभद्र को (जन्म 24 जून, 1934) गद्दी मिली।

समाज-संस्कृति

महासू में हिन्दुओं के वैष्णव, शाक्त आदि कितने ही संप्रदाय और उनके मंदिर हैं। हिंदुओं की जातियों को मुख्य रूप से बिस्ट और हरिजन दो भागों में बाँटा जा सकता है। देश की तरह यहाँ वैश्य और शूद्र-भेद नहीं पाया जाता। बिस्टों को मोटी तौर से ब्राह्मण और क्षत्रिय दो भागों में बाँटा जा सकता है। यहाँ की सबसे बहुसंख्यक जाति खस हैं, जिन्हें खोशिया भी कहते हैं। कनैत को भी खस का ही पर्याय समझना चाहिए। हम देख चुके हैं, किरातों के बाद सारे हिमालय में आकर बसने वाली सबसे पुरानी जाति खस थी, लेकिन उसके कई अवांतर भेद थे, जिनमें कुणिंद जमुना से चंद्रभागा तक बसते थे। इसी कुणिंद शब्द से ही कनैत निकला है। यौधेयों की तरह ईसवी-सन् के पहले और बाद की कुछ शताब्दियों तक इस वीर जाति का भी शक्तिशाली

गणराज्य था। उन्होंने अपनी स्वतंत्रता की रक्षा के लिए बहुत प्रयत्न किया। कुणिंदों के गणों के सिक्के भी मिले हैं। पहले इनका कुछ भाग पहाड़ के नीचे जमुना से पश्चिम भी था, लेकिन अब यह नाम केवल पहाड़ में ही पाया जाता है।

1. **कनेत**—कनेत लोगों की सबसे अधिक संख्या जुब्बल में है। उसके खाँई इलाके में तो 51 सैकड़ा कनेत, 10 सैकड़ा राजपूत, 8 सैकड़ा ब्राह्मण और 30 सैकड़े से कुछ ऊपर हरिजन जातियाँ हैं।

बिसाहर में भी कनेतों की प्रधानता है। पब्बर से पश्चिम में सतलुज के किनारे तक कनेतों की प्रधानता है। पंजाब की 1881 ई० की जनगणना की रिपोर्ट में इब्बटसन् ने लिखा था कि कनेतों की दो ही मुख्य शाखाएँ मानी जाती हैं—खसिया और राव, जिनमें खसिया हिंदुओं की बड़ी जातियों के रीति-रवाजों को ज्यादा मानते हैं। कुल्लू में भी कनेतों के यही दो भेद माने जाते हैं, और कितने ही लोगों ने उनके बारे में लालबुझक्कड़ी करते हुए कहा है, कि वह आदिम-निवासियों और प्रवासी आर्यों के सम्मिश्रण से हुए, अथवा हिंदुओं और मुगलों के ब्याह-शादी से पैदा हुए। यह भी कहा जाता है कि कुल्लू के राजा ने कनेतों को अपने रीति-रिवाजों को सुधारने के लिए जोर दिया। जिन्होंने हिंदुओं की बड़ी जाति (ब्राह्मण-क्षत्रियों) के नियमों का पालन करना शुरू किया, उन्हें खसिया कहा जाने लगा, और बाकी राव कहे गये। शिमला-जिला गज़ेटियर में बतलाया गया है, कि कनेत प्राग-आर्य आदिवासी नहीं, बल्कि सबसे पहले के आर्य आक्रमणकारियों की सन्तान हैं। शिमला गज़ेटियर ने कनेतों के तीन भेद किये हैं—खस, राहु और कुठारा। कनेत या कुणिंद मध्य एशिया से आने वाले तथा शकों की ही एक पुरानी शाखा खसों की संतान हैं। खस या शक अपने लिए आर्य शब्द का व्यवहार नहीं करते थे। आर्य शब्द केवल भारत के वैदिक आर्यों और ईरानियों ने ही प्राचीन काल में अपने लिए प्रयुक्त किया। शक या खस और सिथियन एक ही लोग थे, जिनकी पश्चिमी शाखा की संतान ही आजकल की स्लाव जातियाँ (रूसी, उक्रयिनी, बेलोरूसी, बुल्गारी, युगोस्लावी, चेकोस्लावक, पोल) हैं।

'शिमला हिल स्टेट गज़ेटियर' (पृ० 20) में इनके बारे में लिखा है—"आजकल लोगों में प्रचलित परंपरा के अनुसार इन पहाड़ों के मूल-निवासी खस थे, जिनमें जाति या वर्ग-भेद नहीं था। वह आर्य-शाखा के थे, इसके बारे में कोई बात नहीं कही जा सकती, लेकिन यह माना गया है, कि वह उसी जाति के थे, जिसके कुमाऊँ और गढ़वाल के खसिया लोग, और जो आम तौर से आर्य समझे जाते थे।"

खस अपना शासन-प्रबन्ध पंचायत-प्रणाली से करते थे। उनके नेता धीरे-धीरे मावी या मँवाना नाम के सामंत या सरदार बनने लगे। मावियों में से कुछ को देश से आये जाट बतलाया जाता है। मावियों ने कई गाँवों को मिलाकर अपना संघ स्थापित कर लिया था, और वह लूट-मार क्रिया करते थे। यह भी याद रखने की बात है, कि हरियाना के मावा मुसलमान हो गये, क्षत्रियों को आज भी मेव कहा जाता है, और मुसलमान होने से पहले भी उनको मेव तथा उनके इलाके को मेवात कहा जाता था।

मेव और मावी या मवाना एक ही शब्द के भिन्न-भिन्न रूप हैं। मावियों की शासन-व्यवस्था के प्रचलित हो जाने के बाद भी अभी पहाड़ के लोग कबीलाशाही (जन-युग) से आगे नहीं बढ़े थे, और उनकी अवस्था बहुत कुछ उसी तरह की थी, जिस तरह कि हाल तक सीमांत के गैर-इलाके के पठानों की रही है। पीछे देश से ब्राह्मणों और क्षत्रियों ने पहाड़ में अपनी शक्ति और प्रभाव का विस्तार किया, जिसके कारण मावियों की शक्ति खतम हो गई।

यह भी बतलाया जाता है, कि कनेत शब्द उन ब्राह्मणों और राजपूतों के लिए प्रयुक्त किया जाता था, जो कि म्लेच्छ देश में आकर हिन्दू-धर्म के बहुत-से शिष्टाचारों को छोड़ चुके थे, और विधवा-विवाह करने लगे थे।

कनेतों की एक शाखा का नाम चौहान है। चौहान या चाहमान शकों का एक कबीला था, जिनकी कुलदेवी शकम्भरी (शकों को पालने वाली) आज भी साँभर और सहारनपुर तथा गढ़वाल के जिलों में पूजी जाती है। लेकिन पहाड़ के जितने कनेत अपने को चौहान कहते हैं, वह सभी चाहमान-शकों से संबंध रखते हैं, यह कहना ठीक नहीं है। मंगल कनेतों की एक शाखा (खेल) है, जिनमें से कुछ मंगल-रियासत के अतिरिक्त बिलासपुर और दूसरी पड़ोसी रियासतों में भी मिलते हैं, लेकिन संख्या में वह चौहानों की तरह अधिकता नहीं रखते। राव या राहू कनेतों की भी संख्या बहुत ज्यादा नहीं है। तो भी शिमला, कांगड़ा के जिलों तथा कुम्हारसेन या बिसाहर के इलाकों में वह पाये जाते हैं। कनेतों के अनेक खेल या शाखाएँ हैं, जो अपने किसी प्रसिद्ध पूर्वज या मूल-निवास-स्थान के नाम से पुकारी जाती हैं।

उच्च श्रेणी के कनेत खास कनेत के नाम से पुकारे जाते हैं। इनकी बहुत-सी शाखाएं अपना संबंध पुराने समय के मावियों (सरदारों, ठाकुरों) से जोड़ती हैं, और अब भी उनका खून जल्दी गरम हो जाता है। बिसाहर में 25 मावी खेल हैं, जुब्बल में 24, क्यूंठल में 10, कोटखाई में 6 और कुम्हारसेन में 6। दूसरे इलाकों में भी इसी तरह एक या दो मावी खेल हैं। बिसाहर में इन्हें इकट्ठा करके खूँद-कनेत और दूसरे कनेतों को घरा-कनेत कहा जाता है। वहाँ खूँद कनेत वाले गाँवों में ही मुंडा प्रथा और साँड़ की बलि चलती है। मावियों की संतान कनेतों को नेवरू या नेरू भी कहा जाता है। जात से निकाले ब्राह्मण और राजपूत भी मावी-खेलों में ही गिने जाते हैं। हाल तक राजपूत-परिवार कभी-कभी कनेत बनते देखे गये थे। लेकिन, पिछले 30 वर्षों में, जिस तरह कुमाऊँ-गढ़वाल में लोग अपने को खस कहना छोड़, जनगणना में भी राजपूत लिखाने लगे, उसी तरह यहाँ भी हुआ है।

दूसरी श्रेणी के कनेतों में खस, राहू (राव), कुरान, कनारी आदि कबीले शामिल हैं, जो भी अगणित खेलों में विभक्त हैं। खस-कनेत मुख्यतः बिसाहर और बघाट के इलाके में मिलते हैं। इनके एक भाग को जिन्हें दूसरों से कुछ ऊपर समझा जाता है—कूई कहा जाता है, और कुछ सबसे पुराने खस-परिवार इनमें शामिल हैं। राहुओं की संख्या बहुत कम है। बिसाहर-रियासत के एक-तिहाई भाग में कुरान-कनेत रहते हैं। कनारी और

कुरान शायद एक ही हैं। कहा जाता है, कि राहू ग्रह की पूजा करते थे, और कुरान केतुकी, इसीलिए इनके यह नाम पड़े।

किन्हीं-किन्हीं जगहों में ऊँची जाति के कनेत खसों के साथ ब्याह-शादी नहीं करते, अथवा खसों की लड़की ले सकते हैं, पर अपनी लड़की उन्हें नहीं देने। इसी तरह खस भी राहू और कुरान को अपने से छोटा समझकर उनसे शादी-ब्याह नहीं करते। लेकिन, यह पुरानी बातें अब बहुत कुछ खतम हो गई हैं और एक इलाके के सभी कनेत आपस में ब्याह कर लेते हैं, यदि उनमें धन और प्रभाव की समानता हो। भिन्न-भिन्न भूभागों के ख्याल से अभी ये भेद कुछ-कुछ पाये जाते हैं। बिलासपुर, नालागढ़ और सिरमौर के कनेत अपने को शिमला और उनके ऊपर के कनेतों से बड़ा समझते हैं। इसी तरह शिमला के ऊपर वाले कनेत अपने से ऊपर, नेगली और कनौर की सीमांत तक रहने वाले कनेतों को छोटा समझते हैं, ये कनेत कनौरों को अपने से छोटा समझते हैं। देश के जितने ही नजदीक जो कनेत हैं, वह अपने को उतना ही ऊँचा और दूर वालों को नीचा समझते हैं। साथ ही यह भी उल्लेखनीय बात है कि दूसरी जातियों के लोग भी कनेतों में शामिल होते रहे हैं। कनौर के तिब्बती भाषा-भाषी शैलकर परगने और टुक्पा (बसपा-उपत्यका) परगने के ऊपरी सात गाँवों, तथा शूवा परगने के ऊपरी स्पू आदि चार-पाँच गाँवों के लोग तिब्बती वंश के हैं, जिन्हें दूसरे पड़ोसी जाड़, जार या न्यम् कहते हैं। वह लोग भी अपने को कनेत कहने लगे हैं। यह हम बतला चुके हैं कि बिसाहर का राजवंश मूलत: कामरू के कनेतों में से था। कनौर के कनेत तिब्बत के व्यापार के कारण अधिक खुशहाल हैं। उनके पास बहुत ढोर और भेड़-बकरियाँ होती हैं। दूसरे भागों के कनेत मामूली किसान हैं और उनकी स्थिति बहुत अच्छी नहीं है। अधिक ऊँचाइयों पर रहने वाले घी, मधु और जंगल की दूसरी उपजों से अपनी आमदनी कुछ बढ़ा सकते हैं। बघाट इलाके के भी सबसे अधिक लोग खस कनेत हैं, जिनके बारे में कहा जाता है कि वह बिसाहर से आए। इनकी मुख्य शाखाएँ हैं: बरसैर (बिसाहर), गोपराल (बिसाहर के गोफरी गाँव से आए) खनांगू (खनांग गाँव वाले), जसली और धारू। ये सभी नाम उनके मूल गाँवों के कारण पड़े। बघाट में खस कनेतों की उत्पत्ति के लिए वही कथा मशहूर है, जो कि सीता के पुत्र कुश की। कोई स्त्री अपने बच्चे को साधु के पास छोड़कर अपने काम पर चली गई। साधु समाधि लगाकर बैठ गया, इसी बीच माँ अपने लड़के को ले गई। साधु ने आँख खोलकर देखा तो बच्चा गायब था। इस पर उसने माँ को दुखी होने से बचाने के लिए कुश का पुतला बना उसमें प्राण-प्रतिष्ठा कर दी। यही कुश का पुतला खस नाम से पुकारा जाने लगा। यह भी कहा जाता है कि चंदेरी के राजा जरासंध और कृष्ण महाराज की लड़ाई में मदद देने के लिए काबुल का बादशाह कालयमन एक सेनापति लाया था, जिसकी संतान खस हैं। यहाँ के दूसरे कनेत खसों के साथ बेरोक-टोक ब्याह-शादी करते हैं।

कुम्हारसेन के कनेतों के बारे में कहा जाता है, कि पेड़ पर चढ़ते वक्त उनके पूर्वज का जनेऊ टूट गया। नियम के अनुसार बिना जनेऊ के उसे न बोलना चाहिए था,

न अपने स्थान से हिलना-डोलना चाहिए था। तीन दिन तक उसने किसी तरह पेड़ पर बिताया। अंत में लाचार होकर नीचे उतरा। उसने जनेऊ पहनना छोड़ दिया। इस प्रकार जनेऊ-तोड़ होने के कारण उसे और उसकी संतान को कनेत कहा जाने लगा। यहाँ के कनेत भी असली कनेत और राहू दो शाखाओं में विभक्त हैं। कुठार में रिहानी, बदोही और चौंगरी नाम कनेतों के तीन विभाग हैं। रिहानी अपने को दिल्ली से आया कहते हैं। वह अपने को दिल्ली के तँवर राजाओं के चार पुत्रों में से एक की संतान मानते हैं। बदोही कनेत बिसाहर से आया बतलाते हैं, और दूसरे कुठार के वदोह गाँव को अपना मूल स्थान कहते हैं। चौंगरी अपने को कांगड़ा से आया बतलाते हैं। नालागढ़ देश के पास है, इसलिए यहाँ नीचे के पास के अंबाला जिले का अधिक प्रभाव देखा जाता है। यद्यपि नालागढ़ के देश वाले इलाके में भी कनेत मिलते हैं, उनकी सबसे अधिक संख्या पहाड़ी इलाके में है। इनकी शाखाएँ हैं—मटियाना, कुलहू, भलसंगू, बहलवाल, नंदरू, बहरोगू, सुढाल, जगलाल, नंदलाल, मचियाना, डलवाल, कटवाल और थुनावू। ये इस इलाके के सबसे पुराने बाशिन्दे हैं, जो निडर तथा लड़ने-भिड़ने में तेज हैं। नालागढ़ रियासत के छोटे-छोटे अफसरों में कनेत अधिक थे।

शिमला जिले में भी सबसे अधिक संख्या कनेतों की है, जिस तरह कि कुल्लू, लाहुल, मंडी और सुकेत में हैं। यहाँ के कनेत अपने उद्गम के बारे में बतलाते हैं: करैवा (विधवा-विवाह) करने के कारण हम राजपूत से कनेत हो गए। यह निश्चित है कि यह काश्गर-कश्कर (गिल्गित)-कश्मीर से नेपाल तक फैली खस जाति के ही एक अंग हैं, जो देश में आए हुए ब्राह्मणों और राजपूतों के संपर्क में आने पर अपनी परंपरागत चले आए रीति-रिवाजों को छोड़ न सके। वह जनेऊ नहीं पहनते, विधवा-विवाह या छूट (तलाक) का उनमें प्रचार है, और मृतक-संस्कार में भी उन सब नियमों को नहीं मानते, जिन्हें देश के ब्राह्मण-क्षत्रिय मानते हैं। पुराने समय में देश से आए हुए राजपूतों के प्रभुत्व के बढ़ने पर भी कनेतों ने अपने मवानों (मवाइयों) के नेतृत्व में आजादी को कायम रखने की बड़ी कोशिश की, और वह दूसरों को लूटने-पाटने में भी पीछे नहीं रहे थे। सारा देश भिन्न-भिन्न मवानों में बँटा हुआ था, जो गाँव के देवता के बाद सबसे अधिक शक्तिशाली थे। अब भी जहाँ-तहाँ मवानों के टूटे-फूटे गढ़ों या घरों के ध्वंसावशेषों को देखा जा सकता है। राजाओं के राज्य के सामने मवानों की शक्ति क्षीण होते-होते खतम हो गई। कुठार रियासत का अंतिम मवाई काशीराम 1903 ई० में मरा। शिमला के आसपास के कनेतों के सबसे पुराने दो विभाग थे—शाती और वाशी। कहा जाता है महाभारत के समय में शाती कौरवों का अनुयायी था, और वाशी पांडवों का। पुराने समय में शातियों और वाशियों में बड़ी जबर्दस्त दुश्मनी थी, लेकिन पीछे उनमें ब्याह-शादी होने लगा, और बहुत बातों में वह एक हो गए। तब भी कहीं-कहीं वाशी शिवरात्रि में चतुर्दशी को मनाते हैं, और शाती अमावस्या को।

यहाँ पर भी खस, राहू, और कुठारा ये तीन छोटे दर्जे के कनेत माने जाते हैं। ब्याह-शादी द्वारा नीचे गिरने और उठने की बात यहाँ भी सुनी जाती है। अब सभी कनेत

या खस अपने को राजपूत मानते हैं। किसी समय इनमें पांडव विवाह भी था, इसलिए कहावत मशहूर थी—"खसनी खश बीस, माँ एक, बाप बीस।" यहाँ राहू-कनेत का संबंध राहू ग्रह से कुठारों का संबंध केतु से जोड़ा जाता है। कनेत लड़की खस, राहू या कुठारा से ब्याह करने पर जात से पतित नहीं मानी जाती। हाँ, कनेत खस लड़की ब्याह सकता है। शिमला के कनेतों में बहुस-से खेल (थड़) मिलते हैं, जिनमें चार खूंद के कनेत ऊँचे समझे जाते थे—मोंठी, बिघार, छिब्बर और बलहीर। इनके अतिरिक्त दूसरे खेल हैं—कोठाल, गहरू, बरोरो, चाकर, कटलेहरू, सराजी खस, बडाँही, चरोला, बदलवाल, जलानू, रोहाल, कटालिक, पीरवाल, ननवाल, दलवाल, रिहाना, कुल्हारनू, नोरू, लड्डोगढ़।

कितने ही कनेत-खेलों के नाम राजपूतों जैसे हैं। बघाल, कुनहियार, महलोग, कुठार, बिलासपुर और नालागढ़ के कनेत दूसरे पहाड़ी कनेतों को अपने से नीचा समझते हैं और उनकी लड़कियाँ भर लेते हैं। तोमर कनेत बघाल, महलोग, और कुनहियार में मुख्य तौर से पाये जाते हैं। वह राजा अनंगपाल (दिल्ली के राजा) को अपना पूर्वज मानते हैं। 774 विक्रमी (717 ई०) में राजा अनंगपाल का होना मानते हैं, जिसके वंश ने 20 पीढ़ियों तक अर्थात् संवत् 1186 (1129 ई०) तक राज्य किया, और अंतिम राजा पृथिवीपाल को चौहान राजपूत बलबेव ने मारकर दिल्ली को अपने हाथ में ले लिया। यहाँ शाकंभरी के चौहान राजा बीसलदेव को बलदेव बतलाया गया है। चौहानों के बड़े-बड़े खेल हैं—रहानी, नमोले, बफराले, पढार पघार, पधान, सादी, चौहान, चंदल और चंदेल। ये सभी अपने को राजा बलदेव की संतान मानते हैं।

पुराने कनेत नोरू, नेरू, नोनू, नेबोनू और गोलू अपने को राजपूतों की संतान मानते हैं। अग्निवंशी तथा पँवार भी कनेतों की शाखाएँ हैं। सामगोत्र वाले कनेत अपने को कोटखाई, खनेटी खनेती, कुम्हारसेन और देल्हाट के राणाओं के वंशज मानते हैं। मलियारू, बिलासपुर और नालागढ़ के राजाओं की संतान मानते हैं। छिब्बर-कनेत बतलाते हैं कि हमारे पूर्वज लाहौर और पेशावर से आए हुए ब्राह्मण थे। डोगरा कनेत भी अपने को जम्मू से आए बाह्यणों की सन्तान मानते हैं। बडोही कनेत अपने को चौहानों की शाखा मानते हैं। ऊपरी पहाड़ों में अधिकतर बडोही गोत्र के कनेत मिलते हैं, जो अपने गोत्र के भीतर भी शादी कर लेते हैं।

सिरमौर के कनेतों में असली और खस कनेत दो ही मिलते हैं, जिनमें खस-कनेत गिरि नदी के उत्तर के इलाके में रहते हैं। दोनों ही एक-दूसरे को अपने से ऊँचा मानते हैं, और शायद ही कभी आपस में ब्याह-शादी करते हैं। खस-कनेतों का एक विभाग है शरई, जो मुसलमानी कानून का अनुसरण करते हैं, यद्यपि वह धर्म से हिंदू हैं। शिलाई, बडनौर, भद्रनगर, अनकोट और जादौर के खस-कनेत शरई कनेतों को अपनी लहकी नहीं देते। नाहन के कनेत अपने से ऊँचे खानदान में अपनी लड़कियों का ब्याह करना पसंद करते हैं। वह जनेऊ पहनते हैं और राजपूतों के रीति-रिवाज को मानते हैं। यदि यहाँ पर कनेत ब्राह्मण की लड़की भी ब्याह कर सकते है और उससे उनकी जात नहीं जाती, लेकिन नीची जात की स्त्री से शादी करने पर वह जातिच्युत हो जाते हैं। कितने ही कनेत-परि-

बार पुरोहिती तथा पूजा-पाठ का भी काम करते हैं और उनको देव (देवल, देवपूजक) या नेगी कहा जाता है। देव देवों में और नेगी नेगियों में ही शादी करते हैं। कनेत मामूली या खस दोनों ही अपनी खेल (गोत्र) में शादी नहीं करते। सिरमौर की तरह महासू में भी खेल किसी पूर्वज या मूल गाँव के नाम पर होते हैं। इनके अतिरिक्त चौहान, पँवार आदि गोत्र भी इनमें पाये जाते हैं। आम तौर से वह अपने गोत्र के भीतर ब्याह कर लेते हैं, लेकिन नाहन और साईं जैसे अधिक संस्कृत कनेत सगोत्र विवाह नहीं करते। नाहन का चौहान-कनेत अपने गोत्र की लड़की नहीं ले सकता। कनेतों का एक खेल जेतकी है, जो मशहूर जेतकगढ़ (सिरमौर) के नाम पर है। कहते हैं कि इनका पूर्वज समना का खत्री था, जो कनेत लड़की से ब्याह करके कनेत हो गया। कनेत दो सगी बहनों से ब्याह कर सकते हैं। गिरी नदी के उत्तर वाले कनेत अपने मामा या बूआ की लड़की से भी ब्याह कर सकते हैं, जैसाकि महाभारत के वीरों में देखा जाता था। कनेतों में विधवा-विवाह (करेवा) और छूट चलता है, लेकिन वह बूआ, लड़के की बहू, भतीजे की बहू से नहीं ब्याह कर सकता। आम तौर से कनेत आपस में ब्याह करते हैं, लेकिन करली में कनेत भट्ट (ब्राह्मण) की बिधवा से भी ब्याह कर सकते हैं। अपने से ऊँचे खेल में ब्याह करना विहित है, लेकिन छोटी जात में ब्याह करने पर उन्हें जातिच्युत होना पड़ता है। इसी तरह कनेतनी (कनेत-स्त्री) ब्राह्मण के साथ रह सकती है, उससे उसकी जाति को कोई बाधा नहीं पहुंचती, लेकिन निम्न जाति के साथ संसर्ग करने पर वह पतित समझी जाती है। ब्राह्मण भी कनेतनी के साथ रहकर ब्राह्मण बना रह सकता है; हाँ, उसके लड़के कनेत कहे जाएँगे।

शिमला में कनेतों की उपाधियाँ हैं---मुखिया, वजीर, महता, महर, नेगी और पालसरा।

अन्य जातियों में कुम्हार, कोली, खत्री, खस, गूजर, जाट, डूम (डोम) थे, जो खेती-बाड़ी, चरवाहे, जुलाहे, मजदूरी, बेगारी के काम करते थे। इनके अलावा कुछ और जातियाँ इस प्रकार हैं—तुरी जाति के लोग भी पहाड़ में जगह-जगह रहते हैं, जिनका काम गाना-बजाना और श्मशान-यात्रा में ढोल पीटना है। इस काम के लिए मृतक के लिए दी हुई चीजों का कुछ भाग तथा कपड़े और कुछ पैसे भी मिलते हैं। मृतक के साथ संबंध रखने के कारण इन्हें गंदा समझा जाता है। जुब्बल में फसल के वक्त हरेक घर से इन्हें चार सेर अनाज मिलता है। विवाह और मृतक-संस्कार के समय इन्हें कुछ पैसे और चीजें मिलती हैं। नाई जाति के लोगों को शिमला में गृहस्थ फसल के वक्त शिकोता देते हैं। मृतक के दान लेने या न लेने के अनुसार इनको ऊँच-नीच समझा जाता है। किन्हीं-किन्हीं जगहों में नाई कनेत के साथ ब्याह-शादी करते हैं, और कहीं-कहीं नीच माने जाते हैं। प्राय: ये अपने भीतर ही ब्याह-शादी करते हैं। जुब्बल और दूसरी जगहों पर उन्हें अपनी सेवाओं के लिए पैसा और अनाज दिया जाता है। विवाह और मृतक-संस्कार के समय इनका नेग होता है। बढ़ई लकड़ी का काम और खेती करते हैं। देश के नजदीक वाले भागों में शायद ये नीचे से आए हुए हैं, इसलिए उन्हें हरिजन नहीं माना

जाता। शिमला में इन्हें शिकोता (अनाज) मिलता है, और वहां मृतक-संस्कार से संबंध रखने के कारण और दूसरी जाति वाले इन्हें छोटा मानते हैं। वह अपनी ही जाति में ब्याह करते हैं, किन्तु कभी-कभी लोहार और बरेहरा (सुनार) के साथ भी ब्याह कर लेते हैं। कनोर में लकड़ी के काम के अतिरिक्त ये गाने-बजाने का भी काम करते हैं। बोहरा भी बाहर से आये हुए हैं और नालागढ़, बघाल, महलोग आदि के इलाकों के निचले पहाड़ों में व्यापार करते हैं। देश के वैश्य मांस नहीं खाते, लेकिन पहाड़ के बोहरा उसे अभक्ष्य नहीं मानते। यद्यपि कहा जाता है, कि वह मूलतः देश के बनिया ही हैं। कुछ का कहना है, कि कांगड़ा के राजा शेरचंद के साथ ये दक्षिण से आये, और उसके प्रधान-मंत्री बने। उनके वंशज पीछे व्यापार करते सारे निचले पहाड़ों में बिखर गये। अपने मूल देश में वह अब भी शास्त्रों का अनुसरण करते हैं, लेकिन बिसाहर में वह कनेतों से ब्याह-शादी करते और उनके बहुत-से रीति-रिवाजों का पालन करते हैं। सूद जाति वाले भी पंजाब देश से आये हैं, वह बोहरों की अपेक्षा ज्यादा व्यापार में चतुर होते हैं। कहावत है, किसी बनिया ने अपने सूद न देने के कारण ऋण लेने वाले से उसकी बीवी ले ली, और उससे यह जाति चली। लेकिन, हम जानते हैं, कि पहाड़ की यह कहावत यों ही गढ़ी हुई है, क्योंकि सूद वैश्य जाति के लोग पंजाब में बहुत पाये जाते हैं।

ब्राह्मण कनोर, स्पिती जैसे बौद्ध-इलाके में सब जगह मिलते हैं। शिमला के उत्तर और पूर्व में गौड़ और सारसुत (सारस्वत) ब्राह्मण पाये जाते हैं, जिनके तीन भेद हैं—शुक्ल, कृशन और पुजारी या भोजगी। शुक्ल सबसे बड़े माने जाते हैं, जिनके भी दो वर्ग हैं—(क) जागीर और वृत्ति-विधान वाले। ये प्रायः शिक्षित होते हैं, और अपने हाथ से हल नहीं जोतते तथा ब्याह-श्राद्ध आदि में शास्त्रों का अनुसरण करते हैं। (ख) जिनकी जीविका खेती है, और यजमानी बहुत कम है। ये अपने हाथ से हल जोतते हैं, रीत (कन्या-शुल्क) देकर स्त्री भी लेते हैं, और शास्त्र या बिना शास्त्र के ब्याह भी कर सकते हैं। शुक्ल लोग परसरामी ब्राह्मणों से अपनी लड़की का ब्याह नहीं करते, लेकिन हल जोतने वाले शुक्ल ब्राह्मणों से लड़की ले लेते हैं। ये दूसरी श्रेणी के शुक्ल विधवा-विवाह भी करते हैं, और इनमें पांडव-विवाह भी चलता रहा है। कृशन ब्राह्मण हल जोतने वाले किसान हैं, इनमें रीत चलती है। पुजारी या भोजगी मंदिरों में पूजा करते हैं, इनमें कुछ साधु-पुजारियों की संतान हैं। गढ़वाल में वैष्णव-साधुओं की संतान साधारण ब्राह्मणों में मिल चुकी है। मृतक का दान जो पुजारी नहीं लेते हैं, वह ऊँचे समझे जाते हैं, और जो लेते हैं वह कुछ नीचे। शिमला के उत्तर और पूर्व में गौण ब्राह्मण हैं, जो दो वर्गों में विभक्त हैं—(क) परसरामी ब्राह्मण, जो कि परसुराम के साथ पहाड़ों में आये, और उनके पास माफी और जागीर भी है। ये शास्त्र के अनुसार अपना ब्याह-श्राद्ध करते हैं। इनकी स्त्रियाँ सिर में बालों के भीतर सुहाग के चिह्न के तौर पर पंचरतन मिश्रित पूरिया (सिंदूर) रखती हैं। इनमें नीरत, नगद और निरमंड में रहने वाले बड़े और लारसा, दंसा, शुंग सूगला, सनेरी और रवाई के छोटे समझे जाते हैं। बाकी सभी गौड़ ब्राह्मण दूसरे वर्ग में माने जाते हैं।

शिमला के दक्षिण और पश्चिम के गौड़ ब्राह्मणों के निम्न भेद हैं—

(क) सासनी—राजाओं और ठाकुरों के पुरोहित, जिनके पास माफी (शासन) होती है। वह अपनी भूमि और यजमानी से जीविका कमाते हैं। (ख) धरोवर—जो खेती और त्यौहार के समय यजमानों से प्राप्त दक्षिणा से गुजारा करते हैं। इनके यहाँ रीत का रिवाज है। शुक्ल और सासनी ब्राह्मण इनकी लड़कियाँ लेते हैं, लेकिन अपनी लड़की नहीं देते। घरोवर ब्राह्मण कृशन ब्राह्मणों से लड़की लेते हैं, किंतु उन्हें अपनी लड़की नहीं देते। यह कहने की आवश्यकता नहीं, कि लड़की लेने वाला बड़ा और लड़की देने वाला छोटा समझा जाता है। (ग) भाट—लड़के के जन्म या विवाह के समय ये कवित्त गाते दक्षिणा लेते हैं। इनका दूसरे ब्राह्मणों से कोई संबंध नहीं है। रियासतों से इन्हें जागीर में नि:शुल्क जागीर मिली हुई थी। यह हल चलाते हैं, और ब्याह केवल अपनी जाति में करते हैं। (घ) अचारज और महाचारज (बेडवा)—महाचारज राजाओं और धनी लोगों के आम तौर से पुरोहित होते हैं। जिस जगह आदमी मरा होता है, उसी जगह इनको भोजन कराया जाता है, और समझा जाता है, कि यह भोजन मृतक पुरुष को मिल रहा है, इसलिए प्रथम वर्ष की समाप्ति तक इन्हें अच्छा-अच्छा भोजन खिलाया जाता है। मृत पुरुष की शय्या—मलिन सेजा—इन्हें मिलती है। ये शास्त्रानुसार सभी कर्म कराते हैं। मृतक को छोड़कर और किसी प्रकार का दान इन्हें नहीं दिया जाता। श्राद्ध के अतिरिक्त किसी समय इन्हें घर में आने नहीं दिया जाता। ये देश के महाब्राह्मण हैं। (च) पंडा (डकंत)—इन्हें राहु, केतु और सनीचर जैसे दुष्ट ग्रहों के नाम पर दान दिया जाता है। यह मृतक का दान भी लेते हैं। (छ) अग्निहोत्री—पहाड़ में ये बहुत थोड़े हैं, और देश के नियम का पालन नहीं करते। (ज) कान्यकुब्ज—पहाड़ में कुल्लू तक कहीं-कहीं कान्यकुब्ज मिलते हैं। मोखरियों से लेकर गहड़वारों तक कान्यकुब्ज (कन्नौज) राजधानी रही। इसी समय यहाँ के रहने वाले ब्राह्मणों को कान्यकुब्ज कहा जाने लगा, जिनमें कहीं-कहीं कनौजिया या सर्वरिया दोनों प्रकार के ब्राह्मण सम्मिलित हैं। बनारस, जौनपुर, फैजाबाद, गोंडा के जिलों में इन दोनों प्रकार के ब्राह्मणों की सीमाएँ मिलती हैं। पहाड़ में भी कान्यकुब्ज साम्राज्य फैला हुआ था। हो सकता है देश या पूर्व के पहाड़ों से आने वाले ब्राह्मण अपने को कान्यकुब्ज कहते हों। ये पुरोहिती का काम करते हैं, जन्म-कुंडली बनाना और कथा कहना भी इनका काम है, जिसके लिए ये अपने चेलों या यजमानों के पास हर साल पहुँचते हैं। (झ) मैथिल—इनका भी काम वही है, जो कि कान्यकुब्जों का। किसी समय ये मिथिला (तिरहुत) से आये थे। (ञ) छुरीमार—नालागढ़ और बिलासपुर में ये ब्राह्मण पाये जाते हैं, जो पहले लूट-मार ज्यादा करते थे, इसीलिए उनका यह नाम पड़ गया।

पहाड़ में यद्यपि अब कोई अपने को कनेत या खस नहीं कहता, सभी अपने को राजपूत कहते हैं, और पैसा और प्रभाव रहने पर कुलीन राजपूत-परिवारों में ब्याह भी करते हैं। लेकिन, राजपूत मूलत: उन्हीं लोगों को कहा जाता था, जो देश से आये थे, या जिनके पूर्वजों ने यहाँ अपने राज्य कायम किये। हिमाचल में कितने ही मुसलमान राजपूत भी हैं, लेकिन आम तौर से हिंदू राजपूत ही अपने को इस नाम से पुकारते हैं। सिरमौर

में (1931 ई०) 3667 हिंदू, 1 सिक्ख और 826 मुसलमान राजपूत गिने गये थे। इनके 54 गोत्रों में चौहान, अत्री, पंडीर, पँवार, तँवर, काश्यप, तावनी, कछवाहा आदि हैं। सिरमौर में ये अधिकतर गिरी नदी के दक्षिण में पाये जाते हैं। वह अपने गोत्र के भीतर ब्याह कर सकते हैं, लेकिन अपनी शाखा के भीतर नहीं। राजपूतों में दो वर्ग हैं, एक राजाओं के संबंधी (राजवंशिक) और दूसरे उनसे भिन्न। राजवंशिक भी वैध और अवैध दो शाखाओं में विभक्त हैं, जिनमें अवैध शाखा में से एक की पदवी मियाँ है, और दूसरे की नहीं। राजवंशिक संतानों को कँवर या भाव कहा जाता है, लेकिन उनकी संख्या अधिक होने पर अब इन उपाधियों का उतना मान नहीं है। राजपूतों में कन्या के विवाह के समय एक या अधिक खवास (दासी) लड़कियों को दहेज के साथ देने का रिवाज है, जिनके साथ विवाह की कुछ विधि भी पूरी की जाती है। इस प्रकार खवासों की संतानें वैध हैं, लेकिन उन्हें उत्तराधिकार नहीं मिलता। राजा के ऐसे लड़कों को भी कँवर कहते हैं, और वह आपस में ब्याह-शादी करते हैं। कुछ उनमें से कनेत भी बन गये हैं। बिसाहर और सिरमौर में मियाँ का उतना ऊँचा स्थान नहीं है, जितना कि कांगड़ा जिले में। सिरमौर के राजपूत अधिकतर राजपूताना के रीति-रिवाजों का पालन करते हैं, और कांगड़ा के राजपूतों की तरह हल जोतने से परहेज नहीं करते। वह अपनी लड़की का अपने से ऊँची जाति में ब्याह करने की कोशिश करते हैं।

शिमला में राजपूत शासकवंश के लोग हैं। वहाँ राणाओं या ठाकुरों के परिवारों तथा नजदीकियों को राजपूत कहा जाता है। रावत और राठी भी राजपूत हैं, यद्यपि वह अपने हाथ से हल जोतते हैं, और उनके ब्याह-श्राद्ध में शास्त्रों का पूरी तौर से अनुसरण नहीं किया जाता। जुब्बल में राजपूत हल जोतने और न जोतने वाले दो भागों में विभक्त होकर ऊँचे-नीचे समझे जाते हैं। इनकी स्त्रियाँ परदा करती हैं, और इनमें विधवा-विवाह नहीं होता। निम्न श्रेणी के राजपूत कनेतों से कोई भेद नहीं रखते। इन्हें हलबाहू कहते हैं। इनकी लड़कियों से ऊँचे दर्जे के राजपूत ब्याह नहीं करते, और न उनके हाथ का छूआ खाते हैं। बिसाहर के राजपूत अधिकतर कृषिजीवी या सरकारी कर्मचारी हैं। पहाड़ के कितने ही राजाओं की वंशावलियों को देखने से पता लगता है, कि उनका उद्गम ब्राह्मणों से है, जैसा कि बिसाहर में। वंशावलियों के न होने का बहाना यह किया जाता है, कि गोरखों ने उनको नष्ट कर दिया। परंपरा यह भी बतलाती है, कि मुसलमानों के देश में छा जाने पर बहुत-से ब्राह्मण और क्षत्रिय भाग कर पहाड़ों में चले आये, और उन्होंने भिन्न-भिन्न इलाकों पर अपना शासन स्थापित किया। सभी पुराने राजवंश अपने को इन्हीं की संतान कहते हैं—कुछ ब्राह्मणों की और कुछ राजपूतों की। जिन राजपूतों का किसी राजवंश से संबंध नहीं है, उनके पूर्वज किसी राजा के अनुगामी थे। जिनके पास उतनी शक्ति और सम्पत्ति नहीं है, वह जल्दी ही हलबाहू राजपूत बन गये और उनके साथ उच्च श्रेणी के राजपूत संबंध नहीं रखते। कुछ ही दिनों बाद हलबाहू कनेतों से मिल गये हैं। कभी-कभी हलबाहू राजपूत संपन्न होने पर हल जोतना छोड़ अपने उच्च कुल के भाइयों से ब्याह करके बड़े राजपूत बन जाते हैं। छोटा नागपुर में कहावत है—

'घटले घटवाल बढ़ले टिकइत'—सम्पत्ति-क्षीण होने पर घटवाल और सम्पत्ति-सम्पन्न होने पर टिकइत या टीका पाने वाले राजा। वही कहावत यहाँ भी लागू है। यहाँ राजपूतों की निम्न उपाधियाँ पाई जाती हैं—महाराजा, राजा, महाराणा, राणा, ठाकुर, कँवर, मियाँ, राठी, राँगड़, रावत, दाद, सरोतरा। सहारनपुर जिले में राँगड़ मुसलमान-राजपूतों को कहते हैं। इनके अतिरिक्त लोहार और सैनी जाति के लोग भी इस अंचल में पाये जाते हैं।

जात-पाँत या वर्णाश्रम-धर्म को मानना हिंदू धर्म की एक विशेषता है, लेकिन ज्वालामुखी से लेकर वसपा-उपत्यका तक उसका एक ही रूप नहीं है। ब्राह्मण को पुरोहित मानना, गाय को अभक्ष्य स्वीकार करना भी हिंदू की विशेषता जरूर है, लेकिन ये दोनों विशेषताएँ अछूत समझे जाने वाले हिंदू नहीं मानते। भिन्न हिंदू जातियाँ ब्याह-शादी और दूसरे रीति-रिवाजों में भी बहुत भेद रखती हैं। बल्कि कह सकते हैं कुछ पुराने रीति-रिवाज और नाम पहाड़ में अब भी पाये जाते हैं, जिन्हें देश में छोड़ दिया गया है। हजार वर्ष पहले ब्राह्मण के लिए भट्ट शब्द का प्रयोग होता था। आजकल उसी का बिगड़ा हुआ रूप भाट अब वहाँ व्यवहृत नहीं होता, लेकिन सिरमौर में अब भी ब्राह्मण भट्ट मौजूद हैं। इसी तरह पुराने समय में ब्राह्मण क्षत्रियों की कन्याओं से बिना रोकटोक ब्याह कर सकते थे, जो पहाड़ के अनेक स्थानों में अब भी प्रचलित है।

10वीं शताब्दी के बाद तक पहाड़ में पाशुपत-धर्म ही सबसे अधिक प्रचलित धर्म था, जिसे पीछे शंकराचार्य के अनुयायियों ने अपनाकर उच्छेद कर दिया। आजकल शिव की पूजा और रुद्राक्ष तथा भस्मधारण शैव होने के लिए काफी माना जाता है। पर जिस शैव-धर्म ने भारतीय संस्कृति को समृद्ध करने में बौद्धों के बाद सबसे अधिक हाथ बटाया, और अपना प्रचार जावा और कम्बोज देश तक किया, उसका इस नामधारी शैव-धर्म से कोई संबंध नहीं है, न इसके पास वह दर्शन तथा ऐतिहासिक परम्परा ही मौजूद है, जिसे पाशुपत-धर्म वाले मानते थे।

महासू के देवताओं के बारे में भी सिरमौर के प्रकरण में भी कुछ आ चुका है। हिमाचल प्रदेश में देवता चूँकि एक जीती-जागती संस्था हैं, इसलिए उनके मंदिरों का विशेष महत्त्व है। मंदिरों के प्रबंध के लिए कारदार नियुक्त होते हैं, जिन्हें कहीं-कहीं कारदार, कहीं महता और कहीं वजीर कहते हैं। वह खानदानी भी होते हैं, और बेखानदानी भी। मंदिर के पास अपनी वृत्ति-जमीन होती है, और उसके अतिरिक्त पूजा और चढ़ावा चढ़ता है। अधिकांश मंदिरों में पुजारी ब्राह्मण होते हैं, लेकिन कनौर जैसे कितने ही मंदिरों में कनेत भी पुजारी हो सकते हैं। सबेरे देवता की पूजा हो जाने पर भक्त लोग वहाँ पूजा कर सकते हैं। चेला या देवा उस आदमी को कहते हैं, जिसके सिर पर देवता आता है और लोग अपने दुःख-सुख को उससे पूछ सकते हैं। गरीबनाथ का मंदिर पौंटा, ठोरका मंदिर (सिरमौर), बराहक्षेत्र (सिरमौर) जैसे देश के ढंग के मंदिर भी यहाँ पाये जाते हैं।

पूजा से ज्यादा महत्त्व यहाँ के देवता के यहाँ बलिदान है, और बहुत कम ही ऐसे

देवता हैं, जो पशु-बलि नहीं लेते हैं। बलिदान में भेड़ या बकरे की बलि रामकृष्ण छोड़कर सभी देवताओं को दी जाती है। बकरा देवी या काली की बलि है। भेड़ भैरव, लोंकरा और नरसिंह के लिए चढ़ाया जाता है। भैंसा छोटे लोंकरा और देवी को चढ़ाया जाता है। मुर्गा, सूअर, मछली और गिरगिट छोटी कालियों को दिये जाते हैं। फूल, दूध और जौ की बालियाँ आम तौर से देवताओं को चढ़ाई जाती हैं। शांद और भुंडा दो बलियाँ पहाड़ में खास महत्त्व रखती हैं। बिसाहर में खूंद कनेतों के कुछ गाँव में हर बारहवें साल शांद की बलि दी जाती है, जिसमें सैकड़ों बकरे मारे जाते हैं। देवी के चारों ओर पहले बकरों से परिक्रमा करवाई जाती है, फिर एक के बाद एक उन्हें मारा जाता है। भुंडा-बलि देते समय एक बड़ा-सा रस्सा पहाड़ के ऊपर से नीचे तक तान दिया जाता है, जिस पर बलि दिया जाने वाला आदमी बैठकर नीचे की ओर खिसकता है, इसे भुंडा कहते हैं। भुंडा हर बारहवें साल या कम व बेसी समय में ऊपर लिखे पंद्रह स्थानों में किया जाता है। इसके लिए सबसे प्रमुख स्थान निमंड का है, जो कि सतलुज की उपत्यका में है, और जहाँ रामपुर से जाया जाता है। एक प्रत्यक्षदर्शी ने यहाँ के भुंड के बारे में निम्न प्रकार लिखा था—"निश्चित तिथि से तीन महीने पहले बेदा जाति के एक आदमी को बलि के लिए चुना गया, और उसे बलि के स्थान पर बुलाया गया। गढ़वाल, कुल्लू और सुकेत में यह छोटी-सी जाति रहती है, जिनका यही काम है। आदमी अपने परिवार के साथ आया और उसे तीन महीने तक मंदिर में बड़े सम्मान के साथ रखा गया। इस बीच में उसने घास जमा कर 400-400 हाथ लम्बा रस्सा बनाया। निश्चित दिन पर बहुत दूर-दूर के लोग बाजे-गाजे के साथ अपने देवताओं को लिये आये। सबेरे के वक्त एक जलूस निकला, जिसमें आगे-आगे बेदा था। उसके बदन पर सिर्फ एक ही कपड़ा था, और गले में लाल सूत था। उसके हाथ में नीले सूती कपड़े का छत्ता था, और उसकी दोनों बीवियाँ उसे सँभाले थीं। उसके पीछे-पीछे 50-60 आदमी रस्से को उठाये चल रहे थे। जलूस के आरंभ होने से पहले एक बकरे का बलिदान किया गया। फिर बाजे-गाजे के साथ जलूस भुंडा स्थान पर पहुँचा। वहाँ रस्सी का एक सिरा पहाड़ के ऊपर एक खंभे में बाँध दिया गया, और दूसरा पहाड़ की जड़ में गाड़े खंभे में। फिर उसी तरह जलूस बनाकर बेदा को मंदिर में ले गये। वहाँ उसे देवता को अर्पित किया गया। थोड़ी देर आराम करने के बाद फिर वह उसी तरह जलूस के साथ चलकर वहाँ पहुँचा, जहाँ पहाड़ के ऊपर खंभा था। उसके परिवार के लोग तथा दूसरे दर्शक नीचे ही खड़े रहे। रस्से के ऊपर लकड़ी का एक आसन रखा था। बोझ को सँभाले रखने के लिए लकड़ी के दोनों तरफ बालू भरे थैले लटक रहे थे, जो कि उसके पैरों से लगे थे। पुरोहित ने संकेत किया, और बेदा को रस्से के ऊपर से नीचे की ओर खिसका दिया गया। वह बड़े जोर से नीचे की तरफ चला। उसका मरना या न मरना विशेष परिस्थितियों पर निर्भर करता है। अगर वह जीता बच गया, तो उसे मंदिर के कोश से 80 या 90 रुपया दिया जाता, और वहाँ जमा हुए लोग भी अपनी शक्ति अनुसार कुछ देते, जिससे बेदा के पास 3-4 सौ रुपया आसानी से हो जाता। निरत के ऊपर शाली

गाँव में अंतिम भुंडा, 1902 ई० में हुआ था। यहाँ बेदा का बाल भी बाँका नहीं हुआ। कहा जाता है, ऐसा ही दो बार उसके साथ और भी हुआ था। निमंड में 1874 ई० के भुंड में रस्से के टूटने से बेदा मारा गया। पुराने जमाने में यह नर-बलि का एक ढंग था, इसमें संदेह नहीं।

प्रतिष्ठा समय-समय पर देवताओं की की जाती है, उस समय भी बड़ा मेला लग जाता है। कनौर में इसे 'पोरतिष्टं' या 'पोरस्तं' कहते हैं। वहाँ जब किसी मंदिर के ऊपर नई छत डाली जाती है, तो यह यज्ञ बड़ी धूमधाम से किया जाता है, जिसमें आसपास के देवता भी सम्मिलित होते हैं।

पहाड़ में देवताओं के अतिरिक्त भूत-प्रेतों को भी बहुत माना जाता है। मरने के बाद आदमी की प्रेतात्मा को 'पाप' कहते हैं। इससे बचने के लिए लोग पाप की दरेवटी (छोटा मंदिर) बनाते हैं, जिसमें परिवार के लोग जाकर फूल चढ़ाते हैं। कुछ भूत-प्रेतों की जातियाँ निम्न प्रकार हैं—

मातृ और जलपरी : यह बावलियों, चश्मों और नदियों के किनारे रहती हैं।

काली : यह पहाड़ों पर रहती है।

बनशीरा : यह पहाड़ों, उपत्यकाओं और पुराने मकानों में रहती है।

दाग : यह खेतों के साथ संबंध रखने वाला भूत है, जिसको संतुष्ट न रखने पर फसल को नुकसान पहुंचता है।

सिरमौर में परी, सोहर और नरसिंहवीर जैसे भूत-प्रेत माने जाते हैं। डाइनों से भी लोग बहुत डरते हैं, जिन्हें दाग भी कहते हैं। भूतों को मंत्र द्वारा, तंबे में बंद करके कहीं दूर फेंक आने की कोशिश की जाती है। काली का मंत्र है—"काली चरीचर चरी कतकत, देही को खे, पानी बही समुंदर का, भूत चुरैल भसम हो जाय।"

जादू-टोने से भी लोग बहुत डरते हैं। इसके जानने वाले ज्यादातर ब्राह्मण, योगी, मोची, कोली, बाजगी, लोहार और बढ़ई लोग होते हैं। जो आदमी कभी स्नान नहीं करता और न देवताओं की पूजा करता है, बल्कि अपना समय भूत-प्रेतों की पूजा में लगाता है, उसे जादू-टोने वाला समझते हैं, और ऐसे आदमी से लोग बहुत डरते हैं। देवता का चेला, देवा या दाद जरा देर ध्यान करने के बाद कोई भी सवाल करने पर उसका जवाब देता है। लोग जादू-टोने से बचने के लिए जंतर बाँधते हैं। नजर लगने का भी डर बहुत है, इसके लिए भी गुनियों की सेवा में लोग जाते हैं। दाग या दागिनी की नजर लग जाने पर लोगों को बहुत तकलीफ होती है। रोड़ू तहसील के चसराला गाँव के पास एक गुफा में एक ओझा (सयाना) रहता था, जो छिपे खजाने को बता देता था। लेकिन, सवाल पूछने से पहले एक बकरे का सिर बलि दे गुफा के दरवाजे पर रखना पड़ता है। फिर यह सिर जवाब देता है, जिसका अर्थ कारदार समझाता है। यह भी याद रखने की बात है, कि कितनी ही बार हिमाचल के देवताओं के चमत्कार से अंग्रेज अफसर भी प्रभावित हुए हों।

देवता के सामने 'सौगंध' लेना आसान काम नहीं है। यदि आदमी झूठी सौगंध

लेता है, तो उससे उसका सर्वनाश हो जाता है। सौगंध लेने के कई ढंग हैं। एक तरीकायह है, कि गाय की गर्दन में एक लाल सूत बाँध दिया जाता है, थोड़ी-सी जमीन को पानी से छिड़ककर साफ कर दिया जाता है, और वहाँ गाय खड़ी कर दी जाती है। सौगंध लेने वाला गाय की गर्दन के सूत को तोड़ देता है। दूसरा तरीका यह है, कि आदमी हल के जूये को अपने गर्दन में डाल थोड़ी-सा घास अपने मुँह में डालकर शपथ खाता है, कि यदि मैं झूठा होऊँ, तो मरने के बाद बैल बनूँ। देवता के मंदिर की तरफ एक पत्थर फेंक कर या मूर्ति को छूकर भी सौगंध ली जाती है। सिरमौर में रेनका के सरोवर में शपथ लेने का रिवाज है। इसी तरह दूसरी जगहों में भी देवताओं की सौगंध सच-झूठ की परीक्षा के लिए चरम कसौटी है। शकुन भी इसी तरह बुरे-भले माने जाते हैं।

भिन्न-भिन्न जातियों के ब्याह-शादी के ढंग में कुछ अंतर है। ब्याह में कनेत और छोटी जाति के लोगों में ही लड़की को कुछ स्वतंत्रता है। ब्राह्मणों और राजपूतों में कन्या को वर चुनने का कोई अधिकार नहीं है। ब्याह ठीक करने के लिए वर की ओर से एक-दो आदमी कन्या के घर जाते हैं, जहाँ उनको भोज दिया जाता है। फिर कन्या को वह वर के घर लाते हैं, जहाँ गणेश की पूजा की जाती है। दूसरा ढंग है : वर की ओर से कन्या को लाने के लिए एक या दो औरतों के साथ कोई स्त्री भेजी जाती है। कन्या के आने पर गणेश की पूजा होती है। बड़ी जातियों में अगर कोई लड़की का ब्याह करे, तो वह हार या अवैधानिक कहा जाता है, लेकिन दूसरी जातियों में हार द्वारा ब्याह विहित है। कनेत और छोटी जाति के लोग अपनी लड़कियों का दाम वसूल करते हैं, जो आर्थिक कठिनाइयों के साथ ब्राह्मणों और राजपूतों में भी फैलने लगा है। इस शताब्दी के अंत में शिमला जिले में कनेत लड़की का दाम 60 रुपया और कोली लड़की का 40 रुपया था। इस दाम को 'ढोरी' कहते हैं।

बिसाहर में तीन तरह के ब्याह होते थे—ब्याह, जो शास्त्र के अनुसार होता था, लेकिन इसका प्रचार बड़ी जातों में ही है। दूसरे दो प्रकार के ब्याह हैं, जिन्हें झाजरा और गादर (परेना) कहते थे। झाजरा-ब्याह में गणेश-पूजा आवश्यक है। यह विधि न हो, तो वह गादर-ब्याह हो जाता है। राजाओं और राजवंशियों में एक और ब्याह होता है, जिसके द्वारा ब्याही गई स्त्री को खवास कहते हैं। यह रखैल जैसी होती है, लेकिन यदि पुत्र की माँ हो, तो महल में उसके साथ अच्छा बरताव किया जाता है। खवासें तीन प्रकार की होती हैं, जिनमें सबसे ऊँचा दर्जा कनेत जात की खवासों का है। वह हमेशा रानी के साथ रहती है, और आग के चारों तरफ फेरा देते वक्त सातवें फेरे में वह साथ घूमती है। दूसरी खवास वह कनैत स्त्री है, जो कि खवास बनाने के लिए महल में लाई जाती है। महल में प्रवेश करते समय उसके साथ भी झाजरा की रस्म अदा की जाती है। बिना रस्म के साथ लाई गई रखैल तीसरे दर्जे की खवास है।

तलाक या रीत, झाजरा-गादर-ब्याह वालों में होता है। रीत उस वस्त्राभूषण को कहते हैं, जो कि ब्याह के समय पति अपनी पत्नी को देता है। उसके साथ विवाह का खर्च भी रीतू में शामिल है। पति वस्त्राभूषण लेकर अपनी पत्नी को तलाक दे सकता

है। अगर स्त्री तलाक लेना चाहती है, तो उसे रीत के धन और कुछ रुपया देना पड़ता है, जिसे 'छेदकराई' कहा जाता है। किसी-किसी समय तलाक करने के लिए पुरुष स्त्री को तोड़ने के लिए सूत देता है। वह उसे तोड़ देती है, और विवाह-विच्छेद हो जाता है। ऊपरी पहाड़ों में कुछ ब्राह्मणों और राजपूतों को छोड़कर सभी छोटी-बड़ी जातियों में तलाक आम है। करेवा या विधवा-विवाह कनेतों और दूसरी जातियों में ही नहीं, बल्कि ऊपर के पहाड़ों में ब्राह्मणों और राजपूतों में भी चलता है।

सभी जनयुगीन जातियों की तरह यहाँ के लोग बड़े उत्सवप्रिय हैं। शायद इसीलिए इसे उत्सवसंकेत कहा जाता था। यहाँ के देवता उत्सव और त्यौहार में बड़ी सहायता करते हैं। कितने ही देवता बड़े धनी हैं। वह ऐसे समय अपने कोश से खूब दिल खोलकर खर्च करते हैं। देवता की पालकी ऐसी होती है, जिसके ऊपर जेवरों और कीमती कपड़ों से सजा हुआ देवता का चेहरा या चेहरे रखे रहते हैं। पालकी के बीच से दो लंबे-लंबे भुर्जपत्र या किसी और दरख्त के लचकदार लंबे डंडे लगे रहते हैं, जिसे आदमी अपने दोनों कंधों पर रखकर उठाते हैं। पालकी इधर या उधर लटककर या उछलकर देवता के अभिप्राय को प्रकट करती है। यात्रा में निकलते समय आगे-आगे बहुत-से लोग नंगी तलवार या दूसरी चीजें लेकर चलते हैं, साथ में बाजा बजता रहता है। कभी-कभी कई-कई देवता एक जगह जमा होकर उत्सव मनाते हैं। नर-नारी अच्छे-अच्छे कपड़े पहन फूलों से सज-धजकर वहाँ पहुँचते हैं। मिठाइयों और दूसरी चीजों की दुकानें जाती हैं। देवताओं के यह मेले दो या तीन दिन तक चलते हैं। देवता भी नाचता है, और बाजे पर स्त्री-पुरुष भी नाचते अपनी भाषा में मधुर गीत गाते हैं। पहाड़ के लोगों का, विशेषकर स्त्रियों का कंठ अत्यन्त सुरीला होता है। घंटों यह नाच होता रहता है। बड़े-छोटे सभी तरह के लोग और स्त्री-पुरुष इस नाच की पंक्ति में शामिल हो जाते हैं। मेलों में थोथेका-खेल के नाम से धनुष-बाण चलाने की परीक्षा होती है। एक आदमी दस गज के करीब दूर अपने पैर को हिलाता रहता है, और दूसरा आदमी निशाना लगाकर उस पर 'बाण' चलाता है। जो घुटने और एड़ी के बीच निशाना लगाने में सफल होता है, उसकी जीत समझी जाती है।

सीपी (कोठी) का मेला मई के मध्य में होता है, जो शिमला जिले का सबसे बड़ा मेला है। शिमला जिले के अन्य प्रमुख मेले इस प्रकार हैं : सायर (शेरी), पंडरू, खराई, चेरेवाल।

अंग्रेजी राज्य की स्थापना के साथ हिमाचल प्रदेश में ईसाई धर्म का प्रचार भी होने लगा, और शिमला ईसाई मिश्नरियों का केंद्र बन गया। शिमला में पहला गिरजा फूस की छत का बना था, जिसमें 1836 ई० में सुधार किया गया। 1843 ई० के भूकंप में उसको बहुत क्षति पहुँची थी, इसलिए 9 सितंबर 1844 को गिरजे के लिए नई नींव डाली गई, और वह 10 जनवरी, 1857 को बनकर तैयार हुआ, तथा आज भी क्राइस्ट चर्च के नाम से मौजूद है। इसे कहने की आवश्यकता नहीं, कि अंग्रेजों ने पहले-पहल गिरजे यूरोपियन लोगों ही के लिए बनवाये। वहाँ पवित्र ट्रिनिटी मंदिर

(1864 ई०), सेंट माइकेल गिरजा (जतोग 1885 ई०), डगशाई में सेंट जेवियर (1886 ई०), सुबाथू स्कूल गिरजा (1850 ई०), सनावर गिरजा (1858 ई०), शिमला सेंट टामस गिरजा (1885 ई०), कोटगढ़ मिशन सेंटमेरी गिरजा (1873 ई०), रोमन कैथलिक कैठड्रल (1886 ई०), यूनियन गिरजा (1870 ई०) आदि कितने ही गिरजे हैं, जो अंग्रेजों के शासनकाल में बहुत आबाद रहते थे, लेकिन अब उनमें से बहुतों की स्थिति डाँवाडोल हो चुकी है।

पहाड़ के लोगों में ईसाई-धर्म का प्रचार करने के लिए इंग्लैंड के चर्च मिशन ने काम किया। सबसे पहले इसका अड्डा कोटगुरु (कोटगढ़) में कायम हुआ। इसके लिए दिसंबर 1844 में एक प्रचार-सभा कायम की गई, जिसके संस्थापकों में शिमला के रहने वाले कुछ प्रभावशाली अंग्रेज अफसर और निवासी थे। 1842 ई० में इस सभा ने अपने संगृहीत धन को चर्च मिश्नरी सोसाइटी को देने की इच्छा प्रकट की, लेकिन उस वक्त आर्थिक स्थिति बहुत अच्छी नहीं थी, और 1845 ई० में हिमालय मिशन कमेटी ने शिमला में काम करना बंद कर दिया। 1852 ई० में पंजाब चर्च मिश्नरी सोसाइटी ने इस काम को हाथ में लिया। बीच में सुस्त और तेज पड़ता मिशन का काम चलता रहा। कोटगढ़ मिशन में पीछे अमेरिकन पादरी स्टोक भी काम करने आये, और भारतीयता से इतने प्रभावित हुए, कि सत्यानंद स्टोक के नाम से वह पूरे हिंदू हो गये। उनके पुत्र आज पक्के हिंदू हैं। बपतिस्त मिशन ने भी शिमला में काम किया, और अमेरिकन प्रेसबेटिरियन मिशन ने तो सबाथू में 1837 ई० में ही अपना झंडा गाड़ दिया। उसकी ओर से यहाँ स्कूल, कुष्टाश्रम और औषधालय खोले गये।

सबसे हिम्मत का काम मोरावियन मिशन ने किया। शिमला में इन्होंने अपना काम 1900 ई० में शुरू किया था, लेकिन वह भी तिब्बती भाषाभाषियों तक सीमित था। यहाँ तिब्बती-भाषी खास कर बालती काफी संख्या में जाड़ों में काम करने के लिए आते थे, जो वह संजोली, मशोबरा और वायलोगंज में रहते थे। मोरावियन मिशन का सबसे अधिक काम बिसाहर के कनौर इलाके में था। तिब्बत-भारत की सीमा से 15 मील इधर सतलुज के दाहिने किनारे स्पू (पू) गाँव में पादरी पेगल ने अपना काम 1875 ई० में शुरू किया। 18 वर्ष तक उन्होंने यहाँ के लोगों में इसाई-धर्म के प्रचार के साथ-साथ शिक्षा और दस्तकारी का भी प्रचार किया। स्पू तिब्बती भाषाभाषी गाँव है। 1883 ई० में पेगल के मरने के समय थोड़े ही ईसाई बन सके। उसके उत्तराधिकारी टी० डी० एल० श्रेव ने पेगल के काम को आगे बढ़ाया, और 1897 ई० तक वहाँ 50 ईसाई हो गये। स्पू से तिब्बती-भाषी प्रचारकों को वह तिब्बत के भीतर भी भेजते थे, यद्यपि तिब्बती सरकार ने ईसाई-धर्म के प्रचार को अपने यहाँ वर्जित कर दिया था। श्रेव ने स्पू के लोगों को मोजा-बनियान बुनना जैसा काम सिखलाया, उसी तरह यूरोपियन ढंग के करघे को भी लगा दिया, और मिशन के करघे के काम में 20 से 30 औरतें बुनने का काम करती थीं। स्पू से 60 मील नीचे चीनी में भी 1900 ई० में मोरावियन मिशन ने अपनी एक शाखा स्थापित की थी। 1850 ई० के करीब ही चर्च मिश्नरी

सोसाइटी ने चीनी में अपना मिशन स्थापित करने की सोची थी, लेकिन वह उसमें सफल नहीं हो सकी। मई 1900 में जे० टी० बुस्क और उसकी पत्नी ने वहाँ प्रचार करने स्कूल भी खोला। लेकिन, चिनी वालों को ईसाई बनाने में कितनी कठिनाई हुई, इसका एक उदाहरण हम अपनी कनौर-यात्रा में कर चुके हैं। प्रथम विश्वयुद्ध तक किसी तरह स्पू और चिनी के मिशन चलते रहे। फिर पहले स्पू का मिशन और बाद में चिनी का मिशन भी बंद हो गया, और वहाँ कोई ईसाई नहीं रह गया। शिमला और आसपास की जगहों में कुछ ईसाई रहते हैं।

शिमला के आसपास के पहाड़ के लोगों के स्वभाव के बारे में सुपरिंटेंडेंट एडवर्ड ने 1859 में लिखा था—"अपराध की मनोवृत्ति लोगों में नहीं है। वह सम्पत्ति-संबंधी जुर्म बहुत कम करते हैं, और शान्तिप्रिय तथा भले व्यवहार वाले होते हैं। आत्महत्या इनमें जरूर है। इनमें और पहाड़ के दूसरे लोगों में बहुत अधिक संख्या में होती है। किसी स्त्री को जरा-सा कड़ा शब्द कह दिया जाये, वह तुरंत आत्महत्या करने के लिए काफी है। पारिवारिक झगड़े, बुढ़ापे, गरीबी या बीमारी के कारण बहुतेरे लोग आत्महत्या कर लेते हैं। पिछले साल मेरे अधीन सारे इलाके में 13 आत्महत्या के अपराध हुए।"

शिमला गज़ेटियर में लिखा है—"आम तौर से कनेत आपस में बड़े विनोदप्रिय होते हैं, लेकिन बाहर के आदमियों के साथ रूखे और अमिलनसार। नये अफसर पर बड़ा अविश्वास करते हैं, लेकिन जब किसी के साथ संपर्क हो जाता है, तो वह अच्छी तरह से जानते हैं। गाने का उनमें अत्यन्त शौक है, यह साफ दिखाई पड़ता है। औरतें गाती हैं, और किसी महत्त्वपूर्ण घटना को लेकर गीत जोड़े जाते हैं।···उनमें अपराध बहुत कम होता है, और वह मुकदमेबाज नहीं हैं।" कानूनी मुकदमों को छोड़कर सभी सामाजिक और धार्मिक झगड़ों का फैसला पंचायत द्वारा किया जाता है, जिसे डम और खूमली कहते हैं। पुजारी और कारदार इसके मेंबर होते हैं। कारदार से पूछकर पुजारी पंचायत की बैठक बुलाता है। अनिवार्यतया और जल्दी पंचायत के लोगों को बुलाने के लिए दाधी, ठेक और डाल के शब्द इस्तेमाल किये जाते हैं, जिसमें अनुपस्थित होने पर एक रुपया जुर्माना होता है। बहिष्कृत आदमी को जात में फिर से मिलाने के लिए देवता के मंदिर में गाँव की सारी बिरादरी इकट्ठा होती हैं। मामले के बारे में आपस में अच्छी तरह बातचीत करके फिर उस आदमी को बुलाया जाता है। रियासत के प्रमुख या देवता के कारदार की सम्मति से ब्राह्मण को बुलाकर उसके हाथ से मंत्र पढ़कर आदमी को पंचगव्य पिलाया जाता है। सारी बिरादरी मौज में जाति-बहिष्कृत आदमी के साथ भोजन करती है। फिर वह देवता को भेंट चढ़ाता है। राजा को भी कुछ पैसा (शोजीर) देकर जाति में मिल जाता है। लेकिन, अपना धर्म छोड़कर मुसलमान या ईसाई हो जाने पर फिर बिरादरी उसे जात में नहीं मिलाती।

शिमला और आसपास के पहाड़ों में स्त्री-पुरुषों की पोशाक में मुगलकालीन प्रभाव पाया जाता है। आम तौर से पुरुष चार कली का चौबगला, एक सात या नौ कली का सलार, या गाछी (कमरबंद) पहनते हैं, सिर पर धातु लपेटते हैं, कमर में डोरा, देह पर

चौलटी या झगा, देह पर लोइया (गरम कोट), देह पर लेवटा और पैर में पाजामे की जगह घोंडी स्त्रियाँ पहनती हैं।

मांस से पहाड़ में परहेज बहुत कम ही लोग करते हैं, इसीलिए शास्त्रों में विधान किया गया —'उत्तरे मांसभोजनम्'। गोमांस, भैंस, बानर, गीदड़ या साँप का मांस छोटी जाति के लोग खाते हैं। बिलासपुर में निचले पहाड़ों के लोग कम और उपरले पहाड़ों के लोग अधिक मांस खाते हैं। महासू जिले में रोड़ू तहसील में सबेरे के भोजन को जसेरी, रामपुर में निहारी और कनौर में समछावा कहते हैं। 10-11 बजे का खाना रोड़ू में कलेर, रामपुर में सबेरे की रोटी या दांद की रोटी, और कनौर में शील कहते हैं। शाम के भोजन को रोड़ू में बेआलती (ब्यारू), और कनौर में सुपाछावा कहते हैं। महासू जिले के भिन्न-भिन्न स्थानों में निम्न भोजन हैं : रोड़ू—भात, रोटी, आलू, लाफी (लापसी), बारी (दलिया), चिलटा (फाफर के आटे को उबालकर पकाया चीला), सिगरी (उबली रोटी), खोबली, बतुरू (खमीर की रोटी), सत्तू और मांस। रामपुर—भात, रोटी, आलू, लाफी, बारी, चिलटा, सिगरी, कन्हौर (पांगर) के आटे की रोटी, बेसर की रोटी, शीगू का सत्तू, शाग की फांड, सत्तू, चूली का फांड (खूबानी की लपसी) और मांस।

रोड़ू, रामपुर, चिनी तहसीलों में उनकी भिन्न-भिन्न प्राकृतिक स्थितियों के कारण भिन्न-भिन्न तरह का अनाज पैदा होता है। 1890-97 ई० के बन्दोबस्त के अनुसार रोड़ू और रामपुर में तीन प्रकार की जमीन थी—कियार, बाखल, कराली। नहरों से सींची जाने वाली कियार जमीन में कहीं-कहीं दो फसलें होती हैं, जिनमें रब्बी में चावल और खरीफ में मक्की। घर के पास वाले खेत को बाखल कहा जाता है, जो शायद बखरी से बना है। इसमें भी आम तौर से दो फसलें होती हैं। बाखल में कहीं-कहीं सिंचाई का भी प्रबन्ध होता है, लेकिन अधिकतर यहाँ की फसल वर्षा के ऊपर निर्भर करती है। घर से दूर और अधिकतर नये आबाद किये हुए खेत को कराली कहते हैं। यह पूर्णतया वर्षा के ऊपर निर्भर करता है। चिनी तहसील में भी इसी तरह के तीन प्रकार के खेत होते है। प्रथम श्रेणी में सतलुज के नीचे वाले गरम स्थानों (नेवल) को भी सम्मिलित किया जाता है, जहाँ अंगूर आदि के बगीचे हैं। चिनी की सतलुज उपत्यका में वर्षा बहुत जगहों पर इतनी कम होती है, कि बिना नहरों की सिंचाई के वहाँ कोई फसल नहीं पैदा हो सकती। रब्बी और खरीफ की दोनों फसलों में निम्न अनाज पैदा होते हैं—रब्बी : गेहूँ, जो, धला, क्लाव (मटर), धनिया, मसूर। खरीफ : चीना, मक्की, कंगनी, बाथू, कालाबाथू, कोदा, धान, चावल, माश, कुलत, भार्त, रंगान, ओगल, फाफड़ा, घनफरी, चबरू, चमाकू, कचालू, भाँग, आलू।

आम तौर से रब्बी की फसल सितम्बर के मध्य में बोई तथा दिसम्बर के मध्य तक काटी जाती है। ऊपरी जगहों में अप्रैल से जुलाई तक इसकी फसल होती है। खरीफ की फसल मार्च से जुलाई के मध्य तक बोई जाती है, और सितम्बर से नवम्बर के अंत तक काटी जाती है। चिनी तहसील में सिर्फ एक ही फसल होती है, जो सितंबर-अक्तूबर

में बोई और अगस्त-सितंबर में काटी जाती है। अनाजों के अतिरिक्त ककड़ी, कद्दू, खीरा, तोरी, शगोत्री (बैंगन), भट्टे (टमाटो), पेपली(लाल मिर्च), बाबरी, मूली, शलगम, पालक, दूनू (लहसुन), प्याज, मैथा, गोबी भी होती है। शिमला के आसपास गेहूँ या जौ और दाल रब्बी की फसल में से, और खरीफ की फसल में से मक्की, बाजरा, मंडुवा और दाल-चावल हैं।

महासू जिले में कोटगढ़ में चालीस तरह के सेब होते हैं, और यातायात की सुविधा होने से वहाँ के बाग वालों को बहुत फायदा भी है। यहाँ सेब के बगीचों का आरंभ श्री सत्यानंद स्टोक ने किया था। उनका ध्यान इसमें अपने वैयक्तिक फायदे की ओर उतना नहीं था, जितना लोगों के सामने उदाहरण रखकर उनके जीवन-तल को ऊँचा उठाना। स्टोक ने किसानों के खेतों को महाजनों के हाथ में जाने से भी बचाया था। कोटगढ़ वाले स्टोक को पिता की तरह मानते थे। हिमाचल की दूसरी जगहों के लिए कोई स्टोक नहीं मिला। महासू की चिनी तहसील प्राचीन काल से अपने काले अंगूरों के लिए मशहूर थी, और हाल में जंगला तक डाकबँगलों के देखादेखी वहाँ के लोगों ने बहुत तरह के मेवों के बगीचे लगाये। कोई गाँव ऐसा नहीं है, जहाँ अंगूर की बेलें न हों। भारत के अंतिम गाँव नम्ग्या तक में भी सितंबर में पके अंगूर मिल सकते हैं।

महासू जिले में पहाड़ी जाति के छोटे-छोटे ढोर मिलते हैं। कनौर के तिब्बती सीमांत वाले गाँवों में लोग कुछ याक (चँवर) भी पालते हैं, जिनकी पूंछ (चँवर) की भी माँग है। चँवरी का घी-दूध गाय से अच्छा माना जाता है। उसके दूध में घी भी अधिक होता है। गाय से चँवरी और गाय के संकर किये हुए नर को जो और मादा को ब्रिमी कहते हैं। ऊपरी भागों में कुछ टांघन भी होते हैं, जो स्पिती की जात के हैं। ये अच्छे मजबूत होते हैं। गदहे और खच्चर यहाँ के छोटे-छोटे होते हैं। भेड़-बकरियाँ सभी जगह पाली जाती हैं, लेकिन उनमें से सबसे अधिक चिनी तहसील मे हैं। वह ढोने का भी काम देती हैं। बकरियों के बाल यहाँ चैत और भादों में दो बार काटे जाते हैं, और प्रत्येक बार प्रति बकरी कच्चा दो सेर बाल निकलता है। भेड़ों का ऊन केवल एक बार बैसाख में काटा जाता है, और वह प्रति भेड़ कच्चा डेढ़ सेर निकलती है। गर्मियों और बरसात में कनौर वासी अपनी भेड़-बकरियों को पहाड़ों पर चराने के लिए ले जाते हैं, या माल लादकर तिब्बत में व्यापार करने के लिए जाते हैं। जाड़ों में उनकी भेड़-बकरियाँ मंडी, सुकेत, बिलासपुर, नाहन और देहरादून तक चली जाती हैं। चिनी तहसील के भाबा परगने में चोटीजन ग्राम और बलथर के पहाड़ों की चरागाहें बड़ी अच्छी मानी जाती हैं, जहाँ पर आसपास के गाँवों के बहुत-से चरवाहे अपने पशुओं को चराने के लिए आते हैं। लोहार, सुनार, बढ़ई आदि के मामूली कामों के अतिरिक्त कुछ अच्छी किस्म के ऊनी कपड़े रामपुर और चिनी तहसील में बनते हैं। चिनी के सुङ्नम् और कनम् के लोग बहुत मुलायम और बाल निकले हुए अच्छी किस्म के गुदमे बनाते हैं। रामपुर में पश्मीने की चादर बनती हैं, यद्यपि वह कश्मीर जैसी अच्छी नहीं होतीं। कनौरे लोग पश्चिमी तिब्बत से अच्छे किस्म के पशम ले आते हैं, लेकिन उन्हें कपड़े के रूप में परिवर्तित करना लुधियाना

और अमृतसर के लोगों का काम है। कातिक के महीने में रामपुर में लोई का मेला होता है, जिसमें ऊन और ऊनी कपड़ों की बड़ी बिक्री होती है। कनौर में ताँबे, पीतल या काँसे के बरतन, मंदिरों के बाजे, नरसिंगे और पीने के बरतन, शराब के प्याले तथा मंत्र जपने की मानियाँ अच्छी बनती हैं।

शिमला को अंग्रेजी शासन से पहले कोई जानता नहीं था। इसका आरंभ अंग्रेजों से संबंध 1814 ई० से शुरू होता है। गोरखा-युद्ध के आरंभ में अंग्रेजों का ख्याल पहाड़ में अपने लिए सीधा स्थान बनाना नहीं था, बल्कि वह चाहते थे, कि पुराने राजाओं और ठाकुरों को फिर उनकी जगह पर बैठा दिया जाए। गोरखों का शासन उनके लिए कोई अनुकूल नहीं था, इसलिए करीब-करीब सभी ने उस लड़ाई में अंग्रेजों का साथ दिया। लेकिन, गोरखों के हटाने के बाद अंग्रेजों ने अपनी राय बदल दी, और जिसमें राजा और ठाकुर कहीं हाथ से बेहाथ न हो जायें, इसके लिए उसने अपने लिए यहाँ पहाड़ में सैनिक छावनी बनाने का निश्चय किया। सरकार ने अपनी पहले की नीति को बदलकर कितने ही सैनिक महत्त्व के स्थानों को अपने हाथ में लेने का निश्चय किया, चाहे वह किसी का हो, और साथ ही यह भी आज्ञा दी, कि सभी नष्ट हुए राजपरिवारों की भूमि तथा भिन्न-भिन्न रियासतों में विवादास्पद जमीन को ब्रिटिश सरकार ले लेगी। जिन स्थानों को अंग्रेज सरकार ने अनुकूल नहीं समझा, उसके बदले में भी उसने दूसरी जमीन शिमला के आसपास ली। बघाट ने अंग्रेजों के साथ अच्छा संबंध नहीं रखा, और क्यूंठल युद्ध के खर्च के अपने भाग को देने से इंकार किया, इसलिए बघाट के तीन-चौथाई और क्यूंठल के एक भाग को लेकर उसमें से कुछ को अपने अंग्रेजभक्त सिरमौर के राजा को और अधिकांश को पटियाला को दे दिया, जिसने उसके लिए 280000 रुपया नजराना दिया। क्यूंठल से जमीन लेकर नजराना से मुक्त कर दिया गया। वर्तमान शिमला जिले को कई टुकड़ों में अलग-अलग राजाओं से लिया गया है।

'कोटगुरु' को आजकल कोटगढ़ कहते हैं, किंतु इस परगने का पुराना नाम संदोक था। पहाड़ में सबसे पहले इसी को अंग्रेजों ने अपने हाथ में किया। कोटगुरु पहले कोटखेई के राणा का था। आरंभ में कुम्हारसेन-बिसाहर तथा कुल्लू के आपसी संघर्ष का केंद्र यही परगना था। इस कठिनाई से बचने के लिए कोटखाई के राणा ने गोरखा-युद्ध से पहले कुछ शर्तों के साथ कुल्लू के राजा को दे दिया था। कुल्लू ने शर्तों को न मानकर उसे अपने राज्य में मिला लिया। राणा के पास इतनी ताकत नहीं थी, कि शर्त को मनवता। दस वर्ष तक कोटगुरु इस प्रकार कुल्लू के हाथ में रहा। अंत में कुम्हारसेन-बिसाहर ने मिलकर कुल्लू के साथ लड़ाई की, जिसमें कुल्लू का राजा मारा गया। लाश तब तक बिसाहर ने नहीं दी, जब तक कि कुल्लू ने कोटगुरु को बिसाहर के हाथ में नहीं दे दिया। इसके बाद 40 साल तक कोटगुरु पर बिसाहर का अधिकार रहा, जबकि गोरखों ने इसे अपने हाथ में कर लिया। 1815 ई० में अंग्रेजों ने गोरखों के विरुद्ध लड़ाई के समय कुल्लू के राजा को भी सहायता के लिए कहा और वचन दिया कि उसके पहले की भूमि को फिर से दे दिया जायेगा। कुल्लू की सेना ने सतलुज पार

करके कोटगुरु परगने को गोरखों से हटाकर उस पर अधिकार करके वहाँ के ह्वाटू टू हाटू, शिलाजान और बाकी के किलों को ले लिया। कोटगुरु परगने को अंग्रेजों ने अधिक सैनिक महत्त्व का समझा, खासकर पूर्वोत्तरी पहाड़ों के हाटू को स्वामी माना जाता था। इसकी ढलानों पर सैनिक-छावनी के लिए काफी जगह थी। कुल्लू-राजा ने अंग्रेजों के वादे की बात कही, लेकिन अंग्रेज उसे मानने के लिए क्यों तैयार होते, और कहा, कि वह मूलत: कुल्लू का नहीं था। कुल्लू के राजा ने कुछ गड़बड़ी करनी चाही, तो सबाथू से एक छोटी-सी सेना भेजकर उसे वहाँ से हटने के लिए मजबूर किया गया। कोटगुरु को बाकायदा अपने हाथ में लेकर अंग्रेजों ने हाटू, शिलाजान और बाघी के तीनों किलों में अपने सैनिक रखे। गोरखों को पराजित करके उनकी बहादुरी से प्रभावित हो अंग्रेजों ने गोरखों की नास नासिरी पलटन कायम की थी, उसे बराबर के लिए कोटगुरु परगने में रख दिया गया, और वह 1843 ई० तक वहाँ रही। पीछे इन गोरखा-सैनिकों को वहाँ से हटा लिया गया। पहले-पहल यहाँ का शासन-प्रबंध दिल्ली के अंग्रेज एजेंट की देखरेख में सैनिक-कमांडर के हाथ में रखा गया।

'कोटखाई' परगना शिमला से 30 मील उत्तर-पूर्व में अवस्थित है। इसके उत्तर में बिसाहर, दक्षिण में क्यूंठल, पश्चिम में क्यूंठल-कुम्हारसेन-बलसान और पूर्व में दरकोटी और जुब्बल की रियासतें थीं। पुराने समय की अठारह ठकुराइयों में यह भी एक था, जो कभी क्यूंठल के और कभी बिसाहर के अधीन रहता। गोरखे इस पर अधिकार करके 6600 रुपया वार्षिक कर वसूल करते थे। यद्यपि उसे नौ हजार रुपया देने योग्य समझा जाता था। अंग्रेजों की विजय के बाद राणा रणजीतसिंह कोटखाई पर अधिकार रखते थे। अंग्रेजों ने कोटगुरु को लेकर बाकी कोटखाई को राणा रणजीतसिंह को दे दिया था। लेकिन वह क्रूर, स्वेच्छाचारी और उससे भी बढ़कर अंग्रेजों की प्रति विद्रोह का भाव रखता था, और सनद की शर्तों की पूरा करने में अवहेलना करता था, जिसके अनुसार अंग्रेजी सरकार के लिए उसे बराबर 40 बेगार देने चाहिए थे। 1816 ई० में सुपरिंटेंडेंट कप्तान रास ने सिफारिश की, कि उसकी सनद रद्द कर दी जाये, और यदि सरकार स्वयं न ले, तो कोटखाई को बिसाहर को दे दे। यदि वह उतना ही नजराना तथा राणा को पेंशन देने के लिए तैयार है। सरकार ने इसे नहीं माना, और राणा पर जुर्माना किया गया। किंतु उसका कोई फल नहीं हुआ। राणा के परिवार में भी लगातार झगड़े होने लगे, और रियासत में चारों ओर गड़बड़ी फैल गई। रणजीतसिंह 1821 ई० में मर गया, और उसका पुत्र भगवान्‌सिंह भी वैसे ही निकला। 1864 ई० में उसकी रानी ने बेटे की हत्या का उस पर इलजाम लगाया। एजेंट मेजर केनेडी के धमकी देने पर वह सतलुज पार कुल्लू भाग गया। रानी का इलजाम पीछे झूठा साबित हुआ, और मालूम हुआ, कि लड़का स्वाभाविक मौत से मरा था। इसके बाद भी झगड़े उसी तरह चलते रहे। मेजर केनेडी ने सितंबर 1817 में एक बार फिर सिफारिश की, कि राणा की सनद रद्द कर दी जाए, और रियासत को अपने राज्य में मिला लिया जाए, या सीमांत पर अवस्थित बलसान रियासत को दे दिया जाए। इसकी जरूरत

नहीं पड़ी। उसी महीने में भगवान्‌सिंह ने अपनी इच्छा से रिसायत को ब्रिटिश-सरकार के हाथ में दे दिया, क्योंकि उसने अपने को वह शासन करना असंभव समझा। जनवरी 1828 में कोटखाई को ब्रिटिश-भूमि में मिला लिया गया। राणा को 13 सौ रुपया वार्षिक और उसकी रानी, भाई और भाई की स्त्री को 7 सौ रुपया पेंशन दी गई।

'घरौली' इलाके में सबाथू, शीवा और भरौली के तीन परगने थे, जिन्हें अंग्रेजों ने शुरू से ही अपने हाथ में रखा, क्योंकि इसके पहले का ठाकुर-वंश उच्छिन्न हो गया था, और क्यूंठल और बघाट के राणा इस पर दावा कर रहे थे। इसमें कई सैनिक-छावनी के लिए उचित स्थान थे, इसलिए भी अंग्रेजों ने इसे लेना पसंद किया। सबाथू बहुत दिनों तक अंग्रेजी सेना की मुख्य छावनी रही, और 1842 ई० तक मसूरी-बटालियन हैडक्वार्टर था। 1842 ई० में इस बटालियन को शिमला के पास जतोग में स्थानान्तरित कर दिया गया और सबाथू गोरी सेना के लिए व्यवहृत होने लगा।

शिमला और उसका परगना पहले महाराजा पटियाला और राणा क्यूंठल की सम्मिलित सम्पत्ति थी। 1824 ई० में गोरखों पर विजय प्राप्त करने के नौ वर्ष बाद अंग्रेज, विशेष करके मैदान के रोगग्रस्त अंग्रेज इन महा सामंतों की आज्ञा से यहाँ बसने लगे। उन्हें लगान-मुक्त जमीन मिली, जिसमें उन्होंने अपने लिए घर बनाये। शर्त यही रखी थी, कि वह वहाँ पर गोकुशी न करें, और न भूमिपति की आज्ञा बिना लकड़ी काटें। धीरे-धीरे यह स्थान सैनिटोरियम बन गया। 1830 ई० में सरकार के आदेश पर पोलिटिकल-एजेंट मेजर कैनेडी ने पटियाला और क्यूंठल से भूमि अर्जित करने की बातचीत चलाई। क्यूंठल को अपनी भूमि के लिए—जिसमें पंजार, शरहान, दबरिया, फगली, दलनी, कीयार, बब बमनोई, पगावग, घार, कन्हलोग, कल्हीयाना, खिलिनी इन बारह गाँवों के लिए, जिनकी वार्षिक आय 937 रुपया थी—के बदले रवाई का परगना दिया गया, जिसकी वार्षिक आमदनी 1289 रुपया थी, और जिसे विजय के बाद सैनिक-महत्व का स्थान समझकर अंग्रेजों ने अपने हाथ में रखा था। भरौली के परगने में से अंग्रेजों ने घनोती, कलावाँ आ कालावन और घरोई के तीन गाँवों को पटियाला को देकर उसके बदले शिमला के चार गाँव—कैनथू, बघोग, चियोग और ऐनदारी दिये गये, जिनकी वार्षिक आमदनी 245 रुपये थी। अन्य इलाकों के नाम इस प्रकार हैं—डगशाई, जतांग, सबाथू, सनावर, सोलन, कसौली रवाई-ढाढ़ी।

स्वतंत्रता-युद्ध का सबसे अधिक प्रभाव दिल्ली से पटना तक पड़ा था, लेकिन उसके कुछ छींटें शिमला के इलाके के ऊपर भी पड़े थे। पंजाब की विद्रोह-रिपोर्ट में इसके बारे में लिखा है—"विद्रोह के फूट निकलने के समय इन पहाड़ों पर प्रथम और द्वितीय फ़्ज़ीलियर गोरी सेना और नासिरी-बटालियन के नाम से मशहूर गोरखा-रेजिमेंट एवं अपने कर्मचारियों के साथ कमांडर-इन-चीफ रहते थे। तुरन्त ही सारी सेनाओं को दिल्ली की ओर बढ़ने के लिए अंबाला जाने का हुकुम दिया गया। गोरी सेना और कमांडर-इन-चीफ ने तुरंत प्रस्थान किया, लेकिन गोरखों ने चलने से इंकार कर दिया।

कसौली में एक पलटनिया गारद रहता था। हैडक्वार्टर जतांग में था। कसौली का गारद, जिसमें 80 जवान थे, ने विद्रोह किया, और सरकारी खजाने की बहुत भारी रकम ले करके अपने साथियों से जतांग के साथियों से मिलने चला गया। वहाँ पर भी बुरे भाव पैदा हो चुके थे। दिल्ली के हत्याकांड के कुछ समय पहले जात बिगाड़ने की सरकार की नियत के बारे में सूननाएँ पाकर यहाँ की रेजिमेंट में उत्तेजना फैली थी।··· यूरोपियनों को हथियारबंद करने की बात को उन्होंने भय का चिह्न समझा, और यह भी कि वह हमारे जात और धर्म को लेने के लिए तैयारी कर रहे हैं। वह एक होकर उठ खड़े हुए, और अपनी छावनियों से बुरी तरह से 'डिपो के आदमियों' को भगा दिया, और अपने अफसरों, सरकार और कमांडर-इन-चीफ के खिलाफ हल्ला-गुल्ला शुरू किया। दो बार उन्होंने खूनी हमला करना चाहा, लेकिन अधिक नरम स्वभाव वाले आदमियों ने उन्हें ऐसा करने से रोका। लेकिन, कई घंटों तक उनके बैरकों में अकथनीय हंगामा रहा। डिप्टी-कमिश्नर लार्ड विलियम हे और उनके कमांडिग अफसर मेजर बेगोट ने अंत में उत्तेजना को हटाकर उन्हें बात सुनने में लिए तैयार किया। अंत में समझौता हुआ। समझौते की बात चली। उनकी प्रार्थना स्वीकृत की गई···लेकिन कसौली-गारद को माफी नहीं मिली। जिस समय समझौते की बात चल रही थी, उस समय शिमला के यूरोपियन निवासियों में भारी आतंक छाया हुआ था। जतोग से हत्यारे विद्रोहियों के आगे बढ़ने की सूचना के लिए रखी दो तोपें किसी गलती से दाग दी गईं। यूरोपियन नर-नारी बैंक-हीस में जमा थे, वह वहाँ से तुरंत भाग पड़े, और आसपास के पहाड़ों पर करीब-करीब सारे अंग्रेज बिखर गये। उनमें से कितनों ही ने पड़ोसी राजाओं के यहाँ शरण ली··· । कितने ही डगशाई या सबाथू पहुँचे···। गोरखा हुकुम के अनुसार एक या दो दिन में मार्च करके फ्हुँचे, और अंग्रेजों की जान में जान आई। कसौली में गारद के बलवा के कारण जो गड़बड़ी हुई, और जब वह वहाँ से चले गये, तो पुलिस ने सरकारी खजाने पर हाथ साफ किया। लेकिन, लूटे हुए माल का बहुत-सा भाग मिल गया।···लार्ड विलियम हे ने रिपोर्ट दी, कि "पहाड़ के राजाओं ने सारे समय में सद्भाव दिखलाया, और हमारे लिए सबसे मुश्किल नीचे के लोगों, खास कर हिंदुस्तानियों के कारण हुई, जो कि बड़े-बड़े बाजारों में भरे हुए थे, और जिनको रोकने के लिए कड़ाई से काम करना पड़ा।"

अवध के सूबेदार सआदतअली खाँ का भांजा और दामाद मंसूर पीछे सफदरजंग के नाम से प्रसिद्ध हुआ। 1748 में निजामुलमुल्क के मर जाने पर सफदरजंग[1] दिल्ली का महामंत्री बना, किन्तु दलबंदियों में निभ न सका, और 1753 में बगावत करके वह अवध चला आया। अपने स्वार्थों के लिए तूरानी और ईरानी दोनों दल विशेष तौर से मराठों से मदद लेना चाहते थे। सफदरजंग ने मराठों को बुलाकर फर्रुखाबाद के बंगश-पठानों को समाप्त करवा दिया, और द्वाबा को मराठों तथा अपने में बाँट लिया। मराठे रुहेलों

1. नई दिल्ली के पास सफदरजंग मदरसा इसी ने स्थापित किया।

की भूमि में भी पहुँचने लगे थे, किन्तु इसी समय एक विदेशी शक्ति अंग्रेज बीच में आ कूदी। 1754 में सफदरजंग की मृत्यु हुई और उसका बेटा शुजाउद्दौला अवध का नवाब बना। इसके दो साल बाद 1756 में अलीवर्दी खाँ के मरने पर उसका दामाद सिराजउद्दौला मुर्शिदाबाद का नवाब बना। अगले ही साल 1757 में पलासी की लड़ाई में छल से विजय प्राप्त कर अंग्रेजों ने 190 सालों के लिए देश पर अपना प्रभुत्व जमा लिया। इस अवस्था से लाभ उठाने में पश्चिमी पड़ोसी क्यों पीछे रहते? ईरान के शाह के सेनापति तुर्कमान नादिर कुल्ली या नादिरशाह ने 13 फरवरी, 1739 को कर्नाल पहुँच दिल्ली की सेना को करारी हार दी। अवध का सूबेदार सआदत अली खाँ घायल हुआ। 9 मार्च, 1739 को नादिर दिल्ली में दाखिल हो दो महीने वहाँ रहा। कत्लेआम और लूट का बाजार गर्म हुआ। मुगल शक्ति को अंतिम प्रहार दे तख्तेताउस तथा अपार सम्पत्ति ले नादिर 5 मई, 1739 को दिल्ली से विदा हुआ। वह या उसके आदमी गढ़वाल की ओर नहीं आये।

मराठों को इसी समय उत्तर में और आगे बढ़ने का मौका मिला, और जैसाकि ऊपर कहा, सफदरजंग ने उनकी मदद से द्वाबा और रुहेलखंड के पठानों को दबाया। तुर्कमान नादिरशाह की लूट को देख अफगान अहमदशाह अब्दाली दुर्रानी क्यों चुप रहता? उस समय उत्तर भारत के एक बड़े इलाके पर उसके पठान भाइयों बंगशों और रुहेलों का अधिकार था। 1748, 1749 और 1751 तक पंजाब और मुल्तान पर उसने अधिकार कर लिया। चौथी बार गाजीउद्दीन के महामंत्रित्व के समय 1756 के अंत में उसने और आगे कदम बढ़ाया, और पानीपत में मराठों की सेना को भी हराकर 1757 की जनवरी में वह दिल्ली में दाखिल हुआ। वहाँ जो कुछ हाथ लगा, उसे तथा रँगीले मुहम्मद शाह की दो तरुण विधवाओं को भी लेकर वह काबुल लौट गया। दो साल बाद 1759 में वह फिर दिल्ली की सूखी हड्डियों को निचोड़ने वहाँ पहुंचा।

अहमदशाह अब्दाली के आक्रमण के समय सहारनपुर को एक रुहेले सरदार नजीब खाँ नजीबुद्दौला ने अपना गढ़ बना लिया था। पठान होने से वह अब्दाली का कृपा-पात्र भी था। 1757 की लड़ाई में उत्तर में मराठों की शक्ति को बहुत धक्का लगा। 1742 में जहाँ मुर्शिदाबाद मराठों के आक्रमण-क्षेत्र में था, वहाँ 1757 में अंग्रेज उसके संरक्षक बन बैठे थे।

हिमाचल प्रदेश में बौद्ध कनौर, स्पिती और लाहुल में पाये जाते हैं, जिनमें स्पिती वाले भाषा से भी तिब्बती हैं। लाहुल में कोलंग के ऊपर वाले गाँवों के लोग तिब्बती बोलते हैं, और कनौर में स्पू से ऊपर तथा हंगरंग में तिब्बती बोली जाती है। चाहे तिब्बती भाषी हों, या गैर-तिब्बती, सभी तिब्बत के बौद्ध-धर्म का अनुकरण करते हैं। उनके भिक्षु विद्याध्ययन के लिए तिब्बत के बड़े-बड़े मठों में जाते हैं। पूजा-पाठ में लोग तिब्बती भाषा में लिखे ग्रंथों का ही उपयोग करते हैं। इन बौद्ध-इलाकों की धर्म-भाषा जहाँ तिब्बती है, वहाँ तिब्बत के साथ व्यापार उनकी आजीविका का प्रधान साधन होने से तिब्बती भाषा जानने वाले वहाँ बहुत मिलते हैं। इसलिए इन इलाकों में पाठशालाओं

में तिब्बती का पढ़ाना अधिक उपयोगी है। जिनकी वह मातृभाषा है, उनकी तो प्राइमरी शिक्षा तिब्बती में ही होनी चाहिए। हिंदी या उर्दू में पढ़ाने के कारण ही वहाँ के लड़कों और उनके माता-पिता का सहयोग नहीं मिलता।

बौद्ध होने पर भी लोगों की भाषा और जातियों में भेद होने के कारण उनके रीति-रिवाजों में भी अंतर है। पिछले सौ वर्षों में, बहुत जगहों पर अपने को राजपूत (क्षत्रिय) कहने का लोगों को इतना ख्याल हुआ, कि उन्होंने बाहर से ब्राह्मण-पुरोहितों को अपने संस्कारों के लिए बुलाना शुरू किया। कनौर की वस्पा-उपत्यका (टुक्पा परगना) के सांगला से ऊपर वाले गाँवों को छोड़कर बाकी लोग ब्राह्मणों को मानते हैं। इन बौद्ध-इलाकों में ब्राह्मणों का कोई घर नहीं है, इसलिए वह या तो गढ़वाल की ओर से आते हैं, या कौची (पहाड़ी बोली) के इलाके से। तो भी लामाओं और उनके देवताओं का प्रभाव इन इलाकों से भी बिल्कुल खतम नहीं हुआ। स्त्री के गर्भिणी होने पर गर्भ-रक्षा के लिए लामा कागज या भोजपत्र पर लिखे यंत्र को गर्दन से बाँधते हैं, 'ओं तारे तुतारे तरे स्वाहा' आदि मंत्र पढ़ते हैं। पुत्र होने पर डोलमा (तारा) देवी की पूजा की जाती है, और लामा 'बुम्छुम' का पाठ करता है, जिसके आरंभ में है 'ओं तद् यथा गते पारगते स्वाहा'। इन संस्कृत-मंत्रों का अर्थ न जानने के कारण पढ़े-लिखे लामा भी भ्रष्ट उच्चारण करते हैं। इसके बाद नवजात शिशु को परिवार की वृद्धा की देखरेख में दे दिया जाता है, और दो सप्ताह तक माँ को अछूत माना जाता है। इसके बाद काम में आने वाली हरेक चीज पर पंचगव्य या गंगाजल छिड़का जाता है—यह उन बौद्धों की बात है, जिन पर वर्णाश्रम-धर्म का प्रभाव ज्यादा है। लिप्पा के ज्योतिषी लामा की तरह कुछ ही लामा हैं, जो बच्चों की कुंडली बना सकते हैं। वस्पा-उपत्यका में इस काम के लिए हर साल गढ़वाल की भागीरथी-उपत्यका से ब्राह्मण आते हैं। 15 दिन का होने के बाद बालक का नामकरण होता है, साथ ही उसे कोई यंत्र भी बाँध दिया जाता है। लाहुल में लड़कों के तिब्बती और देशी दो-दो नाम होते हैं, जैसे ठाकुर मंगलचन्द को जो टशी-दावा कहते हैं। कनौर में दोनों भाषाओं में से कोई एक नाम होता है, और वहाँ मिले-जुले नाम बहुत पाये जाते हैं। पांडव-विवाह कनौर और स्पिती में प्रचलित है। विवाह-संस्कार मंत्र और पाठ करके लामा कराता है, और उसे यथाशक्ति दक्षिणा दी जाती है।

मृत्यु के समय सभी लोगों में अनाज बाँटा जाता है, और लामाओं को कम-से-कम एक-एक रुपया दिया जाता है। लामा किसी बौद्ध-सूत्र का पाठ करते हैं। जहाँ लकड़ी की इफरात है, वहाँ उसी दिन या अगले दिन शरीर को जला दिया जाता है। श्मशान-यात्रा बड़ी धूमधाम से निकलती है, ढोल बजते हैं, शंख और शहनाई फूंकी जाती हैं। जल जाने पर हड्डियों को इकट्ठा करके उनमें से कुछ मानसरोवर (तिब्बत), रवालसर (मंडी) या गंगा में डाल दी जाती हैं। जिस घर में आदमी मरा होता है, उसमें सात दिन तक दीपक और धूप जलाई जाती है। मृत्यु के तीसरे दिन छोल्पा (श्राद्ध) की जाती है। पंचका (पछका) को मृतक के लिए बहुत बुरा माना जाता है। धनिष्ठा, शतभिषा, पूर्वा भाद्रपद, उत्तरभाद्रपद और रेवती—ये पाँच नक्षत्र जब एक राशि में आ जाते हैं, तो उसे पंचका

कहते हैं। देश में भी पछका जब तक उतर न जाये, तब तक मुर्दे को जलाया नहीं जाता। यहाँ मुर्दे के साथ सत्तू की मूर्तियाँ बनाकर जला दी जाती हैं, और लामा विशेष तौर से पूजा करते हैं। कनौर में मरने के 15वें दिन लामा होम-पूजा करता है। उसे दक्षिणा मिलती है। इस प्रकार श्राद्ध समाप्त हो जाता है। एक साल बाद फुलैच के त्यौहार पर लामा को भोजन, कपड़ा और दक्षिणा दी जाती है, तब घर का छूतक समाप्त होता है, और परिवार के लोग नये जेवर या कपड़े पहन सकते हैं। मुर्दा जलाने के लिए खास श्मशान होते हैं। वहाँ मसान, राक्षस, शिवना और खरश्यिमा जैसे भूत-प्रेत रहा करते हैं। इसीलिए लोगों को वहाँ रात-बिरात में जाने में डर लगता है।

लामा संस्कृत गुरु का तिब्बती अनुवाद है। तिब्बत में लामा महंत और बहुत ऊँचे दर्जे के धर्माचार्यों को कहा जाता है। बाकी साधुओं को वहाँ गेलोंग (भिक्षु) कहा जाता है। कनौर, स्पिती, लाहुल में गेलुक्पा, डुग्पा, निग्मापा और सक्यापा चारों तिब्बती बौद्ध-सम्प्रदायों के भिक्षुओं का मान है, यद्यपि कनौर में अधिकतर गेलुक्पा मठ पाये जाते हैं। 11वीं शताब्दी के तिब्बत के सबसे बड़े अनुवादक (लोचवा) का मुख्य स्थान था। सारे मठ पीछे गेलुक्पा सम्प्रदाय में सम्मिलित हो गये, और दलाई लामा एवं पणछैन् लामा को अपना मुख्याचार्य मानने लगे। सबसे ज्यादा प्रभाव यहाँ गेलुक्पा-सम्प्रदाय का देखा जाता है। दूसरे सम्प्रदाय के लामाओं का भी साधारण गृहस्थ सम्मान करते हैं। गेलुक्पा भिक्षु आम तौर से जब कभी टोपी लगाते हैं, तो वह पीले रंग की होती है, और दूसरे सम्प्रदाय वाले लाल रंग की टोपी लगाते हैं। गेलुक्पा भिक्षु-निगमों के पालन करने की ओर ज्यादा ध्यान रखते है, और तिब्बत के सबसे विशाल विद्यापीठ—डे-पुंग, सेरा, गन्दन् और टशी-ल्हुन्पो इन्हीं के हैं, जिनमें 7000 से 3000 तक भिक्षु रहते हैं। भिक्षुओं के अतिरिक्त साधुनियाँ—चोमो या अनी—भी रहती हैं। पांडव-विवाह के कारण बहुत-सी लड़कियों का अविवाहित रह जाना स्वाभाविक है, इसलिए प्रायः हरेक गाँव में चोमो (साधुनियों) के अपने मठ हुआ करते हैं, जहाँ वह अपनी श्रद्धा से अधिक परिश्रम के कारण अपने मठों को अच्छी हालत में रखती हैं। चोमो भी पाठ करना जानती हैं। कनम् में जहाँ भिक्षुओं की एक बड़ी गुम्बा है, वहाँ चोमो ने भी अपनी एक अच्छी गुंबा बना रखी है। साधु और साधुनियाँ दोनों के कपड़े एक जैसे होते हैं। हिमाचल प्रदेश के इन बौद्ध इलाकों में तिब्बती भाषा और साहित्य एवं बौद्ध-धर्म का बहुत अच्छी तरह अध्ययन किया जा सकता है। वहाँ के भिक्षुओं ने विद्या में तिब्बत में जा करके नाम पैदा किया। इस वक्त भी सुंगनम् के एक लामा तिब्बती-साहित्य के संबंध में ल्हासा में भी सम्मानित थे। तिब्बती-साहित्य के उच्च अध्ययन के लिए चिनी में एक विद्यालय स्थापित करना बहुत उपयोगी सिद्ध होगा, इसमें संदेह नहीं।

पांडव (बहुपति) विवाह—यह विवाह-प्रथा चिनी तहसील सारी और रोडू तहसील के कितने ही भागों में प्रचलित है। आम तौर से सगे भाइयों का ही सम्मिलित विवाह कनौर में देखा जाता है। कभी-कभी दो आदमी धर्मभाई बन करके सम्मिलित ब्याह कर लेते हैं। कई भाई मिलकर कई बहनों के साथ ब्याह करें, ऐसा यूथ-विवाह भी

कभी-कभी देखा जाता है। पांडव-विवाह करने वाले इसका समर्थन करते हुए कहते हैं, कि इससे सम्पत्ति का बँटवारा नहीं होता, जनसंख्या बढ़ने नहीं पाती और सब भाई मिलकर घर के काम को बाँट कर करते खुशहाल रहते हैं। पुराने समय में राज्य भी इसका पक्ष करता था, और हाल तक के तिब्बत की तरह अलग विवाह करने पर भाई को पैतृक संपत्ति से वंचित किया जाता रहा। इस विवाह के अनुसार पैदा हुए सभी लड़के अपनी माँ के सभी पतियों को बाप समझते हैं, और उन्हें तेगबाबच (बड़ा बाप), नतो बाबच (छोटा बाप) आदि कहकर पुकारते हैं। बहुपति-विवाह वाले परिवारों में संपत्ति का बँटवारा होने पर जठोंग (जेठंश) और कनछोंग (छोटों का अंश) के रूप में बँटवारा होता है। अच्छा खेत बड़े भाई को दिया जाता है, और पैतृक घर छोटे को। बाकी संपत्ति को बराबर बाँट दिया जाता है। बिसाहर में पहले इस विवाह का तरीका था, कन्या को भावी पति हर ले जाता था। लड़की भागने की कोशिश करती है, असफल होने पर वह अपने हरने वाले की हो जाती है। घर में लाने पर घर के दूसरे भाई सलाह करके किसी को भेजकर कन्या के बाप के पास धन देने के बारे में बातचीत करते हैं। इसके बाद सभी वरों के पैर को धोकर विवाह की रीति पूरी की जाती है, जिसमें सभी वर अपनी टोपी के चारों ओर पाजू नाम की एक कपड़े की चिट बाँधते हैं। छीनकर ब्याह करने की प्रथा बीच में बंद हो गई थी, लेकिन 1948 ई० में फिर कुछ ऐसी घटनाएँ देखी गईं। सिरमौर जिले में गिरी नदी के उस तरफ भी पांडव-विवाह होता है। गिरी के दक्षिण पछाड़ और पोंटा तहसील में भी यह प्रथा कुछ-कुछ मिलती है, और कुल्लू में भी।

फुलेच का मेला कनौर में बहुत प्रसिद्ध है। यह भादों के महीने में वहाँ के बहुत-से स्थानों में बड़ी धूमधाम से मनाया जाता है। फुलेच असल में पितरों की पूजा का त्यौहार है, लेकिन इसमें दुःख और शोक की कहीं गंध नहीं है, और यह सचमुच ही फूलों का महोत्सव दीखता है। सभी त्यौहारों की तरह इसे भी पशु-बलि से आरंभ किया जाता है। बहुत-से बकरे मारे जाते हैं। खाने के लिए मांस और पीने के लिए शराब होना पितरों की पूजा और उनकी संतानों के आनंद के लिए भी जरूरी है। यह त्यौहार तीन दिनों तक मनाया जाता है। स्त्री-पुरुष दोनों अखाड़े में उतरकर नाचते थकते नहीं। गाँव के सभी लोग मेले की जगह पर पहाड़ों के ऊपर जमा हो जाते हैं। दो-तीन दिन तक आदमी शराब पीकर बुत्त बने रहते हैं। कनौर से बाहर यह त्यौहार नहीं देखा जाता।

बिसाहर (वर्तमान महासू) का व्यापारिक केंद्र सतलुज के किनारे रामपुर है। वैसे दूसरी जगहों में भी कहीं-कहीं, खासकर बाघी, रोड़ू और सराहन में छोटी-मोटी दूकानें मिलती हैं, जहाँ अंबाला, होशियारपुर, कांगड़ा और पटियाला तक के व्यापारी छोटी-मोटी दूकानें करके बैठे हुए हैं। इनमें से कितने ही भारी सूद पर रुपये भी लगाते हैं। पहले व्यापार क्या था, पहाड़ के लोगों की सीधी लूट थी। खरीदते वक्त वह 5 सेर पक्के की पसेरी इस्तेमाल करते और बेचते वक्त 4 सेर की। कपड़े में भी बेचने के लिए उनका 16 गिरह का गज और खरीदने के लिए 13 गिरह का गज था। अनाज के लिए तौलने के बटखरों के साथ-साथ नापने के बरतन भी इस्तेमाल होते थे, जिन्हें तमत और पाथा

कहते। पाथा 1 सेर का और तमत 2 सेर का होता है। इनसे नापने के वक्त भी बनिया उसी तरह व्यवहार करता था, जिससे किसानों को बहुत घाटा रहता था। यहाँ से ऊन (अधिकतर तिब्बती), पट्टू, कम्बल, गुदमा, पश्मीना, न्योज़ा (चिलगोज़ा), जीरा, मधु, घी, करू, बनफशा, धूप, खूबानी, अंगूर-किसमिस, चंवर, मुहरा बाहर जाता है। रामपुर में वैसे बारहों महीने का बाजार है, और अब उसका संबंध मोटर द्वारा शिमले से हो गया है, लेकिन सबसे अधिक व्यापार तीनों मेलों में होता था, जो—(1) लोई, सौर 22 कातिक से 1 माघ तक, (2) ढाल, 12 से 25 पूस तक, (3) लोई जेठ 22 बैसाख से 1 जेठ तक। रामपुर की लोइयों में कनौरी लोग अपनी हजारों भेड़-बकरिसों पर पशम, ऊन, सोहागा जैसी तिब्बत की चीजें और अपने यहाँ के सूखे मेवे लाते हैं। गदहों पर पट्टू, कम्बल, न्यौजा, जीरा आदि पहुँचते हैं। स्पिती के मशहूर टाँघन यहाँ बिकते हैं। पट्टू खरीदने के लिए कुल्लू से बहुत-से व्यापारी पहुँचते हैं, जो रामपुर की चुंगी से बचने के लिए सतलुज के पुल के परले पार ही आकर ठहरते थे। रामपुर (हिमाचल) और कांगड़ा (पंजाब) जिले में यहाँ सतलुज ही सीमा है। पहले कंबल, पट्टू, गुदमा पर एक रुपया पीछे एक आना और नेवज़ा (चिलगोज़ा) और जीरा पर प्रति कच्चा मन (16 सेर पक्का) 8 आना चुंगी ली जाती, नमक, सोहागा और पशम पर कोई चुंगी नहीं थी। रामपुर के भीतर और आसपास के पहाड़ों में रहने लायक जितनी भी जगह हैं, सभी जगह लोग भर जाते हैं। इस शताब्दी से पहले कहते हैं, यह मेला और भी बड़ा होता था। वर्तमान शताब्दी में वह कम होने लगा, और मुमकिन है यातायात के आधुनिक साधनों के अधिक प्रसार के साथ मेले पर और बुरा असर पड़े, क्योंकि लोग साल में तीन बार व्यापार करने की जगह उसे साल भर करना अधिक पसन्द करेंगे। तिब्बत के कम्युनिस्ट हो जाने से भी यहाँ के व्यापार और मेले पर प्रभाव पड़ने की संभावना है, यद्यपि अभी तक कनौरे के लोग तिब्बत में पहले ही की तरह व्यापार कर रहे हैं। इसमें शक नहीं, कि तिब्बत के व्यापार पर कोई बुरा प्रभाव पड़ने पर कनौर के लोगों को बड़ी कठिनाई का सामना करना पड़ेगा। चिनी के टुक्पा, शूआ और शियालकर परगने के लोगों की समृद्धि इसी व्यापार पर निर्भर है। ये लोग व्यापार करने के लिए आम तौर से पश्चिमी तिब्बत की राजधानी गरतोक जाते हैं। टुक्पा और शियालकर वाले शिप्की डाँड़े को और शुवा वाले शियालकर और स्पिती के बीच के डाँड़ों (जोतों) को पार कर तिब्बत जाते हैं। इन लोगों की तिब्बत में अलग-अलग मंडियाँ हैं। नमक पहले बहुत काफी परिमाण में तिब्बत से आया करता था, लेकिन अब साँभर का नमक बहुत ऊपर तक जाता और सस्ता भी पड़ता है। जब तिब्बत का नमक वहाँ सारे पहाड़ों में चलता था, तो व्यापारियों को उसे खरीदने और बेचने में दो महीने का समय लगता था। व्यापारी तिब्बत में एक सेर चावल का दो सेर नमक खरीदते थे, और उसे गढ़वाल, रोडू या रामपुर में बेचते वक्त एक सेर के बदले दो या ढाई सेर चावल लेते थे। ऊन और सोहागा बेचने-खरीदने में व्यापारी को छह महीना लगता था, और उसमें आधा मुनाफा होता था। तिब्बत के व्यापार को तरक्की देने के लिए तथा राजनीतिक कारणों से भी अंग्रेजों ने शिमले से तिब्बत की सीमा तक तिब्बत-हिंदुस्तान सड़क बनाई थी।

4

बिलासपुर

प्राकृतिक रूप

बिलासपुर का क्षेत्रफल 448 वर्गमील है। यह रियासत सतलुज के दोनों किनारों पर उस जगह अवस्थित है, जहाँ से यह महानदी मध्य हिमालय के पहाड़ों को तोड़कर निचली पहाड़ियों में घुसती है। इसकी सीमाएँ उत्तर में मंगल, सुकेत और मंडी रियासतों, पश्चिस में कांगड़ा और होशियारपुर के जिलों, दक्षिण में नालागढ़ रियासत और पूर्व में बघाल रियासत से मिली हुई हैं। इसके अधिकांश पहाड़ 1500 से 2000 फुट तक ऊँचे हैं, लेकिन चार पर्वतश्रेणियाँ उत्तर-पश्चिम से दक्षिण-पूर्व को जाती 3000 से 4000 फुट तक ऊँची हैं। दक्षिण-पश्चिम से आरंभ करके यह है नैनादेवीधार सतलुज के बाएँ तट पर, कोट की धार, जंघारधार और तिउनधार तीनों सतलुज के दाहिने किनारे पर।

बिलासपुर में पुरानी रियासत 7.8 प्रतिशत अर्थात् 22475 एकड़ भूमि जंगलों की थी। बहादुरपुर के जंगलों में बान और कुछ देवदार के पेड़ मिलते हैं, बाकी चील, झाड़ियों या बाँस के जंगल हैं। चील के जंगल आम तौर से 2500 से 4000 फुट की ऊँचाई पर मुख्य पर्वतश्रेणी के ऊपरी ढलानों पर पाये जाते हैं। सतलुज के किनारे इनके दो जंगल 15000 फुट के ऊपर भी हैं। बढ़ाघाट के जंगल में अधिक लंबें और घने चील के दरख्त मिलते हैं, दूसरी जगहों पर वह पतले-दुबले होते हैं। झाड़ियों के जंगलों में बहुत तरह के दरख्त मिलते हैं, जिनमें शीशम और तून अधिक काम के हैं। सतलुज के किनारे भी यहाँ काफी शीशम के जंगल हैं। बाँस के जंगल इस इलाके में विशेष महत्त्व रखते हैं, जो नैनादेवी पर्वतश्रेणी के उत्तरी ढलान पर बहुत दूर तक मिलते हैं। बाँस दो किसिम के होते हैं, छोटे-छोटे जिनको खिर्री कहते हैं और बड़ों को बाँस। नाल बाँस एक तीसरे किसिम बांस है, जिसे अपने गाँवों के पास किसान लोग बहुत लगाते हैं। गाँवों के पास कहीं-कहीं मोटा मगर बाँस की खूंटियाँ होती हैं। चील, बच बाँस और बग्गर घास यहाँ के जंगलों की खास पैदावार है। बग्गर नैनादेवी में पाई जाती है, जिसकी

जौ रस्सी बनाने तथा छत के काम में आती है। सतलुज तथा उसकी शाखाओं गंबर और सिर खड्डों खाडों से लकड़ी को नीचे बहाया जा सकता है। वर्षा काल में सिरहाली और सक्कर खाडों को भी इस काम के लिए इस्तेमाल किया जाता है। लकड़ियाँ दोराहा और खल्लौर भेजी जाती है, और बग्गरघास नेला में ईंधन तथा दूसरी जंगल की चीजों की माँग आनन्दपुर तथा होशियारपुर के जिले के पड़ोसी गाँवों और आनंदपुर में ज्यादा है।

फतेहपुर परगने के ददराना गाँव में लुण्ड नाम का एक कुण्ड है, जो सवारघाट के डाकबँगले के पास है। उसके पानी में रोगनाशक गुण है। प्रख्यात भाखड़ा नहर का बहुत बड़ा भू-भाग बिलासपुर में है।

खनिज भी इस इलाके में बहुतायत से प्राप्त है। धातुओं में सीसा और गेलेना बघाल के ताल और समोह गाँव में मिले हैं। बिलासपुर के रतनपुर परगने के लोहारा जंगल में लोहे की धुनें मिलती हैं, और वहाँ एक बार उनमें काम करने का असफल प्रयत्न भी किया गया। अ-धातु खनिज भी उपलब्ध है। उदाहरण के लिए नालागढ़ के पास अच्छे किसिम का पत्थर मिलता है, जिससे सरहिन्द-नहर का मुह रोपड़ में बनाया गया। लोहारा इलाके में जहाँ-तहाँ स्लेट के पत्थर भी मिलते हैं।

इतिहास

आधुनिक बिलासपुर का पुराना नाम कहलूर था जिसे राजा काहलचंद (894-902 ई०) ने बसाया था। सच हो या झूठ, कोई भी पहाड़ी सामंत एक बड़ा राज्य कायम करने के बाद राजवंशों की संतान होने का दावा करना जरूरी समझता है। यही बात कहलूर की भी थी। बिलासपुर के राजा अपना संबंध कृष्ण के समकालीन चंदेरी (चेदी) के राजा शिशुपाल से जोड़ते है और इसीलिए अपने को चंदेरी राजपूत कहते हैं। शिशुपाल से 70वीं पीढ़ी में हरिहरचंद हुए जिनका राज्यवैभव क्षीण हो गया था। ज्वाका-माई ने स्वप्न में दर्शन देकर कहा कि (कांगड़ा में) मेरे मंदिर में आकर अपने सौभाग्य की याचना करो। राजा अपने सबसे छोटे लड़के गोविंद को राज्य देकर दूसरे चार पुत्रों के साथ हिमालय की ओर चला। कांगड़ा के राजा से नादौन में पिता-पुत्रों की भेंट हुई। उन्होंने आपस में बातचीत करके तै कर लिया। कांगड़ा के राजा ने कहा कि तंबू के खूँटों पर कौशल की परीक्षा की जाये। खूँटों में से एक के साथ संकेत था कि जो उसे ले सकेगा, उसे कांगड़ा की राजकुमारी मिलेगी। सभी खूँटे वस्तुत: पेड़ को काटकर उस शक्ल में बनाए गए थे। सबीरचंद ने यह कहकर परीक्षा में शामिल होने की सूचना दी कि कन्या हमारे बड़े भाई वीरचंद को मिले। परीक्षा में घोड़े से गिरकर सबीरचंद मर गया और कांगड़ा के राजा का धोखा प्रकट हो गया। दोनों ओर से लड़ाई हुई जिसमें कांगड़ा की हार हुई। कांगड़ा के टिका (युवराज) और राजा हरिहरचंद लड़ाई में मारे गए।

वीरचंद के आने के समय यहाँ पहाड़ों में 22 ठकुराइयाँ थीं, जिनमें बारह इस प्रकार थीं—

मोगल, वाघत, धामी, क्योंठल, कुमारसेन, भज्जी, जुब्बल, बघाट, धुन्यार, कुठांग, बेजा और बलसन।

वीरचंद के वंश से पहले जो राजवंश राज करता रहा, शायद उससे कुछ राजवंशों का नाम चंदेरी राजाओं में सम्मिलित कर लिया गया। कहलूर राजवंश के कुछ राजाओं का विवरण इस प्रकार है—

तीनों बचे हुए भाई, वीरचंद, कबीरचंद और गंभीचंद ज्वालामुखी देवी के मंदिर में पहुँचे। उनकी प्रार्थना पर देवी ने हरेक को एक-एक राज्य देने का वरदान दिया। इस प्रकार कबीरचंद को कुमाऊँ मिला, जिसे वहाँ के राजा ने धर्मपुत्र बनाकर अपना राज्य दिया, गंभीरचंद को चंबा का राज्य मिला, और सबसे बड़े बीरचंद (697-730 ई०) ने झंडबारी (आजकल होशियारपुर जिला) पर अधिकार किया। कुमाऊँ और चंबा के राजाओं को अपने इस उद्‌गम का कोई पता नहीं है। इस प्रदेश की दूसरी जाग्रता देवी नैनादेवी द्वारा प्रोत्साहित हो बीरचंद ने देश के छोटे-छोटे ठाकुरों—जिन्हें राहंड कहा जाता था—को हटाकर अपने राज्य का विस्तार किया। उसका तीन साल का शासन लड़ाइयों में ही बीता, जिसमें उसने पास-पड़ोस के 15 ठाकुरों को अपने अधीन किया, और अब उसकी सीमा सिरमौर से जा लगी, जिसने बीरचंद को संधि करके अपनी सीमा निश्चित करने के लिए मजबूर किया। वंश के छठे राजा काहालचंद (894-902 ई०) के नाम पर ही उसके बनवाये कोट और राज्य का नाम कहलूर पड़ा। काहनचंद (1057-99 ई०) के अजितचंद, अजयचंद और तंगचंद तीन पुत्र हुए। बाप के मरने पर तीनों भाइयों ने भी आक्रमण करके हिंदूर के ब्राह्मण-ठाकुर को परास्त कर उसकी रियासत को अपने राज्य में मिल लिया। अजितचंद को हिंदूर की गद्दी दी गई, जिससे हिंदूर-राजवंश की स्थापना हुई। हिंदूर राज्य की राजधानी आगे चलकर नालागढ़ बना, जिस पर इस रियासत का नाम नाला-गढ़ पड़ गया। अजितचंद अजयचंद से छोटा था, किंतु कहलूर की गद्दी उसे ही मिली। तीनों भाइयों में आपस में बराबर लड़ाई होती रही। यह साफ ही है कि अजितचंद की शक्ति ज्यादा थी, इसीलिए वह खानदानी गद्दी पर बैठ सका। संगार (शृंगार) चंद (1197-1220 ई०) के दस पुत्र थे, जिनमें से सात ने भिन्न-भिन्न राजपूत-परिवारों की स्थापना की, जिन्हें हाल तक बिलासपुर में जागीर मिली थी। बाप के समय ही मेघचंद के लडके को लोगों ने देश से भागने के लिए मजबूर किया। 21वें राजा अभयसंदचंद (1302-17 ई०) के समय दिल्ली के सुल्तानों की मदद पा तुर्क-सेना लेकर आनंदपुर पर चढ़ आई। तुर्क सेना को रोका, जिस पर दूसरी तुर्क सेना ने आकर उसे घेर कर मार डाला, जिसका बदला कई दिनों तक लड़के उसके पुत्र ने लिया। बाप और दादा की अपेक्षा रतनचंद (1355–1406 ई०) अधिक सौभाग्यशाली था। उसने दिल्ली के पास एक खतरनाक सिंह को मारकर अपनी वीरता का परिचय दिया, जिससे वह दिल्ली-दरबार का कृपा-पात्र बन गया, और उसे बादशाह ने सवा लाख रुपया इनाम दिया। यह शेरशाह और हुमायूँ का समय था, जब ज्ञानचंद (1518-55 ई०) कहलूर की गद्दी पर बैठा। उसने सरहिंद के मुसलमान राज्यपाल से झगड़ा कर लिया, और हारने के बाद मुसलमान होने

के लिए मजबूर हुआ। राज्यपाल की लड़की से उसने ब्याह किया, जिसकी संतान राज्य में एकमात्र मुसलमान जागीरदार रही। होशियारपुर जिले के कीरतपुर गाँव में ज्ञानचंद की कब्र अब भी है।

हिंदू रानी से उत्पन्न ज्ञानचंद का पुत्र विक्रमचंद (1555-93 ई०) अपने मुसलमान सौतेले भाइयों से लड़कर गद्दी पर बैठने में सफल हुआ। अपने जीवनकाल में ही अपने पुत्र सुल्तानचंद को राजगद्दी देकर वह अलग हो गया। सुल्तान के पुत्र कल्याणचंद (1600-36 ई०) के समय उसके ससुर सुकेत के राजा ने कहलूर पर हमला किया, जिसमें कल्याण मारा गया। उसके पुत्र ताराचंद ने बाप की हत्या का बदला लेना चाहा, जिसमें उसे आंशिक सफलता मिली। ताराचंद का पुत्र दीपचंद (1653-65 ई०) बड़ा धर्मभीरु आदमी था। उसे ज्योतिषियों ने बहुत-से असगुन बतलाये, जिस पर उसने अपनी राजधानी को सुनहानी से सतलुज के किनारे एक ऐसे स्थान पर बदला, जिसके पास रंगनाथ महादेव का मंदिर और व्यासजी की एक गुफा थी। यहींपर उसने व्यासपुर के नाम से अपनी राजधानी बनाई, जिसका बिगड़ा रूप बिलासपुर है। औरंगजेब जब अटक पर आक्रमण कर रहा था, उस समय दीपचंद ने उसके पास जाकर अपनी सेवाएँ अर्पित कीं, जिसके लिए उसे पाँच लाख की खिलअत तथा कुल्लू, कांगड़ा, कांटलेहर, मंडी, सुकेत और चंबा आदि बारह पहाड़ी रियासतों का आधिपत्य प्राप्त हुआ। जब वह बादशाही फौज से विदा होकर घर आ रहा था, उसी समय कांगड़ा के राजा ने नदांव (नादौन) में उसे जहर दिलवा दिया। मियाँ (राजवंशियों) का प्रभाव रियासत में बहुत बढ़ गया था। उन्होंने दीपचंद के शासन में ही गड़बड़ी शुरू की और दीपचंद के मरने पर अपने में से एक मानकचंद को गद्दी का हकदार बनाया। लेकिन असली हकदार चौदह वर्ष का राजकुमार भीमचंद (1665-92 ई०) था। कांगड़ा के राजा ने भी मानकचंद की मदद की, लेकिन भीमचंद ने सारे शत्रुओं की संयुक्त सेना पर ज़बर्दस्त विजय प्राप्त की। इस प्रकार अपने पैतृक राज्य पर पूरा प्रभुत्व जमा कर उसने पड़ोस के बिराहर, मंडी और कोटखाई के राजाओं को भी हराया। मुगलों के विरोध में कटिबद्ध गुरु गोविंदसिंह से मिलकर भीमचंद ने नादौन के युद्ध में सूबेदार (राज्यपाल) को हराकर कांगड़ा से बादशाही हुकूमत हटा दी। अपने अंतिम समय (1692 ई०) में अजमेरचंद को गद्दी देकर वह साधु जीवन बिताने लगा। अजमेरचंद (1692-1738 ई०) के पैंतीस साल के शासन का अधिक भाग उस समय बीता, जबकि दिल्ली में मुगलों की सल्तनत नष्ट-भ्रष्ट हो रही थी।

मुगल सल्तनत को निजाम, नवाब-अवध, रुहेले आदि आपस में बाँट रहे थे, और उधर मराठे उनका स्थान लेने की कोशिश कर रहे थे। इसी समय देवीचंद (1738-78 ई०) ने कहलूर की गद्दी सँभाली। उसने अपने अधीन सामंतों से नकद के रूप में नजराना लेने का क्रम चलाया। देवीचंद के समय में ही नादिरशाह ने दिल्ली को लूटा था और उसके साथ मुकाबला करने के लिए जाने पर देवीचंद को बंदी बना लिया गया, और अंततः प्राण-धन देने पर उसे मुक्ति मिली।

महाचंद (1778-1824 ई०) बाप के मरने पर कहलूर की गद्दी पर बैठा।

उस समय यह नाबालिग था। लेकिन बालिग होने पर इसने आनंदपुर के सोढ़ियों, नालागढ़ और कांगड़ा से लड़ाई मोल ली। पहले सिरमौर के राजा ने उसकी सहायता की। 11 राजाओं की ओर से गोरखों को कांगड़ा के खिलाफ बुलाया गया। पीछे गोरखों का विरोधी बन इसने अंग्रेजों का साथ दिया। पड़ोस में रणजीत सिंह का शक्तिशाली राज्य था, जिसने धारकोट को छीन लिया। सिक्खों के राज्य के खतम होने के बाद बिलासपुर को पहले अंग्रेजी राज्य में मिला लिया गया, लेकिन बाद में 1867 ई० में उसे राजा हीराचंद को लौटा दिया गया।

खड्गचंद (1824-39 ई०) को कोई संतान नहीं थी, इसलिए अब गद्दी देवीचंद के भाई शक्तिचंद के परिवार में चली गई, जिसके पौत्र मियाँ जंगी ने जगत्चंद (1839-50 ई०) के नाम से कहलूर की गद्दी सँभाली। खड्गचंद की बेवा रानियों में से एक ने दावा किया कि पति के मरने के आठ महीने बाद मुझे एक पुत्र पैदा हुआ। इस बनावटी पुत्र के नाम पर रियासत में गड़बड़ी पैदा करने की कोशिश की गई। लेकिन अंग्रेजों का वरदहस्त जगत्चंद की पीठ पर था, इसलिए सफलता नहीं मिली। हीराचंद (1850-83 ई०) का शासन बिलासपुर के लिए बड़ी ही समृद्धि का काल था, जिसमें उसे पुरगनिया मियाँ भंगी जैसा योग्य व वीर मिल गया था। अमरचंद (1883-88 ई०) केवल पाँच वर्ष के शासन के बाद मर गया और उसका पुत्र विजयचंद गद्दी पर बैठा। विजयचंद (1888 ई०) के गद्दी पर बैठते ही मियाँ लोगों (राजकुमारों) ने गड़बड़ी पैदा की, जिससे तंग आकर विजयचंद बनारस जा बैठा, और उसने रियासत में लौटने से इंकार कर दिया। इस पर अंग्रेजी सरकार ने जलंधर कमिश्नरी के एक तहसीलदार रायसाहव अमरसिंह को रियासत का मैनेजर नियुक्त किया, जिसने शांति और व्यवस्था कायम की और रियासत का प्रबंध अंग्रेजी जिलों जैसा किया। 1908 ई० में विजयचंद रियासत में लौट आया। उसने अमरसिंह को अपना वजीर बनाया। कहलूर वंश के अंतिम राजा आनंदचंद (1948 ई०) रहे, जिनके समय रियासत का विलयन हुआ। प्रजा कांग्रेसी सरकार से संतुष्ट क्यों होती, जबकि पुराने स्वार्थों का समर्थन करना कांग्रेस के प्रभुओं का लक्ष्य था, इसीलिए संसद के चुनाव में राजा आनंदचंद सफल हुए। हिमाचल प्रदेश के निर्माण के समय दिल्ली के अंधों ने बिलासपुर को उसमें न मिला, उसे एक अलग राज्य बनाये रखा। आनंदचंद ने भी बहुत कोशिश की कि बिलासपुर अलग प्रदेश के तौर पर बना रहे, लेकिन अंत में दिल्ली के देवताओं को कुछ देव-राजा का डर लगा और उन्होंने बिलासपुर को हिमाचल प्रदेश में मिला दिया।

संस्कृति

बिलासपुर में शुक्ल और कृशन दो प्रकार के ब्राह्मण हैं। निचले पहाड़ों में शुक्ल सासनी और घरेबर दो भागों में विभक्त है, और कृशन के तीन भेद हैं—अचारज, बैडवा और पंडा। सासनी सबसे अधिक नियम की पाबंदी करते हैं और ऊँची जात वालों के पुरोहित होते हैं, करीब-करीब सभी सासनी रियासत के माफीदार हैं। ये ऊपरी पहाड़ के

ब्राह्मणों और परसरामी ब्राह्मणों से भी ब्याह-शादी नहीं करते। ये घरेबर की लड़की ले सकते हैं, लेकिन लड़की दे नहीं देते और न उनके हाथ का भोजन कर सकते हैं। घरेबर कनेतों के पुरोहित हैं और रीत (लड़की खरीद कर ब्याह), विधवा-विवाह आदि सभी कनेत रीति-रिवाजो को पालते हैं। ये हल जोतते हैं, और आम तौर से माफीदार नहीं होते। जनेऊ पहनने में ही ये कनेतो से भेद रखते हैं। ऊपरी पहाड़ों में कृशन ब्राह्मण मिलते हैं। निचले इलाकों में उपरले इलाकों की अपेक्षा अचारजों का दर्जा कुछ ऊँचा है, और बेडवों का कुछ नीचा। राहु, केतु, सनीचर जैसे दुष्ट ग्रहों की पूजा करने वाले ब्राह्मण पंडा कहे जाते हैं।

यहाँ राजपूतों की संख्या काफी है, और उनमें से करीब-करीब सभी वहाँ के राजा चंदेल वंश के हैं। इनके कहलूरिया और चंदला दो विभाग हैं। कहलूरिया प्रसिद्ध कहलूरी राजाओं के वंशज हैं और उन्हीं के नाम पर इन्हें अजमेरचंदिया, ताराचंदिया, कल्याण-चंदिया, सुल्तानचंदिया आदि कहते हैं। चंदला राजवंश के बहुत दूर के संबंधी हैं। इनके नाम किसी गाँव या पूर्वज के नाम से पुकारे जाते हैं—जैसे बढ़ियाल राजा उदयचंद (1133-43 ई०) के वंशज, दरोल, चंदवाल, सिहवाल, घेवाल, नंगलू, मेघपुरिया, रजादा बचोलर, कन्हियारू, रायपुरिया, डोकलू (संगारचंद के वंशज); नरेंद्र चंदक (राजा नरेंद्रचंद के वजीर और भाई मियाँ मिठू के वंशज), मंझेरू (नारायणचंद के छोटे लड़के नंदू के वंशज) और बढियाटू चंदला-परिवार की एक शाखा के हैं। अजमेरचंदियों को छोड़कर बाकी कल्हुरिया मियाँ अपने हाथ हल नहीं जोतते, इनकी स्त्रियाँ पर्दानशीन होती हैं। चंदला हल जोतते हैं, और दूसरे कितने ही राजपूतों के रीति रिवाज का पालन नहीं करते। उनमें विधवा-विवाह भी होता है, किंतु उनकी स्त्रियाँ खेतों में काम नहीं करतीं।

राठी बिलासपुर में राजपूत और कनेत के बीच के माने जाते हैं। वह अपनी लड़कियों का निम्न वर्ग के राजपूतों से ब्याह करते हैं। महरानी, बरोटी, बेंदरी, धूलो, भरोल, लोहतरी, रजनाल, घरियाल, सीन, बसहरी, एकथनिया, तानिया और खरियाल राठियों के भिन्न-भिन्न विभाग हैं। चंदेल राजपूतों के कुछ वंशज मुसलमान भी हैं।

बिलासपुर में 45 सैकड़े से अधिक जोती जमीन के मालिक कनेत हैं, ब्राह्मण 24 सैकड़ा, राजपूत 16 सैकड़ा और बाकी के मालिक, राठी, गूजर, जाट, चमार, कोली आदि हैं। यहाँ के कनेतों के आठ विभाग हैं, जिनमें मुख्य हैं—नोइरू, मलियारू, दोघवालू, भडोगू; दलगवाल, कोटवाल, डगसेची, जबलियानी, सहरेली और कसौली। मलियारू अपने को राजा काहनचंद के भाई तेगचंद की औलाद मानते हैं। अन्य जातियों में ब्रेहरा और मल्लाह भी उल्लेखनीय हैं।

बिलासपुर में अनेक देवी-देवताओं की पूजा-आराधना होती है। उनमें से कुछ प्रमुख के विवरण इस प्रकार हैं—

देवतसिद्ध का दूसरा नाम बालकनाथ भी है। इसका मूल-स्थान कांगड़ा जिले में बिलासपुर की सीमा के पास चकमोह के नजदीक है। इसके बारे में यह कथा सुनी जाती है—बालकनाथ का एक बालक संन्यासी था, जिसका जन्म काठियावाड़ के गिरनार में

हुआ था। उसे बचपन से ही दिव्य शक्ति प्राप्त था। बाल साधु घूमते-घामते बिलासपुर में तलाई में पहुँचकर एक चरवाहा बन गया। इसी तलाई के कारण गाँव का नाम तलाई पड़ा। एक दिन जब वह तलाई के पास था, तो वहाँ कितने ही साधु आए, जिनका महंत एक नाथ था। बालकनाथ का महंत से विवाद हो गया और दोनों ने अपनी दिव्य शक्ति की परीक्षा करना स्वीकार किया। नाथ ने अपनी माला फेंकी, जिसे बालक ने तुरंत पकड़ लिया। फिर बालक ने अपनी लाठी फेंकी, लेकिन नाथ उसे नहीं ला सका। योगियों ने बालक को अपने में मिलाना चाहा। जब उसने नहीं स्वीकार किया, तो उन्होंने उसे जबर्दस्ती पकड़कर रखना चाहा। बालक भागकर तलाई में कूद पड़ा। नाथ भी उसके पीछे-पीछे था। दोनों वहाँ अंतर्धान हो गये, और कुछ समय बाद वहाँ से तीन मील दूर चकमोह के पास एक पहाड़ की कंदरा में प्रकट हुए। लोग वहाँ पहुँचे, वह वहाँ से भी अंतर्धान हो गये। पीछे बालक और नाथ दोनों को एक करके बालकनाथ या देवतसिद्ध के रूप में लोगों ने पूजना शुरू किया। देवतसिद्ध का प्रतीक पत्थर पर आदमी के बने पैरों के चिह्न होते हैं। यह चिह्न अधिकांश गाँवों में मिलते हैं और प्रत्येक घर के साथ रखे रहते हैं। हर महीने के पहले रविवार को देवतसिद्ध की पूजा की जाती है, और एक बड़ा रोट बनाकर लोगों में बाँटा जाता है। छोटे-से लकड़ी के खड़ाऊ का एक जोड़ा भी बालकनाथ को अर्पित किया जाता है। बच्चों की रक्षा के लिए देवतसिद्ध के नाम पर चाँदी का जंतर उनकी गर्दन में डाल दिया जाता है।

देवमती देवी बिलासपुर राजवंश की कुल-देवी है। चंदेरी के राजा शिवचंद की दो विधवा रानियों में से एक देवमती थी। उसके गर्भ में बच्चा था, इसलिए उसे पति के साथ सती नहीं होने दिया गया। लेकिन, जब बच्चा पैदा हो गया, तो उसे गद्दी पर रखकर वह जाकर सती हो गई। बिलासपुर में इसका एक सुन्दर मंदिर है, जिसमें देवमती देवी की रोज पूजा होती है। त्यौहार, जनम, विवाह आदि के समय चंदेल परिवार के लोग इसकी कपड़ा-लत्ता और नगदी से पूजा करते हैं। नालागढ़ के रामशहर में भी इस देवी का एक मंदिर है। चिंतपूर्णी (ऊना) देवी भी बहुत प्रसिद्ध है।

सुरदेवता बिलासपुर के नरसिंहवीर की तरह स्त्रियों का देवता है, यद्यपि पूजा स्त्री और पुरुष दोनों करते हैं। सुरदेवता को नरसिंहवीर का स्वामी माना जाता है। जेठ के महीने में शिमला से सबाथू जाने वाली सड़क पर सैरी में इसका मेला लगता है, जिसमें दूर-दूर की स्त्रियाँ आती हैं। स्त्रियाँ पाँती से बैठ जाती हैं और ढोल बजाई जाती है। इस पर उनके ऊपर देवता का प्रभाव होता है, और वह सिर हिलाने लगती हैं। ढोल बंद होते ही सिर हिलना बंद हो जाता है। नरसिंह की बैठक में भी कांगड़ा में ऐसा ही होता है। नवंबर महीने में पेप्सू के पहाड़ी इलाके के जोहारजी गाँव में भी आठ-नौ दिन के लिए सुरदेवता का एक बड़ा मेला लगता है। देवतसिद्ध की तरह यह सुरदेवता भी हर महीने के पहले रविवार को पूजा जाता है।

बिलासपुर में नैनादेवी का मंदिर इसी नाम के 3000 फुट ऊँचे पहाड़ के ऊपर है, जिसके नीचे आनंदपुर कस्बा (होशियारपुर जिला) है। रोपड़ और ऊना से नैनादेवी

की चोटी बड़ी आकर्षक मालूम होती है। कहा जाता है, इस मंदिर को राजा बीरचंद ने 8वीं शताब्दी में बनवाया था। राजा बीरचंद के शासन में नैना नाम के अहीर जंडभारी के ऊपर के समतल पहाड़ों पर अपनी गायें चराता था। एक दिन उसने देखा कि उसकी गायें एक सफेद पत्थर के ऊपर अपना दूध चढ़ाती हैं। उसने राजा को सूचित किया। राजा ने वहाँ पर मंदिर बनवाकर उसमें दुर्गा की सुंदर मूर्ति स्थापित कर दी। अहीर के नाम पर उसे नैनादेवी कहा जाने लगा (नैनादेवी के मंदिर बेला (सिरमौर) और नैनीताल में भी हैं।) यह मंदिर पहाड़ के सबसे ऊपरी भाग पर अवस्थित है। बाजार से पहुँचने के लिए वहाँ पत्थर की सीढ़ियाँ बनी हैं। अब सीढ़ियों के साथ घोड़े के जाने का रास्ता भी बन गया है। यह भी कहावत है कि मुगलों के साथ लड़ाई करने से पहले गुरु गोविंदसिंह नैनादेवी का वरदान लेने यहाँ आये थे। वह अपने साथ सैकड़ों मन घी का होम करने के लिए बनारस के एक ब्राह्मण पंडित को भी लाये थे। कई महीने तक होम की आग जलती रही, फिर देवी प्रकट हुई। गुरु घबड़ा गये, लेकिन उन्होंने अपनी तलवार को देवी की तरफ कर दिया। देवी उसे छूकर अंतर्धान हो गई। ब्राह्मण ने गुरु के डरने का असगुन माना और कहा, कि वह तभी दूर हो सकता है, जब गुरु अपने एक पुत्र की बलि दें। गुरु राजी थे, लेकिन चारों लड़कों की माताओं ने देने से इंकार कर दिया। अंत में इस बात पर समझौता हुआ कि बेटे की जगह गुरु का एक शिष्य बलि दिया जाये। इस पर देवी ने फिर प्रसन्न होकर वरदान दिया कि गुरु के सिक्ख फलें-फूलेंगे। अगस्त के महीने में नैनादेवी का मेला लगता है, जब देस से भी बहुत से तीर्थयात्री यहाँ आते हैं। आश्विन और चैत के नवरात्रों में भी यहाँ छोटा मेला लगता है।

सामाजिक स्थिति

बिलासपुर के ऊपरी पहाड़ों के स्त्री-पुरुषों की पोशाक पहाड़ के और लोगों से बहुत मिलती-जुलती है, लेकिन निचले पहाड़ों में लंबे ऊनी कोट, पायजामा और टोपी की जगह लोग सूती धोती और पगड़ी बाँधते हैं। जहाँ तक कनेत लोगों का संबंध है, उनकी पोशाकें सब जगह एक-सी देखी जाती हैं।

बिलासपुर के लोगों की आजीविका की मुख्य साधन खेती ही है। बिलासपुर में सिंचाई वाली जमीन को 'कुल्हांट' और बिना सींची को 'बाखल', गाँव के पास वाले खेतों को 'अंदरली' और दूर के खेतों को 'बाहरली' कहते हैं। कुल्हांट और अंदरली खेत सबसे अधिक उपजाऊ होते हैं, इसलिए वह अधिक मूल्यवान भी हैं। इस जिले के तीन-चौथाई आदमी खेती पर निर्भर करते हैं। कनेत सबसे अच्छे किसान माने जाते हैं। राठियों का नंबर उनके बाद आता है। खेतिहर मजदूर जुलाहा, चमार, कोली और डुमना जात के लोग होते हैं। इनमें से जो मासिक वेतन पर काम करते हैं, उन्हें कामा कहते हैं, और जो दैनिक मज़ूरी पर, उन्हें छकू। किसान गाँव के लोहार, नाई, टोकरी बनाने वाले आदि को प्रतिफसल 8 सेर पक्का अनाज देता है। रबी और खरीफ दोनों की फसलें यहाँ होती हैं।

खरीफ में 39.28 सैकड़ा मक्की की खेती बतलाती है, कि यहाँ के किसानों का मुख्य भोजन मक्की का है। धान केवल 10.69 सैकड़ा जमीन में बोया जाता है। रबी की फसल में 28.07 सैकड़ा गेहूँ बोया जाता है। चना, जौ भी होता है, और पहले हिमाचल की और कितनी ही रियासतों की तरह यहाँ भी बहादुरपुर परगना के कुछ गाँवों में अफीम की खेती होती थी।

बिलासपुर शहर में दस्तकारी में बनने वाले चमड़े के छोटे-छोटे बक्स बड़े सुंदर होते हैं, जिनमें घोड़े के बालों से मोर के पंखों को जोड़कर कसीदा काढ़ा जाता है। यह दस्तकारी नेपाल छोड़कर और कहीं नहीं पाई जाती। इससे पता लगता है कि यह नेपाली शासन का अवशेष है।

बिलासपुर के ढोर पहाड़ी ढोरों से बेहतर होते हैं। लबाना लोग बैलों पर पहले विशेष करके नमक ढोया करते थे। यहाँ की गायें प्रतिदिन दो-तीन सेर दूध देती हैं। भैंसें भी यहाँ की अच्छी दुधार होती हैं, उन्हें रखने का बहुत रिवाज है। भेड़-बकरियाँ भी इस जिले में काफी पायी जाती हैं। उनके लिए काफी चरागाहें हैं और बीमारियाँ अधिक नहीं हैं।

बिलासपुर में व्यापार का काम बहुत सीमित है। अनाज, अदरक, हल्दी और घी शिमला, आनंदपुर और रोपड़ भेजे जाते थे और कपड़ा, ताँबे-पीतल के बरतन तथा दूसरी कारखानों की चीजें बाहर से आती थीं। भाखरा की नहर यहीं से निकाली गई है, जिसके कारण यहाँ के आर्थिक जीवन और व्यापार पर भारी प्रभाव पड़ना आवश्यक है।

12वीं सदी में नालागढ़ रियासत कहलूर से अलग होकर बनी थी। नालागढ़ की रियासत 256 वर्गमील की थी, जिसके उत्तर में बिलासपुर की रियासत और होशियारपुर की रियासत उना थी, जिसमें महलोर और बघाल की रियासत दक्षिण में, अंबाला की खरद तहसील और पश्चिम में अंबाला की रोपड़ तहसील थी। पहाड़ी रियासतों में नालागढ़ एक ऐसी रियासत थी, जिसका आधा भाग पहाड़ में और आधा देस मैदान में था। पहाड़ में चंबा कुंडलू, चलाव और रामगढ़ के तीन परगने थे। देस में धर्मपुर, नालागढ़ पलासी और गुल्लुरवाला के चार परगने थे। देस सिवालिक हिमालय के बीच के दूने में अवस्थित है, इसलिए इसे पक्का देस नहीं कहा जा सकता। भूमि यहाँ की बहुत बड़ी उर्वर है।

नालागढ़ काहनचन्द के ज्येष्ठ पुत्र अजयचंद द्वारा हिंदूर के ब्राह्मण-ठाकुर के राज्य को दखल करके स्थापित हुआ। प्रजा ने ब्राह्मण सामंत के शासन से तंग आकर अजयचंद का स्वागत किया। नालागढ़ रियासत के शासकों का वर्णन संक्षेप में आगे प्रस्तुत है।

अजयचंद (1100-71 ई०) ने हिंदूर की गद्दी आबाद करते हुए अपने मृत शत्रु का अंत्येष्टि-संस्कार बड़ी धूमधाम से किया और उसके बच्चे के लिए जागीर दी। नवाँनगर परगने के तिरौली गाँव के वह हाल तक मुखिया रहे हैं। लेकिन, अजयचंद को उसके छोटे भाई अजितचंद ने चैन से नहीं रहने दिया और कहलूर की अधीनता स्वीकार

करने के लिए कई बार उस पर आक्रमण किये। अजयचंद संभवत: बाप के समय ही हंडू को जीतकर वहाँ की गद्दी पर बैठ गया था, और इस प्रकार बाप के मरने के बाद अजितचंद को कहलूर सँभालने का मौका मिला। अजयचंद बाप की गद्दी को नहीं पा सका, लेकिन उसके छोटे भाई ने हिंदूर पर अधिकार कायम करने में सफलता नहीं प्राप्त की। अजयचंद का शासन बड़ा दृढ़ और न्यायोचित था। बाप के मरने पर चार महीने के लड़के विजयचंद (1171-1201ई०) ने हिंदूर की गद्दी पाई, जिसका शासन उसकी माँ करती रही। कनेत अजयचंद के समय दब गये थे लेकिन अब फिर उनकी कबीलाशाही स्वच्छंदता ने गड़बड़ी पैदा करनी शुरू की। पहले रियासत के कर्मचारियों ने विद्रोहियों का साथ दिया, लेकिन रानी ने उन्हें बुलाकर जब समझाया, तो उन्होंने विद्रोह दबाने में मदद की। कनेतों को कई लड़ाइयों में हराकर दबा दिया गया, किंतु पूरी शांति तभी कायम हुई, जब विजयचंद ने राजकाज सँभाला। विजयचंद के सुशासन और उसके दान-दक्षिणा की पहाड़ में बड़ी ख्याति थी। 30 वर्ष की उमर में बाप के मर जाने पर घामचंद (1201-36 ई०) भी नाबालिग ही गद्दी पर बैठा। कनेतों की स्वतंत्रप्रियता अब भी सामंतशाही निरंकुशता और शोषण को बर्दाश्त करने के लिए तैयार नहीं थी, लेकिन घामचंद ने उन्हें दबाया और ढोरों की लूट-पाट बन्द की। 35 साल के शासन के बाद उसके मरने पर बैरंगचंद गद्दी पर बैठा था। नालागढ़ के राजाओं में अमरचंद (1338-56 ई०) अधिक क्रियाशील था और अपने दूसरे पूर्वजों की तरह बलपूर्वक असंतुष्ट प्रजा को दबाने की जगह यह उनके कष्टों को हटाकर शांत करने की कोशिश करता था। कितनी ही बार यह भेष बदलकर उनकी तकलीफों को जानने की कोशिश करता था। अन्य शासकों में उल्लेखनीय हैं—आलमचंद (1356-1406 ई०), उधमचंद (1406-21 ई०), विक्रमचंद (1429-35 ई०), किदारचंद (1235-48 ई०), नरायणचंद (1477-1522 ई०), रामचंद (1522-68 ई०), हिम्मतचंद (1701-5 ई०), मानचंद (1701-20 ई०), रामसरन सिंह (1788-1848 ई०)।

कहलूर के राजा द्वारा निमंत्रित होकर गोरखा वाहिनी 1803 ई० में नालागढ़ की तरफ बढ़ी। उसने रामसरन सिंह तथा दूसरे पहाड़ी राजाओं को अधीनता स्वीकार करने के लिए मजबूर किया। रामशहर के किले को जिसे चंदेलों ने नालागढ़ और बिलासपुर के राज्य होते समय स्थापित किया था, गोरखों ने घेर लिया। लेकिन उसमें रसद और वर्षा के पानी के जमा करने के कई कुंड थे, इसलिए हिंदूरियों ने तीन वर्ष तक गोरखों का मुकाबला किया। रामसरन तीन-चार महीने के लिए बसाली होशियारपुर भाग गया था। फिर लौटकर दस साल तक पलासी में रहा। इस समय बडडी और गुल्लरवाला दो ही किले उसके हाथ में रह गये। अंग्रेजों ने जब गोरखों के खिलाफ युद्ध घोषित कर दिया तो 1814 ई० के अंत में जनरल अक्टर्लोनी ने आकर रामशहर के घाटे तथा मलांव के पास लोहारघाटी में लड़ाइयाँ कीं। अंग्रेजों की गोरी और पुरबिया पूर्वी उत्तरप्रदेश और बिहार की सेना कुछ महीनों तक रामगढ़ के पास छावनी डाले पड़ी रही।

अंत में तोपों ने गोरखों के मनसूबे को ढीला कर दिया। अंतिम निर्णायक युद्ध मतांव के पास हुआ, जिसमें वीर भक्ति थापा मारा गया। अंग्रेज अफसर लेफ्टिनेंट विलियम्स रामशहर में मारा गया, जहाँ उसकी कब्र अब भी मौजूद है। लड़ाई के समय रामसरन सिंह ने अंग्रेजों का साथ दिया और धीरे-धीरे रामसरन ने इलाकों पर अधिकार कर लिया। अंग्रेज कुछ और इलाकों को भी देना चाहते थे, लेकिन रामसरन ने नालागढ़ की पैतृक भूमि के अतिरिक्त कुछ नहीं लेना चाहा। गोरखा-काल में हिंदूर से 15 हजार मालगुजारी ली जाती थी, लेकिन लड़ाई के समय देश की हालत बहुत खराब हो गई और बहुत-से परिवार पलासी छोड़कर मैदान में चले गये। तो भी 1815 ई० में मालगुजारी 45 हजार थी। इसी साल कोटखाई के पास भरोली के इलाके को अंग्रेजों ने उसकी सेवाओं के लिए रामसरन को प्रदान किया, लेकिन नालागढ़ से दूर होने तथा वहाँ के लोगो के असंतोष को देखकर साढ़े आठ हजार रुपये में बलसान के राणा को उसने दे दिया, 20 अक्टूबर, 1815 की सनद द्वारा अंग्रेजों ने रामसरन सिंह को नालागढ़ का राजा स्वीकार किया।

5

मंडी-सुकेत

प्राकृतिक रूप

मंडी 1200 वर्गमील की भूतपूर्व रियासत व्यास के ऊपरी भाग में 31°23′-32°4′ उत्तरी अक्षांश तथा देशांतर 76°40′-77°22′ के बीच में अवस्थित है। इसके उत्तर में पालमपुर तहसील (कांगड़ा) का छोटा बनगाहल परगना, पूर्व में कुल्लू, भलान, बुंगा और प्लाच की कोठियाँ तथा सराज तहसील, दक्षिण में सुकेत की रियासत और पश्चिम में बिलासपुर रियासत तथा कांगड़े की हमीरपुर और पालमपुर की तहसीलें हैं। बाजौरा तक नरगूधार इसकी उत्तरी सीमा है, उसके बाद मंगलौर तक व्यास और तीर्थन नदियाँ हैं, जहाँ से वह दक्षिण की ओर झुककर जालौरी पर्वतश्रेणी के पाँच मील दक्षिण बिसना नाला होती सुकेत की ओर बढ़ती है। इसकी सबसे बड़ी लंबाई उत्तर-पश्चिम में बैजनाथ से दक्षिण-पूर्व में बिसना नाले तक 54 मील है, और चौड़ाई बाजौरा (कुल्लू) के नजदीक दुलची घाट से बिलासपुर की सीमा तक 33 मील के करीब है।

सुकेत 420 वर्गमील की यह पहले की छोटी-सी रियासत और अब मंडी जिले की एक तहसील उत्तरी अक्षांश 31°13′-31°35′ और देशांतर 76°49′-77°26′ में सतलुज के उत्तरी किनारे पर उस जगह अवस्थित है जहाँ सतलुज अपने चक्कर काटकर पूर्व में फरेनू गाँव से पश्चिम में देहर गाँव तक इसे घेरती है। इसके उत्तर में इसी वंश की शाखा मंडी रियासत, पूर्व में कुल्लू की सराज तहसील से अलग करने वाली बिसना नदी, दक्षिण में सतलुज है—जो इसे शांगरी, भज्जी, भागल, मंगल और बिलासपुर से अलग करती है। बनेड में पीछे सुकेत के राजा रहा करते थे। 1901 ई० की जनगणना के अनुसार यहाँ 54676 आदमी बसते थे। सुकेत का एक भाग व्यास के किनारे के कम ऊँचाई के पहाड़ों से घिरा उर्वर अधित्यका जैसा है, लेकिन इसका अधिकांश भाग सतलुज-उपत्यका में पड़ता है। पहले भाग को बाल्ह कहा जाता था, वहीं पर राजधानी बनेड थी। इससे दक्षिण में एक छोटा-सा भू-भाग है, जिसे 'ढेर' इलाका कहते हैं। सुकेत का सतलुज-उपत्यका वाला भाग करसौक के नाम से मशहूर है, जिसे जालोरी पर्वतश्रेणी की बाँहियों ने कितनी ही जगहों पर आरपार किया है। चोवासी टिब्बा सुकेत का सबसे ऊँचा

शिखर है। उपत्यकाएँ यहाँ बहुत सँकरी तथा तीखी पहाड़ियों वाली हैं, लेकिन करसोग और ममेले के चारों ओर कितनी ही खुली जगह है, जो अपनी उर्वरता में बाल्ह से कम नहीं है।

मंडी में मुख्य दो पर्वतश्रेणियाँ हैं—घोघर की धार और नरगूधार। घोघर की धार इस जिले की अत्यंत महत्त्वपूर्ण श्रेणी है, जो कि जिले की उत्तरी सीमा के बीचोबीच में अवस्थित हराबाग से जिले के भीतर दाखिल होती है। यह उसी बड़ी पर्वतश्रेणी का एक भाग है, जो कि छोटा बनगाहल की पश्चिम सीमा को बनाती है। इस पर्वतश्रेणी की भूमि बड़ी उर्बर है। वहाँ अच्छे जंगल हैं, बहुत तरह के शिकार के जानवर हैं और यह अपने मधु के लिए भी मशहूर है। यहीं पर गूमा और द्रांग की नमक की खानें हैं। पिंडदनखाँ की खानों के पाकिस्तान में चले जाने के बाद भारत में अब यहीं नमक की खानें रह गई हैं। इस पर्वतश्रेणी में स्लेट भी मिलते हैं। नरगूधार की ऊँचाई 9000 से 12000 फुट तक है। इसमें भी चीड़, देवदार, अखरोट, पांगर खनोर, शमशाद, बान आदि के अच्छे जंगल हैं। यहाँ लोहे की कई खानें हैं, जिनमें आधुनिक ढंग से काम किये जाने पर यह जिला बहुत समृद्ध हो जाएगा, इसे कहने की आवश्यकता नहीं।

नदियों में सबसे बड़ी नदी व्यास है। व्यास पूर्वी सीमांत के करीब-करीब बीचोबीच व्यास कुल्लू से आकर मंडी में प्रवेश करती है, और वह पश्चिमी सीमा के आधो-आध से कुछ मील उत्तर इसे छोढ़ते समय मंडी को दो भागों में विभक्त करती है, जिनमें उत्तरी भाग कुछ छोटा है। उत्तर-पश्चिम से दक्षिण-पश्चिम की ओर जाती दो बड़ी समानांतर पर्वतश्रेणियों द्वारा उत्तरी भाग विभक्त होता है, जिनमें से पूर्वी तथा अपेक्षाकृत अधिक ऊँची पर्वतश्रेणी घोघर की धार है, जो कि व्यास पार करके आगे बढती इस जिले के दक्षिण-पश्चिमी कोने तक जाती है। मंडी के दक्षिण-पूर्वी कोने में जालौरी पर्वतश्रेणी है, जिसकी उत्तरी ढलानों से तीन बाहियाँ निकलकर मंडी-सराज इलाके को बनाती हैं। रणा, लूणी, बाहा (हसाँ), बारवली, जीवनी, सुकेती, रणोडी, सन, बक्कर, सिर, बहना, पाँगना सतलुज की शाखा नदियाँ और शाखाएँ हैं।

यहाँ झीलें भी हैं। प्रमुख हैं—मंडी नगर से 20 मील पूर्व में अवस्थित पराशर झील। इस झील के किनारे परासर देवता का मंदिर है, जहाँ आषाढ़ 1 को प्रतिवर्ष मेला लगता है। रवालसर की तरह यहाँ भी घासों से ढँका भूखंड तैरता है। मंडी से 24 मील पूर्व छोटा झील कमरू नाग है। यहाँ भी आषाढ़ 1 को मेला लगता है। किनारे कमरू देवता का मंदिर है, जिस पर जो भी जेवर आदि का चढ़ावा चढ़ता है, उसे झील में डाल दिया जाता है। रवालसर झील भी इसी अंचल में है। रवालसर से दक्षिण-पश्चिम नैनादेवी पहाड़ी के किनारे कुंतभ्यो सर लंबोतरी और गहरी चली गई है। इसे अर्जुन ने माता कुन्ती के लिए बाण मारकर बनाया था। नीलासर, सूकासर, कालासर—यह तीनों झीलें कुंतभ्यो के पास नैनादेवी के किनारे हैं। सूकासर और कालासर बरसात छोड़ बाकी समय सूखी रहती हैं।

सतलुज के उत्तरी किनारे पर सुकेत में दरहाट नामक गरम पानी का चश्मा है।

यह नदी की धार के बिल्कुल पास है। नदी से एक मील पर पहाड़ की जड़ में एक और गरम पानी का चश्मा है, जिसे 'तातापानी' कहते हैं। इन चश्मों में गंध नहीं है। पहले चश्मे को तीर्थ तातापानी कहते हैं, और वहाँ लोग तीर्थयात्रा के लिए जाते हैं।

मंडी के पहाड़ आंशिक तौर से तृतीय युग के बलुआ पत्थर और शैल वाले हैं। केंद्रीय भाग में स्लेट और चूना-पत्थर मिलते हैं, जिनका संबंध शिमला के ब्लैनी और क्रोल समूहों के साथ है। मंडी की नमक की खानें तृतीय युग से संबंध रखती हैं। भूतत्वीय दृष्टि से मंडी और कांगड़ा एक हैं। यहाँ भी उसी तरह की धातुओं की खानें हैं, बल्कि मंडी की खनिज-संपत्ति अपेक्षाकृत अधिक है।

सराज, नाचन, पंडोह, चौहार और सोनार में चुंबकीय लौह बड़ किस्म का मिलता है। सुराज-वजीरी में सब जगह लोहे का अक्षय भंडार है। कई जगहों पर लोह धुनों को पिघलाकर पुराने ढंग से लोहा भी तैयार किया जाता था। धुन को पिघलाने के लिए दो फुट ऊँचे और एक फुट घेरे का भट्ठा बनाते हैं। भट्ठे के नीचे दोनों तरफ दो भाथियाँ लगा दी जातीं। चील, राई, या तोश की लकड़ी का कोयला ईंधन के तौर पर इस्तेमाल किया जाता। एक मन कच्चा लोहा निकालने के लिए 15मन लकड़ी के कोयले की जरूरत पड़ती है, जिसका मतलब है एक पूरा राई या तोश का दरख्त इतने कोयले के लिए चाहिए। 7 आदमी एक भट्ठे पर काम करते। 1845 ई० में लोहे के रियासत मंडी को 14000 रुपये की आमदनी हुई थी, लेकिन जैसे-जैसे विदेशी लोहा देश में छाता गया, उसीके अनुसार लोहे की उपज और उससे आमदनी कम होती गई। 1891 ई० में मंडी रियासत को केबल 2737 रुपगे की आमदनी हुई। यहाँ भी यही भय था कि यदि पुराने ढंग से लकड़ी के कोयले से लोहा निकाला जाने लगा, तो कुछ ही दिनों में सारे जंगल खतम हो जाएँगे। सुकेत में चबासी, रामगढ़, मेरी और कोलपुर (तहसील करसोग) में कुछ पुरानी लोहे की खानें हैं, जिनमें बहुत समय से काम बंद हो गया।

इस क्षेत्र में 70 से 80 प्रतिशत नमक वाली चट्टानें द्रांग, गोमा और मैगल मे हैं, जिनसे प्रतिवर्ष डेढ़ लाख मन नमक तैयार किया जाता है। स्लेट, चीनी मिट्टी, चूना पत्थर, सोना, क्वार्ट्ज और कोयला भी पाया जाता है। सोना व्यास और सुनखड के बालू में मिलता है।

मंडी में अपने रियासती जंगल थे, जिनकी रखवाली राखा करते थे। ऊँचे पहाड़ों में यहाँ राई, तोस, चील, कैल और कैलू के दरख्त मिलते हैं और निचले में तून, अलसान, सिंबल, ओही, खिरक। सुकेत में रक्षित वनखंड रियासत के विलीन होने से पहले थे, जिसकी देखभाल राखा करते थे।

मंडी में अजवाइन, अमला, चिरैता, सौंफ, हर्रा, बहेरा, झाव, कारू, कक्करसिंघी, पितपापड़ा, गुलाज, बूहरीं, भंगरा, जलभंगरा, मोहरा, अमलतास, बिलग, बिलगिरी, कश्मीरीपाथा, चोकरी, मेंहदी, सौंठ, अदरक, बंघा, बसूती, बारीं नामक वृक्ष-वनस्पति मुख्य रूप से मिलते हैं। इनमें से अधिकांश दवाइयों के काम आती हैं। अंतिम तीनों के बारे में तो कहावत मशहूर है—"जिस मुल्क में बन्नहा-बसूती बारी, उस मुल्क में आदमी

क्यों मरीं।" बर्फ पड़ने वाली ऊँची जगहों में नागदौन मिलती है जिसे लोग इसकी लता को काटकर घर में रखते हैं, जिससे नाग वहाँ न आएँ। सुकेत में बान, मोहरू, ओक, चिकरी, शमशाद, मरान, शीशम, खनोर (हार्स चेस्टनट) ब्रास (गुरांस), जंगली आड़ू, सारी (अखरोट), अलूचिया, पालू (जंगली सेब), शेगल (जंगली नासपाती), सेमल (सिंबल) और आम जैसे गरम मुल्क के वृक्ष बहुत पाये जाते हैं।

इतिहास

मंडी सुकेत-राजवंश की ही एक शाखा है, लेकिन बाद में शक्ति और राज्य-विस्तार के साथ मंडी को प्रधान माना जाने लगा। जलंधर खंड के कुछ भागों में छोटे-छोटे ठाकुरों और राणाओं के शासन की जगह एक विस्तृत राज्य की स्थापना का काम इन दोनों रियासतों ने किया था। इस राजवंश का संबंध पुराणों के शुकदेव और लोमस ऋषि से जोड़ा जाता है, जिनका 'स्कंदपुराण' में उल्लेख है। कहा जाता है, कि लोमस मुनि ने रवालसर (मंडी) में तपस्या की, जहाँ आज भी उनकी पूजा होती है। रवालसर से 2 योजन (8 कोस) दक्षिण सुकेत के नगर गाँव के पास घने जंगलों में एक गुफा है, यहीं पर शुकदेव मुनि ने लोमस को दीक्षा दी थी। 'स्कंदपुराण' में लिखा है—"रवालसर जहाँ पर कि लोमस मुनि ने तपस्या की थी, इस तीर्थस्थान से दो योजन दक्षिण तामीरकोट और तरवारी के पर्वतों के नीचे एक सुन्दर गहन वन है। शुकदेव ने इस जंगल के बीच में एक बड़ी गुफा पाकर वहाँ ध्यान करना शुरू किया। वह रोज गंगा और यमुना में स्नान किया करते थे, भगवान् के प्रताप से गंगा और यमुना दोनों नदियाँ शुकदेव के स्नान के लिए इस देश में प्रकट हुईं। वस्तुत: यह स्थान ब्रह्म स्थान है।" शुकदेव ने यहाँ तपस्या की थी, इसीलिए उनके नाम पर स्थान का नाम सुकेत पड़ा। कहते हैं, शुकदेव की तपस्या वाली बड़ी गुफा भीतर-ही-भीतर गंगा तक चली गई। यह कहने की आवश्यकता नहीं, कि ऐसी पातालपुरी गुफाएँ भारत के अनेक स्थानों में हैं। गुफा के बाहर दो कुंड हैं, जिनमें से एक को गंगा और दूसरे को यमुना के जल से भरा कहा जाता है।

सुकेत और मंडीवाले अपने नाम के साथ सेन लगाते हैं। हो सकता है, पीछे वंश का संबंध किसी पुराने वैभवशाली राजवंश से जोड़ने के लिए उन्होंने अपना संबंध बंगाल के कणीटवंशी सेन राजाओं के साथ जोड़ा, जिस तरह पहाड़ के पाल उपाधि वाले कितने ही लोग बंगाल के पालों से अपना संबंध जोड़ते रहे। परंपरा बतलाती है, कि देश त्यागी बंगाल-राजा का पौत्र सूरसेन लक्ष्मणसेन का वंशज था। लक्ष्मणसेन ने कन्नौज, नेपाल और उड़ीसा के भीतर तक दिग्विजय की थी। उसने अपने नाम पर मालदा जिले में लखनौती राजधानी स्थापित की। लक्ष्मणसेन के एक उत्तराधिकारी बल्लालसेन ने अपनी राजधानी को नदिया (नवद्वीप) में स्थानांतरित किया। बख्तियार खिलजी के नदिया पर अधिकार हो जाने पर 1198-99 ई० में सूरसेन ने भाग कर इलाहाबाद में प्राण छोड़ा। बाप के मरने पर उसका पुत्र रूपसेन पश्चिम की ओर चलकर अंबाला जिले के रोपड़ स्थान में रहने लगा। 1210 ई० में मुसलमानों ने रोपड़ पर आक्रमण किया,

जिसमें रूपसेन लड़ते हुए मारा गया, और उसके पुत्र पहाड़ में भाग कर शरण लेने के लिए मजबूर हुए। यहीं वीरसेन ने सुकेत राज्य की स्थापना की, गिरिसेन ने क्यूंठल की और हमीरसेन ने किश्तवार (जम्मू) की। रोपड़ में वीरसेन (1211-46 ई०) को संवत् 1266 (1209 ई०) में धीरसेन नामक एक पुत्र पैदा हुआ था। रूपसेन के मरने पर उसके तीनों पुत्रों ने जलंधर खंड के भिन्न-भिन्न भागों में तीन रियासतें कायम कीं। संवत् 1268 (1211 ई०) में वीरसेन ने सतलुज पार कर जिवरी में पहुँच पास के पड़ोसी ठाकुरों और राणाओं के ऊपर आक्रमण कर दिया। एक के बाद एक द्वैत का शासक, कराली का राजा, तथा उसके सहयोगी राणा श्रीमंगल (बसवारा), नगरा के ठाकुर—जिसके हाथ में कोट और परगना के इलाके थे, चरागवाला के ठाकुर—जिसके हाथ में बताल का इलाका और चावंडी थी—और उदयपुर का शासक छेदीवाला ठाकुर उसके अधीन हो गये। छेदीवाला ठाकुर की राणा सन्यारतो से झगड़ा था, जो उक्त ठाकुर को अपने अधीन होने का दावा करता था। ठाकुर ने वीरसेन को समझाया, कि जब तक राणा को बस में नहीं किया जाता, तब तक तुम्हारी स्थिति दृढ़ नहीं हो सकती। वीरसेन सन्यारतो पर आक्रमण करने के लिए पहले खुनू पर चढ़ा, जहाँ का ठाकुर खबर सुनते ही भाग गया। फिर उसने मसील के किले को बहुत समय तक अपने अधिकार में रख सन्यारतो पर आक्रमण किया, और बड़े संघर्ष के बाद पाल्ही के किले तथा काजुन और ध्याराकोट के थानों पर अधिकार कर सन्यारतो के राणा देवपाल को बंदी बना लिया। अपनी विजय पूरी कर लेने के बाद वीरसेन ने देवपाल को जागीर देकर मुक्त कर दिया, और उसकी संतान राजा शामसेन के समय तक अपनी जागीर पर कायम रही।

विजय के बाद वीरसेन ने अपने परिवार को बुला लिया और नरोल के नाम से आजकल मशहूर कुन्नूधार के किनारे एक महल बनाया। फिर थाना काजुन के लोगों की मदद से उसने कोटीधार के ठाकुर पर आक्रमण किया, और उससे नंज, सलालू और बेलू के इलाके तथा मगरा थाने को छीन लिया। उसने काजुन और मगरा गाँवों में किले बनाये। अब तक वह सतलुज के पश्चिम के छोटे-छोटे सरदारों पर ही विजय प्राप्त कर रहा था, अब उसने अपनी विजित भूमि के दक्षिण-पश्चिम की ओर मुँह किया, और कंदलीकोट के ठाकुर की भूमि को बिना प्रतिरोध के ही जीत लिया। सुरही के ठाकुर के हाथ में चंदमारा और जहोर के थाने तथा पंगना का इलाका था। उसने वीरसेन से लड़ने की जगह अधीनता स्वीकार करना पसंद किया, और ऐसा करते हुए अपने प्रतिद्वंद्वी हरियारा के ठाकुर पर आक्रमण करने के लिए वीरसेन को उकसाया। वीरसेन की बड़ी धाक जम गई थी, इसलिए हरियारा-ठाकुर बिना लड़े ही भाग गया। वीरसेन ने टिक्कर के थाने (सैनिक-चौकी) को अब एक गढ़ के रूप में परिणत कर दिया। उसने सुरही इलाके के पंगना स्थान में (500 फुट में) एक महल, फिर चवासी का किला बनवाया, और कुम्हारसेन के सीमांत पर वीरकोट के किले पर अधिकार किया। वीरसेन का बनवाया पंगना का महल अभी भी मौजूद है।

चवासी का अड्डा बनाकर वह सराज की ओर बढ़ा, और वहाँ के श्रीगढ़,

नरायनगढ़, राघवपुर, जांज, जलोरी, हिमरी, रायगढ़, चंजवाला, मगरू, मानगढ़, तुंग, माधवपुर, बनगा, फतेहपुर, बामथाज, रायसान, गदाह और कोटमनाली को भिन्न-भिन्न ठाकुरों से छीन लिया। फिर परोल, लाग, रूपी, सारी और डुमरी को लेते उसने आगे की विजय-यात्रा जारी रखी। जिससे अब उसका कुल्लू के राजा भोपाल (?) से संघर्ष होना अनिवार्य हो गया। भोपाल लड़ाई में हार कर बंदी बना, वीरसेन ने वार्षिक कर देने की शर्त पर उसे मुक्त करके उसका राज्य लौटा दिया। इस विजय-यात्रा से लौटकर वीरसेन ने पंदोह, नचनी और दूसरे इलाके जीते, जिनमें गढ़-चिरियाहन, रैयाहन, जुराहंडी, सतगढ़, नंदगढ़, चचियोट और सवापुरी भी सम्मिलित थे। इस प्रकार राज्य के उत्तरी भाग को जीतकर पश्चिम की ओर मुँह करके नीरा और दूसरे किलों को लेते बाल इलाका पर अधिकार कर वह सिकंदराधार की ओर बढ़ा, जहाँ उसने राणा हाटली को हराया। इस विजय के उपलक्ष्य में उसने वहाँ वीरकोट (आजकल बिहारकोट) के किले को धार (डाँड़ा) के ऊपर बनाया। इस प्रकार उसने सिरखाड की ऊँची चोटी हाटली तक अपने राज्य को बढ़ाकर कांगड़ा राज्य की सीमा से उसे मिला दिया। सिरखाड पर उसने वीरा का किला बनवाया। वीरा और वीरकोट दोनों उसके वंशज मंडी के राजाओं के हाथ में रहे। इस प्रकार वीरसेन का राज्य दक्षिण में सतलुज से लेकर उत्तर में व्यास तक और पूर्व में सतलुज से लेकर पश्चिम में असीरखड (कनुचुन) राज्य के सीमांत तक फैला था। 35 साल के लंबे शासन के बाद वीरसेन मरा। उसके उत्तराधिकारी धीरसेन (1246-53 ई०) के शासन में कोई विशेष उल्लेखनीय बात नहीं हुई। तृतीय राजा विक्रमसेन (1253-63 ई०) एक धर्मभीरु राजा था। वह हरद्वार तीर्थ करने गया था, जब कि उसकी अनुपस्थिति में छोटे भाई त्रिविक्रमसेन ने भाई के सौंपे हुए राज्य को हड़पना चाहा। उसके इस काम में कुल्लू के राजा हयतापाल ने मदद की, जिसे उसने सुकेत का राज्य दे दिया। दो साल बाद विक्रमसेन ने लौटते समय भज्जी में पहुँच कर जब यह खबर सुनी, तो असहाय होने के कारण उसने अपने भाईबंद क्यूँठल के राजा से मदद माँगी। छोटे भाई की मदद के लिए कुल्लू-राजा आया। सतलुज के किनारे जिवरी में दोनों सेनाओं की मुठभेड़ हुई। इसी लड़ाई में त्रिविक्रमसेन और कुल्लू के राजा दोनों मारे गये, और विक्रमसेन को राज्यसिंहासन फिर मिल गया। उसने प्रतिशोध के लिए कुल्लू के राज्य पर अधिकार करके वहाँ के उत्तराधिकारी को जागीर दे दी, और तीन पीढ़ी तक कुल्लूवाले सुकेत के जागीरदार बने रहे। विक्रमसेन के बाद उसका लड़का धरित्रीसेन (1263 ई०) गद्दी पर बैठा। इसके जीवन-काल में ही उसके दोनों बड़े लड़के मर गये, और छोटा लड़का खानदेई राव खड्गसेन के नाम से राजा हुआ। उसके बाद उसका दो वर्ष का शिशु लड़का लक्ष्मणसेन गद्दी पर बैठा। इसी समय कुल्लू के राजा हशीरपाल ने सुकेत का जूआ अपने कंधे से उठा फेंका। 16 वर्ष की अवस्था में पहुंचने पर लक्ष्मणसेन ने रूपी, लाग और सरीकी वजीरियों तथा परोल वजीरी के कुछ भाग को ले लिया। लक्ष्मणसेन ने 25 साल तक शासन किया। इसके बाद उसके पुत्र चंद्रसेन और पौत्र विजयसेन के शासनकाल में शांति रही। यह दोनों क्रमशः दस और बीस साल तक शासन करते रहे। विजयसेन का पुत्र साहुसेन

के राज्यकाल की बड़ी घटना यही है, कि उसके समय उसके छोटे भाई बाहुसेन ने विद्रोह करके कुल्लू की शरण ली। इसी के वंशज पीछे मंडी राजवंश के स्थापक हुए। उसके उत्तराधिकारी रतनसेन का शासनकाल भी शांतिपूर्ण रहा। उसके विलाससेन और समुद्रसिंह दोनों पुत्रों में बड़ा विलाससेन गद्दी पर बैठा। वह बड़ा अत्याचारी था, जिसके कारण उसे जहर देकर मार दिया गया। इसके बाद दरबारियों ने उसके भाई समुद्रसिंह को गद्दी पर बैठा कर दो वर्ष के छोटे पुत्र सेवंतसेन को मार डालने का निश्चय किया। रानी को यह बात मालूम हो गई, और वह बच्चे (बलवंत) के साथ भागकर सराज के एक किसान के घर चली गई। कितने ही सालों तक वह वहाँ गुप्त रहती रही। फिर कहते हैं किसी योगी ने लड़के के लिए भविष्यवाणी की, कि इसके भाग्य में राज्य लिखा है। इस बीच समुद्रसिंह ने समुंदरसेन के नाम से सुकेत के सिंहासन पर बैठकर चार साल तक शासन किया। उसके मरने पर उसके दो पुत्र हेवंतसेन और बलवंतसिंह बारी-बारी से गद्दी पर बैठे, लेकिन बालिग होने से पहले ही मर गये। अब गद्दी का कोई उत्तराधिकारी नहीं रह गया था। और दरबारियों ने ढूँढ़कर विलाससेन के पुत्र को सराज के किसान के घर में पाया। नये राजा ने किसान को उस गाँव की जागीर दे दी, और वहाँ पर अपनी माँ की स्मृति में रानीकोट का गढ़ बनवाया। यद्यपि अब उस कोट का पता नहीं है, लेकिन सुकेत इलाके के गढ़चवासी का यह तालुका अब भी 'रानी का कोट' के नाम से मशहूर है।

सेवंतसेन के बाद के पाँच राजाओं के समय कोई उल्लेखनीय घटना नहीं हुई। राजा मंतर (मदन) सेन निस्संतान मरा, और गद्दी मंतरसेन के प्रपितामह बिलादरसेन के छोटे भाई मियाँ पलियुन-फियुन के हाथ में गई। उसकी अयोग्यता को देखकर लोगों ने उससे छुटकारा पाने के लिए एक तजबीज सोची। एक दिन बड़ा भोज रचा गया, भोज के समय दूतों ने बुरा समाचार दिया। इसी समय निश्चित किया गया था, सभी मियाओं (राजकुमारों) में जो सबसे योग्य सिद्ध होगा, उसे गद्दी दी जायेगी। दूतों ने आकर कहा, कि नाचिनी के राणा तथा दूसरे कितने ही लोगों ने बिद्रोह करके कितने ही गाँवों को जला दिया है। लियुन-फियुन बोला—पहले भोज खतम करके, फिर विद्रोह खतम करना चाहिए। भोज में मियाँ मदन भी मौजूद था, जो राजवंशी होने पर भी अब पनचक्की से जीविका कमाता था। उसने घोषित किया—यह भोज का समय नहीं है, हमें तुरंत हथियार लेकर शत्रुओं का मुकाबिला करना चाहिए। लोगों ने उसकी हिम्मत की दाद दी, और लियुन-फियुन के बाद उसे सिंहासन का अधिकारी घोषित किया। तत्पश्चात् मियाँ मदन, मदनसेन के नाम से गद्दी पर बैठा। उसने पहले नाचनी के राणा की खबर लेनी चाही। पंगना से प्रस्थान करके उत्तर में दो कोस पर उसने मदनकोट का किला बनवाया, जो कि पीछे मंडी में मैदानगढ़ के नाम से मशहूर हुआ। फिर वह नाचनी के राणा पर चढ़ दौड़ा। राणा ने बतलाया, कि यह केवल दिखावे का विद्रोह था। इसके बाद पंदोह इलाके की ओर बढ़कर उसने उसके भीतर से व्यास पार किया। आगे द्रांग की लोहे की खानों पर अधिकार करके उसने एक जबर्दस्त लड़ाई में गूना के राणा को हराया। इस जीत में उसे लोहे का विशाल तराजू और लकड़ी का नगाड़ा मिला, जो पीछे

भी पांगना के किले में मौजूद थे। कुल्लू के राजा कहरालपाल ने सुकेत की भीतरी गड़बड़ी से फायदा उठा कर अपने को स्वतंत्र घोषित कर लिया था। मदनसेन ने फिर लड़ाई की, और एक लंबे संघर्ष के बाद उसने पूर्वजों की सारी भूमि को फिर से अपने अधिकार में करके रहोली और कोठी के गाँवों की सीमा निर्धारित की। लौटते वक्त उसने मदनपुर का किला बनवाया, जिसका ध्वंसावशेष कुल्लू के कोटीखोकान में अब भी मौजूद है। फिर चवासी होते हुए वह अपनी राजधानी लौटा। कुछ समय विश्राम लेने के बाद उसने दक्षिण की ओर मुँह फेरा, और सुकेत से स्वतंत्र हो गये भज्जी, शांगरी और कुम्हारसेन के राणाओं को अपने अधीन किया। ये राणा तब से अंग्रेजी शासन के आरंभ तक सुकेत के अधीन रहे। राणा श्रीमंगल का घर बटवारा (किला बटवारा) में था। उसने सुकेत से विद्रोह करके राजा विलासपुर के साथ अपना संबंध जोड़ा। मदनसेन ने उसे भगाकर उसकी ठकुराई को अपने राज्य में मिला लिया। इसके बाद राणा ने मंगल के नाम से अपनी एक स्वतंत्र रियासत कायम की। मदनसेन ने पश्चिम की ओर मुड़कर वीरकोट पहुँच राणा हटली को फिर से अधीनता स्वीकार करने के लिए मजबूर किया। इसके बाद उसने सामलाई पर्वतश्रेणी के पार कांगड़ा में गलौरी पर्वतश्रेणी के पीछे कहलूर के पार महाल-मोरियाँ के ठाकुरों को हराकर कटलेहर इलाके में पहुँच कटवालवाह में एक किला बनवाया, और वहाँ कटलेहर के साथ अपनी सीमा स्थापित की। दक्षिण की ओर मुड़कर पीछे बिलासपुर में अवस्थित सेवनी और तेवनी के किलों पर उसने फिर से अधिकार किया, और धोर पर एक नया किला बनवाया। इस विजय-यात्रा से बाल के रास्ते लौटकर वह राजधानी पंगना में आकर शासन करने लगा। एक रात देवी ने उसे सपना दिया, कि यह मेरा प्राचीन स्थान है, यदि यहाँ तू रहेगा, तो तेरा अनिष्ट होगा। इस पर, उसने अपना निवास लोहारा (पीछे मंडी राज्य में) में परिवर्तित कर दिया। पंगना में स्वप्न द्वारा निर्दिष्ट स्थान पर उसने एक बड़ा मंदिर और अस्तंबनाथ का भी एक मंदिर बनवाया। 25 वर्ष के वैभवशाली शासक के बाद वह मर गया।

मदनसेन के बाद 28 राजा हुए, जिनके समय कोई उल्लेखनीय घटना नहीं हुई। महानसिंह बड़ा ही व्यभिचारी था। उसने एक ब्राह्मण की स्त्री को फँसाना चाहा और इसके लिए ब्राह्मण को कहीं दूर भेज दिया। ब्राह्मण को पहले ही अपनी स्त्री पर संदेह हो गया था। उसने छिपकर मौके की प्रतीक्षा की, और जब महानसेन आया तो उसे बिना पहचाने ही मार डाला। उसकी कोई संतान नहीं थी, इसलिए महानसेन के चचा हैबतसेन ने गद्दी पर बैठकर पाँच साल शासन किया। आगे यह क्रम पर्वतसेन, करतारसेन, अर्जनसेन, उदयसेन तक पहुँचा। उसके बाद उनके उत्तराधिकारी (37) दीपसेन ने 28 साल तक शासन किया, और उसके मरने पर शामसेन गद्दी पर बैठा। शामसेन की दो रानियाँ थीं, जिनमें से एक गुलेर की राजकुमारी थी, और दूसरी बिसाहर की। गुलेरी रानी के दो लड़के और एक लड़की थी। इसके बड़े लड़के का नाम रामसेन और छोटे का पिरथीसिंह था। यह स्मरण रखना चाहिए, कि पहाड़ी राजाओं में आम तौर से पाल, सेन आदि खानदानी पदवी गद्दीघर के लिए सुरक्षित रहती थी, बाकी राजकुमार सिंह

कहे जाते थे। बिसाहर की रानी का एक लड़का हरिसिंह था। इस रानी ने मियाँ जुगाहनू से मिलकर रामसेन को रास्ते से हटाना चाहा, लेकिन भेद खुल गया। राजा ने रानी को निर्वासित कर दिया, और एक गर्भिणी स्त्री को छोड़ जगमोहन को सारे परिवार-सहित मरवा डाला। इसी गर्भस्थ बालक की संतान जुगाहनू के मियाँ कहलाये। शामसेन औरंगजेब का समकालीन था। औरंगजेब ने भाई नौरंगसिंह के साथ उसे लाहौर बुलाया, और किसी किले को जीतने के लिए भेजा। सफलता के उपलक्ष्य में राजा को औरंगजेब ने खिलअत देकर अपना सिक्का ढालने की अनुमति दी। इसी के शासनकाल में कहलूर (बिलासपुर) के राजा कल्याणचंद से सुकेत की लड़ाई हुई थी। कल्याणचंद शामसेन का दामाद था, लेकिन स्वार्थ के सामने ससुर-दामाद क्या? एक दिन जब वह अपनी रानी के साथ शतरंज खेल रहा था, तो किसी भाट ने बढ़ा-चढ़ाकर उसकी बिरदावली गाते हुए उसे सात धारों (पहाड़ी डाड़ों का) राजा कहा। इन धारों में से एक सुकेत के राजा की थी, इसलिए रानी ने उसे कम कर दिया। इस पर राजा ने बिगड़कर शतरंज की चौपड़ को रानी के सिर पर फेंक मारा, और सुकेत के ऊपर आक्रमण करने के लिए अपनी सेना को आज्ञा दी। यह देखकर रानी ने अपने सिर से बहते हुए खून से लिखकर अपने बाप के पास चिट्ठी भेजी, और सावधान रहने के लिए कहा। बड़ी तैयारी के बाद दोनों सेनाएँ महादेव के नजदीक एक मैदान में इकट्ठा हुईं। लड़ाई में कल्याणचंद का घोड़ा घायल हो गया। उसके पास खड़े एक सिंहवाल सवार से उसका घोड़ा माँगा, जिसने इंकार कर दिया। उसके बाद से सिंहवाल मियाँ में से किसी को कहलूर राज्य से घोड़े नहीं मिलते थे। कल्याणचंद को लड़ाई में मर्णांतक चोट लगी, राजा शामसेन ने उसे अपने घर ले जाने के लिए हुकुम दिया, लेकिन वह रास्ते ही में मर गया। उसके मृत शरीर को कुछ ब्राह्मण कहलूर ले गये। इन ब्राह्मणों के वंशजों को भी इस सेवा के लिए काफी माफी मिली। इस लड़ाई में सुकेत के भाईबंद मंडीवालों ने भी कहलूर का साथ दिया था, और दोनों सेना पर विजय प्राप्त करने के बाद भी सुकेत की अवस्था आगे तेजी से बिगड़ती गई। कहते हैं चंदपिरी नाम का एक योगी सुकेत राजधानी के पास के गाँव परेरी में रहता था, जिसे राजा बहुत मानता था। योगी ने एक दिन प्रसन्न होकर राजा को एक चोला देकर कहा, कि लड़ाई के वक्त इसे पहनना। राजा ने योगी की बात की कोई परवाह न करके उसे अपने साईस को दे दिया। उसके पहनने के साथ ही चोला जलकर राख हो गया। योगी राजा को शाप दे, कुछ ही समय बाद वह परेरी की अपनी गुफा में मर गया। राजा ने चंदपिरी के स्मरण में वहाँ एक मंदिर बनाकर उसे जागीर दी, और यह भी आज्ञा दी, कि हरेक घर से एक पाथा अनाज और सारी रियासत के जुर्माने को साधुओं के लिए दिया जाये। इस रिवाज का पालन विक्रमसेन के समय तक रहा, फिर उगरसेन के समय उसमें कुछ परिवर्तन कर दिया गया।

शामसेन और उसके भाई नौरंग की रिश्तेदारी जम्मू के राजा के साथ थी, जिसके ऊपर बादशाह बिगड़ा हुआ था। नूरपुर के राजा ने शिकायत कर दी, कि दोनों भाई अपने संबंधी के खिलाफ कुछ नहीं करना चाहते, इस पर उन्हें दिल्ली में बुलाकर जेल में

डाल दिया गया। मियाँ नौरंगसिंह जेल ही में मर गया। कहते हैं इसी अपराध के लिए गुलेर के राजा मानसिंह को भी दिल्ली में जेल में डाल दिया गया था। जेल में रहते समय शामसेन ने माहुन (मधुमक्खी) नाग देवता की प्रार्थना की, जिसने मधुमक्खी के रूप में प्रकट होकर उसे मुक्त करने का वचन दिया। इसके थोड़े ही समय बाद शामसेन और गुलेर के राजा मानसिंह दोनों बंदीखाने से छोड़ दिये गये। शामसेन ने कृतज्ञता प्रकट करते हुए माहुननाग के मंदिर को 1100 रुपया सालाना की जागीर प्रदान की। देवता का नाम माहुन इसलिए पड़ा, कि वह बंदीखाने में राजा के सामने माहुन (मधुमक्खी) के रूप में प्रकट हुआ था। पीछे जागीर 1100 की जगह 300 की रह गई।

राजा की अनुपस्थिति के समय कुल्लू और मंडी के राजाओं ने सराज को छीन लिया, जिसमें कुल्लू ने श्रीगढ़, पीरकोट, नरायनगढ़, जाँज, जलौरी, राधोपुरबारी, डुम्हरी, मदनपुर और भमरी के परगनों को लिया, और मंडी ने सिराजमंडीगढ़, रायगढ़, चंजवालामगढ़, तुंगासी, माधवपुर, बंगा, फतेहपुर, बाजथाज, बग्रह, ऊपर-मग्रह, बाँसी और इलाका गुदाह को ले लिया।

दिल्ली से मुक्ति पाकर राजा शामसेन और राजा मानसिंह अंबान के रास्ते अपनी रियासत में लौटे। क्योंकि अपनी बहिन के निकालने के कारण बिसाहर सुकैत से नाराज था। बिसाहर के राणा ने दोनों से लड़ाई की, और हारने पर 50 हजार नजराना देकर राणा की जगह राजा की उपाधि उनसे प्राप्त की। लौटकर मानसिंह ने नगर से 12 मील पर मानगढ़ किला बसाया। शामसेन ने पीछे कतवालवाह इलाके को कटलेहर के हाथ में खोया। 21 वर्ष शासन करने के बाद उसके मरने पर सुकेत की गद्दी पर रामसेन बैठा। तत्पश्चात् गुरसेन, गरुड़सेन, भीकमसेन, रणजीत सिंह ने शासन चलाया।

रणजीतसिंह (1762-91 ई०) अपने पिता भीकमसेन के मरने पर गद्दी पर बैठकर 29 वर्ष शासन करता रहा। इसकी दो रानियाँ सिरमौर और गुलेर की राजकुमारियाँ थीं। गुलेरी रानी के ब्याह के समय, कहते हैं, राजा ने भाटों को 50 हजार रुपया नगद और एक लाख की खिलअत दी थी। राजा के भाई मियाँ किशनसिंह ने नाचनी-किले पर आक्रमण करके बड़े कड़े मुकाबिले के बाद शिवपुरी (हाट) को ले लिया, गोला-बारूद खत्म हो जाने पर, उसने अपने भाई से मदद माँगी, लेकिन मंडी के राजा ने दूतों को रिश्वत देकर कहलवा दिया, कि भाई स्वतंत्र होना चाहता है, इसलिए राजा ने सहायता नहीं दी। इस पर किशनसिंह ने अपने दामाद कांगड़ा के राजा संसारचंद से सहायता माँगी, जिसकी भेजी एक बड़ी सेना की मदद से उसने सुकेत पर अधिकार करके उसे जला दिया। इसके बाद वह जगन्नाथ चला गया। रणजीतसिंह अपने योग्य तथा शक्तिशाली वजीर नरपत के हाथ में खेलता था। लेकिन, सिरमौरी रानी का लड़का विक्रमसेन इसे पसंद नहीं करता था। एक बार वजीर से झगड़कर उसने तलवार निकाल ली। इसके बाद विक्रमसेन महालमोरियाँ चला गया, और बाप के मरने पर ही राजधानी लौटकर गद्दी पर बैठकर उसने पहला काम किया नरपत को

बँटवारा के किले में कैद करना। 1791 ई० में गद्दी पर बैठते ही उसने नरपत का सिर कटवा लिया। विक्रमसेन (1791-1838 ई०) ने दूसरे शक्तिशाली दरबारियों को भी झुकने के लिए मजबूर किया। मियाँ किशनसिंह ने अपने भतीजे की अधीनता स्वीकार की, और अपने पास से 80 हजार रुपया दे संसारचंद की सेना की मदद से मंडी से 6 किले छीन उन्हें सुकेत राजा को दे दिया। मंडी-राजा इसी समय संसारचंद के हाथ में बंदी बन गया, लेकिन उसकी प्रजा 12 साल तक सुकेत से लड़ती रही। इसी लड़ाई में वजीर पुन्नू—जो एक कंदारी कनेत था—सिकंदरा में लड़ते समय मारा गया। इस लड़ाई में कहलूर (बिलासपुर) का राजा मंडी की ओर था। इसके बाद पुन्नू के भाई घोरकन को वज़ीर बनाया गया; लेकिन उसे शिकार के समय किशनसिंह के लड़के मियाँ बिशनसिंह ने गोली मार दी—गोरखन ने बिशनसिंह के प्रति कुछ असम्मान दिखलाया था। एक परंपरा कहती है कि कहलूर के राजा ने विक्रमसेन को अपने वजीर अबलू की मार्फत कहलूर लाने के लिए प्रस्ताव किया। अपने भाई गोरखन की हत्या के कारण अबलू विक्रमसेन से बहुत जला-भुना था। इसीलिए कहलूर-राजा से अबलू ने साठगाँठ की। कहलूर ने वीरकोट किला और बाल के इलाके को मंडी को सौंपने के लिए मजबूर करने के वास्ते विक्रमसेन को कैद रखा। विक्रमसेन के वैसा करने पर भी उसे नहीं छोड़ा गया। विक्रमसेन के वजीर ईसूनंद, एवं तुलाराम बैरागी और भजनंद सरंदोला ने रात के वक्त राजा के हुक्काबरदार नायक को उसकी जगह छोड़ वहाँ से निकाल ले जाने में सफलता पाई। यह वह समय था, जब कहलूर (बिलासपुर)-राजा ने कांगड़ा के खिलाफ गोरखों को बुलाया, और किसी बहाने से विक्रमसेन को कहलूर बुलाया, जहाँ गोरखों ने उसे मुरलीमनोहर के मंदिर में छः महीने नजरबंद रखा। इस समय से फायदा उठाकर मंडी-राजा ने दो किलों को फिर दखल कर लिया। छः महीने की नजरबंदी के बाद संवत् 1865 (सन 1808 ई०) में विक्रमसेन कहलूर से भाग निकलने में सफल हुआ, और पैदल ही चलकर दैहर के किले पर पहुँचा। संसारचंद ने गोरखों का पल्ला भारी देख रणजीतसिंह से सहायता माँगी, जिसने संवत् 1868 (सन् 1811 ई०) में कांगड़ा को ले उसने सरदार देसासिंह मजीठिया को पहाड़ी रियासतों के ऊपर अपना नाजिम (राज्यपाल) नियुक्त किया। मजीठिया ने सुकेत के ऊपर 10 हजार रुपया वार्षिक कर रखा, जिसे कुछ ही समय बाद बढ़ाकर 15 हजार कर दिया। इस कर को अदा करने के लिए राजा ने इसी साल घाल (विशेष कर) लोगों पर लगाया, जो अंग्रेजी राज्य के समय तक जारी रहा। सिक्खों ने 15 हजार से भी संतोष न कर उसे 22 हजार कर दिया। मंडी के लोगों ने टीकर का गढ़ छीन लिया, इस पर मंडी-राजा ईसरीसेन पर दबाव डालकर विक्रमसेन ने उसे लौटाया। राजा विक्रमसेन के समय (1791-1838 ई०) पाईका किला बना था, जिसमें एक पत्थर पर निम्न अभिलेख है—
"पाईका गढ़ 12 द्वितीय ज्येष्ठ संवत्, राजा विक्रमसेन का संवत् 71 खाम में बनाया गया—ब्राह्मण अगरू 1, पलसरा परेमोन 1, काहनाजैमल 1, कोठाला दोगलु 1।"
एक बार कुम्हारसेन के राणा केसरीसिंह ने सुकेत में ब्याही एक स्त्री को रोक लिया,

इस पर विक्रमसेन ने मगरा के लोगों को राणा को गिरफ्तार करने का हुकुम दिया, और उसे पकड़कर सुकेत लाया गया। राणा ने 500 रुपया वार्षिक कर देना स्वीकार करके मुक्ति पाई।

सुकेत सिक्खों को 22 हजार रुपया वार्षिक कर मंडी के द्वारा देता था, लेकिन इतनी बड़ी रकम का बोझ रियासत उठाने में असमर्थ थी। इस पर विक्रमसेन ने मंडी के राजा को कुछ हानि पहुँचाये बिना अपने बोझ को कम करने की योजना बनाई। टिक्का (युवराज) उगरसेन तथा किशनसिंह—पौत्र मियाँ नरेंद्रसिंह पटियाला होते लाहौर गये। उन्होंने महाराजा रणजीतसिंह को कर कम कर 11 हजार करने तथा सीधे राजकोश में भेजने के लिए तैयार किया। विक्रमसेन के शासनकाल में पाल्ही का किला फिर से बनाया गया, और बीरकोट के हाथ से निकल जाने के बाद धारके गढ़ की रक्षा के लिए दुदार में एक किला बनाया गया। विक्रमसेन कठोर किंतु न्यायप्रिय राजा था। लूट-मार और औरतों के व्यापार के लिए वह हमेशा बड़ा कठोर दंड—मौत की सजा देता था। वह लंबा, सुंदर और सदाचारी था। 47 वर्ष शासन करने के बाद वह संवत् 1895 (सन् 1838 ई०) में मरा।

उगरसेन (1838-41 ई०) के शासनकाल में कहलूर की प्रजा ने अपने राजा खड्गचंद के खिलाफ विद्रोह किया। खड्गचंद ने उगरसेन से 25 हजार रुपया उधार लेकर विद्रोह को दबाना चाहा। उगरसेन ने राजा और प्रजा में सुलह कराने की कोशिश की। इसी समय वह मर गया। संवत् 1897 (1840 ई०) में लाहौर-दरबार ने जनरल वेनतुरा के अधीन एक बड़ी सेना कहलूर, मंडी और सुकेत के राजाओं को गिरफ्तार करके लाने के लिए भेजी। उगरसेन के गिरफ्तार होने की जरूरत नहीं पड़ी, क्योंकि उसने समय रहते सिक्खों के सामने अपना सिर झुका दिया। मंडी के राजा बलवीरसेन और कहलूर के राजा की रियासतों पर सिक्खों ने अधिकार कर लिया। 1843 ई० में उसका पुत्र रुद्रसेन—जिसकी उमर उस समय 14 साल की थी—अपने बाप से बिगड़ कर मंडी चला गया, लेकिन मंडी के राजा बलवीरसेन ने बाप-बेटे में मेल करा दिया और टिक्का रूद्रसेन फिर सुकेत लौट आया। 1843 ई० में रुद्रसेन ने कांगड़ा की एक कटोच राजकुमारी से ब्याह किया, और उसी साल के अंत में बिशनसिंह के लड़के नरेंद्रसिंह ने—जिसने अपनी दासी-पुत्री का ब्याह महाराजा शेरसिंह से किया था—टिक्का रुद्रसेन से मेल कर लिया। इसके बाद फिर टिक्का और उसके बाप में वैमनस्य हो गया। बाप-बेटे के विरोध में पुरोहित देवीदत्त, गोरधन कायस्थ, मियाँ केसू, ठाकुरदास खत्री और तानागिताल टिक्का की ओर हुए, सिक्ख महाराजा शेरसिंह भी उनका समर्थक था। शिवदास का राजा के ऊपर बहुत प्रभाव था, इसलिए टिक्का उसे हटाना चाहता था। लेकिन, पाधा नरोत्तम अधाधारी ने कुछ कागज-पत्र दिखलाये, जिन्हें गोरधन ने लिखा था, और जिनसे सिद्ध होता था, कि टिक्का के समर्थक राजा को जहर देना चाहते थे। नरेंद्रसिंह उस वक्त मौजूद नहीं था, इसलिए टिक्का की गिरफ्तारी हुई और कोतवाली वजीर पत गोरधन, तानापाधा और देवीदत्त को कैद में डालकर उनकी कठोर सासत करने लगा। गोरधन

का घर लूट लिया गया, और उसकी जगह नरोत्तम को राजा का पुरोहित बनाया गया। नरेंद्रसिंह को निर्वासित करके उसकी जागीर जब्त कर ली गई। 1849 ई० में टिक्का ने कहलूर में शरण लेनी चाही, लेकिन उसके थोड़े ही समय बाद जी० सी० बार्नेस ने पिता-पुत्र में सुलह करा दी, और टिक्का सुकेत लौट आया। यह कहने की आवश्यकता नहीं, कि 1846 ई० की लड़ाई के बाद पहाड़ी रियासतें अंग्रेजों के हाथ में चली गई थीं। टिक्का के लौटने के बाद वजीर पत को गिरफ्तार करके उस पर 10 हजार रुपया जुर्माना किया गया, और नरोत्तम को उसकी जगह वजीर बनाया गया। सन् 1846 ई० के प्रथम सिक्ख-युद्ध में दूसरे पहाड़ी राजाओं की तरह उगरसेन ने सिक्खों का साथ दिया, लेकिन सिक्खों की हार के बाद गुप्त रीति से अंग्रेजों के साथ सुलह करके वह सुकेत लौट आया।

टिक्का रुद्रसेन की रानी टेहरी-गढ़वाल के राजा सुदर्शनशाह की लड़की थी। इस ब्याह के छः महीने बाद 1853 ई० में राजकुमारी (देई) शारदा का ब्याह चंबा के राजा सोहरसिंह से बड़े ठाटबाट के साथ हुआ, जिसके खर्च के लिए प्रजा पर कर लगाया गया। टिक्का की तीसरी रानी कहलूर के मियाँ ईसरीसिंह की पोती थी। वजीर नरोत्तम का प्रभाव बाप के ऊपर बहुत था। उसे गिरफ्तार करने में असफल होने पर 1857 ई० में टिक्का फिर सुकेत छोड़ कर चला गया। कहा जाता है, वजीर ने एक ब्राह्मण पर जुर्माना किया था, जिसको राजा ने माफ कर दिया, लेकिन वजीर ने उसे देने के लिए मजबूर किया। इस पर टिक्का और उसके समर्थकों ने वजीर के गिरफ्तार करने की माँग की। राजा ने इसे स्वीकार किया, लेकिन वह डेढ़ साल तक कार्यरूप में परिणत नहीं किया गया। इस पर टिक्का सुकेत छोड़ कर होशियारपुर, लाहौर और जलंधर में जा रहा। उसके समर्थक वजीर पत और ईशरिया कायस्थ ने डेढ़ वर्ष तक नरोत्तम का मुकाबला किया, इसके बाद वह भी मंडी भाग गये। 1859 ई० में विजयसेन का ब्याह दातारपुर के राजा की लड़की से हुआ। इसी समय टिक्का मंडी चला गया, जहाँ अपनी गढ़वाली और कहलूरी रानी के साथ वह धासनू महल में रहने लगा।

सुकेत में लोगों में असंतोष फैलने लगा था। टिक्का लौटने से इंकार कर हरिपुर (पटियाला) चला गया, जहाँ कहलूरी रानी भी आ गई, और 1863 ई० में उससे अरिमर्दन का जन्म हुआ। एक साल बाद एक लड़की पैदा हुई, जिसका ब्याह सिरमौर के राजा से हुआ था। टिक्का का दूसरा पुत्र दुष्टनिकंदन 1866 ई० में पैदा हुआ।

नरोत्तम वजीर राज्य के वजीर के साथ-साथ नरसिंह-मंदिर का भी वजीर था। उसने एक नया कानून बनाया, कि विधवाओं को बेच कर उसका रुपया राज्य को न दे नरसिंहजी के मंदिर को दिया जाना चाहिए। जब तक वह वजीर रहा तब तक यह कानून चलता रहा। नरसिंहजी की आमदनी से उसने दुर्गा के मंदिर को फिर से बनवाया। उसका सहकारी लुंगू पहाड़ी इलाके का प्रबंधक नियुक्त हुआ, और लेकिन जब लुंगू का बड़ा भाई धेंगल वजीर बना, तो उसने नरोत्तम को उसके पद से हटा दिया। धेंगल का शासन बड़ा अत्याचारपूर्ण था। उगरसेन के संवत् 1910 (सन् 1853 ई०) में राजगद्दी पर बैठते समय जो जुर्माने हुए थे, उन्हें भी बेकसूर आदमियों से उसने वसूल किया। एक

समय जब वह पहाड़ में दौरे पर निकला था तो गढ़चवासी के लोगों ने उसे 12 दिन तक पकड़ कर सासत दी, और राजा के हुकुम पर ही छोड़ा। संवत् 1919 (सन् 1862 ई०) में राजा स्वयं पहाड़ के दौरे पर निकला। लोगों के शिकायत करने पर वजीर को नौ महीने जेल में रखकर उस पर 20 हजार रुपया जुर्माना किया गया। संवत् 1923 (1866 ई०) एक खवास (रखैल) से उत्पन्न राजा के पुत्र मियाँ ज्वालासिंह का ब्याह मंडी के राजा की एक सतोरी कन्या से बड़े धूमधाम से हुआ। संवत् 1930 (1873 ई०) में दौरे पर निकलने के समय लोगों पर राजा ने 72 हजार रुपया जुर्माना किया, जिसके कारण कितने ही लोग हरिपुर भाग गये। लुंगू वजीर भी भागकर कहलूर चला गया। राजा का पहले का मुँहलगा मुंशी बंशीलाल मंडी भागा जा रहा था, उसे पकड़कर जेल में डाल दिया गया। राजा उगरसेन ने अमला-बिमला में एक शिवालय बनवाया। 1875 ई० में उसे लकवा मार गया, और उसी साल 25 भादों संवत् 1932 (1878 ई०) में वह मर गया। यद्यपि वह बड़ा कठोर शासक था, लेकिन उदारता, विनय और साहस के कारण लोग उसका सम्मान करते थे। वह संस्कृत अच्छी जानता था और चिकित्सा तथा संगीत से भी उसका परिचय था।

बाप के मरने पर टिक्का अब राजा रुद्रसेन (1875-79 ई०) के नाम से हरिपुर से सुकेत 1 आश्विन संवत् 1932 (1875 ई०) पहुँचा, और उसी साल 29 माघ को गद्दी पर बैठा। उसने धेंकल को अपना वजीर बनाया, और रामदित्तामल द्वारा रियासत के हिसाब-किताब को ठीक-ठाक कराया। फिर हरिपुर लौटकर उसने अरकी के जयसिंह की लड़की से ब्याह किया। सुकेत लौटने पर उसने प्रतिखार जमीन पर 4 से 8 रुपया लगान (धाल) लगाया और व्यक्ति-कर हटा दिया, और 540 खार भूमि के शासन (मुआफी) को भी लौटा लिया। एक साल बाद उसने रामदत्तामल को अपना वजीर बनाया। अंग्रेजों के संपर्क में आकर दूसरे रियासती राजाओं की तरह सुकेत के राजा भी अपने खर्च को बेतहाशा बढ़ाते जा रहे थे, और उसके लिए लगान बढ़ाना जरूरी था। रामदत्तामल के वजीर होने के बाद धाल को बढ़ाकर प्रतिखार 11 से 15 रुपया तक कर दिया। पहले मकान बनाने के लिए लकड़ी मुफ्त मिलती थी, अब उसका दाम लिया जाने लगा। गोचर भूमि पर भी कर लगाया गया, दूसरे कितने ही टैक्स लगाये गये। लोगों में असंतोष होना ही था। करसोक के लोगों ने मुंसरिम परमेश्वरीदास को पकड़कर राजा के पास अपने कष्टों को कम करने की प्रार्थना की, पर राजा ने कोई संतोषजनक जवाब नहीं दिया। इसी बीच मियाँ शिवसिंह तथा दूसरे कितने ही मियाँ रियासत से निर्वासित कर दिये गये, क्योंकि राजा उन्हीं को इस सारी गड़बड़ी का कारण मानता था। सुकेत की हालत खराब देखकर जलंधर के कमिश्नर ट्रेमलेट ने सुकेत आकर जाँच शुरू की। असंतुष्ट होकर रुद्रसेन लाहौर चला गया। 25 चैत संवत् 1935 (सन् 1879 ई०) को राजा को गद्दी से उतार दिया गया। कुछ दिनों लाहौर और जलंधर में रहने के बाद वह जाकर होशियारपुर में रहने लगा, जहाँ 2 मगहर संवत 1944 (1887 ई०) को उसकी मृत्यु हो गई।

बाप के गद्दी से उतारने के समय अरिमर्दनसेन 15 वर्ष का लड़का था, इसलिए रुद्रसेन के भाई मियाँ शिवसिंह और चचा जगतसिंह को मैनेजर नियुक्त किया गया। भादों संवत् 1936 में कांगड़ा के एक कानूनगो हरदयालसिंह को तहसीलदार बनाकर सुकेत भेजा गया, जो तीन वर्ष बाद मैनेजर हो गया। हरदयालसिंह ने सुकेत राज्य के इतिहास पर एक पुस्तक लिखी है। अरिमर्दनसेन 26 कार्तिक संवत् 1936 को धर्मशाला (कांगड़ा) में मर गया, और उसका छोटा भाई दुष्टनिकंदनसेन गद्दी पर बैठा। दुष्ट-निकंदन का जन्म 8 फाल्गुन संवत् 1922 (सन् 1866 ई०) में हुआ था, इस प्रकार 12 चैत संवत् 1936 (1879 ई०) में गद्दी पर बैठने के समय वह 13 साल का था। बालिग होने पर (1886 ई०) उसे शासन का अधिकार दिया गया। 28 मगहर (मार्ग-शीर्ष) संवत् 1938 को उसका ब्याह भंगल के राजा ध्यानसिंह के भाई की लड़की से हुआ था। उसका सबसे बड़ा लड़का टिक्का भीमसेन 13 मगहर संवत् 1942 (1885 ई०) में पैदा हुआ। दूसरा पुत्र लक्ष्मणसिंह 30 श्रावण संवत् 1951 (1894 ई०) में पैदा हुआ। टिक्का भीमसेन की शिक्षा लाहौर ऐचोसन राजकुमार कालेज में हुई। संवत् 1884-1891 तक अंग्रेज डोनाल्ड रियासत का वजीर रहा, उसके बाद मार्च 1891 से मई 1853 तक सी० जे० हैलिफक्स आई० सी० एस० मैनेजर रहा। इस समय रियासत में कितने ही सुधार किये गये। चवासी, बगराह, रामगढ़ और कजावनगढ़ के इलाकों में मालगुजारी रुपये पीछे ढाई आना और बाकी रियासत में दो आना कम कर दी गई। 1891 ई० (संवत् 1947) में ब्राह्मणों और राजपूतों को बहुत-सी सुविधाएँ दी गईं। गद्दी पाने के थोड़े ही दिनों बाद सदर में एक डिस्पेंसरी खोली गई। 1853 ई० में भोजपुर में स्कूल खुला, 1900 ई० में डाकखाना और 1906 ई० में तारघर स्थापित हुआ। सड़कों की मरम्मत की गई, राजा ने नये महल, नये आफिस और अन्न की बखारें बनवाईं, बुनेड में सिपाहियों के लिए बैरक और नये जेल बनाये गये। शासन-व्यवस्था में सुधार करके बहुत-से अनावश्यक पदों को उठाकर खर्च कम कर दिया गया, सभी कर्ज अदा कर दिये गये।

मंडी राज्य सुकेत की ही शाखा है, यह हम बतला आये हैं। इसकी स्थापना सुकेत के राजा साहुसेन के पुत्र बाहुसेन के वंशजों ने की। सुकेत और मंडी दोनों वंशों का पूर्वज राजा सूरसेन नवद्वीप का अंतिम सेन राजा था। उसके पुत्र रूपसेन ने रोपड़ में रहना शुरू किया, जहाँ मुसलमानों के हाथ मारा गया। उसके तीनों लड़कों में बड़े वीरसेन ने सुकेत, गुरसेन ने क्यूंठल और हमीरसेन ने किश्तवार के राज्यों की नींव डाली। वीरसेन का आठवाँ उत्तराधिकारी साहुसेन सुकेत की गद्दी पर बैठा, जिससे उसका छोटा भाई बाहुसेन झगड़ा करके मंगलोर (कुल्लू) में जाकर रहने लगा। बाहुसेन से कंचनसेन तक उसके 11 उत्तराधिकारी मंगलोर में रहे। कंचन (करनचन) कुल्लू के राजा से लड़ते हुए मारा गया। उसकी रानी मंडी में शिवकोट के राजा के पास अपने पीहर जब भागकर आई, तो गर्भवती थी। रास्ते में जंगलों में भूलती-भटकती थकी-माँदी एक बान के वृक्ष के नीचे पड़ रही, वहीं उसके एक पुत्र पैदा हुआ जिसका नाम बान या बानो रखा गया।

शिवकोट के राणा का कोई पुत्र नहीं था। उसने अपने नाती बानसेन को अपना उत्तराधिकारी बनाया। नाना के मरने के बाद बानसेन शिवकोट का राणा हुआ। उसने अपने राज्य को और बढ़ाया, और वर्तमान मंडी से 4 मील ऊपर मिउली में अपने लिए महल बनवाया। उसके पुत्र कल्याण (ककियान) सेन ने नदी के पार बटोहली को मंडी से खरीदा, और वहाँ एक महल बनवाया, जिसके ध्वंसावशेष अब भी वहाँ मौजूद हैं। आगे के पाँच उत्तराधिकारियों के बारे में बहुत मालूम नहीं है।

मंडी नगर को अजबरसेन (1534 ई०) ने बसाया, यही उसके शासन की बड़ी घटना है। 1534 ई० में उसका पुत्र छतरसेन गद्दी पर बैठा। उसके बाद साहेबसेन राजा हुआ, जिसके उत्तराधिकारी नरायणसेन ने राज्य की सीमा का और भी विस्तार किया। उसके बाद केशवसेन और हरिसेन मंडी के राजा हुए। हरिसेन का वंशवृक्ष विजयसेन (1902 ई०) और भवानीसेन तक पनपने का इतिहास मिलता है।

हरिसेन के पुत्र सूरजसेन (1623-58 ई०) के समय से मंडी के इतिहास पर कुछ अधिक प्रकाश पड़ता है। सूरजसेन बड़ा मनस्वी राजा था। उसने अपने राज्य-विस्तार के लिए पड़ोसियों पर आक्रमण किया। भंगाल के राजा के ऊपर जब प्रहार हुआ, तो उसने अपने बहनोई कुल्लू के राजा मानसिंह से मेल किया, और दोनों की संयुक्त सेनाओं के सामने सूरजसेन को हार खानी पड़ी, और मंडी की सीमा वीर और ऐजू गाँवों को मानना पड़ा। सूरजसेन ने अबकी कुल्लू पर आक्रमण किया, लेकिन उसे हार खानी पड़ी, और कुल्लू की सेना ने मंडी पर धावा बोल कर गूमा और द्रांग की नमक की खानों पर अधिकार कर लिया, जो मंडी की आमदनी के सबसे बड़े साधन थे। सूरजसेन ने युद्ध के सारे खर्च को देकर सुलह कर, पहली सीमा बरकरार रखी गई। गोलेरिया राजा से भी उसे हार खानी पड़ी थी, और कांगड़ा के साथ विरोध करने का फल यह हुआ, कि उसकी राजधानी को दो बार कांगड़ी सेना ने लूटा। 1651 ई० में सूरजसेन ने कमला के पहाड़ी किले तथा राजधानी में दमदमा महल बनवाया। उसने पहले-पहल जिंसी की जगह नगदी मालगुजारी लेने की व्यवस्था शुरू की। सूरजसेन के 18 पुत्र हुए, जो सभी उसके जीवन में ही मर गये। निराश होकर उसने एक चाँदी की मूरत बनाकर उसका नाम माधवराव रखा, और उसको 1638 ई० में अपना राज्य अर्पित कर दिया। सूरजसेन के बाद उसके भाई श्यामसेन (1658-73 ई०) ने गद्दी पर बैठकर 15 साल राज्य किया। उसने मंडी में श्यामाकाली का प्रसिद्ध मंदिर बनवाया। मुगलों ने कहलूर के राजा ताराचंद पर हमला किया तो उस समय श्यामसेन उसकी मदद के लिए गया, जिसमें उसे सफलता मिली, और इस युद्ध में भाग लेने वालों को उसने 'बरतो' माफी भूमि दी।

मुगल सल्तनत के दुर्दिन के समय मंडी का शासक सिद्धसेन (1686-1758 ई०) था। इससे पहले श्यामसेन का उत्तराधिकारी गुरसेन गद्दी पर बैठकर मर चुका था। सिद्धसेन ने सुकेत, बनगाहल और कुल्लू की बहुत-सी जमीन छीनकर अपने राज्य का विस्तार किया। अपने इस उद्देश्य के लिए अपने किसी काम के करने में उसे हिचकिचाहट नहीं थी, यह इसी से मालूम होगा, कि उसने अपने ससुर बनगाहल राजा पृथिवीपाल को

मंडी में बुलवाकर विश्वासघात के साथ मरवा डाला, जिसके सिर को सिद्धसेन ने महल के सामने अपने बनवाये तालाब के बीच के खंभे के नीचे गड़वा दिया। इस खंभे पर उसके बाद बराबर हर शाम को चिराग जलाया जाता है। 17वीं शताब्दी के अंत में गुरु गोविंदसिंह मंडी आये, तो राजा सिद्धसेन ने उनका बड़ा सत्कार किया। गुरु का वचन—'मंडी को जब लूटेंगे. असमानी गोले छूटेंगे' कभी पूरा नहीं हुआ।

सिद्धसेन का वजीर जिप्पू गुरसेन का अवैध पुत्र था। वह बड़ा योग्य शासक था। उसने कर-व्यवस्था में कितने ही सुधार किये, जो पीछे भी चलते रहे। ब्याह-मँगनी में अंधाधुंध खर्च को भी उसने कम किया। उसने सरकारी बखार से लोगों को सवाई पर अन्न उधार देने की प्रथा चलाई। यदि कोई अन्न लौटा न पाता तो, उससे नया दस्तावेज लिखाकर हर चौथे साल दिये अनाज के परिमाण को दूना कर दिया जाता। सरकार से कर्ज लेने पर एक पैसे रुपया प्रतिमास (प्राय: 20 सैकड़ा) सूद लिया जाता। इससे पहले भू-कर मुख्यत: जिस के रूप में लिया जाता था। अगर निश्चित मालगुजारी चाँदी के रूप में नहीं दी जाती, तो ताँबे के पैसे लिए जाते, लेकिन तीन टका (डेढ़ आना) प्रति रुपया बढ़ाकर। जिप्पू अपनी मौत तक मंडी का प्रधानमंत्री रहा। उसके बाद सिद्धसेन के भाई घुर्जटी ने उस स्थान को सँभाला।

जून 1839 में महाराजा रणजीतसिंह मर गये। सिक्खों की खालसा सेना यदि लूट या लड़ाई में व्यस्त न हो, तो अपने मालिकों के लिए खतरनाक हो जाती थी। यद्यपि मंडी का कोई कसूर नहीं था, तो भी लाहौर ने उसके अंग-भंग करने का निश्चय कर लिया। जनरल वेनतुरा के अधीन सिक्ख सेना ने आकर मंडी के थोड़े-से प्रतिरोध के बाद कमला के किले पर अधिकार कर लिया। इस अभियान के दौरान बलवीरसेन को (1839-51 ई०) को गिरफ्तार कर अमृतसर भेज वहाँ के किले में कैद कर दिया गया। मुक्ति पाकर जब वह 1841 ई० में मंडी लौटा, तो उसने सिक्ख राज्यपाल गुलाम मोहीउद्दीन रियासत का वास्तविक शासक देखा! सिक्खों के अत्याचारों से तंग आकर प्रथम सिक्ख-युद्ध से पहले ही 1845 ई० में बलवीरसेन ने अंग्रेजों से बातचीत शुरू की। सोबराँव के युद्ध में सारी वीरता दिखलाने के बाद भी आधुनिक रणकौशल और हथियारों से सुसज्जित विशाल अंग्रेजी सेना के सामने खालसा को जब हार खानी पड़ी, तो 24 अक्तूबर, 1846 में मंडी ने बाकायदा अंग्रेजों की अधीनता स्वीकार की। गवर्नर-जनरल ने उस दिन जो सनद बलवीरसेन को दी, वह निम्न प्रकार थी—

"चूँकि अंग्रेजों और सिक्ख-सरकार के बीच में 19 मार्च, 1846 को जो संधि लिखी गई, उसके अनुसार पहाड़ी देश माननीय कंपनी के हाथ में आ गया, और चूँकि भारी इज्जतदार मंडी का राजा बलवीरसेन ने अंग्रेजी सरकार के प्रति हार्दिक भाव और भक्ति प्रकट किया; इसलिए अंग्रेजी अभियान के आरंभ से पहले जो उसकी सीमा थी, उसके साथ (मंडी) रियासत शासन-संबंधी पूरी शक्ति के साथ अब ब्रिटिश सरकार द्वारा राजा बलवीरसेन और उसके शरीर से उसकी रानी द्वारा हुए पुरुष उत्तराधिकारियों को पीढ़ी-दर-पीढ़ी के लिए दी जाती है। यदि ऐसा उत्तराधिकारी न रह जाये, तो अंग्रेजी

सरकार के सामने सिद्ध किये हुए राजा के वंश के दूसरे पुरुष अधिकारी को शासन-संबंधी शक्ति के साथ उक्त रियासत दी जायेगी। राजा को यह मालूम होना चाहिए, कि ब्रिटिश सरकार ऐसे किसी भी आदमी को मंडी की गद्दी से हटाने की स्वतंत्रता रखती है, जो कि आचारहीन, ठीक से राज्य-प्रबंध करने में अयोग्य साबित हो, और उसकी जगह (ब्रिटिश सरकार) राजा के सबसे नजदीक के उत्तराधिकारी को—जो कि राज्य का शासन-प्रबंध करने योग्य है, और उत्तराधिकार का अधिकारी है—नियुक्त करेगी। राजा और उपरोक्त प्रकार से वर्णित उसके दूसरे उत्तराधिकारी को इस सनद की निम्न शर्तों का पालन करना होगा—

1. राजा प्रतिवर्ष दो किस्तों में 1 लाख कंपनी रुपया नजराना शिमला और सबाथू के खजाने में अदा करेगा। पहली किस्त 1 जून को और दूसरी 1 नवंबर को होगी। 2. वह आयात और निर्यात किये हुए माल पर कोई चुंगी या कर नहीं लेगा, और अपने राज्य के भीतर महाजनों और व्यापारियों की रक्षा के लिए अपने को जिम्मेवार समझेगा। 3. वह अपनी रियासत में कम से कम 12 फुट चौड़ी सड़कें बनवायेगा, और उनकी अच्छी तरह से मरम्मत करता रहेगा। 4. गड़बड़ी होने पर अपनी सेना और पहाड़ी कुलियों के साथ, जब जरूरत होगी, वह अंग्रेजी सेना के साथ हो ब्रिटिश अधिकारी जो भी हुकुम निकालें, उन्हें पूरा करने के लिए तैयार रहेगा, और यथाशक्ति रसद देगा। 5. उसके और किसी दूसरे राजा के बीच जो कोई झगड़ा पैदा हो, उसे वह अंग्रेज दरबार के पास भेजेगा। 6. मंडी रियासत के भीतर के लोहे और नमक-खान आदि के ऊपर लगाये गये करों के संबंध में पहाड़ी रियासतों के सुपरिंटेंडेंट की सलाह से नियम बताये जाएँगे, और इन नियमों का उल्लंघन नहीं किया जाएगा। 7. राजा उक्त रियासत की भूमि के किसी भाग को अंग्रेज सरकार के ज्ञान और अनुमति के बिना न बेचेगा, और न रेहन द्वारा हस्तांतरित करेगा। 8. वह अंग्रेजी कानून के विरुद्ध दासों का क्रय-विक्रय, सती, शिशु-हत्या और कोढ़ियों को जलाने या डुबाने जैसी प्रथाओं को बंद कर देगा, और किसी को उन्हें फिर से चलाने नहीं देगा। राजा के लिए यह जरूरी है कि वह अपने राज्य की सीमा के बाहर या किसी दूसरे राजा की भूमि को न दबाये, और इस सनद की शर्तों का अनुसरण करे। अपनी प्रजा की भलाई, अपने देश की समृद्धि, भूमि की उर्वरता को बढ़ाने, सताये हुओं को उचित न्याय देने, उचित अधिकार को लोगों को लौटाने और सड़कों की सुरक्षा के लिए उपयोगी तरीकों को अख्तियार करे। वह अपनी प्रजा की लूट-खसूट न कर उन्हें सदा संतुष्ट रखेगा। मंडी रियासत की प्रजा को राजा और उसके उपरिउल्लिखित अधिकारियों को इस भूमि का एकमात्र स्वामी मानना होगा, और जो कर वाजिब है, उसे देने से इंकार नहीं कर उसके वंशवद हो उसकी आज्ञाओं के अनुसार काम करना होगा।"

पिता के मरने के समय विजयसेन (1851-1902 ई०) सिर्फ 4 साल का था, इसलिए उसकी नाबालिगी के लिए एक अभिभावक-परिषद् नियुक्त की गई, जिसमें सर्वशक्तिशाली प्रधानमंत्री गोसाऊँ के अतिरिक्त मियाँ भागसिंह और पुरोहित शिवशंकर

भी थे। दो साल बाद परिषद् (कौंसिल) को फिर से संगठित किया गया, और उस वक्त सारा प्रबंध बजीर गोसाऊँ के हाथ में दे दिया गया। रियासत के प्रबंध में कुछ लाभ जरूर हुआ, लेकिन तरुण राजा की शिक्षा की ओर कोई ध्यान न दे उसके साथ बुरा बर्ताव किया गया। 1861 ई० में पुरोहित शिवशंकर को कांगड़ा में निर्वासित कर दिया गया, और वजीर पर दो हजार जुर्माना हुआ। अंत में 1863 ई० में अंग्रेजों ने शिक्षा-विभाग के एक अफसर क्लार्क को राजा की शिक्षा-दीक्षा के लिए नियुक्त किया। बालिग होने पर राजा ने रियासत की भलाई के लिए कई काम किये। बैजनाथ से कुल्लू तक की सड़क बनाई गई, डाकबँगले और डाकखाने स्थापित किये गये। लेकिन, राजा अंत में कमजोर दिमाग का साबित हुआ। वजीर के साथ उसकी अनबन थी, और वह रनिवास तथा दूसरे चापलूसों के हाथ का खिलौना बन गया। शासन-प्रबंध में बड़ी गड़बड़ी देख, अंग्रेजों ने 1870 ई० में हैरिसन को राजा का सलाहकार नियुक्त किया। 1879 ई० में जलंधर के कमिश्नर कर्नल डब्लू० जी० डेविस ने राजा की सम्मति से शासन-प्रबंध के लिए नई योजना बनाई, जिसके अनुसार मियाँ मार्नासह, पाधा जीवानंद और मुंशी गंगासिंह की एक परिषद् (कौंसिल) नियुक्त की गई। लेकिन, आपसी वैमनस्य के कारण 1880 ई० के अंत में यह व्यवस्था टूट गई, परिषद् हटा दी गई, और 1879 ई० में बर्खास्त किये गये वजीर उत्तमसिंह को फिर उसके पद पर बुला लिया गया। उत्तमसिंह ने 1888 ई० तक अच्छा काम किया, लेकिन लकवा की बीमारी में पड़कर उसी साल अक्तूबर में वह मर गया। इसके बाद तहसीलदार जवाहरमल को वजीर नियुक्त किया गया, जिसके समय में लोगों में असंतोष के चिह्न दिखाई देने लगे। राजा ने 1889 ई० के आरंभ में अंग्रेजों से मदद माँगी, और एच० जे० मेनार्ड (आई० सी० एस०) को राजा का कौंसिलर नियुक्त करके भेजा गया। उसने एक साल के करीब मंडी में रहकर कुछ सुधार के काम किये। मार्च 1890 में अपना स्थान छोड़ने के समय मेनार्ड के सुझाव पर राजा ने सी० ई० फँडल को विशेषकर लोककार्य और वन-विभाग के प्रबंध के लिए रखा। 1893 ई० की जून में चेचक के टीके को लेकर सराज के लोगों में दूसरी गड़बड़ी हुई। वहाँ के लोग वजीर ज्वालासिंह से असंतुष्ट थे। इस पर ज्वालासिंह को हटाकर मियाँ उत्तमसिंह को वजीर बनाया गया। 1894-1900 ई० का समय मंडी राजवंश के लिए अच्छा नहीं था। राजा के दो लड़के पैदा होकर बचपन में ही मर गये। उसकी आँखों में फूली पड़ गई, और इस प्रकार वह रियासत के काम को बिल्कुल नहीं देख सकता था। ऊधमसिंह और फेंडल का इसी समय आपस में झगड़ा उठ खड़ा हुआ, जिस पर1901 ई० में दोनों को हटाकर पाधा जीवानंद को जोधपुर राज्य की कौंसिल मेम्बरी से बुला लिया गया। लंबी बीमारी के बाद दिसंबर 1902 में विजयसेन मर गया। भवानीसेन (1902-12 ई०) यद्यपि सजातीय रानी का पुत्र न होने से वैध संतान नहीं था, लेकिन किसी दूसरे उत्तराधिकारी के न होने से अंग्रेजों ने उसी को उत्तराधिकारी माना, और नवंबर 1903 में पंजाब के लेफ्टिनेंट-गवर्नर ने आकर उसे गद्दी पर बैठाया। उस समय विजयसेन लाहौर में एचीसन राजकुमार कॉलेज में पढ़ता था।

राज्य का प्रबंध टी० मिलर (आई० सी० एस०) के सुपुर्द किया गया, जो अक्तूबर, 1905 तक इस पद पर रहा, जबकि राजा को शासन का पूरा अधिकार दिया गया।

मंडी के अंतिम राजाओं के समय हुए विशेष रूप से उल्लेखनीय कुछ काम इस प्रकार हैं: 1868 ई० में बैजनाथ-कुल्लू और बैजनाथ-मंडी की सड़कें बनाई गईं, और उन पर डाकबँगले तैयार किये गये। 1878 ई० में मंडी में व्यास के ऊपर एक लाख रुपया लगाकर लोहे का पुल बनाया गया। 1881 ई० में सिकंदरा-मंडी की 25 मील लंबी सड़क तैयार हुई। 1883 ई० में 81 मील लंबी मंडी-कुल्लू सड़क बनी। 1903 ई० में मंडी में एक अच्छा अस्पताल बनकर तैयार हुआ। मंडी राजकीय स्कूल भी इसी समय बना। अंग्रेजी शासन के अंत में 1947 ई० तक मंडी पंजाब के राजाओं में छठे दर्जे की रियासत मानी जाती थी, और वह एक लाख रुपया वार्षिक कर देती थी। राजा को 11 तोपों की सलामी थी।

संस्कृति

मंडी हिमाचल के सबसे घने बसे हुए जिलों में से है। 1901 ई० में प्रति वर्ग-मील यहाँ 154 आदमी बसते थे। सुकेत की आबादी की घनता उसके बाद आती है। सांस्कृतिक रूप बहुत मोहक है। रहन-सहन, रीति-रिवाज, मेले-त्यौहार, सब मिलकर हिमाचल की एक विशेष जीवन-संस्कृति का दर्शन कराते हैं।

मंडी के यहाँ के ब्राह्मण तीन श्रेणियों में बँटे हैं, जिनमें पुरोहित, पंडित, तुनेत, उपधया, लगवाल और दिच्छत प्रथम श्रेणी के हैं। औसधी (अवस्थी), छजवान, रोर, सियात, खलात और बीस दूसरी श्रेणी के ब्राह्मण हैं। हलबाही ब्राह्मण तीसरी श्रेणी में गिने जाते हैं, जिनमें मुख्य हैं बताहनू, सुराहनू, कटवार, जमनोनी, हरलियानी, बटेहरू, लडवाल, पंडित, खलरोइया, नादे, चिनाहलू, बरवाल, असलू, उपादे। हरेक श्रेणी के ब्राह्मण अपने भीतर ही व्याह करते हैं, लेकिन कभी-कभी ऊपरी श्रेणी वाले निचली श्रेणी के ब्राह्मण की लड़की ले लेते हैं, लेकिन अपनी लड़की नहीं देते। तीसरी श्रेणी के ब्राह्मणों में निम्न भी हैं—अमोनफोर, कम्हपादी, कस्केपादी, कतभाट, छेरी, जान, गुमवाल, थर्र, दारीकी पाधी, दोरमार, धपोना, दरंगवाल, पर्सवाल, भटेरा, भाट, मधोगर, मर्थवन (मर्थवाल), मल्हवार, रिवारू, सतसाव।

सुकेत के ब्राह्मण भी तीन श्रेणियों में विभक्त हैं, जिनमें पहली श्रेणी के ब्राह्मण वह माने जाते हैं, जो राजा वीरसेन के साथ आये थे। वह अपने को गौड़ ब्राह्मण कहते हैं। इनकी सबसे अधिक संख्या पुरानी राजधानी नगर में है, और वह अधिकतर पुरोहिती का काम करते हैं, उनके पास कुछ भूमि के दानपत्र भी हैं। दूसरी श्रेणीवाले अपने को सारस्वत ब्राह्मण कहते हैं, जो ही यहाँ के पुराने ब्राह्मण थे। तीसरी श्रेणी वाले भी सारस्वत ब्राह्मण हैं, पर हल जोतते हैं। मंडी और सुकेत के ब्राह्मणों में प्रायः एक ही तरह के भेद पाये जाते हैं, जो होना भी चाहिए, क्योंकि दोनों के राजवंश मूलतः एक ही थे।

मंडी में भी राजपूतों की स्थिति करीब-करीब वही है, जो कांगड़ा में। यहाँ राजवंश के राजपूत मियाँ कहे जाते हैं, जो प्रथम श्रेणी में हैं। कटोच, गुलेरिया, जमवालिया, जसवालिया, द्रोल, पठानिया, बनगाइलिया, मंडियाल, सोंखला, सिबाया, सरोच, हठियाल, प्रथम श्रेणी के राजपूत हैं। इनमें कटोच, गुलेरिया, जसवाल, सरोच और सिबया एक ही वंश (कटोच) के होने से गोत्र वाले हैं, इसलिए इनमें आपस में ब्याह-शादी नहीं हो सकती। इस श्रेणी के राजपूतों को 'जै देया' कहकर नमस्कार किया जाता है। अपने से छोटी जात के राजपूत को वह केवल 'जय' कहकर उत्तर देते हैं। हलबाही राजपूतों में कुछ हैं—कटोघनी, खबास, जमुसाल, घयाना, घरवाल, नरयाल, पटियाल, पिंगलियाना, महले, म्होटलू, रानत और रावत। ये अपने से ऊँची श्रेणियों में अपनी लड़कियाँ ब्याहते हैं।

सुकेत में मुख्य राजपूत-वंश हैं—गोलेरिया, पहरार, बंसिया, मनहंस, मैला, लोखरिया, टंडोला और ठाकुर, जिनमें बंसिया, मनहंस और गोलेरिया सबसे ऊँचे राजपूत समझे जाते हैं। यहाँ सुकेत की सबसे बहुसंख्यक जाति (1901 ई० में 22798) कनैत लोगों की है। यह राजपूत अपने को कहते हैं, और उनमें से कुछ जनेऊ भी पहनते हैं। इनके दो विभाग हैं—खसिया और राहू। साधारण कनेत राहु कहे जाते हैं, जिनकी संख्या सबसे अधिक है, और कुछ धनी अपने को खसिया कहते हैं। दोनों में से कोई जनेऊ नहीं पहनता, और उनके क्रिया-कर्म 13 दिन पर होते हैं। कनेत अपने से ऊपर के राजपूत को लड़की ब्याह सकते हैं, लेकिन राजपूत कनेत से ब्याह करना पसंद नहीं करते।

मंडी के खात्रयों में निम्न उपजातियाँ पाई जाती हैं कगियाना, कागश, केहुरिया, जोखया, दरंगवाल, घोनबनगाइलिया, निरयाल, पहारू, पुजाले, बिसायू, बैध, बनगाहलिया, भंगालू, म्हेरू, रोड़ (बिसायू, लमकियार, सैंगल, हाड़)। इन्हें देखने से मालूम होगा, कि इनमें सैंगल और घोन जैसे ही कुछ पंजाब के खत्रियों में मिलते हैं। मंडी में कायथ भी खत्रियों में गिने जाते हैं, और वह अपने को लखनऊ और अयोध्या के भटनागर कायस्थों की संतान बतलाते हैं। अन्य जातियाँ कुल्लू कांगड़े की तरह हैं।

मंडी-सुकेत में हिंदू संप्रदाय का बाहुल्य है। पहाड़ों में, जहाँ मांस खाना आम पाया जाता है, निरामिषाहारी वैष्णवों का कम होना स्वाभाविक है। वैष्णव शालिग्राम, लक्ष्मीनारायण या गोपाल की पूजा करते हैं। स्त्रियों को शालिग्राम की पूजा का अधिकार नहीं है, मंडी में शालिग्राम का छूना स्त्री के लिए पाप है। मंडी शहर में माधोराय का मंदिर वैष्णव मंदिर है। यहाँ के एक सोनार भीमा ने 1648 ई० में मुरलीमनोहर को चाँदी की मूर्ति बनाकर स्थापित किया। राजा सूरजसेन के सभी लड़के जब मर गये और कोई भी उत्तराधिकारी नहीं रह गया, तो उसने राज्य को माधोराय भगवान् को अर्पित करके उसकी तरफ से शासन करना शुरू किया। तब से मंडी रियासत को माधवराय की संपत्ति माना जाता है।

जोगीनाथ संप्रदाय के लोग भी यहाँ हैं। ये मूलतः गोरखपंथी हैं। मंडी में गोरखनाथ, मछेंद्रनाथ, भैरव, नरसिंह, केलू, हनुमान, सिरखंड, गूगा, फत्ता, गूगरी और

घोघा की पत्थर की मूर्तियाँ मंदिरों में पूजी जाती हैं। कमलाह (मंडी) के बालकरूपी मंदिर में एक सिद्ध का बड़ा मंदिर है। छोटा मंदिर हाटली में है।

चंबा और दूसरे बहुत से इलाकों की अपेक्षा देश के पास वाले लोगों के देवता मैदानी देवताओं से अधिक मिलते हैं। मंडी-सुकेत में भी देवियों की पूजा की प्रधानता है। श्रीविद्या, बालादेवी, काली, तारा, बगलामुखी, दुर्गा आदि यहाँ की प्रधान देवियाँ हैं, जिसका वर्णन पुराणों में मिलता है। तारादेवी बौद्धों की भी देवी है। मंडी में वह चतुर्भुजा है, जिसके हाथों में कैंची, तलवार, खोपड़ी और कमल का फूल होता है। बौद्ध तारा के हाथ में भी कमल का फूल रहता है। तारा के बालों में चार जीभ वाला साँप दिखाई पड़ता है। श्यामाकाली का मंदिर राजा श्यामसेन ने 1659 ई० में बनवाया था। पहाड़ में देवी के भक्त वामाचारी और दक्षिणाचारी दो भागों में बँटे हुए हैं। कामाचारी या बाममार्गी रात के वक्त एकत्रित हो पूजा करते पंचमकारों में मत्स्य-मांस और मदिरा का खुलकर सेवन करते हैं। दक्षिणाचारी शाक्त होते हुए भी पंचमकार के पक्षपाती नहीं हैं।

शिव की पूजा पहाड़ में आम पाई जाती है। शिव के पुत्र बालकनाथ मंडी के विशेष देवता हैं, जिनके लिए व्यास के किनारे एक मंदिर बना हुआ है। गणपति और भैरव की भी पूजा की जाती है। मंडी के 49 पूजास्थानों में 24 शिव के शिवालय हैं। मंदिरों की संख्या 44 है। मंडी के गोसाईं (दसनामी) शैव हैं। इनके मुर्दों को आसन मारकर बैठाये गाड़ दिया जाता है। गोसाईं लोगों के मठ पहले बहुत-से थे, और वह अविवाहित रह चेला मूँड़ते थे। अब उनमें से कितने ही घरबारी हो गये हैं।

मंडी के कुछ और देवता निम्न प्रकार हैं: चोहार में नारायण, पसाकोट और फुगनीदेवी। नारायण और पसाकोट के मंदिर के हाते में तंबाकू पीना मना है। सराड में तंदी, लतोगली और तुंगासी प्रसिद्ध देवता हैं। सनोर में परासर ऋषि का स्थान है, जहाँ आषाढ़ के महीने में मेला लगता है, जिसमें कुल्लू और मंडी के हजारों आदमी जमा होते हैं, और वहाँ ऊन तथा ऊनी कपड़े की बिक्री होती है। कनोली में भी टिकोली का बरनाग देवता मशहूर है। यहाँ भी साल में एक बड़ा मेला लगता है। नाचन में कामरूनाग की एक पत्थर की मूर्ति है। यह मंदिर सुकेत और मंडी की सीमा पर अवस्थित है। नाचन में ही एक ऊंचे पहाड़ के ऊपर शिकारीदेवी है। सनोर में तुंगादेवी है। बनगाहल में बालकरूपी नाम से एक प्रसिद्ध मंदिर है।

हर साल 16 भादों को मंडी के कंबोगिरधार पर राज्य के सभी देवता एकत्रित होते हैं। उत्तर-दक्षिण-पूर्व-पश्चिम चारों दिशाओं से चार जोगनियाँ आती हैं। फिर देवताओं और जोगनियों में लड़ाई होती है। यदि देवता जीते, तो फसल के अच्छे होने की संभावना है, और नहीं तो फसल खराब होती है।

सुकेत नगर का नरसिंह मंदिर सुकेत का सबसे प्रसिद्ध और धनी मंदिर है। मंदिर की जागीर से पुजारियों और कारदारों की तनखाह तथा यात्रियों को सदावर्त दी जाती है। नरसिंह की मूर्ति शालिग्राम शिला जैसी है। इसे एक बक्स में डालकर ताले में

बंद कर रखा जाता है, जिसकी कुंजी पुजारी के पास रहती है। संदूक में एक छोटा-सा छेद है। यदि कोई दर्शन करना चाहता है, तो इस छेद से देखने पर उसे भयंकर नरसिंह की मूर्ति दिखाई पड़ती है। आम तौर से कोई नरसिंह जी का दर्शन नहीं करता। दर्शन के लिए राजा से आज्ञा लेनी पड़ती है। कहते हैं मणिकर्ण की ओर जाते समय एक साधु ने दर्शन करने का आग्रह किया, पर दर्शन करते ही वह मर गया। नगर के एक मील उत्तर महादेव का मंदिर भी बहुत प्रसिद्ध है। यहाँ पत्थर के मंदिर के भीतर शिवजी की पिंडी (लिंग) [है। यहाँ के पुजारी कोंडल (कोंडिल्य) गोत्र के गौड़ ब्राह्मण हैं, जिन्हें रावल कहा जाता है। हमें मालूम है, कि कुमाऊँ और गढ़वाल में भी मंदिर के महंत को रावल कहा जाता है। यहाँ के रावल कहते हैं कि—हमारे पूर्वज बंगाल से आये थे। मंदिर बहुत पुराना है, इसमें शक नहीं; लेकिन पांडवों के समय बना कहना एक पौराणिक कथा से अधिक महत्त्व नहीं रखता। शिवलिंग स्वाभाविक चट्टान से काटकर उसी में संलग्न है। आसपास का फर्श पत्थर का है, जिसके ऊपर चार बड़े और चार छोटे काले पत्थर के खंभे गड़े हुए हैं, जिनके ऊपर पत्थर की पट्टियों की छत है। कहते हैं, पहले से भी यहाँ शिवजी की पिंडी मौजूद थी। एक जाट ने अपनी गाय के दूध न देने के कारण का पता लगाया, तो मालूम हुआ, कि वह इसी पिंडी पर अपना दूध डालती है। पीछे उसी पिंडी पर मंदिर बनाकर जागीर लगा दी गई। मंदिर के पुजारियों के कई घर हैं, जो बारी-बारी से पूजा करते और चढ़ावा लेते हैं।

जगन्नाथ का मंदिर नगर शहर में है। इसे जगन्नाथ (उड़ीसा) से आकर एक बैरागी साधु ने 300 वर्ष पहले बनवाया था। चंदन की मूर्ति उसके पास थी। राजा ने उसके लिए 500 रुपया देना चाहा, लेकिन बैरागी ने यह कहकर उसे नहीं दिया, कि कुल्लू के राजा ने इसका हजार रुपया देने के लिए कहा है। बैरागी संयोग से वहीं मर गया। राजा ने मूर्ति को अपने रनिवास के एक घर में रखवा, वहाँ 500 रुपये की वृत्ति लगा कर पुजारी रख दिया। बैरागी का श्राद्ध करके वहीं पर राज्य की ओर से मंदिर भी बनवा दिया गया। मंदिर के भीतर सबसे बड़ी जगन्नाथ की मूर्ति एक हाथ ऊँची है। उसके अंगुली रहित हाथ, नाक, कान और आँख दिखाई देते हैं। जगन्नाथ के दाहिनी तरफ बलभद्र (बलराम) और बायें लक्ष्मी हैं। और भी कितनी ही छोटी-छोटी मूर्तियाँ मंदिर के भीतर हैं। यहाँ के पुजारी कोंडल गोत्र के ब्राह्मण हैं।

मंडी और सुकेत के सामाजिक रीति-रिवाजों में बहुत समानता है। विवाह के रिवाज मंडी और सुकेत के करीब-करीब एक जैसे हैं, वैसे तो इलाके-इलाके और जाति-जाति की विवाह-विधियों में कुछ अंतर होता ही है। पहले हिंदुओं की ऊँची जातियों में बाल-विवाह बहुत होता रहा, और केवल कुलीन राजपूत कन्यायें वर ढूंढ़ने की दिक्कत के कारण सयानी ही ब्याही जाती थीं। ब्राह्मणों और क्षत्रियों में धर्म या (पुण्य-विवाह) होता है, अर्थात् विवाह में क्रय-विक्रय नहीं होता। कुलीन राजपूतों को बिना काफी दहेज दिये वर नहीं मिलता, इसके कारण उनकी लड़कियाँ 14 या अधिक साल तक कुँवारी रह जाती हैं। अपने से छोटी जाति के राजपूत के साथ कन्या का ब्याह करने के

लिए रिश्वत भी दी जाती है। मंडी के क्षत्रिय अपनी लड़कियों का विवाह शहर से बाहर शायद ही कभी करते हैं, यद्यपि वह अपने लड़कों का ब्याह अन्यत्र करते हैं। क्षत्रियों और ब्राह्मणों में मँगनी तीन और पाँच साल के बीच और ब्याह आठ से ग्यारह वर्ष तक की उमर में होता है। कनेतों में भी मँगनी यद्यपि पहले हो जाती है, लेकिन ब्याह तब तक नहीं होता, जब तक कि वर-कन्या सयाने नहीं हो जाते। मंडी के ऊँचे पहाड़ों में 11 से 15 वर्ष तक की लड़कियों का ब्याह आम तौर से होता है।

ब्राह्मणों, राजपूतों, खत्रियों और बोहरों में विधवा-विवाह बिलकुल मना है, लेकिन कनेत और दूसरी जातियों में उसका खुला रिवाज है। कनेत और दूसरी जातियों की विधवाएँ यदि अपने मृत पति के घर में रहना चाहें, तो दूसरे पुरुष के साथ रहते भी पूर्व पति की संपत्ति से वंचित नहीं होतीं। ऐसी स्थिति के पुरुष को लिडा या कोसल कहते हैं, और उससे जो पुत्र होता है, उसे गमरू या रिउँधा कहते हैं। यदि विधवा के पास खेत है, तो उसे लिंदा आसानी से मिल जा सकता है। खसों में गमरू, चौखंडू या दूसरे नाम से यह प्रथा सारे पहाड़ में पाई जाती है, और केवल इस एक प्रथा को लेकर हम जातियों के बारे में कह सकते हैं, कि वह खसों से घनिष्ठ संबंध रखती हैं।

मंडी में पाँच तरह की विवाह-विधियाँ हैं—1. शास्त्र के अनुसार ब्याह, जिसमें वर सिर पर मुकुट रख कर बरात और बाजे-गाजे के साथ कन्या के घर ब्याहने जाता है। 2. बेवकारी, इसमें शास्त्र या ज्योतिषी को नहीं पूछा जाता, बल्कि सीधे-सादे तौर से ब्याह कर लिया जाता है। कन्या के दुपट्टे को वर के अँगोछे से बाँध कर गणपति की पूजा के साथ ब्याह कर दिया जाता है। यह विवाह सराज और नाचन के इलाके में आम होते हैं। इस वधू को पीछे लिये वर सुरा (शराब) भरे बरतन की चार परिक्रमा करता है। 3. तीसरा ढंग बहुत सरल है। वर एक निश्चित दिन पर कन्या के घर जाता है, और बिना बारात या बाजे-गाजे के कन्या को अपने घर ले जाता है। दोनों के घर पहुँचने पर ग्राम-देवता के नाम से एक बकरा काटा जाता है, और भोज होता है। चोहार और नाचन के इलाकों में इस विधि से ब्याह अक्सर किये जाते हैं। 4. एक चौथे प्रकार का ब्याह भी देखा जाता है, जिसमें स्त्री को चुपचाप अपने घर में लाया जाता है। जब उसके लड़का हो जाता है, तो पति-पत्नी गणेश की पूजा करके नवजात शिशु को अपने हाथ में लेकर विवाह-विधि पूरी करते हैं। 5. कांगड़ा और चंबा की झिडफूँक जैसा विवाह मंडी में भी देखा जाता है। वचन पूरा न करने पर वर जबर्दस्ती लड़की को उठा ले जाता है, और जंगली बेर में आग लगाकर उसके किनारे फेरे डाल ब्याह कर लेता है। यह विवाह भी मान्य है। यदि जल्दी जरूरत हो तो लगन और साइत को बिना देखे शिवरात्रि, गुरतेरिया (माघ तेरस), लाहुल दिन (2 बैसाख) को ब्याह कर लेते हैं। ऐसे ब्याह को भात-ब्याह कहते हैं।

किसानों में विवाह के समय कन्या को अपने पिता से एक नया पट्टू मिलता है और सिर में बाँधने के लिए काले ऊन की बनी जुट्टी मिलती है। कन्या की विदाई के समय उसके घरवाले उसे एक चाकू तथा घास काटने-बाँधने के लिए एक हँसिया और

रस्सी देते हैं। यहाँ मुकलावा (गौना) की अलग रस्म नहीं अदा की जाती, और विवाह के समय ही एक रात में सोहाग रात की रस्म अदा कर दी जाती है। मंडी में बहु-विवाह की प्रथा आम पाई जाती है, और पांडव-विवाह का भी कुछ पता लगता है। स्त्री को कुछ रुपयों में बेच दिया जाता है, झगड़ा होने पर स्त्री कुल्लू या कांगड़ा भाग जाती है। इसी प्रकार कुल्लू और कांगड़ा की स्त्रियाँ नाराज होने पर मंडी में आकर रहने लगती हैं। पांडव-विवाह सराज इलाके में ही पाया जाता है। वहाँ स्त्री सभी सगे भाइयों की पत्नी होती है। मंडी में बहुत ऊँचे कुलों को छोड़कर सभी जातियों में देवर बड़े भाई की विधवा से ब्याह करता है। इसे घरेवा-करेवा कहते हैं। झंजरारा ऐसे विधवा-विवाह को कहते हैं, जिसमें विधवा अपने मरे पति के भाई की पत्नी नहीं होती। तलाक दी हुई स्त्री के साथ ब्याह करने को भी झंजरारा कहते हैं। यदि कोई स्त्री अपने मृत पति के छोटे भाई से ब्याह करती है और देवर से भी उसके लड़के होते हैं, तो ऐसी अवस्था में उसके प्रथम पति की सम्पत्ति का एक भाग उसके लड़कों को मिलेगा, और अधिक भाग देवर के लड़कों में बाँट दिया जायेगा। यदि विधवा बिना ब्याह किये अपने पति के घर में रहना चाहती है, तो उसका पति की सम्पत्ति पर अधिकार रहता है।

अंधविश्वासों—जादू-टोना, ओझा-मंतर, पेड़-पूजा आदि से हिमाचल का यह अंचल भी मुक्त नहीं है। पीपल का वृक्ष आम तौर से देश की तरह पहाड़ में भी पूज्य माना जाता है। हिंदू पुराणों में इसका संबंध वासुदेव से बतलाया जाता है। इसी के नीचे बुद्ध के परम ज्ञान प्राप्त होने के कारण बौद्ध भी पीपल को बोधिवृक्ष कहकर बहुत पूज्य मानते हैं। लेकिन, पहाड़ों में यह 3000 फुट से ऊपर नहीं उग पाता। नागों और देबियों के मंदिर ऊपरी पहाड़ों में अधिकतर देवदार के झुरमुटों में मिलते हैं, और इन झुरमुटों को काटने की कोई हिम्मत नहीं कर सकता। पर, वहाँ वृक्ष की नहीं, बल्कि मंदिर के देवता की पूजा की जाती है।

मंतर-तंतर पर पहाड़ के लोग बहुत विश्वास करते हैं, और समझा जाता है, कि बीमारियाँ जादू-टोना कर देने से होती हैं। ढोरों में महामारी तथा चीते और बघेरों द्वारा घर के पशुओं की हानि को भी जादू-टोना के कारण बतलाया जाता है। पहले जमाने में लोग जादू-टोने का इल्जाम लगाकर कचहरी में मुकदमा करते थे। इस पर राजा या न्यायाधीश किसी प्रसिद्ध चेले को इसकी जाँच करने के लिए हुकुम देता। चेला एक गर्री (एकतारा बजाने वाले) और ढोली (ढोल बजाने वाले) को लेकर उस जगह पर पहुँचता। पहले पानी से भरे एक घड़े को कुछ अनाज जमीन पर बिखेर कर रख दिया जाता, और उसके ऊपर दीपक जला दिया जाता। उसके पास ही रस्सी भी तैयार रखी जाती। फिर चेला के ऊपर देवता आता। वह लोगों से पूछता, 'क्या डाइन या जादूगर को पकड़ने के लिए कहते हो? ऐसा हो सकता है, कि वह तुम्हारा संबंधी हो।' लोग इस पर 'हाँ' कहते। तीन दिन तक इस तरह करके तीसरे दिन कुंभ के पास में खड़ा होकर चेला (ओझा) डाइन या जादूगर का नाम लेते लोगों से कहता, कि जाकर डाइन को पकड़ लाओ। लोग तुरंत पास में रखी रस्सी को उठाकर डाइन को बाँध लाते।

पुराने जमाने में स्वीकार कराने के लिए डाइन को बहुत बुरी तरह से सताया जाता था। डाइन को पानी में ले जाकर डुबा दिया जाता, यदि वह अपराधी होती, तो ऊपर उठ आती, नहीं तो नीचे डूबने लगती। अपराध सिद्ध हो जाने पर डाइन स्त्री को गाँव से निकाल दिया जाता, और कभी-कभी उसकी नाक भी काट दी जाती। इस काम के लिए राज्य से चेले को 12 रुपया फीस मिलती थी।

नीचे की तरह सगुन-असगुन पहाड़ में भी माने जाते हैं। मूल नक्षत्र या किसी दूसरी अशुभ घड़ी में पैदा हुए बच्चे को माँ-बाप छोड़ देते हैं। अगर बच्चे को सबसे पहले सामने के ऊपर वाले दाँत निकले, तो इसे असगुन माना जाता है और परिवार के मंगल के लिए लड़के को चाँदी का दाँत दिया जाता है। यात्रा में चलने पर ब्राह्मण या डोमना का दर्शन अथवा खाली घड़े का सामने आना असगुन समझा जाता है। यदि कोई लड़का या भरा घड़ा उस वक्त सामने आये, तो यात्रा जरूर सफल होगी। यात्रा के लिए ज्योतिषी से साइत पूछना जरूरी है। पूस, माघ और चैत के महीने काले या अशुभ महीने माने जाते हैं। इसीलिए शिशु को इन महीनों में बाहर नहीं निकाला जाता। यदि भादों में भैंस ब्याये, तो उसे अशुभ समझ कर किसी को दे दिया जाता है। ब्याह के लिए रविवार, मंगल और सनीचर अशुभ दिन माने जाते हैं। इतवार के दिन ब्याह करने वाले पति-पत्नियों में झगड़ा रहता है, मंगल को ब्याह करने पर पति जल्दी ही मर जाता है, और इतवार के ब्याह से घर के लोग बीमार होते हैं। यदि कोई स्त्री शुक्रवार को बाल धोवे, तो उसका भाई बीमार होगा। किसी को शुक्रवार के दिन गोबर नहीं देना चाहिए, नहीं तो गाय बीमार हो जायेगी और दूध देना छोड़ देगी। बुध और आदमी के जन्मदिन को दान छोड़-कर और किसी चीज को नहीं देना चाहिए। इतवार, मंगल या शुक्र को यात्रा आरंभ करना बुरा है, सोमवार, बुध और बिहफै इसके लिए बड़े शुभ दिन हैं। सनीचर के दिन सिर में तेल नहीं लगाना चाहिए। उस दिन मुँह देखने पर तेल अपने हाथ में रखकर ब्राह्मण को दे देना चाहिए। सनीचर ग्रह फेर से बीमार हुए आदमी के सिर के चारों ओर खिचड़ी घुमाकर दान दे दी जाती है। पंजक (पचखा) के दिनों में किसी भी काम को शुरू करना बुरा माना जाता है। यदि कोई आदमी पंजक के दिनों में मर जाये, तो पचखा के बाकी बचे दिनों की संख्या के अनुसार कपड़े की गुड़िया बना कर मुर्दे के साथ जलाई जाती है, इसे पंजक-शांति कहते हैं। कुछ गाँवों का नाम लेना सबेरे के वक्त लोग बुरा मानते हैं, जिनमें नूरपुर, बसोहली और जम्मू आते हैं। संभवतः पुराने समय में वहाँ के राजाओं से लड़ाइयाँ होती रहीं, उसी के कारण लोगों के मन में यह भावना पैदा हुई। यदि नाम लेना पड़ता ही, तो नूरपुर को 'सप्परवाला शहर' और बसोहली तथा जम्मू को 'पारला मुल्क' कहते हैं। नजर लगने पर भी विश्वास किया जाता है। बुरी नजर न लगे, इसके लिए बच्चों के सिर पर काला टीका लगाते और गंडे-तावीज बाँधते हैं। अच्छे-बुरे स्वप्न पर भी बहुत विश्वास किया जाता है। पितर-पूजा का भी पहाड़ों में बहुत रिवाज है।

1901 ई० की जनगणना में मंडी रियासत के 128950 व्यक्ति कृषिजीवी थे, जिनमें 108073 अपना खेत जोतते थे, और 20877 दूसरों का। पहली श्रेणी में

67840 वह स्त्री-पुरुष भी शामिल थे, जो जमींदार के खेत पर गुजारा करते थे और दूसरी श्रेणी में ऐसे खेत मजदूरों की संख्या 12877 थी। जनसंख्या (174045) का 75 सैंकड़ा खेती पर निर्भर करता था।

यहाँ और सुकेत में कूहली (नहरी), औतरी (देवभरोसे) और नाद तीन प्रकार के खेत होते हैं, जिनमें सिंचाई का प्रबंध होने से कूहली सबसे अच्छी मानी जाती है। कूहली खेतों में चावल, मक्की, कोदरा (मंडुला), सायर खरीफ में पैदा होते हैं, और रबी (नियाई) में जौ, गेहूँ, तंबाकू की फसल होती है। औतरी में भी दोनों तरह की फसलें पैदा होती हैं। रबी में जौ, गेहूँ, मसूर, तेलहन, चना, तंबाकू, कुल्थ, बिथू, काथू, घिरेसा, मटर होती हैं, और खरीफ में मक्की, चावल और दूसरी फसलें। पहाड़ के ऊपरी हिस्से की औतरी भूमि को गाड कहते हैं। नाद में सिर्फ एक ही फसल धान की होती है। यदि खेत कूल्ही हो, तो दो फसल भी हो सकती हैं। दो फसल वाले खेतों को 'ध्वाड' कहते हैं। कुछ दिनों के लिए खेत को बसनिहार (पलिहर) छोड़ने का भी रिवाज है। वसंत (रबी) में जिस खेत को खाली छोड़ दिया जाता है, उसे भराई कहते हैं। माही, महेसा (पटेला), दंदराल, फलौंटा, त्रेंगुल, द्रांती, कोदाल, छाट्र (कुल्हाड़ा), घन, जंब, निहान, काही—ये सब खेती के काम में आने वाले औजार हैं।

मंडी के लोगों का मुख्य भोजन चावल है, जो पहाड़ के निचले भागों में सबसे ज्यादा पैदा होता है। चावल की किस्मों में प्रथम श्रेणी के चावल हैं—बासमती, बेगमी, झिझान, रामजुवानी, रंगरी, परदेसी, तोताराम, साल्ही, सुखदास, झिवान, घामकर, रुहन। द्वितीय श्रेणी के चावल निकंदा, जांदरला, मुंजी, राल्ही, मुंझारा, उजला, जादू, निकंदी, ग्याली, ग्यासू। साठू, रोरा और कटेहरी तीसरी श्रेणी के चावल हैं। बासमती चावल हटली और नेरकी वजीरियों (इलाकों) में होता है। सम और दूसरे चावल हाटगढ़, मस्तगढ़, मछरोट, कासन, नेरगढ़ और बाल्ह में मिलते हैं। चोहार, सनोर और कमला में आलू बहुत होता है। सराज में जंगली आलू भी पाया जाता है। हल्दी निचले पहाड़ी इलाकों—पिंडोह और किप्पर में बहुत पैदा होती है, जहाँ की भूमि में अधिक नमी होती है। यह मई में लगाई जाती है और नवंबर के अंत में तैयार होती है।

1865 ई० में मंडी में भी चाय लगाना शुरू हुआ, और सफलता देखकर बीर-बनगाहल के सीमांत पर कितने ही बगीचे लग गये। सूखा-बाग और घेलू में यहाँ के सबसे बड़े चाय-बगान हैं, जिनकी प्रतिवर्ष उपज इस शताब्दी के आरंभ में 40 हजार पौंड थी। सुकेत में रियासत की ओर से बुनेड में एक चाय का बगीचा लगाया गया था।

शिल्प और उद्योग की दृष्टि से भी यह अंचल काफी समृद्ध रहा है। लोहार, सुनार, चमार आदि भिन्न-भिन्न पेशेवाली जातियाँ मंडी में भी हैं, और कुछ ने अपने खानदानी पेशे को कायम रखा है। लेकिन यातायात के सुभीते के कारण अब भिन्न-भिन्न जगहों के पेशे वालों से होड़ भी बढ़ गई है, और मंडी नगर के सुनार कांगड़े के सुनारों का मुकाबला नहीं कर सकते, क्योंकि वह उतने अच्छे जेवर नहीं बना सकते। बढ़ई अपने गाँवों में लकड़ी का काम करते हैं, उनमें से कुछ अच्छी मजूरी के लिए शिमला

और दूसरे शहरों में भी चले जाते हैं। चोहार के बढ़ई अखरोट की लकड़ी के बरतन बनाते हैं। ठठियार (ठठेरे) काँसे, पीतल, ताँबे के बरतन बनाते हैं। ये बड़े चतुर हैं, और इनमें से कुछ मंदिरों के लिए पीतल की मूर्तियाँ भी बनाते हैं। मंडी में पीतल की कलम-दवात बनाई जाती है, जिसे कमरबंद में बाँधकर ले जाया जा सकता है। थावी (स्थपति) भी अपने खानदानी पेशे को कायम किये हुए हैं। पत्थर के मामूली कामों के अतिरिक्त उनमें से कितने ही पत्थर की मूर्तियाँ और पत्थर के सुन्दर बेल-बूटों की सजावट भी करते हैं। भँजियेरा बाँस की टोकरियाँ और दूसरी चीजें बनाने का काम करते हैं। वह कपड़ा रखने के लिए पटारे, परदे के लिए जिर्दा मंजरी (चटाइयाँ) और किलटा बनाते हैं। बाँस की दस्तकारी के बारे में कहावत मशहूर है—'कनकारे नान बेंजारे वनान, इधीरा किया क्या बखान।' (गेहूँ की रोटी, बाँस की चीजें इनका क्या बखान किया जाये।)

ऊपरी पहाड़ के सभी लोग अपने लिए ऊन के कपड़े कातते-बुनते हैं। चोहार और सनोर के लोग कुछ अच्छी किसम के कंबल तैयार करते हैं, जिनका कुल्लू और मंडी के बाजारों में अच्छा दाम मिलता है। कपड़ा रँगने वालों को यहाँ निलारी कहते हैं, जो किसी समय वनस्पति और पत्थरों से बहुत अच्छे रंग तैयार किया करते थे। अब भी निलारियों की माँग है, क्योंकि मंडी में सौभाग्यवती स्त्री बिना रंग का कपड़ा नहीं पहन सकती, लेकिन उनके रंग बनाने के काम को अब विदेशी सस्ते रंगों ने चौपट कर दिया है। रस्सियाँ भी यहाँ बहुत बनती हैं। खेत में भाँग उपजाकर उससे सन की रस्सियाँ, जूते, बोरे, मछली और पक्षियों के जाल बनाये जाते हैं। बिहुल वृक्ष की छाल भी इसके लिए इस्तेमाल की जाती है। पथली जगहों में उगने वाली बागर घास की रस्सी भी बहुत मजबूत होती है। बोहरा और खत्री स्त्रियाँ रेशम के रुमालों या दूसरे कपड़ों में सुंदर फुलकारी का काम करती हैं।

खनिज-उद्योग की दृष्टि से भी यह अंचल बहुत समृद्ध है। लोहा, नमक, स्लेट यहाँ पाया जाता है। उह्ल नदी में लोहे की खानें हैं। यह नदी छोटा-वनगाहल से निकलकर दक्षिण-पूर्व की ओर बहती मंडी के ऊपर व्यास में मिल जाती है। इसकी उपत्यका को एक ऊँची पर्वतश्रेणी कांगड़े से अलग करती है। खान के पास पहुँचने में यातायात की कठिनाई थी। 1882 ई० में जिला-बोर्ड ने 24 सौ रुपया खर्च करके रास्ता बनाना चाहा, लेकिन वह पूरा नहीं हुआ। पहले पुराने ढंग से कुछ लोहा निकाला जाता था, लेकिन पीछे वह भी विदेशी सस्ते लोहे की होड़ के कारण बंद हो गया। उह्ल की खानें तब तक इस्तेमाल नहीं की जातीं, जब तक कि यातायात और ईंधन का प्रबंध नहीं किया जाता। पहले इस इलाके में धून से लोहा बनाने वाले लोहार रहा करते थे, जो खानों के बंद होने से बेकार होकर दूसरी जगह चले गये। मंडी जिले में बदार, उत्तरसाल, सनोर, चोहार, सराज, नाचन और पंडोह में स्लेट निकाला जाता है। ये सभी स्थान ऊँचे पहाड़ों में हैं, जहाँ से स्लेटों की ढुलाई बड़ी महँगी पड़ती है। पंडोह में बाखल का स्लेट छतों के लिए सबसे अच्छा समझा जाता है। मंडी के ऊपर व्यास के पास 12 मील पर यह जगह है, जहाँ से स्लेटों के लाने के लिए 1902 ई० में खच्चरों की सड़क बनाई गई। मंडी की

नमक की खानें केवल हिमाचल प्रदेश के लिए ही नहीं, बल्कि सारे भारत के लिए बहुत महत्त्व रखती हैं। यह घोघर पर्वतश्रेणी में गूमा और द्रांग में अवस्थित हैं। खडड की जड़ में खोदकर नमक निकाला जाता है। द्रांग की अपेक्षा गूमा का नमक ज्यादा अच्छा समझा जाता है, यद्यपि दोनों में 25 से 35 सैकड़ा तक नमक से भिन्न पदार्थ मिश्रित हैं। पहले गूमा का नमक गुरदासपुर और दीनानगर भेजा जाता था, और द्रांग का नादौन और ऊना में, लेकिन बाद में पश्चिमी पंजाब (वर्तमान पाकिस्तान) से खेवड़ाका नामक नमक यहाँ आने लगा, इसलिए मंडी का नमक वहाँ जाना बंद हो गया, और इसका बाजार कांगड़ा जिले के पालमपुर और हमीरपुर की तहसीलें तथा कुल्लू के सब-डिवीजन तक ही सीमित था। द्रांग का नमक सुकेत, बिलासपुर से बिसाहर तक जाता है। 1900-1 ई० में मंडी का 53592 मन नमक पहाड़ी रियासतों में गया, और 57683 मन अंग्रेजी इलाके में। नमक ढोने के लिए 1902 ई० में गूमा में 5000 रुपया लगाकर एक छोटी-सी ट्राम बनाई गई थी।

दूसरी जगहों की तरह यहाँ भी पहाड़ी जाति के गाय-बैल छोटे-छोटे होते हैं। गायें आम तौर से अधिक दूध नहीं देतीं। भैंसें छह सेर तक दूध देती हैं, जिन्हें ज्यादातर गूजर लोग रखते हैं। गूजर अपने घी को कांगड़ा या शिमला भेजते हैं। मंडी में कितने ही हिंदू गूजर हैं, जो भैंसों के पालने के साथ-साथ खेती-किसानी भी करते हैं। मुसलमान गूजरों का खेती से कोई संबंध नहीं है। राज्य की ओर से खच्चरों के पैदा करने की भी कोशिश की गई, और उसके लिए सिरिया (शाम) से बड़े-बड़े दो गदहे मँगाये गये, लेकिन सफलता नहीं मिली। काफी चरागाहों के होने पर भी टांघनों को पालने का यहाँ बहुत रिवाज नहीं है।

जिनके गाँवों के पास चरागाहें हैं, वहाँ के किसान कुछ भेड़-बकरियाँ रखते हैं। प्रति भेड़ साल में दो या तीन बार की मुड़ाई करके सेर पक्का ऊन निकलता है, जिससे लोग कंबल और पट्टू बनाते हैं। पशुओं और भेड़ों की यही अवस्था सुकेत में भी है। वहाँ बकरी के बालों से फर्श के लिए टाट बनाया जाता है, जिसे शेला कहते हैं। करसोक् और बाल्ह में कितनी ही चरागाहें भी हैं। मार्च के अंत में प्रतिवर्ष नलवारा (राजधानी) में पशुओं का मेला लगता है, जिसमें कांगड़ा, मंडी, बिलासपुर और कुल्लू तक के खरीदार आते हैं।

किसी समय मंडी में अपने खाने से ज्यादा अनाज पैदा होता था और उसे बाहर भेजा जाता था। हाटली और सुरंगा से चावल और गेहूँ ऊँट पर लदकर होशियारपुर और बनगाहल से पालमपुर जाता था। आलू का निर्यात अब भी काफी है। रँगने के लिए काम आने वाली रसोत (पीली छाल वाली झाड़ी) का चूर्ण पंजाब के शहरों में जाता था, जहाँ उससे कपड़ों और ओठ रंगने का काम लिया जाता था। चोहार से अधिकतर आलू जाता था, और रसोत बाल्ह से। नमक का निर्यात अब भी मंडी से काफी होता है। इस शताब्दी के आरंभ में यहाँ से प्रतिवर्ष 30 से 40 हजार पौंड चाय बाहर भेजी जाती थी, और 300 मन घी कांगड़ा और शिमला जिलों को जाता था। शिमला वाले व्यापारी घी खरीदने के लिए स्वयं गूजरों के पास आते थे। बहुत तरह की दवाइयाँ और मसाले यहाँ

से बाहर भेजे जाते थे, जिनके नाम हम अन्यत्र दे चुके हैं। यहाँ का नमक कांगड़ा, सुकेत, नालागढ़, बिलासपुर और बिसाहर में जाता था। जिस समय मंडी अपना लोहा बनाती थी, उस समय यहाँ से कड़ाही और तवे भी पंजाब भेजे जाते थे, और लोग उनकी मजबूती को बहुत पसंद करते थे। यहाँ की मधु होशियारपुर भेजी जाती थी। कुल्लू से मंडी की मधु हलकी मानी जाती है। निर्यात का एक काफी बड़ा भाग जंगल की लकड़ियाँ है, जिन्हें व्यास और सतलुज से नीचे भेज कर भूलर और दोराहा में जमा कर लिया जाता है। चमड़ा, ऊन, बाज (चिड़िया), कस्तूरी भी कुछ मात्रा में यहाँ से बाहर भेजी जाती है।

आयात की दृष्टि से मुख्य चीजें हैं विदेशी और स्वदेशी कारखानों की बनी चीजें, ताँबे-पीतल के बरतन, जो दिल्ली, अमृतसर और जलंधर होकर यहाँ पहुँचते हैं। अमृतसर से चाँदी-सोना, होशियारपुर से चीनी और तेल, गढ़शंकर (होशियारपुर) से कुछ मोटे कपड़े भी पहले बहुत आया करते थे। अब तो मंडी मोटर द्वारा शिमला और पठानकोट से सम्बद्ध है, इसलिए आयात और निर्यात के यही रास्ते हैं। मंडी में स्वयं नमक निकलता है, लेकिन बाहर का नमक सस्ता होने से वह घर के नमक का स्थान लेने लगा। मंडी के निर्यात से यद्यपि उसका संबंध नहीं है, लेकिन यारकंद (चीनी तुर्किस्तान) का रास्ता यहीं से कुल्लू-लदाख होकर जाता था, इसलिए हर साल हजारों खच्चर माल से लदे इधर-से-उधर जाया करते थे। वह तंबाकू, चाय, चीनी, मोटा कपड़ा, कारखानों की चीजें यारकंद ले जाते और इनके बदले में मोटा ऊनी कपड़ा, कालीन, नम्दा, रेशम, चरस और मसाला लाते। सुकेत से रसौंत, सूखा बनफशा, मक्की, घी, मधु, अखरोट की छाल और गूगल तेल (टर्पेटीन) बाहर भेजे जाते थे। पंजाब की स्त्रियाँ अखरोट की छाल की दातवन बहुत पसंद करती हैं, क्योंकि उससे ओठ लाल हो जाते हैं। सुकेत में आयात की चीजें हैं—नमक, लोहा, कपड़ा, तेल, मसाला, चीनी और ताँबे-पीतल के बरतन।

6

कांगड़ा

प्राकृतिक रूप

कांगड़ा जिले में यद्यपि कुल्लू को भी शामिल कर लिया गया है, लेकिन दोनों के अंतर को अच्छी तरह समझा जाता था, इसलिए दोनों के गजेटियर (परिचय-ग्रंथ) अलग-अलग लिखे गए। कुल्लू को छोड़ने पर मुख्य कांगड़ा के दक्षिण-पश्चिम में होशियारपुर जिला, उत्तर-पश्चिम में गुरदासपुर जिला, उत्तर में चंबा, उत्तर-पूर्व और पूर्व में कुल्लू, मंडी और बिलासपुर जिले हैं। कांगड़ा उत्तरी अक्षांश $31^0 24'$-$32^0 30'$ एवं देशांतर $75^0 39'$-$77^0 4'$ के बीच में अवस्थित है। व्यास और सतलुज के पहाड़ से उतरने की जगहों के बीच की भूमि 69 मील लंबी है। इसका सारा क्षेत्रफल 2544 वर्गमील और आबादी 1921 ई० की जनगणना के अनुसार 644038 है, अर्थात् प्रति वर्गमील 253.1 आदमी बसते थे। खेती की औसत ऊँचाई 3000 फुट से कुछ कम ही है।

जसवान दून आजकल होशियारपुर जिले में है। इसकी चौड़ाई औसतन 10 मील है। इसके पड़ोस की दूसरी दून कहलूर की सीमा पर अवस्थित धतवाल से रावी के तट पर अवस्थित शाहपुर तक चली गई है, जिसे भी हिमालय और सिवालिक के बीच की टूटी-फूटी कांगड़ा दून कहा जा सकता है। कांगड़ा जिले की सारी दक्षिणी लंबाई में हमीरपुर, डेरा और नूरपुर की तहसीलों को पार करती है। इसके दक्षिण-पूर्वी छोर पर यह खड्डों की भूमि मालूम होती है। यह बहुत ऊबड़-खाबड़ तथा पाँच मील से अधिक चौड़ी शायद ही कहीं है। नादौन में व्यास इस दून को चीरती है, उसके बाद हरिपुर के नीचे यह फैल-कर एक सुंदर उर्वर दून या उपत्यका बन जाती है। हरिपुर के बाद फिर यहाँ सँकरी और कुछ अपवादों के साथ ऊबड़-खाबड़ बनती रावी के किनारे पहुँचती है। यही कांगड़ा-उपत्यका है, जिसकी लंबाई 26 मील है, किंतु चौड़ाई एक-सी नहीं है।

इस उर्वर उपत्यका को पहाड़ से आने वाली बहुत-सी नदियाँ पार करती हैं, जिनसे स्वच्छ जल की सैकड़ों कूलें (नहरें) निकाली गई हैं, जो हर खेत में पानी पहुँचाती हैं। आबोहवा ऐसी है जिससे यहाँ दार्जिलिंग की तराई की तरह बाँस, पीपल, आम आदि के दरख्त बड़ी अच्छी तरह [बढ़ते हैं और उनके तुरंत ही बाद ऊपर की ओर चीड़, बौने

बान, गिलास (चेरी) और जंगली गुलाब पाये जाते हैं। अनाज में यहाँ एक फसल में यदि गेहूँ-जौ बोया जाता है तो दूसरी फसल में मक्की और चावल पैदा होते हैं। कांगड़ा-उपत्यका में साल में दो फसलें होती हैं। यहाँ के लोगों के घर छिटपुट बसे हुए हैं और हरेक घर के चारों ओर फलदार वृक्ष, लकड़ी के उपयोग के वृक्ष तथा बाँस की कोठियाँ होती हैं। कहीं-कहीं पाँच-छह घरों का टोला दिखाई पड़ता है, जहाँ कोई-कोई दूकान भी मिलती है।

आजकल हिमाचल प्रदेश को जिस तरह अंग-भंग करके बनाया गया है, उसके अनुसार कांगड़ा और उसका कुल्लू उपजिला डमरू की तरह के दो अलग-अलग भाग हैं, जिसको मिलाने वाली गर्दन बनगाहल का तालुका है, जो पालमपुर तहसील का एक अंग है। इसके दो भाग हैं, उत्तरी भाग को बड़ा बनगाहल कहते हैं, जो कि बड़ा बनगाहल श्रेणी द्वारा कुल्लू से पूर्व में अलग किया गया है। इसे लाहुल से उत्तर में मध्य हिमालय श्रेणी, पश्चिम में चंबा से मणिमहेश पर्वतश्रेणी अलग करती है। बड़ा बनगाहल में ही रावी का उद्गम स्रोत है, जो चंबा में दाखिल होते समय काफी बड़ी हो जाती है। बड़ा बनगाहल को वस्तुतः चंबा जिले में शामिल करना चाहिए, लेकिन हमारे लकीर के फकीर शासक अंग्रेजों की खिंची हुई लक्ष्मण-रेखा को छोड़ने के लिए तैयार नहीं हैं। वस्तुतः कुल्लू, कांगड़ा और चंबा को उनकी प्राकृतिक और सांस्कृतिक सीमाओं के भीतर रखना चाहिए। बड़ा बनगाहल में सिर्फ एक गाँव है, जो उपत्यका के सबसे निचले भाग में समुद्रतल से 8500 फुट की ऊँचाई पर बसा हुआ है। यहाँ चार-पाँच दर्जन कनेत लोगों के घर हैं। जाड़ों में हिमपात यहाँ होते रहते हैं, जिनके कारण कई बार कितने ही घर बह जाते हैं। उपत्यका की तीन दिशाओं में रावी के करीब-करीब किनारे ही शिखर हैं, जिनकी ऊँचाइयाँ 17000 से 20000 फुट तक हैं। निचले भाग में कितने ही बहुत सुंदर देवदार के जंगल हैं और ऊपरी ढलानें बर्फ के गल जाने पर घास का मैदान (गाहर) बन पशुपालों का स्वर्ग बन जाती हैं। इन गाहरों (पियारों) में मंडी, पालम और निम्न बनगाहल के लोग अपनी भेड़-बकरियों को चराने लाते हैं। गाहरों के ऊपर कितनी हिमानियाँ हैं। बनगाहल तालुके का दक्षिणी आधा भाग छोटा बनगाहल कहा जाता है, जो धौलाधार से दक्षिण की ओर फैली 10000 फुट ऊँची एक पर्वतश्रेणी द्वारा दो हिस्सों में बाँट दी जाती है। यह पर्वतश्रेणी बीर और कोमंद के ऊपर से फताकाल होती मंडी की ओर जाती है। इस छोटी पर्वतश्रेणी के पूर्व के भूभाग को कोठीकोहर और कोठीसोवार अथवा अनदरला और बहिरलागढ़ कहते हैं। इसी में उहल नदी का स्रोत है। इस इलाके में कनेत और दागी लोगों के 18-19 गाँव हैं, जो उपत्यका के निचले भाग में बिखरे हुए हैं। इसकी ढलानें बहुत तीखी हैं। दक्षिणी भाग की तुलना में यह असाधारण तौर से ठंडी जगह है, इसीलिए यहाँ हिमानियाँ इतने नीचे पाई जाती हैं। बीरे के ऊपर उक्त पर्वतश्रेणी से पश्चिम के भाग को बीरबनगाहल कहते हैं, जिसे कांगड़ा-उपत्यका से पपरोलाधार अलग करती है। पपरोलाधार यहाँ नीची है, लेकिन बिनून नदी के पार करने के बाद मंडी में लंबी दूर तक जाकर इसका नाम सिकंदरी धार हो जाता है, जो काफी ऊँची है। बीरबनगाहल कांगड़ा जिले के बहुत नयनाभि-

राम स्थानों में है। यहाँ के निवासी कनेत और दागी हैं।

कांगड़ा जिला पहाड़ी है,इसकी पर्वतश्रेणियाँ उत्तर-पश्चिम से दक्षिण-पश्चिम की ओर एक-दूसरे के समानांतर चली गई हैं, जो मैदान की ओर से देखने पर हिमाच्छादित शिखर-श्रेणियों की तरफ उठती दिखाई पड़ती हैं। यही हिमालश्रेणी कांगड़े की उत्तरी सीमा है। सबसे नीचे की ओर पंजाब के द्वाव के मैदान को अलग करने वाली छोटी ऊँचाई की पर्वतश्रेणी सिवालिक पश्चिम में व्यास के ऊपर हाजीपुर से शुरू होकर पूर्व में सतलुज के तट पर अवस्थित रोपड़ तक जाती है। सिवालिक और हिमालय के बीच में जैसे दूसरी जगहों पर दून (द्रोणियाँ) देखी जाती हैं उसी तरह यहाँ जसवान दून है, जिसे पहाड़ का अभिन्न अंग होने से कांगड़े में रखना चाहिए था, लेकिन रख दिया गया है होशियारपुर की ऊना तहसील में। पहाड़ के और भीतर घुसने पर नरम पहाड़ी ढलानें मिलती हैं। दूसरी पर्वतश्रेणी को जसवान या चिंतपूर्णी पर्वतश्रेणी कहा जाता है, जो जसवान दून की उत्तरी सीमा बनाती है, और पहली श्रेणी के समानांतर चलती सतलुज के पास जाती है। इस पर्वतश्रेणी में पहाड़ और उपत्यकाएँ मिली हुई हैं और पर्वतश्रेणियों की दिशा एक नहीं पाई जाती। उपत्यकाएं द्रोणी का रूप ले चारों ओर पहाड़ियों से घिरी हैं, और पहाड़ ढालुआँ होते-होते पास की उपत्यका से मिल जाते हैं। एकाध ही पर्वतश्रेणियाँ या धार किसी ओर जाती दिखाई पड़ती हैं, जिनमें एक ज्वालामुखी कस्बे के ऊपर की 'कालीधार' है। वस्तुतः यहाँ से हिमालयश्रेणी के बीच के पहाड़ों के भेद को समझना भूतत्त्वज्ञों का काम है, जो उनके भिन्न-भिन्न पाषाणों को पहचानते हैं।

धौलाधार कांगड़ा की प्रमुख पर्वतश्रेणी है। पहली धार सिवालिक और बाह्य हिमालय की हैं। धौलाधार के साथ हम खास हिमालयश्रेणी में पहुँचते हैं। यही चंबा और कांगड़ा की सीमा है और इसे चंबा श्रेणी भी कहा जाता है। यह बाह्य हिमालय की पहली श्रेणी है। कुल्लू छोड़कर जिस जगह व्यास एकाएक पश्चिम की ओर मुड़कर मंडी की ओर बहने लगती है, वहाँ से यह पर्वतश्रेणी शुरू होकर उत्तराभिमुख चलती कुल्लू सड़क के दुलची-जोत के पार करने की जगह से सरीजोत् के नीचे तक यह कुल्लू और मंडी की सीमा बनाती है। 10 मील और बनगाहल से कुल्लू को अलग करती है। इसके बाद यह उत्तर से एकाएक पश्चिम की ओर मुड़कर बनगाहल तालुक से होकर कांगड़ा उपत्यका के ऊपर आती है, जहाँ इसका नाम धौलाधार है। जिस जगह यह बनगाहल छोड़ती है, वहाँ से कांगड़े की उत्तरी सीमा के छोर तक यह नीची होती हाथीधार का नाम लेती है, जो 36 मील तक चंबा और कांगड़े की सीमा है। बनगाहल में इसका सबसे ऊँचा शिखर 17000 फुट है, और सारी पर्वतश्रेणी की औसत ऊँचाई कांगड़ा जिले में 15000 फुट है। बनगाहल पर्वतश्रेणी वस्तुतः धौलाधार का दक्षिण-पश्चिमी भाग है, जो व्यास और रावी की उपत्यकाओं को एक-दूसरे से अलग करती है। कुल्लू और बनगाहल की सीमा पर अपने पश्चिमी मोड़ के स्थान में उत्तर की ओर एक समानांतर श्रेणी द्वारा यह संबद्ध है। यह 15 मील लंबा तथा औसत ऊँचाई 18000 फुट है। इसे बड़ा बनगाहल श्रेणी कहते हैं।

व्यास

कुल्लू, मंडी और कांगड़ा की मुख्य नदी है, जिसका उद्गम स्थान कुल्लू के पहाड़ों में रोटंग-जोत् के पास है। वहाँ से मनाली, सुल्तानपुर (कुल्लू), मंडी शहर के नीचे से होती राजगिरि के तालुके में संगोल के पास कांगड़ा जिले में दाखिल होती है। यहाँ से इसकी धारा दक्षिण-पश्चिम की ओर बहती ज्वालामुखी श्रेणी को तोड़कर नादोन की उपत्यका में उतरती है। यहाँ जसवान की सिवालिक पहाड़ियाँ दक्षिण की ओर बढ़ने में रुकावट पैदा करती हैं, जिसके कारण यह पहाड़ों के समानांतर उत्तर-पश्चिस की ओर मुड़ जाती है। हाजीपुर के परे मिर्थाल घाट में पहाड़ पीछा छोड़ती है, और फिर व्यास की मुख्य धार मैदान में होती समुद्र की ओर चलने लगती है। कांगड़ा जिले में मिर्थाल से संगोल तक सीधी लंबाई 65 मील है, जिसे व्यास की धारा टेढ़ी-मेढ़ी चलकर 130 मील बना देती है। संगोल से रेह (नूरपुर तहसील) तक व्यास की एक ही धारा है, लेकिन फिर मैदानी तराई की समतल भूमि के आने से यह तीन धारों में बँट जाती है, जो मिर्थाल से आगे बढ़ने पर फिर एक हो जाती है। संगोल में व्यास की धारा 1920 फुट पर बहती है, जबकि मिर्थाल में वह 1000 फुट रह जाती है, अर्थात् प्रतिमील वह 7 फुट नीची होती जाती है दिसंबर, जनवरी और फरवरी में व्यास की धारा सबसे क्षीण हो जाती है। इस समय जल बहुत स्वच्छ पारदर्शक होता है। फरवरी के बाद धारा तेज और गंभीर हो जाती है, जबकि ऊपर पहाड़ों पर हिम गलने लगता है। गर्मियों के आते-आते पानी मटमैला हो जाता है। जुलाई और अगस्त के दिनों में इसका तल बहुत ऊँचा हो जाता है। धारा में दिखाई देने वाली चट्टानें और द्वीप पानी में डूब जाते हैं। नदी की धारा में सभी जगह चट्टानें भरी हुई हैं, बाढ़ के समय इनमें से कितने ही धार नीचे बहाने लगती हैं। जाड़े के दिनों में तीरा-सुजानपुर से नीचे छोटी डोंगियाँ चल सकती हैं, नहीं तो कहीं पर नाव चलाना खतरनाक है। नदी पर मंडी शहर के नीचे 2557 फुट की ऊँचाई पर लोहे का एक अच्छा पुल बना हुआ है। मंडी सें नीचे संघोल में नाव का घाट है, वहाँ से मिर्थाल तक बड़े-बड़े कस्बों में 13 नौका घाट हैं।

व्यास की शाखाएँ इस प्रकार हैं—बैजनाथ के प्रसिद्ध मंदिर के ऊपर वाले पहाड़ों से 'बिन्नुन' निकलती है। फिर हिमानियाँ से निकलने वाली आवा नदी के जल को लेकर दो-तीन और छोटी नदियों से मिलती संघोल के ऊपर व्यास में मिल जाती है। यह अपने निचले हिस्से में मंडी और कांगड़े की सीमा बनाती है। 'नीगल' तीरा-सुजानपुर के सामने आकर व्यास में मिलती है। 'बानगंगा' किला कांगड़े की नदी है, जिसके रास्ते अंग्रेज पहाड़ के भीतर 1816 में तोपखाने को ले जा सके। 'गज' भी कांगड़े के निचले भाग की नदी है। 'डेहर' गज की शाखा नदी है, जो कोटला के किले के पास से गुज़रती है। 'चक्की' शाखा नदी गुरदासपुर और कांगड़ा जिले को अलग करती है। व्यास की ये सारी शाखा नदियाँ धौलाधार की हिमानियों से निकलती हैं, और ये उसके दाहिने तट पर आकर व्यास में मिलती हैं। बायें तट पर मिलने वाली शाखा नदियाँ उतना महत्त्व नहीं रखतीं। हिमा-

नियों से आनेवाली नदियाँ सिंचाई के लिए भी बहुत उपयोगी हैं। आवा और नीगल पालम-उपत्यका की प्राण हैं, बानगंगा और गज कांगड़ा तथा रिहलू की उपत्यकाओं को सींचने के बाद हरिपुर के नीचे अवस्थित हालदून की उर्वर भूमि को सहायता देती हैं।

कांगड़ा में कई तप्तकुंड हैं। सबसे अधिक ज्वालामुखी के पास हैं—कुपेरा, कुंड, ज्वालामुखी, नागिया, कागाबासा। ये सभी ज्वालामुखी-उपत्यका में हैं, जिनमें से पहले तीन एक-दूसरे से चार मील पर अवस्थित हैं। चौथा (नागिया) ज्वालामुखी से तीन मील पर है, और कांगाबासा नागिया से 20 मील पर। ये चश्मे खारे हैं। कुपेरा तप्तकुंड का तापमान 10 दिसंबर, 1854 के 7 बजे सबेरे 76^0 डिग्री था, जबकि उस समय हवा का तापमान 51.30 डिग्री था। पहले इन चश्मों के पानी को कुछ घंटे ठंडा करने के बाद एक आना सेर के या उसके दाम के आटे से खरीदते थे, जो आसपास के लोगों की जीविका का एक साधन था। लोगों का विश्वास है कि इसके पीने से घेंघे का रोग जाता रहता है। इनमें नमक के अतिरिक्त आइडिन भी है, जो किसी-किसी में तीन प्रतिशत तक है। कांगड़ा तहसील में सलोल गाँव में 'सलोल' ततवानी चश्मा है। सलोल गाँव से वह एक मील पर है। 11 दिसंबर, 1893 में मध्याह्न में और 1 बजे दोपहर के समय हवा का तापमान जब 68^0 डिग्री था, उसी समय चश्मे का तापमान 195 डिग्री था। इसमें किसी तरह की गंध या विचित्र स्वाद नहीं है। यहाँ भी लोग तीर्थयात्रा के लिए आते हैं। पालमपुर से 12 मील पर उसी तहसील में ततवानी नामक गाँव में 'संसाल' तप्त-कुंड है, वहाँ निर्जला एकादशी (जेठ) में मेला लगता है। इसे गठिया के लिए लाभदायक समझा जाता है। कुल्लू में प्रसिद्ध तीर्थ 'मणिकर्ण है, जिसके बारे में आगे चर्चा होगी।

हिमाचल प्रदेश के कांगड़ा के भूतत्त्व की वही बात है, जो कि चंबा और महासू के बारे में है। सिवालिक वाले इलाके की पहाड़ियों के कुछ स्थान अपनी बनावट के कारण भूकंप के क्षेत्र हैं, जिनमें ज्वालामुखी के आसपास का भाग सबसे ज्यादा कंपनीय है। पहले भी कितने ही भूकंप यहाँ आये होंगे, और उनके कारण घरों और लोगों की बड़ी क्षति हुई होगी, लेकिन आदमी खतरे के डर के मारे कभी भागता नहीं फिरा।

4 अप्रैल, 1905 के सबेरे 6 बजे कांगड़ा जिले में भयंकर ऐतिहासिक भूकंप आया था। कई धक्के लगे, जिनमें से दो मुख्य तीन या चार सेकेंड के फर्क से आये। अधिकांश लोग प्रातःकाल की मधुर नींद में अपने बिस्तरों पर पड़े थे। शांत और सुंदर प्रातःकाल था। उस वक्त किसको पता था कि सर्वनाश के सेकेंड इतने नजदीक हैं! एक के बाद एक दो प्रचंड धक्के लगे, और उनके साथ ही मकानों की दीवारें भहराकर गिर गईं, पहाड़ों से गिरते पत्थरों की घोर आवाज आने लगी। कितने ही आदमी तुरंत दबकर मर गये, और कितने ही घायल तथा दबे हुए लोग सहायता के लिए चिल्ला रहे थे। बचे हुए लोग तरह-तरह की आशंकाओं से भयभीत खुली जगहों में आकर जमा हो गिरी हुई लकड़ियाँ इकट्ठी कर आग जला तापने लगे। हर दूसरे या तीसरे घंटे फिर धक्का लगता, जमीन के भीतर से तोप छूटने की आवाज आती, जिससे लोग 'हे भगवान्, हे भगवान्' कहने लगते। उस समय इलाहाबाद से निकलने वाले अंग्रेजी समाचारपत्र

'पायनियर' में एक प्रत्यक्षदर्शी ने कांगड़े के भूकंप के बाद की अवस्था का वर्णन निम्न प्रकार छपवाया था—"सुंदर जंगलों से आच्छादित पड़ाव की जगह से नीचे की ओर वन-आच्छादित उस भूमि को हम देखते हैं, जहाँ पर कि कांगड़े का कस्बा और मंदिर अवस्थित थे। वहाँ किसी मकान का पता नहीं। वृक्षों के भीतर से, भवन या सुनहले-मंदिर की छत से पीली ज्वाला निकलती दिखाई पड़ती थी। कुछ और ऊँची पहाड़ी पर मिस्टर सीस्टन का घर और मिशनरियों की इमारतें नष्ट हो ढेर बन गई थीं। कस्बे की ओर जाती सड़क पर चलते शहर के भीतर की ध्वंसलीला साफ दिखाई देती थी। पास ही में दाहिनी ओर नगरपालिका की डिस्पेंसरी का ध्वंस था, जिसके पास ही पत्थर की दीवार और मजबूत कड़ियों से बना थाना उसी अवस्था में था। पहाड़ और नगर के हरेक भाग में भूकंप के प्रभाव को देखा जा सकता था। पुरानी ईंटों के बने हुए पुल टूट गये थे। सड़क से मंदिर की ओर जाते मैंने चारों ओर भूकंप के प्रभाव को देखा। एक भी घर खड़ा नहीं था और समतल ध्वंसावशेषों को देखकर दिल भय खाता था। ध्वंसावशेषों पर होते मैं वहाँ पहुँचा, जहाँ महान् मंदिर का ध्वंस था।···मोटी दीवारें टुकड़े-टुकड़े हो गई थीं, छोटे मंदिर खण्ड-खण्ड थे, और सिर्फ एक बहुत छोटा-सा मंदिर बच रहा था, जिसके भी कितने ही अंश गिर गये थे, और वह टेढ़ा होकर खड़ा था। गंघोला (शिखर) और सुनहली छत ध्वंसावशेषों पर पड़ी हुई थी। कुछ सुनहले पत्तर धक्के से टूट गये थे, लेकिन छत अपनी शक्ल में अब भी मौजूद थी, यद्यपि वह एक तरफ झुकी हुई थी। ···मंदिर की दीवारें बहुत ही मोटी थीं। इमारत को बहुत मजबूत बनाया गया था, तो भी इसे इस तरह छिन्न-भिन्न कर दिया गया था, जैसे ढाँचा बहुत कमजोर रहा हो।··· मंदिर के नीचे मैंने बहुत-से ध्वंसावशेष देखे। यहाँ पर वह मकान खड़े थे, जिनमें तीर्थयात्री आकर रहते थे। इनके भीतर पड़े मुरदों को अभी निकाला नहीं जा सका था। मरने वालों की मौत शायद एकदम आ गई थी।···नगर बिल्कुल निर्जन दिखाई पड़ता था।···सोने का मंदिर फिर खड़ा हो जाएगा और उसके चारों तरफ फिर नगर बस जाएगा, लेकिन इस वक्त तो सर्वत्र प्रलय की लीला-सी दिखाई पड़ रही थी। कहा जाता है, इन ध्वंसों के नीचे लाखों के खजाने और रतन पड़े हुए हैं, जिन्हें पीछे निकालने की कोशिश की जाएगी। मुख्य पुजारी को कोई चोट नहीं लगी। कांगड़ा का भवन बड़ा पवित्र तीर्थ है, जहाँ दक्षिणी भारत के भी तीर्थयात्री आया करते हैं। रणजीतसिंह स्वयं एक बार इस मंदिर में आये थे।···भूकंप होने के सबेरे—जब यह भयंकर दशा हुई—उसका वर्णन नहीं किया जा सकता। कोई आदमी जिंदा नहीं रह गया था, जो ध्वंसावशेषों में दबे लोगों को निकालने की कोशिश करता। सभी छोटे-छोटे अफसर मारे गये थे। पास-पड़ोस में कोई यूरोपियन नहीं था।···घायलों की तकलीफ भयंकर थी, और कुछ दिनों तक अन्न का अभाव-सा था। मेजर मेकइवर-स्मिथ औषध और भोजन लेकर आये। पलटन ने काम किया। धर्मशाला, कांगड़ा, नगरोटा, सुजानपुर और भवारना के कस्बों को बहुत हानि उठानी पड़ी। कितने ही गाँवों की भी यही हालत हुई। व्यास नदी से धौलाधार के पहाड़ों के बीच की कांगड़ा-उपत्यका पर भूकंप का सबसे अधिक जोर रहा।

पश्चिम में रिहलू किले से पूर्व में बैजनाथ के प्रसिद्ध मंदिर वाले गाँव तक भूकंप का सबसे अधिक प्रभाव रहा। इसी क्षेत्र में धर्मशाला में जिले का शासन-केंद्र था।"

'पायनियर' के प्रत्यक्षदर्शी के अनुसार कांगड़ा-किला, पालमपुर की बस्ती, ज्वालामुखी नगर और मंदिर, नगरोटा, भवारना के धनी गाँव एवं बहुत-सी छोटी-छोटी बस्तियों का संहार हो गया। भूकंप क्षेत्र के प्रसिद्ध नगरों और गाँवों में पहुंचने के लिए बहुत-सी सड़कों के पुल नष्ट हो गये। बहुत जगहों पर सड़कें टूट गईं, और कितनी ही जगहों में चट्टानों ने गिरकर रास्ता बंद कर दिया। सिंचाई की कूलें भी बेकार हो गईं, जिसके कारण फसल के लिए तब तक कोई आशा नहीं रह गई, जब तक कि उनकी फिर से मरम्मत न हो जाये। पालमपुर और आसपास में बहुत-से चाय के बगीचे थे, वहाँ पर भी पानी आना बंद हो गया। कांगड़ा जिले में उस समय अमृतसर से पठानकोट तक रेल आयी थी, जहाँ से नूरपुर (15 मील), कोटला (28 मील), शाहपुर (40 मील) होते पालमपुर (72 मील) सड़क गई थी। शाहपुर से12 मील चलने के बाद यह सड़क कांगड़ा नगर से दो मील की दूरी से गुजरती थी। शाहपुर से 13 मील लंबी एक गाड़ी की सड़क धर्मशाला को जाती थी। पालमपुर से पूर्व की ओर बैजनाथ होते मंडी और कुल्लू के लिए बनी खच्चरों की सड़क तक मंडी नगर तक गाड़ी की सड़क बन गई थी, लेकिन भूकंप ने इन सभी यातायात के साधनों को बेकार कर दिया।

कांगड़ा जिले में जगह-जगह पर कई तरह की खानें हैं। लोहा बहुत जगहों पर मिलता है। सुरमा, सीसा और तांबे की भी घुनें मिलती हैं। व्यास के बालू में सोना भी है, पत्थर का कोयला भी मिला है। कांगड़ा जिले में जगह जगह काम के पत्थर गिलते हैं। धौलाधार में 5000 से 7000 फुट की ऊँचाई पर धर्मशाला और नरवाना में अच्छी प्रकार के स्लेट मिलते हैं। 1867 ई० में एक यूरोपियन कंपनी ने स्लेट की खानों में काम शुरू किया। 1925 ई० में कंपनी को 24 सैकड़ा मुनाफा हुआ था। उस समय यहाँ प्रतिवर्ष 15 लाख स्लेट निकाले जाते थे, जिनका दाम उस समय 85000 रुपया था। कंपनी सिर्फ 37 सैकड़ा स्लेट स्वयं निकालती थी, बाकी काम वह ठेके पर करवाती थी। स्लेट जानवरों के ऊपर ढो-ढोकर कनियारा के गोदाम में रखे जाते। यह काम रोपवे से आसानी से किया जा सकता था। कंपनी उस समय प्रतिवर्ष 20000 रुपया मजूरी में और उतना ही ठेकेदारों को देती थी। ज्यादातर मजूरी का काम घिर्थ, गद्दी, हाली, धौगिरी लोग करते हैं। अपने कारबार के लिए कंपनी ने कनियारा और धर्मशाला के बीच 4 मील की सड़क तैयार की है। लोहे की तरह स्लेट के उद्योग में भी एक बड़ी कठिनाई यातायात की है। भागसूनाथ (धर्मशाला) मौजा, नरवाना, जीया और करेरी में भी स्लेट की खानें हैं, जिनको वहाँ के लोग स्वयं निकालकर बेचते हैं।

सारे हिमालय की तरह कांगड़ा में भी तीन ऋतु मानी जाती हैं, लेकिन सर्दी-गर्मी पर भिन्न-भिन्न ऊँचाइयों का प्रभाव पड़ता है, इसीलिए चंबा, लाहुल, स्पिती जैसे अत्यंत ठंडे स्थानों में साइबेरिया की सर्दी पड़ती है। 7000 फुट की ऊँचाई पर गर्मी का प्रभाव बिल्कुल नाम-मात्र रहता है, और वर्षा की कमी के कारण वहाँ की हवा में नमी

भी कम होती है। इससे अधिक की ऊँचाइयों पर सर्दी बहुत सख्त होती है। अक्तूबर से ही बर्फ पड़ने लगती है, पर वह दिसंबर के पहले ठहरती नहीं। फिर मार्च से अप्रैल तक के लिए जमीन बर्फ से ढँक जाती है। कांगड़ा जिले में 4000 फुट की ऊँचाई के नीचे वाले बंगलों में गर्मी से बचने के लिए पंखे रखे हुए हैं।

पहाड़ों की ऊँचाइयों और स्थितियों के अनुसार यहाँ वर्षा की कमी-बेशी देखी जाती है। जैसे धर्मशाला और पालमपुर में क्रमशः 114 और 110 इंच वर्षा होती है तो गोपीपुर और हमीरपुर में वह क्रमशः 58 और 55 इंच है। यही स्थिति गरमी की भी है।

कांगड़ा अंचल में वन-संपदा प्रचुर मात्रा में है। सत्य तो यह है कि जितनी संपन्न और मनोरम वनानी कांगड़ा उपत्यका में है, हिमाचल में ही नहीं, संपूर्ण हिमालय में दुर्लभ है। अंग्रेजी राज्य की स्थापना (1846 ई०) से पहले यहाँ जंगलों की रक्षा की ओर विशेष ध्यान नहीं दिया जाता था, जिससे उनको बहुत नुकसान हुआ था। और जगहों के जंगलों की रक्षा करते हुए उनसे लाभ उठाते और अंग्रेजों का ध्यान यहाँ के जंगलों की ओर गया। 1855 ई० में ही जंगल-संबंधी नियम बनाये जा चुके थे, जिन्हें 1859 और 1860 ई० में लागू किया गया। 1872-75 ई० में डेरा और नूरपुर की तहसीलों में रक्षित वनखंड बने, उन्हें सरकारी संपत्ति माना गया। सरकार ने गाँव वालों को कुछ सुभीते प्रदान किये। पहले का प्रबंध किसी योजना के अनुसार नहीं था। सबसे पहले 1904 ई० में नियमपूर्वक कार्य-योजना बनाई गई। अगले दस सालों में कई समस्याएँ उपस्थित हुईं, जिसके कारण 1915 ई० में एक सुधरी योजना को लागू किया गया, जिसके अनुसार एक-तिहाई जंगलों को वर्जित बना दिया गया। इस जिले के जंगल दो डिवीजनों में विभक्त हैं—1. कांगड़ा-डिवीजन; जिसका सदर मुकाम धर्मशाला है, और जिसमें नूरपुर, कोटला, डेरा, धर्मशाला, कांगड़ा और पालमपुर के छह रेंज हैं। 2. हमीरपुर और डेरा तहसील का जो हिस्सा व्यास के दक्षिण और उत्तर अवस्थित है, उसे ऊना और हमीरपुर की दो रेंजों में विभक्त करके होशियारपुर जंगल-डिवीजन में शामिल कर दिया गया है। जंगल-विभाग ने पास के गाँव वालों को कुछ प्रतिबंधों के साथ अपने पशुओं को चराने, तथा ईंधन और मकान के लिए लकड़ी लेने का अधिकार दे रखा है।

वृक्ष-वनस्पति ऊँचाई एवं जलवायु के अनुसार पैदा होते हैं। कांगड़ा अंचल की गरम जगहों में शीशम, शाल (साखू), बड़, पीपल, सेमल और आम के वृक्ष होते हैं। कुछ और ठंडी जगहों में आड़ू, मंदला आड़ू, जलदारू, आलूचा, हैंट (जंगली नासपाती), अनार और उदुंबर (कठगूलर) होते हैं। फलों में गिलास (चेरी), रास्पबरी, ब्लैकबरी, बारबरी, स्ट्राबरी भी बगीचों या जंगल में होती हैं। पहाड़ में 7 हजार फुट की ऊँचाई तक 'चील' (चीड़) की बहुतायत है। इसका क्षेत्र दक्खिन के पार्श्व पर 1600 फुट से 7200 फुट है। यह अपने पास किसी वृक्ष-वनस्पति का रहना पसंद नहीं करता। इसका अपना पत्ता भी न घना और न अधिक हरा होता है, इसलिए यह पर्वतों की श्रीवृद्धि नहीं कर सकता।

पहाड़ के साधारण मकान इसी की लकड़ी के होते हैं। पानी न पड़े तो लकड़ी कम मजबूत नहीं होती। रेलों के स्लीपर के लिए भी चील की माँग है। इसके काष्ठ में लीसा (गोंद, गुग्गुल) ज्यादा होता है, जिससे ताड़पीन तथा दूसरे उपयोगी पदार्थ निकाले जाते हैं। चील के बीज को खाया जाता है। चील के मुख्य क्षेत्र से अर्थात् 4000 फुट से ऊपर 'बान' होता है। इसके नाम बान, बाँज, बंज, बजराँठ (नेपाली) सभी वज्रकाष्ठ के अपभ्रंश हैं, जो इसके अति कठोर काष्ठ के लिए उपयुक्त हैं। इसके तथा इसके भाई तिलोंज की कटाई-चिराई के लिए जब तक बिजली या यंत्रचालित आरों का उपयोग नहीं होता, तब तक इस मूल्यवान काष्ठ का सदुपयोग करना कठिन है। इसका कोयला धातुओं के गलाने के लिए अधिक उपयोगी माना जाता था। वह देर तक जलता है। बाँज के मुख्य क्षेत्र 6000-8000 फुट पर हैं। 8000 फुट से ऊपर बाँज का स्थान तिलोंज ले लेता है, जो और अधिक कड़ा है। इसके पत्तों के मुड़े किनारों पर काँटे होते हैं। जाड़ों में जब कितने ही वृक्षों के हरे पत्ते गिर जाते हैं, तब भी इसके और बाँज के पत्ते हरे रहते हैं। जाड़े में चारे का अभाव होने पर बाँज और तिलोंज के पत्ते पशुओं के भारी अवलंब हैं।

निगोला (रिंगाल) ठंडी तथा अधिक सील वाली जगहों (10,000 फुट तक) पर सरकंडे जैसा यह वृक्ष 15-20 फुट ऊँचे झुरमुट के रूप में होता है। इसकी डलियाँ, टोकरी आदि बनाई जाती हैं। ब्रास के बुरांस, रोडेड्रन, ब्रोंस (अलमोड़ा), गुराँस (नेपाली) नाम भी हैं। इसके लाल फूल अप्रैल-मई के महीनों में कभी-कभी सारे वृक्ष को ढाँके बहुत सुंदर दिखाई पड़ते हैं। इनके अलावा खनोर (पाँगर, हार्स चेस्टनट), बाहर (उदुंबर, साइकामोर), राई (राघ, रघा), रसौला (स्प्रूस), थनेर और पदम (धूप), कैल (साइप्रस), चीमा या चिमौली के पेड़ भी 7500-11000 फुट की ऊँचाई पर मिलते हैं। भुज (भोजपत्र) का वृक्ष 12000 फुट पर होता है। इसकी पतली स्तर वाली छाल कागज के युग से पहले लिखने के लिए उपयुक्त होती थी। ऊपरी भागों में काष्ठ की छतों के नीचे पानी न जाने के लिए भुर्जपत्र की तह लगा दी जाती है। यह पानी में गलती-सड़ती नहीं। चीला भुर्ज का सहवासी पेड़ है, जो 11000 फुट पर पाया जाता है और शकल में चीड़ जैसा किंतु चीड़ की भाँति तिनपतिया नहीं पंचपतिया होता है। कैलू (देवदार) सुलभ वृक्ष नहीं है। पानी, दीमक से सुरक्षित तथा सुदृढ़ होने के कारण इसकी बहुत माँग है, विशेषकर मंदिरों के द्वार और छत के बनाने के लिए।

फलदार वृक्षों में यहाँ सेब, नासपाती, गिलास, खूबानी, आड़ू, अखरोट, आलू-बुखारा यहाँ जंगली हालत में मिलते हैं। बमोरा, बेरू, टिमली, काफल, किलमोड़ा, किंगोरा, काँटिया (रस्पबेरी), ब्लैकबरी आदि भी जंगलों में मिलती हैं। थांगी (कपासी या भोटियाबादाम हैजल) भी जंगल का एक फल है।

जंगली बांस कांगड़ा की बहुत-सी जगहों में मिलता है, खासकर कटलेहर चौकी के आसपास तथा सतलुज नदी के किनारे ज्यादा पाया जाता है। सीबा और दातारपुर के तालुकों में भी इसके जंगल हैं, पठानकोट के पास लोधवान और राजगिरी के तालुकों में आसापुरी पहाड़ में ये मिलते हैं। बर्फ पड़ने वाली पहाड़ी जगहों में दो-तीन जाति के

छोटे-छोटे बाँस मिलते हैं, जिन्हें निरगाल (रिंगाल) कहते हैं। इसी की एक किस्म गिर्छ है, जिससे हुक्के के नेचा बनते हैं। इनके अलावा किसान बाँस की कोठियाँ लगाते हैं। ये मुंगेर और मोहर कांगड़ा-उपत्यका में मिलते हैं, और यह काफी लंबे होते हैं। नल, बोअतलू, फुगलू तीन और इसकी जातियाँ पहाड़ों में होती हैं। नल के भीतर कभी-कभी तरल या जमा हुआ एक पदार्थ मिलता है, जिसे बंसलोचन कहते हैं।

कांगड़ा अंचल में वन्य जंतुओं और पक्षियों की अनेक किस्में उपलब्ध हैं। यहाँ ठंडे और गरम मुल्क दोनों तरह के वन्य जंतु मिलते हैं। बाघ यहाँ का असली निवासी नहीं है। चीते आम तौर से मिलते हैं, जो भेड़-बकरियों और कुत्तों के शत्रु हैं। चेनाग (चीता) बिल्ली भी मिलती है। जंगली बिल्ली भी सभी जगह है, और वह दिन में भी मुर्गियों पर हमला कर देती है। भेड़िये केवल पहाड़ के निचले भागों में मिलते हैं। ऊद-बिलाव (लुत्रानायर) सतलुज और व्यास के निचले भागों में मिलते हैं। ऊपर के हिस्सों में बिना पंजे वाले ऊदबिलाव पाये जाते हैं। मछलियों के ये बड़े शत्रु हैं, इसलिए मछली के पाले जाने वाले स्थानों में इनके मारने के लिए इनाम दिया जाता है। मृगों में चीतल अब भी निचले निम्न-कांगड़े से दून तक पाये जाते हैं—खासकर दादासीबा के पास। व्यास और सतलुज की उपत्यकाओं में 'हॉगडीयर' पाये जाते हैं। काकड़ सारे पहाड में 6000 फुट तक मिलते हैं। 8000 फुट से अधिक की ऊँचाई पर भोजपत्र के जंगलों के नजदीक कस्तूरा हिरन पाया जाता है। नीलगाय निचले भागों में बहुत थोड़े-से मिलते हैं। गुराल 8000 फुट के ऊपर के बान के जंगलों या घास की ढलानों को पसंद करते हैं। थर 8000 फुट के ऊपर बड़े दुर्गम स्थानों में रहते हैं। पहाड़ के दूसरे मृगछालों से थर का चमडा बहुत मजबूत होता है, लेकिन मांस उतना स्वादिष्ट नहीं होता। सराव भी ऊँची जगहों के घने जंगलों में रहते हैं। निचले पहाड़ों में जंगली सूअर मिलते हैं। खरगोश आम तौर से 4000 फुट के ऊपर नहीं पाये जाते। बज्रकीट और साही बिल खोदकर पहाड़ों में रहते हैं। चमगादड़ यहाँ भक्ष्य नहीं माना जाता, जैसे कि मलाया में, और यह बगीचों के फलों का बहुत नुकसान करते हैं। उड़ंतू गिलहरियाँ भी रात को चों-चों करती सुनी जाती हैं।

यहाँ पाये जाने वाले जानवरों की सूची इस प्रकार हो सकती है—ऊदबिलाव, ऐमू, गिलहरी (उड़ंतू), कस्तूरा, काकड, खरगोश, गुराल, घोरल, चमगादड़, चीतल, चीता, मिर्ग, थार, दिकलू, नीलगाय, नेवला, पारा (मृग), बकनोली, बकरी (जंगली), वज्रकीट, बंदर (काला-लाल मुख), बाघ, बिल्ली (चीता), बिल्ली (जंगली), भालू (काला), भालू (लाल), भेड़िया, लकड़बग्घा, लंगूर, लोमड़ी, साँभर, साही, सिकरालू, सिकरू, सूअर, हरिन।

कांगड़ा के निम्न भागों में मैदानी चिड़िया और ऊपरी भागों में ठंडे मुल्क की चिड़िया पाई जाती हैं। यहाँ कई तरह के बाज होते हैं। बादशाही जमाने में यहाँ के राजा शिकार करने वाले बाजों को भेंट के तौर पर दिल्ली भेजते थे। कांगड़े की कुछ चिड़ियाँ इस प्रकार हैं—बुलबुल, मोनाल, कठफोड़ा, लुंगी, कोयल, कोकला (पोकरा), तोता, चीर,

पंडुक, कलिज, पहाड़ी मैना, चकोर, कबूतर, प्योडा, मोर, रामचकोर, गिद्ध, बाज। इनमें से अधिकांश चिड़ियाँ 4000 से 60000 फुट पर रहती हैं। कांगड़ा में मछलियाँ भी काफी मात्रा में पाई जाती हैं। फिलहाल यहाँ की नदियों और तालों में छब्बीस प्रकार की मछलियाँ उपलब्ध हैं।

कांगड़ा उपत्यका में सरीसृप बहुत तरह के पाये जाते हैं। जहरीले साँपों में खरपा (गोहुअन), संखचोर (शंखचूड़) और रतीर हैं। उनसे कुछ कम विषधर बैंस, सोतार और नाग हैं। सोतार को दोमुँहा कहा जाता है, लेकिन ऐसे विश्वास का कारण यही है, कि उसकी मोटाई पूंछ से मुँह तक करीब-करीब एक जैसी है। यह भी विश्वास किया जाता है कि सोतार का काटा आदमी मरता नहीं, लेकिन उसे उसके बाद प्रतिवर्ष साँप काटता है। नाग यहाँ का कुछ सफेद रंग लिए हुए होता है, और घरों की दीवारों में रहता है। लोग दूध और धूप से इसकी पूजा करते हैं। कांगड़ा में पहाड़ के निचले भागों में साँप अधिक पाये जाते हैं और कितनी ही जगहों पर अजगर भी मिलते हैं। ऊपरी जगहों में वह अपेक्षाकृत कम होते हैं।

इतिहास

सारे हिमालय की तरह यहाँ के भी सबसे पुराने बाशिंदे किर, किरात या किन्नर थे। बैजनाथ का पुराना नाम किरपुर 10वीं सदी में था, जो इसी बात को सिद्ध करता था। वैदिक आर्यों का सबसे पहले जिन पहाड़ी लोगों के साथ संपर्क हुआ था, वह यही किरात थे, जिनके राजा को ऋग्वेद में शंवर कहा गया है। शंवर के पहाड़ी दुर्गों को बड़ी मुश्किल से रावी (परुणी) और सतलुज-व्यास के बीच में रहने वाले भरत जन के राजा दिवोदास ने सर किया था। इस विजय से पहाड़ के निम्न भागों पर आर्यों का प्रभाव जम गया, लेकिन ऊपरी भाग के किरात स्वतंत्र थे। ऐतिहासिक काल में यहाँ कई राजवंश राज करते थे, जिनके बारे में संक्षेप में विवरण इस प्रकार है—

नूरपुर (औदुम्बर) राज्य की पहली राजधानी पठानकोट को पुराना नाम प्रतिष्ठान था। प्रतिष्ठान का पठान जैसे यहाँ बना, वैसे ही गोदावरी के किनारे आंध्रों की राजधानी का नाम प्रतिष्ठान का वर्तमान पैठन और प्रयाग के सामने गंगा-पार आज की झूसी का नाम भी प्रतिष्ठान था। पठानकोट का पठान (अफगान) जाति से कोई संबंध नहीं है। कोट (किला) होने के कारण इसे पठानकोट कहा जाने लगा। नूरपुर के सारे इलाके का पुराना नाम 'औदुम्बर' था, जो अपने जन (कबीला) उदुम्बर के नाम से मशहूर हुआ। यहाँ पर उदुंबरों का गणराज्य था, जिसके सिक्के पठानकोट में मिले हैं। महाभारत में भी उदुम्बरों का नाम पाया जाता है। उदुम्बर-सिक्कों का काल ईसा-पूर्व 100 माना जाता है। एक सिक्के पर अभिलेख है—'महदेवसरण घरघोषस औदुमबरिस' (औदुम्बर महादेव शरण घरघोष का)। इस सिक्के के दोनों तरफ उक्त वाक्य एक ओर खरोष्ठी और दूसरी ओर ब्राह्मी लिपि में लिखा हुआ है, जिससे मालूम होता है, कि उदुम्बर का यह इलाका खरोष्ठी लिपि की सीमा के भीतर पड़ता था। खरोष्ठी लिपि के अभिलेख कांगड़ा में इससे भी

पुराने मिले हैं।

इस प्रकार हम कह सकते हैं, कि पठानकोट पंजाब और पश्चिमी हिमाचल के सबसे पुराने नगरों में है। रावी और व्यास के बीच के पहाड़ों के सानुओं पर अवस्थित होने के कारण इसका सैनिक-महत्त्व भी कम नहीं था। पठानकोट में और भी कितने ही तरह के सिक्के मिले हैं, जिनमें कुछ ईसा की आरंभिक शताब्दियों के हैं। पुराना नगर किले के पूर्ववाली टेकरी पर था, जहाँ अब भी उसके ध्वंसावशेष मिलते हैं। वर्तमान पठानकोट की स्थापना 15वीं शताब्दी में हुई। राजा जिस किले में रहता था, उसे 1849 ई० में पंजाब को हड़पने के समय अंग्रेजों ने तोड़ दिया। इसकी बड़ी-बड़ी ईंटें इसकी प्राचीनता को बतलाती हैं।

उदुम्बरों का पहले गण और पीछे राज्य बहुत पहले ही खतम हो चुका था। 10वीं शताब्दी में दिल्ली के तोमर-वंश के एक राजपुत्र भेतपाल ने इस रियासत की स्थापना की। अभिलेखों में इसे राणा भेत भी कहते हैं। उसने इस इलाके को जीतकर पठानकोट को अपनी राजधानी बनाया, जिसके कारण उसके वंश वाले पठानियाँ (प्रतिष्ठानीय) कहे जाने लगे। यह लोग अपने को चंद्रवंशी तथा पांडवों की संतान कहते हैं।

कांगड़ा की रियासतों में नूरपुर का इतिहास में विशेष स्थान था। पुराने समय में पठानकोट, शाहपुर और कंडी तथा मैदान का एक बड़ा इलाका तथा तप्पा गंगोत छोड़-कर आजकल के होशियारपुर की सारी तहसील इस रियासत में थी। यही नहीं, रावी के पश्चिमी किनारे का लखनपुर का छोटा इलाका भी नूरपुर का था, जो कि अब जम्मू में है। इतिहासकारों ने नूरपुर के राजाओं का अनेक बार जिक्र किया है। चौदहवें राजा यशपाल ने 1322-1353 ई० तक शासन किया था, और वह अलाउद्दीन खिलजी (1295-1316 ई०) का समकालीन था। कैलाशपाल (1353-97 ई०), नागपाल (1397-1438 ई०), पृथिवीपाल (1438-73), भीलपाल (1473-1513), बख्तमल (1513-1558), तख्तमल (1558-80), बासदेव (1580-1613), सूरजमल (1613-19), जगतसिंह (1619-46), राजरूपसिंह (1646-61), मानधाता (1661-1700), दयाधाता (1700-35), पृथिवीसिंह (1735-89) के नाम नूरपुर रियासत के शासकों के रूप में इतिहास में मिलते हैं।

पृथिवीसिंह के मरने से पहले ही उसका पुत्र फतेहसिंह मर गया था, इसलिए उसके पुत्र वीरसिंह ने (1789-1815 ई०) नाबालिग होते दादा का स्थान 1789 ई० में लिया। रियासत की हालत गोरखा-आक्रमण तक अच्छी चलती रही। जब रणजीतसिंह ने कांगड़ा-किले को लेकर पहाड़ी रियासतों पर अपना आधिपत्य जमाया, तो नूरपुर का भाग्य भी उन्हीं के साथ बँध गया। 1812 ई० में दीनानगर में आकर रणजीतसिंह ने नूरपुर से 40 हजार रुपया कर उगाहा।

1815 ई० में रणजीतसिंह ने स्यालकोट में अपने करद राजाओं और सरदारों का एक विशाल सैनिक-सम्मेलन किया। नूरपुर और जसवान के राजा वहाँ नहीं आये, जिस पर उनके ऊपर इतना जुर्माना किया गया, कि वह दे न सकें। जसवान के राजा ने

जागीर लेकर अपनी रियासत को छोड़ दिया, लेकिन वीरसिंह के पीछे अपने वीर पुरखों की जबर्दस्त परंपरा थी। उसने अपना सब कुछ गिरवी रख, वंश की मूर्तियों और सोने-चाँदी के बर्तनों को बेच कर अन्यायपूर्ण जुर्माने को अदा करने की कोशिश की। जब उससे भी पूरा नहीं पड़ा, तो लाहौर से उसे एक सिक्ख सेना के साथ रियासत को हवाला करने के लिए भेजा गया। वीरसिंह ने जागीर लेने से इंकार कर दिया, और मौका पाते ही सिक्खों से विद्रोह कर लिया। जनता ने उसका साथ दिया, लेकिन सिक्खों की सुशिक्षित सेना के सामने एक न चली। अंत में भेस बदलकर वह पहाड़ी रास्ते से अंग्रेजी इलाके में चला गया। 1816 ई० के अंतिम महीनों में वह रणजीतसिंह के विरुद्ध काबुल के निर्वासित अमीर शाहसुजा के साथ लुधियाना में रहते षड्यंत्र कर रहा था। सिक्खों ने इसकी शिकायत की, तो अंग्रेजों ने उसे लुधियाना से अन्यत्र जाने के लिए कहा, और वह अरकी में जाकर दस वर्ष तक रहा। इस सारे समय में वह अपने पुराने अफसरों से गुप्त संबंध रखता था। 1826 ई० में भेस बदल कर वह फिर नूरपुर पहुँच गया। फिर अनुरक्त प्रजा उसके झंडे के नीचे जमा होने लगी। उसने किले को घेर लिया, लेकिन जब लाहौर से एक बड़ी सेना आई, तो भाग कर अपने ससुराल चंबा में चला गया। उसकी रानी चंबा के राजा चरहतसिंह की बहिन थी। डर के मारे चंबा के राजा ने उसे सिक्खों के हाथ में दे दिया, और उसे अमृतसर के गोविंदगढ़ किले में सात वर्ष तक बंदी रखा गया। चंबा राजा के जोर देने पर अंत में 85 हजार रुपया देकर वीरसिंह को मुक्ति मिली। रणजीत सिंह ने उसे रावी के किनारे कठलोट के उर्वर इलाके की 12 हजार रुपये की जागीर देनी चाही, लेकिन अभिमानी राजा ने उसे लेने से इंकार कर दिया। फिर अपने प्रधानमंत्री जम्मू के राजा ध्यानसिंह की मार्फत 25 हजार की जागीर देना चाहा। ध्यानसिंह के पास महाराजा की मुहर की हुई सनद मौजूद थी, वीरसिंह को सिर्फ 'जयदेय' कहने की देर थी, लेकिन अब भी वीरसिंह ने इंकार कर दिया। वीरसिंह ने घमताल में अपना निवास-स्थान बनाया, और उसकी रानी अपने शिशु पुत्र को लिए चंबा में रहती, जहाँ का राजा उन्हें 500 रुपया महीना देता। 1835 ई० से कुछ पहले वह चंबा में था, जहाँ यूरोपियन यात्री विगने ने उससे मिलकर उसके मुँह से उसके दुर्भाग्य की कहानियाँ सुनीं।

1845 ई० के शरद में सिक्ख सेना ने अंग्रेजी इलाके पर आक्रमण करने के लिए सतलुज पार किया, और उसे हार खानी पड़ी। इसकी खबर सारे पहाड़ में फैल गई, और वीरसिंह ने फिर एक बार स्वतंत्रता का झंडा उठाया, और अपनी प्रजा की सहायता से नूरपुर के किले को घेर लिया, लेकिन अब शक्ति और उमर उसका साथ देने के लिए तैयार नहीं थी, और वहीं अपने पूर्वजों के किले की दीवारों के सामने उसने अंतिम साँस ली। उसे यह जानकर संतोष हुआ, कि उसके शत्रुओं को अंग्रेजों ने खतम कर दिया।

वीरसिंह के मरने के समय उसका पुत्र जसवंतसिंह 10 साल का लड़का था। 1886 ई० में प्रथम सिक्ख-युद्ध के बाद 1846 ई० में जब नूरपुर पर अंग्रेजों का अधिकार हुआ, तो राजवंश की पेंशन का सवाल आया। गवर्नर-जनरल के एजेंट सर हेनरी लारेंस ने 20 हजार की जागीर इस शर्त पर देनी चाही, कि वह नूरपुर में न रहे, लेकिन अभि-

मानी राजपुत्र ने उसे मानने से इंकार कर दिया। पर एक साल बाद राजा ने जागीर स्वीकार की। सन् 57 के विद्रोह में अंग्रेजों के प्रति उसकी राजभक्ति पर संदेह करने का यह फल हुआ, कि कम करके जागीर को पाँच हजार कर दिया गया। 1884 ई० में जसवंतसिंह के मरने पर उसका शिशुपुत्र राजा गगनसिंह (जन्म 1882 ई०) उसका उत्तराधिकारी माना गया, जो जागीरदार होकर नूरपुर में रहता था।

कांगड़ा[1] रियासत यद्यपि अंग्रेजों के शासन के स्थापित होने से पहले ही सिक्खों द्वारा खतम कर दी गई थी, लेकिन उसका नाम आज भी कांगड़ा जिले में मौजूद है। कुल्लू (कुलूत) पहले एक स्वतंत्र राज्य था, जिसका अवशेष हाल तक एक छोटी-सी रियासत के रूप में मौजूद रहा है, और 1948 में ही और रियासतों की तरह उसका विलयन हुआ। पहाड़ के प्रतापी राजाओं का शासन पास के मैदानी इलाकों पर भी होता रहता था, यह हम नेपाल (पाल्पा), कुमाऊँ, गढ़वाल के राजाओं के बारे में देख चुके हैं। जलंधर का भी प्रभुत्व पहाड़ से नीचे आजकल के जालंधरद्वाब पर था, यही कारण था जो जालंधर पहाड़ का नाम मैदान के एक हिस्से का पड़ा। मुसलमानी शासन के आरंभ तक संभवत: जालंधर दोआब जलंधर (त्रिगर्त के) पहाड़ी राज्य का अंग रहा। राजा की दो राजधानियाँ थीं, मैदान में जलंधर नगर और पहाड़ में कांगड़ा। जिसका नाम उस समय नगरकोट या भीमकोट था। राजा के अधीन बहुत-से राणा और ठाकुर सामंत थे।

त्रिगर्त भी जालंधर या कांगड़े का नाम है। त्रि-गर्त अर्थात् तीन गर्त्तों—रावी, व्यास और सतलुज अथवा व्यास, रावी और चनाब की उपत्यकाओं की भूमि त्रिगर्त का ही नाम जलंधर था, यह हेमचंद्र के "जालंधराश् त्रिगर्ताः स्युः" वाक्य से सिद्ध है। यह भी याद रखने की बात है, कि वाणगंगा, कुरली और नयागुल की तीनों नदियाँ हरिपुर में मिलकर त्रिगाड़ के नाम से आज भी पुकारी जाती हैं, जो कि त्रिगर्त का ही बिगड़ा हुआ रूप है। त्रिगाड़ सीबा किले के सामने व्यास में मिलती है।

'राजतरंगिणी' (कश्मीर इतिहास) में सबसे पहले 5वीं शताब्दी के अंत में जलंधर और त्रिगर्त का अनेक बार जिक्र आया है। कल्हण ने लिखा है, कि कश्मीर

---

1. कांगड़ा नाम कैसे पड़ा, इसके लिए कहावत मशहूर है, कि शिवजी ने जब राक्षस जलंधर को मारा, तो गिरने पर उसका मुँह ज्वालामुखी में पड़ा, पीठ जलंधर में और पैर मुलतान में, और कान जहाँ पड़ा, उसी का नाम कानगढ़ या कांगड़ा हुआ। कांगड़ा का नाम सबसे पहले 1611 ई० में यूरोपियन यात्री विलियम फिंच के वर्णन 'Purchas His Pilgrimes' में मिलता है। लेकिन, वह शायद स्वयं कांगड़ा नहीं पहुँचा। 1615 ई० में टामस कोयार्ट Thomas Coryat पहला यूरोपियन था जो कांगड़ा पहुंचा। उसके बाद 1666 ई० में थैवनोट Thevenot और 1835 ई० में विगने आया। फोर्स्टर 1783 ई० में आया, जबकि कांगड़ा का प्रताप-सूर्य मध्याह्न में था, और प्रसिद्ध भूगोलवित्त मूरक्राफ्ट 1820 ई० में यहाँ से गुजरा।

के राजा श्रेष्ठसेन ने "त्रिगर्त भूमि प्रवरेश मंदिर को प्रदान की।" वहीं यह भी बतलाया गया है कि राजा प्रवरसेन ने (520 ई० के आसपास) त्रिगर्त को जीता।

स्वेन् चांग मार्च 635 ई० में जलंधर पहुँचा था। उसने चै-लन-तो-लो (जलंधर) के राज्य का वर्णन किया है, जो चीनभुक्ति के उत्तर-पूर्व और कुलूत (कुल्लू) के दक्षिण-पश्चिम में अवस्थित था। कन्नौज की ओर अग्रसर होने के पहले चार महीने तक वह यहाँ के राजा उदित (ऊतितो) का मेहमान रहा। लौटते वक्त 643 ई० में वह फिर जलंधर आया। कनिंघम के अनुसार यह राजा उदित (उतितो) शायद वंशावलिका अदित या अदीमन है। जलंधर का राजा उस वक्त हर्षवर्द्धन के अधीन था, कान्यकुब्ज सम्राट् ने जिसे चीनी पर्यटक को अच्छी तरह आगे भेजने का काम सौंपा था। स्वेन् चांग के अनुसार जलंधर राज्य पूर्व से पश्चिम 1000 ली (167 मील) और उत्तर से दक्षिण 800 ली (113 मील) था, जिससे मालूम होता है, कि जलंधर में उस समय चंबा, मंडी और सुकेत सम्मिलित थे। उसकी दक्षिण-पूर्वी सीमा सतलुज पर थी। गुर्जर-प्रतिहारों में भोज प्रथम (836-93 ई०) के पहले रामभद नामक राजा था, संभवतः इसी के समय कुमाऊँ और जम्मू के बीच के पहाड़ी राजाओं ने कान्यकुब्ज की अधीनता स्वीकार की है।

राजतरंगिणी से मालूम होता है, कि कश्मीरराज शंकर वर्मा (883-903 ई०) ने गुर्जरों के खिलाफ अभियान किया था, जिसमें उसे 'त्रिगर्त के पृथिवीचंद' का सामना करना पड़ा था, लेकिन अंत में पृथिवीचंद को कश्मीर की सेना के सामने भागना पड़ा। चंद्र उपाधि यद्यपि त्रिगर्त के राजाओं की थी, लेकिन वंशावलि में इस नाम का राजा कोई नहीं मिलता। वहीं से यह भी मालूम होता है, कि त्रिगर्तराज ने पीछे कश्मीर की अधीनता स्वीकार कर कश्मीर-दरबार में अपने पुत्र भुवनचंद्र को जामिन के तौर पर भेजा। कश्मीर की प्रभुता उस वक्त पहाड़ में बहुत दूर तक फैली हुई थी, यह चम्बा के अभिलेख से भी मालूम होता है, जिसमें कश्मीर सेना को किरा कहकर पुकारा गया है। त्रिगर्त और कुलूत की मदद से चंबा के राजा ने आक्रमणकारियों को अपने देश से भगा दिया। इससे पता लगता है कि कश्मीर का प्रभुत्व स्थायी नहीं था।

कांगड़ा के कटोच राजवंश का इतिहास मध्ययुग की शताब्दियों में जाकर अन्धकारावृत्त हो जाता है। 1827 ई० तक यह वंश रहा, जबकि रणजीतसिंह ने इसका उच्छेद कर दिया, और फिर कटोच राजवंशिक मामूली जागीरदार रह गये। कटोच-वंश इधर के पहाड़ों का प्राचीन वंश ही नहीं था, बल्कि उसकी शाखाएँ पीछे जसवान, गुलेर सीबा और दातारपुर की स्वतंत्र रियासतों में परिणत हो गई थीं। लड्डू राजपूत और उनके सात राव इसी वंश से अपना संबंध बतलाते हैं, जो आजकल ऊना और रोपड़ के बीच जसवान-उपत्यका में रहते हैं। कांगड़ा से पश्चिम के अन्दौरिया राजपूत भी अपने को कटोचवंशी बतलाते हैं। भारतीय पुरातत्व के पिता जनरल अलैक्जण्डर कनिंघम ने अपने 'प्राचीन भारत भूगोल' में लिखा है : "कांगड़ा और जलंधर का राजवंश भारत के प्राचीनतम राजवंशों में से एक है, और वंश-स्थापक सुशर्मचंद्र के काल से उनकी

वंशावलि मुझे राजपूताना के अधिक शक्तिशाली राजवंशों की लंबी वंशमाला से भी कहीं अधिक विश्वसनीय मालूम होती है।" सर लेपेल ग्रिफिन ने भी कटोच वंशावलि को प्राचीनतम बतलाते हुए कहा है, "यह वंशावलि दुनिया के किसी भी दूसरे राजवंश की अपेक्षा अधिक प्राचीन और अविच्छिन्न साबित की जा सकती है।"

कटोच अपने को चंद्रवंशी कहते थे, उनके नाम के साथ चंद्र की उपाधि सुशर्मचंद्र से आज तक चली आती है, लेकिन यदि नाम के कारण चंद्रवंशी बना जाता, तो कन्नौज के गहड़वार भी चंद्रवंशी होते। यहाँ के अभिलेखों में भी हमें चंद्रवंश का पता 14वीं शताब्दी से लगता है। कनिंघम ने अपने 'प्राचीन भारत का भूगोल' और पुरातत्व की सर्वे रिपोर्टों में इस राजवंश का उल्लेख किया है। मुरक्राफ्ट ने 1820 ई० में राजा संसार-चंद के दरबार में कटोच वंशावलि को देखा था। इस वंशावलि में 500 नाम हैं, जिनमें प्रथम भूमचंद्र था, जो कांगड़ा में किसी देवी के भौंहों से पैदा होने के कारण भ्रूचंद्र या भूमचंद्र कहलाया। लेकिन भूमचंद्र से लेकर 233 राजाओं को ऐतिहासिक मानना मुश्किल है। 234वाँ राजा सुशर्मा या सुशर्मचंद्र महाभारत के युद्ध में कौरवों की तरफ से लड़ा था। कहा जाता है, कि वंश की मूल राजधानी मुलतान (मूल स्थान) थी। महाभारत में कौरवों की हार होने के बाद सुशर्मा अपने अनुयायियों के साथ जलंधर में आकर रहने लगा, और कांगड़ा में उसने अपने लिए एक पहाड़ी किला बनाया। राजा भग (Phegeas) व्यास के आगे वाले इलाके का राजा संभवतः जलंधर द्वाब का ही राजा था, जिसने अलिकसुन्दर (सिकंदर) की अधीनता स्वीकार की। तारीख फरिश्ता में ईसवी सन के आसपास, नगरकोट के एक राजा का जिक्र आता है, जिसने 500 छोटे-छोटे राजाओं के साथ कन्नौज के राजा रामदेव की अधीनता स्वीकार की थी, बैजनाथ जलंधर खंड के बहुत पुराने मंदिरों में है, वहाँ के अभिलेख तथा राजतरंगिणी से भी मालूम होता है कि जलंधर भूभाग की पुरानी राजधानी सुशर्मपुर थी।

पहाड़ में भिन्न-भिन्न राजवंशों के अलग-अलग उपनाम थे, जिनमें चंद्र (चंद्र), सैन, पाल और मल्ल अधिक थे। कांगड़ा के राजाओं के नाम के अंत में चंद्र आता था, जो पीछे चंद हो गया। कांगड़ा के कटोच वंश की तीन रियासतों को छोड़कर बाकी ने 15वीं सदी के आसपास राजपूतों में अधिक प्रचलित सिंह नाम को स्वीकार किया। कटलेहर और बनगाहल वाले अपने नाम के साथ पाल लगाते थे। नूरपुर वाले भी पहले पाल थे, पीछे मल्ल और अंत में सिंह बन गये। राजाओं के संबोधन का शब्द 'देव' बुद्धकाल में भी देखा जाता था, और पहाड़ में हाल तक उसका प्रयोग होता रहा। 'परमभट्टारक महाराज···देव पाद' अक्सर ताम्रपत्रों और शिलालेखों में मिलता है। उच्चकुल के राजपूतों के लिए और राजाओं के लिए 'जयदेव' के संस्कृत शब्द को बिगाड़ कर 'जैदेया' 'जैदेवा' कहा जाने लगा। पहले गद्दी के उत्तराधिकारी को युवराज कहा जाता था, लेकिन 16वीं सदी के आसपास जम्मू से गढ़वाल तक उसकी जगह टिक्का कहा जाने लगा, जिसे पीछे फिर युवराज (युवराज करणसिंह) में बदलने की कोशिश की जाने लगी। राजकुमारों को मियाँ कहना मुसलमानी काल में चला, जो

अभी भी प्रचलित है। कहते हैं, जहाँगीर अपने दरबार में रहने वाले पहाड़ी सामंत कुमारों को 'मियाँ' कहकर पुकारने लगा, जिसे पीछे बड़े सम्मान की चीज मानकर उन्होंने अपने नाम में लगाना शुरू किया। 10वीं। यद्यपि 8वीं शताब्दी के आरंभ में ही अरबों की हकूमत सिन्ध और मुलतान पर कायम हो गई थी, लेकिन पंजाब और उसके पड़ोसी पहाड़ों पर मुसलमानी शासन का फैलाव 10वीं शताब्दी में ही हो सका। काबुल पर पहले एक तुर्क हिंदू वंश (तुर्कशाही) का शासन था। तुर्कीशाही राजा काबुल और पंजाब पर कुषाणों के शासन के खतम होने के बाद चौथी-पाँचवीं शताब्दी से नवीं शताब्दी के तीसरे पाद तक शासन करते रहे। अंतिम शाही राजा को हटाकर उसके ब्राह्मण मंत्री ने 870-80 ई० के बीच अपने हिंदूशाहा वंश को स्थापित कर राजधानी को काबुल से उदभांडपुर (सिंध के दाहिने किनारे ओहिंद) में परिवर्तित किया था। जब मुस्लिम-आक्रमण का भय अधिक हो गया, तो 962 ई० के बाद राजधानी लाहौर चली आई, और 1021 ई० में पंजाब पर मुसलमानों की विजय के साथ यह वंश समाप्त हो गया।

पश्चिम से मुसलमान तुर्क अब पूर्व की ओर बढ़ना चाहते थे। 980 ई० में गजनी के अल्पतगीन ने पेशावर पर अधिकार कर लिया, और खैबर उसके हाथ में चला गया। 997 ई० में अल्पतगीन की जगह उसका लड़का महमूद गजनवी गद्दी पर बैठा, जिसने 1001 ई० में पंजाब पर आक्रमण किया। 1009 ई० में अपने चौथे आक्रमण में सिन्ध के किनारे हिंदुओं की विशाल सेना के साथ जयपाल को हराया, और सिंध को पार कर पहाड़ के किनारे-किनारे वह पंजाब के मैदानों में होते एकाएक नगरकोट पहुँचा। उसे पहले ही से यहाँ के प्राचीन मंदिर की विशाल संपत्ति का पता था, जहाँ सोमनाथ से कम लूट की संपत्ति नहीं मिलने वाली थी। कांगड़ा की सेना भी जयपाल की मदद के लिए सिन्ध के किनारे लड़ने गई थी, इसलिए कांगड़ा का अजेय दुर्ग उस वक्त सेना से बहुत कुछ खाली था। इतिहास में अनेक बार अनेक शत्रुओं के दांत को जिस गढ़ ने खट्टा किया, उसने महमूद के सामने बिना प्रतिरोध के अपने दरवाजों को खोल दिया और उसे अधिक समय तक घिराव डालने की आवश्यकता नहीं पड़ी। महमूद के इतिहासकार उतबी ने लिखा है, कि वहाँ इतना धन मिला, जिसे "ऊँटों की पीठ नहीं ढो सकती थी, न बर्तनों में भरा जा सकता था, लेखकों का हाथ उसे लिपिबद्ध नहीं कर सकता था, और न गणितज्ञों की कल्पना में वह समा सकता था।" फरिश्ता ने लिखा है, कि कांगड़ा से महमूद को 7 लाख सुवर्ण दीनार, 7 सौ मन सोने और चाँदी के पत्र, 200 मन शुद्ध सोने की ईंटें, 2000 मन चाँदी की ईंटें और 20 मन भिन्न-भिन्न प्रकार के रत्न—मोती मूँगा, हीरा, लाल आदि एवं बहुत-सी दूसरी मूल्यवान संपत्ति हाथ लगी। यह सब संपत्ति महमूद अपने साथ गजनी ले गया, और वहाँ महल के आँगन में कालीन पर उनकी प्रदर्शनी की गई। कांगड़ा के प्रसिद्ध देवालय—भवन—की मूर्ति को भी महमूद अपने साथ ले गया, लेकिन शायद मंदिर को पूरी तौर से ध्वस्त करना उसने अनावश्यक समझा। कहा जाता है, तुर्कीशाही राजा अपने खजाने को कांगड़े

के किले में रखते थे। खजाने पर अधिकार करते समय रेशम के टुकड़े पर उनको 60 पीढ़ियों का नाम लिखा मिला था।

महमूद ने कांगड़े के किले पर अधिकार करके वहाँ कुछ सेना छोड़ी, जो 1043 ई० तक वहाँ रही। उस साल कांगड़े में अफवाह उड़ाई गई थी, कि भवन से गजनी गई देवी ने अब दिल्ली के राजा के सामने प्रकट होकर कहा है, कि मैं जल्दी ही गजनी से नगरकोट में अपने देवालय में लौटने वाली हूँ। लोगों में इसके कारण बहुत उत्साह फैला और वह कांगड़ा-वाहिनी में बड़ी संख्या में शामिल हो गये। चार महीने के घिराव के बाद कांगड़े के किले को मुसलमानों से छीन लिया गया। चुपचाप एक नकली मूर्ति तैयार करके रात के वक्त भवन के मंदिर के पास के बगीचे में रख दी गई। सबेरे बड़े जलूस के साथ मंदिर में उसकी पुनः प्रतिष्ठा की गई। कहते हैं भक्तों की भीड़ इतनी अधिक लगी, कि थोड़े ही समय में उससे भी अधिक धन वहाँ एकत्रित हो गया, जितना कि महमूद ले गया था।

बहुत संभव है कि 1021 ई० में लाहौर और पंजाब पर पूर्ण विजय प्राप्त करने के बाद मुसलमानों ने कटोचों से मैदानी जलंधर को छीन लिया और 1043 ई० में उनका शासन केवल पहाड़ में रह गया। 'राजतरंगिणी' से मालूम होता है कि कश्मीर के राजा अनन्तदेव ने 1030-40 ई० के आसपास जलंधर के राजा इन्दुचंद्र की दो लड़कियों से ब्याह किया था। चंद्र नाम इस प्रकार नवीं शताब्दी के उत्तरार्द्ध से 11वीं शताब्दी के मध्य तक हमें मिलता है, जिससे मालूम होता है कि जलंधर का राजवंश उस समय भी कटोच था। इब्राहिम गजनवी (1058-89 ई०) के समय लिखे गये दीवान सलमान से मालूम होता है कि 1070 ई० में जगदेवचंद्र के समय मैदानी इलाका (जलंधर द्वाब) कटोचों के हाथ से निकल गया था।

बैजनाथ का पुराना नाम वैकिरपुर था, व यहाँ के शिव-मंदिर के दो शिलालेखों में त्रिगर्त के राजाओं का उल्लेख मिलता है। आजकल यद्यपि बस्ती का नाम भी बैजनाथ है, लेकिन उस समय उसका नाम किरग्राम और मंदिर का नाम वैद्यनाथ था। कश्मीर की सेना का किर सेना के तौर पर चंबा के अभिलेखों में उल्लेख और वैद्यनाथ के पास वाले गाँव का किरग्राम नाम यही बतलाता है कि यहाँ कभी किर या किरातों की प्रधानता थी। किन्नर भी किरात (किर) वंश से ही संबंध रखते हैं; और चंद्रभागा नदी के किनारे किन्नरी के होने का पता हमें पाली से भी मालूम है। 12वीं शताब्दी में किरग्राम में राणा लक्ष्मणचंद्र नाम का एक सामंत रहता था, जिसका किला वैजनाथ के वर्तमान डाकबंगले की जगह पर या उसके आसपास में था। आठ पीढ़ियों से लक्ष्मणचंद्र के पूर्वज किरग्राम के स्वामी तथा जलंधर या त्रिगर्त के राजाओं के सामंत थे। लक्ष्मण-चंद्र का वंश इतना कुलीन माना जाता था कि उसका वैवाहिक संबंध जलंधर के राजवंश से होता था। इस समय जलंधर का राजा जयचंद्र था, जिसे और जिसके पूर्वजों को त्रिगर्त का राजा कहा गया है। यह अभिलेख शक संवत् 1126 (1204 ई०) में लिखा गया था। शायद जयचंद्र का पूरा नाम जयसिंह चंद्र था। वंशावलि में लेखकों

की भूल के कारण नाम का इधर-उधर हो जाना स्वाभाविक है।

बैजनाथ (कांगड़ा) के प्रथम शिलालेख :

ओं स्व (स्ति ओं) नमश्शिवाय
(आशास्यं वो गजास्यो) वितरतु हरता (त् तार) कारिर्विकारं
नन्दी सानन्द (नो) यं भवतु स (च) महाकालशूलस्य (ध) र्ता
···ीना···(रच) यतु कु (रुतां) वीरभद्रोपि (भ) द्रं
सर्वं वोखर्वगर्वा विदधतु कुशलं किङ्कराश्शंड्करस्य ॥ (1)
सा पातु वो (म) हादेवा···भक्तिचुम्बितः (?)
आत्मानं मु (हु) रीक्षन्ते यत्पादनखदर्पणे ॥ (2)
काष्ठोद्दीपनक (मे) जगति या या निर्निमेषेक्षणैस्
सत्पक्षैरुपजीव्यते द्विजजनं या विभ्रती शस्य (ते) (।)
देवस्याहुतिलम्पटस्य परमा पुष्टिर्यतो (जा) यते
ताभिर्मूर्तिभिरष्टभिर्भवतु वो भूत्यै भवानीवि (भुः) ॥ (3)
अतेनै (व) शरत्वमम्युपगतं प्लोषाय पूर्वं पुरा
संप्राप्त (ा) धनुषश् श्रियं तनुरियं संप्रत्यमुष्यैव च।
व्यानग्रे हसतीव य (त्सु) र रिपावित्थं मुहुर्विस्मयाद्
भस्मस्मेरमुपास्महे स्मरजित पादद्वयं (त) द्वयम् ॥ (4)
यद्यप्यचेतनत्वाद् वक्तुमशक्तस्सुरालयस्तदपि।
अथ केन (कृतोहमिति प्रशस्तिपृथुजिह्वया वदति ॥ (5)
ज (ा) लन्धराधिराजो जयति गुणानां निधिजेयच्चन्द्रः
ईदृशि यस्य राज्ये देवायतनना नि जातानि ॥ (6)
वित्तं शिवे प्रयुक्तं येषां कालेन भवति को हि गुणम्।
ग (ण्यास्त अे) व वणिजश् शेषै किं स्तोकवा (धुं) षिकैः ॥ (7)
अनेन वक्ष्यमाणेन सुकृतेन महा नयौ
गण्यौ गणेषु भ्रातरौ भूयास्तां मन्युकाहुकौ ॥ (8)
तौ भ्रातरौ कृतज्ञौ याभ्यां शमदम (प) योधरयुतायाः।
शि (व) भक्तिजनन्या (अ) पि रसं स्समास्वादितस्सार्धम् ॥ (9)
शैलस्याङ् च्चलित्वा रुचिरनववया खेलतोयं सहेलं
कुल्या कन्येव यत्र स्फुरदुरलहरी कन्दुकाविन्दुकाख्या।
को रग्रामो भिरामो गुणगणनिलयो वर्तते धित्रिगर्ते
सोयं राजानकेन प्रबलभुजयु (जा रक्षि) तो लक्ष्मणेन ॥ ह द (10)
अतुलकुलवकुलपा (दप) कन्द प रिपन्थिभित्पुरा स्कन्दः
राजानकोत्र कन्द प्रथममभू (द्दु) येमस्कन्दः ॥ (11)
बुद्धो विशुद्धबुद्धधिस्तस्य सुतो जनयदुद्दुरं तनयम्
विग्रह इतिकृतविरहश् शत्रुवधूनां ततो यज्ञे ॥ (12)

विग्रहविग्रहजातो ब्रह्मेति बभूव भूबधूदयितः
विग्रहनिग्रहकरणे शक्तिर्यस्य (ा भ) वद् रि पुषु ॥ (13)
हस्तालम्बकमुन्नताद् विलुठताभाराधितन्त्र्यम्बकं
शत्रुश्रीपरिचुम्बकं परतिमिस्वीकारचिन्तांधकम् (।)
क्रान्तग्रामकदम्बकं नृपतिभिस्सदबन्धु (कौ) टुम्बकं
(स्वा) कारप्रतिबिम्बकं स च कृती लेभे सुतं **डोम्बकम्** ॥ (14)
नारीमोहनयौवनं नवनवत्यागोर्मिभि (पा) वनं
(उद्दा) मद्विषदालयीकृतवनं युद्धोग्रसिंहस्वनं
पुत्रं सापि समाससाद **भुवनं** शम्भौ बृहत्सावनम् ॥ (15)
गुणमणिनिकुरुम्बरोहणं (स) भजनययत् प्रव हणमापदगाधवारिधौ।
कृतसुमहशिरोधिरोहणं (स) मजनयत् तनयं स **कल्हणम्** ॥ (16)
(जा) लन्धराधीश्वरपादपद्म निश्छद्मभक्ति प्रचुरात्मशक्तिः।
बलोल्वणे**विल्हण**नामधेयस्तस्यात्मजो जायत सद्विधेयः ॥ (17)
तनयायां सनयस्य **त्रिगर्तभ** (र्तृ) हृदयचन्द्रस्य (।)
(स) च **रामलक्ष्मणाख्यौ लक्ष णिकायां** सुतौ लेभे ॥ (18)
ज्येष्ठे गुर्णैर्गरिष्ठे बिम्बौष्ठीभिस्समं द्युपुरि गोष्ठीम्।
अधितिष्ठति निष्ठुरधी (स्तस्य) कनिष्ठोत्र सुप्रतिष्ठोभूत् ॥ (19)
त्रिगर्तनृपतीनां या पादपद्मोपजीविभिः (।)
कन्दादि (भिरा) संदारिसंदारिभिरभुज्यत ॥ (20)
परिपालितवास्तव्यस्तस्य निर्मलकर्मणा।
साधुना साधुना भूमिलक्ष्मणेनोपभुज्यते ॥ (21)
यस्य प्रेयस्य **भवन्मयतल्ले** (त्य) तुलरुपभृद्रमणी
तस्मिन् **कीरग्रामं लक्ष्मणचन्द्रे**नुपालयति ॥ (22)
सिद्धाख्यवणिक्पुत्रौ धर्मप्रवणाविह स्थितौ कृतिनौ।
(ज्ये) ष्ठो **मन्युक**नामा कनिष्टमप्याहुकं प्राहुः ॥ (23)
भवतरुकुठारधारा प्रविषमतमजन्ममरुमरुल्ल (ह) री।
प्ररुरोह मोह (हं) त्री (मन) सि तयो (श् शा) म्भवी भक्तिः ॥ (24)
ताभ्यां शिवलिङ्गमिदं निरालयं वीकष्य वैद्यनाथाख्यम् (।)
पुर्या सहितं विहितं पुरतोस्य च मण्डपो रचित (:) ॥ (25)
इति मन्यु (का) हुकाभ्यांमुदरे स्थित्वा पुरा क्लिकैत्र
पुनरुदरसम्प्रवेशप्रतिषेधविधि (स्स) सह विहितः ॥ (26)
यद्यपि पितेव कुरुते करुणां शम्भुस्तथापि पितुरधिकः (।)
जन्मनिमित्तं हि पिता शशिमौलिरजन्मनो हेतुः ॥ (27)
शालिपाहिल (क) ाहिलसिद्धास्स्वलोकगामिनस्सन्तु।
पूर्वे पुरुषा क्रमशश्चत्वारो **मन्युकाहुकयोः** ॥ (28)

किम्बहुना (प्यु) र्यूदेषा पुरुषाणामे(व) विंशतिर्यातु ।
(सुक्र) तेनानेन् दिवं स्वयं च परमास्तु गतिरनयोः ॥ (29)
राजानकेन चास्मै **लक्ष्मणचन्द्रेण वैद्यनाथाय** ।
मण्डपिकोत्पत्तिधनाद् द (त्ताष) ट् प्रत्यहं द्रम्माः ॥ (30)
ग्रामात् **प्रलम्बनाम्नो** (म्नो) मात्रा राजानकस्य लक्षणया ।
अेकहलवाहनीया दत्ता भूमिर्महेशाय ॥ (31)
लक्ष्मणस्य सुकृतं सुकृती य पालयिष्यति तदन्वयधर्मा ।
तस्य पुण्यमुपयातु विबृद्धि यो हरिष्यति स गच्छतु चाधः ॥ (32)
तैलोत्पीडनयन्त्रं **करिग्रामेस्ति** मन्युकाहुकयोः ।
ताभ्यां तदपि शिवाय ओं प्रदीपनिष्पत्तये दत्तम् ॥ (33)
अेका च पण्यशाला ताभ्यां स्वीया शिवस्य भोगार्थम् ।
भूमिश्च हलचतुष्ठयं योग्या दत्ता **नवग्रामात्** ॥ (34)
इति ये न यद् यत् सुकृतं विहितं शिवं समुद्दिश्य ।
इह तस्य तस्य तत् तत् तिष्ठतु यावद् धरित्रीयम् ॥ (35)
यस्याविस्मृत (ज) ननीस्तन्यसमास्वादनस्य वदनाब्जे ।
परिशुद्धकवित्वफला सरस्वती भगवती न्यवसत् ॥ (36)
श्रीभृंङ्गकस्य स सुत (कश्मी) रिनृपप्रभातुरनघस्य (।)
प्रथमवयास्सर (लार्था) व्यधत्त राम प्रशस्तिमिमा (म्) ॥ (37)
चबेढक्षैत्रात् हर··· क्षेत्राम् वक्तण (दे) वाद (ग्र) भूमि (च्छ)
गुहकेन य (?) शसि भदी (?) ना
शककालालगताब्दाः 7 (26)

बैजनाथ का दूसरा शिलालेख :

ओं (स्वस्ति ओं) नम (ो ग) णपयो (:)
यद्यप्यहं पशुपते कुमति (द्र) अेव, पर्याप्तभक्तिवि (शे) न मया त (था) पि
अस्यां स्तुतौ (श्र) वणले (ह्यर) सांशभाजि गौ (र्य) ा सहैव परमेश निमन्त्रितोसि
पा (शच्छेद) न (क) र्तरि प्र (ण) मतां मोहान्धकूपब्रुड (ल्लोक)
लोक (प्रोद्धरणक्षेमे) निरुपमानन्दैक (सं) दायिनि
दुर्गे द्वार···हारिणि हरिब्र(ह्म) ा) दिदेवस्तुते,
भक्तिः क्षेमविधायिनि त्रिनयने त्वय्येवन (स्स्वा) मिनि ।
व्यापद्बल्लि (समू) ल (पा) टनकरी त्वं गीयसे सर्वदा (र्वदा),
मा ता त्वं जगतस्तवास्ति न मिति (स्मवे) षां (महि) म्नामिह
उक्ति केवलमेव (शो) भत इयं नो देव (मा) तेति ते,
संसर्ग पि (तृ) काननैरु (पचि) तै (रा) श्रीयते च (त्वया) ॥
यस्या (ा) हिमालयो (त्कर्ष) पोषिणी (मू) र्तिरुत्तमा ।
तस्या नमन्ति चरणौ धन्याः केचन जन्तवः ॥

ध (न्यै (र्न) रैरु (ग्र) बधूससदैव (त्व) मुद्यसे (भ) क्ति भराभिरामैः।
क्लेशापहारीति मनोहराभिर्वा (ग्मि) क (वीना) मुपगीय (से) च।
व्यासन्नमृत्युत्वदशामुपेयुषां पुरेषु नास्थाममरेषु कुर्वताम्।
सत्यं भवानीशरणाभिलाषिणां मनोरथं पूरयितुं प्रगल्भते॥
मुहुस्समुद्रासिन अेव यु (द्ध) क्री (ड) ानिकृत्तासुरस (र्म) प (स्य)।
सत्यं हरेरप्युपरि त्वमेव सन्तिष्ठसे नि (ष्ठु) रवीर्यधाम्नः॥
(मा) लादिहृदयाह्लादिद (र्श) नता दिने दिने।
बहुदेहान्तर (स्था) णु (स्वत्व) मेव किल कथ्यसे॥
प्रसरन्मरीचिचयचन्द्रचारुणा वदनेन राजसितरामतिश्रिणा।
बहुशोणिमादिगुणसम्पदालयौ परिपूजयन्ति चरणौ तवामराः॥
त्रैलोक्यजनन्यां त्वयि करुणावति युज्यते नृणां भक्तिः।
त्रैलो (क्या) न्तर्निलयं त्वं हि (जनं) नयसि परमपदम्॥
गिरिजेशाधिखिन्नो (स्मि) त्वं गतिर्भव साम्प्रतम्॥
संसारसागराच्चेतो भीरु मे नीयतां शमम्॥
शिवायैकविनन्तव्यपुण्यपादाग्रपांसवे।
तुभ्यं (वृषभ्य) द्रिपुध्वंसमहाशक्तिमते नमः॥
च चच्चापलसद्दृष्टिर्विषमेषु प्रयोजक (:)।
त्रैलो (क्ये) स्त्रीजनो योत्र तस्य त्वमधिदैवतम्॥
(शोभि) ता (नां) त्रिभिन्नेत्रैर्मृ (डा) नि शरणैषिणाम् (।)
वपुश्श्रीमदविध्वंसं विधातु प्रजगल्मिषे॥
आपत्कलापमेलापपरितापपरितापप्रलापिनम् (।)
गौरीशास्ति विमोहात्कं (कस्त्रा) तुम परः क्षमः॥
शर्वाणि मानं त्वद्भक्त्या यान्ति सर्वातिशायिनम्
प्रसीद मातस्संसाराच्छीघ्रमेव विमोचय॥
गाढा गजानने प्रीतिस्स (र्वमो) हि व पुस्सदा।
उद्दीपितस्मरा दृष्टिर्यस्यास्ते तत्पदं नुमः॥
इति रामेण निरामयसममुमया यन्मया स्तुतोसि विभो (।)
श्रुत्वा तममोघीकुरु परिश्रमं परमकारुणिक॥
अेकोक्त्या स्तोत्रमिदं गौरीश्वरयो पठन्ति ये भक्त्या।
तषोमप्यभिलाषस्सिध्यतु शिवयो प्रसादेन॥
इति गौरीश्वरस्तोत्रम्॥
अस्ति शीतलगभस्तिशेखर त्वत्प्रशस्तिकरणे कुतकोर्हता।
किन्तुपावकमयाक्ष तावकी भक्तिरेव जडतां भनक्ति नः॥
अद्यापि विस्मापयिता र अेते विद्यन्त अेवेश्वरभक्तिमन्त्रः (।)
विचित्रचारित्रनिधिर्यथैष राजानको लक्ष्मणचन्द्रनामा॥

केदारयात्रां विरचय्य येन विशोधनीं प्राक्त नदुष्कृतस्य ।
इतः परं सर्वपरस्त्रियो मे स्वसार इत्येव कृता प्रतिज्ञा ॥
किमेतदाश्चर्यमवार्यवीर्यैदेष योधैर्युधिदुष्प्रघ (र्षं): (।)
धनुर्धराणां धुरि यो मनोभूर्बभूव तस्याप्यविधेय अेव ॥
अद्येश्वरा मन्दपराक्रमत्वं मत्वा विपक्षैरवधारिताज्ञाः (।)
(वा) स्तव्यनारीहठसङ्गमेन पुराधिपत्यं बहव प्रियङ्कराः (।)
तथापि चेत परदारवर्जि चेत् किमस्ति दुस्साधमतः परं तपः ।
राजानकस्य प्रविशुद्धबुद्धेः पाणिः कृपाणग्रहणप्रवीणः (।)
विवर्जयामास विगर्हितानि तस्य (ा) न्यनारीस्तनमर्दनानि ॥
तस्यास्ति देसेत्र वणिक्प्रसिद्धात्मजो मन्युकनामधेयः (।)
छिन्नेत्यविच्छिन्नमहेशभक्तेर्मातावदातचरितस्य य (स्य) ॥
यस्याहु (का) ख्योस्त्यविभक्तवित्तो भ्राता कनिष्ठस्सुकृतैकनिष्ठः (।)
व्यग्रा समग्रातिथि पूजनाय गुल्हेति गर्हारहिता च भार्या ॥
भक्ति (द्रुवाहे) मसलेन ते (न) (स) भ्रातृकेन त्रिपु रान्तकस्य ।
द्वारस्थगङ्गायमुनादिमूर्ति कृता पुरीयं सह मण्डपेन ॥
मस्त्रागर्भगृहीतसर्वविभवा नेदिष्टदेशे क्वचिद्,
ये कुर्वन्ति गतागतानि वणिजो गण्या वराका क्व ते ।
धन्यो मन्युकनामधेय इह हि श्रीकण्ठर ज्यन्मनः
पोपप्रोतविवेकवेतनधनो मोहार्णवं तीर्णवान् ॥
देवद्विजगुरुभक्तस्सौजन्यनिधिर्गुणप्रियो दाता ।
आसुकसुतोस्ति विप्रो रल्हणनामा सुशर्मपुरे ॥
तेन दैवज्ञधुर्येण धान्यद्रोणद्वयं शिवे ।
वहमान (स्व) भूपृ ष्ठान्नवग्रामात् रामर्पितम् ॥
इहत्येन नवग्रामाद्दत्ता चा (त्र) ह (लार्ध) भूः ।
गणेश्वरेण गोविन्दद्विजपुत्रेण धीमता ॥
देपिकाङ्गजनितेन मल्हिका सूनुना विततवित्तशालिना ।
जीवकेन वणिजा निजा च भू प्राङ्गणाय पुरतशिशवेर्पिता ॥
(या) वदे (ष) भगवान् (न्भुवाम्प) तिर्व्योम कोम (लरु) चिश्च गा (इह ते) ।
मन्युकाहु (क कृत) शिशवालयस्तावदस्तु सममन्यसासनः ॥
आसिकात्मज उ (दा) रघी (वें) सन् सूत्रधारधुरि नायकाभिधः ।
श्री सुश (र्म) नगरादिहाययौ (सम्म) नस्य तनयश्च ढोढ्ढकः ॥
तेन तेन च सहैव टङ्किता प्रोन्नता शिवपुरी समण्डपा ।
(शा) मुदृष्टिमनुसृत्य नि (मि) ता यत्र भान्ति गणवर्गमू (र्तयः) ॥
शृङ्गारभृङ्कौ यस्यपितरौ पुण्यशालिनौ ।
स प्रश स्तमिमां चक्रे रामनामा क (वी) द्धरः ॥

संवत्सरेशीतितमे (प्र) स (न्ने) (ज्येष्ठ) स्य शुक्लप्रतिपत्तिथौ च ।
(श्री) म (ज्ज) यच्चन्द्रनरेन्द्रराज्ये रवे (दि) ने रामकृता प्रशस्तिः ।।
ओं नमः शिवाय

मैं यहाँ हिमालय के एक कोने में अवस्थित बैजनाथ के मंदिर की प्रशस्ति के बारे में कुछ कहना चाहता हूं। वास्तव में बैजनाथ—संस्कृत वैद्यनाथ—शैवों के परम-मान्य बारह ज्योतिर्लिंगों में से एक है। यह स्वाभाविक ही है कि ऐसे ज्योलिंग बनने के दावेदार एक से अधिक स्थान के शिवलिंग हों, अलमोड़ा का बैजनाथ भी उसके लिए दावा करता है। वास्तुकला, मूर्तिकला और प्राकृतिक सौंदर्य की जो छटा वहाँ देखने में आती है, वह उसके पक्षा समर्थन करती है। बिहार के बैजनाथ का दावा एक तरह मैदानी इलाके में सर्वमान्य-सा हो गया है। पिछले साल वहाँ के उद्दंड पंडों ने विनोबा और उनके अनुयायियों पर हाथ छोड़कर अपनी कट्टरता का जो परिचय दिया था, उससे सारा भारत क्षुब्ध हो गया था। तीसरा बैजनाथ कांगड़ा जिले का बैजनाथ है, जो पठानकोट या जोदेंरनगर के रेलवे स्टेशनों से मंडी और रमणीय कुल्लू की ओर जाने वाली मोटर सड़क पर अवस्थित है। मोटर की सड़क पर सिवालिक नहीं ठेठ हिमालय श्रेणी के सानु पर बसे इस स्थान के प्रकृति अनुकूल इतनी आई है, कि वह एक अच्छा कस्बा बन गया है। मन्युक आहुक दोनों सहोदर सेठों के कीरपुर से आज का बैजनाथ अधिक समृद्ध है, यह कहना मुश्किल है। पर यह तो निश्चयपूर्वक कहा जा सकता है कि उसका प्रतिद्वंद्वी उस समय त्रिगर्त की राजधानी सुशर्मपुर ही कर सकती थी। आज के बैजनाथ से पालमपुर, कांगड़ा, धर्मशाला आदि दर्जनों कस्बे और शहर बढ़-चढ़कर हैं।

मोटर या रेल द्वारा लाई समृद्धि से पहले ही पुरातत्त्ववेत्ताओं के लिए बैजनाथ एक समृद्ध क्षेत्र बन चुका था। इस शताब्दी से पहले ही वह उसकी तीर्थयात्रा कर चुके थे। यह ख्याति भी हो चुकी थी, कि हिमालय की सबसे पुरातन गुप्त-शैली का सुंदर पाषाण-मंदिर बैजनाथ का ही है। इसमें कुछ अतिशयोक्ति से भी काम लिया गया है। नेपाल से कश्मीर तक गुप्त या शिखर शैली के और भी मंदिर हैं, और उनमें से कुछ बैजनाथ से भी बड़े हैं। प्राचीनता में भरमौर (चंबा) के मंदिर बाजी मार ले जाएँगे। धातु की उतनी प्राचीन मूर्तियाँ, जो निरंतर पूजा में रहीं, भारत में दुर्लभ हैं। पर इससे बैजनाथ के मंदिर का महत्त्व कम नहीं होता। मंदिर के बाह्य मंडप में आमने-सामने जो शिलालेख लगे हुए हैं, उनसे एक का काल शकाब्द 726 अर्थात् ईसवी 804 पढ़ा गया है, जो निर्विवाद नहीं कहा जाता। नवीं सदी का आरंभ था, जबकि यह मंदिर बना। मंदिर का वास्तुशिल्प और मूर्तिशिल्प सुंदर है। स्थान चुनने में तो कमाल किया गया है। पास ही में प्रकृत्या खंडित चट्टानों की तटवाली प्राचीन कन्दुकाविंदु नदी बह रही है। पहाड़ वनस्पति से ढँका हुआ है, यद्यपि मानव हाथों ने उस पर बराबर चोट करने की कोशिश की। ऊँचाई 2000 फुट से कम होने के कारण गरमियाँ प्रिय नहीं मालूम होतीं, पर वहाँ लू का डर नहीं है।

जैसा कि ऊपर कहा गया, आज बैजनाथ एक अच्छा बाजार है। हरेक यात्री

वहाँ उतरने को मजबूर नहीं है, पर पास-पड़ोस के गाँवों का वह बाजार है, इसलिए वहाँ बनिये-महाजन हुए हैं। पुराने जमाने में सरायें बड़ा महत्त्व रखती थीं। किसी राजपथ पर जिस गाँव में कोई सराय होती उसका भाग्य खुल जाता, वह बाजार बन जाता और सराय के कारण बड़ी चहल-पहल रहती। तत्कालीन यूरोप में इन्हीं सरायों को 'इन्' कहा करते और उनका भी महत्त्व सरायों जैसा ही होता। यह उल्लेखनीय बात है, कि मूल मंगोल-भाषा में सराय राजप्रासाद या महल को कहते थे, जिस तरह उसमें खान राजा-महाराजा का पर्याय था। इन दोनों को हमारे यहाँ टके-सेर कर दिया गया। रेलों और मोटरों के कारण सरायों की लक्ष्मी लुटकर स्टेशनों में पहुँच गई और मुसाफिर भी अपने उतरने-चढ़ने के स्टेशनों से काम रखते हैं। रास्ते के हर पड़ाव पर टिकने की उन्हें आवश्यकता नहीं। बैजनाथ के पुराने नामारासी कीरग्राम रेल-मोटर युग से हजार वर्ष से भी अधिक पहले अस्तित्व रखता था। आज भी पंजाब के लाहौर-अमृतसर से चीनी तुर्किस्तान और लद्दाख जाने वाला वणिक्पथ बैजनाथ से ही होकर जाता है। आज उसके प्रतिद्वंद्वी अनेक हैं, उस समय वह कम रहे होंगे। तो भी यहाँ की समृद्धि वाणिज्य के कारण ही थी, यह इसी से सिद्ध होता है, कि इस मंदिर के लिए प्रचुर धन-राशि खर्च करने वाला कीरपुर का राजानक (राणा या सामंत) लक्ष्मणचंद्र नहीं बल्कि दोनों भाई सौदागर मन्युक और आहुक थे। भोग-राग के लिए आवश्यक व्यय का भार अन्य कितने ही दानपतियों के भूमिदान से हल्का किया जाता था। मन्युक और आहुक सहोदर भाई ही नहीं थे, बल्कि वह अविभक्त संपत्तिवाले थे। मन्युक-आहुक की अतुल संपत्ति का पता इससे भी लगता है, कि उनकी प्रशस्ति रचने वाला कवि सुदूर कश्मीर का भृंगक-पुत्र राम था। राम कवि तरुण (प्रथमवयाः) था, पर उसमें पांडित्य और कवित्व था। सामने लगी दूसरी प्रशस्ति भी यद्यपि शृंगारा और भृंगक के पुत्र राम कवि की ही रचना है, पर वह इतनी फीकी लगती है, कि जान पड़ता है, किसी और आदमी ने रचा होगा। प्रशस्ति रचयिता के कश्मीरी होने से यह भी पता लगता है कि कश्मीर के साथ त्रिगर्त (कांगड़ा) का कितना सांस्कृतिक संबंध था। पुराने विभाजन के अनुसार हिमालय जिन पाँच खंडों—नेपाल, कूर्मांचल (कुमाऊं), केदार (गढ़वाल), जलंधर और कश्मीर—में बँटा हुआ था, उनमें चौथा खंड जलंधर यहाँ पड़ता था। इस प्रकार कश्मीर उसका पश्चिमी पड़ोसी था, जिसके कारण कश्मीर को दूर नहीं कहा जा सकता। पर पिछले काल में केदार (गढ़वाल) और कश्मीर के बीच में तीन खंड पड़ते थे, जिनमें सबसे पूर्व का कोई विशेष नाम नहीं मिलता और आजकल वहीं हिमाचल प्रदेश के सिरमौर और महासू जिले के जिले मौजूद हैं। सतलुज, व्यास और रावी की धाराएँ जहाँ बहती हैं, उसे इन्हीं तीनों गर्तों (नदियों) के कारण त्रिगर्त भी कहा जाता था। शकाब्द 726 या सन् 804 ईसवी में जब यह शिलालेख उत्कीर्ण हुआ, उस समय जलंधर या त्रिगर्त पर राजा जयचंद्र का शासन था। द्वितीय प्रशस्ति (श्लोक 6) में लिखा है: "गुणों के निधि जलंधराधिराज जयचंद्र की जय है।" जलंधर की राजधानी सुशर्मपुर थी, जिसका पता नहीं और जहाँ के शिल्पकार और सूत्रधार आसिक-पुत्र नायक ने मंदिर का निर्माण

किया। हमारे विशाल मंदिरों और प्रासादों द्वारा अपनी कीर्ति अचल करने वाले बहुत कम इस बात का ध्यान न रखते थे, कि जिन हाथों और दिमागों ने ये विशाल महल खड़े किये, उनका भी कुछ हक होता है। दासता-गर्भित सामंतशाही के उस जमाने में दास और कमकर को जो मुट्ठी-भर अन्न और कुछ पैसे मिल जाते थे, उसी को पर्याप्त समझा जाता था। विंदुका नदी के तट पर कीरग्राम में कभी किसी ने एक शिवलिंग स्थापित किया था। उसे स्थापित हुए कई शताब्दियाँ बीत चुकी थीं, इसीलिए कोई उसके स्थापक का नाम नहीं जानता था। लिंग के ऊपर संभवतः अधिकतर लकड़ी का बना कोई मंदिर था, जो नष्ट हो गया था, और 'शंकर' जी को खुले आसमान के नीचे तपस्या करनी पड़ती थी। त्रिगर्त कीरग्राम जैसे अभिराम, गुणगणनिलय राजानक लक्ष्मण द्वारा कीरग्राम में शिवलिंग की यह अवस्था देख (निरालय वैद्यनाथ शिवलिंग) इस मंदिर और मंडप को मन्युक और आहुक ने बनवाया।

मन्युक-आहुक ने अपने और अपने कुल को अमर करते अपने स्वामी राजानक (राणा) लक्ष्मणचंद्र तथा उनके कुल को भूलना नहीं पसंद किया। बल्कि जहाँ अपनी चार पीढ़ियों तक का ही नाम गिनाया है, वहाँ राना की दस पीढ़ियों का नाम-निर्देश किया है : कन्द के पुत्र बुद्ध, फिर उद्दुर, विग्रह, ब्रह्म, डोम्बक, भुवन, कल्हण, विल्हण। अंतिम का पुत्र लक्ष्मणचंद्र था। ये सामंत त्रिगर्त-नृपतियों के पादपद्मोपजीवी थे (2 : 20) राजानक विल्हण के राम और लक्ष्मण दो पुत्र थे। बड़े राम के न रहने पर लक्ष्मण कीरग्राम के अधिपति थे। दोनों सहोदरों की माँ लक्षणा थी, जिसने भी वैद्यनाथ भगवान को एक हल वाहने लायक भूमि प्रलंब ग्राम में दान दी थी। राजानक लक्ष्मण की पत्नी का नाम मयतल्ला था।

सबसे अधिक दान मन्युक और आहुक का ही है…दोनों भाई अविभक्तवित्त 'थेआहुक की भार्या का नाम गुल्हा था। उसके ऐश्वर्य की प्रशंसा करते कवीश्वर राम ने दूसरे बनियों को भस्त्रागर्भगृहीतसर्वविभव पास के इलाके में आना-जाना करने वाले बेचारे बनिये' कहा है (2 : 30)। मन्युक-आहुक निस्संदेह बड़े व्यापारी रहे होंगे। शायद पहाड़ और नीचे देश के साथ होने वाला बहुत-सा व्यापार उनके हाथ में था। आठवीं सदी के अंत में सिक्यांग या आधुनिक चीनी तुर्किस्तान भोट (तिब्बत) के हाथ में था, जिसका राजनीतिक प्रभाव सारे हिमालय पर था। यदि प्रशस्ति का संवत् ठीक है, तो उस समय का त्रिगर्त भी तिब्बत के साथ किसी-न-किसी तरह का घनिष्ठ संबंध रखता था। ऐसी स्थिति में मन्युक-आहुक का व्यापार-क्षेत्र सिंग-क्यांग तक फैला हो सकता था। उनकी संपत्ति इस मंदिर में लगे धन के अनुरूप ही रही होगी, इसमें तो शक नहीं।

आज के बैजनाथ का नाम कीरग्राम था, और वैद्यनाथ केवल मंदिर को कहा जाता था। कीर शब्द इस स्थान के कीर जाति के संबंध को बतलाता है। कीर किरात जाति का ही नामांतर है। आज किरती भाषा के अवशेष कुल्लू की मलाणा बस्ती के निवासियों तथा कुल्लू और लाहुलचंबा लाहुल के कुछ इलाकों में बोली जाती है, वैसे चंबा से लेकर सिक्किम, भूटान और आसाम तक उसके अवशेष अब भी मिलते हैं। जान

पड़ता है, किसी समय यहाँ भी कीर लोगों का निवास था, जो पीछे आगंतुक खश लोगों में विलीन हो गये। कीरग्राम कब बैजनाथ कहा जाने लगा, यह मालूम नहीं। वर्तमान शताब्दी के आरंभ में कोई घूमते-घामते संन्यासी बैजनाथ पहुँच गये। मंदिर की टूटी-फूटी अवस्था देखकर वह उसकी मरम्मत में लगे। यदि वह अपनी रुचि के अनुसार मरम्मत का काम पूरा करते, तो कितने ही ऐतिहासिक अंशों को क्षति पहुँचती। समय पर अंग्रेज-सरकार का ध्यान इधर गया और विशेषज्ञों की देख-रेख में वह काम पूरा हुआ। वैद्यनाथ शैव (पाशुपत) लोगों का पूज्य स्थान था। आज शैव केवल दक्षिण में ही मिलते हैं। उत्तर में शंकराचार्य के अनुयायी रुद्राक्ष और विभूति लगाकर अपने को शैव घोषित करने से बाज नहीं आते। परन्तु इनका उन यशस्वी शैवों से कोई संबंध नहीं है, जिन्होंने बौद्धों के बाद भारत और बृहत्तर-भारत में भारतीय कला और संस्कृति के विस्तार करने में बहुत भाग लिया। उनका दर्शन अद्वैतवाद नहीं द्वैतवाद था। उनकी परंपरा, पूजाप्रणाली आदि भी भिन्न थी, जिसका पता आज के नकली शैवों को कुछ भी नहीं है, इसलिए तत्कालीन महान् कृतियों को समझने में उनसे कोई सहायता नहीं मिल सकती।

पृथिवीचंद्र (1330-45 ई०) से हरिचंद्र-II 1610-27 ई० तक प्रायः बाप के स्थान पर बेटे राजा होते आये थे। हरिचंद्र के समय जहाँगीर की कोपदृष्टि कांगड़ा पर पड़ी, और उसके बाद हरिचंद्र वंश के दूसरे प्रसिद्ध वीर मियाँ चंद्रभान चंद्र ने पहाड़ों में वही काम करना चाहा, जो कि उससे कुछ समय पहले राणा प्रताप ने राजस्थान में किया था। चंद्रभान चंद्र राजा धर्मचंद्र (1528-63 ई०) के छोटे भाई कल्याणचंद्र की संतान में से था। उसके वंश ने अंत तक कांगड़ा पर शासन किया।

पूर्वचंद्र (1345-60 ई०), रूपचंद्र (1360-75 ई०), सिंगारचंद्र (1375-90 ई०), मेघचंद्र (1390-1405 ई०), हरिचंद्र-I (1405-15 ई०), करमचंद (1415-29 ई०), संसारचंद-I (1429-30 ई०) ने कांगड़ा पर शासन किया। इनके बाद इतिहास में मुगलकाल का आरंभ हुआ। मुगलकाल में कांगड़ा पर शासन करने वाले प्रारंभिक राजाओं के क्रमशः नाम इस प्रकार हैं—धर्मचंद (1528-63 ई०), मानिकचंद (1563-70 ई०), जयचंद (1570-85 ई०), विधिचंद (1585-1605 ई०), त्रिलोकचंद (1605-10 ई०) और हरिचंद-II (1610-27 ई०)।

त्रिलोकचंद के बाद जब उसका लड़का हरिचंद कांगड़े की गद्दी पर बैठा, तो उसकी उमर एक या दो वर्ष से अधिक नहीं थी। इसी समय से कांगड़े के ऊपर संकट की घटा आई। 1612-13 ई० के साल में कांगड़ा पर चढ़ाई करने का हुक्म हुआ। किला-कांगड़े की अजेयता को सहन करने के लिए जहाँगीर तैयार नहीं था। "जो कांगड़ा किले पर अधिकार करे, उसका सारा पहाड़ है" की कहावत कांगड़े के लिए कोई झूठी बात नहीं थी। शेख फरीद मुर्शिदखान के सेनापतित्व में एक जबर्दस्त सेना भेजी गई, जिसमें नूरपुर के राजा सूरजमल ने भी सहायता की। यद्यपि दिल से सूरजमल नहीं चाहता था, कि कांगड़े को मुगल पददलित करें। 5 सितंबर, 1620 (16 शौवाल 1029 हि०) को

किले का घिरावा शुरू हुआ। जब किला सर होता दिखाई पड़ा, तो सूरजमल ने ढिलाई कर दी। इसकी शिकायत दिल्ली भेजी गई। सूरजमल को बुला लिया गया। इसके थोड़े ही समय बाद मुर्शिदखान मर गया और एक साल के मुहासिरे के बाद मुगल-वाहिनी को विफल होना पड़ा। जहाँगीर को इससे बहुत अफसोस हुआ, लेकिन तो भी उसने अपने इरादे को छोड़ा नहीं। 1617 ई० की शरद में राजा सूरजमल ने प्रार्थनापत्र भेज कर किले पर फिर से आक्रमण करने के लिए आज्ञा माँगी, और वचन दिया कि मैं एक साल के भीतर किले को सर कर लूंगा। शाहज़ादा खुर्रम के बख्शी शाह कुल्लीखान मुहम्मद तकी के सेनापतित्व में सूरजमल के साथ एक सेना कर दी गई। सूरजमल का मुख्य सेनापति होना कितने ही मुगल अफसरों को पसंद नहीं था, इसीलिए शाहजादा खुर्रम (शाहजहाँ) को सबके ऊपर रखा गया था। सूरजमल का दिल अब भी मुगलों की ओर नहीं था। कांगड़ा पहुँचते ही वह मुहम्मद तकी से झगड़ बैठा, और उसने शाहजादे के पास शिकायत की, कि बख्शी की अयोग्यता से मुहासिरे का काम ठीक से नहीं हो रहा है, जिस पर बख्शी को लौटा लिया गया और सेना का संचालन अब सूरजमल के हाथ में था। उसने सेना को मजबूत करने का बहाना करके कितनी ही पलटनों को उनकी जागीरों में भेज दिया, और फिर मुगल सेना को निर्बल देखकर उसके ऊपर चढ़ दौड़ा। कितने ही शाही अफसर मारे गये, हिमालय के सानुओं के इलाके को —जहाँ नूरजहाँ के बाप की जागीर थी—लूटा। सूरजमल के विद्रोह को सुनकर जहाँगीर ने राय-रायाँ सुंदरदास के नेतृत्व में एक जबर्दस्त सेना उसे दबाने के लिए भेजी। लड़ना बेकार समझ कर सूरजमल ने पहले मऊ के किले में शरण ली, फिर नूरपुर और अंत में चंबा में जा प्राण छोड़ा। मुगल सेना ने कांगड़ा के किले को घेर कर 5 सितंबर, 1620 (16 शौवाल 1029 हि०) को घिरावा आरंभ कर 6 नवंबर, 1921 (1 मुहर्रम 1031) को उस पर अधिकार किया। यद्यपि 'तुजुक-जहाँगीरी' के अनुसार यह तिथि मिलती है, किंतु 'बादशाहनामा' के अनुसार वह है 24 शौवाल 1028 हि० (24 सितंबर, 1619) और 11 नवंबर, 1620 (25 जिल्हिजा 1029 हि०)। 'मआसिरुल्-उमरा' में भी वही तिथियाँ दी हुई हैं, जो 'तुजुक-जहाँगीरी' में। संभवतः घिरावे के आरंभ की यही तिथि ठीक है और किले पर अधिकार 1 मुहर्रम, 1029 हि० (16 नवंबर, 1620) को हुआ। घिरावा 14 महीने से कुछ ऊपर रहा। किले में किलेबंद कांगड़ा-सैनिकों को खाने के लिए दरख्तों की छाल के सिवा और कुछ नहीं था। 12 वर्ष का राजा हरिचंद उनके साथ किले में था। उसी के नाम पर सेना ने 16 नवंबर 1620 को मुगलों के हाथ में आत्म-समर्पण किया।

जहाँगीर उस समय कश्मीर में गर्मियाँ और बरसात को बिताकर लाहौर लौटा था, जहाँ उसे यह खुशखबरी मिली। उसने अपने हर्ष को अपने संस्मरण में लिखा। कांगड़े का अजेय दुर्ग 160 वर्षों के लिए कटोचों के हाथ से निकल गया। वहाँ एक मजबूत मुगल पलटन रख दी गई, जिसने कटोचों के हर प्रयत्न को विफल कर दिया। सारी कांगड़ा रियासत छीन कर राजवंश की जीविका के लिए राजगिरि इलाके को जागीर के

तौर पर दे दिया गया।

1622 ई० के वसंत में जहाँगीर ने नूरजहाँ बेगम के साथ कांगड़ा की यात्रा की, जिसका सविस्तार वर्णन 'वकाया-जहाँगीरी' (इलियट का अनुवाद, जिल्द 6, पृ० 381-82) तथा 'तुजुक-जहाँगीरी' (जिल्द II, पृष्ठ 183) में दिया हुआ है। इस यात्रा में नूरजहाँ का बाप इत्तिमाद-उद्-दौला भी बेटी-दामाद के साथ था, और उनके सामने ही वह सीबा के पास मर गया। जहाँगीर सीबा से कांगड़ा गया, और नूरपुर तथा पठानकोट के रास्ते लौटा। कांगड़ा-उपत्यका के प्राकृतिक सौंदर्य से वह इतना आकृष्ट हुआ कि उसने वहाँ एक महल बनाने का हुकुम दिया। महल की नींव गोरकारी मौजा में डाल दी गई, किंतु वह कभी पूरा नहीं हुआ। बादशाह की इस यात्रा के उपलक्ष्य में किले में एक दरवाज़ा बना कर उसका नाम जहाँगीरी दरवाजा रखा गया। कहते हैं इसी दरवाजे के ऊपर संगमर्मर की पट्टी पर विजय की तिथि लिखी हुई थी, जिसे 1786 ई० में राजा संसारचंद ने किले पर पुनः अधिकार प्राप्त करने के बाद हटा कर दरवाजे के पास की एक कोठरी में रख दिया। वहाँ वह 1837 ई० तक रहा, जबकि राजकुमार नौनिहालसिंह ने उसे लाहौर भेज दिया।

अपने वैभव को खोकर हरिचंद बालिग होने के बाद शांत कैसे बैठ सकता था? जान पड़ता था, इस समय बादशाही सेना से सीधे मुकाबला की शक्ति अपने में न देखकर उसने गोरिल्ला-युद्ध छेड़ दिया, जिससे पीछे के मुगल राज्यपालों को बड़ी कठिनाई उठानी पड़ी। हरिचंद 1635 ई० तक जिंदा रहा, लेकिन एक परंपरा कहती है, कि जहाँगीर ने उसे मार कर उसकी खाल खिंचवा ली। यदि यह बात ठीक है, तो यह घटना जहाँगीर के मृत्युकाल (1627 ई०) से पहले हुई होगी।

चंद्रभान चंद (1627-···)—हरिचंद निस्संतान मरा, लेकिन वीर कांगड़ियों ने मियाँ चंद्रभान चंद के नेतृत्व में अपना गोरिल्ला-युद्ध जारी रखा। चंद्रभान राजा धर्मचंद (1528-63 ई०) के छोटे भाई कल्याणचंद की संतानों में से था, और शायद वही अब सिंहासन का अधिकारी था। मियाँ चंद्रभान की वीरतापूर्ण लड़ाइयों की कथाएँ अब भी लोगों में मशहूर हैं, और वह उसकी पूजा किया करते थे। वह मुगलों के अधीन इलाके को लूटता और मुगल सैनिकों को परेशान करता था। सेना उसके पीछे भेजी जाती, लेकिन वह कांगड़ा के दुर्गम पहाड़ों और अपनी अनुरक्त जनता के बीच अंतर्धान हो जाता। बादशाह ने अंत में एक बहुत बड़ी सेना भेजी। चंद्रभान उस समय धौलाधार की एक 9000 फुट ऊँची चोटी में जा छिपा, जिसे आज भी चंदरभान का टीला कहते हैं, और उसके दुर्ग के अवशेष वहाँ पाये जाते हैं। यह टीला धर्मशाला और पालमपुर के बीचोबीच है।

हर तरह से विफल होकर मुगलों ने प्रस्ताव किया, कि यदि चंद्रभान आत्मसमर्पण कर दे, तो उसे बादशाह जागीर देकर माफ कर देंगे। कहते हैं, चंद्रभान ने इसे स्वीकार किया, और उसे राजगिरि की जागीर मिली, लेकिन, शायद इससे अधिक सच्चाई उस परंपरा में है, जिसके अनुसार चंद्रभान ने बहुत वर्षों तक मुगलों को हैरान किया, और

अंत में गिरफ्तार होकर दिल्ली में बंदीखाने में डाल दिया गया। लोग चंद्रभान को हमेशा मियाँ कह कर ही पुकारते हैं, जिसका अर्थ यही हो सकता है, कि उसने राजा की उपाधि नहीं धारण की, और शायद उसके गिरफ्तार होने के समय तक कटोच-सिंहासन सूना रहा। चंद्रभान के चार पुत्र थे—विजयराम, उदयराम, दलपत और नरपत। कांगड़ा का प्रथम मुगल फौजदार नवाब अलीखाँ था, जिसके बाद उसके पुत्र हुर्मत खान ने उसका स्थान लिया। शाहजहाँ के शासनकाल में नवाब असदुल्ला खान और कोच कुल्ली खान यहाँ के फौजदार रहे। कोच अपने मरने के समय तक 17 साल कांगड़े का फौजदार रहा। कांगड़ा-किले के नीचे बहने वाली वाणगंगा नदी की शाखा मुनुनी नदी के किनारे उसकी कब्र आज भी देखी जा सकती है। 1660 ई० के आसपास विजयरामचंद (1660-87 ई०) ने अपने बाप का स्थान लिया। उसने व्यास के दाहिने किनारे पर विजयपुर (बीजापुर) का कस्बा बसाया। घमंडचंद और उसके बाद भी यही कांगड़ा के राजाओं का निवास-स्थान रहा। अब भी वहाँ टूटे-फूटे राजप्रासाद देखे जा सकते हैं। विजयचंद ने बाप की तरह संघर्ष करना बेकार समझ कर मुगलों की अधीनता स्वीकार की, और उसे नादौन, पालम, महलसराय, जैंसुख और मल्हार के तालुके औरंगजेब ने दिये। 1687 ई० के आसपास उसके मरने पर उसके भाई उदयरामचंद ने तीन साल तक शासन किया। उदयराम (1690-97 ई०) के बाद उसके लड़के भीमचंद ने गद्दी सँभाली। उसने अपने वंश के खोये वैभव के लौटाने का प्रयत्न किया, और इसीलिए औरंगजेब के प्रतिद्वंद्वी गुरु गोविंदसिंह से मेल करके जम्मू के राजा और एक मुगल अफसर के मातहत आई बादशाही सेना के आक्रमण को विफल कर दिया। भीमचंद ने भी अंत में दिल्ली से सुलह करने में ही खैरियत समझी, और वह औरंगजेब के दरबार में भी गया। बीजापुर में बनवाया उसका मंदिर अब भी मौजूद है। उसके छोटे भाई कृपालचंद ने बंदला के ऊपर धौलाधार की एक बर्फानी नदी से भवारना वाली कूल (नहर) निकाली, जो कि कांगड़ा जिले की सबसे बड़ी नहर है। आलमचंद (1697-1700 ई०) ने तीन वर्ष तक शासन किया, जिसमें उसने तीरा-सुजानपुर के सामने व्यास के दाहिने किनारे पर आलमपुर बसाया। उसके बाद हमीरचंद (1700-47 ई०) गद्दी पर बैठा। औरंगजेब के शासनकाल में सैयद हुसेन खान, हसन अब्दुल्ला खान पठान और नवाब सैयद खलीलुल्ला खान क्रमशः कांगड़ा-किले के फौजदार रहे। हमीरचंद के 47 वर्ष के शासनकाल में कांगड़ा का बहुत-सा भाग मुगलों के हाथ में रहा, और कटोच-राजा अवसर की प्रतीक्षा करते रहे। हमीरचंद को पीढ़ियों के स्वप्न को सच्चा करने का अवसर मिला। 1743 ई० के आसपास नवाब सैफअली खाँ कांगड़े का मुगल फौजदार नियुक्त हुआ। हमीरचंद ने एक स्थान पर एक छोटा-सा किला बनाया, जिसके कारण उसका नाम हमीरपुर पड़ा। हमीरचंद के देहांत के बाद उसका बेटा अभयचंद (1747-50 ई०) गद्दी पर बैठा। अभयचंद का तीन साल का शासन यही बतलाता है कि बाप के लंबे शासन के बाद जब उसे गद्दी मिली, तो वह बुढ़ापे में पैर रख चुका था। 1750 ई० में उसके निस्संतान मरने के बाद उसका स्थान हमीरचंद के छोटे भाई घमीरचंद के हाथ में चला गया। वह भी एक

साल ही शासन कर सका। कांगड़े की गद्दी पर उसका पुत्र रह गया। लोग और राजदरबारी उनको पसंद नहीं करते थे, इसलिए हमीरचंद के सबसे छोटे भाई शंकरचंद के लड़के घमंडचंद को गद्दी मिली। घमंडचंद (1751-74 ई०) के राजा होने के छह वर्ष बाद ही बंगाल में पलासी का निर्णायक युद्ध हुआ, और अंग्रेजों ने भारत के एक भाग पर अपने पैरों को मजबूत कर लिया। मुगल सल्तनत में चारों तरफ मनमानी घरजानी फैली हुई थी, इससे फायदा उठाकर घमंडचंद ने अपने सारे पैतृक राज्य को मुगलों से छीन लिया, लेकिन अजेय किला कांगड़ा मुगलों के हाथ ही में रहा। सैफुल्ला खान अपनी तोपों की मार में पड़ने वाली जमीन छोड़ कहीं कोई अधिकार नहीं रखता था, लेकिन उसने चालीस सालों तक कटोचों के हरेक आक्रमण को व्यर्थ किया, और दिल्ली के साथ अपना पत्र-व्यवहार कायम रखा। केवल एक बार 1758 ई० में उसने अपने से भी अधिक शक्तिशाली द्वाबा के राज्यपाल (सूबेदार) अदीनाबेग खान के सामने सिर झुकाया। अदीना पीछे मराठों की ओर से पंजाब का उपराज रहा। 1752 ई० में दिल्ली के बादशाह अहमदशाह ने पंजाब को अहमदशाह दुर्रानी के हाथ में अर्पण कर दिया। अफगानों ने 1758 ई० में घमंडचंद को जलंधर द्वाबा का नाजिम (राज्यपाल) नियुक्त किया। घमंड ने रुहेलों, अफगानों और राजपूतों की 4000 सेना संगठित की, और अब सतलुज और रावी के बीच की जलंधर गुट्टवाली सभी पहाड़ी रियासतों का आधिपत्य कटोचों के हाथ में था। उसने कटलेहर की उत्तरार्ध चौकी और चंबा के पालम तालुके—जिसमें पथियार किला था—को भी अपने हाथ में कर लिया। मूरक्राफ्ट के कहने से मालूम होता है, कि कटोचों ने कुल्लू पर भी इसी समय आक्रमण किया। घमंडचंद ने कटोच राज्य की पुरानी सीमा और पहले के प्रताप को फिर से स्थापित कर दिया; लेकिन कांगड़े का किला अब भी मुगलों के हाथ में था। उसने उस पर घेरा डाला, लेकिन सफल नहीं हो सका। इसने आलमपुर के करीब और सामने व्यास के बाएँ किनारे पहाड़ के ऊपर तीरा-सुजानपुर का किला बनाया। घमंडचंद 1774 ई० में मरा, जिसके बाद उसका पुत्र तेगचंद गद्दी पर बैठा। उसने भी अपने पिता का पदानुसरण करना चाहा, लेकिन अगले ही साल उसका देहांत हो गया।

जिस समय गुरुगोविंद सिंह उत्तर में कई संघर्षों में असफल हो दक्षिण में शक्ति संचय के लिए गये थे, उसी समय वहाँ अपनी जमात लिए घूमते बैरागी गुरु बंदा अपनी जमात लिए घूमता मिला। गुरु देशभक्ति की आग बंदा के हाथ दिल में परिवर्तित हो गई, और उसने औरंगजेब की मृत्यु से एक साल पहले (1706 ई०) गुरु के अधूरे काम का बीड़ा उठाया। इन्हीं पहाड़ों और गुरुदासपुर के इलाके में उसने अपना केंद्र बना पतनोन्मुख मुगल-साम्राज्य पर प्रहार करना शुरू किया। बहादुरशाह ने स्वयं बंदा के विरुद्ध सेना-संचालन किया। 1711 जेई में, पर उसे पूरी सफलता नहीं हुई। पाँच वर्ष और लड़ते रहने के बाद अंत में 1716 में दिलेरजंग अब्दुल समंदखान से हार कर बंदा को लोहगढ़ के किले में बंद होना पड़ा। कई महीनों तक उन्होंने सिर झुकाना नहीं स्वीकार किया, पर अंत में भूख के मारे आत्मसमर्पण करने पर उनके सामने मुसलमान

बनने या जान से हाथ धोने की बात रखी गई। बहुतों ने सिर देना स्वीकार किया, जिनमें से कुछ वहीं तलवार के घाट उतार दिये गये, और बंदा को उसके कितने ही साथियों के साथ बोटी काट-काट कर दिल्ली में मारा गया। संभवत: यह ऐतिहासिक दुर्ग दीनानगर के पास का लोहगढ़ है। 1738 ई० में नादिरशाह ने भारत पर आक्रमण करके दिल्ली को उजाड़ने के साथ मुगल साम्राज्य भी छिन्न-भिन्न कर दिया। इस समय बंदा के साथ दबा दिये गये सिक्ख फिर जाग उठे। यही समय था, जबकि दीनानगर के संस्थापक अदीना बेग का सितारा चमका। गुजराँ वाला इलाके के शरकपुर गाँव के आई चानन का वह बेटा था। पहले सैनिक के तौर पर वह कितने ही समय तो इलाहाबाद में रहा, फिर लुधियाना में माल-अफसर। मुगल क्षत्रप जकरिया खान ने उसे बरहमपुर जलंधर दोआब का शासक बना दिया। उसने शाहनहर के किनारे दीना-नगर को बसा कर वहाँ से शासन करना शुरू किया। 1730 ई० से जकरिया के पुत्रों —यहिया और शाहनवाज खान के समय भी अदीना—दिल्ली के मुहम्मद शाह, अहमद शाह और आलमगीर-II के शासन-काल-अदीना अपने पद पर काम करता रहा। नादिरशाह की लूटमार के बाद 1747 ई० में शाहनबाज खान के निमंत्रण पर पठान अहमदशाह अब्दाली ने आक्रमण किया, पर उसे सरहिंद में हार कर सिंध पार भागने के लिए मजबूर होना पड़ा। लेकिन मुगल शक्ति अब खोखली हो चुकी थी, इसलिए अब्दाली के फिर आक्रमण करने पर वह उसके रास्ते को रोक नहीं सकी। इस समय अदीना ने सिक्खों से साँठ-गाँठ की, और पहाड़ की जड़ में अवस्थित इस भूखंड पर सिक्खों का अधिकार हो गया। अदीना उनके बढ़ते हुए प्रभाव को देख नहीं सका, और 1752 ई० (पलासी से 5 साल पहले) मखोवाल में उसने उन्हें बुरी तरह हराया। पर अदीना क्षत्रपों पर भी विश्वास नहीं कर सकता था, इसलिए उसने रामगढ़िया मिसिल के संस्थापक जस्सा सिंह को अपने यहाँ रख लिया। आलमगीर के समय जब लाहौर को वजीर गाजिउद्दीन ने ले लिया, तो अदीना को लाहौर का शासक बनाकर भेज दिया गया। अब्दाली ने 1755-56 में आकर उसे वहाँ से भगा दिया। अदीना कितने ही समय तक पहाड़ में छिपता फिरा, और 1757 में अब्दाली के लौट जाने पर अगले साल उसने सिक्खों की सहायता से जलंधर दोआब को हथिया लिया। लाहौर में काबुली पठानों की ध्वजा फहरा रही थी, वहाँ से जब वजीर खान पल्टन लेकर आया, तो अदीना को फिर हटने के लिए मजबूर होना पड़ा; पर कपूरथला के वंश-स्थापक सेनानी जस्सा सिंह के नेतृत्व में सिक्ख काफी सबल हो गये थे, उन्होंने लाहौर से काबुलियों को मार भगाया, साथ ही अपने संरक्षक अदीना को भी अँगूठा दिखलाया। इस पर अदीना ने मराठों को बुलाया और प्रतिदिन की मंजिल का 1 लाख रुपया और टिकान का 50 हजार रुपया देना स्वीकार किया। मराठों की बाँह उस समय सारे भारत में पहुँचती थी। उन्होंने आकर फिर से लौट आये काबुली तैमूर शाह को लाहौर से भगा कर अदीना को शासक बनाया, जिसने बटाला को अपना सदर मुकाम बनाकर कांगड़ा और मुल्तान तक अपना शासन स्थापित किया। माँझा के सिक्खों ने अदीना पर प्रहार किया लेकिन

उन्हें हार का मुख देखना पड़ा। पर उसी साल (1758 ई०) अदीना उदरशूल से बटाला में मर गया। किसी-किसी का कहना है कि अदीना होशियारपुर के पास खानपुर में मरा, जहाँ उसकी कब्र आज भी मौजूद है। अदीना के मैदान से हटते ही सिक्खों का रास्ता साफ हो गया। अब तक सिक्खों की मिसलें कायम होकर अपना-अपना प्रभाव बढ़ा रही थीं। जलंधर दोआब में रामगढ़िया और कान्हिया मिसलें थीं, जो शक्ति के लिए आपस में लड़ने लगीं। पहले जस्सा सिंह के नेतृत्व में रामगढ़िया मिसिल का सितारा चमका, जिसे 1808 में कान्हिया ने नष्ट करके अपना प्रभुत्व जमाया, तीन ही साल बाद 1811 में रणजीत सिंह ने उसे दबाकर अपनी शक्ति का विस्तार किया। अदीनाबाग का दीनानगर अब रणजीत सिंह का ग्रीष्म-निवास बन गया।

इतिहास के अनुसार 'गोरखा-सिक्ख काल' का भी यही समय है। रणजीत सिंह के पहले सिक्खों की मिसलों ने अपना प्रभुत्व जमाना शुरू किया था। गुरु गोविंद सिंह ने बंदा बैरागी को अपना काम सौंप महाप्रस्थान किया। यद्यपि बंदा और उसके अनुयायियों को बहुत बुरी तरह मुगलों ने दबा दिया, पर मुगल-शक्ति स्वयं भीतर से खोखली हो चुकी थी, जिस पर नादिरशाह और अहमदशाह अब्दाली के हमलों ने जिसे छिन्न-भिन्न कर दिया। अदीना बेग के समय सिक्खों को उभरने का मौका मिला। सिक्ख अलग-अलग समूहों के रूप में सैनिक तौर से संगठित हुए, जिन्हें मिसलें कहते हैं। इनकी संख्या 12 थी, जिनमें कुछ थीं—रामगढ़िया—इसका संस्थापक जस्सा सिंह था, जिसने 1752 ई० में अदीना बेग की नौकरी की। अदीना के मरने के बाद जस्सा ने रामगढ़िया मिसल के राज्य को और बढ़ाया, जिसमें उसका संघर्ष गढ़दिवाला गिराल के मनसा सिंह से हो गया, 1776 ई० में रामगढ़िया को कान्हिया और दूसरी मिसलों ने जस्सा सिंह को सतलुज पार भगा दिया। पर अब भी इस साल मिसल की धाक खतम नहीं हुई। 1803 ई० में जस्सा का पुत्र जोधसिंह मिसल का नायक हुआ, जिसने होलकर के विरुद्ध अंग्रेजों की सहायता की। पीछे परिवार में कलह हो गया और रणजीत सिंह ने मिसल की अधिकृत भूमि के अधिक भाग को ले लिया, जो कि अधिकतर दसूया तहसील में थी। फैजुल्लापुरिया मिसल; इसका दूसरा नाम था सिंहपुरिया, जिसकी भूमि होशियारपुर तहसील के पट्टी इलाके में थी। 1811 ई० में रणजीत सिंह के सेनापति मोहकम चंद ने उसे ले लिया, जो कि सतलुज के उत्तर में थी। कोडासिंहिया—करोडा सिंह इस मिसल के संस्थापकों में से था। करोडा सिंह ने होशियारपुर के हरियाना और शाम-चौरासी तथा कितने ही उन गाँवों पर अधिकार किया था, जिनमें से कुछ पीछे कलीसया (अंबाला) के जोधसिंह के हाथ में चले गये। डलवाला मिसल—सियालबा परिवार के हरिसिंह ने तारासिंह गायबा से मिलकर गढ़शंकर के आसपास वाले इलाके को ले लिया। कांगड़ा के राजा घमंड चंद ने उस पर आक्रमण किया, लेकिन फैजुल्लापुरिया मिसल के खुशाल सिंह ने सहायता देकर कांगड़ियों को निष्फल कर दिया। थोड़े ही समय बाद दोनों में झगड़ा हो गया, जिसमें जसवाल के राजा ने खुशाल सिंह की सहायता की, और हरिसिंह को फगवाड़ा भाग जाना पड़ा। गढ़दीवाला—मनसा सिंह गढ़दीवाला का

खानदानी चौधरी था। मालगुजारी बकाया लगाने के कारण उसे लाहौर में बंदीखाने में डाल दिया गया था, जहाँ से भागकर वह डलवाला मिसल में शामिल हो गया। जस्सासिंह रामगढ़िया ने उसके इलाके को छीन लिया था, पर कान्हिया की सहायता से उसने उसे लौटा लेने में सफलता पाई। संसारचंद ने जब जलंधर दोआब की ओर हाथ फैलाया, तो मनसासिंह के पोते महताबसिंह ने फतेहसिंह अहलूवालिया के साथ मिलकर मुकाबला किया; और दरूली में लड़ते हुए मारा गया।

कांगड़ा के सर्वाधिक महत्त्वपूर्ण राजाओं में संसारचंद (II) का नाम है। संसारचंद (1775-1823 ई०) उन राजाओं में थे, जो राजवंश के वैभव को चरम उत्कर्ष पर पहुँचा कर एकदम बुझ जाते हैं। उसका जन्म फरवरी 1765 ई० में हुआ था, अर्थात् बाप के मरने के समय वह केवल 10 वर्ष का था, बालिग होने के समय पहाड़ और देश दोनों में गड़बड़ी मची हुई थी। पंजाब दुर्रानी अफगानों को मिल गया था, लेकिन वह कभी वहाँ अपना दृढ़ शासन स्थापित नहीं कर सके। लाहौर में एक अफगान उपराज रहता था, लेकिन पंजाब के बाहरी इलाकों में अब भी मुगल हाकिम शासन कर रहे थे—जैसे नवाब सैफअली खान अब भी किला-कांगड़ा का फौजदार था।

संसारचंद की सबसे बड़ी इच्छा थी अपने पूर्वजों के प्राचीन स्थान कांगड़ा-किले पर अधिकार करना। शक्ति हाथ में लेते ही उसने एक बार उसे लेने का असफल प्रयत्न किया। फिर उसने सिख सरदार जयसिंह कन्हैया की सहायता ली, और दोनों की संयुक्त सेनाओं ने 1781-82 ई० में किले का मुहासिरा किया। बूढ़ा नवाब सैफअली खान मृत्युशय्या पर पड़ा था। 1783 ई० में उसके मरने के बाद किला मुगलों के हाथ से निकल गया। फोर्स्टर मार्च 1783 ई० में बिलासपुर से नूरपुर जम्मू जाते बाहरी पहाड़ों से गुजरा था। उसके लिखने के अनुसार किला अब भी मुगलों के हाथ में था। जान पड़ता है, इसके बाद ही किला कांगड़ा पर मुगलों का अधिकार उठ गया। अब जयसिंह कन्हैया ने उस पर अधिकार किया, और संसारचंद के कई प्रयत्नों को विफल करके 1786 ई० तक उसे दखल किये रहा। मैदान में हार खाने के बाद जयसिंह को पहाड़ छोड़ना पड़ा, और संसारचंद ने मैदान में अपने जीते हुए इलाके को देकर किले को प्राप्त किया। अब संसारचंद केवल पूर्वजों के अजेय दुर्ग का ही स्वामी था। वह पूर्वजों की सीमाओं तक ही अपने राज्य को नहीं रखना चाहता था। उसने जलंधर गुट की 11 रियासतों को अधीनता स्वीकार करने के लिए मजबूर किया, और उन्हें अपने दरबार तथा अभियानों में आने के लिए कहा। अपनी राजधानी तीरा-सुजानपुर में उसने एक बड़ा दरबार-भवन बनवाया, जिसके हर तरफ 11-11 दरवाजे थे, और आशा की जाती थी, कि 22 पहाड़ी रियासतों के राजा अपने-अपने दरवाजे से भीतर जाकर कटोच-राजा के सामने अपनी भक्ति प्रकट करेंगे। दरबार-भवन के एक ओर सिंहासन रखा हुआ था।

संसारचंद ने मुगलों के समय शाही खालसा में गये इलाकों को भी राजाओं से लेना चाहा। उसने चंबा से रिहलू छीनना चाहा, जिसका विरोध करते चंबा का राजा राजसिंह मारा गया। मंडी को हाथ में करके उसने वहाँ के तरुण राजा को 12 साल

तक नादौन में बंदी बनाये रखा। मंडी के तीन इलाकों को अधिकार करने पर भी वह उसके कमलगढ़ किले को नहीं ले सका। घमंडचंद ने कटलेहर के उत्तरी आधे भाग को पहले ही ले लिया था, संसारचंद ने उसके दक्षिणी आधे को भी ले लिया, और कटलेहर का राजा अब करीब-करीब बिल्कुल भूमिहीन हो गया। संसारचंद की अब अखंड प्रभुता सतलुज से चनाब के ऊपरी भाग तक स्थापित हो गई। बीस साल तक कोई भी उसका विरोध करने की हिम्मत नहीं कर सकता था।

संसारचंद की ख्याति दूर-दूर तक फैल गई। भाग्य-परीक्षा के लिए सैनिक और दरबारी ही उसके पास नहीं पहुँचने लगे, बल्कि वह कवियों और कलाकारों का कल्पतरु बन गया। कांगड़ा की चित्रकला को इसने बड़ा प्रोत्साहन दिया, जिसके कारण आज भी इस कला का भारतीय कला में बहुत ऊँचा स्थान है। एक भारतीय लेखक के अनुसार संसारचंद का शासन कांगड़ा के इतिहास का सुवर्ण युग है। बहुत सालों तक वह अपने दिनों को बड़ी समृद्धि में बिताता रहा। वह बड़ा ही उदार था, प्रजा के प्रति बड़ा ही कृपालु, नौशेरवाँ की तरह न्यायशील और पुरुषों के गुणों को मानने में दूसरा अकबर था। बुद्धि और प्रतिभा के धनी पुरुष, पेशेवर सैनिक और दूसरे झुंड के झुंड लोग कांगड़ा पहुँचते और वहाँ संसारचंद की कृपा और दान से लाभान्वित हो सुखी होते।···अभिनेता और कहानी कहने वाले इतनी संख्या में वहाँ जमा होते और राजा के हाथ से इतना दान और दया प्राप्त करते, कि उसके कारण उसे अपने युग का 'हातिम' और उदारता में उस समय का 'रुस्तम' माना जाता। उस समय के बने हुए कांगड़ा कलम के चित्र दुनिया के बड़े-बड़े संग्रहालयों में तथा कांगड़ा, लंबागाँव, गुलेर, नादौन और दूसरे स्थानों में भी मौजूद हैं।

संसारचंद को इमारतों के बनाने का भी बड़ा शौक था। उसने अपने राज्य में कई सुंदर महल बनवाए। आलमपुर तथा दूसरी जगहों में अनेक बाग लगाये। आलमपुर के बाग को लाहौर के शालीमार बाग का प्रतिद्वंद्वी बतलाया जाता था। अपने शासन के आरंभिक काल में गर्मियों को संसारचंद व्यास के बायें किनारे अवस्थित नादौन के पास आमटार में बिताता था। शायद इसी के कारण नादौन की ख्याति लोक-कहावतों में शामिल हो गई—'आएगा नादौन, जाएगा कौन।' तीरा-सुजानपुर में संसारचंद के कितने ही महल थे। अपने आखिरी दिनों में वह आलमपुर के महलों में रहा करता था।

बीस साल तक संसारचंद सारे पहाड़ का निष्कंटक अधिपति रहा। यदि उसका राज्य-विस्तार का लोभ सीमा को अतिक्रमण न करता, तो संभव है उसका वैभव वैसा ही अक्षुण्ण रहता। उसकी अमर्यादित लिप्साओं ने 'उसके भाग्य को दुर्भाग्य में परिणत कर दिया और उसका जीवन नष्ट हो गया।' संसारचंद चाहता था कि सारे पहाड़ ही नहीं, बल्कि पंजाब पर भी कटोच राज्य स्थापित करे। पुरानी कटोच-राजधानी मुल्तान में बतलाई जाती थी, और दूसरी राजधानी जलंधर नगर। उसके दरबार में आशीर्वाद के तौर पर कहा जाता था 'लाहौर परापत'।

1803-4 ई० में होशियारपुर और बजवाड़ा की ओर से उसने दो बार पंजाब

पर आक्रमण किया, लेकिन अब पंजाब रणजीतसिंह के मजबूत हाथों में था। उधर से मुह की खाने पर 1805 ई० में उसने कहलूर (बिलासपुर) की ओर हाथ बढ़ाया, और सतलुज के दाहिने किनारे वाले उसके भाग पर अधिकार कर लिया। अब उसकी पूर्वी सीमा सतलुज के किनारे तक पहुंच गई, पर इसने ही उसके पैरों को सर्वनाश की ओर बढ़ा दिया। गोरखा भी उधर नेपाल से बढ़ते-बढ़ते सतलुज के किनारे पहुँच गये, और वह भी नेपाल से कश्मीर तक सारे पहाड़ पर अपना एकाधिपत्य कायम करना चाहते थे। दक्षिण में रणजीतसिंह भी कम मनस्वी नहीं था।

पहली बार संसारचंद के सामने विफल हो गोरखों को पीछे हटकर सतलुज को सीमा मानने के लिए मजबूर होना पड़ा। उसी समय (1805 ई० में) संसारचंद ने कहलूर पर आक्रमण किया। पहाड़ी राजा संसारचंद के जूये को उठाने से तंग आ गये थे, उन्होंने बिलासपुर के राजा के नेतृत्व में गोरखा-सेनापति अमरसिंह थापा को कांगड़ा पर आक्रमण करने के लिए निमंत्रण दिया और वचन दिया कि सतलुज पार करने में हम तुम्हारी मदद करेंगे। संसारचंद ने अपने मेहमान रामपुर के गुलाम मुहम्मद की सलाह से अपनी सेना का पुन: संगठन किया था, जिसके कारण सेना की शक्ति सबल होने की जगह निर्बल हो गई, और लोगों में असंतोष फैला। गोरखों को जब यह भीतरी कमजोरी मालूम हुई, तो 1805 ई० में संधि की शर्तों को तोड़कर कांगड़ा पर आक्रमण कर दिया। सतलुज के घाट पर रावी के पूर्व के सभी पहाड़ी राजा अपने सैनिकों के साथ आ मिले। इन सभी राजाओं ने इस शर्त पर गोरखा-सरदार के प्रति भक्ति की शपथ ली, कि वह किला कांगड़ा को अपने हाथ में रखेगा, और हम अपनी-अपनी रियासतों पर निर्द्वन्द्व शासन करेंगे। सतलुज को उन्होंने 1805 ई० के अंत में ही पार कर लिया था। यह उल्लेखनीय बात है कि गोरखों और पहाड़ी राजाओं के बीच में उस समय जो लिखा-पढ़ी हुई थी, उसमें अब भी कांगड़ा को त्रिगाढ़ (त्रिगर्त) कहा जाता था।

महालमोरियान में पहला युद्ध हुआ, जिसमें संसारचंद को हार कर पीछे हटना पड़ा। तीरा-सुजानपुर में भी वह अधिक समय तक नहीं टिक सका, और फिर उसे अपने परिवार के साथ किला-कांगड़े की शरण लेनी पड़ी। गोरखों ने राज्य के इलाकों पर अधिकार करके किले को घेर लिया, लेकिन कांगड़ा ने अपनी अजेयता को झूठा नहीं होने दिया।

समकालीन कवि मोलाराम ने किला कांगड़े के युद्ध का ओजस्वी भाषा में वर्णन किया है:

किला कांगड़ा हमहूँ जैहें। फते तहाँ हम कैसे पैहें॥
सो तुम हमको भेद बताओ। चित्र तहाँ को लिखि दिखलाओ॥
तब हों चित्र लेखि दिखलायो। बुद्धि अनुमान भेद बतायो॥
एक एक ग्यारा करे, ग्यारा ग्यारा एक।
वह जीते गढ़ कांगड़ो, याको करे विवेक॥
परजा कों जो नर परचावे। मुल्क परायो सो नर पावे॥

धींग-धाँग जो करत है नाई। ताके सब होवें बस भाई।।
धींग-धाँग जो कोई करते। तिनके ग्रामहि ऊजड़ पड़ते।।
बिरता गूंठ जगीर जो हरिहैं। कुंभी नरक नृपति सो भरिहैं।।
तिनको राज भ्रष्ट सब होई। बंस चले तिनको नहिं कोई।।
अपकीरत तिनकी जग माँही। मरिके अति तिनको कछु नाही।।
जो काजो तुम पच्छिम जाओ। एक एक करि राज दबाओ।।
परजा को आस्वासन दीजो। बिरता सब बहाल ही कीजो।।
गाउँ जगीर तगीर न कीजै। रोजीना सब हीका दीजै।।
परजा को परचाय के रखिये। भली-बुरी काहू नहिं बकिये।।
नीत न्याय सब ही का कीजै। जथापराध दंड ही दीजै।।
सबकों होय तुहारी आसा। सुनैं सुजस सब आवैं पासा।।
या बिध सब ही राज दबाओ। किला कांगड़ा तब तुम पाओ।।

हमें हुकम महाराज को, सरासरी तुम जाव।
पूरब सों पच्छिमहिं लौं, हमरो हुकम चलाव।।

मिले जो कोई ताहि मिलाओ। लड़े जो कोई मार हटाओ।।
चाँड़ किला कांगड़ा हाणो। पुन लाहौर दिल्ली हम जाणो।।
इह आज्ञा स्वामी नै दीनी। तब हम बाट पछम की लीनी।।
अब हम दूण[1] छुड़ावें जाई। गढ़[2] के राजा संग लड़ाई।।
फौज लेइ गढ़ राजा आयो। हेड़ी-खेड़ी के संग लायो।।
तिनको जातहि सारध पावैं। पुनि नाहण हम जाय छुटावैं।।
तुमरे मुख मँहि सरसुति जो है। तुम जो कहो सोई कुछ होहै।।
तुम कवि हो हमको वर दीजै। फते होय यह किरपा कीजै।।
इह काजी जब कविसों बोली। कविजन तबैं सारदा तोली।।
कहे सारदा सतलुज ताईं। तुमको कोई रोके नाईं।।

कांगड़ा पर आक्रमण—

नैनसिंह सिंहा ज्यों आये। देखि कांगड़ा लोक डराये।।

नैनसिंह काजी जबैं, पहुँचे पच्छिम जाय।
महा त्रास सबकौं भयो, भाजे लोक डराय।।

चल्यो सिंह ज्यों नैनसिंहाहि काजी। रहे और पाछे फते माँहि साझी।।
कई मोरचा मारि के तोरि डारे। परी लोथ पैं लोथ ही भीत सारे।।
धरे पैर आगे नहीं फेर पाछे। निमक्के हलाली तिलंगाहि आछे।।
लड़ी खूब पलटन पलट शत्रु दीन्यो। रहे देख सबही किनाराहि लीन्यो।।

---

1. देहरादून।
2. गढ़वाल।

मनो इंद्र चढ़ि स्वर्ग तें आप आयो। चहूँ ओर तें घोर घनसार छायो ।।
किला से छुटें तोप ही काँप सेती। परे वज्र ज्यों इंद्र के रोष सेती ।।
मनो इंद्र गोपाल को जुद्ध लाग्यो। चढ्यो बीर नेपाल कट्टोच भाग्यो ।।
महासिंह ज्यों नैंनसिंहाहि गाजें। चले भाजि कट्टोच ज्यों मृगराजें ।।
दयो भीतरें बाढ़ ताकों किला के। दये सीघ्र ही पाट मानो सिला के ।।
फिरें झूमते घूमते बीर बाँके। खुले काहुसे नाँहि जो पाट बाँके ।।
धँसे आप ही बीर नहिं फौज जाथी। अकसमात् गोली तहाँ आन लागी ।।

नैंनसिंह की मृत्यु—

पड़्यो मत्त मातंग ज्यों भूमि माहीं। कहे जाओ आगे थमो कोउ नाहीं ।।
महासिंह ज्यों नैंनसिंहा हि गाजे। सबें फौज कट्टोच ही की जो भाजे ।।
करैं मार ही मार ललकार सेती। करैं हाय तोबाहि संसार जेती ।।
न ऐंसो कोई बीर बाँको निहार्यो। महासूर सावंत दिल को करारो ।।
महा मौज दरिया वही दान दाता। कबी कों सबी कों जगतमाँहि ख्याता ।।
किधौं तारिका बूंदसों चंद छुट्यो। किधौं इंद्र इंद्रासने इंद्र छुट्यो ।।
किधौं राहु नव जायके युद्ध लायो। गिर्यो भानु बेवानसौं भूमि आयो ।।
पर्यो खेत मँहि चैत नँहि प्रेत लागे। लखै नैंनसो नैंनहीं भूक भागे ।।
खरे जार ही जार सरदार रोवें। सबैं आपनो आपनो मूँह धोवें ।।
मनो आज वर्षा हि रितु रीत लागी। झरैं नेन सों नीर झरना झरागी ।।
भयो भूमिका पे सबे त्रास भारी। रही बीर के चित्त की चित्त धारी ।।
चढ़े व्योम बेवान सब दैव आये। लखे नैंन ही सिंह नैंना भराये ।।
अचंभा इहे देखि रंभा 'कुलानी। इते शत्रु की फौज सब ही पलानी ।।
किला हो न खाली लग्यो कांगड़ाई। इतें जाय किनहूँ हकीकत सुनाई ।।

काजीकों गोली लगी, तुम क्यों भाजी जाय।
खबरदार ने खबर दी, राखो फौज थमाय ।।
नैंनसिंह जब ही हतै, पाई फतह कटोच।
अमरसिंह काजी कियो, हर्ष सोक ही सोच ।।

हर्ष इहे मन माहीं कीन्यो। नैंनसिंह ने किला न छीन्यो।
इह जस जो अब हमही पावैं। इक दिन किला इहे जो छितावे ।।
शोक इहै कीन्यो मन माहीं। गोत-घाव लाग्यो तन पाहीं ।।
सोच भई जो नृप सुन पावें। निमकहराम हमँहि ठहरावें ।।

गई खबर नेपाल यह, कांतीपुर दरबार।
नैंनसिंह काजी गिर्यो, करी खूब तलवार ।।

प्राण दये पर खेत न छाड़्यो। खेत दये अरि जस जग बाढ़्यो ।।
महाराज सुनि उत्तर दीन्यो। जो इत कहि गयो सो उत कीन्यो ।।

नैनसिंह से बीर कहाँ अब। जो मुख कहैं करैं सोई सब॥
सीस दियो पर पीठ न दीनीं। निमक-हलाली जग महिं कीनी॥
भीमसेन सेती कह्यौ, महाराज भरि स्वास।
जो तुम जाओ कांगड़े, कौन हमारे पास॥
तुम बिन इत कैसे निभै, तुमरे सिर सब भार।
निमक-हलाली में रहो, निसि-दिन ही दरबार॥

कांगड़ा पर फिर आक्रमण—

रुद्रबीर चौतरिया आये। दलभंजन संग माँहि पठाये॥
लियो कांगड़ा तिनहुँ घिराई। चहूँ तरफ फौजहीं पिलाई॥
फिरैं तिलंगा चहुँ तरफ, आठों जाम अथाह।
देखि पेखि संसार को, भयो महाभय त्रास॥
संसारचंद तब ही मिल्यो, आन दुहुन के पास
पांच लाख धन-पुत्रिका, कीनी आन कबूल।
किला कांगड़ा सहित ही, लेहो मुलक मसूल॥
संसारचंद ने इह कही, बैठ एकांतहि माहिं।
दलभंजन पांडेहि से, और चौतरा ताहिं॥
संसारचंद बहु घूसहि दीनी। दलभंजन चौतरिया लीनी॥
किला छाड़ि मिलि बैठे दोई। करी हमारी सबही खोई॥
जो इह पलटि तहाँ को जावैं। किला कांगड़ा हमहुँ छुटावैं॥
अमरसिंह ने तंत्र इह, लिखि भेज्यो दरबार।
महाराज ने सुनत ही, भज्यो भारादार॥

कांगड़ा पर गोरखों का अंतिम आक्रमण—

दलभंजन और चौतरा, दोनों लये बुलाय।
कुँवर वीर ही भद्र जो, दीन्यो सीघ्र पठाय॥
बीरभद्र तुम वीर हो, करौ काज इहि आज॥
किला कांगड़ा फौज ले, जाव कह्या महाराज॥
कियो प्रवेश वीर ने, श्रीनग याहि भाँत सों।
सिघ्रता बुला हमें, दई जो भ्होर हाथ सों॥
अनेक भाँत की कृपा, हमें जो भूप की भई।
धाम ग्राम बाग ही, जगीर थाम सब दई॥
राग रंग नृत्य फाग, सह्ल में मचाइयौ।
अबीर औ गुलाल बीर, बहुत ही उड़ाइयौ॥
मृदंग खंजरी झंजाल, और बीन बाजती।
सरंग हि सितारतार, बाँसुरी हि गाजती॥
नचै नरी परीहि ज्यों, बरांगनाहि रंग में।

अबीर आस-पास बीर ही सबैं तरंग में।।
महराज गीरवाण जुद्ध को प्रताप गावते।
बीरभद्र ध्यान धर प्रेम सों लड़ावते।।
देत रोज मौज दर्ब सबे ही गुनीन कौं।
प्रसन्न होई के बुलाय देत विप्र दीन कौं।।
अमरसिंह काजी कह्यौ। जो दूहूँ सिरमौर।
प्रथम मोरनी तोड़नी, बीरभद्र रणजोर।।

बली बीर रणजोर सज सेन आये। कँवर बीरभद्र हि संग में पठाये।।
घटा भूमि के झूमि के ज्यों भराई। मिली दामनी सामनी सेन आई।।
लड़ैं गोरखे बीर बाँके तिरंगी। लगी बाजने-गाजने तोप जंगी।
धरी सामने तोप छूटैं कराल। दुहुँ ठौर सेती मनो ज्वाल-माल।।
...............।

धस्यो फौज कों चीर कैं बीरभद्रे। गये खासिया भाजिकें ढांट छुद्रे।।
खड़े खेत में खेंच तलवार षुंडा। दये काटि ही कूटि अरि-रुंडमुंडा।।
कहूँ खूँखरी षुंड तलवार गाजें। मनो भूमि भूकंप आकास गाजें।।
करैं मोर ज्यों सोर चहुँ ओर सेती। लई मोरनी मारि कै जोर सेती।।
अटा की छटा पै खड़ी नार देखें। कहूँ भाजने कों नहीं राह देखें।।
भजैं जा दिसा बाँह ऐंचें तहाही। कहूँ भाजने कौं मिली बाट नाहीं।।
जितैं बीर रणजोर काजी हि जौहैं। जो देखे छबी वाहि को चित्त मोहें।।
भई आन के नार सब पास ठाड़ी। मिट्यो त्रास तिनको महानंद बाड़ी।।
लगी टकटकी धकधकी मूर्च्छाई। मनों गोपिनें भेंट पायो कन्हाई।।
सबै बीर मैं धीर बलि बीरभद्रैं। किधों दक्षप्राजापती हेत रुद्रैं।।
लड़्यो एकलो जंगमहिं दंग कीन्यों। महा मोरनी दुर्ग गढ़ तोड़ दीन्यों।।
इहै भांत सब ही भये तहं प्रहारी। पड़्यो सह्न सिरमौर आतंक भारी।।
सबैं बीर महि वीरभद्रैं महाई। धँस्यो आप ही मोरनी जा छुटाई।।
भजो कर्मपरकास भी कर्मनासा। रही रत्नपरकास[1] को नाहिं आसा।।
लड़ें आपनी भूमि पै भूपती जो। मरै तो तरै होय ताकी गती तो।।
इहे साह प्रद्युम्न गढ़राज कीनी। दये आपने प्राण नहिं लाज दीनी।।
भयो भ्रष्ट सिरमौरिया राज बाको। बचे प्राण उपहास भ्यो लोक ताको।।
मिट्यो त्रास तिनको भयोजी हुलासा। चल्यो पंथ मन्मथ्य सर्वत्र खासा।।
सबै मुल्क बाजार गुल्जार कीन्यो। महादान सन्मान सौं विप्र दीन्यो।।
महादुंदुभी भेर झंकार बाजी। बजैं मारफा तास बंदूक गाजी।।
सबें सह्न सिरमौर नाहण बसाई। फिरी साह गिर्वाण जूकी दुहाई।।

1. सिरमौर का राजा।

रची तहँ सभामंडली सुद्ध सारी। महातंत्र ही जंत्र मंत्राधिकारी ॥
लहें नैन ही औ कहें मधुर बानी। करे दूध को दूध पानी को पानी ॥
विचारी अचारी रची नीत सारी। रहें सिंह ही मृग सभा एक सारी ॥
रहें बैठ बारादरी[1] न्याय माहीं। रहे चारों ही वर्ण नीके तहाँ ही ॥

किला कांगड़ा घेरि के, कीन्यो सब मजबूत।
अकुलाये तब ही तहाँ, सब राँडी के पूत ॥

रस्त बंद सब करी तहाँ ही। खलबल पड़ी किले के माँही ॥
खाली भये भंडार कुठारा। बाहर अन्न न आवे भारा ॥
त्राहि त्राहि गढ़ भीतर भई। नर-नारी सब मूर्च्छित रही ॥
घास-फूस सब खानहि लागे। एक एक कर जात हैं भागे ॥
जो कोई दिन जीया चाहो। काजी सें कुछ सूत्र मिलाओ ॥
प्रान काहु विध सों रख लीजें।
प्रान रहे जो घट के मठ ही। फेर करें हम हूँ नटखट ही ॥
सो परतीत शत्रु को दीजे। अपनो काम काढ़ि सब लीजे ॥
कह्यो वचन मृदु मधुर महाई। हों राजा ने दियो पठाई ॥
कायल हो नृप बिनती कीनी। इह अरजी करि तुमसों दीनी ॥
किला-कांगड़ा हम हूँ छाड्यो। अब हमको तुम बाहर काढ्यो ॥
अपना करि के हम कों राखो। बचन यहै नौरंगा[2] भाखो ॥

किला-कांगड़ा छाड़ि कें, आओ हमरे पास।
रहो चाकरी माँहि तुम, पूर्न होय सब आस ॥

किला गोरखा जो इह पावें। धुर काशी कस्मीर दबावें ॥
पुनि लहौर में लगे न बारा। लेहि पिसोर हिंद इह सारा ॥
ताते तुम जो किला बचाओ। रणजीतसिंह को सिघ्र बुलाओ ॥
किला सौंपि पालायन कीजै। अपनौ बोझ ताहिसिर दीजै ॥
किला-कांगड़ा सिंह दबावें। तो कोई दिन में हम पावें ॥
इह मसलत सबके मन भाई। पाती सिंह पे सिघ्र पठाई ॥
पाती महिं हाथी लिखि दीन्यो। आसपास ही कीचर कीन्यो ॥
कीचहिं बीच फँसे जब हाथी। काढ़े गधा न, काढ़े साथी ॥
सिंह सिंह को काज सुधारें। सूर सूर सोंही ललकारें ॥
साह साह को काज चलावें। राजा राजा मदत को आवें ॥
हमहूँ बहोत आज लों थामी। पूरब वेरी पश्चिम जामी ॥
ताते याको करो विचारा। पाती बाँचि लगे नहिं बारा ॥

1. सरदार, अफसर
2. गोरखा अफसर

किला-काँगड़ा तुमको दीन्यो । नातर इहे गोरखा लीन्यो ॥
तुपक तीर तलवार सिरोही । लीने चक्र चढ़े सब कोई ॥
तोफन की गिनती कछु नाई । अंधाधुंध सरबत्रहि छाई ॥
फौजन को कछु नाहि सुमारा । जित कित सिंह फिरे असवारा ॥
तबें गोरखा बात चिताई । फौजें जब सिर पे चढ़ि आई ॥
दल-बादल चहुँ दिस चढ़ि आये । बरषा रितु ज्यों नभ घन छाये ॥
सिंह कहे उठि घर कों जाओ । के तो लड़ने सनमुख आओ ॥
रस्त बंद चहुँ गिरद सों कीनी । पौन सरीखी जान न दीनी ॥
जल बिन सब ही अत अकुलावें । अन्न मिले नहिं भार्साहि खावें ॥
सबे गोरखा अत अकुलावये । काजी सहित मिलन तब आये ॥
रणजितसिंह को सीस नवायो । जीवनदान तब सब ही पायो ॥
अमरसिंह तब सीस नवायो । कर सलाम सतलुज को आयो ॥
सूखी ठौर में बैठ्यो जाई । कांतीपुर इह खब्रर पोंछाई ॥
किला कांगड़ा सिंह ने लीन्यो । हम को सतलुज वारहि दीन्यो ॥
हम सूखे अब ठौरहि आये । सतलुज वार सब राज दबाये ॥
रणजोरसिंह सिरमौर के माँहीं । बलभद्र गयो दूण के ताहीं ॥
श्रीनगर बहादुर भंडारी । दसरथ खत्री संग तिन हारी ॥
हमें हुक्म अब जो कछु होई । करें चाकरी हम हूँ सोई ॥
रणजीतसिंह संग फौज घनेरी । थके आँख वा तर्फ जो हेरी ॥
लीनी जिन कसमीरहि सारी । सुरासान मुलतानहि भारी ॥
इह अरजी नेपाल पठाई । भीमसेन जर्नैल बँचाई ।
महाराज सुनि के जो रिसाये । बखतावर वसन्यात पठाये ॥
कह्यो जावो श्रीनग्र के माँही । बैठ करो तुम काज तहाँ ही ॥

चार साल तक गोरखों का प्रयत्न किले को सर करने में विफल रहा, लेकिन वह उसका गुस्सा सारे इलाके को लूट-उजाड़ कर उतारते रहे। कांगड़ा के बंदोबस्त अफसर बार्नेस के अनुसार—"उन सत्यानाशी दिनों की स्मृति पहाड़ के इतिहास में एक बड़े चिह्न के तौर पर आज भी मौजूद है। लोग इस समय के अनुसार काल-गणना करते हैं, और उचित या अनुचित रीति से हरेक दुर्भाग्य, दुःख और संकट को उस भीषण स्रोत के साथ जोड़ते हैं। उत्पीड़ित और त्रस्त हो लोग पास की रियासतों में भाग गये, कुछ चंबा गये और कुछ जलंधर द्वाब के मैदानों में गये। दूसरे पहाड़ी राजा भी इस दुर्व्यवस्था से लाभ उठा कर निस्शंक लूट-मार करते रहे। तीन साल तक यह राज्य अराजकता का शिकार रहा। कांगड़ा की उर्वर उपत्यका में कहीं बोये पौधों के एक पत्ते का भी पता नहीं था, कस्बों के ऊपर घास जम गई थी, और नादोन की सड़कों में बाघिनियाँ दहाड़ती थीं।" गोरखों ने किले को घेरे रखा, लेकिन तब भी कुछ समय तक नदी वाले फाटक से रसद किले के भीतर पहुँचती रही, जिसे गोरखों ने अंत में बंद करने में सफलता पाई।

बारह साल के लिए रसद का इंतजाम कर लिया गया था, लेकिन पहले बहुत फजूलखर्ची से काम लिया गया, जिसके कारण राजा और सेना को चार महीने तक साग-पात छोड़ दूसरा कोई भोजन नहीं प्राप्त हुआ।

चार साल के मुहासिरे के बाद घबड़ाकर संसारचंद ने महाराजा रणजीतसिंह से मदद के लिए प्रार्थना की। कहा जाता है, रणजीतसिंह दो बार कांगड़ा की ओर प्रस्थान करके लौट गये। इस पर संसारचंद ने गोरखों से बातचीत शुरू की, और इस शर्त पर अपने को समर्पण करना स्वीकार किया, कि किला हमारे परिवार में रहे, और गोरखा नदी दरवाजे से चले जाएँ। दिन के समय संसारचंद अपने लिए अनुपयुक्त चीजों को भेंट के तौर पर गोरखों के पास भेजता और रात के समय चुपचाप ताजी रसद किले में मँगवाता। एक दिन चुपके से अपने अफसरों के हाथ में किले को छोड़ कर वह वहाँ से चल दिया, और परिवार-सहित किसान का भेस बदल कर तीरा-सुजानपुर पहुँचा। फिर उसने रणजीतसिंह से सहायता माँगी। मई 1809 ई० में रणजीतसिंह ने लाहौर से कूच किया। गोरखों के साथ बातचीत बंद कर दी गई। सिक्खों को आता देख सभी पहाड़ी राजाओं ने गोरखों का साथ छोड़ दिया, और उनकी रसद बंद करके उन्हें पीछे हटने के लिए मजबूर किया।

ज्वालामुखी में रणजीतसिंह के पहुँचने पर संसारचंद ने उनसे मुलाकात की। बहुत बातचीत करने के बाद रणजीतसिंह ने किला-कांगड़ा को संसारचंद को देना स्वीकार किया। फिर महाराजा ने पवित्र ज्वालामुखी पर हाथ रखकर शपथ खाई, कि मैं संसारचंद का कोई अनिष्ट नहीं करूँगा। लेकिन, दोनों ही इस शपथ को दिल से मानने के लिए तैयार नहीं थे। संसारचंद अपने पूर्वजों के किले और उसके साथ होने वाली दूसरी हानियों को बर्दाश्त करने के लिए तैयार नहीं था, और गुप्त रीति से उसने अमरसिंह थापा से बातचीत करके किले को गोरखों के हाथ में देना चाहा। वह जानता था, कि गोरखा बहुत दूर के रहने वाले हैं, शायद उन्हें आसानी से हटाया जा सके, लेकिन सारे पंजाब के राजा को हाथ से किले का लेना संभव नहीं होगा। इसीलिए उसने गोरखों और सिक्खों को एक-दूसरे के खिलाफ खड़ा करने की कोशिश की। अंत में संसारचंद ने सिक्खों को किला देना स्वीकार कर लिया। गोरखों के मुहासिरे को तोड़ने के लिए अगस्त 1809 ई० में जब सिक्ख सेना वहाँ पहुँची, तो गोरखों की स्थिति मजबूत नहीं थी। उनके पास गोला-बारूद की कमी थी, और बीमारी के कारण बहुत से सैनिक मरे या बेकार थे। प्रतिरोध करने को निष्फल समझ गोरखों ने घिरावे को उठा लिया। संसारचंद ने अब भी किले को देने में देर लगानी चाही। महाराजा को उसके इस आचरण पर बहुत क्रोध आया, और उसने अपनी छावनी में अवस्थित संसारचंद के पुत्र अनिरुद्धचंद को गिरफ्तार कर धमकी दी, कि जब तक किला समर्पण करके संधि की शर्तों का पालन नहीं किया जाता, तब तक तुम्हारे लड़के को जामिन रखा जायेगा। संसारचंद को पुत्र के जीवन पर खतरा मालूम होने लगा। वह वहाँ जा एक ही हाथी पर रणजीतसिंह के साथ चढ़कर किले के दरवाजे पर पहुँचा। लेकिन, किलेदार नौरंग ने केवल संसारचंद के

लिए ही दरवाजा खोलने का संदेश भेजा। संसारचंद अकेला भीतर गया। फिर किले को समर्पण करने की बात कहने पर उसने अपने राजा से लिखित आदेश पाने की माँग की, जिससे इस कायरता का दोष उस पर न लगाया जाये। संसारचंद वैसा करके नौरंग को साथ लिए किले के बाहर गया, और रणजीतसिंह ने किले में प्रवेश करके उस पर अपना अधिकार स्थापित किया। रणजीतसिंह ने संसारचंद को लिख करके वचन दिया, कि मुगलों के समय कांगड़ा-उपत्यका के संधेता नाम वाले 66 गाँवों और किले को छोड़ कर बाकी सारे राज्य को मैं संसारचंद के हाथ में रहने दूँगा। गोरखा अब कांगड़ा की भूमि जल्दी-जल्दी खाली करने लगे, और वह सतलुज के पार जाकर ही खड़े हुए। देसासिंह मजीठिया को किला और कांगड़ा पहाड़ी का नाज़िम (राज्यपाल) मुकर्रर किया गया, जिसने संसारचंद के साथ बड़ा सम्मानपूर्वक बर्ताव किया। किला-कांगड़ा पर अधिकार कर लेने के बाद अब कांगड़ा-राज्य तथा जलंधर-गुट्ट की दूसरी रियासतें सिक्खों की करद बन गईं। संसारचंद ने तीरा-सुजानपुर को अपना निवास स्थान बनाया। उसे हर साल एक बार रणजीतसिंह के दरबार में सम्मान प्रकट करने के लिए लाहौर जाना पड़ता था। रणजीतसिंह उसके साथ हमेशा बड़े सम्मान के साथ पेश आता, लेकिन संसारचंद को हर समय बंदी बनाये जाने का भय लगा रहता। कुछ सालों बाद रणजीतसिंह का भाव अपने कीर्तिशाली प्रतिद्वंद्वी के प्रति घट गया, और उसने उसके साथ अपमानपूर्ण बर्ताव शुरू किये।

जून 1820 में प्रसिद्ध यात्री व० मूरक्राफ्ट लदाख जाते हुए तीरा-सुजानपुर पहुँचा। उसने अपनी यात्रा में[1] संसारचंद के दरबार का बड़ा सुंदर वर्णन किया है। संसारचंद अंग्रेज यात्री के साथ बड़ी उदारता और मेहरबानी से पेश आया। उस समय संसारचंद की उमर 56 वर्ष के करीब थी, और वह तीरा-सुजानपुर के अपने महल को किसी कारण से छोड़कर व्यास के दाहिने तट पर अवस्थित आलमपुर में रहता था। राज्य की आमदनी पहले 35 लाख सालाना थी, लेकिन सिक्खों के नोंच-खसोट के कारण वह कम हो गई थी, तो भी उसकी सम्पत्ति मूरक्राफ्ट के अनुसार, "काफी बड़ी थी, उसका देश मजबूत और उसके किसान दृढ़ मनस्क तथा अपने राजा के प्रति बड़ी भक्ति रखते थे।"

मूरक्राफ्ट के वहाँ रहते समय राजा का छोटा भाई फतेहचंद बहुत बीमार हो गया। मूरक्राफ्ट ने दवा देकर उसे मृत्यु के मुख से बचाया। राजा और उसके पुत्र ने इसके लिए पूरे हृदय से मूरक्राफ्ट के प्रति कृतज्ञता प्रकट करते हुए उसे कांगड़ा के राजवंश का 'ऑनरेरी' सदस्य बनाया। इस समय भी संसारचंद के पास कुछ सेना थी, जिसका कमाण्डर आयर्लैंड-निवासी ओब्रायन था, जो अपने मृत्यु-समय तक वहीं रहा। गुल ओब्रायन कहकर आज भी उसकी कब्र को वहाँ बतलाया जाता है। संसारचंद दिसंबर 1823 ई० में मरा। अब वह इतिहास का आदमी था। इसमें शक नहीं कि पहाड़ी

1. Moorcraft Travels, Vol. I, pp. 126-46.

राजाओं में उसके समान कोई दूसरा नहीं हुआ। सैनिक और शासक दोनों प्रकार से वह कुशल था। कांगड़ा से बाहर भी उसका नाम चलता है। कटोचों का वैभव उसके शासन के रूप में प्रभुता के सर्वोच्च शिखर पर पहुँचा और उसके साथ ही खतम हो गया। नूरपुर का राजा जगतसिंह भी कितनी ही बातों में उसके समान था।

फोर्स्टर और मूरक्राफ्ट दोनों अंग्रेज यात्री राजा के रहने के समय इस इलाके में गये थे। फोर्स्टर 1783 ई० में गया था। उसने इस भूमि का बड़ा अच्छा वर्णन किया है। लोग किस तरह अपने राजा का स्वागत युद्ध या शिकार से लौटने पर करते थे, और किस तरह आपस में राजाओं का झगड़ा होता रहता था। अपराधियों को हाथी के पैरों से चिरवा कर वह आनंद लूटते थे। सिक्ख-सवारों की उस वक्त बड़ी धाक थी। नादोन और हरिपुर उनके हाथ में थे। अगर दो गुप्तचर भी आ पहुँचते, तो किले का दरवाजा खोल दिया जाता और बड़ी नम्रतापूर्वक महल की अच्छी-अच्छी चीजें उनके सामने रख दी जातीं। मूरक्राफ्ट 1820 ई० में यहाँ पहुँचा था। वह लिखता है कि उस समय बैजनाथ में सबसे बढ़िया बासमती चावल रुपये का पक्का 35 सेर बिकता था, मोटा चावल 48 सेर, गेहूँ 40 सेर, यद्यपि उस साल फसल अच्छी नहीं हुई थी। ढोरों का दाम 4 से 5 रुपये तक था।

सतलुज के पार वाले राजाओं से कांगड़ा के राजाओं का भाग्य कुछ दूसरा ही था। अंग्रेजों ने गोरखों को विजय कर इस पार्वत्य भाग को पुराने राजाओं के हाथ में दे दिया। फिर सिंहासन-वंचित राजा क्यों न अंग्रेजी शासन का स्वागत करते? जब उन्हें मालूम हुआ, कि अंग्रेज हमारी रियासत को लौटाने के लिए तैयार नहीं हैं, और अपना जागीरदार बना कर रखना चाहते हैं, तो उनमें असंतोष फैला और कांगड़ा के तीन राजाओं ने 1848-49 ई० के सिक्ख-युद्ध में अंग्रेजों के विरुद्ध तलवार उठाई।

राजा संसारचंद के देहांत के बाद उसका पुत्र अनिरुद्धचंद (1823-31 ई०) कटोचों की गद्दी पर बैठा। छह महीने बाद सिक्ख-छावनी में उसकी बुलाहट हुई, और 120000 रुपया नजराना देना पड़ा। अगले साल भी उसे इसी तरह नजराना देने के लिए जाना पड़ा, लेकिन तीसरी बार उससे जितनी रकम माँगी गई, वह उसे स्वीकार नहीं कर सकता था। संसारचंद की दो लड़कियाँ थीं। रणजीतसिंह के दरबारी जम्मू के राजा ध्यानसिंह ने उनमें से एक को अपने लड़के हीरासिंह के लिए रणजीतसिंह द्वारा माँगा। अनिरुद्धचंद उस समय इंकार नहीं कर सकता था, इसलिए वहाँ उसने लिखित स्वीकृति दे दी, लेकिन अभिमानी कटोच अपनी राजकन्या अपने से हीन समझे जाने वाले डोगरों को देना कैसे पसंद कर सकते थे? अनिरुद्धचंद राजा था, एक बड़े प्राचीन राजवंश की संतान था। रणजीतसिंह के बाद इसमें शक नहीं, ध्यानसिंह सिक्ख-राज्य का सबसे बड़ा शक्तिशाली पुरुष था, और वह भी दुर्गर (डोगरा) राजवंश में पैदा हुआ था। लेकिन, कटोच उसको अपने बराबर कभी मानने के लिए तैयार नहीं थे। अनिरुद्धचंद ने ढील करनी शुरू की, और उधर ब्याह के लिए रणजीतसिंह के संदेश पर संदेश आने लगे। अनिरुद्ध-चंद की माँ अपनी बेटी को डोगरा-राजकुमार को देने के विरुद्ध नहीं थी। वह जानती थी,

कि रणजीतसिंह के आदेश का उल्लंघन करने का कैसा भीषण परिणाम होगा, लेकिन अनिरुद्धचंद अपने सर्वस्व की बाजी लगाकर अपने कुलाभिमान को सुरक्षित रखना चाहता था। उसने छिपी तौर से अपने परिवार और संपत्ति को सतलुज के पार भेज दिया, जहाँ अंग्रेजों का शासन था, और जब लाहौर से महाराजा के नादोन की ओर प्रस्थान करने की खबर मिली, तो वह स्वयं अंग्रेजी इलाके में भाग गया। इसके थोड़े ही समय बाद उसने टेहरी-गढ़वाल के राजा के साथ अपनी दोनों बहनों का ब्याह कर दिया, और अपने दो पुत्रों रणवीरचंद और परमोदचंद को छोड़ 1831 ई० में मर गया।

रणजीतसिंह जब नादोन पहुँचे, तो संसारचंद के छोटे भाई मियाँ फतेहचंद ने उसका स्वागत करते हुए अपनी पोती का ब्याह राजा हीरासिंह से करना चाहा। इसके लिए फतेहचंद को राजा की उपाधि के साथ राजगिरि की जागीर मिली, और बाकी रियासत को भी आसान शर्तों के साथ ठेके पर उसे दे दिया गया, लेकिन फतेहचंद घर लौटते समय जल्दी ही मर गया। फिर उसके पुत्र लूदरचंद को जागीर और ठेका मिला, किंतु वह ठेके के अनुसार दी जाने वाली लगान को अदा करने में असफल रहा, इसलिए रियासत को एक सिक्ख अफसर के नियंत्रण में कर दिया गया। इस प्रकार राजगिरि की जागीर छोड़ सारी कांगड़ा-रियासत सिक्ख-राज्य में मिला ली गई।

राजा संसारचंद के दूसरे लड़के जोधवीरचंद ने महाराजा को अपनी दो बहनें ब्याह दीं, जिसके लिए उसे राजा की पदवी के साथ नादोन और उसके आसपास के इलाके की जागीर मिली, जो उसके वंशजों के हाथ में बराबर रही, और 1925 ई० में राजा नरेंद्रचंद सी० एस० आई० जागीरदार थे। अंग्रेज सरकार ने कर्नल वेड (लुधियाना के पोलिटिकल एजेंट) द्वारा संदेश भेजा, जिस पर रणजीतसिंह ने 1833 ई० में राजा सुचेतसिंह को लुधियाना भेजकर दोनों कटोच राजकुमारों रणवीरचंद और प्रमोदचंद को लाहौर मँगवा लिया। रणजीतसिंह ने उनके साथ बड़ा अच्छा व्यवहार किया, और उन्हें महाल-मोरियान में 50 हजार की जागीर दी। दोनों ही निस्संतान मरे—रणवीरचंद 1847 ई० में। 1848 ई० के पहाड़ी राजाओं के विद्रोह में प्रमोदचंद भी शामिल माना गया, और उसे अंग्रेजों ने अलमोड़ा में निर्वासित कर दिया, जहाँ वह 1851 ई० में मरा। अनिरुद्धचंद के साथ स्वतंत्र कांगड़ा-राज्य का अस्तित्व खतम हो गया, लेकिन संसारचंद के छोटे भाई फतेहचंद की संतान आगे भी जागीरदार के तौर पर बनी रही। लूदरचंद के पुत्र प्रतापचंद को राजगिरि की जागीर मिली। प्रमोदचंद के मरने के बाद उसे अपनी खानदानी राजा की उपाधि मिली। प्रतापचंद का पुत्र जयचंद 1862 ई० में पैदा हुआ। अंग्रेजों ने प्रथम महायुद्ध में उसकी सेवाओं से प्रसन्न होकर 1921 ई० में उसे महाराजा की खानदानी पदवी प्रदान की। आलमपुर से ऊपर व्यास के दाहिने किनारे पर अवस्थित राजगिरि की जागीर तथा तीरा-सुजानपुर का किला उसके हाथ में रहा। प्रथम सिक्ख-युद्ध मार्च 1846 ई० में खतम हुआ, जिसमें अंग्रेजों ने लाहौर पर अधिकार कर लिया। सिक्खों ने संधि करके जलंधर द्वाब और सतलुज-रावी के बीच के पहाड़ को अंग्रेजों को दे दिया। लेकिन, अंग्रेज बिना विरोध के इस इलाके पर कब्जा नहीं कर सके। लाहौर की

संधि के हो जाने पर भी कांगड़ा के किलेदार ने उस अजेय दुर्ग को देने से इंकार कर दिया। कोटला की सिक्ख फौज ने भी वैसा ही किया। अंग्रेज रेजीडेंट ने आकर जल्दी-जल्दी इसके बारे में कार्रवाई करने की कोशिश की, और लाहौर में वजीर दीवान दीनानाथ ने बहुत कोशिश की, लेकिन तो भी उसका तब तक कोई फल नहीं हुआ, जब तक कि दो महीने के बाद अंग्रेजी सेना ने किले को घेर न लिया। फिर सिक्ख किलेदार ने इस शर्त पर किले को खाली करना स्वीकार किया, कि उसे और उसके आदमियों को सम्मान-पूर्वक जाने दिया जाये। किले के तोड़ने के लिए अंग्रेज लुधियाना से गजनला होकर अपना तोपखाना कांगड़ा ले गये थे। किले पर अधिकार करके अंग्रेजों ने वहाँ एक देशी सेना रखी, और एक अंग्रेज अफसर के मातहत 80 सिपाही कोटला के किले में रखे। नूरपुर के किले में भी एक पलटन रखी, और हुकुम दिया, कि पहाड़ की सैनिक जातियों सी एक स्थानीय रेजीमेंट खड़ी की जाये। शासन-प्रबंध के लिए जसवान-उपत्यका को छोड़ सतलुज और रावी के बीच के सारे पहाड़ी इलाके को एक अलग जिला बना दिया जाये, जिसका असिस्टेंट-कमिश्नर बना कर लेफ्टनेंट लेक को भेजा गया। 1848 ई० के आरंभ में पहाड़ में इतनी शांति थी, कि सैनिक-शक्ति को कम करना उचित समझा गया। कांगड़ा पर अधिकार करने वाली रेजीमेंट को वहाँ से बिल्कुल हटा दिया गया, और किले की जिम्मेवारी सुशिक्षित पहाड़ी सेना पर रखी गई। नूरपुर की पलटन भी कम करके तीन कंपनी कर दी गई। लेकिन, इसी साल अप्रैल में मुलतान में विद्रोह और द्वितीय सिक्ख-युद्ध आरंभ हो गया।

सन् 1846 से 1947 तक कांगड़ा पर अंग्रेजी शासन का काल माना जाता है। अंग्रेजों ने तुरंत होशियारपुर की 28वीं रेजीमेंट को कांगड़ा-किले पर भेजा, और पहाड़ी रेजीमेंट को उपत्यका में उनकी छावनी में भेज दिया। विद्रोहियों ने अंग्रेजों के विरुद्ध पहाड़ी राजाओ को भड़काने के लिए अपने आदमी यह कह कर भेजे, कि अंग्रेजों को मार भगाने पर खानदानी रियासतों को उनके राजाओं के हाथ में दे दिया जायेगा। अंग्रेजों ने गोरखों से लड़ते समय इसी तरह का वचन दिया था। उसे न पूरा करने के कारण राजा असंतुष्ट थे, और उन्होंने सिक्खों की मदद करना स्वीकार किया। 1848 ई० के अगस्त के अंत में भूतपूर्व राजा—नूरपुर के मंत्री का पुत्र एक पठानिया राजपूत रामसिंह ने जम्मू के पासवाले पहाड़ों के जवानों को इकट्ठा करके रावी पार कर शाहपुर के अरक्षित किले पर चढ़ाई करके उसे ले लिया। रात को आसपास के लोगों ने उसे बधाई दी, और डुग्गी पीट कर घोषित किया गया, कि अंग्रेजों का राज्य खतम हो गया, महाराजा दलीपसिंह अधिपति हुए, और राजा वीरसिंह का पुत्र जसवंतसिंह नूरपुर का राजा तथा रामसिंह उसका वजीर बनाया गया। कांगड़ा पहुँचने से पहले ही यह खबर होशियारपुर पहुँच गई, और तुरंत एक छोटी-सी सैनिक टुकड़ी शाहपुर को घेरने के लिए भेजी गई। रात को विद्रोही भागकर नूरपुर शहर के पास वाले पहाड़ी जंगल में चले गये। थोड़े ही समय बाद कमिश्नर जे० लारेंस और जिला-अफसर बार्नेस सैनिक कुमक लेकर आ गये। रामसिंह को हारकर रसूल के सिक्खों की छावनी में शरण लेनी पड़ी। पहाड़ में अधि-

कार प्राप्त कर लेने पर आसपास के 400 जवान—जिनमें कितने ही उसके अपने कटोच राजपूत थे, उसके साथ हो लिए थे।

उसी साल नवंबर में बसावासिंह के अधीन चार-पाँच सौ सिक्खों ने आकर वर्तमान गुरदासपुर जिले में अवस्थित पठानकोट को घेर लिया। अभी अंग्रेज इसका फैसला नहीं कर सके थे, कि खबर लगी, कि कटोच-राजा प्रमुदचंद ने जिले के पूर्वी भाग में बगावत का झंडा खड़ा कर दिया है। कांगड़ा के डिप्टी कमिश्नर—जो पठानकोट गया हुआ था—को जल्दी-से-जल्दी पहाड़ी रेजीमेंट की तीन कंपनियों की रक्षा में पीछे लौटने का हुकुम दिया गया। इसी बीच जसवान और दातारपुर के राजा तथा सिक्ख संत वेदी विक्रमसिंह ने हरिपुर से रूपड़ तक सारी जसवान उपत्यका में विद्रोह फैला दिया। कमिश्नर लारेंस चुनी हुई सेना के साथ स्वयं उनके दमन करने के लिए आगे बढ़ा। इसी बीच कटोच-राजा महलमोरी से अपने पूर्वजों के किलाबंद स्थान तीरा में पहुँचा, और रियाह तथा अभिमानपुर के पड़ोसी किलों पर अधिकार कर लिया—इन किलों से पुरानी सिक्ख-गैरिसन की रखी हुई तोपों और गोला-बारूद को हटाया नहीं गया था। रियाह के किले से 21 तोपें दाग करके लोगों को सूचित किया गया, कि खानदानी राजा ने अपने राज्य को हाथ में ले लिया। जिला-अफसरों ने राजा को बहुत समझाने की कोशिश की, और यदि अपनी सेना को तोड़कर महलमोरी लौट जाये तो जागीर लौटाकर कसूर माफ कराने का प्रलोभन दिया, लेकिन राजा ने इसे नहीं सुना। जब 3 दिसंबर को पठानकोट से आने वाली सेना तीरा से 10 मील रह गई, तो पता लगा, कि 800 कटोच सैनिक नदी पार कर उस पर हमला करने के लिए कूच कर रहे हैं। जल्दी ही वह सेनाएँ एक चौड़ी घाटी में नदी के दूसरे तट पर आई मालूम हुईं। बिना तैयारी के ही विद्रोहियों से अंग्रेजों को लड़ना पड़ा। जब उनका नेता घायल हो गया, तो थोड़ी-सी लड़ाई के बाद वह पीछे हटे, और गोरे उनका पीछा करते तीरा के कुछ मील पर पहुँच गये। इस हार का यह परिणाम हुआ, कि अनुयायियों ने राजा का साथ छोड़ दिया, और राजा ने अंग्रेजों के हाथ में अपने को दे देने का संदेश भेजा। अगले दिन सबेरे उसे बंदी बना रियाह के किले को तोड़ दिया गया और वहाँ की चार तोपें ले ली गईं।

जिस वक्त कटोच-राजा को इस तरह हराया जा रहा था, उसी समय लारेंस का मातहत एक सेना ने जसवान दून पर हमला किया। बिना लड़ाई-भिड़ाई के ही दातारपुर का राजा बन्दी बना लिया गया। जसवान-राजा ने कुछ प्रतिरोध किया, इस पर अम्ब और खरोट के दो स्थानों पर एक साथ अंग्रेजों ने आक्रमण करके बहुत ही कम हानि उठाये अपने अधिकार में कर लिया। दोनों राजा बंदी हुए, और उनके महलों को अंग्रेजों ने तोपदम करके लूट लिया। बेदी विक्रमसिंह डरकर शेरसिंह की सिक्ख-छावनी में चला गया। बेदी की जागीर छीन ली गई, और उसके किलों और महलों को भी अंग्रेजों ने ज़मीनदोज़ कर दिया। अंग्रेजों का लाड़ला वीर लारेंस क्रूरता में सबके कान काटता था, वह हारे हुए दुश्मन को भी नेस्तनाबूद करके आतंक फैलाना चाहता था। इसीलिए लाहौर में उसकी मूर्ति पर अंग्रेजों ने अंकित कराया था—'तलवार का शासन चाहते

ही, या कलम का'।

लेकिन, दिसम्बर के अंत के साथ अभी विद्रोह खतम नहीं हुआ था। जनवरी 1849 ई० में राजा रार्मासिह ने राजा शेरसिंह से कहा, कि 500-500 आदमियों की दो सिक्ख रेजीमेंट मुझे मिलें, तो मैं पहाड़ में दूसरा विद्रोह खड़ा कर सकता हूँ। उसने रावी के ऊपर लटकती दूला की पहाड़ी पर डेरा डाला। यह स्थान सैनिक दृष्टि से बहुत मजबूत था। जनरल व्हीलर की मातहत सभी तरह की एक बड़ी सेना आक्रमण करने के लिए भेजी गई। अंग्रेजों को भी हानि उठानी पड़ी, लेकिन उन्होंने बड़ी खूंरेजी के साथ रार्मासिह को वहाँ से भगाया। गुजरात में सिक्खों को अंतिम हार देकर अंग्रेजों ने पंजाब को अपने हाथ में ले लिया। अब बेचारे पहाड़ी राजा कहाँ तक हिम्मत करते ? धीरे-धीरे पहाड़ में भी अंग्रेजों ने श्मशान की शांति एक सौ साल के लिए स्थापित कर दी, और पहाड़ी राजा अलमोड़ा निर्वासित कर दिये गये। रार्मासिह को सिंगापुर भेज दिया गया। कटोच-सरदार पहाड़चंद को छोड़कर सभी नेताओं को पकड़कर नजरबंद कर दिया गया, और इस प्रकार कांगड़ा ब्रिटिश भारत का एक जिला बन गया।

1857 ई० के विद्रोह में अंग्रेजों को इस पहाड़ी भूमि से बड़ी चिन्ता हुई। लेकिन, वह इसके लिए पहले ही से सजग थे, और कांगड़ा तथा नूरपुर में किलाबंदी को मजबूत करके वहाँ अपनी सेना रख दी थी—कांगड़ा-किले में अंग्रेजी पलटन 1 जून, 1897 ई० तक रही। अंग्रेज भी पहाड़ी कहावत को मानते थे—'जिसके हाथ में कांगड़ा, उसके हाथ में सारा पहाड़।' डिप्टी-कमिश्नर मेजर टेलर ने सभी घाटों और नकाहों (पहाड़ी जोतों) के ऊपर चौकसी रखी। जब पता लगा, कि तीरा का राजा प्रतापचंद अपनी सेना जमा करना चाहता है, तो मेजर लेक ने बड़ी सावधानी से तीरा के एक कटोच थानेदार को हटा, उसकी जगह पर एक मुसलमान को थानेदार बनाया, जो राजा की गतिविधि की ठीक-ठीक सूचना देता रहा। तीरा का कटोच थानेदार राजा प्रतापचंद की ओर माना जाता था, इसलिए अंग्रेज उस पर विश्वास नहीं कर सकते थे। तो भी कुल्लू के भूतपूर्व राजा ठाकुरसिंह के उत्तराधिकारी होने का दावा करके वहाँ एक छोटा-सा विद्रोह खड़ा हो गया। पहाड़ में बहुत दूर होने के कारण लोगों ने इस बात पर विश्वास कर लिया कि अंग्रेजों की शक्ति नष्ट हो गई है। झूठे दावेदार ने अंग्रेजों के गुड़िया राजा ज्ञानसिंह के खिलाफ कुल्लू और सराज के लोगों को भड़काया। उस समय मेजर हे कुल्लू में असिस्टेंट-कमिश्नर था। उसने खबर पाते ही राजा ज्ञानसिंह के प्रतिद्वन्द्वी प्रतापसिंह को उसके पाँच मुख्य आदमियों के साथ पकड़ कर फाँसी पर चढ़ा दिया, और 16 दूसरे आदमियों को जेल में डाल दिया। प्रतापसिंह के किले में बहुत भारी परिमाण में हथियार और गोला बारूद मिली, जिन्हें बहुत पहले से वहाँ गाड़ कर रखा गया था। हे ने उन्हें नष्ट कर दिया। मेजर लेक और मेजर टेलर ने कांगड़ा-किले पर अधिकार करके पहाड़ में अंग्रेजों की धाक जमा दी। 14 मई को बहुत तड़के कप्तान यंग हस्बंड के शेरदिल पुलिस की एक टुकड़ी ने गढ़ी की ओर कूच किया। एक हाबिज़र तोप किले के नीचे से उनकी सहायता करने के लिए तैयार थी। खजाने का अधिक भाग गढ़ी में भेज दिया

गया, और बाकी को हाल ही में किलेबंद किये गये पुलिस थाने में रखा गया। कांगड़ा जिले के शासन केंद्र धर्मशाला के हरेक अंग्रेजी घर की रक्षा पुलिस या नई खड़ी की गई संरक्षक टुकड़ी के आदमी के द्वारा की गई थी। कुछ को जेल की हिफाजत के लिए भी भेजा गया था। डाकखाने के ऊपर भी पूरा ध्यान रखा गया, इसी तरह सभी पहाड़ी घाटे और नदी के घाट पहरे में थे। सभी संदिग्ध आदमियों को पकड़ कर पूछताछ के लिए मजिस्ट्रेटों के सामने उपस्थित किया जाता। जब झेलम और स्यालकोट में देशी पलटन के विद्रोह करने की खबर कांगड़ा पहुँची, तो मेजर टेलर ने पुलिस बटालियन की मदद से चौथी देशी पैदल सेना के बायें पक्ष का हथियार छीन लिया, और उसी रात उस पलटन और कुछ सिक्ख सवारों को लेकर 34 मील की यात्रा करके देशी पलटन के दाहिने पक्ष को निहत्था बनाने के लिए नूरपुर पहुँचा। लेकिन, टेलर के वहाँ पहुँचने से पहले ही नूरपुर के देशी सिपाहियों ने अपने कमांडिंग-अफसर मेजर विलकी के जरा-सा कहने पर अपने हथियार दे दिये थे।

जिले का हेडक्वार्टर पहले कांगड़ा में रखा गया था। वहाँ के किले में मजबूत अंग्रेजी सेना रहती थी, और किले की दीवारों के नीचे एक बहुत आबाद शहर था। किला-कांगड़ा का सदियों से बड़ा नाम था, इसी के कारण अंग्रेजों ने जिले का शासन-केंद्र यहाँ रखा। लेकिन, पीछे यहाँ सैनिक-छावनी, असैनिक शासन-केंद्र आदि के लिए काफी जगह नहीं देखी। पास की निचली भूमि में जाने पर मलेरिया का डर था। अंग्रेजों ने पहाड़ी लोगोंकी पलटन संगठित की थी, उसके लिए भी एक छावनी की जरूरत थी, इन सबका ख्याल करके धौलाधार की पर्वतश्रेणी में कोई खाली जगह चुनी जाने लगी, और इसके लिए धर्मशाला को पसन्द किया गया। इस स्थान में पहले से यात्रियों के लिए कोई धर्मशाला मौजूद थी, उसी के कारण शहर का नाम धर्मशाला पड़ा। रेजीमेंट के अफसरों ने स्वयं अपने लिए घर बनाये, जैसा कि उन्होंने रानी खेत में किया। उनका अनुकरण करते हुए असैनिक अफसरों ने भी वहाँ अपने लिए बँगले बनाये, और अवसर पाते ही वह कांगड़ा से धर्मशाला के ठंडे स्थान में चले जाते। आबोहवा अनुकूल और प्राकृतिक सौन्दर्य अपार, फिर धर्मशाला पश्चिमी हिमालय की एक विलासपुरी क्यों न बन जाता? लेकिन, तो भी वह जिले का हैडक्वार्टर मार्च 1855 में ही बन सकी, और परगने के तहसीलदार को किला-कांगड़ा में छोड़ दिया गया। उस समय धर्मशाला में देशी पलटन की बैरक के पास एक छोटा-सा बाजार तथा कुछ गद्दी किसानों के बिखरे हुए झोंपड़ों के अतिरिक्त सात या आठ ही अंग्रेज बँगले थे, जिनमें से आधे अपेक्षाकृत ऊँचे मोहल्ले भागसू में थे। पहले यह जिला पहाड़ों में बहती रावी तक फैला था, और बारी द्वाब के सिरे के 83 गाँव भी इसमें थे, जो पहाड़ की जड़ से पठानकोट तक फैले हुए थे, और जिन्हें 1846 ई० की सिक्खों की सन्धि के अनुसार अंग्रेजों ने प्राप्त किया था। लेकिन ये 83 गाँव पहाड़ी नहीं, बल्कि बिल्कुल मैदानी थे, और न वह नूरपुर की पुरानी रियासत में कभी सम्मिलित थे, और न ही कांगड़ा के इलाके में। जब दलीपसिंह के साथ अंग्रेजों [illegible] की, तो [illegible]न गाँवों को अंग्रेजों ने ले लिया। जब सारा

पंजाब अंग्रेजों के हाथ में आ गया, तो 1852 ई० में बंदोबस्त करते समय उन्हें गुरदासपुर जिले को दे दिया गया। 83 गाँव आज से सौ वर्ष पहले मैदानी भूभाग का अंग होने के कारण उसे सौंप दिये गये, लेकिन कांगड़ा का सारा जिला पहाड़ी है, वही बात शिमला की भी है, होशियारपुर की ऊना तहसील भी पहाड़ी है, और विलीन पटियाला रियासत के कितने ही इलाके पहाड़ में पड़ते हैं। ये सब हिमाचल के अभिन्न अंग हैं, तो भी अभी दिल्ली के देवता इस सारे पश्चिमी पहाड़ी इलाके को हिमाचल-प्रदेश में मिलाने में हीला-हवाला कर रहे हैं!

1861 ई० में अंग्रेजों ने नूरपुर परगने के कण्डी और शाहपुर के पहाड़ी तालुकों—जो कि व्यास की शाखा चक्की और रावी के बीच में अवस्थित है—को कांगड़ा में मिला दिया, सिर्फ इस ख्याल से, कि डलहौसी की बिलासपुरी धर्मशाला की बिलासपुरी के साथ रहे। 1852 ई० में जिले के भीतरी विभाजन में भी कितने ही परिवर्तन किये गये। कांगड़ा, नूरपुर, हरिपुर और नादौन तहसीलें बनीं, जिनमें हरिपुर की तहसील का हैडक्वार्टर डेरा में और नादौन का हमीरपुर में रखा गया। पुरानी हरिपुर तहसील से रामगढ़ का तालुका निकालकर कांगड़ा तहसील में डाल दिया गया, और चंगर-बलिहार, कलोहा और गरली के तालुके पुरानी नादौन तहसील से निकाल कर डेरा तहसील में डाल दिए गये। इसके बाद से नादौन तहसील का नाम हमीरपुर तहसील पड़ गया। इस हैडक्वार्टर-परिवर्तन का कारण यह भी था, कि हरिपुर यातायात की बड़ी सड़क से दूर पड़ता था, और नादौन के जागीरदार राजा जोधवीरचंद को अंग्रेजों ने अपने इलाके में कुछ शासन का अधिकार दे दिया था। परगना कांगड़ा पहले ही से बड़ा था, जिसमें रामगढ़ का तालुका भी मिला दिया गया। कांगड़ा के पूर्वी भाग पर 1863 ई० में एक नायब तहसीलदार रखा गया, जो पहले भवारना में रहता था, फिर चायबगानों के केंद्र पालमपुर में उसे रख दिया गया। पीछे 1888 ई० में पालम, राजगिरि और बनगाहल के तीन तालुकों को मिलाकर एक अलग तहसील बना दी गई। 1867-68 ई० में बस्सी बचेरतू का तालुका—जो कहलूर के इलाके के भीतर तक लंबा चला गया था—को कहलूर रियासत को मालगुजारी के बराबर राज्य-कर देने की शर्त पर दे दिया गया। जब सिक्खों ने जलंधर द्वाब को अंग्रेजों को दे दिया, तो अंग्रेजों ने कहलूर बिलासपुर के राजा को मजबूर करके यह इलाका विश्वासघाती सिक्ख राज्यपाल सरदार लहनासिंह को जागीर के रूप में दिलवा दिया, और इस जागीर को भी कांगड़ा जिले में ले लिया। कुछ छोटे-मोटे और भी परिवर्तन अंग्रेजों ने किये, लेकिन वह बहुत नहीं थे।

कांगड़ा जिला मुख्यत: दो भागों में बँटा है, कुल्लू को अलग सब-डिवीजन माना जाता है। बाकी कांगड़ा—मुख्य कांगड़ा—जिले में पाँच तहसीलें—कांगड़ा, नूरपुर, पालमपुर, डेरा और हमीरपुर हैं। तहसीलों को 11 थानों में बाँटा गया है, लेकिन उनकी सीमाएँ तहसील की सीमाओं से बँधी नहीं हैं। हरेक तहसील में बहुत से जैल (मंडल) हैं, जिसका अफसर जैलदार होता है। पुराने समय में इन जैलों को तालुका कहते थे। इन तालुकों और जागीरों का अंग्रेजी शासन के बाद कोई विशेष महत्त्व नहीं रहा। तो भी

जैल के जैलदार अभी तक चले आ रहे हैं। हरेक गाँव में एक नंबरदार होता है, और एक चौकीदार भी। मालगुजारी वसूल करने के लिए हरेक तहसील में तहसीलदार रहता है। तहसीलों में तहसीलदार के नीचे सदर कानूनगो, गिरदावर कानूनगो, पटवारी और सहायक-पटवारी रहते हैं। मुख्य कांगड़े में पाँच तहसीलें हैं—कांगड़ा, पालमपुर, नूरपुर, डेरा और हमीरपुर। पहले चार ही तहसीलें थीं, लेकिन 1888 ई० में पालमपुर की अलग तहसील एक अलग तहसील कांगड़ा और हमीरपुर की तहसीलों से निकालकर बना दी गई। अंग्रेजों से पहले कांगड़े को 39 तालुकों में बाँटा गया था। कांगड़े में सारे घर मैदान की तरह एक जगह न बस कर अपने-अपने खेतों के साथ बने होते हैं। एक मौजे में एक टीका और कुछ घर हो सकते हैं, लेकिन कभी-कभी हमीरपुर तहसील के घतवाल मौजे की तरह 113 टीका और 7 पटवारियों के भी मौजे हैं। तो भी आम तौर से यहाँ मकानों को इकट्ठा बनाने का रिवाज नहीं पाया जाता।

संस्कृति

हमारे देश में धर्म एक तटस्थ गवेषणा का विषय नहीं है, बल्कि हरेक संप्रदाय अपने-अपने धर्म को उस समय अस्तित्व में आना बतलाता है, जब कि अभी-अभी पृथ्वी अस्तित्व में आई थी। यदि केवल धार्मिक विश्वास रखने वाले ही ऐसा करते, तो कोई हरज नहीं था, लेकिन यह बीमारी हमारे यहाँ के इतिहास के अनुसंधानकर्त्ताओं को भी नहीं है। फर्क इतना ही है, कि वह उसके लिए पृथ्वी की दृष्टि के समकालीन होने का दावा नहीं करते, और भरसक उस काल को ऐसी मात्रा तक सीमित रखना चाहते हैं, जिस पर शिक्षित लोग विश्वास कर सकें। आधुनिक विज्ञान का ऐसे काम के लिए उपयोग उसका दुरुपयोग है, यह कहने की आवश्यकता नहीं। शैव-धर्म के बारे में भी उसके भक्तों और कितने ही आधुनिक इतिहासकारों का वैसा ही दृष्टिकोण होना कोई आश्चर्य की बात नहीं। पहले इसे शुद्ध आर्य-धर्म माना जाता था, और वेदों के कितने ही इंद्रपरक सूक्तों को जमा करके उसे रुद्राष्टाध्यायी का नाम दे दिया गया है। यह खींचा-तानी बिलकुल स्पष्ट हो जाती है, यदि हम रुद्री को उठाकर देखते हैं। जब से मोहन-जोदड़ो की सभ्य ताम्रयुगीन प्राचीन सभ्यता का पता लगा है, और देशी-विदेशी विद्वान् मानने लगे हैं, कि यह भारत की सबसे प्राचीन सभ्यता है, और दुनिया की प्राचीनतम सभ्यताओं में से एक है, तब से यह अभी कहा जाने लगा है, कि मोहनजोदड़ो के निवासी भी शिव की पूजा करते थे। हमारे कुछ लालबुझक्कड़ अब तक न पढ़ी गई वहाँ की लिपि में शिव-पार्वती और क्या-क्या पढ़ कर ढूंढ़ निकालते हैं। जब तक किसी चीज का ठोस पुरातात्विक प्रमाण न हो, तब तक ऐसे ही किसी बात का दावा करना विज्ञानसम्मत नहीं। शिव-पूजा का आज लिंग-पूजा के साथ घनिष्ठ संबंध है, और कम से कम दो हजार वर्ष तक यह संबंध देखा जा सकता है। लेकिन, ग्रीस, मेसोपोतामिया या जहाँ पर भी लिंग की पूजा-प्रतिष्ठा देखी जाये, सभी जगह शैव-धर्म के प्रचार को मान लेना सत्य का अपलाप करना है। शिव की पूजा को आर्यों से भिन्न स्रोतों से आया बतलाया जाता

है, लेकिन आश्चर्य यह है, कि शिव के जितने भी नाम—पशुपति, रुद्र, ईश्वर, परमेश्वर, महेश्वर आदि पाये जाते हैं, सभी आर्यभाषा के हैं। हमारे यहाँ आर्य और आर्यभिन्न देवताओं का समन्वय हुआ है, इसमें शक नहीं, और हो सकता है, शिव के कुछ गुण पहले से माने जाते हों। लेकिन, यदि सामग्री की प्रामाणिकता के साथ देखा जाये, तो उतनी खींचातानी की आवश्यकता नहीं।

बौद्धों की सबसे पुरानी परंपराएँ हमें यही बतलाती हैं, कि 'सिवक' नाम का एक यक्ष मगध के राजगृह नगर के किसी फाटक पर रहता था। ईसा-पूर्व दूसरी-तीसरी शताब्दी में बहुत-से यक्षों की मूर्तियाँ भरहुत और साँची आदि में मिली हैं। यक्ष उस समय देवता को कहते थे, देवराज इंद्र भी यक्ष कहे जाते थे। राजगृह के एक फाटक पर रहने वाला देवता अभी उस स्थिति में नहीं पहुँचा था, जिसमें उसे आज का शिव माना जा सके। शिव की पहले पशुपति के नाम से भी अधिक ख्याति थी, और शैवों को सबसे पहले माहेश्वर के साथ पाशुपत नाम भी था। वासुदेव-पूजक भागवतों का पता हमें ईसा-पूर्व तृतीय शताब्दी में पुरातात्विक सामग्री की सहायता से मिलता है। ईसा की पहली सदी में कुँषाणों के सिक्के से मालूम होता है, कि महेश्वर (शिव) की पूजा उस समय प्रचलित थी। ग्रामदेवता या नगरदेवता के तौर पर बड़ी नदियों के क्षीण उद्गम स्थान की तरह बुद्ध के समय (ईसा-पूर्व पाँचवीं-छठी शताब्दी में) शिव की पूजा होती हो। हो सकता है और भी क्षीण रूप में किसी स्थान में शिव की पूजा और भी पुराने काल में की जाती हो। लेकिन, इसमें संदेह है, कि शिव की मूर्ति या लिंग का उस समय व्यापक रूप से प्रचार था।

जो भी हो, ईसवी सन् के आरंभ से हमें शैव-धर्म का पूरा पता लगता है। इसके पुराने ग्रंथों में श्वेताश्वतर उपनिषद् भी एक है। इस शैव उपनिषद् का नाम सफेद-खच्चर क्यों पड़ा, यह जानना मुश्किल है। शैवों के कितने ही आगम भी उपलब्ध हैं, लेकिन वह पाँचरात्र (वैष्णव) आगमों की तरह हमें बहुत दूर तक नहीं ले जाते। गिरिश आजकल शिव को कहा जाता है, किंतु वेदों में उसका अर्थ पर्वतनिवासी छोड़कर विशेष अर्थ में नहीं मिलता। वेद के पुराने मंत्रों में शिव देवता का यद्यपि पता नहीं है, लेकिन आर्य अपने प्रतिद्वंद्वियों को शिश्नदेव या लिंगपूजक कहते थे। इससे हमें मालूम होता है, कि शायद किसी देवता के नाम पर वे लोग लिंग की पूजा करते थे। आज हिंदू त्रिमूर्ति में शिव एक प्रधान देवता है, लेकिन यह सभी धर्मों के समन्वय का परिणाम है। आज भी वीर-शैव और वीर-वैष्णव अपने आराध्य देवों को एक दूसरे के समान मानने के लिए तैयार नहीं है। वैष्णव के लिए शिव विष्णु के चरणसेवक अनुचर हैं, और शैव के लिए वही बात विष्णु की है। वाल्मीकि रामायण में जहाँ राम एक आदर्श पुरुष से बढ़कर देवता के रूप में नहीं स्वीकार किये गये हैं, शिव का भी पता नहीं लगता, सिवाय उन अंशों के, जो कि स्पष्ट पीछे के क्षेपक हैं।

यवनदूत मैगस्थनिस के समय (तृतीय-चतुर्थ सदी ई० पू०) में शिव की पूजा होती थी। ईसा-पूर्व द्वितीय शताब्दी के महाभाष्यकार पतंजलि ने भी लोहे के त्रिशूल धारण

करने वाले शिवभागवतों (शैव-साधुओं) की चर्चा की है। शिव ही नहीं, बल्कि उनके पुत्र स्कंद विशाख की धातु या दूसरे प्रकार की मूर्तियों का भी उन्होंने जिक्र किया है। ईसवी सन् के आरंभ में कुषाणों के सिक्कों पर एक तरफ हाथ में त्रिशूल लिए महेश्वर और दूसरी तरफ शिव का नंदी (बैल) बना रहता है। इसी समय से हमें ऐतिहासिक रूप से शैव-धर्म का पता लगता है। शैव या पाशुपत-धर्म के एक बहुत पुराने आचार्य नकुलीश या (लकुलीश) थे। उनके बाद से तो पाशुपत-धर्म का हमें इतना अधिक ठोस प्रमाण पुरातात्विक सामग्री के रूप में केवल भारत में ही नहीं, बल्कि बृहत्तर भारत में भी मिलता है। यह कहने में अतिशयोक्ति नहीं है, कि भारतीय संस्कृति के द्वीप-द्वीपांतरों में प्रचार करने में बौद्ध-धर्म के बाद जिसका सबसे अधिक हाथ था, वह पाशुपत-धर्म था। जावा में बड़े-बड़े शिवालय बने, कंबुज में अंकोरथोम् और अंकोरबात जैसे आश्चर्य में डालने वाली शैव इमारतें बनीं। वहाँ के शिलालेखों में शिव-पूजा और शैव-साधुओं के आचार-व्यवहार का भी बहुत पता लगता है। कंबुज में शैव-मठों को 'आश्रम' कहा जाता था। वहाँ के राजा यशोवर्मा (889-909 ई०) के शिलालेखों में शैव-मठों के बारे में कितनी ही बातें पाई जाती हैं। मंदिरों में जाने के संबंध में नियम थे :

"नीले और कई रंग के कपड़ों को पहनकर भीतर नहीं जाना चाहिए। देवपूजा की इच्छा रखने वाले स्त्री-पुरुष पूजा-सामग्री लेकर जा सकते हैं। जिनके पास और सम्पत्ति नहीं, केवल श्रद्धा-भर है, वह फूल लेकर जा सकते हैं। अंध अंग-भंग, कुबड़े, कृतघ्नी, बौने, महापातकी, ठलुवे, विदेशी, कोढ़ी और दण्डित व्यक्ति जाने के अधिकारी हैं। नियमोल्लंघन करने वालों में यदि ब्राह्मण हों, तो चूँकि दूसरा दण्ड नहीं दिया जा सकता, इसलिए उन्हें सिर्फ हाते के बाहर निकाल दिया जायेगा।"

एक दूसरे लेख में यह भी बतलाया गया है—"ब्राह्मण के बाद शैव (पाशुपत) आचार्य का सम्मान करना चाहिए, यदि उनमें कोई वैयाकरण हो, तो उसको पहले। शैव और पाशुपत सिद्धांत के विद्वानों में व्याकरण का भारी पंडित, अध्यापक इस महाश्रम में सबसे बढ़कर सम्मान का पात्र है। बहुपठित गृही भी आचार्य के समान ही सम्मानित होना चाहिए, क्योंकि मनु ने कहा है—धन, मित्र, आयु, सदाचार और पाँचवीं विद्या, इनमें उत्तरोत्तर विशेष सम्मान के अधिकारी हैं।···सभी साधारण जन, तरुण, वृद्ध, रोगी, दरिद्र और अनाथ जनों को भलीभाँति भोजन, औषधि आदि देनी चाहिए। प्रतिदिन नियमानुसार सोना देना चाहिए और कपिला गाय को घास और पूजा से सम्मानित करना चाहिए।···जो भक्त युद्ध-क्षेत्र में मारे गये, जो भक्त मर गये, जो भक्त चल बसे, निस्संतान होने से जो श्राद्ध से वंचित रहे, उन सबका प्रत्येक मास के अंत में चार आढक चावल से श्राद्ध करना चाहिए। श्राद्धपिंड को आश्रम में बनाकर यशोधर सरोवर के तट पर उसका दान करना चाहिए।"

कंबुज राज्य के अभ्युदय से पहले चंपा की प्रभुता आजकल के इंदो-चीन में थी, जहाँ ईसा की पहली सात-आठ शताब्दियों में शैव-धर्म का सबसे अधिक जोर था। वहाँ के राजा भद्रवर्मा ने अनेक शिवालय बनवाये थे। भद्रेश्वर महादेव को अक्षयनिधि के रूप

में भूमि-कर दान देते हुए अपने शिलालेख को आरंभ करते सबसे पहले लिखा था, "सिद्धं। नमो महेश्वरं उमां च।" एक समय शिव चंपापुरी के सबसे बड़े देवता थे। और वहाँ के राजा उनकी पूजा और सम्मान में उसी तरह की उदारता से काम लेते थे, जैसे दक्षिण के पल्लव या उत्तर के मोखरी या प्रतिहार। शकाब्द 579 (657 ई०) में राजा प्रकाशधर्म ने अपने शिलालेख में लिखवाया है—"श्रीचंपापुरपरमेश्वरो महाराजः श्रीविक्रान्तवर्म्मेत्युपात्त-विजयाभिषेकनामा श्रीप्रकाशधर्म्मोक नव-सप्तत्युत्तर-पंचवर्ष-शतातीत (579)-शकावनीन्द्र कालपरिमाणं तपस्यर्गवं तुलाधरस्य-भौम-सौरं घटधरसंस्थवाचस्पति नरयुग्मोपगत-पुरस्सरं मीनयुगायातार्कबुधमा तपस्थसितदशाहार्कवासरादित्यक्षर्वृषमोदयेकादश-घटिका-नवद्यहोरादि-पुरस्सरं मीनयुगायातार्कबुधभार्गवं तुलाधरस्थ-भौम-सौरं घटघरसंस्थवाचस्पति नरयुग्मोपगत-ताराधिपशोभनमित्याजवंजवीभावसामर्थ्यवीज-संहृतिचिकीर्षया सकलभुवनैकनाथं श्रीप्रभासेश्वरं प्रतिष्ठापितवान्।"

प्रकाशधर्म के डेढ़ सौ वर्ष बाद चंपेश्वर इंद्रवर्मा ने 721 शकाब्द (799 ई०) में भद्रेश्वर भगवान् को भूमिदान दिया था। उसके इस शिलालेख को पढ़ते समय वाण की याद आती है, जो इससे डेढ़ पौने दो सौ वर्ष पहले भारत में हुए थे, और जो सबसे अधिक शिव में भक्ति रखते थे। शिलालेख के कुछ भाग हैं—"तस्य भगवतो सुरासुररिपुपवित्रचरणयुगलसरोरुहमकरन्दस्य क्षीराण्णवैतरंगगगनसिन्धु-फेनशशिकरशुक्लतरभस्मावदातधवलतरशरीरप्रदेशस्या शेषभुवनोपजीव्यमानविप्रतीततरपंकजमृणालनालपादबिम्बस्य सुरासुरपतिशिखरमंगलपदद्वयरेणुगंगाप्रवाहस्यापि सुरसिद्धविद्याधरगणमुकुटकिरीटवरकनककणनिकरसन्ध्यायमानचरणनखमणिदर्प्पणस्य पादयुगलारविन्दस्य शरणमधिकृत्य स भगवान् श्रीमानिन्द्रवर्म्मा प्रतिदिवसमेवमखिलदिगन्तराल-धर्म्मस्थितितरतमक्रमप्रतीतः क्षितितले पुण्यमकरोत्॥

श्रीमान् राजेन्द्रवर्म्मा वरजनमहितो यज्ञरत्नप्रमुख्यः।
ख्यातस्तेषां प्रभावैर्म्मनुरिवजगतो रक्षणं क्षेमयुक्तः।
ब्रह्मक्षत्रप्रधानो जगति दिवि यथा यज्ञभागैर्म्महेन्द्रो।
राज्ये वंशपतीतस्सरुचिरिव शशी निर्म्मलाकाशदेशे॥

स जयति विक्रमतया भुजद्वयेनोद्वहन्निव धरणीं सकलचम्पाधिराज्यवसुमतीतलपतितशतमख इव धनंजय इवाप्रतिहतपराक्रमोऽपि हरिरि विजिताशेषरिपुवृन्दवृधस्सुरासुरगुरुचरणद्वयारविन्दजनितसुस्फीतदेशातिशयविक्रमस्तु भुवि देवराजसदृशः पूर्व्वजन्मानवरतमखकुशलतपःफलतया धनद इव घनत्यागातिशयेन राजलक्ष्म्यालिंगिनमृद्रुतरशरीरप्रदेशः प्रमुदितमनसा तस्य नगरीप्रतीततरवसुधातरतमानुक्रमरक्षणस्वशक्तिप्रभावोजिर्वसनिरुपद्रववर्णाश्रमव्यवस्थितिस्सुरनगरीव राजधान्यासीत्॥"

जावा (यवद्वीप) में भी एक समय शिव-धर्म की प्रधानता थी, यह वहाँ के पुराने अवशेषों और शिलालेखों से मालूम है। अंतिम राजवंश मजपहित (1292-1478 ई०) की बौद्ध और शैव धर्म पर समान आस्था थी। जावा यद्यपि संस्कृति में आज हिंदू और धर्म में मुसलमान है, किंतु उसके बाली द्वीप में अभी भी शैव और बौद्ध-धर्मों की प्रधानता

है। वहाँ के लोग बल्कि इन दोनों धर्मों के समन्वय के इतने पक्षपाती हैं, कि कहावत है 'याशिव या बुद्ध' (जो शिव वही बुद्ध)। लेकिन वहाँ शैव-धर्म की प्रधानता है।

भारत और बृहत्तर भारत तक फैले हुए शैव-धर्म में विभेद न हो, यह हो नहीं सकता था। इस भेद की जानकारी के लिए उपलब्ध सामग्री का जितना अनुसंधान होना चाहिए, उतना नहीं हुआ। कापालिक, कालमुख, मत्तमयूर या लकुलीश जैसे संप्रदायों का जो नाम मिलता है, वह उनकी बारीकियों को नहीं बतलाता, और न वह हमें ईसा की छठी-सातवीं शताब्दी से पहले ले जाता है। कहा जा सकता है, कि दक्षिण और उत्तर भारत के शैव-संप्रदायों में कुछ एक व्यापक भेद रहा होगा। दक्षिण में शैव-धर्म की प्रधानता पल्लवकाल में थी, और अनुसंधान से यह भी पता लगता है, कि जो शैव-धर्म जावा, चंपा और कम्बुज में फैला, उसका संबंध पल्लवकालीन शैव-धर्म से था। वैसे भारत में और जगहों पर भी शिव की पूजा की जाती रही, और शंकराचार्य के अनुयायियों ने तो शैव-धर्म की बहुत-सी बातों को अपनाकर यह भ्रम पैदा कर दिया, कि वस्तुतः यही पुराने शैव-धर्म से संबंध रखते हैं। लेकिन, सिवाय भस्म और रुद्राक्षधारण तथा शिव की अर्चना के उनमें पुराने पाशुपत-धर्म का शायद ही कोई प्रभाव हो। दर्शन के तौर पर पाशुपत तो त्रैतवादी थे, जैसा कि श्वेताश्वतर उपनिषद् में पाया जाता है। कश्मीर के शैव इसके अपवाद थे, जिनका दर्शन वही था, जो बौद्ध योगाचार का (विज्ञानवाद) अर्थात् वह क्षण-क्षण परिवर्तनशील चिन्मय तत्त्व को मानते थे, जिसे बौद्ध विज्ञान कहते थे, और यह शिव।

दक्षिण में आज भी वीर शैव धर्म दो संप्रदायों के रूप में पाया जाता है, एक पुराने पंचाचार्यवादी शैव और दूसरे वसव के अनुयायी लिंगायत। उत्तर में जिस शैव-धर्म का सबसे अधिक प्रचार देखा जाता था, वह लकुलीश संप्रदाय था। लकुलीश या नकुलीश एक ऐतिहासिक आचार्य थे, जो ईसवी सन् की प्रथम शताब्दी में बड़ौदा के डमोई तालुक के कारवन कस्बे में पैदा हुए थे। कारवन को संस्कृत में कायारोहण या कायावरोहण कहा जाता था। कारवण-माहात्म्य शिवपुराण में आया है, जिसमें लिखा है:

"भृगुक्षेत्रपवित्रार्थं निर्मितं शम्भुना स्वयम्।
कृते इच्छापुरी नाम त्रेतायां च मयापुरी।।
द्वापरे मेघवती नाम कलौ कायावरोहणम्।
श्रीमार्तति कृते प्रोक्ता त्रेतायां भूलम्बा मता।।"

लकुलीश का असली नाम क्या था, यह नहीं कहा जा सकता। लकुल या लगुड़ डंडे को कहते हैं। हाथ में सदा डंडा रखने के कारण ही शायद उनका यह नाम पड़ा। उनके पिता का नाम विश्वराज था और गोत्र अत्रि। और शैवों की अपेक्षा लकुलीश पाशुपतों में एक विशेषता यह थी, कि वह विष्णु की तरह शिव के भी अनेक अवतार मानते थे, जिनकी संख्या 18 या 28 मानी जाती थी। 18 अवतारों में पहले पाँच लकुलीश, कुशिक, गार्ग्य, कौरुष और मैत्रेय का नाम बहुत-सी प्रशस्तियों और लेखों में आता है।

कायावरोहण में ये पाँचों अवतार हुए थे। जान पड़ता है, लकुलीश के स्थानापन्न आगे जो भी प्रभावशाली पुरुष हुए उनको शिव का अवतार मान लिया गया। लकुलीश के चार उत्तराधिकारियों के नाम पर उनके अलग-अलग संप्रदाय भी पीछे चल पड़े, और केवल गार्ग्य शाखा के लाट (गुजरात) देश में कार्तिकराशि, बाल्मीकिराशि और त्रिपुरांतक तीन आचार्यों का पता लगता है। जबलपुर के पास भेड़ाघाट में रानी आल्हणदेवी वाले शिलालेख से मालूम होता है, कि उसने लाट से आये रुद्रराशि साधु के लिए एक शिवालय बनाया था। शिव के अठारह अवतारों में बाकी तेरह थे—ईशान, पारगार्ग्य, कपिलांड, मनुष्यक, कुशिक, अत्रि, पिंगल, पुष्पक, बृहदार्य, अगस्ति, संतान, राशीकर और विद्या-गुरु। 28 अवतारों को इस तरह गिनाया गया है—

"श्वेतः सुतांगो दमनः सुगोत्रः कंक एव च।
लोकाक्षिर्जैगीषव्यो तथैव दधिवाहनः ॥1॥
ऋषभो मुनिरुग्रश्च चित्रार्थालिश्च गौतमः।
त्रैंदशिरा गौकर्णश्च गुहावासिशिखंडिनी ॥2॥
जटामाली चाटूहासो दारुको लांगली तला।
श्वेतः शुलयथ दण्डी च सहिष्णुः सोमशर्मकः ॥3॥
लकुलीश्चौवतारा अष्टविंशतिसंख्यकाः।
रुद्रस्य द्विजमोक्षाय वरदानाद् भृगोस्तथा ॥4॥

उत्तरी भारत में ईसा की पहली दस शताब्दियों में जिस पाशुपत-धर्म का सबसे अधिक प्रचार था, वह यही लकुलीश संप्रदाय था। अभिलेखों से इसका पता जहाँ हिमालय और सारे उत्तरी भारत में गुजरात से आसाम तक लगता है, वहाँ दक्षिण में मैसूर में भी इसके चिह्न मिलते हैं। हमारे यहाँ की सातों प्रसिद्ध महापुरियों में माया (हरद्वार), कांची, काशी और अवन्ती (उज्जैन) ये चार शैव-धर्म से संबंध रखती हैं। बारह ज्योति-लिंग वाले स्थान शैवों के परम पवित्र तीर्थ हैं, इसे कहने की आवश्यकता नहीं। इनके अतिरिक्त सारंगदेव के शासनकाल की चित्रा-प्रशस्ति (एम० इंड० I.V. 14, 16) से पता लगता है, कि केदार, प्रयाग, श्रीपर्वत (नागार्जुनीकोंडा, गुंटूर जिला), रामेश्वर, प्रभास और बनारस इनमें शामिल थे। लकुलीशों के साधु भरट कहे जाते थे, और बौद्धों की तरह वह जातिभेद नहीं मानते थे, जैसा कि कहा गया है—

"भरटादीनां व्रतग्रहणे ब्राह्मणादिवर्णनियमो नास्ति।
यस्य तु शिवे भक्तिः स व्रती भरटादिर्भवेत् ॥

आचार्य राजशेखर सूरि ने 'षडदर्शनसमुच्चयकार' आचार्य हरिभद्र के उक्त मत का समर्थन करते हुए कहा है—

"भरटानां व्रतादाने वर्णव्यक्तिर्न काचन।
यस्य पुनः शिवे भक्तिर्व्रती स भरटो भवेत् ॥"

कम-से-कम साधुओं में लकुलीश जात-पात और छूत-छात को नहीं मानते थे। 'चित्राप्रशस्ति' से यह भी मालूम है, कि वह शिव को भात, मूँग की दाल, घी का भोग

लग ते थे, और तांबूल तथा सुपारी भी अर्पित करते थे। उनके पूजा-प्रकार में सर्वदर्शन-कार माधवाचार्य ने हास्य, नृत्य और गीत का समावेश माना है। छह दर्शनों में वैशेषिक और न्याय शैवों के दर्शन माने जाते थे, जिनमें वैशेषिक दर्शन लकुलीश पाशुपतों का था और न्याय बाकी शैवों का। यह दोनों ही दर्शन द्वैतवादी हैं, इसलिए यह स्पष्ट है, कि सभी शैव-दर्शन मूलतः द्वैतवाद के मानने वाले थे। पीछे बौद्ध विज्ञानवाद से प्रभावित होकर कश्मीर के शैवों ने उसे उसी रूप में अपना लिया, जिस तरह कि शंकराचार्य ने क्षणिक के स्थान पर नित्यविज्ञान को रखकर योगाचार दर्शन को अपनाया। न्यायदर्शन के कार्तिक का उद्योतकर का शैव आचार्य होना उनके ग्रंथ में स्पष्ट उल्लिखित है। वैशेषिक दर्शन के प्रशस्तपाद भी शैव आचार्य ही मालूम होते हैं।

'सर्वदर्शनसंग्रह' में शंकराचार्य के वेदांत को मानने वाले माधवाचार्य ने लकुलीश पाशुपतों का वर्णन किया है। जिस प्राचीन सामग्री पर उन्होंने अपने ग्रंथ के इस अध्याय को लिखा है, वह अब दुर्लभ है, क्योंकि लकुलीश संप्रदाय अब लुप्त हो चुका है। दक्षिण में चिदंबरम् बहुत पुराने काल से शैव-धर्म का गढ़ रहता आया है, और वहाँ दूसरे भी कितने ही स्वतंत्र शैव संप्रदाय हैं, जिनके आगम शुद्ध या प्रक्षिप्त रूप में अब भी मिलते हैं। लकुलीश शिव की पूजा कैसे करते थे, इसका वर्णन 'सर्वदर्शनसंग्रह' में भी आया है। गणकारिका उनका दूसरा उपलब्ध ग्रंथ है। लकुलीश (नकुलीश) पाशुपत धर्म के बारे में 'सर्वदर्शनसंग्रह' से निम्न बातें मालूम होती हैं (सर्वदर्शनसंग्रह, लक्ष्मीवेंकटेश्वर प्रेस संवत् 1982 पृ० 144-145):

"प्रथम सूत्र का अर्थ यह है, कि अपशब्द पूर्वप्रकृत शिष्यप्रश्नानंतर्य्य का बोधक है। गुरु का स्वरूप 'गणकारिका' में इस प्रकार लिखा है आठ पंचक और त्रिकरूप एक गण इस प्रकार नौ गणांक वेत्ता संस्कार करने वाले गुरु होते हैं। लाभ, मल, उपाय, देश, अवस्था, विशुद्धि, दीक्षाकारी, बल यह आठ पंचक हैं। इनमें एक-एक में पाँच-पाँच भेद होने से 'तिस्रो वृत्तयः' ऐसा कहना उचित था तथापि छांदस होने से पंचक कहाते हैं तीन वृत्ति हैं यद्यपि विशेष्यविशेषण का समान लिंग वचन नियम होने से 'तिस्रो वृत्तयः' ऐसा कहना उचित था, तथापि छांदस होने से लिंग विपर्यय करके त्रीणि ऐसा नपुंसक लिंग हो गया। अब क्रम से एक-एक की व्याख्या और भेद कहते हैं। क्रियमाण उपाय का फल लाभ है उसको ज्ञान, तप, नित्यत्व, स्थिति, शुद्धि भेद से हरदत्ताचार्य ने पाँच प्रकार कहा है।"

उनके पूजा-प्रकार के बारे में वहीं पर (पृ० 150) लिखा है—"षडंग युक्त नियम का नाम उपहार है। (1) हसित (2) गीत (3) नृत्य (4) हुडुक्कार (5) नमस्कार और (6) जप्य रूप षडंग उपहार से उपस्थान करें इत्यादि सूत्रकार ने कहा है। कंठ और ओष्ठ को फाड़ कर चिल्ला कर अट्टहास करना हसित है। महेश्वर संबंधी गुण और धर्म निमित्त के गंधर्वशास्त्रानुसार चिंतन गीत है। नाट्यशास्त्रानुसार हाथ-पाँव का चलाना अंग को भावपूर्वक अथवा भावशून्य डुलाना नृत्य है। बैल के शब्द के समान वषड् शब्दवत् हुडुक्शब्द का अनुकरण डुक्कार है। यह सब लौकिकों के सामने गुप्त रखें शेष प्रसिद्ध रखें।

क्राथन, स्पंदन, मंदन, शृंगारण, अवितत्करण और अवितद्भाषण द्वार हैं। असुप्त भी सुप्तक समान आकृति दर्शन का नाम क्राथन है। वायु से अभिभूत के समान शरीर को चलाना कंपन है। लँगड़ों के समान चलाना मंदन है, रूपयौवनयुक्त सुंदर स्त्री को देखकर अत्यन्त विषयी की-सी चेष्टा करना शृंगार है, उन्मत्त के समान लोकनिन्दित कर्म करना अवितत्करण है। पागलों के समान परस्पर व्याहत और अपार्थ शब्द का उच्चारण करना अवितद्भाषण है ॥12॥"

लकुलीश संप्रदाय की कला और दर्शन सभी क्षेत्रों में बड़ी देन रही है। उत्तर भारत उसका गढ़ था। वहाँ के मंदिर महमूद गजनवी से औरंगजेब के समय तक अनेक बार टूटते रहे, इसलिए उनके प्राचीन अवशेष बहुत कम मिलते हैं। लेकिन, भग्न मूर्तियाँ और मुखलिंग एक-से-एक सुंदर अब भी पाये जाते हैं। एलोरा का पहाड़ काटकर निकाला हुआ विशाल कैलाश मंदिर, भुवनेश्वर (उड़ीसा) का भव्य मंदिर, खजुराहो और बुंदेलखंड के दूसरे स्थानों के कुछ मंदिर, कांगड़े का बैजनाथ मंदिर जैसे अब भी कितने ही उनके अत्यंत सुंदर मंदिर मौजूद हैं, जो इस शैव-धर्म के वैभव को और कलाप्रेम को बतलाते हैं। लकुलीश और दूसरे शैवों में भी लिंग की पूजा होती थी, और अधिकतर इन लिंगों पर मुख बने रहते थे। नेपाल के पशुपतिनाथ के लिंग के चारों तरफ चार मुख बने हैं। शिव का पाँचवाँ मुख निराकार माना जाता है, इसलिए चतुर्मुख लिंगों को शैव-धारणा के अनुसार पंचमुख माना जाता था। कोई-कोई लिंग त्रिमुख या एकमुख भी होते थे। जिन लिंगों पर मुख नहीं बना रहता, उनकी एक तरफ ऐसी तीन रेखाएँ खींची रहतीं, जिनके देखने से वह स्वाभाविक शिश्न जैसा मालूम होता। लिंग के अतिरिक्त हरगौरी की सुंदर प्रतिमाएँ भी इस काल की पाई जाती हैं। गढ़वाल में कालीमठ (केदार-नाथ के पास) में एक अद्भुत हरगौरी की पाषाणमूर्ति है, जो सौभाग्य से खंडित नहीं होने पाई। 'वामांके च विभाति भूधरसुता' के अनुसार इन मूर्तियों में गौरी शिव के वामांक ने उनके बाँई जाँघ पर बैठी रहती हैं। हिमालय में पाशुपत संप्रदाय सबसे पीछे तक रहा है, यह बैजनाथ (अल्मोड़ा) आदि में प्राप्त अभिलेखों से मालूम होता है। केदार और कुर्मांचल (कुमाऊँ, गढ़वाल) का प्रतापी कत्यूरी राजवंश पाशुपत धर्म का मानने वाला था। यह संप्रदाय हिमालय में कहाँ तक घुसा हुआ था, यह इसी से मालूम होगा, कि तिब्बत के सीमांत के पास हिमाचल प्रदेश की चीनी तहसील में कोठी गाँव में मूर्ति और लिंग दोनों रूप में लकुलीश-संप्रदाय के अवशेष मिलते हैं। जहाँ भी प्राचीन-काल की सुंदर हरगौरी की मूर्तियाँ, मुखलिंग या रेखांकित लिंग मिलें, वहाँ इस पाशुपत संप्रदाय के होने की संभावना है। शैव-धर्म ने भारतीय संस्कृति के उत्थान और प्रसार में जो महान् काम किया है, उसके समझने के लिए यह जरूरी है कि शैव-धर्म के जितने भी अवशेष, अभिलेख या ग्रंथ भारत और बृहत्तर भारत में मिले हैं, उनका सुव्यवस्थित रूप से अध्ययन किया जाये।

कांगड़ा में बहुत तरह के मेले और त्यौहार होते हैं, जिनमें से कितनों ही में कुश्तियाँ लड़ी जाती हैं, जिसे छिंज कहते हैं। धर्मशाला के पास कनियारा का छिंज बहुत

मशहूर है, जो मार्च (फागुन) के महीने में होता है। आश्विन् के प्रथम दिन सैर का त्यौहार मनाया जाता है। उस दिन सबेरे हाथ में टोकरी लेकर नाई चारों ओर घूम आता है, जिसमें गलगल रख दिया जाता है, और वह त्यौहार के आने की सूचना देता है। स्त्री-पुरुष-बच्चे गलगल के फल के सामने सिर झुकाते हैं, फल मानो फसल का प्रतीक है। वर्षा के अच्छी तरह समाप्त होने के उपलक्ष्य में यह त्यौहार मनाया जाता है। उस दिन स्त्रियाँ अपने अच्छे-अच्छे कपड़े पहनती हैं, और खाने के लिए बढ़िया पकवान बनाती हैं। कांगड़े का यह बड़ा त्यौहार है।

कांगड़े में लोहड़ी, शिवरात्रि, होली, बैसाखी, बसोवा, निर्जला एकादशी, रखड़ी (राखी पूर्णिमा), जन्माष्टमी, दसहरा और दीवाली के त्यौहार उसी तरह मनाये जाते हैं, जैसे और जगहों में। सैर-त्यौहार यहाँ का एक विशेष त्यौहार है, जो कि प्रथम आश्विन को मनाया जाता है। आषाढ़ के अंतिम दिन चिरनी का त्यौहार भी यहाँ का अपना है। इस दिन किसान चिर नाम के एक कीड़े को पकड़ आटे में डाल करके जला देते हैं, और विश्वास करते हैं कि उसके धुएँ से फसल नष्ट करने वाले या ढोरों को तकलीफ देने वाले दूसरे कीड़े भाग जाते हैं। सावन के अंतिम दिन में जोरू-पतरोरू का त्यौहार मनाया जाता है। उस दिन पत्ते का पतोड़ घी या तेल में पकाकर खाया जाता है। उस दिन किसान अपने जानवरों के लिए रस्सियाँ बटते हैं। सावन के प्रत्येक शनिवार और खासकर पहले शनिवार को स्त्रियाँ मिंजरा करती हैं। उस दिन वह गुड़िया बनाकर अपने गाँव की नदी में ले जाकर उसे उसमें छोड़ देती हैं, और वहीं भोज करती हैं।

नूरपुर तहसील के भदवार इलाके में नूरपुर से पाँच मील पर टीका-कोहरी का मेला बहुत मशहूर है। वहाँ हर सनीचर और मंगल को लोग पूजा के लिए जाते हैं, किंतु सावन के चार सनीचर अच्छे-खासे मेला का रूप ले लेते हैं। उस दिन वहाँ के पुजारियों को टीका के ठाकुर लोग दक्षिणा देते हैं। लोग विश्वास करते हैं, कि साँप का काटा आदमी यदि टीका-कोहरी चला जाये, तो वह बच जाता है। इसी महातम के लिए इस मेले का नाम नागनी माता भी है। नूरपुर से 12 मील पर भरनौर में सावन के चार इतवारों को यह मेला लगता है। दसूया और डेरागोपीपुर तहसीलों के लोग आषाढ़ के महीने में भी आते हैं। यहाँ भी साँप काटे के अच्छे होने की बात कही जाती है। दमताल के पास चैत महीने के प्रत्येक मंगल को मेला लगता है। लोग रात के वक्त यहाँ के मंदिर में रहते हैं। महंत को उससे बड़ी आमदनी है।

कांगड़े का सबसे बड़ा मेला डेरा तहसील में ज्वालामुखी में होता है। आश्विन के नवरात्र (दुर्गापूजा) के समय दूर-दूर के प्रदेशों से तीर्थयात्री यहाँ आते हैं। मंदिर के भीतर धरती के नीचे से निकलने वाली गैस की ज्वाला रात-दिन जलती रहती है, जिसके ऊपर सुनहली छतवाला मंदिर है। लोग ज्वालादेवी को पूजा चढ़ाते हैं। यात्री के आते ही पंडे लोग अपनी बहियों को लेकर उन्हें घेर लेते हैं, और हरेक अपने को खानदानी पंडा कहकर यजमान बनाना चाहता है। स्त्रियाँ देवी को मनौती मानकर पूजा करने के लिए आती हैं। मंदिर के सामने बलि चढ़ाने के लिए जब बकरे ले जाये जाते हैं, तो स्त्रियाँ

देवी की स्तुति में सुंदर गीत गाती हैं। पास से ऊपर के चश्मे से एक नहर बहती है। लोगों का विश्वास है कि अकबर बादशाह ने देवी की परीक्षा करने के लिए इस कूल को बनवा कर पानी से ज्वाला को बुझाना चाहा था, और उसमें असफल होने के बाद वह देवी का भक्त हो गया। स्त्रियाँ जो गीत गाती हैं उनमें भी अकबर बादशाह के नंगे पैर आकर देवी के सामने सोने का मुकुट चढ़ाने की बात कही गई है। मुकुट अब भी मौजूद है, लेकिन वह सोने का नहीं ताँबे का है। कहते हैं, मुकुट चढ़ाकर बादशाह को अभिमान हो आया, इसलिए जब उसने उसकी तरफ देखा, तो वह ताँबे का हो गया। रणजीतसिंह एक बार ज्वालामुखी के दर्शन के लिए जरूर आये थे, लेकिन कहावतों के अनुसार वह अनेक बार ज्वालामुखी आये।

पिरसलुही का मेला—यह डेरा तहसील के मौजा कलोहा में 7 माघ को होता है। लोग सर्दी में जगह-जगह आग जलाकर रतजगा करते हैं। डेरा तहसील में निर्जला एकादशी से 6-7 दिन पहले जेठ के महीने में नरिहना मेला होता है, जिसमें शिवजी को बकरों की बलि दी जाती है। कुश्ती-दंगल इस मेले का विशेष आकर्षण है। पालमपुर तहसील में भिखेशाह के नाम से मशहूर भवरना का महत्त्वपूर्ण मेला लगता है। कहते हैं, एक मुसलमान फकीरशाह मस्तअली का चेला भीखेशाह नामक राजपूत था। एक दिन जब दोनों गुरु-चेला जा रहे थे, तो वहाँ एक मुर्दे को लोग लिए जा रहे थे। मस्तअली ने कहा कि मुर्दा लाश है, लेकिन चेले ने कहा, वह जिंदा है। इस पर फकीर को विश्वास दिलाने के लिए चेले ने लाश के कफन को हटाकर उस पर पानी छिड़क दिया, और मुर्दा जी उठा। मस्तअली बहुत लज्जित हुआ, और उसका चेला गुरु के डर के मारे इसी जगह अंतर्धान हो गया। उसके स्मरणार्थ यहाँ पर एक कब्र और मस्जिद बनाई गई, जहाँ हर साल जून के महीने में मेला लगता है, और पशुओं की खरीद-बिक्री होती है। पालमपुर तहसील में जेठ-आषाढ़ के महीने में बालकरूपी मेला लगता है। यहाँ एक शिवालय है, जिसमें अनाज और दूसरी चीजें चढ़ाई जाती हैं। यहाँ भी रात को जागरण किया जाता है। बैजनाथ में जनवरी (माघ) और मार्च (चैत) में साल में दो मेले लगते हैं। पालमपुर तहसील में सलोह का मेला अगस्त में होता है, उस समय कितने ही लोगों के ऊपर देवी आती है। यहाँ की पूजा-भेंट मंदिर के घिर्थ पुजारियों को मिलती है। पालमपुर में एक ऊँचे पहाड़ के ऊपर बने आशापुरी नाम के मंदिर में अगस्त के महीने में मेला लगता है। पालमपुर से 6 मील पर सलियाना कुश्ती-दंगल का मेला होता है।

कांगड़ा में दो मेले दोनों नवरात्रों में लगते हैं, जिनमें दूर-दूर के यात्री आते हैं। यह भवन का सुनहला मंदिर 1905 ई० के भूकंप में टूट गया, लेकिन देवी की मूर्ति अखंड बच गई। पुराने मंदिर की जगह नया मंदिर बना दिया गया। कांगड़े से 11 मील पर रानी ताल में बाबा फत्तू की समाधि है, जहाँ बैसाखी के दिन मेला लगता है। यहाँ के पुजारी डेरा बाबा नानक के रहने वाले हैं। कांगड़े से 10 मील पर बरोह गाँव में एक शिवालय है, जहाँ आषाढ़ के महीने के हर सनीचर को मेला लगता है। पुत्र के जन्म और ब्याह के बाद लोग मंदिर की पूजा करने आते हैं। इस इलाके के किसान

मंदिर में चढ़ाये बिना घी का उपयोग नहीं करते। नगरोटा के पास लिंडबार मेले में गाय-बैल की हाट और कुश्ती विशेष आकर्षण रखते हैं। पुराने जमाने में कुश्ती के समय भिन्न-भिन्न गाँवों के बीच खूनी लड़ाइयाँ हो जाती थीं। पालमपुर की मुख्य सड़क पर वहाँ से एक मील के करीब नेरती स्थान में यह मेला प्रतिवर्ष 7 आषाढ़ को लगता है। नेरती वह जगह है, जहाँ पर चंबा और कांगड़ा के राजाओं की लड़ाई हुई थी, जिसमें चंबा के राजा को विश्वासघात से मार डाला गया था। मृत राजा की इच्छानुसार यह मेला लगाया गया। नीचे पहाड़ों के गद्दी यहाँ बड़ी संख्या में आते हैं और ढोर तथा ऊनी कपड़े बेचे जाते हैं। मंदिर का प्रबंध चंबा के राजा के हाथ में है, जिसको माफी मिली हुई है। ऊपरी धर्मशाला के दाल स्थान में अगस्त-सितंबर के महीने में यह मेला लगता है, जिसमें जिले के बहुत-से नर-नारी आते हैं। गोरखा और घिर्त खास तौर से इस मेले में आते हैं। घिर्त औरतें आते-जाते रास्ते में गीत गाती हैं।

इधर के पहाड़ों में शायद सबसे प्रथम आर्यसमाज धर्मशाला में 1887 ई० में स्थापित हुई। जिले में और जगहों पर भी स्थानीय आर्यसमाज कायम हुई। यद्यपि आर्यसमाजियों की संख्या बहुत नहीं बढ़ी, लेकिन उनमें मध्य वर्ग के शिक्षित तथा सेवा-भाव से प्रेरित पुरुष अधिक थे, जिसके कारण आर्यसमाज ने अपनी संख्या से अधिक काम किया। भूकम्प के समय आर्यसमाजी स्वयंसेवकों ने जितनी लगन से काम किया, उसका लोगों पर बहुत प्रभाव पड़ा। आर्यसमाज मंदिरों के साथ-साथ धर्मशाला, कांगड़ा, नगरोटा, भवारना, पालमपुर, सुजानपुर, हमीरपुर, टिक्कर, नादौन, डेरा-गोपीपुर, अनदौरा, नूरपुर, शाहपुर, नेरती में यात्रियों के लिए विश्राम-भवन भी हैं। कांगड़े में गुरुदत्त ऐंग्लो-वैदिक हाई स्कूल उनका सबसे बड़ा स्कूल है, जिसकी इमारत पर 50 हजार रुपया (1924 ई० से पहले) खर्च हुआ।

कांगड़ा जिले में मुसलमानों की संख्या कम ही थी। इनमें गूजर, तेली, जुलाहा, कश्मीरी, भराई आदि जातियाँ थीं, जो अधिकतर नूरपुर और त्रिलोकनाथ में पाई जाती रहतीं।

1846 ई० में कांगड़ा पर अंग्रेजों का अधिकार हुआ, और जिले के पहले अफसर डोनाल्ड मेकलोड थे, जो पीछे पंजाब के लेफ्टिनेंट गवर्नर हुए। जलंधर कमिश्नरी के कमिश्नर होते समय मेकलोड ने कांगड़ा और धर्मशाला में ईसाई-धर्म के प्रचार के लिए चर्च-मिश्नरी-सोसाइटी पर जोर दिया, और 1854 ई० में जे० एम० मैर्थ ने कांगड़े में एक घर लेकर जिले के भिन्न-भिन्न भागों में धर्म-प्रचार शुरू किया। 4 अप्रैल, 1905 ई० के भूकंप में मिशन के मकान को बड़ी क्षति हुई, और तीन मिश्नरी तथा 45 भारतीय भूकंप की बलि हुए। इसके बाद सीमित रूप में सोसाइटी ने फिर काम शुरू किया। जनवरी 1912 ई० में चर्च-मिश्नरी-सोसाइटी का काम कनाडियन-चर्च ने ले लिया। कांगड़ा शहर में गिर्जा, स्त्रियों का अस्पताल, लड़कियों का बोर्डिंग मिडल स्कूल खोला गया। अस्पताल में दाइयों की शिक्षा भी दी जाने लगी, जिसका खर्च जिला-बोर्ड उठाता था। पालमपुर में बुकानन-स्मारक-डिस्पेंसरी और ईसाई लड़कों के लिए एक

छोटा-सा छात्रावास खोला गया। भूकंप में चाय बगीचे के साहेबों का चर्च नष्ट हो गया। पालमपुर से दो मील पर अवस्थित कुष्ट-आश्रम को जिला-बोर्ड ने मिशन को दे दिया। जिले में प्राइमरी स्कूल के अध्यापकों की ट्रेनिंग की भी जिम्मेवारी मिशन को दी गई, पालमपुर में ईसाई मिडल स्कूल को हाईस्कूल बना दिया गया। 1924 ई० के आस-पास कांगड़ा, पालमपुर, निम्न-धर्मशाला और सिहोरपेन (ज्वालामुखी से दो मील पर) ईसाइयों के काफी परिवार रहते थे। धर्मशाला के अंग्रेजों की भी धार्मिक सेवा करना इसका काम था, जहाँ पर भूकंप के बाद 1905 ई० में गोरखा पलटन के अंग्रेज अफसरों ने एक सुंदर पत्थर का गिर्जा बनवाया, लेकिन 1917 इ० के भूकंप से उसे फिर बहुत क्षति हो गई। 1924 ई० में कांगड़े में 169 देशी ईसाई थे।

पहाड़ में कच्चें-पक्के खाने के छूत का उसी तरह का रिवाज है जिस तरह देश में। पानी की छुआछूत भी तथाकथित अछूत जातियों से रखी जाती है। यही नहीं, बल्कि मियाँ लोग हलबाह ब्राह्मण या राठी के बरतन से पानी तब तक नहीं पी सकते, जब तक कि उसे मिट्टी से अच्छी तरह धो नहीं लिया गया हो। तंबाकू खाने और पीने का यहाँ बहुत रिवाज है, और पहले हुक्का तथा अब सिगरेट-बीड़ी सभी जात के स्त्री-पुरुष पीते हैं। ऊँची जात के राजपूत आमतौर से राठी और घिर्थ लोगों की तरह शराब नहीं पसंद करते। हुक्का अपनी-अपनी जाति और श्रेणी में ही चलता है। ब्राह्मण ब्राह्मण ही को अपना हुक्का दे सकता है, और मियाँ अपनी बराबर की जात वाले को। लकड़ी और मिट्टी के बरतनों में छुआछूत मानी जाती है, लेकिन धातु के बरतन—बटलोही, तवा, थाली, गड़वी, करछी, कड़ाही, कटोरी आदि का इस्तेमाल बड़ी जाति वाले आपस में करते हैं।

जनेऊ का रिवाज कांगड़ा में बड़ी जातियों में है। जनेऊ वर्ण के अनुसार भिन्न-भिन्न लंबाई में बँटे तीन सूत के होते हैं। ब्राह्मण का जनेऊ 95 और 96 चौवा का और राजपूत का 95 चौवा का होता है।

कांगड़े में ऊँची जातों में अपने से नीची जाति के आदमी के साथ लड़की का ब्याह नहीं हो सकता। ब्राह्मण और राजपूत अपने से ऊँचे कुल को ही अपनी लड़की देना चाहते हैं। छोटी उमर में लड़कियों का विवाह आम था, यद्यपि उच्च कुलों में लड़के के जल्दी न मिलने के कारण वह सयानी भी हो जाती थी। सभी जाति के लोग अपनी जाति में ही ब्याह करते हैं, और अपनी उपजातियों का भी इसमें ख्याल रखते हैं। कांगड़े के रामदासी चमार गैररामदासियों के साथ ब्याह नहीं कर सकते। अपने गोत्र के भीतर ब्याह करना सभी जातियों में मना है। इस प्रकार रामदासी चमार रामदासी लड़की से नहीं ब्याह कर सकता, और न नागताई बढ़ई नागताई की लड़की से। विज्ञान गद्दी भी विहान की लड़की नहीं ले सकता। बड़े कुलों वाले लड़की के लिए कुछ नहीं लेते, लेकिन छोटे कुलों और जातियों वाले लोग अवश्य लेते हैं। इसका एक फल यह जरूर है, कि उच्च कुल के राजपूतों की तरह इसके कारण उनके यहाँ लड़कियों की हत्या नहीं की जाती।

कांगड़ा जिले की छोटी जाति के लोगों में मँगनी के कई प्रकार हैं, जैसे —अट्टा-सट्टा का नाता दो, तीन या चार आदमी अपनी-अपनी लड़कियों को देकर तीसरे या चौथे से अपने लड़के का ब्याह ठीक करते हैं। इसे अट्टा-सट्टा का नाता कहते हैं। श्रमदान—वर लड़की के बदले 9 या 10 साल तक उसके पिता के घर में काम करने के लिए अपने को बंधक रखता है। रुपया दान—लड़की लेने के लिए उसके पिता को रुपया देना पड़ता है।

धर्म दान—इसमें लड़की के लिए पैसा नहीं देना पड़ता। ऐसे धर्म-ब्याह छोटी जाति वालों में बहुत कम पाये जाते हैं। जररफूकी—इसे चंबा में झिडफूक कहते हैं। एक झाड़ी में आग लगाकर वर-कन्या का भाँवरे डाल ब्याह कर लेते हैं। इसमें पुरोहित का रहना आवश्यक नहीं है। ऐसे ब्याह अधिकतर सयानी लड़कियाँ अपनी इच्छानुसार करती हैं।

तलाक देकर बाकायदा कागज लिख पत्नी का दाम वसूल करना कांगड़े में भी है। बहुविवाह का रिवाज है, लेकिन साधारण हैसियत के लोगों के लिए कन्या-शुल्क देना आसान नहीं है, इसलिए बहुत थोड़े ही लोग इसे करते हैं।

कांगड़े में ब्याह की रस्में निम्न प्रकार हैं—मुहूरत—शुभ दिन ठीक करके गीत गाये जाते हैं, और अपने लागियों (भाई-बंदों) में गुड़, चना और पैसे बाँटे जाते हैं। छेई—होम और दूसरे काम के लिए इस्तेमाल होने वाली लकड़ी काटी जाती है, ब्याह की तिथि संबंधी आकर पक्का करते हैं। समुहात—वर के पुरोहित के हाथ कन्या के घर में जेवर, कपड़ा, सूखे फल, मेंहदी और उबटना आदि भेजते हैं, जो पुरोहित अपने साथ रीति-रिवाजों का प्रोग्राम बनाके लाता है। वर और कन्या को स्नान कराके गणेश, नवग्रह, कलश आदि की पूजा कराई जाती है। मामा होम की लकड़ी (छाई) ले आता है। मामा के घर से लाई हुई चीजें लोगों को दिखलाई जाती हैं। इसके बाद पितरों की पूजा की जाती है, और शांति-हवन के साथ दूब से द्रभ (कुश) से लड़के के सिर पर तेल शांति-हवन का तेल छिड़का जाता है। उस समय गीत गाया जाता है, "ओ देवलोक के देवताओ आओ, हमारे बीच में बैठो। हम तुम्हारे पास नहीं आ सकते, तुम उतर आओ। हे बह्मा, विष्णु हमारे साथ बैठो।" परसाही—हजामत कर वर को नहलाया जाता है, उसे नये वस्त्राभूषण पहना कर सिर में सुनहले गोटे का सेहरा बाँधा जाता है। फिर उसे पालकी पर बैठाकर बाजे-गाजे के साथ बरात चलती है। पुरोहित तिलसन्द की विधि पूरा करते समय कन्या के सिर में डालने के लिए तेल अपने साथ ले चलता है। कन्या के गाँव में पहुँच कर स्वागत करके बारात को ठहराया जाता है। कन्या का पुरोहित आकर वर के सिर में तिलक लगाता है। फिर उसे कन्या के घर में ले जाकर नहलाकर नई धोती, नया जनेऊ और एक सोने या चाँदी की अँगूठी दी जाती है। फिर उसे मंडल (विवाह-मंडप) में ले जाकर पूजा कराई जाती है, जहाँ कन्या का पिता अपनी लड़की को प्रदान करता है। इस विधि को 'लगन' कहते हैं। इसके बाद बेदी की रस्म होती है, जबकि वर आग के किनारे लड़की को लिए भाँवरे फिरता है। दोनों पूर्व मुँह होकर खड़े होते हैं,

उनका गठबंधन किया जाता है। पांच बार आग के किनारे वह प्रदक्षिणा करते हैं, हरेक प्रदक्षिणा को पाँच कदम में पूरा करना पड़ता है। इस समय पुरोहित मंत्र पढ़ता है और स्त्रियाँ गाना-बजाना करती हैं।

तीन दिन कन्या के घर में बिता कर बारात बिदा होती है। कन्या का डोला वर के डोले के सामने-सामने चलता है। घिर्थ या दूसरी जाति के लोग राजपूत के घर के सामने बाजा नहीं बजा सकते। अन्तिम रीति मुकलावा (गौना) की है, जो कि आम तौर से लड़की के 12 वर्ष के हो जाने पर होती है। इस प्रकार ब्याह और मुकलावे के बीच का समय लड़की की उमर पर निर्भर करता है। ब्याह के बाद लड़की का गोत्र बदल कर वर का गोत्र बन जाता है। सरेस्टाचार और मिलनी—इस शिष्टाचार में दोनों कुलों के बड़े-बड़े लोग आपस में मिलते हैं। नाई को कुछ पैसा दिया जाता है, पंडित श्लोक पढ़ते हैं। सरगुंडी—कन्या के बालों को कंघी करके उसमें वर के दिये हुए शिरोभूषण को पहनाया जाता है। इसके बाद एक रुपया और दो पैसे दूध-पानी मिले दूध वाले बरतन में डाल दिये जाते हैं, जिन्हें कन्या और वर निकालना चाहते हैं। आटे का सूअर बनाकर एक टोकरी पर रख उसे घुमाया जाता है, और वर को कटार से उसे काटने के लिए कहा जाता है। इसके बाद भोज होता है। कन्या जाते वक्त रोती है। उलाह—वर-कन्या जाते वक्त रास्ते में जिसके घर में ठहरते हैं, उसके माँ-बाप कन्या के धर्ममाता और धर्मपिता माने जाते हैं। अन्दरोन—शुभ मुहूर्त पर वर-कन्या वर के घर में आते हैं, उस समय आरती की जाती है। सुतली पकड़े बहिन दरवाजे को छेंकती है, और उसे नगद दिया जाता है। फिर गणेश की पूजा होती है। स्त्रियाँ बहू का मुँह देखकर पैसा, रुपया या गहना मुँहदिखाई देती हैं। चतुर्थी हवन—अगले दिन शाम को हवन किया जाता है, फिर वर खीर आदि को अपने हाथ से बहू को खिलाता है। वर के सिर से सेहरा हटा लिया जाता है। बहू गुना (मिठाई) अपने ससुर के परिवार के बड़ों में बाँटती है और उसे रुपया या जेवर मिलता है।

कांगड़े में भी मृतक-संस्कार बड़ी जातियों में बहुत कुछ इसी तरह का होता है, और वस्तुतः मृतक-संस्कार की बहुत-सी बातें देश में भी इसी तरह पाई जाती हैं। कांगड़े में फूल चौथे दिन हरद्वार-गंगा में डालने के लिए भेजे जाते हैं, यदि मृतक का परिवार खर्च करने की स्थिति में होता है। उसी दिन पंडित गरुड़पुराण पढ़ने लगते हैं। दसवें दिन मिट्टी का दीया और घड़ा एक पीपल के पेड़ के नीचे ले जाया जाता है।

मंडी में ब्राह्मण 11 दिन, राजपूत-कनेत-खत्री 13 दिन, बोहरा 16 दिन और छोटी जाति वाले 35 दिन का छूतक मानते हैं। राहू 10 दिन में और खस 12 दिन में अपने को शुद्ध मानते हैं। छूतक के दिनों में मांस, पूड़ी, लाल दाल और दूध नहीं खाया जाता। पहली श्राद्ध के अलावा मास्की (मासिक) और बरखी (वार्षिक) श्राद्ध भी किया जाता है, जिसके दान को केवल आचारज लोग लेते हैं। वर्ष में दो बार—एक मृत्यु के दिन और दूसरा कनारत (कनागत) उस तिथि को किया जाता है, जिस तिथि को आदमी मरा था। बड़ी जातियों में भी तिलाक होते हैं, और छोटी जातियों में जरा भी

खटपट होने पर विवाह-विच्छेद हो जाता है। अंग्रेजी शासन के पहले कांगड़े की ऊँची जातियों में पति के मरने के बाद उसकी लाश के साथ स्त्री का जलाना—सती होना—आम था। उनके स्मरण में 'सती की देवियाँ' बना दी जातीं, जिन्हें पूर्व में सतीचौरा कहा जाता है। स्त्रियाँ पति के साथ सती होने जाती थीं, तो एक निश्चित स्थान पर एक पत्थर रख देती थीं। शताब्दियों से जमा होते-होते वहाँ पत्थरों का एक ढेर लग गया था, जिसे छारडा कहते हैं। वसन्त और शरद की फसल के समय साल में दो बार इन छारडों की पूजा की जाती है।

सामाजिक स्थिति

कांगड़ा जिले के लोगों की सामाजिक बनावट, आजीविका के साधन आदि प्रायः वही हैं, जो हिमाचल के अन्य अंचलों के हैं। आंशिक अंतर तो स्वाभाविक है ही। जाति-प्रथा की स्थिति भी अन्य स्थानों से काफी मिलती-जुलती है। सर जे० बी० लायल की बंदोबस्त-रिपोर्ट के अनुसार—"हाल तक, जान पड़ता है, पहाड़ में जाति-सीमाएँ उतनी पक्की तौर से निश्चित नहीं हुई थीं, जिस तरह मैदान में। सम्मान देना था राजा के हाथ में और वह जैसा चाहते, वैसा कर सकते थे। मैंने बूढ़ों से उनकी याददाश्त के भीतर के ऐसे उदाहरण सुने हैं, जिनमें किसी एक राजा ने उसकी सेवाओं या पैसे के लिए घिर्त को राठी और ठाकुर को राजपूत बना दिया।···इस जिले के दो बड़े पुराने राजवंश कटलेहर और बनगाहल मुख्यतः राजपूत हैं, लेकिन वह मूलतः ब्राह्मण कहे जाते हैं।···तिब्बत और भारत के बीच हिमालय के सीमांत पर कोई भी अपनी आँखों के सामने जात को पैदा होते देख सकता है।···अमीर लोग राजपूत बनते जा रहे हैं, और किसान जाट बनते जा रहे हैं।···मुख्य कांगड़ा के इलाके में सारी जोती हुई भूमि में से दोनों श्रेणियों के ब्राह्मणों के हाथ में प्रायः 18 सैकड़ा है, प्रथम श्रेणी के राजपूतों के पास 6 सैकड़ा और दूसरी श्रेणी के राजपूतों के पास 15 सैकड़ा। खत्रियों, महाजनों, कायतों, सूदों और करोड़ों के पास प्रायः 2 सैकड़ा, ठाकुरों, राठियों और कनेतों के पास प्रायः 37 सैकड़ा, द्वितीय श्रेणी के शूद्रों के पास प्रायः 19 सैकड़ा, मुसलमानों के पास प्रायः 1 सैकड़ा, और जातिबाह्य हिंदू-जातियों के पास प्रायः 2 सैकड़ा है।" पिछड़ी जातियों की संख्या 25 सैकड़ा है लेकिन भूमि उनके पास 2 सैकड़े से भी कम, यही बतलाता है, कि ऊँच-नीच जाति-भेद को किस तरह धन और प्रभुता के बल पर कायम रखा गया है।

कांगड़ा में दो श्रेणी के ब्राह्मण हैं। कांगड़ा-परगने के प्रथम श्रेणी के ब्राह्मणों में दो-तिहाई नगरकोटिया हैं, और बाकी प्रायः सारे भटेरा हैं। दूसरी श्रेणी के ब्राह्मण यहाँ बाजरा हैं। जिले और प्रदेश के ब्राह्मणों की सूची इस प्रकार है—प्रथम श्रेणी के भटेहरु तीरा-महालमोरी के तालुकों में रहते हैं। नदौंती के आसपास वाले काश्यप गोत्री दूसरी श्रेणी के ब्राह्मण समझे जाते हैं। उसके बाद राजगिरि के खरवाल ब्राह्मणों का नंबर आता है, जिनके बाद जरियाल, बराहन, सरदू और गोरोई ब्राह्मणों का नंबर आता है। कांगड़े के ब्राह्मण वहाँ की जनसंख्या में सातवें हिस्से हैं। 1921 ई० में इनकी संख्या

17085 थी, जिसमें कुल्लू वाले ब्राह्मण भी शामिल थे। यहाँ के सभी ब्राह्मण सारसुत (सारस्वत) हैं, जिनकी पंजाब में भी प्रधानता है।

हल न जोतने वाले ब्राह्मण अपने को श्रेष्ठ मानते हैं, हरजोतों को उच्च ब्राह्मण तथा दूसरी जाति के लोग भी छोटा मानते हैं। कुलीन और साधारण ब्राह्मण बनाने में पहाड़ में भी राजाओं का उसी तरह हाथ था, जिस तरह उत्तर-प्रदेश में कन्नौज के गहड़वारों, और बंगाल में सेन राजाओं का। कांगड़े के राजा धर्मचंद के समय (1528-63 ई०) अर्थात् अकबर के आरम्भिक शासनकाल में कांगड़ा के ब्राह्मण नगरकोटिया और भटेरु दो श्रेणी में विभक्त किये गये। नगरकोटिया प्रथम श्रेणी के ब्राह्मण कहे गये, जिनको धर्मचंद ने—अचारी, अवस्थी, उपादा, दीछत, नाग, पंजकर्न, पंडित, पुरोहित, बिप्प, बेदबिर्च, मिश्र, रेहना (रैना), कंठ, और सोत्री इन 13 कुलों में विभक्त किया। इसी समय भटेरुओं को पक्का और कच्चा दो श्रेणियों में विभक्त किया गया, जिनमें पक्का भटेरुओं के 9 और कच्चा भटेरुओं के 13 कुल माने गये। इनके अतिरिक्त नागपंडरिक नामक ब्राह्मण भी हैं, जो अपने को नाग गोत्र का बतलाते हैं, और वह सांप को नहीं मारते। कहते हैं धर्मचंद राजा के यज्ञ में दूसरे ब्राह्मणों ने दान लिया, लेकिन पंडरिक, खरप्पा और घोसलू ब्राह्मणों ने नहीं लिया, पंडरिक इसीलिए सबसे ऊँची जात के ब्राह्मण समझे गये। नाग गोत्री पंडरिक ब्राह्मण का नाम वस्तुतः पुंडरीक नागराज से लिया गया है। घोसलू भी एक निर्विष साँप होता है, और खरप्पा फणवाले साँप को कहते हैं। यह नागों से संबंध रखने वाले ब्राह्मण-कुल हैं।

पहाड़ के ब्राह्मणों में नगरकोटिया सबसे ऊंचे समझे जाते हैं। वह अधिकतर आपस में ही ब्याह करते हैं, लेकिन कभी-कभी भटेरु की लड़की ले लेते हैं, लेकिन उन्हें अपनी लड़की नहीं देते। बड़ी जाति के ब्राह्मण होने के कारण यह जरूरी नहीं है, कि उनमें उसी मात्रा से विद्या का भी अधिक प्रचार होगा। पहाड़ के ब्राह्मण-ब्राह्मणी आम तौर से मांस-मछली खाते हैं। पंजाब के सारस्वत ब्राह्मणों में भी मांस त्याज्य नहीं है, किंतु उनके पूर्व के पड़ोसी गौड़ ब्राह्मण तो मांस का नाम भी सुनने के लिए तैयार नहीं हैं। अपनी-अपनी जगह पर सभी ब्राह्मण अपने को बड़ा समझते हैं, वही बात नगर-कोटिया और दूसरे ब्राह्मणों की भी है। ब्राह्मणों को सब लोग 'पैरी पौंदे' या 'माथा टेका' कहकर प्रणाम करते हैं, जिसके जवाब में ब्राह्मण राजपूतों को 'आशीर्वाद' और दूसरों को 'चरंजी कल्याण' कहते हैं। यह भी याद रखना चाहिए कि कांगड़े के ब्राह्मणों के अतिरिक्त गदेरान (गद्दी इलाका), पांगी, लाहुल, चंबा आदि में भी ब्राह्मण लोग रहते हैं।

भोजकी सारे हिमाचल प्रदेश में मंदिरों के पुजारियों और पंडों को कहते हैं, जिनको दूसरे ब्राह्मण उसी तरह कुछ नीची दृष्टि से देखते हैं, जैसे भारत के दूसरे पंडों को वहाँ के दूसरे ब्राह्मण। ज्वालामुखी और भवन (कांगड़ा) के महान् मंदिरों के पुरोहित 'भोजकी' नाम से पुकारे जाते हैं। भोजकी को पूजकी से बिगड़कर बना हुआ कहना केवल लाल-बुझक्कड़ी है, क्योंकि भोजक ब्राह्मणों का उल्लेख संस्कृत ग्रंथों में आता है,

और पूर्व में शाकद्वीपी कहे जाने वाले ब्राह्मण राजस्थान और काठियावाड़ में भोजक कहे जाते हैं। भोजकी अपने को सारस्वत ब्राह्मण कहते हैं। मसंद चमार लोगों के पुरोहित हैं।

कांगड़े में प्रथम श्रेणी के राजपूत कटोच लोग जाते हैं जो किसी समय कांगड़े के राजा थे। 1867 ई० के बंदोबस्त के समय 1114 कटोच जमींदार थे, उनके बाद 626 गुलेरिया और 625 पठानिया प्रथम श्रेणी के राजपूत थे। द्वितीय श्रेणी के राजपूत हबरोल और पटियाल थे। सबसे बड़ी जातवाले आम तौर से अपने हाथ से हल नहीं जोतते। इन जातियों में ब्राह्मण और राजपूत शामिल हैं। मियाँ प्रथम श्रेणी के राजपूत हैं, जो यहाँ 22 राजवंशों की संतानें हैं। इनके अतिरिक्त महनास, सोंकला, बनगाहलिया, चौहान और रैहटौर (राठौर) भी प्रथम श्रेणी के राजपूत माने जाते हैं। द्वितीय श्रेणी के राजपूतों में प्रथम श्रेणी के ठाकुर शामिल हैं, जिनमें हबरोल, पटियाल, घतवाल, इंदौरिया, नंगले, गुंबरी, राने, बनियाल, रानत, मेल मुख्य हैं। ये लोग अपनी लड़कियाँ मियाँ लोगों को देते हैं। और राठियों की लड़कियों से स्वयं ब्याह कर सकते हैं। पटियाल ठाकुरों में अधिकांश द्वितीय श्रेणी के राजपूतों में शामिल हो गए हैं। बहुत-से राठियों ने भी अपने को ठाकुर लिखाया है, जैसे नूरपुर के ठाकुर। मियाँ ठाकुर की लड़की से ब्याह कर सकते हैं, लेकिन राठी की लड़की से नहीं। जैसे गढ़वाल-कुमाऊँ में अब कोई अपने को खस कहने के लिए तैयार नहीं है, वैसे ही कांगड़ा या चंबा में कोई अपने को राठी नहीं कहना चाहता। सब अपने को ठाकुर कहते ही नहीं, बल्कि धनी होने पर किसी राजा से अपनी लड़की का ब्याह करते हैं। यह कहने की आवश्यकता नहीं कि भारत के दूसरे स्थानों की तरह हिमाचल प्रदेश में भी धन और वैभव आदमी की जाति को बनाता है। धनी और वैभव-संपन्न आदमी को हमने अन्यत्र भी अपनी आँखों के सामने सूर्यवंशी-चंद्रवंशी राजवंशों से रोटी-बेटी करते देखा। बड़ौदा, कोल्हापुर, ग्वालियर अब पुराने खानदानी राजपूतों के दामाद हैं, इसलिए उन्हें कौन राजपूत बिरादरी से अलग कर सकता है। बह आज ही नहीं, बल्कि सामंती-प्रथा के आरंभ से ही ऐसा होता चला आया है। 1921 ई० की जनगणना में मुख्य कांगड़े के 644038 लोगों में 17143 राजपूत लिखे गए। इनमें मियाँ राजपूत, ठाकुर और राठी सभी शामिल हैं। जलंधर और डोगर समूह के 22 कुलों के राजवंशों की संतान अपने नाम के साथ मियाँ लगाते हैं। अपने मूल वंश के अनुसार ही जलंधर समूहवालों को कटोच, कोटलेहरिया, कोलुवा, गुलेरिया, चंबियाल, जसवाल, ददवाल, पठानिया, मंडियाल, सिबैया और सुकेतिया कहते हैं। डोगर समूह के राजवंशों की संतानें किश्तवारिया, चंबियाल, जमवाल, जसरोटिया, बिंदराल, बलौरिया, भदवाल, भद्रवाहिया, मानकोटिया, संबियाल और हिउँताल के नाम से पुकारे जाते हैं। मियाँ लोगों को लोग 'जै दिया' (जय देव) कहकर अभिवादन करते हैं। सोंकलास और मनहास भी प्रथम श्रेणी के राजपूत माने जाते हैं। नूरपुर के कटोच-राजा वीरसिंह ने जमवाल मियाँ राजा ध्यानसिह को 'जै दिया' कह उसके लिए अपने सर्वस्व से हाथ धोना पसंद किया। राजपरिवार के लोगों के बाद मियाँ का नंबर आता है। उच्चश्रेणी के राजपूत

हल जोतता न लड़की का अपनी श्रेणी के बाहर के राजपूतों में विवाह करते हैं। उच्च राजपूतों में भी आपस में बहुत-से भेद हैं—नूरपुर के पठानिया मियाँ (प्राचीन उदुंबर के क्षत्रिय) 22 शाखाओं में, गुलेरिया 13 शाखाओं में, कटोच चार बड़ी-बड़ी और बहुत-सी छोटी शाखाओं में विभक्त हैं।

दूसरी श्रेणी के राजपूत यहाँ ठाकुर और राठी हैं। राठियों में जो किसी समय राणा या ठाकुर थे, उन्हें ठाकुर कहा जाता है। पहले मियाँ और राजवंशी लोग राठियों और ठाकुरों को राजपूत मानने के लिए तैयार नहीं थे। मनहास और जरियाल जमवाल-वंश की शाखा थी, उन्हें भी वह छोटा समझते थे। ठाकुरों में कुछ राणा-वंश के हैं, जिनके साथ मियाँ लोगों का ब्याह होता है। इनमें से मुख्य हैं—घरोह, चरी कनियारा, चरी, घतवाल, पठियार, सुंबर और हबरोल आदि। अंदौरिया, चीब, जराल, पटियाल, मुगलिया सलरिया, हरचंदर आदि भी ऊँचे ठाकुर हैं। मियाँ लोगों की तरह इस द्वितीय श्रेणी के राजपूतों को भी बहुत-सी शाखाओं में विभक्त किया गया है, जिनमें ऊँची शाखा वालों को 'जय' कहकर अभिवादन किया जाता है, और दूसरों को 'सलाम' कहकर।

1876-77 ई० में डिप्टी-कमिश्नर गोर्डन यंग ने कांगड़ा जिले के राजपूतों का निम्न प्रकार विभाजन किया था—1. कटोच, गुलेरिया आदि 22 राजसंतान। 2. जडियाल, घोड़ेवाह, दाद (जड़ियालदोद), पथियारच, मनहास, लड्डू, सौंकला, हरबोल। 3. कडवाल, गर्ल, गुहैना, गोमरा, चांगरा, जग्गी, बगा (बगसोत्रा), पटियाल, भंडारी भबौरिया, मलहोतेर, संगोत्रा। 4. उच्च राठी—कलेदिया, धुनियाल, चरिना, डगोहिया तकोल, धुरियाल, ननवारक, भटेरिया, मंगला, मेहता। 5. निम्न राठी—अलेढ़ (अलांढ़या), अंद्रेनिया, कटवाल, कठनिया, कनेत, काले, खरेनू, खनीरिया, खरवारे, खरेयाल, गोरिया, गधवाल, गनोत्रा, गुदहरिया, घुटियाल, घल्याल, घोनलियाबोतरी, जमला, थंडोले, दरबियाल, दियोर, दबतियान, दोलख, दंजिला, डोगरू, डडवाल, दरोगा, घतियालिया, धरवाल, धतियाल, धंगू, धत्तू, धूलिया, धतियालिया, नारू, ननोहलिगा, बंग, बनयाल, बंदले, बंदरवाल, बधमानिया, बरेहा, बरवाल, भनवाल, भलनिया, भखरिया, भरेडिहा, भगवाहिया, भंगवाल, रंगड़ा, रियाल, लसाई, संदीनिया, सकलाहिया, समनिया, सनारच, सुदाल, सिवोहिया, सतोतिया, सपरिहा, सहोत्रा (छहोत्रा), सलोहर, सोडियाल।

राठी पुरानी खस जाति के हैं, और पहाड़ के दूसरे खसों की तरह ये अधिकतर खेती करते हैं। मुख्य कांगड़ा के किसानों में राठी और घिर्थ अधिक संख्या में रहते हैं। इनकी वही स्थिति है, जो कि हिमाचल प्रदेश के पूर्वी भागों में कनेत लोगों की है। राठी अंग्रेज लेखकों के अनुसार बड़े ही मजबूत और देखने में सुंदर होते हैं। उनका रंग आम तौर से गोरा होता है और अंग-अंग कसरत किये हुए जवान जैसा लगता है। घिर्थ साँवले तथा कुछ रूखे रूपवाले होते हैं। उनमें घेघे का रोग ज्यादा देखा जाता है। राठियों में पुरुष खेती का काम करते हैं, स्त्रियाँ बहुत कम सहायता करती हैं। कुछ राठी जनेऊ पहनते हैं। राठियों के बहुत-से गोत हैं, जिनमें से ऊँची श्रेणी वाले अपने को ठाकुर कहते हैं। राठी आम तौर से शराब से परहेज करते हैं, कन्या के लिए कोई-कोई पैसा

लेते हैं। उनके यहाँ बड़े भाई के मरने पर उसकी विधवा छोटे भाई के साथ रहती है। अगर कोई दूसरा आदमी उससे ब्याह करता है, तो उसे देवर को पैसा देना पड़ता है। उनके बारे में अंग्रजों का कहना था—"कृषि में अनुरक्त, हथियार के इस्तमाल से परिचित, ईमानदार,मर्दाना, मेहनती और राजभक्त।" उनके बारे में कहावत मशहूर है—"काला खरप्पा डुंगी चोई, राठी मित्र न करेगा कोई।" (राठी फणधर सर्प या गहरी धारा जैसा है, राठी को कोई मित्र न करे।)

राजपूतों और उनके संबंधियों के बाद कांगड़े में खत्रियों का नंबर आता है, जो व्यापारी और दूकानदार हैं। लेकिन, खत्री क्षत्रिय का ही बिगड़ा हुआ रूप है, इसलिए उनका राजपूतों के बराबर होने का दावा निराधार नहीं है। पर बनिये का काम करने के कारण उन्हें भी महाजनों, कायतों, सूदों और करड़ों की तरह वैश्य कहा जाता है। किसी समय ठाकुरों, राठियों और कनेतों को शूद्र कहा जाता था, जो वस्तुतः खस हैं, लेकिन अब वह राजपूतों में शामिल कर लिए गए हैं, यद्यपि घिर्थ लोगों को अब भी वैसा नहीं माना जाता।

नूरपुर को छोड़कर बाकी जगह के घिर्थ लोगों को दूसरी श्रेणी के शूद्र की कोटि में रखा जाता था। जाट, लोहार, नाई, कुम्हार और तरखान जैसे पेशे वाली जातियाँ भी शूद्र श्रेणी में मानी जाती थीं। यही बात कलाल, दर्जी, बटेरा, चिंबा, झीवर और सुनियार की भी थी। सैनी, हिंदू गूजर और कोली—मुख्यतःखेती का काम करते हैं, लोबाना अनाज का व्यापार करते हैं। भोजकी गोसाईं और योगी जैसे पुरोहितों के काम करने वाले लोगों को भी छोटी जात में रखने की कोशिश की जाती थी। लेकिन, अब समय पिछड़ी जातियों के साथ में है, और वह कभी बड़ी जाति वालों के हाथ से इस अपमान को सहने के लिए तैयार नहीं हैं। यह भी याद रखने की बात है, कि यह धन और प्रभुता का बल ही था, जिसके कारण धनियों ने दूसरों को छोटी जात का बना दिया। सर जे० बी० लायल की रिपोर्ट से मालूम होता है कि बड़ी जातों के पास इस शताब्दी के आरंभ में औरों की अपेक्षा कितनी अधिक भूमि थी, इसी से बड़ी जातिवालों की खुदगर्जी का भंडाफोड़ हो जाता है।

कांगड़ा के लोगों की आजीविका का मुख्य साधन कृषि ही है। कांगड़ा के अधिकांश खेत दोफसले हैं। धर्मशाला के नीचे पालम, कांगड़ा और रिहलू के तालुकों में कुछ ऊँची जगहों वाले खेतों को छोड़कर सभी जगह साल में दो फसलें होती हैं। शरद में कांगड़ा-उपत्यका में चावल की फसल होती है। कांगड़ा और पालमपुर की तहसीलों में 129004 एकड़ बोई खरीफ की फसल में से 64588 एकड़ धान की थी, इसी से मालूम होगा, कि यहाँ धान की प्रधानता है। रब्बी में जौ, गेहूँ, गोजई की फसल होती है। जौ और गेहूँ दोफसला खेतों में हर जगह होते हैं। कांगड़े के अधिकांश लोग खेती पर गुजारा करते हैं। 1921 ई० में 484670 व्यक्ति खेती पर निर्भर करते थे, जिनमें से 21000 दूसरे से खेती करवाते थे। 82 सैकड़ा खेती पर गुजारा करने वाले लोगों में से 18 सैकड़ा दूसरे के खेतों को जोतने वाले थे। 16827 आदमी अंशतः खेती पर

निर्भर करते थे। इस प्रकार कृषिजीवी लोग यहाँ 84 सैकड़ा थे।

भिन्न-भिन्न ऊँचाइयों के कारण तापमान और वर्षा में अंतर होता है, इसीलिए अनाज और फसलों के बोने-काटने के समय में भी फर्क पड़ता है। आम तौर से खरीफ की फसल मई और जून में बोई जाती है, और अक्तूबर में काटी जाती है। यदि वसंत में वर्षा बहुत देर तक होती रही, तो खेत के बोने के समय नुकसान पहुँचता है और यदि सितंबर में अधिक वर्षा हो गई, तो वह मक्की की फसल को नुकसान पहुँचाती है। चावल यहाँ सावन (जुलाई-अगस्त) के अंतिम सप्ताह में रोपा-बोया जाता है। यदि भादों (अगस्त-सितंबर) के पहले सप्ताह में खूब वर्षा हुई—कुर्ल-कुर्ली—हुई, तो खूब अच्छी फसल होती है। रबी की फसल यहाँ अक्तूबर-नवंबर में बोई तथा अप्रैल-मई में काटी जाती है। मार्च और अप्रैल में यदि अधिक वर्षा हुई, तो फसलों को नुकसान पहुँचता है। इस समय धौलाधार के नीचे वाली जगहों में ओले से भी फसल को नुकसान होता है।

कांगड़ा जिले को जमीन कई प्रकार की है, और हरेक गाँव में भी वह कई तरह की होती है। यहाँ की तहसीलें और तालुकों की सीमाएँ बहुत कुछ प्राकृतिक हैं। (1) कांगड़ा तहसील की जमीन के नीचे बड़ी-बड़ी चट्टानें हैं। यहाँ ऊपर से आई मिट्टी जमा होकर खेतों को उर्वर बनाती है, जिसके कारण यहाँ पेड़ और नाना वनस्पति बहुत अच्छी तरह उगते-बढ़ते हैं। चावल के खेत और चाय के बगीचे भी यहीं हैं। (2) पर्वतश्रेणियों के पास की भूमि उतनी उर्वर नहीं है, क्योंकि वहाँ की जमीन में बालू ज्यादा है। इस तरह की जमीन डेरा और नूरपुर की तहसीलों तथा चंगर बलिहार से सतलुज तक हमीरपुर तहसील में भी एक छोटी-सी पट्टी चली गई है। यहाँ पहाड़ में अच्छे जंगल हैं, और खेतों के पास भी जहाँ-तहाँ अच्छे दरख्त लगे हुए हैं। गन्ना, कपास, चावल, गेहूँ, मक्की यहाँ की खास फसलें हैं। (3) तीसरे किस्म की जमीन वह है, जो कि तृतीय युग की चट्टानों से संबंध रखती है, और यह दक्षिणी नूरपुर, महालमोरी, तीरा और निम्न राजगिरि (हमीरपुर तहसील) में पाई जाती है। इसकी मिट्टी कुछ लाली लिए हुए तथा सबसे कम उर्वर है।

खेती के बारे में कांगड़े के गाँवों में यह तरीका है, कि अपने घरों और झोपड़ों के किनारे हरेक किसान थोड़ी-सी जमीन को घेर कर रखता है, जिसे बासी या लहरी कहते हैं—इसे साग-भाजी की बारी समझना चाहिए। उनके अपने खेत दूर-दूर सीढ़ियों की तरह सभी पहाड़ों जैसे होते हैं। ढलान के अनुसार खेत कम या अधिक चौड़े होते हैं। निचले भाग में ढलान कम होने से खेत अधिक चौड़े होते हैं। तो भी धान के खेतों को पानी जमा करने के सुभीते के कारण आम तौर से छोटा रखा जाता है।

फसल कितनी ही जगहों में साल में दो होती हैं, जैसे कांगड़ा-उपत्यका के बहुत से भागों में। रिहलू, कांगड़ा और पालम के इलाके बड़े उर्वर हैं और यहाँ के किसान भी बड़े मेहनती हैं। वह अपने खेतों को खाली नहीं रखना चाहते और एक फसल के कटते ही दूसरी फसल बो देते हैं। देश के किसानों से यहाँ के किसान अधिक मेहनती हैं।

यद्यपि उनके औजार पुराने हैं, और बैल भी कमजोर होते हैं, तो भी अपनी मेहनत और कौशल से वह अधिक से अधिक अन्न पैदा करने की कोशिश करते हैं। जोताई और खाद देने का तरीका तथा सामग्री करीब-करीब वही यहाँ भी है, जो कि चंबा में। यहाँ पटेले को माही कहते हैं। गेहूँ और दूसरी फसलों की निराई करना जरूरी समझा जाता है। वर्षा के बाद पौधों के आसपास की जमीन कड़ी न रहे, इसलिए उसे खोदकर नरम कर दिया जाता है। शरद की धूप और गर्मी के बाद हरेक फसल में दो या तीन बार निराई करनी पड़ती है। बोते वक्त जड़ से पौधों को काटकर छोटी-छोटी जूरियों में बाँध दिया जाता है। फिर उन्हें कूरा (खलिहान) में ले जाते हैं। खलिहान पत्थरों से घिरा एक गोल-सा स्थान होता है। इसी में बैलों के सहारे दँबाई की जाती है। मक्की को हाथ से तोड़ा जाता है। यहाँ के किसानों के हथियार हैं—हल, लोहाला (फाल), माही (पटेला), माच पटेला, दांदराल (पंजा), मांजा, कोदाल, कोदाली, मुकरान, कठेला या भरोटा, त्रैंगुल (तीन दाँतों का पंजा), दराँती, खबरदराँती (दाँतदार हंसिया), काही या कस्सी, रम्भा, कुल्हारू (छाउ या कुल्हाड़ा)।

रबी और खरीफ की फसलों के भिन्न-भिन्न अनाज इस प्रकार हैं। रबी—कनक (गेहूँ), जौ, छोला (चना), मोहर या माश (उड़द), बड़ी मटर, सेम, सरसों, अलसी, कुसुम, ओरी (राई)। खरीफ—धान (चावल), छाली (कुकड़ी, मक्की), मंडल, सौक (झंदरू), चीना, मँगनी, कोदरा, सैउलबाथू, बरेसकाथू (कुटू), ज्वार, बाजरा, माह (उड़द), मूँगी, मोठ, अरहर (धींगरा), कुंडी, राँग, कुल्थ, कपाह (कपास), खमंडी (गन्ना), तिल, सेन, सनकोकरा, हल्दी, कचूर, अदरा (अदरक), शकरकंदी, कचालू, घंडियाली, अरबी। इसी प्रकार मसाला और बगीचे की चीजों में हैं—तंबाकू, धनिया, सौंफ, कासनी, सोवा, पिपली, पुदीना, इलायची, जवाइन, मिथरा, धरुड़, दाल (धींगदोली), गदी, करेला, पेठा, कद्दू, खीरा, खरबूजा, पंडोल, ककड़ी, बैंगन, आलू, मूली, प्याज, चाह (चाय)।

कांगड़े में उसी प्रकार खाद दी जाती है, जैसे चंबा में। यहाँ भी खेत में भेड़-बकरियों को बैठाना बहुत उपयोगी समझा जाता है। जाड़ों में गद्दी लोग अपने यहाँ की कड़ी सर्दी से बचने के लिए अपनी भेड़-बकरियों को यहाँ ले आते हैं। किसानों की इस माँग के कारण उनकी बड़ी आवभगत होती है, और एक रात बैठाने के लिए दो-दो तीन-तीन रुपये भी मिलते हैं। एक के बाद एक नये खेत उसे बैठाने के लिए मिलते हैं, और इस प्रकार भेड़-बकरी वालों को आमदनी हो जाती है।

सिंचाई का कम-बेसी प्रबंध सारे हिमाचल प्रदेश में पाया जाता है, लेकिन हर गाँव के किसानों के केवल अपने प्रयत्न से नदी के पानी का उतना उपयोग नहीं किया जा सकता। और इसके लिए सरकार की सहायता आवश्यक है। सबसे अधिक सिंचाई का प्रबंध कांगड़े में देखा जाता है। सारे जिले में सिर्फ 20 सैकड़ा खेत ऐसे हैं, जिनमें पानी की सिंचाई का प्रबंध है। कांगड़ा तहसील में आधे से अधिक जमीन नहरों से सींची जाती है। पुराने समय से राजाओं ने यहाँ नहरें बनाने की ओर बड़ा ध्यान दिया था।

कुछ नहरें कुहल कई मील लंबी हैं। इन नहरों कुहल के प्रबंध के लिए कोहली रखे हुए थे। पहले से ही लोग इनका पंचायती प्रबंध करते थे। कोहली का काम था पानी का फिर से बँटवारा करना, नहरों की देखभाल करना और पानी की चोरी न होने देना। नहर के बारे में नियम बने हुए थे, जिन्हें 1868 ई० के बंदोबस्त के समय लिपिबद्ध किया गया। दूसरे जिलों में भी सिंचाई का कुछ-कुछ प्रबंध है, जिनमें चंबा का नंबर दूसरा आयेगा और मंडी का तीसरा।

गोरखा-युद्ध के बाद अंग्रेजों ने हिमालय के ठंडे स्थानों को देखकर वहाँ गोरों का उपनिवेश बसाना चाहा। बिना अच्छी जीविका के साधन के गोरे यहाँ बस नहीं सकते थे, इसके लिए कहीं-कहीं पर अंग्रेजों ने खानों में काम शुरू किया, लेकिन अधिकतर उनका ध्यान चाय के बगीचों की ओर गया। इसी का परिणाम था आसाम से लेकर जम्मू की सीमा तक पहाड़ में जगह-जगह चाय के बगीचों का लगाया जाना। हिमाचल प्रदेश के तो प्रायः हरेक जिले में चाय के बगीचे हैं।

कांगड़ा जिले में धौलाधार-श्रेणी से नीचे-नीचे 3000 से साढ़े 4000 फुट की ऊँचाई पर चाय के लिए उपयोगी जमीन है, और वहीं इसके बगीचे हैं। पश्चिमोत्तर प्रदेश (उत्तर प्रदेश) के वनस्पति-उद्यान के सुपरिटेंडेंट डा० जैम्सन पहले-पहल 1849 ई० में इस जिले की चाय की उपयोगिता की जाँच करने के लिए इस जिले को देखने आया। और जैम्सन की सम्मति से देहरादून और अल्मोड़ा से चाय की पौधें लाकर कांगड़े में 2500 फुट पर, नगरों में 2500 फुट पर और भवारना में 3002 फुट पर नर्सरी के तौर पर लगायी गयीं। कांगड़ा-नर्सरी में उस समय सफलता नहीं हुई, लेकिन बाकी दोनों में आशा से भी अधिक सफलता देखी गई। 70 वर्षों के तजुर्बे ने बतला दिया कि कांगड़ा जिले में पहाड़ की जड़ में और धौलाधार की निचली ढलानों में तीन से साढ़े चार हजार फुट की ऊँचाई पर चाय बहुत अच्छी होती है। 5000 फुट से ऊपर गर्मी की कमी के कारण पत्तियाँ कम हो जाती हैं, और 3000 फुट के नीचे वर्षा की कमी के कारण अच्छी फसल नहीं होती।

1852 ई० में पालमपुर के पास 4002 फुट की ऊँचाई पर होलटा में सरकार ने अपनी ओर से एक बगीचा लगवाया, जिसकी सफलता देखकर 1859 और 1860 ई० में प्राइवेट व्यवसायियों ने चाय के बगीचे की ओर ध्यान दिया। 1860 ई० में होलटा के बगीचे से 29312 पौंड चाय निकली, जो एक रुपये से 1 रुपया 11 आना पौंड तक बिकी। होलटा के बगीचे से पहले ही 1852 ई० में चाय के बगीचों के लिए जमीन की माँग होने लगी थी। यह कहने की आवश्यकता नहीं कि इसकी तरफ अंग्रेज प्लांटरों का ही ध्यान गया था। अंग्रेज अफसर चाहते थे कि अच्छी जमीनें चाय के बागों के रूप में परिणत हो जाएँ, लेकिन लोगों से जमीन छीनना मुश्किल था। इस पर कोशिश की गई, कि जमींदार स्वयं भी छोटे-छोटे बगीचे लगायें, लेकिन वह अपनी मामूली पूंजी और परिमित ज्ञान के कारण उस तरफ बिल्कुल आकृष्ट नहीं हुए। 1857 ई० के स्वतंत्रता-युद्ध के बाद यद्यपि अंग्रेजों ने हिमालय में गोरा-उपनिवेश बनाने का ख्याल छोड़ दिया था,

लेकिन चाय के लाभदायक उद्योग की ओर अंग्रेज प्लांटरों का ध्यान पहले ही जैसा था। 1856 और 1858-59 ई० में परती जमीन के ऊपर जमींदारों का अधिकार है या सरकार का, इसके बारे में बहुत लिखा-पढ़ी होती रही। अंत में सरकार को यही निश्चय करना पड़ा, कि परती जमीन को जमींदारों की सम्पत्ति के बिना नहीं लिया जा सकता। अब जमींदारों से जमीन खरीदने के सिवा और कोई रास्ता नहीं था। 1860 ई० में लेफ्टिनेंट पास्क के प्रयन्न से 2596 एकड़ चाय लायक जमीन जमींदारों से खरीदी गई। नीलाम पर चढ़ाने पर इस जमीन को बहुत-से खरीदने वाले तैयार मिले। 1862 ई० में फिर इस सवाल को उठाया गया, और डिप्टी-कमिश्नर इगर्टन ने जमींदारों को तरह-तरह से प्रलोभन देकर जमीन लेनी चाही। इस प्रकार 2547 एकड़ जमीन मिली, जिसे 1863 ई० में नीलाम कर दिया गया। आई हुई कीमत में से तीन-चौथाई को जमींदारों में बाँटा गया। एक तरफ सरकार इस तरह जमीन लेकर चाय-बगानों के फैलाने का प्रयत्न कर रही थी, दूसरी तरफ दूसरे अंग्रेज भी निजी तौर से कोशिश करते रहे थे। 1861-62 ई० में डफ, फिटज़गेरल्ड आदि ने समझा-बुझाकर बगीचों के लिए लोगों से काफी जमीन ली। मेजर पास्क ने कांगड़ा-उपत्यका के चाय-बगान के बारे में 1872 ई० में बतलाया—"चाय के लिए गरम और नम आबोहवा तथा 100 इंच से अधिक वर्षा की आवश्यकता है। यह आबोहवा कांगड़ा-उपत्यका में 2500 फुट से साढ़े चार या 5000 फुट तक साल में कम-से-कम सात महीना रहती हैं।···सबसे निचली जगह बाग 2437 फुट पर और सबसे ऊँची जगह 5500 फुट पर अवस्थित है। इनमें सिर्फ एक ही चाय-बगान साढ़े 5000 फुट की ऊँचाई पर है।" 1892 ई० में चायबगान की क्या स्थिति थी, यह कांगड़ा-उपत्यका चाय प्लांटर्स एसोसियेशन के ऑनरेरी सेक्रेटरी आर० ए० बैलई के निम्न शब्दों से मालूम होता है—

"1892 ई० में सारे जिले में चायबगानों में 9537 एकड़ जमीन थी, जिसमें 8047 एकड़ तहसील पालमपुर में, 1400 एकड़ तहसील कांगड़ा में, 89 एकड़ तहसील कुल्लू में और 1 एकड़ नूरपुर तहसील में है। सारे क्षेत्रफल में से 3943 एकड़ यूरोपियन मालिकों के हाथ में है, बाकी 5594 एकड़ देशी लोगों के। 5594 में से 613 एकड़ वह जमीन भी शामिल है, जिसे कि पिछले दस वर्षों में यूरोपियनों ने देशियों के हाथ में बेच दिया। यूरोपियनों के हाथ में 10 से 612 एकड़ तक के 34 बगीचे हैं, जिनमें 3 बगीचे बड़ी-बड़ी कंपनियों के हाथ में हैं···बाकी छोटे-छोटे बगीचे एक या अधिक मालिकों के हाथ में हैं।···यूरोपियन बगीचों से साल में 10 लाख पौंड से कुछ ऊपर काली चाय निकलती है। प्रति एकड़ 300 पौंड पत्ती अच्छी फसल समझी जाती है, यद्यपि थोड़े क्षेत्रों में उपज इससे दूनी भी होती है। काली पत्ती की 1 पौंड चाय पैदा करने के लिए 4 आना खर्च करना पड़ता। इस प्रकार जिले में यूरोपियन चाय वाले प्रतिवर्ष ढाई लाख रुपये से कम नहीं खर्च करते।···प्रति पौंड 8 आना मिलता है, जिसमें 2 आना और खर्च जोड़ने के बाद प्रतिपौंड 2 आने का नफा है।···जिले में पैदा हुई चाय का आधा भाग खुदरा बिक जाता है, बाकी आधा सीसे की पत्ती लगे लकड़ी के बक्सों में बंद करके चाय

के दलालों और एजेंटों के मार्फत नीलाम द्वारा बेचने के लिए लंदन और कलकत्ता भेज दिया जाता है···.

1902 ई० में कांगड़े के चायबगानों की अवस्था इस प्रकार थी—"कांगड़े में चायबगानों का क्षेत्रफल 1892 ई० जैसा ही है। यूरोपियनों और देशियों ने 700 एकड़ के करीब नई जमीन में चाय लगाई, लेकिन करीब उतनी ही जमीन बाग से निकल गई। अब 3400 एकड़ बाग पुरोपियनों के हाथ में है और बाकी 6137 एकड़ देशियों के हाथ में। प्रति सौ एकड़ पर औसतन 50 मजदूर काम करते हैं। इस प्रकार 4768 आदमी चायबगान पर गुजारा करते हैं।"

1902 ई० के बाद चाय की कीमत गिरनी शुरू हुई, क्योंकि भारत और दूसरे देशों में चाय के बगीचे बढ़े, और सब एक-दूसरे से होड़ लगाने लगे। भारत में 1902 ई० तक जहाँ 12 करोड़ 40 लाख से बढ़कर चाय की उपज 17 करोड़ 50 लाख हो गई, वहाँ उतने ही समय में लंका में वह 7 करोड़ 20 लाख से 15 करोड़ हो गई। 1900 ई० के पहले के पाँच सालों में जहाँ भारत में 1 लाख 7 हजार एकड़ नये बगीचे लगे, वहाँ लंका में 80 हजार एकड़ नये बगीचे लग गए। इस अधिक उपज का प्रभाव चाय की कीमत पर पड़ना जरूरी था।

कांगड़ा जिले में भी ढोरों की नसल अच्छी नहीं है। पहाड़ी गाय-बैल कद में बहुत छोटे होते हैं। छोटे-छोटे खेतों में बड़े बैलों का उपयोग उतना नहीं है और उनके खाने के लिए चारा भी ज्यादा चाहिए। लेकिन नीचे की बकरियों के बराबर दूध देने वाली गायें कभी लाभदायक नहीं कही जा सकतीं। कांगड़ा शहर के आसपास और उपत्यका में मैदानी इलाकों के समीप होने के कारण बड़े बैल भी पाये जाते हैं। जिला-बोर्ड ने भी गाय की नसल बेहतर बनाने की कुछ कोशिश की, और आज से 25 वर्ष पहले उसने 4 झेलम, 6 मांटगोमरी, 7 हरियाणा और 3 स्थानीय नसल के सांड़ रख छोड़े थे। पहाड़ी गायें प्रतिदिन ढाई सेर से अधिक दूध मुश्किल से देती हैं। नीचे से लाई हुई गायें भी यहाँ आकर पहले जितना दूध नहीं देतीं। कुछ अधिक खाते-पीते या धनी लोग दूध-घी के लिए भैंसें रखते हैं। हल या गाड़ी में भैंसे जुतते हैं। बैल से भैंसे का दाम कुछ कम होता है। पहाड़ी गायों से देशी गायों का दाम चौगुना और अधिक होता है और भैंसें भी देशी गायों से कुछ अधिक मोल की होती हैं।

भैंसें पालना गूजरों का खानदानी पेशा है, जो उसके दूध-घी को बेचकर अपनी जीविका चलाते हैं। इस जिले में दो प्रकार के गूजर हैं—एक वह जिनके अपने खेत और घर हैं और वह आसपास के जंगलों में अपने ढोरों को चराते हैं, दूसरे बनगूजर हैं, जिनका संबंध जम्मू के गूजरों से हैं। इनका न अपना खेत होता न घर है। ये अपनी भैंसों को लिए गर्मियों और बरसात में रिहेलु तालुका और चंबा के दूसरे ऊँचे पर्वतों की पीठ पर चले जाते हैं और शरद में उतरकर नूरपुर तहसील में पहुँचते हैं। गूजरों को कुल्लू में रहने नहीं दिया जाता। चंबा और कांगड़ा ही नहीं, बल्कि बिसाहर की सतलुज-उपत्यका और टेहरी की भागीरथी-उपत्यका के पहाड़ों में भी बनगूजर अपनी भैंसों को चराने के लिए जाते

हैं। बनगूजर प्राय: सभी मुसलमान हैं। उनसे चराई कितनी ही जगहों में घी के रूप में ली जाती थी। धौलाधार में 7000 से 9000 फुट की ऊँचाई पर ऐसी बहुत जगहें हैं, जहाँ बरसात में बड़ी अच्छी घास होती है और उपयोगी लकड़ी के अधिक वन भी नहीं हैं। बरसात में यहाँ गूजरों की भैंसें बड़ी संख्या में देखी जा सकती हैं। गूजरों से 1916 ई० के बाद के सालों में प्रतिभैंस दो रुपया कर लिया जाता है। इनकी भैंसें दो से सात सेर तक दूध (प्रतिदिन) देती हैं।

घोड़े की नसल सुधारने और बढ़ाने का यहाँ कोई विशेष प्रयत्न नहीं किया गया। कांगड़ा शहर में जिला-बोर्ड ने नसल सुधारने के लिए एक अरबी घड़ा रखा था। किसी समय नूरपुर के 'सधता' नसल वाले घोड़े बहुत मशहूर थे, लेकिन अब वह लुप्त हो चुके हैं। खच्चर के पैदा करने की भी जिले में कोशिश की गई और इसके लिए जिला-बोर्ड ने डेरागोपीपुर, हमीरपुर और कांगड़ा में बारी-बारी से अच्छी नसल के गदहे भी रखे। यद्यपि खच्चर का दाम बहुत अधिक होता है, तो भी इस तरफ लोगों का ध्यान अधिक नहीं गया।

पश्चिमी हिमाचल प्रदेश की धौलाधार, पांगीधार और जांस्करधार जैसे तुंग हिमाच्छादित शिखरोंवाली पर्वतश्रेणियाँ जहाँ बहुत-से भागों में गाँव बसाने के अनुकूल नहीं हैं, अपने भीतर बड़े-बड़े चरागाहें(गाहर) रखती हैं। उन चरागाहों से चंबा के गद्दी जिस तरह फायदा उठाते हैं, वैसे ही कांगड़ा के गद्दी धौलाधार के दक्षिणी पार्श्वों की चरा-गाहों में अपनी भेड़-बकड़ियाँ चराते हैं। गद्दी भेड़-बकरियों के पालने को अपनी आजीविका मानते हैं। उनके पास साढ़े तीन लाख भेड़-बर्करियाँ हैं जिनमें अधिकांश यद्यपि ब्रह्मौर वजारत में रहती हैं, लेकिन कितने ही कांगड़े की भी हैं। बनगाहल इलाके के कनेत भी भेड़-बकरियाँ पालते हैं। दूसरे लोग भेड़ें नहीं पालते, पर प्रायः हरेक किसान के घर में एक-दो बकरी जरूर देखी जा सकती है। भेड़ों के पालने के लिए दूर-दूर के ऊँचे पहाड़ों पर जाकर अर्धघुमन्तू जीवन व्यतीत करना पड़ता है, जिसके लिए साधारण गृहस्थ तैयार नहीं हैं। गद्दी ही महीनों रहकर वहाँ की बर्फ और वर्षा को सह सकते हैं। वह ऊँची जगहों में अपनी भेड़-बकरियों को साल के आधे से अधिक भाग में रखते हैं, और फिर बर्फ पड़ने पर नीचे के जंगलों में चले आते हैं। ब्रह्मौर के गद्दियों के लिए धौलाधार की उत्तुंग पर्वतश्रेणी आर-पार करना खेल-सा है। आम तौर से गद्दी लोग नवंबर के अंत या दिसंबर के आरंभ में अपने हेमंत निवासों—नीचे के पहाड़ों—में चार महीने रहते हैं। पहली अप्रैल से वह बाहरी हिमालय (धौलाधार) के दक्षिणी पार्श्व के गाँवों में पहुँचते हैं, जहाँ वह दो या अधिक महीने ठहरकर ऊपर चढ़ते हुए पहली जून या कुछ बाद धार को पार कर चंबा, बड़ाबनगाहल या लाहुल की अपनी चरागाहों में चले जाते हैं। तीन या साढ़े तीन महीना वहाँ रहने के बाद वह फिर धौलाधार को 15 सितंबर के आसपास पार कर उसके पश्चिमी पार्श्व पर दो-ढाई महीने रहते हैं, फिर धीरे-धीरे उतर कर पहली दिसंबर के आसपास निचले पहाड़ों में जाड़ा बिताने के लिए आते हैं। गद्दियों का मूल स्थान धौलाधार से उत्तर चंबा में ऊपरी रावी उपत्यका है जिसे आज भी गदेरान के नाम से पुकारा जाता है। बहुत पुराने जमाने से ये मेषपाल धौलाधार के दक्षिणी पार्श्व

में बाँह (रिहलु) से बीर (बनगाहल) तालुके तक की भूमि में अपनी चरवाही किया करते थे। इनमें से कितने ही पीछे कांगड़ा जिले में बस गए, जिनमें से तीन-चौथाई अब भी चंबा में अपने घर और भूमि रखते हैं। धौलाधार के दोनों तरफ घर रखने वाले इन्हीं गद्दियों की भेड़ें कांगड़ा में अधिकतर चरती दिखाई पड़ती हैं। किन्हीं-किन्हीं गद्दियों के पास एक हजार भेड़ें भी होती हैं, और तीर-चार सौ भेड़ें वाले तो बहुत मिल सकते हैं। गद्दी भेड़ों को 'धन' कहते हैं, जो बतलाता है, कि उनका वास्तविक धन भेड़ें हैं। 800 से 1200 भेड़ों को वह लोग कंदाह कहते हैं। हरेक कंदाह पर तीन-चार चरवाहे और कितने ही कुत्तों की आवश्यकता होती है। जिनके पास ज्यादा भेड़ें हैं, वह मजूरी पर बीवाल (चरवाहा) भी रखते हैं। यदि कम भेड़ें हैं, तो साझे में भेड़ रखते हैं। पहले जमाने में गद्दियों को अपनी चराई के लिए वसंत, ग्रीष्म और शरद में तीन बार कर देना पड़ता था। ऊपर के घासवाले मैदानों के बाद बानवाले जंगल गद्दियों की भेड़ों के चरने की जगहें हैं। पीढ़ियों से चराते रहने के कारण वह खास-खास जंगलों को अपना मौरूसी मानते हैं और कुछ पुराने गद्दी-परिवारों के पास चरागाहों के पट्टे भी हैं। बार्नेस ने अपने बंदोवस्त की रिपोर्ट में लिखा है—"कांगड़ा में प्रति सौ भेड़ या बकरी दो रुपया सरकार को चराई-कर देना पड़ता है और उतनी संख्या के लिए चंबा में एक रुपया है।" इस कर की दर में अब बहुत अंतर हो गया है।

वसंत और शरद में गद्दी लोग धौलाधार के दक्षिणी पार्श्व पर चले आते हैं। उस वक्त वसंत में दो महीने और शरद में तीन महीने वह धौलाधार के कांगड़ा वाले पार्श्व में रहते हैं, जिसे वह कंडीधार कहते हैं। यहाँ धार चरागाह के लिए कहा जाता है, जिसे गोठ के नाम से भी पुकारा जाता है। यह धार या चरागाहें कई हैं। प्रत्येक धार में तीन या चार गोठ होते हैं। हरेक धार के अपने अलग-अलग नाम हैं और उनकी सीमाएँ भी बहुत कुछ निश्चित हैं। अधिक ऊँची तथा पथरीली धारों को रिहलू में कोबिन और दूसरी जगहों पर निगाहर कहते हैं। उनसे नीचे वाली जंगल की चरागाहों को कंडली या धार कहते हैं। इन दोनों प्रकार की धारों में एक ही समय गद्दी लोग चराई नहीं करते। शरद, जाड़ा और वसंत में बहुत-से गद्दी कांगड़ा जिले में पाये जाते हैं और बरसात में वह चंबा में चले जाते हैं। यह गर्मी-बरसात की चरागाहें जंगलों की सीमा से ऊपर पहाड़ों की सबसे ऊँची ढलानों में होती हैं, जो कि इसी समय बर्फ से मुक्त होती हैं। चंबा राज्य गद्दियों से इसके लिए चराई लिया करता था। यहाँ भी अपनी धारों को कितने ही गद्दी मौरूसी समझते हैं। ब्रह्मौर-उपत्यका के सिरे पर अवस्थित कुकटी गाँव वाले गद्दी अपनी आसपास की कुकटीधार को अपनी मिलकियत समझते हैं, और वहाँ वह दूसरे चरावाहों को बुला सकते हैं। उनके इस हक को चंबा के राजा भी स्वीकार करते थे। ऊपरी रावी के पार का इलाका चिनौटा है। रावी के पार ब्रह्मौर और लाहुल के इलाके में भी धारों को गद्दी मौरूसी मानते हैं। चंबा जैसी धारें कांगड़ा जिले में बनगाहल इलाके में कोढ और सोवार की कोठियों (इलाकों) में मिलती हैं, जिनकी संख्या 57 के करीब है, और जिनमें से 8 छोड़कर बाकी सभी धौलाधार के पीछे के तालुके बड़ा-बनगाहल में हैं। धौलाधार के

इस पार वर्षा बहुत अधिक है और करीब-करीब रोज होती है। कांडीवाले गाँव के ऊपर वाली धारों को गद्दी लोग गर्मी-बरसात की धार के तौर पर इस्तेमाल करते हैं। बन-गाहल की धारों में भी कुछ गद्दियों की मौरूसी हैं, जिनमें से एक मंडी के एक गद्दी-परिवार की है और बाकी कोथ और सोवार के गाँवों के कनेत लोगों की साझे में मिल-कियत हैं। पहले यह इलाका कुल्लू के राजा के हाथ में था। कितने ही कनेतों के पास कुल्लू के राजा के दिये हुए अपनी धारों के पट्टे भी हैं। लेकिन कनेत आधी धारों का भी इस्तेमाल नहीं कर सकते, बाकी में मंडीवाले चरवाहे अपनी भेड़ों को गर्मियों में ले जाते हैं।

भेड़ों के शत्रु मांसखोर भालू, चीते और कुछ दूसरे जानवर हैं, जिनसे गद्दियों के कुत्ते भेड़ों की रक्षा करते हैं। चीते दिनों पीछा करते मौका पाकर चुपके से झपट्टा मारते हैं, लेकिन जिस भालू के मुँह में खून लग जाता है, वह कुत्तों और चरवाहों के सामने दिन या रात किसी समय भेड़ों पर हमला कर देता है। गद्दी लोग बंदूक रखना अब भी अशुभ मानते हैं, इसकी जगह वह पहाड़ों और चरागाहों के देवताओं की कृपा पर रहना अधिक पसंद करते हैं। उन्हें दूसरी तरह के खतरों का भी सामना करना पड़ता है। बर्फ कभी अचानक जोर की पड़ गई, तो कितनी ही भेड़-बकरियाँ नष्ट हो जाती हैं, किसी हिमानी को पार करते समय भेड़ें भड़क गईं, तो एक के पीछे एक सैकड़ों खड्ड में गिरकर मर जाती हैं। लायल ने एक बार 700 भेड़ों के मरने के बारे में सुना था। ऊँची जगहों में यदि एक पत्थर उनकी खुर के नीचे पड़ कर खिसक गया, तो वह अपने साथ दूसरों को साथ लेकर नीचे चरती कितनी ही भेड़ों को मार सकता है। अंदाज लगाया गया है, कि प्रतिवर्ष चीतों, भालुओं या गिरने-पड़ने से दो सौ के करीब भेड़ें और भेड़-बकरियों के झुंडों में 10 से 300 तक को नुकसान होता है।

हिसारी भेड़ों की तरह ही कांगड़े की भेड़ों का ऊन बहुत अच्छा माना जाता है। ऊन का चौथाई वजन धुलाई में कम हो जाता है। इससे यहाँ पट्टू और दूसरे कपड़े बनाये जाते हैं। गद्दियों की भेड़ों का ऊन फरवरी, जून और अक्तूबर में तीन बार मूँडा जाता है। फरवरी में वह नीचे उपत्यका में मूंडी जाती हैं, बाकी दो बार की मुड़ाई चंबा में होती है। औसतन प्रतिभेड़ बाल में 8 से 10 छटाँक तक ऊन निकलता है, यदि चराई अच्छी हुई, तो वह 12 से 16 छटाँक तक भी निकल सकता है। कितनी ही भेड़ें 24 से 32 छटाँक तक भी ऊन देती हैं। सबसे अधिक ऊन अक्तूबर की मुड़ाई में निकलता है, जिसका कारण बरसात की ऊपरी चरागाहों में भेड़ों का चरना है, लेकिन अक्तूबर का ऊन उतना नरम नहीं होता, जितना फरवरी और जून का। कांगड़ा में भेड़ों की नसल सुधारने के लिए 1908 ई० में 25 मेरिनो भेड़े लाये गये, लेकिन वह गद्दियों को पसंद नहीं आये। जिला-बोर्ड ने कुछ मेरिनो भेड़े और भेड़ियाँ कुल्लू-उपयत्का के भेड़िहरों में भी बाँटे। एक समय दो मेरिनो भेड़े और 25 भेड़ें बैजनाथ में भी नसल बढ़ाने के लिए रखी गईं, और यहाँ से 6 भेड़े और 9 भेड़ियाँ केलंग (कुल्लू-लाहुल) भेजी गईं। मांस के कारण बकरियों का दाम बढ़ जाने से गद्दी लोग अब भेड़ों को कम कर बकरियाँ अधिक पालने

लगे हैं। यह खतरे की घंटी है। बकरियाँ यहाँ मांस और दूध के लिए पाली जाती हैं, जिनमें से कितनी ही अमृतसर भेज दी जाती हैं। देवताओं की बलि के लिए बकरों की बड़ी माँग है। अच्छा बकरा एक मन तक का होता है। यहाँ की बकरियों के बाल बहुत लंबे होते हैं, लेकिन जीते-जी उन्हें न काट, मरने के बाद उनकी रस्सी (डोरा) बँटी जाती है। गद्दी इन डोरों को अपनी कमर में बाँधते हैं और इनसे बर्फानी जूते बनाते हैं। बकरी की खाल आटा आदि ले जाने के लिए थैले का भी काम देती है।

ढोरों की बीमारियाँ हैं – खरेरू या लालू (मुँह और पैर की बीमारी), मनवान, घोटू, गली, पनियाली, मंगे, फोटका। पशुओं की चिकित्सा के लिए कांगड़ा की छह तहसीलों के हेडक्वार्टरों में पशु-चिकित्सालय हैं, और एक पशु-चिकित्सा-इंस्पेक्टर भी है। भवारना में भिकाशाह के मेले में पशुओं की बिक्री होती है।

कांगड़ा जिले में खनिज संपदा भी पर्याप्त है। 1882-83 ई० की रिपोर्ट से मालूम होता है, कि उस समय बीर-बनगाहल की आठ लोहे की खानों में से प्रतिवर्ष 90 मन लोहा तैयार होता था। धौलाधार के दक्षिणी पार्श्व में भी कई स्थानों में बीर के पूर्व वाले गाँवों में लोहा बनाने का काम होता था। भूतत्त्वीय सर्वे के एक विशेषज्ञ मेकार्डो ने 1853 ई० में वैज्ञानिक ढंग से इन खानों का परीक्षण किया। 1856 ई० में फिर एक विशेष कमेटी ने इनकी जाँच की। रिपोर्ट से मालूम हुआ, कि यहाँ चुंबकीय लोहे की घुन इतने भारी परिमाण में है, कि वह खतम नहीं हो सकती। खान का इलाका उह्ल नदी के किनारे दोनों किनारों पर 14 मील तक चला गया है, जिसका केंद्र धरमानी गाँव में है। सारे 14 मील में लोहा मिलता है। बीर इलाके की ओर खानें देवल, नौलिठा, खोद की खड्ड, मल्लासरमानी और देवट में हैं। नारी, बकलाई और गरी में धरमानी वालों ने भट्ठे बनाये थे। परीक्षण से मालूम है, कि उह्ल की खानों की घुनें स्वीडन की सबसे अच्छी खानों के लोहे की घुनों जैसी हैं, और उनको निकालने के लिए बहुत नीचे तक खोदने की जरूरत भी नहीं है। सिरमौर की तरह इन घुनों को भी लकड़ी के कोयले से मामूली ढंग के भट्ठे द्वारा अच्छे लोहे के रूप में परिणत किया जाता था। इन खानों के लोहे को 1858 ई० में इंगलैंड भेजा गया, जहाँ परीक्षा से मालूम हुआ, कि मैनचेस्टर के बढ़िया लोहे से भी यहाँ का लोहा मजबूत है। जहाँ मैनचेस्टर का लोहा 1 इंच पर 56 सौ पौंड का बोझा बर्दाश्त करने के लिए तैयार नहीं था, वहाँ कांगड़ा (माधवपुर) का लोहा 61300 पौंड का भार प्रति वर्गइंच बर्दाश्त कर सकता था। और वही लोहा मैनचेस्टर में घन से पीटने पर प्रति वर्गइंच 71800 पौंड के भार को बर्दाश्त कर सका। यह कहने की आवश्यकता नहीं, कि एक सर्वोत्कृष्ट लोहे की घुन कांगड़ा में मौजूद है।

बीर की खानें अब भी श्रेष्ठ लौहघुन को अपने पेट में छिपाये हुए हैं, लेकिन उसके पास के जंगल उसे काफी इंधन देने के लिए पर्याप्त नहीं हैं। एक टन कच्चे लोहे के बनाने के लिए वहाँ 28 वृक्षों की जरूरत होगी, और लोहे को और शुद्ध करके बाजार में भेजने के लिए और भी अधिक लकड़ी की जरूरत होगी।

पहले कांगड़े में सूती कपड़ा, खासकर खद्दर बहुत बनता था, और प्रायः प्रत्येक

गाँव में अपने काम भर के लिए कपड़ा तैयार हो जाता था। पीछे बाहर से मिलों का कपड़ा आने लगा, जिसके कारण यहाँ के कपड़े के कारबार को भारी हानि उठानी पड़ी। गद्दी लोग अब भी अपने ऊन से पहनने के लिए पट्टू और कंबल बना लेते हैं। नूरपुर में किसी समय कश्मीरी दुशाला और पशमीने की चादरें काफी बना करती थीं, लेकिन 1870 ई० के बाद यह दस्तकारी क्षीण होते-होते लुप्त हो गई। नूरपुर, इंदपुर और सुजानपुर में ऊनी लोइयाँ अब भी कुछ बनती हैं। दूसरी दस्तकारियों में कांगड़ा नगर में चाँदी के तरह-तरह के जेवर बनते हैं। 'कांगड़ा कलम' अपने चित्रों के लिए आज भी विश्व में विख्यात है, और संसारचंद का समय इसका सुनहला समय था, लेकिन वह भी अब खतम हो चुकी है। चाँदी पर मीनाकारी करने की पुरानी कला अभी यहाँ बची हुई है, लेकिन वह अच्छी हालत में नहीं है।

रीठा कांगड़ा में काफी होता था। उस समय इसका काफी व्यापार भी था, जब साबुन का अधिक प्रचार नहीं हुआ था। गद्दी लोग अब भी अपने बारीक ऊन के कपड़ों को धोने के लिए रीठे को अधिक पसंद करते हैं। यदि रीठे को साबुन के रूप में परिवर्तित कर दिया गया होता, तो संभव है उसका उपयोग अब भी अधिक रहता। रीठा (दोदन) के वृक्ष कांगड़े के जंगलों में स्वाभाविक तौर से नहीं पाये जाते, वह कहीं से लाकर लगाये गये हैं। रीठे के दरख्त मैदान में ही नहीं, बल्कि चीनी तहसील के 8000 फुट ऊँची जगहों में भी पाये जाते हैं।

अंग्रेजी जमाने में कांगड़ा जिले में रेशम के कीड़ों के पालने का प्रयत्न किया गया, और सरकार की ओर से इनाम और दूसरी तरह से लोगों को प्रोत्साहन दिया गया। 1878-86 ई० तक हर साल जिले में पैदा हुई रेशम की प्रदर्शनी की जाती थी। लिस्टर कंपनी ने मिस्टर हेलसी के तूत के बाग और कारखाने को लेकर रेशम-उद्योग को आगे बढ़ाने की कोशिश की, लेकिन उसमें सफलता नहीं मिली और बहुत नुकसान उठाकर लिस्टर ने अपने कारबार को बंद कर दिया। इस प्रकार कांगड़े में रेशम का व्यवसाय खतम हो गया।

कांगड़ा जिले में व्यापार की स्थिति बहुत पुराने समय से काफी समृद्ध रही है। यद्यपि कांगड़ा शहर की प्रधानता धर्मशाला में जिले की कचहरियों के चले जाने से खतम हो गई, लेकिन व्यापार के लिए अब भी इसका महत्त्व है। यहाँ का व्यापार मुख्यतः चाय, चावल, चीनी, आलू, स्लेट, ऊन, घी और मसाले का है। चाय के बगीचों से इस जिले को फायदा हुआ है। यहाँ के बेगमी, बासमती आदि अच्छे किस्म के चावलों की भी बड़ी माँग है, जो ज्यादातर जलंधर, अमृतसर भेजे जाते हैं। पाकिस्तान बनने से पहले लाहौर, स्यालकोट, मुलतान और रावलपिंडी तक कांगड़े का चावल जाता था। पुराने जमाने में ऊँट, टट्टू, खच्चर और बैल माल ढुलाई का काम करते थे, लेकिन अब कितनी ही जगहों पर मोटरें हो गई हैं। कांगड़ा और नादोन की तहसीलों से पहले कुछ परिमाण में जिले की चीनी मंडी भेजी जाती थी, लेकिन अब सारी चीनी नीचे की चीनी के मिलें तैयार करती हैं। यहाँ से आलू बहुत भारी परिमाण में जलंधर और दूसरे शहरों में जाता है।

ऊपरी पहाड़ों के लोग ऊनी पट्टू और कंबल बनाते हैं। वह और ऊन कुछ मात्रा में जिले से बाहर भी जाता है। यहाँ का घी पालमपुर, नूरपुर, कांगड़ा, ज्वालामुखी होते पंजाब में पहुँचता है। काफी मात्रा में मधु और मोम भी नीचे भेजे जाते हैं।

कांगड़ा जिले में जलंधर, अमृतसर, पठानकोट और होशियारपुर से बाहर की चीजें आती हैं, जिनमें अनाज, कपास, नमक, तम्बाकू, मिट्टी का तेल और मनिहारी और बजाजी की दूसरी चीजें होती हैं। मंडी का मोटा-झोटा काला नमक भी यहाँ पहुँचता है। लदाख और तिब्बत से ऊन और पशम कुल्लू होकर आती है। किसी समय यारकंद का चरस भी यहाँ बहुत आया करता था, तथा लदाख और यारकंद (चीनी तुर्किस्तान) से सोहागा यहाँ से होकर नीचे जाता था। 1879 ई० की अकाल-रिपोर्ट से मालूम होता है, कि जिले से उस समय एक लाख मन चावल बाहर भेजा जाता था, और गेहूँ, मक्की, चना आदि 9 लाख मन हर साल यहाँ बाहर से आते थे। आयात और निर्यात के मार्ग पहले भी होशियारपुर, लुधियाना, जलंधर, अमृतसर और गुरदासपुर थे, जो अब भी हैं।

कांगड़ा जिले के भीतर मुख्य बाजार हैं—कांगड़ा, पालमपुर, तीरा-सुजानपुर, ज्वालामुखी, नूरपुर, गंगठा। कांगड़ा और ज्वालामुखी में बड़े मेले लगते हैं, जिनमें भी काफी व्यापार होता है। पालमपुर में एक व्यापारिक मेला 1868 ई० से लगने लगा, जो खास तौर से चीनी तुर्किस्तान के लोगों के लिए लगाया गया था, और पहले ही साल रेशम, चरस, पशम, कालीन और टट्टुओं को लेकर 19 यारकंदी पहुँचे थे। 1879 ई० तक यह मेला हर साल अच्छी तरह लगता रहा, पीछे यह स्थानीय मेला हो गया।

पठानकोट और ऊना— यह दोनों पंजाब की तहसीलें वस्तुतः हिमाचल की अंग हैं। इसलिए उनके बारे में कुछ लिख देना जरूरी है। गुरदासपुर जिले की तहसील शंकरगढ़ विभाजन के समय पाकिस्तान में चली गई, जबकि रावी को भारत और पाकिस्तान की सीमा मान लिया गया। बटाला और गुरदासपुर की तहसीलें मैदानी तथा पंजाब की हैं, पर प्राचीन उदुंबर गणराज्य की भूमि पठानकोट तहसील हिमाचल का अंग है। पठान वस्तुतः मुगलकाल तक पैठान कहा जाता था, और इसका पठानों से कोई संबंध नहीं था। पैठान प्रतिष्ठान का अपभ्रंश रूप था, जो कि उदुंबरों की राजधानी का नाम था। प्रतिष्ठान को अरक्षित समझ धमेरी (धर्मगिरि) को राजधानी बनाया गया, जिसे जहाँगीर की चापलूसी करते नूरपुर नाम दिया गया, यह हम बतला आये हैं। पठानकोट तहसील गुरदासपुर जिले के उत्तर में व्यास की शाखा चक्की नदी तथा रावी के बीच में तराई से चंबा की सीमा तक फैली हुई है। पहले इसका कुछ भाग रावी पार भी था, जो अब पाकिस्तान में चला गया है। अधिक ठंडे स्थानों की खोज में अंग्रेजों की गृध्रदृष्टि चंबा की ओर गई और उन्होंने उससे डलहौसी, बालून और बकलोह ले लिए, जहाँ ग्रीष्मपुरी और छावनियाँ बनाई गईं। पठानकोट तहसील के बारे में कर्नल हाईकोर्ट ने लिखा था—"डलहौसी के ठीक नीचे से पीरपंजाल के चरणों तक निम्न पहाड़ों में अवस्थित इस भूखंड का प्राकृतिक सौंदर्य अत्यंत सुंदर है। गाँवों, वृक्षों के झुरमुटों और बहती हुई नदियों द्वारा चिह्नित विस्तृत तथा समतल से मैदान के परे भव्य महान् अत्युन्नत मिहिम-

मंडित हिमालय उठा हुआ है। शायद पंजाब का कोई जिला भूखंड-चित्रकार के लिए ऐसी सुविधा नहीं प्रदान कर सकता।"

चक्की और रावी यहाँ की दो नदियाँ हैं, जिनके बारे में हम कांगड़ा और चंबा के प्रकरण में बतला आये हैं। ऊना तहसील होशियारपुर जिले में है। यद्यपि प्राकृतिक रूप से वह हिमाचल का अंग है, यह हिमालय पर्वतश्रेणी और सिवालिक-कटारधार के बीच अवस्थित है। सोहान नदी के ऊर्ध्व पार्श्व में अवस्थित इसे दून (द्रोणी) जसवान या ऊना दून कहते हैं। दून 4 से 8 मील चौड़ी है, जिसके बीच में ऊना नगर है। यह नगर 1404 फुट ऊँचाई पर बसा है।

7

चंबा

प्राकृतिक रूप

1948 ई० में हिमाचल प्रदेश में विलीन चंबा रियासत 32° 11°30′-33° 13.86′ उत्तरी अक्षांश और 75°49′ 0—77°3.30′ देशांतर में अवस्थित थी, जो सब चंबा जिले के नाम से मशहूर है। इसकी सीमाएँ पश्चिमोत्तर और पश्चिम में जम्मू से, उत्तर-पूर्व और पूर्व में लदाख, कांगड़े के लाहुल और बड़ा-बनगाहल से, दक्षिण और दक्षिण-पूर्व में कांगड़ा और गुरदासपुर के जिलों से मिलती हैं। इसका क्षेत्रफल 3135 वर्गमील, और आबादी 1901 ई० में 127834, 1951 में 1,76,050 थी। चंबा नगर रावी नदी के दाहिने किनारे पर डलहौसी से 18 मील पर अवस्थित है। रावी शाहपुर में पहाड़ों से नीचे उतरती है, जो यहाँ से 50 मील पर है। यह जिला दक्षिण-पश्चिम से पूर्व-उत्तर को 70 मील लंबा और दक्षिण-पूर्व से उत्तर-पश्चिम में प्राय: 50 मील चौड़ा है। इसके भीतर रावी-उपत्यका एवं व्यास-उपत्यका और चनाब-उपत्यका के कुछ भाग हैं। रावी-उपत्यका में चंबा का इलाका पड़ता है, और चनाब (चंद्रभागा) उपत्यका में पांगी और चंबा का लाहुल। सारा जिला दो हजार से 21000 फुट ऊँचे पहाड़ों के भीतर है, और यहाँ के कोई-कोई गाँव 10000 फुट की ऊँचाई पर बसे हैं। हाथीधार और धौलाधार के बीच का चंबा का अधिक भाग व्यास-उपत्यका में पड़ता है। इसे और निम्न रावी-उपत्यका के कुछ थोड़े-से भाग को मिलाकर चंबा की सबसे उर्वर तथा घनी आबादी वाली भट्टियात वजारत (तहसील) है। इसका दक्षिणी भाग बलुवा पत्थर का है, अर्थात् यहाँ के पर्वत सिवालिक के अंग हैं, जिसका सबूत वहाँ के वनस्पति भी देते हैं। यहाँ बाँस, पीपल, आम जैसे वृक्ष होते हैं। साल में जौ-गेहूँ और चावल-मक्की की दो फसलें होती हैं। धौलाधार और पांगी श्रेणी के बीच में उन ऊँचे पहाड़ों से घिरी रावी की उपत्यका है, जिनसे कितनी ही नदियाँ निकलकर रावी में मिलती हैं। इनमें सबसे बड़ी सिउल नदी है, जो चंबा-उपत्यका के उत्तर-पश्चिमी भाग के पानी को बहाती

है।

चंबा पांच वजारतों में बँटी हुई है, जिनमें से तीन की अपनी प्राकृतिक सीमाएँ हैं। चंबा (सदर-वजारत) तुंदा पर्वतश्रेणी और चिरचिंद नाला से धौलाधार तक फैली हुई है।

साहा पर्वतश्रेणी के उत्तर-पश्चिम का भाग, जिसमें सारी सिउल-उपत्यका है, चुराह वजारत है। तुंदा पर्वतश्रेणी के दक्षिण-पूर्व की भूमि, जिसमें बड़ा-बनगाहल से नीचे की रावी-उपत्यका सम्मिलित है, अपनी शाखाओं बुघिल और तुंदाहिन की उपत्य-काओं को लिए छतराढ़ी के पास नीचे छिरछिंद नाला तक ब्रह्मौर वजारत है, चंबा-राजवंश का पुराना राज्य यहीं था, इस इलाके को गदरान और लोगों को गद्दी कहा जाता है। बड़ा-बनगाहल में रावी का उद्गम स्थान है। इस प्रकार यह रावी-उपत्यका का ही एक अंग है, लेकिन उसे चंबा का कभी अंग अधिकार नहीं माना गया। पहले यह इसी नाम की रियासत का उत्तरी भाग था, जिसे 1700 ई० के आसपास कुल्लू और मंडी ने बांटकर अपने राज्य में मिला लिया। बड़ा-बनगाहल पर्वतश्रेणी कुल्लू से चंबा को अलग करती है। पांगीधार और ज़ांस्कर श्रेणी के बीच की भूमि कुछ चौकोर जैसी है, जिसकी प्रत्येक भुजा 35 मील लंबी है। यही चंद्रभागा-उपत्यका है, जिसके बीच से तिरोतनाला (कांगड़ा-लाहुल) से गनौर या संसारी नाला (पांगी-पादर की सीमा) तक चंद्रभागा 80 मील बहती है। यही चंबा की पाँचवीं वजारत पांगी है। चंद्रभागा इस इलाके से बाहर ही पादर में प्रवेश करते समय जहाँ 7000 फुट की ऊँचाई पर बहती है, वहाँ तिरोत में उसकी धार 9000 फुट पर है। ज़ांस्कर-श्रेणी की एक ऊँची बाँही गुरधार, जिसके शिखर 21000 फुट ऊँचे हैं, द्वारा पांगी को करीब-करीब दो बराबर भागों में बाँटी गई है। गुरधार दक्षिण-पश्चिम की ओर सेचू और मियार नालों के बीच से बढ़ती तिंदी के सामने खतम होती है। इसका रौली से गनौर नाले तक फैला पश्चिमोत्तर भाग पांगी है, और रौली से तिरोत तक का दक्षिण-पूर्वी भाग चंबा का लाहुल है। रौली में कोई बस्ती नहीं है, यह शोर (सौर) और तिंदी के बीचोबीच घास की ढलान (गाहर) है।

कनोर की पांगी सतलुज-उपत्यका में जो देवदार और नेवजों के जंगलों के बीच में बसा एक बड़ा ही सुंदर गाँव है, लेकिन चंबा की पांगी का सौंदर्य अद्भुत है। चंद्रभागा यहाँ बहुत नीची खड्ड में बहती है, जिसके किनारे कितनी ही चट्टानें उसी तरह खड़ी हैं, जैसी चिनी के नीचे सतलुज के परले पार शोङ्टङ् के सामने है। कहीं-कहीं तो वह एक, दो हजार फुट ऊँची पत्थर की दीवार-सी खड़ी मालूम होती हैं। यहाँ की अपेक्षाकृत निचली पहाड़ियों की ढलानों पर घास से भरी सुंदर चरागाहें तथा देवदार और कैल के घने जंगल हैं, जिनके पीछे 18000 से 21000 फुट ऊँचे सनातन हिमवाले शिखर अपनी शोभा से दर्शक को चकित करते हैं। कुछ-कुछ मीलों पर उपत्यका खुली मिलती है, जहाँ भूतत्वीय युग में सरोवर रहे होंगे। यहीं पांगी के थोड़े-से और एक-दूसरे से काफी दूर बसे गाँव हैं। रास्ता सँकरा और खतरनाक है, जिन्हें पहले यहाँ के लोग ही पार करने की हिम्मत कर सकते थे। कहीं-कहीं त्रांगरी जैसे खतरनाक सँकरे लकड़ी के पुल से

आदमी को जाना पड़ता था। पांगी इलाके की सैंचू, परमौर, हुनान और सुरालनाला की उपत्यकाएँ बड़ी सुंदर हैं। ये सभी धाराएँ ज़ांस्कर श्रेणी से निकलकर चंद्रभागा में मिलती हैं। मुख्य-उपत्यका में मिलने के समय ये छोटी उपत्यकाएँ सँकरी हो जाती हैं, लेकिन ऊपर की ओर यह काफी चौड़ी हैं, जहाँ कितने ही गाँव बसे हुए हैं। हरेक नाला (धारा) के उद्गम के पास की भूमि में तिब्बती भाषाभाषी (भोट) लोग रहते हैं, इसीलिए उन्हें भोटोरी कहते हैं। पांगी और लाहुल का जाड़ा बड़ा कठोर होता है। अक्तूबर के आरंभ में उपत्यका के निचले भाग में हिमवृष्टि होने लगती है, लेकिन दिसंबर तक वह पिघलती रहती है। इसके बाद मार्च-अप्रैल तक सारी उपत्यका मोटी बर्फ की तह से ढँकी रहती है, और बाहर की दुनिया से ही नहीं, बल्कि एक गाँव से दूसरे गाँव का भी यातायात बंद हो जाता है। इस समय लोग अपने घरों में रस्सी बँटने, सूत कातने का काम करते रहते हैं। पशुओं और प्राणियों के भोजन का इंतजाम पहले ही से कर लेना पड़ता है। बसंत आकर बर्फ को पिघलाने लगता है। उस समय बिना पिघली बर्फ को हटा जोतकर वह अपने खेतों को बोते हैं। यहाँ मुख्यत: गेहूँ, जौ, फुलन, ब्रे, ब्रेज, एलो और मसार की खेती होती है। आम तौर से दो फसलें होती हैं—जौ-गेहूँ शरद में बोये और जून-जुलाई में काटे जाते हैं। फिर ऐसे खेतों में फूलन या ब्रेज बो दिया जाता है, जिसे अक्तूबर में काटा जाता है। पांगी के पास बहुत सुंदर गोचर भूमि है। हरेक गाँव के पास अपनी-अपनी अदवारी (गर्मी की चरागाह) है, जहाँ गर्मियों के आरंभ में ही ढोरों और भेड़ों को ले जाकर शरद तक रखा जाता है। कितनी ही दूसरी चरभूमियाँ भी हैं, जिन्हें गाहर (बुकयाल) कहते हैं। रावी-उपत्यका के गाहरों में यहाँ के लोग पांगीधार पार कर बड़ी संख्या में अपनी भेड़ों-बकरियों को ले महीने-डेढ़ महीने के लिए जुलाई में चराने जाते हैं, आम तौर से और सितंबर में रावी-उपत्यका में लौट वहाँ से धौलाधार के ऊपर से हो सिवालिक के पास नवंबर और दिसंबर में पहुँचते हैं। फरवरी में वह फिर अपने पुराने स्थानों में लौटते हैं।

लाहुल दो भागों में बँटा है, इसका ऊपरी भाग कुल्लू के राज्य का भाग था, जो अब कांगड़ा जिले में है, और निम्न भाग चंबा में। यह विभाजन 1680 ई० के आसपास हुआ था। दोनों का प्राकृतिक रूप करीब-करीब एक-सा है, फर्क इतना ही है, कि ऊपरी लाहुल अधिक खुला है, जब कि निचला लाहुल संकीर्ण है। वर्षा की कमी के कारण यहाँ के पहाड़ों पर जंगल भी बिरल और अधिकतर देवदार तथा पदम काठ (धूप) के, पांगी श्रेणी के उत्तरी पार्श्व पर ही मिलते हैं। लाहुल के अगल-बगल की छोटी उपत्यकाओं में मियारनाला की उपत्यका विशेष महत्त्व रखती है, यद्यपि यह अपने मुहाने पर सँकरी है, किंतु भीतर बहुत फैली हुई है, जहाँ तिब्बती भाषाभाषी लोगों का गाँव है। यहाँ एक ही फसल नंगा जौ, गेहूँ, फूलन, और गन्ने की होती है। पहाड़ की ऊपरी ढलानों में बहुत से गाहर (बुकयाल) हैं, जहाँ गर्मियों और बरसात में पशुपाल अपनी हजारों भेड़ों को लेकर आते हैं।

चंबा में पाई जाने वाली पर्वतश्रेणियाँ इस प्रकार हैं: हाथीधार सबसे निचली

पर्वतश्रेणी सबसे ऊँचा स्थान 5256 फुट धौलाधार के समानांतर उससे 10 मील दक्षिण रिहलू तालुका से रावी तक चली गई है, जो वस्तुतः सिवालिक पर्वतमाला का एक अंग है। हाथीधार के पश्चिमी छोर के नजदीक धौलाधार की एक बांही आकर इससे मिल जाती है। यह चंबा और रिहलू इलाके के बीच सीमा का काम देती है। सीमारेखा हाथीधार की पीठ के साथ-साथ रावी के बाएँ किनारे तक चली गई है। यही चंबा को कांगड़ा और गुरदासपुर के जिलों से अलग करती है। इसके पश्चिम में रावी, चंबा और जम्मू की सीमा है। दूसरी पर्वतश्रेणियों की तरह हाथीधार (सिवालिक) दक्षिण की ओर उत्तर की अपेक्षा अधिक सीधी खड़ी है। यहाँ की चट्टानें तृतीय युग के बलुवा पत्थर आदि की हैं। इस पर लगे घने जंगलों में चीड़ और बौने बान (आंक) के वृक्ष अधिक पाये जाते हैं। हिमाल श्रेणियाँ चंबा में तीन हैं, जो एक-दूसरे से 30 से 40 मील के करीब-करीब समानांतर तथा दक्षिण-पूर्व से उत्तर-पश्चिम को चली गई हैं। इसकी नीचे की ओर से पहली श्रेणी या बाह्य हिमालय को 'धौलाधार' कहा जाता है, जिसे कांगड़ा वाले 'चंबाधार' कहते हैं।

धौलाधार व्यास और रावी की उपत्यकाओं को एक-दूसरे से अलग करती है। यह व्यास के दाहिने किनारे से शुरू होकर कुछ पश्चिम लिये हुए उत्तर की ओर चलती कितनी ही दूर तक मंडी और कुल्लू के बीच सीमा का काम देती है। फिर बडाबनगाहल श्रेणी को अपने में से निकाल कर मध्य हिमालय में मिलाती यह एकाएक पश्चिम की ओर मुड़कर पश्चिमी सीमा पर पहले-पहल चंबा की भूमि को छूती है। यहाँ से आगे 36 मील तक धौलाधार कांगड़ा और चंबा की सीमा का काम देती है। रिहलू तालुका की पश्चिमी सीमा के सामने चंबा की सीमा दक्षिण की ओर झुककर हाथीधार के पूर्वी छोर तक पहुँचती है। यहाँ से रावी तक धौलाधार चंबा की सीमा है। ऊँचाई कम करते-करते यह डलहौसी के पास रावी के बाएँ किनारे पहुँचती है। धौलाधार अपने पश्चिमी छोर पर केवल 5 से 8 हजार फुट ही ऊँची है। यह रावी के किनारे खतम न हो उसके पार जम्मू रियासत में चतरधार के नाम से जारी रहती है, जिसकी 14241 फुट ऊँची कुंडकमलास चोटी डलहौसी से दिखाई पड़ती है। कांगड़े की तरफ से चंबा पर आक्रमण करने में धौलाधार बराबर बाधक रही है। इसके शिखर 14000 से 17000 फुट और घाटे (जोतें) भी 8000 से 15000 फुट ऊँचे हैं। इसकी निचली ढलानों में बान और देवदार के जंगल हैं। चोटियाँ सनातन हिम से ढँकी रहती हैं, जिनसे कितनी ही धाराएँ निकलकर दोनों तरफ बहती हैं। दक्षिण की ओर जहाँ निचले पहाड़ों से धार एकदम 13000 फुट ऊँची हो गई मालूम होती है, वहाँ उत्तर की ओर उतराई धीरे-धीरे लेती है। धौलाधार के पश्चिमी छोर पर, जहाँ पर कि उसकी ऊँचाई बहुत कम हो जाती है, बान और देवदार के जंगल विशेषकर उत्तरी ढलानों में पाये जाते हैं। इन घने जंगलों में गुरांस (बुरांस) के वृक्ष मिलते हैं, जो वसंत के समय सिर से पैर तक सुंदर लाल फूलों से ढँक जाते हैं। धौलाधार के पाषाण आग्नेय संगखारा हैं, जिनके दोनों तरफ सिलुरीय और कार्बनभक्षी युग की चट्टानें हैं। संगखारे की शकल कुछ सफेद-सी है, इसीलिए इस

पर्वतश्रणी का नाम धौलाधार (सफेद श्रेणी) पड़ा।

पांगी धार बाह्य हिमालय या धौलाधार के उत्तर में मध्य हिमालय की श्रेणी है, जो कि सारे हिमालय के उसी नाम की श्रेणी का पश्चिमी बढ़ाव है। कनौर को स्पिती से और कुल्लू को लाहुल-स्पिती से अलग करती यह पर्वतश्रेणी बड़ाबनगाहल के पश्चिमी सीमांत पर चंबा की सीमा के भीतर प्रवेश कर दक्षिण-पूर्व से उत्तर-पश्चिम को 60 मील तक चली गई है। यह पर्वतश्रेणी चंबा को दो बड़े-बड़े और करीब-करीब समान हिस्सों में बाँट देती है। इसके कारण जाड़ों ही में नहीं, बल्कि गर्मियों में भी यातायात चार-पाँच महीने तक सारी जोतों के बर्फ से ढँकी होने के कारण बंद हो जाता है। इस श्रेणी के उत्तर का चंबा जिला पांगी और लाहुल (चंबा) दो भागों में बँटा हुआ है। पांगीधार के उत्तर जाना कोई भी राजकर्मचारी पसंद नहीं करता था। इसे मौत के मुँह में जाना समझा जाता था, इसीलिए वहाँ भेजे गए हरेक अधिकारी को श्राद्ध के खर्च के लिए अलग भत्ता दिया जाता था, जिसे जीवित लौटने पर भी वापस नहीं लिया जाता था। सचमुच ही पांगी चंबा काला पानी था, इसीलिए अपराधियों को वहाँ निर्वासित करके भेजा जाता था।

इस भव्य हिमालय श्रेणी में बहुत-से हिमशिखर हैं, जिनकी ऊँचाइयाँ 19000 फुट तक पहुँचती हैं, और घाटे (जोतें) 14328 से 17000 फुट तक ऊँचे हैं। डलहौसी के पास धौलाधार के पश्चिमी छोर पर अवस्थित डायनकुंड से 30 या 40 मील पर इस पर्वतश्रेणी की शोभा देखी जा सकती है। पर्वतश्रेणी में उत्तरी पार्श्व की अपेक्षा दक्षिणी पार्श्व की चढ़ाई अधिक खड़ी है, जब कि चंद्रभागा की ओर जाने वाली बाहियाँ धीरे-धीरे ढालुआँ होती हैं। चंबा छोड़ने के बाद पश्चिम ओर जा यह मुख्य पीरपंजाल-श्रेणी से मिल जाती है। वस्तुतः दोनों पर्वतश्रेणियाँ एक ही हैं, जिसे चंद्रभागा कश्तवार में फोड़ कर दक्षिण की ओर निकलती है।

पांगी (मध्य हिमालय) श्रेणी जहाँ पहले-पहल चंबा की भूमि को छूती है, वहीं से दक्षिण की ओर मणिमहेश श्रेणी निकलकर दक्षिण की ओर जाती है। यह पर्वतश्रेणी बड़ा बनगाहल और चंबा के बीच रावी तक सीमा का काम देती है, जहाँ से यह सीमा धौलाधार की पृष्ठ पर हो जाती है।

चतर, तुंदाह, दगानी और साहो चारों धारों का यह सम्मिलित नाम दागानिधार है। पश्चिमोत्तर सीमांत पर, जहाँ पांगी-धार चंबा की भूमि को छोड़ती है, वहीं से यह पर्वतश्रेणी निकल कर दक्षिण-पश्चिम की ओर जाती है। यह चंबा और भद्रपुर (जम्मू) की सीमा है। इसके पश्चिमी छोर पर एक छोटी बाँही द्वारा इसका संबंध चतरधार से है। इसी छोटी-सी बाँही पर पदरी और चतरधार की जोतें हैं। वस्तुतः दगानीधार और चतरधार एक ही पर्वतश्रेणी के भिन्न-भिन्न भाग हैं, जो पांगीधार को लेकर रावी और चंद्रभागा के जल-विभाजक हैं। चंबा की सीमा दगानीधार की पृष्ठ पर होती पदरी घाटे के पश्चिम उस जगह तक जाती है, जहाँ से एक दूसरी बाँही निकलती है। उसके साथ-साथ दक्षिण की ओर यह पृथिवी जोर के किले तक पहुंचती है। फिर सिओवा, रावी, संगम

तक सिओवा चंबा को बालोर (जम्मू) से अलग करती है। पांगीश्रेणी और दगानीधार के पत्थर सिलोरीय चट्टानों के हैं। मुख्य हिमाल के पश्चिमी भाग में यद्यपि उसकी कई शाखाएँ फूट निकली हैं, लेकिन उसकी मुख्य धार आंतरिक हिमालय या ज़ांस्कर-श्रेणी है। सतलुज को छोड़ने के बाद उत्तरी कनोर में यह उत्तर-पश्चिम की ओर बढ़ती लद्दाख को स्पिती और लाहुल से अलग करती है, फिर थोड़ी दूर तक चंबा के उत्तरी सीमांत तक साथ-साथ चलकर लाहुल से ज़ांस्कर इलाके को अलग करती कश्मीर-उपत्यका की उत्तरी सीमा बनती है। ज़ांस्कर का इलाका इसी पर्वतश्रेणी के उत्तर में पड़ता है, जिसके कारण इसका यह नाम पड़ा। इसकी कितनी ही चोटियाँ 20000 फुट पांगी और पादर के घाटे 17000 से 18000 फुट ऊंचे तक हैं, इसीलिए सनातन हिमानियों के कारण इनको पार करना आसान नहीं है। पूर्वी लाहुल के उत्तर के घाटे कुछ आसान हैं, इसीलिए लद्दाख जाने वाले व्यापारी वहाँ से जाते हैं। इस पर्वतश्रेणी के पत्थर अधिकतर आग्नेय संगखारा हैं। पश्चिमी (चंबा वाले) लाहुल और पूर्वी (कुल्लू) लाहुल के बीच की सीमा ज़ांस्कर श्रेणी से निकली एक बाँही है, जो कि मियार और कादो-तोकपो नदियों की उपत्यकाओं को अलग करती चंद्रभागा के किनारे तिरोत नाला पर आ यहाँ से पांगीधार के पृष्ठ भाग पर चढ़ती है। इसी तरह की एक पर्वत बाँही पांगी के पश्चिमोत्तर सीमांत पर जांस्कर श्रेणी को दनलोंग् (भूतना) नाला के संगम के नजदीक छोड़ इसी नदी के दक्षिण से होती चंबा के सीमांत को गनौर नाले के उद्‌गम तक पहुँचती है। इस जगह से आगे पांगी और पादर के बीच चंद्रभागा सीमा है।

चंबा की मूल नदी रावी है। इसकी उपत्यका काफी खुली और यातायात के लिए सुगम और किनारे के प्राकृतिक दृश्य बड़े सुंदर हैं। रावी शाहपुर के पास पहाड़ से नीचे उतरती है। पहाड़ में 3000 फुट की ऊँचाई तक इसके वनस्पति वही हैं, जो कि गरम भूमि में होने चाहिए—बबूल, शीशम और पीपल के बीच जंगली जैतून, अनार और अंजीर के वृक्ष मिलते हैं। खुली जगहों में हरे-भरे गाँव बसे हुए हैं। पहाड़ पर खेत छोटे-छोटे सीढ़ियों की तरह दिखाई पड़ते हैं। गाँव भी छोटे-छोटे 12-14 घरों के होते हैं। 7000 फुट की नीचे की ऊँचाई पर रावी-उपत्यका के अधिकांश भाग में साल में दो फसलें होती हैं। निचले भाग में मक्की या चावल और ऊपरी भाग में जौ-गेहूँ बोये जाते हैं। 7000 फुट से ऊपर केवल एक फसल होती है। पहाड़ों के उत्तरी पार्श्व घने जंगलों वाले होते हैं, जबकि दक्षिणी पार्श्व अक्सर नंगे होते हैं, जिसका कारण वहाँ सूर्य की धूप का अधिक पड़ना है।

चंबा के नाम से चनाब या चंद्रभागा का भ्रम हो सकता है, लेकिन वस्तुतः रावी ही चंबा की मुख्य नदी है। यह और इसकी शाखाएँ चंबा के अधिक भाग को सिंचित करती हैं। धौलाधार और पांगीधार के बीच की भूमि का जल रावी और उसकी शाखाओं द्वारा नीचे जाता है। इसका पुराना नाम इरावती ऊपरी भागों में अब भी रौती या इरौती के रूप में मौजूद है। रावी का उद्‌गम मध्य हिमालय और बड़ाबनगाहल श्रेणियों के बीच में है। बड़ाबनगाहल श्रेणी व्यास को ऊपरी कुल्लू से अलग करती है। रावी आगे उत्तर-

पश्चिम की ओर बहती बाराबनसो, त्रेहता और चनाटा होती उलाँस पहुँचती है, जहाँ पर इसकी दो बड़ी शाखाएँ बुधिल तथा तुंदाहिन आ मिलती हैं। इसके बाद रावी की बड़ी धारा छतराढ़ी के सँकरे रास्ते से पहाड़ को चीर कर आगे बढ़ती है। इस सँकरे दर्रे के बाद उपत्यका कुछ चौड़ी हो जाती है। फिर पिउर, राख और महला को पार करते वह उत्तर की ओर झुक कर चंबा (नगर) पहुँचती है, यहीं पर साहो पर्वतश्रेणी से निकल कर आई साहो या साल नदी इसमें आ मिलती है। इन्हीं दोनों नदियों के संगम के पास रावी के दाहिने की अधित्यका में चंबा नगर बसा हुआ है। नगर के ऊपर और नीचे कितने ही मीलों तक उपत्यका चौड़ी है, लेकिन राजनगर में पहुंच कर वह फिर सँकरी हो जाती है। यहाँ से रावी पश्चिम की ओर मुड़ती है, और जल्दी ही इसकी सबसे बड़ी शाखा सिउल आ मिलती है। फिर पश्चिम की ओर बहती यह जम्मू की सीमा को उस स्थान पर छूती है, जहाँ पर कि सिओवा नदी उत्तर से आकर इसमें मिलती है। सिओवा कितनी ही दूर तक जम्मू की सीमा है। इस संगम के बाद रावी दक्षिण-पश्चिम की ओर मुड़ धौलाधार के छोर को घेरती चंबा को जम्मू से अलग करती केहरी में हिमाचल प्रदेश को छोड़कर मैदान में अवस्थित शाहपुर पहुँचती है। सिनधारा से शाहपुर के बीच 25 मील तक रावी में वसंत और शरद के महीनों में खटनो चल सकती है, जो हवा भरी द्रेइन या मशकों के ऊपर खाट बाँध कर घरनई की तरह बनाई जाती है। सवार खाट के ऊपर बैठ जाते हैं, और उसके साथ दो आदमी तैरते हुए खटनो को आगे बढ़ाते हैं। आदमी तभी 7 घंटे तैर कर इस यात्रा को पूरा कर सकते हैं, जबकि पानी अधिक ठंडा न हो। जाड़े के दिनों में धारा क्षीण, पानी स्वच्छ और पारदर्शक हो जाता है। उस समय चंबा के पास के कितने ही स्थानों में आदमी और घोड़े धार को भीतर से पार कर सकते हैं। गर्मियों के आने के साथ जब बर्फ पिघलने से धार बढ़ जाती है, तो पानी का रंग मटमैला और गति भी तीव्र हो जाती है। वर्षाकाल में घोर बड़ी होती है, जब कभी-कभी नाशकारी बाढ़ आ पुलों को बहा ले जाती है। चंबा से नीचे महासिर मछली पकड़ी जाती है, जो कभी-कभी 30 सेर तक की होती है।

रावी पार करने के लिए कई पुल हैं। इसके ऊपरी हिस्से में चनैर में एक स्थायी त्रंगरी (लकड़ी का) पुल है, तियारी में अस्थायी त्रंगरी है, जिसके स्थान पर वर्षा के आरंभ में झूले का पुल बना दिया जाता है। गुरौला, चुरी और बग्गा में अच्छे-खासे लकड़ी के पुल हैं, और महला में तार का झूला पुल है। 1895 ई० में 80 हजार रुपया लगाकर चंबा नगर में लोहे का सुंदर झूलापुल बनाया गया। डलहौसी से उत्तर चुराह में एक तार का झुलापुल है। पिउर में एक झूलाऔर सेरू में गुरुरू तथा हाट में भी गुरुरू से नदी को पार किया जाता है। जाड़े के दिनों में द्रेइन मशक से नदी पार की जाती है। चंबा के नीचे रावी कई स्थानों में पार की जाती है।

रावी की शाखाएँ इस धौलाधार से निकलकर रावी के बाएँ तट पर मिलने वाली धाराओं में छिरछिंद नाला है। इसे नदी के रूप में स्वीकार किया गया है। यह छतराढ़ी के पास रावी में मिलती है। दाहिनी पांगीधार से निकलने वाली बर्फानी नदियाँ रावी की

शाखाओं में विशेष महत्त्व रखती हैं, जिनमें पहली बुधिल नदी है। यह कुकटी-जोत् के पास मध्य हिमालय से निकल हरसेर में अपने बाईं ओर से आने वाली मणिमहेश सरोवर से निकली नदी को लेती 10 मील नीचे ब्रहमौर को छोड़ कुछ ही दूर बाद उलाँसा में रावी से आ मिलती है। मणिमहेश हिमालय का अत्यन्त पवित्र तीर्थ—कैलाश शिखर के नीचे 13000 फुट की ऊँचाई पर अवस्थित है। बुधिलकी 40 मील लंबी है। तुंदीन नदी—यह भी मध्य हिमालय में कालिछू-जोत् से निकलती है, और तुंदाह की खुली उपत्यका से होती बुधिल के संगम से थोड़ा नीचे रावी में आ मिलती है। बुधिल भी करीब 40 मील लंबी है। बेलजेडी चूरी से ऊपर रावी में मिलती है। साहो (साल) नदी साहो श्रेणी से निकल 15 मील चल कर चंबा में यह रावी से मिलती है। सिउल—रावी की सबसे बड़ी शाखा है, जो कि चंबा के पश्चिमोत्तरी भाग की सारी भूमि के पानी को ले आती है। इसका उद्‌गम पदरी-जोत् में है, जहाँ से दक्षिण-पूर्व की ओर सँकरे रास्तों से बहती हिमगिरि के सामने से मुड़कर बहती बलाई के नजदीक तेलेरू में रावी से मिल जाती है। पांगी-धार से निकलने वाली अलवास, बैरा, तिस्सा और चांजू नाला (नदियाँ) सिउल में ही मिलती हैं। दागानीधार से आने वाली बरनोता (नाला) भी इसकी शाखा है। सिउल को पार करने के लिए लंगेरा, भेंट, भांदल, कलोर, सलोर और कोठी में लकड़ी के पुल तथा त्रिउद पलाई के स्थान में गुरुरू से पार किया जाता है।

चंबा की दूसरी मुख्य नदी चंद्रभागा है। चनाब को ऊपर के हिस्सों में अब भी इसके पुराने नाम से पुकारा जाता है। ऊपर इसकी दो मूल धाराएँ चंद्रा और भागा पूर्वी लाहुल को बनाती हैं। यह दोनों ही नाबरालाचा जोत् के पास से निकल कर माला का रूप लेते हुए तिंदी में मिलकर एक हो चंद्रभागा बन जाती हैं। तिरोत में चंद्रभागा पश्चिमी लाहुल इलाके में प्रवेश करती है, और फिर पश्चिम की ओर बहती तिंदी में पहुँच वहाँ से उत्तर को मुड़ मध्य-हिमाल के समानांतर बहती है। मर गाँव में इसकी उपत्यका चौड़ी है, इसके बाद सँकरी होती तिंदी तक जाती है, जहाँ फिर कई मील तक बायाँ किनारा खुला हो जाता है। तिंदी से शोर तक 17 मील की भूमि बड़ी ही दुर्गम है। शोर और पुरथी में नदी के दाहिने तट पर गाँव बसे हुए हैं। उसके बाद फिर उपत्यका मिनधाल और सौच तक सँकरी हो जाती है। सौच से आगे वह फिर विस्तृत हो जाती है, और नदी उत्तर-पश्चिम की ओर बहती ललाम प्राकृतिक दृश्यों के बीच किलार और दरवास होती गनौर (संसारी) नाला में पहुँच कर चंबा को छोड़ जम्मू के इलाके में चली जाती है, जहाँ पादर और कश्तवार के इलाकों में होते अखनूर में पहाड़ छोड़ पंजाब के मैदानों में पहुँचती है।

चंद्रभागा का जल बर्फ के पिघलने के कारण सारी गर्मियों में मटमैला रहता है। धार इतनी गहरी और तेज है कि लाहुल और पांगी में कहीं पर भी इसे पैदल पार नहीं किया जा सकता। जाड़ों में हिमपुंज बहुतायत से गिर कर हिमसेतु बना देते हैं, जिनसे गाँवों के लोग नदी के आर-पार जाते-आते रहते हैं। कभी-कभी इस एकत्रित्त अपार हिमराशि को ऊपर जमा हुआ पानी इतने जोर से तोड़ता है, जिसके कारण नदी पर बने हुए कितने

ही पुल बह जाते हैं। पानी अधिक ठंडा होने के कारण ही, कहा जाता है, चंद्रभागा में मछलियाँ नहीं मिलतीं। दोनों लाहुलों में कितनीही जगहों पर न्यारिये बालू धोकर सोना निकालते हैं, जिससे मालूम होता है, कि सोने की मातृका ऊपर की ओर कहीं पर जरूर है।

हिमाचल प्रदेश में ही बहुत थोड़े-से ताल हैं। चंबा में खजियार और मणिमहेश में दो छोटे-छोटे सरोवर हैं, जिनमें मणिमहेश 13000 फुट की ऊँचाई पर अवस्थित मानसरोवर की तरह ही हिंदुओं के लिए एक पवित्र तीर्थ है, जहाँ पर भादो सुदी 8 का बड़ा मेला लगता है, जिसमें दूर-दूर के पहाड़ के लोग आते हैं, और आवजी को सैकड़ों बकरी-बकरों की बलि चढ़ाते हैं, वहाँ चौमुख नाम से प्रसिद्ध शिवलिंग है। चंबा में मोठिला, साहो, उदयपुर, कल्हेल और मंजीर में गरम पानी के चश्मे हैं, जिनमें नहाने के लिए जेठ और आषाढ़ के महीने में लोग आते हैं। मोठिला और कल्हेल के कुंडों का पानी सबसे ज्यादा गरम है।

बाहरी हिमालय की चट्टानें अधिकतर तृतीय युग की हैं, जिनमें कुछ पीछे की चट्टानें भी मिली हुई हैं। केंद्रीय हिमालय अर्थात् केंद्रीय या मध्य हिमालय में धौलाधार है, जिसके पाषाण अधिकतर संगखारा और दूसरे स्फटिकीय चट्टानों के हैं। आर्य-समूह की चट्टानें ऊपरी, मध्य और निम्न सिवालिक की हैं, जिनमें निम्न सिवालिक को ही नाहन स्थिति भी कहते हैं। ये तीनों तृतीय युग के प्राचीन उषा, मध्य उषा और आधुनिक उषा (Oligocene) काल की हैं। इसी समूह की सिरमौर-माला में कसौली डगशाई और सुबाथू की स्थितियाँ हैं, जो कि उसी युग के अभिनव-उषा (Eocene) काल की हैं। तृतीय युग की चट्टानें होशियारपुर जिले में सिवालिक श्रेणी से धौलाधार की जड़ तक चली गई हैं। इनमें बलुआ पत्थर, लाल या पांडू मिट्टी तथा कुछ फोसील मिलते हैं। सिवालिक माला धौलाधार के दक्षिण में चली गई है। सिरमौर-माला आर्य-समूह की अपेक्षाकृत पुरानी पर्वतमाला है, जिसमें शिमला के पास के पहाड़ पड़ते हैं। धर्मशाला इसी के बलुआ पहाड़ों के ऊपर अवस्थित है। 1905 ई० का भूकंप इसी की भीतरी बनावट के कारण हुआ था। सिरमौर की चट्टानों और हिमालय की पुरानी चट्टानों के बीच में पुराण-समूह की पुरानी चट्टानें हैं। उसकी और पुराना समूह की चट्टानों की सीमा धरमकोट से थोड़ी दूर पर देवीदागल्ला में है। अलोंगकियान-काल से इन चट्टानों का संबंध है। अतिप्राचीन समूह अर्थात् प्राक्कम्बरीय चट्टानें यहाँ की सबसे पुरानी हैं। देवीदागल्ला की सीमा को पार करने पर ये शिलाएँ आती हैं, जिनमें चूना-पत्थर, स्लेट आदि मिलते हैं। इन चट्टानों में फोसील का नितांत अभाव है।

सारा हिमालय खनिज-संपत्ति से भरा हुआ है, लेकिन उसके उपयोग का जो काम पहले होता भी था, वह भी अंग्रेजी शासन में बंद हो गया। नाहन की तरह जहाँ कुछ काम अभी हाल तक होता रहा, उसे बंद कर दिल्ली के नये देवताओं ने कीर्तिलाभ किया है।

ब्रह्मौर, चुराह और पांगी के कुलाल स्थान में लोहा मिलता है। पुराने जमाने में

इन खानों में काम भी होता था, लेकिन सस्ते विदेशी लोहे के आने के बाद वह खतम हो गया। हल परगने में ताँबे की खान में राजा प्रतापसिंह वर्मा (1559-66 ई०) के समय काम होता रहा, लेकिन पीछे बंद हो गया। सोने की धुलाई पांगी और लाहुल में चंद्रभागा के किनारे कुछ जगहों में होती है। नीलम की खान पड़ोस के पादर (जम्मू) जिले में पिछली शताब्दी की अंतिम दशाब्दी में निकली, लेकिन चंबा में उसका पता नहीं लगा है। अभ्रक पांगी के दरवास इलाके में तथा कुछ और जगहों में मिलता है, लेकिन उसमें काम नहीं होता।

चंबा के आसपास तथा दूसरी जगहों में भी अच्छे किसम के स्लेट की खानें हैं। जिप्सम धातु को चंबा में गच कहते हैं, बाथरी के पास मिलता है। पहले किसी समय चंबा में छतों के बनाने में इसे इस्तेमाल किया जाता था। चूना-पत्थर—रावी-उपत्यका में और चंबा से डलहौसी तक धौलाधार के दक्षिण बहुत अच्छे किसम का चूना-पत्थर मिलता है। पांगी में भी चूना-पत्थर मौजूद है। पहाड़ में लोगों के मकानों की दीवारें अनगढ़ पत्थरों की और छतें स्लेट या दूसरे पत्थरों की होती हैं। भट्टियात के कुछ भागों में कच्ची ईंटें भी दीवार बनाने के काम आती हैं। चंबा नगर में सिर्फ रंगमहल में पक्की ईंटों का इस्तेमाल हुआ है। राज्य में चूना-पत्थर बहुतायत से मिलता है, जिससे चूना बनाया जाता है। चंबा नगर में इस्तेमाल होने वाला चूना साहो और फलकी नदियों में से आता है। भट्टी के नीचे लकड़ी के इंधन की मोटी तह रख कर पत्थर को जला कर चूना बनाया जाता है। जमीन में गडहे की भट्टी बना, पत्थर और इंधन रखने के बाद उसे मिट्टी की मोटी तह से लीप दिया जाता है। पेंदी में एक तरफ आग लगाने के लिए छेद बनाया रहता है। चार या पाँच दिन बाद चूना तैयार होता है।

चंबा में मौसम ऋतुओं और तापमान के अनुसार सदैव आकर्षक रहता है। चंबा में जाड़ों में बर्फ बहुत नीचे तक पड़ जाती है, लेकिन गर्मियों में वह (हिमरेखा) ऊपर की ओर हटने लगती है, और जुलाई-अगस्त में 15000 फुट की जगहें भी हिमशून्य हो जाती हैं। पांगी-श्रेणी के दक्षिणी पार्श्व पर सनातन हिमरेखा 15000 फुट और उत्तरी पार्श्व पर 14000 फुट तक रहती है। ऊँचे पहाड़ों में सितंबर से हिमवृष्टि शुरू हो सारे जाड़े में दिसंबर-जनवरी-फरवरी तक जारी रहती है। जाड़ों में 25000 फुट की ऊँचाई पर भी बर्फ गिर जाती है। चंबा नगर 3000 फुट की ऊँचाई पर है। पूर्वी हिमालय में इस ऊँचाई पर हिमवृष्टि असाधारण बात है, लेकिन चंबा में शायद ही कोई जाड़ा अनेक हिमवृष्टियों के बिना बीतता हो। ऊपरी उपत्यकाओं में और भी अधिक हिमवृष्टि होती है। ब्रह्मौर वजारत के लोग हिमालय के अपने जैसे दूसरे भागों के रहने वालों की तरह जाड़ों में अपने गाँवों को छोड़कर निचली जगहों में चले जाते हैं—कुछ कांगड़ा और चंबा नगर में भी जाकर जाड़ा बिताते हैं। चंबा के और भागों में इस तरह का हेमंत-प्रवास नहीं देखा जाता, लेकिन कनौर, ऊपरी तिस्ता (सिकम) आदि में इसे आम देखा जाता है। कुमाऊँ में जिसे घमतप्पी कहते हैं, उसे यहाँ वाले 'जानदार' कहते हैं क्योंकि जाड़ों में धौलाधार के दक्षिण के जिस इलाके में वह जाते हैं, जिसका नाम जानदार है।

वह नवंबर के महीने में अपना गाँव छोड़ते हैं, और अप्रैल-मई में फिर घरों में लौट आते हैं। तिस्ता के लाछैन् के ऊपरी भाग की तरह ये लोग अपने घरों को बिल्कुल छोड़ नहीं आते, बल्कि घर के एक व्यक्ति को वहाँ रख आते हैं, जो वहाँ रहकर पशुओं और चीजों की देखभाल करता है। हाँ, ब्रह्मौर वजारत के गाँव जाड़े में उसी तरह बिल्कुल खाली हो जाते हैं, जैसे गढ़वाल के माणा और नीती।

चंबा में धौलाधार के दक्षिण भट्टियार भट्टियात वजारत में वर्षा बहुत होती है। रावी-उपत्यका में भी वह काफी होती है। सबसे कम वर्षा इस उपत्यका के ब्रह्मौर वजारत में है। बहुत ऊंचा होने के कारण पांगीधार में वर्षा उसके दक्षिणी पार्श्व पर ही मेघ अपने पानी को छोड़ देते हैं; और उनमें से बहुत कम चंद्रभागा-उपत्यका पर दया करते हैं। चंद्रभागा-उपत्यका में जुलाई और अगस्त में बूँदाबाँदी होती है, और सालाना औसत 25 इंच से अधिक नहीं है। कांगड़ा-लाहुल में हिम और जल की सम्मिलित वृष्टि सबसे अधिक 38.79 इंच और अल्पतम 14.51 इंच पाई जाती है, अर्थात् औसतन वह 23.20 इंच है। कम वृष्टि वाले स्थान मीठे अंगूरों तथा दूसरी अच्छे मेवों के लिए उपयुक्त हैं, यदि उनकी ऊँचाई 6-7000 फुट से अधिक न हों। चंबा नगर में अधिकतम तापमान 108.3 और अल्पतम 30.3 पाया गया है। इसके ऊपर जाने पर तापमान कम होने लगता है।

चंबा में वन काफी और वन-संपदा अधिक है। यहाँ का वनांचल बहुत मनोहारी है। 1864 ई० से पहले यहाँ के जंगलात का प्रबंध पुराने ढंग से रियासत करती थी। इसी साल राजा हरिसिंह ने अंग्रेज सरकार को 99 वर्ष के लिए जंगल ठेके पर दे दिया, जिसके लिए अंग्रेज सरकार ने रियासत को 21000 रुपया वार्षिक देना स्वीकार किया, जिसमें से 2500 रुपया जंगल को फिर से लगाने आदि के लिए लौटा दिया। 1884 ई० में ठेके की शर्तों को घटा-बढ़ा कर 21000 रुपया वार्षिक के अतिरिक्त जंगलात के नफे में से भी दो-तिहाई राज्य को देना तै हुआ। 1904 ई० में फिर से ठेके में परिवर्तन कर खर्च निकाल कर सारी आमदनी को राज्य को देना निश्चित किया गया। 1 अप्रैल, 1908 से अंग्रेज सरकार ने जंगलात का महकमा रियासत को सौंप दिया।

6000 फुट के नीचे चंबा में हिमालय की दूसरी जगहों की तरह चीड़, बान, गुरांस और पांगर के दरख्त ज्यादा मिलते हैं। इसके ऊपर की ऊँचाइयों पर देवदार और कैल के जंगल हैं, जिनके ऊपर भोजपत्र और धूप के वृक्ष मिलते हैं। अधिक ऊँचाइयों पर गाहर (बुकयाल पयार) की ढलानें मिलती हैं, जिनमें बर्फ पिघलने के बाद रंग-बिरंगे फूलों का कालीन बिछ जाता है। गाइरो के ऊपर पथरीली पहाड़ियाँ हैं, जिनके शिखर 19000 फुट तक ऊँचे पाये जाते हैं, और जहाँ पर सनातन हिमानियाँ मिलती हैं। चंबा के जंगल दो प्रकार के हैं: रक्षित वन—जिसका प्रबंध रियासत का जंगल-विभाग करता है, और जिसमें नफे का ध्यान रखा जाता है। और (2) अश्रेणीबद्ध-वन—जिसका प्रबंध रियासत का असैनिक-विभाग करता है। इसमें कम उपयोगी काष्ठवाले वृक्ष हैं। (3) रक्षित-वन को पाँच रेंजों में बाँटा गया है, जिनके अफसर रेंजर होते हैं—डलहौसी, तीसा,

चंबा जिसमें ब्रह्ममौर भी शामिल हैं), भांदल, और पांगी। इन्हें प्राकृतिक-विभाजन के अनुसार डलहौसी, ऊपरी रावी और पांगी में विभक्त किया जा सकता है। ऊपरी रावी के जंगलों से रेलवे के लिए स्लीपर तैयार किये जाते हैं, जो रावी में बहाकर शाहपुर गुरदासपुर जिला) में भेजे जाते हैं। पांगी लकड़ियाँ इमारत के काम में आती हैं, और उन्हें चनाब में बहाकर अखनौर में इकट्ठा करके नीचे वजीराबाद (पाकिस्तान) भेजा जाता था।

चंबा में अधिक ठंडी जगह होने के कारण वहाँ के उसके अनुसार बहुत ठंडे मुल्कों की वनस्पति भी मिलती हैं। सिनधारा 5000 फुट, डलहौसी के नीचे से चंबा नगर तक रावी-उपत्यका की वनस्पति सतलुज और चनाब के उसी ऊँचाई की भूमिवाली वनस्पति से अंतर नहीं रखती। यहाँ तौर (थूहर), अमलतास, अमला, बाँस, बेहकर बेकली जैसी वनस्पति मिलती हैं। 3000 फुट के ऊपर फिर चीड़ और जंगली जैतून तथा दूसरी वनस्पति मिलती हैं। 6000 फुट पर लालब्रास आता है, और यहीं चील का क्षेत्र खतम हो जाता है। 6000 से 10000 फुट की ऊँचाई पर खजियार के आसपास देवदार के सुंदर जंगल हैं। इसी ऊँचाई पर पांगी में भी देवदार के वन मिलते हैं, जो अधिक ऊँचाइयों पर जाकर चंबा के लाहुल में बिरल हो जाते हैं, और वहाँ घुपी तथा पदम के वृक्ष भी आने लगते हैं। ऊपरी रावी में भोजपत्र, अंगू (Ash), थांगी (Hazel) के दरख्त मिलते हैं। सारे चंबा में 7000 फुट की ऊँचाई के ऊपर से लेकर वनस्पति की सीमा तक पश्चिमी एशिया और मध्य यूरोप में होने वाली वनस्पति की जातियाँ मिलती हैं। चंद्रभागा के सूखे भाग में मध्य साइबेरिया और तिब्बती वनस्पति मिलते हैं। फर्म (Ferm) जातीय वनस्पति भी चंबा में बहुत मिलती हैं, जिनमें कश्मीर में इनकी 80 जातियाँ हैं, लेकिन चंबा में उनकी संख्या 132 है। इनमें से अधिकांश निष्पुष्प है।

भिन्न-भिन्न भागों में भिन्न-भिन्न प्रकार के वृक्षों की प्रधानता है। भट्टियात इलाके में चील के जंगल ज्यादा हैं। डलहौसी के पास बान और ब्रास (गुरांस) भी पाये जाते हैं, और चील 7000 फुट तक मिलते हैं। निचले भागों में तून, ताली (शीशम), बेर, सिरीस, कटराई, सिम्बल (समाल), बोहर (बरगद), पीपल, ढाक, अमलतास, क्राल के दरख्त पाये जाते हैं। रावी और सिउल-उपत्यका के इलाके में 7000 से 12000 फुट तक के मुख्य वृक्ष हैं— देवदार, ताँस, राई। देवदार के साथ कैल भी मिलता है। ब्रह्मौर की तरफ कैल और देवदार के सम्मिलित जंगल 7000 से 9000 फुट तक पाये जाते हैं। और आगे 10000 फुट तक तोस भी मिला रहता है। निम्न उपत्यकाओं में बान, मोहरू और क्राव तीन जात के बान ओक, वृक्ष मिलते हैं। बान 7000 फुट के आसपास होता है, मोहरू 7000 से 9000 फुट तक और क्राव 12000 फुट तक। 12000 से 13000 फुट तक भुर्ज (भोजपत्र) होता है, जिसके जंगलों में घूप और सफेद ब्रास के वृक्ष मिलते हैं। इस भूभाग के दूसरे जंगली वृक्ष हैं—अखरोट, खौर, मरर, माँदर, (मैपल), गुन (हार्स चैस्टनट), दौरी, खर्क, ककरैन, अरखोल, तितरी, सुन्नू ऐश, शमशाद (Box), को (जैतून), पिआक (एल्डर), चिंरिडी, बैंद (विल्लो), कनलू (सफेदा), चखरे, बरमी

(यो) और ब्रास। चंद्रभागा पांगी-उपत्यका में 7000 फुट की ऊँचाई पर बहती है। यहाँ देवदार और कैल ज्यादा मिलते हैं। चिलगोजा (न्योजा) के वृक्ष भी दरवास के पास मिलते हैं। अनुकूल ऊँचाई पर भी यहाँ बान के वृक्ष नहीं मिलते, हिमालय की दूसरी जगहों पर भुर्ज सबसे ऊँची जगहों पर होता है, लेकिन यहाँ वह दूसरे सूचीपत्रक वृक्षों के जंगलों में साधारण ऊँचाई पर भी मिलता है। अखरोट, सुन्नू आदि के दरख्त जंगलों में बहुत होते हैं।

चंबा में पैदा होने वाले वृक्ष वनस्पति इस प्रकार हैं—गरोल, कमल, कियामल, मरूरी, शूशर, सिम्बल (सेमल), धम्मन, तिम्बर, निंबू, नारंगी, नीम, द्रेक, तून, दौरी, कल्ला, करेला, त्रितू, मिर्च, बेर, कठबेर, झरबेरी, हनकालू, मंदार, कनलू, गून, रीठा, दोदान, चितरा, सनता, तुंग, अरखोल, तितरी, ककराई, आम, काठी, बनशाजल, ढाक, (पलास), ताली, सिउन, रेलमी, अमलतास, काल, तौर, सिरीन, सिरीस, तहली, जामन, चीर, आडू, आलूचा, कण्डा, कानैं, पूरी, कंटिया, बनगुलाब, बिसमली, करर, लैवर, मोहल, भन, चूर, कैंथ, पिनग्यात, रंक, बट्टी, तारा, रजाये, बहेरा, अरजन, किल्लर, अनार, दारू, कुराल, सई, पलियांचे, बखरू, कंटिया, रज़ल, तेलंगी, गंदला, बनबाखरू, आइलन, ब्रासचिन, सरूगर, लोदर, सुन्नू, संजाल, चारा, कऊ, सूनीमरूरी, चंबेली, पुन्ना, मेरवान, बन्नी, चिरिंदी, निग्गी, घिन, तौर, शमशाद, दिउन, मरार, खर्क, बौर, पीपल, पलाख, रूम्बल, कंद्रौल, फगूरा, त्रिम्बल, तूत, करुन, अखरोट, खौर, भूर्ज, पियाक, कराव, मोरू, बन्नी, बान, बन्नी, थांगी, चकपोरे, चकरी, बेद, कंजलू, देवीदियार, पैंतर, घुबपेतर, देवीदितारशूर, चंगाबरमी, नील, कैल, गिरी, केलो, दियार, तोस, राई, निगाल।

हिमाचल में भिन्न-भिन्न ऊँचाइयों के अनुसार तरह-तरह के पशु मिलते हैं। चंबा में बरफानी चीता हिमालश्रेणियों के नजदीक मिलता है। कुछ नीचे लाल भालू, ठार और कस्तूरा मृग होते हैं। इनके नीचे काला भालू, चीता, गुराल, सराव, लक्कड़बग्घा, लंगूर, ठंडे स्थानों के बानर, उडंतू गिलहरी और जंगली बिल्ली मिलती है। भद्रवाह के सीमांत पर कश्मीरी बारहसिंगे भी पाये जाते हैं। निचली पहाड़ियों में गीदड़, काकड़ (मुंतजक), जंगली सूअर तथा रावी के किनारे बहुत-से ऊदबिलाव मिलते हैं। ऊँचे पहाड़ों पर चकोर और बरफानी कबूतर के अतिरिक्त निलगर नामक अत्यंत सुंदर पंखोंवाला पक्षी होता है। इसी प्रकार यहाँ मछलियाँ भी पाई जाती हैं। चंबा में चंद्रभागा में अधिक सर्दी होने के कारण मछलियों का अभाव-सा है। रावी में बहुत तरह की मछलियाँ पाई जाती हैं। प्रसिद्ध बड़ी मछली महासीर चंबा नगर के पास भी होती है। खिखयार, गलदी, डोगरू, गद्दन और जोप्पे आदि और कितनी ही तरह की मछलियाँ यहाँ मिलती हैं। खिखयार बड़ी जाति की मछली है। मछलियाँ जाल या बंसी से पकड़ी जाती हैं, जहर देकर मारना कानून द्वारा निषिद्ध है।

इतिहास

चंबा में हमें इतिहास की ऐसी सामग्री मिली है, जो नेपाल की तरह बहुत पुराने ऐतिहासिक काल तक ले जाती है। तो भी उससे इतिहास के आरंभ या प्राग्-इतिहास पर प्रकाश अधिक नहीं पड़ता। आधुनिक इतिहास-लेखकों ने यहाँ के सबसे पुराने निवासी उन्हीं को माना है, जो कि अब भी काफी संख्या में यहाँ रहते हैं, और अछूत माने जाते हैं। चंबा में इनकी संख्या एक-चौथाई है और इन्हें कोली, हाली, सीपी, चमार, डूमना, बरवाला, मेघ, दरेन, रेहाड़ा, सरारा, लोहार, भटवाल, धोगरी आदि के नाम से पुकारा जाता है। इनमें से बहुत-सी जातियाँ इसी सामाजिक स्थिति में जम्मू तथा पूर्व के पहाड़ों में भी मिलती हैं। यद्यपि ये सभी ऊँची जाति के हिंदुओं की दृष्टि में छोटी जाति के हैं, और उन्हें वह चनाल (चंडाल) कहते हैं, लेकिन इनमें भी आपस में छोटे-बड़े का ख्याल है। कनिंघम ने इन्हें कोली नाम के कारण मध्य भारत के कोल-भील लोगों से एक किया है, और हाली, सीपी, मेघ, दागी आदि को भी कोलियों से जोड़ा है—कुल्लू में दागियों को कोली भी कहा जाता है। आज तो कोई जाति रक्त-सम्मिश्रण से नहीं बची है, इसीलिए छोटी जाति वाले सभी काले या साँवले तथा चौड़ी नाकों वाले हों, और बड़ी जाति वाले गोरे और लंबी नक नाक वाले, यह अनिवार्य नहीं है। तो भी ब्राह्मण-क्षत्रियों की अपेक्षा शिल्पकार जातियों में साँवला या काला रंग ज्यादा दिखाई देता है। शिल्पियों के साथ हमेशा से बड़ी जातियों ने अत्याचार किया है, और उन्हें ऊपर उठने का मौका नहीं दिया। अंग्रेजी शासनकाल में भी कांगड़ा के उदाहरण से हम जानते हैं कि आमदनी का सबसे भारी साधन भूमि बड़ी जातियों के हाथ में थी। छोटी (चनाल) जाति से ऊपर जिन जातियों का स्थान था, उन्हें चंबा में राठी कहा जाता है। कहावत मशहूर है—'चनाल जेठा, राठी कनेठा' अर्थात् चनाल जेठा भाई है, और राठी छोटा भाई, जिसका अर्थ यही है, कि राठी अपने कामों के लिए छोटी जात वालों के अधीन है। जन्म, विवाह और मृत्यु के समय उनके बिना राठी का काम नहीं चल सकता। इससे यह भी अर्थ निकाला गया, कि चनाल जेठ होने से पहाड़ों के आदिम निवासी हैं, और राठी उनके बाद यहाँ आये। शायद राठी और चनाल का यह विभाजन वही है, जिसे पूर्व के पहाड़ों में बिस्ट और डोम कहा जाता है।

पर प्राग्-इतिहास की इन कल्पनाओं में हिमालय की एक बहुत ही महत्त्वशाली जाति किन्नर-किरात का पता नहीं है। हम अन्यत्र बतला चुके हैं, कि एक समय कश्मीर से सारे हिमालय, आसाम, बर्मा, मलाया, जावा और कम्बोज तक किरात जाति रहती थी, जिसे मोन्-ख्मेर नाम से भी पुकारा जाता है। यही हिमालय के सबसे पुराने निवासी हैं। इसमें शक नहीं, कि जब यहाँ मध्य एशिया के खस लोग पहाड़ों ही पहाड़ आकर फैल गये, तो बहुत से किन्नर-किरात भाषा और रक्त से दोनों में उनसे एक हो गये, और तिब्बत के सीमांत पर अपेक्षाकृत अलग-थलग रहने वाले लोग ही अपनी मंगोल मुखमुद्रा और कहीं-कहीं अपनी भाषा को सुरक्षित रख सके। तो भी किन्नर-किरात भाषा वंश की जो आज भी विद्यमान उभय-लाहुली, मलाणी, महासू की कनौरी, गढ़वाल की

मारछा, कुमाऊँ की राजकिराती, नेपाल की मगर-गुरुंग-नेवार-किरात, सिकिम की लेप्चा भाषाओं का पारस्परिक संबंध और उनमें सब जगह पानी के लिए ती शब्द का प्रयोग बतलाता है, कि हिमाचल के पहाड़ों के आदिम निवासी किरात-किन्नर थे। किन्नर या कनौर नाम, जो अब महासू की चिनी तहसील के लोगों के लिए ही रह गया है, वह कभी चंद्रभागा तटवासी लोगों के लिए भी प्रयुक्त होता था, और जिसका प्रमाण यहाँ की लाहुली भाषा आज भी दे रही है।

किन्नर-किरात लोगों के बाद जो जाति पहाड़ों में सबसे पहले आई, वह खस थी। इसके बारे में हम पहले सविस्तार बतला चुके हैं। चंबा में चौथाई संख्या छोटी जातियों की है, वह द्रविड़ या कोल जाति से सम्बद्ध हो सकते हैं। वह अधिकतर शिल्पियों की जाति है। इससे भी मालूम होता है, कि समाज में चाहे उनको निम्न स्थान दिया गया हो, लेकिन शिल्प और संस्कृति में वह उतने पिछड़े नहीं थे। हो सकता है, मैदान से वह उसी समय आये हों, जब कि वैदिक आर्यों ने अपना विस्तार पहाड़ों में किया, अथवा धातुयुग में किरातों और खसों ने स्वयं इन शिल्पकारों को वहाँ निमंत्रित किया।

यद्यपि इतिहास-लेखक हिमालय के पहाड़ों में आर्यों और खसों का भेद नहीं करते, और उनके रूपरंग और उद्गम में उतना भेद है भी नहीं, तो भी यह दोनों भिन्न जातियाँ थीं। खस शकों की पहली लहर थे, जो पूर्वी मध्य एशिया से पहाड़ों ही पहाड़ सारे हिमालय में फैले, और जिन्होंने अपने नाम की छाप काशगर (खसगिरि) कसकर (खशगिरि, गिलगित-चित्राल), कश्मीर और पूर्व के खसिया लोगों के नामों के रूप में छोड़ी। यही खस पीछे शक के नाम से अपनी मूल-भूमि में विख्यात हुए, जिनके सगे-संबंधी आर्य थे। यह स्मरण रखने की बात है, कि भाषा आदि में बहुत सन्निकट का संबंध रखने पर भी आर्य शब्द का प्रयोग केवल ईरानी और भारतीय आर्य ही अपने लिए करते थे। देश में पुरानी द्रविड़-संस्कृति के प्रभाव में आकर आर्य बहुत संस्कृत हो गये थे, जब कि वह पहाड़ों की तरफ बढ़े। उस समय भी पहाड़ के खस अभी जनयुगीन अवस्था में थे, और उनके साथ आने पर ही शताब्दियों तक रहने पर भी उन्होंने जनयुग की बहुत-सी बातों को नहीं छोड़ा, यह उनके मवाली संगठनों और विशेष प्रकार के देवताओं से मालूम होता है। अंत में, सामाजिक व्यवस्था में उन्हें विशेषकर कुलीन खसों को मैदान से आने वालों के साथ समझौता करना पड़ा। देश में आर्य ब्राह्मण, क्षत्रिय और वैश्य तीन जातियों में बँटे थे, चंबा में उनका स्थान ब्राह्मण, राजपूत-ठाकुर और राठी लेते हैं। राठी और ठाकुर संभवतः अधिकांश खस थे।

अपने लंबे इतिहास में चंबा राजवंश का मुकाबिला करने वाली भारत में शायद कोई रियासत नहीं है। इतिहास और पुरातत्व की सामग्री में सारे हिमालय में इसके दूसरे नंबर पर नेपाल को ही कहा जा सकता है। हिमालय के हिमाच्छादित शिखर-पंक्तियों की गोद में बसे इस भूभाग में दुर्गम पहाड़ों के कारण पहुँचना बहुत मुश्किल था, इसलिए पुरानी संस्कृति के बहुत-से भव्य स्मारक यहाँ आक्रमणकारियों से बच रहे। कश्मीर में भी किसी समय पुराने मंदिरों और दूसरी भव्य इमारतों की कमी नहीं थी, लेकिन वह

सिकंदर बुतशिकन (मूर्ति-भंजक) जैसों की क्रूरता का शिकार हुई। वहाँ पर भी बहुत से ताँबे के अभिलेख रहे होंगे, लेकिन उनमें से शायद ही कोई बच पाये। चंबा के राजा मेरुबर्मा की बनवाई पीतल की मूर्तियाँ उसी समय की हैं, जब कि कश्मीर में मार्तण्ड मंदिर बना था। मार्तण्ड आज पत्थरों का ढेरमात्र रह गया है, लेकिन मेरुबर्मा की मूर्तियाँ अब भी सुंदर कारुकार्य वाले देवदार के निर्मित पुराने मंदिरों में मौजूद हैं। चंबा के राजाओं के दिये हुए बहुत-से ताम्रपत्र अब भी दान-पात्र व्यक्तियों की संतानों के घरों में हैं, जो दान दी हुई भूमि का अब भी उपभोग करते हैं। सिक्खों के शासन में भी, जब कि प्रायः सभी पहाड़ी रियासतों की लूट-खसूट हुई और वहाँ की बहुत-सी पुरानी चीजें नष्ट हो गईं, चंबा बचा रहा।

चंबा ने अलैक्जेंडर कनिंघम और डा० फोगल जैसे पुरातत्त्व विशारदों का ध्यान अपनी ओर आकृष्ट किया, जिन्होंने यहाँ के बारे में पुरातत्व-विभाग की रिपोर्टों में कितनी ही बातें लिखीं। कनिंघम ने नई राजधानी चंबा और पुरानी राजधानी ब्रह्मौर ब्रह्मपुत्र के मुख्य-मुख्य मंदिरों के विवरण लिखे। उसने ब्रह्मौर और छतराढ़ी में पाये गये मेरुवर्मा के अभिलेखों का जिक्र किया तथा तीन ताम्र-शासनों और एक शिलालेख का विवरण दिया। इन तीनों ताम्रपत्रों में सबसे पुराने का सम्पादन प्रोफेसर कीलहर्न ने (1888 ई० की इण्डियन एंटिक्वेरी, जिल्द 17, पृष्ठ 7) में किया है। यहाँ छठी से 17वीं सदी तक के डेढ़ सौ से ऊपर अभिलेख मिले हैं, जिन्हें भारत के पुरातत्व-विभाग ने प्रकाशित किया है।

चंबा के पुराने मंदिर पर्वतीय और देशी (नागर) दोनों शैलियों में बने हैं। देशी शैली शिखरदार मंदिरों की है, जो पूरे पत्थर के बने हैं, और अपने समय के देश के दूसरे मंदिरों की तरह मूर्तियों और बेल-बूटों से अलंकृत हैं। ऐसे शिखरदार मंदिर गढ़वाल में केदारनाथ और गोपेश्वर तथा पांडुकेश्वर में मौजूद हैं। कांगड़ा जिले में भी बैजनाथ में इस तरह का मंदिर है। गया जिले में बोधगया और देव के मंदिर इसी तरह के हैं। चंबा नगर के मंदिर चामुंडा छोड़कर प्रायः इसी तरह के हैं। इन मंदिरों में एक गर्भगृह होता है, जिनमें मूर्ति स्थापित है। इनमें मंडप नहीं है। इनके भीतर दो खंभों पर खड़ी एक अटारी से प्रवेश करना पड़ता है। चंबा और दूसरे पहाड़ी इलाकों के शिखरदार मंदिरों मे एक छतरी-सी पत्थर के शिखर के ऊपर होती है। केदारनाथ में भी हम उसे देख सकते हैं। लकड़ी या ताँबे की यह छतरी बेकार की शोभावृद्धि के लिए नहीं है, बल्कि इसकी वजह से भारी सरदी और हिमवृष्टि से शिखर के पत्थरों की रक्षा होती है। शायद शिखरदार मंदिरों के ऊपर छतरी लगाने की खोज पीछे हुई, क्योंकि वह यहाँ के पीछे बने विष्णु-मंदिरों में ही देखी जाती हैं। इतिहासकारों का मत है, कि चंबा में पहले देवी और नाग की मान्यता अधिक थी, और वैष्णव-धर्म का प्रवेश वहाँ पर 10वीं शताब्दी के बाद हुआ। हिमालय के और भागों में भी हमने देखा है, कि वहाँ 12वीं-13वीं शताब्दी तक सर्वत्र पाशुपत-धर्म—जिसमें भी नकुलीश संप्रदाय—की प्रधानता रही।

पर्वतीय और शिखरदार शैली के मंदिरों के अतिरिक्त चंबा में गाँव के मंदिरों के सामने या सड़क के किनारे बहुत-सी पादुकाएँ मिलती हैं। पत्थरों के ढेर के ऊपर एक

चौड़ी पट्टी रखी रहती है, जिसके ऊपर पद-चिह्न के साथ एक त्रिशूल उत्कीर्ण होता है, इसी को 'पादुका' कहा जाता है। कुछ मंदिरों के साथ जहाँ ऐसी पादुका मिलती है, वहाँ कितनी ही मंदिर से काफी दूर स्थापित हैं। तिब्बत और तिब्बती प्रभाव वाले बौद्ध देशों में जिस तरह मंत्रांकित पत्थरों की छल्ली (माणी) खड़ी करके पथिकों को श्रद्धा प्रकट करते पुण्य कमाने का अवसर दिया जाता है, वही अभिप्राय इन पादुकाओं का भी मालूम होता है।

त्रिशूल शिव का हथियार है, और शिव तथा देवी दोनों ही अभिन्न हैं, इसलिए देवी के साथ भी त्रिशूल का संबंध है। उत्तरकाशी (बाराहाट, टेहरी) के छठी शताब्दी के विशाल त्रिशूल को तो बल्कि शक्ति कहा ही जाता है, और दुर्गा महिषासुर को जिस हथियार से मारती हैं, वह भी त्रिशूल है। चंबा के देवी-मंदिरों में छोटे-छोटे लोहे के त्रिशूल बहुत चढ़ाये मिलते हैं। नागों को लोहे के त्रिशूल के अतिरिक्त सर्पाकार टेढ़ी लकड़ियाँ तथा लकड़ी के छोटे-छोटे जूए चढ़ाये जाते हैं। जब बछड़े को पहले-पहल हल में जोता जाता है, तो उसकी रक्षा के लिए नाग देवता को लकड़ी का छोटा-सा जूआ चढ़ाया जाता है।

बहुत पुराने समय में चंबा में ब्राह्मी और खरोष्टी दोनों लिपियों का प्रचार था। ब्राह्मी से सारे भारत की आजकल की ही लिपियाँ नहीं, बल्कि सिंहली, बर्मी, स्यामी, कंबोजी और तिब्बती लिपियाँ भी निकली हैं, जो बाएँ से दाहिने लिखी जाती हैं। खरोष्टी लिपि इब्रानी या अरबी की तरह दाहिने से बाएँ लिखी जाती है। इसका प्रचार सिंधु-तट के प्रदेशों पर ईरान के अखामंशी शाहंशाहों के शासन के समय हुआ था। पठियार और कन्हियारा (कांगड़ा जिला) में दो पाषाण अभिलेख मिले हैं, जिनमें एक ही बात इन दोनों लिपियों में उत्कीर्ण हैं।[1] पठियार का अभिलेख मौर्य काल (ईसा-पूर्व तीसरी-चौथी सदी) का है, और कन्हियारा का कुषाण-काल (ईसा की आरंभिक दो शताब्दियाँ) का है। इससे स्पष्ट है, कि कई शताब्दियों तक इन पहाड़ों और पंजाब में दोनों लिपियाँ प्रचलित थीं। ग्रीव-बाख्तरी तथा कुषाण सिक्कों पर दोनों लिपियों का पाया जाना भी इसी बात को सिद्ध करता है। चंबा में अभी तक मौर्य और कुषाण काल के अभिलेख नहीं मिले हैं। यहाँ के सबसे पुराने छोटे-छोटे पाषाण-लेख छठी शताब्दी की गुप्ता लिपि में है, जिनका व्यवस्थित रूप से अध्ययन अभी नहीं किया गया है। लिल्ह परगने के गुणगाँव के पास के पनालीनाला में पाए गये पाषाण-लेखों में से एक में 'ओं नमः शिवाय' लिखा हुआ है। यह बिल्कुल स्वाभाविक ही है, क्योंकि पाशुपत-धर्म किसी समय सारे उत्तरी भारत की तरह यहाँ पर भी बहुप्रचलित था, और अन्य जगहों से उसके ह्रास हो जाने पर भी यहाँ वह बहुत पीछे तक मौजूद रहा।

जैनरल कनिंघम ने पुरातत्व सर्वे-रिपोर्ट (जिल्द 14, पृष्ठ 109) में मेरुवर्मा (700 ई०) के शिलालेखों का वर्णन किया है, जिनसे चंबा के पुराने इतिहास पर बहुत प्रकाश

1. Epigraphia Indica, Vol. VII (1902-3) p. 116.

पड़ता है। यह लेख लक्षणा, शक्ति, गणेश और नंदी की पीतल की मूर्तियों पर उत्कीर्ण हैं। लक्षणा और शक्ति की मूर्तियाँ लकड़ी के कारुकार्य वाले मंदिरों में ब्रह्मौर और छतराढ़ी में मौजूद हैं। गणेश की मूर्ति ब्रह्मौर के एक मामूली से मंदिर में है, और नंदी वहीं के मणिमहेश (लिंग) शिवालय में स्थापित है। मूर्तियों के सिंहासन में उत्कीर्ण अभिलेख अशुद्ध संस्कृत में हैं, और उनमें समय का उल्लेख नहीं है, तो भी अक्षरों द्वारा वह 8वीं शताब्दी के आरंभ के मालूम होते हैं। इनमें मेरुवर्मा के अतिरिक्त उसके पिता दिवाकर वर्मा, पितामह बलवर्मा एवं प्रपितामह आदित्यवर्मा का भी उल्लेख है। राजवंश के प्रथम पूर्वज मूशुन या मोशुन का भी यहाँ उल्लेख है। एक अभिलेख में मेरुवर्मा के साथ महाराजाधिराज की उपाधि प्रयुक्त की गई है, यदि गुप्तकाल और उसके बाद के सामंतों को भी महाराजाधिराज कहे जाने की तरह यहाँ न किया जाता हो, तो शायद मेरुवर्मा एक स्वतंत्र राजा था। सामंत होने पर भी जब 20वीं सदी के मध्य तक चंबा के राजा अपनी प्रजा पर सर्वतंत्र-स्वतंत्र थे, तो उससे 12 शताब्दियों पहले के शासक भी वैसे ही रहे होंगे, यह निश्चित है। इन अभिलेखों से मालूम होता है, कि मेरुवर्मा की राजधानी ब्रह्मौर (ब्रह्मपुर) थी, और उसके राज्य में छतराढ़ी भी मौजूद था। इससे कुछ मील नीचे रावी के सामने वाले दाहिने किनारे पर अवस्थित गुन भी मेरुवर्मा के राज्य में रहा होगा, यह 1905 ई० की गर्मियों में वहाँ मिले एक पाषाण-लेख से सिद्ध होता है, जिसमें मेरुवर्मा के एक सामंत आषाढ़ द्वारा एक शिवालय बनाने का उल्लेख है।

मेरुवर्मा के दो शताब्दियों बाद अभिलेखों का मिलना बंद हो जाता है। शायद इस काल के अभिलेखों में प्रेली-रा-गला (पाषाण) अभिलेख भी है, जिसमें वंशावलि में न पाये जाने वाले राजा मृत्युंजय वर्मा का नाम मिलता है। 10वीं शताब्दी के मध्य से फिर पुराने अभिलेख मिलने लगते हैं, जिनका सिलसिला वर्तमान काल तक चला आता है। इनमें मुस्लिम-काल के पहले के अभिलेख शारदा अक्षर में हैं, जो पश्चिमी गुप्तालिपि से निकली थी, और जिसका प्रयोग पहले इन पहाड़ों और शायद पंजाब में भी होता था, और जिसे कश्मीरी पंडित अभी हाल तक इस्तेमाल करते रहे हैं। मुस्लिम काल में शारदा ने आधुनिक टाँकरी का रूप लिया, जिसे 18वीं सदी में नागरी ने स्थानच्युत किया। इस काल के पुराने ताम्रपत्रों में राजा की मुहर नागरी में लिखी मिलती है, चाहे लेख टाकरी में उत्कीर्ण हो।

शारदा-लिपि के सबसे पुराने लेख वह हैं, जिनमें साहो गाँव के सामने स्राहण सराहन की सुंदर प्रशस्तियाँ लिखी हैं। सराहन की प्रशस्ति एक पत्थर की पट्टी के दोनों तरफ 22 पंक्तियाँ में लिखी जो गाँव के पास के एक छोटे-से शिवालय में रखी हुई थी। इसमें काल नहीं दिया हुआ है, और न कोई इतिहास-संबंधी सूचना मिलती है, लेकिन उसके अक्षर बहुत ही सुंदर और आज भी बहुत सुरक्षित हैं। 22 श्लोक काव्यमय शुद्ध संस्कृत में लिखे हैं, जिनमें भोगत-पुत्र राजा सात्यकी की रानी सोमप्रभा के सौंदर्य का वर्णन किया गया है। सोमप्रभा को किष्किन्धका के राजा के घर में पैदा हुई बतलाया गया है। इस किष्किन्धा से बाल-सुग्रीव की किष्किन्धा का कोई संबंध नहीं है। यह चंबा के हिमगरी

(हिमगिरि) परगने का ही नाम है। सोमप्रभा के पति ने पार्वती और अपनी पत्नी के बीच अचल स्नेह स्थापित करने के लिए चंद्रशेखर शिव का मंदिर स्थापित किया था। शायद यह शिवालय साहो में था, जिसके एक शिवालय को चंद्रशेखर के नाम से आज भी पुकारा जाता है। यह पाषाण-पट्टिका पीछे सराहन में लाकर रखी गई।

चंबा में दानपत्र के लिए अक्सर ताम्रपत्र इस्तेमाल किये जाते थे। यह बहुसंख्यक मिले हैं, और इनका ऐतिहासिक महत्त्व भी बहुत है। चंबा के राजाओं ने मंदिरों या ब्राह्मणों को दान दी गई भूमि का उल्लेख इन ताम्रपत्रों में किया है। प्राय: चंबा के हरेक राजा ने ऐसे ताम्रपत्र दिये हैं। राजा पृथिवीसिंह (1641-64 ई०) के समय तक के ऐसे 80 ताम्रपत्र मिले हैं, उनकी संख्या उससे दूनी हो सकती है। दस शताब्दियों तक लगातार दिये जाने वाले ऐसे ताम्रपत्र भारत के किसी दूसरे प्रदेश में कहीं नहीं मिलते। नेपाल भी इसके बारे में चंबा से पीछे है। आसपास की पहाड़ी रियासतों में भी इतनी संख्या में इतने पुराने ताम्रपत्र नहीं मिलते। कल्लहण ने अपनी 'राजतरंगिणी' में यद्यपि ताम्रशासन देने का जिक्र किया है, लेकिन कश्मीर में कोई भी ताम्रपत्र नहीं मिला। शायद मुस्लिम-शासन में दान की दी हुई भूमि के छीनने के साथ-साथ इन ताम्रपत्रों का कोई मूल्य नहीं रह गया, और वह बरतन या सिक्के बनाने के काम में आये।

प्रागमुस्लिम कालीन ताम्रपत्रों में सबसे पुराने ताम्रपत्र में साहिल्लवर्मा का जिक्र आता है, जिसने ब्रहमौर से हटाकर अपनी राजधानी चंबा में स्थापित की। साहिल्ल के पुत्र युगाकर ने ब्रहमोर के नरसिंह-मंदिर के लिए इस दानपत्र को प्रदान किया था। इसके बाद साहिल्ल के पौत्र विदग्ध वर्मा का एक ताम्रपत्र मिलता है। बाद के तीन ताम्रपत्रों में सालबाहनवर्मा और उसके दो पुत्रों सोमवर्मा और आसतवर्मा का जिक्र आता है। कीलहार्न ने सालवाहन को चंबा का राजा साल माना है, जिसे राजतरंगि ी के अनुसार कश्मीर के राजा अनंतदेव (1028-63 ई०) ने राज्यच्युत किया था। राजतरंगिणी में आसते के बारे में कहा गया है, कि वह अनंतदेव के पुत्र राजा कलश के समय (1087-88 ई०) कश्मीर आया था। इस प्रकार इन तीनों ताम्रपत्रों का काल 11वीं शताब्दी का उत्तरार्ध है, और पहले दोनों ताम्रपत्र 10वीं शताब्दी के उत्तरार्ध के मालूम होते हैं। मुस्लिम काल से पहले के इन पाँचों ताम्रपत्रों में काल का संकेत प्रत्येक दाता राजा के अभिषेक-संवत् से किया गया है, इसलिए उनका समय इन बाहरी प्रमाणों से ही निश्चित किया जा सकता है।

10वीं-11वीं शताब्दी के इन अभिलेखों से मालूम होता है, कि उस समय चंबा एक स्वतंत्र राज्य था, जिसमें ऊपरी रावी, बुढ़िल नदी की उपत्यकाएँ एवं रावी के दोनों तटों पर चंबा नगर के आसपास का इलाका सम्मिलित था। सभी ताम्रपत्र चंबा से लिखे गये थे। हो सकता है, राज्य सिवालिक तक रावी की सारी उपत्यका चंबा में थी। राजतरंगिणी में 11वीं शताब्दी में बालौर की छोटी पहाड़ी रियासत का जिक्र आता है, यदि वह पामीर के दक्षिण-पूर्व का पुराना बालोर नहीं है, तो शायद यहाँ के ताम्रपत्रों में आये बल्लपुर से वह इलाका अभिप्रेत है, जो आजकल बालोर के नाम से मशहूर है।

पुराने ताम्रपत्रों से यह भी मालूम होता है, कि चंबा राज्य उस वक्त कई मंडलों

में विभक्त था, जिन्हें पीछे परगना कहा जाने लगा।

ताम्रपत्रों के बाद दूसरे महत्त्वपूर्ण अभिलेख वह हैं, जो कि धाराओं, कुंडों और झरनों के ऊपर लिखे गए हैं, और जो करीब-करीब ताम्रपत्रों के ही समकालीन हैं। हरेक कुंड पर उत्कीर्ण वरुण मूर्ति वाली विशाल पट्टिकाओं के ऊपर ये लेख खुदे हुए हैं—वरुण जल का देवता है, यह हमें मालूम ही है। दूसरी मूर्तियों और बेल-बूटों से अलंकृत इन पट्टिकाओं के बीच में वरुण की मूर्ति होती है। किसी-किसी पट्टिका के बीच में पानी निकलने का मुख भी पार किया गया रहता है। कहीं-कहीं पानी गिरने के लिए तीन पट्टियों की कुंडी भी बनी रहती है। इस तरह का पाषाण चंबा ही में नहीं, बल्कि उसके बाहर पूर्वी लाहुल के सीसू स्थान में भी ऐसा एक कुंड मिला है, जिसका उल्लेख मूरक्राफ्ट ने अपनी यात्रा में किया था। चंबा में भी चुराह और पांगी के इलाके में ही ये कुंड-अभिलेख अधिक मिलते हैं। चंबा वाले लाहुल के त्रिलोकनाथ में भी ऐसे कुंड हैं, किंतु उन पर लेख नहीं हैं। रावी-उपत्यका के ब्रह्मौर और छतराढ़ी में कुछ छोटी-छोटी कुंड-पट्टिकाएँ मिलती हैं, किंतु उन पर लेख नहीं हैं, और उसकी जगह नवग्रह, शेशायी विष्णु, दश अवतार और गंगा-यमुना की मूर्तियाँ आमतौर से उत्कीर्ण मिलती हैं। 1906 ई० की गर्मियों में चंबा के एक घर की दीवार में इस तरह का एक पत्थर मिला था। कांगड़ा की सीमा के पास रावी के दाहिने किनारे पर खेरी गाँव के एक पीपल के वृक्ष के नीचे एक सुंदर कुंडशिला बड़ी सुरक्षित अवस्था में रखी हुई थी।

चुराह और पांगी की यह कुछ शिलाएँ अपने अभिलेखों के कारण चंबा की वंशावली पर बहुत प्रकाश डालती हैं। इनमें शास्त्र या सप्तर्षि संवत्—जिसे लोककाल भी कहा जाता है—के साथ ही शासक राजा का अभिषेक-संवत् (विजय-राज्यसंवत्सर) दिया रहता है, और चांद्र महीने की तिथि, बार और चांद्र नक्षत्र का उल्लेख होने से समय का निश्चित करना सुगम है।

पाडर की सीमा के पास लुज गाँव की धाराशिला राजा जासत के प्रथम वर्ष में लिखी गई थी। इसके द्वारा चंबा के इतिहास में यह पहला वर्ष 1105 ई० निश्चित होता है। इस अभिलेख से मालूम होता है, कि उस समय पंगी भी राजा जासत के राज्य में थी। सेचूनाला के साल्ही गाँव में मिली धाराशिला ललित वर्मा के 27वें राज्य वर्ष में लिखी गई थी, जब कि शास्त्र-संवत् 46 (1170 ई०) था। इससे पता लगता है, कि राजा जासत 1144 ई० में गद्दी पर बैठा था। उसके सामंत लुद्रपाल राणा ने इस शिला को स्थापित किया था, जिसके वंशज आज भी साल्ही में रहते हैं। साल्ही की शिला 6 फुट 6 इंच लंबी और 7 फुट चौड़ी होने से अपनी तरह की सबसे बड़ी शिला है। इसका कारुकार्य भी बहुत आकर्षक है। इसमें तीन पंक्तियों में देवताओं की मूर्तियाँ उत्कीर्ण हैं जिनमें हरेक के नीचे लेख है। ऊपरी पंक्ति के मध्य में त्रिशूलधारी शिव हैं, जिनके दाहिने वरुण तथा गणेश हैं, और बायें इंद्र और षडानन कार्तिकेय। हरेक मूर्ति के साथ उसका वाहन है। पट्टिका के बीच में धारा के मुख के लिए बने छेद के ऊपर सोये हुए विष्णु हैं। बाकी आठ मूर्तियाँ एक ही तरह की नदी देवियों की हैं, जिनको उनके वाहनों से पहचाना

जा सकता है। सभी नदियाँ हाथ में कमलनाल और जलकुंभ लिए खड़ी हैं। कुंभ के ऊपर नदी का नाम लिखा हुआ है, जिनसे गंगा, यमुना, सिंधु, वेथ (वितस्ता), झेलम, व्यास और सतलुद्र (सतलुज) का पता लगता है। दो मूर्तियाँ नष्टप्राय हैं, जो शायद चंबा की अपनी दोनों नदियाँ रावी और चंद्रभागा हैं। गंगा-यमुना की मूर्तियाँ हमारे देश में बहुत मिली हैं, लेकिन गंगा से लेकर सिंधु तक की सभी बड़ी-बड़ी नदियों की मूर्तियाँ और कहीं नहीं मिलती हैं। चुराह इलाके के सेई गाँव की धाराशिला भी खास महत्त्व रखती है। यहाँ की मूर्तियों में भी उनके नाम खुदे हुए हैं। यह दो पाँतियों में हैं। ऊपरवाली पंक्ति देवताओं की है, निचली पंक्ति में आदमियों की मूर्तियाँ हैं। यहाँ एक मूर्ति के नीचे शायद जिसकी स्मृति में यह शिला स्थापित की गई थी—का नाम रानोत्रा फाही उत्कीर्ण है। उसके साथ की स्त्री-मूर्ति शायद उसकी पत्नी है, जिसका लेख मिट गया है। दोनों पति-पत्नी शिवलिंग की पूजा करते हुए दिखाये गये हैं। उनके साथ की दो स्त्री-मूर्तियाँ परिचारिकाओं की हैं। मुख्य अभिलेख में धाराशिला की स्थापना का उल्लेख करते हुए अशुद्ध संस्कृत में एक श्लोक लिखा हुआ है, जिसमें भिन्न-भिन्न प्रकार के शुभ कर्मों के पुण्य की मात्रा गिनाई गई है। कवि के अनुसार सबसे अधिक पुण्य सड़क बनाने में होता है। यह अभिलेख संवत्सर 4270 अर्थात् 1168-69 ई० का है। लेख में यह भी लिखा है, कि कलि के 427730 वर्ष और रह गये हैं, अर्थात् कलियुग की आयु आज की तरह 432000 वर्ष की उस समय भी मानी जाती थी। मुस्लिम काल के पहले के अभिलेखों में सेई का अभिलेख ही चंबा में ऐसा मिला है, जिसमें लोककाल या शास्त्र-संवत्सर से भिन्न संवत् का उल्लेख है। सेई से दो मील दक्षिण नघाई गाँव है, जहाँ 1895 ई० के आस-पास एक दर्जन धाराशिलाएँ खोदकर निकाली गई थीं, जिनमें से एक में एक अस्पष्ट लेख है, जिसमें त्रैलोक्यदेव के शासनकाल में रानी मेखला के पुण्यार्थ नागुक-पुत्र राजानक नागप्रसाद के पुत्र देवप्रसाद द्वारा स्थापित वरुणदेव का जिक्र है—वरुणदेव से अभिप्राय इसी धाराशिला से है। पट्टिका के बीच में वरुण देवता की मूर्ति भी उत्कीर्ण है। इसके बाएँ दो छोटी-छोटी मूर्तियों के साथ एक स्त्री-मूर्ति है, जो शायद मृत रानी और उसके दो बच्चों की है। शिला के बिचले भाग को बहुत सुंदर कारुकार्य से सजाया गया है। भाकुंड और ददवार गाँवों में मिली दो धाराशिलाओं में भी त्रैलोक्यदेव का नाम आया है, यद्यपि चंबा की राजवंशावलि में यह नाम नहीं मिलता। तीनों लेख-स्थान एक-दूसरे से बहुत दूर नहीं हैं। हो सकता है, कि त्रैलोक्यदेव चंबा के राजा के अधीन 11वीं शताब्दी के मध्य में कोई स्थानीय शासक रहा हो।

देवीकोठी धाराशिला एक दूसरी ही तरह की है। दूसरों के अभिलेख छोटे तथा संस्कृत-भाषा मिश्रित हैं, जबकि देवीकोठी और मूल-किहार की दोनों विस्तृत प्रशस्तियाँ सुंदर संस्कृत कविता में हैं। यह दोनों अभिलेख अपूर्ण हैं। देवीकोठी के अभिलेख पहले दो बराबर की शिला-पट्टियों में उत्कीर्ण करके जलकुंड की पिछली दीवार में लगे थे। इसी के बनाने का उनमें जिक्र है। शिला के बीच में नारायण की मूर्ति उत्कीर्ण हैं। कविता के पूर्वार्धवाली पट्टिका लुप्त हो गई है। कहा जाता है उसे कोई लामा उठा ले गया। हो

सकता है, उसे किसी ने दीवार बनाने में इस्तेमाल किया हो। दीवारों से दो शिलालेख चंबा में मिल भी चुके हैं, और प्रयाग-म्यूजियम में मौजूद शव भारशिवों के समय की उत्कीर्ण शिला को धोबी ने पाटा बना रखा था। अभिलेख के अवशिष्ट भाग में स्थानीय राणा नागपाल की प्रशस्ति दी हुई है। राणा ने बाप के मरने पर अपनी माँ को सती होने से रोका, और उसने अपने मृत पति के स्मरण में इस जलधानी को बनवाया। यह अभिलेख ललितवर्मा के 17वें साल का है, जिसने नागपाल को 'राजानक' की पदवी दी थी। राजानक से ही राणा शब्द निकला है, यह कहने की आवश्यकता नहीं है। इसमें शास्त्र संवत् भी दिया हुआ था, जो मिट गया है, लेकिन देवीकोठी का अभिलेख चूंकि साल्ही के अभिलेख से 10 साल पहले ललितवर्मा के 17वें साल का है, इसलिए वह 1160 ई० का हो सकता है। प्रशस्ति का लेखक राजगुरु कमल लांछन था, जिसकी काव्य-प्रतिभा का पता इस प्रशस्ति से काफी मिलता है। मूल-किहार की धाराशिला बहुत ही खंडित अवस्था में मिली है। इसका दाहिना छोर टूट गया है, और बचा हुआ भाग भी बहुत कुछ मिट चुका है। यह इतिहास और कविता दोनों की दृष्टि से बहुत महत्त्व की है। सुंदर संस्कृत कविता में प्रशस्ति के 30 श्लोकों में यहाँ के राणा की वंश-परंपरा में बतलाया गया है, कि जलद्रोणी को क्यों बनवाया गया। इसके बहुत से नाम लुप्त हो चुके हैं। पहला नाम गयपालका है, जो कि शायद राजतरंगिणी में उल्लिखित ठाकुर गयपाल है, जो उस सेना का प्रधान सेनापति था, जिसने हर्ष के पौत्र भिक्षाचर को कश्मीर की गद्दी पर फिर से बैठाया था। अभिलेख से मालूम होता है, कि वह काश्यप गोत्र का था। यह भी पता लगता है, कि अपनी पत्नी की स्मृति में इस द्रोणी को गयपाल के पौत्र ने बनवाया था। इसका काल चंबा के किसी राजा—शायद विजयवर्मा—के अभिषेक-संवत् में लिखा हुआ है। लिपि से यह 13वीं शताब्दी के आरंभ का मालूम होता है।

धाराशिलाओं या जलद्रोणियों में से कुछ को ददवार के ब्राह्मणों और शायद भाकुंड के ब्राह्मणों ने भी स्थापित किया था। संसारभयभीत भोशर्मा-पुत्र परिपूर्ण ने इन्हें स्थापित किया था। लेकिन, इनमें से अधिकांश के बनानेवाले राणा थे। बैंजनाथ की प्रशस्तियों से मालूम होता है, कि कांगड़ा-उपत्यका में भी ऐसे राणा पहले थे। कांगड़ा ही क्यों, जम्मू में नेपाल तक सभी जगह एक बार छोटे-छोटे राणा या ठाकुर शासन कर रहे थे। चुराह और पंगी में 12वीं शताब्दी में भी इनकी संख्या अधिक थी, यह इन अभि-लेखों से मालूम होता है। वह चंबा के राजा के सामंत थे, इसीलिए उनके राज्य-संवत को अपने लेखों में इस्तेमाल करते हैं। मुस्लिम काल के अभिलेखों में राणाओं का नाम नहीं मिलता, जिससे यही मालूम होता है, कि राणाओं की सत्ता खतम करके राजा ने अपना पूरा आधिपत्य स्थापित कर लिया था। ये लड़ाकू राणा राजा की निरंकुशता और उसकी शक्ति में बाधक थे। राणाओं को उच्छेद करने के लिए राजा ने कभी शक्ति का इस्तेमाल किया, और कभी दरबारी बनाकर उनके प्रभाव को खतम किया। सोमवर्मा के ताम्रपत्र में दो राणाओं का जिक्र है, जो कि प्रधानमंत्री और वित्त-

मंत्री थे। अंतिम काल में चंबा में बहुत थोड़े-से ऐसे राणा रह गये थे, जिनका अपने स्थान में प्रभाव था। लाहुल के त्रिलोकनाथ का राणा उनमें ये एक था। बाकी राणाओं की संतानें आगे किसान बन केवल अपनी जाति के नाम के तौर पर इस उपाधि को धारण करने लगीं।

1300-1500 ई० के बहुत-से मुस्लिमकालीन ताम्रपत्र मिले हैं, जिनमें भूमि-दान का उल्लेख है। इनमें सबसे पुराना वैरासीवर्मा (1330 ई०) का है। इसके बाद भोटवर्मा (1400 ई०) के चार ताम्रपत्र हैं। इसके बाद तो चंबा के सबसे पीछे के राजाओं तक के लगातार बहुत-से ताम्रपत्र मिले हैं। मुस्लिम काल से पहले और इन पीछे के ताम्रपत्रों में स्पष्ट भेद दिखाई पड़ता है। पहले के ताम्रपत्र सुंदर शारदा अक्षरों में सफाई के साथ उत्कीर्ण तथा करीब-करीब शुद्ध संस्कृत में लिखे हुए हैं, जबकि पीछे के ताम्रपत्र बेढंगी शकल के पत्रों में छोटे-छोटे टांकरी अक्षरों में उत्कीर्ण हैं। इनकी भाषा बहुत ही अशुद्ध संस्कृत है, जिससे मालूम होता है, कि कला और विद्या दोनों में अब बहुत ह्रास हो गया था, खास करके जब से कश्मीर में मुस्लिम शासन स्थापित हो गया।

1500-1700 ई० के ताम्रपत्रों में राजा प्रतापसिंह (अकबर के समकालीन) के शासनकाल में ताम्रपत्रों के लेख और भाषा में कुछ सुधार जरूर हुआ जो शायद अकबर के समय सभी जगह सभी क्षेत्रों में हिंदुओं में उठी नवजागृति का प्रभाव है। इस वक्त मुस्लिम काल के पहले को अनुकरण करने की कोशिश की जाती थी, यद्यपि संस्कृत के ज्ञान में कोई सुधार नहीं हुआ था। दान की गई भूमि की सीमाओं का उल्लेख करते हुए संस्कृत की जगह भाषा का इस्तेमाल तत्कालीन भाषा के नमूने के लिए बहुत उपयोगी है। इसमें बहुत-से आजकल के लुप्त भौगोलिक नामों और कृषि-संबंधी परिभाषाओं का उल्लेख है। राजा बलभद्र (1589-1640 ई०) के 42 ताम्रपत्र कला और विद्या दोनों में कुछ उन्नति होने का परिचय देते हैं। 17वीं-18वीं सदी के ताम्रपत्रों में लोककाल और विक्रम-संवत् के अतिरिक्त शक-संवत् का भी इस्तेमाल हुआ है।

चंबा नगर के बाहर सरौल जाने वाले पुराने रास्ते पर एक चौतरे के ऊपर 10 पंक्तियों का टाँकरी अक्षर में अभिलेख है। टाँकरी अक्षर अभी हाल तक कनौर में भी इस्तेमाल होते रहे, और बिसाहर राज्य के पुराने कागज-पत्र अधिकतर इसी लिपि में थे। टाकरी का यहाँ वही स्थान था, जो कि अंग्रेजों के आने तक पूर्वी उत्तर प्रदेश और बिहार में कैथी लिपि का। यह चौतरा अभिलेख विक्रम-संवत् 1717, शक 1582, शास्त्र संवत् 36 की वैशाख बदी 13 बुध का लिखा हुआ है, जब कि सूर्य मेषराशि में प्रवेश कर रहा था। यह तिथि 28 मार्च, 1660 ई० बुधवार से मिलती है। इस अभिलेख में कहा गया है, कि भगीरथदास के पुत्र वीरदास के पुत्र सुंदरदास ने लक्ष्मीनारायण की प्रसन्नता के लिए एक पीपल लगा चबूतरा बनवाया, जिसमें सभी प्राणी इस सुंदर चबूतरे पर गर्मियों के दिनों में विश्राम करें।

हिमाचल के दूसरे स्थानों में भी एकताबद्ध बड़ा राज्य स्थापित होने से पहले मध्यकाल में बहुराजकता का समय रहा। वही बात हिमाचल प्रदेश में भी देखी जाती है। कांगड़ा, कुल्लू और चंबा में छोटे-छोटे शासकों को ठाकुर या राणा कहते थे, और उनकी शासित भूमि को ठकुराई या रनहूँ। चंबा में राणाओं के बहुत-से अभिलेख मिले हैं, जिनमें से बहुत पुराने 700 ई० के आसपास के अभिलेख में इसका संस्कृत रूप राजानक लिखा है। कश्मीर में भी राजानक की उपाधि मिलती है, जिसे फारसी के प्रभाव के समय राजदान कहा जाने लगा। राणा और ठाकुर में यह भेद बतलाया जाता है, कि राणा वस्तुतः राजपूत जाति से संबंध रखते हैं, जैसा कि आजकल उनके वंशज कहते हैं, और ठाकुर के बारे में ऐसी कोई बात नहीं कही जा सकती। कुछ लोगों का कहना है, कि उनका संबंध राठियों से था। राठी पूर्व के कनैत और खस हैं, जो जाति के तौर पर आर्यों के ही भाई-बंद थे। ठाकुर संभव है, पहले किन्नर-किरात के छोटे-छोटे राजाओं को कहा जाता हो। हम जानते हैं, काठियावाड़ में रियासतों के स्वामी भी ठाकुर की उपाधि धारण करते थे। राजस्थान में राजा और राणा के बाद ठाकुरों का दर्जा आता था, जो वहाँ के अर्द्ध-सामंत होते थे। यह बिल्कुल संभव है, कि राठियों की जन-व्यवस्था में राणा या ठाकुर उनके शासक थे। ठाकुर चंबा में राजपूतों से नीचे और राठियों से ऊपर माने जाते हैं। राजपूत ठाकुरों की लड़की ले लेते हैं, लेकिन अपनी लड़की उन्हें नहीं देते। यही बात ठाकुर राठियों के साथ करते हैं। पुराना नाम उच्चारण ठक्कुर था, जिससे बिगड़कर ठाकुर बना। उत्तर प्रदेश के बहुत-से भागों में ठाकुर नाई की उपाधि है, और मिथिला तथा बंगाल में ब्राह्मणों की भी उपाधि ठाकुर मिलती है। नेपाल के महाराजाधिराज का वंश ठकुरी है, जो अपना संबंध उदयपुर राणाओं से जोड़ते हैं।

ठकुराई या बहुराजकता का काल कब शुरू हुआ, यह निश्चित तौर से नहीं कहा जा सकता। देश के बड़े-बड़े साम्राज्यों—मौर्य, कुषाण, गुप्त, बैस, प्रतिहार—की प्रभुता के समय भी पहाड़ के ठाकुर बिल्कुल उजड़ नहीं गये थे, बल्कि वह उनका केवल आधिपत्य माना करते थे। पहाड़ में जितना ही हम पूर्व से पश्चिम में जाते हैं, उतना ही यह ठकुराई काल में और देर तक मौजूद देखी जाती है। कांगड़े में कुल्लू की अपेक्षा ठकुराई काल को और पुराना माना जाता है। ऊपरी रावी-उपत्यका को चंबा राज्य के संस्थापक ने छठी शताब्दी के मध्य में जीत कर ब्रह्मौर (ब्रह्मपुर) में अपनी राजधानी बनाई। निम्न रावी-उपत्यका में 10वीं शताब्दी के आरंभ में भी ठकुराइयाँ मौजूद थीं। किश्तवार राज्य की स्थापना 10वीं शताब्दी के अंत में हुई थी, इसी समय वहाँ के ठाकुरों का प्रभुत्व नष्ट हुआ। चंद्रभागा-उपत्यका के ठाकुर 12वीं शताब्दी के आरंभ में भी बहुत कुछ स्वतंत्र शासक थे. यह कश्मीर के इतिहास ग्रंथ 'राजतरंगिणी' से मालूम होता है। भद्रवाह राज्य उसे अपनी वंशावलि के अनुसार अकबर के समय के करीब राणाओं की शक्ति को छिन्न-भिन्न करके स्थापित हुआ। चंद्रभागा-उपत्यका के पादरवाले राणा स्वतंत्र शासक थे, जब कि 1664 ई० के बाद चंबा के राजा छतरसिंह ने उनको जीत लिया। उनके वंशज अब

भी वहाँ मौजूद हैं, लेकिन अब उनकी जीविका खेती-किसानी है। पंगी में भी एक ठकुराई थी, जो पादर से भी पहले से मौजूद थी, और उसने बहुत पहले ही चंबा की अधीनता स्वीकार कर ली थी। चंबा वाले लाहुल में पूर्वी लाहुल की तरह ठाकुर अंग्रेजों के शासन-काल तक अपना प्रभात्र रखते थे। पूर्वी लाहुल का तहसीलदार एक ठाकुर-वंश का खानदानी था। लाहुल के ठाकुर भी हाल तक अपने पूर्वजों की जागीरों के मालिक रहे हैं।

पहाड़ में जिस मात्रा में जनयुगीन व्यवस्था बनी रही, उसी के अनुसार उनके सरदारों—राणाओं और ठाकुरों—का प्रभाव भी बना रहा। किलार में एक राणा और एक ठाकुर अभी भी बने हुए हैं। अक्तूबर के वार्षिक मेले के प्रथम दिन उन्हें बड़े बाजे-गाजे के साथ जलूस निकाल कर सभा के स्थान में ले जाया जाता है। स्थानीय राज-कर्मचारी भी अनुचर की तरह उनके दाहिने-बाएँ खड़े होकर जलूस में चलते हैं। चंबा नगर के पास के बन्नू पहाड़ में राणाओं का एक किला अब भी बतलाया जाता है, जिसके बारे में कहावत है—'रहला राणा, बहला राणा। बन्नूकोट सरौलपाणी। भदर्म झिंजन खाणी।' जिससे मालूम होता है, कि बन्नू किले के रहला राणा और बहला राणा को सरौल के चश्मे का स्वच्छ जल और चंबा के पास भदरम का बढ़िया चावल खाने को मिलता था। चंबा के कितने ही इलाकों में और पूर्वी लाहुल में भी ठाकुरों के परिवार जागीरदार के तौर पर हाल तक मौजूद रहे हैं, और उनकी जागीरों को कोठी कहा जाता है। इस कोठी का देश के कोठी शब्द से कोई संबंध नहीं है। यह कोट का बिगड़ा हुआ रूप है, जो ठाकुरों के कितने ही पुराने घरों को देखने से भी सिद्ध होता है।

छोटे-छोटे ठाकुर या राणा पीढ़ियों से चली आती स्थानीय परंपरा और व्यवस्था को कायम रखने तथा आपस में खूनी लड़ाइयाँ लड़ने की क्षमता रखते थे, लेकिन किसी बड़े शत्रु-राजा का मुकाबला वीरतापूर्वक करके भी अंत में उन्हें असफल होना पड़ता था। पहाड़ में पश्चिम में कश्मीर का शक्तिशाली राज्य था, जो छठी-सातवीं शताब्दी से ही कितनी ही बार दिग्विजय करते नेपाल और कन्नौज तक भी पहुँचा था। उसके सामने भला पश्चिमी हिमाचल के ये राणा लोग कैसे ठहर सकते थे? पूर्व में रावी से धौलाधार तक का चंबा का इलाका इस समय कश्मीर के अधीन था। 7वीं शताब्दी के पूर्वार्द्ध में (जब कि चीनी पर्यटक स्वेन्-चांग भारत की यात्रा कर रहा था) और 9वीं शताब्दी में (जब कि कश्मीर ने त्रिगर्तों—कांगड़ा वालों—पर विजय प्राप्त की), तो चंबा को लेते सतलुज के किनारे तक कश्मीर की सीमा थी। 1050-60 ई० में फिर चंबा को कश्मीर ने जीता था। उसके बाद बहुत समय तक स्वतंत्र रहकर मुस्लिम काल में चंबा के राजाओं ने उस वक्त की स्थिति से फायदा उठाकर अपने को स्वतंत्र कर लिया। यद्यपि पश्चिमी हिमालय को कश्मीर, दुर्गर और त्रिगर्त (जलंधर) के तीन हिस्सों में बाँटा गया है, और चंबा को दुर्गर तथा जलंधर दोनों के समूहों में गिना जाता है, पर चंबा पर आधिपत्य का दावा कश्मीर ही करता था।

बहुराजकता-काल के पहले भाग को ठकुराई या रनहू-काल कह सकते हैं। उसके

बाद जब अपेक्षाकृत बड़ी-बड़ी रियासतें पश्चिमी हिमालय में कायम हुईं, तो उसे हम राजपूत-काल के नाम से संबोधित कर सकते हैं, क्योंकि अब ये राजा अपने को देश से आये राजपूतों की बिरादरी का कहते थे। सिरमौर, विलासपुर-सुकेत, कांगड़ा जहाँ भी देखें, राजपूत राजकुमारों ने आकर वहाँ के राणाओं और ठाकुरों को करद या प्रजा बना अपने राज्य की स्थापना की। चंबा राज्य में तो भी अभी पुराने 20 या 30 राणा-वंशों का पता लगता है।

चंबा के इतिहास पर सबसे पहले जेनरल कनिंघम और उसके बाद डच् विद्वान् डॉ० फोगेल के अनुसंधानों से बहुत प्रकाश पड़ा है। डॉ० फोगेल के अनुसार राणाओं ने तुरंत ही अंतिम तौर से अपने अधिकार और अस्तित्व को हाथ से नहीं जाने दिया, बल्कि स्वतंत्र शासक के तौर पर खतम होने से पहले बहुत समय तक वह राज्य के बड़े-बड़े पदों पर रहे, और उन्हें प्राचीनतम ताम्रपत्रों में 'राजानक' कहा गया है, जिनका राजा के बाद दूसरा दर्जा था। शासन-प्रबंध में भी उनका उसी तरह बड़ा हाथ था, जैसा गुप्त या मुगल-काल में हम सामंतों का देखते हैं। जब कभी भी राजा को कमजोर देखते, वह अपने को स्वतंत्र करने के लिए सुकेत के नचना-राणा की तरह तैयार हो जाते। जम्मू की भद्रवाह और किश्तवाड के इतिहास में भी इस तरह की घटनाएँ देखी जाती हैं। सदियों तक ठाकुर-राणा लोगों और राजपूत राजाओं का इस तरह का संघर्ष चलता रहा। जेनरल कनिंघम ने सतलुज और सिंधु के बीच की भूमि को तीन बड़े राज्यों कश्मीर, दुर्गर और त्रिगर्त में बाँट कर तीन बड़े राज्यों के अस्तित्व की बात बतलाई है, जिनमें चंबा का संबंध कश्मीर से देखा जाता है। लेकिन, इससे यह नहीं समझ लेना चाहिए, कि यह तीन बड़े राज्य अपने यहाँ के राजाओं क्या ठाकुरों की भी शक्ति को दबा सके थे।

प्राचीनी साक्षों के अनुसार यद्यपि जलंधर खंड कश्मीर और केदारखंड के बीच के सबसे बड़े पर्वतीय भूखण्ड का नाम था, जिसमें जौनसार से जम्मू तक का पहाड़ सम्मिलित था। किंतु पीछे इसके भी तीन भाग माने गये, जो पश्चिम से पूर्व को दुर्गर (डाँगरा), त्रिगर्त (त्रिगढ़) और सतलुज-उपत्यका। पिछले का पुराना नाम क्या था, यह हम नहीं कह सकते। दुर्गर का अवशेष डोगरा शब्द अब भी मौजूद है, जो वर्तमान जम्मू का इलाका है। त्रिगर्त तीन गर्तों या गड्ढों के कारण नाम पड़ा! गर्त शब्द से जहाँ हिंदी का गडहा बना है, वहाँ पहाड़ में उसका अपभ्रंश गड्ढ या गाड नदीवाचक है, और ये तीनों नदियाँ थीं—व्यास, रावी और चनाब अथवा सतलुज, व्यास, रावी। इसमें बहुत कम संदेह है कि इस भूभाग का पुराना नाम जलंधर था, और जल से यहाँ सतलुज, व्यास, रावी, चनाब नदियाँ अभिप्रेत थीं। कांगड़े को जलंधर और त्रिगर्त दोनों कहा जाता था। उसका यह नाम मुस्लिम-शासन के आरंभिक काल तक प्रचलित था।

पश्चिमी हिमालय में मुस्लिम काल से पहले कश्मीर और कांगड़ा (जलंधर) दो सबसे बड़ी शक्तियाँ थीं। कांगड़ा (त्रिगर्त) का विस्तार व्यास, रावी, चनाब की उपत्यकाओं तक माना जाता था। दुर्गर (डोगरा) जलंधर और कश्मीर के बीच में पड़ता था, जो जिधर शक्ति को मजबूत देखता था, उधर हो जाता था। कश्मीर ने मध्यकाल

में नेपाल के भीतर तक घुसकर अपनी असफल विजय-यात्रा की थी। जब उसके प्रतापी राजा कान्यकुब्ज तक को अपने चरणों में झुकने के लिए मजबूर कर सकते थे, तो वह पड़ोस के त्रिगर्त को कैसे छोड़ सकते थे ?

जलंधर का प्राचीन इतिहास अभी बहुत कम मालूम हो सका। यद्यपि वहाँ का प्रतापी कटोच राजवंश अपना आरंभ बहुत प्राचीन काल से मानता है, और आधुनिक इतिहासकार भी पहाड़ के दूसरे राजवंशों की अपेक्षा उसके दावे को अधिक विश्वसनीय मानते हैं, किंतु हमें प्रामाणिक ऐतिहासिक सामग्री 12वीं-13वीं सदी से पहले नहीं ले जाती। परंपरा हिमालय के इस खंड में 22 मुस्लिम और 22 हिंदू रियासतों का होना बतलाती है। सिंध से पीरपंजाबल तक 22 मुस्लिम रियासतें थीं, और उससे आगे सतलुज तक 22 हिंदू रियासतें, जिनमें 11 दुर्गर की और 11 जलंधर की मानी जाती थीं। चंबा रावी नदी के दोनों किनारों पर अवस्थित है, और उसे दोनों समूहों में शामिल किया गया है। इस प्रकार वस्तुतः रियासतों की संख्या 21 है। 11 की संख्या रूढ़िवश मानी जाती है, नहीं तो जलंधर गुट में बनगाहल, कोटला और शाहपुर की रियासतें भी सम्मिलित थीं, और डोगरा गुट में भोती, दलपतपुर, लखनपुर, रिहासी और त्रिकोट की पाँच और रियासतें मिलकर उसकी संख्या को 16 बना देती हैं।

चंबा के अभिलेखों और इतिहास को देखने से यह साफ मालूम होता है, कि चंबा राजवंश (550-1948 ई०) हिमालय का सबसे पुराना राजवंश है। उत्तर भारत में कन्नौज के मोखरी-राजा वर्मा की उपाधि धारण करते थे। छठी-सातवीं शताब्दी के बाद उत्तर में वर्मा की उपाधि लुप्त हो जाती है, यद्यपि त्रिवांकुर और कोच्चीन के पेंशन-प्राप्त महाराजा अभी भी अपने नाम के अंत में वर्मा लगाते हैं। नेपाल में अंशुवर्मा के ठकुरी वंश के राजाओं के नाम के साथ वर्मा आता है, जिसका समय करीब-करीब वही है, जो कि चंबा के सबसे पुराने राजाओं का। कामरूप (आसाम) में भी हर्षवर्धन के सम-कालीन राजा का नाम भास्करवर्मा था। पीछे यद्यपि ब्राह्मण के साथ शर्मा, क्षात्रिय के नाम के साथ वर्मा और वैश्य के नाम के साथ गुप्त उपाधि लगाने की व्यवस्था दी गई, लेकिन इसका प्रयोग कम-से-कम उत्तरी भारत में 19-20वीं सदी में ही देखा गया, जबकि हिंदुओं के नवजागरण का अर्थ पुराने सुनहले काल में लौटना माना जाने लगा। कश्मीर में जरूर 854-939 ई० तक शासन करने वाले एक राजवंश की उपाधि वर्मा थी। चंबा में छठी-सातवीं सदी से लेकर 16वीं सदी के अंत तक वर्मा की उपाधि ही चलती रही। अकबर के समय राजस्थान के राजपूतों के साथ सिंह नाम को लगता देखकर यहाँ के राजा भी अपने नाम के साथ सिंह लगाने लगे।

बुद्धकाल में राजा को 'देव' कह कर संबोधित किया जाता था, और देव एक तरह राजा का पर्याय था। राजाओं के नाम के अंत में देव लगाना पुराने अभिलेखों में आम देखा जाता है। वही बात चंबा के बारे में भी है। राजा और उच्च कुल के राजपूतों को अभिवादन करते समय इसीलिए 'जयदैया' (जव देव) कहा जाता है। पुराने ताम्रपत्रों से मालूम होता है, कि चंबा-सिंहासन के उत्तराधिकारी को 'युवराज' कहा जाता था।

16वीं सदी के अंत तक यही शब्द उनके लिए व्यवहार होता रहा। पीछे और जगहों की देखा-देखी सिंह नाम लगा। चंबा ने अपने युवराज को टिक्का कहना और छोटे राजकुमारों को उनके आयुक्रम के अनुसार दुथाई, तिरथाई, चौथाई आदि कहना शुरू किया। टिक्का का पहले-पहल प्रयोग 1579 ई० के एक ताम्रपत्र में मिलता है।

राजवंश से संबंध रखने वाले पुरुषों को सारे हिमाचल प्रदेश में 'मियाँ' कहा जाता है, जिसका आरंभ जहाँगीर के समय हुआ, जिसने अपने दरबार में रहने वाले राजकुमारों को इस नाम से पहले-पहल संबोधित किया था। 1613 ई० के एक ताम्रपत्र में पहले-पहल राजा बलभद्र के युवराज पुत्र जनार्दन की उपाधि के तौर पर 'मियाँ' को इस्तेमाल किया गया है। जहाँगीर के गद्दी पर बैठने के पाँच साल बाद ही इस उपाधि का प्रयोग इसीलिए हो सका, कि जहाँगीर ने वलीअहद (युवराज) रहने के समय शायद इस शब्द का प्रयोग किया था।

चंबा की सबसे पुरानी राजधानी ब्रह्मौर (ब्रह्मपुर) थी। वहीं पर चंबा के वर्तमान राजवंश के प्रथम पूर्वज ने संभवतः छठी शताब्दी के मध्य में अपने राज्य की नींव डाली। 'राजतरंगिणी' से पता लगता है, कि कश्मीर के राजा अनंतदेव (1028-63 ई०) ने चंबा पर आक्रमण करके वहाँ के राजा साल को हटा कर उसकी जगह दूसरे को गद्दी पर बैठाया। लेकिन, चंबा की वंशावलि में इस तरह के आक्रमण का कोई जिक्र नहीं है। चंबा-वंशावलि में सेल (साहिल) वर्मा ही ऐसा नाम है, जो 'राजतरंगिणी' में दिए हुए नाम शाल के साथ मेल खाता है। इसे चंबा नगर का निर्माता बतलाया गया है। पहले यह बात वंशावलि और 'राजतरंगिणी' के अटकल पर आधारित थी, किंतु अब तो तीन ताम्रपत्र मिल चुके हैं, जिनमें सालवाहनवर्मा का और उसके बड़े लड़के सोमवर्मा का नाम आया है। यद्यपि सालवाहन नाम चंबा की वंशावलि में नहीं मिलता, पर सालवाहन के छोटे लड़के असतवर्मा का नाम आता है। कश्मीर के अनंतदेव ने इसी सालवाहन को गद्दी से हटाया होगा। ताम्रपत्रों से मालूम होता है, कि सालवाहन और सोमवर्मा दोनों ने शासन किया था। पर यह ताम्रपत्र काल के बारे में हमें कुछ नहीं बतलाते, और उसके लिए हम कश्मीर के इतिहास का ही सहारा ले सकते हैं। अनंतदेव जब छोटा बच्चा था, तभी 1028 ई० में गद्दी पर बैठा। उसने अपनी विजय-यात्रा जवान होने पर अर्थात् 1050 ई० के आसपास की होगी। 1063 ई० में उसने बेटे के लिए गद्दी छोड़ दी, इसलिए उसके बाद उसका चंबा पर आक्रमण करना नहीं हो सकता। सबसे पुराने ताम्रपत्र में लिखा है, कि सालवाहनवर्मा के पुत्र सोमवर्मा ने अपने सातवें विजयराज्य में भादों महीने में चंद्र-ग्रहण के समय यह दान दिया। 11वीं शताब्दी में भादों के महीने में 1047, 1056 और 1066 ई० में चंद्रग्रहण हुए थे। शायद यह दानपत्र 1056 या 1066 ई० वाले चंद्रग्रहण के दिन दिया गया, लेकिन वार गणना पर ठीक नहीं उतरता। इसी ताम्रपत्र में पुत्र ही नहीं, बल्कि पिता सालवाहनवर्मा का भी हस्ताक्षर कुछ मिटा-सा पाया जाता है, जिससे मालूम होता है, कि पिता के अपूर्ण दान-कार्य को पुत्र ने पूरा किया।

1066 ई० से 7 वर्ष पीछे 1059-60 ई० में शायद अनंतदेव ने चंबा पर आक्रमण

किया, और बाप की जगह सोमवर्मा गद्दी पर बैठा। इस समय से 1870 ई० में राजा श्रीसिंह के मरने के समय तक 37 राजाओं ने 810 या 820 वर्ष राज्य किया। इस प्रकार प्रत्येक राजा का औसत शासनकाल 22 वर्ष रहा। 1589-1870 ई० तक 11 राजाओं ने 221 वर्ष राज्य किया, जिससे प्रत्येक राजा का औसत शासनकाल 25 वर्ष निकलता है। हम 25 वर्ष औसत रखकर सालवाहन (1060) से पीछे के 26 राजाओं की गणना करें, तो हमें वंश-स्थापक मरू का समय 540 या 550 ई० मिलता है। इसी समय इस राजवंश की स्थापना हुई थी। छठी शताब्दी में स्थापित राजवंश भारत में कोई नहीं है, यह हम जानते हैं।

पहली राजधानी ब्रह्मौर (ब्रह्मपुर) ऊपरी रावी-उपत्यका—गदरान इलाके—में थी, यह परंपरा अब भी सुनी जाती है, और ब्रह्मौर में इसके पुरातात्विक प्रमाण भी मिलते हैं। वहाँ पीतल की मूर्तियों पर तीन और ब्रह्मौर तथा चंबा के बीचोबीच में अवस्थित छतराढ़ी गाँव में भी एक अभिलेख मिले हैं। मणिमहेश (ब्रह्मौर) के मंदिर के सामने पूरे आकार के पीतल के नादिया के ऊपर एक अभिलेख है, कि जिसको बनाने वाला मरू की 8वीं पीढ़ी में हुआ मेरुवर्मा बतलाया जाता है। परंपरा यह भी बतलाती है, कि उसी राजा ने लक्षणादेवी, शक्तिदेवी और गणेश की मूर्तियों को स्थापित किया था, जिन पर अभिलेख खुदे मिले हैं। अभिलेख स्वयं इस परंपरा की पुष्टि करते हैं। सब में मेरुवर्मा का नाम पाया जाता है, जिसकी आज्ञा से इन मूर्तियों की स्थापना हुई थी। इतना ही नहीं, बल्कि लक्षणा देवी और गणेश (ब्रह्मौर) के अभिलेखों में राजा अपनी तीन पीढ़ियों के नामों को गिनता है—उसका पिता दिवाकरवर्मा, पितामह बलवर्मा और प्रपितामह आदित्य-वर्मा था। इनमें से दो नाम कुछ हेर-फेर के साथ वंशावलि में मिलते हैं, बलवर्मा का नाम नहीं मिलता। वंशावलि में आदित्यवर्मा को आदिवर्मा बना दिया गया है, और दिवाकर-वर्मा को देववर्मा। इन अभिलेखों में कोई काल नहीं दिया गया है। वंशावलि में लेखक के प्रमाद से नामों का आगे-पीछे हो जाना देखा जाता है। इसी कारण से मेरुवर्मा को उसके पिता दिवाकरवर्मा की पाँचवीं पीढ़ी में रख दिया गया। फोगल मेरुवर्मा का समय 680-700 ई० निश्चित करते हैं। इन सभी अभिलेखों का लेखक गुग्गा नामक एक ही आदमी था, जिससे भी सिद्ध होता है, कि उनमें पाँच पीढ़ियों का अंतर नहीं था। गुग्गा को वर्तमान परंपरा भी स्वीकार करती है। 550 ई० से 1870 ई० तक चंबा की गद्दी पर 63 राजा बैठे।

चंबा के राजा बेरासीवर्मा का ताम्रपत्र ही ऐसा है, जिससे हम काल की निश्चित गणना कर सकते हैं। यह शास्त्र-संवत् 6 तथा विक्रम-संवत 1387 अर्थात 1330 ई० में लिखा गया था। शायद यहाँ पहली बार चंबा में विक्रम-संवत् का उल्लेख मिला है। इसके पहले कश्मीर की तरह लोक-काल या शास्त्र-संवत्—जिसे सप्तर्षि-संवत् भी कहते हैं—का प्रयोग होता था। 'राजतरंगिणी' में इसी को लौकिक (कश्मीरी) संवत् कहते हैं। अंग्रेजी शासनकाल में भी चंबा में विक्रम-संवत् और ईसवी-सन् के साथ-साथ इस संवत् का प्रयोग होता था। इस गणना में 2700 वर्षों का एक चक्र होता है, जिसकी प्रत्येक शताब्दी को 27 नक्षत्रों में से एक का नाम दिया जाता है। इस गणना में दोष यह है, कि

वह सौ वर्ष से अधिक तक नहीं गिनी जा सकती, और हर शताब्दी के बाद फिर संवत् को एक से शुरू किया जाता है। तिब्बत में हाल तक प्रचलित रब्-जुंग (प्रभव) की गणना भी कुछ-कुछ इसी तरह की है, जिसका चक्र 60 संवत्सरों का है—यह 60 संवत्सर हमारे पंचांगों में भी दिये जाते हैं। लोक-काल संवत् की हरेक शताब्दी का पहला वर्ष ईसवी-सन् शताब्दी के प्रत्येक 24वें वर्ष के अनुसार होता है, अर्थात् 1924 ई० में पहला लोक-काल था। बेरासीवर्मा के बाद 1330 ई० के बाद के सभी ताम्रपत्रों में यह संवत्सर दिया जाता है, जिससे हरेक ताम्रपत्र का ठीक-ठीक समय निकालना आसान है। ताम्रपत्रों में शास्त्र (लोक) संवत् और विक्रम-संवत् के साथ महीना, तिथि और किसी-किसी में वार भी दिया रहता है। यदि 14वीं शताब्दी से लगातार मिलने वाले इन ताम्रपत्रों को ही ले लिया जाए, तो मालूम होगा, कि इतना प्रामाणिक और लंबा इतिहास हिमालय के किसी राजवंश का नहीं मिलता।

चंबा की वंशावलि यहाँ के राजाओं को सूर्यवंशी बतलाती है, जो विष्णु या नारायण से आरंभ होती है, जिसकी 63वीं पीढ़ी में रामचंद्र आते हैं। वंशावलि ने नाहक चंबा के राजवंश को उदयपुर के राणा-वंश से जोड़ने की कोशिश की है। उदयपुर के राणा लव की संतान बतलाए जाते हैं, जबकि चंबा की वंशावलि में कुश को उनका पूर्वज बतलाया गया है। नामों को छोड़कर प्राचीन बातों में वंशावलियाँ बहुत अप्रामाणिक होती हैं, इसका पता चंबा की वंशावलि से भी लगता है। इसमें कहा गया है, कि यहाँ के राजाओं का मूल स्थान अयोध्या है, जहाँ से वह गंगा के ऊपरी भाग में कलाप नामक स्थान में आकर रहे। पौराणिक नामों के गिनाने के बाद फिर ऐतिहासिक राजा मरू का नाम आता है, जिससे राजा भूरिसिंह (1904 ई०) तक 66 राजा हुए।

ऐतिहासिक मरूवर्मा (550 ई०) को वंशावलि ने हिमालय में तपस्या करने वाले उसी नाम के पौराणिक ऋषि से एक कर दिया है। तपस्या के बाद गृहस्थ बनने पर मरु के तीन पुत्र हुए। जब वह सयाने हुए, तो पिता ने तीनों को अलग-अलग राज्य दे दिया। सबसे बड़े को पूर्वजों की राजधानी देकर दूसरे दो लड़कों के साथ पंजाब की तरफ कश्मीर के पास के पहाड़ों में फिर सबसे छोटे पुत्र जयस्तंभ के साथ ऊपरी रावी-उपत्यका (गदरान) धेरन के छोटे-छोटे राणाओं को हराकर उसने ब्रह्मपुर नगर को अपनी राजधानी बनाया। मेरुवर्मा का राज्य पहले छोटा-सा था। शायद वह बाराबनगाहल के नीचे की रावी-उपत्यका में छतराढ़ी तक बुढिल और तुंदाहिन की उपत्यकाओं तक सीमित था। मेरुवर्मा ने बहुत दिनों तक यहाँ राज्य नहीं किया, और वह अपने पुत्र को गद्दी दे कलाप में लौटकर संसारत्यागी बन गया। मरु के बाद (2) जयस्तंभ, (3) जलस्तंभ और (4) महास्तंभ राजा हुए। वंशावलि में आदित्यवर्मा (610 ई०) को आदिवर्मा कहा गया है। इसका उल्लेख ब्रह्मौर के दो अभिलेखों में किया गया है, जिसमें इसे दानकर्त्ता मेरुवर्मा का प्रपितामह बतलाया गया है। यह भी कहा जाता है, कि इसी ने पहले-पहल अपने नाम के साथ वर्मा की उपाधि लगानी शुरू की। कुल्लू की वंशावलि में पड़ोसी होने के कारण चंबा के राजाओं का कितनी ही बार उल्लेख है, जिसमें सबसे पुराना नाम आदित्यवर्मा

का मिलता है। वहाँ कहा गया है, कि कुल्लू के राजा ब्रह्मपाल का कोई वैध पुत्र नहीं था, इसलिए पड़ोसी चंबा, लद्दाख, सुकेत, बिसाहर, कांगड़ा और बनगाहल के राजाओं ने गणेशपाल नामक व्यक्ति को उसका उत्तराधिकारी बनाया। इससे यह भी मालूम होता है, कि आदित्यवर्मा के समय चंबा के राजा का प्रभाव कुल्लू तक था। वंशावलि में (640 ई०) इसका नाम नहीं मिलता, लेकिन ब्रह्मौर के दो अभिलेखों में इसे मेरुवर्मा का पितामह बतलाया गया है। ब्रह्मौर के अभिलेखों में दिवाकर (660 ई०) का यही नाम मिलता है, पर छतराढ़ी के अभिलेख और वंशावलि में इसको देववर्मा कहा गया है। गलती से मेरुवर्मा (680 ई०) को वंशावलि में दिवाकरवर्मा की छठी पीढ़ी में बतलाया गया है, जो ताम्रपत्र के विरुद्ध होने के कारण माना नहीं जा सकता। ब्रह्मपुर राजधानी के समय के राजाओं में मेरुवर्मा सबसे प्रतापी मालूम होता है। शायद इसी के समय राज्य-सीमा बढ़कर छतराढ़ी पहुँची, जहाँ शत्रुओं पर विजय प्राप्त करने के उपलक्ष्य में कृतज्ञता प्रकट करते हुए शक्तिदेवी की स्थापना की गई। गुन में एक पाषाण-लेख मिला है, जिसे मेरुवर्मा के सामंत (राणा) आषाढ़ ने स्थापित किया था। इस मेरुवर्मा के समय तक वर्तमान चंबा नगर से ऊपर की सारी रावी-उपत्यका पर इस वंश का राज्य हो गया था। कुल्लू की वंशावलि में लिखा है, कि वहाँ के राजा दत्तेश्वरपाल के समय चंबा के राजा से लड़ाई हुई, जिसमें चंबा के राजा उमर ने कुल्लू के राजा को मार डाला। उमर या उमेर नाम का कोई राजा चंबा में नहीं था, संभव है मेरू को ही वंशावलि-लेखक ने उमेर बना दिया। ब्रह्मपुर के राजाओं का कुल्लू से बराबर झगड़ा रहता था। कुल्लू की वंशावलि से पता लगता है, कि आक्रमण करने के लिए आए ब्रह्मपुर-राजा से लड़ते एक छोड़ सभी पुत्रों के साथ कुल्लू-राजा अमरपाल मारा गया। यह बचा हुआ पुत्र सीतलपाल सारे जीवनभर मारा-मारा फिरता रहा। उसके पाँच उत्तराधिकारी भी कुल्लू में शासन नहीं कर पाए। इस उल्लेख से मालूम होता है, कि इतने समय तक कुल्लू ब्रह्मौर के अधीन था।

मेरुवर्मा जहाँ एक बड़ा विजेता था, वहाँ उसने बहुत-सी सुंदर इमारतें भी बनवाई थीं। 7वीं सदी में वह अधिकतर लकड़ी की रही होंगी, इसलिए उनमें से बहुत-सी नहीं बच पाईं। उस समय के कुछ मंदिर अब भी अच्छी हालत में हैं। मेरू ने ब्रह्मौर में लक्षणादेवी, गणेश की तथा छतराढ़ी में शक्तिदेवी की और नरसिंह की मूर्तियाँ स्थापित कीं। नरसिंह भी इसी काल के हैं। यद्यपि मरम्मत करते वक्त इन इमारतों का नवीकरण कर दिया गया, तो भी पुराने समय की कुछ चीजें वहाँ मौजूद हैं। मणिमहेश का मंदिर यद्यपि आज वही नहीं है, जिसे मेरुवर्मा ने बनवाया था, लेकिन पूरे आकार का पीतल का नादिया वही पुराना है, जिसके पीठासन पर एक लंबा अभिलेख है। लक्षणादेवी और गणेश के अभिलेख से भी मालूम होता है, कि इन मूर्तियों को मेरुवर्मा ने ही स्थापित किया था। हाँ, नरसिंह की मूर्ति पीछे की है। परंपरा यह भी बतलाती है, कि उसी ने सूरजमुख का मंदिर बनवाया था। राजा मेरुवर्मा अपनी छावनी में जाने से पहले इस मंदिर में पूजा करने गया। राजा ने इन मंदिरों के लिए भूमिदान भी दिया था, लेकिन उसके ताम्रशासन नहीं मिलते।

मेरुवर्मा के बाद मंदारवर्मा, कांतारवर्मा, प्रगल्मवर्मा राजा हुए।

गदेरान के ब्राह्मण और राजपूतों में यह परंपरा मशहूर है, कि उनके पूर्वज दिल्ली से राजा अजियवर्मा (760 ई०), के समय आए थे। इसने अपने जीते-जी राजकाज की विद्या सिखलाकर अपने पुत्र को गद्दी दे दी, और शेष जीवन शंकर की भक्ति करते रावी और बुधिल नदियों के संगम पर उलांस में बिताया। इसके बाद इसका पुत्र सुवर्णवर्मा गद्दी पर बैठा। लक्ष्मीवर्मा (800 ई०) के गद्दी पर बैठने के थोड़े ही समय बाद राज्य में महामारी फैली, और लोग इतनी संख्या में मरे, कि बहुत-से गाँव उजाड़ हो गये। इस निर्बलता से फायदा उठाकर कीर(किरात) लोगों ने ब्रह्मपुर पर आक्रमण किया और राजा को मारकर राज्य पर अधिकार कर लिया। बराहमिहिर ने अपनी बृहत्-संहिता में कीर लोगों का उल्लेख कश्मीरियों के साथ किया है। डॉ० स्टाइन के अनुसार यह लोग कश्मीर के उत्तर-पूर्व के पहाड़ों में रहते थे, और शायद तिब्बती या यारकंदी रहे हों। यारकंदियों के कीर होने की संभावना कम ही है। हो सकता है चेहरे-मोहरे की समानता देखकर तिब्बती लोगों को किरातों से एक करके उन्हें कीर कहा गया हो। 8वीं सदी में तिब्बती साम्राज्य में जहाँ यारकंद और खोतन थे, वहाँ सारा हिमालय स्रोंग-चैन् गंबो के वशजों के उत्तराधिकारियों की अधीनता स्वीकार करता था। कांगड़े का बैजनाथ मंदिर जहाँ है, उस नगर को कीरग्राम कहा जाता था। कुछ लोगों का कहना है, कि कीर कश्मीर ही का दूसरा नाम है। मेरुवर्मा के समय से कुल्लू ब्रह्मपुर के अधीन रहा, लेकिन लक्ष्मीवर्मा की मृत्यु के समय उसे फिर स्वतंत्र होने का मौका मिला, जिसमें बिसाहर के राजा ने कुल्लू की मदद की थी। लक्ष्मीवर्मा के पराजित होकर निस्संतान मरने के बाद मंत्री और पुरोहित रानी को पालकी पर बैठाकर कांगड़े की ओर भाग चले। रानी गर्भिणी थीं। थोड़ा आगे त्रेहता इलाके के गरोह गाँव (ऊपरी रावी-उपत्यका) में पहुँचकर उसे प्रसव-पीड़ा होने लगी। पालकी को खड़ी करवाकर वह पास की एक गुफा में चली गई, जहाँ उसको एक पुत्र पैदा हुआ। शत्रु पीछा कर रहे थे, और उनके हाथ में पड़ने पर शिशु जरूर मारा जाता, इसलिए रानी उसे वहीं छोड़कर पालकी पर बैठ आगे चली गई। लोगों को संदेह हो गया, और उनके पूछने पर रानी ने असली बात बतला दी। मंत्री और पुरोहित लौटकर जब गुफा में आये, तो देखा कि बहुत-से चूहे शिशु की रक्षा कर रहे हैं, इसी के कारण शिशु का नाम मूषनवर्मा (820 ई०) पड़ा। संभव है नाम के कारण यह मूसों की कथा गढ़ी गई हो। गाँव वाले अब भी उस पत्थर को बतलाते हैं, जिस पर शिशु छोड़ा गया था। शिशु को लेकर रानी अपने दल-बल सहित कांगड़ा पहुँची, और वहाँ एक ब्राह्मण को गुरु बनाकर उसकी रक्षा में आठ-नौ वर्ष तक रही। परंपरा बतलाती है, कि फर्श पर पड़े आटे के ऊपर लड़के का पद-चिह्न देखकर ब्राह्मण ने समझा, कि यह कोई राजपुत्र है। रानी ने अपने को छिपाया था, लेकिन ब्राह्मण के पूछने पर उसने सारी बात बतला दी। ब्राह्मण रानी और उसके लड़के को सुकेत के राजा के परबोध के पास ले गया, जिसने मूषनवर्मा को अच्छी तरह रखकर उसकी शिक्षा-दीक्षा का प्रबंध किया, और बड़ा होने पर अपनी लड़की से ब्याह करके भारी दहेज के साथ उसे पांगना परगना दे दिया। सुकेत के राजा की सैनिक सहायता से

मूषनवर्मा ने कीरों को भगाकर फिर ब्रह्मपुर के राज्य को अपने हाथ में कर लिया। चंबा के राजवंश में इसी के समय से मूषक का मारना वर्जित है। मूषनवर्मा के बाद हंसवर्मा, सारवर्मा, सैनवर्मा, सज्जनवर्मा, राजा हुए।

वंश का एक प्रतापी राजा साहिलवर्मा (920 ई०) था, जिसने अपने राज्य की सीमा का विस्तार किया और अधिक अनुकूल समझकर चंबा नगर को स्थापित कर उसे अपनी नई राजधानी बनाया। इसके शासन-काल के आरंभ में कुल्लू ने आक्रमण किया। 12 वर्षों की लड़ाई के बाद सुलह करने का बहाना करके कुल्लू वाले ब्रह्मपुरियों को रात के वक्त एक भोज में बुलाया, रहला के पास व्यास नदी के किनारे उन पर टूट पड़े। कितने ही चंबा वाले पहाड़ के ऊपर से गिरकर मर गए।

कहते हैं साहिलवर्मा के गद्दी पर बैठने के थोड़े ही दिनों बाद चौरासी योगी ब्रह्मपुर में आये, और उन्होंने निस्संतान राजा को 10 पुत्र पाने का आशीर्वाद दिया। वह तब तक राजा के मेहमान रहे, जब तक कि दस पुत्र और चम्पावती नाम की एक कन्या नहीं पैदा हो गई। 84 योगी से यहाँ अभिप्राय 84 सिद्धों का है, जो सभी एक काल में नहीं बल्कि 8वीं से 10वीं शताब्दी में हुए थे, इसखिए 84 सिद्धों का यहाँ एक साथ आना संभव नहीं था। 84 सिद्धों की महिमा इन शताब्दियों में तिब्बत और भारत में बहुत फैली हुई थी। चंबा के लाहुल इलाके में अब भी 84 सिद्धों और उनके वज्रयान के मानने वाले बौद्ध और उनके लामा रहते हैं। उन्हीं के प्रभाव से यह परंपरा आई मालूम होती है।

साहिलवर्मा ने अपनी विजयों द्वारा बहुत-से छोटे-छोटे राणाओं को दबाकर निचली रावी-उपत्यका को भी ले लिया। इस विजय-यात्रा में उसके साथ चरपटनाथ नामक एक योगी, रानी और लड़की चम्पावती भी थीं। चरपटनाथ 84 सिद्धों में से एक चर्पटीपा (59) का ही बिगड़ा नाम है। साहिलवर्मा के हाथ में जाने से पहले चंबा जिस इलाके में है, वहाँ का शासक एक राणा था, जिसने इस स्थान को कनवाल (काण्वायन) ब्राह्मणों के एक परिवार को दान दे दिया था। राजकन्या चम्पावती को यह स्थान बहुत अच्छा लगा। उसने अपने पिता से कहा, कि यहाँ एक नगर बसा कर यहीं राजधानी लाई जाये। राजा भी चाहता था, लेकिन जमीन जिन ब्राह्मणों के हाथ में थी, वह उसे देना नहीं चाहते थे। अंत में वह इस शर्त पर तैयार हुए, कि नगर में हरेक ब्याह के समय उन्हें आठ चकली (चंबा का ताँबे का पैसा) मिले। तब से यह शर्त बराबर पूरी की जाती है। अपनी लड़की के नाम पर राजा ने नगर का नाम चम्पा (चंबा) रखा। नगर के लिए पानी की बड़ी समस्या थी, जिसके लिए शाहमदार पहाड़ी से पीछे की ओर के सरोता की धारा से एक नहर खोदी गई, लेकिन पानी इस नहर में आ नहीं रहा था। ज्योतिषियों ने बतलाया, कि देवता एक बलि चाहता है, और वह बलि रानी या उसके पुत्र की ही हो सकती है! कोई कहते हैं राजा ने इसे स्वयं स्वप्न में सुना। रानी ने बेटे की जगह अपने को बलि देना स्वीकार किया। राजा नहीं चाहता था, लेकिन रानी उसके लिए कटिबद्ध थी। अपनी लौंडियों के साथ सती की तरह नंगे सिर हो वह बलौता गाँव के

पास पहाड़ के उस स्थान पर गई, जहाँ से कूल (नहर) धारा से निकलती थी। वहीं जमीन खोदकर रानी को जीवित दबा दिया गया। कहते हैं जब कब्र ढाँक दी गई, तो पानी अपने-आप कूल में चलने लगा। साहिलवर्मा के पुत्र और उत्तराधिकारी युगा करने अपने एक ताम्रपत्र में माँ का नाम नेन्नादेवी बतलाया है। शायद वही यह रानी हो। रानी के इसी बलिदान के उपलक्ष्य में 15 चैत से 1 बैसाख तक हर साल मेला लगता है, जिसे सुही का मेला कहते हैं। इसमें केवल बच्चे और स्त्रियाँ ही अच्छी-अच्छी पोशाक पहनकर जमा हो वहाँ फूल चढ़ाते हुए रानी के गीत गाती हैं। उनके लिए भोज का सारा खर्च राज्य की ओर से दिया जाता है। वहाँ बनी हुई सीढ़ियों को यद्यपि साहिल की बनवाई कहा जाता है, लेकिन वह वस्तुतः राजा अजीतसिंह (1794-1808 ई०) की रानी शारदा की बनवाई हुई हैं। बहुत संभव है, रानी का बलिदान सच्चा हो। ऐसे कामों के लिए इस तरह की मनुष्य-बलि अन्यत्र भी दी जाती रही हैं। राजवंश में किसी के मरने पर दूसरे मेले या उत्सव बंद कर दिये जाते हैं, लेकिन यह बात सुही के मेले पर लागू नहीं होती। साहिलवर्मा ने चंबा में पहला मंदिर चंपावती या चमासनी का बनवाया था। इसके बारे में कहावत है, कि राजकुमारी चंपावती सत्संग के लिए एक साधु के यहाँ जाया करती थी। पिता को संदेह हुआ, और एक दिन वह चुपचाप नंगी तलवार लिए उसके पीछे-पीछे गया। वहाँ जाने पर देखा, कि घर में कोई नहीं है। इसी समय आकाशवाणी सुनने में आई, जिसमें राजा को उसके संदेह के लिए लज्जित करके कहा गया था, कि तुम्हारी लड़की इसके दंडस्वरूप तुमसे छीन ली गई, और अपने पाप के मार्जन के लिए जहाँ खड़े हो, इसी जगह पर एक मंदिर बनवाओ, नहीं तो तुम्हारे वंश पर भारी आफत आयेगी। साहिल ने अपनी लड़की के नाम पर मंदिर बनवाया, जिसमें राजकुमारी देवी की तरह पूजी जाती है। यह मन्दिर राजा का कुलमंदिर है, और यहाँ 1 से 21 बैसाख तक हर साल मेला लगता है। हाल तक यह कायदा था, कि मेले के समय हर रोज राजा मेले में जाता, और एक खास रास्ते से चम्पावती के मंदिर होकर लौटता। पीछे यह रिवाज छोड़ दिया गया। साहिलवर्मा के बनवाये हुए और भी कितने ही मंदिर चंबा में मिलते हैं, जिनमें सबसे पुराने चंद्रगुप्त और कामेश्वर के मंदिर हैं। इनकी मूर्तियाँ साल और रावी नदियों के संगम के पास मिलीं, जब कि राजा चरपटनाथ के साथ वहाँ नहाने गया था।

साहिलवर्मा का बनवाया हुआ दूसरा प्रधान मंदिर लक्ष्मीनारायण का है। कहावत है, कि राजा ने अपने 9 लड़कों को विष्णु-मूर्ति बनाने के लिए विन्ध्यपर्वत से संगमरमर की चट्टान लाने को भेजा। वह लाने में सफल हुए, लेकिन जब उसकी पट्टियाँ काटने लगे, तो एक मेंढक निकल आया। पट्टी से बड़ी मूर्ति नहीं बन सकती थी, इसलिए उससे छोटी-छोटी मूर्तियाँ बना दी गई, जो शिव की त्रिमुख और गणपति की छोटी मूर्ति के रूप में चंद्रगुप्त मंदिर में मौजूद हैं। विष्णु की स्त्री लक्ष्मी भी शायद उसी पट्टी से बनाई गई। इसके बाद राजकुमारों को फिर दूसरी शिला लाने के लिए भेजा गया, लेकिन लौटते समय डाकुओं ने उन्हें मार डाला। यह खबर पाने पर राजा ने अपने सबसे बड़े लड़के युगाकर को इस

काम के लिए भेजा। डाकुओं ने उस पर भी आक्रमण किया, लेकिन कुछ गोसाइयों की मदद से उन्हें मारकर वह संगमरमर शिला लाने में सफल हुआ, जिससे विष्णु की मूर्ति बनाकर लक्ष्मी मंदिर में स्थापित की गई। साहिल ने साहो के चंद्रशेखर मंदिर को भी बनवाया था, जिसकी मूर्ति उसे पास में साल नदी में से मिली थी। अनुसंधानों से पता लगता है, कि चंद्रशेखर के मंदिर की स्थापना मूलतः साहिलवर्मा के समय एक स्थानीय राणा सात्यकी ने की थी। मंदिरों को बनाकर साहिलवर्मा ने उनके लिए भूमि दान दी, लेकिन उसके समय का कोई ताम्रपत्र नहीं मिलता। चंबा का पंहला प्रासाद भी साहिलवर्मा ही ने बनवाया था, जिसके ही स्थान पर आजकल के महल हैं।

चरपटनाथ (चर्पटीपा) का चंबा से विशेष संबंध जान पड़ता है, यद्यपि सिद्धों की बौद्ध परंपरा इसके बारे में हमें यही बतलाती है, कि चर्पटीपा चंपा देश में एक कहार के घर में जन्मे थे, और गेरक्षनाथ के गुरु मत्स्येन्द्रनाथ के पिता मीनपा इनके शिष्य थे। मीनपा और गोरक्षपा राजा देवपाल (809-49 ई०) के समकालीन थे। चर्पटीपा भी धर्मपाल-देवपाल के ही समकालीन रहे होंगे। चर्पटीपा का जन्म-स्थान यह चंबा नगर नहीं; बल्कि भागलपुर के पास की चंपा हो सकती है। लामा लोगों द्वारा सुनी परंपरा को, जान पड़ता है, इस चंपा के साथ जोड़कर चरपटीनाथ को भी यहाँ ला बैठाया गया। परंपरा बतलाती है, कि चरपटीनाथ ने साहिल राजा की बड़ी सहायता की थी। इसीलिए लक्ष्मीनारायण मंदिर के पास राजा ने चर्पटनाथ का मंदिर बनवाया। यह मंदिर इतना पुराना नहीं मालूम होता, पर आज भी वहाँ चरपटनाथ की पूजा होती है। चंबा में चकली नाम के ताँबे के सिक्के चलते रहे हैं, जो एक आने में पाँच होते थे। कहा जाता है, साहिलवर्मा ने चरपटनाथ के सम्मान में चकली पर फटे कान का लांछन लगवाया। पीछे के राजाओं ने अपने सिक्कों पर विष्णुपद चिह्नित करना शुरू किया। यह भी पता लगता है, कि पहले चंबा में अपने चाँदी के भी सिक्के होते थे।

राज्य के वैभव के विस्तार तथा चंबा राजधानी की स्थापना करने के कारण साहिलवर्मा की बड़ी ख्याति हुई। यद्यपि उसके पुत्र युगाकर ने अपने ताम्रपत्र में पिता का जिक्र नहीं किया है, लेकिन साहिल बड़ा प्रतापी राजा था, इसमें संदेह नहीं। दो ताम्रपत्रों में उसके शासनकाल की कुछ घटनाओं का पता लगता है। पहला ताम्रपत्र सोमवर्मा का है, और दूसरा सालवाहनवर्मा के पुत्रों सोमवर्मा और असतवर्मा का, जिनका काल 1056-1066 ई० तक का है, अर्थात् वह साहिलवर्मा की मृत्यु से 120 वर्ष बाद लिखे गये। दोनों ताम्रपत्रों में एक ही बात लिखी हुई है, अंतर इतना ही है, कि पहले ताम्रपत्र में तुरुष्क का शब्द नहीं है। ताम्रषत्र में उल्लिखित कीर कश्मीर के कोई पड़ोसी थे, जिन्होंने लक्ष्मीवर्मा के समय ब्रह्मपुर को जीता था। कीरों की सहायता दुर्गरों (डोगरों) ने भी की थी। सोमतिक शायद रावी के पश्चिम बसोली राज्य के सुमुरता के रहने वाले थे।

त्रिगर्त कांगड़े का पुराना नाम है, जिसमें सतलुज और रावी के बीच की समतल भूमि भी थी, जहाँ आज का जलंधर शहर है। अभिलेख से मालूम होता है कि त्रिगर्त

के राजा भी साहिलवर्मा की मैत्री के लिए लालायित थे। इससे यह भी मालूम होता है, कि शायद साहिलवर्मा ने कांगड़ा पर आक्रमण करके रावी से बीरबनगाहल तक धौलाधार के पश्चिम के इलाके को अपने राज्य में मिला लिया था। कांगड़े की परंपरा बतलाती है, कि यह इलाका कभी चंबा के हाथ में था। कुलूत (कुल्लू) के राजा साहिलवर्मा के संबंधी थे। साहिलवर्मा के वंश का कुल्लू पर जब-तब आधिपत्य रहता रहा। तुरुष्क तुर्क को कहते हैं। भारत के बहुत-से भागों के शासक मुसलमान गुलाम, खलजी और तुगलक तीनों जाति के तुर्क (तुरुष्क) ही थे। इसीलिए मुसलमान और तुर्क शब्द हमारे देश में पर्यायवाची समझे जाने लगे। 871 ई० में मुसलमान तुर्कों ने काबुल पर आक्रमण किया था, और वहाँ का 900 ई० के आसपास वहाँ के अंतिम हिंदू तुर्कशाही राजा को ब्राह्मण-मंत्री ने हटाकर अपना वंश स्थापित किया, और राजधानी को काबुल से हटाकर सिंध के किनारे ओहिंद (उद्‌भांड) में बदल दिया, जिसका कारण हिंदूकुश के पार के मुसलमान तुर्कों का भय था। ब्राह्मणशाही वंश को 1021 ई० में महमूद गजनवी ने खतम किया। हो सकता है साहिलवर्मा चाहे हिंदू तुर्कों की ओर से मुसलमान तुर्कों के संघर्ष में शामिल हुआ था।

साहिलवर्मा गद्दी अपने पुत्र युगाकर को दे ब्रह्मपुर चला गया, जहाँ चरपटनाथ और दूसरे योगियों के सत्संग में उसका समय बीतता था। 84 योगियों के कारण, यह बतलाया जाता है, कि चंबा रियासत पहले 84 इलाकों में बँटी हुई थी।

युगाकरवर्मा साहिलपुत्र (940 ई०) का नाम एक ताम्रपत्र में मिलता है, जिसे राज्य इसके दसवें वर्ष में प्रदान किया गया था। चंबा में प्राप्त यह सबसे पुराना ताम्रपत्र है। इसमें युगाकार ने अपने पिता के साथ माता त्रिभुवनरेखा का नाम भी दिया है। इस दानपत्र द्वारा ब्रह्मपुर में रानी द्वारा बनवाये नरसिंह मंदिर को भूमि का दान दिया गया है, जो संभवतः युगाकर की माँ हो। युगाकर ने चंबा नगर में लक्ष्मीनारायण के मंदिर के नजदीक ईश्वरगौरजा का मंदिर बनवाया। विदग्धवर्मा (960 ई०) राजा के चौथे वर्ष के एक ताम्रपत्र में इसके बाप का नाम युगाकर और माँ का नाम भोगमती देवी बतलाया है। राजा अपने को मोशन गोत्र का बतलाता है। मोशन नाम ब्रह्मपुर के अभिलेखों में भी मिलता है। विदग्धवर्मा के प्रथम वर्ष में एक राणा ने बसु के करीब एक अभिलेख वाली शिला स्थापित की थी। वंशावलि में युगाकरवर्मा के उत्तराधिकारी को दग्धवर्मा कहा गया है। बासु के पास के एक शिलालेख में क्रमशः युगाकर; विदग्ध और तीसरे राजा का नाम दोदक बतलाया गया है। जान पड़ता है, वंशावलि का दग्ध राजा विदग्ध था, जिसका पुत्र दोदक (980 ई०) था। आगे के विचित्रवर्मा और धैर्यवर्मा के शासन-काल की कोई महत्त्वपूर्ण घटना मालूम नहीं है। वंशावलि में शालवाहन वर्मा (1040 ई०) का नाम नहीं मिलता, लेकिन तीन ताम्रपत्रों ने इसके अस्तित्व को साबित कर दिया है। हरिराय मंदिर का निर्माता सलाकर शायद यही शालवाहन वर्मा है। कश्मीर ने इसी के समय आक्रमण करके चंबा पर अपना आधिपत्य स्थापित किया था। कश्मीर पहले से ही चंबा पर अपने आधिपत्य का दावा करता था, जो बीच में हट गया

था, जिसे अनंतवर्मा ने फिर से कायम किया। अनंतवर्मा ने रावी के किनारे के एक दूसरे छोटे से राज्य वालापुर (बालोर) पर भी आक्रमण करके अपना आधिपत्य कायम किया था। शालवाहन के दो पुत्र सोमवर्मा और आसतवर्मा एक के बाद एक चंपा की गद्दी पर बैठे। अनंतदेव ने शाल को हटाकर गद्दी पर दूसरे को बैठाया, इसका अर्थ यही है, कि शालवाहन कश्मीर के राजा का कोपभाजन बन गद्दी से वंचित हुआ, और उसकी गद्दी उसके पुत्र सोमवर्मा (1060 ई०) को मिली। वंशावलि में यद्यपि सोमवर्मा का नाम नहीं मिलता, लेकिन ताम्रपत्र में सोमवर्मा का नाम साफ मिलता है। सोमवर्मा के अपने सातवें राज्य-वर्ष में सूर्यग्रहण के समय (संभवतः सितंबर 1066 ई०) में यह दान दिया था। इस ताम्रपत्र में शालवाहन का मिटा हुआ हस्ताक्षर मिलता है। शालवाहन स्वयं इस दान को देना चाहता होगा, किंतु शायद सिंहासन-वंचित होने के कारण वैसा नहीं कर सका। इस ताम्रपत्र में राणाओं का नाम 'राजानक' लिखा हुआ है। असतवर्मा (1080 ई०) के प्रथम वर्ष में शिव और विष्णु के लिए भूमि का दान दिया गया, जिसका ताम्रपत्र चंपावती और हरिराय के मंदिरों में मौजूद है। इस पर सोमवर्मा और असतवर्मा दोनों भाइयों का हस्ताक्षर है, 11वें वर्ष का दान भी इसी पर उत्कीर्ण है, जिस पर असत का हस्ताक्षर है। जैसा कि पहले कहा गया, तुरुष्क छोड़कर बाकी सभी बातें दोनों ताम्रपत्रों की एक ही हैं। असतवर्मा का उसके पाँचवें राज्य-वर्ष का एक तीसरा ताम्रपत्र भी मिला है, और जिसमें उसके बाप का नाम दिया हुआ है। ताम्रपत्र से सिद्ध होने पर भी वंशावलि में असतवर्मा का नाम नहीं मिलता, पर 'राजतरंगिणी' में साफ उल्लेख है, कि चंपा का राजा असत अनंतदेव के पुत्र कलश के शासनकाल (1087-88 ई०) में जाड़ों में कश्मीर दरबार में गया था। वहाँ यह भी लिखा है, कि इसी समय चंबा से उरसा (हजारा) तक के सात राजा कश्मीर में आये थे। इससे मालूम होता है, कि असत ने कश्मीर के आधिपत्य को स्वीकार किया। असत की बहिन बप्पि का कलश की रानी थी, जिसका ही लड़का हर्ष कलश के बाद कश्मीर की गद्दी पर बैठा। 'राजतरंगिणी' से मालूम होता है, कि हर्ष के ऊपर 1101 ई० में जब लोहार-वंश के राजाओं ने गद्दी का दावा करते हुए आक्रमण किया, तो जासत सहायता के लिए गया था, जब उसे पकड़कर सुस्सल ने हर्ष को विजयेश्वर (बीजबिहार) के मंदिर में कैद कर दिया था। उस समय जासत राजा नहीं युवराज रहा होगा, क्योंकि पंगी के लुज गाँव में जासत के प्रथम वर्ष शास्त्र-संवत् 81 अर्थात् 1105 ई० का एक शिलालेख मिला है, इसी वर्ष में वह गद्दी पर बैठा था। इस शिलालेख को एक पनिहार (चश्मा) के ऊपर स्थानीय राणा ने स्थापित किया था। 1112 ई० में राजतरंगिणी में फिर जासत का नाम आता है। उसने सुस्सल के जबरदस्ती सिंहासन को दखल करने वाले सुस्सल के विरुद्ध हर्ष के पौत्र भिक्षाचर की सहायता की थी। असफल होने पर भिक्षाचर भाग कर चंबा में राजा के पास चार-पाँच साल रहा। जासत का शासन 1117-18 ई० तक रहा होगा। चुराह इलाके के लोह-टिकरी स्थान में इसके नवें वर्ष (1114 ई०) का एक शिलालेख मिला है। धालवर्मा (1118 ई०) जासत का भाई था, और थोड़े ही दिनों राज्य कर पाया। उदयवर्मा (1120 ई०) को इसे वंशावलि

में धाल से पाँचवाँ कहा गया, जो गलत मालूम होता है, क्योंकि जासत ने 1118 ई० तक शासन किया, और 'राजतरंगिणी' में उदयवर्मा 1122 ई० में कश्मीर जाना लिखा है। चार वर्षों के भीतर चार राजाओं का होना संभव नहीं मालूम होता। उदयवर्मा ने पैंतरा बदलकर अब सुस्सल का समर्थन करना शुरू किया था। शायद इसका कारण यही होगा, कि सुस्सल ने इसी बीच चंबा की दो राजकुमारियों देवलेखा और तरललेखा से ब्याह किया था, जो दोनों ही 1128 ई० में सुस्सल के मरने पर सती हुई। कश्मीर की अवस्था इस वक्त बहुत अस्त-व्यस्त थी, वहाँ घरेलू संघर्ष छिड़ा हुआ था। अनंतदेव के पुत्र कलश की जगह पर हर्ष गद्दी पर बैठा, जिसे उसके पुत्र भोज के साथ 1101 ई० में मारकर गद्दी लोहार के दो राजाओं ने छीन ली, जिनके नाम उच्छल और सुस्सल थे। बाप के मरने पर गद्दी के छिन जाने के बाद भोज-पुत्र भिक्षाचर को जब मालवा ले गये, तब वह अभी बच्चा था। 1112 ई० में मालवा से लौटते समय कुरुक्षेत्र में पहाड़ी राजाओं के एक दल से उसकी भेंट हुई जिनमें उसका संबंधी चंबा का राजा जासत भी था। पहाड़ी राजाओं ने उसे बाप की गद्दी लेने के लिए उत्साहित किया। चंबा और वल्लपुर के राजा तथा चंद्रभागा-उपत्यका के कुछ ठाकुरों ने उसकी सहायता की, पर असफल होने पर उसे चंबा भाग जाना पड़ा, जहाँ जासतवर्मा के पास वह कितने ही समय तक रहा। 1120 ई० में फिर उसने कोशिश की, जिसमें उसे सफलता हुई, पर वह छह ही महीने तक शासन कर सका। जान पड़ता है, चंबा के राजा ने पहले ही पैंतरा बदलकर दूसरे पक्ष का समर्थन करना शुरू किया था और 1121-22 ई० में जब सुस्सल ने हाथ से खोये राज्य को फिर से लेने के लिए प्रयत्न किया, तो उदयवर्मा ने उसकी सहायता की। कश्मीर भीतर से कमजोर था, और इसी समय एक शताब्दी के करीब से तुर्कों के आक्रमण बाहर से हो रहे थे, जिनके कारण वह और कमजोर हो गया। इसी समय चंबा कश्मीर से स्वतंत्र हो गया मालूम होता है, क्योंकि 'राजतरंगिणी' में उसका जिक्र नहीं आता। उदयवर्मा के बाद (32) अजितवर्मा; (33) देहतियारी वर्मा, (34) पृथिवीवर्मा चंबा के राजा हुए। ललितवर्मा (1143 ई०) के शासनकाल के दो अभिलेखों वाली पट्टिकाएँ, शिला-पट्टिकाएँ मिलती हैं, जिनमें उसके 17वें वर्ष की एक पट्टिका में राणा नागपाल द्वारा देबरीकोठी में एक पनिहार (चश्मा) के निर्माण का उल्लेख करते हुए कहा गया है, कि नागपाल को राजा ललितवर्मा ने 'राजनक' की उपाधि प्रदान की। दूसरी शिला-पट्टिका ललितवर्मा के 27वें वर्ष, शास्त्र-संवत् 46 (1170 ई०) की पांगी के सैचूनाला के साल्ही स्थान में है। ललितवर्मा ने करीब 1175 ई० तक शासन किया। साल्ही की शिला-पट्टिका को राणा लुदरपाल ने बनवाया था, जिसके वंशज आज भी साल्ही में साधारण किसान के तौर पर रहते हैं। इस शिलालेख में पांगी का नाम पंगती लिखा हुआ है, जो उस समय इस उपत्यका का नाम था। विजयवर्मा (1175 ई०) के बारे में कहा गया है, कि वह बड़ा ही वीर योद्धा था, और प्रजा उसकी बड़ी अनुरक्त थी। कश्मीर और लदाख पर आक्रमण करके वहाँ से यह बहुत धन लूटकर लाया। इसके शासन में राज्य की सीमा बढ़कर, कहा जाता है, गुजरात तक पहुँच गई थी। उस समय 12वीं

शताब्दी के अंतिम पाद में उत्तरी भारत की जैसी स्थिति थी, उसमें यह असंभव नहीं था। 1191 ई० में मुहम्मद गोरी ने भारत पर असफल आक्रमण किया। 1193 ई० में उसने फिर आक्रमण किया, और घग्घर नदी के तट पर पृथिवीराज के सर्वनाश के साथ दिल्ली पर तुर्कों की विजय-ध्वजा फहराने लगी।

विजयवर्मा के बाद (37) राजवर्मा (1192 ई०), (38) सारवर्मा (1209 ई०), (39) कीर्तिवर्मा (1226 ई०), (40) अजितवर्मा (1243 ई०), (41) मदनवर्मा (1260 ई०), (42) नरकुंजरवर्मा (1277 ई०), (43) आशावर्मा (1294 ई०), जीमूतवर्मा (1311 ई०) राजा हुए। मदनवर्मा अजितवर्मा का भाई था, और बाकी बाप की जगह पर गद्दी पर बैठे थे।

वैरासीवर्मा (1330 ई०) को वंशावलि में इसे वैरिवर्मा कहा गया है, लेकिन एक ताम्रपत्र में नाम वैरासीवर्मा दिया गया है। इस ताम्रपत्र की तिथि शास्त्र-संवत् 6, विक्रम-संवत् 1387 (1330 ई०) है, जो संभवतः उसके राज्यारोहण का प्रथम वर्ष भी था। यह पहला अभिलेख है, जिसका समय विक्रम-संवत् का उल्लेख होने से निश्चित है। वैरासीवर्मा ने संभवतः लंबे शासन के बाद 1370 ई० के आसपास महाप्रस्थान किया। माणिक्यवर्मा (1370 ई०) के पुत्र भोटवर्मा के ताम्रपत्रों में इसका नाम दिया हुआ है। इन ताम्रपत्रों में सबसे पुराना 1397 ई० का है। इसी के आसपास इसके देहांत पर उसका पुत्र भोटवर्मा गद्दी पर बैठा होगा। भोटवर्मा (1397 ई०) के शासनकाल का सबसे पुराना ताम्रपत्र 1397 ई० का और अंतिम शास्त्र-संवत् 12 अर्थात् 1436 ई० का है। उसके पुत्र संग्रामवर्मा के दिए हुए एक दानपत्र में भोटवर्मा के मरने का संकेत है, जिससे जान पड़ता है, कि वह 1442 ई० में मरा था। संग्रामवर्मा (1442 ई०) के शासनकाल के कई ताम्रपत्र हैं, लेकिन एक को छोड़कर बाकी समय निश्चित करने में सहायक नहीं होते। आनंदवर्मा (1475 ई०) के शासनकाल का एक ही ताम्रपत्र मिलता है, जिसे 57 शास्त्र-संवत् अर्थात् 1481 ई० में प्रदान किया गया था। हो सकता है, यह इससे पहले गद्दी पर बैठा हो। इसकी माँ का नाम संपूर्णदेवी था। इसे बड़ा धार्मिक और दिव्यशक्ति संपन्न बतलाया जाता है। कांगड़ा के राजा की कन्या से इसका ब्याह हुआ था। ससुराल वालों ने इसकी दिव्यशक्ति की परीक्षा लेने के लिए विवाह-भोज की थालियों को इतनी दूर रख दिया, जहाँ उसका हाथ न पहुँचे, और पानी पीने के लिए तीन टोटियों का गडुवा दे दिया, लेकिन आनंदवर्मा ने अपनी दिव्यशक्ति का परिचय देते खानपान में कोई कठिनाई अनुभव नहीं की। जब उसने गडुवे को पानी पीने के लिए उठाया, तो दो टोटियों में से सांप फन निकाले दिखाई पड़े, जिन्होंने उनके छेद को बंद कर दिया और एक टोटी से राजा ने पानी पिया। 1512 ई० के आसपास आनंदवर्मा की मृत्यु हुई। गणेशवर्मा (1512 ई०)[1] के शासन का पहला ताम्रपत्र

1. इन्हीं के आसपास गुरुनानक के पुत्र तथा उदासीन संप्रदाय के संस्थापक महात्मा श्रीचंद बाहट (पठानकोट) से चंबा की ओर आये। चंबा से रावी पुल के पास श्रीचंद का मंदिर है।

शास्त्र-संवत 88, शक-संवत् 1434 (1512 ई०) का है, और अंतिम शास्त्र-संवत् 35 (1559 ई०) का। इस प्रकार गणेशवर्मा ने कम-से-कम 47 वर्ष तक शासन किया। इसके कितने ही ताम्रपत्रों में प्रतापसिंहवर्मा का भी नाम है, जिसे 'युवराज' और 'महाराजपुत्र' कहा गया है। चंबा के राजाओं में पहले-पहल प्रताप के नाम ही के साथ सिंह मिलता है, लेकिन अभी भी वंश की परंपरागत उपाधि 'वर्मा' लुप्त नहीं हुई थी। इसने अपनी सीमा की रक्षा के लिए मोठिला इलाके में गणेशगढ़ का किला बनवाया, और अपनी सीमा दक्षिणी धौलाधार तक पहुँचा दी—शायद अपने शासनकाल के अंत में। अकबर के पहले की सारी चार शताब्दियों के मुसलमानी शासन के समय दुर्गम पहाड़ों के बीच दूर अवस्थित चंबा को जीतने की किसी ने कोशिश नहीं की। कांगड़े ने अवश्य इस पर एक बार आक्रमण किया, और दूसरी बार गणेशगढ़ किले को जीता और खोया, लेकिन यह आक्रमण शायद शिवालिक से आगे नहीं बढ़ सका। 1556 ई० में 14 वर्ष की उमर में अकबर तख्त पर बैठा। हुमायूँ के मरने की खबर उसे कलानौर (गुरदासपुर जिला) में मिली, जहाँ वह सिकंदरशाह सूर का पीछा करते हुए गया था। तख्त पर बैठते ही अकबर ने कांगड़ा-किले पर धावा किया, और विजय प्राप्त करके कटोच-राजा को अपने पक्ष में कर लिया। 1558 ई० में सिकंदरशाह ने पहाड़ों से निकलकर पठानकोट और नूरपुर के बीचोबीच मऊकोट के मशहूर किले को लेकर उसे आठ महीने तक अपने हाथ में रखा। इस किले को मुगलों ने जीतकर सिकंदरशाह के समर्थक राजा नूरपुर को गिरफ्तार करके लाहौर में ले जाकर कतल करवा दिया। सारे पहाड़ में अब मुगलों की धाक जम गई, और गणेशवर्मा की मृत्यु के समय (1559 ई०) से पहले ही पहाड़ी राजा नये उगते सूर्य के सामने झुकने की सोचने लगे। गणेशवर्मा के समय तक देश के मैदानी शासन का प्रभाव किसी न किसी तरह चंबा पर जरूर पड़ा था। उसके छह पुत्रों—प्रतापसिंह, जीतसिंह, वीरबहादुर, हरिसिंह, शत्रुघ्नसिंह और रूपानामसिंह में से एक के साथ मंगोल शब्द बगातिर (बहादुर) का होना इसी बात को बतलाता है। पुत्रों के नाम से मालूम हो गया, कि अब मुसलमानी सल्तनत के बीच से छन कर राजपूताना का प्रभाव पहाड़ पर पड़ने लगा था, और शताब्दियों से चली आई वर्मा उपाधि को छोड़कर अब चंबा के राजा अपने नाम के साथ 'सिंह' लगाने लगे।

चंबा के मुगलकालीन शासकों में प्रथम नाम प्रतापसिंहवर्मा का आता है। प्रतापसिंहवर्मा (1559 ई०) के शासनकाल के ताम्रपत्रों में इसे गणेशवर्मा और साहेबदेवी का पुत्र कहा गया है, साहेब जैसा अरबी शब्द का अन्तःपुर में प्रवेश यही बतला रहा है, कि मुस्लिम विजेताओं का कम से कम सांस्कृतिक प्रभाव अब अछूत नहीं माना जाने लगा था। दानपत्रों की अतिशयोक्तिपूर्ण शब्दावली पर विश्वास नहीं किया जा सकता, तो भी उनमें प्रताप को बड़ा दानी और प्रजारंजक बतलाया गया है। वह अपनी प्रजा पर भारी कर लगाने के विरुद्ध था। लक्ष्मीनारायण-मंदिर की मरम्मत करने की आवश्यकता थी, और कई दूसरे मंदिरों को बनाने का विचार था, लेकिन राजकोश में उनके लिए पैसा नहीं था। प्रतापसिंह वर्मा ने अपने अमात्यों से सलाह ली, तो उन्होंने

कर लगाने के लिए कहा, लेकिन राजा को यह पसंद नहीं आया। अगले दिन दरबार में हुल इलाके के एक आदमी ने ताँबे का टुकड़ा सामने रखते हुए कहा, कि मेरे गाँव के पास ताँबे की खान का पता लगा है। राजा ने तुरंत खान में काम लगवा दिया, और उससे इतना धन प्राप्त हुआ, जिससे उसने पुराने मंदिर की मरम्मत और नये मंदिरों का निर्माण करवा दिया। पीछे यह खान जब धून से खाली हो गई, तो उसे बंद कर दिया गया, लेकिन किसी समय इसमें काम होने का पता अब भी वहाँ लगता है। इकेस थोड़े ही समय बाद प्रतापसिंह और कांगड़े के राजा चंद्रपाल में लड़ाई छिड़ गई। वंशावली में इस राजा को नगरकोट तथा कांगड़े का राजा कहा गया है। लेकिन, कांगड़ेवालों की उपाधि पाल नहीं चंद्र होती थी। हो सकता है वह राजा बनगाहल का हो, जिनकी उपाधि पाल होती थी। जो भी हो, वंशावली ने शायद नाम देने में गलती की, किंतु प्रतापसिंह की लड़ाई कटोचों से हुई थी, जिसमें कांगड़े की सेना को हार खानी पड़ी। कांगड़े के राजा का छोटा भाई जीतसिंह मारा गया। इस विजय में जहाँ बहुत से हाथी-घोड़े हाथ आए, वहाँ चंबा की सीमा पर अवस्थित चरी और घरोच के छोटे-छोटे इलाके चंबा में मिला लिए गए। यह भी कहा जाता है, कि चंबा की सेना ने गुलेर राज्य की राजधानी (गुलेर) पर भी अधिकार कर लिया था। शायद कांगड़े के कटोचों की शाखा गुलेर राज्य से ही मुख्य तौर से यह लड़ाई हुई थी।

प्रतापसिंह अकबर का समकालीन अर्थात् अपने नामराशि चित्तौड़ के राणा का भी समकालीन था। लेकिन, राणा से उलटे प्रतापसिंह के शासनकाल के आरम्भ में ही चंबा और दूसरी पहाड़ी रियासतों ने सम्राट अकबर के सामने सिर झुकाया। इसके थोड़े ही समय बाद अकबर ने टोडरमल को कांगड़ा-समूह की भिन्न-भिन्न रियासतों से कितने ही इलाकों को छीनकर खालसा बनाने का हुकुम दिया, जिसके अनुसार टोडरमल ने कांगड़ा-उपत्यका के कितने ही भाग को खालसा लिया, और उसी तरह दूसरी रियासतों से भी कुछ-कुछ इलाके छीने। चंबा को रिहलू तथा उसके पूर्व के अपने सारे भूभाग तथा हाल में कांगड़े से छीने चरी और घरोच के इलाकों को दे देना पड़ा। इस खालसे पर अकबर ने अपने एक खास अफसर को नियुक्त किया, जो किला कांगड़े में रहता था। जैसा कि हम अन्यत्र बतलायेंगे, टोडरमल ने अपने काम के पूरा करने के बाद बादशाह सलामत से कहा—"मैंने सब मांस ले लिया, और हड्डी छोड़ दी" जिसका अर्थ है, कि पहाड़ की सभी उर्वर भूमि खालसे में आ गई। चंबा के बारे में टोडरमल की बात और भी सच्ची उतरती है, क्योंकि रिहलू उसका सबसे उर्वर इलाका था।

अब करीब-करीब दो शताब्दियों के लिए दूसरी पहाड़ी रियासतों की तरह चंबा भी मुगल-साम्राज्य के अधीन हो गई, लेकिन इतिहास बतलाता है, कि पहाड़ी राजाओं पर मुगल-शासक बहुत ढीला था। उनके भीतरी मामलों में दिल्ली नहीं दखल देती थी, और इस सारे समय पहाड़ी राजाओं के साथ बड़ी उदारता का सलूक किया जाता था, और जब तक वह अधीनता स्वीकार करने के लिए तैयार थे, उन्हें सब तरह से स्वतंत्र रहने दिया जाता था। वह किले बिना रोक-टोक किले बना सकते थे, आपस में लड़ाई

कर सकते थे, मुगल नाजिम उनके इस काम पर केवल दखल देने से ही परहेज नहीं करते थे, बल्कि कभी-कभी सेना और हथियार से सहायता भी देते थे। गद्दी पर बैठने के समय हरेक राजा नजराना देता, और उसे दिल्ली-दरबार से सनद और खिलअत मिलती। 'बादशाहनामा' से मालूम है, कि शाहजहाँ के समय कांगड़ा-समूह की रियासतो से प्रतिवर्ष 4 लाख रुपया पेशकश ली जाती थी। मुगल अन्य कितनों ही की तरह पहाड़ी राजाओं को 'जमींदार' कहकर पुकारते थे, और किसी-किसी को ही वैयक्तिक कृपा के तौर पर राजा की उपाधि देते थे। पुराने पहाड़ी राजाओं के अभिलेखागारों में ऐसे बहुत-से मुगल-फर्मान मिलते हैं, जिनसे मालूम होता है, कि मुगल-बादशाहों की इनके ऊपर विशेष कृपा थीं। कुछ राजाओं को बादशाही सेना में मनसब (सैनिक उच्चपद) मिले थे, और कितने ही राजकाज के महत्त्वपूर्ण दर्जों पर रखे गये थे। इस तरह की कृपा चंबा के कम-से-कम एक राजा को भी प्राप्त हुई थी।

लाहुल इस वक्त दो भागों में बँटा हुआ है, एक चंबा के हाथ में है, और दूसरा कांगड़ा जिले में है, जिसे पहले ब्रिटिश-लाहुल कहा जाता था। पहले समय में दोनों लाहुलों की क्या स्थिति थी, यह नहीं कहा जा सकता, लेकिन सम्भवत: 10वीं-11वीं शताब्दी में चन्द्रा और भागा के संगम के करीब तन्दी तक की मुख्य चंद्र भागा-उपत्यका चंबा में थी। लाहुल की परंपरा इसका समर्थन करती है। नदी के बायें किनारे पर अवस्थित गूस के लोग बतलाते हैं, कि उनके पास पहले चंबा राजा का दिया हुआ एक ताम्रपत्र था, जिसे इस भूमि को कुल्लू में मिलाते समय ले लिया गया। नदी के दाहिने किनारे पर इस तरह की कोई परम्परा नहीं पाई जाती। यहाँ आक्रमण करना आसान था, इसलिए उसकी अवस्था अनिश्चित रही। लाहुल का बाकी हिस्सा अर्थात् चंद्रा और भागा की ऊपरी उपत्यकाएँ बहुत पुराने समय से ही कुल्लू के अधीन रहती आई थीं। कुल्लू की वंशावली में लिखा है, कि कुल्लू 19वें राजा रुदरपाल के समय चंबा ने लाहुल को जीत लिया, लेकिन रुदरपाल के उत्तराधिकारी ने रोटंग जोत पर लड़ाई करके उसे फिर से ले लिया। इन परंपराओं से यह पता लगता है, कि लाहुल अंशत: पुराने समय में भी कुल्लू और चंबा के अधीन था। 12वीं शताब्दी के मध्य में लदाख के राजा ने कुल्लू और ऊपरी लाहुल को जीत लिया, और सन् 1660-70 ई० तक लदाख का ही वहाँ उस पर अधिकार रहा। चंबा का अपने लाहुल पर बराबर अधिकार रहा, और संभवत: ऊपरी लाहुल से भी उसका जब-तब संबंध रहा, क्योंकि कुल्लू-वंशावली से पता लगता है, कि लाहुल को कुल्लू ने चंबा-राज्य से लिया था। हो सकता है ऊपरी लाहुल के ठाकुर लोग दोनों पड़ोसी राजाओं को खुश रखने के लिए उनके पास अपने मशहूर जीरे और दूसरी चीजों की भेंट भेजते हों।

प्रतापसिंह के सबसे बाद के ताम्रपत्र शास्त्र-संवत 62 (1586 ई०) के हैं। शायद इसी समय उसकी मृत्यु हुई। शास्त्र-संवत् 55, विक्रमीय 1635 (1579 ई०) के ताम्रपत्र में बलभद्र देव को उसका पौत्र तथा 'टीका' कहा गया है। चंबा के इतिहास में यहाँ पहली बार युवराज के लिए 'टीका' शब्द का प्रयोग किया गया। वीरवाहनू उस

समय भी जीवित था, और प्रतापसिंह के बाद वही गद्दी पर बैठा। तो भी जान पड़ता है, गद्दी का उत्तराधिकारी होने से पुत्र और पौत्र दोनों को टीका कहा गया। वीरवाहनू (1586 ई०) ने केवल चार वर्ष तक शासन किया। इसके शासनकाल का कोई ताम्रपत्र नहीं मिला है। बलभद्र (1589 ई०) चंबा के राजाओं में अपने धर्मप्रेम और उदारता के लिए बहुत प्रसिद्ध है। ब्राह्मणों के लिए दिये इसके 42 ताम्रपत्रों से भी इसकी पुष्टि होती है। हो सकता है, उसने और भी ताम्रशासन दिये हों। लोग उसे दान देने में उदार होने के कारण बलि-कर्ण कहा करते थे। इसने ब्राह्मणों को खुलकर भूमिदान दिया। कुछ भूमिदान बाहर वालों को भी दिये—नूरपुर और कांगड़े में भी बलभद्र के दिये हुए ताम्रशासन मिले हैं। बिना दान दिये हुए वह अन्न ग्रहण नहीं करता था। उसके बलि और कर्ण के समान होने में कोई संदेह नहीं मालूम होता, जबकि हम देखते हैं कि इतने दानपत्र चंबा के किसी भूत या भावी राजा ने नहीं दिये। कोई भी अर्थी उसके यहाँ से विमुख नहीं जाता था। मूल्य का कुछ भी न ख्याल करके जो भी चीज पास में होती, वह उसे दे डालता। उसने लक्ष्मीनारायण को भूमि और बहुत-से रत्न दिये, जिनमें से कुछ अब भी वहाँ मौजूद हैं। इन रत्नों को सोने की डिबिया में रख कर उन पर लेख उत्कीर्ण हैं, जिनमें से एक पर विक्रमीय 1675 (1619 ई०) लिखा हुआ है। कितने समय तक ऐसी दान-दक्षिणा चल सकती थी, अंत में इसका बुरा प्रभाव राज्य-प्रबन्ध पर पड़ने लगा। दरबारियों ने राजा को समझाना चाहा, लेकिन उसका परिणाम राजा को क्रुद्ध करने के सिवा और कुछ नहीं हुआ। स्थिति बदतर होती जा रही थी, इसी समय ज्येष्ठ राजकुमार जनार्दन बालिग हो गया। दरबारियों ने उसे बाप को गद्दी से हटाने के लिए कहा। पुत्र ने पिता को रावी के दूसरे किनारे बरैया गाँव में निर्वासित करके उसके लिए वहाँ एक घर और कुछ भूमि दे दी। लेकिन, वहाँ रहते हुए भी बलभद्र ने अपनी आदत नहीं छोड़ी, और कुछ ही समय में अपने पास की सारी भूमि ब्राह्मणों को दे डाली। उसके पास रहने के घर के सिवाय और कुछ नहीं रह गया। बिना दान दिये भोजन करना वह पाप समझता था, इसलिए अपने घर में से प्रतिदिन एक-एक बित्ता करके दान देने लगा। जब इस प्रकार एक कोठरी दे दी जाती, तो वह उसे इस्तेमाल नहीं करता, क्योंकि वह दूसरे की संपत्ति थी। इस प्रकार धीरे-धीरे सारा घर दान में चला गया। राजा ने उसे छोड़ अब खुली जगह में आ अन्न ग्रहण करना छोड़ दिया। जब यह खबर जनार्दन को मिली, तो उसने अपने पिता को नई भूमि दी, जिसमें वह अपना दान-पुण्य चलाता रहे।

वंशावली में बलभद्र के सिंहासन-च्युत होने का कोई जिक्र नहीं है, लेकिन परंपरा इतनी मजबूत है, कि उससे इंकार नहीं किया जा सकता। शायद 1613 ई० के कुछ पहले ही यह घटना घटी थी। पुराने प्रमाणों के अनुसार लिखे हुए एक लेख से मालूम होता है, कि बलभद्र को विक्रमीय 1670-80 (1613-23 ई०) के बीच गद्दी से उतारा गया था। बलभद्र के सभी ताम्रपत्रों में निश्चित तिथि लिखी हुई है, वह उनका काल 1589-1641 ई० तक है—1641 ई० में उसकी मृत्यु हुई। सिर्फ 1599-1607 और

1620-29 ई० के उसके ताम्रशासन नहीं मिलते। इन सभी दानपत्रों में राजा के तौर पर उसका उल्लेख है। दान की हुई भूमि किसी एक जगह तक सीमित नहीं, वह सारे राज्य में फैली हुई है, और अभी भी दान पाने वालों के वंशज उन्हें माँगते हैं। 1613 ई० का दिया हुआ जनार्दन का एक ताम्रपत्र मिलता है, जिसमें भी बलभद्र को 'राजा' और उसे 'महाराजकुमार', 'महाराजपुत्र' और 'मिए' (मिया) कहा गया है। इससे यह भी मालूम होता है, कि बलभद्र के राजा होने पर भी जनार्दन का शासन में अधिकार था, यद्यपि अभी वह अभिभावक मात्र था। शायद इसी समय (1613 ई०) से वह राजकाज देखने लगा था।

जनार्दन के राजकाज सँभालते ही नूरपुर के साथ चंबा का झगड़ा हो गया। शायद इसका कारण नूरपुर के राजा की चंबा के इलाके पर गृध्र दृष्टि थी। इस समय सूरजमल का दूसरा भाई जगतसिंह नूरपुर का राजा था, जो बादशाह जहाँगीर का बड़ा कृपापात्र था। लाहौर के मुगल नाजिम से सहायता मिलने की आशा थी, शायद इसी से जगतसिंह को चंबा से छेड़छाड़ करने की हिम्मत हुई। लेकिन, 1618-19 ई० में सूरजमल की मृत्यु होने के पहले जगतसिंह को खुलकर खेलने का अवसर नहीं था। कहते हैं, चंबा के साथ लड़ाई बारह साल तक चलती रही, और किसी को विजय-लाभ नहीं हुआ। 1618 ई० के एक ताम्रपत्र द्वारा बलभद्र ने राजा जगतसिंह के पुरोहित को कुछ भूमिदान दिया, जिससे मालूम होता है, कि पुरोहित ने दोनों राज्यों में सुलह कराने का प्रयत्न किया था। 'बादशाहनामा' से मालूम है, कि 1618 ई० में विद्रोह करके बादशाही सेना को आते देख सूरजमल नूरपुर से भागा। पहले चंबा के एक किले में कुछ समय शरण ली, फिर चंबा-राजधानी में चला गया, जहाँ उसका सबसे छोटा भाई माधवसिंह भी आ मिला, जिसने कुछ समय तक कोटला किले के लिए मुगलों से प्रतिरोध किया था। मुगल-सेनाएँ चंबा के विरुद्ध बढ़ना ही चाहती थीं, इसी समय सूरजमल के मरने की खबर मिली। इस पर मुगल सेनापति ने तुरंत चंबा के राजा को कड़ी धमकी देते हुए सूरजमल की सारी धन-सम्पत्ति को समर्पित करने के लिए कहा। चंबा के राजा ने अपने भाई और पुत्र के द्वारा सारी संपत्ति ही नहीं भेज दी, बल्कि माधवसिंह को भी सुपुर्द कर दिया। सूरजमल के मरने के बाद उसके भाई जगतसिंह को बादशाह जहाँगीर ने बंगाल से बुला लिया, और उसे हजार पैदल और पाँच सौ सवार का मनसब तथा 'राजा' की पदवी और इनाम देकर किला कांगड़े के मुहासिरे में मदद देने के लिए भेजा। सूरजमल की जगह पर वही नूरपुर का राजा बना। इसके बाद ही जान पड़ता है, नूरपुर के राजा और चंबा में फिर झगड़ा हो गया। मुगल नाजिम ने जगतसिंह की मदद के लिए सेना भेजी। सनधारा सड़क के ऊपर ढलोग में बड़ी लड़ाई हुई, जिसमें चंबा की सेना हारी, जनार्दन का सबसे छोटा भाई विशंभर मारा गया। जगतसिंह ने आगे बढ़कर राजधानी पर अधिकार करके उसे लूटा, और जनार्दन को भागना पड़ा। इसी समय जनार्दन को जगतसिंह के पास दरबार में आने का निमंत्रण देते हुए सुलह की शर्तें रखीं। जनार्दन बेचारे को धोखे की बात नहीं मालूम थी, और वह जगतसिंह के निमंत्रण को स्वीकार कर थोड़े

आदमियों को लेकर आया। जिस समय दोनों में बातचीत हो रही थी, उसी समय जगतसिंह ने एकाएक अपनी कटार जनार्दन की छाती में घुसेड़ दी, और वह घाव उसके लिए खतरनाक साबित हुआ। जनार्दन के कमरबंद में भी कटार डोरे से म्यान में बँधी हुई थी, जिसे वह उस समय खोल नहीं सका। इसके बाद से चंबा राजाओं के यहाँ म्यान में बिना बँधे कटार रखने का रिवाज हो गया। उसी घाव से जनार्दन की मृत्यु शायद 1623 ई० में हुई थी। जगतसिंह ने जनार्दन को मारा, इस बात की पुष्टि 'बादशाहनामा' से भी होती है। यह घटना चंबा नगर में हुई थी।

वंशावली से मालूम होता है कि मरते समय जनार्दन के कोई पुत्र नहीं था, लेकिन उसकी रानी गर्भवती थी। जगतसिंह को जब यह मालूम हुआ, तो उसने राजमहल पर कड़ा पहरा लगा कर हुक्म दिया, कि यदि लड़का पैदा हो, तो उसे मार दो, यदि लड़की हो, तो उसका ब्याह नूरपुर के वंश में किया जाये, जिसमें कि चंबा पर नूरपुर का अधिकार स्थापित हो। रानी के गर्भ से पृथिवीसिंह पैदा हुआ, जिसे दाई बटलू ने पहरेदारों की आँख बचाकर महल के बाहर भेज दिया, जहाँ से उसे मंडी ले गये। लेकिन, हाल के अनुसंधानों से यह परंपरा गलत साबित होती है। जनार्दन के माघ संवत् 1595 (फरवरी 1619 ई०) के एक दूसरे ताम्रपत्र में उसके पुत्र पृथिवीसिंह के जन्म के समय एक ब्राह्मण को दान देने की बात लिखी है। इस प्रकार पृथिवीसिंह बाप की मृत्यु से पहले ही पैदा हो चुका था। हो सकता है, उसे रक्षा के लिए बचपन में ही मंडी भेज दिया गया हो। जनार्दन की मृत्यु के बाद बीस साल तक चंबा पर नूरपुर के जगतसिंह का शासन रहा। जगतसिंह ने चंबा की सीमा के भीतर अपने इलाके से अधिक अनुकूल स्थान देखकर तारागढ़ के किले को बनवाया। कहते हैं तारा नाम के एक किसान को इसकी नींव में गाड़ दिया गया था, इसीलिए इसका नाम तारागढ़ पड़ा। किलों और महलों की नींव में आदमी को गाड़ना भारत के अन्य भागों में भी उस समय प्रचलित था। चंबा-नूरपुर के सीमांत पर एक पहाड़ी के ऊपर तारागढ़ का मजबूत किला बना था, जिसके ध्वंसावशेष अब भी मिलते हैं। मुगलों से विद्रोह करने के समय 1641 ई० में जगतसिंह ने इसी किले में आकर पनाह ली थी। इसमें एक के ऊपर एक तीन किले हैं, जिनमें से सबसे ऊपर वाला पर्वतपृष्ठ पर है। यह किला 30 एकड़ में है, और इसमें प्रतिरक्षा-सहित 12 दरवाजे थे। नूरपुर के प्रभुत्व के समय बलभद्र की क्या स्थिति थी, इसके बारे में कुछ कहना मुश्किल है। शायद जनार्दन के मरने के बाद उसे फिर गद्दी मिल गई, और जगतसिंह के आधिपत्य को स्वीकार कर उसने अपनी मृत्यु तक शासन किया। तो भी इस काल (1620-29 ई०) का उसका कोई ताम्रशासन नहीं मिलता। 1629 ई० से फिर उसके ताम्रपत्र मिलने लगते हैं, जो 1641 ई० के वसंत के आरंभ तक चले जाते हैं। इसी समय गर्मियों में उसके पौत्र पृथिवीसिंह के अपने राज्य में लौटने से पहले उसकी मृत्यु हो गई होगी। उसके सिंहासनच्युत होने का उल्लेख करते हुए बतलाया गया है कि वह विक्रमीय 1699 (1642 ई०) में मरा, लेकिन यह ठीक नहीं मालूम होता। बलभद्र के दूसरे ताम्रपत्रों में उसके दो और पुत्रों मानसिंह और सुदर्शन

का उल्लेख है, परपरा उसके कुछ और पुत्रों का भी नाम बतलाती है।

यह बतला चुके हैं, कि पृथिवीसिह (1641 ई०) बचपन ही से मंडी में अपने पैतृक अधिकार को प्राप्त करने की प्रतीक्षा कर रहा था। 1641 ई० में जब अपने पुत्र राजरूपसिंह के साथ नूरपुर राजा जगतसिंह ने शाहजहाँ के खिलाफ बगावत का झंडा उठाया, तो पृथिवीसिंह को अवसर हाथ आया। जगतसिंह अब तक हमेशा अपने हरेक काम में सफल होता आया था। जहाँगीर ने उसके मनसब को बढ़ाकर तीन हजारी पैदल और दो हजारी सवार का कर दिया था। शाहजहाँ के समय भी उसका यह मनसब बरकरार रहा, और उसने उसे पहले बंगश (कुर्रम-उपत्यका और कोहाट) का शासक नियुक्त किया, फिर दो साल बाद उसे काबुल भेज दिया। शाहजहाँ के 11वें वर्ष में बादशाही सेना के साथ हरावल का संचालक बना काबुल से कंधार भेज दिया गया। 12वें सनजलूस में लाहौर में लौटकर शाहजहाँ के हाथ से उसे इनाम मिला, और फिर बंगश का फौजदार बना दिया गया। बाप की अनुपस्थिति में उसके पुत्र राजरूपसिंह ने नूरपुर-रियासत का काम सँभाला, और उसे शाहजहाँ ने कांगड़े का फौजदार तथा पहाड़ी राजाओं से कर-संग्राहक नियुक्त किया। अभी तक मुगल-सम्राट् की कृपादृष्टि बाप-बेटे पर होती आई थी; पर, जैसाकि हम अन्यत्र कह चुके हैं, दरबारियों के षड्यंत्र को देखकर 1641 ई० के बसंत में बाप से चुपचाप सलाह करके राजरूप ने विद्रोह कर दिया—जगतसिंह इस समय बंगश में था। सूचना आने पर ऊपर से बेटे के खिलाफ उसने क्रोध प्रकट करते हुए कहा, कि यदि मुझे कांगड़े का फौजदार बना दिया जाये, तो मैं बेटे के विद्रोह को दबाकर चार लाख नजराना दूंगा। लेकिन, अपनी रियासत में लौटने पर उसने खुली बगावत कर दी। जब यह खबर बादशाह के पास पहुँची, तो शाहजहाँ के सबसे छोटे लड़के मुरादबख्श के अधीन एक बड़ी सेना भेजी गई, जो अगस्त 1641 ई० में पैठन (पठानकोट) में जमा हुई। यह स्मरण रखने की बात है, कि अभी भी 'बादशाहनामा' इस नगर को पठानों के साथ जोड़कर पठानकोट नहीं, बल्कि 'पैठन' कहता है, जो कि उदुंबरों की पुरानी राजधानी प्रतिष्ठान का अपभ्रंश है। इसी समय पृथिवीसिंह ने मंडी और सुकेत के राजाओं से सहायता पाकर सिंहासन को लेने का सफल प्रयत्न किया। वह मंडी से कुल्लू के रास्ते रोटंग जोत् होते ऊपरी लाहुल में पहुँचा, फिर पांगी के रास्ते आगे बढ़ते रियासत के उत्तरी इलाके चुराह में चेनी जोत् को पार किया। लोगों ने अपने भावी राजा की सहायता की, और नूरपुरियों को भगाकर चंबा राजधानी और सारे देश को पृथिवीसिंह ने प्राप्त कर लिया। यह घटना 1641 ई० की गर्मियों में हुई होगी, क्योंकि उस साल के दिसंबर के आरंभ में ही पैठन के पास मुगलों की छावनी में पृथिवीसिंह मौजूद था, जहाँ से उसे सम्मान प्रकट करने के लिए बादशाह शाहजहाँ के पास संभवतः लाहौर भेज दिया गया। नूरपुर के प्रकरण में हम बतला चुके हैं, कि जगतसिंह ने बड़ी बहादुरी से शाही सेना का मुकाबला किया। मऊकोट में जब रहना असंभव हो गया, तो वह उसे छोड़ अपने लड़कों के साथ तारागढ़ में चला गया। मऊकोट का पतन 13 दिसंबर, 1941 को हुआ। उसके दो दिन बाद 15 दिसंबर 1641 को नूरपुर को भी खाली कर दिया

गया। यह संभव है, कि मऊकोट या नूरपुर के मुहासिरे के समय पृथिवीसिंह भी वहाँ मौजूद था। 'बादशाहनामा' में लिखा है—"23 रमजान (16 दिसंबर 1641 ई०) को उच्च वंशज शाहजादा (मुरादबख्श) ने बादशाही फर्मान के अनुसार चंबा के जमींदार पृथिवी-चंद को भेजा, जिसके बाप को बदजात जगतसिंह ने मार डाला था, और जो सल्तनत के वजीरों की सिफारिश पर बादशाही खादिमों में सम्मिलित था।"···"चंबा के जमींदार पृथिवीचंद को एक खिलअत, एक जड़ाऊ कटार और एक हजारी का पैदल तथा चार सौ सवारों का मनसब 'राजा' की पदवी तथा एक घोड़ा प्रदान किया गया।" पृथिवी-सिंह को मुगल इतिहासकारों ने पहाड़ों में चंद्र उपाधि को अधिक देखकर पृथिवी चंद लिख दिया। पृथिवीचंद को जगतसिंह के खिलाफ भेजा गया था, जिसमें सहायता पाने के लिए उसने भलाई का परगना प्रदान कर बसोली के राजा संग्रामपाल से मदद माँगी। 1648 ई० में पृथिवीसिंह ने बसोली को भलाई लौटाने की माँग की, जिसका समर्थन शाही वकील ने भी किया, लेकिन वह उसके उत्तराधिकारी के समय ही लौटाया जा सका। दिसंबर के अंत में शाही सेना तारागढ़ के ऊपर चढ़ी। चंबा से लौटकर पृथिवीसिंह ने भी ग्वालियर के राजा मानसिंह से मिलकर अपने लिए निश्चित स्थान को ग्रहण किया। राजा मानसिंह को जगतसिंह का भयंकर शत्रु बतलाया गया है। मार्च 1642 ई० के आरंभ तक जगतसिंह को अपनी स्थिति खतरनाक मालूम होने लगी, इसलिए उसने क्षमा-प्रार्थना करते हुए पुत्रों के साथ अपने को शाहजहाँ की दया पर छोड़ दिया। शाहजहाँ ने माफ करके पहले के ही सम्मान और पद को प्रदान किया। इस युद्ध के बाद तारागढ़ को लेकर मुगलों ने वहाँ के किले में अपनी सैनिक टुकड़ी रख दी।

चंबा की वंशावली में इस घटना के बारे में जो बातें लिखी हैं, वह 'बादशाहनामा' से कुछ भिन्न हैं—"अपने राज्य को लेने के बाद पृथिवीसिंह ने जगतसिंह से बदला लेने का निश्चय किया। इसलिए उसने भलाई परगना देकर बसोली के राजा संग्रामपाल से मैत्री की। दोनों राजाओं ने मुगल सूबेदार के पास कलानौर जाकर उससे सहायता माँगी। उसने इस शर्त के साथ सहायता देनी स्वीकार की, कि जगतसिंह जिंदा ही पकड़ कर ले आया जाये। दोनों राजा अपनी सेनाओं के साथ नूरपुर चढ़े, और आक्रमण करके उस पर अधिकार कर लिया। अंतिम आक्रमण रात को किया गया था, जिसके अँधेरे से फायदा उठा जगतसिंह भागकर तारागढ़ चला गया, जहाँ पर एक महीने बाद उसे पकड़कर भैंस पर पीछे की ओर मुँह करके बैठाकर मुगल राज्यपाल के पास भेज दिया गया।"

पृथिवीसिंह ने राज्य को फिर से प्राप्त करके उसके प्रबंध और विस्तार की ओर ध्यान दिया। उसने पांगी के रास्ते आगे जाकर वहाँ की स्थिति को देखा। अभी भी वहाँ के स्थानीय राणा चंबा के अधीन शासन करते थे। उसने उन्हें हटाकर वहाँ अपने पदा-धिकारी नियुक्त किये, और इस प्रकार पांगी-उपत्यका को सीधे अपने प्रबंध में किया। किलार और साच के बीच में उसके नाम का एक चट्टान-लेख ऐसे स्थान में मिलता है, जहाँ नदी सँकरी चट्टानों के बीच से गुजरती है। इससे मालूम होता है, कि शास्त्र-संवत् 18 (1642 ई०) में उसके हुकुम से चट्टान को काटकर वहाँ रास्ता बनाया गया।

चंबा का वह पहला राजा था, जिसने चुराह और पांगी में कोठियाँ (राजकीय कार्यालय) बनवाये।

राजप्रबंध ठीक करने के बाद पृथिवीसिंह तीर्थयात्रा के लिए प्रयाग, काशी और गया गया। शाहजहाँ के जमाने में वह नौ बार दिल्ली गया। बादशाह ने उसे जसवान की 26 हजार की जागीर दी, जो 90 वर्ष तक चंबा के हाथ में रही। दिल्ली-दरबार से जो भेंटें मिली थीं, उनमें से कितनी ही जड़ाऊ कटारें, एक बड़े पोखराज (Sapphira) के साथ एक मूल्यवान् सिरपेच चंबा के तोशाखाने में है। इन्हीं यात्राओं में से एक में शाहजहाँ ने उसे रघुवीर की मूर्ति दी थी, जो कि आज चंबा के राजाओं का कुलदेवता है। कहा जाता है, कि पहले मुगल-महल में इस मूर्ति को बटखरा के तौर पर इस्तेमाल किया जाता था। परंपरा बतलाती है, कि पृथिवीसिंह असाधारण सुंदर था, उसके सौंदर्य की ख्याति सुनकर शाही बेगमों ने उसे देखने के लिए प्रार्थना की, जिस पर पृथिवीसिंह को आँख बंद करके हरम में ले जाया गया। पृथिवीसिंह का ब्याह बसोली के राजा संग्रामपाल की लड़की से हुआ था। उसके आठ पुत्र हुए, जिनके नाम थे—शत्रुसिंह, जयसिंह, इंदरसिंह, महीपतसिंह, रघुनाथसिंह, रामसिंह, शकतसिंह और राजसिंह। अब से वर्मा उपाधि चंबा के राजाओं के नाम से बिल्कुल हटा दी गई। ब्रह्मोर के गद्दी खत्रियों की परंपरा बतलाती है, कि औरंगजेब के अत्याचारों से बचने के लिए पृथिवीसिंह के शासन-काल में उनके पूर्वज लाहौर से भागकर इधर चले आये। कहावत है—'उजड़्या लाहौर बस्या ब्रह्मोर'। पृथिवीसिंह की जान बचानेवाली दाई (बाटलू) का बड़ा मान था। उसने खजियार में खाजीनाग, महला में हिडिम्बा और चंबा में सीताराम के मंदिर बनवाये।

ताम्रपत्रों के अनुसार छतरसिंह (1664 ई०) इस राजा का नाम शत्रुसिंह था, लेकिन आम तौर से इसे छतरसिंह कहा जाता था। गद्दी पर बैठने के बाद उसने अपने भाई जयसिंह को वजीर बना उसे बसोली के राजा संग्रामपाल के पास भलाई इलाके को लौटाने की माँग करने के लिए भेजा। इंकार करने पर छतरसिंह ने आक्रमण करके भलाई को ले लिया, फिर पांगी जा चंद्रभागा के नीचे की ओर बढ़कर पाडर के इलाके को अपने हाथ में कर लिया, जो कि अब तक राणाओं के हाथ में था। यद्यपि वह चंबा के आधिपत्य को मानते थे, किंतु छतरसिंह उससे संतुष्ट नहीं था, और उसने वहाँ के शासन के लिए अपने अधिकारी नियुक्त किए। उसने छतरगढ़ के किले को मैदान में बनवाया। उस समय पूर्वी मध्य-एशिया के (सिङ्क्याङ्) के साथ भारत का व्यापार नूरपुर से चंबा द्वारा जान्स्कर और लदाख के रास्ते होता था, जिसके कारण छतरगढ़ की समृद्धि बढ़ी, जो 1836 ई० तक रही, जबकि डोगरों ने आक्रमण करके छतरगढ़ को पूरी तौर से नष्ट कर उसका नाम गुलाबगढ़ रख दिया। इस समय पंजाब का सूबेदार (राज्यपाल) मिर्जा उबेदबेग पहाड़ी रियासतों पर अक्सर हमला किया करता था। उसका निवास-स्थान कलानोर था। इसके कारण पहाड़ी राजाओं—चंबा के छतरसिंह, गुलेर के राजसिंह, बसोली के धीरजपाल और जम्मू के कृपालदेव—ने अपने को संघबद्ध किया। जम्मू ने एक पठान सेना दी। सभी सम्मिलित सेनाओं ने मिलकर सूबेदार को हराया, और राजाओं

को अपने खोये हुए इलाके मिल गये। शायद छतरसिंह के शासनकाल के आरंभ में ही लाहुल को अंतिम बार चंबा और कुल्लू के बीच बाँट दिया गया। उस समय तक चंबा की भूमि चंद्रा और भागा के संगम तक रही, और बाकी लाहुल कुल्लू और लदाख के हाथ में। लदाख (मरयुल) इस समय बड़ा शक्तिशाली राज्य था, किंतु 1646-47 ई० में पूर्वी तिब्बत के सेनापति गल्दन-छेवङ् ने बिसाहर के राजा केहरीसिंह से मिलकर लदाख पर आक्रमण किया, जिसके कारण उसकी शक्ति कमजोर हो गई। कुल्लू के राजा विधिसिंह (1663-74 ई०) ने इससे फायदा उठा लदाख के जुए को उतार फेंका, और लाहुल से लदाखी अफसरों को मार भगाया। इसके थोड़े ही समय बाद चंद्रभागा-उपत्यका के ऊपरी भाग को चंबा ने खो दिया। कुल्लू की वंशावली बतलाती है, कि इस इलाके को चंबा-राजकुमारी के दहेज में कुल्लू ने पाया था। पर जैसा कि कुल्लू की स्थानीय परंपरा बतलाती है, यह इलाका लड़ाई के परिणामस्वरूप कुल्लू को मिला। परपरा यह भी कहती है, कि गूगे (पश्चिमी तिब्बत में थोलिगवाला प्रदेश) के राजा ने लाहुल पर अधिकार किया था, और कुल्लू और चंबा के राजाओं ने मिलकर गूगे के शासन को हटा लाहुल को आपस में बाँट लिया। गूगे का इस समय का राजा शक्तिशाली था, इसमें संदेह नहीं, गूगे ऊपरी कनौर का नाम नहीं था, बल्कि कनौर की सीमांत पर मानसरोवर के पास तक फैला तिब्बती भाषाभाषी इलाका गूगे कहा जाता था। छतरसिंह 1990 ई० में मरा। उसके दो पुत्रों उदयसिंह और लक्ष्मण सिंह में बड़े ने गद्दी सँभाली।

पृथिवीसिंह और छतरसिंह के योग्य शासन में चंबा राज्य एक समृद्ध रियासत के रूप में परिणत हो गया। व्यापार और कृषि से लोग बड़े संपन्न थे। उदयसिंह (1690 ई०) सुशिक्षित और योग्य तरुण था। उसने अपने चचा जयसिंह को फिर से अपना वजीर बनाए रखा। राज्य की समृद्धि में जयसिंह का शासन-कौशल भी एक बड़ा साधन था, लेकिन, वह उदयसिंह के गद्दी पर बैठने के थोड़े ही दिनों बाद मर गया। इसी समय गुलेर का राजा राजसिंह भी मर गया, और उसकी जगह पर उसका नाबालिग पुत्र गद्दी पर बैठा, जिसका अभिभावक उदयसिंह को नियुक्त किया गया। दलीपसिंह की नाबालगी को देखकर पड़ोस के राजाओं—जम्मू, बाधू और बसोली ने गुलेर पर आक्रमण किया। उदयसिंह ने सिबा, कहलूर और मंडी के सहयोग से आक्रमणकारियों को मार भगाया, और राजसिंह को फिर उसके स्थान पर बैठा दिया। अब उदयसिंह के साथ चंबा के ऊपर दुर्भाग्य की घटाएँ छाने लगीं। चतुर चचा जयसिंह का हस्तवलंब जाता रहा, और उदयसिंह ने मनमानी करनी शुरू की। उसके विलास और दुराचारों से लोग असंतुष्ट हो गए, शासन-प्रबंध में गड़बड़ी फैल गई। उदयसिंह ने आग में घी डालते हुए एक नाई को अपना वजीर बना दिया, जिसकी लड़की से उसको मुहब्बत थी। नाई वजीर के हाथ में बागडोर छोड़कर वह अपने भोग-विलास में लग गया। यह बर्दाश्त से बाहर की बात थी। लोगों ने उदयसिंह को गद्दी से हटाकर उसके चचा महिपतसिंह के लड़के उगरसिंह को अभिभावक नियुक्त किया। एक महीने के खतम होते-होते फिर

उदयसिंह के हाथ में लोगों ने शासन दे दिया। उसके आचरण में कोई फर्क नहीं हुआ। उगरसिंह डर कर जम्मू भाग गया। हालत जब बहुत बिगड़ गई, तो दरबारियों ने षड्यंत्र करके राजा को मार डालने तथा उसके छोटे भाई लक्ष्मणसिंह को गद्दी पर बैठाने का निश्चय किया। लक्ष्मणसिंह षड्यत्रकारियों के साथ हो गया। राजा के मारने के लिए योजना बनाई गई थी, कि उदयसिंह चंबा से तीन मील नीचे जब रावी के बाएँ किनारे उदयपुर के पास शिकार खेलने जाये, तो वहीं उसको मार दिया जाये। दोपहर के वक्त उनकी बंदूकों की आवाज सुनकर उदयसिंह को खतरे का पता लग गया, और वह हाथ में तलवार लिए तंबू से बाहर निकल आया। उसने अपने निजी नौकरों और अनुयायियों को साथ देने के लिए प्रार्थना की। लक्ष्मणसिंह का दिल भर आया, और उसने षड्यंत्रियों का साथ छोड़ अपने भाई का पक्ष लिया। इस पर अधिकारियों ने पहले लक्ष्मणसिंह को और फिर राजा को मारने का हुकुम दिया। राजा बुरी तरह से घायल हुआ, और कुछ दिनों बाद मर गया। जिस भूमि पर यह हत्याकांड हुआ था, वह तब से आज तक परती पड़ी है। 30 वर्ष के शासन के बाद 1720 ई० में उदयसिंह मरा। उसका कोई उत्तराधिकारी नहीं था, लक्ष्मणसिंह भी शायद निस्संतान ही मारा गया था।

उदयसिंह के हाथ से शासन छीनकर कुछ समय तक उगरसिंह (1720 ई०) ने अभिभावक के तौर पर राज्य किया, फिर भागकर जम्मू जा वहाँ के राजा धरबदेव के यहाँ अपने को छिपा सिपाही बन गया। एक दिन वह रावी नदी से नहाकर पानी भरा हुआ लोटा हाथ में लिए लौट रहा था। इसी समय एक मस्त हाथी बंधन तोड़कर भागता हुआ आया उगरसिंह को देखते ही वह उस पर टूट पड़ा। उसने कुछ समय तक लोटे से मारकर हाथी को रोका, और इसके बाद तलवार निकाल, एक ही चोट में सूंड को काट कर अलग कर दिया। उसकी इस वीरता की खबर राजा को मिली, तो उसने उगरसिंह को बुलवाया, और फिर उसे मालूम हुआ, कि वह मेरे संबंधी चंबा के राजवंश का राजकुमार है। छतरसिंह के दो पुत्रों के बाद अब गद्दी का अधिकारी वही था। संभवतः उसके चचा जयसिंह और इंदरसिंह पहले ही निस्संतान मर गए थे। उदयसिंह और उसके भाई की हत्या की खबर सुनने के बाद धरबदेव ने सहायता देकर उगरसिंह को चंबा भेजा, जहाँ उसे गद्दी मिल गई। कहा जाता है, निहत राजा का प्रेत उगरसिंह के सामने प्रकट होकर उसे बहुत दुःखी करता था। इसके निवारण के लिए हत्यास्थान के पास उदयपुर में उसने एक मंदिर बनवाया, उसके खर्च के लिए एक छोटा-सा कर लगाया। मंदिर अब भी वहाँ मौजूद है, और 'तिरसेरा, उदयसियाना अवतरियाना' के नाम से वह कर अब भी वसूल किया जाता है। गद्दी पर बैठने के थोड़े ही समय बाद रघुनाथसिंह के लड़के बालक दलेलसिंह के प्रति उसको शंका होने लगी, जो कि अपने मामा के साथ जम्मू के इलाके में रहता था। उगरसिंह के शिकायत करने पर दलेलसिंह को सूबेदार ने लाहौर में बुलाकर नजरबंद कर दिया। अपने आरंभिक शासन में उगरसिंह को लोग पसंद करते थे, लेकिन पीछे असंतुष्ट हो उसे हटाकर उसकी जगह

गद्दी पर दलेलसिंह को बैठाना चाहते थे। उन्होंने एक लाख रुपया नजराना देकर मुगल सूबेदार से दलेलसिंह को छुड़वा चंबा के राजा होने की सनद प्राप्त की। मुगल सेना ने भी इसका समर्थन किया। दलेलसिंह के आने की बात सुनकर उगरसिंह ने मुकाबिला करने का प्रयत्न नहीं किया, और रावी के पुल को तोड़कर नगर में आग लगा दी, फिर चामुंडा मंदिर में चला गया, जहाँ से वह जलती हुई राजधानी को देखता रहा। फिर रावी-उपत्यका के ऊपर की ओर भागा। जिस समय वह चुनौता में जुह गाँव से होकर गुजर रहा था, उसी समय गुरौला के राणा ने उसकी जाँघ में गोली मारकर घायल कर दिया। जिस जगह पर यह घटना हुई, वहाँ आज एक छोटा-सा मंदिर बना हुआ है। घायल उगरसिंह भागकर कांगड़ा जाकर थोड़े ही समय बाद मर गया। मृत्यु के समय छोटी उमर के उसके दो पुत्र उमेदसिंह और शेरसिंह थे। गद्दी पर बैठते ही अपने प्रतिद्वंद्वी उगरसिंह के दोनों पुत्रों को दलेलसिह (1735 ई०) ने सूबेदार से कहलवाकर लाहौर में कैद करवा दिया, जहाँ वह 13 वर्ष तक इसी हालत में रहे। दलेलसिंह ने अपने सहायकों को भी बड़े-बड़े इनाम दिये, और कितने ही करों को हटाकर अपने को जनप्रिय बनाया। तो भी लोग जानते थे, कि सिंहासन के असली उत्तराधिकारी उगरसिंह के पुत्र हैं, इसलिए उनके समर्थकों की भी कमी नहीं थी। उन्होंने बहुत कोशिश की, लेकिन राजपुत्रों को बंदीखाने से छुड़ाने में सफलता नहीं मिली। चंबा में कटवाला-परिवार का एक तरुण उमेदसिंह का नौकर था, जिसकी उमर अपने स्वामी के बराबर ही थी, और शकल-सूरत में भी वह एक-सा लगता था। तरुण को अपने कपड़े देकर एक दिन उमेदसिंह लाहौर से निकल भागने मे सफल हुआ। जब इस बात का पता लगा, और कटवालू को सूबेदार के सामने पेश किया गया, तो पूछने पर नौकर ने बतलाया—"मैंने अपने कर्तव्य का पालन किया, मैं दंड भोगने के लिए तैयार हूँ।" उसके इस उत्तर से बहुत प्रसन्न हो सूबेदार ने उसे इनाम देकर छोड़ दिया। उमेदसिंह की मुक्ति क्षणिक सिद्ध हुई, थोड़े ही दिनों बाद फिर पकड़कर वह लाहौर लाया गया। सूबेदार ने जाँच-पड़ताल करने पर जब देखा, कि चंबा की गद्दी का असली उत्तराधिकारी यही है, तो सनद और सहायता के लिए सेना देकर उसे भेज दिया। जसरोटा के राजा की लड़की से ब्याह करके उमेदसिंह जसरोटा और बसोली के रास्ते जब आगे बढ़ा, तो इन राजाओं ने भी उसकी सहायता की। दरबारियों ने दलेलसिंह को मुकाबिले के लिए तैयारी करने की सलाह दी, लेकिन उसने यह कहकर वैसा करने से इंकार कर दिया, कि उमेदसिह वस्तुत: गद्दी का असली मालिक है। वह राजधानी में बना रहा, और उमेदसिंह के आने पर उसके हाथ में उसने राज्य दे दिया। उमेदसिंह ने भी उसके साथ बड़ा अच्छा बर्ताव किया। कितने ही समय तक चंबा रहने के बाद वह साधु बन गया, और अंत में ज्वालामुखी में जाकर मरा। उसके कोई पुत्र नही था, उसकी लड़की का ब्याह जम्मू के राजा विजयदेव से हुआ था।

उमेदसिंह[1] (1748 ई०) न्यायप्रिय कुशल शासक था। वह उस समय चंबा का राजा हुआ, जबकि मुगल साम्राज्य खंड-खंड हो रहा था। वजीर लखनऊ, मुर्शिदाबाद और हैदराबाद में अपनी अलग हुकूमतें कायम कर रहे थे। सल्तनत के भीतर के अफगानों में बंगशों ने फर्रुखाबाद को अपना केन्द्र बना गंगा के दक्षिण के इलाके को अपने हाथ में कर लिया, और उनके उत्तर में रुहेलखंड को अपना नाम देकर रुहेले पठान रुहेलखंड और मेरठ-कमिश्नरी के वहुत-से भागों के स्वामी थे। मुगल सल्तनत के सबसे बड़े दावेदार मराठे और अफगान थे, जिनके बीच भारी संघर्ष चल रहा था। ऐसे समय पहाड़ी राजाओं को मुगल-जूए को अपने कंधे पर रखने की आवश्यकता नहीं थी, और उन्होंने अपनी छीनी हुई जमीन को भी मुगल हाकिमों से लौटा लिया। धौलाधार के दक्षिण का एक बहुत उर्वर और बड़ा इलाका चंबा से छीन लिया गया था। उमेदसिंह ने उसे लौटाकर अपनी सीमा को धौलाधार के दक्षिणी ढलानों में मंडी की सरहद तक पहुँचा दिया। पालमपुर के पास पठियार के किले में उसने अपने सैनिक रखे। कहा जाता है, कि बीर-बनगाहल में भी उसने अपने पैर फैलाए। कांगड़ा बंदोबस्त रिपोर्ट में बार्नेस ने चंबा के राजा के नाम बादशाह अहमदशाह (1748-55 ई०) के एक पत्र का जिक्र किया है, जिसमें चरी और रिहलु पर कब्जा करने के लिए उसे डाँटा गया है। इस निर्बल बादशाह के पत्र की उमेदसिंह क्यों परवाह करने लगा? उसने दक्षिण में धौलाधार की अपनी भूमि को पुरानी सीमा रखा। यह बात शायद 1752 ई० से कुछ पहले घटी थी, क्योंकि इसी साल दिल्ली ने पहाड़ी रियासतों तथा पंजाब को विजेता अहमदशाह दुर्रानी के हाथ में दे दिया। झेलम से पूर्व के पहाड़ों में दुर्रानियों का शासन नाम मात्र का था, और 1767 ई० तक चंबा राज्य बिल्कुल स्वतंत्र-सा रहा। 1758 ई० में थोड़े समय के लिए पहाड़ी रियासतें और कांगड़े का मुगल सूबेदार भी मराठों के पंजाब के सूबेदार अदीनाबेग के अधीन रहे। जिस समय 1757 ई० में अंग्रेजों ने पलासी के निर्णायक युद्ध में अपने शासन की दृढ़ नींव रखी, उसके एक साल बाद पंजाब और हिमालय पर मराठों की ध्वज फहरा रही थी। उस वक्त किसको पता था, कि मराठों और अफगानों के संघर्ष से दोनों कमजोर होकर अंग्रेजों के लिए रास्ता साफ करने वाले हैं। 1767 ई० के आसपास अब पहाड़ी रियासतों पर सिक्खों की प्रभुता स्थापित होने लगी थी। लाहौर में शाही दरबार में आने से इंकार करने के कारण उमेदसिंह से जसवान की जागीर छीन ली गई, जो पृथिवीसिंह के समय से चंबा के हाथ में थी।

उमेदसिंह ने राजप्रासाद के कंदचंडी भाग को बनवाया, जो अब भी मौजूद है। रावी-उपत्यका के निचले भाग में 8 मील नीचे नादा में उसने एक महल बनवा

1. 18वीं सदी देवरीकोठी (परगना बरो) नया लेख :
"सं० 30 भद्रो प्र 21 नगअत अथ जे स्रीमाहरजे उमेदसीधे देवी चमुंडादा देहार पाय देहा रेदा सोरदार स्री मीय" बीसनसीघ हाजरी नोल्हेडेधया सुगलाल झुगडु त्रखण गुदेव झडा बटे हेड हेलु देव गणीर घलपोह प्र 29 संवत् लीख्य सुभ।

स्थान का नाम बदलकर राजनगर कर दिया। यहीं उसका पुत्र राजसिंह 1755 ई० में पैदा हुआ था। इस महल का अब सिर्फ एक दरवाजा बाकी रह गया है। चंबा नगर के रंगमहल की नींव भी इसी ने रखी थी, यह भी कहा जाता है। उमेदसिंह 13 बैसाख विक्रमी 1820 (1764 ई०) में 39 वर्ष की उमर में 16 वर्ष के शासन के बाद मरा। उसने पहले ही से आज्ञा दे छोड़ी थी, कि मेरे मरने के बाद कोई रानी सती न होवे।

चंबा में सिक्ख काल का प्रारंभ राजा राजसिंह के साथ माना जाता है। राजसिंह (1764 ई०)—9 वर्ष की उमर में बाप के मरने के बाद यह गद्दी पर बैठा। उमेदसिंह को अपने छोटे भाई शेरसिंह से डर था, इसलिए उसने गुप्त रूप से आज्ञा दे रखी थी, कि मेरे मरने के बाद शेरसिंह को पकड़कर बंदीखाने में डाल दिया जाये। कांगड़े के घमंडचंद ने राजसिंह की नाबालगी से फायदा उठाकर पठियार के किले को ले लिया और बीर-बनगाहल से भी चंबा की सेना को भगा दिया। इस समय जम्मू-राजकुमारी राजमाता अपने पुत्र की अभिभाविका थी। उसके पीहर से राजा रणजीतदेव ने मदद भेजी, जिससे वह अपने छीने हुए इलाके को फिर प्राप्त करने में सफल हुई। इसके बाद कांगड़े के राजा ने फिर आक्रमण किया, और उसने राजसिंह के मरने से पहले ही रिहलू के पूर्व की चंबा की सारी जमीन को ले लिया। राजसिंह की नाबालगी के समय जम्मू के राजा रणजीतदेव अपने संबंध के कारण चंबा के भीतरी मामलों में बहुत दखल देता रहा। शायद वह रियासत को बिल्कुल अपने आधिपत्य में लाना चाहता था। मुगल सल्तनत के ह्रास के बाद रणजीतदेव अब बिल्कुल स्वतंत्र था, और अपने पैतृक राज्य से संतुष्ट न हो वह चनाब और रावी के बीच के पहाड़ी राज्यों पर अपना आधिपत्य जमाना चाहता था। चंबा में उसने अपने एक आदमी अकलू को वहाँ का वजीर बना दिया था। राजमाता के जीवन-काल तक बात बहुत आगे नहीं बढ़ी, लेकिन राजसिंह के बालिग होने के थोड़े ही समय बाद वह मर गई। राजसिंह अकलू को पहले ही से पसंद नहीं करता था। उसने उसे जेल में डलवा दिया। रणजीतदेव ने इसे अपना अपमान समझा, और चंबा पर चढ़ाई करने के लिए बसोली के राजा अमृतपाल के अधीन एक सेना भेजी। राजसिंह उस समय कलानोर में पंजाब के सूबेदार से मिलने गया था। लौटते समय नूरपुर में उसे ननिहाल की सेना के चढ़ाई करने की खबर मिली। उसने तुरंत सिक्खों के प्रभुताशाली नेताओं रमगढ़िया सरदारों से सहायता माँगी, और उसके लिए एक लाख रुपया दिया। तीन महीना राजधानी पर अधिकार करने के बाद 1775 ई० में जम्मू की सेना को सिक्खों और राजसिंह की सम्मिलित सेना से हारकर भागना पड़ा। चंबा की वंशावली में इसी समय पहले पहल सिक्खों का जिक्र आता है।

दुर्रानियों का शासन पहले से ही ढीलमढाल रहा, और 1767 ई० में अहमदशाह दुर्रानी के अंतिम आक्रमण के बाद केंद्रीय और पूर्वी पंजाब से उनका शासन खतम हो गया। उनका स्थान अब सिखों ने लिया, जिनकी शक्ति तेजी से बढ़ने लगी। झुंड के झुंड सिक्ख सारे पंजाब ही नहीं, पूर्व में दून (देहरादून) तक लूट-मार मचाया करते थे। यह सिक्खों के 12 मिसलों का समय था, 12 सिक्ख समूहों ने संगठित होकर अपनी प्रभुता

को बढ़ाना चाहा था। उनके प्रभाव की समाप्ति रणजीतसिंह ने की। 12 मिसलों में से एक का नाम रामगढ़िया था, जिसका मुखिया जस्सासिंह सबसे पहला सिक्ख सरदार था, जिसने कांगड़े के पहाड़ी इलाकों पर आक्रमण किया। 1770 ई० के आसपास कांगड़े के घमंड-चंद और दूसरे पहाड़ी राजाओं—चंबा ने भी—उसकी अधीनता स्वीकार की। शायद इसीलिए रामगढ़ियों ने जम्मू के खिलाफ राजसिंह की मदद की। जस्सासिंह का प्रभाव थोड़े ही समय तक रहा। 1776 ई० में कन्हिया मिसल के सरदार जयसिंह ने पंजाब में रामगढ़ियों को हराया, और अब कांगड़ा-समूह की रियासतों पर कन्हिया मिसल की प्रभुता स्थापित हुई। कांगड़ा बंदोबस्त रिपोर्ट में बार्नेस ने जयसिंह के 1776 ई० के एक दस्तावेज को उद्धृत करके बतलाया है, कि उसने चंबा पर 4001 रुपया वार्षिक कर लगाया था।

राजसिंह का ब्याह भद्रवाह के राजा सम्पत्पाल की लड़की से हुआ था, जिससे 1775 ई० में उसका बड़ा पुत्र जीतसिंह पैदा हुआ। 1782 ई० में राजसिंह ने आक्रमण करके बसोली को जीत लिया, लेकिन एक लाख रुपया लेकर उसे लौटा दिया। बसोली और जम्मू के खिलाफ मदद लेने के लिए उसने इतनी ही रकम सिक्खों को दी थी। भद्रवाह (भद्रवार) इससे पहले ही से चंबा का करद था। उसके राजा का नाम दयापाल था। 1786 ई० में राजसिंह ने किश्तवार के राज्य पर अपने आधिपत्य का दावा जम्मू के राजा ब्रजराज देव के निमंत्रण पर किया। राजसिंह के पुत्र जीतसिंह के जो कि उस समय केवल 11 वर्ष का था—के अधीन एक सेना भद्रवाह पर चढ़ाई करने के लिए भेजी गई, और किश्तवार को जीतकर छः महीने तक उस पर अधिकार रखा गया। इस सारे समय में राजधानी भद्रवाह में चंबा की सेना बनी रही, और जाड़े के पास आने पर ही वह वहाँ से हटी। इस समय कश्मीर पर काबुल के दुर्रानियों की हकूमत थी, जहाँ ही किश्तवार के राजा ने भाग कर पनाह ली थी। दुर्रानियों की मदद ले किश्तवार का राजा फिर अपने राज्य में लौट आया।

कांगड़े में पश्चिमी हिमालय का एक बड़ा वीर और कुशल राजा संसारचंद द्वितीय गद्दी पर बैठा था, जिसने मुगल-सल्तनत के ह्रास से फायदा उठाना चाहा था। उससे पहले ही अकबर के समय से कांगड़ा-उपत्यका के जो गाँव खास्सा में चले गये थे, उन्हें घमंडचंद ने ले लिया था, और अपने पूर्वजों के किला कांगड़े को लेने की असफल कोशिश की थी। कांगड़े के पहाड़ों के अंतिम मुगल-सूबेदार नवाब सैफुल्ला खान ने शक्तिशाली दुश्मनों से घिरे रहकर भी किले को मुगलों के हाथ में रखा। 1774 ई० में घमंडचंद का पौत्र कांगड़े की गद्दी पर बैठा। इसी समय सैफुल्ला को मौत ने किले से अलग कर दिया। कांगड़े के संसारचंद को अब भी किले पर अधिकार करने में सफलता नहीं हो रही थी, इस पर उसने कन्हिया मिसल के सरदार जयसिंह को मदद के लिए भेजा, जिसने अपने पुत्र गुरबख्श सिंह की मातहत एक सिक्ख सेनी भेजी। गुरबख्श सिंह ने उपाय करके किले की मुगल सेना को आत्मसमर्पण करने के लिए तैयार किया, लेकिन संसारचंद को यह देखकर बड़ा खेद हुआ, कि मुगलों ने किले को उसके नहीं, बल्कि सिक्खों के हाथ में दे

दिया। कोई कहते हैं, यह घटना 1781 ई० में हुई थी, जब कि बूढ़ा नवाब सैफुल्ला अब भी मृत्यु-शय्या पर जीवित था, और उसके मरने के बाद उसके पुत्र ने किले को समर्पित किया। जयसिंह ने किले को 1785-86 ई० तक अपने अधिकार में रखा, जब कि पंजाब में संसारचंद की सहायता से उसके प्रतिद्वन्द्वियों ने हरा दिया, और उसे किला कांगड़े को कटोचों के हाथ में देकर पहाड़ मे हटना पड़ा। किले पर अधिकार करने और सिक्खों के हट जाने पर पहाड़ में संसारचंद का कोई प्रतिद्वंद्वी नहीं रह गया। अब और उसने जलंधर-समूह की 11 रियासतों के आधिपत्य का पुनः दावा किया, जिसे कि मुगल काल में कटोचों ने खो दिया। संसारचंद ने उनसे कर लेने ही से संतोष नहीं किया बल्कि उनकी भूमि भी दखल की और मुगलों के खासा में जो इलाके चले गये थे, उन पर भी जबर्दस्ती कब्जा कर लिया। इसी के अनुसार उसने राजसिंह से रिहलू के इलाके को देने की माँग की, जो कि मुगलों के समय कांगड़े की कारदारी का एक अंग था। राजसिंह वैसा करने से इंकार कर अवश्यम्भावी युद्ध के लिए तैयारी करने लगा। उसने स्वयं रिहलू में जाकर किले की मरम्मत करके उसे मजबूत किया, और वहाँ पर अपनी सेना रखी। संसारचंद भी अब बलपूर्वक अपनी माँग को पूरा करने के लिए उतारू था। संसारचंद आगे बढ़कर एकाएक चंबा की सेना पर टूट पड़ा। नूरपुर के सैनिकों में भगदड़ मच गई और राजसिंह अपने 45 आदमियों के साथ वहाँ रह गया। उसके अफसरों ने पीछे हटने के लिए जोर दिया। इतनी बड़ी सेना के सामने 45 आदमी क्या कर सकते थे; लेकिन पीछे हटने को राजसिंह ने अपनी शान के खिलाफ समझा। वह बड़ी वीरता से लड़ा। उसके आदमी पहले भूमिशायी हुए, फिर गोली खाकर राजसिंह भी जाँघ में घायल था, लेकिन तब भी बड़ी वीरता से लड़ते हुए उसने कितने ही शत्रुओं को मारा। इसी समय जीतसिंह नामक एक पुरबिया ने पीछे से आकर राजसिंह के सिर पर तलवार मारी। राजसिंह खून को पोंछ कर पास की एक बड़ी चट्टान के ऊपर हाथ रख गिर पड़ा। लोगों का विश्वास है, कि खून लगे हाथ की छाप अब भी उस पत्थर पर देखी जा सकती है। उसके पुत्र ने उसी स्थान पर एक मंदिर बनवाया, जहाँ मृत्यु की बरसी पर हर साल मेला लगता है। राजसिंह की बहादुरी के पँवाड़े अब भी लोगों में गाये जाते हैं। कहा जाता है, वह चंबा के राजाओं के युद्ध की देवी चामुंडा देवी का बड़ा भक्त था, जिसने उसके जीवन में 12 वर्ष की वृद्धि और युद्ध में वीरगति प्राप्त करने का वरदान दिया था। राजसिंह 7 आषाढ़ विक्रमी 1850 (1794 ई०) को 30 वर्ष शासन करने के बाद 40 वर्ष की उमर में मरा। मरने के बाद उसके शरीर में 18 घाव देखे गये। रिहलू के किले में उसका दाह-संस्कार हुआ, और उसकी रानियाँ चंबा में सती हुईं। राजा के मरने पर भी चंबा की सेना ने रिहलू पर अपना अधिकार बनाये रखा। कहते हैं, संसारचंद ने राजसिंह को बंदी बनाने का हुकुम दिया था, लेकिन उसकी मृत्यु की खबर सुनकर उसे बहुत अफ़सोस हुआ। शायद इसीलिए उसने चंबा के साथ लड़ाई बंद कर दी और सीमांत के थोड़े-से गाँवों को लेकर संतोष कर लिया। गद्दी पर बैठने के समय जीतसिंह (1794 ई०) की उमर 19 वर्ष की थी। इसके थोड़े ही दिनों बाद बसोहली

से लड़ाई हो गई। वहाँ का राजा विजयपाल अपने पास के चंबा वाले जुंड और भलाई के इलाकों में लूटमार किया करता था। इसके बदले में 1800 ई० में जीतसिंह ने बसोली पर आक्रमण करके राज्य पर अधिकार कर लिया, और अपने बाप की तरह युद्ध की क्षति-पूर्ति के लिए रुपया लेकर उसे लौटाया। इसके कुछ समय बाद जीतसिंह बालोर में देवीमल के मंदिर की यात्रा करना चाहता था। लेकिन बसोली, बाढ़ू और राम नगर के राजाओं को कपट का संदेह हुआ, उन्होंने 50 हजार रुपया नजराना भेज कर जीतसिंह को लौटाने के लिए प्रार्थना की, और उसने ऐसा ही किया। यह वह समय था, जबकि संसारचंद अपने आधिपत्य को पहाड़ों में अधिकाधिक बढ़ा रहा था। किला कांगड़ा लेने के बाद वह अब रावी और सतलुज के बीच की पर्वतभूमि का स्वामी था। उसने वहाँ के सभी पहाड़ी राजाओं को दरबार में आकर हाजिरी देने और भिन्न-भिन्न अभियानों में सेना भेजने के लिए मजबूर किया। उस पहाड़ी तक राज्य-विस्तार को सीमित न रख पंजाब को भी वह लेना चाहता था, और इसके लिए दो बार बारी (जलंधर द्वाब पर उसने चढ़ाई की, जो वह किसी समय कटोचों का रहा होगा, तभी तो पहाड़ के लिए प्रयुक्त होने वाला जलंधर शब्द इसके प्रधान नगर के लिए इस्तेमाल हुआ। लेकिन, अब पंजाब में 12 मिसलों की जगह रणजीत सिंह का एक सुसंगठित शक्तिशाली और विस्तृत राज्य स्थापित हो चुका था, इसलिए 1803 और 1804 ई० में संसारचद को वहाँ असफलता का मुँह देखना पड़ा। अब 1805 ई० में उसने पहाड़ में ही पूर्व की ओर मुँह किया और सतलुज के पूर्व जाने से पहले उसके दाहिने किनारे की कहलूर (बिलासपुर)-भूमि पर अधिकार कर लिया। पर, हिमालय पर आधिपत्य जमाने के लिए संसारचंद अकेला नहीं था, बल्कि पूर्व से गोरखा भी विजय-यात्रा करते हुए सतलुज के किनारे पहुँच चुके थे। संसारचंद के शासन से तंग आये पहाड़ी राजाओं ने गोरखा जनरल अमरसिंह थापा को किस तरह कांगड़ा पर आक्रमण करने के लिए निमंत्रित किया, यह हम आगे बतलायेंगे। बिलासपुर ने गोरखों की अधीनता स्वीकार कर ली थी। जब जलंधर-समूह के सभी राज्यों, और बसोली ने भी उसे सहायता देने का वचन देते हुए निमंत्रित किया, तो अमरसिंह अपने को रोक नहीं सका। 1788 ई० में (विक्रमीय 1845) में संसारचंद और चंबा के राजा राजसिंह की मैत्री-संधि का जिक्र एक ताम्रपत्र में है, लेकिन अब जीतसिंह के साथ वह मैत्री नहीं थी। 1806 ई० के वसंत में जब अमरसिंह थापा की सेना ने कांगड़े के ऊपर आक्रमण किया, तो उसकी सहायता के लिए चंबा के वजीर नाथू के अधीन एक सेना भेजी गई। लेकिन, किला-कांगड़ा अभी भी अपनी अजेयता को खो नहीं चुका था। चार वर्ष तक गोरखों ने कुछ भी करने को उठा नहीं रखा, लेकिन वह उसे सर करने में सफल नहीं हुए। 1809 ई० में संसारचंद ने अपने छोटे भाई फतेहचंद को सहायता माँगने के लिए रणजीतसिंह के पास भेजा। रणजीतसिंह ने किला-कांगड़े को देने की शर्त पर सहायता देनी मंजूर की। संसारचंद छिपकर किले से निकल चुका था। मई 1809 ई० में जब रणजीतसिंह स्वयं पहाड़ों की तरफ आया, तो संसारचंद उससे मिला। दोनों की सम्मिलित सेना के सामने अगस्त में गोरखों को हार कर सतलुज

पार हटने के लिए मजबूर होना पड़ा। शर्त के अनुसार रणजीतसिंह ने किला-कांगड़ा और पहले मुगल-बादशाहों के हाथ में रही कांगड़ा-उपत्यका के 66 गाँवों को लेकर बाकी राज्य को संसारचंद के हाथ में दे दिया।

1809 ई० में दूसरी पहाड़ी रियासतों की तरह चंबा भी अब रणजीतसिंह के आधिपत्य को स्वीकार करती थी। इससे पहले ही 1808 ई० में किला-कांगड़े के मुहासिरे के समय 14 वर्ष के शासन के बाद 33 वर्ष की उमर में राजा जीतसिंह मर गया। प्रतिरक्षा के लिए भारी सेना रखनी पड़ी थी, जिसका खर्च बहुत अधिक था, लेकिन जीतसिंह ने इतनी चतुराई के साथ प्रबंध किया, कि रियासत को कभी कर्ज में पड़ने की जरूरत नहीं पड़ी। मरते वक्त उसके दो पुत्रों चढ़तसिंह और जोरावरसिंह में से बड़ा गद्दी पर बैठा। चढ़तसिंह (1808-44 ई०)गद्दी पर बैठने के समय 6 वर्ष का था। इसकी माँ जम्मू की राजकुमारी थी, जिसने नाबालगी के समय जीतसिंह के समय से वजीर रहते आये बडोत्रू-परिवार के नाथू की सहायता से राजकाज चलाया। राजमाता शारदा बड़ी ही चतुर और दूरदर्शिनी महिला थी। उसने राधाकृष्ण का मंदिर बनवाया, जिसकी प्रतिष्ठा 14 वैशाख विक्रमीय 1882 (1825 ई०) में हुई। इसी ने शाहमदार-पर्वत की कूल के पास अपनी बलि चढ़ाने वाली रानी के मंदिर की सीढ़ियाँ बनवाईं। नाथू वजीर भी बड़ा कुशल शासक था। चंबा के लोग आज भी बड़े सम्मान के साथ उसका नाम लेते हैं। गद्दी पर बैठने के थोड़े ही समय बाद रियासत पर खतरा आया, जब कि रणजीतसिंह स्वयं सेना ले जसरोटा और जम्मू के पहाड़ों में बसोली करद बनाकर चंबा की ओर (1808-9 ई०) बढ़ा। इसे भारी रकम देकर मनाया गया, और चंबा रणजीतसिंह की करद रियासत बन गई। यद्यपि उस पर अनेक बार चढ़ाई का खतरा आया, लेकिन आक्रमणकारी सिक्ख भी समझते थे, कि पहाड़ में लड़ाई करना आसान काम नहीं है। चतुर नाथू वजीर महाराजा रणजीतसिंह का कृपापात्र था, जिसके कारण भी चंबा को युद्ध में नहीं पड़ी। भद्रवाह की छोटी-सी रियासत बहुत समय से चंबा की करद थी, जिसकी गद्दी पर उस समय राजा दयापाल था। दयापाल के पिता फतेहपाल और पहाड़चंद के पिता भूपचंद दोनों बंदी बनाकर चंबा नगर के पक्की चौकी में रहते मरे। पहाड़चंद की माँ चंबा-राजकुमारी थी। भद्रवाह में दयापाल के अंतिम समय में भीतरी गृह-कलह हो गया, और उसे भागकर दीनानगर जाना पड़ा, जहाँ उसकी मृत्यु हुई। इस पर गद्दी के अधिकारी उसके चचेरे भाई पहाड़चंद को राजा बनाया गया। उसने 1820 ई० में चंबा को कर देने से इंकार कर दिया। नाथू वजीर सेना लेकर गया, लेकिन पडरी जोत् पर उसकी हार हुई। रणजीतसिंह ने उसकी प्रार्थना पर भद्रवाह को चंबा में मिलाने की सनद दे सेना से सहायता की, और नाथू वजीर दूसरी बार 1821 ई० में भद्रवाह पर चढ़ा। पहाड़चंद प्रतिरोध करना व्यर्थ समझ हाल ही में बनवाये अपने किले को आंशिक तौर से तोड़कर सदा के लिए भाग गया, और भद्रवाह को चंबा राज्य में मिला लिया गया। इसी साल सिक्ख सेनापति देसासिंह मजीठिया, जो कि कांगड़े का पहला सिक्ख नाजिम (राज्यपाल) था, ने कांगड़ा कारदारी का अंग होने के कारण

रणजीतसिंह की ओर से रिहलू पर दावा करके उसके किले का मुहासिरा किया। नाथू ने अपने क़िलेदार को हुकुम दिया कि मैं महाराजा के पास जा रहा हूँ, तब तक किले को अपने हाथ में रखना। लेकिन, राजमाता को प्रतिरोध करने से रणजीतसिंह के कोपभाजन बनने का डर लगा, और उसके हुकुम देने पर किले को सिक्खों के हाथ में दे दिया गया। नाथू लाहौर में जाकर रेहलू के बारे में कुछ नहीं कर सका, लेकिन उसको निराश न करने के लिए रणजीतसिंह ने रेहलू के पास एक छोटी-सी जगह रानीटार को लौटा दिया, जो कि चंबा-वंश की रानियों की खानदानी जागीर थी। साथ ही रेहलू के हाथ से जाने के बदले रणजीतसिंह ने 30 हजार सालाना कर छोड़ दिया। मिस्टर विगने के अनुसार चंबा ने इस शर्त पर रेहलू को समर्पण किया, कि भद्रवाह हमारे हाथ में रहे, और 1820 ई० में रणजीतसिंह ने इस तरह की सनद भी राजा को दी। इस सनद का एक फल यह भी हुआ, कि पीछे के शक्तिशाली जम्मू-राजा चंबा पर हाथ नहीं फैला सके। 1815 ई० में चढ़तसिंह के साले नूरपुर के राजा वीरसिंह ने रणजीतसिंह से भागकर चंबा में शरण ली। कुछ सेना इकट्ठी करके उसने फिर अपने राज्य को लौटाने की कोशिश की, लेकिन हारकर उसे सतलुज पार अंग्रेजों के राज्य में चला जाना पड़ा—सतलुज उस समय रणजीतसिंह और अंग्रेजी राज्य की सीमा थी। 1826 ई० में वीरसिंह फिर भेस बदलकर नूरपुर पहुँचा और लोग भी उसके झंडे के नीचे आने लगे, लेकिन जब उसके खिलाफ एक सिक्ख सेना आई, तो उसने चंबा में भागकर अपने बहनोई के हाथ में आत्मसमर्पण कर दिया। उसके बहनोई ने रणजीतसिंह के हाथ में साले को दे दिया। रणजीतसिंह के हुकुम से वह गोविंदगढ़ (अमृतसर) के किले में सात साल तक बंदी रखा गया, फिर 85 हजार रुपया देकर चरतसिंह ने उसे छुड़ाकर चंबा मँगवाया, जहाँ वह कुछ समय तक रहा। अंग्रेज यात्री विग्ने जब 1839 ई० में चंबा आया, तो वीरसिंह अभी जीता था। अंत में 1846 ई० में अंतिम बार अपने राज्य को लौटाने की कोशिश करते हुए वह नूरपुर में मरा। 1820-25 ई० में चंबा की ओर से पाडर में पालसरा मुख्य पदाधिकारी था, जिससे तिब्बती-भाषी जांस्कर पर आक्रमण करके उसे चंबा का करद बना दिया। अभी तक जांस्कर में अपना राजा था, जो लदाख के राजा के अधीन था।

1835 ई० में रणजीतसिंह द्वारा स्थापित राज्य निर्बल हो चुका था, और प्रधानमंत्री जम्मू के राजा गुलाबसिंह ने सिक्ख-राज्य से स्वतंत्र हो अपना राज्य विस्तार करना शुरू किया। 1835 ई० में राजा गुलाबसिंह ने अपने सबसे योग्य सेनापति कल्हूरिया वजीर जोरावरसिंह के नेतृत्व में एक सेना भेजी, जिसने लदाख को जीतकर अपने राज्य में मिला लिया। इसी समय से तिब्बती भाषाभाषी लदाख जम्मू-राज्य के अंग बना। लदाख-विजय के बाद उसके अधीन के ज़ांस्कर की ओर डोगरोंकी का ध्यान गया, और जोरावरसिंह का एक सहायक-सेनापति वजीर लखपतराय जांस्कर पर अधिकार कर उमासी जोत् पार कर पाडर के रास्ते जम्मू लौटा। गुलाबसिंह की इच्छा पाडर (भद्रवाह) को लेने की नहीं थी, लेकिन जम्मू की सेना के आने पर पाडर के लोगों को

संदेह हो गया, और उन्होंने डोगरा-सेना से छेड़छाड़ की। यह प्रतिरोध कोई उतना बड़ा नहीं था, और छतरगढ़ में रखे 30 डोगरा-सैनिकों ने यातायात को सुरक्षित रखा। ज़ांस्कर की राजधानी पदम में एक थानेदार के अधीन 20 सैनिक रख दिए गये थे, जिन्हें वहाँ के लोगों ने विद्रोह करके मार दिया। इसी खबर को सुनकर शायद वजीर रतनू ने छतरगढ़ में रखी डोगरा गारद पर आक्रमण कर दिया। चरतसिंह ने तुरंत रतनू के इस काम के प्रति अपनी अस्वीकृति प्रकट की, लेकिन डोगरों को बहाना मिल गया, और 1836 ई० के वसंत में जोरावरसिंह इस अपमान का बदला लेने के लिए एक सेना लेकर आया। रतनू ने चंद्रभागा नदी के पुल को तोड़ दिया, और तीन महीने तक डोगरा सेना को पार होने नहीं दिया। अंत में गाँव वालों की मदद से कुछ मील नीचे झूले से जोरावरसिंह अपनी सेना के एक भाग को चंद्रभागा के दूसरे किनारे पर रात को आगे बढ़ते हुए भूतनाला के पुल से छतरगढ़ के भीतर घुसने में सफल हुआ—रतनू इस पुल को तोड़ना भूल गया था। डोगरों ने छतरगढ़ के किले को भूमिशाय करके स्थान का नाम बदलकर गुलाबगढ़ रख दिया। पाडर के बहुत-से आदमियों को फाँसी पर चढ़ा दिया गया, और कितनों को अंग-भंग किया गया। अब भद्रवाह भी जम्मू में मिला लिया गया। इसी समय पांगी में गनौरनाला के दाहिने किनारे को भी डोगरों ने ले लिया, जिसमें पाडर था। पाडर अपनी नीलम की खानों के लिए पीछे मशहूर हुआ, जिनका पता 1880 ई० में लगा और जिससे जम्मू को काफी आमदनी होती थी। पांगी और लाहुलवाले ही नहीं, बल्कि कनौर के भी लोग रात को छिपकर इन खानों में हाल तक चोरी करने जाया करते थे, यह हम कनौर-यात्रा में बतलाएँगे। रतनू के मनमानेपन से यह सब कुछ हुआ था। जब वह भागकर चंबा आया, तो चरतसिंह ने उसे पकड़कर जम्मू भेज दिया, जहाँ वह कितने ही वर्षों तक नजरबंद रहा। फिर उसे मुक्त करके किस्तवार में जागीर दे दी गई, जो उसके वंशजों के हाथ में है। पीछे रतनू को पाडर में अपने खानदानी वतन में लौटने की इजाजत मिल गई। कहा जाता है, कि चरतसिंह की मृत्यु की खबर सुनकर शोक मनाते हुए रतनू ने केश-दाढ़ी मुढ़ा ली। गुलाबसिंह ने बुलाकर उससे पूछा, तो रतनू ने कहा, चंबा का राजा मेरा स्वामी था, इसलिए ऐसा करना मेरा धर्म था। गुलाबसिंह ने प्रसन्न होकर उसे क्षमा कर दिया।

1836 ई० में जोरावरसिंह के अधीन डोगरा-सेना ने भद्रवाह पर आक्रमण किया था, लेकिन चंबा की सेना ने किले को अपने हाथ में रखा। इसी बीच चंबा से कुमक आई, और डोगरों को पीछे हटना पड़ा। इससे मालूम होगा, कि चंबा ने जम्मू के सामने अपने को हाथ-पैर बाँधकर डाल नहीं दिया था। 40 वर्ष तक चंबा की सेवा करने के बाद 1838 ई० में नाथूसिंह मरा। 1814 ई० में रणजीतसिंह की सेना ने जब पहली बार कश्मीर पर असफल आक्रमण किया था, उस समय बड़ी मदद दी थी, जिससे रणजीतसिंह का वह बड़ा कृपापात्र हो गया था। नाथू के बाद उसी बरात्रू-परिवार के वजीर भागा को चंबा का वजीर बनाया गया। इसके थोड़े ही समय बाद फरवरी, 1838 ई० में चंबा में आने वाला वह पहला यूरोपियन यात्री विगने बसोली और

सनधारा के रास्ते चंबा पहुँचा, और चुआरी तथा नूरपुर के रास्ते लौटा। चढ़तसिंह के बारे में वह लिखता है—"लंबा नहीं मोटा-सा, भरा हुआ चेहरा, हल्का (गोरा) रंग, सुंदर नाक, बड़ी आँख, बोलने में कुछ भारी और कमजोर स्वर का।" चरत के भाई जोरावरसिंह के बारे में उसका कहना था—"वह अपने भाई की तरह मोटा नहीं, बड़ा ही सुंदर तथा प्रभावशाली मुखाकृति का है, और हमेशा सिक्खों की तरह की पोशाक तड़क-भड़क के साथ पहनता और अपनी पगड़ी में ललाट के ऊपर पद्मराग और पन्ने की कलगी पहनता है।" राजा चेनिनी से आगे कभी नहीं गया, और वहाँ भी वह वहाँ की राजकुमारी से ब्याह करने के लिए गया था। उसकी दिनचर्या के बारे में विगने कहता है—"राजा का समय एक जैसा बीतता है, पूर्वाह्ण का अधिक समय वह पूजा में लगा रहता है, फिर भोजन करके देर तक सोता है। फिर थोड़ा-सा काम-काज की ओर ध्यान देता है, फिर वह अपने भाई के साथ घोड़े पर सवार हो हरियाली के नीचे हाथी पर जाता है। बीच में एक दर्जन अच्छे सवार रहते हैं।"[1]

चढ़तसिंह और जोरावरसिंह दोनों भाइयों में बड़ा प्रेम था। चढ़तसिंह स्वयं कभी लाहौर-दरबार में नहीं गया, वह हमेशा अपने भाई को वहाँ भेजता था। 1833 ई० में जोरावरसिंह को भद्रवाह के राजा की पदवी दी गई और तब से वह 'छोटा राजा' कहा जाने लगा। शायद इससे 'युवराज' का मतलब था। 1839 ई० में जब तक श्रीसिंह पैदा नहीं हो गया, तब तक जोरावरसिंह को ही राज्य का उत्तराधिकारी समझा जाता था। शायद इसी के कारण चरतसिंह के मरने के बाद झगड़ा पैदा हुआ।

1839 ई० में जिस साल विगने चंबा पहुँचा, उसी साल जेनरल कनिंघम भी वहाँ गया, और उसने राजधानी चंबा और ब्रह्मोर के पुरातात्विक अवशेषों का पहली बार पर्यवेक्षण किया। मरने से पहले दो-तीन साल तक चढ़तसिंह को एक प्रकार की मालीखोलिया की बीमारी हो गई थी। 36 साल गद्दी पर रहकर 42 वर्ष की उमर में 1844 ई० में वह मरा। उसके साथ दो रानियाँ और छह लौंडियाँ सती हुईं। चंबा में यह आखिरी बार सती-प्रथा का पालन हुआ। उसके श्रीसिंह, गोपालसिंह और सुचेतसिंह तीन पुत्र थे, जो सभी बाप के मरने के समय बच्चे थे। रंगमहल चढ़तसिंह ने ही बनवाया। श्रीसिंह (1844-70) पाँच वर्ष की उमर में गद्दी पर बैठा। उसकी माँ कटोचिनी रानी ने वजीर भागा की सहायता से राजकाज को संभाला। राजमाता के हृदय में जोरावरसिंह के प्रति कुछ संदेह हुआ, और उसने उसे पकड़कर जेल में डालना चाहा, लेकिन वह आसानी से निकल गया, और इसके कारण राजधानी में झगड़ा-फसाद हुआ। जोरावरसिंह ने कुछ कोशिश जरूर की, लेकिन चंबा के लोग गद्दी के असली अधिकारी के विरुद्ध उसे सहायता देने के लिए तैयार नहीं हुए, इसलिए तुरंत ही वह भद्रवाह भाग गया, जहाँ का वह नाम का राजा था। भद्रवाह से जम्मू में जाने पर जल्दी ही 1845 ई० में उसकी मृत्यु हो गई। इसके बाद उसके पुत्र प्राकिमसिंह को भद्रवाह

---

1. 'Travels in Kashmir' Vol. I. p p. 150-59.

का राजा बनाया गया। लेकिन इससे कुछ समय पहले ही से भद्रवाह जम्मू के अधीन था। श्रीसिंह के गद्दी पर बैठने के थोड़े ही समय बाद चंबा राज्य के लिए एक बड़ा खतरा पैदा हो गया था। बसोली का एक ब्राह्मण नारायणशाह चंबा रियासत में राज-कर्मचारी था, जो पहले लकड़ी का ठेकेदार होने के कारण 'लक्कड़शाह' के नाम से मशहूर था। उसका संबंधी पंडित जल्ला जम्मू के राजा ध्यानसिंह के पुत्र हीरासिंह के साथ मिलकर लाहौर का सर्वेसर्वा बना हुआ था। सिक्ख-सरकार के वकील के तौर पर चंबा में लक्कड़शाह का इतना प्रभाव था, कि वहाँ का शासन एक तरह से बिल्कुल उसके हाथ में था। इसी के हुकुम से चंबा में एक नया तांबे का सिक्का चलाया गया, जिसे आज भी 'लक्कड़शाही' कहा जाता है। रियासत के लोग नारायणशाह की तानाशाही से तंग थे, और उन्होंने रानी से सलाह लेकर उसे दूर करना चाहा। एक दिन उसे पकड़ और बाँध कर साहो-उपत्यका में ले जा बैंलज के ऊपर उसे मार डाला गया। इसके बाद दो और राजकर्मचारियों के साथ वजीर भागा ने लाहौर में जाकर हीरासिंह को शांत करने की कोशिश की। लेकिन, पंडित जल्ला अपने संबंधी की हत्या को कैसे क्षमा कर सकता था? उसने भागा और उसके साथियों को जेल में डाल दिया, और चंबा पर आक्रमण करने के लिए सेना भेजी। सेना का एक भाग चून और सनधारा के रास्ते जब राजधानी के पास पहुँचने लगा, तो राजमाता श्रीसिंह को लेकर रावी-उपत्यका के ऊपरी भाग में बासू भाग गई। सिक्ख सेना ने राजधानी पर अधिकार करके उसे लूटा। दूसरी सेना नूरपुर के रास्ते आई, लेकिन तारागढ़ में अवस्थित चंबा की सेना ने उसे जाजरी से आगे बढ़ने नहीं दिया। कोटला से आकर एक और सिक्ख-सेना ने गणेशगढ़ को ले लिया। चंबा पर काले बादल मँडरा रहे थे, इसी समय पता लगा, कि 21 दिसंबर, 1844 ई० को सिक्ख सैनिकों ने लाहौर में हीरासिंह और पंडित जल्ला को मार डाला। इसके बाद सिक्ख-सेना लौट गई। वजीर भागा और उसके साथी भी छोड़ दिये गये, और वह चंबा लौट आये।

सिक्ख-राज्य की समाप्ति अब नजदीक थी। महाराजा रणजीतसिंह के मरने के बाद लाहौर में गृह-युद्ध शुरू हो गया। 1845 ई० में प्रथम सिक्ख-युद्ध छिड़ गया, जिसका फल सिक्ख-राज्य का विनाश था। इस युद्ध की समाप्ति के बाद अंग्रेजों के साथ 9 मार्च, 1845 ई० को जो संधि हुई, उसके अनुसार जलंधर द्वाब और व्यास तथा सतलुज के बीच की पहाड़ी भूमि अंग्रेजों को दे दी गई, और डेढ़ करोड़ रुपया युद्ध के हर-जाने के तौर पर भी देना मंजूर किया गया। जम्मू ने सिक्ख-राज्य से अलग हो 16 मार्च, 1847 ई० को अंग्रेजों के साथ अलग संधि की, और चंबा के साथ रावी से सिंधु तक के सारे पहाड़ी भू-भाग को साढ़े 7 लाख पौंड लेकर अंग्रेजों ने दे दिया। रावी की सीमा के बारे में थोड़े ही समय बाद इस संधि-पत्र में कुछ परिवर्तन किया गया। रावी चंबा राज्य को दो भागों में बाँटती है। इसलिए चंबा के बारे में संधि की शर्तें संदिग्ध हो गईं। अंत में रावी के परले पार के भू-भाग के बदले में गुलाबसिंह को लखनपुर का तालुका दिया गया; और चंबा ने रणजीतसिंह द्वारा दी गई सनद के अनुसार भद्रवाह पर अपने

दावे को इस शर्त पर छोड़ दिया, कि रावी के पश्चिम की भूमि उसे लौटा दी जायेगी। माधवपुर के सामने रावी के पश्चिम के लखनपुर और चंद गाँव जम्मू के हाथ में चले गये। यदि 16 मार्च, 1847 की संधि का पालन पूरी तौर से किया गया होता, तो चंबा जम्मू का एक अंग होता। चंबा के भाग्य-निर्णय के समय यह काम जो हुआ, उसका बहुत कुछ श्रेय वजीर भागा को है, जो अंग्रेजों के लाहौर पर अधिकार होने के तुरंत ही बाद वहाँ जाकर अंग्रेज अफसर सर हेन्री लारेंस से मिल, उसे अपने पक्ष में करने में सफल हुआ। भद्रवाह निकल गया, लेकिन बाकी सारा राज्य चंबा का पहले ही जैसा रहा। अंग्रेजों ने 12 हजार रुपया वार्षिक कर लगाकर 6 अप्रैल, 1848 की सनद द्वारा राजा श्रीसिंह को चंबा का राजा स्वीकार किया, जिसमें मंजूर किया गया कि अपनी संतान न होने पर बचे हुओं में से बड़े भाई को गद्दी मिलेगी। 11 मार्च 1862 को अंग्रेजों ने एक दूसरी सनद प्रदान की, जिसके अनुसार निस्संतान मरने पर चंबा के राजा को गोद लेने का अधिकार दिया गया। इस हेर-फेर में अंग्रेजों ने रिहलु में रानीटार की छोटी-सी जागीर को चंबा से ले लिया, 1851 ई० में कितनी ही और जगहों को लेकर डलहोसी की विलासपुरी बसाई। पहले चंबा राज्य का राजनीतिक संबंध जलंधर-कमिश्नरी से रखा गया था, और वहाँ का कमिश्नर यहाँ की देख-रेख करता था। 1862 ई० में अमृतसर-कमिश्नरी के साथ उसका संबंध जोड़ा गया, और जब 1884 ई० में यह कमिश्नरी तोड़ दी गई, तो चंबा का सीधा संबंध लाहौर के चीफ-कमिश्नर से हो गया।

गोरखा-युद्ध के बाद से हिमालय के ठंडे स्थानों में अंग्रेजों ने अपनी विलासपुरियाँ स्थापित करनी शुरू कीं, और थोड़े ही समय बाद दार्जिलिंग, मसूरी, शिमला बसने लगे। 1851 ई० में अंग्रेजों का ध्यान उस पहाड़ी स्थान की ओर गया जिसे लार्ड डलहौसी के नाम पर डलहौसी कहा जाने लगा। इसी साल अंग्रेजों ने चंबा से इस भूमि को देने के लिए कहा : रियासत भला इंकार कैसे कर सकती थी। कर्नल नैपियर ने पीछे धौलाधार के पश्चिमी छोर पर एक जगह पसंद की। 1853 ई० में कटलाध, पोतराई, तेराह, बकरोता और भांगर को वार्षिक कर में दो हजार रुपये की कमी करके अंग्रेजों ने ले लिया। इन गाँवों में स्थापित होने वाली पुरी का नाम डलहौसी रखा गया। 1866 ई० में बालून अधिक अधित्यका को भी गोरों की छावनी के लिए लिया गया, और इसी समय गोरखा-छावनी के लिए बकलोह भी ले लिया गया। इनके लिए कर में से 5 हजार रुपया और कम कर दिया गया। इनके बाद और भी कितनी ही उपयुक्त भूमियों को लेकर वार्षिक कर में कमी की गई और 12 हजार सालाना की जगह चंबा 3 हजार सालाना चंबा को 3800 सालाना कर देना पड़ा। 1851 ई० में अंग्रेजों ने चंबा से कितनी ही जगहों को लेकर वहाँ डलहौसी को बसाया।

1857 ई० के स्वतंत्रता-युद्ध में श्रीसिंह अंग्रेजों के भक्त बने रहे, और उन्होंने हर तरह से उनकी सहायता की। मिया अवतारसिंह के अधीन डलहौसी में अंग्रेजों की रक्षा के लिए एक सेना भेजकर स्वतंत्रता के सैनिकों को वहाँ आने से रोका, और कितनों ही को पकड़कर अंग्रेज कसाइयों के हाथ में दे दिया। वजीर भागा के अवकाश ग्रहण करने

पर 1854 ई० में बरात्रू-परिवार के एक दूसरे व्यक्ति वजीर बिल्लू को वजीर बनाया गया, जो बीच के थोड़े-से समय को छोड़कर 1860 ई० तक वजीर रहा। दिसंबर 1862 ई० को वजीर के पद को हटाकर एक अंग्रेज को सुपरिंटेंडेंट नियुक्त किया गया। श्रीसिंह की नाबालगी के समय शासन में गड़बड़ी हो गई थी, जिसे बालिग हो राजकाज सँभालते श्रीसिंह ने ठीकठाक किया, बल्कि इसी बहाने वहाँ अंग्रेज सुपरिंटेंडेंट भेजा गया। श्रीसिंह का ब्याह सुकेत की राजकुमारी से हुआ था। ससुराल से आये हुए कारदारों ने सब जगह अपना प्रभाव इतना जमा लिया कि चम्बा के अफसर उनके मुकाबिले में कुछ कर नहीं सकते थे। राज्य-कर में इसी समय एक लाख की कमी हो गई। रियासत पर बहुत-सा कर्ज चढ़ गया था, जिसका कारण सिक्ख-शासन के समय हुई भारी नोंच-खसूट भी थी। अपने को असमर्थ पाकर श्रीसिंह ने 1862 ई० में पंजाब सरकार से एक अंग्रेज अफसर माँगा। अंग्रेजों ने मेजर (पीछे मेजर-जनरल) ब्लैर रीड को सुपरिंटेंडेंट बनाकर भेजा, जो 1 जनवरी 1863 को चंबा पहुँचा। रीड ने थोड़े ही दिनों में कितने ही बड़े-बड़े सुधार किये और बहुत-से बेकार के नौकर-चाकरों और दरबारियों को छाँट दिया। सेना में अधिकांश पुरबिया और पठान सिपाही थे, जिनकी तनखा बहुत दिनों से बाकी पड़ी हुई थीं, उसे देकर उन्हें भी हटा दिया, और लंबे अर्से के कर्जों को भी बेबाक करके रियासत की आर्थिक अवस्था मजबूत की। इस समय तक तारागढ़, गणेशगढ़ और पृथिवीजोर के किलों में सेना रहती थी। अब उन्हें भी बेकार समझ कर हटा दिया गया और हथियारों को चंबा लौटा किलों को रियासत के स्थानीय असैनिक अधिकारियों के सपुर्द कर दिया गया। इसके बाद रियासत के भीतरी धन-स्रोतों के विकसित करने पर भी ध्यान दिया गया और सड़कें बनवाई गईं। एक अंग्रेज के अधीन लोक-कार्य-विभाग (पी० डब्लू० डी०) संगठित किया गया, सड़कों के लिए नापी की गई, और उनको बनाया जाने लगा। पांगी जैसे दुर्गम स्थानों को भी, खास करके वन-विभाग की ओर से काफी सुगम बनाया गया। 1863 ई० में चंबा में डाकखाना खोला गया, और डलहौसी से रोजाना डाक आने लगी, जिसका खर्च रियासत देती थी। उसी साल चंबा में एक प्रारंभिक स्कूल खोला गया, जा पीछे हाई स्कूल बन गया। चंबा के पास वन-सम्पत्ति बहुत थी, लेकिन उसका सुव्यवस्थित रीति से कोई इंतजाम नहीं था। रीड के कहने पर 1864 ई० में राजा ने 99 साल के लिए और उसके बाद भी प्रतिवर्ष पुनरवलोकन के साथ पंजाब सरकार को 10 सितंबर 1864 को जंगलों का ठेका दे दिया। ठेके के अनुसार अंग्रेजों ने 22 हजार वार्षिक रियासत को देना स्वीकार किया। इस प्रकार बिसाहर और दूसरी जगहों के बड़े जंगलों की तरह चंबा के जंगल भारतीय सरकार के वन-विभाग के हाथ में चले गये।

जनवरी 1865 ई० में मेजर रीड का स्थान कप्तान फोरबेस ने लिया, जिसके समय में चंबा में रेजीडेंसी की इमारत बनी। जून 1866 ई० में लैफ्टिनेंट ई० जी० वेस रेजीडेंट बनकर आया, जिसका स्थान उसी साल के दिसंबर में फिर मेजर रीड ने ले लिया। दिसंबर 1866 में चंबा में एक अस्पताल खोला गया, जिसका प्रबंध अंग्रेजी

मिश्नरियों के हाथ में दिया गया था। डॉ० एल्मसिली ने मार्च 1867 तक यहाँ काम किया। डॉक्टर न मिलने के कारण कुछ समय तक अस्पताल बंद रहा, फिर फरवरी 1868 में एक असिस्टेंट-सर्जन के अधीन उसे फिर खोला गया। अगले दो सालों में कोलड़ी और खजियार होकर दो नई सड़कें चंबा से डलहौसी तक बनाई गईं; जिसके कारण देश के साथ यातायात की बहुत सुविधा हो गई। चंबा और खजियार में डाक बँगले बने। 1870-71 ई० में डलहौसी में राजा के लिए 'जंद्राघाट' महल बनाया गया। 1870 ई० तक रियासत की आमदनी बढ़कर 1 लाख 73 हजार रुपया हो गई थी, जिसके लिए नये विशेष करों के लगाने की आवश्यकता नहीं हुई। कुछ दिनों बीमार रहकर 27 वर्ष के शासन ने बाद 32 वर्ष की उमर में राजा श्रीसिंह 11 आश्विन 1870 ई० को मर गया। उसका एकमात्र पुत्र बचपन में ही मर गया था, और एक मात्र कन्या का विवाह जम्मू-कश्मीर के महाराजा से हुआ था। पुत्र न होने से श्रीसिंह बचे हुए दो भाइयों में से छोटे मियाँ सुचेतसिंह ने सहोदर होने के कारण गद्दी के लिए दावा किया, लेकिन 1848 ई० की सनद के अनुसार बचे जीवित बड़े भाई को ही गद्दी मिल सकती थी, इसलिए मियाँ गोपालसिंह को गद्दी मिली। सरकारी फैसले को 25 अक्तूबर 1870 को खुले दरबार में कर्नल रीड ने पढ़ते हुए गोपालसिंह (1870-73 ई०) को राजा घोषित किया। मियाँ सुचेतसिंह चंबा से चले गये, और उन्होंने भारत और इंग्लैण्ड में कई सालों तक गद्दी पाने की कोशिश की, लेकिन कोई फल नहीं हुआ। अंत में अगस्त 1896 ई० में वह लंदन में निस्संतान मर गये। गोपालसिंह के समय भी कर्नल रीड के हाथ में शासन की बागडोर रही, कितने ही सुधार हुए, नई सड़कें बनाई गईं, राजधानी को भी सुंदर बनाने की कोशिश की गई। 1871 ई० में प्राइमरी को मिडल स्कूल बना वहाँ एक अंग्रेज हैडमास्टर नियुक्त किया गया। 13 नवंबर 1871 को चंबा के राजा और दरबारी फूले नहीं समाये, जबकि लार्ड मैयो के रूप में एक अंग्रेज वायसराय चंबा में पधारा। रीड के जाने पर 5 जनवरी 1872 को कर्नल जी० ए० मेकअण्ड्रू को सुपरिटेंडेंट बना कर भेजा गया। राजा गोपालसिंह को न राजकाज में कोई दिलचस्पी थी, न उसमें योग्यता थी। अंत में 1873 ई० के वसंत में (अप्रैल) उन्होंने अपने सात साल के ज्येष्ठ पुत्र शामसिंह के लिए गद्दी छोड़ दी। गोपालसिंह को मंजीर में जागीर तथा अच्छी पेंशन मिली, जहाँ वह मार्च 1895 ई० में अपनी मृत्यु के समय तक रहे। उनके तीन पुत्रों में शामसिंह का जन्म 8 जुलाई 1866 को, भूरिसिंह का 18 दिसंबर 1869 को और प्रतापसिंह का गद्दी छोड़ने के बाद हुआ था। सात वर्ष की उमर में 7 अक्तूबर 1873 को अमृतसर के कमिश्नर जनरल रेनल टेलर ने आकर शामसिंह (1873-1904 ई०) गद्दी दी, और मियाँ अवतारसिंह को वजीर बनाया। अगले साल जनवरी में कर्नल रीड ने विलायत से लौटकर फिर रियासत की बागडोर अपने हाथ में ली। राजा के नाबालिग होने के कारण उसके अधिकार सुपरिटेंडेंट और वजीर के हाथ में दे दिये गये। राजा और उनके भाई मियाँ भूरिसिंह की शिक्षा का खास तौर से प्रबंध किया गया। अप्रैल 1874 में पंजाब के लैफ्टिनेंट-गवर्नर सर हेनरी डेविस ने चंबा की यात्रा की। मार्च 1875 में रानी

विक्टोरिया की जुबली के उपलक्ष्य में दिल्ली में जो दरबार हुआ था, उसमें राजा गोपालसिंह मौजूद थे। 1876 ई० में वेल्स कुमार एडवर्ड से पंजाब के और राजाओं के साथ जब वह मिले, तो सभी राजाओं में शामसिंह सबसे छोटे थे। 1 जनवरी 1877 के दिल्ली-दरबार में विक्टोरिया के केसरसिंह की पदवी धारण करने के समय भी शामसिंह मौजूद थे। रियासत की आमदनी बढ़कर दो लाख थी। 1876 ई० में कर्नल रीड ने भू-कर बंदोबस्त आरंभ करवाया, जिससे कर लगाने लायक नई भूमि का पता लगा, और आमदनी बढ़ी। 5 मार्च 1877 को कर्नल रीड अवकाश ग्रहण करके चला गया, बीच में तीन बार थोड़े-थोड़े समय को छोड़कर वह 1863 से 1877 तक चंबा के शासन का सूत्रधार रहा। उसका उत्तराधिकारी आर० टी० बर्नी था, जिसके समय 20 मील तक ब्रह्मौर की नई सड़क तैयार की गई, लेकिन खर्च के कारण उसे आगे नहीं बढ़ाया जा सका। दूसरी सड़को में एक चंबा से चुआरी जोत् तक और दूसरी खजियार तक बनाई गई। 1878 ई० में मियाँ अवतारसिंह ने वजीर के पद से अवकाश ग्रहण किया और उसी साल पंजाब के शिक्षा-विभाग के अफसर जॉन हार्बे को राजा का शिक्षक नियुक्त किया गया। उसकी तरक्की हो जाने के बाद 1881 ई० में जी० डब्लू० ब्लैथवेट को उसके स्थान पर नियुक्त किया गया। इन दोनों शिक्षकों ने शामसिंह को आधुनिक ढंग की शिक्षा-दीक्षा देने की पूरी कोशिश की। 17 अक्तूबर 1879 ई० को बर्नी का स्थान कप्तान सी० एच० टी० मार्शल ने लिया, जो नवंबर 1885 ई० तक इस पद पर रहा। इसके समय में और कितनी ही सड़कें बनीं, और मार्शल ह्रालफे नाम से एक नया दरबार-हाल बनाया गया। 1880 ई० में कूठ (Hop) की खेती करने के लिए पांगी-उपत्यका को पसंद कर 1896 ई० तक प्रयत्न किया गया, किंतु अंत में सुखाने की दिक्कत के कारण उसे छोड़ देना पड़ा। इसी समय रेशम के कीड़े पालने का भी असफल प्रयास किया गया। 1881 ई० में तिस्सा में एक शाखा डिस्पेंसरी खोली गई। इसी साल मिशनरियों द्वारा 1876 ई० में खोले गये कुष्ट आश्रम का प्रबंध रियासत ने अपने हाथ में ले लिया। फरवरी 1883 में राजा शामसिंह का ब्याह जम्मू-कश्मीर के महाराजा की पोती से और अगले साल सिरमोर राजा की चचेरी बहन से हुआ।

नवंबर 1883 ई० में पंजाब का लैफ्टिनेंट-गवर्नर सर चार्लेस एचीसन चंबा आया। बीस साल के बाद मई 1884 ई० में जंगल के ठेके की शर्तों में परिवर्तन करके सरकार ने अगले बीस सालों के लिए जंगल-विभाग के नफे का दो-तिहाई रियासत को देना स्वीकार किया। अब रियासत की सालाना आमदनी ढाई लाख थी। जुलाई 1884 ई० में शामसिंह बालिग हुए, और उसी साल के अक्तूबर में लाहौर के कमिश्नर कर्नल सी० ए० मेकमोहन ने राज्य का भार शामसिंह के हाथ में सौंपा। 1878 ई० से वजीर का पद खाली था। इसी समय दीवान गोविंदचंद को वजीर बनाया गया। 3 नवंबर, 1885 को अंग्रेज सुपरिंटेंडेंट को भी हटाकर सारा प्रबंध राजा के हाथ में दे दिया गया। राजा शामसिंह ने राज्य के सभी कामों की देखभाल तत्परता से करनी शुरू की। 1 जनवरी, 1887 में समझौता करके चंबा के डाक-विभाग को भारत के डाक-

विभाग से मिला दिया गया—उस समय तक केवल राजधानी में एक डाकखाना था। इसी साल ब्रह्मौर, लिल, सिहुँटा, बाथरी, तिस्सा, किहार और पांगी में भी डाकखाने खोलकर रियासत की भिन्न-भिन्न वजारतों (तहसीलों) को राजधानी से मिला दिया गया तथा पांगी और ब्रह्मौर छोड़ सब जगह रोजाना डाक जाने लगी। इन दोनों जगहों में बर्फ के कारण जाड़े के छह महीनों में डाक भेजना असंभव था। इसी समय अंग्रेजी शासन के ढंग पर न्याय-विभाग का संगठन किया गया। पुलिस-विभाग में कोतवाल के नीचे कांस्टेबलों की संख्या बढ़ाकर सौ कर दी गई। लोक-कार्य-विभाग का भी पुनर्गठन किया गया। 1875 ई० में कर्नल रीड के समय बने हुए अस्पताल के मकान को गिराकर 1891 ई० में 40 रोगियों के लिए 'शार्मसिह अस्पताल' की इमारत बनी, और 1881 ई० में खुली। तिस्सा की डिस्पेंसरी भी काम करती रही। चंबा से योग्य विद्यार्थियों को छात्रवृत्ति देकर पढ़ने के लिए देश में भेजा गया। समय-कुसमय में अंग्रेजों को भी आवश्यकता पड़ती, इसलिए चार तोपों, 300 पैदल और 30 सवारों की एक सेना बना राजधानी के पास बारकें तैयार की गईं। राजा ने राजकाज को अपने हाथ में सँभालते ही कई इमारतें बनवाईं, जिनमें कोर्ट हौस, डाकघर, कोतवाली, अस्पताल और जेल की इमारतें भी थीं। मुख्य बाजार को फिर से बनवाया, और शहर के भीतर ही चौगान को और समतल तथा बड़ा किया गया। महल सब पुराने जमाने के बने हुए थे। नवीन शिक्षा में दीक्षित राजा उन्हें कैसे पसंद कर सकते थे? इसलिए शार्मसिह ने उनके बहुत-से भागों को फिर से बनवाया। राजधानी को सुंदर बनाने के लिए वहाँ के निजी घरों की सूरत-शक्ल में भी परिवर्तन करवाया। 1894 ई० में रावी का झूला पुल बाढ़ से खराब हो गया था, अगले साल करीब एक लाख रुपया लगाकर एक नया लोहे का झूला-पुल बनाया गया। ये सारे फलाहार परमुंडे किये जा रहे थे, और किसानों के ऊपर कर का भारी बोझ पड़ रहा था, जिसके कारण भट्टियात वजारत में 1895 ई० में किसान-आंदोलन उठ खड़ा हुआ, और काफी समय तक मालगुजारी वसूली और बेगार लेना मुश्किल हो गया। लाहौर के कमिश्नर ने इसकी जाँच करके बतलाया, कि आंदोलन का कोई आधार नहीं है। इस पर किसान-आंदोलन के मुखियों को पकड़ कर कड़ी सजाएँ दी गईं और इस प्रकार आंदोलन को दबा दिया गया।

जनवरी 1898 ई० में गोविंदचंद के पेंशन लेने पर राजा के छोटे भाई मियाँ भूरिसिंह को वजीर नियुक्त किया गया। दोनों भाइयों में बचपन से ही बड़ा प्रेम था, और वजीर नियुक्त होने से पहले भूरिसिंह राजा के प्राइवेट-सेक्रेटरी थे। वह शासन के हरेक विभाग से परिचय रखते थे। 1897-98 ई० में पश्चिमोत्तर सीमांत में जब पठानों ने अंग्रेजों के खिलाफ विद्रोह किया, तो राजा ने सेना के लिए भारी परिमाण में अनाज देने की इच्छा प्रकट की। अंग्रेजों ने उनकी राजभक्ति की सराहना करते हुए अनाज लेना स्वीकृत नहीं किया। सितंबर 1900 ई० में वायसराय लार्ड कर्जन ने चंबा राजधानी में पहुँचकर वहाँ एक सप्ताह बिताया। कर्जन को रेजीडेंसी में ठहराया गया, जिसके लिए उसे खूब सजाया गया था। कर्जन राजा की राजभक्ति से बहुत प्रसन्न हुआ। अगले साल

के नवंबर में लैंफ्टिनेंट-गवर्नर सर मैक्वर्थ-यंग ने जाड़ों के दौरे में चंबा को देखा, और शासन-प्रबंध से बड़ा संतोष प्रकट किया। अब रियासत की वार्षिक आमदनी चार लाख रुपया थी। सितंबर 1902 में शामसिंह बहुत बीमार हो गये, यद्यपि प्राण बच गये, लेकिन अब वह शासन के बोझ को सँभालने के लिए तैयार नहीं थे, और अंग्रेज सरकार की अनुमति लेकर उन्होंने अपने भाई मियाँ भूरिसिंह के लिए गद्दी छोड़नी चाही। कुछ समय तक उन्हें रोका गया, लेकिन राजा के बहुत जोर देने पर 22 जनवरी, 1904 को उनकी प्रार्थना स्वीकृत की गई, और लाहौर-कमिश्नर ए० एंडर्सन ने खुले दरबार में इसकी सूचना दी। 12 मई 1904 को लैंफ्टिनेंट-गवर्नर सर चार्लेस राइवेज ने भूरिसिंह (1904-19) को गद्दी पर बैठाया। सात साल पहले ही से वह राजकाज देखते चले आये थे, इसलिए उनको उसका काफी तजुर्बा था। 1904 ई० में जब जंगल के ठेके में परिवर्तन करने का समय आया, तो अंग्रेज सरकार ने पूँजी पर थोड़े-से सूद को लेकर सारे नफे को रियासत को देना स्वीकार किया, जिसके परिणामस्वरूप अब रियासत की आमदनी छः लाख सालाना हो गई। 1907 ई० में सरकार ने जंगल के प्रबंध को राजा के हाथ में पाँच साल के लिए इस शर्त पर दे दिया, कि एक निश्चित तरीके से उसका प्रबंध किया जाये। तीस साल तक राज्य करके गद्दी छोड़ने के बाद राजा शामसिंह चंबा में रहते रहे, लेकिन, उनका स्वास्थ्य बिलकुल ठीक नहीं हुआ, और 39 वर्ष की उमर में 10 जून, 1905 को वह एकाएक मर गए। अंग्रेजों ने भूरिसिंह को कई बड़ी-बड़ी पदवियां दीं। राजा ने भी अपनी खानदानी राजभक्ति का परिचय हर मौके-बेमौके दिया। गद्दी पर बैठने के साथ राजधानी के आसपास की सड़कों को उन्होंने चौड़ा करवाया, और रियासत के दूसरे भागों के यातायात में सुधार किया। 1905 ई० के भूकंप से नष्ट हो गये चंबा के डाकबँगले को उन्होंने फिर से बनवाया। रियासतों में अंग्रेज अतिथि आया ही करते थे, उनके लिए एक सुंदर गैस्ट-हौस (अतिथि-भवन) बनवाया, एक पुस्तकालय का भवन तैयार कराया। जनवरी 1907 में जब अफगानिस्तान के अमीर के स्वागत में आगरा में वायसराय ने दरबार किया, तो उसमें भूरिसिंह भी शामिल हुए थे।

शासन के लिए चंबा को पाँच तहसीलों में बाँटा गया है, जिन्हें पहले वजारत कहा जाता था। ये तहसीलें हैं—

1. चंबा (सदर)—जिले के बीच में है, यहाँ ही चंबा नगर है। 2. चुराह—उत्तर और पश्चिमोत्तर में यह जम्मू की बसोली और भद्रवाह तहसीलों की सीमा पर है। 3. पांगी—चंद्रभागा-उपत्यका में है, जिसमें लाहुल का भी एक भाग है। 4. ब्रह्मोर (गधैरन)—चंबा से दक्षिण और दक्षिण-पूर्व में ऊपरी रावी-उपत्यका में है। 5. भट्टियात—कांगड़ा और गुरदासपुर के जिलों की सीमा पर निम्न-रावी-उपत्यका में जिले के दक्षिण और दक्षिण-पश्चिम में अवस्थित है। रियासत रहने के समय चंबा की हरेक वजारत के बड़े अफसर को वजीर कहा जाता था। हरेक वजारत में कितने ही परगने या इलाके थे, जिनको ताम्रपत्रों में मंडल कहा गया है। परम्परा कहती है, कि चंबा-राज्य पहले 84 परगनों (मंडलों) में विभक्त था। पीछे परगनों को कम करके 52 कर दिया गया।

भट्टियात में 12 परगने थे, इसीलिए लोग उसे 'बारह भट्टियाँ' भी कहते हैं। हरेक परगने के केंद्र को कोठी कहते थे, आमतौर से ये कोठियों की इमारतें तीन मंजिल की होती थीं, जिनमें से कुछ पुराने राणाओं के गढ़ थे। परगने के कारदार (अफसर) चार, लिखनेहारा और बटवाल होते थे। पुराने जमाने में परगने के मुख्य अधिकारी को 'चाङ्' कहते थे। पुराने काल से चले आये राजकर्मचारी थे—1. चाङ् (परगना-अफसर), 2. लिखनेहारा (लगान-लेखपाल), 3. बटवाल (चपरासी), 4. झुटियार (लगान-वसूली चपरासी), 5. जिनसाली (हथियारखाना-रक्षक), 6. प्रहरी (कोठी के अभिलेख और कोश का रक्षक), 7. बाढ़ (कारदार का रसोइया), 8. हाली (सफाई करनेवाला तथा अनाज का रक्षक), 9. कागदारू (चिट्ठी ले जानेवाला), 10. लकड़हार (लकड़ी लानेवाला), 11. घियारू (घी जमा करनेवाला), 12. दुधियारू (दूध जमा करने वाला)।

सामाजिक स्थिति

चंबा का क्षेत्रफल 3216 वर्गमील और 1901 ई० में आबादी 127834 थी, इस प्रकार प्रति वर्गमील 40.9 आदमी बसते थे। पर यहाँ की जोती हुई भूमि 789 वर्गमील ही थी, जिसके कारण उसके प्रत्येक वर्गमील पर 752 आदमी पड़ते थे। चंबा में चंबा ही एक शहर है और 49 परगनों में 1670 गाँव बँटे हैं। सारी जनता का 5 सैकड़ा चंबा नगर में (1901 ई०) बसता था। 1670 गाँवों में प्रत्येक गाँव की औसत जनसंख्या 73 है।

पहाड़ के गाँव और घर बहुत कुछ आपस में समानता रखते हैं, लेकिन तो भी सर्द-गर्म और जंगलों की कमी-बेसी के कारण कुछ अंतर होता है। कितने ही घर एक जगह टोले की तरह बसते हैं। उपत्यका के निचले भागों में जमीन उर्वर होने के कारण गाँव ऊपर की अपेक्षा अधिक बड़े हैं। नीचे समतल भूमि पर सभी घर बने होते हैं, लेकिन ऊपर वह सीढ़ियों की तरह बनते हैं। पांगी जैसे बहुत ऊँचे स्थानों में गाँव वालों को इस बात पर बहुत ध्यान रखना पड़ता है, कि हिम-समूह-पात और चट्टानों और भूमिपात के रास्ते में न पड़े। शताब्दियों के तजुर्बे से उनको ऐसे स्थान मिल गये हैं। घर ज्यादातर चौकोर होते हैं, और उनका मुँह प्रायः पूर्व या पश्चिम की ओर होता है। उत्तर मुँह का दरवाजा रखना नहीं पसंद किया जाता। चंबा की चुराह वजारत के गाँवों के घर अधिकतर एक या दो-मंजिला होते हैं, जिनकी छत (सरन) समतल होती है। सदर वजारत के मकान कई प्रकार के होते हैं; जिनमें उत्तरी भाग में समतल छतवाले और दक्षिणी भाग में भोरदार या ढालुआँ छत के मकान अधिक बनाये जाते हैं। ब्रह्मोर के ठंडे इलाके में दोमंजिले-तिमंजिले मकान होते हैं, और उनके सामने बरांडा निकला रहता है। पहाड़ के और स्थानों की तरह निचली मंजिल में ढोर और भेड़ें रहती हैं, बिचले में आदमी हैं, और सबसे ऊपर की मंजिल में सामान और कभी-कमी आदमी भी रहते हैं। गर्मियों में पशुओं को चरने के लिए बाहर भेज दिया जाता है। उस वक्त यह निचली मंजिल खाली हो जाती है। एकमंजिला घरों में बीच में लकड़ी से विभाजन कर पशु-प्राणी दोनों

रहते हैं। पांगी और लाहुल में वर्षा कम होने से वहाँ की छतें समतल और मिट्टी की रहती हैं, पर मकान सदा दोमंजिला होते हैं। गर्मियों के दिनों में परिवार ऊपरी मंजिल पर रहता है, और पशुओं को निचली मंजिल से निकालकर चरागाहों में भेज दिया जाता है। जाड़े के दिनों में विभाजन करके निचली मंजिल में पशु और प्राणी दोनों रहते हैं। भट्टियात वजारत में गाँव वालों के मकान एकमंजिला (कोठा) होते हैं, दोमंजिला को वहाँ भोरदार कहा जाता है। इनकी छतें स्लेट, लकड़ी और कभी-कभी फूस की भी होती हैं। खाते-पीते लोग पशुओं के लिए अलग घर बनाते हैं, दूसरे लोग मकान के एक भाग में पशुशाला रखते हैं। निचली मंजिल पशुओं की समझी जाती है। यहाँ के मकान आमतौर से रास्तों की ओर होते हैं, और सामने आँगन होता है। घरों के बीच में गली भी छोड़ी जाती है, यद्यपि इसका आम रिवाज नहीं है। मकान के बनाने से पहले ब्राह्मण पंडित से राय लेना जरूरी है, वही मकान की लंबाई-चौड़ाई के बारे में बतलाता है। इस वजारत के मकान चंबा में सबसे अच्छे साफ-सुथरे पत्थरों की दीवारों और स्लेटों की छतों के होते हैं।

पहाड़ के पुराने वासियों—किन्नर, किरात और खस लोगों में कबीलाशाही पुरोहित जरूर रहे होंगे, किंतु ब्राह्मण क्षत्रिय जैसी वर्ण-व्यवस्था उनमें नहीं थी, जिसे नीचे से लोग लाये और उनकी देखादेखी खसों ने भी उसे अपनाया। चंबा और कांगड़े में भी ठाकुर और राठी उसी तरह सबसे अधिक संख्या वाली जातियाँ हैं, जैसे सतलुज के पूर्व में कनैत और जमुना से पूर्व में पश्चिमी नेपाल तक रूस। इसमें कोई शक नहीं, कि राठी, घिरत, कनैत, खस (खोसिया) के नाम से जिन जातियों को हम आज पाते हैं, वह मूलतः खस जाति की हैं, जिन्होंने ब्राह्मणी वर्ण-व्यवस्था अपनाने के बाद अपने में कितने ही भेदभाव डाल दिये। चंबा में धौलाधार के उत्तर पुरानी राजधानी ब्रह्मोर को लेते जो इलाका है, उसे घेर कहते हैं, और वहाँ के निवासियों को गद्दी। गद्दी का नाम बाहर सुनकर लोग यही समझते हैं, कि यह मेषपालों की कोई एक जाति है, पर वस्तुतः ये एक इलाके के लोगों का नाम है, जिनमें ब्राह्मण, क्षत्रिय (राजपूत), खत्री आदि जातियाँ हैं। हिमालय के पूर्व और मध्य में जिस तरह हरेक राजवंश अपना संबंध देश के किसी राजवंश से जोड़ता है, चंबा में यह बात उतनी नहीं देखी जाती, और प्राचीन उदुंबरों से संबंध रखने वाले प्रतिष्ठान (पैठन, पठानकोट) के पठानियाँ भी इसकी कोई जरूरत नहीं समझते। लेकिन, जब मालूम हुआ, कि देश के लोग ही अधिक कुलीन समझे जाते हैं, तो उन्होंने सच्चा या झूठा नीचे का नाता जोड़ना चाहा। गदरान के ब्राह्मण (गद्दी ब्राह्मण) कहते हैं, कि हमारे पूर्वज राजा अजिया वर्मा (700-800 ई०) के समय दिल्ली से आये। यह निश्चय ही है, कि उस समय दिल्ली का कोई विशेष स्थान नहीं था, बल्कि कन्नौज की तपी हुई थी। हो सकता है कितने ही राजपूत मुसलमानों के आक्रमण के समय देश से भाग कर यहाँ आये हों। चंबा और काँगड़े में भी राजपूत अलग जाति है, और जिस तरह वह गढ़वाल-कुमाऊँ में अपने को खसों से अलग करना चाहते हैं, वैसे ही यहाँ भी ठाकुरों और राठियों से अपने को ऊपर बतलाते हैं। जिस तरह पूर्व के पहाड़ों में खस लोग अब अपने को खस

नहीं कहकर राजपूत कहते हैं, वैसे ही यहाँ के ठाकुर और राठी भी अपने को राजपूत कहते हैं।

1901 ई० की जनगणना में चंबा-राज्य की जनसंख्या 127834 थी, जिसमें 16126 ब्राह्मण थे। चंबा नगर में ब्राह्मणों की संख्या काफी है। उनमें से कितनों ही के पास पहले के राजाओं के भूमिदान के 150 से अधिक ताम्रपत्र मौजूद हैं। राजधानी में रहने वाले ब्राह्मण कितने ही छोटे-छोटे कामों को करना अपनी शान के खिलाफ समझते हैं। इनमें कुछ पुरोहिती-पंडिताई करते हैं, कुछ नौकरीपेशा हैं और कुछ व्यापार भी करते हैं। रसोई बनाना भी उनका एक मुख्य व्यवसाय है। चंबा में मुख्य ब्राह्मण गोत्र हैं—अत्रि, कौसिल (कौशिक), गौतम, उपमन्यु, देवल, परासर, बाशिष्ट, भारद्वाज, यमदग्नि, विश्वामित्र, सन्दल (शांडिल्य) और सारस्वत।

प्रथम, द्वितीय और तृतीय तीन श्रेणियों में विभक्त ब्राह्मणों के आल (कुल) इस प्रकार हैं—1. अतान, कनवान, कश्मीरी पंडित, कोलुये, गुतमान, तुरनाल, नुयाल, नोनयाल, पंडित, पुरोहित, बनबरू, बरू, बिलपर्न, बगलान, बैघ, बोधरान, भरारू, मंगलेरू, मदेयान, लख्यानु, संजू, सुंगलाल, सुहालू और हरयान। 2. ओस्ती, कटोचू, कुठलू, ग्वारू, घोरेतू, छुणफणाण, चीबर, थुलयान, डंडिये, डोगरे, दत्त, दातवान, दीक्षत, पन्तू, पठान्या, पाण्डे, पादे, बरारे, भट्ट, भर्दयाथू, मन, मंगलेरू, मनध्यालू, हनथालू और हमलोगू। 3. अचारज, गुजराती, ध्वाह्लू और बैजरू। ये तीनों प्रकार के ब्राह्मण चंबा नगर में पाए जाते हैं, और वह अपनी-अपनी श्रेणी के ब्राह्मण-कुलों में ही ब्याह करते हैं। प्रथम श्रेणी वाले दूसरी श्रेणी की लड़की ले सकते हैं, लेकिन अपनी लड़की नहीं देते। तीसरी श्रेणी के ब्राह्मणों का बाकी दोनों श्रेणियों के साथ विवाह-संबंध नहीं है। चंबा के लक्ष्मीनारायण मंदिर के पुजारी कोलुये ब्राह्मण हैं, अर्थात् वह कुल्लू से आए। ये लोग लक्ष्मीदामोदर और राधाकृष्ण के मंदिरों में भी पूजा करते हैं। उनके नीचे के सहायक पाहरी साहो के भरद्वाज-गोत्री ब्राह्मणों में से होते हैं। हरियाण ब्राह्मण हरिराय मंदिर के पुजारी हैं। कनवान (काण्वायन) ब्राह्मण चंबा नगर की भूमि के स्वामी थे, जिनसे राजा साहिल वर्मा ने जमीन लेकर नगर को बसाया। चंबा के पास सुंगल (प्राचीन सुमंगल) गाँव सारा ब्राह्मणों का है, जिन्हें राजा विदग्ध वर्मा (960-80 ई०) ने गाँव को कुरुक्षेत्र से आए काश्यप-गोत्री ब्रह्मचारी और उसके चेला कात्यायन गोत्री को ताम्र-शासन द्वारा दे दिया था। अब भी वह गाँव उन्हीं का है। ऊँची ज़ाति के ब्राह्मण हलबाह ब्राह्मणों को नीची निगाह से देखते हैं। यहाँ के ब्राह्मण आपस में 'नमस्कार' करते हैं। दूसरे उन्हें 'पेरी पौणा' कहते हैं, जिसका जवाब वह बड़ी जाति वालों को 'आसिरबाद' और छोटी जाति वालों को 'जिन्दे रह' या 'चिरंजी कल्याण' कहकर देते हैं।

राजपूत जातियाँ चंबा में भी वही मिलती हैं, जो कांगड़े में, और कांगड़े की तरह यहाँ भी जलंधर और डोगर समूह के 12 वंश प्रथम श्रेणी के राजपूत माने जाते हैं, तथा उनकी पदवी मियाँ हैं। चंबियाल राजपूत चंबा-राजवंश से संबंध रखते हैं, और जलंधर तथा डोगर दोनों समूहों में चंबा की गिनती होने से चंबियाल भी दोनों सूची में

दोहराए जाते हैं। मियाँ लोगों में बालोरिया प्राचीन बल्लपुर (बसोली) रियासत की पहली राजधानी बालोर के नाम से पुकारे जाते हैं। मानकोट आजकल का रामकोट है, जहाँ के राजवंश से मानकोटिया मियाँ निकले। बेहान्द्रालता की राजधानी रामनगर थी। वहाँ के मियाँ इस नाम से पुकारे जाते हैं। बसोडली और भादु रावी के पश्चिम में थे, जहाँ के राजवंश कुल्लू-राजवंश से निकले। पहले बालोर में इन्होंने अपनी राजधानी बनाई, पीछे उसकी एक शाखा ने भादू में अपने वंश को स्थापित किया, और दूसरी शाखा भद्रवाह के राजवंश को ह्यु नताल ह्यु नता से निकले, जो चनैनी और भोटी का पुराना नाम है। चंबियालों में ये उपशाखाएँ मिलती हैं—खुड़ियाल, जठरुनिया, चौबारिया, जघाटिया, चैनारिया, नरियाल, परवाईवाला, फलगुटिया, बिज्लवाण, बागावला, भूपटिया, रनपटिया। कटौचिया, कुटलहैरिया, किश्तवारिया, जमवाल, जसरौटिया, गोलेरिया, कटौच, डडवाल, पठानिया, बलौरिया, बेहन्द्राल, भद्रवाहिया, भदवाल, मानकोटिया, सम्बियाल, सुकेतिया के मियाँ यहाँ मिलते हैं। कुलानिया, कोकिरिया, कोटलिया, थडियाल, जिन्दरोटिया, जरियाक, धमडियाल, बांदला, मलहोतेर, मनहास, रुगयाल, रणयाल भी प्रथम श्रेणी के राजपूत हैं। द्वितीय श्रेणी के राजपूत हैं—चारिक, चुहान, दादरू, नैंगलिया, बगारिया, मोठलियाल, रुकवाल, लधियारच, सलेहरिया, सिहुटिया, सुमारी। इसके अलावा गद्दी राजपूत हैं—अमलेटू, ओरदियान, खुंडेल, खैरकेतू, घिनगाई, घोकान, घुंगरान, चिलेदे, चारू, झुरियान, थनातू, दगैतू, पदरैता, रिखन्तु, लिलाल, रोलेटा, सारेत, मिसान, सुहालू, हरखान। तीसरी श्रेणी में वह राजपूत माने जाते हैं, जोकि पुराने राणाओं की सन्तान हैं।

राठी और ठाकुरों की संख्या राजपूत जातियों में सबसे अधिक है। ठाकुर, राठी, कनैत ये सभी खसों की सन्तान हैं, यह हम अन्यत्र बतला चुके हैं, और यह भी, कि यही पहाड़ के सबसे पुराने निवासियों में हैं। ठाकुर आमतौर से जनेऊ पहनते हैं। राठियों में कनैतों की तरह कोई जनेऊ पहनता है, और कोई नहीं पहनता। राठी राष्ट्रीय या राष्ट्रिक शब्द से निकला है, और इस प्रकार यह उसी तरह का बहुत पुराना शब्द है, जिस तरह महाराष्ट्र है। इनके बारे में कहावत मशहूर है—'कुकरी स्याण, राठी पुछयाण।' (जैसे फसल में पहली मक्की है, वैसे ही जातियों में राठी)। राठी चंबा ही नहीं कांगड़ा और कुल्लू में भी पाए जाते हैं। गद्दी लोगों में भी इनकी संख्या काफी है। ऊँचे राजपूतों को 'जै दिया' कहकर अभिवादन किया जाता है। दूसरों में छोटी श्रेणी के लोग 'लुआरकी' या रुआर, रुआरकी (रुलार) कहकर अभिवादन करते हैं, जिसका उत्तर 'राम-राम' से दिया जाता है।

चंबा की भिन्न-भिन्न वजारतों (तहसीलों) में जातियों और उनके रीति-रिवाजों में थोड़ा-बहुत भेद पाया जाता है। सदर वजारत में वह सभी जातियाँ मिलती हैं, जो भट्टियात में हैं। दोनों के विवाह और दूसरी प्रथाएँ भी एक-सी हैं। वजारत के दक्षिणी भाग में ब्रह्मोर के रीति-रिवाज ज्यादा मिलते हैं, और उत्तरी भाग के लोग चुराह के पश्चिमी भाग वालों से समानता रखते हैं। बीच में चंबा नगर का इलाका पड़ता है,

जहाँ जात-पाँत का नियम बहुत कठोरता से पाला जाता है। चंबा रियासत में छूत और अछूत दो प्रकार की जातियों में ब्राह्मण, राजपूत, ठाकुर, राठी, खत्री, महाजन बड़ी जाति में गिने जाते हैं। खत्री, जाट, महाजन, कुम्हार, तरखान, बढ़ई, जिनवार देश से आए मालूम होते हैं, और यहाँ उन्हें ब्राह्मण-राजपूत-ठाकुर-राठी से नीचे गिना जाता है। खत्री और महाजन मुख्यत: दूकानदारी करते हैं, और जाट तथा कुम्हार किसान हैं—कुम्हार बरतन भी बनाते हैं। तरखान (बढ़ई) सिक्ख हैं। योगी मुख्य तौर से खेती और बागवानी का काम करते हैं। इनके कान फटे होते हैं, संभव है इनके पूर्वज पहले गोरखपंथी कनफटे योगी रहे हों। सिद्धों की परंपरा के होने से जात-पाँत ये नहीं मानते थे, जिसके कारण इन्हें हरिजनों में डाल दिया गया। बाढ़ी जाति का पेशा बढ़ई का काम है और विवाह आदि संस्कारों में इनका उपस्थित रहना आवश्यक है, इसलिए ये अपने को तृतीय श्रेणी का ब्राह्मण कहते हैं।

रियासत की सारी जनसंख्या के एक-चौथाई अछूत माने जाते हैं, जिनका नाम उनके पेशों के ऊपर है। हाली और लोहार सारे चंबा में मिलते हैं, लेकिन चमार, डुमना बरवाल, कोली, सिप्पी, बाढ़ी और बटवाल मुख्य तौर से सदर, चुराह और भट्टियात की वजारतों में रहते हैं। रिहाडा लोग ब्रह्मौर के निवासी हैं, और सराइड बाहरी पहाड़ों के। बेन्सी, घोगरी, द्रेइन, आदि दूसरी जातियाँ भी यहाँ रहती हैं।

चंबा में कोली और सिप्पी दोनों को एक जाति समझा जाता है। कपड़े बुनना और खेती करना इनका पेशा है। कूहल या नहर की देखभाल करने वालों को कोहली कहते हैं, जो किसी जाति के भी हो सकते हैं। चमार चमड़े के काम के अतिरिक्त खेती-किसानी भी करते हैं। चंबा नगर में इनमें से अधिकांश रामदासी सिक्ख हैं। वह कहते हैं, कि हम देश से यहाँ आए, जिसका समर्थन इनके गोत्र और आल भी करते हैं।

डुमणा—ये मुख्य तौर से बाहरी पहाड़ों में पाए जाते हैं। इनका पेशा टोकरी बनाना और गाना-बजाना है।

मोची और सोई—मोची अपना काम करते हैं। सोई दर्जी का काम करने के साथ दलालियों की तरह पत्ते के दौने भी बनाते हैं। ये लोग अपने को छोटी जात का नहीं मानते, और इनके यहाँ मनध्यालु ब्राह्मण पुरोहिती करते हैं।

हाली—छोटी जातियों की आधी संख्या हाली लोगों की है, जैसा कि नाम से ही मालूम होगा, यह हल जोतने वाली जाति है। कुछ लेखकों का कहना है, कि जम्मू के मेघ और मण्डी तथा कुल्लू के डाकी वस्तुतः हाली जाति के ही हैं। यह भी हो सकता है, कि बेन्सी (बाजा बजाने वाले), धौगरी (लोहा बनाने वाले), द्रेइन चमड़े की भाथी से नदी पार कराने वाले, लोहार, रेहाडे (पीतल के जेवर बनाने वाले) आदि जातियाँ भी हाली लोगों की ही शाखाएं हैं। हालियों के पास अपनी जमीन भी है, जिसे वह नगद या बटाई पर दूसरों को जोतने के लिए देते हैं। पट्टू या ऊनी कपड़ा बुनना, मरे जानवरों को हटाना आदि काम हैं।

बरवाल और बटवाल—बरवाल चटाई और सूप बनाते हैं, तथा गाना-बजाना

करते हैं। बरिया एक तरह की घास है, जिससे चटाई बनाई जाती है। बटवाल बरवालों से ही निकले हैं। पहले ये चौकीदार और चपरासी के तौर पर काम करते थे, इसीलिए बटवाल बरवाल से अपने को ऊँचा समझते हैं। बटवाल का अर्थ है कर-संग्राहक। सरकारी बटवाल किसी जात का भी हो सकता है।

छोटी जात वालों के पास यदि जमींदारी है, जिसे वह दूसरों को जोतने को देता है, तो उसे झमडियालू कहते हैं। दूसरी जात के इस तरह के लोगों को भी यही नाम दिया जाता है। छोटी जात का आदमी कर्ज के बदले में जब किसी बड़ी जात की सेवा करता है, तो उसे कामा कहते हैं। शायद पुराने जमाने में यह दास का ही दूसरा नाम था—कामी, कमीन, कमिया इसी शब्द के पर्याय हैं। पहले समय में छोटी जात वालों के लिए बहुत-से निर्बन्ध थे, और उनके साथ दासों जैसा बर्ताव किया जाता था। वह लम्बे बाल नहीं रख सकते थे, और कोठे नहीं बना सकते थे, स्त्रियों को सोने का जेवर नहीं पहना सकते थे, और ब्याह के समय उनकी कन्या पालकी पर नहीं चढ़ सकती थी। ब्याह में डफला, नकारा नहीं बजा सकते थे। पीछे ब्याह में पालकी, डफला और नगारा के इस्तेमाल करने के लिए उन्हें रियासत को 25 रुपया देकर हमेशा के वास्ते अधिकार मिलने लगा।

ठाकुर और राठी लोग जिस तरह आपस में 'लुआरकी' कहकर नमस्कार करते हैं, वैसे ही पिछड़ी जातियाँ भी करती हैं।

जलंधर खण्ड में कनौर, स्पिती दोनों लाहुल, पंगी और धेरन के लोगों को उनके निवास स्थान और जातीय-विशेषता के कारण हम सीमांती या जनयुगीन जातियाँ कह सकते हैं। इनमें से कुछ के बारे में विशेष रूप से यहाँ लिखते हैं : गद्दी—गद्दी वस्तुतः एक जात का नहीं, बल्कि एक इलाके के रहने वाले ब्राह्मणों, राजपूतों, क्षत्रियों, ठाकुरों और राठियों का नाम है, जिनमें सबसे अधिक संख्या खत्रियों की है। पंजाब में भी खत्री शब्द क्षत्रिय से वैसे ही बिगड़कर बना है, जैसे नेपाल में खत्री। इसलिए गधेरन के क्षत्रियों के उद्गम के लिए हमें पंजाबी खत्रियों की ओर निगाह डालने की जरूरत नहीं। बाहर के लोगों ने गद्दी का जो अर्थ लगा रखा है—अर्थात् एक भेड़ चराने वाली हीन जाति, उसके कारण गधेरन के लोग अपने को गद्दी न कहकर ब्राह्मण, राजपूत, खत्री आदि कहते हैं, और जनगणना में भी उसी तरह लिखवाते हैं। वह गद्दी मुख्यतः चंबा जिले के ब्रह्मौर वजारत (तहसील) में मिलते हैं, लेकिन, उनमें से कितने ही चराने की सुविधा के कारण अपनी दक्षिणी सीमा धौलाधार के घाटों को पार कर कांगड़ा जिले के गाहरों (बुकियालों) के लिए उधर भी चले गए हैं। गधेरन (चंबा) के रहने वाली जातियों के गोत्र फकरू, घोरू (राजवंशी), घुलेटू (पहलवान), भजरेटू (भारवाहक), गाहरी (चरवाहे), अदापी, लुनेसर (नमक-रोजगारी), काहनघेरू (कांघी रोजगारी), पालनू आदि होते हैं। गद्दी लोग शरीर से बहुत स्वस्थ, रंग में बहुत गोरे और स्वभाव में सीधे-सादे तथा आत्मसम्मान के पुतले होते हैं। वह उत्सवप्रिय हैं, गाना-नाचना उन्हें बहुत पसन्द है। भेड़ों को लेकर वह धौलाधार, पांगीधार या जांस्करधार की ऊँची चरागाहों (गाहरों)

में साल के बहुत-से महीने बिताते हैं। उनकी आजीविका का साधन खेती और भेड़-बकरी पालना दोनों हैं। जाड़ों के दिनों में वह अपनी भेड़-बकरियों को लेकर नीचे की ओर चले जाते हैं। घर के पुरुष बारी-बारी से भेड़-बकरियों के साथ बाहर रहते हैं, बाकी लोग गाँवों में रह खेती और ढोरों को देखते हैं। गद्दी धौलाधार के दोनों तरफ बसते हैं, इसलिए उनके खेत भी चंबा और कांगड़ा दोनों जिलों में हैं। कांगड़े में जाड़े की फसल काटकर ब्रह्मौर (गदरान) में जा अपनी गर्मियों की फसल काटते हैं। वह अक्तूबर-नवम्बर में कांगड़े की ओर जाते हैं और अप्रैल-मई में ब्रह्मौर लौटते हैं। गद्दियों की ईमानदारी के लिए कहावत मशहूर है 'गद्दी मित्तर भोला, दिन्दा टोप तो मंगदा चोला'।

गद्दियों के विवाह की अपनी विशेष रस्में हैं, जिनमें से कुछ अति प्राचीनकाल की मालूम होती हैं। इनमें आम तौर से लड़की के 16 और लड़के के 20 वर्ष का होने पर ब्याह होता है। लड़के वाले अपने पुरोहित को लड़की के लिए बातचीत करने के लिए भेजते हैं। यदि लड़की का बाप राजी हुआ, जो लड़के वाला अपने दो-तीन प्रतिष्ठित आदमियों को भेज कर विवाह ठीक कर लेता है। फिर वर की ओर से पुरोहित के साथ दो आदमी आकर मँगनी की रस्म पूरा करते हैं। यदि ब्याह 'धर्मपूना' हुआ, तो मँगनी में लड़के का बाप पुरोहित को चार या अधिक पैसों के साथ द्रुम (दूब घास) देकर भेजता है। पुरोहित द्रुम और पैसे को कन्या के पिता के हाथ में देता है, जो दूब लेकर एक रुपया और मिला कर पैसे को पुरोहित के हाथ में दे देता है। रात वहीं बिता कर भोजन करने के बाद पुरोहित लड़के के बाप को आठ पैसा देता है। टोला (परिवर्तन वाले) मंगनी में भी इसी तरह की रस्म अदा की जाती है। अन्त में एक चक्की और सिल, तीन या पाँच गुड़ की भेली, सुपाड़ी, दीहन और रोलियाँ (रोली टीका) सामने रक्खी जाती हैं। पुरोहित सुपाड़ी, बीहन और रोली को लेकर उसे सिल पर रखता है। लौढ़े से सिल पर उनके तोड़े जाने से पहले लड़के का बाप पुरोहित को चार आना देता है, विवाहे जाने वाले लड़के-लड़की का नाम लेता है। इसके बाद सुपाड़ी आदि को एक बरतन में रख दिया जाता है। गुड़ की भेलियाँ तोड़ कर लड़की के बाप को पहले थोड़ा-सा देकर सब में बाँट दिया जाता है—कन्या-परिवार के व्यक्ति गुड़ नहीं लेते। वर का पिता बरतन में सवा रुपया डालता है, जिसे कन्या वाले लेकर लड़की के जेवर बनाने में डाल देते हैं। इसके बाद कन्या वर के पिता के सामने आती है, और वह उसे एक रुपया देता है। मंगल, शुक्र और शनिवार को अशुभ समझ कोई दूसरे दिन ब्याह के लिए निश्चित किया जाता है। पुरोहित द्वारा विवाह-तिथि निश्चित हो जाने पर दो आदमी एक सेर घी लेकर इस तिथि को सूचित करने के लिए कन्या वालों के पास जाते हैं। अगर उन्होंने तिथि स्वीकार कर ली, तो दोनों ओर के दूत पुरोहित के पास जाकर उससे लखनोतेरी (चिट्ठी) लिखवाते हैं। इसके लिए पुरोहित को चंबा का 8 पैसा (4 आना) तथा कुछ लाल सूत और चावल दिया जाता है। विवाह के समय पहले सुमुहूरत की रस्म अदा की जानी है। गणपति, कुंभ और नवग्रह की पूजा करके हल्दी, आटा, तेल, मिला कर बनाई सुपारी से मंत्र पढ़ कर लड़के का उबटना किया जाता है। उसकी दाहिनी कलाई में तीन काले ऊनी धागे बाँधे

जाते हैं, जिसमें भूत-प्रेत न लगे। मां अपने लड़के को आँगन में ले जाकर नहलाती है। नहाने के समय काला सूत तोड़ कर फेंक दिया जाता है, और मां लड़के को फिर लौटा ले जाती है। इसके बाद दरवाजे के पास दहकते हुए कोयले पर सरसों जलती मिट्टी की बोरसी में डाल कर फेंक दी जाती है। कंगना बांधने से पहले तेलबांध होता है, अर्थात् देह में तेल-हल्दी लगाई जाती है। पुरोहित लड़के की दाहिनी कलाई में नौ लाल धागों का 'कँगना' बांधता है, और उसे घी-गुड़ चटाता है। फिर गणपति, ब्रह्मा, विष्णु, कुम्भ, दीया (दीपक) और 'नवग्रहों की पूजा होती है। लड़का नवग्रहों के लिए एक बकरे की बलि चढ़ाता है, जिसके खून को संदोरी (सनडोरी, रस्सी) और मुंजमाला पर छिड़का जाता है। फिर सनडोरी कमरे में फैला दी जाती है। लड़का सफेद धोती पहन कानों में आटे की 'मुन्द्रा' पहन कंधे पर झोली डाल छाती पर काली रस्सी लपेट पशुचर्म से नितम्ब को ढांक, काली रस्सी में एक फनानी—(ऊन की धुनकी) टाँग दाहिने हाथ में लकड़ी का डंडा ले दाहिने अँगूठे में जनेऊ लपेट, वह पूरे योगी या ब्रह्मचारी का रूप ले लेता है। पुरोहित उससे पूछता है—"योगी, तू क्यों आया?" वह जवाब देता है—"ब्रह्मसूत्र लेने।" फिर पुरोहित उससे पूछता है—"किस तरह का सूत्र चाहिए, तांबे का, पीतल का, चाँदी का, सोने का या कपास का।" लड़का कपास का सूत माँगता है। इस पर पुरोहित उसे बदरीनारायण, त्रिलोकनाथ और मणिमहेश में स्नान करने के लिए भेजता है। यह नकली स्नान उसके पैरों, हाथों और मुँह पर पानी छिड़कने से पूरा हो जाता है, जिसके लिए दरवाजे के पास बरतन में पानी भरा रहता है। इसके बाद नकली योगी भिक्षा माँगता है, पहले अपने संबंधियों से, फिर घर से। वह उसे रोटी का एक टुकड़ा दे अपनी शक्ति के अनुसार गाय, बकरा आदि देने का वचन देते हैं। पुरोहित फिर पूछता है—कि क्या तू 'जतेरो' (गृहस्थ) रहना चाहता है, या 'मतेरा' (साधु)? लड़का जतेरा रहने की बात कहता है। इस पर पुरोहित उसके योगी के कपड़ों को ले लेता है, जिसके लिए उसे चार आना दक्षिणा मिलती है। गाय-बकरी आदि जो मिलता है, वह पुरोहित को नहीं बल्कि लड़के का होता हैं। योगी का अभिनय हो जाने के बाद लड़के को टोकरी या अनाज ढोने की भेड़ की खाल (खलरू) पर बैठा कर उसके सिर पर मुंजमाला में डाल कर एक कटार रख दी जाती है। लोग उसके सिर पर दूब से तेल डालते हैं, और उसका मामा या उसके अभाव में उसकी बहन तेल के बरतन को अपने हाथ में लिए रखती है। इसके बाद लड़का फनानी (धुनकी) में तीर लगा कर नवग्रहों के लिए बलि दिए हुए मृत बकरे के सिर पर मारने का अभिनय करता है। लड़के के घी-गुड़ चाट लेने के बाद यह रस्म पूरी हो जाती है। इसके बाद वर को ब्याह की पोशक पहनाई जाती है—सिर पर सफेद पगड़ी और कूआ लाल लुआंचा (दुपट्टा), सफेद पटका (कमरबन्द), गुलबदन सूथन और कंधे पर जौल (अँगोछा) डाल दिया जाता है। फिर सोहाग पिटारी वाली भेंट तैयार की जाती है, जिसमें एक खरबास (सफेद दुपट्टा), लुआँचेरी, घगरू, नौडोरी (नौ लाल सूत), उंगी (लोहे की माँग फाँड़नी), चुंदी (सुरमादानी), कंगी, मणिहार, तीन भेली गुड़, खजूर, किसमिस, बदाम, चावल और सात लूची रहती हैं। पुरोहित सोहाग पटारी को लेकर जलूस के साथ कन्या

के घर ले जाता है। मामा लड़के के मुंह को सेहरे से ढांक देता है, भाभी उसकी आँखों में सुरमा डालती है और बहन पंखा झलती है। इसके बाद लड़का खड़ा होता है और पुरोहित उसके सिर पर दाहिने से बायें तीन बार आरती करता है, माँ तीन गोल-गोल लूचियाँ (पूड़ियाँ) लड़के के तीन तरफ फेंकती है। आरती में भी वही मंत्र पढ़े जाते हैं, जो दरवाजे में आने के समय पढ़े गए थे। इसके बाद वर का पिता उसे सवा रुपए का तंबोल (भेंट) प्रदान करता है, जिसमें चार आना पुरोहित की दक्षिणा होती है। आँगन में वर डोली पर बैठ जाता है, और माँ उसे अपना स्तन पिलाती है। चार कहार पालकी को उठाते, लकड़ी के तोरण के नीचे दरवाजे पर ले जाते हैं। वर, उसकी माँ और पुरोहित तोरण-पूजा करते हैं। इसके बाद पालकी ढोने वाले लड़के के सामने पानी से भरा कुंभ रखते हैं, जिसमें वह एक ताँबे का पैसा डाल देता है। बरात अर्थात् घर के पुरुष और मित्र अच्छे-अच्छे कपड़े पहन कर बाजे-गाजे के साथ कन्या के घर को रवाना होते हैं। वहाँ दूसरे घर में या खुली जगह में तंबू लगा कर बरात को टिका दिया जाता है। इसके बाद वर का पिता या चचा दो-एक और आदमियों के साथ पूड़ियों से भरी टोकरी कन्या के घर ले जाता है, जिसे 'बतपरतना' कहते हैं। कुछ खाकर तथा थाली में चार आना पैसा रख कर वे लोग लौट कर बरात के जलूस में शामिल हो जाते हैं। इस रस्म को 'जूठपाई' कहते हैं। दो प्रतिष्ठित पुरुष कन्या के पुरोहित के पास लगन के समय विधि-विधान पूरा करने के लिए दक्षिणा की बात तै करने के लिए जाकर लौट आते हैं। अब वर का पुरोहित कन्या के घर 'वरसूही' (कन्या की पोशाक) देने के लिए जाता है, जिसमें एक सफेद दुपट्टा (लुआंचेरी), घगरू, नौ-डोरी, उंगी, कंगी, चुंडी, तीन भेली गुड़, खजूर, किसमिस, बदाम, एक सेर चावल, नौ लूची, तीन रोटियाँ, चंदनचूरा की सात पूड़ियाँ, रोली (कुमकुम), केसर, संधूर (सिंदूर), नहानी (स्नानीय सुगंधि), मुठ और सुपारी सब एक-एक होती हैं। इसके बाद पुरोहित लौट कर बाजे-गाजे के साथ बरात को कन्या के घर ले जाता है। दरवाजे पर सास सात बार वर के सिर की आरती उतारती है, जिसमें उसके दाहिने हाथ में आरती का दीपक होता है, और बायाँ वर की पगड़ी पर रहता है। चार बार आरती लड़के के दाहिने से बायें की जाती है, और तीन बार बायें से दाहिने। आरती की थाली में रखी तीन रोटियाँ आँगन में फेंक दी जाती हैं। पुरोहित वर के हाथ में चार चकली (पैसा) देता है, जिसे हाथ जोड़ कर वह आरती की थाली में रख देता है। सास चली जाती है, और ससुर उस जगह आकर गरदन में सफेद पटका डाल अपने दामाद के पैर धोकर पूजता है। वर का पुरोहित ससुर के हाथ में चावल, अखरोट, दूब और फूलों से भरा एक दोना देता है। ससुर उसे ऊपर हाथ किए लेकर दोनों अंगूठों को जोड़े वर को बरांडे में ले जाता है। मंत्र पढ़े जाते हैं। इसके बाद कन्या चेहरा आमने-सामने किए वर से एक फुट पर लाकर खड़ी कर दी जाती है। इसके बाद पुरोहित लड़के को गरदन और दाहिने हाथ से और लड़की को बायें हाथ से गरदन और दाहिने हाथ को पकड़ कर तीन बार एक-दूसरे से छुआता है—पहले लड़के के बायें कंधे को लड़की के दाहिने कंधे से। इसे 'चान-परचान' (जान-पहचान) कहते हैं। इसके बाद

दोनों की बगल में दो मशाल लिए जाते हैं। लड़की के हाथ में मालती (चमेली) लता के सात छोटे-छोटे टुकड़े रख दिए जाते हैं, जिन्हें वह लड़के के हाथ में गिराती है, और लड़का एक-एक करके तोड़ कर उन्हें अपने बायें पैर के नीचे डाल देता है। इस रस्म को 'चिरी' कहते हैं। इसके बाद दोनों के हाथ में बिहान बाजा दिया जाता है, जिसे वह एक-दूसरे के ऊपर थूकते हैं, इसे 'फरूरी' कहते हैं। फिर वर-कन्या को बैठा दिया जाता है। लड़के का ससुर कन्या-दान का संकल्प लेता है, और सामने बैठे हुए दोनों के पैरों को धोता है। इसके बाद वर और उसके ससुर द्वारा छ-चारी (छः तरह की रीति) अदा की जाती है, जो है पहला बिस्तर, पाद, अर्घ, आचमन, दूआ बिस्तर, आचमन और मधुपर्क। हरे प्याले में एक अखरोट को डाल कर बनाये गणपति, ब्रह्मा, विष्णु, कुंभ, दीया और नवग्रह की पूजा होती है। इसके बाद लड़की की चादर का एक छोर उसका भाई पकड़ता है, जिस पर वर तीन बार लाल टिक्का (रोली) छिड़कता है। इसी प्रकार वर के कमरबन्द को पकड़ा जाता है, जिस पर कन्या तेल मलती है। फिर लड़की अपना हाथ निकालती है, जिसमें पुरोहित चार तांबे के पैसे, एक अखरोट, दूब, फूल, तिल और चावल डालता है। फिर लड़के का हाथ लड़की के हाथ के ऊपर रख दिया जाता है। फिर पुरोहित लड़की की चादर के कोने से दोनों हाथों को लपेट डोरी से बाँध देता है। इसके बाद मंत्रपूर्वक कन्या का पिता कन्यादान देता है, जिसकी समाप्ति के बाद मौला (मामा) लड़की की चादर को एक तांबे के पैसे से छूकर गाँठ को खोल देता है। लड़का लड़की के हाथ की चीजों को लेकर पुरोहित को देता है। गुड़-घी चाटने के बाद यह 'लगन' की रीति खतम हो जाती है। लड़की अब घर में चली जाती है, लेकिन लड़के को अभी मनिहार की रस्म अदा करनी पड़ती है। चावल पर नवग्रहों के प्रतीक नौ अखरोट रख कर पूजे जाते हैं। वर के ऊपर आरती करके सुपारी बंधी गाँठ को वर के बायें पैर के अँगूठे पर रख दिया जाता है, और उसे कटार से सुपाड़ी काटने के लिए कहा जाता है। इस रस्म के हो जाने पर पुरोहित सुपाड़ी के सूत को उठा कर वर के सिर पर डाल उसके पैरों के तलवे के नीचे से ले जा पगड़ी के चारों ओर बाँध देता है। इसे 'मनिहार' (सिर से पैर तक का हार) कहते हैं। सास वर का मनिहार पकड़ कर घर के भीतर कामदेव के पास ले जाती है, जिसकी वहाँ तसवीर बनी रहती है। बारसुही पहने हुए कन्या भी अपने भाई द्वारा वहाँ लाई जाती है, और कामदेव के चित्र के सामने वर की बगल में उसे बैठा दिया जाता है। इसके बाद लड़की की मामी या माँ की बहन (मासी) बरसूंही की बाकी सातों डोरियाँ वर को दे देती है, जिन्हें वह कन्या के सिर पर रख देता है। मामी फिर इन डोरियों से कन्या की कंघी करके बाल ठीक करती-बुनती है, इस समय सरगुंधी का गीत गाया जाता है, जैसे—

> 'कुण गौरी बैठी सिर खोली, होर कुण बैठा पिठ घेरी
> गौरा बैठी सिर खोली, होर ईसर बैठा पिठ घेरी।'

इसके बाद वर के जौल (कंधाबंद) और कन्या के खरवास (चादर) को बाँध देते हैं। फिर वर का मामा वर को मंडप में ले जाता है, जहाँ पर ब्याह की रस्म अदा होती

है। मंडप को "बैड" कहते हैं। बैंड के नीचे ऊनी कपड़े से ढंकी बाँस की टोकरी पर पूर्व ओर मुँह करके वर-कन्या को बैठा दिया जाता है। वर कन्या के दाहिने बैठता है, और उसके सामने होम की अग्नि रहती है। कन्या का पिता दोनों के पैर धोता है। फिर गणपति, नवग्रह, ब्रह्मा, विष्णु, कुंभ, सप्तऋषि, चारवेदी, चारदिशा, चारउपदेश (तत्त्व) की क्रमशः पूजा की जाती है। इसके बाद मंडप में लाजा (खीलें) छाज (छलनी) में लाई जाती हैं। पहले वर इसमें से मुट्ठी भर लेकर तीन भिन्न-भिन्न स्थानों में रखता जाता है, और कन्या का भाई अपने दाहिने हाथ से जल्दी-जल्दी उसे मिटाता जाता है। दूसरी बार कन्या का भाई लाजा को रखता है, और वर उसे मिटाता है। इस रस्म को खीलखेडनी (खीलों का बखेरना) कहा जाता है, जो इस बात का सूचक है, कि अब पुराने बंधन टूट गए। इस रस्म के बाद वर का पिता छाज में चार आना पैसा डाल देता है, और कन्या का भाई रीति करते समय सिर पर पहने अपने लाल धागे को हटा कर छाज में रख देता है। छाज को उठा ले जाते हैं, और उसमें पड़े चार आने पैसे साले के होते हैं। फिर कन्या की भावज आकर सिल पर हल्दी (हलदर) गीली पीस कर तीन बार वर-कन्या के पैरों पर छिड़कती है। उसे भी इसके लिए चार टका (सोलह ताँबे के पैसे) मिलते हैं। फिर वर-कन्या को खड़ा हो के दाहिने से बाएँ चार बार अग्नि की प्रदक्षिणा करनी पड़ती है। उस समय वर अपने दाहिने हाथ को कन्या की पीठ पर रखे रहता है। हरेक परिक्रमा के बाद वह टोकरियों के नजदीक खड़े होते हैं, और कन्या का पिता तिल, द्रुब, दूध और कुमकुम आदि से उनके पैरों को पूजता है। अंतिम फेरे में कन्या का भाई उसी तरह दोनों के पैरों को पूजता है। इन चारों फेरों को 'चारलाई' कहते हैं, जो ब्याह की मुख्य रस्म है। अब वर-कन्या अपना स्थान छोड़ कर एक-दूसरे के आमने-सामने बैठते हैं। कन्या अपने हाथों को फैलाती है, और पुरोहित अखरोट, चावल, फूल, चार आना पैसा आदि से भरा हरे पत्ते का दोना उसके हाथों पर रख देता है। वर अपने हाथों से कन्या के हाथों को ढाँक देता है। पुरोहित लड़के की पगड़ी से मनिहार को खोल कर उसके हाथ में रख देता है। लड़की का पिता तिल, द्रुव, चावल, फूल, ताँबे के पैसे को ले लेता है, फिर मंत्र पढ़ कर संकल्प दिया जाता है। इसके बाद कन्या-पिता पानी, हल्दी, दूध और दही वाले बरतन में सवा रुपया डाल कर 'बैंद' (मंडप) के ऊपर उसे छिड़कता है, जिसे साजपाना (दहेज देना) कहा जाता है। इसके बाद कन्या का मामा आकर एक सेर चावल और ताँबे के पैसे के साथ वर-कन्या के हाथों को छूता है। फिर दोनों का बंधन खोल दिया जाता है, और मनिहार को गले में डालने के लिए लड़की को दे दिया जाता है। चावल और पैसा पुरोहित को मिलता है। इसके बाद लड़की के दूसरे संबंधी और इष्टमित्र उसे नगद या दूसरे रूप में अपनी स्थिति के अनुसार भेंट देते हैं। इन भेंटों को निम्न प्रकार बाँटा जाता है—वर-कन्या के पुरोहितों को दो-दो आना, कन्या की पालकी ढोने वालों को चार आना, वर की पालकी ढोने वालों को चार आना, बाढ़ी बैंड बनाने वालों को चार आना, कन्या के बाजा बजाने वालों को दो आना, वर के बाजा बजाने वालों को चार आना। इसके बाद कन्या का

पुरोहित दहेज में मिली चीजों को गिनता है, जिसके लिए उसे आठ तांबे के पैसे मिलते हैं, और परिवार का पौरोहित्य करने के लिए देहल (देहली) में चार पैसे और मिलते हैं। बची हुई चीज में से एक-चौथाई कन्या को मिलती हैं, बाकी का दशांश उसके पुरोहित को। जो कुछ बच रहता है, उसे बैंद के साथ कन्या का पिता संकल्प करके वर के पिता को दे देता है। इसके बाद गोत्रोच्चार मंत्र पढ़े जाते हैं, धान की खीलें दोनों ओर के पुरोहितों द्वारा वर-कन्या के ऊपर बिखेरी जाती हैं। गोत्रोच्चार पढ़ने के लिए हरेक तरफ के पुरोहित को चार-चार आना मिलता है। इसके बाद वर-कन्या के दोनों पिता बैंद के नीचे बैठाए जाते हैं। कन्या का पुरोहित एक दूर्बादल कन्या के पिता के हाथों में देता है। वह उसे अपनी बीच की दोनों अँगुलियों के छोर पर एक ओर से पकड़ता है, दूसरी ओर उसी तरह उसे लडके का पिता पकड़ता है। इसके बाद लड़की के पिता से कहलाया जाता है—"अस्मत्-कन्या युष्मद्-गोत्रा"। इसके बाद बैंद (मंडप) के छोर पर वर आता है, जहाँ सास और कन्या के घर की बड़ी-बूढ़ियाँ उसे 'रुलार' (भेंट के साथ नमस्कार) प्रदान करती हैं। सास एक रुपया और चार आने के पैसे देती है, दूसरी स्त्रियाँ सिर्फ तांबे के पैसे देती हैं। लड़का अपनी सास के पैर छूता है। इसके साथ कन्या के घर की रस्म पूरी हो जाती है, और उसे पालकी में चढ़ा कर बाजे-गाजे से लड़के के घर ले जाया जाता है। पालकी के पीछे-पीछे वर और बारात होती है। इसके बाद वर की माँ आरती उतार कर कन्या को एक रुपया देती है। तब वर-कन्या को कामदेव (दीवार पर बनी तस्वीर, ठापा), गणपति आदि के पास ले जाकर पूजा कराई जाती है, और फिर अनार के फूलों के साथ पानी भरे कुंभ के ऊपर मिट्टी के दीये के चारों ओर उन्हें चार बार परिक्रमा करनी पड़ती है, जिसे 'अठलाई' आठ परिक्रमा कहते हैं। इसके बाद पुरोहित कन्या के घूंघट को हटा देता है, और उसमें की नकली चिड़ियों को वर-कन्या के भाइयों और उनके मित्रों को दे दिया जाता है। 'अठलाई' खतम होने के बाद कन्या और वर के हाथ के कंगन को दो आदमी ढीला करते हैं, जो इस प्रकार उनके सगे भाई बन जाते हैं। समाप्ति के समय वर को स्त्री-पुरुष 'तम्बोल' (भेंट) देते हैं, और घूंघट खोलने के लिए स्त्रियाँ कन्या को मुँहसानी (मुँहदेखी) देती हैं। मेहमानों को वर के घर में चार भोज दिए जाते हैं—(1) तेल लगाने के दिन, (2) बरात चलने के समय, (3) बरात के लौटने के समय और (4) उस दिन सबेरे, जिस दिन कि वर को भेंट मिलती है। कन्या के घर के भोजों में पहले दो तेल लगाने के दिन लड़की के पाहुनों को दिए जाते हैं, और अन्तिम दो विवाह के दिन बरात को और कन्या के अतिथियों को वहीं दिए जाते हैं।

गद्दी लोगों में और भी कितने ही प्रकार के ब्याह प्रचलित हैं। इनमें से एक को 'बुजक्या' कहते हैं, जिसमें सारी रस्म कन्या के घर में अदा की जाती है, जिससे खर्च से बच जा.. हैं। गंधर्व विवाह करने वाले तरुण-तरुणी जंगल में झाड़ी फूंक कर उसके चारों ओर हाथ में हाथ दिए या लड़की की चादर को लड़के के कमरबंद में बाँधकर आठ फेरा कर लेते हैं। यह अवसर तब किया जाता है, जबकि पहले स्वीकार करके लड़की वाले

ब्याह करने से इंकार कर देते हैं। इस विधि में पुरोहित या संबंधियों की आवश्यकता नहीं होती। इस प्रथा को 'झिडफूक' कहते हैं। ब्राह्मणों को छोड़ कर चंबा की सभी जातियों में विधवा-विवाह प्रचलित है। इस विधि को 'गुदनी' या 'झंजरारा' अथवा 'चोली-डोरी' कहते हैं। दोनों भावी पति-पत्नी धूप जला कर दिया सहित कुंभ के सामने बैठ कर उसकी पूजा करते हैं। फिर पति एक डोरी (सूत) भावी पत्नी के सिर पर रखता है, और दूसरी स्त्री पत्नी के सिर को कंघी करके इस सूत से बाँध देती है। इसके बाद पति एक बालू (नाक की नथनी) पत्नी के हाथ पर रखता है, जिसे वह पहन लेती है। उसके बाद भोज दिया जाता है, गीत गाए जाते हैं। यदि पुरोहित नहीं बुलाया जाता, तो कुंभ-पूजा की आवश्यकता नहीं होती, लेकिन बाल गूंधने का धागा और नाक की नथनी भोज के साथ जरूर दी जाती है। पुराने समय में विधवा अपने पति के छोटे या बड़े भाई से ब्याह करने के लिए मजबूर थी, लेकिन उस पर बहुत पहले ही से जोर देना बंद कर दिया गया है। विबाह-विच्छेद दोनों पक्ष की सम्मति से हो सकता है और उसके बाद विच्छिन स्त्री फिर से ब्याह कर सकती है।

चंबा में मृतक-संस्कार की प्रथा भी है। चंबा में जब किसी बीमार के बचने की आशा नहीं रह जाती, तो उसके संबंधी आकर उससे अनाज, तेल, घी, गुड़, कपास, फल, मिठाई अथवा इससे भी कीमती चीजें—चारपाई, शय्या, जूता, छाता आदि का दान करवाते हैं। गौ-दान का विशेष महातम माना जाता है। यह दान आम तौर से गुजराती ब्राह्मण लेते हैं। इसे 'अंतरिष्टी' (अंत्येष्टि) कहते हैं। इस संस्कार के बाद फर्श के ऊपर तिल और कुश बिखेर दिया जाता है, और विस्तरा उसपर रख करबीमार का सिर उत्तर की ओर और पैर दक्षिण की ओर कर दिया जाता है। गंगाजल पिलाकर उसे गीता का पाठ सुनाया जाता है। अंत में तुलसीदल तथा पंचरत्न (सोना, चाँदी, ताँबा, मोती, मूंगा) उसके मुँह में रख दिया जाता है। मर जाने के बाद नहला कर उसे अच्छे-अच्छे कपड़े पहनाए जाते हैं। यदि वह विवाहित है, तो उसके सिर पर सेहरा रख दिया जाता है। परिवार के सभी लोग और हित-मित्र तथा संबंधी लाश के पास आकर उस पर कपड़े का टुकड़ा चढ़ाते हैं। विधवा लाश की परिक्रमा करके उसके पैरों के नीचे रुपया या पैसा रख सिर नबाते उस पर गिर पड़ती है। इसके बाद मृत पुरुष का पुत्र या उसके अभाव में कोई दूसरा नजदीक का संबंधी पिंडदान देता है। लाश को एक लकड़ी की अर्थी—'बहवान' पर रख उसे लाल कपड़े से ढांक कर झंडियों और फूलों से सजा दिया जाता है। स्त्रियाँ जमा होकर जोर से चिल्लाती हुई अपने हाथों से अपने को पीटली हैं। परिवार के छोटे तरुण अपने सिर और मुँह के केशों को मुड़ा लेते हैं। फिर संबंधियों और पड़ोसियों के साथ अर्थी को घाट (श्मशान) में ले जाते हैं, स्त्रियाँ साथ नहीं जातीं। रास्ते में अर्थी के ऊपर से बादाम, किसमिस और पैसे फेंके जाते हैं। शंख और घंटे बजते रहते हैं, कभी-कभी बाजे वाले बाजा भी बजाते हैं। बीच-बीच में ढोने वालों को विश्राम देने के लिए अर्थी को जमीन पर रख दिया जाता है, और ऐसे हरेक स्थान पर पिंडदान दिया जाता है। घाट में पहुंच कर अंतिम बार पिंडदान दिया जाता है। श्मशान किसी

नदी के किनारे होते हैं, इसीलिए उसे 'घाट' कहते हैं। लाश को चिता पर रख दिया जाता है। लड़का या कोई दूसरा आदमी जिस वक्त पिंडदान देता है, उस समय नजदीक के संबंधी देवदार या किसी दूसरी लकड़ी के छोटे टुकड़ें को जलाए चिता की परिक्रमा करते हैं। फिर पिंडदान देने वाला अपनी मशाल से मृतक के सिर की ओर से चिता में आग लगाता है, और दूसरे संबंधी पैर या बगल की ओर उसी तरह करते हैं। फिर वहाँ मौजूद सभी लोग चिता में लकड़ी डाल कर मृतक के परिवार को वहीं छोडकर घर लौट जाते हैं। परिवार के लोग तब तक घाट में रहते हैं, जब तक कि चिता पूरी तौर से जल नहीं जाती है। फिर वह घर लौटने से पहले चिता को पानी से ठंडी कर देते हैं, और हड्डियों और राख को जमा करके पीछे घर ले जाने के लिए वहीं छोड़ देते हैं। तब नदी में स्नान करते हैं। श्मशान में जाने वाले तब तक अपवित्र समझे जाते हैं, जब तक कि वह स्नान न कर लें। स्त्रियाँ घर के भीतर ही स्नान कर लेती हैं, और सारे घर को गोबर से लीप या छिड़क कर पवित्र करती हैं। ब्राह्मणों के यहाँ दस दिन, राजपूत 12 दिन और क्षत्रिय 14 दिन तक छूतक मनाते हैं। इसके बाद क्रिया-कर्म होता है।—बृखौदसरग (वृषोत्सर्ग) के दिन मृतक के निमित्त कपड़ा, जेवर, बरतन आदि आचार्य (गोहालू) ब्राह्मण को दिए जाते हैं। दूसरा क्रिया-कर्म 'सुफंडी' कहा जाता है, जिसमें उस दिन किसी गोहालू ब्राह्मण को दान दिया जाता है। गौ आचारज और गोहालू मृतक के अनुसार स्त्री या पुरुष होते हैं। अंतिम दिन लोग विष्णु के मंदिर में जाकर चरणामृत लेकर शुद्ध हो जाते हैं। मृतक की हड्डियों (फूल) को गंगाजी में डालने के लिए किसी के हाथ भेज दिया जाता है।

चंबा के पांगी वजारत के रहने वाले लोग पंगवाल कहे जाते हैं। इनमें भी ब्राह्मण, राजपूत, ठाकुर, राठी, बड़ी जातिवाले तथा छोटी जातिवाले हाली, लौहार; मेघ और डाकी मिलते हैं। पांगी इलाके में थोड़े-से तिब्बती भाषा-भाषी हैं, जिन्हें भोट कहते हैं। बड़ी जातिवाले आपस में खुलकर रोटी-बेटी करते हैं, लेकिन वह ऐसा संबंध छोटी जातिवालों या भोट लोगों से नहीं करते। पंगवालों की परंपरा बतलाती है, कि वह पहाड़ की भिन्न-भिन्न जगहों—निम्न-चनाब, रावी-उपत्यका, लाहुल और कुल्लू से आकर यहाँ बस गये। ऊँची जातियों में माँ की पाँच पीढ़ियों और बाप की दस पीढ़ियों तक ब्याह करना निषिद्ध है। ब्याह की रस्में चुराही लोगों की तरह ही सीधी-सादी हैं। एक रुपया देकर कन्या के पिता से 'फखीदिती' (अनुमति-दान) लिया जाता है। विवाह के पक्का करने के लिए वर का पिता कन्या के घर जाकर 'चकखानी' (भोजनखाना) करता है। फिर लड़का कुछ लोगों के साथ कन्या के घर जाकर लड़की के लिए एक जोड़ा बालू (कुंडल) और कंगन देता है, जिसे 'बंधा' देना कहते हैं। कन्या के पिता को वह 12 रुपया 'सिदियाली' और माता को 3 रुपया 'गुआमी' या खिलौल के तौर पर देता है। इसके बाद लूचियाँ (भोजपत्र में लिपटी रोटियाँ) लोगों में बाँटी जाती हैं। इसके साथ मँगनी पक्की हो जाती है। यदि लड़का इस संबंध को तोड़े, तो उसे छः रुपया, दंड देना पड़ता है, यदि लड़की की ओर से इन्कार हो, तो लड़के वालों को हरजाना मिलता है।

विवाह-विधि—पंगवालों में दो प्रकार के ब्याह है, जिनमें से एक को 'जाँजी' या 'जानी' कहते हैं। यह साच परगने में तिन्दी तक पाया जाता है। इसके अनुसार किसी इतवार, मंगल या वृहस्पति के दिन लड़का कन्या के घर जा मंगल, बुध या शुक्रवार को लड़की को अपने घर में लाता है। ब्याह करने के लिए वैशाख, हाड़ (आषाढ़), काती (कातिक), मघेर (मार्गशीर्ष या पूस), माघ और फागुन के महीने शुभ माने जाते हैं। लड़के का मामा कन्या के घर में जाकर ब्याह का दिन निश्चित करता है। उस दिन बरात कन्या के घर जाती है। वर-कन्या एक-दूसरे की बगल में बैठते हैं, और उनके मामा उनकी बगल में। लड़की का मामा आटे में सत्तू घोलता है। वह सत्तू के सात या अधिक तातू (नौकदार पिंडियाँ) बना कर मक्खन मल कर उन्हें लकड़ी में लगा देता है। इसके बाद वह धूपदानी में धूप तथा एक दीया जलाता है। धूपदानी को अपने बायें हाथ में लेकर तोतू के सिरे का थोड़ा-सा भाग दाहिने हाथ में ले उससे अग्नि-स्थान के पिछले भाग को छूता है। अग्नि-स्थान पूर्व ओर होता है। इसके बाद वह कमरे की दीवारों को पूर्व, दक्षिण, पश्चिम और उत्तर से क्रमश: छूकर दरवाजे के चौखट के ऊपरी भाग को छूता है। इसके बाद लड़की का मामा धूपदानी को जमीन पर रख कर बैठ जाता है। फिर लड़की की माँ सारे तोतुओं को एक बरतन में जमा कर उसकी उतनी छोटी-छोटी पिंडियाँ बनाती है, जितने आदमी वहाँ उपस्थित होते हैं। कम हो तो उसमें और सत्तू मिलाती है। हरेक आदमी की हथेली में एक-एक पिंडी दी जाती है, जिस पर उसका पति घी डालता है। सत्तू की पिण्डी पहले लड़की के मामा को दी जाती है। वर-कन्या को दी जाती है। मामा, पिंडियों को अपने दोनों हाथों की अँगुलियों के सिरे पर रख कर हाथ को एक-दूसरे के ऊपर करके वर-कन्या के पास जाता है। वर-कन्या में जो पहले एक पिंडी को लेकर चख लेता है, उसे ज्यादा होशियार समझा जाता है। इसके बाद भोज और फिर खूब गाना-नाचना होता है। अगले दिन सबेरे कन्या वाले अपनी लड़की को आभूषण, बरतन आदि के साथ सुआज (दहेज) देते हैं। इसके बाद वर-कन्या धूपदानी में धूप डाल कर अपने पिता-माता के सामने दंडवत् करते हैं—कन्या पहले करती है। इसे 'पैर बंदन' कहते हैं। इसके बाद बरात लड़के के घर चली जाती है। लड़के को कन्या का मामा अपनी पीठ पर ले चलता है, और लड़की को वर का मामा। दरवाजे पर जाकर वह उतर जाते हैं, जहाँ लड़के की माँ वर-कन्या के सिर पर तीन बार एक भेड़ को घुमा कर वारना (न्यौछावर) देती है। देहली के भीतर पैर रखते ही विवाह-विधि पूरी हो जाती है। यहाँ फिर लड़के के माँ-बाप 'तोतू' की विधि पूरा करते हैं। उस दिन और अगले दिन भोज दिया जाता है, 'तम्बोल' और 'लाग' प्रदान की जाती है। एक महीने के भीतर 'फिरन्नी' होती है, जब कि कन्या पति के साथ अपने पिता के घर जाती है, और कुछ दिन रह कर फिर दोनों अपने घर चले आते हैं। मंगनी के बाद लड़का बिना ब्याह के भी अपनी मँगेतर को अपने घर ला सकता है। पंगवालों में एक तरह का विवाह 'टोपीलानी' है, जो विधवा के या तलाक दी हुई औरत के साथ किया जाता है। पति की मृत्यु के एक साल बीतने के बाद ही 'टोपीलानी' की रस्म अदा की जा सकती है। विधवा को ब्याहने का सबसे पहले अधिकार मृत-पति के भाइयों या

भतीजों को होता है। दो प्रतिष्ठित आदमियों के सामने भावी पति नई ऊन की पुछल्ले वाली एक टोपी विधवा को देता है। विधवा के उसे ले लेने पर विवाह-विधि पूरी हो जाती है। अगर बाहर का कोई आदमी विधवा से ब्याह करना चाहे, तो विधवा के माता-पिता की अनुमति लेने के लिए उन्हें कुछ पैसा देना पड़ता है, जिसे 'रंडीरखीलाई' कहते हैं। पंगवालों में विवाह के पहले स्त्रियाँ स्वतन्त्र होती हैं, और विवाह के बाद किसी समय भी वह पति को छोड़ सकती हैं। तलाक के लिए पति अपनी पत्नी को छह रुपया 'मान' के तौर पर देकर उसके सिर पर एक सूखी लकड़ी के दो टुकड़े कर देता है। दूसरा प्रकार है, जब कि पति स्त्री से संबंध-विच्छेद करने के लिए उसके माता-पिता या प्रेमी से कुछ पैसा लेकर रुपये के ऊपर या पत्नी के सिर पर लकड़ी तोड़ देता है। इसके बाद स्त्री दूसरे से ब्याह करने के लिए स्वतन्त्र है। पंगवालों में सभी वैध लड़कों को समान दायभाग मिलता है, लेकिन हल्लर (अवैध पुत्र) का कोई अधिकार नहीं है। सन्तान न होने पर गोद भी लिया जा सकता है।

पंगवाल लोग देवी, नाग और शिव की पूजा करते हैं। उनकी मुख्य देवी 'मिन्धाल-बासन' देवी मिन्धाल में है, जो एक बड़ा तीर्थस्थान है। मलासन, सीतलादेवी और देतनाग के मन्दिर भी प्रसिद्ध हैं। सूर्य की पूजा किसी दिन भी हो सकती है, लेकिन रविवार, देवी और नाग शिव की पूजा का प्रधान दिन है। देवी और नाग की पूजा रविवार, मंगल और सनीचर को होती है, और सिद्धों की शुक्रवार को। भेड़ और बकरे बलि-पशु हैं, जिनका सिर मारने वालों को मिलता है, बाकी पुजारी और यजमान आपस में बाँट लेते हैं। भादों, आश्विन और जेठ की पूर्णिमा को लोग इन मन्दिरों में विशेष तौर से जाते हैं।

लाहुल कांगड़ा-लाहुल और चंबा-लाहुल दो भागों में बँटा हुआ है। यह शब्द लूहो-युल् (दक्षिण-देश) से बिगड़ा मालूम होता है, लेकिन तिब्बती में इसे गरजा कहते हैं। दोनों लाहुलों की बहुत-सी बातें समान होने पर भी चंबा-लाहुल पर चंबा के और निवासियों का प्रभाव अधिक है। इसीलिए जहाँ कांगड़ा-लाहुल में ब्राह्मणों का अभाव-सा है, वहाँ चंबा-लाहुल में ब्राह्मण, राजपूत और राठी जैसी बड़ी जातियाँ तथा हाली और लौहार की छोटी जातियाँ भी बसती हैं। कुछ तिब्बती भाषाभाषी भोट लोग भी यहाँ रहते हैं। राजपूत सिर्फ त्रिलोकनाथ और मारग्राँव के राणा लोगों को कहते हैं। त्रिलोकनाथ के राणा रावीं-उपत्यका और भट्टियात के राणा ठाकुरों और राठियों से ब्याह करते हैं। माँ और बाप दोनों की तीन पीढ़ियों तक ब्याह नहीं किया जा सकता। इनकी विवाह की प्रथा वही है, जो पंगवालों की। लड़के का बाप किसी एक मित्र के साथ लड़की के घर जाता है। यदि लड़की वाले ने विवाह करना मंजूर किया, तो फिर से आकर वह लड़की के पिता को एक रुपया देता है, जिसे 'तंग-रन्डी' (कन्या का टंका) कहते हैं। यहाँ दो प्रकार से ब्याह किया जाता है, जिसमें 'ब्याह' को अच्छा समझा जाता है। लाहुली लोग साइत के लिए ब्राह्मण से नहीं पूछते, और किसी रविवार या सोमवार को ब्याह कर लेते हैं। ब्याह के दिन बरात लड़की के घर जाती है, वर-कन्या एक-दूसरे की अगल-बगल में बैठा दिये

जाते हैं, जिसमें लड़की बाईं ओर बैठती है। घी और सत्तू के तोतू तैयार किये जाते हैं। कन्या का मामा तोतू में से थोड़ा दोनों को देता है, इसके बाद बाकी तोतू को लोगों में बाँट दिया जाता है। इस विधि को 'मरपी' कहते हैं। इसके बाद सभी लोगों को भोज दिया जाता है। अगले दिन सबेरे लड़की को पैसा, जेवर, बरतन आदि दिये जाते हैं, जिसे 'सूआज' कहते हैं। वर अपने सास-ससुर को एक-एक रुपया देता है। इसके बाद बरात विदा होती है, और वर के घर के दरवाजे पर पंगवालों की तरह ही यहाँ भी हाली को एक भेड़ देकर वारना की रस्म अदा की जाती है, और तोतू को भी उसी तरह तैयार करके बाँट कर भोज दिया जाता है। लाहुल में भी मँगनी के बाद बिना ब्याह के ही कन्या को वर के घर ले जाने की प्रथा है। फिरौनी की रस्म भी यहाँ पांगी जैसी ही है। चंबा (पश्चिमी)—लाहुल में एक तरह का पांडव-विवाह पाया जाता है। विवाह के समय वर का छोटा भाई लड़की की माँ को एक रुपया देकर लड़की पर द्वितीय पति की तरह अपने अधिकार को स्थापित करता है। लेकिन, यहाँ के पांडव-विवाह में दो से अधिक भाई सम्मिलित नहीं किये जा सकते। विधवा-विवाह को पांगी की तरह यहाँ भी 'टोपीलानी' कहते हैं। तलाक का भी रिवाज है, जिसे देने के समय दो-तीन प्रतिष्ठित पुरुष वहाँ उपस्थित रहते हैं। उनके सामने पति-पत्नी एक सूत को अपनी-अपनी ओर खींच कर तोड़ देते हैं। यदि दोनों तलाक चाहते हैं, तो पैसा नहीं देना पड़ता, नहीं तो तलाक चाहने वाले पक्ष को कुछ पैसा देना पड़ता है, जिसे 'मान' कहते हैं। लाहुल में भी 'मृतक-संस्कार' पांगी जैसा ही होता है। आठ दिन तक सिर्फ एक बार भोजन किया जाता है, जिसे उपास कहते हैं। पैसे वाले लोग 'धजी' खड़ी करते हैं, लेकिन लकड़ी की मूरत (पित्र) यहाँ पांगी की तरह नहीं खड़ी की जाती। लाहुली लोग आठ दिन का सूतक मानते हैं। लाहुली लोगों में जमींदार को किसान खेत की उपज का आधा अन्न देता है, जिसे 'घाई' या 'घारी' कहते हैं। पांगी में इसे ही 'आधीधारी' कहते हैं।

लाहुल में प्राचीन रक्त और धर्म पर किन्नर और तिब्बती प्रभाव अधिक देखा जाता है। सत्तू का तोतू तिब्बती लोग भी बनाते हैं। किसी समय यह सारा इलाका बौद्ध था। त्रिलोकनाथ स्वयं अवलोकितेश्वर या लोकनाथ बोधिसत्व हैं, और उनके पुजारी आज भी लामा होते हैं। इससे पता लगेगा, कि ब्राह्मण-धर्म वहाँ से बौद्ध-धर्म का उच्छेद नहीं कर पाया। नाग और देवी (नागी) की पूजा उन्होंने अपने किरात-किन्नर पूर्वजों से पाई। 10वीं-11वीं शताब्दी से प्राय: 1660 ई० तक उभय-लाहुल चंबा के अधीन थे। इसके बाद इसका एक हिस्सा कुल्लू के हाथ में चला गया। कुल्लू-लाहुल की तरह ही चंबा-लाहुल में भी चैत्य, मानी (ओं मणि पद्मे हुं) की दीवार, मणिचक्र और बौद्ध-मूर्तियाँ पूजी जाती हैं। यहाँ का एक मात्र बौद्ध-मन्दिर त्रिलोकनाथ है, और देवी का मुख्य मंदिर उदयपुर में मरकुलादेवी का है।

लाहुल में पाँच मुख्य मेले हैं, जिनमें से तीन त्रिलोकनाथ में लगते हैं। इसे कुन त्योहार भी कहते हैं, जो फागुन की अमावस्या को त्रिलोकनाथ में लगता है, और वसंत के आगमन को सूचित करता है। इस त्योहार में नर, नारी और भूत (गामी, मंज्मी

और कुलिजा) के तीन चेहरे इस्तेमाल किए जाते हैं। कुलिजा दैत्य जाड़े का प्रतिनिधि है, जिसे गाँव के लोग हिमपिंडों से मारते गाँव से तब तक खदेड़ते जाते हैं, जब तक कि चेहरा गिर नहीं जाता। यह मेला सभी बातों में पांगी के सील मेला जैसा है। बोधिसत्व अवलोकितेश्वर के नाम पर पौरी मैला मेला त्रिलोकनाथ में सावन के पहले दिन लगता है, जिसमें त्रिलोकनाथ का राणा भी भाग लेता है। इसमें बलि, पूजा, मद्यपान और नाच-गाना होता है। लाहुल में पांगी की तरह ब्रिसू (बैसाखी) और खोल के मेले लगते हैं। 'ओर मेला' फागुन की पूर्णिमा को त्रिलोकनाथ और मारग्रांव में होता है, जिसमें खूब मद्यपान और नाच-गान होता है। पांगी की तरह लाहुल में एक-दूसरे को नमस्कार करते हुए लोग 'दुआर' कहते हैं। छोटी जात वालों को इसका जवाब 'राम-राम' कहकर दिया जाता है। लाहुल और पांगी के भोट लोग आपस में ब्याह करते हैं, और उनके रीति-रिवाज कुछ-कुछ पांगी और लाहुल वालों से मिलते हैं।

भट्टियात वजारत के लोग भट्टियाल कहे जाते हैं, जिनमें गद्दी लोगों की तरह ब्राह्मण, राजपूत, ठाकुर, राठी, खत्री, महाजन, कुम्हार, जिनवार, नाई, तरखान, गिथ आदि जातियाँ मिलती हैं। यहाँ के बाढ़ी, कोली, सिप्पी, हाली, चमार, डुमना, बटवाल, लोहार, घोगरी, रिहारा आदि जातियाँ हरिजन समझी जाती हैं। ऊँच-नीच का ख्याल यहाँ उसी तरह का जोर पर है, जैसा कांगड़े में। यहाँ के कितने ही ब्राह्मण और राजपूत—खास करके मियाँ लोग—हल जोतने को पाप समझते हैं, लेकिन परिस्थितियाँ उन्हें मजबूर कर रही हैं।

यहाँ के सभी लोग अपनी ही जाति में ब्याह करते हैं, लेकिन राजपूत ठाकुर की लड़की और ठाकुर राठी की लड़की ले सकते हैं, यद्यपि अपनी लड़की नहीं देते। यहाँ दो प्रकार की शादियाँ होती हैं। ऊंची जातवाले लोग शास्त्र की रीति से शादी करते हैं, जिसे 'ब्याह' कहा जाता है, और झंजरारा विधवा-विवाह के लिए कहा जाता है। ब्राह्मण, राजपूत, खत्री और महाजन बिधवा-विवाह नहीं करते। भट्टियाल लोगों के रीति-रिवाज वैसे ही हैं, जैसे कांगड़े के।

चंबा में ब्याह की उमर आमतौर से 12 और 13 वर्ष है। वहाँ गाँवों में कन्या-शुल्क वर को देना पड़ता है। यदि पैसा नहीं दे सके, तो बदले में आमतौर से सात वर्ष तक ससुर के घर में रहकर काम करना पड़ता है, जिसे 'घरजवांत्री' कहते हैं। ब्याह ठीक करने के लिए पुरोहित या प्रतिष्ठित आदमी कन्या के घर भेजे जाते हैं। अगर बाप स्वीकार करता है, तो कन्यापक्ष का पुरोहित निश्चित दिन पर थोड़ा गुड़ लेकर लड़के के घर जा उसे बांटता है। इसके बाद पुरोहित के साथ लड़के का बाप और संबंधी लड़की के घर आते हैं। खाने के बाद वह चार या आठ चकली (पैसा) बरतन में फेंक देते हैं, फिर गुड़ को लड़की की बहिन के हाथ में देकर सभी संबंधियों में बँटवाते हैं। फिर लड़के का बाप लड़की के हाथ में जेवर या दो रुपया रखता है, और घर लौटकर अपने भाई-बंदों में गुड़ बांटता है। एक बार मंगनी हो जाने पर फिर कन्यापक्ष उसे तोड़ नहीं सकता। ऐसा करने पर वरपक्ष अदालत में हरजाना का दावा कर सकता है। मौत या

कुष्ट होने पर मँगनी टूट जाती है। हाँ, यदि लड़के का बाप ब्याह करने से इंकार कर दे, तो लड़की के बाप को कोई हरजाना नहीं मिल सकता। चंबा में ब्याह मुख्य तौर से तीन प्रकार के होते हैं—1. विधिवत् ब्याह, 2. झंजरारा और 3, झिडफूंक (गंधर्व)। विधिवत् ब्याह में मँगनी होती है, आग के किनारे फेरा देना पड़ता है, और छैचापकी रस्म अदा की जाती है। 'झंजरारा'—इसमें नाक में नथ डालना, बालों में लाल डोरी बाँधना और चोली पहन लेना ब्याह की रस्म है। विधिवत् ब्याह की तरह इसमें भी गृहदेवता की पूजा या एक दीपक जलाना आवश्यक है। झिड झाड़ी को कहते हैं। पिता-माता की मर्जी के बिना जब कोई तरुण-तरुणी गंधर्व ब्याह कर लेना चाहते हैं, तो वह जंगल में झाड़ी फूंक कर हाथ में हाथ मिलाये आठ फेरे लगाते हैं। नाक में नथ पहनना इसमें भी आवश्यक है। इसे 'झिडफूंक' विवाह कहते हैं।

झंजरारा ब्याह आम तौर से विधवा या तलाक दी हुई स्त्री के साथ होता है, इसे 'चोलीडोरी' भी कहते हैं। विधिवत् ब्याह का दूसरा नाम चुराह में 'जनेई' है। ब्रह्मौर में 'बुजका' नाम का एक छोटे रूप का विधिवत् ब्याह होता है, जिसमें खर्च कम होता है। चंबा नगर में बड़ी जात के लोग लक्ष्मीनारायण के मंदिर में जाकर बिना खर्च किये थोड़ा-सा विधि-विधान पूरा करके ब्याह कर लेते हैं। पांगी और लाहुल में किसी समय भी ब्याह करने के 'जंजी' कहते हैं 'ब्याह' दूसरा तरीका है। विवाह ठीक हो जाने पर वर अपने मित्रों के साथ कन्या के घर जाता है, भोज दिया जाता है, वर-कन्या एक कालीन पर बैठ कर भोजन करते हैं, और फिर वर अपनी दुलहन को लेकर अपने घर चला जाता है। लाहुल में ऐसे समय पुरोहित का रहना जरूरी है, लेकिन पांगी में नहीं। विधवा-विवाह की रस्म को 'टोपीलानी' (टोपी लगाना) कहते हैं।

देश में जिस तरह ब्याह की तमाम रस्में अदा की जाती हैं, उसी तरह पहाड़ में भी बड़ी जात के धनी लोग कितनी ही रस्मों का पालन करते हैं। एक निश्चित दिन पर दोनों के घरों में वर और कन्या को तेल, आटा और दूध मिलाकर उबटन लगाया जाता है, जिसे 'तेललुपरी' कहते हैं। इस समय खूब गाना-बजाना होता है। इसके वाद वर या कन्या को नवग्रह की पूजा करनी पड़ती है, और संबंधी उनके ऊपर तेल गिराते हैं। जो ऐसा नहीं करता, वह बरतन में एक चकली (पैसा) डाल देता है, जो पुरोहित को मिलता है। इसमें भी गाना-बजाना होता है। इस रस्म को 'तेलसान्द' कहते हैं। इस रस्म के समय वर या कन्या के पास कटार लिए एक लड़की खड़ी होती है, जिसे दो पैसा (चार चकली) दिया जाता है। चंबा में पांडव-विवाह लाहुल जैसे कुछ भागों को छोड़कर नहीं पाया जाता, बहुविवाह जरूर प्रचलित है। कुछ बड़े कुलों को छोड़कर विधवा-विवाह का प्रचार पहाड़ के अन्य स्थानों की तरह चंबा में भी सर्वत्र है। तलाक (छूट) भी पहाड़ में सभी जातियों में देखा जाता है। तलाक लेने के लिए पति अपने ब्याह-खर्च की माँग करता है। आम तौर से भावी पति इस रकम को अदा कर देता है। चंबा में इसका बाकायदा कागज लिखा जाता है, जिसे दूसरे ब्याह के समय लोगों को दिखाना पड़ता है। छूट लेने की रकम 50 से 100 रुपया या अधिक भी हो सकती है। राजधानी और भट्टियात

वजारत के राजपूतों और ब्राह्मणों को छोड़ सबमें छूट और विधवा-विवाह का रिवाज है।

हिमालय के कुछ दूसरे भागों की तरह चंबा में भी चुकन्धू ब्याह रिवाज पाया जाता है। यदि कोई विधवा पति के घर में ही रहती है, और वहाँ रहते उसके लड़का पैदा होता है, तो वह मृतपति का वैध उत्तराधिकारी माना जाता है, चाहे पति को मरे कितना ही समय बीत गया हो, और लोग लड़के के असली पिता का पता लगाना नहीं चाहते, न विधवा को अपमानित करते हैं। ऐसे लड़के को 'चुकंधू' अर्थात् मृत पति के चौकोने घर के भीतर पैदा हुआ कहा जाता है।

संस्कृति

और जगहों में लुप्त हो जाने पर भी बौद्ध—दोनों लाहुल, स्पिती और कनौर में पाये जाते हैं। चंबा-लाहुल में त्रिलोकनाथ का मंदिर यद्यपि हिंदुओं और बौद्धों दोनों का पूज्य-स्थान है, लेकिन वह वस्तुतः अवलोकितेश्वर का मंदिर है, और उसके पुजारी लामा हैं। इसके दर्शन के लिए नेपाल, तिब्बत और लदाख तक के बौद्ध आते हैं। पांगी के उत्तरी भागों में जांस्करधार की छाया में बहुत-से भोट-भाषाभाषी बौद्ध गाँव हैं। सभी बौद्ध तांत्रिक (लामा) बौद्ध-धर्म के अनुयायी हैं, और तिब्बत के लामाओं को अपना मुखिया मानते हैं। उनके विश्वास और पूजा-पाठ के ढंग उसी तरह के हैं, जैसे कनौर और स्पिती में। जाति के तौर पर तिब्बती और किन्नर-किरात ही इस धर्म के मानने वाले हैं।

हिंदू धर्म के अंतर्गत पहाड़ में उस समय भी अभी पाशुपत या शैव-धर्म की प्रधानता थी, जब कि देश में उसका कुछ ह्रास हो चुका था। चंबा में वैष्णव-धर्म का प्रभाव पीछे बढ़ा, इसीलिए मंदिरों को दिए गए दान अधिकतर शिव के थे। पुराने दान-पत्रों में राम परमपूज्य देवता के तौर पर नहीं, बल्कि पितृभक्त के तौर पर उल्लिखित हैं, और कृष्ण का तो वहाँ कहीं नाम ही नहीं मिलता। अनेक शिवालयों के निर्माण का ही उल्लेख नहीं मिलता, बल्कि धाराशिलाओं पर भी शिवलिंग उत्कीर्ण मिलते हैं। पीछे के ताम्रपत्रों में राम की महिमा जरूर गाई गई है, और दान कृष्णार्पणमस्तु कहा गया है।

हमारे देश में धर्म एक तटस्थ गवेषणा का विषय नहीं है, बल्कि हरेक संप्रदाय अपने-अपने धर्म का उस समय में अस्तित्व में आना बतलाता है, जब कि अभी-अभी पृथिवी अस्तित्व में आई थी। यदि केवल धार्मिक विश्वास रखने वाले ही ऐसा करते, तो कोई हरज नहीं था, लेकिन इस बीमारी ने हमारे यहाँ के इतिहास के अनुसंधानकर्त्ताओं को भी नहीं छोड़ा है। फर्क इतना ही है, कि वह उसे पृथिवी की सृष्टि के समकालीन होने का दावा नहीं करते, और भरसक उस काल को ऐसी मात्रा तक सीमित रखना चाहते हैं, जिस पर शिक्षित लोग विश्वास कर सकें। आधुनिक विज्ञान का ऐसे काम के लिए उपयोग उसका दुरुपयोग है, यह कहने की आवश्यकता नहीं। शैव-धर्म के बारे में भी उसके भक्तों और कितने ही आधुनिक इतिहासकारों का ऐसा दृष्टिकोण होना कोई आश्चर्य

की बात नहीं। पहले इसे शुद्ध आर्य-धर्म माना जाता था, और वेदों के कितने ही इंद्रपरक सूक्तों को जमा करके उसे 'रुद्राष्टाध्यायी' का नाम दे दिया गया। यह खींचातानी बिल्कुल स्पष्ट हो जाती है, जब हम 'रुद्री' को उठाकर देखते हैं। जब से मोहनजोदड़ो की ताम्रयुगीन प्राचीन सभ्यता का पता लगा है, और देशी-विदेशी विद्वान् मानने लगे हैं, कि यह भारत की सबसे प्राचीन और दुनिया की प्राचीनतम सभ्यताओं में से एक है; तब से यह अभी कहा जाने लगा है, कि मोहनजोदड़ो के निवासी भी शिव की पूजा करते थे। हमारे कुछ लालबुझक्कड़ अब तक न पढ़ी गई वहाँ की लिपि में शिव-पार्वती और क्या-क्या ढूंढ़ निकालते हैं। जब तक किसी चीज का ठोस पुरातात्त्विक प्रमाण न हो, तब तक ऐसे ही किसी बात का दावा करना विज्ञानसम्मत नहीं। शिव-पूजा का आज लिंग-पूजा के साथ घनिष्ठ संबंध है, और कम-से-कम दो हजार वर्ष पीछे तक उसे देखा जा सकता है। लेकिन, ग्रीस, मसोपोतामिया या जहाँ पर भी लिंग की पूजा-प्रतिष्ठा देखी जाए, सभी जगह शैव-धर्म के प्रचार को मान लेना सत्य का अपलाप करना है। शिव की पूजा को आर्यों से भिन्न स्रोतों से आया बतलाया जाता है, लेकिन आश्चर्य यह है, कि शिव के जितने भी नाम—पशुपति, रुद्र, ईश्वर, परमेश्वर, महेश्वर—आदि पाये जाते हैं, सभी आर्य भाषा के हैं। हमारे यहाँ आर्य और आर्य-भिन्न देवताओं का समन्वय हुआ है, इसमें शक नहीं। हो सकता है, शिव के कुछ गुण पहले से भी माने जाते हों। लेकिन, यदि सामग्री की प्रामाणिकता को देखा जाए, तो उतनी खींचातानी की आवश्यकता नहीं।

बौद्धों की सबने पुरानी परंपराएँ हमें यही बतलाती हैं, कि 'सिवक' नाम का एक यक्ष मगध के राजगृह नगर के किसी फाटक पर रहता था। ईसा-पूर्व दूसरी-तीसरी शताब्दी के बहुत-से यक्षों की मूर्तियाँ भरहुत, साँची आदि में मिली हैं। यक्ष उस समय देवता को कहते थे, देवराज इंद्र भी यक्ष कहे जाते थे। राजगृह के एक फाटक पर रहने वाला देवता अभी उस स्थिति में नहीं पहुँचा था, जिसमें उसे आज का शिव माना जा सके। शिव की पशुपति के नाम से भी अधिक ख्याति थी, और शैवों का पहले माहेश्वर और पाशुपत भी नाम था। वासुदेव-पूजक भागवतों का पता हमें ईसा-पूर्व तृतीय शताब्दी में पुरातात्त्विक सामग्री की सहायता से मिलता है। ईसा की पहली सदी में कुषाणों के सिक्के से मालूम होता है, कि महेश्वर (शिव) की पूजा उस समय प्रचलित थी। ग्राम-देवता या नगर देवता के तौर पर बड़ी नदियों के क्षीण उद्गम स्थान की तरह बुद्ध के समय ईसा-पूर्व पाँचवीं-छठी शताब्दी में शिव की पूजा होती थी। हो सकता है और भी क्षीण रूप में किसी स्थान में शिव की पूजा और भी पुराने काल में होती हो। लेकिन, इसमें संदेह है, कि शिव की मूर्ति या लिंग का उस समय व्यापक रूप से प्रचार था।

जो भी हो, ईसवी सन् के आरंभ से हमें शैव-धर्म का पूरा पता लगता है। इसके पुराने ग्रंथों में श्वेताश्वतर (सफेद खच्चर) उपनिषद् भी एक है। इस शैव उपनिषद् का नाम सफेद-खच्चर क्यों पड़ा, यह जानना मुश्किल है। शैवों के कितने ही आगम भी उपलब्ध हैं, लेकिन वह पाँचरात्र (वैष्णव) आगमों की तरह हमें बहुत दूर तक नहीं ले

जाते। गिरिश आजकल शिव को कहा जाता है, किंतु वेदों में उसका अर्थ पर्वतनिवासी छोड़कर विशेष अर्थ में नहीं मिलता। वेद के पुराने मंत्रों में शिव देवता का यद्यपि पता नहीं है, लेकिन आर्य अपने प्रतिद्वंद्वियों को शिश्नदेव या लिंगपूजक कहते थे, इससे मालूम होता है, कि शायद किसी देवता के नाम पर वे लोग लिंग की पूजा करते थे। आज हिंदू त्रिमूर्ति में शिव एक प्रधान देवता है, जो सभी धर्मों के समन्वय का परिणाम है। आज भी वीर-शैव और वीर-वैष्णव अपने आराध्य देवों को एक-दूसरे के समान मानने के लिए तैयार नहीं हैं। वैष्णव के लिए शिव विष्णु के चरणसेवक अनुचर हैं, और शैव के लिए वही बात विष्णु की है। बाल्मीकि रामायण में, जहाँ राम एक आदर्श पुरुष से बढ़कर देवता के रूप में नहीं स्वीकार किये गए हैं, शिव का पता नहीं लगता, सिवाय उन अंशों के, जो कि स्पष्ट पीछे के क्षेपक हैं।

यवनदूत मेगस्थनिस के समय (तृतीय-चतुर्थ सदी ई० पू० में) शिव की पूजा होती थी। ईसा-पूर्व द्वितीय शताब्दी के महाभाष्यकार पतंजलि ने भी लोहे के त्रिशूल धारण करने वाले शिवभागवतों (शैव-साधुओं) की चर्चा की है। शिव ही नहीं, बल्कि उनके पुत्र स्कंद (विशाख) की धातु या दूसरे प्रकार की मूर्तियों का भी उन्होंने जिक्र किया है। ईसवी सन् के आरंभ में कुषाणों के सिक्कों पर एक तरफ हाथ में त्रिशूल लिए महेश्वर और दूसरी तरफ नंदी (बैल) बना रहता है। इसी समय से हमें ऐतिहासिक रूप में शैव-धर्म का पता लगता है। शैव (माहेश्वर) पाशुपत धर्म के एक पुराने आचार्य नकुलीश (लकुलीश) थे, जिनके बाद से पाशुपत-धर्म का ठोस प्रमाण पुरातात्त्विक सामग्री के रूप में केवल भारत में ही नहीं, बल्कि बृहत्तर भारत में भी मिलता है। यह कहने में अतिशयोक्ति नहीं है, कि भारतीय संस्कृति के द्वीप-द्वीपांतरों में प्रचार करने में बौद्ध-धर्म के बाद जिसका सबसे अधिक हाथ था, वह माहेश्वर-धर्म था। जावा में बड़े-बड़े शिवालय बने, कंबुज में अंकोरथोम् और अंकोरबात् जैसी आश्चर्य में डालने वाली शैव इमारत बनीं। वहाँ के शिलालेखों में शिव-पूजा और शैव-साधुओं के आचार-व्यवहार का भी बहुत पता लगता है। कंबुज में शैव-मठों को 'आश्रम' कहा जाता था। वहाँ के राजा यशोवर्मा (889-909 ई०) के शिलालेखों में शैव-मठों के बारे में कितनी ही बातें पाई जाती हैं। मंदिरों में जाने के संबंध में नियम थे : "नीले और कई रंग के कपड़ों को पहनकर भीतर नहीं जाना चाहिए। देवपूजा की इच्छा रखने वाले स्त्री-पुरुष पूजा-सामग्री लेकर भीतर जा सकते हैं। अंग-भंग, कुबड़े, कृतघ्नी, बौने, महापातकी, ठलुवे, विदेशी, कोढ़ी और दंडित व्यक्ति भीतर जाने के अधिकारी हैं। नियमोल्लंघन करने वालों में यदि ब्राह्मण हों, तो चूँकि दूसरा दंड नहीं दिया जा सकता, इसलिए उन्हें सिर्फ हाते के बाहर निकाल दिया जाएगा।" एक दूसरे लेख में बतलाया गया है : "ब्राह्मण के बाद शैव (पाशुपत) आचार्य का सम्मान करना चाहिए। यदि उनमें कोई वैयाकरण हो, तो उसको पहले। शैव और पाशुपत सिद्धांत के विद्वानों में व्याकरण का भारी पंडित, अध्यापक इस महाश्रम में सबसे बढ़कर सम्मान का पात्र है। बहुपठित गृही को भी आचार्य के समान ही सम्मानित करना चाहिए, क्योंकि मनु ने कहा है—''धन, मित्र, आयु,

सदाचार और पाँचवीं विद्या, इनमें उत्तरोत्तर विशेष सम्मान के अधिकारी हैं।···सभी साधारण जन, तरुण, वृद्ध, रोगी, दरिद्र और अनाथ जनों को भलीभाँति भोजन, औषधि आदि देनी चाहिए। प्रतिदिन नियमानुसार सोना देना चाहिए और कपिला गाय को घास और पूजा से सम्मानित करना चाहिए।···जो भक्त युद्ध-क्षेत्र में मारे गए, जो भक्त मर गए, जो भक्त चल बसे, निस्संतान होने से जो श्राद्ध से वंचित रहे, उन सबका प्रत्येक मास के अंत में चार आढक चावल से श्राद्ध करना चाहिए। श्राद्धपिंड को आश्रम में बनाकर यशोधर सरोवर के तट पर उसका दान करना चाहिए।"

कंबुज राज्य के अभ्युदय से पहले चंपा की प्रभुता आजकल के इंदो-चीन में थी, जहाँ ईसा की पहली सात-आठ शताब्दियों में शैव-धर्म का सबसे अधिक जोर था। वहाँ के राजा 'भद्रवर्मा' ने अनेक शिवालय बनवाये थे। भद्रेश्वर महादेव को अक्षयनिवि के रूप में भूमि-कर दान देते हुए अपने शिलालेख में सबसे पहले लिखा था 'सिद्धं। नमो महेश्वरं उमां च" शिव चंपापुरी के एक समय सबसे बड़े देवता थे। वहाँ के राजा उनकी पूजा और सम्मान में उसी तरह की उदारता से काम लेते थे, जैसे दक्षिण के पल्लव अथवा उत्तर के मौखरी या प्रतिहार। शकाब्द 579 (657 ई०) में राजा प्रकाशधर्म ने अपने शिलालेख में लिखवाया है : "श्रीचम्पापुरपरमेश्वरो महाराजः श्रीविक्रान्तवर्म्मत्युपात्त-विजयाभिषेकनामा श्रीप्रकाशधर्म्मो नव-सप्तत्युत्तर-पंचवर्ष-शतातीत (579) शकावनीन्द्र-कालपरिमाणं तपस्यर्गवं नरयुग्मोपगत-पुरस्सरं मीनयुगायातार्कबुधमार्गवं तुलाधरस्थ-भौम-सौरं घटधरसंस्थ-वाचस्पतिनरयुग्मोपगत-ताराधिपशोभनमित्याजवं जवीमाव-सामर्थ्यवीज-संहृति-चिकीर्षया सकलभुवनैकनाथ श्रीप्रभासेश्वरं प्रतिष्ठापितवान्।"

प्रकाशधर्म के डेढ़ सौ वर्ष बाद चंपेश्वर इंद्रवर्मा ने 721 शकाब्द (799 ई०) में भद्रेश्वर भगवान् को भूमिदान दिया था। उसके शिलालेख को पढ़ते समय वाणी की याद आती है, जो इससे डेढ़-पौने-दो सौ वर्ष पहले भारत में हुए थे, और जो शिव में बड़ी भक्ति रखते थे। शिलालेख के कुछ भाग हैं : "तस्य भगवतो सुरासुररिपुपवित्रचरण-युगलसरोरुहमकरन्दस्य क्षीरार्णवतरंगगगनसिन्धुफेनशशिकरशुक्लतरभस्मावदातधव-लतरशरीरप्रदेशस्याशेषभुवनोपजीव्यमानविप्रतीततर पंकजमृणालनालपादबिम्बस्य सुरासुरपतिशिखरमंगलपदद्वयरेणुगंगा प्रवाहस्यापि सुरसिद्धविद्याधरगणमुकुटकिरीटवर-कनककणनिकरसन्ध्यायमानचरणनखमणि तर्प्पणस्य पादयुगलारविन्दस्य शरणमधिकृत्य स भगवान् श्रीमानिन्द्रवर्म्मा प्रतिदिवसमेवमखिलदिगन्तराल-धर्म्मस्थितितरतमक्रमप्रतीतः क्षितितले पुण्यमकरोत्॥

श्रीमान् राजेन्द्रवर्म्मा वरजनमहितो यज्ञरत्नप्रमुख्यः
ख्यातस्तेषं प्रभावैर्म्भनुरिव जगतो रक्षणे क्षेमयुक्तः।
ब्रह्मक्षत्रप्रधानो जगति दिवि यथा यज्ञभागैर्म्भहेन्द्रोः।
राज्य वंशप्रतीतस्सरुचिरिव शशी निर्म्मलाकाशदेशे॥

स जयति विक्रमतया भुजद्वयेनोद्वहन्निव धरणीं सकलचम्पाधिराज्यवसुमतीत-लपतितशतमख इव धनंजय इवाप्रतिहतपराक्रमोऽपि हरिरिव विजिताशेषरिपुवृन्द-

वृद्धस्सुरासुरगुरुचरणद्धयारविन्दजनितसुस्फीतदेशातिशयविक्रमस्तु भुवि देवराजसदृशः पूर्व्वजन्मानवरतमखकुशलतपः फलतया घनद इव घनत्यागातिशयेन राजलक्ष्म्यालिंगित-मृदुतशशरीरप्रदेशः प्रमुदितमनसा तस्य नगरीप्रतीततरवसुधातरतमानुक्रमरक्षणस्वशक्ति प्रभावार्ज्जितनिरुपद्रववर्णाश्रमव्यवस्थितिस्सुरनगरीव राजधान्यासीत् ।।"

चंपा के राजा इंद्रवर्मा ने शकाब्द 811 (889 ई०) ने महालिंग देव को भूमिदान करते हुए लिखा था :

"ओं मनः शिवाय ।

ब्रह्मादिमुनिसुरनुतस्स श्रीभद्रेश्वरः प्रभुभर्गवान् ।

जयति जगद्गुरुराद्यस्त्रिपुरजयी योगिभिः साध्यः ।"

जावा (यवद्वीप) में भी एक समय शिव-धर्म की प्रधानता थी, यह वहां के पुराने अवशेषों और शिलालेखों से मालूम है। अंतिम राजवंश मजपहित (1292-1478 ई०) की बौद्ध और शैव धर्म पर समान आस्था थी। जावा यद्यपि संस्कृति में आज हिंदू और धर्म में मुसलमान है, किंतु पास के बाली द्वीप में अभी भी शैव और बौद्ध-धर्मी मौजूद हैं। वहां के लोग इन दोनों धर्मों के समन्वय के इतने पक्षपाती हैं, कि कहावत है 'या शिव या बुद्ध' (जो शिव वही बुद्ध)। लेकिन, वहां शैव-धर्म की प्रधानता है।

भारत और बृहत्तर भारत तक फैले हुए शैव-धर्म में विभेद न हो, यह हो नहीं सकता था। इस भेद की जानकारी के लिए उपलब्ध सामग्री का जितना अनुसंधान होना चाहिए, उतना नहीं हुआ है। कापालिक, कालमुख, मत्तमयूर,लकुलीश जैसे संप्रदायों का नाम मिलता है, वह उनकी बारीकियों को नहीं बतलाता, और न वह हमें ईसा की छठी-सातवीं शताब्दी से पहले ले जाता है। कहा जा सकता है, कि दक्षिण और उत्तर भारत के शैव-संप्रदायों में कुछ एक व्यापक भेद रहा होगा। दक्षिण में शैव-धर्म की प्रधानता पल्लव काल में थी, और अनुसंधान से यह भी पता लगता है, कि जो शैव-धर्म जावा, चंपा और कंबुज में फैला, उस का संबंध पल्लव राजीय शैव-धर्म से था। वैसे भारत में और जगहों पर भी शिव की पूजा की जाती रही, और शंकराचार्य के अनुयायियों ने शैव-धर्म की बहुत-सी बातों को अपनाकर यह भ्रम पैदा कर दिया, कि वस्तुतः वही पुराने शैव-धर्म से संबंध रखते हैं। लेकिन, सिवाय भस्म रुद्राक्ष धारण तथा शिव की अर्चना के उनमें पुराने पाशुपत-धर्म का शायद ही कोई प्रभाव हो। दर्शन के तौर पर पाशुपत त्रैतवादी थे, जैसा कि श्वेताश्वर उपनिषद् में पाया जाता है। कश्मीर के शैव इसके अपवाद थे, जिनका दर्शन वही था, जो बौद्ध योगाचार (विज्ञानवाद) का, अर्थात् वह क्षण-क्षण परिवर्तन (स्पंदन) शील चिन्मय तत्त्व को मानते थे, जिसे बौद्ध विज्ञान कहते थे, और यह शिव।

दक्षिण में आज भी पुराने शैव—धर्म के दो संप्रदायों में पाये जाते हैं, एक पुराने पंचाचार्यवादी शैव और दूसरे आचार्य व सबके अनुयायी लिंगायत। उत्तर में जिस शैव-धर्म का सबसे अधिक प्रचार था, वह लकुलीश संप्रदाय था। लकुलीश (नकुलीश) एक ऐतिहासिक आचार्य थे, जो ईसवी सन् की प्रथम शताब्दी में बड़ौदा के डमोई तालुके के

कारवन कस्बे में पैदा हुए थे। कारवन को संस्कृत में कायारोहण या कायावरोहण कहा जाता था। कारवण-महात्म्य शिवपुराण में आया है, जिसमें लिखा है :

"भृगुक्षेत्रपवित्रार्थं निर्मितं शम्भुना स्वयम्।
कृते इच्छापुरी नाम त्रैतायां च मायापुरी ॥
द्वापरे मेघवती नाम कलो कायावरोहणम्।
श्रीमातेति कृते प्रोक्ता त्रैतायां भूलम्बा मता ॥"

लकुलीश का असली नाम क्या था, यह नहीं कहा जा सकता। लकुल या लगुड़ डंडे को कहते हैं। हाथ में सदा डंडा रखने के कारण ही शायद उनका लकुलीश (दंडधारी) नाम पड़ा। उनके पिता का नाम विश्वराज था और गोत्र अत्रि। और शैवों की अपेक्षा लकुलीश पाशुपतों में एक विशेषता यह थी, कि वह विष्णु की तरह शिव के भी 18 या 28 अवतार मानते थे। 18 अवतारों में पहले पाँच लकुलीश, कुशिक, गार्ग्य, कौरुष और मैत्रेय का नाम बहुत-सी प्रशस्तियों और लेखों में आता है। कायावरोहण में ये पाँचों अवतार हुए थे। जान पड़ता है, लकुलीश के उत्तराधिकारी जो भी प्रभावशाली पुरुष हुए, उनको शिव का अवतार मान लिया गया। लकुलीश के चार उत्तराधिकारियों के नाम पर उनके अलग-अलग संप्रदाय भी पीछे चल पड़े, और केवल गार्ग्य शाखा के लाट (गुजरात) देश में कार्तिकराशि, बाल्मीकिराशि और त्रिपुरांतक तीन आचार्यों का पता लगता है। जबलपुर के पास मेड़ाघाट में रानी आल्हणदेवी वाले शिलालेख से मालूम होता है, कि उसने लाट से आये रुद्रराशि साधु के लिए एक शिवालय बनाया था। शिव के अठारह अवतारों में बाकी तेरह थे : ईशान, पारगार्ग्य, कपिलांड, मनुष्यक, कुशिक, अत्रि, पिंगल, पुष्पक, बृहदार्य, अगस्ति, संतान, राशीकर और विद्यागुरु। 28 अवतारों को इस तरह गिनाया गया है :

"श्वेतः सुतागो दमनः सुगोत्रः कंक एव च।
लोकाक्षिजैगीषव्यो तथेव दधिवाहनः ॥1॥
ऋषभो मुनिरुग्रश्च चित्रार्थालिश्च गौतमः।
वेदशिरा गोकर्णश्च गुहावासिशिखंडिनौ ॥2॥
जटामालो चाट्टहासो दारु को लांगली तला।
श्वेतः शुलयथ दंडी च सहिष्णुः सोमशर्मकः ॥3॥
लकुलीशस्यावतारा अष्टविंशतिसंख्यकाः।
रुद्रस्य द्विजमौक्षाय वरदानाद् भृगोस्तथा ॥4॥"

उत्तरी भारत में ईसा की पहली दस शताब्दियों में जिस पाशुपत-धर्म का सबसे अधिक प्रचार था, वह यही लकुलीश संप्रदाय था। अभिलेखों से इसका पता जहाँ हिमालय और सारे उत्तरी भारत में गुजरात से आसाम तक लगता है, वहाँ दक्षिण में मैसूर में भी इसके चिह्न मिलते हैं। हमारे यहाँ की सातों प्रसिद्ध महापुरियों में माया (हरद्वार), कांची, काशी और अवंती (उज्जैन) ये चार शैव-धर्म से संबंध रखती हैं। बारह ज्योतिलिंग वाले स्थान शैवों के परम पवित्र तीर्थ हैं, इसे कहने की आवश्यकता

नहीं। सारंग देव के शासनकाल की चिन्त्रा-प्रशस्ति (एप० इंड० I. V 14, 16) से पता लगता है, कि केदार, प्रयाग, श्रीपर्वत (नागार्जुनी कोंडा, गुंटूर जिला), रामेश्वर, प्रभास और बनारस महान् शैवतीर्थ थे। लकुलीशों के साधु भरट कहे जाते थे, और बौद्धों की तरह वह जाति-भेद नहीं मानते थे। जैसा कि कहा गया है :

कम-से-कम साधुओं में लकुलोशी जात-पात और छूत-छात को नहीं मानते थे। 'चिन्त्राप्रशस्ति' से यह भी मालूम है, कि वह शिव को भात, मूंग की दाल और घी का भोग लगाते थे, तांबूल तथा सुपारी भी अर्पित करते थे। उनके पूजा-प्रकार में सर्वदर्शन-कार माधवाचार्य ने हास्य, नृत्य और गीत का समावेश माना है। छह दर्शनों में वैशेषिक और न्याय शैवों के दर्शन माने जाते थे, जिनमें वैशेषिक दर्शन लकुलीश पाशुपतों का था और न्याय बाकी शैवों का। यह दोनों ही दर्शन द्वैतवादी हैं, इसलिए यह स्पष्ट है, कि सभी शैव-दर्शन द्वैतवाद के मानने वाले थे। पीछे बौद्ध विज्ञानवाद से प्रभावित होकर कश्मीर के शैवों ने वित्तानवाद को उसी रूप में अपना लिया, पर शंकराचार्य ने क्षणिक के स्थान पर नित्य-विज्ञान को रख कर योगाचार दर्शन को अपनाया। न्यायदर्शन के वार्तिककार उद्योतकर का शैव आचार्य होना उनके ग्रंथ में स्पष्ट उल्लिखित है। वैशेषिक दर्शन के प्रशस्तपाद भी शैव आचार्य ही मालूम होते हैं।

'सर्वदर्शनसंग्रह' में शंकराचार्य के वेदांत को मानने वाले माधवाचार्य ने पाशुपतों का वर्णन किया है। जिस प्राचीन सामग्री पर उन्होंने अपने ग्रंथ के इस अध्याय को लिखा है, वह अब दुर्लभ है, क्योंकि लकुलीश संप्रदाय अब लुप्त हो चुका है। दक्षिण में चिदंबरम् रामेश्वरम् बहुत पुराने काल से शैव-धर्म के गढ़ रहते आये थे। वहाँ दूसरे भी स्वतंत्र शैव संप्रदाय हैं, जिनके आगम शुद्ध या प्रक्षिप्त रूप में अब भी मिलते हैं। लकुलीश शिव की पूजा कैसे करते थे, इसका वर्णन 'सर्वदर्शनसंग्रह' में आया है। लकुलीश नकुलीश पाशुपत धर्म के बारे में 'सर्वदर्शनसंग्रह' से निम्न बातें मालूम होती हैं[1] :

"प्रथम सूत्र का अर्थ यह है, कि अपशब्द पूर्वप्रकृत शिष्यप्रश्नानन्तर्य्य का बोधक है। गुरु का स्वरूप 'गणकारिका' में इस प्रकार लिखा है। आठ पंचक और त्रिकरूप एक गण इस प्रकार नौ गणों के वेत्ता संस्कार करने वाले गुरु होते हैं। लाभ, मल, उपाय, देश, अवस्था, विशुद्धि, दीक्षाकारी, बल---यह आठ पंचक हैं। अब क्रम से एक-एक की व्याख्या और भेद कहते हैं। क्रियमाण उपाय का फल लाभ है उसको ज्ञान, तप, नित्यत्व, स्थिति, शुद्धि भेद से हरदत्ताचार्य ने पाँच प्रकार कहा है। षडंग युक्त नियम का नाम उपहार है। 1. हसित, 2. गीत, 3. नृत्य, 4. हुडुक्कार, 5. नमस्कार और 6. जप्य रूप षडंग उपहार से उपस्थान करें इत्यादि सूत्रकार ने कहा है। कंड और ओष्ठ को फाड़कर चिल्लाकर अट्टहास करना हसित है। महेश्वर संबंधी गुण और धर्म गंधर्वशास्त्रानुसार चिंतन गीत है। नाट्यशास्त्रानुसार हाथ, पाँव का चलाना अंग को भावपूर्वक अथवा भावशून्य डुलाना नृत्य है। बैल के शब्द के समान वषड् शब्दवत् हुडुक्शब्द का अनुकरण

---

1. सर्वदर्शनसंग्रह (भाषाटीका, लक्ष्मीवेंकटेश्वर प्रेस, बंबई, संवत् 1982) पृ० 144-45

हुडुक्कार है। यह सब लौकिकों के सामने गुप्त रखें। क्राथन, स्पंदन, मंदन, शृंगारण, अवितत्करण और अवितद्भाषण द्वार हैं। असुप्त भी सुप्त के समान आकृति दर्शन का नाम क्राथन है। वायु से अभिभूत के समान शरीर को चलाना कंपन है। लंगड़ों के समान चलाना मंदन है, रूपयौवनयुक्त सुंदर स्त्री को देखकर अत्यंत विषयी की-सी चेष्टा करना शृंगार है, उन्मत्त के समान लोक-निंदित कर्म करना अवितत्करण है। पागलों के समान परस्पर व्याहत और अपार्थ शब्द का उच्चारण करना अवितद्भाषण है।"

कला और दर्शन सभी क्षेत्रों में लकुलीश संप्रदाय की बड़ी देन है। उत्तर भारत उसका गढ़ था। वहाँ के मंदिर महमूद गजनवी से औरंगजेब के समय तक अनेक बार टूटते रहे, इसलिए उनके प्राचीन अवशेष बहुत कम मिलते हैं। लेकिन, मग्न मूर्तियाँ और मुखलिंग एक से एक सुन्दर अब भी पाए जाते हैं। एलोरा का पहाड़ काटकर निकाला हुआ विशाल कैलाश मंदिर, भुवनेश्वर (उड़ीसा) का भव्य मंदिर, खजुराहो और बुंदेलखंड के दूसरे स्थानों के कुछ मंदिर, कांगड़े का बैजनाथ मंदिर जैसे अब भी कितने ही उनके अत्यंत सुंदर मंदिर मौजूद हैं, जो शैव-धर्म के वैभव और कला-प्रेम को बतलाते हैं। लकुलीश और दूसरे शैवों में भी लिंग की पूजा होती थी, इनके लिंगों पर मुख बने रहते थे। नेपाल के पशुपतिनाथ के लिंग के चारों तरफ चार मुख बने हैं। शिव का पाँचवाँ मुख निराकार माना जाता है, इसलिए चतुर्मुख लिंगों को शैव-धारणा के अनुसार पंचमुख माना जाता था। कोई-कोई लिंग त्रिमुख या एकमुख भी होते थे। जिन लिंगों पर मुख नहीं बना रहता, उनकी एक तरफ ऐसी तीन रेखाएँ खिंची रहतीं, जिनके देखने से वह स्वाभाविक शिश्न जैसा मालूम होता। लिंग के अतिरिक्त हरगौरी की सुन्दर प्रतिमाएँ भी इस काल की पाई जाती हैं। गढ़वाल में कालीमठ (केदारनाथ के पास) में एक अद्भुत हरगौरी की पाषाण-मूर्ति है, जो सौभाग्य से खंडित नहीं होने पाई। 'बामांके च विभाति भूधरसुता' के अनुसार इन मूर्तियों में गौरी शिव के बामांक में उनके बाईं जाँघ पर बैठी हैं। हिमालय में पाशुपत संप्रदाय सबसे पीछे तक रहा है, यह बैजनाथ (अल्मोड़ा) आदि में प्राप्त अभिलेखों से मालूम होता है। केदार (गढ़वाल) और कुर्मांचल (कुमाऊँ) का प्रतापी कत्यूरी राजवंश परममाहेश्वर था। यह संप्रदाय हिमालय में कहाँ तक घुसा हुआ था, यह इसी से मालूम होगा, कि तिब्बत के सीमांत के पास हिमाचल प्रदेश की चीनी तहसील में कोठी गाँव में मूर्ति और लिंग दोनों रूप में लकुलीश-संप्रदाय के अवशेष मिलते हैं। जहाँ प्राचीन काल की सुन्दर हरगौरी की मूर्तियाँ, मुखलिंग या रेखांकित लिंग मिलें, वहाँ यह पाशुपत-संप्रदाय पहले था। शैव-धर्म ने भारतीय संस्कृति के उत्थान और प्रसार में जो महान् काम किया है, उसके समझने के लिए यह जरूरी है, कि शैव-धर्म के जितने भी अवशेष, अभिलेख या ग्रंथ भारत और बृहत्तर भारत में मिले, उनका सुव्यवस्थित रूप से अध्ययन किया जाए।

चंबा में पूजे जाने वाले देवी-देवताओं में से कुछ इस प्रकार हैं। **लखदाता**—यह मुसलमान फकीर सखी सर्बर सुल्तान का ही हिन्दू नाम है, जिसकी मुख्य दरगाह पश्चिमी पाकिस्तान के डेरागाजीखाँ जिले के निगाह स्थान में है। सखी सर्बर का असली नाम

सैयद अहमद था। वह 12वीं शताब्दी के मध्य में मौजूद थे, इस प्रकार मुस्लिम शासन के भारत में कायम होने के आरंभ वाले अजमेरी ख्वाजा (मुईउद्दीन चिश्ती) की तरह यह पुराने मुसलमान साधुओं में हैं। निगाह में भी हिन्दू-मुसलमान दोनों बड़ी संख्या में तीर्थ-यात्रा के लिए जाया करते थे। चंबा में सखी सर्बर के पूजकों के कितने ही स्थान या मंदिर हैं, जिनमें मुसलमान मुजावर पूजा करते हैं, कितनों में हिंदू पुजारी भी हैं। चांजू परगने के बारी स्थान में लखदाता के मंदिर का पुजारी बिल्लू ब्राह्मण है, और हिमगरी के कुलरा का पुजारा राठी और उसका चेला (छोटा पुजारी) मुसलमान है। पुजारी खानदानी है। लखदाता की पूजा के साथ छिंज (कुश्ती) का रवाज है। चुराह के हरेक परगने में और सदर तथा भट्टियात वजारतों के कुछ परगनों में भी सालाना दंगल हुआ करते हैं—गौडियाल परगने के बरांज गाँव में 19 भादों, और दुर्गाला गाँव में 12 भादों भलोठा गाँव में 11 सावन को दंगल होता है। लखदाता के मंदिर सभी एक तरह के नहीं होते। इनमें कोई वर्गाकार और कोई आयताकार होते हैं, कोई एक मंजिल के और कोई दोमंजिला, किसी में दो कोठरी और किसी में एक होती है। आम तौर से इनमें छत से लटकते एक या तीन दीपक जलते हैं, या मंदिर के भीतर पत्थर पर रखे रहते हैं। दीपक ताँबे, मिट्टी या पत्थर के भी हो सकते हैं। दीपक के पास कभी-कभी दो बड़े-बड़े लोहे के प्याले (कुंडी) रहते हैं। लखदाता के मंदिर के ऊपर सफेद झंडा फहराता है। मूर्तियाँ आम तौर से काले पत्थर की धरती पर खड़ी करके रखी रहती हैं। पूजा में घी-गुड़ मिश्रित चूरमा, गुड़ और घी के अतिरिक्त पशु-बलि भी दी जाती है। चंबा में सिद्धों विशेषकर जलंधर पार के शिष्य सिद्ध चर्पटीया (59) की बड़ी पूजा होती है, और उनकी संख्या 84 मानने से मालूम होता है, कि इसका संबंध तांत्रिक बौद्ध-धर्म या वज्रयान (लामा धर्म) से है। चंबा वाले नागों और देवियों की तरह ही सिद्धों की पूजा करते हैं। भूषन वर्मा का काल वही था, जो कि 84 सिद्धों का। यद्यपि भूषन वर्मा के साथ सखीसर्बर सुलतान या लखदाता का संबंध जोड़ना संभव नहीं है, लेकिन सिद्धों के साथ उसका संबंध जोड़ा जा सकता है। सखी सर्बर के सुलतान को भी शायद पहले सिद्ध ही समझा गया हो, और पीछे लखदाता कह कर अलग देवता माना जाने लगा हो। कोहाल परगने के छतरी गाँव का सिद्ध-मंदिर एक मंजिला वर्गाकार है, जो अधिकतर लकड़ी का बना है, छत स्लेट की है। इसे भूषनवर्मा का बनवाया बतलाते हैं। मांदी में घोड़सवार के रूप में पत्थर की तीन छोटी-छोटी मूर्तियाँ हैं। इस मंदिर के खानदानी चेला और पुजारा राठी लोग हैं। मंदिर में लोहे की दस जंजीरें और तीन गदायें हैं, जिन्हें जन्माष्टमी के दिन से आठ दिन तक एक गाँव से दूसरे गाँव घुमाया जाता है। लोग उस वक्त भोग लगाकर पूजा चढ़ाते हैं। दूसरे भी सिद्ध-मंदिर छतरी के मंदिर जैसे ही हैं, और उनको भी भूषनवर्मा के काल का ही बतलाया जात है। सबकी मूर्तियाँ भी एक जैसी ही हैं, किन्तु उनकी संख्या में फर्क है—अल्ला में चार, घोरनी में दो, सलीग में पाँच, झरोली और सरोगा में दो-दो, राजनगर में एक और मूआ में तीन मूर्तियाँ हैं। चेला और पुजारा भी खानदानी होते हुए अलग-अलग जातियों के हैं। अल्ला में पुजारी चमार है, घोरनी, सरांग और राजनगर में राठी, झरोली में सबील-

ब्राह्मण और मूआ में हाली पुजारी हैं। छतरी के सिद्धों की तरह दूसरे सिद्ध भी पूजा लेने के लिए गाँवों का दौरा करते हैं।

मुंडलीख देवता की बड़ी पूजा की जाती है, जो पुराने समय का एक वीर गुग्गा चौहान है। कन्नौज के गढ़वाल-राजा जयचंद को भी चौहानों के भाट मंडलीक कहते हैं, लेकिन वह चौहान नहीं थे। कहते हैं पृथ्वीराज के समय में वृन्दावन के पास गढ़डंडेरा में गुग्गा चौहान नाम का एक वीर रहता था। वह मुसलमानों से कई लड़ाइयाँ लड़ा। अंतिम लड़ाई में उसका सिर काट लिया गया, इसीलिए उसका नाम मुंडलीख पड़ा। लीख का अर्थ लेखा या रेखा है। सिर के बिना भी उसका कबंध कितने ही समय तक लड़ता रहा, और अंत में वह धरती में लुप्त हो गया, सिर्फ उसका भाला दिखाई पड़ा। पहाड़ के भाट लोग गूगा के पँवाड़े को बाजे के साथ इतने करुण स्वर में गाते हैं, कि सुनने वालों के लिए आँसू रोकना मुश्किल हो जाता है। भादों बदी नवमी को गूगा की मृत्यु हुई थी। उसके बाद आठ दिन तक गूगा की श्राद्ध या 'गुगनेथ' मानी जाती है। मंदिरों में उसे एक पत्थर के घोड़सवार के रूप में रखा जाता है, जिसके साथ उसकी बहिन गुग्री, वजीर केलू और दूसरों की मूर्तियाँ होती हैं। पूजा करने का ढंग वही है, जो देवी मंदिरों में। गुग्गा मुंडलीख के मंदिर तीसा परगने के गढ़ साहू के पलेवार और हिमगरी के शालू गाँव में हैं। यह लकड़ी और पत्थर के बने हुए हैं। मूर्तियों का आकार और संख्या एक-सी नहीं हैं। गढ़ की मूर्ति एक फुट की है, पेलवार में चार घोड़सवार मूर्तियाँ हैं, शालू में गुग्गा को बारह वर्ष के लड़के के रूप में रखा गया है। पलेवार में मंदिर के चेला और पुजारा कपड़े बुनने वाले हैं, कहीं-कहीं चमार भी चेला और पुजारा हैं। भादों की जन्माष्टमी से आठ दिन के लिए गढ़ का मंडलीख गाँवों के दौरे पर निकलता है और पलेवार का तीन दिन के लिए। इस यात्रा के समय गुग्गा की जंजीरें और छत्र का जलूस निकलता है।

नाग-पूजा सारे पहाड़ में देखी जाती है। नेपाल में जिस तरह इसका प्रचार है, वैसे ही चंबा और किसी समय कश्मीर में भी था। नाग किन्नर-किरात जाति का दूसरा नाम भी था। हिमालय को नाग और देवी का पूजक कहा जा सकता है। वहाँ पर हिन्दुओं के दूसरे प्रतिष्ठित देवताओं की अपेक्षा नागों और देवियों की महिमा अधिक है। बीमारी के वक्त लोग नागों और देवियों के पास जाते हैं, और हरेक गाँव में उनके कितने ही पँवाड़े सुने जा सकते हैं। वस्तुत: हिन्दुओं के और प्रतिष्ठित देवताओं की अपेक्षा अपने पुराने नागों और देवियों से चिमटे रहना पहाड़ों में इसलिए भी है, क्योंकि उनमें मनुष्यों के गुण-कर्म ज्यादा हैं। इनके पुजारी ब्राह्मणों की अपेक्षा राजपूत और राठी ज्यादा और कहीं-कहीं छोटी जाति के लोग भी हैं। सभी नागों को पशु-बलि दी जाती है, और किसी समय नर-बलि भी दी जाती थी। नागों के मंदिर बहुत हैं, कहीं-कहीं नागिनों के भी मंदिर हैं। इन मंदिरों में मूर्तियाँ पत्थर की तथा आदमी की शकल की होती हैं, सिर्फ उनको लपटे नाग का फन सिर के ऊपर रहता है। लोहे या पत्थर की कितनी ही नाग की मूर्तियाँ, त्रिशूल, दीप, धूपदानी, गुर्ज (खड्ग), और सांगल (जंजीर) भी मंदिरों

में रखी रहती हैं। चेला या सिर पर भूत लाने वाला आदमी इन्हीं जंजीरों से अपने को मारता है। कहा जाता है, ठीक इसी तरह की जंजीर मिस्र के पुराने देवता ओसिरिस के हाथ में रहती थी। सारे पहाड़ में नाग को चश्मों या जलस्रोतों का अधिष्ठाता मानते हैं। सभी शीतल स्वच्छ जल के चश्मों को किसी-न-किसी नाग का माना जाता है। नाग-मंदिर के पास भी कोई-न-कोई चश्मा जरूर आता है। पानी बरसाना भी नागों का काम है, इसलिए सूखा पड़ने पर लोग उनकी बड़ी पूजा करते हैं। इनके मंदिरों में जागरा (रात्रि-जागरण और पूजा) होती है। उस वक्त लोग धूप और भेड़-बकरियों की बलि देते हैं। बलि दिए हुए पशु का सिर पुजारा को मिलता है, और कंधा चेला को। बाजा बजाने वाले छोटी जाति के लोगों को अंतड़ियाँ तथा पका भोजन मिलता है। बाकी धड़ यजमान का होता है। नागदेवता को जो पैसा या अनाज चढ़ता है, उसे पुजारा और चेला आपस में बराबर बाँट लेते हैं। छोटी जाति वालों का भोग देवता के सामने रखकर लौटा दिया जाता है। मेला के समय जागरा प्रत्येक मंदिर में साल में एक बार जरूर होता है।

नदियों और जलाशयों के देवता को वीरबताल कहते हैं, जिसे अधिक संस्कृत लोग वरुण के नाम से पुकारते हैं। चंबा में प्रतिवर्ष मंजरान का मेला 'जलदेवता' के नाम से ही लगता है। कूल (नहर) भी तब तक चिरस्थायी नहीं हो सकती, जब तक कि उसके अधिष्ठात्री देवता की पूजा नहीं हो जाती। कुओं और जलाशयों में जलजोगनें भी रहती हैं, जो नाराज होने पर बच्चों और स्त्रियों को बीमार करके मार डालती हैं।

भूत-प्रेत भी बड़े दुष्ट होते हैं। जादू करने वाले ओझा-सयाने चुंगू भूत को पूजते हैं। सयाने चुंगू को भेज कर दूसरे की गाय का दूध और घी मँगवा सकते हैं। बहरी एक बड़ा ही कुरूप भूत है, जो आदमी को बीमार कर देता है। गुंगा भूत पशुशालाओं में पशुओं की उसी तरह रक्षा करता है, जैसे पहाड़ी चरागाहों में 'बनासत' (वनस्पति) देवी। जाख (यक्ष) यदि खुश न हो, तो गौओं से घी-दूध पूरा नहीं मिल सकता। हरेक गाय का अपना अलग-अलग जाख होता है। चंबा वाले गाय खरीदते वक्त उसके जाख का नाम पूछ लेते हैं। नागों और देवियों के अतिरिक्त कितने ही तरह के और भी भूत-प्रेत माने जाते हैं, जिनमें से सौम्य और क्रूर दोनों प्रकार के होते हैं। इनके मंदिर या मूर्ति नहीं होती, लेकिन अपने कोई स्थान या वृक्ष अवश्य होते हैं। इनमें से कुछ को 'वीर' कहा जाता है, जो अपने जीवन में किसी काम के लिए वीरतापूर्वक मरे थे, और कुछ मृतकों के प्रेत हैं।

खेत्रपाल खेत्र (क्षेत्र) का देवता है, जिसके खुश होने पर अन्न बहुत पैदा होता है। इसकी पूजा पहली बार हल जोतने के समय की जाती है, खास कर जब कि किसी जमीन को पहले-पहल खेत के रूप में परिणत किया जाता है। पूजा धूप तथा भेड़ या बकरी की बलि से होती है। नया खेत बनाते समय उसके एक कोने में खेत्रपाल के रूप में एक पत्थर रख दिया जाता है। भेड़ या बकरी को चारों ओर घुमा कर बलि दी जाती है, और उसके सिर को धरती में गाड़ दिया जाता है। जब तक यह बलि नहीं दे दी जाए,

तब तक भूमि को मृतक समझा जाता है। फसल काटने के आरंभ में भी खेत्रपाल की पूजा भेड़ या बकरी से की जाती है। आमतौर से पूजा मीठी रोटी, ताजा फसल के अन्न और धूप से की जाती है। हरेक जाति या परिवार के अपने-अपने 'कुलदेवता' होते हैं। गद्दियों के कुलदेवता शिव हैं, इसीलिए उनकी भूमि—गद्देरान—को शिवभूमि भी कहा जाता है। राजपूतों का कुलदेवता रघुवीर है। कुल की देवी को चंबा में कुलज देवी कहा जाता है। चंबा के राजाओं की कुलदेवी चंपावती है, जो कि चंबा नगरी के संस्थापक राजा तारिल वर्मा की लड़की थी, यह हम बतला आए हैं। पहाड़ों के देवता बड़े भयंकर होते हैं। वहाँ की हरेक चोटी और टिब्बे पर राक्स होते हैं। आँधी-तूफान लाना इन्हीं का काम है। जब जोर की आँधी आती है, चट्टानें या हिमपुंज गिरने लगते हैं, तो लोग समझते हैं, पहाड़ का राक्स नाराज हुआ है। डाँड़ों (जोतों) के ऊपर इसी राक्स के लिए लोग कपड़े की झंडियाँ गाड़ते हैं, और हरेक यात्री वहाँ चढ़ाने के लिए कुछ कपड़ा अपने साथ ले जाता है। वनों के देवताओं को 'वनवीर' कहते हैं। यह अधिकतर अनार, तून, गूलर, कैथ, सेमल और अखरोट के पेड़ों पर रहते हैं। औरतों की बीमारी में इनका खास हाथ होता है। कालवीर और नरसिंहवीर बड़े लंपट माने जाते हैं। वह जिन स्त्रियों के पति परदेश गए होते हैं, उनसे प्रेम करते हैं, और परदेस से आए हुए पुरुष को यदि जीते रहना है, तो वीर को पूजा चढ़ानी पड़ती है। केहलूवीर पहाड़ों की ढलानों में रहता है। बनासत (वनस्पति) देवी भी जंगलों में रहती है। इसे ही हम वनदेवता के नाम से संस्कृत ग्रंथों में पाते हैं। इसको बकरे की बलि चढ़ाई जाती है। पत्थर निकालने की खानों और चूना फूंकने के भट्ठों को कभी सफलता नहीं हो सकती, यदि बनासतदेवी को प्रसन्न नहीं किया जाए। घ्राट (पनचक्की) की भी अधिष्ठात्री बनासतदेवी है।

सारा हिमालय देवी का अंचल है; और पर्वतपुत्री नाना नामों से यहाँ पूजी जाती है। मशहूर देवियाँ हैं—लक्षणा देवी (ब्रह्मौर), शक्ति देवी (छतराढ़ी), चामुंडा देवी (चंबा, देवी कोठी), मिंघाल देवी (पांगी), मिरकुला देवी (लाहुल)। कांगड़े की ज्वाला-देवी भारतवर्ष की सबसे जाग्रता देवी हैं ही। चिंतपूर्णा देवी भी बहुत प्रसिद्ध हैं। इनके अतिरिक्त बहुत-से ऐतिहासिक वीर भी देवता बना दिए गए हैं। देवियों की पूजा और बलि उसी तरह से होती है, जैसी नागों की। उसी तरह देवियों के स्थानों पर मेला और जागरा होता है, और उसी तरह पूजा करने के लिए पुजारा और सिर पर देवता बुलाने के लिए चेला होते हैं। चेला के ऊपर जब देवी या नाग लाने होते हैं, तो मंदिर के दरवाजे पर बैठा कर उसके सामने देवदार की धूप जलाई जाती है, और पास में आदमी खड़ा हो आग पर पंखा झलता है। बड़े जोर की ढोल बजने लगती है। इसके बाद चेला का शरीर धीरे-धीरे हिलना शुरू होता है, जिसका मतलब है, कि अब देवता चेला के सिर पर आ रहा है। इसके बाद जोर से काँपते हुए वह अपने पैरों पर खड़ा होकर पागल की तरह नाचने और साँगल (साँकल) और त्रिशूल से अपने को इतना पीटने लगता है, कि कभी-कभी शरीर से खून निकलने लगता है। इस वक्त बाजा और जोर से बजने लगता है, और चेला को बीच में लेकर दूसरे भी उसके साथ नाचने लगते हैं। देवता के कोप को

शांत करने के लिए एक बकरा लाया जाता है, और पानी शरीर पर छिड़ककर उसके कान में भी कुछ डाला जाता है, वह हिले तो इसका मतलब है, देवता ने बलि को स्वीकार कर लिया, और तुरंत खांड़े से उसके सिर को धड़ से अलग कर दिया जाता है। कितनी ही बार चेला छटपटाते धड़ से निकलते खून को भी पीता है। अब नाच और भी जोर का होने लगता है। इसके बाद चेला चिल्लाकर कहता है—देवता आ गया। सब लोग चुप हो जाते हैं, और जिसको जो कुछ पूछना होता है, पूछता है, जिसका जवाब देवता चेला मुंह से देता है। देवता के उतरने के बाद चेला थककर जमीन पर पड़ जाता है। उसके मुंह और छाती पर पानी छिड़क कर पंखा करके ठीक किया जाता है, तब लोग अपने-अपने घरों को जाते हैं।

पहाड़ में ऐसी परंपराएं सुनी जाती हैं, जिनसे पता लगता है कि पहले जमाने में देवी और नाग मंदिरों में नर-बलि दी जाती थी। पांगी और चंद्रभागा-उपत्यका के कुछ दूसरे इलाकों में प्रत्येक सावन को कभी-कभी सारे महीने घर में होने वाला दूध स्थानीय नाग देवता को दिया जाता है, तभी उसे सुच्चा (शुद्ध) माना जाता है। इस समय घरवाले दूध को स्वयं नहीं पीते, और गला दबाने पर ही मुसाफिरों को देते हैं। नाग देवता के निमित्त जो दूध होता है, उससे घी निकाल कर छाछ को त्योहार के भोज के लिए इस्तेमाल किया जा सकता है। कुछ दूध और घी को नाग देवता के ऊपर छिड़क दिया जाता है, बाकी घी देवता के भोज में लगता है।

देवियों में से कुछ की कथाएँ निम्न प्रकार हैं—

ब्रह्मनी देवी—एक ब्राह्मणी को एक पुत्र था, जिसने एक चकोर पाल रखा था। एक समय किसी किसान ने चकोर को मार डाला, जिसके शोक में लड़का भी मर गया, और उसकी माँ ने बेटे और चकोर के साथ अपने को आग में जला दिया। वही ब्राह्मणी देवी हुई। सताने पर लोगों ने उसके लिए मंदिर बनवा दिया। चामुंडा देवी—इसने राजा श्रीसिंह को सपने में आज्ञा दी कि मुझे पृथिवीजोर से हटा कर गवारी ले चलो। श्रीगांव में राजा उगरसिंह ने सूखे के समय मनौती मान कर चामुंडा के लिए मंदिर बनवाया। जब राजा मणिमहेश गया तो सचमुच ही लगातार वर्षा होती रही, और उसने श्रीगांव में चामुंडा के लिए मंदिर बनवा दिया। शक्तिदेवी—छतराढी की शक्ति-देवी को आदिशक्ति भी कहते हैं। यह बड़ी जाग्रता देवी है, इसकी बहुत-सी कथाएँ मशहूर हैं। कहते हैं, एक जमींदार को अपने चरवाहे पर शक हुआ, कि वह जंगल में उसकी गायों को दुह लेता है। छिप कर उसने देखा, तो मालूम हुआ, कि उसकी गाय पेड़ के नीचे एक जगह अपना दूध छिड़क रही है। इसके बाद देवी ने जमींदार को सपना दिया, जिसके अनुसार उसने उस जगह ढूंढ़ने पर एक पत्थर की पिंडी पाई, और उसी के ऊपर एक मंदिर बनवा दिया। यह भी कहते हैं, कि यह मंदिर राजा मेरुवर्मा (628-700 ई०) के समय बना था। राजा बलभद्र (1589-1641 ई०) ने देवी के लिए 36 लहरी खेत दिया, और तभी से देवी का नाम 'छतराढी' पड़ा। मिंधालदेवी—जिस स्थान में देवी का वर्तमान मंदिर अवस्थित है, वहाँ पर पांगी की दूसरी जगहों की तरह एक

दोमंजिला घर था, जिसमें एक विधवा बुढ़िया अपने सात पुत्रों के साथ रहती थी। एक दिन जब बुढ़िया ऊपरी मंजिल पर रसोई बना रही थी। उसके चूल्हे में एक काला पत्थर दिखाई पड़ा। उसने उसे नीचे गिराने की बहुत कोशिश की, लेकिन वह नहीं गिरा। अंत में उसका शरीर काँपने लगा—देवी उस पर आ गई। बाहर दौड़ कर दो बैलों को हल में जोड़कर खेत जोतते अपने सातों लड़कों को उसने बुलाया। लड़कों ने माँ की बात पर विश्वास न करते मजाक करते हुए कहा—'भली देवी आई, क्या वह एक बैल से हल जुतवा सकती है, सासन (दानपत्र) दिलवा सकती है?' ऐसा कहने पर बुढ़िया अपने सातों बेटों के साथ तुरन्त पत्थर बन गई बुढ़िया घर के भीतर और लड़के खेत में थे। इसी समय से मिघाल में हल में सिर्फ एक ही बैल जोता जाता है, और कई शताब्दियों से इस स्थान को राजा ने दान दे दिया है—

इसी प्रकार नाग-देवी की कथाएँ हैं।

बासक नाग (वासुकि) नाग के बारे में कहा जाता है, कि चंबा-रियासत में एक बार ढोरों में महामारी फैली थी। उसी समय इसे भद्रवाह से लाया गया। यह सौ डेढ़ सौ वर्ष पहले की बात होगी। बासन नाग और नागिनी भी इसी तरह एक समय भद्रवाह से लाए गए, और वही बात पंगू से लाए दिग्घू नाग की है। इंद्रू नाग इंद्र का ही दूसरा नाम है। कहा जाता है, सुकेत का एक राण किन्नियारा (कांगड़ा) में आया, फिर वहाँ से कौरासी होते सामरा गया। इंद्रूनाग और उसका पुजारा राणा के साथ थे। नाग का चेला घन्दा दालनाग में डूब गया, और मंदिर में रखी उसकी मूर्ति भी फट गई, जिसके एक हाथ में त्रिशूल था, और दूसरे हाथ में सांकल। कलिहार नाग अब कैलंग नाग के नाम से मशहूर है, जिसे कांगड़ा-लाहुल के कैलंग गाँव से उस समय लाया गया, जब कि कुगती गाँव में ढोरों में महामारी फैली हुई थी। लोगों ने मेला लगाने की मनौती मानी थी, तब से मेला लगता है। यह भी कहा जाता है, कि एक भेड़े की सींग पर साँप के रूप में कैलंग नाग लाहुल से चला, और वर्तमान मंदिर से दो मील दूर दुघी में ठहरा। तीन पीढ़ियों तक वहाँ रहने के बाद वह एक बड़े दुर्गम ठंडे स्थान दरून में पहुँचा। लोगों ने चेला से पूछकर नाग के लिए मंदिर बनाना आरंभ किया। नींव खोदते वक्त उन्हें तीन मुँह वाली एक पत्थर की मूर्ति मिली, जिसके हटाने पर वहाँ से जलकुंड (चश्मा) निकल आया। मूर्ति पद्मासन में है। जैसे बुद्ध की मूर्ति होती है। राजा श्रीसिंह ने अष्टधातु की एक और मूर्ति प्रदान की, जो खड़ी है, और जिसके हाथ में एक लाठी (लगुड़) है। शायद पाशुपत आचार्य लगुड़ीश (नकुलीश) की मूर्ति है। इसके सिर पर साँप बना हुआ है, गले में चकलस की माला और जनेऊ, कमर में कमरबंद तथा अंतर्वासक सब साँपों के ही बने हैं। यह मंदिर 1 माघ से 1 बैसाख तक बंद रहता है। दूसरे समय में प्रत्येक रविवार को पूजा होती है, और केवल भेड़-बकरियाँ ही स्वीकार की जाती हैं। किलार का देतनाग पहले लाहुल में रहता था, और उसको नर-बलि दी जाती थी। एक बार एक विधवा के एकमात्र पुत्र की बारी आई। उसका रोना सुन कर पास से गुजरते एक गद्दी को दया आ गई, और उसने विधवा के बेटे की जगह अपने को बलि देना स्वीकार करते

कहा, कि नाग को मुझे निगलना होगा। गद्दी ने अपने शरीर के अंग काट-काट कर नाग के सामने रखे, पर नाग उसे निगल नहीं सका, इस पर क्रोध में आकर गद्दी ने नाग को चंद्रभागा में फेंक दिया। नाग वहाँ से बहता किलार पहुँचा, जहाँ उसे चरवाहों ने पाया, और ले जाकर वर्तमान मंदिर के स्थान में रख दिया। वहीं उसके लिए एक मंदिर बनाया गया। नाग के वहाँ आते ही आसपास के देवदार के ठूँठ बढ़ कर वृक्ष बन गए।

देवी और नाग के मंदिरों की स्थापना राजा मूषनवर्मा (820-40 ई०) के समय बतलाई जाती है। बानी के जमुननाग और महालनाग के दो मंदिरों को बरनौटा परगने के प्रसिद्ध राणा बैद्धा का बनवाया बतलाते हैं। चंबा में अधिकतर पुजारा और चेला राठी अर्थात् खस लोग होते हैं और चेला हाली-जैसा कि भारारास के कालूनाग और मनोवर-नाग, बाथूला के महालनाग, पुद्धरा के नंथासरनाग, लुंख के तरेवननाग एवं अन्य स्थानों के नाग मंदिरों में देखा जाता है।

नाग और देवी को वस्तुत: नाग-नागी या देव-देवी समझना चाहिए। उनके संबंध की प्रसिद्ध कथाओं से भी यही पता लगता है। इन देवियों को देश की देवियों से नहीं जोड़ना चाहिए, और न पुराण-वर्णित कथाओं को इनके साथ चिपकाना चाहिए।

मुसलमान चंबा और चुराह-वजारतों में पाये जाते थे। चंबा शहर में रहने वाले मुसलमान अधिकतर कश्मीरी हैं। यहाँ के मुसलमानों में पीर और मजार की पूजा बहुत थी। चंबा नगर के पहाड़ के पीछे शाहमदार और राजपुर में शाहजमाल की दरगाहें हैं। शाहमदारा वही हैं, जो कि मियाँ-बीबी के नाम से होशियारपुर में पूजे जाते थे। शाहजमाल राजा चरतसिंह के समय (1808-44 ई०) में यहाँ आए थे। चंबा शहर के पास जलाखरी के लखदाता को भी मुसलमान बहुत मानते थे। देश के बँटवारे का प्रभाव हिमाचल प्रदेश के सभी भागों के मुसलमानों पर पड़ा, और उनमें से बहुत-से पाकिस्तान चले गए।

ईसाई मिशनरियों के प्रभाव से चंबा में ईसाई धर्म का भी प्रचार हुआ। सन् 1863 ई० में स्काटलैण्ड-चर्च के पादरी विलियम फर्गुसन ने व्यक्तिगत तौर से आकर दस साल तक यहाँ ईसाई-धर्म का प्रचार किया। 1864 ई० में राजा श्रीसिंह ने मिशन के लिए जमीन दी, जहाँ पर उसके घर बने। 1870 ई० में फर्गुसन के देश लौट जाने पर राजकीय शाही तोपखाने के एक भूतपूर्व अफसर ई० डौंस ने फौजी नौकरी छोड़कर उनकी जगह ली। 1872 ई० में फर्गुसन फिर काम करने के लिए लौट आये, लेकिन थोड़े ही दिनों बाद उन्हें लौट जाना पड़ा, और डॉ० जे० हचीसन को स्यालकोट से यहाँ काम करने के लिए भेजा गया। 1875 ई० में वेलेजली सी० बेली ने भी यहाँ आकर काम करना शुरू किया, लेकिन 1879 ई० में उन्हें पंजाब में भेज दिया गया। 1884 ई० में मिशन के प्रमुख विलियम वाकर थे, जिन्होंने 1894 ई० तक काम किया। उसके बाद डॉ० हचीसन ने काम सँभाला। स्कॉटलैण्ड-मिशन ने यहाँ धर्म-प्रचार के साथ शिक्षा और चिकित्सा का भी काम किया। 1907 ई० तक सौ आदमी ईसाई हो चुके थे। राजा शामसिंह ने एक गिर्जा बना कर चंबा के ईसाइयों को प्रदान किया। 1876 ई० में मिशन ने लड़कों के लिए मिडल स्कूल और 1864 ई० में लड़कों और लड़कियों के लिए

लोअर-प्राइमरी स्कूल खोला, जिनके लिए 1877 ई० से रियासत से आर्थिक सहायता मिलने लगी। अस्पताल को एक छोटी-सी डिस्पेन्सरी के रूप में 1894 ई० में चंबा में खोला गया। 1881 ई० में मैथ्यू, मार्क, लूक और जॉन की इंजीलों को चंबियाली भाषा में अनुवाद करके टाकरी अक्षरों में छापा गया। इस भाषा का सबसे पहले मुद्रित यही ग्रंथ है। चंबा नगर में जनाना-मिशन ने भी ईसाई-धर्म के प्रचार का काम किया।

उद्योग-धंधे के सारे साधन हिमाचल-प्रदेश में मौजूद हैं। यह हम पहले भी कह आये हैं। हर तरह की खानें यहाँ पर हैं, पनबिजली का अपार भंडार यहाँ की नदियों में भरा पड़ा है। मेवों के बाग यहाँ सब जगह लगकर प्रदेश को मालामाल कर सकते हैं। भेड़ों और उनके ऊन का व्यवसाय बहुत अच्छी तरह हो सकता है। लेकिन, प्रदेश के अधिकांश लोगों की जीविका एकमात्र कृषि है।

कृषि के मामले में चंबा काफी समृद्ध है। वैसे हिमाचल प्रदेश का सारा भाग पहाड़ी है, सिवालिक और हिमालय के बीच में कहीं-कहीं कुछ दूनें हैं, जो समतल-सी हैं, और वहाँ पर सिंचाई की समस्या है, जिसको कहीं-कहीं ही हल किया गया है। बाकी पहाड़ में सीढ़ियों जैसे खेत बने हुए हैं, जड़ में यदि नदी की घाटी कुछ चौरस हुई, तो वहाँ बड़े खेत—ज्यादातर धान के—दिखाई पड़ेंगे। चंबा में भी सीढ़ियों जैसे खेत मिलेंगे। रावी जहाँ अपेक्षाकृत कुछ खुली जगह में बहती है, वहाँ देश जैसे खेत दिखाई पड़ते हैं। पहाड़ों के ऊपरी भागों में भी कहीं-कहीं समतल खेत की जमीन जरूर मिलती है, लेकिन वहाँ की फसल वर्षा पर निर्भर करने से अनिश्चित होती है। किसानों को खेत बनाते वक्त पत्थरों को ढाँकना और हटाना सबसे मेहनत का काम है। कुछ दूर नीचे पत्थरों की दीवार खड़ी कर ऊपर से मिट्टी खींचकर भर देते हैं, और दीवार में न लगे पत्थरों को किसी जगह जमा कर देते हैं। लेकिन, पहाड़ की जमीन तो सारी पत्थर की है, इसलिए निकालते रहने पर भी वहाँ के पत्थर खतम नहीं होते। यहाँ के खेत दो तरह के हैं—1. कुहली, जिनकी सिंचाई कुह्ल (नहर) से होती है, और 2. ओतर, जो वर्षा पर निर्भर करते हैं। इनको फिर मैदान, ओती और गग्गल की तीन श्रेणियों में बाँटा जाता है। मैदान उन खेतों को कहते हैं, जो अपेक्षाकृत समतल और खुली भूमि में हैं। ओती उन खेतों को कहते हैं, जो समतल नहीं हैं, और गग्गल जिनमें पत्थर ज्यादा होते हैं। कुह्ली और ओतर—अर्थात् नहरी और वर्षा वाले—विभागों को मिलाकर खेत छह प्रकार के होते हैं।

चंबा में रबी की फसल को 'बहारी' कहते हैं, और खरीफ की फसल को सैरी। पांगी में इन्हीं को क्रमशः बास्ती और शिरवान कहते हैं। बाहरी (रब्बी) फसल आश्विन (सितम्बर-अक्तूबर) में बोई जाती है, और सावन (जुलाई-अगस्त) में काटी जाती है। सैरी (खरीफ) को सावन में बोकर आश्विन में काटा जाता है, लेकिन चंबा में बहुत-से स्थान हैं, जहाँ अधिक सर्दी के कारण साल में केवल एक फसल होती है।

सहस्राब्दियों से खेती करते-करते किसानों को मालूम है, कि खेतों में अनाज को बदल कर बोने में अधिक फायदा रहता है। भट्टियात और रावी-उपत्यका के कुहली

निम्न भागों में गेहूँ के बाद उसी खेत में चावल बोते हैं, यदि ओतर है, तो गेहूँ या जौ के खेत में मक्की, माश (उड़द) आदि बोते हैं। अधिक ऊँचे पहाड़ों पर धान की खेती बहुत कम होती है, वहाँ जाड़ों में गेहूँ, जौ और मसूर बोये जाते हैं, और फिर उन्हीं खेतों में मक्की, फुल्लन या ब्रेस (नंगा जौ) इनका क्रम इस प्रकार है—गेहूँ, फुल्लन, माश या ब्रेस (नंगा जौ) बोकर जाड़ों के लिए खेत को परती छोड़ देते हैं, फिर उसमें मक्की बोई जाती है, जिसके काट लेने पर गेहूँ की बारी आती है, फिर गर्मियों में उसी खेत में फुल्लन, ब्रेस या माश (उड़द) बोते हैं। पांगी में भी उपरोक्त क्रम माना जाता है, लेकिन वहाँ मक्की शायद ही कहीं होती है, इसलिए गेहूँ-जौ काट लेने पर बिना सिंचाई के खेत को सारे जाड़े के लिए परती छोड़ देते हैं। फिर अगले वसंत में एलू बोया जाता है। कूहली खेतों में जौ-गेहूँ को काट लेने के बाद फुल्लन और ब्रेस (नंगा जौ) बोये जाते हैं। पांगी के भोटौरी (भोटभाषी) गाँवों एवं सारे लाहुल के खेत एकफसला होते हैं। वहाँ खेत वसंत में बोये जाते हैं, और शरद में काटे जाते हैं, पर बदल-बदल कर अनाज को बोने का रिवाज वहाँ भी है। लोग खेतों में खाद डालना जरूरी समझते हैं। गेहूँ, मक्की और तंबाकू के लिए खास तौर से अधिक खाद डालनी पड़ती है। खाद की सामग्री है—गोहा या मेल, अर्थात् ढोरों के ताजे या सूखे गोबर जिन्हें गाँव के पास मलूह (घूरे) में जमा कर दिया जाता है। पशुशाला में पशुओं के नीचे बिछाई घास और पत्तियाँ भी गोबर-मूत्र के साथ मिली हुई मलूह में डाल दी जाती हैं। यह बैशाख या जेठ तक वहाँ सड़ती रहती हैं, फिर खेतों में डाली जाती हैं। पहली जोताई—जिसे ओघार कहते हैं—के बाद खेत में खाद बिखेरी जाती है, दूसरी जोताई—जेल—करके खाद को मिट्टी में मिला दिया जाता है। इसके बाद बीज छींट दिये जाते हैं, और खेत में तीसरी जोताई—बैरक—की जाती है। फिर जमीन को सोहागा या दाह से समतल कर दिया जाता है। पहाड़ों में खेत की जुताई तीन बार से अधिक शायद ही कहीं होती है, किन्हीं-किन्हीं खेतों में दो या एक ही बार जोताई होती है, लेकिन खाद की ओर किसानों का बड़ा ध्यान रहता है। चावल और गेहूँ के लिए भेड़-बकरियों को खेत में बैठा कर उर्वर करने की कोशिश की जाती है। इसके लिए गद्दी लोगों को कई रात भेड़ें बैठाने के लिए किसान काफी पारिश्रमिक देते हैं और कभी-कभी गद्दियों की इतनी माँग होती है, कि किसानों में होड़ लगने से दाम बढ़ जाता है। भेड़-बकरी की मेंगनी और पेशाव को बहुत अच्छी खाद समझा जाता है।

सदर और चुराह की वजारतों में गेहूँ, जौ, तिल, मसूर, धान, मक्की, कोदरा (मँडुआ), तंबाकू, माश, मूंग, कुलथ, फुल्लन, सूइल और ब्रेस पैदा होते हैं। सदर और भट्टियात की वजारतों की भूमि सबसे ज्यादा उर्वर है, वहाँ सिंचाई की जमीन भी है, साथ ही वर्षा भी अच्छी होती है। इन वजारतों में चावल बहुतायत से पैदा होता है। ब्रह्मौर में भी यही अनाज कम-वेशी पैदा होते हैं, साथ ही वहाँ कौनी (कंगुनी) और चिनाई (चीना) भी होते हैं। पांगी और लाहुल में अधिक ऊँचाई और ठंडक के कारण चावल, मक्की जैसी फसल नहीं होती। वहाँ जौ, गेहूँ, ब्रेस (नंगा जौ), फुल्लन और आलू बहुत

होता है। पांगी में इनके अतिरिक्त एलो, सूइल, बाजर, भंग, किनाई, कोदरा, मसूर और मटर भी होती है। आलू के लिए ये बड़े उपयुक्त इलाके माने जाते हैं। साग-तरकारियों में पांगी में पबैन—एक प्रकार की चुकरी पैदा होती है, जिसे सितम्बर में काटकर बीज को निकाल उसे जौ या गेहूँ के साथ पीसकर खाया जाता है। तिला या मीठी पातिस को नमक के साथ हरे ही और कभी-कभी उबालकर साग के तौर पर खाते हैं। इसके आटे को गेहूँ के आटे में मिलाकर रोटी बनाते हैं। कंगश एक तरह का साग है, जिसे पानी में उबालकर उसकी कड़वाहट अलग करके मक्खन, घी या दही के साथ खाते हैं। गुन का फल भी किन्हीं-किन्हीं जगहों पर जमा करके खाने के काम में लाया जाता है। कई दिनों तक पानी में भिगोने से इसकी कड़वाहट दूर हो जाती है, फिर पीस कर आटे में मिला रोटी बनाकर खाते हैं—खाली खाने पर इसका स्वाद कड़वा होता है। चुराह का अनाज डलहौसी तक जाता है, और कभी-कभी पांगी वाले भी वहाँ से अनाज ले जाते हैं। शिउंटा, भट्टी-टिकरी और टुंडी में अनाज बेशी होता है, जो कभी नूरपुर और कांगड़ा तक भेजा जाता था, लेकिन अब वह अतीत की बात है। ब्रह्मौर, त्रेहता और चनोताई के इलाकों में अपने खाने भर के लिए मुश्किल से अनाज पैदा होता है। इसीलिए कहावत मशहूर है—'मता होइया तान पाना कोताई। नाहिन होइया तान जाना कोताई।'

चावल यहाँ रुहनी, बत्तर और छाइप तीन प्रकार के होते हैं। सौर जेठ महीने के शुरू में रुहनी धान को 8-10 दिन भिगोकर रखते हैं, जिसमें कि अंकुर निकल आएँ। फिर उसे बीज की क्यारियों—ओरिहान—में बो दिया जाता है। पहले खेत को दो बार जोता जाता है, फिर बीर (मेंड़ें) बनाई जाती हैं। खेत को पानी से भरकर सहायतार्थ और लोगों को बुलाया जाता है। अगले दिन सबेरे ही पास-पड़ोस के गाँव के स्त्री-पुरुष अपने हल-बैल को लेकर आ जाते हैं। उन्हें नाश्ते के लिए एक या दो चपाती मिलती हैं। मर्द खेत जोतने और मेंड़ बाँधने का और कुछ धान की पौधों की जूरी या रोली बाँधकर खेत में रोपने के लिए स्त्रियों के हाथ में थमाते हैं। रोपने वाली स्त्रियों को रूही कहते हैं। इन्हें दोपहर के वक्त भोजत के लिए खेत वाला रोटी, दाल, कढ़ी, घी और लघू देता है। यह सहयोगी खेती का एक अच्छा नमूना है। मिलकर काम करने में लोगों को बड़ा आनन्द आता है। स्त्रियाँ काम करते हुए खूब गीत गाती हैं, और यदि वहाँ से कोई पुरुष उधर से गुजरता है, तो उसके ऊपर कीचड़ फेंकती हैं। इस प्रकार खेत में काम करने के लिए हरेक किसान को बहुत-से हाथ हल काम के वक्त मिल जाते हैं। इस सहायता का बदला हरेक किसान दूसरे के खेत में काम करके देता है। खेत मजूरों को मजूरी दी जाती है, जो इस शताब्दी के आरम्भ में स्त्री के लिए, प्रतिदिन छह रोटी और एक मानी (सवा सेर) गेहूँ का आटा, और पुरुष के लिए छह रोटी और दो सेर गेहूँ था। 'बत्तर' धान की खेती के लिए बैशाख में खेत को दो बार जोत कर उसके ढेले फोड़ दिए जाते हैं। जेठ में पानी दिया जाता है। जब पानी सूख जाता है, तो खेत को समतल करके धान बोया जाता है। 'छाइप' के खेत को भी रुहणी (रोपनी) के ढंग से तैयार किया जाता है, और पहले से तैयार की हुई धान की पौध रोपी जाती है। रुहणी वाले खेत में बत्तर या छाइप ढंग से

अगले साल खेती की जाती है। बत्तर और छाइप के ढंग से की हुई धान की खेती खेतों को ऊँचा-नीचा कर देती है, जिन्हें रुहणी के तरीके से समतल बना दिया जाता है। रुहणी में अधिक श्रम की जरूरत होती है। छाइप में बहुत पैदावार होती है, लेकिन वर्षा के अभाव में फसल के नष्ट होने का डर रहता है, इसलिए लोग इसे अधिक पसन्द नहीं करते। छाइप और बत्तर के तरीके भट्टियात-वजारत में बहुत प्रचलित हैं, चंबा नगर के आसपास भी इसे पसन्द किया जाता है।

कूहल (नहरें) कहीं-कहीं सरकारी हैं, और कहीं-कहीं लोगों की अपनी। भट्टियात में सरकारी नहरें ज्यादा हैं। बैसाख या जेठ के आरम्भ में कूहलों की मरम्मत होती है। कूहलों की देखभाल के लिए कोहली नियुक्त हैं, जिन्हें रुहण (रोपनी) के दिन भोजन मिलता है, और फसल के समय हरेक किसान अपने खेत के अनुसार लांगा (एक आदमी का भार) अनाज देता है। कहीं-कहीं पर कोहली को प्रत्येक कुन्नू या घुमाँव धान के खेत के लिए एक मानी (सवा सेर) धान मिलता है। यदि कोहली हरिजन है, तो उसे रोपनी के दिन भोजन और लांगा दोनों मिलता है, इसे उसका अधिकार नहीं समझा जाता, बल्कि दान के तौर पर दिया जाता है।

मक्की (कुकरी) को दक्षिणी अमेरिका से आए दो शताब्दियों से अधिक नहीं हुआ, लेकिन अपने सदेशीय आलू की तरह, बल्कि कहीं-कहीं उससे भी ज्यादा, पहाड़ के लोगों की एक मुख्य फसल और खाद्य हो गई है। चंबा में पांगी, लाहुल और ब्रह्मौर के कुछ ऊपरी गाँवों तथा भट्टियात के समतल सींचे खेतों को छोड़कर सभी जगह मक्की होती है, इसीलिए कहावत है 'कुकरी सियाँ'। मक्की के लिए ठंडी जगहों में खेत को खरीफ में बसांद या बँध (चकरोही-चुराह), फल्ली (ब्रह्मौर), ब्रयाह (भट्टियात) छोड़ा जाता है। हमारे यहाँ इसी को पलिहर छोड़ना कहते हैं। बसाँद खेत को खाद डालकर अथवा भेड़-बकरी बैठाकर उर्वर बनाया जाता है, फिर उसमें बैसाख या जेठ के आरंभ में वर्षा पड़ने के साथ ही मक्की बो दी जाती है। गरम जगहों में रब्बी की फसल काटकर खेत में मक्की बोई जाती है। मक्की की पहली फसल को जेठी कहते हैं और दूसरी को कन्ही (छोटी)।

चंबा में अपने इस्तेमाल से अधिक तंबाकू नहीं पैदा होता। इसकी दो किस्में हैं—1. तम्बाकू, साधारण देशी पौधा, 2. तमाकी उसी का एक दूसरा प्रकार। यह दोनों प्रकार के तंबाकू यहाँ बहुत बोए जाते हैं, और उन्हें काटकर छोटा रखने की कोशिश नहीं की जाती। 3. गोबी, अधिक ऊँचा नहीं होता, लेकिन इसकी पत्तियाँ बंदगोभी की तरह फैलती हैं। 4. मिद्ध बिंबरू या सप्पू, यह पाँगी तथा दूसरे ऊँचे पहाड़ों में होता है। पहले दोनों किस्म के तंबाकू की पौध तैयार कर खेतों में लगाई जाती है, और बाकी दो ऐसे ही खेतों में बो दिए जाते हैं। पहले दोनों प्रकार के तंबाकुओं के केवल पत्तों को इस्तेमाल किया जाता है, बाकी दोनों के पत्ते, डंठल और बीज सबको कूटकर पीने का तंबाकू बनाया जाता है। तंबाकू वर्षा के आरम्भ में लगाया जाता है, और अक्तूबर में काटा जाता है।

आलू—यहाँ दो प्रकार के होते हैं, जिनमें एक को देसी और दूसरे को अंग्रेजी कहते हैं। पहला छोटा और कुछ पीलापन लिए होता है, दूसरा बड़ा और सफेद-सा होता है। मार्च या अप्रैल में दोनों ही को बोया जाता है—अंग्रेजी आलू जून में तैयार होता है, और देसी सितम्बर तक। पांगी में पहले-पहल आलू 1878 ई० में बोना शुरू किया गया, और अब वहाँ सब जगह बोया जाता है। चंबा का आलू डलहौसी में बहुत जाता है।

गेहूँ—सारे चंबा में पांगी और लाहुल की अंतिम सीमा तक पैदा होता है। इसकी किस्में हैं—(1) बाथरू, जो भट्टियात और रावी-उपत्यका के निम्न भागों में बोकर जेठ में कट जाता है। (2) बरेयारू, पांगी और ऊँचे पहाड़ों में होता है। इसे तैयार होने में अधिक समय लगता है, और आषाढ़ या सावन से पहले नहीं कटता। बाथरू गेहूँ का रंग कुछ सफेदी लिए होता है, और बरेयारू का लाल-सा।

जौ—इसकी फसल गेहूँ से भी ज्यादा होती है। पांगी में एक प्रकार का जौ होता है, जिसे एलो कहते हैं, जिससे वहाँ के लोग लुगरी (कच्ची शराब) बनाते हैं। जौ को भून-कर सत्तू भी बनाया जाता है। भट्टियात में कभी-कभी एक ही खेत में जौ-गेहूँ दोनों बो दिए जाते हैं, इन्हें बेरा (गोजई) कहते हैं।

रब्बी (बाहरी) के अनाज हैं—जौ, गेहूँ, सरसों, मसूर और खरीफ (सैरी) में निम्न अनाज पैदा होते हैं—धान, मक्की, कोदरा, माश, मूँग, कुल्थ, राउग, चिनाई, कौनी, बाजर-भंग, सालन, सूइल, फुल्लन, ब्रैस, बंगरी, मौठ, तिल, मटर, कपास, केसर, तंबाकू, आलू। चंबा में किसानों के हथियार हैं—हल, भेला, निहानी, दरांत, दराँती, झोंटू, कुदाली, चीनी, पुरान, फरवा (फावड़ा), छाज (सूप), दाह, करंदी, किलटा, टोकरी, करोतरी (आरा)।

बागवानी के लिए जितना सुभीता हिमाचल प्रदेश में प्रकृति ने दिया है, उसका उपयोग लेने की ओर अभी बहुत कम ध्यान दिया गया है। कुल्लू और कोटगढ़ में अंग्रेजों ने सेब और दूसरे फलों के बाग लगाए, और वहाँ से बहुत काफी मूल्य के फल बाहर भेजे जाते हैं। पांगी का इलाका फलों के लिए बहुत उपयुक्त है, लेकिन यातायात की सुविधा न होने के कारण लोग इसकी तरफ ध्यान नहीं देते। जंगल-विभाग ने अपने डाकबँगलों में फलों को लगाकर दिखला दिया है, कि यहाँ अच्छे किस्म के फल हो सकते हैं। जंगली और बगीचे वाली खूबानी (देसीचीर और खूमानी), अखरोट, आलूचा, सेब, नासपाती सदर वजारत में होती हैं। चुराह में सेब, नासपाती, अखरोट होते हैं। जंगलों में जंगली खूबानी भी होती है। उसे जमा करके लोग सुखा लेते हैं, जिसे किश्ता या सुकेरी कहते हैं। पांगी में कनौर (चीनी तहसील) की तरह चिलगोजा (न्योंजा) और थांगी होता है। यहाँ के जंगलों में एक प्रकार का अखरोट अपने आप उगता है, जिसका छिलका बड़ा कड़ा होता है। गूजबरी, स्ट्रावरी तथा जंगली पबैन (रूबार्ब) भी यहाँ होते हैं। जंगली स्ट्राबरी और रस्पबरी चंबा के और भागों में भी होती है। लाहुल में जंगली खूबानी होती है। ब्रह्मौर में जंगली खूबानी के साथ अखरोट और चेरी भी होती है। आम भट्टियात के गरम इलाके में ही होता है। अनेक प्रकार के फलों के बीजों से तेल निकालकर

उसे चिराग या दूसरे काम में इस्तेमाल किया जाता है। कांगड़े के पड़ोसी चंबा में भी खास करके शाहपुर और कांगड़े के नजदीक वाले इलाकों में चाय के बगीचे लगाए गए। यहाँ की जमीन और जलवायु चाय के अनुकूल थी, लेकिन उसे कांगड़े जितना नहीं बढ़ाया जा सका।

पशुपालन की दृष्टि से भी चंबा महत्त्वपूर्ण है। भेड़-बकरियों, गाय-भैंसों और मुर्गियों तथा मधुमक्खी का पालन यहाँ होता है, यद्यपि उसकी स्थिति को सुधारने के लिए कोशिश अभी हाल से ही होने लगी है। भैंसें इस शताब्दी के आरंभ से पहले बहुत कम ही देखी जाती थीं, और वह अधिकतर निचले गरम इलाकों में थीं। इनके यहाँ लाने का श्रेय गूजरों को है, जो कि गर्मियों में अपनी भैंसों को चराने के लिए ऊँचे डांडों पर जाया करते हैं। यहाँ के गाय-बैल पहाड़ के और स्थानों की तरह कद में बहुत छोटे होते हैं। गायें दूध भी बहुत कम देती हैं। बड़ी नसल की गायों के लिए पहाड़ में रखना विशेषकर जाड़ों में खाना देना आसान नहीं है। शायद कृत्रिम गर्भाधान से पैदा हुए दोगली जाति के गाय और बैल यहाँ के अधिक अनुकूल हों। हर हालत में नीचे की बकरी के बराबर दूध देने वाली पहाड़ी गायों में सुधार करने की आवश्यकता है। पांगी, लाहुल और ब्रह्मौर के कुगती गाँव में खेत की जोताई देशी बैलों से नहीं, बल्कि जुट चूरों से की जाती है, जो चँवरी की दोगली नसल है। चंवर पांगी, लाहुल विशेष कर जांस्कर में जुटचूर पाये जाते हैं, क्योंकि उनके लिए 8-10 हजार फुट की ऊँचाई भी गरम होती हैं। याक को कभी-कभी सारा गाँव साझे में खरीद कर लाता है, और कभी कोई एक धनी आदमी जिनके साथ पहाड़ी गायों या जुटचूरों (दोगली चंवर गायों) से बच्चे पैदा किये जाते हैं, जिन्हें भी चूर और चूरी कहते हैं। चूर (नर) को आम तौर से बधिया कर दिया जाता है। दोगले जुटचूर और जुटचूरी से संतान पैदा होती है। देशी साँड और चूरियों का भी संकरीकरण होता है। चुराह इलाके में आम तौर से बैलों को बेच दिया जाता है, और दूध के लिए गायों को रख लिया जाता है। और जगहों पर दो चूरों से हल जोता जाता है, लेकिन मिंधाल गाँव में एक चूर से भी जोतने का काम लिया जाता है। देवी का शाप है कि यदि दो चूर जोते जायेंगे तो एक मर जायेगा। एक आदमी चूर की नथेल को पकड़ कर आगे-आगे चलता है, और दूसरा हल से जोतता है। प्रथम कातिक को डांडों पर छोड़े ढोर जब घर लौटा लिए जाते हैं, तब भी चवर को तब तक वहीं रखा जाता है, जब तक कि बर्फ नहीं पड़ जाती। और वसंत में जैसे ही कुछ गर्मी आ जाती है, उन्हें ऊँचे पहाड़ों में भेज दिया जाता है। ब्रह्मौर के किसानों के पास थोड़े-से ही ढोर होते हैं, जिन्हें वह घर में ही खिलाते हैं। जाड़ों में करीब-करीब सभी लोग यहाँ से कांगड़ा या चंबा चले जाते हैं, और एक या दो आदमी घर में ढोरों और घर की देखभाल के लिए छोड़ दिये जाते हैं, जिन्हें हिउंदासी कहते हैं। हिउंदासी को प्रत्येक ढोर के लिए एक पीरा अनाज और पाँच सेर कच्चा नमक मिलता है। गर्मियों में लौटने के बाद मालिक अपने पशुओं को सँभाल लेता है। चुराह के किसानों के पास ऊँचे पहाड़ों में कुछ जमीन है, जहाँ वह गर्मियों में अपने पशुओं को चराने के लिए ले जाते हैं—इन चरागाहों को अधवारा या

दूधारू कहते हैं । भट्टियात में चारे की कमी है, इसलिए अधिकांश लोग बहुत कम ढोर रखते हैं, और सिर्फ ऊँची जगहों पर रहने वाले चारे की इफरात के कारण यथेच्छ संख्या में ढोर रख सकते हैं। ब्रह्मौर की तरह त्रैहता, चनोटा, कोटी-रन्हु और पिउरा के लोग भी हिउंदासियों के हाथ में अपने कितने ही ढोरों को छोड़ कर परिवार और बाकी पशुओं के साथ कांगड़ा या चंबा के दूसरे परगनों में चले जाते हैं। जाड़ों में ये लोग अपने नये स्थानों में मजूरी या धान की दँवाई करते हैं, स्त्रियाँ दूसरों के घरों में काम करती हैं। छह महीने इस प्रकार बिता कर वह बैसाख या जेठ में अपने घर लौटते हैं। घर पर पहुँचने पर रब्बी की फसल कटने के लिए तैयार होती है, और उसके बाद वह खरीफ को बो देते हैं।

चंबा के टाँघन (घोड़े) अब भी मशहूर हैं, यद्यपि टाँघन शब्द गढ़वाल की एक पुरानी जाति तंगण के नाम से पड़ा, जिसके नाम की तंगणी चट्टी अब भी बदरीनाथ के रास्ते में जोशीमठ से पहले पड़ती है। इनका कद छोटा होता है, लेकिन होते बहुत मजबूत हैं, और पहाड़ के कठिन रास्तों पर चलने में तो छिपकलियों को मात करते हैं। बरसात के दिनों में इन्हें डाँडों पर चरने के लिए छोड़ दिया जाता है।

चंबा में बकरियाँ भेड़ों से भी अधिक मिलती हैं। गद्दी लोग इन्हें बहुत पालते हैं। शाम के वक्त पीठ पर सूखी लकड़ियों का बोझा लादे, हाथ में कुल्हाड़ा लिए सीटी बजाते गद्दी चरवाहे का अपनी बकरियों को घर ले आना बड़े ही सुन्दर दृश्य है। जिस तरह बकरियाँ बीहड़ से बीहड़ खड़े पहाड़ी रास्ते पर तेजी के साथ उतर सकती हैं, वैसे ही इनके चरवाहे भी कर सकते हैं। जिन रास्तों पर गद्दी और उनकी भेड़-बकरियाँ चलती हैं, उन पर चढ़ने की तो बात अलग, आँख उठा कर उधर देखने की भी हमारे बहुत-से लोगों की हिम्मत नहीं हो सकती। चंबा, लाहुल, गदेरान (ब्रह्मौर) के इलाके भेड़-बकरियों के पालने के बड़े अनुकूल हैं, और वहाँ के गद्दी बड़ी संख्या में उन्हें पालते भी हैं। यद्यपि ठंडी जगह के रहने वाले भेड़ों के ऊन उतने खराब नहीं होते, लेकिन उनमें सुधार करने की बड़ी आवश्यकता है। हिमालय में जिस तरह और जगहों पर मोरेनों और दूसरी अच्छी जात की भेड़ों की संकर या शुद्ध जातियों के बढ़ाने की कोशिश की जा रही है, वैसे ही यहाँ भी करने की आवश्यकता है। चंबा में शायद अपने काम-भर के लिए ऊन पैदा हो जाता है और ठण्डी जगहों में लोग सूत कात कर पट्टू, कम्बल और दूसरे कपड़े बुन लेते हैं, लेकिन कातने-बुनने का ढंग पुराना है, जिससे श्रम का मूल्य बढ़ने नहीं पाता। कुटीर-उद्योग के तौर पर यहाँ ऊन की दस्तकारी के लिए बड़ी गुंजाइश है। ऊन के धोने और रँगने के आधुनिक ढंग को यदि इस्तेमाल किया जाए, और लोगों को सस्ते में धो-रँग कर उसे दे दिया जाये, तो अच्छी किस्म के कपड़े भी यहाँ बन सकते हैं। वैसे तो पहाड़ के मेषपालों के लिए कुत्ता बड़ा आवश्यक जानवर है, लेकिन गद्दी-कुत्ता खास तौर से बहुत बड़ा, मजबूत चमकीले बालों वाला तथा अत्यंत सुंदर होता है। गद्दी-कुत्ते बड़े समझदार भी होते हैं।

चुराह में लोग आम तौर से मुर्गी पालते हैं। सदर-वजारत में उससे कुछ कम, किंतु ब्रह्मौर या भट्टियात में उन्हें पालना निषिद्ध समझा जाता है। वहाँ मुसलमान या छोटी जात के लोग ही मुर्गियाँ पालते हैं। सीजन में डलहौसी में मुर्गियों और अण्डों की बड़ी

माँग है। पांगी में भी अब मुर्गियों को लोग पालने लगे हैं। गर्मियों में अण्डे-मुर्गी का दाम ज्यादा होता है, खासकर उन जगहों में जहाँ पर नीचे के लोग आते-जाते हैं। सुपरिंटेंडेंट मार्शल (1879-85 ई०) ने मुर्गियों की नसल सुधारने का बड़ा प्रयत्न किया था, और मुर्गियों का प्रचार कराया था।

मधुमक्खी पालना कम-से-कम हिमालय के लिए नई चीज नहीं है, यद्यपि उसमें आधुनिक ढंग इस्तेमाल नहीं किया जाता। चंबा में लोग गनार (मधुच्छत्र) को रखने का प्रबंध दो प्रकार से करते हैं—(1) किसी पेड़ में 4 फुट लंबा, डेढ़ फुट चौड़ा काफी गहरा खोखला बना एक पतला-सा परदा छोड़कर मक्खी के जाने के लिए सूराख रखते हैं। वहीं मधुमक्खियाँ अपने छत्ते लगाती हैं। (2) घरों की दीवारों में भी इसी तरह का खोखला स्थान रख छोड़ते हैं जिसका मुँह बाहर की ओर होता है, और पेट भीतर की ओर। दोनों तरफ खुला रहता है, जिसे लकड़ी के पिहान से बंद कर दिया जाता है। बाहरी पिहान में मधुमक्खी के भीतर घुसने के लिए एक छोटा-सा छेद रख दिया जाता है। जब छत्ता तैयार हो जाता है, तो भीतरवाले पिहान को खोल कर पुवाल के धुएँ से मक्खियों को भगा दिया जाता है। और छत्ता निकाल कर मधु निकाल लिया जाता है। आधुनिक ढंग से मधु को बिना नुकसान पहुँचाये छत्ते को फिर उसकी जगह पर नहीं रखा जाता। लोग मोम को मधु के साथ नहीं खाते। किन्हीं-किन्हीं जगहों में बहुत सालों तक मधुमक्खियाँ रहती हैं, और कभी-कभी एक ही दीवार में छत्तों के कई स्थान होते हैं। आम तौर से साल में दो बार मधु निकलती है—बसंत की मधु लाल रंग की होती है और इसे वहरिया कहते हैं, शरद की सफेद होती है, जिसे सैरिया कहते हैं।

भिन्न-भिन्न दस्तकारियों का विकास इस अंचल में बहुत कम हुआ और जो पहले था भी, वह अंग्रेजी-शासन में कारखाने की सस्ती चीजों के कारण चौपट हो गया। चंबा में किसी समय लोहार, बढ़ई, मोची, काँसकार, सोनार अपने पेशे से बड़े खुशहाल थे। वह लकड़ी-पत्थर के बरतन, जेवर और तरह-तरह के हथियार बना कर लोगों को देते थे। किसान अपने घरों में काम के लिए पट्टू बना लेते थे। फर्श के लिए पांगी से बकरी के बालों की थोबी (टाट) आती थी, जो यह सन की पट्टियों की तरह 40 फुट लंबी और 9 से 11 इंच चौड़ी तरह-तरह के देशी रंग से रँग कर बनाई जाती थी। इन्हें जोड़ कर अपेक्षित आकार में टाट-सी लिया जाता था। चमड़े का काम चमारों के हाथ में था, जो कच्चे चमड़े को स्वयं सिझाया करते थे। पीछे कारखानों के सिझाये हुए चमड़े अमृतसर से आने लगे। पहाड़ में चमड़े की सिझाई उतनी अच्छी नहीं होती, जैसी पंजाब में। ब्रह्मौर और चंबा-राजधानी में चमड़े के जूतों का प्रचार है, चुराह में मंहिदा वृक्ष की छाल के बने हुए जूते अधिक चलते हैं। पांगी और लाहुल में घास के जूते पहने जाते हैं, जिन्हें पुल्लान कहते हैं। चंबा में मोची अच्छे किस्म की चपली भी बनाते हैं। चंबा नगर में स्त्रियाँ बहुत सुंदर कसीदा काढ़ती हैं, जिनमें रंगीन रेशम के सूत इस्तेमाल किये जाते हैं। कृष्णलीला के कितने ही चरित्र वह अपनी सूइयों से कपड़ों पर उतारती हैं। लेकिन यह दस्तकारी बाहरी होड़ के कारण दिन पर दिन गिर कर नष्ट हो गई। कसीदे में दोनों

तरफ एक ही चित्र को तैयार करना यहाँ की स्त्रियों का एक विशेष कौशल था। चंबा में बहुत पुराने काल से चली आई चित्रकला का बिल्कुल उच्छेद नहीं होने पाया, क्योंकि राजवंश वहाँ बराबर इसे हस्तावलंब देता रहा। राजमहल के कितने ही कमरों की दीवारों में स्थानीय चित्रकारों के बनाये हुए चित्र अब भी देखे जा सकते हैं, जिनमें कहीं कृष्णलीला और देवताओं के चित्र अंकित हैं, और कहीं युद्ध के चित्र। पुराने चित्रों के बारे में यह जानना मुश्किल है, कि कौन-से चित्रकारों ने इन्हें बनाया। भूरिसिंह संग्रहालय में चित्रों का एक अच्छा संग्रह था। लेकिन, रियासतों के विलयन के समय जो लूट मची, उसमें यहाँ के तथा राजा के पास के भी कितने चित्र गायब हो गये, जिनमें से शायद कितने ही अब विदेशी संग्रहालयों में पहुँच चुके हैं।

चंबा के लोगों का व्यापार नीचे पंजाब के मैदानों से और ऊपर तिब्बत और लद्दाख से होता है। किसी समय चीनी तुर्किस्तान का भी व्यापार-मार्ग यहीं से जाता था। चंबा तक अब मोटर चली गई है, लेकिन अभी भी ऊपरी रावी और चंद्रभागा की उपत्यकाओं में टट्टू, खच्चर और कहीं-कहीं बैल भी भार ढोने का काम करते हैं। सारे हिमाचल प्रदेश के पहाड़ों में माल इधर-उधर ले जाने का काम कुम्हार लोग करते थे। चंबा से रिहलू और नीचे की ओर फुल्लन, सूइल, मधु, घी, अखरोट, कौर, तिल, सेब आदि भेजा जाता था, जिसके बदले में गूमा का नमक आता था। चुराइ वाले भी घी, मधु, आलू, सुइल, फुल्लन, बजरभंग, कूट, थूथ, धूप, नरियान (हुक्के की डंडी), अखरोट, अखरोट की छाल, जीरा, बनफशा, सेब, नासपाती, लाल मिर्च, मोम, खशखश, धनिया, कौर, सुकरी (सूखी खूबानी), अतीस, दोदे (कपड़ा धोने का रीठा), थांगी, चिलगोजा बाहर भेजते हैं। सीज़न के समय बहुत भारी परिमाण में फल यहाँ से डलहौसी जाते हैं। अनाज को बाहर भेजने में बहुत ध्यान रक्खा जाता है, खासकर गेहूँ-चावल को। आयात-निर्यात के व्यापार का काम बनिया और महाजन लोगों के हाथ में है। गर्मियों के दिनों में गूजर लोग अपना घी बेचते हैं। पुराने समय में यहाँ के कुछ गाँवों के लोग घी और मधु लेकर गुरदासपुर ज़िले के शाहपुर में पहुँचते थे, और वहाँ से नमक लाते थे। चंबा नगर एक अच्छा बाजार है। यहाँ की दूकानें बहुत साफ-सुथरी हैं, जिनमें नमक, काँसे-पीतल के बरतन और नीचे से आनेवाली बहुत तरह की चीज़ें बिकती हैं। ऊनी पट्टू चंबा से पहले शाहपुर द्वारा नीचे जाया करता था। पांगी में पट्टू और थोबी बहुत बना करते थे। वहाँ से जीरा, कुथ, थांगी, चिलगोजा, तिल्ला और बनचौक भी बाहर भेजा जाता था। लाहुलवाले कालाजीरा और टांघन बाहर भेजते हैं। ब्रह्मौर बजारत से मधु, घी, भेड़-बकरे, कुल्थ और अखरोट एवं भट्टियात से केवल घी और बासमती चावल बाहर जाता है।

अभी भी हिमाचल प्रदेश में यातायात एक बड़ी समस्या है, और अधिकतर सड़कें खच्चरों-घोड़ों के जाने लायक ही हैं। चंबा में रेलवे लाइन नहीं है, पर इधर मोटर की सड़कें काफी बनी हैं। चंबा से सबसे नजदीक का रेलवे-स्टेशन पठानकोट है, जो नूरपुर के रास्ते 50 मील, सिनधारा के रास्ते 57 मील और डलहौसी के (मोटर) रास्ते 70 मील पर है। यहाँ कोई नदी के घाट नहीं हैं, मंजीर के पास सियोल नदी पर एक घाट था, जो

कि कोठी के पुल के बनने के बाद बेकार हो गया। रावी और सियोल नदियाँ कई जगहों पर द्रेइन (चमड़े की भाथियों), तार के पुलों द्वारा पार की जाती हैं। शताब्दी के आरंभ में चंबा-रियासत में 324 मील कच्ची सड़कें थीं, जिनकी चौड़ाई औसतन 4 फुट थी। इनके अतिरिक्त बहुत-सी पगडंडियाँ भी थीं। पांगी और लाहुल में तो पगडंडियों के द्वारा ही जाया जा सकता था। चंबा पहुँचने के लिए मुख्य तीन सड़कें हैं: डलहौसी सड़क—पठानकोट से डलहौसी मोटर की सड़क है। 1852 ई० में डलहौसी की ग्रीष्म-नगरी के स्थापित होने के बाद अंग्रेजों ने वहाँ के यातायात को सुधारने की कोशिश की। यही सड़क सिवालिक की पहाड़ियों से पार हो दुनेरा में आ हाथीधार के मेरुदण्ड पर पहुँच कर चंबा जिले में प्रवेश करती है। फिर बकलोह पहाड़ी होकर करुन्दी हो बनिखेत से बलून की चढ़ाई चढ़ कर डलहौसी पहुँचती है। यह सारी सड़क कांगड़ा जिले में है। डलहौसी से फिर वह चंबा की ओर आती है। डलहौसी पहुँचने के दो और भी रास्ते हैं—डलहौसी से 16 मील दूर एक सड़क फूट कर बकलोह पर चढ़ती मामूल होते डलहौसी के डाकखाने पर पहुँचती है। बानीखेत में एक दूसरी सड़क निकल कर पुखेर में सिनधारा सड़क से मिल जाती है। डलहौसी में धौलाधार के मेरुदण्ड पर चढ़ ध्यानकुण्ड (9000 फुट) या और जगहों से बड़ा सुन्दर प्राकृतिक दृश्य दिखाई देता है। दक्षिण में सिवालिक की छोटी-छोटी पहाड़ियाँ दीखती हैं, जिनके पीछे पंजाब का मैदान है। आकाश यदि निर्मल रहे, तो वहाँ से सतलुज, व्यास और रावी की धाराएँ देखी जा सकती हैं। उत्तर की ओर मुँह करने से हिमशिखरों की पंक्तियाँ हैं, जिनके नीचे जंगलों से आच्छादित पर्वत हैं। पश्चिम और उत्तर-पश्चिम के कोने पर कंडकपलास और दागनीधार की चोटियाँ हैं, जिनके ऊपर गर्मियों में बर्फ नहीं रहती। उत्तर और पूर्व में पांगी-हिमाल की 18000 से 19000 फुट तक ऊँची चोटियाँ हैं। पांगी के गुरधार-उपश्रेणी की दो चोटियाँ दुलहा-दुलहन 18600 और 20658 फुट ऊँची हैं। पूर्व की तरफ धौलाधार की श्रेणी कुछ दूर जाकर लुप्त हो जाती है। इसकी मुख्य उप-श्रेणी कैलास है, जिस पर मणि-महेश सरोवर का पवित्र तीर्थ है। डलहौसी से चंबा जाने की चार सड़कें हैं, जो खजियार, कोल्हडी, चील और बाथरी की सड़कों के नाम से प्रसिद्ध हैं। खजियार-सड़क डलहौसी डाकखाने से आरंभ करके चढ़ती बकरौता और कालाटोप हो, चीड़ और देवदार के घने जंगलों में से खजियार पहुँचती है। खजियार बड़ा ही सुंदर स्थान है। यहाँ एक छोटे-से तालाब के किनारे खाजी नाग का मंदिर है, जिसके कारण इस गाँव का यह नाम पड़ा। तालाब के चारों तरफ बड़े-बड़े देवदारों के जंगल हैं। खजियार की ऊँचाई 6300 फुट है। सीजन के वक्त बहुत-से लोग वहाँ जाते हैं। यहाँ से कुछ दूर तक सड़क समतल-सी भूमि में जाती है, फिर तेजी से रावी-उपत्यका में उतरने लगती है, और दूर चंबा दिखलाई पड़ती है। नगर के पास रावी कुछ-कुछ दिखाई पड़ती है, मालूम पड़ता है, कि दक्षिण तरफ धौलाधार की कनकोट चोटी ने रावी का रास्ता बंद कर दिया है। यह चोटी साल में नौ महीना बर्फ से ढँकी रहती है। आसान उतराई उतरती सड़क रावी के किनारे जा लोहे के झूला-पुल को पार कर चंबा पहुँच जाती है। इस सड़क द्वारा

डलहौसी और चंबा के बीच में 19 मील का अंतर है। खजियार सड़क दिसंबर से अप्रैल तक करीब-करीब बंद-सी रहती है। खजियार और चंबा दोनों जगहों में डाक बंगले हैं। डलहौसी से कोल्हड़ी-सड़क द्वारा जाने पर चंबा नगर 22 मील पड़ता है। यह भी डलहौसी में डाकखाने के पास से अलग होकर हलकी उतराई से कोल्हड़ी पहुँचता है। फिर उतराई उतर कर उदयपुर में सिनधारा सड़क से मिल जाती है। चील-सड़क कोल्हड़ी सड़क पर 7 मील जाने पर वहाँ से चील को जाती है। रास्ता बहुत चढ़ाई-उतराई का नहीं है। यह कोल्हड़ी और सिनधारा सड़कों को मिलाती है। चील होकर जाने पर डलहौसी से चंबा 20 मील पर है। बाथरी-सड़क डलहौसी डाकखाना छोड़ने के बाद बाथरी-उपत्यका में उतर कर बाथरी गाँव में सिनधारा सड़क से मिलती है। इसका अधिक भाग नीचे-नीचे से जाता है और बर्फ के मुक्त होने के कारण जाड़ों में यह बहुत चालू होती है। इस सड़क से जाने पर भी चंबा 20 मील है। मैदान से चंबा पहुँचने की सबसे प्राचीन सड़क सिनधारा सड़क ही है। इसका आरंभ रावी के किनारे शाहपुर से होता है। फिर रावी के बाएँ किनारे फनगोटा हो कैरी में वह चंबा जिले में घुसती है। सिनधारा में नदी छोड़कर डलहौसी से उत्तर वाली गर्बीधार पहाड़ी पर चढ़ती है, जहाँ पर डलहौसी से बानीखेत वाली सड़क इसमें आ मिलती है। फिर यह पथरी-उपत्यका में चढ़ती चील की पहाड़ी को पार कर उतराई शुरू करके उदयपुर में रावी पर पहुँचती है, और उसके बाएँ किनारे होती चंबा के लोहे के झूला पुल पर आ जाती है। पठानकोट से सिनधारा होकर चंबा जाने में 57 मील और दुनैरा-बानीखेत-बथरी होकर 65 मील पड़ता है। डलहौसी से चंबा की सड़कें जब से तैयार हो गईं, तब से इस पुराने रास्ते का उपयोग कम हो गया है। लेकिन, चंबा और बानीखेत के बीच अब भी जाड़ों में लोग इससे काफी जाते-आते हैं। शाहपुर और सिनधारा के बीच का प्राकृतिक दृश्य बड़ा ही मनोरम है।

चंबा में ऊपरी रावी-उपत्यका के दोनों ओर धौलाधार, पांगीधार और उससे उत्तर जांस्कर-धार की हिमालश्रेणियाँ हैं, जिनको पार करने के स्थान जोत्, घाटे या ला कहे जाते हैं। रावी की उपत्यका से पांगीधार की ओर चढ़ने पर अंतिम गाँव 7000 फुट पर पड़ता है, फिर आगे जंगल मिलते हैं, जिनके ऊपर घास की ढलानें (गाहर) आते हैं। 11500 फुट पर वृक्ष खतम हो जाते हैं। यात्री 12000 फुट की ऊँचाई पर रात बिताते हैं। यद्यपि यहाँ वृक्ष नहीं होते, लेकिन मौसिम होने पर अनेक रंगों के फूलों का गलीचा बिछा रहता है। केवल गढ़वाल में ही फूलों की उपत्यका सीमित नहीं है। इस 12000 फुट की ऊँचाई पर चारों ओर नीरवता छाई रहती है। इसके बाद 14 से 17000 फुट की चढ़ाई के बाद जोत् (डाँड़ा या घाटा) मिलता है। हवा के क्षीण होने तथा आक्सीजन के अभाव के कारण 10000 फुट के ऊपर जल्दी-जल्दी साँस फूलने लगती है : इस स्वच्छ हवा में सौ-सौ मील की दूर की चीजें साफ दिखाई पड़ती हैं। चैनी, मरहू और द्राती की जोतों को छोड़ कर और जगहों के जाने वाले अपने से उत्तर हिमशिखरों के सिवा और कुछ नहीं देख सकते। उक्त तीनों जोतों के ऊपर से चंद्रभागा-उपत्यका का विस्तृत चित्र-

पट दिखाई पड़ता है। पांगी के घाटों की ओर रावी की ओर से जाते वक्त जितनी कड़ी चढ़ाइयों का सामना करना पड़ता है, उतना दूसरी तरफ नहीं। वहाँ पहाड़ धीरे-धीरे ढालुआँ होते गए हैं। हाँ, रावी-उपत्यका जैसी यहाँ फूलों की बहार नहीं मिलती। नीचे उतर कर 11000 फुट की ऊँचाई पर पहुँचने पर वृक्ष-वनस्पति आने लगते हैं। यहाँ की बर्फ जल्दी पिघल जाती है। जांस्कर धार के डाँड़े धौलाधार और पांगीधार दोनों से अधिक ऊँचे हैं, और यहाँ की स्थायी हिमानियाँ भी बहुत विशाल हैं। इसके दक्षिणी पार्श्व में वृक्ष-वनस्पति बहुत हैं, यद्यपि वर्षा की कमी और अधिक सर्दी के कारण उतने समृद्ध नहीं हैं।

धारों (पर्वतश्रेणियों) को पार करने के लिए चंबा में जो मुख्य जोतें यागी डाँड़े पार करनी पड़ती हैं उनका विवरण इस प्रकार है। धौलाधार (बाह्य हिमालय) की जोतें ये रावी-उपत्यका और भट्टियात के बीच की जोतें हैं, जिनकी फीट-ऊँचाई कोष्ठक में बतायी गयी है—चुवारी बसोदन (8000), कालीनाली (8900), महली (8600), लोहा (10500)। चुवारी जोत् जाड़ों में बर्फ के कारण कभी-कभी बंद हो जाती है। यह घोड़ों और खच्चरों के लिए अच्छी है। दूसरी जोतों पर घोड़े-खच्चर नहीं जा सकते, और वह जनवरी से मार्च तक बर्फ के मारे बंद हो जाती हैं। रावी-उपत्यका और कांगड़े के बीच की जोतें—वोहार (11602), बलैनी (12000), गाग-वाग (13225), इंद्राहर (14150), कुंडली (14550), तोराल (14808), तालंग (15500), सिंगराहर (13038), सतनालो (13800), बाहर (14101), सराय (14082)। गे जोतें दिसंबर से अप्रैल तक बर्फ के कारण बंद रहती है। इनमें से अधिकांश के पार करने में दो दिन लगते हैं। मणिमहेश श्रेणी की जोत 'चौबे' 16500 फीट की ऊँचाई पर है। दागनीधार की जोतें पश्चिम से पूर्व निम्न प्रकार हैं—पदरी (10000), दागनी (12852), बरारी (12100), मैलवार (13027), नैरंगवारी (14742)। इनमें से पहली तीन जोतें दिसंबर से अप्रैल तक और अंतिम दो दिसंबर से मई तक बंद रहती हैं। इन्हें पार कर जम्मू के भद्रवाह इलाके में पहुँचा जा सकता है। पांगीधार श्रेणी (मध्य हिमालय) की जोतें पश्चिमोत्तर से पूर्वोत्तर को—दनैतर गिल्लू (14750), साच (14328), चैनी (14299), मरहू (14300), दराती (15000), कालीचो (16400), चौबिया (16720), कुकटी (17001)। इनमें पहली चार जोतें मई से अक्तूबर तक खुली रहती हैं, और अंतिम तीन जून से सितम्बर तक। चौबिया को मई में भी पार किया जा सकता है। जुलाई और अगस्त में चैमी और चौबिया को छोड़ बाकी जोतों पर बर्फ नहीं रहती। जोबरांग में चंद्रभागा पर एक झूला है। उत्तर पांगी श्रेणी की जोतें पश्चिमोत्तर से—सरसंक (16200), शिकली (16300), मुन-ला (16500)। पहले दोनों रास्ते दनलांग-नाला में मिलकर काग्-तोत् पार हो जांस्कर की बरदन् गुंबा में जाते हैं, और तीसरा पोअथ-ला से पार हो पहले दोनों रास्तों से जांस्कर में मिल जाता है। यह जोतें जुलाई, अगस्त और सितम्बर में खुलती हैं और उनके पार होने में पाँच दिन लगते हैं। जांस्कर श्रेणी (पश्चिमी हिमालय) की जोतें पशिमोत्तर से—काग्-ला

(17500), पोवत-ला (17500), खांग-ला(17500), । काग-ला और पोवत-ला चंबा से बाहर पहले दो पाडर (भद्रवाह) में हैं, पांगी के यात्री उन्हें पार कर जांस्कर में जाते हैं।

नदियों को पार करने के लिए कितनी ही जगहों पर पुल बने हुए हैं। सामान्य लकड़ी के उभाड़ वाले पुल चंद्रभागा के ऊपर त्रिलोकनाथ, सीलग्रांव, पुरथी, मिन्धाल और तिलार में हैं। पिंदी और शोर में झूला पुल हैं। पहाड़ों में कई तरह के पुलों के बनाने का रिवाज है। झूला-पुल सारे हिमालय में नदियों पर पुराने काल से बनते आये हैं। आजकल बहुत-से पुल लोहे के तारों के हो गये हैं, लेकिन पुराने जमाने में छाल के बँटे हुए तीन मोटे रस्सों को नदी के आर-पार बाँध दिया जाता था। इनमें से एक तार सबसे नीचे रहता, और दूसरे दो सबसे ऊपर। उन्हें लकड़ी के खंभों में बाँध कर पत्थरों के ढेर से दबा दिया जाता। निचले रस्से में चार-पाँच छोटी रस्सियाँ लगी रहती हैं, जिनमें थोड़ी-थोड़ी दूर पर लकड़ियाँ बांध दी जातीं, जिन पर पैर रखकर आदमी को चलना होता। इस बड़े रस्से के ऊपर दो छोटे रस्से रहते, जिन्हें आदमी दोनों हाथों से पकड़ कर चलता है। ऊपर के दोनों रस्से एक-दूसरे से मिल न जायें, इसके लिए उन्हें अलग रखने वाली लकड़ियाँ बीच-बीच में उलझा दी जाती हैं। यह कहने की आवश्यकता नहीं, कि ऐसे झूलों को पार करते समय मैदानी आदमी का प्राण निकलने लगता है। यह झूले कहीं धोखा न दे दें, इसलिए उन्हें साल के साल नया बनाया जाता है। इसे 40 आदमी एक सप्ताह में पूरा करते हैं। किसी हालत में भी तीन साल से अधिक एक झूले को नहीं रखा जाता। एक समय दो या तीन आदमी से अधिक झूले को पार नहीं करते। कभी-कभी झूले के टूटने से आदमियों की जान भी गई है। घरुरू एक-दूसरे ही प्रकार का पहाड़ी पुल है। एक मोटा रस्सा नदी के आर-पार पत्थर के नीचे दाबकर तान दिया जाता है। उसके ऊपर रस्सी को सँभाल रखने के लिए गड्ढा बनाकर एक छोटी लकड़ी रख दी जाती है, जिसमें दो फंदे वाली रस्सी लटका दी जाती है। कहीं-कहीं लकड़ी की गड़ारी रस्से पर लटकती है, जिसमें खींचने की रस्सी बँधी नदी के दोनों किनारों की ओर जाती है। आदमी झूले में बैठ जाता है, और नदी-तट पर खड़ा आदमी रस्सी को खींचकर उसे आर-पार कर देता है। इस तरह के पुल को चंबा में गुरुरू कहते हैं। रस्सी की जगह अब कितनी ही जगहों पर लोहे के तार इस्तेमाल किये जाते हैं। मुझे जब ऐसे एक तार पर से गुजरना पड़ता, तो जब तक पैर जमीन पर थे, तब तक बहुत डर लगता था, लेकिन जब वह नदी की धार के ऊपर अधर में लटकने लगे, तो झूले का आनंद आने लगा। कितनी ही जगहों पर आर-पार खींचने के लिए दूसरा आदमी नहीं रहता, बल्कि पार होने वाला स्वयं रस्से को हाथ से पकड़ कर आगे बढ़ता है। चिनी के नीचे लोहे के पिंजड़े वाला गुरुरू है, जिसमें आदमी रोपवे की तरह चलता महसूस करता है, बिजली की जगह वहाँ आदमी की शक्ति झूले को खींचकर आर-पार करती है। त्रंगरी एक तरह का सीधा-सादा लकड़ी का पुल है। दो लकड़ी की कड़ियाँ दो फुट के फासले पर धार पर आर-पार रख दी जाती हैं। इनके ऊपर लकड़ियों के तख्ते रख देते हैं, जो अधिकतर

कड़ियों से बँधे नहीं रहते। अगल-बगल में हाथ पकड़ने के लिए बाँही भी नहीं होती। यदि श्रंगरी धार से बहुत ऊपर हुई, तो आदमी को पार करने में बड़ा डर लगता है। 1943 ई० में नेलंग (टेहरी) के आगे नदी पार करने के लिए ऐसा ही एक पुल था, जिसमें मैं तो हिम्मत करके पार हो गया, लेकिन नागार्जुन (वैद्यनाथ मिश्र) को मुश्किल से उसे पार करने के लिए राजी किया, और साथ जाने वाली घोड़ी तो उसके लिए बिल्कुल तैयार नहीं हुई।

□□

पुनश्च :

चौड़ी सड़क भी मैदान से आनेवाली पुरानी सड़क है, जो नूरपुर में कांगड़ा-उपत्यका को छोड़ कर उत्तर के छोटे-छोटे पहाड़ों में घुस कर धौलाधार की तरफ मलूकाल में चंबा जिले में दाखिल होती है। यहाँ से 4 मील तक यह चक्की नदी के किनारे-किनारे चलती है। फिर घटासनी में नदी छोड़ कर पहाड़ के ऊपर से चुआरी, फिर बसोदन-जोत् या चुवारी-घाटे पर धौलाधार को पार कर चंबा नगर के सामने रावी-उपत्यका में दाखिल होती है। चक्की के पास वाला इसका भाग कुछ खराब है, नहीं तो सारी सड़क अच्छी है। इस सड़क से आने पर पठानकोट से चंबा 50 मील पड़ती है, और इस प्रकार सिनधारा और डलहौसी की सड़कों से यह छोटी है। बरसात के दिनों में चक्की पार करना जरा कठिन है, नहीं तो यह सड़क बारहों महीने के लिए अच्छी है। वर्षा में कभी-कभी एक-एक दो-दो दिन चक्की को नहीं पार किया जा सकता। जाड़े के दिनों में चुवारी जोत् दो-तीन महीने तक बर्फ से ढँकी रहती है, लेकिन अक्सर उसके कारण यातायात नहीं रुकता। इसी सड़क पर जाजरी गाँव है, जिसके ऊपर नूरपुर के राजा जगतसिंह का बनवाया किला तारागढ़ है, जिसे राजा ने जहाँगीर के साथ मुकाबला करने के लिए 1625-30 ई० में बनवाया था। चुवारी सड़क की निम्न दो शाखायें हैं—(क) यह चुवारी से निकल कर सिऊटा होते शाहपुर (कांगड़ा-उपत्यका) पहुँचती है। इस सड़क द्वारा चंबा से धर्मशाला या कांगड़ा 54 मील पड़ता है। लेकिन, इसकी कुछ नदियों पर पुल नहीं है, जिससे बरसात में कठिनाई होती है। वैसे सड़क अच्छी है। चंबा की सीमा के पास गणेशगढ़ का पुराना किला है, जिसे राजा गणेशवर्मा (1550 ई०) ने बनवाया था।

भीतर की सड़कें चंबा नगर से भिन्न-भिन्न इलाकों में जाती हैं, जिनमें से दो मुख्य हैं : ब्रह्मौर सड़क—यह सड़क चंबा से रावी के दाहिने किनारे राख होते बग्गा पुल को पार कर रावी के दूसरे किनारे से गेहरा पहुँचती है। यहाँ तक बहुत कुछ चढ़ाई-उतराई ज्यादा नहीं है। इतनी दूर तक नई सड़क है, इसके बाद पुरानी सड़क के शुरू होने के साथ चढ़ाई चढ़ कर छतरारी पहुँचती है। 1878 ई० में इस सड़क को ब्रह्मौर पहुँचाने के लिए ख्याल किया गया था, लेकिन खर्च के डर के कारण वह पूरा नहीं हो सका। छतरारी से आगे उतराई उतर कर सड़क चिरचिन्द नाले के किनारे पहुँचती है, और फिर एक लंबी चढ़ाई के बाद कोठी तथा सारली जोत् (900 फुट) को पार कर उलांसा तक नीचे उतरती है। गुरोला में रावी के बाएँ किनारे, फिर खानी में रावी पार कर बुधिल-उपत्यका में ब्रह्मौर पहुँचती है। एक दूसरी भी पगडंडी छतराढी से उलांसा जाती है, जिस पर हासैर और कुकटी पड़ते हैं। कुकटी-जोत् पार करके ज़ौबरांगों (कुल्लू-लाहुल) पहुँचा जा सकता है, और दूसरी ओर चन्द्रभागा पर एक झूले को पार कर जरमा में। ब्रह्मौर की निम्न शाखा-सड़कें हैं—महला में तारवाले पुल से रावी पार करके बाएं किनारे पर चढ़ाई चढ़ते बकान, बासू और गेहरा पहुँचते हैं। पहले ब्रह्मौर जाने की यही पुरानी सड़क थी, लेकिन अब उतनी इस्तेमाल नहीं होती। महला से दो सड़कें हैं : महलेदी नाला की ओर चढ़ाई चढ़ कर काली नाली और महली जोत् (धौलाधार) को पार कर पहली सड़क रायपुर जाती है, और

दूसरी तुन्दी में। एक तीसरी सड़क दारूह से दुरगेद नाला की ओर चढ़कर लोवा-जोत् को पार कर भट्टियात के टिकरी गाँव में पहुंचती है। राख से एक सड़क बकानी नाला के किनारे चढ़ाई चढ़ते बोहर-जोत् पार कर बोह (रिहलू) में पहुँचती है। चूरी के पुल से एक सड़क रावी पार उसके दाहिने किनारे पहुँचती है, और फिर वह जमवार और चिमनू से आने वाली सड़क से मिल कर लील्ह, माना और ब्रह्मौर पहुँचती है। दुनाली से एक सड़क बलेनी नाला के किनारे-किनारे चढ़ती बराई होती बासू से आने वाली सड़क से मिल जाती है, जो कि बलेनी-जोत् पार कर दरेनी (रिहलू) पहुँचती है। कोठी से एक सड़क चिरचिन्द नाला के किनारे-किनारे चढ़ती बाग या भीमगसुतारी-जोत् को पार कर करेरी (रिहलू) पहुँचती है। यह रास्ता अधिक कठिन है। एक पगडंडी कोठी से गीजाहार डाँड़े को पार कर चनोटा पहुँचती है, और इसी जोत् के ऊपर से एक दूसरी पगडंडी पहाड़ी रीढ़ के साथ-साथ कुवारसी और इन्द्राहार-जोत् को जाती है।

ब्रह्मौर से एक सड़क उतर कर बुधिल नदी पार हो फिर चढ़ाई चढ़ते तताहन पहुँचती है, जहाँ वह खानी से आनेवाले रास्ते से मिल जाती है, और फिर तुन्दाह-उपत्यका में चढ़ाई चढ़ते बदरा और बनसेर पहुँचती है। तताहन से आगे यह रास्ता कठिन है। जो लोग इस रास्ते कलिचू-जोत् होकर त्रिलोकनाथ जाना चाहते हैं, वह बदरा में भारवाहक लेते हैं। त्रिलोकनाथ वहाँ से तीन दिन में पहुँचा जा सकता है। ब्रह्मौर से एक रास्ता बुधिल नदी पार कर उसके दाहिने किनारे से होते चोबिया पहुँचता है। यहाँ से भारवाहक लेकर चोबिया-डाँड़ा पार कर त्रिलोकनाथ जाया जा सकता है। ब्रह्मौर से एक रास्ता ग्रीमा होकर शेउर और तियारी की ओर जाता है। तियारी में रावी पार करके होली में बडाबनगाहल की सड़क मिल जाती है। तियारी के पास नदी के किनारे के थोड़े से स्थानों को छोड़कर यह रास्ता अच्छा है। हरसेर से एक सड़क ऊपर चढ़ती मणिमहेश सरोवर तक है, और रावी-उपत्यका में तियारी पहुँचती है। कुकटी से एक रास्ता बुधिल नदी पार कर गाई नाले की ओर चढ़ते चोबू जोत् पार कर बड़ाबनगाहल जाता है।

बड़ाबनगाहल सड़क चंबा से उलांसा हो वहाँ से आगे रावी के बाएँ किनारे-किनारे बड़ाबनगाहल पहुँचती है। इस पर चनौटा, होली, गरोह, चनैर, सिन्द, कनौर और बड़ाबनगाहल के पड़ाव पड़ते हैं। बड़ाबनगाहल से थमसार (16625 फुट), गोरी और मकोरी की जोतों को पार कर तीन सड़कें छोटा बनगाहल में पहुँचती हैं, और एक सड़क कालीह्य ुन-जोत् (17000 फुट) द्वारा बड़ाबनगाहल पर्वतश्रेणी पार कर कुल्लू में धोबी पहुँचती है। बड़ाबनगाहल जोत् (18000 फुट) पार कर पूर्वी-लाहुल का भी एक रास्ता जाता है, लेकिन अब वह इस्तेमाल नहीं होता। बड़ाबनगाहल सड़क सिर्फ पैदल की सड़क है, और चनैर तथा बनगाहल के बीच खतरनाक भी है। इसके शाखा-रास्ते हैं, जो धौलाधार पार कर कांगड़े की ओर जाते हैं। बड़ाबनगाहल से कांगड़ा-उपत्यका के रास्ते—

(क) चनौटा से चौलीनाला के साथ ऊपर चढ़ते कुवारसी हो इन्द्राहर-जोत् पार कर धर्मशाला।

(ख) कुबारसी से कुण्डली-जोत् हो कनियारा (बहुत कम उपयुक्त)।

(ग) लामू से चढ़ाई चढ़ कर तोरल-जोत् हो नरवाना।

(घ) होली से होलीनाला के साथ ऊपर चढ़ तालंग-जोत् हो नरवाना।

(ङ) गरोह के पास से कुरेधनाला के साथ चढ़ते सिगराहर-जोत् पार हो पालमपुर से उत्तर कांडी।

(च) चनैर से तनैतैरनाला के साथ चढ़ते सतनालो-जोत् पार हो पालमपुर के पास बंदला, (बहुत कम उपयुक्त)।

(छ) चनैर से चननीनाला के बाएँ किनारे से चढ़ते आहर-जोत् पार हो बंदला, और दूसरा रास्ता सराय से उसी नाले के दाहिने किनारे होते सराय-डाँड़ा पार हो बैजनाथ जाता है।

पांगी सड़क चंबा नगर छोड़ने के बाद सालनाला तक उतराई उतर पुल से रावी के दाहिने किनारे चलते कियानी में उसे छोड़ चढ़ाई चढ़ कर रावी और सिउल के जल-विभाजक पर कुखरी पहुँचते हैं। फिर चढ़ाई चढ़ते मसरुण्ड हो खड़ी उतराई के बाद करैरनाला पार हो फिर चढ़ाई चढ़ते सिउल नदी की ढलान में होते कल्हेल के डाक-बँगले में पहुँचते हैं। यहाँ से कल्हेल नदी तक उतराई उतर कर फिर कितनी ही दूर तक समतल-सी जगह में चलते नकरोर के पुल तक उतराई उतर छांजूनाला पार होते हैं। फिर ढलान के साथ-साथ कुछ दूर उतर कर तिसानाला पार हो तिसा तक चढ़ाई। तिसा की पहाड़ी से धीरे-धीरे उतराई उतर कर वैरानाला पहुँच उसे गुवारी में पार करते हैं। गुवारी से एक पुराना रास्ता बैरा से आकर गुदिन की पहाड़ी हो अलवास पहुँचता है। दूसरा रास्ता टिकरी से उतर कर नकरोर के पुल पर पांगी सड़क से मिलता है। मुख्य रास्ता गुवारी से चढ़ाई चढ़ कर अलवानाला के किनारे-किनारे थरेला और फिर वहाँ से कुछ मील पर अलवास पहुँचता है। यहा साच-जोत् के लिए भारवाहक मिलते हैं, और तीन मंजिल पर पांगी का किलारी गाँव आ जाता है। बीच में सिलरुण्डी और दोनेई (ब्रिंदाबन) में पड़ाव डाल सकते हैं। धीद के पास यह सड़क पागी-उपत्यका में दाखिल होती है, और वहाँ चन्द्रभागा को लकड़ी के पुल से पार कर चढ़ाई चढ़ कर किलार पहुँचा जा सकता है। सिउल नदी की भिन्न-भिन्न शाखाओं की चढ़ाइयां और उतराइयाँ थकानेवाली जरूर हैं, नहीं तो यह सड़क अच्छी है। अलवास तक घोड़े जा सकते हैं, और जुलाई के महीने में जोत् को भी पार कर सकते हैं, लेकिन उसके आगे पांगी में घोड़ा चढ़ने का बहुत कम मौका मिलता है। भार ढोने वाले जानवर तिसा तक जा सकते हैं, लेकिन आमतौर से मसरुण्ड से आगे उन्हें नहीं ले जाया जाता।

8

कुल्लू

प्राकृतिक रूप

कुल्लू-सराज कांगड़ा जिले के अंग हैं, यद्यपि इन दोनों का संबंध इतना अस्वाभाविक समझा गया कि अंग्रेजों ने कुल्लू के लिए अलग असिस्टेंट-कमिश्नर नियुक्त कर उसे एक अलग उपजिला माना। कुल्लू उपजिला अक्षांश 30° 20′-32° 26′ और देशान्तर 76° 59′-77° 50′ में अवस्थित है। हिमालय की सबसे अधिक श्रेणियाँ भारत की सीमा के भीतर यहीं पड़ती हैं। इसकी लम्बाई 80 मील और चौड़ाई 20 से 40 मील और क्षेत्रफल 1912 वर्गमील है। इसमें लाहुल (क्षेत्रफल 1764 वर्गमील) और स्पिती (क्षेत्रफल 2131 वर्गमील) शामिल नहीं किए हैं। मध्य-हिमालय इसके पूर्व में उत्तर से दक्षिण की ओर जाता रूपी को स्पिती से अलग करता है। पहाड़ पार कर स्पिती जाने के लिए वहाँ सिर्फ एक ही जोत है, जहाँ से पार्वती नदी निकलती है। स्पिती की दक्षिणी सीमा से मिलने के बाद यह पर्वत श्रेणी कुछ नीची होती श्रीकंध या जालौरीधार के नाम से सराज को पार करती है। सीमा करनादी या कदरंदगाड के साथ-साथ सतलुज के पास रामपुर (बिसाहर) के 6 मील ऊपर मिलती है। करनादीगाड़ के पूर्व महासू का रूपी इलाका है। सराज तहसील के दक्षिणी सीमांत पर सतलुज उत्तर-पूर्व से दक्षिण-पश्चिम की ओर बहती है। सतलुज के पार महासू का जिला है। सतलुज पार करने के लिए एक दूसरे से 25 मील के फासले पर लूरी और रामपुर में दो पुल हैं। कुल्लू की पश्चिमी सीमा भी प्राकृतिक है। उत्तर से एक ऊँची पर्वतश्रेणी दक्षिण की ओर बढ़ती मध्य-हिमालय को धौलाधार (बाह्य-हिमालय) से मिलाती है, जो पहले कुल्लू को बड़ा बनगाहल से और फिर छोटा बनगाहल से अलग करती है। बड़ा बनगाहल से रावी निकलती है, और छोटा बनगाहल से ऊल। ऊल दक्षिण की ओर व्यास के समानान्तर बहती मंडी नगर के पास उससे मिल जाती है। कुल्लू की सीमा की इस पर्वतश्रेणी में 6 जोतें (घाटें) हैं, जिनमें से 4 बनगाहल जाती हैं और 2 मंडी की तरफ। दुलची जोत (6760 फुट) से सीमा एकदम पूर्व की ओर हो बाजौरा पहुँच फिर दक्षिण में व्यास की धार के साथ-साथ लारजी पहुँचती है। मंडी और कुल्लू की सीमा 50 मील तक एक है। इस पर से कांगड़ा से आने वाली दो सड़कें गुजरती

हैं जिनमें से एक ही बारहों महीने खुली रहती है। राजली (3160 फुट) से सराज तहसील आरंभ होती है, जिससे कुल्लू की पश्चिमी सीमा दक्षिण-पूर्व की ओर तिरथन नदी बनती है। जालौरी पर्वतश्रेणी (11000 फुट ऊँची) सराज को बाहरी और भीतरी दो भागों में बाँट देती है। सतलुज में जहाँ कुल्लू की सीमा मिलती है, वहाँ सतलुज की धार 2500 फुट की ऊँचाई पर बहती है।

कुल्लू में होकर जाने वाली पर्वतश्रेणियाँ करीब-करीब वही हैं, जिनका वर्णन हम चंबा में कर आये हैं। उत्तरी पर्वतश्रेणी जम्मू-कश्मीर की पीर पंजाल श्रेणी का पूर्व में बढ़ा हुआ भाग है। पूर्वी पर्वतश्रेणी कुनजोम पर्वतश्रेणी से मिली हुई है—कुनजोम श्रेणी लाहुल को स्पिती से अलग करती है। बसलैव-जालौरी श्रेणी के नाम से दक्षिणी श्रेणी स्पिती की सीमा बनती सराज को पार करती है।

पश्चिम में बड़ा बनगाहल श्रेणी है, जिसकी बहुत-सी बाँहियों के नीचे व्यास की भिन्न-भिन्न शाखा नदियाँ निकलकर बहती हैं। सुजोइन नाला के दोनों तरफ की पर्वत-श्रेणी के नीचे अवस्थित कोठी बागगढ़ बड़ा सुन्दर भूभाग है। व्यास के दक्षिण से आने वाली शाखा नदियों में भी कितनी ही बाँहियाँ हैं, जो 15000 फुट तक ऊँची हैं। नग्गर के सामने 10000 फुट की ऊँची एक चोटी है, और उत्तर तरफ शैंगली का सुंदर शिखर है।

मध्य-हिमालय हमता-जोत से कुछ पूर्व से उत्तर की तरफ से 30 मील लंबी एक बाँही फैलाता है, जो दक्षिण-पश्चिम की ओर बढ़ते व्यास की उपत्यका को मलाणा और पार्वती की उपत्यका से अलग करती उस जगह खतम होती है, जहाँ भूई के सामने पार्वती और व्यास के संगम के ऊपर की 8000 फुट ऊँची पहाड़ी पर बिजली महादेव का मंदिर है। पूर्व में मध्य-हिमालय की एक बाँही आगे बढ़कर मलाणा और पार्वती नदियों की उपत्यकाओं को विभक्त करती है। मध्य-हिमालय के पूर्व जाने वाली बाँही कितनी ही जगह 21000 फुट ऊँची है, यही पार्वती, सैंज और तिरथन नदियों की जलविभाजक है। मध्य-हिमालय की एक लंबी बाँही पश्चिम की ओर पार्वती और सैंज नदियों के बीच में जाकर भुई में खतम हो जाती है। मध्य-हिमालय की एक छोटी श्रेणी लारजी में व्यास नदी सैंज और तिरथन नदियों के बीच में होती व्यास के तट पर उतरती है। जालौरी श्रेणी और पूर्वी बाँही के संगम पर 17000 फुट ऊँचा श्रीकंध (श्रीकंठ) शिखर है, जहाँ से उसी नाम की तिरथन की एक शाखा और बाहरी सराज की कुरपान नदी निकलती हैं। श्रीकंठ या जालौरी पर्वतश्रेणी की दो जोतें बसलैव (2750 फुट) और जालौरी (10000 फुट) की जोतें हैं, जिनसे भीतरी और बाहरी सराज को मिलने वाले रास्ते जाते हैं। शिमला-कुल्लू वाली सड़क जालौरी डाँड़े से होकर जाती है।

कुल्लू की भी मुख्य नदी व्यास है। सतलुज, केवल सराज तहसील की दक्षिणी सीमा को छूती है। रोटंग जोत से निकल कर व्यास नदी दक्षिण की ओर बहती लारजी तक आती है। उसके बाद एकदम पश्चिम की ओर मुड़कर मंडी जिले में चली जाती है। इसका मुड़ना बिल्कुल समकोण पर है। उत्तर से दक्षिण बहने वाली व्यास में भिन्न-भिन्न

बर्फानी हिमानियों से निकलने वाली उसकी शाखाएँ दाहिने-बायें से आकर मिलती हैं, जिनमें बड़ी नदियाँ दक्षिण तट पर आकर मिलती हैं।

बायीं शाखा में व्यास के दाहिने या पश्चिमी तट पर आकर मिलने वाली नदियाँ उत्तर से दक्षिण हैं—सोलंग, वस्तुतः इसे ही व्यास की मुख्य धारा कहना चाहिए—मनालसू, सुजोइन, फौजाल और सर्वरी। सुल्तानपुर में व्यास से मिलने वाली सर्वरी को छोड़कर बाकी को नाला कहते हैं। इन सबका उद्‌गम बड़ा बनगाहल पर्वतश्रेणी में है। दक्षिण की शाखा में अलैनी नाला, मलाणा नाला और पार्वती, सैंज, तिरथन नदियाँ हैं। पार्वती भूई के पास व्यास में मिलती है। वहाँ पर इसमें व्यास की धार से कम पानी नहीं है। मलाणा जारी में पार्वती से मिल जाती है। पार्वती और सैंज के बीच में हुरला नाला है। पूर्वी तट पर मिलने वाली नदियाँ स्पिती के सीमान्त के बड़े हिमाल से आती हैं, इसलिए इनमें पानी भी ज्यादा होता है। बाहरी सराज की नदियों में कुरपान, श्रीकंठ शिखर से दक्षिण-पश्चिम की ओर बहती निर्मंड में दक्षिण मुँह हो सतलुज में जा मिलती है। कुरपान से पश्चिम में अवस्थित नूनू के शिखर से एक दूसरी नदी निकलती है, जिसे अनिगाड़ कहते हैं। यह भी सतलुज में जा मिलती है।

यहाँ चार तप्तकुंड हैं—बशिष्ट : मनाली के पास, यह तीर्थस्थान है। कलाथ : कटराई के ऊपर, यह व्यास के दाहिने किनारे पर है। मणिकर्ण : पार्वती उपत्यका, यह प्रसिद्ध तीर्थ है। और कीरगंगा : पार्वती के दाहिने किनारे पर है। बशिष्ट और कलाथ के तप्तकुण्डों का पानी गर्मियों में 132.8° डिग्री तक पहुँचता है, और मणिकर्ण में 185° से 201.2° डिग्री अर्थात् उबाल बिंदु तक। इसमें से लौह कार्बोनेट और चूना कार्बोनेट भी साथ-साथ निकलता है, जिनकी 15 इंच मोटी तह जमी मिलती है। मणिकर्ण में कई गरम पानी के चश्मे हैं, जिनमें से सबसे ऊँची जगह पर रामचंद्र मंदिर के पीछे 1905 ई० के भूकंप से पहले 4-5 फुट ऊंचा फौवारा छूटता था, लेकिन अब वह एक फुट ही ऊपर उठता है। इसमें कोई हानिकारक तत्त्व नहीं है।

भूतत्त्व दृष्टि से देखने पर ज्ञात होता है कि कुल्लू में तीन युगों के पत्थर मिलते हैं, जिनका विवरण इस प्रकार है—यह सबसे पुराना स्फटिन, मेटामोर्फिक पत्थर चिनी-रामपुर में सतलुज के दोनों तरफ से लेकर सुकेत के कितने ही भागों में होते बंजार से पूर्व स्पिती-कुल्लू की सीमा के ऊँचे पहाड़ों के साथ होते मनाली, जगतसुख और पुतीरानी को अपने भीतर लेते रोटंग जोत से उत्तर होते पट्टन को बायें छोड़ केलोग को लेते जांस्कर में चला गया है। इन पत्थरों में फॉसिलें नहीं मिलतीं। यही हिमाल की मेरुदण्ड है। यहाँ संगखारा, आग्नेय आदि जाति के पाषाण हैं। 'प्राक्केम्ब्रिय' जाति के पाषाण मुख्य कुल्लू में बंजार से सुल्तानपुर, नग्गर और जतिंगरी होते बीच में स्फटिन के क्षेत्र की एक मली छोड़ बनगाहल को लेते चंबा-लाहुल तथा पाटन को भी लेते स्फटिन क्षेत्र के पश्चिम से होता जांस्कर की ओर चला गया है। यह विशाल पाषाण-क्षेत्र चंबा, कांगड़ा से महासू होते गढ़वाल तक चला गया है। यहाँ मुख्य तौर से चूना-पाषाण, स्लेट, क्वार्ट-जिट आदि पत्थर मिलते हैं। कुल्लू में यह पाषाण केवल कुल्लू, बाजौरा और प्लाच के भीतर

सराज में मिलते हैं। 'पुराजीवीय केंब्रिय' पत्थर उस काल के हैं, जबकि सबसे पहले पृथ्वी पर जीव का प्रादुर्भाव हुआ। ये अधिकतर स्फटिन क्षेत्र के पूर्व में सतलुज के किनारे से रारंगे के उत्तर से स्पिती में करजा और कुनजोंग-जोत लेते लोसर होते युननछो (सरोवर) से लिंगती-उपत्यका को लेते लदाख चला गया है। पूर्व में मध्यजीवक पाषाणों की एक बहुत चौड़ी पट्टी छोड़ कर छोमोरिरी को लेते फिर इस युग के पाषाणों का एक विशाल क्षेत्र तिब्बत और लदाख में जाता है। इसके बाद 'तार्तियेरी-युग' प्रारंभ होता है। इस युग की मध्यजीवीय चट्टानें व पुराजीवीय काफी चौड़ी चट्टानें—दोनों क्षेत्रों के बीच दन्खर् से रिंगर्मा, ख्यांगशीशा होते लदाख की ओर गई हैं। इस युग की चट्टानें बिलासपुर, मंडी होते चंबा में जाती हैं।

4 अप्रैल 1905 ई० को छह बजे सबेरे जो भीषण भूकंप आया था, उसका प्रभाव धर्मशाला और कांगड़ा ही तक नहीं, बल्कि कुल्लू पर भी बहुत पड़ा, यद्यपि यहाँ के मकानों की बनावट कंप-सह होने से उतनी हानि नहीं हुई। इस भूकंप का केंद्र लारजी में था, इसलिए उसके आस-पास की कोठियों (तप्पों) को बहुत अधिक नुकसान हुआ। तो भी प्राणियों की हत्या यहाँ उतनी नहीं हुई। फिर भी कुल्लू में कांगड़े की अपेक्षा पशुओं को अधिक क्षति हुई, उसका कारण यही था कि वे मकान की निचली मंजिल में बँधे थे, जहाँ से उन्हें निकलने का मौका नहीं मिला। कुल्लू में कोई अंग्रेज नहीं मरा, और लाहुल के ईसाई-मिशन के घरों की मुश्किल से कोई क्षति हुई। सारे कुल्लू में 17058 घर बिल्कुल नष्ट हो गये, और 16208 को काफी क्षति पहुँची। कुल्लू (सुल्तानपुर) के तहसील, थाना, जेल और डाकबंगले बिल्कुल ध्वस्त हो गये, आठ हिस्सा मकान भी बिल्कुल नष्ट हो गये। इसका कारण यही था कि यहाँ के लोगों ने मकान बनाने में मैदान के शहरों की नकल की थी। बंजार में तहसील, खजाना, थाना और अस्पताल पुरानी पहाड़ी परिपाटी के अनुसार लकड़ी के ढाँचों के साथ दीवार तैयार करके बनाये गये थे, इसलिए उनको नगण्य-सी क्षति हुई। नगर का महल भी लकड़ी के कारण ही अडिग खड़ा रहा। भूकंप के होते ही संचार बिल्कुल विच्छिन्न हो गया, डाक-तार और सड़कें खराब हो गईं, करीब-करीब सभी बड़ी-बड़ी सड़कें भूपात के कारण खंडित या अवरुद्ध हो गईं। लोग कुछ भी करने पर चिट्ठियाँ ले जाने के लिए तैयार नहीं थे, भूकंप के बाद ज्योतिषियों और अफवाह उड़ानेवालों की बन आई और वह तरह-तरह की भविष्यवाणियाँ करने लगे। आसिस्टैंट-कमिश्नर कलबर्ट उस वक्त बाहरी सराज के जकातखाना स्थान में था, जहाँ से वह कुल्लू लौटने में बसलैव जोत को रुका देखकर जालौरी जोत—जहाँ 10 फुट ऊँची बर्फ थी—होकर 17 अप्रैल को बंजार और 21 अप्रैल को सुल्तानपुर पहुँचा। 24 अप्रैल को—भूकंप के दिन से बीस दिन बाद—अस्पताली दल आये, और फिर लोगों को सहायता भी पहुँचने लगी। इसके लिए सरकार ने कुल्लू में 60 हजार रुपये खर्च किये। 38344 रुपया मालगुजारी छोड़ दी गई, इन्कम-टैक्स को भी नहीं लिया गया। लाहुल में यद्यपि पशु-प्राणियों की क्षति बहुत कम हुई थी, लेकिन मकानों को काफी नुकसान हुआ था। भूकंप के कारण अनंत परिमाण में जो बर्फ पहाड़ों से गिरी थी, उसके कण उड़कर सारे

लाहुल में अंधेरा किये थे, और सारा लाहुल बर्फ से ढँका था, इसलिए सहायता के काम में वहाँ बहुत रुकावट पड़ी। स्पिती में भूकंप का धक्का तो लगा, लेकिन बहुत जोर का नहीं। स्पिती की शिलाएँ पुराजीवी और मध्यजीवी हैं। सबसे ज्यादा प्रभाव पुराण और तृतीय युग के पाषाणवाले इलाकों पर हुआ। लकड़ी के अभाव के कारण स्पिती में दीवारों के बनाने में उसका इस्तेमाल नहीं होता, जिसके कारण घरों को बहुत नुकसान हुआ।

खनिज-संपत्ति कुल्लू में बहुत है, लेकिन अभी उसकी आंशिक जाँच-पड़ताल भी नहीं हो सकी है। रूपी में चाँदी, ताँबा और सीसा का पता लगा है। ऊपरी व्यास में भी कई धातुएँ हैं। लोहा कितने ही स्थानों में मिलता है, खासकर बाहरी सराज के नारायण गढ़ कोठी की कितनी ही जगहों में। संक्षेप में इनका विवरण इस प्रकार है—चाँदी रूपी में, नीलम ऊपरी रायसन (हमता जोत के रास्ते) में, इस्पात और मैंगनीज कोटकंधी में, ताँबा दलासनी, चिसानी-मलाणा, कोटकंधी के पास के नालों में, लोहा रूपी, सराज में और सोलंग के जंगल में, सीसा तारीसिकी में, सुरमा, स्पिती में शिमरी नदी के पास, और सोना शमशी के पास नदी में (थोड़ा)।

सतलुज के किनारे को छोड़कर बाकी सारा कुल्लू 4000 फुट से ऊपर है, जिसके कारण यहाँ की आबोहवा बड़ी अच्छी रहती है। वर्षा यहाँ मंडी और कांगड़े से कम होती है। यूरोप के ठंडे मुल्कों के सभी फल यहाँ पैदा होते हैं। बाहरी सराज, अर्थात् सतलुज के पास वाले भूभाग में और जगहों की अपेक्षा अधिक वर्षा होती है और जाड़ों की वर्षा करीब-करीब सभी जगह ज्यादा है। लेकिन, वसन्त और शरद में आकाश अधिकतर निरभ्र रहता है। व्यास के निचले भाग और बाहरी सराज में कुछ अधिक गर्मी पड़ती है, लेकिन वहाँ करीब-करीब रोज ही हवा चलती है, जिसके कारण उसका उतना असर नहीं होता। जाड़ों में अधिकांश भागों में बर्फ पड़ती है, जो कितनी ही जगहों में अप्रैल तक नहीं पिघलती। कुल्लू और सराज में अपने दक्षिण और पश्चिम के जिलों की अपेक्षा कम वर्षा होती है, लेकिन जहाँ तक अधिक ऊँचे स्थानों तथा व्यास और पार्वती की उपत्यकाओं के सिरों तथा जालोरी पर्वतश्रेणी का संबंध है, वहाँ वर्षा अधिक होती है। पहाड़ों की भिन्न-भिन्न बनावटों के अनुसार वर्षा में फर्क देखा जाता है। सुल्तानपुर और लारजी के बीच की व्यास-उपत्यका और सतलुज के तट को उस समय भी वर्षा से वंचित देखा जाता है, जब कि दूसरे भागों में बहुत अधिक वर्षा होती है। बाढ़ कम आती है, और उससे कुछ स्थानों में ही क्षति होती है। 1894 ई० में फौजल नाला में बर्फ और हिम ने पानी को रोक दिया। एक के बाद एक हिमानियाँ गिरीं, जिसके कारण बहुत क्षति हुई। 1900 ई० में बाजौरा खड्ड की बाढ़ ने भी बहुत नुकसान पहुँचाया था।

कुल्लू का बहुत भाग जंगलों से ढँका हुआ है। कुल्लू-सराज में जोती हुई जमीन सारे क्षेत्रफल की केवल 7 सैकड़ा है। गांव 9000 फुट से ऊपर नहीं पाये जाते, औसतन आबादियाँ 5000 फुट पर पाई जाती हैं। मकानों में कितने ही तिमंजिले-चौमंजिले हैं, जो देखने में चौकोर विशाल मीनार जैसे मालूम होते हैं। छतें स्लेट की बनाई होती हैं। गाँव के आसपास सीढ़ीनुमा खेत हैं, और वहीं जहाँ-तहाँ खूबानी, अखरोट के वृक्ष हैं।

खेतों और गाँवों की सीमा खतम होने पर फिर घने देवदार, बान, कैल के जंगल आते हैं। ऊँचाई के साथ-साथ वृक्षों की जाति निर्बल होने लगती है, और भुर्ज (भोजपत्र) और सफेद बुरांस के वृक्ष आ जाते हैं। इनके ऊपर या तो नंगी पथरीली चट्टानें या घास से ढँकी ढलानें हैं। 6000 फुट से नीचे की ऊँचाई पर बर्फ ज्यादा नहीं दिखाई पड़ती।

वसंत में यहाँ का प्राकृतिक दृश्य अत्यंत रमणीय होता है। खेतों के पास लगे हुए खूबानी के वृक्ष मार्च के आरम्भ में अपने गुलाबी फूलों से पहले अपने को ढाँक लेते हैं, पत्तियाँ पीछे आती हैं। कुछ और समय बाद और ऊँचाई पर लगे ब्रास (बुरांस) अपने रुधिर जैसे लाल फूलों से ढँक जाते हैं। जून के आरंभ में हार्सचेस्टनट (खनोर) फूलती है, जिसके चारों ओर लाखों मधुमक्खियाँ मधु-संचय करने में रत रहती हैं। ऊँचाइयों के अनुसार खेतों में भिन्न-भिन्न रंग एक ही समय दिखाई पड़ते हैं। इन सुंदर दृश्यों में अनी से बंजार, सराहन से बांदल (सराज), करांव के पास सर्वरी उपत्यका, सुल्तानपुर से ऊपर की व्यास उपत्यका, चुंग और पुलगा से पार्वती की उपत्यका बड़ी मनोहारी होती है।

व्यास उपत्यका सैलानियों के लिए सबसे सुगम है, क्योंकि इसी में कुल्लू-कटराई होकर मनाली तक मोटर-सड़क जाती है। नदी 9 मील के भीतर 6000 फुट नीचे उतर कर सोलन के संगम पर पहुँचती है। इसके ऊपर राला गाँव है, जहाँ से रोटंग की जड़ तक राई, तोस, फागरा, अखरोट के जंगल मिलते हैं। कोठी पहला गाँव पड़ता है, जिसके नीचे व्यास ऊँची चट्टानों को काटकर बाहर निकलती है और करीब-करीब 3000 गज तक वह चट्टानों के नीचे से गुजरती है। यहाँ उसकी गहराई 100 फुट है। इस सँकरे रास्ते से निकलने के बाद वह सोलन नाले से गले मिलती है, फिर उपत्यका चौड़ी हो जाती है। वहाँ किनारे के पहाड़ों की ढलानों पर घने जंगल हैं विशेष कर बायें वाले पहाड़ों पर। अब मनाली आती है, जिसके देवदार कुल्लू में बड़े सुन्दर माने जाते हैं। नदी को यहाँ जल्दी नहीं है, कहीं-कहीं तो वह मैदानी नदी जैसी मालूम होती है, यदि नदी के बीच में पड़ी चट्टानों का ख्याल न किया जाये। जहाँ-तहाँ नदी के बीच में वृक्षों से ढँके द्वीप आते हैं। नदी की कई शाखाएँ होना यही बतलाता है, कि उसे अब चलने को समतल-सी जमीन मिल गई है। कोठी के शिला द्वार से 40 मील चलने पर बाजौरा में व्यास की धार बहुत बड़ी हो जाती है, और वह एक बड़ी नदी मालूम होने लगती है। बाजौरा के बाद उपत्यका फिर सँकरी होने और दोनों तरफ के पहाड़ नजदीक आने लगते हैं। फिर मंडी की तरफ के पहाड़ों पर गाँव और कितने ही जंगल दिखाई पड़ते हैं, लेकिन दाहिने तट पर जंगल नहीं, बल्कि घास से ढँके करीब-करीब सीधे खड़े पहाड़ हैं। वहाँ गाँव बसने की संभावना न होने से बाजौरा और लारजी के बीच कोई गाँव नहीं है। लारजी के नजदीक आने पर उपत्यका बहुत सँकरी हो गिरिद्वार बन जाती है, पानी बहुत गहरा और शनैः-शनैः चलता है। यहाँ की व्यास अपने शांत रूप को तुरंत छोड़कर एकाएक समकोण पर पश्चिम की ओर मुड़ चट्टानों को काटकर मंडी जिले में चली जाती है।

रूपी वजीरी की पार्वती नदी अपनी हुरला और सैंज नदियों को लेती व्यास

उपत्यका के सौंदर्य को भी मात कर देती है। इनके किनारे अधिकांश जगहों में पहाड़ नदी के तट पर खड़े हैं, लेकिन कुछ खेतों के बाद ऊपर चढ़ते गाहर (बुक्याल) होते अंत में हिमानियों और हिमशिखरों में जा मिलते हैं। रूपी के गाँव नरम ढलानों में हैं, और बाकी बाँहियों के समतल-से पृष्ठ पर। नदी के उत्तरी किनारे के पहाड़ ज्यादा खड़े तथा कम जंगलों वाले हैं, पर दक्षिण वाले अधिक वनस्पति-सम्पन्न हैं। इसी प्रकार सराज में सैंज के दक्षिणी किनारे पर हिमालय के सबसे सुन्दर देवदार के जंगल हैं। ऊपरी तिरथन उपत्यका में रोला रक्षित-वनखंड अपने तोस वृक्षों के लिए अनुपम है। तिरथन उपत्यका के जंगलों में बहुत अधिक प्रकार के वृक्ष मिलते हैं, खास कर जालौरी पर्वतश्रेणी के नजदीक। सतलुज की ओर ढलने वाले पर्वतों में भी सतलुज के पास के कुछ मील को छोड़कर सभी जगह घने जंगल हैं।

कुल्लू में बहुत अधिक परिमाण में और अच्छी जात के वृक्षों के जंगल हैं, सबसे निचले भाग में चील (चीड़) के दरख्त 6000 फुट की ऊंचाई तक पाये जाते हैं। पार्बती और तिरथन की उपत्यकाओं तथा बाहरी सराज के पंद्रबीस कोठी में ये सबसे बड़े होते हैं। शीशम छोटे आकार के तथा जंगली जैतून (काहू) और तूत भी निम्न ऊँचाइयों में पाये जाते हैं। जैतून और तूत के पत्तों को काटकर लोग पशुओं को खिलाते हैं। चील के ऊपर कैल और देवदार के जंगल आते हैं। कैल देवदार से भी ऊपर पाया जाता है—पार्वती उपत्यका में राई और तोस से मिला हुआ यह 9000 फुट के ऊपर तक देखा जाता है। ऊपरी व्यास उपत्यका में देवदार 7000 फुट से ऊपर नहीं मिलता। यहाँ औसतन 6000 फुट देवदार की भूमि है। बाहरी सराज और भीतरी सराज के रोला रक्षित वनखंड गें वह तोस और भूरे बान के साथ मिला हुआ और भी अधिक ऊँचाई पर पाया जाता है। हिमालयीय बान (ओक) के विस्तृत जंगल रूपी तहसील की कुरला-उपत्यका में पाये जाते हैं, जहाँ उनके साथ लाल फूल वाले ब्रास (गुरांस) भी होते हैं। इस क्षेत्र में खरसू, भुर्ज, पहाड़ी तून, मरान आदि कितने ही और पेड़ तथा झाड़ियाँ मिलती हैं। देवदार के ऊपर कैल 8 से 11 हजार फुट तक होता है, जिसमें स्प्रूस (राई) और तोस भी मिले रहते हैं। इन्हीं के साथ खनोर, मंदार, अखरोट, अंगू भी मिलते हैं। इनके अतिरिक्त शमशाद, यँव, मरान और दूसरे दरख्त मिलते हैं। ऊपरी भागों में तोस, खरशू भी मिलते हैं। 12000 फुट की ऊँचाई पर भुर्ज (भोजपत्र), शरगर (सफेद बुराँस), जंगली सेब और पाला जैसे कुछ दरख्त दिखाई पड़ते हैं। अंत में सबसे ऊँचे पर उगने वाला धुर्पी (जुनिपर), सफेद ब्रास और कुछ झाड़ियाँ रह जाती हैं। यहाँ के कुछ जंगली वृक्ष ये हैं—कशंबल, डार्लू, खनौर, मंदार, तुंग, रिखाल, अर्खल, काकर, शीह, सीसाँ, जामन, शारो, आरू (मलारू), शँगल, पाला, रेउन्श, मैखल, अनचू, अचला, इहिसरी, अरान, शरगर (कश्मीरी पट्टा), ब्रास, काहू, अगू, शमशाद, मरान, खिर्क, चिमाँ, फागरा, त्रिमूल, फल्स, होर (अखरोट), भुर्ज, कोश, बान, खरसू, माँढू, देवीदियार, रखाल, कैल, चील (चीड़), कैलो (देवदार), राई, तौंस।

वन्य पशु कुल्लू में भी वही पाये जाते हैं, जो कि चंबा और कांगड़े की ठंडी

जगहों में। स्तनधारियों में लाल और काले भालू, चीता, जंगली बिल्ली, लकड़बग्घा, सियार, लोमड़ी, ऊदबिलाव, जंगली सूअर, साही, जंगली भेड़-बकरियाँ, उड़न्तू गिलहरी, चमगादड़, भूरे बंदर, लंगूर, कस्तूरा, काकड़ और गौराल मिलते हैं। भालू सबसे ज्यादा फसल को हानि पहुँचाते हैं। काले भालू मकई के दुश्मन हैं, और लाल भेड़ों को खा जाते हैं। चीता (बघेरा) भेड़ों, कुत्तों और कभी-कभी ढोरों और घोड़ों को भी मारता है। बानरों से खेती की रक्षा करना एक बड़ी भारी समस्या है। पक्षी भी यहाँ पर कई हैं, पड़ोसी पहाड़ों में, इजनमें खूआक्ता (कौकला), कलेश, गोलिंदा आदि मुख्य हैं। शिकारी चिड़ियों में बहुत प्रकार के बाज मिलते हैं। यहाँ साँप बहुत तरह के हैं, लेकिन जहरीला सिर्फ हिमालयीय वाइपर गेहुअन, दबोरी (रसल वाइपर) है, पर उसके काटने से भी मुश्किल से कोई आदमी मरता है। छिपकलियाँ और गिरगिट भी यहाँ कई प्रकार के हैं। गुंगली, मोची आदि कितनी ही तरह की मछलियाँ यहाँ होती हैं। रोहू के पालने की ओर यहाँ विशेष ध्यान दिया गया और 1909 ई० के वसंत में कश्मीर से उसके फूटने वाले अंडों को लाकर व्यास में कई जगह डालकर पाला गया। नग्गर के पास चाकीनाला में, महिली में, उससे जरा नीचे व्यास में इन बच्चों को डाला गया और उनकी वृद्धि भी काफी हुई। बंसी लगाने के लिए दो महीनों के लिए 30 रुपये पर लाइसेंस दिया जाता है, और जाल डालने के लिए सारे साल के लिए ही लाइसेंस मिलता है।

इतिहास

कुलूत के नाम से संस्कृत साहित्य में कुल्लू प्रसिद्ध देश रहा है। यहाँ के पवित्र स्थानों तथा प्राकृतिक दृश्यों ने भी बाहर के लोगों को बहुत पुराने समय से ही बहुत आकृष्ट किया। ईसवी सन् के आरम्भ का वीरयश राजा का सिक्का भी कुलूत (कोलूत) की प्रसिद्धि को बतलाता है। संस्कृत के लेखक कुणिंद या कुलिन्द का नाम लेते हैं, जो कि त्रिगर्त से पूर्व में रहते थे। कनिंघम ने कुणिंद शब्द का ही अपभ्रंश कनैत को माना है, और कुल्लू में आज भी कनैतों की बहुत अधिक संख्या है। कुल्लू के लोगों को पडेसे कोलुए कहा करते हैं, संभव है यह कुलिंद से निकला हो। इसके सिक्के से स्पष्ट ही है, कि ईसवी सन के आरभ में कुल्लू इतिहास में सम्मिलित हो गया था।

पौराणिक परंपरा को लेने में बहुत सावधानी रखने की जरूरत है। उसके अनुसार तंदी नामक बीर या असुर रोटंग-जोत के दक्षिण में अपनी बहिन हरिम्बा (हिडिम्बा) के साथ रहता था। वनवास के समय जब पंचपांडव पहाड़ों में आए, तो भीम का हिडिम्बा से प्रेम हो गया। तंदी इसके लिए भीम से लड़ाई करके मारा गया। यही हिडिम्बा या हरिम्बा कुल्लू की हिरमाणदेवी है। भीम का अनुचर बदर (महाभारत का विदुर) था, जिसने तंदी की लड़की से ब्याह किया, जिससे भोट और मकर दो पुत्र पैदा हुए। व्यास ऋषि ने इन दोनों को पाल-पोस कर बड़ा किया। भोट जब सयाना हुआ, तो उसने एक भोट-स्त्री सुदंगी से ब्याह किया। मकर सुदंगी और भोट से अलग हो गया, क्योंकि वह गाय का मांस खाते थे। इतिहास से हमें मालूम है, कि 7वीं शताब्दी से पहले

पश्चिमी तिब्बत, स्पिती और लदाख में अभी भोट (तिब्बती) लोग नहीं आए थे, यहाँ खसों और किरातों की प्रधानता थी। अस्तु, परंपरा बतलाती है, कि मकर ने व्यास के बायें किनारे हुरलानाला के उत्तर वर्तमान हुरला गांव के पास मकरसा नाम से अपनी राजधानी बसाई, जिसे मकराहर, मकराहा और मकरासा भी कहते हैं—अभी हाल तक सारे कुल्लू के लोगों को इसी नाम से पुकारा जाता था। मकर के वंशज कितने ही समय तक राज्य करके उच्छिन्न हो गए, और मकरासा नगर परित्यक्त हो गया। इस नगर का भाग्य फिर जगा, जब 16वीं सदी में कुल्लू के राजाओं ने इसे एक बार फिर अपनी राजधानी बनाया, और जिसके भाग्य को अंत में सुल्तानपुर ने छीन लिया।

इतिहास की ठोस सामग्री पुरातत्त्व-सामग्री है, जिसका यहाँ अभाव नहीं हो सकता, लेकिन इसके संग्रह की ओर अभी उतना ध्यान नहीं दिया गया। सिक्कों में प्रथम शताब्दी का वीरयश का सिक्का मिला है, जिसके बारे में हम बतला चुके हैं, और जिस पर अशुद्ध संस्कृत में लिखा है—'राज्ञो कोलुतस्य, वीरयशस्य' (राज्ञः कोलुतस्य वीरयशसः)। वस्तुतः अपने इतिहास और पुरातत्त्व सामग्री, अपनी लोकभाषा और लोक-साहित्य के संरक्षण और अनुसंधान के लिए भी भाषाओं के अनुसार प्रान्तों का निर्माण होना आवश्यक है। ऐसा होने ही पर कुल्लू, चंबा, कांगड़ा, महासू और मंडी में इस क्षेत्र में अधिक काम हो सकता है, और वहाँ स्थानीय संग्रहालयों को कायम करके चीजों को जमा किया जा सकता है। वीरयश के सिक्के का जिक्र कनिंघम ने अपने ग्रंथ[1] में किया है, जिसका शुद्ध पाठ 1900 ई० के रायल एसियाटिक सोसाइटी के जर्नल[2] में दिया गया है। वीरयश का नाम किसी भी वंशावलि में न होना यह बतलाता है, कि केवल वंशावलियों के सहारे इतिहास को अच्छी तरह जाना नहीं जा सकता। वस्तुतः वंशा-वलियाँ एक खास राजवंश की होती हैं, उन्हें कल्पित राजाओं की संख्या बढ़ा कर लंबा करने की कोशिश जरूर की जाती है, लेकिन प्रतिद्वंद्वी या पुरानी राजवंशावलि के अंशों को सुरक्षित रखने की नहीं कोशिश की जाती। वीरयश के सिक्के पर दो लिपियों का इस्तेमाल किया गया है। पूरा वाक्य संस्कृत में है, फिर खरोष्टी लिपि में 'रंजो' (राज्ञः) दिया गया है। इसी तरह के दो लिपियों वाले सिक्के औदुम्बरों और कुणिंदों के भी मिले हैं। पठानकोट का इलाका उदुम्बरों का था, जो अपनी राजधानी को प्रतिष्ठान (मुगल काल में पैठान) कहते थे। इनके तथा कुणिंदों के अपने गण ईसवी सन् के आसपास मौजूद थे। इस समय के शिलालेख भी कांगड़ा के पठियार और कनियारा में मिले हैं, और उनमें भी दोनों लिपियों का प्रयोग किया गया है। इससे स्पष्ट है कि उस समय ब्राह्मी और खरोष्टी दोनों लिपियों का यहाँ प्रचार था। तत्कालीन कुषाण राजाओं के सिक्कों में भी यही बात देखने में आती है।

कुल्लू के सिक्कों के बारे में जितना अनुसंधान करने की आवश्यकता थी, उसकी

---

1. 'Coins of Ancient India' p 67, Plate 10, no 14
2. वही, पृ० 415-20, 429, 537

तरफ ध्यान नहीं दिया गया। यहाँ के पुराने नगरों के ध्वंसावशेषों में अब भी वैसे सिक्के मिल सकते हैं।

यहाँ का सबसे पुराना शिलालेख सलानू (मंडी) गाँव के नजदीक सालरी की एक चट्टान पर है, जो पुराने समय में कुल्लू की रही होगी, इसे कहने की आवश्यकता नहीं। लिपि से मालूम होता है कि यह लेख ईसा की चौथी-पाँचवीं सदी का है। इसमें एक राजा की दूसरे राजा पर विजय का जिक्र है, पर दोनों का पता नहीं लगता। इसके अतिरिक्त ढुंगरी, हाट और जगतसुख के मंदिरों में भी शिलालेख पाए जाते हैं।

शिलालेखों में कटैहर (कोटीचैंहनी) में ठाकुर मुरलीधर के मंदिर की दीवार में एक शिलालेख राजा विधिसिंह के समय (1674-75 ई०) का है। पीछे के जिन शिलालेखों का पता लगा है, उनका काल 1673 से 1870 ई० का है। पिछले सारे शिलालेख शारदा से निकली टांकरी लिपि और कुल्लू की भाषा में है।

यहाँ 11 ताम्रपत्र मिले हैं, जिनमें ब्राह्मणों और मंदिरों को दान दिए गए थे। सबसे पुराना सतलुज-उपत्यका में निर्मंड मंदिर का है, जिसे स्पिती के बौद्ध राजा समुद्रसेन ने 7वीं सदी में दिया था।

चंबा के युवराज के कुल्लू की तीन राजकुमारियों से ब्याह करते समय कुल्लू के राजा बहादुरसिंह ने एक ताम्र शासन पत्र चंबा के राजगुरु रमापति को प्रदान किया था। शायद यह 1559 ई० का है। राजा जगतसिंह के समय में 1651 और 1656 ई० के चार ताम्रपत्रों में भूमिदान का जिक्र है। इनमें से एक राजा राजसिंह के समय का है, जिस पर तिथि नहीं है। राजा प्रीतमसिंह का ताम्रपत्र 1780 ई० का है। ये चारों ताम्रपत्र टाँकरी लिपि तथा तत्कालीन कुल्लू की भाषा में हैं।

कनौर की तरह यहाँ भी देवताओं की अचल मूर्ति नहीं होती, बल्कि बीच में उभरी हुई डोली के ऊपर चेहरा लगा कर देवता बना दिया जाता है। डोली के बीच में भुर्ज के दो लंबे लचकदार डंडे लगे रहते हैं, जिनको दो आदमी अपने दोनों कंधों पर उठा कर ले चलते हैं। लचकते समय देवता का चेहरा जिस तरफ झुकता है, उसके संकेत से लोग देवता से बातचीत करते हैं। इन चेहरों में दाताओं के नाम और तिथियाँ खुदी हुई हैं, जिनसे कुल्लू के इतिहास पर काफी प्रकाश पड़ता है। चेहरों को पुराने की जगह नया करने का आम रिवाज है, अगर पुराने चेहरों को सुरक्षित रखा जाता, तो वह हमें बहुत पुराने समय तक ले जा सकते थे। सबसे पुराना लेख ढुंगरी की हिरमादेवी के चेहरे पर है, जिस पर शास्त्रकाल संवत् 94 (ईसवी 1418) लिखा है, और दूसरा लेख 176 शास्त्रकाल (1500 ई०) का है। पहला चेहरा राजा उधरनपाल का दिया हुआ है और दूसरा सिद्धिपाल का। कोठीबरसाई के सजला गांव में विष्णु का चेहरा संवत् 176 (1500 ई०) राजा सिद्धपाल द्वारा प्रदत्त है। पहले कुल्लू के राजाओं की पदवी पाल हुआ करती थी, सिंह उन्होंने बहुत पीछे से अपने नाम के साथ लगाना शुरू किया। चेहरों के अनुसार निम्न तिथियाँ मालूम होती हैं—

देवता	स्थान	राजा	ईसवी सन्
हिरमादेवी	ढुंगरी	उधरनपाल	1418
विष्णु	सजला	सिद्धपाल	1500
भागसिद्धदेवी	पिनी-कैस	पर्वतसिंह	1575
गुमाल	शात, चुंग	पिरथीसिंह	1608-35
चिरमाल	नाजन, कोटकंधी	"	"
नरायण	छमाइन, कैस	विधिसिंह	1688
जवालू महादेव	जवानी-कैस	मानसिंह	1712-17
कपलमुनि	बशोना, कोटकंधी	"	"
कुटलीदेवी	सोइल, बरसाई	राजसिंह	1729
नरायण	छमाई-कैस	जयसिंह	1731
आदब्रह्म	खोखान	टेढ़ीसिंह	1753
हरदासा	मणिकर्ण	विक्रमसिंह	1802-7

हस्तलेखों में मुगल बादशाहों के कुछ फरमान हैं, जो 1650-58 ई० तक राजा जगतसिंह के पास भेजे गए थे। इनकी संख्या 13 है, जिनमें 4 दलाश के राय हीरासिंह के पास हैं, और दूसरे नष्ट हो गए हैं, किन्तु उनकी प्रतिलिपियाँ रूपी के राय साहब के पास हैं। इन 13 फरमानों में 12 पर दारा शिकोह की मोहर है, और एक पर औरंगजेब की।

मणिकर्ण के पंडा लोगों के पास 'कुलांतपीठ माहात्म्य' के नाम से एक माहात्म्य मिलता है, जिसे ब्रह्मांड पुराण का बतलाया जाता है। 'कुलान्तपीठ' परोल की वजीरी का पुराना नाम मालूम होता है। इसमें कुल्लू, कुलूत या कुलिन्द ही कुलांत हो गया है।

चंबा की तरह कुल्लू में भी पर्वतीय और शिखरदार दोनों शैलियों के मंदिर मिलते हैं; और उनसे इतिहास की कितनी ही जानकारी प्राप्त हो सकती है।

पर्वतीय मंदिर लकड़ी और पत्थर के बनाए जाते हैं, और उनके ऊपर स्लेट या लकड़ी की पट्टियों की छतें होती हैं। कभी-कभी यह छतें सीढ़ी की तरह एक के ऊपर एक होती हैं। यह उसी शैली की हैं, जो नेपाल में भी प्रचलित है, और नेपाल से तिब्बत, चीन और जापान तक पहुँची हैं। सीढ़ीदार छतों वाले मंदिरों की कुल्लू में कमी है। यहाँ इस तरह के केवल चार मंदिर हैं—(1) मनाली के पास ढुंगरी में हिरमानदेवी का मंदिर, (2) नग्गर में त्रिपुरसुन्दरी का मंदिर, (3) बाजौरा के सामने बियार में तिरजुगी नारायण का मंदिर और (4) खोखान में आदब्रह्म का मंदिर। इन मंदिरों के बारे में यह नहीं कहा जा सकता, कि ये बहुत पुराने हैं, तो भी इसमें शक नहीं, कि मरम्मत होते हुए भी इनमें पुरानी आकृति को कायम रखने की कोशिश की गई है। इनके बनाने में एक वर्गाकार चबूतरा खड़ा करके लकड़ी और पत्थर की बारी-बारी से रद्दे लगा कर दीवारें

खड़ी की जाती हैं, जिनके ऊपर स्लेट या लकड़ी की पट्टियों की छत लकड़ी के खंभों के ऊपर खड़ी कर दी जाती है। बाहर निकला हुआ छज्जा खम्भों और दीवार के बीच परिक्रमा का काम देता है। द्वार, खंभे और छज्जों में बहुत कारुकार्य रहता है। गर्भगृह में पहुँचने के लिए एक छोटा दरवाजा होता है। मूर्ति लकड़ी या पीतल की होती है, जो नाग, देवी या किसी और देवता की होती है। नाग और देवी (नागी) की पूजा यहाँ के किरात लोगों की प्राचीन परंपरा का आधुनिक रूप है, और किरात यहाँ के सबसे पुराने बाशिन्दे हैं, इसलिए इन देवताओं में आसपास के देवताओं से जो विशेषताएँ मिलती हैं, वह उसी पुराने काल के अवशेष हैं। व्यास उपत्यका का सबसे महत्त्वपूर्ण मंदिर बिजली-महादेव का है, जो कि भूई के पास पार्वती और व्यास की उपत्यकाओं को अलग करने वाला पहाड़ी पर 8000 फुट की ऊँचाई पर अवस्थित है। यह काफी बड़ा है—लंबाई 36 फुट और चौड़ाई 24 फुट। दीवार का निचला भाग सुर्खी-चूना बिना बड़े पत्थरों से बनाया हुआ है। काष्ठ के मंदिर के चारों ओर कारुकार्य-भूषित देवदार का बरांडा है (यहाँ के मंदिरों में आम तौर से देवदार की ही लकड़ी इस्तेमाल की जाती है)। देवदार की ही ढालुआँ छ सीढ़ियों की छत है। सबसे ऊपर लोहे का त्रिशूल है। पश्चिम की ओर दरवाजे पर कारुकार्य है, जिसे मेहराबदार खिड़कियों में भी देखा जा सकता है। मंदिर से कुछ फुट हट कर उत्तर तरफ 60 फुट ऊंचा एक लंबा खंभा खड़ा है, जिसे सुल्तानपुर से भी देखा जा सकता है। ढुंगरी मंदिर तीन सीढ़ियों वाली छत का है, और यह बनावट में अधिक मजबूत तथा कारुकार्य में बहुत समृद्ध है। इसके चारों ओर हजार वर्ष से अधिक पुराने देवदारों का घना झुरमुट है, जिसके कारण भिचा-भिचा-सा मालूम होता है। भीतर और भी अँधेरा है, जहाँ कितनी ही शिलाएँ पड़ी हुई हैं, छत से एक रस्सा लटकता है। पुराने जमाने में जब हिरमानदेवी को बलि दी जाती थी, तो आदमी को इसी छत से मरने के बाद लटका कर हिलाया जाता था। जब कोई सूखा या कोई विपत्ति आती है, तो देवता को ठीक करने के लिए उसके साँसतघर के तौर पर इस मंदिर का इस्तेमाल किया जाता है। पूर्व के दरवाजे पर 1553 ई० का एक शिलालेख है, जिससे मालुम होता है, कि राजा बहादुरसिंह ने इस मंदिर को बनवाया था।

शिखरदार शैली के मंदिर नीचे के मंदिरों की नकल पर केवल पत्थर के बने होते हैं। सारी कुल्लू उपत्यका में इनकी संख्या 16 हैं, जो सभी 17वीं सदी या बाद के बने हैं। यही समय है, जबकि कुल्लू के राजाओं ने पर्वतीय देवताओं तक अपनी भक्ति को सीमित न रख राम और कृष्ण के मंदिर बनवाने शुरू किये। ये मंदिर बड़े भी नहीं हैं। कुल्लू उपत्यका का सबसे पुराना और सुंदर मंदिर हाट में विश्वेश्वर महादेव का है। हाट गढ़वाल-कुमाऊँ में राजधानी को कहते थे। हाट का यह मंदिर केवल पत्थर का बना हुआ है। शायद किसी समय इसको मूर्तिभंजकों ने भ्रष्ट कर दिया, जिसके बाद द्वाराहाट (अलमोड़ा) और दूसरे मंदिरों की तरह यह भी खाली पड़ा है। सौभाग्य से 1905 ई० के भूकम्प ने इसे बहुत क्षति नहीं पहुँचाई, और जो कुछ क्षति हुई है, वह धर्मांध आदमियों के हाथों ही हुई है। 1760-70 ई० में कांगड़ा के राजा घमंडचंद ने कुल्लू

पर चढ़ाई की थी, उसी वक्त मंदिर की यह गति हुई, उस पर विश्वास करना मुश्किल है। किसी हिंदू राजा की ऐसी हिम्मत नहीं हो सकती। मंदिर का गर्भगृह मोटी दीवार को लेकर 8 फुट 6 इंच लंबा और 7 फुट 2 इंच चौड़ा है। इसके चार दरवाजे हैं—1. पूर्वी दरवाजे में गंगा-जमुना बाएँ-दाहिने खड़ी हैं, 2. दक्षिण तरफ गणेश, 3. पश्चिम में विष्णु और 4. उत्तर में दुर्गा की मूर्तियाँ हैं। उत्तर, पश्चिम और दक्षिण के तीन दरवाजों के ऊपर 5 फुट 3 इंच ऊँची पट्टियों पर मूर्तियाँ बनी हैं। वास्तुकला और मूर्तिकला बतलाती है, कि मंदिर बहुत पुराना है। इसमें मंडी के राजा श्यामसेन द्वारा 1673 ई० में भूमि-दान का एक अभिलेख (1673 ई० का) है। मन्दिर के बीच में शिवलिंग स्थापित है। प्रत्येक द्वार के ऊपर छोटे-छोटे मंदिरों के नमूने बने हैं, जिनमें ब्रह्मा, विष्णु और शिव या शिव के ही तीन रूपों को अंकित किया गया है। बाहर फूल-पत्ते और दूसरी तरह की सुंदर कारीगरी है। शिखर के ऊपर आम्लक है। सबसे सुंदर मूर्तियाँ पश्चिम में विष्णु वाली पट्टिका में है। पूर्व की गंगा-जमुना भी बहुत सुंदर हैं। मूर्तियों का संतुलन और आकृति, पास की फूलों और लताओं तथा पार्षदों की छोटी-छोटी मूर्तियों के साथ मिलकर और भी सुंदर दिखाई पड़ती है। यहाँ दुर्गा महिषासुर और दो असुरों को मारती हुई दिखाई गई है, जिसमें दुर्गा की महान् शक्ति को कलाकार ने दिखाने की सफल कोशिश की है। गणेश की मूर्ति भी अच्छी है। यह मंदिर बाजौरा डाकबंगले से आध मील पर खेतों के बीच खड़ा है।

कुल्लू में इन जगहों में पुराने ध्वंसावशेष मिलते हैं: मकराहर, हाट, नस्त, थावा, गढ़ढेक, मंजनकोट, मनाली, बारागढ़, गोंगा, राघुपुर, तिलोकपुर, ढलियारा, दशियार, कटेहर। कटेहर की कोठी 40 फुट तक ठोस पत्थरों की बनी है, जिसके ऊपर 30 फुट ऊँचाई तक बहुत-से रहने के कमरे हैं। तिरथन उपत्यका में यह दूर से दिखाई पड़ती है। इस तरह की कोठियाँ या एक तरह के दुर्ग लाहुल (गोंदला) और कनौर (लबरंग) में भी मिलते हैं। हाट का विश्ववेश्वर मन्दिर, नग्गर का गौरीशंकर तथा पास के दशाल गाँव के मंदिर रक्षित स्मारक हैं।

प्रागैतिहासिक काल काला का इतिहास किरात (किन्नर-नाग) जाति और खस जाति का इतिहास है, जिनमें किरात यहाँ पहले आये। यह राजवंश ईसवी-सन् के शुरू में राजा वीरयश से प्रारंभ हो जाता है, लेकिन इसकी सामग्री का हमारे पास अभाव है। ऐतिहासिक काल के पिछले राजवंश का इतिहास हमें मिलता है, जिसके राजा 15वीं सदी के अंत तक अपने नाम के साथ 'पाल' लगाते थे। इसके बाद शायद राजपूत राजाओं की देखा-देखी चंबा की तरह इन्होंने अपने नाम के साथ 'सिंह' लगाना शुरू किया। पाल और सिंह के कारण इनको दो वंश का मानना शायद ठीक नहीं है। प्रथम पाल और प्रथम सिंह राजाओं के बारे में कहावतें भी एक ही हैं और दोनों को मायापुरी (हरद्वार) से आना बतलाया जाता है। कूल्लू के राजवंश का संबंध बसौली, भादू और भद्रवाह के राजवंशों के साथ है। वंशावलि में सिद्धसिंह को अलग वंश का नहीं बतलाया गया, और उसने अपने शासन का आरंभ सिद्धपाल के नाम से किया था। इस वंश की

पुरानी राजधानी नग्गर के पास जगतसुख में थी, जिसका प्राचीन नाम नस्त था। 12 पीढ़ियों तक कुल्लू के राजा वहीं से शासन करते रहे। फिर विशुद्धपाल ने जगतसुख से हटाकर राजधानी नग्गर में स्थानांतरित की। इस वंश का संस्थापक बेहंगमणिपाल कहा जाता है, जिसने राज्य से वंचित होकर मायापुरी से पहाड़ों में आ कुल्लू में अपने वंश की स्थापना की।

बेहंगमणिपाल (360 ई०) नाम कुछ विचित्र-सा मालूम होता है, हो सकता है, इसके भीतर कोई पुराना नाम छिपा हुआ हो। इसके आने के समय (ईसवी सन् के आरंभ में) कुल्लू में छोटी-छोटी ठकुराइयाँ थीं। बेहंगमणि ने पार्वती उपत्यका के ठाकुरों पर आक्रमण करके सफलता पाई, लेकिन यह सफलता चिरस्थायी नहीं थी। अंत में उसे भागकर जगतसुख में गुमनाम रहना पड़ा। वहाँ के एक ब्राह्मण ने राजलक्षण को उसके चेहरे में पढ़ा। बेहंगमणि मेले में जा रहा था, जहाँ उसका एक बुढ़िया से परिचय हुआ, जो वस्तुतः हरिम्बादेवी थी। देवी के प्रताप से लोगों ने उसे अपना राजा बनाया। बहुत-से राणाओं और ठाकुरों को हरा कर उसने अपने राज्य का विस्तार किया। इस परंपरा से इतना ही मालूम होता है, कि जिस समय कुलूत देश अनेक छोटी-छोटी ठकुराइयों में बँटा था, उसी वक्त देश से एक राजकुमार ने आकर इन ठाकुरों और राणाओं को खतम करके बड़े राज्य की स्थापना की। हो सकता है, इन्हीं ठाकुरों और राणाओं में से ही किसी ने यह काम किया हो, या किसी साधारण आदमी ने सफलता प्राप्त की हो, फिर उच्च कुल के साथ संबंध जोड़ने की इच्छा ने देश से आने की कथा गढ़वाई हो। कम से कम बिसाहर के राजवंश के बारे में तो यह बात ठीक है। पहले इस वंश का राज्य ऊपरी व्यास उपत्यका अर्थात् परोल में था। अभी ठाकुरों की शक्ति का बिल्कुल उच्छेद नहीं हो पाया था, और वह जगतसुख के राजा को केवल कुछ कर दे दिया करते थे। पछपाल (375 ई०) बेहंगमणिपाल का लड़का था, जिसने गद्दी पर बैठने के बाद गोजरा और बैराला (मनाली के पास) के राणाओं को जीता। नवें राजा ने गजान के राणा की मृत्यु के बाद बरसाई को अपने राज्य में मिला लिया। विशुद्धपाल (510 ई०) के समय राज्य का विस्तार और हुआ। उत्तमपाल (525 ई०) और शायद विशुद्धपाल के समय नग्गर पर पूरी विजय प्राप्त हुई।

स्वेन्-चांग ने अपनी यात्रा में (635 ई० में) क्यू-लू-तो का जिक्र किया है। यह कुलूत ही था, इसमें संदेह नहीं, जिसे उसने जलंधर से उत्तर-पूर्व 700 ली (170 मील की) दूरी पर अवस्थित तथा 3000 ली (प्रायः 500 मील) के घेरे में बतलाया है। जलंधर से केवल जलंधर द्वाब अभिप्रेत नहीं, बल्कि सारा त्रिगर्त (काँगड़ा) अभिप्रेत था। महान् चीनी यात्री ने यहाँ क्यू-लू-तो से कुलूत का ही वर्णन किया है।

स्रोंगचन् गंबो और उसके वंश ने अपने साम्राज्य का विस्तार करते हुए हिमालय को अपने साम्राज्य में सम्मिलित कर लिया था। उसका प्रभाव कुलूत के ऊपर भी बहुत पड़ा और स्पिती, लाहुल तथा लदाख में आज जो तिब्बती प्रभाव देखा जाता है, उसका आरंभ इसी समय हुआ था। तिब्बती सेना के साथ लड़ते (7वीं सदी) कुल्लू का

एक वीर पुरुष मारा गया था। तिब्बत की अधीनता स्वीकार करने पर भी कुल्लू के लोगों ने तिब्बती लोगों के साथ संघर्ष करना छोड़ा नहीं था। तिब्बती साम्राज्य के नष्ट होने के समय (नवीं सदी के मध्य में) पश्चिमी तिब्बत में उसी की एक शाखा राज्य करने लगी, जिसका विस्तार लदाख तक था। संभवत: इस समय—10वीं से 12वीं सदी तक—कुल्लू के ऊपर तिब्बतियों का विशेष प्रभाव नहीं था, लेकिन वह लूट-मार करने के लिए पहाड़ों को पार कर इधर आया करते थे। गरम जगहों से डरने के कारण 7000-8000 फुट की ऊँचाइयों से नीचे बढ़ने की हिम्मत नहीं करते थे। तिब्बती सरदारों को पीती ठाकुर कहते थे—पीती का मतलब स्पिती है। सिद्धसिंह (सिद्धपाल) के समय (1500 ई०) तक भी कुल्लू की ऊँची-ऊँची जगहों में अब भी पीती ठाकुरों का अधिकार था। स्पिती यद्यपि आज भाषा और जाति में भी तिब्बती है, लेकिन पुराने समय में यहाँ पर हिंदू जाति के राजा शासन करते थे, और शायद पूजा भी वहाँ की भारतीय थी। स्पिती के राजाओं की उपाधि सेन होती थी। 18वें राजा रुद्रपाल के समय स्पिती के राजेन्द्रसेन ने कुल्लू पर आक्रमण करके उस पर अपना अधिकार कायम कर लिया, और रुद्रपाल तथा उसके उत्तराधिकारी भू-कर में से रुपये पर 6 आना स्पिती को कर देते रहे। 20वें राजा प्रसिद्धपाल ने स्पिती के राजा चेतसेन को रोटंग जोत के पास लड़ाई में हराया। ग्यामुरर (लदाख) के एक तिब्बती सरदार ने स्पिती के हिंदू राजवंश को खतम करके वहाँ अपना राज्य स्थापित किया। कहा जाता है, इस सरदार ने कुल्लू के 24वें राजा संसारपाल की सहायता करने के लिए स्पिती के तीन गाँव दिये। श्रीदत्तेश्वरपाल (810 ई०) के समय में ब्रह्मौर के राजा ने कुल्लू की ओर हाथ बढ़ाना चाहा, और अमर (संभवत: मेरुवर्मा, 770 ई०) के अधीन एक सेना रोटंग जोत को पार हुई। दोनों में लड़ाई हुई, जिसमें दत्तेश्वर, उसका पुत्र और एक पौत्र काम आये। दूसरा पौत्र सीतलपाल भागकर बिसाहर चला गया। सीतलपाल और उसके पाँच उत्तराधिकारी राज्य से वंचित होकर संभवत: बिसाहर में पड़े रहे, और कुल्लू इस समय ब्रह्मौर (चंबा) के राजा के अधीन था। जरेश्वरपाल ने बिसाहर की सहायता से चंबा से अपने राज्य को लौटाने में सफलता पाई। इस समय चंबा तिब्बती लोगों से लड़ाई में फँसा हुआ था। नारदपाल की चंबा के साथ 'बारह साल' तक लड़ाई होती रही। इस समय चंबा के राजा की सेना मणाली के पास मदनकोट तक पहुँच गई। स्थानीय परंपरा अब भी इस युद्ध को याद करती है: गद्दी (चम्बियाली) सेना ने मणाली (मनाली) के राणा को तीन महीने तक गद्दीपधार में निचले गढ़ में घेरे रक्खा। कुल्लू के लोगों ने कोटी के गिरद्वार के पार चंबा वालों को संधि करने के बहाने बुला कर रात के वक्त अँधेरे में पुल को हटाकर उन्हें खतम कर दिया। इसी तरह की एक कहावत कोठी मानगढ़ में राजा मानसिंह के समय 18वीं सदी में मंडी सेना के बारे में भी कही जाती है। भूपपाल (990 ई०) के समय सुकेत के राजा ने कुल्लू को हराया, और कुल्लू ने कर देना स्वीकार किया। चंबा के साथ 930 ई० तक शायद कुल्लू ने संबंध कायम रखा, क्योंकि डोगरों के आक्रमण को विफल करने के लिए कुल्लू ने त्रिगर्त (कांगड़ा) और चंबा के राजाओं की

सहायता की थी। उसके उत्तराधिकारी उसके पुत्र ने भी सुकेत को कर दिया। हस्तपाल (1010 ई०) ने सुकेत के राजा के भाई से मिलकर विरोध किया, लेकिन सतलुज के तट पर जिउरी में लड़ते हुए मारा गया। सुकेत के राजा ने कुल्लू को दखल कर हस्तपाल के पुत्र को एक छोटी-सी जागीर दी। कितने ही समय तक अब कुल्लू सुकेत के चंगुल में रहा। सुकेत के राजा के नाबालिग होने के समय वहाँ की दुर्व्यवस्था से फायदा उठा कर सूरतपाल ने कूल्लू को स्वतन्त्र कर लिया। इसके बाद के तीन राजाओं के समय लदाख और बाल्ती के कुछ भागों की विजय की बात वंशावलि में कही जाती है, जो ठीक नहीं जंचती। सिकंदरपाल के समय ल्हासा-ग्यमुरर और बाल्ती के राजाओं के कुल्लू पर आक्रमण करने तथा कुछ समय तक उसे अपने हाथ में रखने की बात बतलाई जाती है, शायद यह आक्रमण ल्हाचन् उत्पला के समय (1225-50 ई०) हुआ था, जब कि कुल्लू राजा ने शपथपूर्वक तब तक अपने को उत्पला का करद होना स्वीकार किया "जब तक कि कैलास की हिमानियाँ पिघल नहीं जाती या मानसरोवर सूख नहीं जाता।" यह संधि लदाख के राजा सेंगे-नम्ग्यल (1590-1620 ई०) के समय तक कायम रही—सेंगे नम्ग्यल लदाख के बहुत शक्तिशाली राजाओं में से था। सिकंदरपाल ने अपने उत्तरी प्रति-द्वंद्वी—जिसके राज्य में स्पिती और लाहुल भी थे—के मुकाबिले में अपने को अक्षम देख कर दिल्ली-दरबार में जाकर शिकायत की। दिल्ली की सेना लड़ने के लिए कुल्लू होते आगे बढ़ी और उसने मानसरोवर तक के इलाके को जीतकर कुल्लू के राजा को उसका राज्य दे दिया।

लदाख के बाद दूसरा प्रबल पड़ोसी बिसाहर का राजा था, जिसने हस्तपाल II और ससीपाल के समय कुल्लू पर आक्रमण किया। गंभीरपाल ने बिसाहरियों को हराकर अपने राज्य की सीमा सतलुज के दाहिने किनारे तक पहुँचा दी। बनगाहल ने नरेंद्रपाल (1235 ई०) को हरा कर 10 साल तक कल्लू को अपने अधीन रखा, और 64वें राजा इन्द्रपाल तक वह बनगाहल को कर देता रहा। केरलपाल (1340 ई०) के समय सुकेत के राजा मदनसेन ने कूल्लू पर जबर्दस्त आक्रमण किया और कटराई से उत्तर सिउना तक का कुल्लू देश सुकेत के हाथ में चला गया। मदनसेन ने खोखनकोठी में मदनपुर के नाम से अपना एक किला बनवाया। कूल्लू के एक राणा भोसल ने सुकेत की राजकुमारी से ब्याह करके मदन-सेन के साथ मेल कर लिया। बैरा, हाट, बाजौर और गढ़ढेक, बाराग्रांव के पास इस राणा के महलों के ध्वंसावशेष अब भी हैं। बारागढ़ का पत्थरों का विशाल गढ़ और बाराग्रांव में संगोर का नगर भोसल राणा के हाथ में था। वह बिल्कुल अयोग्य तथा अपने मंत्रियों के हाथ में खेलने वाला राजा था। कहावत है 'बारह पेठे, कोठारे दानी। भोसल राना सार न जानी।' बारह कुम्हड़ेवाले गरीब के पास 18 कर उगाहनेवालों को भेजना बतलाता है, कि भोसल राणा राज्य करना नहीं जानता था। अपने रास्ते में काँटा देखकर मंत्रियों ने सुकेती राजकुमारी को भोसल राणा से कहकर एक नई कूल (नहर) बनाने के समय बलि दिलवा दी। इस पर सुकेत राजा ने नाराज होकर चढ़ाई करके भोसल राणा को गद्दी से उतार उसके वजीर को बड़ी साँसत देकर मरवाया। इसके बाद बारागढ़ सुकेत के हाथ में चला

गया, जिसे सिंह नामधारी प्रथम कुल्लू-राजा सिद्धसिंह ने 1500 ई० के बाद ही लौटा पाने में सफलता प्राप्त की।

कुल्लू का एक बड़ा भाग लाग के नाम से मशहूर था, जो व्यास के दाहिने किनारे मणाली (मनाली) तक चला गया था। राजा सुकेत के एक पुरोहित को लागसारी दान में दी गई थी। कहते हैं, झूठा अपराध लगाने के कारण पुरोहित ने आत्महत्या कर ली थी; और ब्रह्महत्या से छुट्टी पाने के लिए यह दान मदनसेन के 13वें उत्तराधिकारी पर्वतसेन ने दिया था। कोई-कोई मदनसेन (1100 ई०) को ही दाता बतलाते हैं। पीछे दान लेने वाले ब्राह्मण सुकेत से स्वतंत्र हो गये, और उन्होंने कैलासपाल के बाद के समय में अपनी रियासत का और भी विस्तार करके वहाँ अपना लाग का राज्य स्थापित किया, जिसमें रैसान से रघुपुर और सुल्तानपुर से स्वात तक का भूभाग शामिल था। लाग तब तक स्वतन्त्र रहा, जब तक कि शाहजहाँ-औरंगजेब के समकालीन कुल्लू के राजा जगतसिंह (1637-72) ने उसे जीत कर अपने राज्य में मिला नहीं लिया।

ढुंगरी की हिरमादेवी और जगतसुख के संझा के देवता के चेहरों पर के दो अभिलेखों से उधरनपाल (1418-29ई०) का काल निश्चित मालूम होता है। कुल्लू के राजाओं में इसी के काल का सबसे पहले निश्चित पता लगता है। कैलासपाल (1428-50 ई०) से राजाओं के नाम से साथ पाल लगाना छूट जाता है। राणा और ठाकुरों के विद्रोह के कारण कैलासपाल को कुल्लू छोड़ कर हरद्वार भागना पड़ा, और उसके बाद तीन या चार पीढ़ी तक उसके वंशज फिर अपने राज्य को नहीं पा सके। सिद्धसिंह का समय कोठी बरसाई के सजला के विष्णु के चेहरे पर उत्कीर्ण लेख से 1500 ई० निश्चित होता है। इसे भी जगतसुख जाने पर किसी ब्राह्मण ने राजलक्षण देखकर पहचान लिया, और हरिम्बादेवी ने बूढ़ी स्त्री का रूप लेकर इसकी सहायता की, और अन्त में इसे लोगों ने परोल का राजा स्वीकार किया। परोल सुल्तानपुर के परले पार से लेकर कटराई के पास व्यास के दाहिने किनारे को लिए हुए रोटंग और हमता तक की जोतों तक चला गया इलाका है, जिसमें ही नगर, जगतसुख और मनाली के इलाके तथा मलाणानाला, अलैनीनाला, सोलंगनाला और मनसलूनाला की उपत्यकायें हैं। सिद्धसिंह को आसानी से सफलता नहीं हुई। मनाली के ऊपर व्यास के दोनों तरफ का स्वामी झीना राणा था। इसे सिद्धसिंह ने मुचियानी दागी द्वारा धोखे से मरवा दिया। इसी समय बारागढ़ के किले पर अधिकार करके वहाँ के पत्थरों को सिद्धसिंह ने नगर के बनवाने में इस्तेमाल किया। बारागढ़ नगर के सामने व्यास के दाहिनेवाला इलाका है। रूपी के ठाकुरों ने भी सुकेत से असंतुष्ट हो कुल्लू की अधीनता इसी समय स्वीकार की। इस प्रकार कुल्लू के मुख्य भाग परोल और रूपी सिद्धसिंह के हाथ में आ गये। उत्तर और पूर्व के भोट-भाषी पड़ोसी अब भी कुल्लू के लिए खतरे की चीज थे। उस समय भी संभवतः मध्य-एशिया का व्यापार-मार्ग लाहुल होते ऊपरी चन्द्रा से पुतीरानी हो तोशनाल और पुलगा, हुरला नाला के ऊपरी भाग, ऊपरी सैंज, तिरथन और कुरपान के किनारे-किनारे बिसाहर (रामपुर) जाता था। इस व्यापार मार्ग पर तिब्बती अफसरों का अधिकार था। 1530 ई० के आसपास लदाख

के राजा छेवंग नमग्यल ने कुल्लू पर जो सफल आक्रमण किया था, उससे इस इलाके पर तिब्बती (लदाख) प्रभाव अधिक हो गया। सिद्धसिंह ने लदाख के प्रभाव को खतम किया। संभवत: वह 1532 ई० में मरा।

सिद्धसिंह के बाद अकबर का समकालीन उसका पुत्र बहादुरसिंह (1532-75 ई०) कूल्लू की गद्दी पर बैठा, जिसने अपने पिता के राज्य को और भी बढ़ा कर हरकंधी, कनौर और चुंग तक फैलाया। इसके बाद कोठी कंधी पर आक्रमण किया, और छैनवार राणा को अधीन जागीरदार बनाया। तंदी के ठाकुर ने मुकाबिला करके अपने प्राण खोये, और उसका धर्मपुर का गढ़ नष्ट कर दिया गया। सैनसार के ठाकुर हौल को भी लड़ाई में प्राण खोना पड़ा, और सहायता करने के लिए उसके संबंधियों में बहादुर ने उसकी भूमि बाँट दी। बहादुरसिंह को नगर में राजधानी पसंद नहीं आई, और वह उसे हटा कर कुल्लू की अत्यंत पुरानी राजधानी मकरसा (मकराहा) में ले गया, जो कोठी कंधी में है। यह याद रखने की बात है, कि कनौर से यहाँ बिसाहर वाले कनौर का नहीं, बल्कि रूपी की पार्वती उपत्यका का भारी भाग कनावर अभिप्रेत है, जिसमें मणिकर्ण और पुलगा हैं। उसी के दक्षिण में हुरलानाला की उपत्यका कोट कंधी थी, जहाँ मकरसा अवस्थित था। मकरसा में बहादुरसिंह ने अपने लिए महल बनवा शहर बसाया। उसके बाद कूल्लू राज्य का नाम मकरसा पड़ गया। बहादुरसिंह मकरसा ही में मरा, और उसके बाद जगतसिंह के समय (1637-72 ई०) तक मकरसा ही राजधानी रहा, जबकि जगतसिंह ने 1660 ई० के आसपास सुल्तानपुर को अपनी राजधानी बनाया। तिब्बती इतिहासकार पीछे भी कुल्लू को मकरसा कहकर पुकारते थे— कुल्लू का पुराना तिब्बती नाम न्युंग-टी था। यह भी पता लगता है, कि मकरसा के बसने के बाद भी नगर तब तक राजधानी के पद से वंचित नहीं रहा, जब तक कि सुल्तानपुर में राजधानी नहीं उठ आई। मकरसा सराज के पड़ोस में पड़ने के कारण अनुकूल स्थान था, क्योंकि वहाँ से बहादुरसिंह सराज की ओर हाथ बढ़ाना चाहता था। लेकिन, उसमें उसे सफलता नहीं मिली। मकरसा में बड़ सुंदर महल थे। अंग्रेजी शासन काल में उसके तथा पुराने काल के पत्थरों को भी दिलासनी में व्यास का पुल बनाने में लगा कर इंजीनियरों और ठेकेदारों ने उसी तरह हृदयहीनता का परिचय दिया, जैसा कि सारनाथ (बनारस), बैजनाथ (अलमोड़ा) आदि में उनके भाइयों ने किया। अब भी वहाँ पर के पत्थरों पर उत्कृष्ट शिल्प के नमूने कुछ बाकी रह गये हैं, जिससे मालूम होता है, कि किसी समय इस नगर की समृद्धि के साथ-साथ यहाँ का कला-कौशल भी बड़ी उन्नति पर था। मकरसा का पुराना वास्तुशिल्प हाट, नस्त और गढ़ढेक से समानता रखता है। मकरसा में राजधानी ले जाने के बाद बहादुरसिंह ने सराज की ओर बढ़ कर शानगढ़ और बनौगी पर अधिकार किया। शानगढ़ सैंज नदी के बायें किनारे पर अवस्थित इलाका है। उसके बाद श्रीकोट से नुहान्दा जा वहाँ के ठाकुर को मार कर उस पर अधिकार किया। इसी प्रकार बुनगा भी उसके हाथ में आ गया। सरची के ठाकुर अधीनता स्वीकार कर जागीरदार बना। रामगढ़ और चेहनी के ठाकुर भी कुल्लू के अधीन हुए। उसके सेनापति रूपीविजेता हाथी

ने बहादुरसिंह की विजयों में बड़ा काम किया था। उसे भलानकोठी में डलियारा गाँव की जागीर दी गई थी। इस प्रकार बहादुरसिंह ने भीतरी सराज का आधा जीत लिया। उसने चंबा के युवराज के साथ 1559 ई० में तीन कुल्लू-राजकुमारियों से ब्याह करके मैत्री स्थापित की। इसी विवाह में चंबा के राजगुरु को ताम्रपत्र द्वारा उसने भूदान दिया था। बहादुरसिंह के उत्तराधिकारी प्रतापसिंह (1559 ई०) ने भी अपने पिता और दादा के काम को आगे बढ़ाया। सुकेत के राजा पर्वतसेन का पुरोहित वंश अब भी व्यास के पार लाग के दो इलाकों—लागमहाराजा और लागसारी—का स्वतंत्र शासक था। इसमें सर्वरी नदी की सारी उपत्यका तथा रायसान से बाजौरा तक का व्यास का सारा दाहिना तट सम्मिलित था। आधा भीतरी सराज, बाहरी सराज का उत्तर-पूर्व का भाग, मंडी का सारा सराज तथा छोटा बनगाहल का थोड़ा-सा भाग 16वीं सदी के मध्य में लाग के ब्राह्मण राजा का था। पहले-पहल बहादुरसिंह और प्रतापसिंह के शासनकाल में लाग पर चढ़ाई हुई, जिसमें मंडी ने कुल्लू के राजा की सहायता की, जिसके बदले मंडी को मंडी वाला सराज इलाका मिला, और लाग के हाथ में स्थित भीतरी और बाहरी सराज के भाग कुल्लू ने ले लिए। इसके आगे के युद्धों के परिणामस्वरूप मंडी को सनोर और बदर मिल गये, और कुल्लू ने पीरकोट, मदनपुर और पड़ोस के बारह गाँवों को ले लिया। बाकी लाग कुल्लू का करद रहा, जिसे जगतसिंह ने खतम किया। पर्वतसिंह (1575-1608 ई०) भी अकबर का समकालीन था। संभवत: दूसरे पहाड़ी राजाओं की तरह कुल्लू ने भी इसी समय अकबर की अधीनता स्वीकार की। पिरथीसिंह (1608-35 ई०) और कल्याण-सिंह (1635-37 ई०)—ये दोनों सगे भाई थे, जिन्होंने जहाँगीर और शाहजहाँ के समय कुल्लू पर शासन किया। मुगल इतिहासकार कुल्लू के राजा का कोई जिक्र नहीं करते, लेकिन कुल्लू ने अधीनता स्वीकार की होगी, इसमें संदेह की गुंजाइश कम है।

जगतसिंह (1637-72 ई०) सिद्धसिंह और बहादुरसिंह की तरह ही बड़ा मनस्वी था। इसके शासनकाल में राज्य का और विस्तार हुआ। कितने ही समय तक मकरसा में रहते इसने दक्षिण में सराज और व्यास के पार लाग को अपने हाथ में लाने में सफलता पाई। कहते हैं, इसने किसी ब्राह्मण से कन्या जबर्दस्ती लेनी चाही, इस पर ब्राह्मण ने अपने परिवार सहित घर में आग लगाकर उसी में आत्महत्या कर ली। इस ब्रह्म-हत्या से बचने के लिए जगतसिंह ने अयोध्या से रघुनाथजी को चुराया, उसे अपनी राजधानी में लाकर सारे कुल्लू का स्वामी बनाया। तब से रघुनाथजी कुल्लू के असली मालिक बने, और राजा केवल उसका वजीर रहा।

लाग की रियासत उस समय दो भाइयों के हाथ में थी, जिनमें से जोग (जय)-चन्द दुधी लाग में रहता था, और दूसरा भाई सुल्तानचंद सुल्तानपुर में। एक परंपरा बतलाती है, कि उसी के नाम पर नगर का नाम सुल्तानपुर पड़ा। किसी-किसी का कहना है, कि बहादुरसिंह का भी नाम सुल्तानसिंह था, और उसके नाम पर नगर का यह नाम पड़ा। सुल्तानसिंह के भाई ढालसिंह ने ढालपुर को बसाया। पिछली परंपरा पहली की अपेक्षा निर्बल है। जगतसिंह ने ढालपुर के रास्ते जोगचंद के ऊपर चढ़ाई कर उसे पकड़

कर उसी जगह पर मरवा दिया, जहाँ पर महल के पास अब भी एक पत्थर का खंभा खड़ा हुआ है। सुल्तानचंद लड़ाई में मारा गया, और इस प्रकार लाग का बचा-खुचा सारा इलाका कुल्लू में मिला लिया गया। 1660 ई० के आसपास सारे कुल्लू का राजा हो जगतसिंह ने अपनी राजधानी सुल्तानपुर परिवर्तित की, और वहीं पर रघुनाथजी का मंदिर बनवाया। मकरसा से राजलक्ष्मी रूठ गई, और उसके महल तथा मकान ध्वंसावशेष के रूप में परिणत होने लगे। लाग पर दिल्ली का आधिपत्य था, क्योंकि 1657 ई० के अपने फर्मान में दारा शिकोह ने जगतसिंह को आज्ञा दी थी, कि लाग को उसके स्वामी को लौटा दो, नहीं तो काँगड़ा का मुगल फौजदार, जम्मू का फौजदार और नूरपुर का राजा तुम्हारी जमींदारी को नष्ट करने के लिए भेजे जायेंगे—मुगल बहुतेरे राजाओं को केवल जमींदार कहने का आग्रह रखते थे। दारा शिकोह के फर्मान के अनुसार काम करने की जगतसिंह को आवश्यकता नहीं थी, क्योंकि उसके बाद ही मुगलों की सल्तनत का उत्तराधिकारी औरंगजेब हो गया। एक के बाद एक 12 फर्मानों का दारा शिकोह का लिखना यही बतलाता है, कि कुल्लू और लाग का उस समय कितना महत्त्व था। औरंगजेब ने 1658 ई० के अपने फर्मान में जगतसिंह को अपने राज्य पर सुप्रतिष्ठित बतलाया है, जिससे कुल्लू के राजा का सम्मान मुगल-दरबार की दृष्टि में अधिक मालूम होता है। जगतसिंह ने बाज और कुछ स्फटिक भेजे थे, और अपने पुत्र को दरबार में जामिन बनाकर रखा था। औरंगजेब के फर्मान में जगतसिंह को हुकुम दिया गया था, कि धानचंद कल्हूरिया (बिलासपुर) राजा के साथ होकर दारा शिकोह के पुत्र सुलेमान शिकोह को गिरिफ्तार करे। सुलेमान शिकोह ने भाग कर गढ़वाल के राजा पृथिवीशाह (1646-60 ई०) के यहाँ शरण ली थी, जिसे पकड़ने के लिए औरंगजेब ने जयपुर के राजा को भेजा था, और अंत में गढ़वाल ने उसे मुगल सेनापति के हाथ में सौंप भी दिया। सुलेमान शिकोह को पकड़ने के लिए जम्मू के राजा राजस्वरूप को भी एक बड़ी सेना देकर भेजा गया था। सिरमौर की सेना भी इस अभियान में शामिल हुई थी। धानचंद कल्हूरिया और जगतसिंह ने इस फर्मान के अनुसार क्या काम किया, यह पता नहीं। इतना मालूम होता है, कि सुलेमान शिकोह औरगजेब और मुरादबख्श की संयुक्त सेना के हाथों 1658 ई० में सामूगढ़ की लड़ाई में हार कर पहाड़ की ओर भागा। वह चाहता था, कि पहाड़-ही-पहाड़ लाहौर में जाकर अपने पिता से मिले। शायद इस समय कुल्लू के रास्ते उसके जाने की संभावना थी, इसलिए औरंगजेब ने उक्त फर्मान लिखा था। बाहरी सराज अब भी कुल्लू के हाथ में नहीं था। जगतसिंह ने उस पर आक्रमण करके नारायणगढ़, श्रीगढ़ और हिमरी के गढ़ों पर अधिकार करके बाहरी सराज को भी अपने राज्य में मिला लिया। इसके थोड़े ही दिनों बाद 35 वर्ष शासन करने के बाद जगतसिंह मर गया।

जगतसिंह के पुत्र विधिसिंह (1672-88 ई०) ने भी अपने राज्य की सीमा आगे बढ़ाते सतलुज के किनारे तक पहुँचा दी। उसने सतलुज पार के धौलगढ़, कोटगुरु (कोटगढ़) और कांदीगढ़ के साथ और भी कितनी ही कोठियों को जीता था। कोटगुरु के

जीतने के बाद क्या हुआ इसे हम बिसाहर के इतिहास में कहेंगे। उत्तर की तरफ उसने लाहुल में पहले-पहल पैर जमाया। लाहुल संभवत: 1025-50 ई० से 1450 ई० तक चंबा के हाथ में था। 1450 ई० में लदाख ने इसे जीतकर अपने राज्य में मिला लिया। इसके बाद संभवत: पश्चिम लाहुल (तंदी से नीचे चंद्रभागा की उपत्यका) चंबा के हाथ में रहा। विधिसिंह ने लाहुल के ऊपर आक्रमण किया, और लदाख को हराकर थिरोट तक (पूर्वी लाहुल) की अपनी जीत को चंबा से मनवाने में सफलता पाई। मानसिंह (1688-1719 ई०) के समय भी मंडी, सुकेत और बिसाहर से कुल्लू की कई लड़ाइयाँ हुईं। यही समय था जब कुल्लू की शक्ति अपने सर्वोच्च शिखर पर पहुँची। मानसिंह ने मंडी पर आक्रमण करके द्रांग की नमक की खानों तक के इलाके को जीत लिया। पीछे मंडी के राजा गुरसेन से संधि करके वह लौट आया। इसी समय मानसिंह ने उसे कटार दी थी, जो मंडी के सलाखाने में अब भी मौजूद है। बिसाहर से पंद्रबीस के इलाके को जीत कर मानसिंह ने बाहरी सराज की विजय को पूरा किया, और इसी कोठी (पंद्रबीस) में उसने तीन गढ़ बनवाये। 1700 ई० के पास फिर मानसिंह ने मंडी के खिलाफ तलवार उठाई, जिसका कारण मंडी द्वारा बनगाहल के राजा पृथिवीपाल की विश्वासघातपूर्वक की गई हत्या थी। अपनी स्वाभाविक दुर्गम सीमाओं के भीतर अवस्थित बनगाहल बहुत पुराने समय से एक अलग राज्य था, जहाँ पाल उपाधिधारी राजा राज्य करते थे। इसमें धौलाधार से लेकर व्यास के पास तक तथा बडा बनगाहल की भूमि सम्मिलित थी, और राजधानी का नाम बोर था। पृथिवीपाल की लड़की मंडी के राजा सिद्धसेन से ब्याही थी, और बहिन कुल्लू के राजा मानसिंह से। अपने साले की इस तरह की हत्या से मानसिंह को बहाना मिला और उसने सरी जोत को पार कर बनगाहल पर आक्रमण करके बड़ा और छोटा बनगाहल तथा बोर के कुछ भाग को अपने राज्य में मिला लिया। इस प्रकार मंडी को बनगाहल का सारा राज्य न पा केवल नेर और चौहार पर संतोष करना पड़ा। लदाख आसानी से अपने दावे को अब भी छोड़ने के लिए तैयार नहीं था। इस पर मानसिंह ने लाहुल के भीतर से अपनी सेना ले जाकर लदाख को लिंगतो में सीमा मानने के लिए मजबूर किया। लदाखी लोगों में कहावत है, कि वहाँ फोल्गडंडा में इस सीमा का परिचायक एक पत्थर अब भी मौजूद है। मानसिंह ने स्पिती को भी अपना करद बनाया। उत्तर और पश्चिम की सफलता के बाद मानसिंह ने दक्षिण में सतलुज को पार कर और शांगरी को अपने राज्य में मिलाकर वहाँ के ठाकुर को जागीर दी। कोटगुरु (कोटगढ़), कुम्हारसेन और बलसान ने भी कुल्लू की अधीनता स्वीकार की। इसके थोड़े ही समय बाद मंडी के राजा ने सर्वरी उपत्यका पर आक्रमण किया, जिसमें उसे हार कर मानगढ़ के पास की खड्ड में अपनी सेना के अधिक भाग को नष्ट करके लौट जाना पड़ा। मानसिंह ने पीछा करते हुए गूमा और द्रांग पर अधिकार कर लिया। लेकिन बड़ी-बड़ी धारों को पार कर वहाँ अपना अधिकार रखना आसान काम नहीं था, इसीलिए भारी क्षतिपूर्ति लेकर उसने उसे छोड़ दिया।

मानसिंह, जिस वक्त सतलुज के पार अपने अभियान में गया हुआ था, उस समय

कुम्हारसेन के राजा की रानी से उसका प्रेम हो गया, और राजा ने धोखे से मानसिंह को नदी पार सतलुज के दक्षिण बुला लिया। इसी समय बिसाहरियों ने घेर कर मानसिंह को मार डाला। मानसिंह के समय कुल्लू कम-से-कम 10 हजार वर्ग मील का एक विशाल और शक्तिशाली राज्य हो गया था। कुल्लू के अतिरिक्त लाहुल, बड़ा और छोटा बन-गाहल, स्पिती तथा शिमला और मंडी के शहरों के नजदीक तक उसका राज्य था। आज भी मानसिंह का यशगान कुल्लू में होता है। राजसिंह (1719-31 ई०) के समय कोई विशेष घटना नहीं हुई। जयसिंह (1731 ई०) के समय राज्य में विद्रोह हुआ, और द्यार के वजीर को कोटगुरु इलाके के चंपू स्थान में निर्वासित कर दिया गया। विद्रोह के कारण जयसिंह को अंत में भागकर पहले लाहौर के मुगल नाजिम के पास जाना पड़ा, फिर वहाँ से अयोध्या जाकर वह रघुनाथ जी की भक्ति करने लगा। जयसिंह का भाई टेढ़ीसिंह कुल्लू लौटा, लेकिन लोगों ने उसे राजा नहीं माना। उन्हें उम्मीद थी, कि जयसिंह फिर लौट आएगा। इस पर टेढ़ीसिंह ने बैरागी नागों की मदद ली और उनके द्वारा सुल्तानपुर में अपने विरोधियों को मरवाया। इस पर बैरागियों के प्रतिद्वंद्वी एक संन्यासी (गोसाईं) साधु के नेतृत्व में और भयंकर विद्रोह हुआ, जो अपने को जयसिंह कहता था, और जिसे मानकर उसके कितने ही सहायक हो गए थे। यह विद्रोह तब तक जारी रहा, जब तक कि जयसिंह के मरने के बाद उसके साथ गए लोगों ने आकर गोसाईं का भंडाफोड़ नहीं कर दिया। गोसाईं को लोगों ने पकड़कर मार डाला।

टेढ़ीसिंह (1767 ई०) कुल्लू का अंतिम समर्थ राजा तथा काँगड़े के राजा घमण्डचन्द (संसारचन्द के दादा) का समकालीन था। इसी के समय घमण्डचन्द ने कुल्लू पर आक्रमण किया था, और शायद उसी समय घमण्डचन्द के भाड़े के मुसलमान सिपाहियों ने हाट के मन्दिर को लूटकर उसकी मूर्तियों को तोड़ दिया। इस प्रकार मूर्तियों को तोड़ने और धर्म-स्थानों को भ्रष्ट करने का दोष केवल मुसलमानों पर नहीं लगाया जा सकता। राजा घमण्डचन्द को अहमदशाह दुर्रानी ने अपनी ओर से जलंधर द्वाब का राज्यपाल नियुक्त किया था, लेकिन इसी समय पंजाब में सिखों की शक्ति बढ़ रही थी, और उन्होंने अपनी 12 मिसिलों के संगठन द्वारा स्वतंत्र सिक्ख-राज्य कायम करने का प्रयत्न शुरू किया था। जस्सासिंह रामगढ़िया उनका बड़ा नेता था, जिसने 1760 ई० के बाद ही अपने प्रभाव को बढ़ाकर पहाड़ी रियासतों में से भी कितनों को अधीनता स्वीकार करने के लिए मजबूर किया। इसी से घमण्डचन्द को बहुत हाथ-पैर बढ़ाने का मौका नहीं मिला। टेढ़ीसिंह अपनी शक्ति और योग्यता का परिचय दिए बिना 1767 ई० में मर गया। राजपूत रानी का पुत्र न होने से बाकियों में सबसे बड़े प्रीतमसिंह को गद्दी मिली। प्रीतमसिंह (1767-1806 ई०) ने कुल्लू को शक्तिशाली बनाने की कोशिश की, और गद्दी पर बैठने के बाद मण्डी के हाथ में चले गए अपने तीन गढ़ों को लौटा लिया। 1770 ई० से पहले जस्सासिंह रामगढ़िया ने पहाड़ी रियासतों पर अपना आधिपत्य स्थापित कर लिया था। संभव है उस समय कुल्लू ने भी यदि अधीनता नहीं तो दूसरे तौर से सिक्खों के साथ अच्छा संबंध रखने की कोशिश की होगी। लेकिन,

1776 ई० में जस्सासिंह के हारने पर दूसरे सिक्ख सरदार जयसिंह कान्हैया के हाथ में शक्ति चली गई। इसी की मदद से संसारचन्द ने अभी भी मुगलों के हाथ में रहे किला-काँगड़े को लौटाया। यद्यपि यह किला जयसिंह कान्हैया ने लिया था, लेकिन जयसिंह की हार के बाद 1787 ई० में संसारचन्द ने अपने पूर्वजों के इस अजेय दुर्ग पर अधिकार कर लिया। किला-काँगड़े के हाथ में आने के बाद संसारचन्द ने अब पहाड़ में कटोच-साम्राज्य स्थापित करने का स्वप्न देखना शुरू किया। उस वक्त उसे क्या मालूम था, कि पूर्व से गोरखा और दक्षिण से रणजीतसिंह एवं दोनों पर हावी होने वाले अंग्रेज उसके रास्ते में भारी बाधा हैं। तो भी संसारचन्द को बहुत-सी पहाड़ी रियासतों ने अपना प्रभु माना। प्रीतमसिंह के शासनकाल में बहुत लड़ाई-झगड़े नहीं हुए, और कुल्लू की समृद्धि बढ़ी। जिसे उसके पड़ोसी देखने के लिए तैयार नहीं थे। और चंबा, मण्डी और काँगड़े ने मिलकर मकरसा (कुल्लू) पर आक्रमण करके 1778 ई० में बनगाहल को ले लिया। यह बीर बनगाहल अब चंबा का हो गया। 1786 ई० में फिर चंबा, मण्डी और कहलूर (बिलासपुर) ने आपस में कुल्लू को बराबर-बराबर बाँट लेने की सलाह की, लेकिन आगे की परिस्थितियों ने इस योजना को पूरा होने नहीं दिया। संसारचन्द अब पहाड़ में बहुत शक्तिशाली हो गया था। उसके पास मुगलों की बिखरी हुई सेना थी। भाड़े के सैनिकों की उस समय कमी नहीं थी, और उनके वेतन के लिए पैसे की जरूरत होती थी, इसलिए लड़ते रहने में ही खैरियत थी। लेकिन, कुल्लू एक कोने में होने से इस लूट-मार का शिकार अधिक नहीं हुआ, बल्कि मण्डी से नाराज हो 1792 ई० में चौहार का इलाका उससे छीनकर संसारचन्द ने कुल्लू को दे दिया। उस समय सभी राजा अपना-अपना दाँव देख रहे थे, किसी की मित्रता स्थायी नहीं कही जा सकती थी। 1801 ई० में प्रीतमसिंह ने काँगड़े के खिलाफ चंबा को मदद देनी चाही, लेकिन एक-दूसरे पर विश्वास न होने के कारण यह इच्छा पूरी नहीं हो सकी। प्रीतमसिंह ने बहुत-से मन्दिरों को भूमि-दान दिए। वह 1806 ई० में मर गया।

विक्रमसिंह (1806-16 ई०) के निर्बल शासन के समय मण्डी ने प्रीतमसिंह द्वारा ले लिए गए तीनों गढ़ों को फिर छीन लिया। अब गोरखा वाहिनी सतलुज के किनारे पहुँच चुकी थी। उधर संसारचन्द की शक्ति भी बहुत बढ़ी हुई थी। विक्रमसिंह ने दान की नीति अपनाई और शांगरी के इलाके के लिए गोरखों को, तथा कुल्लू के लिए संसार-चन्द को कर देना शुरू किया। थोड़े ही समय बाद किस तरह पहाड़ी राजाओं ने गोरखा सेनापति अमरसिंह थापा को निमंत्रित किया, और संसारचन्द को हार खाकर काँगड़े के दुर्ग में आश्रित होना पड़ा, यह हम काँगड़ा के प्रकरण में बतला आए हैं। संसारचन्द ने रणजीतसिंह को बुलाया, जिसने गोरखों को भगा दिया, और अब सतलुज के इधर के पहाड़ी राजाओं ने रणजीतसिंह को अपना प्रभु मानना शुरू किया। संभवत: 1810 ई० में रणजीतसिंह ने 40 हजार का कर वसूल करने के लिए एक दीवान कुल्लू भेजा। तीन साल बाद जब दूसरी मर्तबे कर की माँग हुई, और कुल्लू रुपया नहीं अदा कर सका, तो दीवान मोहकमचन्द के अधीन एक सिक्ख सेना ने बाजौरा जोत को पार कर कुल्लू उपत्यका

में डेरा डाला। बातचीत होने लगी, सिक्ख 50 हजार रुपया वार्षिक कर माँगते थे। जिसे राजा ने स्वीकार नहीं किया। इस पर सिक्खों ने सुल्तानपुर की ओर बढ़ना शुरू किया। राजा महल छोड़कर पहाड़ों में भाग गया और सिखों ने राजधानी को लूटा। अन्त में उसे कर देना ही पड़ा। अंग्रेज यात्री मूरक्रापट कहता है, कि 1820 ई० में कुल्लू के वजीर शोभाराम ने मुझसे इस बात की शिकायत की, कि कुल्लू के रास्ते अंग्रेजों के पास लुधियाना जाते काबुल के भूतपूर्व अमीर शुजाउलमुल्क को अपने राज्य के भीतर जाने देने के अपराध में रणजीतसिंह को हमें 80 हजार रुपया देना पड़ा। शुजाउलमुल्क सिक्खों के खिलाफ अंग्रेजों से मदद के लिए लुधियाना जा रहा था, जिस पर अंग्रेजों का अधिकार था। संभवतः शोभाराम की बात अर्धसत्य है, क्योंकि शुजाउलमुल्क ने अपनी डायरी में कुल्लू के लोगों के बुरे बर्ताव की शिकायत की है। सिक्खों की भेंट-पूजा करके भी विक्रमसिंह को चैन से रहने का मौका नहीं मिला। इसके थोड़े ही समय बाद 1814-15 ई० में अंग्रेजों ने गोरखों को सतलुज के किनारे से भगाकर काली नदी के पार खदेड़ दिया, और अंग्रेज गवर्नर-जनरल ने कुल्लू के राजा को शांगरी के राजा होने की सनद दे दी, क्योंकि अंग्रेज-गोरखा-युद्ध में विक्रमसिंह ने अंग्रेजों की सहायता की थी। विक्रमसिंह के भी कोई अपनी रानी की संतान नहीं थी, जब कि 1816 ई० में उसकी मृत्यु के बाद अ-राजपूत पत्नी का लड़का अजितसिंह गद्दी का अधिकारी बना। अजितसिंह (1816-41 ई०) को मण्डी-राजा ने आकर गद्दी देने की रस्म अदा की, ओर राजा के चचा किशनसिंह की कोई पूछ नहीं हुई। कुछ प्रभावशाली वजीरों ने इस पर किशनसिंह को भड़काया और उसने गद्दी का दावा किया।

सिक्खों (रणजीतसिंह) की शक्ति बढ़ जाने और उसकी अधीनता स्वीकार करने के कारण ससारचन्द की महिमा कम हो गई, लेकिन अब भी जलंधर-समूह की रियासतों का वह अपने को अधिराज मानता था। उसने किशनसिंह का पक्ष लिया, और सेना लेकर कुल्लू पर आक्रमण किया। पहला आक्रमण विफल रहा, फिर वह मण्डी का राजा और सिक्ख सेना ले बढ़ा, सराजी उन पर टूट पड़े और उन्होंने एक-एक को बड़ी निष्ठुरता से मार डाला। इसे सिक्खों के ऊपर कुल्लू वालों भी बड़ी विजय मानी गई, और जब इसकी खबर कुल्लू उपत्यका में पहुँची, तो वहाँ के लोगों को भी उत्साह हुआ, और 1840 ई० के वसन्त में कितने ही लोग सुल्तानपुर के आसपास के पहाड़ों में जमा होकर राजमहल में बन्दिनी कुल्लू की दोनों रानियों के छुड़ाने का प्रयत्न किया, लेकिन शिक्षित सिक्ख सेना ने उन्हें आसानी से भगा दिया। अजितसिंह सिक्खों के हाथ से मुक्ति पा सतलुज के पार अपने शांगरी के इलाके में चला गया। सतलुज उस समय अंग्रेजों और सिक्ख राज्य की सीमा थी। अजितसिंह जानता था, कि सिक्ख सतलुज पार करने की हिम्मत नहीं करेंगे। सराजियों को दण्ड देने के लिए एक सिक्ख सेना भेजी गई, लेकिन देखा, कि उनके गाँव के गाँव खाली पड़े हुए हैं—सभी लोग दुर्गम पहाड़ों और जंगलों में भाग गए थे। कुछ गाँवों को लूटने और जलाने के बाद सिक्खों ने मण्डी के राजा के हाथ में 32 हजार वार्षिक पर सराज को इजारा दे दिया।

कुल्लू में एक सिक्ख सेना बनी रही। मालगुजारी वसूल करने के लिए एक कारदार नियुक्त किया गया। 1841 ई० की शरद में घास लाने वाली स्त्रियों से कपड़ा बदलकर सुल्तानपुर के महल में बंद दोनों रानियाँ भागकर अजितसिंह के पास शांगरी जा रही थीं, रास्ते में उन्हें अजितसिंह के मरने की खबर मिली—अजितसिंह सितम्बर 1841 ई० में मरा। प्रथा के अनुसार दोनों रानियों को अपने पति के साथ सती होना चाहिए था, लेकिन प्राणों का मोह किसको नहीं होता? लौट कर सुल्तानपुर आ उन्होंने गद्दी के उत्तराधिकारियों के सम्बन्ध में सिक्ख अफसरों के साथ षड्यंत्र करना शुरू किया। सिक्ख कुल्लू को अपने हाथ में रखने से तंग आ गए थे। वह राजवंश के किसी आदमी को भारी कर देने की शर्त पर गद्दी दे लौट जाना चाहते थे। दो साल पहले (1839 ई० में) रणजीतसिंह के मरने के बाद महाराजा शेरसिंह गद्दी पर बैठा था। शेरसिंह का पहाड़ और वहाँ के लोगों से बड़ा परिचय था, और वह पहाड़ी राजाओं के साथ नर्मी का बर्ताव करना चाहता था। शांगरी में अजितसिंह के मरने के बाद शिमला पहाड़ के अंग्रेज सुप्रिटेंडेंट येर्स्किन ने उत्तराधिकारी के बारे में पूछ-ताछ की, और उसने मियाँ जागरसिंह के शिशु पुत्र रामभीरसिंह के पक्ष में रिपोर्ट दी। जागरसिंह अजितसिंह का चचेरा भाई था, और वह उसके साथ भागकर शांगरी गया था। वह बकलोल था, इसलिए उसके पक्ष में सिफारिश नहीं की गई। इसके बाद रानियों ने लड़के को सुल्तानपुर मँगवाया, और सिक्खों ने भी उसके उत्तराधिकारी होने को स्वीकार किया। निश्चय हुआ, कि अधिकार पाने के लिए उसे लाहौर भेजा जाए। वह लाहौर जा रहा था, जब कि मण्डी में बीमार होकर मर गया। इसके बाद सिक्खों ने अजितसिंह के दूसरे चचेरे भाई ठाकुरसिंह को कुल्लू का राजा मान रूपी की वजीरी उसे जागीर में दे दी। वह सारे कुल्लू को उसे भारी कर पर देना चाहते थे। ठाकुरसिंह भीरु और मूढ़-सा आदमी था। इससे उसने इस जिम्मेवारी को लेने से इन्कार कर दिया। शांगरी अब बकलोल जागरसिंह के हाथ में रही।

प्रथम सिक्ख-युद्ध में अंग्रेजों ने सिक्खों की शक्ति को तोड़ दिया और मार्च 1846 ई० में जलन्धर द्वाब (रावी और सतलुज के बीच के भू-भाग) को सिक्खों ने अंग्रेजों को दे दिया। इसी समय कुल्लू, लाहुल और स्पिती भी अंग्रेजों के हाथ में आए, इन सबको मिलाकर उन्होंने काँगड़ा जिले का निर्माण किया। सिक्ख कुल्लू राज्य को पहले ही खतम कर चुके थे, इसलिए अंग्रेज पुराने राज्य को पुनरुज्जीवित करने के लिए तैयार नहीं हुए। गोरखा-युद्ध (1814-15 ई०) के समय से अंग्रेजों के सिर पर भूत सवार था, कि हिमालय के ठंडे इलाकों को गोरा-उपनिवेश के रूप में परिणत कर दिया जाए। कुल्लू इस योजना के बिल्कुल अनुकूल था। कमिश्नर जान लारेंस ने सेना ले स्वयं सुल्तानपुर के ऊपर कूच किया, और व्यास उपत्यका का अस्थायी बन्दोबस्त किया। उसी साल की शरद में बनगाहल इलाके को शिमला पहाड़ी रियासतों के सुप्रिटेंडेंट के अधिकार क्षेत्र में कर दिया गया। 1847 ई० में सुप्रिटेंडेंट येर्स्किन कुल्लू में भूमि का अस्थायी बन्दोबस्त पूरा करने में लगा रहा। इसके बाद मेजर हे को कुल्लू का असिस्टेंट-कमिश्नर नियुक्त किया गया, और कुल्लू को काँगड़ा जिले के अंतर्गत एक उपजिला माना गया। हे ने परोल की वजीरी में

नगर के पुराने गढ़ को अपना सदर-मुकाम बनाया।

अंग्रेजों ने ठाकुरसिंह (1841-52 ई०) को 'राजा' की पदवी प्रदान करके उसे रूपी की जागीर के भीतर शासन करने का अधिकार दिया। शांगरी के जागरसिंह ने दावा किया, तो उन्हें चुप रहने के लिए हुकुम दे दिया। इस समय जागरसिंह के कोई लड़का नहीं था, लेकिन कुछ साल बाद उसका लड़का हीरासिंह पैदा हुआ। ठाकुरसिंह की मृत्यु जब 1852 ई० में हुई, तो उसकी रानी के कोई लड़का नहीं था। पहाड़ों में हम देख आए हैं, कि राजा की अनेक बीवियों में जो रानी होती, उसी के लड़कों को गद्दी का अधिकारी माना जाता। ठाकुरसिंह के गैर-रानी पत्नी से पैदा एकलौता लड़का ज्ञानसिंह था। बाप के मरने पर राजा की उपाधि न दे अंग्रेजों ने ज्ञानसिंह (1852-69 ई०) को राय की उपाधि दी, और रूपी की जागीर भी आधी करके उससे शासन के अधिकार को छीन लिया। ज्ञानसिंह ने अपने दावे को छोड़ा नहीं, तीन साल बाद 1855 ई० में अंग्रेजों ने सारी जागीर उसे दे दी, लेकिन शासन करने का अधिकार नहीं लौटाया। साथ ही जागीर के जंगलों पर भी अपना अधिकार रखा। इस प्रकार कुल्लू का राजा अब एक जमींदार-भर रह गया।

1857 ई० के वसन्त में स्वतंत्रता-युद्ध के कुछ ही पहले कुल्लू में एक आदमी प्रतापसिंह ने आकर दावा किया, कि किशनसिंह का पुत्र होने से मैं राज्य का उत्तराधिकारी हूँ। कहा जाता है कि प्रतापसिंह प्रथम सिक्ख-युद्ध में अंग्रेजों के साथ लड़ते मारा गया था। अजितसिंह की एक रानी और कुल्लू के कितने ही लोग विश्वास करने लगे, कि प्रतापसिंह वही है, जिसे किशनसिंह के मरने के बाद का पैदा हुआ पुत्र कहा गया था। जब सारे उत्तरी भारत में विद्रोह की आग भड़क उठने की खबर आई, तो प्रतापसिंह ने इस अवसर से फायदा उठाना चाहा। उसने अंग्रेजों के पास कुल्लू के सिंहासन का दावा करते चिट्ठियाँ लिखीं, और विद्रोह करने की भी कोशिश की। असिस्टेंट-कमिश्नर ने उसे गिरफ्तार कर राजद्रोह का अपराध लगाया, और फिर धर्मशाला में उसे फाँसी दे दी गई। दूसरी घटना इस समय की यह थी, कि स्यालकोट के विद्रोही सिपाहियों में से कुछ त्रिमुघाट की लड़ाई के बाद भागकर जम्मू के पहाड़ों में चले गए। उन्हीं में से कुछ अपने देश (हिन्दुस्तान—उत्तर प्रदेश-बिहार) लौटने के लिए लदाख के रास्ते स्पिती पहुँचे थे। स्पिती के लोगों ने उन्हें गिरफ्तार करके कुल्लू के तत्कालीन असिस्टेंट-कमिश्नर जी० नाक्स के पास सन्देश भेजा, जिसने थोड़ी-सी पुलिस लेकर वहाँ तुरन्त पहुँच उन्हें गिरफ्तार कर लिया। 1869 ई० में राय ज्ञानसिंह के मरने के बाद उसका पुत्र राय दलीपसिंह (1869-92 ई०) रूपी का जागीरदार बना। नाबालगी के समय जागीर का प्रबन्ध अंग्रेज सरकार की ओर से किया गया, और बालिग होने पर 1883 ई० में जागीर का प्रबंध उसके हाथ में दे दिया गया। दलीपसिंह नौ ही वर्ष तक और जी सका, और 1892 ई० में चेचक की बीमारी से मर गया। दलीपसिंह की भी रानी से कोई संतान नहीं थी, दूसरी पत्नी से मेघसिंह नाम का एक लड़का था। अंग्रेजों ने मेघसिंह (1892-1921 ई०) को कुछ शर्तों के साथ जागीर दे दी। पहले नियमित बन्दोबस्त के समय रूपी-

वजीरी को राजा ठाकुरसिंह की जागीर समक्ष रियासत जैसा मानकर उसका बंदोबस्त नहीं किया गया था। मेघसिंह से पहले बेगार और दूसरे अधिकार जो रूपी के जागीरदार को प्राप्त थे, उसे भी अंग्रेजों ने खतम कर दिया। पंजाब के लेफ्टिनैंट-गवर्नर डेनिस फिट्ज़पेट्रिक ने चाहा, कि भूतपूर्व राजा के परिवार को जागीरदार की स्थिति से नहीं गिराया जाए। उसने कुछ रियायतें दीं, जिनमें अपनी जागीर के भीतर बेगार लेने का अधिकार भी था। महल में भोजन देकर आठ परिचारकों के रखने का विशेषाधिकार भी मंजूर किया गया। अग्रेजों ने नियम बना दिया, "यदि कोई बेगार देने वाला भूमिदार बेगार न दे, तो माल हाकिम सबूत पाने के बाद उसके बारे में निश्चय करेगा।" मेघसिंह को अपनी जागीर के लिए 15448 रुपया मालगुजारी देनी पड़ती थी, जो पीछे 16735 रुपया हो गई। (भगवन्तसिंह 1921) और इनके बेटे मोहेन्द्रसिंह अब (1954 ई०) भी मौजूद हैं।

कुल्लू के राजवंश के ही शांगरी के राजा और सराज के राय तथा रूपी के राय हैं, जिनकी जागीरों को उठाने का काम नव-संगठित हिमाचल प्रदेश की सरकार को करना पड़ा।

सामाजिक स्थिति

कुल्लू के निवासी और उनके रीति-रिवाज तथा जाति-व्यवस्था वैसी ही है जैसी कि पास के पहाड़ों में, इसलिए इसके बारे में विस्तार के साथ लिखने की आवश्यकता नहीं है। फिर भी वहाँ की सामाजिक स्थिति के बारे में संक्षिप्त जानकारी देना जरूरी है।

कुल्लू उपजिले में गाँव ही ज्यादा हैं। नगर सुल्तानपुर को ही कहा जा सकता है। कुल्लू में सबसे अधिक प्रधानता कनैत जाति के लोगों की है। उनके साथ राजपूत, ब्राह्मण, वैरागी, गोसाईं बड़ी जात के कहे जाते हैं, जिनमें अंतिम दो गृहस्थ बने साधुओं की संतान हैं। शक्ल-सूरत देखकर ब्राह्मणों को कनैत और राजपूत से अलग नहीं किया जा सकता। इनके रीति-रिवाज बहुत कुछ धन और प्रभुता के कारण भेद रखते हैं। निर्मंड के ब्राह्मण अपने को बहुत ऊंचा मानते हैं, और हल छूना पाप समझते हैं। लेकिन, बहुत जगहों पर ब्राह्मण कनैत लोगों की तरह ही हल चलाते हैं। ब्राह्मण गौड़, कान्यकुब्ज, सारस्वत आदि वर्गों में बँटे हुए हैं।

कनैत खसों की जाति है। यह इस नाम से कुल्लू से बिसाहर और शिमला तक सबसे अधिक संख्या रखती है। कनैत अच्छे किसान होते हैं। कांगड़ा जिले के पूर्वी भाग में भी कनैत किसानों की ही प्रधानता है। कांगड़ा जिले के कनैतों के पश्चिम घिर्थ लोगों का इलाका पड़ता है। कनैत शब्द को कनिंधम ने कुणिन्द या कुलिन्द से निकला माना है। तालेमी ने भी कुलिन्दों का जिक्र किया है। कुछ का मत है, कि आर्यों के आगमन से पहले सिंध से लेकर ब्रह्मपुत्र तक के सारे निम्न हिमालय में यही जाति बसती थी। हम बतला चुके हैं, कि खस जाति करीब-करीब उसी समय मध्य-एशिया से पहाड़ों-पहाड़ हिमालय में फैली, जब कि मैदान में उन्हीं के भाई-बंद आर्य पहुँचे। खसों के आने से पहले

पहाड़ में किन्नर-किरात लोग रहते थे, जिन्हें तिब्बत के लोग मोन-पा कहते हैं। यह भी उल्लेखनीय बात है, कि किरात जाति की एक शाखा को मोन ख्मेर कहते हैं, जो वर्मा से कंबोडिया तक आज भी बसती है। यहाँ के कनैत लोगों के दो विभागों खसिया और राओ (राहु) में भी खसिया नाम का होना बतलाता है, कि कनैत खस जाति के हैं। खसिया लोग राओ लोगों से अपने को ऊँचा समझते हैं। वह जनेऊ पहनते हैं, जबकि राओ जनेऊ-वंचित हैं। यही खसिया और राओ नाम वाले कनैत-खस लोग चंबा और काँगड़े में ठाकुर और राठी कहे जाते हैं। कनैत लोगों का पेशा खेती-किसानी के बाद भेड़ों का पालना भी है। इनके गंभीर और मितव्ययी स्वभाव की लोगों ने प्रशंसा की है। मलाणा के कनैत यद्यपि किरात-वंश की भाषा बोलते हैं, लेकिन वह बाकी कुल्लू के लोगों से अधिक गोरे और मुखाकृति में सुडौल होते हैं। भाषा बतलाती है, कि किरातों का मिश्रण उनमें जरूर है। किरात चीन-तिब्बत-वंशी होने के कारण मंगोलायित मुख-मुद्रावाले थे, जिसका मलाणा वालों पर कोई प्रभाव नहीं है।

राजपूत कनैतों से बहुत कम भेद रखते हैं, और पुराने राजाओं और उनके वजीरों की सन्तान होने के कारण ही वह अपने को बड़ा समझते हैं। दूसरी जगहों की तरह कुल्लू के कनैत भी अब अपने को राजपूत कहते हैं। अन्य जातियों में बैरागी, गोसाईं, नाथ प्रमुख हैं। कितने ही बैरागियों ने कुल्लू में पहुँच कर बैराग छोड़ गृहस्थ आश्रम स्वीकार किया। यह हम बतला चुके हैं, कि कुल्लू के राजा टेढ़ीसिंह (मृ० 1767) ने बैरागी नागों की सेना अपने यहाँ रख रखी थी। जिनके अखाड़े या रहने के स्थान को आज भी अखाड़ा कहा जाता है। बैरागी साधुओं में आम कहावत मशहूर है, 'जो जाय कुल्लू, हो जाय उल्लू।' जिस तरह कामरूप कामाख्या की महिलाओं को भेड़ा बना लेने वाली बतलाया जाता है, वैसे ही कुल्लू की महिलाओं को अनेक विश्वामित्रों की तपस्या भंग करने वाला समझा जाता था। बैरागियों ने यहाँ आकर ब्राह्मण या कनैत स्त्रियों से ब्याह कर लिया। राजा जगतसिंह और मानसिंह के समय रघुनाथजी की भक्ति बहुत बढ़ी थी, जो बैरागियों का प्रभाव था। उन्होंने यहाँ राजाश्रय पाकर बहुत-से मन्दिर बनाये, जिनमें राज्य की ओर से वृत्ति-बंधान लग गया। फिर महन्त लोग गृहस्थ बन गये, और आज उनकी संतानें बैरागी के नाम से एक अलग जाति हैं, जो अधिकतर खेती-किसानी का काम करती हैं। राजा टेढ़ीसिंह के शरीर-रक्षक बैरागी नागा थे।

इतिहास बतलाता है कि 18वीं शताब्दी में गोसाईं अखाड़े के साधु मध्य-एशिया, तिब्बत और भारत के भिन्न-भिन्न भागों में बड़े-बड़े व्यापारी थे। उनकी कोठियाँ सभी जगहों में थीं। यदि ढूँढ़ा जाये तो अब भी प्रयाग, हरिद्वार, उज्जैन, काशी और दूसरी जगह के अखाड़ों में पुराने कागज-पत्र मिल सकते हैं। गोसाईं अखाड़ों का अध्ययन सचमुच ही एक बड़ा महत्त्वपूर्ण विषय है। इन अखाड़ों का प्रबन्ध बहुत जनतांत्रिक तथा नियमबद्ध होने पर भी हैदराबाद की तरह कुछ महन्त सामूहिक सम्पत्ति को निजी बना कर सामन्त बन गये। ज्वालामुखी (काँगड़ा) में भी गोसाईं अखाड़े का एक बड़ा केन्द्र था, जो अफीम और कम्बल का भी व्यापार करता था। जिसे खरीदने के लिए वह गोसाईं

नागा सराज में आया करते थे। उनमें से कुछ ने यहीं बस कर सराजियों से व्याह कर लिया और अब उनकी गोसाइं के नाम से एक अलग जाति है। वह व्यापार के साथ सूद पर रुपया भी लगाते थे, और अब भी वह सराज के अच्छे-अच्छे महाजन हैं। सूद की दर इनकी बहुत कड़ी है। कुल्लू तहसील में भी कुछ गोसाईं परिवार हैं। कितने ही समय तक वह अपने नाम के साथ गिरि लगाया करते थे, लेकिन अब वह उसे भी छोड़ रहे हैं। 'नाथ' गोरखनाथ के नाथपंथ के साधुओं की संतान हैं। इनकी वही स्थिति है, जैसा कि काँगड़े की गद्दियों में साधु लोगों की। यह लोग मामूली किसान हैं, फर्क इतना ही है कि नाथपंथ के साधुओं की तरह कान फड़ा कर ये मुद्रा पहनते हैं, जिसे भी अब लोग छोड़ रहे हैं।

कुल्लू में ऊपर की जातियों का आपस में विवाह होना साधारण-सी बात है। सुल्तानपुर में रहने वाले काँगड़ा-वंशी ब्राह्मण कुल्लू के ब्राह्मणों से ब्याह नहीं करते, लेकिन कुल्लू के ब्रह्मणों को कनैत की लड़की से भी व्याह कर लेना अनुचित नहीं समझा जाता। पंजाब के खत्री कुल्लू में रहने वाले खत्रियों की लड़कियाँ ले लेते हैं, लेकिन उन्हें इसके योग्य नहीं समझते, कि अपनी लड़कियाँ दें। हिन्दू पुरुषों की ही बात नहीं, बल्कि मनाली में एक अंग्रेज ने ब्राह्मणी से ब्याह किया, और हिन्दू के तौर पर ही उसका दाह-संस्कार भी हुआ। उसके लड़के प्रायः ब्राह्मणों में ही शादी करते हैं।

शिल्पकारों (हरिजनों) को कुल्लू में दागी और सराज में कोली कहते हैं। दाग असल में ढोर को कहते हैं, शायद मरे ढोर का मांस खाने के कारण उनको यह नाम दिया गया। दागने से भी इस नाम की व्युत्पत्ति बतलाई जाती है, जिसका अर्थ है गिरा। काँगड़ा के कोली कुल्लू के कोलियों को अपने बराबर नहीं मानते, जिसका कारण भी अभक्ष्य भक्षण कहा जाता है। मंडी और काँगड़े के चनाल भी कोली और दागी से संबंध रखते हैं, कुछ इतिहासकार भारत की आदिम जाति कोल लोगों से इनका संबंध जोड़ते हैं। निर्मंड के कोली वहाँ के ब्राह्मणों की तरह अपनी जात का सबसे ज्यादा अभिमान रखते हैं। रीति-रिवाज और पोशाक में वह कनैतों से अन्तर नहीं रखते। हरेक कोली-परिवार किसी कनैत-परिवार का नेगी या परजा माना जाता है। त्यौहार और विवाह-शादी में उनको नेग मिलता है। मालिक के साथ के उनके इस संबंध को कसाइन (कनैत) और घनिहारू या खोलीदार दागी कहते हैं।

हरिजनों में भी मितरका और बरखा नाम से इनके दो विभाग हैं। बरखा में कोली और दागी के अतिरिक्त कुछ और भी जातियाँ सम्मिलित हैं। यहाँ पाँच हरिजनों की जातियाँ हैं—1. थावी (राज), 2. तरेही (दरेही), 3. कोली (दागी, बरेही), 4. लोहार और बर्रा, 5. चमार। थावी स्थपति है, जो राज का काम करते हैं। दरेही मल्लाह हैं, वह भैंस के चमड़े की भाथी (दरे) बना उसकी नाव से नदियों को पार कराते हैं। बरेही बढ़ई हैं, जिनका काम लकड़ी काटना है, उसी लकड़ी से थावी लोग दूसरी चीजें बनाते हैं। लोहार लोहे का काम करते हैं, और पहले धून से लोहा भी बनाते थे। बालरस (बलरा या बर्रा) लोग निरगाल (बांसों) से टोकरी बनाते हैं, चमार लोग चमड़े का काम करते हैं। पूम्बा जाति का काम था ऊन साफ करना। कुल्लू में इन जातियों को खेतिहर

जाति माना गया था—सराज के ब्राह्मण, कनैत, दागी (कोली), राजपूत और ठाकुर।

भाषा-संबंधी सर्वेक्षण में पंजाब और उससे संबंधित इलाकों में कुल्लू और सराज, तहसील की भाषाओं को हिंदी-आर्य और तिब्बती-बर्मी कहा गया है। लेकिन तिब्बती-बर्मी भाषा यहाँ सारे स्पिती और लाहुल के कुछ इलाके में ही बोली जाती है। हिंदी-किराती भाषा मलाणा उपत्यका और लाहुल में बोली जाती है। हिंदी-आर्य भाषा-परिवार की पहाड़ी भाषाओं में पश्चिमी पहाड़ी के अंतर्गत कुल्लू, काँगड़ा, सिरमौर की भाषाएँ गिनी जाती हैं। कांगड़ी और सिरमौरी, कौरवी-पंजाबी से संबंध रखती हैं, जबकि चंबा और कुल्लू की भाषाएँ राजस्थान से संबंध रखने वाली पहाड़ी भाषाओं कोची, गढ़वाली, कुमाउनी, गोरखाली की बहनें हैं।

कुल्लुई भाषा (काली) और मंडियाली के दो रूप हैं। मंडियाली मंडी में बोली जाती है, जबकि कोली (कुलुही) सारे कुल्लू तहसील की भाषा है। कोची एक अलग बोली है, जो सराज तहसील तथा सतलुज के दक्षिण वाले पहाड़ों में बोली जाती है। पार्वती-उपत्यका के कनावर कोठी के लोग नाम से ही नहीं, बल्कि भाषा से भी महासू के कनावर (कनौर) इलाके के लोगों से संबंध रखते हैं। दोनों भाषाओं में प्राचीन किरात भाषा के अवशेष मिलते हैं। मलाणा और कनावर के लोगों के बोलने का ढंग भी एक जैसा है। मलाणी की भाषा को कनाशी कहते हैं, जिसमें उसी किन्नर नाम का एक रूपान्तर मिलता है। कनाशी, गुनान, तिनान, मनचत, कनौरी और लाहुल की भाषाएँ किराती भाषा हैं, जिनमें तिब्बतियों के संपर्क से तिब्बती और पहाड़ियों के संपर्क से पहाड़ी (हिंदी-आर्य) शब्द बहुत ले लिए गए हैं।

संस्कृति

कुल्लू बिल्कुल हिन्दू इलाका है। 1911 ई० की जनसंख्या में यहाँ केवल 908 मुसलमान, 117 ईसाई और 55 सिक्ख थे। हिंदुओं की भिन्न-भिन्न जातियों के बारे में हम बतला चुके हैं। यहाँ के हिंदुओं में यद्यपि शिव और विष्णु जैसे मैदान के प्रसिद्ध देवता भी माने जाते हैं, लेकिन इनकी अपनी मनोकामना पूरा करने वाले नाग और देवी (नागी) हैं, जो शायद किरात पूर्वजों के समय से चले आते हैं। कुल्लू की कहावत है '18 नाग और 18 नारायण।' नारायण से मैदानी विष्णु अभिप्रेत नहीं हैं। अगर वह मैदानी रहे भी हों, तो अब उनकी स्थिति नाग देवताओं जैसी है। कुल्लू तहसील में नारायणों की प्रधानता है और सराज में नागों की; अर्थात् धर्म के बारे में सराज वाले ज्यादा पुराने हैं।

पौराणिक कल्पना और पहाड़ी परंपरा को मिला कर कभी-कभी एक नया रूप देने की कोशिश जरूर की गई है, तो भी पुरानी परंपराएँ अपनी विशेषता रखती हैं। बासुनाग को सभी नागों का बाप कहा जा सकता है। यह बासुनाग पुराणों का वासुकि नाग है। कोठी नग्गर के कम्हारती गाँव में बासु नाग का मंदिर है; उसके और जगहों पर भी कितने ही मंदिर है। कुल्लू के 18 नागों की उत्पत्ति के बारे में परंपरा बतलाती है—

मनाली से उत्तर घुसाली गाँव में एक सुंदरी अपनी छत पर बैठी थी, उस समय बासुनाग की नजर उस पर पड़ी, और वह उसे उठा ले गया। कितने ही दिनों तक वह लड़की बासुनाग के पास रही। एक दिन नाग अपना सिर उसकी गोद में रख कर सोया हुआ था, उसी समय लड़की को याद आया, कि आज आश्विन की तीज है, आज (गौशाल) में नाच और मेला होगा। यह स्मरण करके उसका दिल भर आया, और उसके आँसुओं के गिरने से बासुनाग जाग उठा। पूछने पर उसने अपने मन का दुःख बतलाया। नाग ने उसे जाने की इजाजत देते हुए बतलाया, कि तुझसे 12 नाग पैदा होंगे, जिन्हें तू रोज दूध पिलाना और उनके सामने धूप जलाना। लड़की ने स्वीकार किया, और इसके बाद वह अपने घर चली गई, जहाँ बासु के कहे अनुसार 12 नाग बच्चे उसके पैदा हुए। वह उन्हें मिट्टी के बरतन में रख कर दूध पिला कर बढ़ाने लगी। उस स्त्री का पहले भी एक लड़का था, जिसकी बहू अपनी सासु को चुपचाप कहीं जाते देखती थी। सासु वह दूध-धूप लेकर किसी गुप्त स्थान में जाती थी। एक दिन बहू दूध और धूपदानी हाथ में लेकर वहाँ गई। नागबच्चे अपना सिर निकाल कर दूध की आशा से देखने लगे, बहू डर कर धूपदानी को वहीं फेंक कर भाग गई। नाग बच्चे कुछ जल गए। बारागढ़ के हलान गाँव के धूमल नाग ने बरतन के ढक्कन को तोड़ दिया, धूपदानी के छूट कर गिरने पर कितने ही नाग निकल भागे जिनमें कुछ जल गए थे। प्रिनी के पहल नाग का हाथ जल गया था, जलसा (बाराग्रांव) के जलसू नाग का कान ही बहरा हो गया। घुसाली नाग की आँख फूट गई, और बेचारे के लिए गाँव छोड़ कर कहीं जाना असम्भव हो गया। मनारा (जगतसुख) के शरगन नाग के सिर में छेद हो गया, रायसन और हरकंदी का कालीनाग आग के मारे काला हो गया। कालीनाग का मंदिर शिरार गाँव में है, जहाँ उसकी नारायण से हमेशा की लड़ाई है। जब शिरार में उसका मेला लगता है, तो वह व्यास और सर्वरी के बीच के पहाड़ों में नारायण से लड़ता है, और उस समय ग्रामंग के देवदार झुरमुट में बहुत-से लोहे के बाण फेंके मिलते हैं। कहते हैं, नारायण ने कभी एक बार काली नाग का अपमान किया था, जिसके कारण वह उससे नाराज हो गया। कालीनाग उस समय कोठी नगर के जाना गाँव में गया था, वहाँ नारायण ने दुर्व्यवहार किया। नारायण ने व्यास के पार नाग के ऊपर एक बाण चलाया, जो कि जाकर शिरार में गिरा। यह भी कहते हैं, कि कालीनाग नारायण की बहन को लेकर भाग गया, इसलिए नारायण उससे नाराज हुआ। इस कथा से मालूम होगा, कि पौराणिक नारायण से कुल्लू के नारायण को एक नहीं किया जा सकता।

हिमाचल के अन्य स्थानों की तरह कुल्लू में भी 'कुलदेवता' की परंपरा है। कुल्लू के देवता पड़ोसी बिसाहर के देवताओं की तरह सजीव मानव जैसे हैं, मनुष्य के गुण-दोष और कमजोरियाँ इनमें भी है। भक्त अपने देवताओं को बाकायदा जगाते और उन्हें हवाखोरी के लिए ले जाते हैं। मुँह धोने के लिए दातवन दी जाती है, नहलाया जाता है, फिर भोजन दिया जाता है। देवता नाचते हैं, और उनके साथ भक्त भी नाचते हैं। देवताओं में भी जिनके साथ मित्रता है, उनके पास सौगात भेजी जाती है। इन देवताओं

के पुजारी जाति के भेद-भाव बिना स्वयं गाँव के लोग होते हैं। कुल्लू के तहसील के मुख्य देवता इस प्रकार हैं—रघुनाथ जी (सुल्तानपुर), हिरमा या हिरंबादेवी (मनाली), जमलू, फुंगनीदेवी, प्रिनीदेवी (जगतसुख), ग्यफंग ल्हा, ग्रामंग नारायण। इन देवताओं में से जमलू के मंदिर कुल्लू और रूपी में कई तथा सराज में भी एक-दो हैं, लेकिन उसकी राजधानी मलाणा है। 1650 ई० में जगतसिंह ने रघुनाथ जी को लाकर सुल्तानपुर में स्थापित करके यह नियम बना दिया कि हर साल दसहरे के समय कुल्लू और सराज के सारे देवता रघुनाथ जी के दरबार में हाजिर हों। आज भी हर साल कुल्लू के मैदान में यह मेला लगता है; लेकिन जलूस तब तक नहीं निकलता है, जब तक कि हिरमादेवी न आ जाए। हिरमादेवी व्यासकुंड की भी देवी है। भीमपत्नी से लोग बहुत डरें, तो कोई आश्चर्य नहीं। इसी प्रकार सराज में निम्न देवता हैं—सिंगरिखी, सकिरनरिखी जोगनीबझारी, गरादुर्गा, अम्बिका, परसराम, महादेव। गोसाइनी की दुर्गा की कथा बड़ी करुण है। वह कोठी कोट के देथुवा के ठाकुर की बड़ी सुंदरी लड़की थी। बंदल के एक राज के काम से ठाकुर ने अत्यन्त प्रसन्न हो कहा : जो चाहो, माँग लो। इस पर राज ने ठाकुर की लड़की माँगी। पिता की आज्ञा मान कर ठाकुर-कन्या राज के घर पर गई, लेकिन वहाँ की अवस्था को देख कर उसे बड़ा दुःख हुआ और बथाड़ के पास तिरथन नदी में वह डूब कर देवी बन गई। निमंड की अंबिकादेवी सबसे अधिक माननीया देवी है, जिसके सामने हर बारहवें साल नर-बलि दी जाती थी, जिसका अवशेष अब मुंडा की रस्म है।

कुल्लू के लोगों के लिए देवता अपना सजीव और मानवीय व्यक्तित्व रखते हैं। किसी भी अकाल, बीमारी या दूसरी विपत्ति के आने पर लोग अपने देवता के पास जाते हैं, और उससे सलाह और रक्षा माँगते हैं। देवताओं के नाम से बहुत-से मेले और त्यौहार होते हैं, जहाँ अच्छा-अच्छा खाना खा, शराब पी लोग खूब नाचते हैं। रबी की फसल जब तैयार होती है, उस समय जेठ के आरंभ में पहला त्यौहार आता है। लोग देवता का जलूस बाजे-गाजे के साथ निकालते हैं। सभी लोग अच्छा-अच्छा कपड़ा पहनते हैं, फूलों से अपने को सजाते हैं। लुगरी (कच्ची शराब) इस समय के लिए काफी तैयार की जाती है। देवता अपनी डोली पर नाचता है, डोली ढोने वाले भी उसके साथ नाचते हैं। कभी-कभी देवता के पास आए मेहमान देवी-देवता भी इस नाच में शामिल हो जाते हैं। दर्शक लोग तो इस नाच में शामिल होते ही हैं। स्त्रियाँ कुल्लू तहसील में शायद ही कहीं नाचती हैं, लेकिन बाहरी सराज में वह आदमियों से अलग अपनी एक मंडली (छल्ला) बाँधती हैं। भीतरी सराज में कभी-कभी वह पुरुषों के मेंडर में ही नाचती हैं। नाच के मंडल में ब्राह्मण और कनैत दोनों स्त्रियाँ शामिल होती हैं। दूसरी जात वाले अलग रखे जाते हैं। बंजार (सराज तहसील के सदर मुकाम) में सबसे बड़ा मेला मई के महीने में होता है, जहाँ पर शिमला और गढ़वाल के व्यापारी भी चीजों के क्रय-विक्रय के लिए आते हैं।

जमलू देवता कुल्लू की परोल वजीरी का सबसे बड़ा प्रतापी देवता है, जिसकी

राजधानी मलाणा है। इसके कितने ही मंदिर सराज के भिन्न-भिन्न गाँवों में ही नहीं हैं, बल्कि कुल्लू उपत्यका, रूपी और स्पिती में भी हैं। जमलू के प्रताप के सामने अकबर को दबना पड़ा था, ऐसी कहावत मशहूर है। यंग ने मार्च 1911 में मलाणा की यात्रा के बाद जमलू के बारे में कई बातें लिखीं। मलाणा लोग किराती भाषा बोलने के कारण जैसे विशेष महत्त्व रखते हैं, वैसे ही उनका देवता भी विशेषता रखता है। जमलू परशुराम के पिता तथा रेणुका के पति जमदग्नि का ही रूपान्तर है। जमलू की स्त्री नरोई रेणुकादेवी है। जमलू के नाम को जमदग्गन भी कहते हैं। उसके पुत्र परशुराम ने निमंड में देवी अंबिका का तथा बाहरी सराज और बिसाहर में भी कई मंदिर बनवाये। यह भी याद रखने की बात है, कि परशुराम और रेणुका पर सिरमौर वालों का भी दावा है, और वहाँ रेणुका के नाम से एक स्थान है, जहाँ हर साल भारी मेला लगता है। मलाणा वाले परशुराम को जमलू का पुत्र मानते हैं। जमलू का भाई लाहुल का ग्येफँग देवता है जिसे जगमदंब भी कहते हैं। कहा जाता है, जमलू पहले स्पिती में रहता था, वहाँ से वह जगतसुख के नजदीक हमता में आया। स्पिती के रास्ते पर हमता के पास रहने वाली देवी प्रिनी उसकी बहिन है, और जिसका भाई ग्येफंग ल्हा लाहुल के एक हिमशिखर पर रहता है। भाई होने के कारण ग्येफंग को व्यास-उपत्यका का राज्य मिला। वह हर साल एक बार पार्वती-उपत्यका के बारशेनी गाँव में जमलू से आकर मिलता है। दोनों साथ नदी में नहाते हैं। ग्येफंग बड़ा भाई है, लेकिन जमलू अधिक धनी तथा चतुर है। एक बार जमलू अपनी बीवी नरोई के साथ हमता से मलाणा आया। उसके साथ एक टोकरी में कुल्लू के अठारहों देवता थे। चंद्राकन्नी जोत पर पहुँचकर उसने टोकरी का मुँह खोल दिया, इसी समय तेज हवा आई, और उसने अठारहो देवताओं को उड़ाकर कुल्लू में चारों ओर बिखेर दिया। इस प्रकार जमलू ने कुल्लू में देवता बसाये। इसी वजह से आज भी वह देवताओं के ऊपर जुर्माना लगा सकता है। जमलू की आज्ञा पर एक समय प्लाच के पास कुलारी के जमलू के गुर ने चैहनी के सिंगरिखी देवता के छत्र को जब्त कर लिया, और उसे तब तक नहीं लौटाया, जब तक कि लोगों ने दंड नहीं भरा। हो सकता है जमलू का पुराने समय—किरात युग—में दूसरा नाम रहा हो, जिसे जमदग्नि के साथ जोड़ दिया गया। जब सारे देवताओं ने अयोध्या से आये सुल्तानपुर के विदेशी रघुनाथ के सामने नाक रगड़ना शुरू किया, तब भी जमलू ने कर देना या सिर झुकाना कभी नहीं स्वीकार किया। दोनों भाई यहाँ के दो बड़े उच्च शिखरों के अधिपति हैं—जमलू देवटिब्बा (20417 फुट) और ग्येफंग अपने नाम के (19212 फुट के) शिखर का। इन देवताओं की कोई मूर्ति नहीं है, और न उनका कोई मंदिर है। मलाणा में नरोई के मंदिर को जमलू का भी माना जाता है। मलाणा से बाहर व्यास-उपत्यका के जमलू मंदिरों में जमलू के बड़े त्योहार के दिन मुसलमानी ढंग से शाहमदार को कुर्बानी दी जाती है।

अकबर और जमलू की कथा भी बड़ी रोचक है, और अकबर को भी यहाँ देवता के तौर पर पूजा जाता है, और प्रतिवर्ष 12 फाल्गुन को उसके लिए बलि दी जाती है।

कहते हैं, अकबर के कर-संग्राहक ने किसी साधु से दो पैसा अनुचित रूप से कर लिया, इन पैसों को साधु ने मलाणा में जमलू देवता के खजाने से पाया था। इसके कारण अकबर को कुष्ठ रोग हो गया। ढूंढ़ने पर वह दोनों पैसे अकबर के खजाने में एक-दूसरे से चिपके पाये गये। गुनियों ने अकबर को परामर्श दिया, कि इन पैसों को तुम खुद मलाणा ले जाओ, तो तुम्हारा कुष्ठ अच्छा हो जायेगा। प्रार्थना करने पर अकबर को छुट्टी देकर उसे अपनी सोने की मूर्ति तथा अपने घोड़ों और हाथियों की सोने-चाँदी की मूर्तियों के साथ पैसों को भेजने का आदेश हुआ। जब यह भेंटें जमलू के पास आ गईं, अकबर रोग-मुक्त हो गया। इसी घटना को लेकर 12 फाल्गुन को मलाणा में अकबर के लिए बलि दी जाती है। उस दिन तोशाखाने से मूर्तियों को ले बाजे-गाजे के साथ जलूस निकल कर गाँव के ऊपर वाले पेड़ों के झुरमुट में जाता है। वहीं पर साल-भर कपड़े में ढकी इन मूर्तियों को एक छोटे-से पत्थर के ऊपर रख दिया जाता है, और जमलू अकबर की भेंट स्वीकार करने के लिए आता है।

मलाणा में सावन के महीने में भी एक मेला लगता है, जिसमें कुल्लू के लोग आते हैं। कुछ सालों के अन्तर से प्रथम भादों को खेका की रस्म अदा की जाती है। इसकी तिथि देवता अपने गुर द्वारा बतलाता है। इस समय बड़ी भारी संख्या में लोग आते हैं। गाँव की एक औरत के साथ देवता का ब्याह किया जाता है, जो जीवन-भर अविवाहित रहती है।

एक छोटे-से मैदान के पास हरेक गाँव के देवता का मंदिर होता है। कभी-कभी मंदिर गाँव से दूर देवदार के झुरमुट, पहाड़ की चोटी, किसी कुण्ड या जलप्रपात के किनारे भी होता है। स्थान ऐसा चुना जाता है, जहाँ आसपास का प्राकृतिक दृश्य बहुत नयनाभिराम होता है। मंदिर लकड़ी-पत्थर के बनते हैं। आम तौर से देवदार और कोई-कोई केवल उसकी लकड़ी के बने होते हैं। मंदिर के साथ रसोईघर रहता है—जिसमें त्योहार के दिन भोजन बनता है, यात्रियों के लिए एक धर्मशाला भी रहती है। एक घर पुरोहित और सेवक के लिए रहता है। पास में अनाज का भण्डार होता है, जिसमें देवता की भूमि से पैदा हुआ अन्न जमा रहता है। बड़े मंदिरों में कारदार संपत्ति का प्रबंध करता है, कायथ हिसाब-किताब रखता है, एक या अधिक पुजारी तथा कितने ही बाजा बजाने वाले रहते हैं। एक या अधिक गुर या चेले होते हैं, जिनके ऊपर देवता आकर बात करता है। देवता की ओर से गुरों, झंडाबरदारों, मशालचियों, लोहारों, बढ़इयों, फूल देनेवालों, चौकीदारों और बोझ ढोनेवालों की बिरता (वृत्ति) है। करीब-करीब सभी मंदिरों में कम-से-कम एक कारदार, एक गुर और कुछ बाजे वाले जरूर होते हैं। किन्हीं-किन्हीं में कारदार ही पुजारी का काम करता है। पुजारियों में कुछ ही ब्राह्मण या भोज की जाति के हैं, नहीं तो देवताओं के पुजारी सभी साधारण कनैत जाति के होते हैं। पुजारी ब्राह्मण होने पर यह उसका पुश्तैनी काम समझा जाता है, लेकिन कारदार या चेला का काम खानदानी नहीं है। हरेक देवता के पास अपनी काफी जमीन है, जिसकी आमदनी का थोड़ा-सा भाग मकान की मरम्मत या रथ (विमान) के कपड़े-जेवर आदि पर खर्च होता

है। अधिक आमदनी भोज में खर्च होती है, जो गाँव के लोगों को ही मिलता है। किसी-किसी समय ब्रह्मभोज भी होता है। किसी-किसी देवता ने अपने यहाँ यात्रियों के लिए सदावर्त भी लगा रखी है। मैदानी देवताओं के शिवालय और ठाकुरद्वारे भी कुल्लू में कहीं-कहीं पाए जाते हैं, लेकिन गाँव के लोग इनके साथ अपनी उतनी आत्मीयता नहीं दिखलाते। ऐसे तीन-चार मंदिर गरम पानी के चश्मों (तप्त कुण्डों) के पास हैं।

कुल्लू अपने मेले के लिए विश्व-प्रसिद्ध है। राजा जगतसिंह ने सुल्तानपुर में रघुनाथजी को स्थापित करके सभी देवताओं को वहाँ आने के लिए आज्ञा निकाली। किसी विशेष समय आने के लिए देवताओं के पास राजा विशेष तौर से आज्ञा भेजता था, और आज्ञा मान कर देवता लोग राजधानी में पहुँचते थे, जिससे लोगों को विश्वास था, कि राजा देवता के भी ऊपर है। राजाओं के समय कुल्लू की जोती हुई जमीन का सातवाँ हिस्सा देवताओं की संपत्ति थी। पहले सभी देवता रघुनाथजी को कर दिया करते थे, लेकिन अंग्रेजी राज्य की स्थापना के बाद वह इसकी उतनी पर्वाह नहीं करते। दसहरे के मेले पर जहाँ देवताओं के आने से खूब चहल-पहल रहती है, वहाँ मैदान के आसपास काफी बड़ी हाट लग जाती है। उस दिन रघुनाथजी को रथ पर बैठाकर रथयात्रा निकाली जाती है। रथ के रस्सों को लोग खींचते हैं। मेला पाँच दिन का होता है। पाँच दिन तक देवता अपना-अपना तम्बू लगाए मैदान में पड़े रहते हैं। अंतिम तीन दिन में देवता आपस में भेंट-मुलाकात करते हैं, और उस वक्त शराब पीकर लोग अपने देवताओं के सामने खूब नाचते हैं। स्त्रियाँ भी सुन्दर भड़कीले कपड़ों को पहनकर तमाशा देखने आती हैं। सराजी नाचने में सबसे कुशल होते हैं। वह देवता के सो जाने के बाद भी बड़ी रात तक नाचते रहते हैं, और कभी-कभी तो सबेरा होने लगता है। नाच के बाद उसी मैदान में लोग कम्बल ओढ़कर सो जाते हैं। अंतिम दिन जब रघुनाथ का रथ चलता है, तो देवता उसके पीछे-पीछे हो व्यास के किनारे एक ऊँची जगह पर जाते हैं। वहाँ एक भैंसा और कुछ और जानवरों की बलि दी जाती है। लंका की मूर्ति का सिर इसी समय रघुनाथजी काटते हैं। फिर रथ को सर्वरी के किनारे ले जाते हैं, जहाँ से छोटी-सी डोली में रघुनाथजी को बैठाकर राजमहल के भीतर उनके मंदिर में पहुँचा दिया जाता है। अगले दिन सबेरे ही से देवता अपने-अपने गाँवों को जाने लगते हैं। इस मेले में यारकन्दी और लदाखी व्यापारी मध्य-एशिया से लाई हुई चीजों को बेचते थे, जिनमें टट्टू, रेशमी कपड़े, कालीन और चरस मुख्य थे। मध्य-एशिया का व्यापार अब बन्द हो गया है, लेकिन इस मेले को एक बड़े व्यापारी मेले के रूप में परिणत कर देना आसान है। रघुनाथजी की अप्रैल में पीपल यात्रा होती है, जब वह अपने मंदिर से निकलकर व्यास में स्नान करने जाते हैं। इस समय भी दर्शकों की भारी भीड़ रहती है।

कुल्लू के दसहरे के मेले के बाद निर्मण्ड की अम्बिकादेवी का मेला बहुत मशहूर है, खास करके जिस साल मुण्ड किया जाता है, उस साल तो भारी भीड़ लग जाती है। बेड़ा लोग किस तरह मोटी रस्सी बटकर उसे पहाड़ की चोटी से तान नीचे सरपट सरकते हैं, इसका विशेष वर्णन हम बिसाहर के प्रकरण में करेंगे। चूहे आकर कहीं रस्सी को

दाँत न लगा दें, इसके लिए रस्से को एक घर में बहुत सुरक्षित तौर से रखा जाता है। जौनपुर (टेहरी) की तरह कुल्लू की भी दीवाली मैदानी दीवाली की तरह कातिक की अमावस्या को नहीं, बल्कि एक महीना बाद दिसम्बर में पड़ती है। इसे कोलीरी दियाली (कुल्लू की दीवाली) कहते हैं। उस दिन पहली शाम को हरेक गाँव के लोग एक मैदान में जमा होकर बड़ी रात तक गंदी गीतें गाते हैं। फिर देवी हिरमा का जयकार करके तीन बार ताली बजा अपने घरों को लौट जाते हैं। अगले दिन एक आदमी एक चक्कर के बीच में धीरे-धीरे नाचता है, और चारों तरफ लोग चक्कर में खड़े गीत गाते हैं। बीच-बीच में लोग अपने पड़ोसी को पकड़े खूब नाचते-नाचते थक जाते हैं। त्योहार के दिन शाम को हरेक घर में दीपक एक या दो घंटे जलाए जाते हैं। उस रात निकलने वाला मशालों का जलूस भी बड़ा सुन्दर लगता है। नग्गर के पुराने गढ़ में मशाल जलाते ही इशारा हो जाता है, और फिर सभी गाँवों में मशाल-महोत्सव बड़े जोर-शोर से शुरू हो जाता है।

कांगड़े में ईसाई-मिशन ने विशेष तौर से अपना काम बाहरी सराज के अनी गाँव (दलाश के नजदीक) में शुरू किया था और कुछ भारतीय ईसाइयों को भी वहाँ बाहर से लाकर बसा दिया था। पहले अमेरिकन प्रेसबैटेरियम-मिशन ने काम किया था। जब उससे नहीं चला तो उसे साल्वेशन-आर्मी (मुक्ति-सेना) ने सँभाला। प्रथम युद्ध के बाद ईसाई-मिशनों को जो आर्थिक कठिनाइयाँ हुईं उसके कारण अनी के काम को बंद कर देना पड़ा, और पादरी अपनी इमारतों को बेचकर वहाँ से चले गए।

कुल्लू के रीति-रिवाज में हिमाचल के कांगड़ा-मंडी आदि से बहुत भिन्नता नहीं है। विवाह के कुछ रीति-रिवाज उसी तरह के यहाँ पर भी प्रचलित हैं, जैसे मंडी और कांगड़ा में। कन्या के घर वर के पहुँचने पर गणेश-पूजा होती है, दोनों घरों में 'लाई-लुई' की जाती है—वर और कन्या का गठबंधन होता है, जिसके बाद वह हवनकुण्ड के चारों तरफ प्रदक्षिणा करते हैं। विवाह-बंधन की कड़ाई उतनी ही यहाँ है, जितनी कि पास के पहाड़ों में। लेकिन बुरा बर्ताव करने पर कितनी ही स्त्रियाँ पास की दूसरी रियासतों में भाग जाया करती थीं। एकाध जातियों को छोड़ सब में छूट (तलाक) का रिवाज है। पति छूट देने के लिए रुपया लेकर संतोष कर लेता है। पहले दूसरी वजीरियों में स्त्री के भावी पति को 30 से 100 रुपये तक छूट की रकम देनी पड़ती थी, जबकि वह लाग के इलाके में 500 रुपये तक हो सकती थी। छूट और विधवा-विवाह का रिवाज कुल्लू में आम पाया जाता है।

सारे सराज-रूपी की वजीरी के कुछ भाग में और कुल्लू तहसील की मलाणा-उपत्यका में सभी भाइयों की एक स्त्री होने (पाण्डव विवाह) का रिवाज है। यदि सभी भाई एक साथ रहें, तो दाय भाग का कोई सवाल नहीं उठता, लेकिन यदि भाइयों या लड़कों में से कोई अलग होना चाहे, तो अदालत की शरण लेनी पड़ती है। अदालत मानती थी कि स्त्री वस्तुतः बड़े भाई की पत्नी है, इसलिए सभी लड़के उसके लड़के हैं। किसी-किसी का कहना था कि किस लड़के का कौन बाप है, इसका निर्णय स्त्री की गवाही पर होना चाहिए और उसी के अनुसार बाप की संपत्ति में अधिकार दिया जाए। आम

कायदे के मुताबिक बड़ा भाई जेठे लड़के का बाप होने का दावा करता है, और उसके बाद बाकी लड़कों के क्रमश: छोटे भाई बाप माने जाते हैं।

लायल ने 1871 ई० में अंतर्जातीय विवाहों के उत्तराधिकार के बारे में लिखा था—"कनैत स्त्री से पैदा हुए ब्राह्मण और राजपूत के लड़के ब्राह्मण और राजपूत कहे जाते हैं। जो अपने शुद्ध रक्त का दावा करता है, उसे राठी कहा जाता है। दूसरी संतान न होने पर ये अपने पिता की संपत्ति के पूरे अधिकारी होते हैं। यदि लारी (वैधानिक स्त्री) के लड़के मौजूद हों, तो दूसरे लड़कों को खोरिश के तौर पर पाँचवाँ हिस्सा या कुछ दे दिया जाता है।…" कुल्लू में उत्तराधिकार के लिए सभी जातियों में आजकल पगबंद— जिसे यहाँ मुंडेवंड कहते हैं—का रिवाज है, जिसके अनुसार एक पिता के सभी वैधानिक पुत्र माताओं का कुछ भी ख्याल न करके समान हिस्सा पाते हैं। कनैत और छोटी जाति के लोगों में रिवाज है कि "कोई भी स्त्री जो स्त्री के तौर पर रखी गई या रखैल है, उसके लड़के जायज समझे जाते हैं, और विवाह-संस्कार करना कोई आवश्यक नहीं है।" लायल के अनुसार 'पिछलक' (कुल्लू में रोनदा) को भी जायज पुत्र माना जाता है—यानी विधवा अपने पूर्व पति के घर में रह कर चाहे कितने ही समय बाद जो पुत्र पैदा करती है, उसे पिछलक कहते हैं। जब तक विधवा मृत पति के घर को नहीं छोड़ती, तब तक वह अपने पति की संपत्ति की मालिक रहती है।

शिक्षा और स्वास्थ्य की दृष्टि से कुल्लू की स्थिति बहुत संतोषजनक नहीं होने के बावजूद कामचलाऊ ठीक ही है। शिक्षा की व्यवस्था यहाँ प्रायमरी, मिडिल और हाई-स्कूल तक है। प्रौढ़ साक्षरता केन्द्र भी हैं। साथ ही पुस्तकालयों और वाचनालयों की भी सुविधा है।

बीमारियाँ कुल्लू में कम होती हैं, जिसका कारण यहाँ की आबोहवा है। जिस वक्त प्लेग ने सारे भारत में धूम मचा रखी थी, उस समय भी कुल्लू उससे मुक्त रहा। लेकिन मलेरिया (मलेयर) यहाँ जरूर है, जो कभी-कभी बड़ा उग्र रूप धारण करता है। पित्त-ज्वर भी यहाँ के ऊँचे स्थानों पर होता है। पेचिश भी खास करके गर्मी के महीनों में देखी जाती है, और कभी-कभी छूत की बीमारी बनकर वह बहुत-से बच्चों की जान लेती है। घेघा की बीमारी भी कितनी ही जगहों पर है। आतशक और सूजाक शहरों और मैदानी लोगों के संपर्क वाले इलाके में बहुत ज्यादा फैल गई है। चेचक, तपेदिक और कोढ़ भी पाई जाती है। कुल्लू के लिए कहावत मशहूर रही है कि यहाँ पर अकाल कभी नहीं पड़ता। लेकिन, अब वह कहावत कहावत मात्र है। अन्न का कष्ट सभी जगह की तरह यहाँ भी दिखाई पड़ने लगा है। कुल्लू और बंजार में दो अस्पताल हैं, जिनमें कुल्लू का अस्पताल काफी बड़ा है, और वहाँ एक असिस्टेंट-सर्जन रहता है।

आर्थिक स्थिति

बहुत प्रकार के उद्योगों के कितने ही साधनों के रहते भी हिमालय के और भागों की तरह कुल्लू भी केवल कृषि पर निर्भर करता है। कृषि की अवस्था अपनी भिन्न-भिन्न

ऊँचाइयों के अनुसार कुल्लू में वही है, जो कि पड़ोसी चंबा-मंडी के जिलों में। सबसे नीचे के खेतों को यहाँ 'बाल्ह' कहते हैं। केस गाँव में व्यास के ऊपरी हिस्सों की अपेक्षा सिंचाई का कम प्रबंध है, और पहाड़ में सिंचाई रब्बी और धान की फसल के लिए अत्यावश्यक है। सराज में और कनौर में भी नीचे की भूमि को नेउल कहते हैं, इसके ऊपर 7000 फुट की ऊँचाई तक की भूमि को मंझाट (मध्य) कहते हैं। और ऊपरी भूमि गाहर कही जाती है, जिसे सराज में 'सराज' कहते हैं। उसी के कारण वस्तुतः इस इलाके का यह नाम पड़ा। सराज में कटैल नाम की भी एक किस्म की भूमि है, जहाँ पैदा होने वाली वनस्पति को कुछ सालों बाद साफ करना पड़ता है, अर्थात् यह एक तरह से परती-सी जमीन है। सिंचाई वाली भूमि को 'रोपा' कहते हैं, और बिना सिंचाई वाली को 'बाथिल'। उपत्यका की ज्यादा नम रहने वाले भाग को शिल्ली कहते हैं।

कुल्लू में खरीफ और रब्बी की दो फसलें होती हैं। खरीफ में मकई, चावल और कोदरा की प्रधानता है और रब्बी में गेहूँ और जौ की। गेहूं की फसल कुल्लू में सबसे अधिक होती है, जिसको सितंबर के आरम्भ में सबसे ऊँचे के स्थानों में बोया जाता है, और बाल्ह में नवंबर के अंत में। बीच के महीनों में बीच की ऊँचाइयों में गेहूँ की बोआई होती है। बाल्ह में जौ मई के मध्य में काटा जाता है और गेहूँ उससे एक महीने से कुछ कम बाद। लेकिन ऊपरी जगहों में जून से पहले खेत नहीं काटे जाते, और गेहूँ तो अक्सर वर्षा आरंभ होने के पहले नहीं तैयार होता।

गेहूँ के बाद कुल्लू में धान ज्यादा पैदा होता है। बासमती और बेगमी जैसे अच्छी किस्म के चावल व्यास के निम्न भाग तथा सतलुज की उपत्यका की थोड़ी जगहों में होते हैं। बाकी जगहों में मताली, जाटू और माहुरी जात के धान सबसे अधिक होते हैं। जाटू और माहुरी को कभी-कभी एक ही खेत में मिला कर बोया जाता है, जिसे गरगल कहते हैं। 6000 फुट की ऊँचाई तक यह दोनों धान पैदा होते हैं। इसके ऊपर मताली धान होता है। लाग महाराजा की वजीरी के निम्न भाग में बिना टूसवाले 'जलधारा' और 'मोगाई' नाम के धान पैदा होते हैं, जो जाटू से ज्यादा महंगे बिकते हैं। सराज में भी बिना टूस का 'रैली' धान होता है। वहाँ के निचले भाग में शुवारु भी पैदा होता है, जिसका चावल सफेद होता है। 'रछेरा', लाल 'माहुरी' 'बसाहरू', 'रुंडलू' और 'बेरू' व दूसरे धान यहाँ पैदा होते हैं। 'खोखान' और बाजौरा की कोठियों में धान बोया जाता है, बाकी जगहों पर उसकी बेहन तैयार करके रोपा जाता है। मताली, बासमती और छुवारी धान को पहले भिगो कर भुर्जपत्र के नीचे दबा गरम करके अंकुरित होने पर उनकी बेहन डाली जाती है और फिर उसे रोपा जाता है।

सारे पहाड़ की तरह कुल्लू में भी मक्की का महत्त्व है, जिसे मई या जून में बोया जाता है। इसकी खेती वर्षा के भरोसे होती है। मक्की को भालुओं, बन्दरों और चिड़ियों से रक्षा करना सबसे कठिन काम है। अक्तूबर के आरम्भ में काट कर बालों को छत के ऊपर या आँगन में सूखने के लिए रख दिया जाता है, जिनके रंग के कारण दूर से उस समय कुल्लू के गाँवों की निराली छटा हो जाती है।

खरीफ के समय बहुत खाद देकर खेतों में थोड़ी मात्रा में तम्बाकू पैदा किया जाता है। यह इतना अधिक नहीं होता कि बाहर भेजा जाये। अमेरिकन तम्बाकू भी राइसान में सफलतापूर्वक पैदा किया गया, लेकिन यह ज्यादा नहीं बढ़ाया जा सका।

भाँग से यद्यपि चरस भी निकलता है, लेकिन यह ज्यादा सन के लिए बोई जाती है। इसके खेतों में खाद खूब दी जाती है। प्रति एकड़ 5 से 10 मन तक भाँग का सन (भँगेरा) निकलता है। लोग इससे रस्सियाँ और रस्से बंटते हैं। भँगेरा-कपड़ा बनाने का रिवाज कुमाऊँ और गढ़वाल की तरह से यहाँ नहीं पाया जाता।

फलों के लिए 7000 फुट की ऊँचाई तक कुल्लू की भूमि बहुत अनुकूल है। कुल्लू के सेबों का नाम सारे उत्तर भारत में है, लेकिन अंग्रेजों द्वारा फलों के प्रचार के पहले यहाँ के जंगलों में प्राकृतिक रूप में पाला (सेब), शैंगल (नासपाती), शारी (खूबानी), आलूचा, काकर (पिस्ता), जामन (चेरी), काड़ू (जंगली जैतून), फागरा (जंगली अंजीर), अचला (रस्पबरी) और होर (अखरोट) मौजूद थे। कप्तान ली ने बन्द्रोल में और थ्योडोर ने डोभी में 1870 ई० के आसपास फलों का बगीचा लगाना शुरू किया। पहले कश्मीर के फलों को लगाया गया। उनके लग जाने पर अंग्रेजी किस्म के फलों की कलम लगाई गई। डोभी के बगीचे को पीछे डब्लू० एच० डोनाल्ड ने खरीद लिया। कप्तान बेनन ने मनाली में, कर्नल रेनिक ने बाजौरा में, डफ ने कटराई और ढुंगरी में तथा मिनिकन ने रायसान और नग्गर में सेब के बगीचे लगाये। प्रथम महायुद्ध के पहले व्यास-उपत्यका के 48 फलोद्यानिकों में सिर्फ चार कुल्लू के रहनेवाले थे। चाय के बगीचे के सम्बन्ध में यद्यपि उतनी सफलता नहीं प्राप्त हुई, लेकिन फलों के बारे में कुल्लू में बड़ी तरक्की हुई। बाहरी सराज शिमला के नजदीक पड़ता है, यदि मोटर की सड़क बन जाये तो फलों के पैदा करने में वह कुल्लू से पीछे नहीं रहेगा। वहाँ पर जंगल-विभाग ने कुछ फलों के नये बगीचे लगाये। प्रथम युद्ध के पहले कुल्लू में 120 एकड़ और सराज में 35 एकड सेब के बाग लगाये गये थे। प्रथम महायुद्ध से पहले कुल्लू के बगीचों का भविष्य बहुत उज्ज्वल दिखाई नहीं पड़ता था, क्योंकि फलों की ढुलाई बहुत महँगी पड़ती थी। पीछे मोटर चलते ही कुल्लू में रेलवे की औट एजेंसी कायम हो गई, और ढुलाई सस्ती हो गई। कुल्लू में निम्न प्रकार के फल पैदा होते हैं : सेब—किंग आफ पिपिन्स, शरद-पिपिन, हाथोर्नडेन, नारंगी-पिपिन, गोल्डन-पिपिन, गोल्डन राइनेथ, लार्ड डर्वी, बाल्डविन, ब्लेनहेम औरेंज-पिपिन; नासपाती—मेरी लुइजी, लुइजीबोन, विलियम, बोनश्रेतियान, बेर्गामोठ आदि; अंगूर—काला, मस्कती आदि; खूबानी—यारकंदी।

कुल्लू के प्रमुख बगीचों में कुछ इस प्रकार हैं : बंद्रोल—यह 5000 फुट की ऊँचाई पर साढ़े 8 एकड़ में है। यहाँ कई तरह के सेब, नासपाती, अंगूर और खूबानी के अच्छे फल होते हैं। आलूचा भी यहाँ अच्छा होता है, लेकिन चेरी, खूबानी और आडू के लिए यह स्थान उतना अनुकूल नहीं मालूम होता। रायसान—इस कोठी के आरामगढ़ गाँव का बगीचा 16 एकड़ का है। इसके मालिक मिनिकन ने नग्गर में भी तीन एकड़ का बगीचा लगाया। आरामगढ़ उतनी ही ऊँचाई पर अवस्थित है, जितना बंद्रोल, और

वहाँ भी वही फल पैदा होते हैं। मनाली—यहाँ 6400 फुट की ऊँचाई पर 1884 ई० के आसपास कप्तान बेनन ने पहले बगीचा लगाया, और हर तरह के अंग्रेजी सेबों का तजर्बा किया, जिसमें 1894 ई० से पहले ही वह सफल हो गया। इंगलैंड की अपेक्षा एक-दो साल पहले ही यहाँ पेड़ों में फल लगने लगे, और वहाँ की अपेक्षा वह एक महीने बाद पकते थे। अपने स्वाद, रंग और रूप में भी ये इंगलैंड की अपेक्षा बेहतर थे। सेब के अलावा देशी और विलायती खूबानी भी यहाँ लगाई गई, आलूबुखारा भी सफलतापूर्वक पैदा किया गया। मनाली का बगीचा कुल्लू का एक मशहूर बगीचा है। यहाँ अंजीर भी है, जो साल में दो फसल देती है। लाल और सफेद करेंट भी यहाँ अच्छी होती है। स्थानीय फलों में बिहीदाना (बेदाना) पैदा होता है, जो मुरब्बे के लिए अच्छा है। कुल्लू के पहाड़ों में पहले ही से जंगली तूत और एक तरह का रेशमी कीड़ा भी होता था, जो रेशम बनाता था। इस प्रकार चीन से रेशम के आने के पहले ही प्रकृति ने रेशम के सारे साधन यहाँ जुटा दिये थे, लेकिन आदमी उसका उपयोग नहीं ले सका। कुल्लू के जंगलों में बादाम, पिस्ता, अनार, जैतून, सराज और दूसरी निचली जगहों के जंगलों जैसे होते हैं। बगीचों में दो किस्म के अखरोट होते हैं, इनमें से नरम छिलके वाले को कागजी कहते हैं। अखरोट की लकड़ी बड़ी मजबूत तथा कारुकार्य के लिए उपयुक्त होती है। डोभी—डोनाल्ड ने रायसान कोठी के उत्तर में करीब 5000 फुट की ऊँचाई पर अवस्थित इस बगीचे को बड़ी सफलतापूर्वक लगाया। थ्योडोर ने जंगली सेब (पाला) के ऊपर अंग्रेजी सेब की कलम 1870 ई० के आसपास लगाई, जो अच्छा फल देने लगी। जापानी नासपाती की जंगली नासपाती (शैंगल) पर भी सफलतापूर्वक कलम लगाई गई। इस बगीचे में अमेरिकन आडू बहुत अच्छे और बड़े आकार के होते हैं, लेकिन देर तक नहीं ठहरते, इसलिए हवाई-यातायात से ही नीचे के शहर में पहुँच सकते हैं। अनी—बाहरी सराज में सतलुज-उपत्यका में 3400 फुट की ऊँचाई पर इस गाँव में अमेरिकी डाक्टर कार्लटन ने पहले-पहल बगीचा लगाया और कश्मीरी खूबानी, अमेरिकन अंगूर, अखरोट और नारंगियों को अच्छी तरह उगाया। लेकिन ये वृक्ष पीछे छोटे-छोटे फल बड़ी मात्रा में देने लगे और अंत में सूख गये। इसका कारण वहाँ की मिट्टी की तह का पतला होना बतलाया गया। सेब यहाँ अच्छे नहीं हुए।

कुल्लू में जंगल विभाग के बगीचे भी हैं। हिमालय के भिन्न-भिन्न भागों में जंगल-विभाग ने जिस तरह अपने जंगलों के पास फलों के बगीचे लगाकर उन्हें फैलाने की कोशिश की, उसी तरह कुल्लू में भी उसने किया। पास में शिमले के बाजार का ख्याल करते बाहरी सराज में फलों के बगीचे बढ़ाने को प्रोत्साहित किया गया। शिमला-कुल्लू सड़क के आसपास भिन्न-भिन्न ऊँचाइयों पर कई जगहों में साढ़े 25 एकड़ के बगीचे लगाये गये। रेंजर गुरांदित्तामल को पूसा में फलों की बागबानी की विशेष शिक्षा के लिए भेजा गया, और उन्होंने आकर बाहरी सराज में 1911 ई० में तीन और 1912 की जनवरी में फिर तीन बगीचे लगाये। इनमें से 6 एकड़ का मुख्य बाग चवाई के पास बाहू में 5000 फुट की ऊँचाई पर था, जिसमें सेब, नासपाती, आडू, खूबानी, अंजीर,

नारंगी, अखरोट आदि के वृक्ष लगाये गये। 1916 ई० में इनमें से नारंगियों, आड़ुओं और खूबानियों पर फल लगे। दूसरा 6 एकड़ का बगीचा 6150 फुट की ऊँचाई पर अनी से 3 मील पर निगाली में लगाया गया, जिसमें भी सफलता हुई। बाहरी सराज के दूसरे बगीचे थे—कराना (अनी से पश्चिम), धौंगी (चवाई के समीप), उरतू (कुरपान-उपत्यका) और डिम (कोठीकोट)। जंगल-विभाग ने 1916 ई० तक इस काम पर 12 हजार रुपये खर्च किये। इसके बाद बगीचे स्वावलंबी हो गये, और लोगों को भी इससे फायदा हुआ। कुल्लू और सराज फलों के गढ़ हो सकते हैं, यदि यातायात का सुभीता अच्छा हो जाये और लोगों को वैज्ञानिक सलाह दी जाये। इसके लिए सबसे आवश्यक है शिमला-कुल्लू सड़क को मोटर वाली सड़क बना देना। लेकिन सारे हिमाचल का आर्थिक जीवन एक है, उसके कांगडा-कुल्लू को पंजाब-सरकार के और बाकी को हिमाचल प्रदेश के हाथ रखना इसमें सबसे बाधक है। दिल्ली के देवता अंग्रेजों की लकीर पीटने वाले हैं, उनसे आशा नहीं हो सकती कि वह कांगड़ा-कुल्लू, और गुरदासपुर तथा होशियारपुर के पहाड़ी भागों, पेप्सू के पहाड़ी भागों और शिमला जिले को हिमाचल प्रदेश में आसानी से शामिल करने के लिए तैयार हो सकेंगे। (कांगड़ा और कुल्लू भी अब हिमाचल में सम्मिलित हैं।—सं०)

चाय का प्रारंभ हिमालय के गोरा-उपनिवेश बनाने की योजना को लिए हुआ था। पहले-पहल असिस्टेंट-कमिश्नर मेजर हे ने 1856 ई० में 5500 फुट की ऊँचाई पर नग्गर की एक उर्वर जमीन में चीनी चाय की पौध तैयार की। 1860 ई० में उसे 6 एकड़ में लगाया गया। पौधें बड़ी जल्दी बढ़ीं और 1866 ई० में कुछ झाड़ियां 4 फुट ऊँची और 12 फुट घिराव वाली हो गईं। इसी साल बाजौरा के एक बगीचे में तीन-चार झाड़ियाँ भी करीब-करीब नग्गर जितनी ही ऊँची देखी गईं। पीछे इस बगीचे को खरीद कर असिस्टेंट-कमिश्नर नाक्स ने उसमें सुधार किया। कुल्लू से स्थानांतरित होने के बाद उसने कुल्लू चाय कंपनी स्थापित की। 1862-70 ई० के बीच यह कंपनी हर साल चाय के बगीचे को बढ़ाती रही, लेकिन बीस साल के बाद कुछ हानि उठाकर 1883-84 ई० में कंपनी ने अपने बाग को बेच डाला, जिसका कुछ भाग कर्नल रेनिक ने लिया, और कुछ को एच० जे० मिनिकन ने। 1866-67 ई० में एक दूसरी कंपनी आरंभ की गई, जिसने बाजौरा में 5 एकड़ और द्वारा (बारागढ़) में 2 एकड़ बगीचा लगाया। पर उसे लाभ नहीं हुआ, और उसने अपने बगीचे को कुल्लू चाय कंपनी के हाथ में बेच दिया। पालमपुर की बंदला चाय कंपनी के एक मालिक डफ ने डोभी में 5 एकड़ में चाय का बगीचा लगाया। 1875 ई० में एच० जे० मिनिकन ने आरामगढ़ (रायसान) में बगीचा शुरू किया। शताब्दी के आरंभ में सब मिलाकर 300 एकड़ में चाय का बाग लगा हुआ था, जिनमें जी० जी० मिनिकन के पास 36 एकड़ का बगीचा रायसान और नग्गर में था। कुल्लू की चाय का स्वाद और सुगंधि बड़ी अच्छी होती है। 1866 ई० की लाहौर प्रदर्शनी में यहाँ की चाय को प्रथम श्रेणी के दो इनाम मिले थे—एक पंजाब की सबसे अच्छी चाय होने के कारण, और दूसरा सारे भारत में सबसे अच्छी काली चाय होने के कारण। 1909 ई० में भी इसको सर्टिफिकेट

मिला था। 1916-17 ई० में 5 मन से अधिक भिन्न-भिन्न प्रकार की चाय कुल्लू के रास्ते लदाख गई। 1868 ई० के बाद खंपा और दूसरे व्यापारियों ने गर्तोक और तिब्बत के दूसरे स्थानों में भी यहाँ की चाय पहुँचानी शुरू की, लेकिन वहाँ इस्तेमाल होनेवाली चाय सस्ती और निम्न श्रेणी की होती है, जिसके कारण कुल्लू की चाय होड़ में टिक न सकी।

कुल्लू के लोगों की आजीविका के साथ वहाँ का पशु-पालन और उससे होनेवाला व्यवसाय अविच्छिन्न रूप से जुड़ा है। ढोर यहाँ भी वही होते हैं, जैसे कि आसपास के पहाड़ों में। गायें छोटी और कम दूध देने वाली तथा बैल भी छोटे-छोटे होते हैं। मुख्य कुल्लू वाले सराज, सुकेत और मंडी से बैलों को खरीद कर लाते हैं। बड़ी जात के बैल या गाय अधिक चारा चाहेंगे, जो जाड़ों में यहाँ के लिए कठिन समस्या है। जाड़ों में लोग अधिकतर बान और भोढू (ओक) की पत्तियाँ खिलाते हैं। भेड़-बकरियाँ खरसू के पत्ते भी खाती हैं। जाड़ों और वसंत में मध्याह्न के वक्त भेड़-बकरियों को जंगली तूत (चून, चोमो) की पत्तियाँ खिलाते हैं। खुराक की कमी को जितना भेड़-बकरियाँ बर्दाश्त कर सकती हैं, उतनी ढोर नहीं। भैंस केवल बाजौर के आसपास तथा बाहरी सराज के निचले भागों में कुछ लोग घी-दूध के लिए पालते हैं। गूजर अपनी भैंसों को लेकर यहाँ नहीं आते।

टट्टू यहाँ नहीं पैदा किये जाते। उन्हें जांस्कर, लाहुल, स्पिती और लदाख से लाया जाता है। पहले यारकंदी टट्टू भी यहाँ बहुत आते थे।

यहाँ की भेड़ें अंग्रेजी या तिब्बती भेड़ों से छोटी होती हैं, और इनकी ऊन का रेशा भी छोटा होता है। इसका एक कारण यह भी है कि लोग अधिक बार उनको मूँड़ते हैं। काँटे और झाड़ियों में लंबे ऊन के फँसने का डर होता है, इसलिए उन्हें ऐसा करना पड़ता है। लेकिन अच्छी नस्ल की भेड़ों के बढ़ाने का यहाँ बड़ा सुभीता है। 20000-15000 फुट की ऊँचाई तक यहाँ चरागाहें हैं। ऊँची चरागाहों को सिर्फ गद्दी लोग इस्तेमाल करते हैं, जिनकी जीविका मेषपालन पर निर्भर करती है। इसीलिए वह उसकी बड़ी परवाह भी करते हैं। कुल्लू का साधारण किसान उतनी परेशानियाँ उठाने के लिए तैयार नहीं है। बकरियाँ भी यहाँ की छोटी होती हैं और उनके बालों के नीचे जाड़ों में उसी तरह पशम नहीं निकलती जिस तरह तिब्बत की छोटी-छोटी चोबू बकरियों में। बकरियाँ यहाँ अधिकतर मांस के काम में आती हैं। जितनी भेड़-बकरियाँ स्थानीय लोगों की कुल्लू की चरागाहों में चरती हैं, उनसे ज्यादा बाहर वालों की आती हैं। करीब एक-तिहाई पास-पड़ोस के जिलों की भेड़ व बकरियाँ कुल्लू में चरने आती हैं। सतलुज के किनारे की पंद्रवीस कोठी में बिसाहरवाले मेषपाल अपनी भेड़ें चराने के लिए लाते हैं। साँड-भेड़ों को फरवरी तक घर में रख उन्हें भेड़ों में छोड़ दिया जाता है। अगले महीने से रेवड़ को गाँवों के आसपास लाकर जून के मध्य तक रखा जाता है। इस वक्त वह खेतों में बैठाई जाती हैं। इसके बाद उन्हें गाहर (बुकयाल) के घास के मैदानों में ले जाते हैं, जो 8000 से 11000 फुट की ऊँचाई पर है। कुछ नीचे पेड़ों के बीच की चरागाह को 'थाच' कहा जाता है। जुलाई में जब वर्षा जोर की शुरू हो जाती है, तो भेड़ों को और ऊपर निघार की घास की ढलानों में ले जाते हैं, जो जंगल की सीमा से ऊपर हैं। सबसे अच्छी किस्म की निघारें लाहुल में हैं। वहाँ वर्षा कम होती है और भेड़ों

के लिए जलवायु ही नहीं, बल्कि घास भी बड़ी पुष्टदायक होती है। इस समय कुल्लू तहसील वाले चंबा के गद्दियों की तरह अपनी भेड़ें निघारों में ले जाते हैं। कुल्लू में भी अपनी निघारें रूपी वजीरी के कनावर और सेहनसर कोठियों तथा भीतरी सराज में शानगढ़, तुनगण्ड, नौहन्दा कोठियों एवं पार्वती, सैंज, तिरथन नदियों के उद्गम के पास अवस्थित हैं। यहाँ वर्षा करीब-करीब बराबर होती रहती है, लेकिन वह झड़ी की शक्ल में होती है, जिसके कारण घास ज्यादा उगती और पुष्टदायक होती है। रूपी की निघारों में सराज और सुकेत के मेषपाल हमेशा से अपनी भेड़ों को चराने आते हैं, जिसके लिए वह रूपी जागीरदार या सरकार को कर (तिरनी) देते हैं। निघारों में भेड़ें सितंबर के मध्य तक रहती हैं। उसके बाद हिमपात की संभावना होने से वह नीचे उतरने लगती हैं। पहले मेषपाल उन्हें अपने गाँवों में ले जाते हैं, फिर नीचे की गरम जगहों में जहाँ उनको चराई का सुभीता रहता है, और किसान दाम देकर भेड़ों को अपने खेतों में बैठाते हैं। निगाहर और गाहर का जीवन घुमंतुओं का जीवन है, जहाँ पहुँच कर आदमी एक पुराने युग का जीवन बिताने लगता है।

कुल्लू में उद्योग के नाम पर कुछ नहीं है। हाँ, दस्तकारी का काम यहाँ काफी होता है। लोहार, सुनवार, ठठियार (ठठेरा) अपने-अपने काम को करते हैं। इनमें से कुछ कांगड़े से आकर यहाँ बस गये हैं। दुघीलाज में सुनवार लोगों के कितने ही घर हैं, जो राजाओं की सरपरस्ती के समय अच्छी किस्म के जड़ाऊ तथा दूसरे जेवर बनाते थे। मीनाकारी भी वह जानते थे। ठठियार (ठठेरा) लोग नग्गर के पास लरानकेलो तथा भलानकोठी के कनियार गांव में रहते हैं। ये ताँबे-पीतल के बरतन बनाते हैं। थावी (थवई, 'स्थपति') राज के काम के अतिरिक्त बढ़ई का भी काम करते हैं। चमार नग्गर और सुल्तानपुर के पास बाशिंग में रहते हैं। इनका देवता गुगा (चौहान) है। सिझाने का काम ये तुंग की पत्तियों और छाल से लेते हैं, रंग गाढ़ा करने के लिए बान की छाल को भी इस्तेमाल करते हैं। यहाँ कुटीर उद्योग के तौर पर आधुनिक ढंग की अच्छे किस्म की सिझाई संभव है। लेकिन इसकी तरफ ध्यान नहीं दिया गया है।

लदाख और मध्य-एशिया के वणिक् पथ पर कुल्लू अवस्थित है, और जब तक चीनी तुर्किस्तान के साथ व्यापार चालू था, यहाँ की स्थिति बड़ी अच्छी थी। व्यापारी ज्यादातर होशियारपुर जिले के थे, जिनकी दूकानें यारकंद, काशगर, लदाख, लेह (लदाख), कुल्लू और अमृतसर में भी थीं। सुल्तानपुर (अखाड़ा बाजार) में उनकी कितनी ही दूकानें और संपत्ति भी हैं। लदाख और तिब्बत के साथ के व्यापार में खंपा, बाल्ती, चंबियाल और लाहुल भी शामिल हैं। 1913-14 ई० में लदाख के साथ पौने तीन लाख आयात और सवा लाख निर्यात का व्यापार हुआ था। आयात में ज्यादातर (दो लाख) चरस था, जो चीनी तुर्किस्तान से लाया गया था। कुल्लू से तिब्बत को निर्यात मुख्यत: मिलों के बने हुए कपड़े, चाय, अनाज और धातु की चीजों का था। चमड़ा, तेल, मसाला, चीनी, तंबाकू और सोना-चाँदी भी कुछ मात्रा में वहाँ गईं। भीतरी व्यापार भी अच्छा होता है। अक्तूबर 1916 ई० में बाजौर में दुलची जोत से जाने वाले माल के हिसाब के लिए एक चौकी खोली

गई,जिससे पता लगा, कि उस साल 161213 रुपये की चीजें नीचे से आईं; जिनमें आधा कपड़ा, 2000 का तेल, 1200 का नमक, 22000 की चीनी और 7500 की चाय थी। इसके बदले में तीन लाख की चीजें बाहर भेजी गईं, जिनमें एक लाख से ऊपर की ऊन और पशम, पौन लाख की दवाइयाँ आदि, 50000 की अफीम, 25000 की चरस, 11000 का चमड़ा, 9000 का मसाला और 8000 का अनाज था। दसहरे के वक्त भी कुछ व्यापार होता है, जो अधिकतर लदाख, यारकंद, रूपी और उज्जी (कुल्लू) के ऊनी कपड़ों का होता है।

9

सीमांत

कनौर, स्पिती, लाहुल

प्राकृतिक रूप

कनौर ही महासू है, जो कि एक सीमान्त जिला है। कनौर के बारे में विस्तार से जानकारी हम 'महासू' शीर्षक अध्याय में (कृपया, देखें पुस्तक का अध्याय-2—सं०) दे चुके हैं। अतः हम यहाँ स्पिती और लाहुल के बारे में ही चर्चा करेंगे।

स्पिती—उच्चारण—पि-ती का अर्थ है, मध्यप्रदेश। गूगे (मानसरोवर प्रदेश) और लदाख के बीच में पड़ने के कारण शायद इसका यह नाम पड़ा। स्पिती के उत्तर में लदाख, पूर्व में तिब्बत, पश्चिम में बिसाहर (महासू) और दक्षिण में कुल्लू हैं। यह अक्षांश 31° 42′-33° और देशांतर 77° 37′-78° 35′ में 2131 बर्गमील है। उत्तर और उत्तर-पूर्व के कुछ निर्जन स्थानों को छोड़ कर दक्षिण-पश्चिम में इसकी सीमाएँ उत्तुंग पहाड़ों की हैं। दक्षिण-पूर्व के कोने में स्पिती नदी ने उन्हें तोड़ कर सतलुज में जा मिलने के लिए अपना रास्ता निकाला है।

मुख्य (पश्चिमी महा) हिमालय और मध्य-हिमालय के दो पर्वत यहाँ होकर जाते हैं। पश्चिमी सीमा 80 मील की है, जो कि उत्तर में सैरछू और लिंगती नदियों के संगम के बीच से होकर सैरछू के उद्गम की ओर बढ़ती दस मील तक दक्षिण की तरफ मुख्य-हिमालय में है। फिर आगे उतनी ही दूर जाने पर दोनों पर्वत श्रेणियों को मिलाने वाली कुन-ज़ोम् श्रेणी दक्षिण की तरफ जाती है, और मुख्य-हिमालय दक्षिण-पूर्व की ओर घूम कर स्पिती को आर-पार करती स्पिती नदी और चाराब नदी के जल-विभाजक का काम करता है।

स्पिती के पूर्व और इसी नदी के बायें किनारे मुख्य-हिमालय के उत्तर-पूर्व से 25 मील का घेरा मारते फिर पूर्व की तरफ उतनी ही दूर चल कर और 30 मील से अधिक दक्षिण की ओर होते स्पिती नदी के दाहिने किनारे मध्य-हिमालय से मिल जाता है। पश्चिमी तिब्बत का ङरी-कोरसुङ्म (मानसरोवर) प्रदेश इस पर्वतश्रेणी से उस जगह से पूर्व तरफ अवस्थित है, जहाँ स्पिती नदी से यह पर्वतश्रेणी दक्षिण की ओर मुड़ती है। 30 मील की लंबाई में इस श्रेणी को पार करने के लिए कोई जोत नहीं है, इसलिए

स्पिती से जाने वाला रास्ता या तो स्पिती नदी के साथ सतलुज के किनारे या उत्तर में लदाख के हानले इलाके से होकर जाता है।

कुन्-ज़ोम श्रेणी मुख्य-हिमालय से निकल करीब 30 मील चलकर मध्य-हिमालय से जुड़ती है। इसमें स्पिती की ओर जाने वाली कुन्-जोम-जोत् 15000 फुट ऊँची है। मध्य-हिमालय रोटंग और हम्पा जोतों से होते उत्तर-पश्चिम से आकर स्पिती को लाहुल से अलग करते दक्षिण की ओर और आगे जाकर स्पिती को रूपी और सराज के इलाकों से अलग करके श्रीकंठ (श्रीकंध) श्रेणी से जा मिलता है। इस सारे निचले भाग में पिन-पार्वती जोत ही कुल्लू से स्पिती जाने का एकमात्र रास्ता है, और उसका उपयोग नहीं होता। श्रीकंध श्रेणी सराज में होकर पश्चिम की ओर जा फिर जरा-सा उत्तर लिए हुए पूर्व की ओर घूम कर स्पिती की दक्षिणी सीमा बनाती है। मध्य-हिमालय से फूट कर श्रीकंठ श्रेणी सराज में हो फिर थोड़ा उत्तर लिए पूर्व की ओर घूम कर स्पिती की दक्षिणी सीमा बनाती है। यह 50 मील लंबी श्रेणी है, जिसकी चार जोतों में तीन का इस्तेमाल शायद ही कभी होता है, चौथी जोत भाबा की है, जिससे बिसाहर और स्पिती में यातायात होता है। स्पिती के उत्तर-पूर्वी कोने में से परकू नदी निकल कर हनले के इलाके में जाती है, जिसका उद्गम स्थान यही मुख्य हिमालय श्रेणी है।

स्पिती हिमालय की बड़ी-बड़ी श्रेणियों से घिरी तथा उसके बीच से भी मुख्य हिमालय श्रेणी जाती है। इसके पूर्वी तथा अधिकांश निर्जन भाग का जल सिंधु नदी में जाता है, और दक्षिण के मुख्य भाग का स्पिती में होते सतलुज में। इसकी पर्वतश्रेणियों की ऊँचाइयाँ औसतन 18000 फुट हैं। नदियों की उपत्यकाएँ चंद्रा और भागा की अपेक्षा 2000 फुट ऊँची है, और चरब उपत्यका की कम-से-कम ऊँचाई 14000 फुट है। स्पिती की सबसे कम ऊँचाई 11000 फुट है। मुख्य-हिमालय की एक पर्वतश्रेणी, जो परंग ला के पूर्व में है, 23000 फुट से अधिक ऊँची है और दक्षिण की पर्वतश्रेणी में मनेरंग शिखर 21646 फुट ऊँची है।

चरब, परेछू और स्पिती यहाँ की तीन मुख्य नदियाँ हैं। चरब नदी लिंग तो नदी से मिलने से पहले उत्तर में करीब 30 मील उत्तराभिमुख बह कर ज़ांस्कर (कश्मीर) इलाके में दाखिल होती है। लिंग तो इसी में लाहुल से आकर मिल जाती है। लिंग तो, चरब की शाखा नदी उद्गम से मिलने के स्थान तक छोटी और पानी में कम होते भी मुख्य नदी कही जाती है। इसकी लंबाई 25 मील है। और इसकी अनेक शाखाएँ स्पिती नदी स्पिती की मुख्य नदी है। यह मध्य-हिमालय से कुन्-ज़ोम श्रेणी के मिलने की जगह से निकल कर आगे बढ़ती दक्षिण-पश्चिमी कोने पर बिसाहर में प्रवेश करने के स्थान तक 70 मील लंबी है। इसकी बड़ी-बड़ी शाखा-नदियाँ दाहिने अथवा पश्चिमी किनारे पर मध्य-हिमालय से आकर मिलती हैं। स्पिती की सभी नदियाँ प्रखर धारा वाली हैं, जो गर्मियों के दिनों में बर्फ के पिघलने से शाम के वक्त हमेशा बढ़ जाती हैं। जाड़ों में इनकी धार क्षीण और करीब-करीब सभी जगह जम जाती है। इन नदियों का पानी जाड़ों में ही कहीं-कहीं नीला दिखाई पड़ता है, नहीं तो बहुत मटमैला होता है। अपराह्न में पानी

की धार के बढ़ने के कारण लोग पार करने की हिम्मत नहीं करते। स्पिती की शाखा नदी शिला उसके बायें किनारे पर आकर मिलती है। इसने एक जगह पर 2000 फुट ऊँची पहाड़ की कटान काटी है। संपा भी स्पिती की एक शाखा है, जिसने भी क्यिबर के पास शिला की तरह की कटान काटी है। पिन नदी भी स्पिती नदी की शाखा है, जो स्पिती के दक्षिण-पश्चिमी कोने से और कितनी ही शाखा नदियों को लेती दनखर से उत्तर स्पिती से आ मिलती है। स्पिती और शाखाएँ हैं—ग्युंपी, रटंग, क्योकू, जो सभी बायें तट पर आ कर मिलती हैं। दाहिने तट पर मिलने वाली नदियाँ हैं संपा, शिला और लिंग तो। स्पिती अंचल की एक और मुख्य नदी है, परेछू। यह परंग-ला से निकल कर हानले की तरफ जा सिंध में मिल जाती है।

स्पिती में ताल भी हैं। चौमोरिरि का विशाल खारा ताल स्पिती की उत्तर-पूर्वी सीमा से थोड़ा हट कर पड़ता है। बाकी दो छोटे-छोटे ताल हैं। इनमें से एक छोटा ताल दनखर के ऊपर है, और दूसरा मानेरंग-जोत की जड़ में जो काफी बड़ा है। पिन-उपत्यका वृक्षों से विहीन है, लेकिन स्पिती की अपेक्षा इस उपत्यका में ज्यादा घास होती है, जिसका कारण अधिक वर्षा का होना है।

स्पिती में दो युगों की चट्टानें मिलती हैं, जिनमें सबसे अधिक मध्ययुग की चट्टानें हैं, जो दनखर और काजा होकर लिंग तो मैदान की ओर चली जाती है। उत्तर-पूर्व के कोने पर पुराजीवक (कंब्रीय) चट्टानें हैं। कुन्-ज़ोम और मध्य-हिमालय के पास भी पुराजीवक चट्टानें पाई जाती हैं। किसी समय सारा स्पिती समुद्र के गर्भ में था। पुराजीवक-काल में तत्कालीन यूरोप-समुद्र से इसका संबंध नहीं था, लेकिन पीछे पृथिवी के गर्भ में जब उथल-पुथल हुई, तो इसका संबंध हो गया। इस उथल-पुथल में पृथिवी के स्तर में कितना परिवर्तन हुआ, यह इसी से मालूम होगा, कि किसी समय समुद्र के तल में रहने वाली चट्टानें अब 20000 फुट ऊपर आ गई हैं। सबसे पुरानी तहें स्लेट और क्वार्टजिट की हैं, जिनमें फॉसिल नहीं मिलती। प्रायः सारे स्पिती और लाहुल के उत्तर-पूर्वी भाग में जो चट्टानें मिलती हैं, वह कुल्लू में नहीं हैं। और कुल्लू और लाहुल के अधिकांश भाग में जो केन्द्रीय चट्टानें हैं, वह स्पिती के दक्षिण-पश्चिम सीमांत के थोड़े-से भाग में पाई जाती हैं।

नदियों ने यद्यपि खोद कर अपने लिए कहीं-कहीं बहुत गहरा रास्ता बनाया है, लेकिन उनके दोनों किनारों पर बहुत दूर तक मैदान की-सी जमीन मिलती है।

स्पिती वृक्ष-वनस्पतिहीन प्रदेश है, जहाँ तक नजर जाती है नंगे पहाड़ और विस्तृत उपत्यकाएँ दिखाई पड़ती हैं। बरसात में ही इन पर हरे-हरे छोटे-छोटे रोमावलि की तरह घास उग आती है, लेकिन वर्षा यहाँ बहुत कम होती है। आकाश अधिकतर निरभ्र रहता है, और घने नीले आकाश की पृष्ठभूमि में यहाँ की पर्वतश्रेणियों की अपनी एक स्वयं विचित्र सुंदरता है।

खनिज-संपदा की दृष्टि से इस अंचल की वास्तविक स्थिति का पता अभी नहीं चल सका है। फिर भी जिप्सम, चूना-पाषाण, स्लेट जैसे कुछ खनिज स्पिती में मिले हैं।

खोजने पर और भी मिल सकते हैं, लेकिन यातायात की कठिनाई यहाँ के खनिज-उद्योग को विकसित करने में भारी बाधक है। तो भी हमें यह ख्याल रखना है कि इसके पूर्वी पड़ोसी तिब्बत में खनिज-उद्योग को जिस तरह से विकसित करने की कोशिश की जा रही है, उसे निष्क्रिय होकर नहीं देखा जा सकता है।

ऋतुओं का हिसाब करीब-करीब यहाँ भी वही है, जो कि लाहुल में। फर्क इतना ही है कि यहाँ वसंत कुछ देर से आता है, अर्थात् जाड़ा वहाँ की अपेक्षा कुछ बढ़ा होता है। लाहुल की अपेक्षा यहाँ के गाँव काफी ऊँचाई पर, कोई-कोई तो 14000 फुट पर, भी बसे हुए हैं। स्पिती में दिसंबर में ही बर्फ पड़ने लगती है और अप्रैल के अन्त तक बर्फ बनी रहती है। लेकिन, वह ढाई फुट से अधिक शायद ही कभी पड़ती हो। जाड़ों में नदियों का प्रवाह करीब-करीब बंद हो जाता है और हिम उन्हें ढाँककर पुल बना देता है। उन्नतांश के कारण सर्दी बहुत तेज होती ही है, इली समय जबर्दस्त हवा चलकर उसे हाड़ छेदने वाली बना देती है। जुलाई और अगस्त में हल्की झड़ियाँ या फुहारें पड़ती हैं और सितंबर के समाप्त होते-होते पाला पड़ने लगता है। गर्मियों के दिनों में धूप बड़ी तेज होती है और घर से बाहर का तापमान बहुत ऊँचा होता है, यद्यपि उसी वक्त घर के भीतर का ताप-मान बहुत नीचा होता है। दिन में धूप में चलने वाले देखते हैं कि सामने का सूरज जहाँ ललाट को जलाने लगता है, वहाँ छाया में पीछे गरदन में सर्दी लगती है।

वर्षा की कमी, सर्दी की अधिकता और पहाड़ी भूमि ने मिलकर यहाँ वनस्पतियों की दरिद्रता उपस्थित कर दी है। यहाँ वही वनस्पति होती है जो कि लाहुल के कुछ हिस्सों में। लोगों ने बेद (बीरी), सफेदे को लगा कर लकड़ी की कमी को पूरी करने की कोशिश की है। लौसर से नीचे सभी गाँवों में इन फलहीन वृक्षों के छोटे-छोटे बेद के बगीचे देखे जा सकते हैं। क्योमो से सफेदा भी शुरू हो जाता है, और कोई-कोई तो बढ़कर शीशम के बराबर होते हैं। बौना बेद बहुत सूखी जगहों में नदियों के पास अपने-आप जमता है। तजुर्बे ने बतला दिया है कि बेद और सफेदे को और भारी परिमाण में लगाया जा सकता है। ढोरों और भेड़-बकरियों के लिए नदियों के किनारे तथा खेतों के पास कई तरह की पोषक घासें पैदा होती हैं। एक प्रकार की लूसरन भी लदाख से लाकर यहाँ लगाई गई थी, जिसे खेतों में पैदा करके लोग पशुओं के चारे के लिए जमा करते हैं। ऊपरी चरागाहों में कहीं-कहीं जंगली मटर होती है, और चरब तथा सैरछू के संगम के पास के मैदानों में जंगली चने को इन पंक्तियों के लेखक ने स्वयं देखा था। दन्खर के नीचे एक तरह की कड़ी गंधवाली वनस्पति यैलदङ् होती है, जिसे पशु बड़े चाव से खाते हैं। दन्खर के ऊपर कहीं-कहीं घूपी (पद्म, जुनिपर) के वृक्ष दिखलाई पड़ते हैं, जो नीचे की ओर कुछ जंगल का रूप ले लेते हैं। माने से नीचे की स्पिती-उपत्यका में भुर्ज के वृक्ष भी पाये जाते हैं। यहाँ होने वाले वृक्षों-वनस्पतियों के तिब्बती (स्थानीय) नाम इस प्रकार हैं—चंगमा (बौना बेद), ग्यल-चंग (बड़ा बेद), मागल (सफेदा), ताक्पा (भुर्ज/भोजपत्र), डामा (भुर्ज), शुक्पा घूपो (जुनिपर), चिरी (जंगली मटर), तुलसे (बिच्छू घास), बुग्-सुब (लूसरन)।

जंगलों के अभाव के कारण उन पर निर्भर रहनेवाले प्राणियों का भी यहाँ अभाव-सा है। बढ़ाल और इबेक्स दूर के पहाड़ों में बड़ी संख्या में मिलते हैं। बर्फानी चीता बहुत कम पाया जाता है। सरीसृपों में साँपों का यहाँ पता नहीं है। नदियों में जहाँ-तहाँ कुछ मछलियाँ मिलती हैं।

इतिहास

स्पिती का इतिहास लाहुल की अपेक्षा बहुत अंधकारावृत है, साथ ही उसके विचित्र और रोचक होने की भी बड़ी संभावना है। 7वीं सदी में जब पूर्व से तिब्बती लोगों और उनके साम्राज्य का विस्तार पश्चिम की ओर हुआ, उस समय स्पिती में अभी हिंदू राजा राज्य करते थे, जिनके नाम के साथ सेन लगता था। यहाँ के राजा समुद्र सेन[1] ने भैनिमंड (कुल्लू-सराज) के परशुराम मंदिर को भूमिदान दिया था, जिसका ताम्रपत्र वहाँ मौजूद है। कुल्लू की वंशावलि से मालूम होता है कि पीछे भी स्पिती के राजा राजेन्द्रसेन ने कुल्लू पर आक्रमण करके वहाँ के राजा रुद्रपाल को अपना करद बनाया था और कुल्लू ने उसके उत्तराधिकारी प्रसिद्धपाल के समय तक दो पीढ़ियों तक स्पिती को कर दिया। प्रसिद्धपाल ने रोटंग-जोत् के पास स्पिती की सेना को हरा कर कुल्लू को मुक्त किया। इतने पीछे स्पिती में सेन नाम वाले हिंदू राजाओं के होने की बात असंदिग्ध नहीं कही जा सकती, क्योंकि सेन तिब्बती 'ल्दे' का अनुवाद हो सकता है, जिसका अर्थ सेन है। गूगे के राजाओं में इस तरह के कई नाम आते हैं—ओट्-ल्दे (प्रभासेन), च्-ल्दे (मूलसेन 1069 ई०), द्वङ्-ल्दे (ईश्वरसेन), ब्क्र-शिस-ल्दे (मंगल सेन), म-ल्दे, ड्ग्-ब्चन्-ल्दे, ग्रग्सपा-ल्दे (कीर्तिसेन)। इस प्रकार पीछे के सेन नामधारी राजाओं के हिंदू होने में भारी संदेह है।

यह भी याद रखने की बात है कि जिन किन्नर-किरात लोगों का पता स्पिती के पश्चिम और दक्षिण सीमान्तों पर हमें लाहुल, मलाणा (कुल्लू) और कनौर में मिलता है, हो सकता है, वह स्पिती में भी पहले रहते हों, और पीछे तिब्बती-संपर्क में आकर उन्होंने अपनी भाषा छोड़ तिब्बती भाषा को अपना लिया हो।

7वीं सदी के प्रथम पाद में अभी तिब्बत घुमन्तुओं के भिन्न-भिन्न कबीलों और छोटे-छोटे सामन्तों में बंटा हुआ था। स्रोङ-चन्-स्ग्-बो निम्न ब्रह्मपुत्र (ल्हो-खा) के एक सामन्तकुल में पैदा होकर तिब्बत को एकताबद्ध करने में सफल हुआ, और वस्तुतः उसके शासनकाल (630-50 ई०) में ही भोट एक बड़े राष्ट्र का रूप लेने लगा। तिबोत् मंगोल भाषा में कहा जाता है, जिससे यूरोपीय भाषाओं में यह नाम स्वीकार किया गया। हमारे

---

1. स्पिती के राजा समुद्रसेन सातवीं सदी का तामपत्र निर्मंड में है, इसमें दिया वंश-क्रम इस प्रकार है— 1. वरुणसेन, 2. संजयसेन, 3. रविसेन, 4. समुद्रसेन। यह भी याद रखना है, कि मंडी से सेन नामधारी राजाओं की राजावलि में आता है—नरवाइनसेन, सुवाइनसेन, बीरसेन, समुद्रसेन।

देश में इसे भोट या भोटान्त कहते थे, तिब्बत वाले लोग अपने देश का नाम बोद् कहते हैं, जिससे ही हमारा भोट शब्द बना है। स्रोङ्-चन्-स्गम्बो के वंश ने दस पीढ़ियों तक (629 से 836 ई० तक) सारे तिब्बत और मध्य-एशिया तथा हिमालय के बहुत-से भागों पर शासन किया। दसवें उत्तराधिकारी ग्लङ्-दर्मा (836-41 ई०) के अतिचारों-अत्याचारों के कारण तिब्बती साम्राज्य छिन्न-भिन्न हो गया। पश्चिम के पड़ोसी देशों में तिब्बती साम्राज्य के साथ तिब्बती भाषा और संस्कृति का प्रभाव इसी समय बढ़ा। हम कह सकते हैं कि 7वीं सदी के अन्त में लदाख, लाहुल और स्पिती ही नहीं, बल्कि पश्चिमी तिब्बत के कुछ भागों में भी अभी तिब्बती भाषा बोली नहीं जाती थी। वहाँ के अधिकांश लोग या तो किन्नर-किरात थे, जिनकी मुखमुद्रा मंगोलायित थी अथवा खस। बौद्ध-धर्म या हिंदू-धर्म के प्रभाव में आने से पहले यहाँ के लोगों की कब्रें जहाँ-तहाँ मिलती हैं। सतलुज-उपत्यका में स्पू और नम्ग्या जैसे तिब्बती भाषा-भाषी गाँवों में भी पुरानी कब्रें मिलती हैं, जिन्हें गलती से लोग मुसलमानों की कब्रें समझते हैं। हम बतला आये हैं कि इन कब्रों में शराब और भोजन के दो पात्र जरूर रहते हैं। शराब के बरतन का मुंह छोटा और भोजन का बरतन कटोरे जैसा होता है। लिप्पा (कनौर) में काँसे का भी अर्धगोल कटोरा इन पंक्तियों के लेखक को मिला था, जिसे उसने तत्कालीन चीफ-कमिश्नर श्री एन० सी० मेहता को किसी संग्रहालय में भिजवाने के लिए दे दिया था। यदि प्रागैतिहासिककालीन सामग्री के लिए अधिक अनुसंधान किया जाए, तो स्पिती में भी उसके अवशेष मिल सकते हैं। लंबी खोपड़ियाँ बतला सकती हैं कि यह तिब्बत-भिन्न खस जाति के लोगों की हैं। कब्रों (समाधियों) में से निकलने वाले बरतन और दूसरी चीजें उनकी सांस्कृतिक अवस्था पर प्रकाश डाल सकती हैं। समुद्रसेन ने यदि निमंड में देवता को दानपत्र दिया, तो स्पिती में भी उसकी संभावना है।

स्रोङ्-चन् के वंश के शासनकाल में 7वीं सदी के मध्य से लेकर 9वीं सदी के मध्य तक दो शताब्दियों तक स्पिती अवश्य तिब्बत के शासन में रहा। हो सकता है, तिब्बत ने यहाँ के स्थानीय राजा को अपना करद बना कर रहने दिया हो। इसी समय तिब्बत में बौद्ध-धर्म और उसके साथ भारतीय संस्कृति तथा साहित्य का जोर-शोर से प्रचार होने लगा। दिङ्नाग, कमलशील, बसुबन्धु, चन्द्रकीर्ति, धर्मकीर्ति, विनीतदेव, असंग, शांतरक्षित, शांतिदेव, नागार्जुन, आर्यदेव, भाव्य जैसे महान् विचारकों के गंभीर दार्शनिक ग्रंथ तथा त्रिपिटक-संबंधी बहुत-से ग्रंथों के अनुवाद हुए जिनके साथ ही तिब्बती लोग कबीलाशाही (जनयुग) से सामंती-युग में आकर प्रतिष्ठित हो गए।

तिब्बती साम्राज्य के काल में राज्य का केंद्र ल्हासा यहाँ से बहुत दूर था और अपने शासकों, सेनानायकों तथा सैनिकों द्वारा ही स्पिती पर भोट शासन रहा होगा। ग्लङ्-दर्मा के मरने के बाद राज्य के छिन्न-भिन्न होने पर ल्हासा के राजकुमारों ने भिन्न-भिन्न जगहों में अपने छोटे-छोटे राज्य स्थापित किये, जिनमें द्पल्-खोर्-वा-चन् (मृत्यु 983 ई०) ने ल्हासा छोड़ कर पश्चिमी तिब्बत में आ अपना राज्य स्थापित किया और उसके पुत्र त्रि-माम-गोन् (रविनाथ) ने अपने राज्य को अपने तीनों लड़कों में

बाँट दिया। त्रि-माम-गोन् के पुत्र दे-त्सग्-वुग्-गोन् (शङ्-शुङ् या गूगे के राजा) के दो पुत्र खोर्-ल्दे (चंद्रसेन) और स्रोङ्-ल्दे थे। खोर्-ल्दे के बाद उसके पुत्र नागराज ने कितने ही समय तक शासन किया था, यह उसके स्थापित की हुई उत्तरकाशी में दत्तात्रेय के नाम से पूजी जाती बुद्धमूर्ति के इस अभिलेख से मालूम होता है—"ल्ह-ब्चन् नगरजइ थुब्-पा' (देवभट्टारक नागराज के मुनि)।" यद्यपि तिब्बती इतिहासकरों ने लिखा है, कि अपने दोनों पुत्रों नागराज और देवराज के साथ खोर्-ल्दे ने ये-शेश-ओद् (ज्ञानप्रभ) के नाम से भिक्षु बन कर राज्य अपने भाई स्रोङ्-ल्दे को दे दिया था, लेकिन उत्तरकाशी की बुद्धमूर्ति बतलाती है कि नागराज ने राज्य किया था। राजवंश के भिक्षु लोगों के नाम के साथ ल्हा-ब्चन् (देवभट्टारक) नहीं, बल्कि ल्हा-ब्ल-मा देचुन (देवगुरु) लगा करता था। चाहे गूगे के राजा का शासन स्पिती के ऊपर न रहा हो, लेकिन ज्ञानप्रभ के प्रयत्न से जो पुनर्जागरण तिब्बत के हर भाग में हुआ उसका प्रभाव स्पिती पर पड़ना जरूरी था।

यही समय है, जबकि भारत के पंडित दीपंकर श्रीज्ञान ज्ञानप्रभ द्वारा निमंत्रित किंतु उसके भतीजे ओट्-ल्दे के समय 1042 ई० में तिब्बत पहुँच कर वहाँ अपने मरने के समय (1054 ई०) तक 73 वर्ष की उमर तक रहे। नेपाल से वह पहले गूगे (ङ-री) 1042 ई० में पहुँचे, और वहाँ कुछ सालों तक थो-ग्लिङ् मठ में रह कर अनुवाद का काम करते रहे। यहीं रहते उन्होंने अपना प्रसिद्ध ग्रंथ 'बोधिपथ प्रदीप' लिखा था, जिसका अनुवाद तिब्बती भाषा में अब भी मिलता है। 1044 ई० में वह स्पु-रङ् (तकलाकोट) गए। इसके बाद कई जगहों में घूमते ल्हासा से कुछ मील पूर्व येरवा में वह 1050 ई० में थे, और 1054 ई० में ल्हासा से दक्षिण ञे-थङ् में मरे। इनके समय में तिब्बत का महाविद्वान् लो-चवा (अनुवादक) रिन्-छेन-ब्संग-पो (रत्नभद्र) हुआ था, जिसने बहुत-से ग्रंथों का अनुवाद और उससे भी अधिक ग्रंथों के पुराने अनुवादों का संशोधन किया। रत्नभद्र का जन्म गूगे में हुआ था। ज्ञानप्रभ ने राजा होते समय जिन 21 तरुणों को कश्मीर में संस्कृत पढ़ने के लिए भेजा था, उनमें से रत्नभद्र (958-1005 ई०) भी एक था। 21 में से केवल दो ही जीते लौट पाये। अनुवाद के काम के साथ-साथ रत्नभद्र ने लदाख, गूगे, कनौर और स्पिती में कितने ही मंदिर बनवाये। जिनमें लदाख के सुम्-वा और अलची के मंदिर अभी भी मौजूद हैं, और स्पिती में उसका बनवाया ल्हा-लुङ् मंदिर है। इनमें अब भी भारतीय कलम के 11वीं शताब्दी के सुंदर भित्तिचित्र मौजूद हैं, यद्यपि हाल की एक शताब्दी में उनके प्रति पूरी उपेक्षा दिखलाई गई। असिस्टेंट-कमिश्नर शटलवर्थ ने इन पंक्तियों के लेखक से कहा था कि स्पिती के ल्हा-लुङ् मंदिर में—जहाँ भीत के ऊपर 9 शताब्दी पुराने अनमोल चित्र बने हुए हैं—भेड़ें रखी जाती हैं।

लदाखकाल (10वीं-19वीं सदी)

यद्यपि स्पिती नदी दुर्गम पहाड़ों को काट कर अपना संबंध सतलुज से जोड़ती है, और सतलुज-उपत्यका गूगे (शङ्-शुङ्) में थी, लेकिन परम्परा बतलाती है, कि स्पिती का संबंध लदाख से था। कम-से-कम पीछे के शासकों का संबंध लदाख से ही ज्यादा

रहा। (जि-मा-मगोन के बंटवारे के समय के बाद लदाख की राजावलि लेखक की पुस्तक 'तिब्बत में बौद्ध-धर्म' में उल्लिखित है।—संपादक)

लदाख के प्रथम राजा पल्-ग्यि-ल्दे रिग्स-प-म्गोन (श्रीसेन विद्यानाथ) और उसके वंशजों ने 32 पीढ़ियों तक राज्य किया, और छै-द्पल दोन-गुब (1710-1840 ई०) के समय डोगरा सेनापति जोरावरसिंह ने लदाख को जीत कर कश्मीर में मिला लिया। उसके अन्तिम राजा की चौथी पीढ़ी के राजकुमार अब भी जागीरदार बन, लदाख में रहते हैं। परंपरा बतलाती है, कि लदाख के स्पिती पर अधिकार करने के समय तक अभी वहाँ हिंदू राजा थे। चेतसेन को हरा कर लदाख के राजा ने स्पिती को अपने राज्य में मिला लिया, और उसके लड़के को जागीर दे दी। कुल्लू के राजा संसारचंद ने इसमें लदाख की सहायता की थी, जिसके बदले में उसे स्पिती के तीन गाँव मिले। इस घटना को 7वीं सदी की बतलाते हैं, लेकिन हमें मालूम है, कि 10वीं शताब्दी से पहले लदाख का अलग राज्य कायम नहीं हुआ था। 7वीं सदी में अगर कोई आक्रमण स्पिती पर हुआ होगा, तो वह ल्हासा की तरफ से ही हुआ होगा। दे-चुग-गोन् को लदाख का जब पहले-पहल राज्य मिला, तो उसमें जांस्कर, लाहुल और स्पिती भी सम्मिलित थे, ऐसा बतलाया जाता है। लदाख के प्रतापी राजाओं में छठा उत्पला था, जिसका समय 1225-50 ई० लगाया जाता है। कहते हैं, उसने लाहुल और कुल्लू को जीता। यह भी समझा जाता है, कि जम्यङ्-नम्ग्यल (1560-90 ई०) के समय शायद स्पिती लदाख से अलग हो गया, जब कि बाल्तियों ने लदाख को हरा दिया। उसके पुत्र सेंगे-नम्ग्यल (1590-1620 ई०-अकबर-जहाँगीर के समकालीन) ने बाल्तियों को हरा कर लदाख को फिर स्वतंत्र किया। उस समय स्पिती का लदाख के साथ क्या संबंध था, यह मालूम नहीं। सेंगे के बाद उसका सबसे छोटा लड़का देछोग् (1620-40 ई०) को स्पिती मिली, लेकिन लदाख की अधीनता के साथ ही। देलेग्-नम्यल् (1645-80 ई०) के समय गूगे के शासक से लदाख की लड़ाई हुई थी, यह गूगे का शासक (संभवत: सेनापति गल्दन छेवङ) ल्हासा का कोई सेनप रहा होगा। यह हमें मालूम है, कि 1642 ई० से तिब्बत पर दलाई लामा का शासन शुरू हो गया था, जब कि मंगोल सेना ने आकर तिब्बत के छोटे-छोटे राजाओं को हरा सारे राज्य को दलाई लामा के हाथ में दे दिया। यह दलाई लामा शाहजहाँ का समकालीन पाँचवाँ दलाई लामा सुमतिसागर (ब्लो-ब्सङ-र्ग्य-म्छो, 1617-82 ई०) था, जिसे 1640 ई० के आसपास तिब्बत का राज्य मिला। तब से आज तक दलाई लामा तिब्बत के शासक चलते आ रहे हैं। बिसाहर के इतिहास से भी लदाख और गूगे की लड़ाइयों का पता लगता है। बिसाहर (रामपुर) के राजा केहरीसिंह बड़ा प्रतापी राजा था, जो संवत् 1611 (सन् 1554 ई०) में मौजूद था। इस समय ङरी-कोर सुम् (मानसरोवर प्रदेश) में गल्दन्-छेवङ् नाम का सेनापति था। उस समय ङरी का कुछ हिस्सा ङरी-मरयुल लदाख के हाथ में था। पहले केहरीसिंह और गल्दन् छेवङ् में तनातनी रही, क्योंकि केहरीसिंह अपने राज्य की सीमा तिब्बत की ओर बढ़ाना चाहता था, पीछे उन दोनों ने 'जब तक कैलास में बर्फ है, और जब तक मानसरोवर का

पानी सूखता नहीं, तब तक के लिए आपस में संधि' कर ली। बिसाहर की मदद से गल्दन्-छेवङ् लदाखियों को हराने और उन पर विजय करने में सफल हुआ, और लदाख की राजधानी को दोनों सेनाओं ने लूट लिया। गल्दन्-छेवङ् इसके थोड़े ही दिनों बाद मर गया। बिसाहर के इतिहास में पाये जाने वाले इस उल्लेख से पता लगता है, कि शायद छेवङ्-नम्ग्यल् (1532 ई०) के समय गूगे और लदाख की लड़ाई हुई थी। और इस समय लदाख की जो हीन अवस्था थी, उसके कारण स्पिती या तो गूगे के हाथ में रही होगी, या बिसाहर के। देलेग्-नम्ग्यल (1645-80 ई०) के समय तिब्बत (गूगे) से लड़ाई होना स्वाभाविक है, क्योंकि इसी समय मंगोल सेनायें सारे तिब्बत का एकीकरण कर रही थीं। तिब्बती सेनापति ने लदाख को इस समय हरा स्पिती को गूगे में मिला लिया होगा। देलेग् ने विजेता तिब्बती सेनापति की लड़की से ब्याह किया, और दहेज में उसे स्पिती मिली। यह संभव है, कि लदाख ने भी ल्हासा की अधीनता स्वीकार की, जिसे और मजबूत करने के लिए यह विवाह किया गया। इसके बाद लदाख ने ल्हासा की एक तरह की अधीनता बराबर स्वीकार की, जब तक कि वह 1840 ई० में कश्मीर के भीतर नहीं चला गया। इस सारे समय स्पिती भी लदाख के साथ रही। 1688 ई० के बाद किसी समय कुल्लू के राजा मानसिंह ने स्पिती पर आक्रमण करके उससे कर वसूल किया। लेकिन, यह विजय स्थायी नहीं थी। संभवत: स्पिती अपने दोनों पड़ोसियों को खुश रखने के लिए कुल्लू और लदाख दोनों को कर दिया करता हो।

बहुत कम बसा और दूर रहने के कारण लदाख का राज्यपाल स्पिती का एक तरह से स्वतंत्र शासक होता था। उसे गर्-पोन् (युद्धाधिकारी, जनरल) कहते थे। वह भी यहाँ बराबर नहीं रहता था, बल्कि फसल के समय कर उगाह कर चला जाता था, और शासन-प्रबंध स्पिती के खानदानी वजीर ग्यल्पो (राजा) के हाथ में था। ग्यल्पो (राजा) संभवत: पहले से यहाँ चला आया था। स्पिती का शासन दो सभाओं वाली संसद् द्वारा होता था। इनमें प्रत्येक कोठी, डब्-चू (पचासा) का एक-एक मुखिया, (गद्पो) की एक ऊपरी सभा, गद्पो-छेन्मो (महावृद्ध) और प्रत्येक गाँव (युल्) के मुखियों (गद्पो) और छुंगुन गद्पो (छोटे वृद्ध) से मिलकर बनी होती थी। 19वीं सदी के पूर्वार्ध में जब मूरक्राफ्ट और गैरार्ड स्पिती में गये तो उन्होंने भी स्पिती की प्रबंधिका इस गणसभा का जिक्र किया है। आज भी गद्पो-छेन्मो और गद्पो-छुंगुन की संसद् ग्यलपो के अधीन काम करती है। गैरार्ड के कहने से मालूम होता है कि 1776 ई० के आसपास बिसाहरियों ने दनखर के किले को दो साल तक अपने हाथ में रखा। संभवत: पड़ोसियों के साथ ऐसी लूट-पाट जब-तब होती ही रहती थी।

1841 ई० में सिक्खों ने कुल्लू को लेने के बाद स्पिती को लूटने के लिए अपनी सेना भेजी। स्पिती के लोग जबर्दस्त शत्रु के सामने लड़ना बेवकूफी समझकर अपने घरों को छोड़ दुर्गम पहाड़ों में भाग गये, और सिक्खों ने उनके गाँवों और मठों को खूब लूटा-जलाया। इस अग्निकांड में न जाने कितनी ऐतिहासिक निधियाँ नष्ट हो गईं। सिक्ख लूट-पाट करके चले गये, और उन्होंने इसे कुल्लू में मिलाने या लदाख से अलग करने

की कोशिश नहीं की। 1846 ई० में प्रथम सिक्ख-युद्ध में विजय प्राप्त करके अंग्रेजों ने जब उनके राज्य को अपने हाथ में लिया, तो उन्होंने स्पिती को कुल्लू में मिला लिया, और लदाख के संबंध के कारण जम्मू की भूमि होने से स्पिती के बदले में उन्होंने दूसरा भूभाग जम्मू के राजा को दे दिया। अंग्रेज इस रास्ते चाङ्-घाङ् (तिब्बत) की ऊन को लाने का ख्याल रखते थे। 1846 ई० की शरद् में जनरल (उस समय कप्तान) कनिंघम ने पहुँचकर स्पिती, लदाख और तिब्बत की सीमायें निर्धारित कीं। पहले तीन सालों तक कर उगाहने का काम बिसाहर के राजा के वजीर मनसुखदास ने किया। 1849 ई० की शरद में कुल्लू के असिस्टेंट-कमिश्नर मेजर हे ने स्पिती जाकर उसका शासन अपने हाथ में ले लिया और उसके बारे में एक विस्तृत रिपार्ट दी, जिसे कांगड़े के डिप्टी-कमिश्नर ईगर्टन ने 1864 ई० में प्रकाशित किया। स्पिती के ग्यल्पों को पीछे नोनो कहा जाने लगा और अंग्रेजों ने स्वयं शासन करने को अधिक खर्चीला समझकर उसे नोनो के हाथ में दे दिया। यह वही खानदान है जो कि लदाख के शासनकाल में भी मौजूद था, और वहाँ के राजवंश के साथ उनका विवाह-संबंध भी था।

स्पिती में पाँच कोठियाँ (ङ्च्चू) हैं—तोद्पा (उपरला), बारशिग, शाम, छोज्री और पिन्। इनमें से पहली चार स्पिती नदी की उपत्यका में हैं, और पाँचवीं उसकी शाखा पिन् नदी की उपत्यका में है जो ऊँची पहाड़ी द्वारा बाकी स्पिती से अलग-थलग है। हरेक कोठी में कितने ही गाँव हैं। 'शाम' कोठी के गाँव स्पिती नदी के दोनों तरफ पिन के संगम से नीचे दक्षिण-पूर्वी कोने का सारा इलाका है। पिन कोठी में स्पिती का सारा दक्षिण-पश्चिमी भाग आता है। 'बारशिग' कोठी पिन-स्पिती संगम के ऊपर स्पिती के दोनों किनारे पर है। स्पिती के बायें किनारे की लिंगती-उपत्यका भी बरशिग में ही शामिल हैं। 'तोद्पा' बरशिग से उत्तर शिला और संपा की उपत्यकाओं में अवस्थित है। 'छोज्री' में स्पिती के दक्षिण-पश्चिमी कोने के कुछ गाँव इसमें पड़ते हैं। कोठी के मुखिया को गद्पो-छेनमो (महामुखिया) कहते हैं, और गाँवों के मुखिया को गद्पो-छुंगुन (लघुमुखिया)। यही अपने-अपने इलाके में मालगुजारी वसूल करने तथा दूसरे काम करते हैं, जिसके लिए उन्हें कुछ मिलता है। पुराने काल के शासन के कुछ अवशेष स्पिती में मिलते हैं, हरेक गाँव में लोग बारी-बारी से एक-एक महीना पहरा देने का काम करते हैं, पहरेदार को लेपा (लस्पा) कहते हैं। लारा और लिदंग गाँव में 15 दिन पर हर घर की बारी आती है। पिन् कोठी में दो आदमी (दे लै) नदी पार चिट्ठी ले जाने के लिए नियुक्त किये जाते हैं, जिसके लिए उन्हें कुछ अनाज मिलता है।

स्पिती में मुकदमा ही नहीं होता। नोनो को मजिस्ट्रेट और सब-जज का अधिकार था, लेकिन उनके रजिस्टर के देखने से मालूम होता है, कि साल में मुश्किल से एक-दो मुकदमे आते हैं। सम्पत्ति के झगड़े का यहाँ सवाल नहीं था, क्योंकि भू-सम्पत्ति घर की सम्पत्ति होती है, और पांडव-विवाह के कारण वह कभी पुत्रों में बँटती नहीं। स्पिती के लोग झगड़ालू स्वभाव के नहीं हैं, इसलिए फौजदारी मुकदमों की भी संभावना कम है।

स्पिती के लोग तिब्बती महायान-मंत्रयान बौद्ध-धर्म को मानते हैं, और यहाँ पर लाहुल या कनोर की तरह हिंदू प्रभाव कोई नहीं है। तिब्बती चार सम्प्रदायों में—ञिग्मा डुग्-पा, कर्युद्-पा, सक्या-पा और ग्येलुग्-पा—में पिछले तीनों सम्प्रदायों के अनुयायी यहाँ पर मौजूद हैं, लेकिन सबसे अधिक प्रभाव ग्ये-लुग-सम्प्रदाय का है, जिसके बड़े लामा तिब्बत के दलाई लामा और पण्-छेन् (टशी) लामा है। पाँचवें दलाई लामा को 1640 ई० में तिब्बत का राज्य मिला, इसे हम अभी बतला आये हैं। तब से धार्मिक प्रभाव के साथ-साथ राजनीतिक प्रभाव भी इस सम्प्रदाय का ज्यादा बढ़ा, इसके टशी-लहुन्पो, डे-पुंग, सै-रा और गन्-दन् जैसे चार बड़े-बड़े विहारों ने विश्वविद्यालय का रूप ले विद्या का बहुत प्रचार किया और वहाँ से निकले विद्वानों ने भी ग्येलुग-सम्प्रदाय के प्रभाव को बढ़ाने में बड़ा काम किया।

तिब्बत के कर-युद-पा-सम्प्रदाय की एक शाखा है डुग्पा। डुग् (भूटान) में इनका बड़ा गुरु (धर्मराजा) रहता है, जिसके कारण इस सम्प्रदाय को डुग्-पा कहा जाने लगा। लाहुल के साधु करीब-करीब सभी इसी सम्प्रदाय के हैं। ये लाल टोपी पहनते हैं। पिन-उपत्यका में इनकी प्रधानता है। असल में ये साधु नहीं, बल्कि गृहस्थ हैं और ब्राह्मणों की तरह धार्मिक काम करते हैं।

स्पिती में पाँच बड़े-बड़े मठ हैं जो 'गोन्-पा' कहे जाते हैं। इनमें क्यो, दन्खर और ताबो ग्येलुग्-पा-सम्प्रदाय के हैं, जो भिक्षु-दीक्षा को अधिक कड़ाई से मानते हैं। थंग-ग्युत गोम्पा साक्य-पा-सम्प्रदाय के हैं। साक्य मठ मंत्र-तंत्र में भी बहुत आगे बढ़े हैं, इसलिए पश्चिमी तिब्बत के लुटेरे भी इनको नहीं छेड़ते। नोनो के परिवार के लड़के साक्य-पा थङ-ग्युत् मठ में भिक्षु बनते हैं। पिन-गोन्पा डुग्-पा सम्प्रदाय का गोन्पा हैं, जिसके साधुओं के बारे में अभी बतला चुके हैं।

स्पिती के मठ तिब्बत के मठों की तरह ही गाँव से अलग किसी ऊँची जगह पर विशाल रूप में बसे हुए हैं। गोन्पा (गुम्पा गुम्बा) के बीच में मंदिर, भंडार, भोजनालय आदि की सार्वजनीन इमारतें होती हैं, किनारे कोठरियों की पंक्तियाँ होती हैं, जिनमें भिक्षु रहते हैं। आम तौर से लोग तिब्बत के साधुओं को लामा कहते हैं, लेकिन तिब्बत और स्पिती में भी लामा बड़े-बड़े गुरुओं को कहते हैं, जिन्हें हमारे यहाँ महन्त कहा जाता है। साधु को वहाँ डा-बा कहा जाता है, जिनमें भिक्षु के लिए ग्ये-लोंङ् और श्रामणेर के लिए ग्ये-कुल् कहते हैं। साधुओं के रहने की इमारत को ड-छङ् (छात्रावास) कहते हैं, जो हरेक जमींदार-परिवार के खानदानी होते हैं। तिब्बत के बड़े-बड़े मठों में भी ड-छङ् हैं, लेकिन वहाँ वह एक परिवार के न हो कर एक-एक देश के होते हैं, जैसे साइबेरिया का बुरयत, मंगोलों का खमज़न समलो है। ड-छङ् तिब्बत के बिहारों में महाविद्यालय या कालेज का नाम है, हरेक ड-छङ् में बहुत-से खम्-ज़न (छात्रावास) होते हैं, जिनमें उन-उन देशों के पढ़ने वाले विद्यार्थी आकर रहते हैं।

स्पिती में खम्-ज़न का नाम ड-छङ् रखा गया है, जिसका अर्थ है भिक्षु-गृह। जब

एक-एक परिवार का अलग-अलग खानदानी ड-छङ् है, और हरेक परिवार के छोटे भाई गोन्पाओं में भेजे जाते हैं, तो वहाँ उस परिवार के चचा, भाई और भतीजों का एक साथ रहना स्वाभाविक है। यहीं साधु आम तौर से अपना भोजन अकेले या दो-चार मिल कर बना कर खाते हैं, तथा अपनी पुस्तकें, कपड़े, बरतन और दूसरी निजी चीजें यहाँ रखते हैं। यदि किसी ग्ये-छुल (श्रामणेर) का कोई चचा नहीं होता, तो वह किसी दूसरे अधिक उमरवाले साधु का चेला बन उसके साथ रहता है। मठ में एक या दो गर्मी और जाड़ों के मंदिर होते हैं। मुख्य लामा के निवास-स्थान में अपने लिए एक उपासना-गृह होता है। बड़े देवालय में भिक्षु जमा होकर पाठ करते हैं। पढ़ाई के समय पहले गुरु एक वाक्य बोलता है, और उसके बाद सारे लोग उसको दोहराते हैं। बैठने के लिग देवालय में कालीनों का छोटा-छोटा गद्दीदार आसन एक-एक भिक्षु के लिए अलग-अलग रहता है। लामा (महन्त) का आसन कुछ ऊँचा होता है। तिब्बत की तरह ही यहाँ के ये देवालय (संघागार) भी विशाल और सुंदर हैं। इनकी दीवारों पर सुंदर तस्वीरें बनी रहती हैं, और बीच में लकड़ी के खम्भों की पाँतियाँ होती हैं। एक छोर पर बुद्ध और बोधिसत्त्वों की मूर्तियाँ रहती हैं। किन्हीं-किन्हीं मठों में एक और धातु की मूर्तियों को सजा कर रखा जाता है, और दूसरी ओर कंजुर-तंजुर की पुस्तकें बैठन में लिपटी लकड़ी के सुंदर खानों में अलंकृत करके रखी रहती हैं। भित्तिचित्रों के अतिरिक्त जहाँ-तहाँ दीवारों से सुंदर तस्वीरें लटकती हैं, कुछ तस्वीरें विशेष त्योहारों के अवसर पर ही निकाल कर लटकाई जाती हैं। इन पुस्तकों, मूर्त्तियों और चित्रों में न जाने कितनी इतिहास के बड़े महत्त्व की हो सकती हैं, और कितनी ही कला के महत्व की। इनमें से न जाने कितनों के साथ सिक्ख पलटन ने आकर सौ साल होली खेली। बड़ी भोजनशाला का इस्तेमाल त्योहारों के वक्त ही होता है। उस वक्त सारे संघ के लिए भोजन और चाय यहाँ बनती है। भोजन अधिकतर सत्तू के रूप में होता है, और चाय तिब्बत की तरह मक्खन और नमक डाल कर बनाई जाती है। हरेक भिक्षु अपने परिवार से या गोन्पा की आमदनी—जो कि दान-दक्षिणा से मिलती है—और स्वयं पूजा-पाठ करके जीविका के साधन प्राप्त करता है। फसल और श्राद्ध के दान के रूप में मठ को काफी धन मिलता है। फसल काटने के समय अनाज वसूल करने के लिए हरेक मठ अपने कुछ भिक्षुओं को टोली बना कर भेजता है। ये भिक्षु आखिर उन्हीं घरों के छोटे भाई होते हैं, इसलिए चाहे वह भिक्षा के तौर पर ही माँगें, लेकिन उन्हें घर के अनाज में से हिस्सा पाने का अधिकार है। इन मठों से कितने ही तरुण उच्च शिक्षा प्राप्त करने के लिए ल्हासा के मठों में जाते हैं, उस समय खंग-छेन्पा (परिवार ज्येष्ठ) सहायता देता है।

पिन गोनपा के साधु डुग्-पा हैं, जो ब्याह करते हैं। लेकिन उनकी स्त्रियाँ गोन्पा में नहीं, बल्कि अपने गाँवों में छोटे-छोटे घरों में रहती हैं। उनका हरेक लड़का बोज़ेन (साधु) बन कर वैसे ही कपड़े पहनता है। पिन कोठी में 19 परिवार बोज़ेनों के हैं। ये भी छोटी-छोटी टुकड़ी बना कर लीला करके, पंवाड़ा गा कर, नाच कर या छोटा-मोटा व्यापार करके धन जमा करते हैं। बोझ ढोने का काम भी ये करते हैं। दूसरे साधुओं से

उनमें फर्क इतना ही है, कि ये अपने बालों को कटाते नहीं, बल्कि जटा के रूप में रखते हैं। एक कहावत के अनुसार थोङ्-थुङ् ग्यल्पो ने इस सम्प्रदाय की स्थापना की। पिन बोज़ेन ओं मणिपद्मे हूं को बड़े जोर से मिल कर गान करते हैं। कहते हैं, स्पिती में एक मर्तबे लोग धर्म छोड़ चुके थे, उस समय थाङ्-थुङ् ग्यल्पो ने आकर इस मंत्र का संगायन करके उन्हें धर्म पर आरूढ़ किया। पिन बोज़ेन पंवाड़ा गाने के लिए कोई चित्र टाँग देते हैं, और शंख बजा कर लोगों को जमा करके तंतु-वाद्य के सहारे पंवाड़ा और 'ओं मणिपद्मे हूँ' का गान शुरू कर देते हैं। बीच-बीच में चेहरा लगाकर वह नृत्य और गीत गा करके दर्शकों को मुग्ध करते हैं। वे कुछ जादू की तरह के खेल दिखलाते हैं, जिनमें से एक है किसी लड़के के ऊपर एक बड़ा पत्थर रखकर दूसरे पत्थर से उसे तोड़ना। एक लेखक ने लिखा है, "2 फुट लंबे और 1 फुट चौड़े और 1 फुट मोटे पत्थर को एक लड़के के पेट पर रख दिया गया, और दूसरे एक फुट गोल पत्थर से मारने पर वह दो टुकड़े हो लड़के के पेट के दोनों तरफ गिर गए और लड़का सीधा खड़ा हो गया।"

स्पिती में विवाह और दायभाग का वही रिवाज चालू है, जो कि तिब्बत में। सभी भाइयों का एक स्त्री से ब्याह होता है, यदि संतान न हो तभी दूसरी स्त्री लाई जाती है, और वह भी सबकी सम्मिलित पत्नी होती है। घर का सबसे बड़ा लड़का ब्याह करता है। वह स्त्री को परिवार के महागृह (खङ्-छेन) में लाता है। बड़े घर में रहने वाले व्यक्ति को खङ्-छेनपा (बड़े घरवाला) कहते हैं। बड़ा लड़का जब काम संभाल लेता है, तो माँ-बाप खासतौर से बने हुए छोटे घर (खङ्-छुङ्) में चले जाते हैं, और उन्हें खङ्-छुङ्पा कहा जाता है। बूढ़े माँ-बाप के निर्वाह के लिए कुछ खेत दे दिया जाता है, और वह परिवार के प्रबंध के बोझ से मुक्त हो जाते हैं। आमतौर से यहाँ के सभी छोटे भाई गोन्पा (विहार) में साधु बनने के लिए भेज दिये जाते हैं, और वह वहीं रहते हैं। हाँ, यदि खङ्-छेनपा (बड़ा भाई) निस्संतान हुआ, और वंश चलाने की आवश्यकता पड़ी तो मठ का कोई भिक्षु का वेश छोड़ घर में आकर बड़े भाई की जगह लेता है। स्पिती की जोती हुई जमीन का बहुत भारी भाग इस प्रकार खङ्-छेनपा के हाथ में अविभाज्य होता है। बहुत थोड़ी-सी इससे बाहर रहती है, जो यंगछुङ्पा या दुद्-थुल्पा (कमकरों) की जमीन होती है।

यद्यपि सभी छोटे भाई साधु बनकर गोन्पाओं में चले जाते हैं, लेकिन पैतृक सम्पत्ति में से कुछ खेत दा-ज़िङ् (भिक्षु-क्षेत्र) के नाम से अलग किया रहता है जिसकी उपज उनके पास मठ में पहुँचती है। इसके अतिरिक्त यह डा बा (भिक्षु) श्राद्ध और दूसरे अवसरों पर जो दक्षिणा गृहस्थों से पाते हैं, वह भी उनकी होती है। यदि एक से अधिक छोटे भाई गोन्पाओं में जाते हैं, तो दा-ज़िङ् के अलावा कुछ और भी सहायता घर से पाते हैं, जिसके बदले वह गर्मियों के दिनों में घर में आ कर कुछ खेती का काम कर देते हैं—गोन्पा में जो बड़े भिक्षु हैं, वही इस समय वहाँ रह जाते हैं, बाकी अपने घरों में काम करने के लिए चले जाते हैं। ग्ये-छुल् (श्रामणेर) और ग्येलोङ् (भिक्षु) के रूप में मठों के दो प्रकार के साधु होते हैं। जब तक वह ग्येलोङ् नहीं हो जाते, तब तक वह बोझा ढोने, खेत जोतने आदि

का सारा काम कर सकते हैं। यदि ग्येलोङ् हैं, तो वह अपने घर में आकर खाना पकाने जैसे घरेलू तथा पशुओं और भेड़-बकरियों को चराने का काम कर सकते हैं, वह बोझा नहीं ढोते। यह बतला चुके हैं कि बड़े भाई के निस्सन्तान होने पर गोन्पा से छोटा भाई आ कर गृहस्थ हो जाता है। वह अब घर की स्त्री का पति है, और अगर आवश्यकता पड़े तो निर्वंश न होने देने के लिए और भी ब्याह कर सकता है। यदि घर में लड़की ही हो, तो उस पर घरदामाद लाने का भी रिवाज है। भिक्षु का कपड़ा छोड़ने के लिए गोन्पा को कुछ पैसा दंडस्वरूप देना पड़ता है। यदि गोन्पा से लौटने के लिए छोटा भाई तैयार न हो, तभी घरजमाई (गो-रि-गो-ठोन्) लाने का अधिकार पिता या विधवा माँ को होता है। यह उपत्यका के निम्न भाग का रिवाज है, उपरले भाग इसे नहीं मानते। ब्याह इस प्रकार स्पिती में पांडव-विवाह नहीं कहा जा सकता, क्योंकि अधिकार होने पर भी छोटे भाई गोन्पा में जा कर रहते हैं, और निस्सन्तान होने की अवस्था छोड़कर दूसरी स्त्री से ब्याह भी नहीं किया जा सकता। हाँ, दुद्-थुल्पा (कमकरों) और बो-जेन् (भिक्षु से गृहस्थ हुए भिक्षुओं के वंशजों) में पांडव-विवाह जरूर प्रचलित है। बो-ज़ेन् पिन् गोन्पा से संबंध रखते हैं, जो कि विवाहित लामा (ङुग्पा) लोगों के अनुयायी हैं।

स्पिती में विवाह-विधि कुछ इस प्रकार है कि वर अपने साथियों को लेकर कन्या को लाने के लिए उसके पिता के घर जाता है। जब लाहुल के प्रकरण में वर्णित तरीके से छङ् स्वीकार करके कन्या का पिता उसे मंजूर कर लेता है। वर और उसके साथियों को रास्ते में कन्या वाले रोक देते हैं, और वहाँ नकली लड़ाई लड़ी जाती है, और बरातियों के ऊपर खूब कीचड़ उछाली जाती है। इसके बाद लड़की को ले जा कर वर के घर में ब्याह हो जाता है। लड़की के लिए लड़के के पिता को दो या तीन टट्टू, (30 खल $= 7\frac{1}{2}$ मन) अनाज और माँ के लिए छः या अधिक रुपया नगद देना पड़ता है। लेकिन, साथ ही वर का पिता कन्या के लिए सौ या अधिक रुपये की पोशाक और जेवर देता है। भोज पर भी आज से 40 वर्ष पहले 50 रुपये खर्च होते थे।

यहाँ तलाक की व्यवस्था भी कुछ स्थितियों में है। यदि पुरुष तलाक देना चाहता है, तो पत्नी जो भी दहेज अपने साथ लाई हो, उसे तथा एक या दो खेत खोरिश के लिए देने पड़ते है। यदि स्त्री छूट लेना चाहती है, और इसमें पति का कोई दोष नहीं है, तो वह अपने दिये हुए जेवरों को ले सकता है। अगर दूसरा पुरुष किसी स्त्री को भगा ले जाता है, तो उसे भी पूर्व पति को छूट लेने के लिए हरजाना देना पड़ता है। सूत तोड़ना (कुद्पा छद्चे) का यहाँ भी रिवाज है। सूत के दोनों छोर को स्त्री-पुरुष पकड़ते हैं, और फिर कहते हैं—-एक माँ-बाप देते और एक माँ-बाप लेते हैं। यह हमारे भाग्य में नहीं है, इसलिए हम अपनी राजी-खुशी से अलग होते हैं। और फिर बीच में आग लगाकर सूत को दो टक कर दिया जाता है। यह छूट की रस्म हमेशा नोनो, पाँच गद्पो-छेन्मो और गाँव के गद्पो-छुंगुन् के सामने हो अदा की जाती है। इसके बाद स्त्री किसी के भी साथ ब्याह करने के लिए स्वतंत्र है। अगर उसके माता-पिता धनी हैं, तो लड़की के दूसरे विवाह को भी पहले विवाह की तरह ही बड़े ठाट-बाट से करते हैं।

मृतक-संसार की स्पिती में अपनी एक अलग पद्धति भी है। वैसे लाहुल की तरह स्पिती में भी मुर्दे को अक्सर जलाया जाता है। लेकिन, यहाँ लकडी की कमी है, इसलिए तिब्बती रिवाज के अनुसार लाश को जानवरों के खाने के लिए किसी पहाड़ के ऊपर रख दिया जाता है, या उन्हें काट-काट कर गिद्धों को खिला दिया जाता है। किसी-किसी गोन्पा में लामा (महंत) को पद्मासन पर बैठा कर उसकी मोमयाई बना दी जाती है, और कभी जला कर उसकी राख-हड्डी को मिट्टी में मिला मूर्ति बनाकर स्थापित कर दी जाती है। जाड़ों में मरने वाले बच्चों को घर की दीवार में ही दबा दिया जाता है। यह रिवाज नवपाषाण-युग में दुनिया के और देशों में भी देखा गया है।

स्पिती के जन-जीवन में त्योहार अपना विशेष महत्त्व रखते हैं। स्पिती के कुछ त्योहार इस प्रकार हैं :

अगस्त या सितंबर में दन्खर में 'नम्गन्' छैन्म (महोत्सव) होता है, जिसमें घुड़-दौड़ होती है। 'तालसी छैन्मो' (महागणन) नवंबर के महीने में दन्खर के गढ़ में होता है, जबकि वार्षिक हिसाव-किताब की जाँच होती है।

ऊपर के त्योहार के पाँच दिन बाद क्यी, तबो, दन्खर और पिन की चारों गोन्पाओं में 'गुइ-तोर' उत्सव होता है, जिसमें छम् (लीला) की जाती है, जिसे यूरोपीय लेखक भूत-नृत्य कहते हैं। इससे एक महीने पहले थंग-ग्युत गोन्पा में जिग्-जेत् (भैरव) का एक महोत्सव भी इसी तरह का होता है। नमगन् कुङगुन् (लघु उत्सव) हरेक गाँव में खेत काटने से पहले कुछ दिनों तक मनाया जाता है, जिसमें स्थानीय देवता—जैसे दन्खर का छो-तर्, माने का छो-बेरंग, पोग् का कु ला-क्युंग, क्यीबर का दुङ्-वाचन्, लोसर का अंग-बो, ग्यब्जिन और संगनम् (पिन) का गंबा-ल्हा पूजे जाते हैं। नववर्ष के त्योहार 'डम्-छोद्' के दिन दीपमाला की जाती है। इनके अतिरिक्त मनबहलाव के लिए स्पिती के लोग गर्मियों में घुड़दौड़ करते हैं। स्त्रियाँ पंक्तिबद्ध आगे-पीछे झुकती गान करती नाचती हैं।

स्पिती के लोगों की पोशाक वही है, जो लदाख वालों की। नीचे पायजामा, ऊपर लंबा चोगा, कमर में कमरबंद और सिर में कंटोपनुमा एक तरह की टोपी। यहाँ के पुरुष कुल्लू के कनैतों की अपेक्षा ज्यादा जेवर पहनते हैं। करीब-करीब सभी के गले में ओल्टिग (फीरोजे और मूंगे) का हार होता है। अंबर, मूंगा और फीरोजे को लदाख की तरह यहाँ बहुत पसंद किया जाता है। डुगू (कड़ा) स्त्री-पुरुष दोनों अपने हाथों में पहनते हैं। स्त्रियाँ लदाख की स्त्रियों की तरह पैरग् (साँप के फन की तरह का फीरोजों से जड़ा हुआ सिर का जेवर) पहनती हैं। कानों में ये कुल्लू की औरतों की तरह कोंटा पहनती हैं। कुल्लू की देखादेखी कंठी का भी यहाँ रिवाज है। लड़कियाँ पैरग् की जगह अपनी माँग में एक अकेला फीरोजा सूत में गूँथ कर पहनती हैं। पायजामा, चोगा, कमरबंद स्त्री-पुरुष दोनों की पोशाक है। जाड़ों में भेड़ के चमड़े का लंबा कोट भी दोनों पहनते हैं।

स्पिती के लोगों का भोजन सत्तू और चाय है। सत्तू का सूखे या हरे साग, गोश्त या हड्डी मिलाकर गाढ़ा सूप (थुक्-पा) बनाते हैं, रात का यही प्रधान भोजन है। सरसों के तेल में पकाई हुई रोटियाँ भी खायी जाती हैं।

स्पिती में तिब्बती भाषा बोली जाती है, जिसका उच्चारण लदाख की तरह अधिक प्राचीन और ल्हासा से कुछ भिन्न होता है।

सामाजिक स्थिति

स्पिती के 2938 वर्गमील में 1910 ई० में 3629 आदमी रहते थे, अर्थात् प्रति वर्गमील 1.23। जोते हुए खेतों के लेने पर वह 679 प्रति वर्गमील हो जाती है, जिससे यही मालूम होता है कि जीविका का सबसे बड़ा साधन खेत वहाँ के लोगों के लिए पर्याप्त नहीं है। स्पिती में कस्बा कोई नहीं है, सभी छोटे-बड़े गाँव हैं। आम तौर पर मकान खेतों के पास अलग-अलग होते हैं, और रनग्रिग की तरह कहीं ही कहीं एक बड़े मैदान के चारों ओर मकान बने हुए हैं। वर्षा कम होती है, इसलिए दीवारें और छतें सब मिट्टी की होती हैं। छतें चौड़ी होती हैं, जिनके किनारे पर जमा की हुई ईंधनों की पाँती दूर से बड़ी सुंदर मालूम होती है। दीवारें साफ-सुथरी और घर के भीतर भी सफाई देखी जाती है। स्पिती का सदर-मुकाम दन्खर (डनखर) यहाँ का सबसे बड़ा गाँव है, जो 12774 फुट पर स्पिती नदी के बायें किनारे से कुछ हट कर बसा है। छोटी-सी पहाड़ी के ऊपर यहाँ का गढ़ है, जिसके पास जोते हुए कुछ खेत हैं। उसी पहाड़ पर जरा-सा नीचे एक बड़ी गोन्पा (विहार) है। दन्खर प्राचीनकाल से स्पिती की राजधानी रहा है।

तिब्बती भाषा-भाषी सभी प्रदेशों की तरह स्पिती में भी कोई जात-पांत नहीं है, उसकी जगह वर्ग जरूर है। चार सामंत-परिवार 'नोनो' के नाम से पुकारे जाते हैं, जो लाहुल के जो या ठाकुर की तरह हैं, उनकी स्त्रियाँ शे-मा कही जाती हैं। खानदानी वजीर को ग्यल्पो (राजा) कहते हैं। यह चारों परिवार क्युलिंग स्पिती नदी के तट पर एक गाँव, माने दन्खर से नीचे, पूलिंग (पिनकोठी) और ग्युट्युल् (लिंगती नदी के पास) में रहते हैं। नोनो की लड़की को जोजो और उसके पति को—यदि पहले से नोनो न हो तो—जो कहा जाता है। नोनो-परिवार के लोग आम तौर से लदाख के राजवंश में शादी करते हैं। स्पिती का दूसरा बर्ग छा-जङ है, जो सभी किसान हैं और जिनके दायभाग आदि के बारे में हम अभी बतला चुके हैं। पिन गोम्पा के ब्याहे हुए भिक्षुओं की औलाद बो-ज़ेन (पो-ज़ेन्) को भी छाजंग-वर्ग में माना जाता है। छाजंग में फिर बहुत-से अलग-अलग कबीले हैं, जिनमें नारू, ग्याजिङ-पा, क्योंङ्पो, लोनछैन्-पा, नासिर, तेरपा आदि सम्मिलित हैं। प्यी-पा का शब्दार्थ है 'बाहरवाला'। इनमें शिङ्ज़ो-पा (बढ़ई), ज़ो-पा (लोहार, सुनार), बै-ता (बाजा बजानेवाले) शामिल हैं। बढ़ई केवल पिन कोठी में हैं। इनका नाम (प्यी-पा) ही बतलाता है कि संभवतः ये बाहर से आकर स्पिती में बसे।

स्पिती के लोगों की मुख्य जीविका कृषि है। यद्यपि यहाँ सर्दी बहुत है, लेकिन वर्षा और बर्फ कम पड़ती है, और 17500 फुट के नीचे बर्फ बराबर नहीं रहती। ताप-मान दिन के 12 घंटों में 45 डिग्री तक घटता-बढ़ता है। जमीन ज्यादा पथरीली है और

वनस्पति के अभाव के कारण उसमें उर्वरता नहीं है। 1912 ई० में यहाँ जोती हुई जमीन 2372 एकड़ थी। सिंचाई का प्रबंध न होने पर खेतों में कुछ नहीं हो सकता, इसलिए नदियों से छोटी-छोटी नहरों को लाकर खेती करनी पड़ती है। खेती और सिंचाई दोनों यहाँ के लिए एक ही चीज हैं। सितंबर के महीने से पहले खेत कट जाते हैं, उसके बाद के दो-तीन महीनों में खेत को जोत कर अगली फसल के लिए तैयार रखा जाता। जोतने का काम याक् से लिया जाता है, जिसकी नाक की नथैल को एक आदमी पकड़कर आगे-आगे चलता है, और दूसरा आदमी हल को सँभाले जोतता है। जोतने के बाद खेत पर खाद बिछाना बहुत जरूरी है, और इसके लिए गोबर और पाखाने को बड़े जतन से रखा जाता है। बर्फ के पिघलते ही जमीन के नम होते मई में खेतों की बोआई होती है। उसके 40 दिन बाद खेतों की निराई होती है। प्रति सप्ताह या दस दिन पर पानी डालते रहते हैं, जो खेत के कटने के दस दिन के भीतर तक होता रहता है। फाफड़ यहाँ भी काफी होता है, और उसकी फसल सबसे जल्दी तैयार होती है, जो अगस्त के मध्य में कटने लगता है। उसके बाद गेहूँ पक कर तैयार होता है। भुस को बहुत जतन से रखना पड़ता है, क्योंकि चारा दुर्लभ चीज है। कटे अनाज को खलिहान (उल्थड़) में ले जाकर दाँया जाता है। बीच में एक खम्भा गाड़ देते हैं, जिसके चारों तरफ पशुओं को घुमाते हैं। खेतों के बँटवारे का डर न होने के कारण यहाँ खेत बड़े-बड़े हैं। हल जोतना छोड़कर बाकी खेती का सारा काम स्त्रियाँ करती हैं। फसल साल में एक ही होती है।

नंगा जौ यहाँ की मुख्य फसल है। जौ से ऊपर गेहूँ की खेती लाहुल और कुल्लू में क्रमश: 9000 फुट और 11500 फुट के ऊपर होती है, लेकिन स्पिती में इससे उलटा है। गेहूँ को 12500 फुट से ऊपर नहीं बोया जा सकता, और जौ 14000 फुट तक पैदा होता है। जौ से भी ऊपर की जगहों में सरसों और छोटी मटर पैदा होती है। फाफड़ और चीना सबसे निचले खेतों में होते हैं—बोने के 40 दिन बाद फाफड़ पक जाता है। चीना (चैंचै) सबसे पीछे बोया और काटा जाता है।

पशुपालन की दृष्टि से स्पिती में अच्छी स्थिति है। यहाँ याक या ज़ो, टट्टू, बकरी, भेड़, गदहे लोग पालते हैं। याक (चँवर) यहाँ लदाख या तिब्बत से लाये जाते हैं। याक और गाय की दोगली नसल वाले ज़ो यहाँ ज्यादा होते हैं। याक् 11000 फुट से नीचे जीवित नहीं रहते। स्पिती अपने टट्टुओं के लिए भी बहुत मशहूर है, और आसपास में इनकी बहुत माँग है। इनकी नसल सुधारने के लिए पहले जिला बोर्ड ने माने में एक अच्छा घोड़ा-साँड रखा था। गदहे भी अच्छी किस्म के स्पिती में होते हैं और व्यापारियों तथा किसानों की ढुलाई का काम करते हैं। यहाँ चारे की कमी के कारण बहुत अधिक संख्या में लोग भेड़-बकरियाँ नहीं रखते, और घर पीछे पाँच या दस ही वह पाए जाते हैं। यहाँ की बकरियों के बालों के भीतर जाड़ों में पशम (लेना) निकलती है, यद्यपि उतनी मात्रा में नहीं, जितनी कि तिब्बत की बकरियों में। चराई यहाँ एक बड़ी समस्या है। और कुनज़ोम-पर्वतश्रेणी में कुछ चरागाहें सिती, थाचा (लोसर के ऊपर), पिन नदियों के संगम पर जो बुकयाल हैं भी उनमें गद्दियों की भेड़ें चरती आई हैं, इसलिए स्पिती वाले

उनसे उतना फायदा नहीं उठा सकते।

स्पिती में यातायात की समस्या है। यहाँ कोई सड़क नहीं है। हाँ, नदियों के किनारे रास्ते हैं और नदियों पर क्योतो और मोरंग के बीच तथा रंगरिग् में दो लकड़ी के पुल हैं। लोक-कार्य-विभाग ने स्पिती नदी पर दन्खर से दो मील ऊपर एक पुल बनवाया है, जहाँ से भाबा और पारंग की जोतों से जाने वाला व्यापार-मार्ग जाता है। पिन-उपत्यका के रास्ते बहुत खतरनाक हैं। माने में और उससे नीचे पोग में रस्सियों का झूला है। स्पिती से बाहर जाने की रूपी (17000 फु० ऊँचे), भाबे (15000 फु० ऊंचे), लिपी (18000 फु० ऊँचे), मानेरंग या रोफाङ्ग ला, और पद्मो-ला और पङ्मो ला (18612 फु० ऊँचे), तर्गलिग ला, पारङ्ग ला, पिन-पार्वती (18500) की जोते हैं। दन्खर के गढ़ और लौसर में यात्रियों के रहने के लिए सराएँ हैं।

दन्खर, गाजा में स्कूल हैं। इन्हीं दोनों जगहों पर गर्मियों के दिनों में डाकखाना भी होता है। स्वास्थ्य का न पहले कोई प्रबंध था, और न अब। वैसे स्पिती की आबोहवा बड़ी स्वास्थ्यकर है, जिसके कारण यहाँ बीमारी का एक तरह से अभाव-सा है। पहाड़ों में सर्वत्र पाया जाने वाला घेघा भी यहाँ नहीं देखा जाता। हाँ, कभी-कभी पेचिश कुछ खतरनाक रूप ले लेती है। 1915-16 ई० में इसके कारण बहुत-से आदमी मरे, जिनमें तरुण नोनो और उसके परिवार के दो और आदमियों ने भी प्राणों से हाथ धोया।

लाहुल

प्राकृतिक रूप

कुल्लू और चंबा की सीमा पर चन्द्रभागा की दोनोंमूल शाखाएँ चन्द्रा और भागा की माला पहने लाहुल की 1764 वर्गमील भूमि उत्तरी अक्षांश 30° 8′-32° 59′ और देशांतर 76° 49′-77° 50′ पर अवस्थित है। इसकी सीमाएँ उत्तर में ज़ांस्कर, पूर्व में स्पिती की तिब्बती-भाषी भूमि, दक्षिण में कुल्लू और पश्चिम में चंबा है। यह कितनी ऊँचाई पर बसा है, यह इसी से मालूम होगा कि चन्द्रभागा अपने सबसे निचले स्थान पर पहुँचकर भी 9000 फुट से नीचे नहीं उतरी है।

लाहुल, ल्हा-युल (देवदेश) का नहीं, बल्कि ल्हो-युल (दक्षिण देश) का अपभ्रंश है। कितनी ही शताब्दियों तक लाहुल के ऊपर लदाखी राजाओं का अधिकार था, और उन्होंने इसे यह नाम दिया। तिब्बती भाषा में इसे गर्-जा (अज्ञात) देश कहते हैं। सीमांत में उत्तर में लदाख और ज़ांस्कर, दक्षिण में कुल्लू और बड़ा-बनगाहल, पूर्व में स्पिती और पश्चिम में चंबा जिले से मिलता है। चंबा-लाहुल भी किसी समय लाहुल का ही एक अभिन्न अंग था, जिसे कुल्लू और चंबा के राजाओं ने आपस में बाँटकर दो भागों में विभक्त कर दिया। प्राकृतिक तौर से इसके उत्तर में पश्चिमी (मुख्य हिमालय), दक्षिण में मध्य-हिमालय पड़ता है। यह पर्वत प्राकार औसतन 18000 फुट ऊँचे हैं, जिन पर सबसे निचला स्थान रोटंग जोत 13000 फुट है। यहाँ का सबसे ऊँचा पर्वत शिखर

21000 फुट है। चन्द्रभागा इसी के एक पहाड़ मे निकलकर लाहुल में बहती कहीं भी 9000 फुट से नीचे नहीं आती। उसका उद्गम स्थान बड़ा लाचा जोत 16200 फुट पर है। बड़ा-लाचा असल में पारा-ला-चे का अपभ्रंश है। अनपढ़ खच्चर वालों ने उसे बड़ा-लाचा या बड़ी लाइची बना समझने की कोशिश की और उसी तरह उससे और उत्तर के जोत ला-छुंग को छोटा-लाचा (छोटी लाइची) कहते हैं।

लाहुल के चार प्राकृतिक भाग हैं—उत्तर-पूर्वी भाग, जो कि युनान-उपत्यका की ओर बढ़ा हुआ है। इस भू-भाग की औसत ऊँचाई 14000 फुट है, और यहाँ खेती या गाँव नहीं हैं। इसकी समाप्ति लिंगती-उपत्यका में है, जहाँ पर कि युनान नदी स्पिती की सैर्छू नदी से मिलती है, और फिर दोनों मिलकर उत्तर-पूर्व की ओर बहती चा-रद् नदी से मिलकर उत्तर की ओर ज़ांस्कर में जाती हैं। यह भू-भाग सौ वर्गमील का है। इसी के रास्ते कुल्लू-लदाख या मध्य-एशिया का व्यापार-मार्ग जाता है। भागा-उपत्यका, जिसके निचले भाग को गारा (कुल्लू भाषा में गाहर, बुकयाल) कहते हैं, और जिसको तिब्बती भाषा में पूनन या बुनन कहते हैं, इसी नाम से वहाँ की किराती भाषा में भी मशहूर है। भागा के ऊपरी भाग को तिब्बती भाषा में स्तोद (उपरला) कहते हैं। चन्द्रा-उपत्यका—इसके निचले आबादी वाले भाग को रंगलोई कहते हैं, जो तिब्बती रंगलो से बना है। पट्टन-इलाका—चन्द्रा और भागा मिलकर चन्द्रभागा का नाम चनाब जहाँ से शुरू होती है, वहाँ से चंबा की सीमा तक के इलाके को कुल्लू भाषा में पट्टन कहते हैं, और तिब्बती में मन-चत् (निचला भाग)। गारा (भागा-उपत्यका) में करदंग, बरबांग, कोलंग और गुंमरंग की कोठियाँ हैं। रंगलोई में खोक्सर, सिस्सू रंगलो, गोंदला (तिनन्) और गुशाल की चार कोठियाँ हैं। पट्टन की छह कोठियाँ हैं—तान्दी, वारपा, रानिका, शांशा, जालमा और जोबरंग। चंबा-लाहुल—चन्द्रभागा की ऊपरी उपत्यका जो चंबा जिले में पड़ती है, उसे चंबा-लाहुल कहते हैं। यहाँ पर त्रिलोकनाथ का प्रसिद्ध बौद्ध-हिन्दू मंदिर है। मिरकुला (काली देवी) का मंदिर मिरकुला गाँव में है, जिसमें 13वीं, 14वीं सदी के टाँकरी लिपि के लेख हैं। मंदिर इससे पहले का भी हो सकता है।

लाहुल का प्राकृतिक दृश्य अद्भुत है, जहाँ चन्द्रभागा के किनारे हरे-भरे जंगल हैं, वहाँ हरेक गाँव के पीछे दूर या नजदीक हिमानियाँ और सनातन काल से हिमाच्छादित शिखर हैं। यहीं पर घास की ढलानें हैं, जिनको देखने के लिए स्विट्जरलैंड जाने की जरूरत नहीं है। वृक्ष-वनस्पति वाले भू-भाग में तरह तरह के वृक्ष और झाड़ियाँ हैं।

चन्द्रा और भागा नदियाँ लाहुल के सबसे निम्न स्थान (पट्टन) में मिलती हैं, तब से उनका नाम चन्द्रभागा पड़ जाता है। चन्द्रभागा की उपत्यका लाहुल का सबसे उर्वर और आबाद इलाका है। भागा नदी बड़ा लाचा जोत से निकलकर दक्षिण की ओर कितनी ही दूर तक बह लेने के बाद दक्षिण-पश्चिम की ओर मुड़ जाती है। इसकी ऊपरी उपत्यका नंगी, वृक्ष-वनस्पतिहीन है, दार्चा (दार्-चँ), यो-चँ तथा कादोदोक्पो (ज़ांस्कर छू) के संगम पर 11500 फुट की ऊँचाई पर अवस्थित है। बड़ा-लाचा से उतरने के बाद यही पहला गाँव मिलता है। इसके अधिकतर खेत नदी के बायें किनारे हैं। आगे

अपनी शाखाओं को दोनों किनारों पर लेते भागा कोलंग और क्येलंग गाँवों के पास से गुजरती तांदी में चन्द्रा से मिल जाती है। इसके बायें किनारे से आ मिलने वाली बारबोग और करदङ् की नदियाँ हैं। भागा 40 मील लम्बी है और प्रतिमील 125 फुट के हिसाब से नीचे गिरती है। लाहुल का सदर-मुकाम तथा उसका सबसे बड़ा गाँव क्येलंग इसी के दाहिने किनारे है। घंटाल (गुरु घंटाल) से कुल्लू-लदाख-सड़क पहले भागा के बायें किनारे फिर क्येलंग के पास दाहिने किनारे हो जाती हैं। क्येलंग से ऊपर जिस्पा और पत्सेव में डाकबँगले हैं। चन्द्रा नदी बड़ा लाचा जोत की दक्षिण-पूर्वी विशाल हिमानियों से निकलती है और अपने उद्गम से एक मील पर ही इसकी धार इतनी गहरी और बड़ी हो जाती है कि उसे पैदल पार नहीं किया जा सकता। आगे स्पिती की सीमा बनाने वाली कुन-जोम पर्वतश्रेणी को बायें छोड़ती दक्षिण की ओर चलती है। बायें किनारे पर घास की ढलानें हैं, जो वर्षा में मेषपालों से दिनों में आबाद हो जाती हैं। कुछ नीचे जाने के बाद घास के मैदान में अवस्थित 6 फर्लांग लम्बा और 3 फर्लांग चौड़ा चन्द्रा-ताल मिलता है। इसका पानी चन्द्रा में जाता है। फिर दक्षिण-पश्चिम की ओर 30 मील जाने के बाद यह एकदम पश्चिम की ओर मुड़कर 40 मील तक जा तान्दी में भागा से मिल जाती है। चन्द्रा के बायें तट के पहाड़ सीधे खड़े और नंगे हैं, लेकिन दाहिने किनारे खोक्सर तक बहुत-सी अच्छी-अच्छी घास की चरागाहें हैं। खोक्सर से 14 मील ऊपर यारी खोक्सर का एक गाँव था, जो अब उजड़ गया है। खोक्सर में चन्द्रा के बायें किनारे तट से कुछ ऊपर डाकबँगला हैं, और यहीं कुल्लू से आने वाले चन्द्रा को पुल से पार करते हैं। यही चन्द्रा का पहला पुल है। आगे दाहिने किनारे तक कितने ही गाँव हैं, जिनमें से कुछ रास्ता छोड़कर ऊपर पड़ते हैं। सीसू से गोंदला तक की जमीन बड़ी उर्वर और खेती के योग्य है, लेकिन बायाँ किनारा नंगा और वृक्ष-वनस्पतिहीन है। गोंदला के नजदीक जाते गाँव बड़े-बड़े और घर भी अच्छे-अच्छे मिलने लगते हैं। गोंदला के सामने दक्षिण में सारी पर्वतश्रेणी (20000 फुट) है। एक जगह नदी से पहाड़ 4000 फुट सीधा खड़ा है। संसार में यह अपनी तरह का अद्वितीय पहाड़ है। गोंदला के सामने के बायें किनारे में कुछ कैल के दरख्त दिखाई पड़ते हैं, यद्यपि वह जंगल का रूप नहीं लेते। दोनों नदियों के संगम के पास की पहाड़ी पर सड़क के ऊपर लाहुल का सबसे बड़ा बौद्ध-विहार (गुरु घंटाल) है। चन्द्रा-शिगरी का संगम दाहिने किनारे होता है, हिमानियों से निकलकर दो नदियाँ शिगरी से नीचे आकर चन्द्रा से मिलती हैं।

चन्द्रभागा नदी—इस नाम को सुनते ही पालि भाषा का पद्य याद आता है—'चन्द्रभागाय नदिया अहोसिं किन्नरी तदा।' चन्द्रभागा नीचे जाकर चनाब के नास नाम से मशहूर है, लेकिन ईसा-पूर्व तृतीय शताब्दी के आसपास इस श्लोक की किन्नरी मैदान की नहीं, बल्कि पहाड़ की किन्नरी थी। कनौर या कनावर (महासू की चिनी तहसील), कुल्लू के रूपी वाले कनावर तथा कुल्लू-लाहुल और चंबा-लाहुल की बुनान, मनचक आदि भाषाएँ यदि किन्नर से अपना संबंध बतलाती हैं, तो लाहुल के पुराने लोग किन्नर के नाम से परिचित थे। यहाँ संगम पर चन्द्रभागा 9500 फुट की ऊँचाई पर

बहती है और लाहुल की सीमा में बहती 16 मील की दूरी में 500 फुट नीचे उतर जाती है। चन्द्रभागा की उपत्यका ही यहाँ की सबसे आबाद भूमि है। इसके दोनों किनारों पर बहुत-से गाँव और खेत हैं। 'चकमा नाला' उत्तर से आकर खिरौत गाँव के पास चन्द्रभागा में मिल जाता है।

भूतत्त्व की दृष्टि से चंद्रा के दक्षिण-वाहिनी होने के समय दोनों ओर के पहाड़ पुराजीवक या कैंब्रिय-युग के हैं, जो बड़ा लाचा से आगे तक चले गए हैं। चंद्रा जहाँ उत्तर-पश्चिम वाहिनी है, वहाँ चंबा के कितने भागों को लिए पुरा-पाषाण या प्राक्कैंब्रिय-युग के पहाड़ हैं। बीच में स्फटिन या सबसे पुराने चट्टानों की एक पट्टी कुल्लू से आ कर रोटंग डाँड़े के उत्तर कोलंग से होती पतसेव को दाहिने छोड़ती चली गई है।

एक विशेष बात यह कि लाहुल में बहुत तरह की खनिज-संपदा की संभावना है। चंद्रा और चंद्रभागा के बालू को धोकर सोना तो निकाला ही जाता है। यह दोनों नदियाँ लाहुल के भीतर से ही निकलती हैं, इसलिए सोने की मातृका भी यहीं कहीं होगी।

उत्तुंग हिमालय की रुकावट के कारण बरसने वाले बादल यहाँ बहुत कम पहुँच पाते हैं, इसलिए वर्षा की यहाँ कमी है। जून से सितम्बर तक के सारे वर्षाकाल में, जब भारत की दूसरी जगहों पर सौ या इनसे अधिक इंच वर्षा होती है लाहुल के हिस्से में सिर्फ 6 इंच वर्षा आती है। इसका बदला जाड़ों और वसन्त में जरूर मिलता है, जबकि दिसंबर से मई तक 16 इंच के करीब हिमवृष्टि होती है।

लाहुल भारत के बहुत ठंडे स्थानों में है। बाढ़ लाहुल में नहीं आती, लेकिन उसकी जगह हिमानियों के भीषण पात के कारण नदियों का पानी रुक जाता है। 1836 ई० में शिगरी की हिमानी ने टूट कर चंद्रा की धार को रोक दिया। कहते हैं, स्पिती वालों ने कुन-ज़ोम जोत पर अपने आदमी रख दिए थे कि कहीं पानी उफन कर स्पिती की ओर न चला जाए। यह असंभव बात थी, इसे कहने की आवश्यकता नहीं।

लाहुल सभी जगह 9000 फुट से ऊँचा है, और अपनी ऊँचाई की अपेक्षा यहाँ सर्दी अधिक तथा वर्षा की कमी है, जिसका प्रभाव यहाँ के वृक्ष-वनस्पतियों पर पड़ा है। 11000 फुट की ऊँचाई पर धूपी (जुनिपर) चंद्रा और भागा की हवा से सुरक्षित जगहों में दिखाई पड़ती है। इसके जंगल क्येलंग और कोलंग के बीच की जालमा कोठी में भी मिलते हैं। चंद्रा और चंद्रभागा की कुछ निम्न ऊँचाइयों में कैल के जंगल हैं। चंद्रा और भागा के संगम पर जालमा से नीचे एवं लाहुल और चंबा की सीमा तक कुछ ज्यादा वनस्पति दिखाई पड़ती है। यहाँ पर करुन (बडचेरी) होती है। लेकिन चंबा की सीमा के पास पहुँच कर ही असली जंगल आते हैं, जिनमें राई, तोस आदि के दरख्त मिलते हैं। औषधियाँ अपेक्षाकृत अधिक पाई जाती हैं, लेकिन उनका उतना उपयोग नहीं किया जाता। 12000 फुट की ऊँचाई पर वृक्ष-वनस्पतियों का क्षेत्र खतम हो जाता है। उसके बाद चट्टानों की सीधी खड़ी पहाड़ियाँ आती हैं और सनातन हिमरेखा के साथ ही वह घास के मैदान आते हैं, जहाँ भेड़-बकरियों के लिए अत्यन्त पुष्टिदायक घास और तरह-तरह के फूल होते हैं। बड़ा लाचा के उत्तर-पूर्व लिंगती का मैदान भी लाहुल की सीमा के

भीतर है। वहाँ तीन नदियाँ--युनान, सैरछू और चरब बहती हैं। यहाँ की वनस्पति लाहुल से भिन्न है, जिसमें वह बिल्कुल तिब्बत का अंग है।

लाहुल का अधिकांश भाग जंगलों और वृक्ष-वनस्पतियों से विहीन है, जिसके कारण यहाँ बहुत थोड़ी ही किस्म के प्राणी मिलते हैं। इबैक्स-4 यहाँ के पहाड़ों में मिलता है, जो जाड़ों और वसन्त में ऊँचे पहाड़ों से निचले स्थानों में पतसेव (11500 फुट) तक चला आता है। इनके शिकार करने वाले खाकी भेड़िए और बर्फानी चीते भी यहाँ पाए जाते हैं। बढ़ाल भी मिलता है, लेकिन दूसरी जंगली भेड़-बकरियाँ नहीं मिलतीं। पहाड़ी लोमड़ी भी होती है, जिसकी खाल अपने मुलायम रोएँ के कारण बहुत पसंद की जाती है। लाल (भूरा) भालू यहाँ अक्सर पाया जाता है। शिकारियों को कुल्लू के डिवीज़नल फारेस्ट ऑफिसर से लाइसेंन्स लेना पड़ता है। लिंगती के मैदान में नेवले से कुछ बड़े एक जंतु 'मरमोट' ने जगह-जगह अपनी बिलें बना रखी हैं। लदाख से लाहुल आने वाले यात्रियों को वह दूर से झांकते हैं।

पक्षियों में बर्फानी कबूतर और चकोर बहुत होते हैं। गाने वाली चिड़ियाँ यहाँ नहीं हैं। साँपों का यहाँ पता नहीं है। बर्फानी रोहू कुछ जगहों में मिलते हैं।

लाहुल में चंद्रा और भागा के निचले भागों तथा चंद्रभागा के किनारे जंगल हैं। उनको और भी नष्ट न होने देने के लिए 1886 ई० में ही अंग्रेजों का ध्यान गया था। 7 मार्च, 1916 ई० की सूचना के अनुसार यहाँ जंगल निम्न प्रकार थे — मूलिङ (जंगल) 80 एकड़, करदङ् 200 एकड़। सब मिला कर यहाँ सात जंगल हैं, जिनमें उपरोक्त दो के अतिरिक्त तीन क्येलंग के आसपास हैं, दो गोंदला के सामने और दो चंद्रभागा के निचले छोर के पास हैं। यहाँ के जंगलों में मुख्य वृक्ष बेद और सफेदा लगाए जाते हैं। अखरोट भी होता है। जंगलों में जंगली गुलाब, गूज़बरी, बारबरी, बर्डचेरी जैसे फलदार वृक्ष नदियों के निचले भागों में मिलते हैं। पट्टन के निम्न भाग में वही वनस्पति पाई जाती है, जो चंबा के लाहुल में। ऊपरी भागों में बौने धूपी और भुर्ज के ही वृक्ष कहीं-कहीं मिलते हैं। धूपी (शुग्पा) क्येलंग के आसपास तथा चंद्रभागा के दाहिने किनारे जालमा कोठी में मिलती है। पहले इसके दरख्त अलग-थलग छोटे आकार के होते हैं, पीछे मध्य और बड़े आकार के भी देखे जाते हैं। भुर्ज चंद्रभागा के बायें किनारे मिलता है। कहीं-कहीं कैल के साथ इसके सम्मिलित जंगल हैं। भुर्ज की लड़की को घर और हल बनाने में इस्तेमाल किया जाता है, और इसकी पतली कमचियों से झूला पुल बनाया जाता है। कैल खोक्सर और सीसु के बीच के सामने चंद्रा के बायें किनारे से शुरू होकर चंबा की सीमा और आगे तक चला जाता है। मूलिङ् में इसके बड़े-बड़े वृक्ष मिलते हैं। बाकी जगह यह आकार में बहुत बड़ा नहीं होता। करदङ् में भी कैल का जंगल है।

मकानों के बनाने में लाहुल के ऊपरी गाँवों को सबसे ज्यादा अपने लगाये हुए सफेदों पर अवलंबित रहना पड़ता है। यह जल्दी बढ़ता भी है, जबकि कैल और धूपी की वृद्धि बहुत धीरे-धीरे होती है। मोरावियन मिशनरियों के लगाने के बाद सफेदे को लोगों ने काफी परिमाण में लगाया। बेद भी लगाए गए हैं। हर तीसरे-चौथे वर्ष उसकी डालियाँ छाँट

दी जाती हैं। पतली कमचियों की टोकरियाँ बनती हैं, और छिलके को जाड़ों में भेड़-बकरियाँ खाती हैं।

लाहुल के जंगलों का प्रबंध कुल्लू जंगल डिवीज़न के हाथ में है, लेकिन उसके अफसर वर्षों बाद कभी वहाँ पहुँचते हैं। कितने ही सालों तक यहाँ के जंगलों की देख-रेख का काम कोलंग के ठाकुर मंगलचंद करते रहे हैं, और प्रबंध बुरा नहीं था। सरकार ने जून 1914 में 30 रुपये मासिक पर जंगलों की रखवाली के लिए 5 राखे रखे थे। करदङ् और मूलिङ् के जंगलों में प्रति वर्ष कैल के बीज बोये जाते थे और नियम कर दिया गया था कि साढ़े चार फुट की मोटाई से कम का पेड़ न काटा जाये। मूलिङ् और करदङ् के जंगलों से सबसे अधिक आय होती है। 1903-13 ई० तक औसत आय 2334 रुपया और व्यय 714 रुपया था।

इतिहास

लाहुल (ल्हो-युल् = दक्षिण देश) और गरजा दोनों नाम अपेक्षाकृत बहुत पीछे के हैं। यहाँ के लोगों को तिब्बती भाषा में मोन भी कहा जाता है, जो किरात जाति का ही एक नाम है। लाहुल में बुनान, निनान, मनचत तीनों बोलियाँ किरात भाषा की हैं, जो बतलाती हैं कि पहले किसी समय किराती जाति के लोगों की यहाँ आबादी थी, जिनकी शाखायें मलाया, बर्मा के कैर्न (मोन) और कम्बोडिया के ख्मैर एवं छोटा नागपुर के मुण्डा लोग हैं। मुण्डा छोड़कर बाकी की आकृति चीनी-तिब्बती-मंगोल लोगों से ज्यादा मिलती है, और वस्तुतः उसी मंगोलायित जाति की यह एक पुरानी शाखा है भी। 2000 ई० पू० में संभवतः सारे पहाड़ के आदिनिवासी यही किन्नर या मोन लोग थे, जिनका कम या बेसी रक्त आज के लाहुली लोगों में भी है। लेकिन, उस पुराने काल के इतिहास पर प्रकाश डालने के लिए लिखित सामग्री की तो बात ही क्या, भाषा छोड़कर और किसी सामग्री की पूरी खोज नहीं की गई है। ईसा की आठवीं सदी से पहले की जहाँ-तहाँ कब्रें यहाँ मिलती हैं, जिनके बारे में भी वैज्ञानिक अनुसंधान नहीं किया गया है, और कितने लोग तो उसे यारकंद से आनेवाले मुसलमानों की कब्र कहकर छुट्टी ले लेते हैं।

स्वेन्-चाङ् ने कुल्लू से उत्तर-पूर्व लो-हु-लो नाम के देश का जिक्र किया है, जिसे ल्हो-युल् (लाहुल) के साथ जोड़ा जाता है, लेकिन गरजा या लाहुल के नाम बहुत पुराने नहीं हैं। स्वेन्-चांग के समय (635 ई० में) संभवतः अभी तिब्बती साम्राज्य का विस्तार यहाँ तक नहीं हुआ था, और उस वक्त स्पिती में भी अभी तिब्बती-भाषी लोगों का पता नहीं था, बल्कि वहाँ सेन उपाधि वाले राजा राज्य करते थे। हो सकता है लो-हु-लो किसी दूसरे भारतीय शब्द राहुल आदि का अपभ्रंश हो। ल्हासा वाले इस प्रदेश को ल्हो-युल् (दक्षिण) प्रदेश नहीं कह सकते थे। लदाख वालों ने यह नाम दिया जिनके राज्य में 13वीं शताब्दी में यह प्रदेश था।

किन्नर-किरात सामग्री के अनुसधान की यहाँ बड़ी अवश्यकता है, और उसकी प्राप्ति की संभावना भी है। यहाँ की तीन बोलियाँ उसी वंश की हैं, भूमि अत्यंत शीतल

तथा वर्षा की कमी के कारण यहाँ महत्त्वपूर्ण समाधियाँ भी मिल सकती हैं, इसलिए उनके ऊपर विशेष तौर से ध्यान रखने की जरूरत है। खस लोग ईसा-पूर्व दूसरी सहस्राब्दी के आरंभ में ही मध्य-एशिया से गिलगित आदि होते पहाड़ों में छा गये। लदाख तिब्बती पीछे हुआ, पहले वहाँ खसों का निवास था, जिनकी कब्रें और लंबी खोपड़ियाँ वहाँ मिली हैं। लाहुल की और वही बात चंबा, कुल्लू और दूसरी जगहों की भी है। किरात धारा में यह खसधारा ईसा-पूर्व दूसरी सहस्राब्दी में किसी समय मिली और इस प्रकार खस-किरात जाति का निर्माण हुआ। तीसरी धारा हिंदी आर्यों के रूप में मैदान से ऊपर की ओर आई जिसने यहाँ की भाषा और संस्कृति पर अपनी कड़ी छाप छोड़ी। खसों की भाषा यद्यपि हिंदी-यूरोपीय वंश की ही थी, पर उसकी अपनी विशेषता थी, जो आर्य भाषा में गुम हो गई, कोशिश करने पर शायद उसके कुछ शब्द और जनगीतों में खसों के पुराने राग मिलें। किराती (कनौरी) भाषा ने कनौर, मलाणा, लाहुल में यद्यपि अपने को कितने ही अंशों में बचा रखा है, लेकिन उसने तिब्बती और आर्य भाषा के काफी शब्दों को उधार लिया है।

पुरातत्त्व की सामग्री का अनुसंधान यहाँ नहीं-सा हुआ है। लेकिन 11वीं-12वीं शताब्दी की मूर्तियाँ अब भी यहाँ गुंगरंग और जोर्लिंग में पाई जाती हैं। ठाकुर घरों में पूजी जाने वाली धातु की मूर्तियों में भी कुछ पुरानी मिलेंगी, और कुछ में शायद अभिलेख भी हों। पट्टन में कितनी ही जगहों पर चश्मों के करीब पुरानी पाषाण-पट्टिकाओं पर लेख उत्कीर्ण हैं। फ्रांके ने चट्टानों पर भी 23 छोटे-छोटे अभिलेख देखे, जिनमें पुराने राजाओं-रानियों के नाम हैं। करदंग के एक अभिलेख को वह 12वीं शताब्दी का मानता है, और दूसरे 17वीं-18वीं सदी तक के। पत्थरों पर उत्कीर्ण कुछ मूर्तियाँ भी मिली हैं। चरब, और शाखा यो-नन नदी के संगम पर, वहाँ बायें तट के ऊपर पहाड़ की जड़ से बहुत-सी धाराएँ फूट कर निकलती हैं, यह एक अजब दृश्य है। उनमें से कुछ काफी मोटी है। हिन्दू व्यापारी इसके बारे में कहते हैं कि यहाँ पांडवों ने यज्ञ किया था। यहाँ यो-नम् नदी के दोनों तरफ अच्छे लम्बे-चौड़े मैदान हैं, जिनमे से पहले मैदान में कुछ पुराने स्तूप भी हैं, और एक छोटी-सी टेकरी पर स्तूप और माणी दिखाई देती हैं।

पतसेव (प्रस्तरसेतु), दो-ज़म् आज जनशून्य स्थान है, और केवल सावन के महीने में यहाँ के मेले में कुल्लू-लाहुल-स्पिती-लदाख-ज़ांस्कर-तिब्बत के बहुत-से लोग आकर अनाज, भेड़-बकरी, घोड़े-गदहे, ऊन, पशम का व्यापार करते हैं। यहाँ डाक-बँगला और कई सरायें हैं। पतसेव से आगे ज़ांस्कर-छू के पार कुछ नीचे एक बड़ा गाँव (ज़ेमुग्) दब गया है। कहते हैं, ऊपर के पहाड़ से पत्थर टूट-टूट कर इस गाँव के ऊपर पड़े और यहाँ के सारे आदमी मर गए, केवल एक लड़का बचा, जिसकी संतानें आज भी पार के गाँवों में मौजूद हैं। पुराने गाँव के ऊपर इतने अधिक पत्थर आकर पड़े हैं कि उनको हटाया नहीं जा सकता, लेकिन सड़क के किनारे एक जगह पत्थरों को कुछ हटा कर इन पंक्तियों के लेखक ने देखा, तो भुर्जपत्र के ऊपर स्याही से लिखे कुछ तिब्बती अक्षरों में मंत्र मिले। यहाँ की ऐतिहासिक सामग्री मूर्तियों और पट्टन की कंगनी

जैसे मंदिरों की दीवारों पर कुछ पुराने चित्रों के अतिरिक्त लोगों के घरों में पुराने समय की हस्तलिखित पुस्तकें हैं। परिपाटी के अनुसार इनकी पुष्पिकाओं में उस समय के राजा और स्थान आदि का नाम रहता है। भागा पार जोलिंग (स्वामिद्वीप) में 11वीं शताब्दी की कुछ उपेक्षित सुंदर काष्ठ-मूर्तियाँ हैं। गोंदला के ठाकुर के यहाँ उनके छ: महले कोट के भीतर कुछ हस्तलिखित पुस्तकें हैं, जिनमें एक 'कर्मशतक' की काफी पुरानी पोथी खंडित है, जिसे पूरा करने के लिए पीछे से लिख कर जोड़ा गया है। यहाँ वंश-स्थापक राणापाल (द्पल्) की एक मूर्ति भी है। उसके मंदिर के भीतर एक खाँड़ा है, जिसे लोग शे-रब्-रल्-डी (प्रज्ञा-खड्ग) कहते हैं। उसके एक स्थान पर कुछ निशान हैं, और लोगों का विश्वास है कि यह अपनी दिव्य शक्ति से टूट कर जुड़ गई है। लाहुल के ठाकुरों में कम-से-कम आजकल सबसे बड़ा खानदान खङ्-सर् (कोलङ्) का माना जाता है, उसके बाद गुङ्-रङ् और फिर गोंदला के ठाकुरों का दर्जा आता है। खङ्-सर् वाले भी अपने को राणापाल का वंशज मानते हैं, और गोंदला वाले भी।

लाहुल का प्रागैतिहासिक काल ईसा की पहली 6-7वीं शताब्दियों तक चला आता है। चंबा और कुल्लू यद्यपि ईसवी सन् के शुरू के साथ-साथ मैदान के सामंतों का अनुसरण करने लगे थे, लेकिन उस वक्त दुर्गम पहाड़ों के पार बसने वाले किन्नर-किरात लोग अपने भाग्य पर छोड़ दिए गए। शायद पहले लाहुल पर चंबा वालों का प्रभाव पड़ा। अब भी लाहुल का एक भाग चंबा जिले में है। और ऊपर नहीं, तो कम-से-कम चंद्रभागा की उपत्यका को जालमा तक चंबा ने जरूर अपने पास रखा होगा। लाहुल की जोतें इतनी सुगम थीं कि चंबा वाले कुल्लू पर आक्रमण करने के लिए कुकटी जोत पार कर चंद्रा की उपत्यका में आ फिर रटंग-जोत से कुल्लू जाते थे। ठाकुर शब्द किस भाषा का है, यह कहना मुश्किल है। शायद यह खस शब्द हो, अथवा तिब्बती ठक्-कर (श्वेत-रक्त) का अपभ्रंश हो। लाहुल में ठाकुर का पर्याय 'ज्ञो' भी इस्तेमाल होता है। तिब्बती भाषा में 'जो' स्वामी को कहते हैं। संभवत: उभय लाहुल के ठाकुर लोग पहले चंबा को कर देते रहे हों, पीछे लदाख और फिर चंबा और कुल्लू दोनों को। सिक्खों के शासन-काल में यहाँ के लोग भेंट में काला जीरा भेजते थे।

लाहुल की परंपरा बतलाती है कि एक समय उत्तर से कोई विदेशी आक्रमण-कारी आए थे, जिन्होंने दस साल तक लाहुल पर अधिकार रखा। बाबर के समकालीन चीनी तुर्किस्तान के खानों ने भी लदाख पर जेहाद की थी, और 'तारीख रशीदी' का लेखक अपनी एक सैनिक टुकड़ी ले कश्मीर पर अधिकार करके कुछ समय तक वहाँ बैठा रहा। हो सकता है, इसी समय 16वीं सदी के आरंभ में मध्य-एशिया के तुर्कों (मंगोलों) की कोई सेना यहाँ आकर रही हो। 8वीं शताब्दी में किसी और जाति के आक्रमण की जो बात बतलाई जाती है, और यह कि उनकी कब्रें यहाँ पाई जाती हैं, यह संदिग्ध है। लेकिन कब्रों के बारे में हमें ध्यान रखना चाहिए, कि मुस्लिम काल से पहले की जातियाँ भी कब्रों में मुर्दे दफनाती थीं। तिब्बती लोग और उनसे मिश्रित जातियाँ आयत-कपाल होती हैं, जबकि वर्तमान आयत-कपालों के गाँव लिप्पा (चिनी तहसील) में दीर्घ कपाल

खोपड़ियां कब्र में मिली हैं।

लाहुल के ठाकुरों में से अधिकांश की मातृभाषा तिब्बती है, उनके नाम भी तिब्बती होते हैं, जिनके साथ उनका अनुवाद हिंदी में भी रखा जाता है, जैसे जोटशी दावा को हिंदी में ठाकुर मंगलचंद कहते हैं। हो सकता है, ठाकुरों में कुछ का संबंध पुराने तिब्बती राज्यपालों या सामंतों से हो, जो 7वीं शताब्दी में स्रोंग-चन्-गंबो। (629-50 ई०) और उसके वंशजों के समय राज्य-विस्तार के साथ-साथ पश्चिम में पहुँचे थे। लेकिन सातवीं शताब्दी से पहले भी यहाँ चंबा या कुल्लू की तरह ठाकुर रहे होंगे। हो सकता है, जब तिब्बती लोगों का प्रभाव अधिक था, तो इन्होंने भोट वंश का अंग बनना पसंद किया, और उसके प्रभाव के हट जाने के बाद फिर नीचे के राजपूतों से अपना संबंध जोड़ना चाहा। नीचे के राजपूतों से नहीं तो खस ठाकुरों के साथ उनका संबंध होना बिल्कुल स्वाभाविक है। उनके वंश के बारे में सहसा तिब्बती कह देना ठीक नहीं है।

पहला तिब्बती काल (ल्हासा शासन) 7वीं शताब्दी के मध्य से 10वीं शताब्दी के मध्य तक था, जबकि तिब्बत एक बहुत बड़ा साम्राज्य था, जिसमें बर्मा की सीमा से लेकर सारा हिमालय और चीनी तुर्किस्तान भी सम्मिलित था। स्रोंग-चन्-गंबो (629-50 ई०) हर्षवर्धन का समकालीन था, और उसके कितने ही प्रतापी उत्तराधिकारी दे-चुग्-तन (704-55 ई०), ठी-स्रोंग-दे-चन् (755-80 ई०) राज्य विस्तार करने में पीछे नहीं रहे। तिब्बती साम्राज्य स्रोंग-चन् के दसवें उत्तराधिकारी लंङ-दरमा (836-41 ई०) के समय अवनति पर पहुँचा। और इस (629-841 ई०) के काल में लाहुल और स्पिती की क्या स्थिति थी, इस पर अभी प्रकाश नहीं पड़ा है। स्थानीय पुरातात्त्विक सामग्री तथा हस्तलेखों का उतना अनुसंधान भी नहीं हो पाया है। लाहुल और स्पिती ही नहीं, बल्कि लदाख और मानसरोवर प्रदेश के इतिहास की भी हालत इस काल में ऐसी ही है। तिब्बती साम्राज्य के दक्षिणी छोर के ये प्रदेश थे, जिनके इतिहास पर प्रकाश डालने की ओर ल्हासा के इतिहासकारों का ध्यान न जाना स्वाभाविक था।

ल्हासा के साम्राज्य के छिन्न-भिन्न होने पर उसी के वंश के एक राजकुमार खोर्‌वा-चन्ने पश्चिमी तिब्बत में आकर 9-10वीं शताब्दी के अन्त में एक अलग राज्य की स्थापना की। यही 'गूगे-लदाख-काल' माना जाता है। द-रम् के बाद पतन शीघ्रता से होने लगा। द्पल्-खोर्-व-चन् (मृ० 983 ई०) तक जो कुछ बचा था, वह भी जाता रहा। खास तिब्बत ही अनेक टुकड़ों में बँट गया। क्रांति के कारण खोर-व-चन् का दूसरा पुत्र ख्रिस् क्यिद्-ल-ल्दे-ञि-म-म्गोन् ल्हासा छोड़ने पर मजबूर हुआ। वह एक सौ सवारों के साथ पश्चिमी तिब्बत (मङ्-रिस्) की ओर चला गया। वहाँ अपने विश्वासपात्र सेवकों की सहायता से उसने अपने लिए स्थान बना लिया। अश्व-वर्ष (892 ई०) में उसने र-ल में लाल-महल बनवाया। मेष-वर्ष (893 ई०) में चै-शी-ग्यें-रि नामक महल बनवाया। इसी वक्त स्पुद्-रङ्स् के शासक द्गे-ब्शेस्-ब्चन् ने उसे अपनी राजधानी में अपनी कन्या ब्रोस्-खोर स्क्याङ् के साथ अपना राज्य प्रदान किया। ञि-म-म्गोन् ने फिर

मङ्-रिस् स्कोर-ग्सुम् (लदाख, गूगे और स्पु-रङ्) को अपने अधिकार में करके एक स्वतंत्र राज्य कायम किया। अन्त में राज्य को उसने अपने तीनों पुत्रों—द्पल्-ग्यि-ल्दे (लदाख), ब्क्र-शिस्-ल्दे-म्गोन् (स्पु-रङ्स्) और ल्दे-ग्चुग-म्गोन् (गूगे) में बाँट दिया।

बड़े लड़के के हाथ में लदाख गया। ल्हो-युल (दक्षिण देश) होने से लदाख वालों ने ही लाहुल को यह नाम दिया, तथा पीछे के इतिहास को देखते हुए भी यही पता लगता है कि लाहुल का संबंध लदाख से ही रहा। गूगे के राजाओं के हाथ में निती, माणा, डांडे, गंगोत्री और सतलुज की उपत्यकाएँ तथा स्पिती के प्रदेश थे। गंगोत्री (भागीरथी) उपत्यका में बाड़ाहाट (उत्तर काशी) में गूगे राजा ल्दे-ग्चुग्-म्गोन् के पुत्र खोर्-ल्दे के पुत्र ल्हा-चन् (देव भट्टारक, राजा) नागराज द्वारा स्थापित की हुई बुद्ध की बड़ी सुंदर मूर्ति आज भी दत्तात्रेय के नाम से पूजी जा रही है, और परंपरा बतलाती है कि उत्तरकाशी से और नीचे भल्याणा तक भोट का राज्य था। लदाख के राजा का शासन लाहुल में रहा होगा, यद्यपि वह स्थायी नहीं था। लाहुल के पड़ोसी कुल्लू और चंबा के राजाओं की नजर इसके ऊपर थी, और लदाख की शक्ति के कमजोर होते ही वह उस पर अधिकार करने के लिए तैयार थे। ऐसा समय 11वीं सदी में उनको मिला, लेकिन 12वीं सदी में ल्हा-चन् उत्पला (1125-50 ई०) जैसा शक्तिशाली राजा लदाख की गद्दी पर था। उसने लाहुल ही नहीं, कुल्लू पर भी आक्रमण किया, और वहाँ के राजा सिकन्दरपाल को लोहा और ज़ौ (खचरी, चँवरी) कर रूप में देने के लिए मजबूर किया। तब से 16वीं सदी के अन्त तक सेङ्-गे नम्ग्यल (सिंहविजय) के शासन काल तक लाहुल के ठाकुर लदाख के अधीन रहे। चंद्रभागा की उपत्यका (पट्टन) शायद इस समय भी चंबा के हाथ में थी। गूगे और लदाख के शासन काल में तिब्बती तांत्रिक बौद्ध-धर्म का जो असर कायम हुआ, वह लाहुल में अब भी मौजूद है। बीच में शायद फिर कुल्लू वालों ने लाहुल को अपने हाथ में कर लिया था, या छेड़छाड़ की थी, जिस पर छैवङ् नम्ग्यल् (प्राय: 1530-60 ई०) ने कुल्लू पर फिर आक्रमण किया और लाहुल फिर कम-से-कम 16वीं शताब्दी तक के लिए लदाख के अधीन हो गया।

पश्चिमी तिब्बत को जिन तीन राज्यों में बाँटा गया था, उनमें स्पू-रङ् (मानसरोवर प्रदेश) में नेपाल की सीमा पर अवस्थित तकलाखर है, जिसका अर्थ है मानसरोवर के पूर्व का भाग, इस राजवंश के हाथ में रहा। गूगे के राजा के बारे में हम बतला आए हैं, जिसके हाथ में स्पिती भी थी। गूगे वालों का लाहुल के ऊपर शासन कभी नहीं था, यह हाल की खोजों से पता लगता है। सेंगे नम्ग्यल् (1596-1620 ई०) ने गूगे पर अधिकार कर अपने छोटे पुत्र को स्पिती और ज़ांस्कर दे दिया।

17वीं सदी के उत्तरार्द्ध में सिङ्क्याङ से मंगोलों ने आक्रमण किया, जिससे लदाख का राज्य छिन्न-भिन्न हो गया। उसके बाद से पश्चिमी तिब्बत का ऊन का व्यापार कश्मीरियों के हाथ में चला गया। कुल्लू के राजा विधिसिंह (1672-88 ई०) ने ऊपरी लाहुल पर अपना अधिकार कायम किया। उसने चंबा से भी चंद्रभागा का

ऊपरी भाग पट्टन ले लिया, और उसी समय चंबा और कुल्लू ने थिरोट को अपनी सीमा माना। यह भी कहा जाता है कि चंबा के राजा की लड़की ब्याहने के समय विधिसिंह को पट्टन का इलाका दहेज में मिला था। यदि ऐसा है तो भी मुख्य लाहुल को उसने तलवार के बल पर लदाख से छीना। ऊपरी पट्टन के गुशाल गाँव के लोगों का कहना है कि चंबा के राजा का दिया हुआ ताम्रपत्र हमारे पास था, जिसे विधिसिंह छीन ले गया। यह भी परंपरा बतलाती है कि कुल्लु के राजा ने एक समय त्रिलोकनाथ पर हमला किया था, और देवता ने उसे खाली हाथ पीछे हटने के लिए मजबूर किया। भागा उपत्यका के मुख्य सामंत बारबोग के ठाकुर ने लदाख के पक्ष में होकर विधिसिंह का प्रतिरोध किया, जिस पर कुल्लू ने उसकी शक्ति और प्रभाव को बहुत क्षति पहुँचाई। दूसरे ठाकुरों (ज़ो) ने अधीनता स्वीकार की, और उन्हें ठाकुर की पदवी के साथ जागीरें मिलीं। पीछे और ठाकुर अपने को राजपूत कहने लगे, लेकिन बारबोग के ज़ो ने ऐसा नहीं किया। तिनन (गोंदला) की वंशावलि में दिया हुआ है कि यहाँ के ज़ो तिब्बत के लोह-प्रासाद से आए थे। ङरी (मानसरोवर) प्रदेश में राला में लाल-प्रासाद (982 ई० में) त्रि-म-म्गोन् ने बनवाया था। शायद वहीं कोई 'ग्चग्-ग्यि फो-ब्रङ्' (लोह प्रासाद) भी रहा हो। कहा ज़ाता है, वहीं से राणापाल लाहुल आए, जिनके वंशज गोंदला के ठाकुर हैं। पाल संभव है द्पल् (श्री) का बिगड़ा हुआ रूप हो। ठाकुरों में से बाप या माँ की तरफ से तिब्बत के राजवंश के साथ बहुतों का संबंध हो, यह स्वाभाविक है।

1700 ई० के आसपास कुल्लू के राज़ा मानसिंह ने लाहुल पर आक्रमण करके लदाख के प्रभाव को वहाँ से खतम कर दिया और लिंग्-त्ती (फोलक-डांड़ा) में अपनी सीमा निश्चित की—आज भी लदाख वालों में यह परंपरा मौजूद है। 1800 ई० में कुल्लू के राजा प्रीतमसिंह के साथ होकर लाहुली सैनिक मंडी के खिलाफ बजोरा में लड़े थे। उनके साथ उनके देवता ग्ये-फङ् का झंडा था। ग्ये-फङ् (घेपङ) का उत्तुंग शिखर सीसू (लाहुल) के पीछे है। मूरक्राफ्ट लेह (लदाख) जाते समय 1820 ई० में लाहुल से गुजरा था। उस समय कितने ही लाहुली गाँव लदाख वालों को कर देते थे। संभवतः इसका कारण व्यापारिक और दूसरे स्वार्थ हो, जैसा कि नैलंग, मिलम् के भोटांतिक लोग अभी हाल तक तिब्बत वालों के साथ करते रहे हैं।

1840 ई० में कुल्लू को लेकर लाहुल को भी सिक्खों ने अपने राज्य में मिला लिया और सिक्ख राज्य की समाप्ति के समय 1846 ई० में कुल्लू के साथ लाहुल भी अंग्रेजों के हाथ में चला गया। लाहुल के दो टुकड़े अब भी कायम रहे, जिनमें एक को चंबा-लाहुल और दूसरे को अंग्रेजी लाहुल कहते थे, और आजकल कुल्लू-लाहुल कह सकते हैं। बारबोग और गुडरङ् के ठाकुर अब भी लदाख के राजवंश में शादी करते हैं, और गोंदला की लड़कियाँ कुल्लू के अन्तःपुर में रही हैं। इस प्रकार लाहुल के ठाकुर हिंदू और तिब्बती दोनों राजवंशों के साथ हाल तक संबंध बनाए रहे।

लाहुल 1764 वर्गमील का बहुत बड़ा इलाका होने पर भी उसकी आबादी 1910 ई० में सिर्फ 7760 (प्रायः 12000) थी। गर्मियों के दिनों में लोग घरों को छोड़ कर

इधर-उधर चले गए रहते हैं, जिसका भी असर जनगणना पर पड़ा है, लेकिन उससे बहुत फर्क नहीं पड़ता। 1910 ई० में प्रतिवर्ग मील जोती जमीन पर 1723 आदमी रहते थे, जिससे मालूम होगा, कि अन्न के लिए वहाँ पर्याप्त क्षेत्र नहीं है। फाफड़ यहाँ का मुख्य भोजन है, और चीले की तरह उसकी रोटी बनाकर चटनी के साथ लोग बड़ी रुचि से खाते हैं। सबेरे के वक्त यही उनका भोजन है, मध्याह्न के समय फाफड़ की सूखी पत्तियों को जौ के आटे में मिलाकर थुक्-पा (सूप) या लप्सी का हलका भोजन होता है। शाम के वक्त भी फाफड़ की रोटी को, प्राप्य हो तो, मांस या मांस-सूप अथवा दही के साथ खाते हैं। लाहुल में 173 गाँव हैं, जिनमें से 82 पाटन के इलाके में चंद्रभागा के दोनों किनारों पर पड़ते हैं। यहाँ के बड़े-बड़े गाँव हैं गारा इलाके में कोलंग, क्येलंग, करदंग। और रंगलोई इलाके में गोंदला सबसे बड़ा गाँव है।

लाहुल में सबसे बड़ी जाति ठाकुर (ज़ो) लोगों की है, जिनके तीन कुल हैं: बारबोग—यह किसी समय लाहुल के सबसे बड़े ठाकुर थे। आज भी नववर्ष की घोषणा बारबोग के ठाकुर ही करते हैं। इनका पूर्वज छेरिङ् गुब् कुल्लू के राजा बहादुरसिंह (1532-75 ई०) का समकालीन था। लदाखियों के पक्षपाती होने से इसे बहुत हानि उठानी पड़ी। राजा मानसिंह (1688-1709 ई०) ने यहाँ के ठाकुर (ज़ो) बिल्चुङ् को ठाकुर के पद से गिरा दिया, लेकिन जीविका के लिए माफी दे दी। यहाँ के ठाकुरों का महल क्येलंग के सामने भागा के बायें किनारे करदंग में है। गुङ्-रङ्—क्येलंग के नजदीक के इस स्थान के ठाकुरों के पास अपेक्षाकृत अधिक जागीर है, और ये कोलङ् (खङ्-सर्) से बड़े माने जाते हैं। सेंगे नम्ग्यल् ने 17वीं सदी में यहाँ एक महल बनवाया था। यहाँ के राजा की लड़की भी लदाख के राजवंश में ब्याही जाती है। खङ्-सर्—यहाँ के ठाकुर बाकी ठाकुरों से आगे बढ़े हुए थे। अंग्रेजी शासन के समय एक तरह से लाहुल की तहसीलदारी इनके खानदान में थी। यहाँ के ठाकुर अमरचन्द को जून 1917 ई० में रायबहादुर बनाया गया था। इस वंश के दो पुरुष ठाकुर पृथिवीचन्द और ठाकुर खुशहाल को भारतीय सेना में लेफ० कर्नल का पद और एम० वी० सी० (महावीर चक्र) मिला है।

हिन्दू-धर्म और वर्ण-व्यवस्था का प्रभाव पट्टन के इलाके में ज्यादा मिलता है। यहाँ ब्राह्मणों की आबादी सबसे अधिक है, जिन्हें स्वांग्ला कहा जाता है। लाहुल की जोती हुई जमीन में से 17 सैकड़ा इनके हाथ में है। पट्टन की तो सारी जमीन के मालिक यही हैं। ये कनैतों की लड़कियाँ ले लेते हैं, और उनकी संतान भी ब्राह्मण मानी जाती है, लेकिन तब भी कनैतों के साथ खाना नहीं खाते, हाँ, शराब या तंबाकू पी सकते हैं। ठाकुरों के साथ भी इनका हुक्का-पानी चलता है।

कनैत—गारा (भागा-उपत्यका) और रंगलोई (चंद्रा-उपत्यका) में इन्हीं की बस्तियाँ सबसे ज्यादा हैं, और पट्टन में भी ब्राह्मणों से थोड़ी ही कम इनकी संख्या है। इनके पास खेती की जमीन में से साढ़े 67 सैकड़ा है। पट्टन में काँगड़ा या कुल्लू से आकर बसे कनैतों को छोड़कर बाकी लोगों के चेहरों पर मंगोलायित छाप है। ये अपनी लड़कियों को ठाकुरों और ब्राह्मणों को देते हैं। ठाकुर उनको अच्छी तरह रखते हैं, लेकिन ब्राह्मण कनैतों

को भाट-जात का कहकर नीची निगाह से देखते हैं। यद्यपि कनैत लड़की से पैदा हुई संतान वैध ब्राह्मण मानी जाती है, लेकिन ब्राह्मण मलाबार के नम्बूदरियों की तरह अपनी स्त्री और बच्चों के साथ खाना नहीं खाते। हाँ, उनके साथ हुक्का पी सकते हैं। ऐसी संतान को गरू कहते हैं।

अन्य जातियाँ इस प्रकार हैं : दागी (शिल्पी)—ये अधिकतर किसान हैं, और उनमें से अधिकांश कुल्लू से आए हुए हैं। ब्याह-शादी और मृतक-संस्कार के समय ये ठाकुरों की सहायता करते हैं, जिसके लिए इन्हें नेग मिलता है। शिपी (शिल्पी) लोग लोहारों की लड़कियाँ लेते हैं, लेकिन उनके साथ खाना नहीं खाते। हाँ, हुक्का पी सकते हैं। लोहार—इन्हें कोलंग और खोक्सर के तिब्बती भाषा-भाषी लोग ग-रा (लोहार) कहते हैं, जबकि गारा और गोंदला में इन्हें दोम्-बा और पट्टन में लोहार कहा जाता है। अपने काम के लिए इन्हें खेत मिलते हैं, जिसे गर्-जिङ् कहते हैं। ये अपना खानदानी पेशा (लोहे की चीजें बनाना) करते हैं। परंपरा कहती है, कि इन्हें लाहुल वालों ने कुल्लू से बुलवाया था। लोहारी-सुनारी के अतिरिक्त बाजा बजाना भी इनका काम है। हेसी—इनका चेहरा-मोहरा मंगोलायित है, अर्थात् ये किरात-तिब्बत जाति से ज्यादा संबंध रखते हैं। ये खेती नहीं, ठाकुरों की सेवा करते हैं, जिसके लिए उन्हें प्रत्येक परिवार से एक भेड़ और कुछ रुपये मिलते हैं। बलरा—यह पट्टन के इलाके में हैं, थोड़ी-सी खेती के अतिरिक्त ये टोकरी बुनने का काम करते हैं।

लाहुल में तिब्बती (भोट) भाषा के अतिरिक्त किन्नर-किरात भाषा की तीन बोलियाँ पूनन-मनचत्-तिनन् बोली जाती हैं। लाहुल के पुराने इतिहास के जानने में ये बोलियाँ बड़ी सहायक हैं। तिब्बती—यह भाषा चंद्रा में, खोक्सर कोठी और कोलंग कोठी में बोली जाती है। लेकिन, साथ ही यही अन्तर्जातीय व्यवहार की भाषा भी है। किरात—इसकी तीन बोलियों के क्षेत्र निम्न प्रकार हैं :

पूनन्—यह भागा के दोनों किनारों पर कोलंग से नीचे गारा की तीन कोठियों—गुङ्-रङ्, बारबोग और करदङ में बोली जाती है। बारबोग किसी समय लाहुल में बड़ा महत्त्वपूर्ण स्थान रखता था, यह बतला आए हैं। तिनन्—यह गोंदला और सीसू दो कोठियों के गाँवों की भाषा है, जिनमें भी आपस में कुछ भेद हैं। गोंदला, जगले, रालिङ् (रोप्-सुङ्), जगदंग, शुलिङ् (शिवोछङ्) गाँवों में यह बोली जाती है। मनचत्—यह पट्टन इलाके तथा रंगलोई की गुशाल कोठी की मातृभाषा है। इसके बोलने वाले निम्न गाँव हैं : मूलिङ्, बरगुल, शिपतिङ्, गुशाल, तन्दी, तोजिङ्, लोट्, रह्बे, मेलिङ्, मेलबक्, शांशा, बसरैल, बरनम्, जोबरङ्, जसरथ, नल्दो, गोरमा, जलमल, यङ्-थङ्, कमरी, चौखङ्, तोजिङ्, निलगार, जोआर और थिरोट।

लाहुल में हिन्दू और बौद्ध दोनों धर्मों के लोग मिलते हैं।

हिन्दू-धर्म—पट्टन के ब्राह्मण हिन्दूधर्मी हैं। उनके देवता और पूजा आदि के ढंग वही हैं, जो कि पड़ोसी चंबा में। लोहार बौद्ध और हिन्दू दोनों धर्मों को मानते हैं। इनमें गुरुघंटाल से नीचे चंद्रभागा के दोनों किनारों के गाँवों में बसने वाले बौद्धों के छोटे-छोटे

गोन्पा (विहार) को मानते हैं। बौद्ध-हिन्दू दोनों धर्मों के मानने वाले यह लोग गोमांस नहीं खाते, और पूजा-पाठ के लिए लामा और ब्राह्मण दोनों को बुलाते हैं। केवल हिन्दू-धर्म को मानने वाले चंद्रभागा के दोनों किनारों के थोड़े-से ही गाँव में रहते हैं, और ये अपने को ब्राह्मण कहते हैं।

बौद्ध धर्म—बौद्ध चंद्रा-उपत्यका में खोक्सर से गोंदला तक और भागा-उपत्यका में गुरुघंटाल से दार्चा और रारिक् तक रहते हैं। इनके आठ छोटे-छोटे गोन्पा (विहार) हैं, जिनमें भगवान् शाक्यमुनि (चोम्-दन-दे शाक्य थुब्बा) की मूर्तियाँ हैं, जिनके सामने पानी-भरी कटोरियाँ, सूखे या ताजे फूल रखे धूप-दीप करते हैं। विहारों में तिब्बती भाषा में कितने ही धर्म ग्रंथ मिलते हैं। चेन्-रे-जिग् (अवलोकितेश्वर) की ज्यादा महिमा मानी जाती है, और यह हम बतला चुके हैं, कि त्रिलोकनाथ (चंबा) का मंदिर अवलोकितेश्वर ही का है। मंदिरों के साथ कितने ही त्योहार होते हैं। लाहुल के लामा (साधु) डुग्पा-संप्रदाय के हैं, जो विवाहित होते हैं, और केवल जाड़ों के ही कुछ समय मठों में रहते हैं। मठों के अतिरिक्त हरेक घर में बुद्ध की मूर्ति और कोई धर्म पुस्तक देखी जा सकती है।

बौद्ध गाँव वाले भी अपने पुराने देवताओं को छोड़े नहीं हैं। यानांफेल (जालमा) के पास एक देवता का मंदिर है, जिसके सामने हर तीसरे साल याक की बलि दी जाती है, जिसके लिए लाहुल की प्रत्येक कोठी बारी-बारी से खरीद कर याक भेजती है। यह रिवाज कुल्लू राजाओं के समय से चला, जिन्होंने हुकुम दिया था, कि हर तीसरे वर्ष डुंगरी के मंदिर की हिडंबा देवी की तरह यहाँ भी एक भैंसे की बलि दी जाय। लाहुल में भैंसा नहीं था, इसलिए उसकी जगह याक की बलि दी जाने लगी। अंग्रेजी-शासन के कायम होने से पहले नीचे से भैंसे लाकर बलि चढ़ाई जाती थी। बलि के याक का मांस शिपी लोग खाते हैं। पूरे हिन्दू रीति-रिवाजों के मानने वाले नेवार लोग भी तिब्बत में याक के मांस से परहेज नहीं करते।

लाहुल वालों के पुराने किरात-किन्नर पूर्वज उन्हीं नागों की पूजा करते थे, जिनमें से कितने ही नामान्तर के साथ अब भी कुल्लू, कन्नौर आदि इलाकों में पूजे जाते हैं। शायद उनमें से कुछ कराली देवियां नर-बलि भी लिया करती थीं। क्येलंग में और खङ् सर् के मि० पु० शकों में भी पहले नर-बलि दी जाती थी। डुग्पा-संप्रदाय की गुरुघंटाल गोन्पा (विहार) यहाँ का सबसे प्रतिष्ठित विहार माना जाता है, इसे गन्दला भी कहते हैं। यह चंद्रा और भागा नदियों के संगम के पास एक दुरारोह पहाड़ पर है। यह गोन्पा हर साल 30 रुपये—आधा नगद और आधा जिन्स के रूप में—लदाख की स्तग-ना गुम्बा के लामा (महन्त) के पास भेजती है, जो इसे अपनी भेंट के साथ मानसरोवर के नजदीक खङ्-री-दोन्-जन् गुम्बा में भेजता है, जहाँ से वह भूटान (ल्हो) के पङ्-थङ् देछिन्-लिङ् गोन्पा के बड़े ल ना डवङ् नमग्यल् के पास भेजता है। इस प्रकार डुग्पा-संप्रदाय और डुग्-युल (भूटान) के साथ यहाँ का संबंध स्पष्ट मालूम देता है। यहाँ का लामा जांस्कर से आता है। कुछ थोड़े-से ब्राह्मणों को छोड़कर लाहुल के सभी लोग घर के आदमी के मरने पर

कम-से-कम एक रुपया इस मठ में भेजते हैं। शरद के महीने में गोन्पा का न्येरपा (प्रबंधक) मठ के लिए अनाज वसूल करने निकलता है, और घर पीछे एक सेर जौ लेता है। वसन्त के वक्त यहाँ की यात्रा होती है, जिसे घंटाल चा-चा कहते हैं। इसमें सभी ठाकुर लोग और लामाओं का एक दिन भोज होता है। लोग सारे पहाड़ डिल-बू-री (घंटागिरि) की परिक्रमा करते हैं। क्येलंग के जरा ऊपर लाहुल की यह दूसरी बड़ी गोन्पा शशुर गुम्बा है, जहाँ पर जून के महीने में लीला होती है। आज जो गोन्पा या मंदिर लाहुल में मिलते हैं, वह सभी पीछे बने हैं। संभवत: लकड़ी के होने की वजह से पुराने अधिक दिन ठहर नहीं सके। मनचत् (पट्टन) में कंगाणी गुम्बा पुरानी और प्रतिष्ठित मानी जाती है, जिसमें लाल रंग के कुछ पुराने चित्र पाए जाते हैं, और जो काफी पुराने हैं। त्रिलोकनाथ का मंदिर चंबा वाले लाहुल में है, जिसको बौद्ध और हिन्दू दोनों मानते हैं। त्रिलोकनाथ के मंदिर के बारे में हम पहले बतला चुके हैं। यह मंदिर वहाँ के तुन्दी गाँव में कुल्लू-लाहुल की सीमा से नातिदूर है। त्रिलोकनाथ व्यास की निचली उपत्यका में शिव को भी कहते हैं, जिनके लिंग (चतुर्मुख-पंचमुख-लिंग) जहाँ-तहाँ मिलते हैं। यह हम अन्यत्र बतला चुके हैं, कि 12वीं-13वीं सदी तक नेपाल से कश्मीर तक सारा हिमालय शैव धर्म को मानने वाला था—असली शैव-धर्म (आजकल की तरह का नकली शैव-धर्म नहीं, जिसमें शैव-परंपरा बिल्कुल लुप्त है, और दर्शन शंकराचार्य का मायावाद अपनाया गया है) को। हिन्दू त्रिलोकनाथ को शिव मानते हैं। तिब्बती भाषा में इसे रे-पग्स कहते हैं, और यहाँ के देवता को फग्सपा (आर्य)।

ईसाई-धर्म—मोरावियन मिशनरियों ने तिब्बत की सीमा के पास अपने धर्म-प्रचार के कई अड्डे बनाए थे, जिनमें कनौर में स्पू, लाहुल में क्येलंग और लदाख में लेह सम्मिलित थे। इस संप्रदाय की स्थापना चेकोस्लोवाकिया (बोहिमिया) में 1457 ई० में हुई, जहाँ से यह जर्मनी के सेक्सनी प्रदेश में गया। दुर्गम स्थानों में अपने धर्म-प्रचारकों (मिशनरियों) को भेजना मोरावियन-संप्रदाय की एक लम्बी परंपरा है। मोरावियन चर्च का नाम लैटिन में उनितस् फ्रातरुम् (भ्रातृसंघ) है। इनके मिशनरी लेबरेडर, केन्द्रीय अमेरिका, दक्षिणी अफ्रीका और मध्य-एशिया तक फैले हुए हैं। ये प्रोटेस्टेंट के एपिस्कोपल चर्च के सिद्धान्तों को मानते हैं। चर्च का प्रबंध निर्वाचित प्रतिनिधियों द्वारा किया जाता है। इस चर्च का राज्य तीन प्रदेशों में विभक्त है— इंगलैण्ड और आयरलैण्ड, संयुक्तराज्य अनेरिका, कनाडा और जर्मनी तथा दूसरे देश। मध्य-एशिया से संबंध रखने वाले इनके स्थान हैं—लदाख में लेह और खलचे, बिसाहर में स्पू और लाहुल में क्येलंग। लदाख छोड़ कर अब सभी जगह मिशन के काम उठ गए हैं। क्येलंग में आज से सौ वर्ष पहले 1854 ई० में हैड, पागेल और याश्चिके ने आकर काम शुरू किया। कुछ ही समय बाद पागेल ने स्पू को अपना कार्य क्षेत्र बनाया। याश्चिके पीछे सेक्सनी बुला लिया गया। फ्रांके ने 1890 ई० में लेह में काम शुरू किया। उसने तिब्बती भाषा और इतिहास के बारे में बहुत-से प्रामाणिक ग्रंथ लिखे। हैड करीब-करीब आधी शताब्दी तक क्येलंग में रहा और बूढ़ा होकर मरने के समय जर्मनी जाकर दो बरस रहा। श्चनाबल और उसकी बीवी दस

साल तक क्येलंग में काम करते रहे, फिर 1915 ई० में लड़ाई के समय जर्मनी लौटने के लिए मजबूर हुए। इसी समय फ्रांके भी जर्मनी लौट आया। सबसे आखिर में पादरी पीटर यहाँ का काम देखता था। मिशन ने क्येलंग में स्कूल और एक औषधालय खोला था, पट्टन के चौत गांव में भी एक स्कूल कायम किया था। उनके धर्म-प्रचार का प्रभाव तो लाहुल के ऊपर स्थायी नहीं रहा, जो ईसाई बने भी, वह मिशन के हट जाने पर हट गए, लेकिन लाहुल और पश्चिमी तिब्बत की लोकवार्ताओं, भाषाओं, रीति-रिवाजों और धर्म का वैज्ञानिक अध्ययन करके इन्होंने जो सेवा की, वह स्थायी मूल्य की है। क्येलंग का स्कूल 1861 ई० में स्थापित हुआ था, जिसका वहाँ के लोगों ने काफी विरोध किया, जिसके कारण वह केवल ईसाई लड़कों का ही स्कूल रह गया। 1862 ई० में सात गाँवों में मिशन ने शाखा स्कूल खोले थे, लेकिन वह भी विरोध या उपेक्षा के कारण चल नहीं पाए। मोरावियन पादरियों ने मौजा बुनना सिखलाया, आलू का प्रचार भी इन्हीं के जरिए हुआ। क्येलंग में एक प्रेस भी उन्होंने खोला था, जिसमें तिब्बती भाषा की किताबें छापी जाती थीं। इंजील, स्तुति-पुस्तक, सेमुअल (बाइबल), तिब्बती प्राइमर और रीडर तथा और कितनी ही तरह की पुस्तकें इस प्रेस में छपी थीं। तिब्बती कोश और व्याकरण भी यहाँ छपा था। इंजील का अनुवाद, बुनन्, तिनन् और मनचेत भाषाओं में करके यहाँ छापा गया था। आलू के अतिरिक्त बकला और राई (Rye) की खेती भी इन्हीं पादरियों ने यहाँ आरंभ कराई थी, लेकिन ओट का रिवाज नहीं हो सका। आलू खूब फैला और राई (ब्रहसुप्) केवल घास के लिए बोई जाती है। लम्बाडी से लाकर उन्होंने सफेदा (पोपुलर) लगाया। तापमान, हिमवृष्टि और जलवृष्टि का नाप नापने का काम भी मोरावियन पादरियों ने किया।

सामाजिक स्थिति

हिमाचल के स्पिती, चंबा, कांगड़ा आदि की तरह लाहुल की भी सामाजिक स्थिति और रीति-रिवाज है। अगर अन्तर है भी तो बहुत मामूली-सा। विवाह-प्रथा यहाँ ऐसी है कि और देशों की तरह लड़कीवाले नहीं, बल्कि लड़केवाले यहाँ कन्या की खोज में निकलते हैं। लड़के का बाप या मामा छङ् (कच्ची शराब) का बरतन लेकर लड़की के बाप के पास जाता है, और वहाँ उससे लड़की माँगता है। इस पर माँ लड़की से पूछती है कि उसे पसन्द है या नहीं। अगर लड़की पसन्द करती है, तो उसके माँ-बाप छङ् ले लेते है। छङ् पीने से इंकार करने का मतलब है, नाता पंसद नहीं करना। दो-तीन बार इस तरह से और भी छङ् भेजी जाती है, और तीसरी बार एक रुपए की छङ् स्वीकृत कर लेने पर ब्याह तै हो जाता है। लड़की लेने के लिए रात के वक्त जाते हैं। वर अपने 8-10 साथियों के साथ देने पर जब ससुर के दरवाजे पर पहुंचता है, तो घर के नौकर अपना नेग माँगते हैं, जिसके दे देने पर वर घर के भीतर जा अपने साथ लाई हुई चीजों को दिखलाता है। उसकी लाई हुई शराब और रोटी को कन्यावाले खाते-पीते हैं। रोटी, जौ के सत्तू का बना गोला होता है, जिसमें मक्खन और भेड़ का सूखा मांस भी रहता है।

फिर कन्या को भेंट दी जाती है, जिसमें 8 या 10 जोड़े कपड़े होते हैं, कुछ पैसा और खाने-पकाने के लिए आवश्यक सारे बरतन, एक गाय या ज़ो, एक या दो टट्टू होते हैं। वर कन्या को अपने घर ले जाता है। वहाँ भी दरवाजे पर कुछ रस्म अदा की जाती है, भूत भगाने के लिए देवताओं को मनाया जाता है। एक जिंदा भेड़ छत के ऊपर से बरात के सामने फेंकी जाती है, उसे जिंदा या मुर्दा पकड़ कर लोग तुरंत टुकड़े-टुकड़े करके कच्चा खाने लगते हैं। इसी समय लामा भी मंत्र पढ़ कर भूत भगाने में लगा रहता है। काल्पनिक भूत का एक पुतला बना कर वह उसे तोड़ता है, इसके बाद बराती घर के भीतर प्रवेश करते हैं, जहाँ खूब भोज होता है। ब्याह की उमर कोई निश्चित नहीं है। साधारण लोग बड़ी उमर में लड़के-लड़कियों की शादी करते हैं, लेकिन ज़ो (ठाकुर) के परिवार— बारबोग, गुङ्-रङ्-छै, कोलङ् (खङ्-सर) तीन ही हैं, जिन्हें आपस में शादी करनी पड़ती है, इसलिए वह 8 या 9 वर्ष के लड़कों का भी ब्याह कर देते हैं। यदि आगे पटरी नहीं खाती है, तो छूट (तलाक) देने के लिए वह स्वतंत्र हैं। आम तौर से लाहुल में छूट बहुत नहीं होती। अगर कोई पुरुष अपनी स्त्री को छोड़ना चाहता है, तो सौ या अधिक रुपया स्त्री को देना पड़ता है। अगर स्त्री छूट देना चाहती है, तो उसे कुछ रुपया देना पड़ता है। छूट की रस्म अदा करने के लिए ऊन के एक पतले सूत को अपनी कानी अँगुलियों में पकड़ कर स्त्री-पुरुष यह कहते हुए खींच कर तोड़ देते हैं कि अब से हमारा कोई संबंध नहीं है, इसे कुद्-पार (चद्-चे) सूत तोड़ना कहते हैं। पांडव-विवाह का यहाँ भी आम रिवाज है। दायभाग की व्यवस्था कुछ इस प्रकार है कि ठाकुरों में सिर्फ सबसे बड़े लड़के (गागा) को संपत्ति का अधिकार है, उसके छोटे भाई नोनो उसके साथ रह सकते हैं। यदि वह अलग अपना घर बसाना चाहे, तो उन्हें कुछ गढ़पन (खोरिश) के रूप में जमीन मिलती है। दो-तीन पीढ़ियों के बाद छोटे लड़कों की औलाद साधारण लोगों जैसी हो जाती है।

मृतक-संस्कार में लाहुल के लोग अपने मुर्दों को जला कर राख को पास की नदी में फेंक देते हैं। या राख से मृत पुरुष का पुतला बना कर बड़े लोग अपने खानदान के छोरतन (स्तूप) में रख देते हैं। पट्टन में स्मारक के तौर पर पत्थर रास्ते पर रखा जाता है, या यात्रियों के ठहरने की मढ़ियों में। इस पत्थर पर कुछ आकृतियाँ खुदी रहती हैं। कनैत या ऊँची जात के मृतकों का शरीर लामा के आने से पहले नहीं छुआ जाता। वह आकर मृतक की चोटी हिला कर कुछ मंत्र पढ़ता है, और इस प्रकार मृतक का प्राण अब पूरी तौर से निकल गया समझा जाता है। इसके लिए लामा को एक रुपया मिलता है। गरीब लोग अपने मुर्दे को तुरंत जला कर राख को नदी में फेंक देते हैं, लेकिन धनी लोग अधिक-से-अधिक समय तक मुर्दे को रख जलाने के बाद राख को चंद्रा और भागा के संगम (तंदी) में ले जा कर फेंकते हैं। गरीब लोग मुर्दा जलाने के लिए हर घर से लकड़ी माँग लाते हैं। धनी लोग अपने मुर्दे को तुरंत नहला कर रेशम के कपड़े को पास के गोन्पा से लाकर पहनाते हैं, और उसे लोहे की तिपाई पर आसन मार कर बैठा देते हैं। रात-दिन सामने दीपक जलाया जाता है, और लामा धर्म-पुस्तक पढ़ते हैं। भूत

आकर शरीर में प्रवेश न कर जाये, इसलिए रात-भर सावधानी रखी जाती है। अंत में गोन्पा वाले कपड़े को हटा मृतक पुरुष को अच्छे कपड़े पहना देते हैं। अर्थी के साथ गरा लोग बाजा बजाते चलते हैं, और लामा तथा गृहस्थ जलूस में शामिल होते हैं। थोड़ी-थोड़ी दूर पर अर्थी को जमीन पर रख दिया जाता है, ढोनेवाले तथा गरा उसकी प्रदक्षिणा करते हैं और उनको एक-दो आना दिया जाता है। श्मशान में पहुँच कर लामा मंत्र पढ़ चिता में घी डालता है, फिर आग लगा दी जाती है। अगले दिन फिर बाजे-गाजे के साथ लोग श्मशान में जाते हैं। अर्थी के ढोनेवाले चार आदमी हड्डियाँ जमा कर लामा को देते हैं, जो उसे एक थैले में डाल देता है, और औरत हुई, तो उस मृतक की शकल बना सारे जेवरों के साथ मंदिरों में रखते हैं। मृतक के घर में चार से सात दिन सबेरे से शाम तक लामा धर्मग्रंथ पढ़ते हैं। पाठ समाप्त होने के बाद लामा के बतलाये हुए शुभ दिन पुतले को एक टट्टू पर चढ़ाया जाता है, आदमी उसके ऊपर छत्ता लगाता है, फिर बाजे के साथ एक छोटा-सा जलूस तंदी में चंद्राभागा के संगम पर पहुंचता है। वहाँ लामा मंत्र पढ़ते हुए मुट्ठी-मुट्ठी करके राख और हड्डी को नदी में फेंकता है। मरने के 48वें दिन धनी लोग पुण्यदान (गेवा) करते हैं। इसके बाद उबले हुए चावल या सत्तू का पिण्ड हरेक पड़ोसी के घर में भेजा जाता है, गेहूँ की रोटी खाई और छङ् पी जाती है। गरीब लोगों का पिण्डदान कम सरसों के तेल में पकी दो पूड़ियाँ होती हैं, गोन्पा को एक-दो रुपया दिया जाता है। त्रिलोकनाथ की पूजा भी इस वक्त लोग भूलते नहीं, और जैसे ही समय मिलता है, वह 16 सेर घी या गरीब लोग कुछ कम लेकर वहाँ चढ़ाने जाते हैं। शिपी लोग अपना मृतक-संस्कार स्वयं करते हैं। गरा इस काम के लिए शिपी को बुलाते हैं। गरा लोग अब लामा को भी बुलाने लगे हैं। शिपी आकर लाश को घर से बाहर रख कर उसके चारों ओर दूध छिड़कता है। फिर एक भेड़ के बच्चे को लेकर तीन बार उसके चारों तरफ घुमाता है, पहले बायें से दाहिने और फिर दाहिने से बायें। ऐसा करते समय वह बाजा भी बजाता जाता है। जब तक लाश जला नहीं दी जाती, तब तक बाजा बजता रहता है। लाश को लाल या सफेद कपड़े से ढांक कर अर्थी पर रख पास की नदी के किनारे ले जाकर जला दिया जाता है। घर लौटने पर शिपी एक उस भेड़ के बच्चे को मारता है, जिसे उसने लाश के चारों तरफ घुमाया था। खून को घर की दीवारों पर छिड़कता है। इन सेवाओं के लिए शिपी को मृतक के कपड़े, टोपी, कमरबंद और जूते दिए जाते हैं। गरा अपनी जाति में गेवा (दानपुण्य) करता है।

लाहुल के लोगों के मनोविनोद के अपने अनोखे रूप हैं। घुड़दौड़ और लंबे धनुष से बाण चलाना लाहुल और स्पिती दोनों में तथा तिब्बत में भी मनोविनोद का एक बड़ा खेल है। भिन्न-भिन्न समयों में यह घुड़दौड़ होती है, जिनमें इनाम दिया जाता है, और पीछे रह गए सवार का खूब मजाक भी होता है। धनुष चलाने की परीक्षा बर्फ के खंभों पर की जाती है, जिसमें लक्ष्य के लिए एक पत्ता लगा दिया जाता है। धनुर्धर लोग इन खंभों को कोई पुराना अत्याचारी समझ कर मारते हुए जयघोष करते हैं—'गेफाराणा बाबा ला,' 'करदङ् राणा शोशा ला'। जूआ खेलने का भी यहाँ रिवाज है। छङ् पीना और

स्त्री-पुरुषों का नाच भी एक मनोविनोद का साधन है।

पुरुषों की यहाँ की पोशाक कुल्लू जैसी है। स्त्रियों में कुछ फर्क दिखलाई देता है वह एक तरह का चोगा और पायजामा पहनती हैं। पुराने समय के जेवर अब भी यहाँ चलते हैं।

लाहुल के लोगों की आजीविका के मुख्य साधन कृषि, पशुपालन और पारंपरिक शिक्षा है।

लाहुल 1764 वर्गमील का एक अच्छा-खासा इलाका है, लेकिन 1912 ई० के बदोबस्त के अनुसार उसमें 2871 एकड़ अनाज और 3312 एकड़ घास उगाने की भूमि थी, अर्थात् सारे क्षेत्रफल का 5 सैकड़ा ही आबाद था। सिवाय भागा और चंद्रा के ऊपरी भागों के लाहुल को वृक्ष-वनस्पतिहीन नहीं कहा जा सकता, लेकिन तो भी वहाँ खेती के लिए सिंचाई का प्रबंध करना आवश्यक है। वर्षा यहाँ बहुत कम सारे बरसात के दिनों में सिर्फ 4 इंच होती है, जाड़ों का हिमपात यद्यपि काफी है, किंतु उससे फसल को कोई लाभ नहीं। दिसंबर से अप्रैल तक सारे लाहुल में बर्फ की मोटी चादर बिछ जाती है, और उसके पिघलने के बाद ही खेतों को जोता-बोया जा सकता है। चंद्रा और भागा के ऊपरी भागों में बर्फ अधिक देर तक नहीं पिघलती, इसलिए वहाँ बोआई भी पीछे होती है। कटाई लाहुल के अधिकांश भागों में सितंबर के अंत या अक्तूबर में होती है, और ऊपरी भागों में वह अक्तूबर के मध्य में होती है।

हल (शुल) कई तरह के यहाँ इस्तेमाल होते हैं। जोतने में ज़ौ और बैल इस्तेमाल किये जाते हैं। जौ और फाफड़ आम तौर से चंद्रभागा के निचले भाग में ज्यादा बोये जाते हैं। चारे की कठिनाई होने की वजह से घास भी बोना आवश्यक समझा जाता है। लाहुल के लोग आधे व्यापारी और आधे किसान हैं। यहाँ बिना खेत के मजूर नहीं हैं, इसलिए पुरुष व्यापार पर नीचे या ऊपर जाने के पहले ही खेत को जोत देता है, बाकी काम स्त्रियाँ सँभाल लेती हैं।

आधी के करीब़ खेती यहाँ जौ की है, जिसकी तीन किस्में हैं—सेरमो : यह सबसे अच्छा जौ है, जिसकी बालों में तीन की जगह चार पाँतियाँ होती हैं, ज़ाद : यह भी अच्छी किस्म का जौ है, थङ्ज़ाद इसे ज्यादातर थाङ् (मैदान, पट्टन) में बोये जाने के कारण थंगजाद (मैदानी जौ) कहते हैं। यह ज़ाद की तरह का किंतु उससे कुछ घटिया है, और चंद्राभागा उपत्यका (पट्टन) में बोया जाता है। बाकी दोनों से यह जल्दी तैयार हो जाता है, और फसल जुलाई के अंत में कट जाती है, जिसके बाद उसी खेत में फाफड़ बो दिया जाता है, और इस प्रकार चंद्रभागा-उपत्यका के किसानों को साल में दो फसल काटने का मौका मिलता है, जब कि ऊपर वाले एक ही फसल काटते हैं। जौ के बाद एक तिहाई से अधिक फसल कुल्लू में फाफड़ की होती है, और इसे लोग बड़े चाव से खाते हैं। आलू यहाँ मोरावियन मिशनरियों ने लाकर फैलाया, और इसका अच्छा प्रचार है। घर के पास लोग तंबाकू भी कुछ थोड़ा बोते हैं, और साग-सब्जी भी। पहले ज़ांस्कर से कूठ को लोग चोरी-चोरी लाया करते थे, अब लाहुल में कई जगह कूठ लगा दी गई है, और वह द्वितीय

महायुद्ध से पहले आमदनी का अच्छा जरिया थी, लेकिन पीछे कूठ का भाव गिर गया। यह सुगंधि और औषध के काम आती है। ढलानों में डांग के नाम से प्रसिद्ध खेतों में चुन्पो नाम की लूसरन जैसी घास को लदाख से लाकर लोगों ने लगाना शुरू किया। इस घास को लदाख और सिंगक्यांग में भी खेतों में बोया जाता है। यह घास चारे के काम आती है। खेत के सींचने के लिए नदियों से छोटी-छोटी नहरें निकालकर पानी को खेतों में पहुँचाया जाता है। सींचते वक्त पहले ऊपर के खेतों को भरा जाता है, फिर नीचे के। जब से मनुष्य यहाँ खेती करने लगा, तब से ही इसी तरह से यहाँ सिंचाई होती आ रही है।

वयेलंग में मिशेनरियों ने तजुर्बा करके दिखला दिया है कि यहाँ सेब, आलूबुखारा, आड़ू, खूबानी जैसे कई तरह के फल पैदा किये जा सकते हैं, लेकिन लोगों का इस तरफ विशेष ध्यान नहीं है। यहाँ के तापमान और वर्षा में काबुल के बहुत-से फल अच्छी तरह पैदा हो सकते हैं।

पशुपालन में ढोरों में ज़ो (याक और गाय की संतान) और कुल्लू की तरह के गाय-बैल यहाँ पाले जाते हैं। ज़ो (चुरू) पहाड़ी गाय-बैलों से ज्यादा लंबे और ताकतवर होते हैं, जिससे हल जोतने में इनका बहुत इस्तेमाल होता है। ज़ोमो (मादा ज़ो) 4 सेर तक दूध देती है। जिसमें मक्खन भैंस के दूध से कम नहीं होता साथ ही उसमें गाय के दूध के सारे गुण होते हैं। चँवरों को गर्मियों में 11000 फुट से नीचे नहीं उतारा जाता, नहीं तो वह मर जाते हैं। 1909 ई० में 745 टट्टू, 325 गदहे और 29 खच्चर थे। इनका अधिकतर उपयोग माल ढोने में होता है, और लाहुले लोग व्यापारी हैं ही। यद्यपि स्पिती और जांस्कर की तरह के बहुत अच्छी किस्म के टाँघन उतनी मात्रा में यहाँ नहीं पैदा किये जाते, लेकिन उनके पालने का यहाँ रिवाज है। भेड़-बकरियाँ यहाँ के लोगों की एक मुख्य सम्पत्ति हैं। 1912 ई० की पशु-गणना के अनुसार 25936 भेड़-बकरियाँ यहाँ थीं। चारे की कठिनाई के कारण उनकी संख्या को और अधिक बढ़ाना संभव नहीं है। लाहुले लोग अपनी भेड़-बकरियों को बोझा ढोने के काम में भी लाते हैं। धार, बान या निधार (बुक्याल) नाम की चरागाहें यहाँ काफी हैं। ये ऊँची जगहों की ढलानें हैं, जिनमें बर्फ पिघलते ही घास उग आती है। लेकिन, इनका उपयोग सिर्फ लाहुले लोग ही नहीं करते हैं, बल्कि बहुत पुराने समय से चंबा-कुल्लू के गद्दी भी अपनी भेड़-बकरियाँ यहाँ लाया करते हैं, और उसके लिए कर देते हैं। सरकार के अलावा चरागाह के नीचे वाले गाँवों को भी गद्दी लोग एक या दो भेड़ 'भोगती' (बलि) देते हैं। इस बलि पर गाँवों के लोग और गद्दी भोज करते हैं। चंबा के गद्दी अधिकतर कुकटी-जोत से जौबरंग कोठी में उतर कर लाहुल में पहुँचते हैं। गद्दी लोग कोठी वालों को प्रति बान या धार (चरागाह) एक भेड़ कर के रूप में देते हैं, जिसे 'बतकरू' कहते हैं। झूला पुलों को पार करते वक्त भी उस गाँव के लोगों को एक भेड़ 'अरकरू' के नाम से देते हैं।

1890 ई० से सरकार ने प्रति भेड़ 1 पैसा या 1 रुपया 9 आना सैकड़ा कर (तिरनी) लगाया, 1890-91 ई० में इससे 832 रुपये की आमदनी हुई थी, लेकिन सभी

भेड़ वालों ने इसे नहीं स्वीकार किया, और वह पुरानी प्रथा के अनुसार समय पर की हुई गणना के अनुसार देते रहे, जिसके कारण 832 नहीं 647 रुपया ही वसूल हो पाया। 1911 ई० में तिरनी द्वारा खालसा कोठियों से 1659 रुपया 6 आना वसूल हुआ, लेकिन 1912 ई० में 903 रुपया ही वसूल हो पाया। 1912 ई० में बकरियों को फेफड़े की महामारी हो गई, जिसके कारण वह बहुत भारी संख्या में मर गईं।

शिल्पकारों में लोहार-बढ़ई अपने खानदानी काम को करते हैं। गरा (लोहार) लोहे के अतिरिक्त तांबा, चाँदी और सोने का भी काम करते और स्त्रियों के जेवर तथा चाँदी-सोने का मन्त्र चक्र (माणी) भी बनाते हैं, जिसकी माँग चाङ्थाङ् (तिब्बत) में काफी है। कनौरवाले सुनारों का काम ज्यादा बारीक होता है। वह भी गर्मियों में अपनी चीजों के बेचने के लिए लाहुल आते हैं। लाहुल के अधिकांश लोग बौद्ध हैं, वह अपनी पूजा की मूर्तियाँ, रेशमी चित्रपट और दूसरी चीजें लदाख, ज़ांस्कर, स्पिती, तिब्बत और नेपाल से मँगाते हैं। लामा लोग भी कुछ पत्थरों पर खोदने, चित्र बनाने आदि का काम करते हैं। पत्थरों पर 'ओं मणि पद्मे हुम्' मंत्र उत्कीर्ण कर रास्ते पर उनकी छल्लियाँ लगी हुई कितनी ही जगह दिखाई पड़ती हैं। मंदिरों और धनी लोगों के घरों की दीवारों पर चित्र बनाने का काम यही करते हैं। मिट्टी की मूर्तियाँ और चेहरा बनाने में भी ये चतुर हैं। लकड़ी पर उलटे अक्षरों को खोद कर पुस्तकों के छापने का भी रिवाज है। किताबों के लिए कागज कुल्लू या कनौर से आता है।

लाहुले लोग ऊनी कपड़े भी बनाते हैं, लेकिन वह कनौर जितने अच्छे नहीं होते। वह बकरी के बालों की 8 इंच चौड़ी पट्टी (चाली) बुनते हैं, जो जोड़ कर टाट की जगह काम में लाई जाती है। इसका बोरा भी बनाया जाता है। बकरियों और याक के बालों की रस्सियाँ भी बनती हैं। गेहूँ या राई की घास के डंठल के जूते लाहुल में सभी लोग पहनते हैं। जाड़ों में यह बड़ा अच्छा और सस्ता रहता है। बेद की कमचियों से टोकरियाँ बनाई जाती हैं। मिट्टी और पत्थर के बरतन बाल्ती लोग बनाते हैं।

लाहुले लोग जन्मजात सौदागर हैं, लेकिन छोटे-मोटे व्यापारी ही, क्योंकि इनके पास पूँजी उतनी बड़ी नहीं होती। ये व्यापार के सिलसिले में तिब्बत, लदाख, श्रीनगर और कुल्लू जाते रहते हैं। लाहुल के अंतिम गाँव दारचा से 10 दिन चलने पर लदाख का पहला गांव ग्या मिलता है, और बीच में तीन ऊँची-ऊँची जोतों को पार करना पड़ता है। रास्ते में पशुओं के चरने के लिए भी बहुत कम जगहें हैं। लेकिन, इस दुर्गम रास्ते पर भी लाहुले लोग हजारों वर्षों से व्यापार के लिए जाते रहे हैं। यारकन्द (सिंगक्यांग) का लदाख से होकर भारत आने वाला रास्ता भी लाहुल के भीतर ही से जाता है, लेकिन वहाँ का व्यापार होशियारपुरी लोगों के हाथ में था। लाहुले लोग ऊन और पशम खरीदने के लिए प्रति वर्ष गर्मियों में सैकड़ों की संख्या में पश्चिमी तिब्बत और लदाख के पूर्वी भागों में जाते हैं। 1916 ई० में पौने दो लाख की ऊन वह खरीद कर लाये थे, जबकि दूसरे व्यापारी सवा लाख की खरीद लाये थे। तिब्बत और लदाखी लोग भी ऊन और पशम को पत्सेव के मेले में लाहुलों को बेचते हैं। यह मेला भागा नदी के दाहिने किनारे हर

साल सावन में एक महीना रहता है। जहाँ ऊन और पशम की खरीद-फरोख्त सबसे ज्यादा होती है। मई के महीने में बंजार (कुल्लू) का मेला लगता है, और कुल्लू की पीपल यात्रा अप्रैल में होती है। इनमें भी लाहुले लोग अपना ऊन बेचने के लिए आते हैं। स्पिती के लोग इन मेलों में ल्हासा और मध्य-तिब्बत के ऊनी कपड़ों को लाकर बेच उसकी जगह कच्चा चमड़ा ले जाते हैं।

यातायात की दृष्टि से लाहुल की स्थिति प्राचीन काल से बहुत अच्छी रही है। दुर्गम पहाड़ों के बीच में बसे होने पर भी सहस्राब्दियों से लाहुल का संबंध अपने पड़ोसी प्रदेशों लदाख, स्पिती, कुल्लू, चंबा और ज़ास्कर से रहा है। पुराने समय में नदियों को पार करना इतना सुगम नहीं था, लेकिन अब शिमला-लदाख सड़क पर सभी जगह लकड़ी के पुल हैं। लदाख सड़क रोटंग जोत से खोकसर डाकबंगले में पहुँच पुल से चन्द्रा पार कर उसके दाहिने किनारे जा संगम के पास भागा के दाहिने किनारे हो जाती हैं फिर क्येलंग और जिसपा होते पतसेव के अतिम गाँव में पहुंच बड़ा लाचा जोत (16047 फुट) पार कर युनन् नदी की उपत्यका में होती क्यिन्लुंग पहुँचती है, जहाँ एक सराय है। फिर लिंगती मैदान में होती 14000 फुट की ऊँचाई पर लदाख की ओर जाती है। पाटन का संबंध चंबा-लाहुल से है, जिसके लिए तन्दी से तिथरौत तक की लाहुल-चंबा सड़क लाहुल में पड़ती है। आगे यह सड़क त्रिलोकनाथ होती पांगी चली जाती है। रास्ते वैसे स्पिती और ज़ास्कर जाने के भी हैं, लेकिन वहाँ सड़क बनाने का काम कोई नहीं है, केवल नदियों पर पुल बना दिये गये हैं। ऐसे कई छोटे-छोटे रास्ते हैं, जिनको यहाँ के लोग इस्तेमाल करते हैं। पट्टन की जोबरंग कोठी से जोबरंग-चंबा रास्ता 16000 फुट ऊँची कुकटी-जोत से होकर जाता है। सिरे पर रास्ते के दोनों तरफ हिमानियाँ हैं। जोत् पार करने के बाद ब्रह्मौर (रावी उपत्यका) आता है। लाहुल-बड़ा बनगाहल तंदी के सामने कोठीगुशाल से 16820 फुट ऊँचे असा या असाख जोत होकर रास्ता जाता है। एक दूसरा रास्ता गोंदला और गुशाल की बीच वाले खड्ड से होकर नीलगाहर-जोत द्वारा बड़ा बनगाहल जाता है। लाहुल से ज़ांस्कर जाने के लिए दारचा के सामने कादोदक्पो (ज़ास्कर) से रास्ता ऊपर चढ़ते शिगों (शिगकुन)-ला (16722 फुट) पार करके ज़ांस्कर पहुँचता है। इसके सिरे पर एक बडी हिमानी है। लाहुल में कई स्थानों में लकड़ी के पुल अथवा रस्से के झूले हैं। 50 से डेढ़ सौ फुट लंवा झूला भुर्ज की कर्माचियों की बनी रस्सी से लोग बनाते हैं। तीन रस्से पैरों के नीचे की लकड़ियों को फँसाने के लिए रहते हैं, और दो ऊपर वाले हाथ से पकड़ने के लिए। अच्छी किस्म के झूलों से भेड़-बकरियाँ भी पार हो सकती हैं। ऐसे झूले को तिब्बती भाषा में चा-ज़म् (घास का पुल) कहते हैं, जिसे हिंदी में आवा भी कहते हैं।

डाकखाने

क्येलंग में एक डाकघर है, जिसका संबंध मनाली से है। साल में 6 से 8 महीने तक डाक एक दिन छोड़कर आती रहती है। क्येलंग, 'लोट', गोंदला (खुलने वाला) तारघर यहाँ नहीं है।

स्वास्थ्य-शिक्षा

स्वास्थ्य के लिए क्येलंग में मिशनरियों ने एक अस्पताल खोला था। उनके न रहने के बाद भी यह अस्पताल चल रहा है। लाहुल की आबोहवा बहुत अच्छी होने से ज्यादा बीमारियाँ नहीं होतीं। बीमारियाँ वही पाई जाती हैं जो कुल्लू में। आँखों और गले की बीमारियाँ भी काफी होती हैं, और घेघा भी कितनों ही को होते देखा जाता है।

शिक्षा-व्यवस्था के मामले में लाहुल अभी पिछड़ा है। क्येलंग में एक हाई स्कूल है और कुछ जगहों पर प्राइमरी स्कूल हैं।

10

प्रसिद्ध ग्राम-नगर

इस अध्याय में हम हिमाचल के प्रसिद्ध नगरों और ग्रामों का विवरण अकारादि क्रम से दे रहे हैं। इससे पाठकों को हिमाचल की सांस्कृतिक और भौगोलिक रोचक जानकारी उपलब्ध हो सकेगी। सबसे पहले प्रसिद्ध ग्राम-नगरों की अकारादि क्रम से सूची निम्न प्रकार है—

अकपा : महासू जिले के कनौर (चिनी तहसील) के शूवा परगने में यह छोटा-सा गाँव रारंग और जंगी के बीच में है। पानी के अभाव के कारण अब गाँव उजड़-सा गया है। किसी समय अपने मीठे हरे और पीले अंगूरों के लिए यह बड़ा मशहूर था। इस गाँव के बारे में पुरानी कहावत मशहूर थी : 'देशगूँ नामं अकपा, पोशशेनमिग पक्पा, जामिग थुक्पा, गछ्यस्मिग् थग्पिया, बिस्टूनामं डग्पा।' (गाँव का नाम अकपा, पशु का चमड़ा बिस्तरा, खाने की लिए सूप कढ़ी, पोशाक के लिए ऊनी रस्सी, मन्त्री का नाम डगपा)।

अकरा-पतकरा : शिमला जिले में शिमला से 30-40 मील सतलुज के ऊपर एक दुरारोह चट्टान पर अभिलेख अंकित है, जहाँ एक गुफा भी है।

अखाड़ा (कुल्लू) : कुल्लू नगर के तीन मुहल्लों में से एक, जहाँ पहले बैरागी साधुओं के अखाड़े रहा करते थे, पर आज वह एक प्रमुख बाजार है।

अनी (कुल्लू) : 4100 फुट की ऊँचाई पर शिमले से कुल्लू जाने के रास्ते पर यह बड़ा गाँव है, जहाँ डाकबँगला, डाकघर और स्कूल है। पहले ईसाई-मिशन यहाँ काम करता था।

अम्ब (होशियारपुर) : ऊना तहसील में है, इसके ऊपर की पहाड़ी पर जसवाल के राजा का महल था। यहाँ आमों का पुराना बाग है, ऊना के नायब-तहसीलदार का सदर मुकाम यहाँ है।

आनंदपुर : आमतौर से इसे आनंदपुर-माखोवाल कह कर पुकारा जाता है। यह ऊना तहसील के जंडवारी तालुके में सतलुज के बायें किनारे (31° 14′-76° 31′ अक्षांश-

देशांतर पर) अवस्थित है। पहाड़ की जड़ में अवस्थित है। इससे 8 मील पर नैनादेवी की प्रसिद्ध चोटी नगर के सौंदर्य को बढ़ाती है। अपने अनेक सिक्ख गुरुद्वारों, निहंग और सोढ़ी लोगों का मुख्य केन्द्र होने से यह नगर विशेष आकर्षण रखता है और सम्मान से इसे आनंदपुर साहेब कहा जाता है। निहंग संप्रदाय को सन् 1665 ई० के करीब गुरुबख्श सिंह ने स्थापित किया और आनंदपुर को गुरु तेगबहादुर ने स्थापित किया, जिनके भतीजे दीपचंद से आनंदपुर के सोढ़ी पैदा हुए। बकाला (अमृतसर) से आकर गुरु तेग ने कहलूर (बिलासपुर) के राजा से जंडवारी में जमीन खरीद कर यहाँ नगर बसाया। इससे पहले माखोवाल नामक एक गाँव यहाँ बसता था। गुरु गोविंदसिंह के निवास के आसपास जो बस्ती आबाद हुई, उसी का नाम आनंदपुर पड़ा। पहले गाँव के बारे में कहावत है कि वहाँ माखो नामक दैत्य रहता था। गुरु तेग के आने से 700 वर्ष पहले से यहाँ रहता था। गुरु के यह वचन देने पर माखो अपना स्थान छोड़ कर चला गया, कि नये नगर के नाम के साथ उसका नाम भी जुड़ा रहेगा। गुरु ने कहा—सोढ़ी इसे आनंदपुर कहेंगे, और पहाड़ी लोग माखोवाल। गुरु गोविंदसिंह ने यहाँ रहते मुगल सरकार और उसके अनुयायी पहाड़ी राजाओं के विरुद्ध अपने संघर्ष को जारी रक्खा। नाहन के राजा के साथ लड़ते समय उन्होंने नालागढ़ के तरुण सेनप हरीचंद को अपने हाथों से मारा, फिर उन्होंने आनंदपुर की मोर्चाबन्दी को और मजबूत किया और बिलासपुर के राजा भीमचंद के साथ मैत्री करके उसकी सहायता से मुगल सेना को हार दी। इस पर औरंगजेब ने लाहौर और सरहिन्द के अपने सूबेदारों को आक्रमण करने के लिए भेजा। मुगल सेना ने आनंदपुर को चारों ओर से घेर लिया। लोगों में इतना आतंक छा गया, कि 40 को छोड़ बाकी सभी गुरु का साथ छोड़ कर भाग गये। गुरु वहाँ से हटकर चमकौर चले गये, जहाँ अपने दोनों बड़े पुत्रों और अपने अनुयायियों को गँवा कर वहाँ से भागने के लिए मजबूर हुए। आनंदपुर में गुरु के वंश के सोढी लोगों के कितने ही भव्य मकान हैं।

उदयपुर (सुकेत) : यह एक अच्छा गाँव है, जो अब मण्डी जिले में है।

उदयपुर : चम्बा नगर से तीन मील नीचे इस गाँव में एक शिखरदार मन्दिर है, जिसे राजा उदयसिंह (मृत्यु 1720 ई०) की स्मृति में बनवाया गया। इसके भीतर तीन छोटी-छोटी संगमरमर की मूर्तियाँ हैं। बीच की मूर्ति नारायण की और बाकी दो उदयसिंह और उसके भाई की हैं। दोनों इसी जगह मारे गये, जहाँ पर कि मन्दिर खड़ा है। इसके अतिरिक्त एक पत्थर की पटिया पर राजा और उसके साथ सती होने वाली चार रानियों और 18 लौंडियों की मूर्तियाँ उत्कीर्ण हैं। ऐसे सती-स्तम्भ मंडी, कुल्लू और दूसरी जगहों में भी बहुत मिलते हैं। चंबा में भोंडे तौर से उत्कीर्ण मूर्तियों वाले पत्थर जहाँ-तहाँ मिलते हैं, जिन्हें अउतर कहते हैं, जिसका अर्थ है अपुत्र या निस्सतानी। जिस पुरुष की संतान श्राद्ध करने के लिए नहीं रहती थी, वह ऐसे पत्थरों को स्थापित करता था। राजा उदयसिंह निस्संतान मरा था, उसी के नाम पर यह उदयपुर का मन्दिर बनाया गया, और अउतर पत्थर स्थापित किया गया।

ऊना : (31° 28′-76° 17′) होशियारपुर से 25 मील पर यह शहर अव-

स्थित है, जहाँ गुरु नानक के वंशज बेदी लोगों का परिवार रहता है। यहाँ तहसील, डाक-तारघर, डाकबँगला और हाईस्कूल है। नगर सोहान नदी के नजदीक पहाड़ी पर बसा हुआ है। यहाँ की नगरपालिका 1874 ई० में स्थापित हुई थी।

कचेरी : कुम्हारसेन से ऊपर, यहाँ मातृदेवी का मन्दिर है।

कटराई (कुल्लू) : सुल्तानपुर (कुल्लू) से साढ़े 11 मील उत्तर 4000 फुट की ऊँचाई पर व्यास के दाहिने किनारे यह बाजार है, जहाँ डाकबँगला, डाक-तारघर, स्कूल, मोटर का अड्डा है। आसपास में बहुत-से सेब के बगीचे हैं। नगर यहाँ से दो-ढाई मील पर है।

कटलेहर राज्य : यह कांगड़ा की रियासतों में सबसे छोटी है। अपने दो इलाकों के कारण कभी-कभी यह चौकी कटलेहर भी कही जाती थी। यह जसवान के पहाड़ों में आजकल के तालुका की सीमा के भीतर अवस्थित थी। इसका संस्थापक एक ब्राह्मण था, जिसकी सन्तान पीछे राजा होने से राजपूत हो गई। 40 राजा कटलेहर की गद्दी पर बैठे। एक परम्परा के अनुसार वंशस्थापक संभल (मुरादाबाद) से आया था, लेकिन वंशावलि के अनुसार यहाँ के राजा अपने को पूना के राजा (पेशवा) की सन्तान मानते थे। यह कहने की आवश्यकता नहीं, कि तब पूना में कोई पेशवा का वंश नहीं था। 10वीं या 11वीं सदी में वंश-स्थापक यशपाल ने भज्जी और कोठी (शिमला की रियासतें), तलहटी और कटलेहर के तालुकों को जीत कर कोट कटलेहर में अपनी राजधानी बनाई। उसके पुत्र और पौत्र ने क्रमशः शिमला की भज्जी और कोठी की रियासतों की स्थापना की। इस रियासत की भूमि का विस्तार समय-समय पर छोटा-बड़ा होता रहा। मुगल-शासन के आरम्भिक समय में कटलेहर के राजा के हाथ में चौकी, कटलेहर, मानकचन्दी (नादौन में), और वर्तमान होशियारपुर के तलहटी के इलाके थे। मुगल बादशाह सनद देते समय यहाँ के राजा को राय कहकर सम्बोधित करते थे, और कर तथा सैनिकसेवा प्रदान करने की शर्त के साथ उन्हें उक्त इलाके का शासक मानते थे। 1758 ई० में अहमदशाह दुर्रानी ने कांगड़ा के राजा घमंडचन्द को सारे पहाड़ का नाजिम (राज्यपाल) नियुक्त किया, जिसने उसके थोड़े ही समय बाद कटलेहर से चौकी को छीन लिया। जब संसारचन्द की चली, तो उसने 1786 ई० में कटलेहर को भी छीन कर राजा को बेराज्य का बना दिया। गोरखों ने आक्रमण करके फिर रियासत को लौटा दिया। 1809 ई० में कटलेहर रियासत सिक्खों के अधीन हुई, 1825 ई० में रणजीतसिंह ने रियासत को हड़पने के ख्याल से कोतवालबाह के मजबूत किले को घेर लिया। राजा नारायणपाल ने स्वयं प्रतिरोध का संचालन किया, और दो महीने तक सिक्ख सेना कुछ नहीं कर सकी। फिर सिक्खों ने दस हजार की जागीर देकर राजा से किला समर्पण करने के लिए कहा, जिसे उसने मंजूर किया। प्रथम सिक्ख-युद्ध में राजा नारायणपाल ने सिक्खों को कोतवालबाह से मार भगाया। अंग्रेजों की भी उसने पीछे काफी सेवा की, जिससे प्रसन्न हो उन्होंने नारायणपाल को पहली जागीर के साथ उतने ही मूल्य की 10 हजार रुपया वार्षिक की आजीवन पेन्शन भी दे दी, जो पीछे उसकी सन्तान को सदा के लिए मिल गई। जागीर के भीतर के जंगलात

की तीन चौथाई भी उन्होंने राजा को देना स्वीकार किया। पहले जागीर होशियारपुर में दी गई थी, जिसे कांगड़ा के कटलेहर तालुके के गाँवों से बदल दिया गया। 1864 ई० में नारायणपाल के मरने पर राजा रामपाल कटलेहर का जागीरदार हुआ।

कटासन : नाहन से 11 मील पूर्व साल के वनों के बीच देवी का मंदिर है, जिसे गुलाम कादिर रूहेला पर विजय के उपलक्ष्य में सिरमौर राजा ने बनवाया।

कटेहर (कुल्लू) : कोठी चैहनी में यह पुराना स्थान है, जहाँ पर एक पुराना दुर्ग मौजूद है।

कनम् : चिनी तहसील के शूवा परगने में सतलुज उपत्यका में यह बड़ा गाँव है, जहाँ की बोली को शुंगछो कहते हैं। यहाँ की जमीन बड़ी उर्वर है, लेकिन आबादी बड़ी है। तिब्बत के साथ व्यापार तथा भेड़ों के रेवड़ों को पालना इनकी जीविका का मुख्य साधन है। यहाँ एक पुराना पुस्तकालय है, जिसमें भारतीय ग्रंथों के तिब्बती अनुवादों क दो विशाल संग्रह—कंजुर और तंजुर—रक्खे हुए हैं। 11वीं शताब्दी के महान् अनुवादक लोचवा रिन्-छन्-जंगपो (रत्नभद्र) का अवतारी लामा यहाँ रहता है। यद्यपि मठ में उतनी पुरानी चीजें नहीं हैं, लेकिन चिनी तहसील का यह सबसे बड़ा मठ है। यहाँ के लामा (भिक्षु) तिब्बत मठों में पढ़ने जाया करते हैं। भिक्षुणियों का भी यहाँ एक मठ है। लोकतश उपांग-नेगी-परिवार बड़ा प्रभावशाली है। कहावत मशहूर है 'सचा देमो कनम् बंठिन-चियास् सुंगन।' (जमीन सुन्दर कनम् की, और तरुणी सुन्दर सुंगनम् की)। गुदमा (दुमखर) इन दोनों गाँवों में बड़े अच्छे बनते हैं। कनम् के देवता का नाम डबला है, जिसके बारे में हम अपनी कनौर-यात्रा में लिखेंगे।

कनियारा (कांगड़ा तहसील) : यह हिमालय के उन चन्द स्थानों में है, जहाँ मौर्यकालीन ब्राह्मी शिलालेख मिलता है। धर्मशाला से 4 मील नीचे चौरान नदी के किनारे ईसा की दूसरी शताब्दी के अभिलेख दो चट्टानों पर खुदे हैं, जो एक दूसरे से 30 गज दूर अवस्थित हैं। यहाँ के दोनों अभिलेख निम्न प्रकार हैं 1. 'कृष्णयसस आराम' (कृष्णयश का बाग), 2. 'कृष्णयसस आराम मेंदंगिस्य।' (मेंदंगी कृष्णयश का संघा-राम)। इससे जान पड़ता है, कि यहाँ कृष्णयश ने भिक्षुओं के लिए कोई आराम बनवाया था। लिपि कुषाण-ब्राह्मी मालूम होती है। आजकल कनियारा इन्द्र नाग देवता के लिए मशहूर है, वर्षा के लिए लोग उसकी पूजा करते हैं।

कनौर : चिनी तहसील को कनौर कहा जाता है, जिसे अब किन्नर भी कहा जाने लगा है। सहरान से पूर्व सतलुज में गिरने वाली मंगलाद खड्ड कनौर की सीमा है। सतलुज और उसकी शाखा वस्पा कनौर की दो प्रधान नदियाँ हैं। कनौर की पूर्वी सीमा तिब्बत से मिली हुई है। सतलुज के उत्तर में इसके शेलकर, शूवा, भाबा, परलीराज ग्राम और पंद्रबीस के परगने हैं। सतलुज के दक्षिण में अठारबीस, वरलीराज गाँव और टुक्पा के परगने हैं। कनौर की जलवायु सूखी है। वांगतू पुल से पश्चिम सतजुल उपत्यका में जहाँ वार्षिक वर्षा 70 इंच होती है, वहाँ उससे 10 मील पूर्व किलबा में वह 43 इंच और स्पू में 16 इंच रह जाती है। काबुल-कन्धार के सभी मेवे यहाँ पैदा हो सकते हैं, और

निकास का कोई इन्तजाम न होने पर भी लोग अपने बगीचों में पैदा करते हैं।

कमलाह (मण्डी) : यह कांगड़े की हमीरपुर तहसील की सीमा पर अवस्थित है, जहाँ पर्वत पृष्ठ पर मण्डी के राजा सूरजसेन ने 1625 ई० में एक गढ़ बनवाया। पहले अजेय समझे जाने वाले रणजीतसिंह के जेनरल वेनतुरा ने 1880 ई० में इस पर अधिकार कर लिया। इसके बाद कुछ सालों तक यहाँ सिक्ख सेना रहती रही। सिक्ख-अंग्रेज-युद्ध में मौका पाकर मण्डी के राजा ने सिक्ख सैनिकों को यहाँ से भगा दिया। उसके बाद मण्डी के 25 सैनिक यहाँ रहते थे। सूरजसेन (1623-58 ई०) के समय से लेकर सुरमासेन के के समय (1782-89 ई०) तक राज्य का खजाना और अनाज भी यहाँ जमा किया जाता था। राज्य की बखार से सवाई पर किसानों को अन्न दिया जाता था।

करसोग (सुकेत) : पहले सुकेत रियासत की यह पहाड़ तहसील थी। रियासत की सबसे ऊँची पहाड़ी चौबासी यहीं पर है। करसोग कस्बा और मामेल के आसपास घाटी काफी चौड़ी और उर्वर है। इस तहसील में पेगना में राजा वीरसेन का बनवाया एक पुराना गढ़ है। वीरसेन ने पहले अपनी राजधानी यहाँ बनवाई थी। करसोग कस्बे के नजदीक महूनागा मन्दिर है, जहाँ पर साँप काटने पर लोग झाँड़-फूंक के लिए जाते हैं।

करदंग (कुल्लू-लाहुल) : केलंग के सामने भागा के बायें किनारे पर अवस्थित यह गाँव किसी समय लाहुल की राजधानी थी। यहाँ बहुत-से छोटे-छोटे शिलालेख हैं, जिनमें से एक 12वीं शताब्दी का है। यहाँ की बोली किरात भाषा वंश की है।

कसौली : पहले यह शिमला जिले में थी, पीछे अम्बाला में स्थानान्तरित कर दी गई। यहाँ सरकारी अस्पताल है, और पागल कुत्तों के इलाज के लिए खासतौर से प्रबन्ध है।

कांगड़ा : अक्षांश 30°5′ और देशान्तर 76°17′ में यह काँगड़ा जिले का पुराना शहर समुद्र-तल से 3581 फुट की ऊँचाई पर अवस्थित है। यह पहले नगरकोट के नाम से प्रसिद्ध था। हिमालय और शिवालिक के बीच में एक विस्तृत उर्बर उपत्यका में होने के कारण इसका हमेशा से महत्त्व रहा, लेकिन अंग्रेजों को और सर्द जगह की आवश्यकता थी, इसलिए वह जिले के सदर-मुकाम को धर्मशाला ले गये। कांगड़ा तहसील में 417 वर्ग मील क्षेत्र और 134 गाँव हैं, जिनमें कनियारा और चरी पुरातत्त्व के महत्त्व के हैं। उपनगर में भवन का ब्रजेश्वरीदेवी का प्रसिद्ध मन्दिर है, जिसे 1905 ई० के भूकम्प से बहुत क्षति हुई थी। नगरकोट और ज्वालामुखी एक नहीं हैं। यहाँ प्राप्त 1430 ई० के शिलालेख से पता लगता है, कि कांगड़े के कटोचराजा संसारचंद (प्रथम) ने यहाँ ज्वालामुखी को कुछ दान दिया था। शहर के ऊपर दक्षिण की पहाड़ी पर 'किला काँगड़ा' का मशहूर दुर्ग है, जिसके तीन तरफ चट्टानें इतनी सीधी खड़ी हैं, कि वहाँ से चढ़ा नहीं जा सकता। गढ़ के सबसे ऊँचे स्थान पर कटोच राजाओं के महल और कितने ही मन्दिर थे, जिन्हें 1905 ई० के भूकम्प ने धराशायी कर दिया। कांगड़ा सरकारी कागजों में टीका (मौजा) के नाम से मशहूर नहीं था। पुराना शहर बंकला टीका में और किला नंदरूल टीका में था, और भवन हलेरखुर्द, हलेरकलां और चकबान टीका में था।

शहर में सरकारी कचहरियाँ, थाना, दातव्य डिस्पेंसरी, डाक-तारघर, डाकबँगला और सराय हैं। 1897 ई० तक यहाँ अंग्रेजों के सैनिक रहा करते थे। चर्च मिशनरी-सोसाइटी ने अपना हेडक्वार्टर भवन में स्थापित किया था।

यह वही किला कांगड़ा है, जिसने गोरखों के दाँत खट्टे कर दिये, और वह उसे नहीं ले सके। सिक्ख भी तभी लेने पाये, जब संसारचंद (द्वितीय) ने इसे रणजीत को समर्पित किया। मुगल काल में भी यहाँ पर एक बड़ा सैनिक अफसर रहता था, और काँगड़े के आसपास के बहुत-से गाँव सीधे दिल्ली के मातहत थे। उस समय यहाँ की जनसंख्या अधिक थी। सिक्खों के समय भवन की जनसंख्या बढ़ी। भवन का जिक्र इतिहास में बहुत आता है। इतिहासकार फरिश्ता ने लिखा है, कि सुल्तान महमूद गजनवी अपनी चौथी चढ़ाई में 1009 ई० में यहाँ लूटने के लिए आया और यहाँ से उसे 7 लाख सोने के दीनार, 700 मन (1 मन 40 सेर के बराबर) सोना और चाँदी, 200 मन सोने की ईंटें, 2000 मन चाँदी की ईंटें, 20 मन रत्न-ज्वाहर-हीरे-मोती ले गया। 1360 ई० में इसे फीरोज तुगलक ने लूटा था। 1905 ई० के भूकम्प में मन्दिर को भारी क्षति हुई, लेकिन पीछे फिर इसकी मरम्मत हो गई। कांगड़ा के जर्राह नाक का ऑपरेशन करने में बड़े कुशल समझे जाते थे, और कुरूपता को दूर करके अपने कौशल से आदमी को सुरूप बना देते थे। पावेल ने 'पंजाब मिनिएचर्स' में नाक के ऑपरेशन की भिन्न-भिन्न स्थितियों के चित्र दिए है। कांगड़ा से कांगड़ा शहर, किला कांगड़ा और भवन तीनों अभिप्रेत हैं। यहाँ की देवी के बारे में कहावत है कि जब जलन्धर राक्षस को देवी ने मारा और उसका विशाल शरीर धरती पर पड़ा, तो उसका सिर बैजनाथ में, नाभि काँगड़ा में, कन्धा त्रिलोकनाथ और ज्वालामुखी में और पैर कथरान (गुलेर) में 48 कोस की धरती ढाँकते हुए गिरा। कांगड़ा के नामकरण के बारे में कहावत यह भी है, कि जलन्धर का कान कोट कांगड़ा में पड़ा था, इसलिए कानगढ़ से कांगड़ा नाम पड़ा।

काजे (स्पिती) : नगर से 84 मील पर स्पिती का यह बड़ा गाँव है। यहाँ डाकखाना, स्कूल और डाकबँगला है।

कामरू (मोने) : कनौर में वस्पा-उपत्यका में बाहरी टुक्पा परगने का यह एक-बड़ा गाँव है। रामपुर-बिसाहर के राजा मूलतः यहीं के रहने वाले थे। सराहन की भीमा काली यहाँ भी जब-तब आया करती है। बदरीनाथ यहाँ का प्रधान देवता है। यहाँ चारों ओर के पहाड़ देवदारों से ढंके हुए हैं। उर्वर जमीन तथा कितने ही चौड़े-चौड़े खेतों को देखकर आदमी भूल जाता है, कि वह पहाड़ में है। चिनी से यहाँ की आबोहवा अधिक गरम और वर्षा भी अधिक होती है। यहाँ के पहाड़ों में जंगली स्ट्राबरी और दूसरे फल बहुत होते हैं।

कालअम्ब : (77° 15′-30° 30′ अक्षांश-देशांतर पर) अम्बाला जिले की सीमा पर सिरमौर का यह कस्बा है। बरारा स्टेशन से नाहन को जाने वाली सड़क यहाँ से गुजरती है। इसके पूर्व से मरकंडा नदी बहती है। पहाड़ की चढ़ाई यहीं से शुरू हो जाती है। यहाँ डाकबँगला और सराय, पुलिस चौकी और जंगलात की चौकी है।

कालका : यह पहले शिमला में था, पीछे अम्बाला में डाल दिया गया। यहाँ तक बड़ी रेलवे लाइन आई है, फिर छोटी रेलवे यहाँ से शिमला तक जाती है।

कियारदादून : हिमालय की निम्न श्रेणियों और शिवालिक के बीच में देहरादून की तरह ही सिरमौर जिले की यह दून है। यह तीन भागों में बाँटी जा सकती है : (1) मुख्य दून, जो कि जमुना नदी और घरथी श्रेणी तथा पोका पहाड़ी के निचले भाग के बीच में है। इसमें गिरी और बाटा की धारायें बहती हैं। (2) दून का दूसरा भाग वह है, जो नाली खेरा और बाटा के उत्तर में, निम्न घरथी की पड़ोसी पहाड़ियों, जामुनखाला के पूर्व, टिल्ला गरीबनाथ के पश्चिम और राजवन के दक्षिण में अवस्थित है। इसी इलाके के उत्तर-पूर्व में गिरी नदी के दाहिने किनारे रियासत की पुरानी राजधानी सिरमौर है। (3) तीसरा भाग पारदूनी इलाका है, जो पहाड़ों से घिरे माजरा गाँव के पास है, जो सिरमौर के लिए स्वाभाविक किले का काम देता था।

किलबा : कनौर (चिनी तहसील) के राज गाँव परगने का यह गाँव सतजुल के बायें किनारे अवस्थित है। यहाँ जंगलात का डाकबँगला और फलों का बगीचा है। पहाड़ के कुछ ऊपर स्दिलिंग में बहुत-से खेत हैं, जहाँ पर भी एक जंगलात का बँगला है। चारों ओर बड़ा सुन्दर प्राकृतिक दृश्य हैं। यहाँ के देवता को नागस कहते हैं।

किलार (चम्बा) : पोगी वजारत में चम्बा से 68 मील पर अक्षांश 35° 5′ और देशान्तर 76° 26′ पर 8411 फुट की ऊँचाई पर यह गाँव अवस्थित है। आसपास के बहुत-से छोटे-छोटे टोले किलार के नाम से मशहूर हैं। यहाँ डाकबँगला और कोठी (परगना-आफिस) है। मई से अक्तूबर तक डाकखाना भी रहता है। डाकबँगले के पास में देवदार के झुरमुट में देतनाग का मन्दिर है, जिसे लाहुल से आया कहते हैं। पहले देतनाग को नर-बलि दी जाती थी, आजकल भैंसा दिया जाता है। प्रति तीसरे, पाँचवें या सातवें कातिक के महीने में भैंसे की बलि दी जाती है। वजीर गर्मियों में यहाँ कचहरी करने के लिए आया करता था।

किलप्पर (मंडी) : यहाँ एक गढ़ है, जिसे मंडी राजा ने 1688 ई० में माधवपुर के साथ ले लिया।

कीरतपुर : आनंदपुर से 6 मील पर यह कस्बा है, जहाँ कितने ही सिक्ख गुरुद्वारे और मंदिर हैं। बाबा गुरदित्ता साहेब छठे गुरु हरगोविन्द के पुत्र और सातवें गुरु हरराय के पिता बाबा गुरदित्ता का यह स्मारक मंदिर है, जो एक पहाड़ी टेकरी पर अवस्थित है। ऊपर जाने के लिए सीढ़ियाँ पटियाला के महाराजा ने बनवायीं, और मंदिर, तालाब आदि को रोपड़ के एक भक्त ने। कहा जाता है, बाबा गुरदित्ता यहीं धनुष-बाण का अभ्यास करते थे। ऊपर से नीचे सतलुज के कछार का दृश्य बहुत सुन्दर है। बाबा गुरदित्ता का चलाया बाण मंजी साहेब में गिरा था। बहुत समय से साधुओं की दाह-क्रिया यहाँ की जाती है। तख्त गुरु हरराय (सातवें गुरु) कीरतपुर में पैदा हुए और मरे। हरराय के पुत्र हरकिशन भी यहीं पैदा हुए। खानकाह बढानशाह में बाबा गुरदित्ता के मित्र मुस्लिम सन्त बढानशाह रहते थे।

कुंडिहार : शिमला के पहाड़ों की इसी नाम की एक छोटी-सी रियासत थी, जिसकी राजधानी हाटकोट में थी। शिमला यहाँ से 15 मील पूर्व है। हाटकोट बहुत उर्वर समतल-सी जगह में है, जिसके पास एक बहुत सुन्दर सरोवर है। यहाँ के राजा अपने को गर्गरघुवंशी राजपूत कहते थे। प्रथम राजा अभोजदेव जम्मू के अखनौर इलाके से 1184 ई० के करीब यहाँ आया। अभोजदव देश छोड़ तलवार के बल पर राज्य बनाने के लिए निकला। बिलासपुर में विद्रोह की खबर सुनकर जब वह रायकोट पहुँचा, तो क्यूंठल की सेना से मुकाबिला हुआ—रायकोट हाटकोट से दक्षिण एक किला है। शत्रुओं को हराकर रायकोट के किले को जीतने के बाद हाटकोट के आसपास की जगह को पसन्द करके उसी को उसने अपनी राजधानी बनाई। बिलासपुर और नालागढ़ की तरफ से यहाँ के राजा अक्सर कुल्लू के विरुद्ध तलवार उठाते रहे, और इस प्रकार अपने 7 वर्गमील के राज्य को कायम रखने में सफल हुए। पहले इस राज्य का विस्तार इससे तिगुना था, जिसका कितना ही हिस्सा पीछे पटियाला और बघाल के राज्य में चला गया। 1600 ई० के आसपास केसोराय के शासनकाल में रियासत की अवस्था खराब हो चली। उस समय बघाल ने कूनी नदी के आगे की भूमि को दखल कर लिया, क्यूंठल ने पौबू (सैरी के नजदीक) और गम्भार के बीच के हिस्से को ले लिया, जिसे अन्त में अंग्रेजों ने लेकर अपने कृपापात्र पटियाला को सौंप दिया। 1715 ई० में अनन्तदेव यहाँ का राजा था, जो बड़ा बहादुर और लड़ाका था। एक बार नादौन (कांगड़ा) के विरुद्ध बिलासपुर के अभियान में शामिल हो उसने, कांगड़ा के सेनापति पठान सरदार अग्गरखाँ को द्वन्द्व युद्ध में मारा। अग्गरखाँ की बन्दूक अनन्तदेव ने पाई, जो रियासत के हथियारखाने में अब तक मौजूद है। इस पर अभिलेख है। 'नसर मिनल्लाहे फतह करीब तवक्कलत् अल्लाह।' (विजय अल्लाह की ओर से, फते नजदीक है, अल्लाह पर विश्वास करो)। 1795 ई० में नालागढ़ और बघाल ने मिलकर कुंडिहार पर आक्रमण किया। अनन्तदेव की उमर अब 81 वर्ष की थी, और उसके देह पर 22 घाव के दाग थे, तो भी उसने शत्रुओं को भगाने में सफलता पाई। फिर सुलह करने के बहाने बघाल के आदमियों ने धोखे से बुला कर रास्ते में उसे गोली मारी। अनन्तदेव का अनुचर मारा गया, वह भी घायल हो घोड़े से गिर पड़ा, लेकिन अपने घाव को बाँध कर उसने शत्रुओं को पुकारा, मेरे पास एक बहुत कीमती तलवार है, आकर ले जाओ। कह कर ललकारा। और इस प्रकार 20 में से 15 को मार कर वह मरा। मरण स्थान हाटकोट से नजदीक है। अनन्तदेव के बाद उसका लड़का मगनदेव उत्तराधिकारी बना और गोरखा युद्ध के बाद 4 सितम्बर, 1815 की सनद के अनुसार अंग्रेजों ने उसे ठाकुर स्वीकार किया। 1816 ई० में मगनदेव के मरने के बाद उसका पोता किशनसिंह गद्दी पर बैठा, जो 1866 ई० में मरा। फिर उसके बड़े लड़के तेगसिंह ने अक्तूबर 1905 तक राज्य किया, और उसके मरने पर उसका नाबालिग पुत्र हरदेव (जन्म 1899 ई०) गद्दी का मालिक हुआ, दूसरा पुत्र गोपालसिंह उस समय 4 वर्ष का था। कुंडिहार के ठाकुरों की उपाधि पहले राय थी, जो पीछे ठाकुर हो गई।

कुम्हारसेन : शिमला के पहाड़ों में 90 वर्गमील की यह रियासत सतलुज और

गिरी नदियों के बीच में रही। इसके उत्तर में सतलुज, दक्षिण मे घुंड और बलसान की रियासतें तथा कोटखाई का इलाका, पूर्व में बिसाहर, और खनैती की रियासतें तथा कोटगुरु (कोटगढ़) और पश्चिम में सांगरी, भज्जी और क्यूंठल की रियासतें थीं। यहाँ का राजा कीरतसिंह 1000 ई० के आसपास रहा। हीरासिंह 56वाँ राजा था। कहते हैं, पहले यहाँ का राजा कोटेश्वर देवता था, जिसकी कथा हम सिरमौर प्रकरण (देवताओं के वर्णन) में भी दे आये हैं। उस समय यहाँ भबाइयों का शासन था। कीरतसिंह अपने चार भाइयों के साथ कारंगल (बिसाहर) आया। दूसरी कथा के अनुसार वह अकेले कुम्हारसेन आया। तीसरी कथा बतलाती है, कि वह अपने भाई पहाड़सिंह के साथ आया। इसी कथा के अनुसार देलथ के राकस भम्बूराय को जीतकर पहाड़सिंह ने कुम्हारसेन, कोटगुरु और खनेती पर अधिकार किया। एक कथा के अनुसार कीरतसिंह लक्ष्मीनारायण की एक मूर्ति हाथ में लिए पालतू बिल्ली के साथ कुम्हारसेन नगर में आया। जहाँ 18 कुम्हार चक्के पर बरतन बना रहे थे। इसी समय एक चक्के के नीचे से एक चूहे ने उछल कर बिल्ली को मार डाला। कीरतसिंह को बहुत दुःख हुआ। और उसने देवता कोटेश्वर महादेव से शिकायत करते, हुए कहा, 'अब मैं कहीं नहीं जाऊँगा, मुझे यहीं रहने के लिए स्थान दीजिये।' देवता के पूछने पर उसने कहा, कि मैं शामवंशी राजपूत हूँ। फिर देवता ने उसे अपनी इच्छा के अनुसार कुम्हार के चक्के पर रहने की इजाजत दी और कुम्हारों को वहाँ से हट जाने का हुकुम दिया। इन्कार करने पर देवता ने सबको मार दिया। सिर्फ एक गर्भिणी कुम्हारी भागकर पास के सारा गाँव में चली गई, जहाँ उसकी औलाद अब भी मौजूद है। कीरत सिंह ने अपनी राजधानी का नाम कुम्हारसेन रख कर वहीं बस गया, पीछे देवता ने उसे राजा बना दिया। कीरतसिंह के पहाड़सिंह और करतारसिंह दो लड़के थे, सयाने होने पर राज्य को उसके हाथ में छोड़कर कीरत सिंह तीर्थ करने चला गया। बाप के हटते ही दोनों भाइयों ने राज्य को बाँटना चाहा, लेकिन उसमें विवाद उठ खड़ा हुआ। उन्हें परेशान देखकर एक ग्वालिन से पूछ कर कहा—'जिस केपू उस दलाहर' जिस केखर उस दलाहर। दोनों भाइयों ने उसकी बात को मान लिया, और करतारसिंह ने कुम्हारसेन को लिया और पहाड़सिंह ने खनैती को। खनैती को पीछे अंग्रेजों ने ले लिया। केपू और केखर सतलुज के किनारे अलग दो गाँव हैं। केपू कोटगढ़ (कोटगुरु) में है, और केखर कुम्हारसेन में। कनाहर और तलाहर नारकंडा के पास हट्टू पहाड़ के नीचे दो गाँव हैं जिनमें पहला खनैती में और दूसरा कुम्हारसेन में था। 'वही' छोटी नदी अपने ऊपरी भाग में इन दोनों गाँवों को अलग करती है। इस नदी को अपने उद्गम स्थान पर खनैतीखड्ड कहा जाता है, कोटगढ़-कुम्हारसेन की सड़क जहाँ इसे पार करती है, वहाँ इसका नाम सोआरखड्ड, नीचे मानन-खड्ड और सतलुज से मिलने के समय खिरखड्ड। दूसरी कहावत के मुताबिक, करतारसिंह और पहाड़सिंह दोनों सगे भाई थे, उन्होंने इस देश को जीतकर आपस में बाँट लिया। कोटेश्वर महादेव देवता रियासत का असली मालिक समझा जाता है, और राजा उसका वजीर। अजमेरसिंह इस वंश में बड़ा ही बहादुर राजा था जिसने शारी के

सांगरी किले पर अधिकार कर लिया। सांगरी उस समय कुल्लू राज्य में था। कुल्लू के राजा मानसिंह ने अजमेरसिंह पर चढ़ाई की, लेकिन अजमेरसिंह ने उसे पहले कारंगल और फिर नागी में हरा कर सतलुज पार भगा दिया। भागते वक्त उरसू में थोड़ा ठहर कर राजा अपनी पालकी में बैठा हुक्का पीने लगा। पास में कुछ लोग बैठे हुए थे, जिनमें से एक जात का डुमना था। उसने कहा, कि मैं अपनी गोली से इस राजपूत की चिलम को मोड़ सकता हूँ। दूसरे उसका उपहास करने लगे। डुमने ने गोली चलाई, जो राजा की छाती में लगी और वह मर गया। अजमेरसिंह ने मारने वाले को इनाम देना तो अलग, उसका हाथ-पैर काट दिया। गोरखा आक्रमणण के समय कुम्हारसेन बिसाहर के अधीन था, और बलसान, भरौली, मघान कुम्हारसेन के अधीन थे, जिन्हें अजमेरसिंह के पोते राणा रामसिंह ने क्यूंठल से छीन लिया था। रामसिंह के पोते राणा केहरसिंह को गोरखों ने भगा कर कुम्हारसेन को अपने हाथ में ले लिया। राणा केहरसिंह भाग कर कुल्लू चला गया। गोरखों की पराजय के बाद अक्टरलोनी ने केहरसिंह को राज्य लौटा दिया। और बलसान, भरौली और मघान पर कुम्हारसेन के अधिकार को नहीं माना। साथ ही कुम्हारसेन अब बिसाहर से स्वतन्त्र माना गया। 1839 ई० में राणा केहरसिंह निस्सन्तान मर गया, और राज्य को अंग्रेजों ने ले लिया। लेकिन, केहरसिंह की सेवाओं का खयाल करके राणा के दूर के रिश्तेदार प्रीतमसिंह को गद्दी दी गई। प्रीतमसिंह ने प्रथम सिक्ख-युद्ध में 300 पलीतेदार बन्दूकचियों के साथ कुल्लू में सिरीगढ़ की सिक्ख सेना का मुहासिरा करने में मदद दी। प्रीतमसिंह के मरने के बाद 1858 ई० में उसका पुत्र भवानीसिंह और 1874 ई० में भवानीसिंह का पुत्र हीरासिंह गद्दी पर बैठा। हीरासिंह में शासक-शासन की योग्यता नहीं थी, इसलिये अंग्रेज सरकार ने (1874-96 ई०) एक प्रबन्ध-परिषद् कायम की, जो 1904 ई० तक काम करती रही। उसके बाद अंग्रेजों द्वारा भेजा गया एक मैनेजर काम देखने लगा। हीरासिंह के बाद उसका लड़का बेदारसिंह (जन्म 1895 ई०) कुम्हारसेन की गद्दी पर बैठा।

कुल्लू : इसका पुराना नाम कुलूत है, जो संस्कृत ग्रंथों में ही नहीं, बल्कि कुषाण-कालीन यहाँ के राजा वीरयश के सिक्के पर ईसा की पहली या दूसरी शताब्दी में संस्कृत में लिखा मिला है। 'राज्ञः कौलुतस्य वीरयशसः', जिसकी संस्कृत गलत है। सिक्के में खरोष्टी और ब्राह्मी दोनों लिपियों का उपयोग है, जिससे जान पड़ता है, कि उस समय यहाँ दोनों लिपियाँ चलती थीं।

कुल्लू कांगड़ा जिले का एक उपजिला है, जो कि अक्षांश 30° 20′-32° 26′ और देशान्तर 76° 59′-77° 50′ के बीच में अवस्थित है। इसकी लम्बाई 80 मील और चौड़ाई 20 से 40 मील एवं क्षेत्रफल 1912 वर्गमील है। कुल्लू उपजिले के भीतर ही लाहुल और स्पिती भी माने जाते हैं, जिनको कुल्लू से अलग करने वाली 18000 फुट ऊँची पर्वत-श्रेणियाँ हैं। रोटंग जोत (13000 फुट) पार करके लाहुल जाना पड़ता है, और हमता (14000 फुट) पार करके स्पिती। कुल्लू उपजिले की सीमा उत्तर में लदाख और तिब्बत पूर्व में तिब्बत और कनौर (महासू), दक्षिण में सतलुज के पार महासू,

पश्चिम में मण्डी और चम्बा है। इसमें कुल्लू और सराज दो तहसीलें हैं। हरेक तहसील में कई वजीरियाँ हैं। कुल्लू कहने से जहाँ एक भू-भाग का परिचय होता है, वहाँ उससे सुल्तानपुर—अखाड़ा—ढालपुर, कुल्लू शहर भी अभिप्रेत है, जिनका वर्णन हम अलग करेंगे। जैसे—

परोल	497 वर्गमील
लाग-सारी	93 "
लाग-महाराजा	89 "
रूपी	677 "
सराज (भीतरी)	299 "
सराज (बाहरी)	257 "

कुसुमपटी : शिमला के पास 49 एकड़ की जमीन क्यूंठल के राजा ने 24 अक्तूबर, 1884 को अंग्रेजों को दी। यद्यपि यह शिमला का एक भाग है, तो भी रियासत की होने के कारण उन्होंने इसकी अलग म्युनिसिपलिटी बना दी, जिसका सारा अधिकार शिमला के डिप्टी-कमिश्नर को है।

कूनो : चिनी तहसील के भीतरी टुक्पा (सतलुज उपत्यका) का एक छोटा-सा गाँव, जो चारंग के नजदीक है। तिब्बती सीमा पास है और यहाँ तिब्बती तथा कनौरी दोनों भाषाएँ बोली जाती हैं।

कैलास : बिसाहर में चिनी के सामने दिखाई देने वाली यह एक पवित्र पहाड़ी चोटी है। चिनी से दूरबीन से देखने पर वहाँ एक पत्थर की चट्टान खड़ी दीखती है, जो नंगी आँखों से देखने पर लिंग-सी मालूम होती है। कनौर के लोग इसकी परिक्रमा करते हैं। वहाँ जाना बहुत कठिन है, और जुलाई-अगस्त में बिरले ही वहाँ पहुँचने की कोशिश करते हैं। कैलास की परिक्रमा सतलुज के किनारे ऊपर की ओर जाकर रिब्बा से आगे दाहिने मुड़ लम्बर से एक डांड़ा पार करके वसपा-उपत्यका के रास्ते होती है। तिब्बत में अवस्थित असली कैलास का इसे प्रतिनिधि कहना चाहिए।

कैलास (चम्बा) : यहाँ भी इस नाम का एक पर्वत है, जिस पर मणि महेश का तीर्थ है।

कोची : कनौर से नीचे का पहाड़ी भाषा-भाषी बिसाहर का भाग कोची कहा जाता है, और यहाँ की बोली को भी कनौर वाले कोची कहते हैं। रामपुर और रोड़ू की तहसीलों में कोची भाषा चलती है। रामपुर में बाघी, मस्तगढ़, राइक, कंछिन्, दसौ, अठारबीस और पंद्रबीस परगने हैं। रोड़ू तहसील में पंद्रासौ, नावर, मंडलगढ़, भंबूराय, राजगढ़, सुरखी, बठली और दाँदराक्वार के आठ परगने हैं। रोड़ू तहसील जमुना की शाखा-टोंस की शाखा नदी-पब्बर की उपत्यका में अवस्थित है।

कोटखाई (गाँव) : कोटखाई का सदर मुकाम गेहर है, इससे पाँच मील के करीब गिरी के किनारे कोटखाई गाँव है, जहाँ राणा के महल थे। गेहर में स्कूल, डाकबँगला, डिस्पेन्सरी और जंगलात के रेंजर का आफिस तथा छोटी-सी दूकान भी है।

कोटखाई : यह परगना शिमला से 50 मील उत्तर-पूर्व में अवस्थित है। इसके उत्तर में बिसाहर, दक्षिण में क्यूंठल, पश्चिम में क्यूंठल-कुम्हारसेन-बलसान और पूर्व में दरकोटी और जुब्बल की रियासतें थीं। पुराने समय की अठारह ठकुराइयों में यह भी एक था, जो कभी क्यूंठल के और कभी बिसाहर के अधीन रहता आया था। गोरखा इस पर अधिकार करके 6600 रुपया वार्षिक कर वसूल करते थे। यद्यपि उसे नौ हजार रुपया देने योग्य समझा जाता था। अंग्रेजों की विजय के बाद राणा रणजीतसिंह का कोटखाई पर अधिकार था। अंग्रेजों ने कोटगुरु को लेकर बाकी कोटखाई को राणा रणजीतसिंह को दे दिया था, लेकिन वह क्रूर, स्वेच्छाचारी और उससे भी बढ़ कर अंग्रेजों के प्रति विद्रोह का भाव रखता था, और सनद की उन शर्तों को पूरा करने की अवहेलना करता था, जिनके अनुसार अंग्रेजी सरकार के लिए उसे बराबर 40 बेगार देना चाहिए था। 1816 ई० में सुपरिंटेंडैंट कप्तान रास ने सिफारिश की, कि राणा की सनद रद्द करदी जाये, और यदि सरकार स्वयं न ले, तो कोटखाई को बिसाहर को दे दे, यदि वह उतना ही नजराना तथा राणा को पेन्शन देने के लिए तैयार है। सरकार ने इसे नहीं माना, और राणा पर जुर्माना किया, किन्तु उसका कोई फल नहीं हुआ। राणा के परिवार में भी लगातार झगड़े होने लगे, और रियासत में चारों ओर गड़बड़ी फैल गई। रणजीतसिंह 1821 ई० में मर गया, और उसका पुत्र भगवानसिंह भी वैसा ही निकला। 1864 ई० में उसकी रानी ने बेटे की हत्या का उस पर इल्जाम लगाया। एजेंट मेजर कैनेडी के धमकी देने पर राणा सतलुज पार कुल्लू भाग गया। रानी का इल्जाम पीछे झूठा साबित हुआ, और मालूम हुआ, कि लड़का स्वाभाविक मौत से मरा था। इसके बाद भी झगड़े उसी तरह से चलते रहे। मेजर कैनेडी ने सितम्बर, 1827 ई० में फिर सिफारिश की, कि राणा की सनद रद्द कर दी जाय, और रियासत को अंग्रेजी राज्य में मिला लिया जाये, या सीमान्त पर अवस्थित बलसान रियासत को दे दिया जाये। लेकिन इसकी जरूरत नहीं पड़ी, उसी महीने में भगवानसिंह ने अपनी इच्छा से रियासत को ब्रिटिश सरकार के हाथ में दे दिया, क्योंकि उसने शासन करना असम्भव समझा। जनवरी 1828 ई० में कोटखाई को ब्रिटिश भूमि में मिला लिया गया। राणा को 13 सौ रुपया वार्षिक और उसकी रानी, भाई और भाई की स्त्री को 7 सौ रुपया पेन्शन दी।

कोटगढ़ : इसका असली नाम कोटगुरु था।

कोटगुरु : पहले यह कोटखाई में था जो यहाँ से 30 मील है। शिमला से यहाँ तक मोटर की सड़क आती है। मुख्य बाजार को थानादार कहते हैं, जहाँ से कोटगुरु डेढ़ मील पर है। यहाँ स्कूल, अस्पताल, डाकबँगले और सराय हैं।

कोटगुरु (इलाका) : इसे आजकल कोटगढ़ कहते हैं, किन्तु इस परगने का पुराना नाम संदोक था। पहाड़ में सबसे पहले इसी को अंग्रेजों ने अपने हाथ में लिया। यह पहले कोटखेई के राणा का था। आरंभ में कुम्हारसेन, बिसाहर तथा कुल्लू के आपसी संघर्ष का केन्द्र यही परगना था। इस कठिनाई से बचने के लिए कोटखाई के राणा ने इसे गोरखा-युद्ध से पहले कुछ शर्तों के साथ कुल्लू के राजा को दे दिया था। कुल्लू ने शर्तों को न मान

कर उसे अपने राज्य में मिला लिया। राणा के पास इतनी ताकत नहीं थी, कि शर्त को मनवाता। दस वर्ष तक कोटगुरु कुल्लू के हाथ में रहा। अन्त में कुम्हारसेन-बिसाहर ने मिल कर कुल्लू के साथ लड़ाई की, जिसमें कुल्लू का राजा मारा गया। उसकी लाश तब तक बिसाहर ने नहीं दी, जब तक कि कुल्लू ने कोटगुरु को बिसाहर के हाथ में नहीं दे दिया। इसके बाद 40 साल तक कोटगुरु पर बिसाहर का अधिकार रहा, फिर गोरखों ने इसे लिया। 1815 ई० में अंग्रेजों ने गोरखों के विरुद्ध लड़ाई के समय कुल्लू के राजा को भी सहायता के लिए कहा, और वचन दिया, कि उसे पहले की भूमि को फिर से दे दिया जायेगा। कुल्लू की सेना ने सतलुज पार कर कोटगुरु परगने से गोरखों को हटा वहाँ के हाटू, शिलाजान और बागी के किलों को ले लिया। पीछे कोटगुरु परगने को अंग्रेजों ने अधिक सैनिक महत्त्व का समझा, खासकर हाटू को पूर्वोत्तरी पहाड़ों का स्वामी माना जाता था। इसकी ढलानों पर सैनिक छावनी के लिए काफी जगह थी। कुल्लू राजा ने अंग्रेजों के वादे की बात कही, लेकिन अंग्रेज उसे मानने के लिए क्यों तैयार होते? उन्होंने कहा, कि वह मूलतः कुल्लू का नहीं था। कुल्लू के राजा ने कुछ गड़बड़ी करनी चाही, तो सबाथू से एक छोटी-सी सेना भेज कर उसे वहाँ से हटने के लिए मजबूर किया गया। कोटगुरु को बाकायदा अपने हाथ में लेकर अंग्रेजों ने हाटू, शिलाजान और बाघी के तीनों किलों में अपने सैनिक रक्खे। गोरखों को पराजित करके उनकी बहादुरी से प्रभावित हो अंग्रेजों ने गोरखों की नासिरी पलटन कायम की, और उसे कोटगुरु परगने में रख दिया, और वह वहाँ 1843 ई० तक रही। पीछे गोरखा-सैनिकों को वहाँ से हटा लिया गया। पहले-पहल यहाँ का शासन-प्रबन्ध दिल्ली के अंग्रेज एजेंट की देखरेख में सैनिक-कमांडर के हाथ में रक्खा गया था।

कोटी : शिमला के पूर्व में पास ही यह छोटी-सी रियासत पहले क्यूंठल के अधीन थी। इसका सारा क्षेत्रफल 44 वर्गमील के करीब था। कोटी के भीतर ही संजौली गाँव, मशोबरा पर्वत-श्रेणी, नलटेरा, महासू और कुछ कुफरी का हिस्सा लिये कुसुमपति के कितने ही बँगले और जीसस मेरी कान्वेंट अवस्थित हैं। इनको लेकर अंग्रेजों ने इनकी जगह पर सबाथू के पास जमीन दे दी। कोटी का राजवंश कटलेहर (काँगड़ा) के राजवंश की एक शाखा है, जिसका गोत्र कौंडिन्य है। पहले वह ब्राह्मण था। राजपूताना के सिरसा पट्टन से राजा लखनकुमार भारत के कितने ही भागों में लड़ता-भिड़ता काँगड़ा में देवी के दर्शन करने के लिए आया। दर्शन के बाद लखनकुमार अपने लोगों के साथ नादोन की ओर चला, तो काँगड़ा के राजा को सन्देह हो गया, और उसने आक्रमण कर दिया। युद्ध में शत्रु को सफल होते देख कर काँगड़ा के राजा ने धोखे से रात में छापा मार लखनकुमार तथा उसके आदमियों को मार डाला। लखनकुमार के शिशु पुत्र को पुरोहित ने किसी तरह बचा कर मंडी ले जाने में सफलता पाई। काँगड़ा का राजा कुछ दिनों बाद कोढ़ी हो गया, दुर्गादेवी ने स्वप्न में कहा, कि यह लखनकुमार की अन्यायपूर्ण हत्या का परिणाम है, और यह तभी अच्छा हो सकता है, जब लखनकुमार की सन्तान का उपकार करो। पता लगाने पर लखनकुमार का शिशु पुत्र रानू मिल गया। राजा ने उसे काँगड़ा में बुला

कर बाप की सम्पत्ति लौटा अपनी लड़की से ब्याह करके राजा रामपाल के नाम से कटलेहर की गद्दी पर बैठा दिया। काँगड़ा के राजा की कोढ़ जाती रही। राजपूत-पत्नी के लड़के होने के कारण रामपाल के लड़के राजपूत कहलाये। रामपाल की 24वीं पीढ़ी के राजा के पाँच लड़के और एक लड़की थी। बड़ा लड़का बाप की गद्दी पर बैठा, बाकी चार लड़के चीरू, चाँद, शोगू और भोगू अपनी बहन के साथ नौकरों-चाकरों को लिए सतलुज पार हो महासू पहाड़ के नीचे नौटी खड्ड की उपत्यका में मूलभज्जी में रहने लगे। चीरू ने आसपास के कुछ इलाके को जीत कर भज्जी राजवंश की स्थापना की, और चाँद ने दूसरे इलाके को जीत कर कोटी राज्य को स्थापित कर मूलभज्जी के पास मूलकोटी गाँव को अपनी राजधानी बनाया। शोगू और भोगू बहन के साथ फागू गये। शोगू फागू का देवता बन गया, और बहन क्यूंठल में धोरेच की देवी बन गई। भोगू ने एक कनैत लड़की से ब्याह किया, जिसकी सन्तानें आजकल फगियाना कनैत कही जाती हैं। चाँद की दसवीं पीढ़ी में ठाकुर गोपीचन्द कोटी का शासक हुआ, जिसकी बहादुरी के कितने ही पँवाड़े गाये जाते थे। गोपीचन्द के पास एक कामधेनु गाय थी, जो बिना बियाये रोज थोड़ा-सा दूध देती थी। क्यूंठल राणा की कुमाउनी रानी ने कामधेनु को माँगा, लेकिन गोपीचन्द ने उसे देने से साफ इन्कार कर दिया। इस पर क्यूंठल के राणा ने कोटी पर आक्रमण किया, और मशोबरा तथा संजौली के बीच लड़ाई में हार कर उसे भागना पड़ा। गोपीचन्द ने पीछा करते हुए क्यूंठल राज्य के भीतर असनी नदी के ऊपर शेरी में अपनी छावनी डाली। पँवाड़े में कहा गया है :

"बोल्दा ना लागी गुवा जंगोरा राना,
कोटीरे मुलको बेरां खे नी जाना।
असनी फा पंड का होला मुलुक तेरा,
असनी फा वंड का होला मुलुक मेरा।"

कुमाउनी रानी कहाँ मानने वाली थी? जंगा (क्यूंठल) के राणा ने यह स्वीकार किया था, कि मैं फिर कोटी के खिलाफ लड़ने नहीं जाऊँगा, असनी के दूसरी तरफ तुम्हारा देश होगा, और इस तरफ मेरा। पर, रानी ने भज्जी के राणा गोपीचन्द के खिलाफ आक्रमण करने के लिए भड़काया :

"दलीपसिंह राना छुबकुये नाचा,
ऐहे देखे कोटीये मेरा तू तमासा।"

(दलीपसिंह राणा छुबकू नाचते हुए बोला, 'ओ कोटीवालो, तुम मेरा तमाशा देखो।')

दलीपसिंह को अकेले जाने की हिम्मत नहीं हुई, और उसने अपने नाई घुरू को क्यूंठल के राणा के पास मदद लेने के लिए भेजा। क्यूंठल एक बार हार चुका था, इसलिए उसने बिलासपुर के राजा को निमन्त्रित करने के लिए घुरू को भेजा। वहाँ के राजा ताराचन्द ने जवाब दिया :

"कोटीरा मुलुक होला कितना बड़ा,
सातसौरी नलशिये क्वाई कहलुरो खे आया ?
घुरू से नवी नावी बंदीखाने दा पाया।"

('कोटी का देश है कितना बड़ा ! सात सौ की छोटी-सी रियासत के खिलाफ तू क्यों यहाँ कहलूर आया ?' यह कह उसने घुरू नाई को बंदीखाने में डाल दिया।) घुरू ने भिखमशाह नामक एक प्रभावशाली व्यापारी से दोस्ती की, और उसकी मदद से वह जेलखाने से बाहर निकल राजा के पास जा कर फिर मिला।

"को सौ चैन तान स्वार, को सौ घोड़े।"

(राजा ने कहा, 'कितने सौ आदमी और कितने सौ घोड़े तुम्हें चाहिए ?')

घुरू ने जवाब दिया :

"ठारा सौ चैन मार स्वार, ठारा सौ घोड़े।"

(1800 सवार और 1800 घोड़े।)

राजा ताराचन्द ने कहा :

"एतणे घोड़े खे तेरे दाणा ना पुगो।"

घुरू ने जवाब दिया

"तेरे घोड़े फा साहिबा किशिये ना डरू।
सुइनीरे मदनो मदानो फा पटुमा शेरोरू चारू।"

(साहेब, आपके घोड़ों के खिलाने का मुझे डर नहीं है। सुइनी के मैदान में बहुत सरसों उनके खाने के लिए तैयार होगी।)

इसके बाद राजा ताराचन्द ने 1800 पैदल और 1800 घुड़सवार सेना लेकर कोटी पर चढ़ाई की। भज्जी और घामी के सीमान्त पर अवस्थित धनेसर में महामारी पड़ी, जिससे ताराचन्द की पैदल सेना सब मर गई, लेकिन वह उससे हताश नहीं हुआ, और उसने अपने सवारों को लेकर नलहेरा के पास गोपीचन्द से दो लड़ाइयाँ लड़ीं, जिनमें हार खा कर उसे बिलासपुर लौट जाना पड़ा :

"कोटीरे कुटेरे दित्ता कड़ुवा घोवा।
कल्हुरिये री फौजों रहा घड़ी पल का होआ।"

(कोटी के रहने वालों ने इतनी बहादुरी दिखलाई, कि घड़ी-पल में कल्हूरियों की सेना तितर-बितर हो गई।)

राजा बिलासपुर ने कहा, कि अब मैं फिर कोटी के खिलाफ नहीं लड़ने जाऊँगा, क्योंकि उसके कारण मेरे देश में 1800 स्त्रियाँ विधवाएँ हो गईं। इस पर भज्जी के राजा ने कहा :

"गोपीचन्द ठाकुर होआ माखे अर्जुन-भीम।
ल्हुशी फूइक रो देवठी शाली लायो सियूँ।"

(मेरे लिए गोपीचन्द ठाकुर अर्जुन-भीम हो गया। मेरी राजधानी देवठी को लूट कर शाली पहाड़ पर उसने अपनी सीमा स्थापित की।)

इन विजयों के बाद ठाकुर गोपीचन्द ने अपनी जन्मकुंडली में देखा, कि मेरी मृत्यु नजदीक आ गई है, इस पर उसने अपने लोगों से कहा :

"भज्जी रे भजेरो किइन खुखरीरी मेलो।
होरो तुशै लर् लड़्या करो भाउ पोर रे तालो।"

(भज्जी के लोग नंगी खुखड़ी-तलवार लेकर आये। तुम लड़ना लेकिन मेरे बेटे, पीछे हटना।)

युद्ध में ही अन्त में ठाकुर गोपीचन्द की मृत्यु हुई :

"चौथे रे बामने होली डाँगरे बाई।
शिरदेवा गोपीचन्दोरा शौरीरी नाली।"

(चौथा परगने के ब्राह्मण ने कुल्हाड़ा मारा, और गोपीचन्द का सिर शौरी की नदिया में लुढ़क गया।)

गोपीचन्द के बाद 8 वाँ ठाकुर प्रतापचन्द 1790 ई० में पैदा हुआ था। उस समय कितने ही वर्षों से कोटी क्यूंठल के राणा के अधीन थी। गोरखों ने कोटी को अपने हाथ में ले लिया था। उन पर विजय प्राप्त कर अंग्रेजों ने फिर प्रतापचन्द को गद्दी पर बैठाया, जो 1838 ई० तक राज्य करता रहा। फिर हरिचन्द (जन्म 1818 ई०) गद्दी पर बैठा। हरिचन्द ने 1857 ई० के विद्रोह में अंग्रेजों की बड़ी मदद की, और बहुत-से अंग्रेजों को अपने यहाँ शरण दी। इसके लिए अंग्रेजों ने उसे ठाकुर से राणा बना दिया। उसके बाद उसका लड़का राणा बिशनचन्द ने 1858 ई० तक राज्य किया, फिर उसका पुत्र रघुवीर-चन्द गद्दी पर बैठा। 1948 ई० में दूसरी रियासतों की तरह कोटी भी विलीन हो हिमाचल प्रदेश का एक अंग बन गई।

कोलंग (लाहुल) : गारा इलाके में केलंग से एक पड़ाव (8 मील) पर अवस्थित यह पुराना गाँव है। गाँव को हिमानी के सैलाब ने 1936 ई० में बहा दिया। यहाँ के ठाकुर, गुङ्रङ्, गोंदला के ठाकुरों की तरह पुराने समय से अपने इलाके के शासक थे, और अब भी उनका बहुत प्रभाव है। यहाँ के लोगों की मातृभाषा तिब्बती है, यद्यपि ये लोग भारत-तिब्बत के किरात हैं। ज़ांस्कर और रोपशू (लदाख) को यहाँ से रास्ता जाता है, इसके कारण भी इस स्थान का महत्त्व है।

कोशमिर (कोशमे) : कनौर में चिनी से दो-तीन मील उत्तर हिन्दुस्तान-तिब्बत-सड़क से थोड़ा नीचे यह छोटा-सा गाँव है। कोठी (कोस्टम्पी) की देवी चंडिका यहाँ की भी देवी है।

कोस्टम्पी : इसे कोठी भी कहा जाता है। कनौर में चिनी से दो-तीन मील नीचे यह एक पुराना गाँव है, जहाँ सारे शूवा परगने की अधिष्ठात्री चंडिकादेवी का सुन्दर मन्दिर है। 10 वीं शताब्दी की शिव और दूसरे देवताओं की पत्थर की मूर्तियों तथा लोगों में प्रसिद्ध कथा से भी मालूम होता है, कि कोठी किसी समय कनौर में एक प्रमुख स्थान रखती थी। चिनी 9000 फुट पर होने के कारण रहने के लिए उतनी अनुकूल जगह नहीं है। आजकल हिमाचल प्रदेश की सरकार तहसील और दूसरी इमारतों को कोठी ले

जाना चाहती है, यह 7000 फुट के करीब ही ऊँची है।

क्यूंठल : यह शिमला पहाड़ की रियासतों में से एक थी, जो 1948 ई० में भारत में विलीन हो हिमाचल प्रदेश में शामिल हुई। इसमें फागू और जुंगा की दो तहसीलें थीं, जिनमें निम्न परगने थे : फागू : 1. फागू, 2. खलाशी, 3. तीरमहासू, 4. शीली, 5. मटियाना, 6. रजाना। जुंगा : 1. घरेच, 2. रतेश, 3. करोली, 4. जाई, 5. पराली, 6. झजोट, 7. क्लांच। यह क्यूंठल के दक्षिणी हलके की तहसीलें और परगने हैं। उत्तरी हलके में शीली, मटियाना, रजाना और चदारा के उपरोक्त परगने हैं। दूसरे परगने हैं : पुनार, रवाई (जौनसार के पास), रामपुर (शिमला से चार मील दक्षिण), वकना (भरौली परगने के पास)।

क्यूंठल के राजवंश का मूल पुरुष शहाबुद्दीन गोरी के समय बंगाल से भागकर प्रयाग में आया था, जहाँ से उसका पुत्र रूपसेन रोपड़ (अम्बाला जिला) पहुँचा और वहाँ उसने अपना छोटा-सा राज्य कायम किया। मुसलमानों से उसकी बराबर लगी रहती थी, अन्त में वह अपने तीनों पुत्रों के साथ पहाड़ की ओर भागा। उसके पुत्र वीरसेन ने सुकेत में, गिरि (ताम) सेन ने क्यूंठल में और हमीरसेन ने किश्तवार (जम्मू) में अपने-अपने राज्य स्थापित किये। गिरिसेन की 77वीं पीढ़ी में विजयसेन हैं, जो 1901 ई० में गद्दी पर बैठे। क्यूंठल को अपने पड़ौसी सिरमौर और बिसाहर के राजाओं से बराबर लड़ते रहना पड़ा और उसे कभी सिरमौर और कभी बिसाहर के अधीन रहना पड़ा। गोरखा-आक्रमण के समय 1800 ई० में आसपास की 18 ठकुराइयों का क्यूंठल प्रभु था। ये 18 ठकुराइयाँ थीं—कोटी, घूंड, ठियोग, मधान, महलोग, कुठार, कुण्डियार, धामी, ठारोच, संघरी, कुम्हारसेन, रजाना, खरैंटूं, मैली, खलासी, बगरी, दिघथली और घाट। इनमें से पहली चार रियासतें अन्त तक क्यूंठल के अधीन थीं। गोरखा युद्ध के बाद कुछ रियासतें स्वतन्त्र मान ली गईं, और कुछ क्यूंठल में मिल गईं। गोरखों के आक्रमण के समय क्यूंठल के राणा रघुनाथसेन भाग कर सुकेत चले गए, जहाँ उनका पुत्र संसारसेन पैदा हुआ। रघुनाथ वहीं मर गये। अंग्रेजों की विजय के बाद 1814 में संसारसेन अपने राज्य में लौटा। आक्टरलोनी ने युद्ध के खर्च के लिए नजराना माँगा, जिसे न दे सकने पर क्यूंठल ने अपने 16 परगनों में से 8 को अंग्रेजों को दे दिया, जिन्हें बघाट के कुछ हिस्सों के साथ पटियाला से 280000 रुपया नजराना लेकर अंग्रेजों ने पटियाला को दे दिया। बाकी 8 परगने राणा संसारसेन को 6 सितम्बर, 1815 की सनद के अनुसार अंग्रेजों ने दे दिये। पीछे 5 अप्रैल, 1823 की सनद के अनुसार पुनार का प्रायः गैर आबाद इलाका भी उसे दे दिया। 1830 ई० में अंग्रेजों ने क्यूंठल से शिमला बसाने के लिए 12 गाँवों को लेकर उसकी जगह जौनसार-बाबर के पास के रवाई इलाके को दे दिया। शिमला में बिशप काटन स्कूल के लिए ली जाने वाली जगह के बदले 1872 ई० में वकना का परगना अंग्रेजों ने क्यूंठल को दिया। 1857 ई० के विद्रोह में राणा संसारसेन ने बड़ी खैरखाही की, और बहुत-से अंग्रेजों को शरण दी, जिसके लिये राणा को खानदानी राजा की उपाधि तथा मूल्यवान खिलअत दी गई। उसके पुत्र महिन्दरसेन

ने 1862 ई० में बाप के मरने पर गद्दी पर बैठ 19 साल राज्य किया। 1882 ई० में उसके मरने के बाद राजा बलबीरसेन गद्दी पर बैठा, जिसके मरने पर 1921 ई० में क्यूंठल की गद्दी राजा विजयसेन को मिली।

क्येलंग (कुल्लू-लाहुल) : यह कुल्लू-लाहुल का सदर-मुकाम भागा के दाहिने किनारे अवस्थित है। यहाँ डाकघर, डाकबँगला और स्कूल हैं। पहले मोरावियन मिशन-रियों ने यहाँ बहुत सालों तक प्रचार का काम किया था।

खजियार (चम्बा) : अक्षांश 32° 33′, देशान्तर 76° 5′ पर 6300 फुट की ऊँचाई पर यह गाँव डलहौसी और चम्बा की आधी दूरी पर अवस्थित है। पास में एक छोटा-सा 13 फुट गहरा सुन्दर सरोवर है, जिसके किनारे खाजीनाग का मन्दिर है। अप्रैल से नवम्बर तक यहाँ का डाकबँगला खुला रहता है। खजियार चम्बा के सुन्दर स्थानों में है, और मोटर की सड़क हो जाने से वहाँ पहुँचना सुगम है।

खनैती : नारकंडा और बाघी के बीच में सधौच और सूरज के दो इलाकों में बँटी हुई खनैती रियासत थी। सधौच पर्वत श्रेणी के उत्तर तरफ अर्थात् सतलुज की ओर है, और सूरज दक्षिण की ओर गिरी की तरफ। खनैती कुम्हर कुम्हारसेन के राणा-वंश की ही एक शाखा थी। कुम्हारसेन के संस्थापक राणा कीरतसिंह के बारे में हम कह आये हैं। दूसरी परम्परा बतलाती है, कि भंबूराय से कीरतसिंह करंगला (बिसाहर) में कुछ जमीन लेकर बस गया। जब वह मरा, तो रानी गर्भवती थी। वह भी प्रसव के पहले ही मर गई, और जब सतलुज के किनारे उसकी लाश चिता पर थी, तो एक बेटा पैदा होकर नदी में गिर पड़ा, जिसे लोग बचाकर करंगला लाये, और उसका नाम उग्गनचंद पड़ा। भंबू-राय के मरने के बाद उसका राज्य उग्गनचन्द को मिला। इसके तीन पुत्र थे—संसारचंद, सबीरचन्द और जयसिंह। उग्गनचन्द के मरने पर करंगला संसारचन्द को मिला। सबीर और जयसिंह खनैती चले गए, जहाँ वह मिलकर कुम्हारसेन, खनैती, कोटगुरु और कोट-खाई पर शासन करने लगे। अन्त में दोनों भाइयों में किस तरह बँटवारा किया, इसे कोटखाई के प्रकरण में ग्वालिन के वचन के अनुसार हम बतला चुके हैं। सबीरचन्द को खनैती, कोटगुरु और कोटखाई मिली एवं जयसिंह को कुम्हारसेन। सबीरचन्द की छठी पीढ़ी में दुनीचन्द और अहिमलसिंह हुए जिनमें आपस में विवाद हुआ, और अन्त में दुनीचन्द को खनैती का राज्य मिला, और अहिमलसिंह को कोटगुरु तथा कोटखाई का। दुनीचन्द की 13वीं पीढ़ी में ठाकुर अमोघचन्द हुए, जो वर्तमान शताब्दी के आरम्भ में खनैती का शासन कर रहे थे।

खनैती किस तरह कुल्लू और बिसाहर के बीच में पिसता रहा, इसका वर्णन हम पीछे कर चुके हैं। इसकी राजधानी देवरी थी। 1550 ई० में खनैती की गद्दी पर वीर-चन्द था, जिसे हरा कर, बिसाहर ने बहुत-से गाँवों को छीन लिया। उसके उत्तराधिकारी प्रतापचन्द से और भी भूमि बिसाहर ने हड़प ली। गोरखा-आक्रमण के समय खनैती का ठाकुर रसालचन्द बिसाहर भाग गया। गोरखा-युद्ध के बाद 1816 ई० में गवर्नर-जनरल लार्ड मायर ने ठाकुर को राय की सनद दी, और खनैती को बिसाहर के अधीन

माना। 1859 ई० तक भी यह बात विवादास्पद रही कि खनैती स्वतन्त्र रियासत है या बिसाहर के अधीन। अन्त में जनवरी 1860 ई० में विवाद को पूरी तौर से साफ कर दिया गया और खनैती ने बिसाहर राजा को विवाह और गद्दी के समय कुछ कर देना स्वीकार किया। 1858 ई० में खनैती की गद्दी पर ठाकुर सरनचन्द ने बैठकर 30 वर्ष तक शासन किया। 1888 ई० में उसके पुत्र लालचन्द को गद्दी मिली। वह पागल था, इसलिए राजकाज उसके भाई जालिमसिंह के हाथ में रहा।

खसकर : कनौर में चिनी के सामने के पहाड़ों में कैलास के पास यह भी एक पवित्र चोटी है। कहते हैं, किसी-किसी समय इस पहाड़ से गाने की आवाज़ सुनाई देती है। इसमें शक नहीं, कि यह नाम खसों से सम्बन्ध रखता है।

खोक्सर (कुल्लू-लाहुल) : रंगलोई कोठी में यह बड़ा गाँव चन्द्रा नदी के दाहिने किनारे पर है। यहाँ की मातृभाषा तिब्बती है। नदी के बायें किनारे कुछ ऊपर डाक-बँगला है, जहाँ रोटंग जोत (13000 फुट) पार करने के बाद पहुँचते हैं।

गढ़ढेट (कुल्लू) : यहाँ एक पुराना गढ़ है।

गिरिपार : सिरमौर जिले का उत्तरी भाग, जो गिरी नदी के पार है।

गिरिवार : गिरी के इस पार का सिरमौर का इलाका।

गुमा (मंडी) : घोघर धार नामक पर्वतश्रेणी में अवस्थित यह भारत की एक मात्र खनिज नमक की खान रह गई है। यहाँ से बहुत पुराने समय से नमक निकालकर आसपास के इलाकों में भेजा जाता रहा। मंडी-बैजनाथ की सड़क पर मंडी से 29 मील पश्चिमोत्तर 5112 फुट की ऊँचाई पर गुमा अवस्थित है। पहले यहाँ का अलग राणा होता था, जिसे 1400 ई० के आसपास सुकेत के राजा मदनसेन ने हरा कर गुमा के राज्य को अपनी रियासत में मिला लिया। पीछे यह राज्य लस्करी के हाथ में चला गया, और अन्त में राजा नरायणसेन ने इसे मंडी में मिला लिया। राजा सूरजसेन के समय (1623-58 ई०) में कुल्लू के राजा ने इसे छीन लिया था, जिसे राजा सिद्धसेन (1686-1758 ई०) ने पुनः लौटा लिया।

गुङ्रङ् (कुल्लू-लाहुल) : यह गारा (गाहर)-बुकयाल की कोठी में एक गाँव है, जहाँ के लोगों की भाषा बुनान (पुनान) है। यहाँ के ठाकुर की जागीर लाहुल के और ठाकुरों से अधिक बड़ी थी।

गुलेर : यह ग्वालियर (गोपगिरि) का बिगड़ा रूप है। काँगड़ा के इतिहास के वर्णन में हम बतला चुके हैं, कि किस तरह राजा हरिचन्द (1405-15 ई०) हरसर के जंगल में शिकार करते वक्त कुएँ में गिर पड़ा। इसी बीच छोटे भाई के काँगड़ा के सिंहासन पर बैठ जाने के कारण फिर उस गद्दी को न ले उसने गुलेर में अपनी अलग राजधानी बनाई। इस प्रकार 15वीं सदी के आरम्भ में इस रियासत का आरम्भ हुआ था। अपने उत्कर्ष के समय यह पूर्व में गणेशघाटी से पश्चिम में रेह तक और दक्षिण में व्यास से उत्तर में गंगोत और जवाली तक फैली हुई थी। तप्पा-गंगोत को छोड़ कर दातारपुर को लिए सारा वर्तमान हरिपुर परगना गुलेर राज्य में था। कहते हैं, किसी

ग्वाले ने राजा हरिचन्द को उस स्थान को बतलाया, जहाँ पर बाघ और बकरी एक साथ पानी पी रहे थे, वहाँ ही हरिचन्द ने अपनी राजधानी स्थापित की। जगह बतलाने वाले ग्वाले को बलि चढ़ाकर उसके सिर को किले के दरबार में दबा दिया गया। इसी तरह की एक कहावत चम्बा के इलाके में अवस्थित तारागढ़ के किले के बारे में भी कही जाती है, जिसे बनवाते समय 1825-30 ई० के आसपास नूरपुर के राजा जगतसिंह ने तारा नाम के एक किसान की बलि चढ़ाई थी। गुलेर (जिसे हरिपुर किला भी कहते हैं) के किले के अलावा राज्य की सीमा पर मस्तगढ़, कोटला, निहकलानोक, गन्धर्प, रामगढ़ और मानगढ़ के दूसरे किले बनाए गये थे --जिनमें कोटला का बहुत महत्त्व था। ग्वालियर का नाम 'तारिखे-मुबारकशाही', 'तबकात-अकबरी', 'तारीखे-दाउदी' और 'अकबरनामा' में भी आता है। राजा दलीपसिंह के शासनकाल में सम्बत् 1862 (1705 ई०) में लिखे गये गुलेर के इतिहास 'दिलीपरंजिनी' में भी गुलेर का नाम ग्वालियर है। राजा हरिचन्द पहले हरसर में आकर रहा, पीछे वह गुलेर चला गया। उसने बाणगंगा नदी के ऊपर लटकती एक पहाड़ी के छोर पर हरिपुर किले को बनवाया। यह स्थान काँगड़ा जिले में अपनी प्राकृतिक शोभा के लिए बड़ा ही महत्त्व रखता है। पहले यह एक प्राकारबद्ध महल था, लेकिन पीछे सिक्खों ने उसे किले का रूप दे दिया। 1847 ई० में इसके दो दरवाजे तोड़ दिये गये, और 1905 ई० के भूकम्प ने इसे ध्वंसावशेष के रूप में छोड़ दिया। बाणगंगा के बायें किनारे के नजदीकी किले के नीचे की चौरस भूमि में हरिचन्द ने हरिपुर का कस्बा बसाया। दाहिने किनारे पर अवस्थित पुराने गुलेर भी उसका बसाया माना जाता है। हरिचन्द के 15 वें उत्तराधिकारी रामचन्द ने 125 वर्ष के बाद शासन किया। इस प्रकार हरेक राजा का औसत शासनकाल 8 वर्ष का था। इस सारे काल में सिर्फ़ एक बार तारीखे-मुबारकशाही में गुलेर का उल्लेख मिलता है। फीरोजशाह का सबसे बड़ा लड़का शाहजादा नासिरुद्दीन मुहम्मद तुगलक 1488 ई० में दिल्ली से भाग कर पहाड़ों में आया, नगरकोट की ओर जाते वक्त सुकेत और ग्वालियर तक शत्रुओं ने उसका पीछा किया, किन्तु कांगड़ा वालों के प्रतिरोध के कारण उन्हें दिल्ली लौट जाना पड़ा। इस्लामशाह सूर (1545-53 ई०) शेरशाह का छोटा लड़का था, जिसके समय 'तारीखे-दाऊदी' में फिर ग्वालियर का उल्लेख है। इस्लामशाह ने शिवालिक के सभी पहाड़ी जमींदारों (राजाओं) को अपने अधीन कर लिया था। इन्हीं में ग्वालियर का राजा परशुराम भी था, जो इस्लामशाह का बहुत ही भक्त अनुचर था, जिसके लिए इस्लाम उसके साथ बाकी 'जमींदारों' से अच्छा बर्ताव करता था। ग्वालियर से 'काँगड़ा और नगरकोट की ओर जाते समय पहाड़ों में दक्षिण की ओर दाहिने हाथ एक पहाड़ है।' इस्लामशाह ने वहाँ कुछ दिन रह कर कुछ इमारतें बनवाईं। शायद यह उस समय की बात है, जबकि वह नूरपुर के पास मऊकोट बनवा रहा था। इस्लामशाह ग्वालियर वालों की सूरत से प्रसन्न नहीं था, इसलिए उसने पद्य में लिखा था : "मैं कैसे ग्वालियर के माशूकों की प्रशंसा गा सकता हूँ, हजार तरह से भी कोशिश करने पर शायद मैं कभी ऐसा नहीं कर सकता। परशुराम को देखकर मैं नहीं जानता कि कैसे सलाम करूँ,

और मैं घबड़ाकर कह उठा, राम-राम।"

इस्लाम का समकालीन राजा परशुराम शायद गुलेर वंशावलि का राजा रामचंद है, जिसे अकबर ने 1572 ई० में पहाड़ों में विद्रोह को दबाने के लिए भेजा था। उसकी सेना नूरपुर और कोटला होती काँगड़ा की ओर गई। कोटला पहले रामचन्द का था, जिसे धर्मचन्द और उसके पुत्र जयचन्द ने गुलेरियों से छीन लिया था। मुगलों ने सफलता प्राप्त करने के बाद कोटला को गुलेर राजा के हाथ में दे दिया, जो शायद रामचन्द का पुत्र जगदीशचन्द था। जान पड़ता है, काँगड़ा के मुगलों के विद्रोह करने के समय गुलेर राजा ने अपने बन्धुओं का साथ नहीं दिया, जिसके लिए उसे यह पारितोषिक मिला। इसके बाद भी गुलेरी मुगलों का साथ देते रहे। 1594-95 ई० में जम्मू से लेकर सतलुज तक के सारे पहाड़ी राजाओं ने अकबर के खिलाफ विद्रोह किया था, जिसे दबाने के लिए मुगल सेना रावी पार हो पैठान (पठानकोट) और मऊ (मऊकोट) पहुँच ग्वालियर की ओर बढ़ी। ग्वालियर के राजा ने आ कर मुगल सेना के सामने अपनी राज-भक्ति प्रकट की। इससे भी इस बात की पुष्टि होती है, कि गुलेर मुगलों के लिए जयपुर-जोधपुर थे, जबकि काँगड़ा वाले राणा प्रताप का पार्ट अदा कर रहे थे। जगदीशचन्द के बाद विजयचन्द ने पाँच वर्ष तक गुलेरी का शासन किया, फिर कुछ दिनों तक उसके लड़के ने गद्दी सम्भाली, तब विजयचन्द के छोटे भाई रूपचन्द को गद्दी मिली। रूपचन्द गुलेरी राजाओं में बहुत प्रसिद्ध है, वह शायद 1610 ई० में गद्दी पर बैठा। अपने सारे शासनकाल में वह दिल्ली का भक्त रहा। काँगड़ा-किले के मुहासिरे में वह मुगल सेना के साथ था—किले का पतन 26 नवम्बर, 1620 में हुआ था। तुजुक-जहाँगिरी' में लिखा है, "ग्वालियर के राजा रूपचन्द ने काँगड़ा में बड़ी खिदमत की, इसलिए मुख्य दीवान को हुकुम दिया गया कि उसकी जन्मभूमि के आधे इलाके को माफी के रूप में दे दिया जाए, और बाकी आधे को तनखाह-जागीर के रूप में।" यह हुकुमनामा बृहस्पति 26 अज़० 1030 हि० (7 दिसम्बर, 1620 ई०) को लिखा गया था। इसके थोड़े ही समय बाद का उल्लेख है, "राजा रूपचन्द को एक हाथी और एक घोड़े के इनाम से सम्मानित किया गया, और उनने अपनी जागीर में जाने के लिए छुट्टी ली। 1623-24 ई० में फिर ग्वालियर के रूपचन्द को उन अमीरों में गिना गया है जो कि शाहजहाँ (शाहजादा खुर्रम) के भड़काने पर नूरपुर के राजा जगतसिंह की बगावत को दबाने के लिए नियुक्त किए गये थे। शाहजादा खुर्रम इस समय अपने बाप जहाँगीर से बिगड़ा हुआ था। शाही पक्ष से गढ़-वाल-राजा से लड़ने के लिए भी रूपचन्द गया था, जहाँ उसे अपने प्राणों से हाथ धोना पड़ा। शाहजहाँ के शाहजादा रहते समय सम्भवत: गुलेरियों ने उससे बिगाड़ कर लिया था। शायद इसीलिए 1634 ई० में शाहजहाँ ने उनपर चढ़ाई करने के लिए एक सेना भेजी। रसद खतम हो गई थी, सारी छावनी में गड़बड़ी फैली थी, क्योंकि पीछे हटने का एक ही रास्ता था, जिसे गढ़वालियों ने बन्द कर दिया था। सेना हार कर करीब-करीब बिल्कुल नष्ट हो गई, और सेनापति निजाबत खान बड़ी मुश्किल से अपनी जान बचा कर भाग पाया। रूपचन्द तब भी हिम्मत हारने के लिए तैयार नहीं था, और प्रतिरोध करते

ही गढ़वालियों द्वारा मारा गया।

विक्रमसिंह (1661-74 ई०) भी मुगलों का भक्त बना रहा, और उनकी तरफ से यूसुफ ज़ई पठानों के कबीले के लिए भेजा गया। नादौन में नियुक्त एक मुगल अफसर ने मालगुजारी वसूल करते वक्त कुछ गुस्ताखी दिखलाई, तो विक्रमसिंह उससे लड़ पड़ा, जिसके लिए उसे गिरफ्तार करके हसन अब्दाल भेजा गया, जहाँ से पठानों के खिलाफ कार्रवाई करने के लिए पेशावर भेजा गया। इसी संघर्ष में भयंकर रूप से आहत हो, लौटते वक्त चौंतरा में उसका देहान्त हो गया। औरंगजेब ने 25 सौ का मनसब और बहुमूल्य खिलअत प्रदान करके उसे कांगड़ा पहाड़ का थानेदार बनाया था। विक्रम शरीर से बड़ा ही शक्तिशाली था। राजसिंह (1674-95 ई०) ने अपने बाप की जगह गुलेर की गद्दी सम्भवत: 1675 ई० में सँभाली। इस समय लाहौर का नाजिम (उपराज) ख्वाजा रिज़ाबेग था, जो पहाड़ पर अक्सर लूट-मार करके इलाकों पर अधिकार करता था। इससे तंग आकर राजसिंह (गुलेर), राजा छतरसिंह (चम्बा), राजा धीरजपाल (बसोहली) और राजा कृपालदेव (जम्मू) ने मिलकर ख्वाजा का मुकाबिला करके छीने हुए इलाके को लौटा लिया। राजसिंह ने मुगल-अफसरों हुसैन खान (काँगड़ा-फौजदार), अलफखान और मियाँखान (जो भी शायद काँगड़ा के फौज-दार थे) की सेना के अधीनस्थ मुगल सेना को हराकर उनके अत्याचार से मण्डी और कहलूर को बचाया। दलीपसिंह (1688-1730 ई०) ने राजसिंह के मरने पर 1695 ई० में अपने बाप का स्थान लिया। वह 1688 ई० में पैदा हुआ था, और इस प्रकार गद्दी पर बैठा तो सिर्फ 7 वर्ष का था। चम्बा के राजा उदयसिंह को उसका अभिभावक बनाया गया। नाबालिग होने का फायदा उठाकर जम्मू और बसोहली के राजाओं ने जब गुलेर पर आक्रमण किया, तो उदयसिंह ने सीबा, कहलूर और मण्डी की सहायता से आक्रमणकारियों को मार भगाया। किला-काँगड़ा के फौजदार हुसेन खान ने कुछ कटोचों की मदद से गुलेर पर आक्रमण किया, लेकिन उसे गुलेरियों ने विफल कर दिया। गोबर्धन-सिंह (1730-60 ई०) दलीपसिंह के बाद राजा हुआ, जिसने एक घोड़े के लिये जलन्धर द्वाब के राज्यपाल अदीनाबेग खान से झगड़ा कर लिया। लड़ाई में गुलेरी विजयी हुए। इसके बाद प्रकाश (1760-90 ई०) गुलेर का राजा हुआ। मुगल साम्राज्य मौत की घड़ियाँ गिन रहा था, चारों तरफ गड़बड़ी फैली हुई थी। 1758 ई० के आसपास काँगड़ा के राजा घमंडचन्द को गुलेर ने अपना अधिपति मान लिया था। फिर सिक्खों ने 1786 ई० तक अपना प्रभाव रखा, जबकि राजा संसारचन्द का सितारा चमका। इस समय भी कोटला के इलाके को छोड़कर बाकी रियासत गुलेर राजा के हाथ में रही। कोटला का इलाका शायद 1620 ई० से ही मुगलों के हाथ में था, उसी समय जबकि किला काँगड़ा कटोचों के हाथ से निकल गया।

1811 ई० में रणजीतसिंह ने अपनी नीति बरतनी शुरू की, और सबसे पहले गुलेर सिक्ख राज्य में मिला लिया गया। देसासिंह मजीठिया ने इसी साल जाकर एक सप्ताह में कोटला के किले को अपने अधिकार में कर लिया। ध्यानसिंह को द्वाब में

एक जागीर दी गई। 1813 ई० में रियासत का बाकी हिस्सा भी सिक्खों ने ले लिया। रणजीतसिंह ने बड़ी चाल से काम लिया था। उसने गुलेर-राजा को बड़ी सेना जमाकर सिन्ध के किनारे लड़ाई पर भेज दिया, गुलेरी तरुण भारी संख्या में देश से बाहर चले गये। ऐसे समय राजा को लाहौर बुलाया गया। जिस दिन उसे लौटना था, उसी दिन उसे साफ कह दिया गया। राज्य समर्पित कर अब तुम्हें एक जागीर लेकर संतोष करना होगा। राजा के उत्तर की प्रतीक्षा किये बिना देसासिंह को 10 हजार सिक्ख सेना के साथ भेज दिया गया, और बड़ी आसानी से गुलेर की भूमि को खालसा के शासन में कर लिया गया। राजा को पीछे मुक्त कर दिया गया, लेकिन उसने जागीर लेने से इन्कार कर दिया। राजा के जीवनकाल में 22 हजार रुपया सालाना उसके रनिवास के खर्च के लिए दिया गया था। इसी आमदनी की जागीर पीछे गुलेर राजवंश में रही। भूपसिंह 1820 ई० में मरा। उसके बाद शमशेरसिंह अपने मृत्युसमय 1877 ई० तक जागीरदार रहा। अंग्रेजों ने गुलेर की जागीरदारी को बहाल रखा। शमशेरसिंह के बाद उसका भाई राजा जयसिंह (मृत्यु 1884 ई०) और फिर राजा रघुनाथसिंह (मृत्यु 9 मार्च, 1920) गुलेर के जागीरदार रहे। उसके उत्तराधिकारी राजा बलदेवसिंह अपनी जागीर के गाँव नन्दपुर में रहते थे। हरिपुर का किला भी अंग्रेजों ने राजा शमशेर के समय उन्हें लौटा दिया।

गेरह् : यह क्यूँठल की राजधानी थी।

गोंदला (कुल्लू-लाहुल) : लाहुल की यह एक सबसे बड़े जागीरदार की कोठी थी। ठाकुर का मकान पुराने जमाने के किले का एक अवशिष्ट नमूना है। यहाँ स्कूल और डाकबँगला है।

ग्रामं : कनौर में सतलुज की शाखा वांग नदी के बायें तरफ का एक गाँव, जिसे काठगाँव भी कहते हैं। यहाँ भावा परगने का मुख्य देवता महेसरस का लकड़ी का मन्दिर है। मन्दिर बहुत सुन्दर है। वांग नदी स्पिती से सतलुज की ओर आती है।

घुंड : क्यूंठल रियासत में 13 वर्ग मील की यह एक छोटी-सी रियासत थी। इस का संस्थापक गरनोलूमोदी घुंड गाँव में रहता था। ठाकुर-वंश अपने को जयपुर का चन्देल राजपूत कहता था। मूलपुरुष बदरीनारायण की यात्रा से लौट कर गढ़वाल में पहले रामसराय में रहने लगा। फिर वहाँ से बिलासपुर चला आया। उसके पाँच लड़के थे, जिन्होंने पाँच रियासतें कायम कीं। बड़ा मघान का संस्थापक था, तीसरा ठियोग का राणा बना और चौथा जनजनसिंह गरनोलूमोदी का स्थान ले घुंड में बैठ गया। जनजनसिंह की 17वीं पीढ़ी में टिक्का बिशनसिंह थे, जिन्होंने क्यूंठल को नजर नहीं दी, इसलिए ठाकुर की पदवी न पा टिक्का ही रह गये। घुंड में एक ठाकुरद्वारा तथा प्रसिद्ध सिरिगुल देवता का मन्दिर है। विलयन के समय यह रियासत भी हिमाचल प्रदेश का एक अंग बन गई।

चंगो : कनौर के शूवा परगने में हंगो और शेलकर के बीच में यह एक गाँव है, जहाँ तिब्बती भाषा बोली जाती है, जिसे न्यम्-स्कद कहते हैं। यही भाषा सारे नंगरंग

(हंगरंग) इलाके में बोली जाती है, जिसमें निम्न गाँव हैं—चंगो, हंगो, क्यालखर् श्यालखर्, नाको, लियो आदि।

चन्द्रभान (काँगड़ा) : यहाँ काँगड़ा का एक पुराना किला था। चन्द्रभान टीका (गाँव) में अवस्थित है।

चम्बा : चम्बा जिले और पुरानी चम्बा रियासत की राजधानी रावी और साहो नदियों के संगम के पास अक्षांश 32° 33′, देशान्तर 76° 8′ तथा ऊँचाई समुद्र तल से 4000 फुट पर अवस्थित है। पूर्व में शाहमदार पहाड़ है, जिसके ऊपर एक मुसलमानी जियारत है, इसी पहाड़ के दक्षिण की ओर एक बाही रावी की ओर ढलती जाती है। उत्तर में साहो की गहरी घाटी है, पश्चिम में सामने रावी 2000 फुट ऊँची सीधी खड़ी टेकरी के नीचे बहती है। नगर दो सीढ़ियों में बसा है। निचली सीढ़ी में चौगान (घास का एक सुन्दर मैदान, आधा मील लम्बा और 80 गज चौड़ा बिल्कुल समतल जैसा) है, जहाँ पहले खेल हुआ करते थे। 1890 ई० तक यहाँ हॉकी और दूसरे खेल खेले जाते थे। जिनको गोल पत्थर से बने हुए अब भी दिखाई पड़ते हैं। चौगान का यद्यपि चौगान (पोलो) खेल से सम्बन्ध बतलाता है, लेकिन इसके बारे में परम्परा मूक है। चौगान के दक्षिणी छोर पर रेज़ीडेंसी है, जहाँ चम्बा के अंग्रेज प्रभु रहा करते थे।

1885 ई० तक इसे अंग्रेज राजनीतिक अफसर इस्तेमाल करते रहे, पीछे यह गेस्टहाउस (अतिथि-भवन) के रूप में परिणत हो गया, जिसमें 1900 ई० में चम्बा आने पर लार्ड और लेडी कर्जन का स्वागत किया गया था। चौगान से पूर्व की ओर हजारीबाग़, क्लब और टेनिस का आँगन है, और उसके आगे मुख्य बाजार की दूकानों की पाँतियाँ हैं। चौगान के पूर्व तरफ करीब-करीब इसकी आधी दूरी तक रावी नीचे पड़ती है। चौगान दरवाजे के नजदीक डाक-तारघर है, जहाँ से दूकानों की दूसरी पाँती भूरिसिंह-म्यूज़ियम के पास कोतवाली तक चली गई है। इस पाँती और पहाड़ के बीच में कश्मीरी महल्ले के घर हैं। चौगान के उत्तरी छोर पर राजकीय अस्पताल है, जिसके पीछे जंगलात का डाकबँगला और रावी के ऊपर नया अतिथि-भवन है। अस्पताल के उत्तर-पूर्व में ईसाई-मिशन का हाता है, जिसमें दो मिशनघर, एक डिस्पेंसरी और एक गिर्जा है। उपरली बस्ती में राजा के महल दो बड़े-बड़े समूहों में हैं, जिनमें उत्तरी भाग में दरबार-भवन, रहने के घर हैं, और दक्षिणी भाग में 'भेरा' (रनिवास) है। ये मकान नए हैं। सबसे पुराना भाग पश्चिमोत्तर कोने में है, जिसे कन्दचण्डी कहते हैं --इसे राजा उमेदसिंह (1748-64 ई०) ने बनवाया था। नये मकानों पर यूरोपियन प्रभाव है। महल का दरवाजा उत्तर-पूर्व में है, जिसके भीतर घुसने पर पहले बाहरी आँगन है, जिसमें फूल और फौव्वारे लगे हुए हैं। राजा के निवास-स्थान के पास महल के दक्षिण और उससे लगा राजा का यूरोपियन ढंग का बना हुआ महल है। नगर का मुख्य भाग महल से पूर्व और दक्षिण में इसके और शाहमदार पहाड़ के बीच में अवस्थित है। यहाँ पर सरकारी अफसरों और ऊँची जाति के लोगों के निवासगृह हैं। यहीं रंगमहल है, जिसको राजा उमेदसिंह (1748-64 ई०) ने बनवाया था। इसका ऊपरी हिस्सा ईंट का है, जिसे और

पीछे बनाया गया। 1860 ई० के आसपास राजा श्रीसिंह ने इसके दक्षिण भाग को अंग्रेजी ढंग से बनवाया।

चम्बा के संस्थापक राजा साहिलवर्मा के समय सरोता की धार से पानी की नहर लाई गई थी, जो कि शाहमदार पहाड़ी के नीचे नगर में प्रवेश करके कई शाखाओं में बँट जाती है। इसी जगह से राजा जीतसिंह (1794-1808 ई०) की रानी शारदा ने पहाड़ के ऊपर अवस्थित अपने को बलि देने वाली रानी के मन्दिर तक सीढ़ियाँ बनवा दीं। दूसरी सीढ़ियाँ नगर की दक्षिण वाली पर्वत-बाही पर चामुण्डा के मन्दिर तक जाती हैं, जिन्हें राजसिंह (1764-94 ई०) ने बनवाया था। चामुण्डा के मन्दिर से उपत्यका का बड़ा सुन्दर दृश्य सामने आता है। दरोग मोहल्ले में नया डाकबँगला और सिपाहियों की बैरकें जलाखरी गाँव के नजदीक नगर के दक्षिण में अवस्थित है। चम्बा 10वीं शताब्दी में बसा नगर है। यहाँ मुसलमानों की लूटपाट बहुत कम हुई, इसलिए यहाँ के मन्दिरों का बहुत-सा पुराना रूप अब भी मौजूद है। ये पुराने मन्दिर सुन्दर वास्तुकला के नमूने हैं। सबमें कारुकार्य देखा जाता है। यहाँ के मन्दिरों में छः मुख्य हैं, जो कि महल के पश्चिमोत्तर कोने के पास एक समतल भूमि पर पाँती से खड़े हैं, जिनमें से तीन विष्णु के और तीन शिव के हैं। चौगान दरवाजे के पास के हरिराय मन्दिर को लोग ज्यादा पुराना मानते हैं। परम्परा यह भी कहती है, कि उस वक्त रावी की एक छोटी धारा चौगान में हो कर बहती थी, जहाँ मे मन्दिर की सीढ़ियाँ बनी हुई थीं। लेकिन, रावी मानव के पृथ्वी पर आने से बहुत पहले ही चौगान में बहती रही होगी, 10वीं शताब्दी में उसका यहाँ बहना असम्भव है। हजारीबाग के उत्तरी छोर पर चम्पावती मन्दिर है राजा साहिल की कन्या चम्पावती के नाम पर ही नगर बसाया गया था, इसे हम बतला चुके हैं। चम्बा के राजाओं की कुलदेवी यही है। उपरली बस्ती में दो मन्दिर इसी शैली के हैं, जिनमें से बंशी गोपाल महल के पास है, और सीता-राम राजा के निवासस्थान के पास। सरोता नाला के प्रवेश-स्थान में एक और मन्दिर ब्रजेश्वरी या भगवती का है, जिसमें बड़े सुन्दर कारुकार्य किये हुए हैं। ये सभी मैदान के शिखरदार मन्दिरों की शैली के बने हुए हैं। पहाड़ी शैली का एक मन्दिर चामुण्डा (चौंद) का है, जो शाहमदार पहाड़ी की एक छोटी-सी बाही के ऊपर अवस्थित है। राजा साहिल वर्मा (920-40 ई०) के समय की बनी जल-प्रणाली की जगह पर अब नये नलके लग गये हैं, और बिजली भी शहर में लगी हुई है।

यहाँ का मुख्य मन्दिर लक्ष्मीनारायण का है, जिसकी मूर्ति सफेद संगमरमर की है। आजकल जो मन्दिर यहाँ मौजूद है, वह वही नहीं है, जिसे यहाँ पहले-पहल स्थापित किया गया था। राजा प्रतापसिंह ने इस मन्दिर का जीर्णोद्धार किया था, जिसका जिक्र उसके 1582 ई० के दो ताम्रपत्रों में आता है। राजा प्रतापसिंह के ताम्रपत्र के शुरू में लिखा है, "श्रीसंवत् 58 वैशाख प्रविष्टे 9 श्रीवारे नारायन दे देहरे प्रतिष्ठ होई।" जीर्णोद्धार से मतलब यहाँ मन्दिर का फिर से बनाना मालूम होता है। एक ताम्रपत्र में चन्द्रगुप्त मन्दिर का भी जिक्र है। यह एक शिवलिंग वाला मन्दिर था, जिसे चम्बा के

स्थापक नगर के निर्माता साहिल का बनवाया बतलाया जाता है। इन दोनों मन्दिरों के बीच में राधाकृष्ण का एक आधुनिक मन्दिर है, जिसे राजा जीतसिंह की रानी साधा ने बनवाया था। इसकी प्रतिष्ठा विक्रम संवत् 1885 (सन् 1828 ई०) में हुई थी। इस समुदाय के बाकी तीन मन्दिरों में एक गौरीशंकर का मन्दिर है, जिसमें ढाली हुई शिव-पार्वती की सुन्दर मूर्ति है, दूसरे में तीन मुँह का मुखलिंग है, और तीसरा लक्ष्मी-दामोदर का मन्दिर। इन छः मन्दिरों में से तीन विष्णु से सम्बन्ध रखते हैं और तीन शिव से। चम्बा नगर में दो और शिखरदार विष्णु-मन्दिर ठाकुरबाड़ी हैं, जिनमें सबसे पुराना हरिराय का है, जिसमें बहुत सुन्दर कारुकार्य हैं। यह चौगान दरवाजा और एक भद्दे गोदाम के बीच में पड़ने से अपनी शोभा को पूरी तौर से नहीं दिखला सकता है। हरिराय के मन्दिर को सलाकरवर्मा ने बनवाया था। यह 11वीं शताब्दी के एक ताम्र-लेख से मालूम होता है। महल के पास बंशी गोपाल का मन्दिर पीछे बना। राजा बलभद्र के 1595 ई० के ताम्रपत्र में गोपाल मन्दिर की प्रतिष्ठा का जिक्र है, जो शायद यही मन्दिर है।

दो शिखरमन्दिर देवी के हैं, जिनमें वज्रेश्वरी या भगवती का मन्दिर बड़ा ही सुन्दर तथा शहर से बाहर है। दरवाजे के ऊपर छोटे-छोटे अभिलेख सिर्फ उन शिल्प-कारों के नामों को बतलाते हैं, जिन्होंने मन्दिर को बनाया, किन्तु उनसे किसी और बात का पता नहीं लगता। चौगान के उत्तर और चम्पावती के मन्दिर में महिषमर्दिनी दुर्गा की पत्थर की मूर्ति है। इस मन्दिर के आँगन में एकफुटा छोटा-सा मन्दिर है, जिसमें बासुकी नाग और उसके वजीर की मूर्तियाँ रखी हैं। पहले बासुकी का मन्दिर काफी बड़ा था, किन्तु वह 1898 ई० में आग से जल गया। चम्बा में दो प्रकार के मन्दिर हैं — शिखरदार मन्दिर नीचे देश के मन्दिरों की तरह के होते हैं। इनके अतिरिक्त पर्वतीय शैली के भी छोटे-छोटों को छोड़कर 14 से अधिक नहीं हैं, जिनमें 10 नगरों में मिलते हैं। इनकी बनावट बहुत सीधी-सादी है। एक चौकोर चबूतरे पर अनगढ़ पत्थर और देवदार की कड़ियों को मिश्रित करके दीवारें खड़ी कर दी जाती हैं, जिनके ऊपर स्लेट या लकड़ी के तख्तों की ढालुआँ छत लकड़ी के खम्भे के सहारे खड़ी कर दी जाती है। यह छत मन्दिर की प्रदक्षिणा मार्ग का काम देती है। नेपाल जैसे ऊँचे अनेक मंजिलों की छतों वाले मन्दिर चम्बा में भी मिलते हैं। सम्भव है छतराढ़ी जैसे कुछ मन्दिर पहले उस तरह के रहे हों। लेकिन वह चम्बा के अनुकूल नहीं साबित हुए इसलिए उनकी छतें हटा दी गईं। यह कहने की आवश्यकता नहीं, कि इस तरह की छतें चम्बा या दूसरे सर्द मुल्कों में जल और हिमवृष्टि से मन्दिर की अधिक रक्षा कर सकती हैं। देखने में सीधा-सादा होने पर भी दरवाजों, खम्भों और छतों में किये गये इनके सुन्दर कारुकार्य बड़े दर्शनीय हैं।

इस तरह के अपने काष्ठ के कारुकार्यों में अनुपम चम्बा में तीन मन्दिर हैं — ब्रह्मौर में लक्षणा का मन्दिर, छतराढ़ी में शक्ति का मन्दिर और लाहुल के मिरकुल (उदयपुर) में काली का मन्दिर। ये तीनों मन्दिर देवी अथवा शैव-धर्म से सम्बन्ध रखते

हैं। ब्रह्मौर और छतराढ़ी के मन्दिरों में स्थापित पीतल की मूर्तियों में अभिलेख हैं, जिनमें मेरुवर्मा द्वारा उनके स्थापित करने का जिक्र है, और लिपि से उसका काल 700 ई० के आसपास मालूम होता है। मूर्तियाँ और मन्दिर समकालीन मालूम होते हैं। मन्दिर में देवदार की लकड़ी लगाई गई है, जो आग से बच सके, तो बहुत शताब्दियों तक रह सकती है। बारीक कारुकार्य पर मौसम का प्रभाव पड़ा है और लक्षणा मन्दिर के सामने वाला भाग बहुत कुछ नष्ट हो गया है, लेकिन जहाँ उसपर छत है, वहाँ वह अब भी अच्छी हालत में है, शक्ति मन्दिर के सुसज्जित स्तम्भों के बारे में भी यही बात है।

चरी (काँगड़ा) : कोट काँगड़ा के नजदीक यह गाँव है। 1854 ई० में एक मन्दिर की नींव से अभिलेखयुक्त किसी मूर्ति का सिंहासन मिला था, जो पीछे लुप्त हो गया। इस अभिलेख में बौद्धों का प्रसिद्ध श्लोक 'ये धर्मा···' मिला था, जिससे मालूम होता था कि यहाँ कोई बौद्ध-मन्दिर था। सिंहासन में सात वाराहों की मूर्तियाँ उत्कीर्ण थीं, जिससे अंदाज लगता है, कि शायद वज्रयान की वज्रवाराही देवी की यहाँ मूर्ति थी।

चवाई (कुल्लू) : शिमला-कुल्लू की सड़क पर यह बड़ा गाँव है, जहाँ डाकखाना, डाँकबँगला और स्कूल हैं।

चसराल : रोडू तहसील में यह एक गाँव है, जहाँ पर एक प्रसिद्ध सयाना रहता है, जो छिपी निधि को बतलाता है।

चारंग : कनौर में वसपन वस्पा-उपत्यका में व कूनो गाँव के पास यह गाँव है। दोनों का सम्मिलित नाम कुनचारंग भी कहते हैं। यहाँ कनौरी और तिब्बती दोनों भाषायें बोली जाती हैं। चारंग से एक मील पर रंगरितो (रंगरिचो) का प्रसिद्ध मन्दिर है, जहाँ पर बहुत-सी विशाल मिट्टी की बुद्ध-मूर्तियाँ हैं। तिब्बती सीमा यहाँ से नजदीक है। तिनंग नाम की एक छोटी-सी नदी ठंगी गाँव की ओर बह कर फिर रिस्पा गाँव के पास सतलुज में मिलती है। सतलुज-उपत्यका में उसके बायें किनारे पर राय गाँव है।

चिनी : कनौर चिनी तहसील के नाम से मशहूर है। यह प्रसिद्ध गाँव हिन्दुस्तान-तिब्बत सड़क पर है। इसी नाम की तहसील का हेडक्वार्टर है। तहसील का मकान टिक्का रघुनार्थासिंह ने बनाया था। वर्तमान शताब्दी के पहले पाद में यहाँ मोराबियन मिशन काम करता था, जिसकी बनवाई इमारत अब अस्पताल के रूप में परिणत हो गई है। गाँव सतलुज से 1500 फुट की ऊँचाई पर किनारे से प्राय: एक मील ऊपर और समुद्र तल से 9085 फुट ऊँचा है। यहाँ का प्राकृतिक दृश्य हिमालय के सुन्दरतम दृश्यों में है। परले पार हिमालय की हिमश्रेणी है, जो 21000 फुट से अधिक ऊँची है तथा उसके बहुत-से स्थानों पर बराबर बर्फ पड़ी रहती है। इसी श्रेणी में कनौर का कैलास है। चिनी में हाई स्कूल, डिस्पेन्सरी और जंगलात का डाकबँगला हैं।

चिन्तपूर्णी : ऊना तहसील में यह प्रसिद्ध देवी का स्थान है। ऊना तहसील पहाड़ में होने के कारण जलन्धर खण्ड का अंग है। यहाँ चैत और आश्विन के नवरात्रों में मेला लगता है।

चूरीधार : सिरिगुल देवता इसी पर्वत श्रेणी के ऊपर है, जिसकी कथा हम पहले बतला चुके हैं।

चेगं : टुक्पा परगने में यहाँ एक बौद्ध-विहार है। यहाँ दो विचित्र मूर्तियाँ हैं, जिनमें से छोटी बड़ी की गोद में है। छोटी मूर्ति में छोटे बच्चे की तरह के बाल हैं, जो स्वाभाविक-से मालूम होते हैं। पहले तीर्थयात्री लोग बाल नोच ले जाते थे, इसलिये पुजारी ने अब मूर्ति को शीशे में रख रखा है।

चेतरू (काँगड़ा) : काँगड़ा तहसील में इस गाँव के पास एक **बौद्ध-स्तूप** था, जिसे आजकल लोग भीमटीला कहते हैं।

चोगांव : चिनी तहसील के राजगाँव परगने में यह घनी आबादी का एक **गाँव** है, जिसका देवता तृतीय महेसरस है। पहला महेसरस शुंगरा गाँव में रहता है और दूसरा ग्रामंग में। इनकी कथा हमने कनौर-यात्रा में लिखी है।

चौर शिखर : यह चूरचोटी, जिसे चौर-चोटी भी कहते हैं, मध्य-हिमालय की बड़ी चोटियों में है। इसकी ऊँचाई 11982 फुट है। यह बहुत दूर तक दिखलाई पड़ती है। जाड़ों के दिनों में इसकी चोटियों पर बर्फ पड़ जाती है, लेकिन गर्मियों में वह गल जाती है। सारी पहाड़ी देवदार और दूसरे ठंडी जगहों पर पैदा होनेवाले वृक्षों से ढँकी है। ऊपर शिवलिंग है, और जुंगा देवता का भी यह आवास है।

छतराढ़ी (चम्बा) : चम्बा से 24 मील ऊपर अक्षांश 32° 27′, देशान्तर 76° 24′ पर समुद्र तल से 5883 फुट पर अवस्थित यह गाँव है। ब्रह्मौर को सड़क इसके नीचे से जाती है। यहाँ के एक प्राचीन मन्दिर में शक्तिदेवी (काली) की पीतल की मूर्ति है, जिसके अभिलेख से मालूम होता है, कि इसे राजा मेरुवर्मा (700 ई०) ने स्थापित किया था। वास्तुशिल्पी इसका भी वही गुग्गा था, जिसने ब्रह्मौर के मन्दिरों को बनवाया था। कहते हैं, उसने कोठी रनहू के राणा के लिए एक सुन्दर महल बनाया। उसकी तरह का दूसरा महल कहीं बन न जाये, इसके लिए राणा ने उसका दाहिना हाथ कटवा दिया। शक्तिदेवी ने गुग्गा के हाथ को जोड़ दिया, और इसके उपलक्ष्य में गुग्गा ने छतराढ़ी में इस मन्दिर को बनाया। दूसरी परम्परा कहती है, कि गुग्गा मन्दिर को करीब-करीब पूरा कर चुका था, इसी समय वह छत से गिर कर मर गया। छतराढ़ी नामकरण, '36 लाढ़ी' से बतालाया जाता है, लाढ़ी भूमि का एक नाप था। राजा बलभद्र (1589-1641 ई०) ने ताम्रशासन द्वारा इस मन्दिर को भूमिदान दिया था। दुर्गाष्टमी में मणिमहेश सरोवर में मेला लगता है, उसके दूसरे दिन वहाँ से पानी का लोटा लेकर लोग यहाँ पूजा करने के लिए आते हैं, उस वक्त यहाँ भी मेला लग जाता है। शक्तिदेवी का सुन्दर मन्दिर पर्वतीय शैली का है, जो उसी काल में बना, जिस समय ब्रह्मौर का लक्षणा मन्दिर। इसका बाहरी दरवाजा पीछे का मालूम होता है, दीवारों पर के भित्तिचित्र बहुत भद्दे और हाल के बने हुए हैं। भीतरी दरवाजे का कारुकार्य लक्षणा मन्दिर जैसा ही है। यहाँ पर भी प्रवेश द्वार के ऊपर एक-एक तरफ चार-चार उड़ते गन्धर्वों की मूर्तियाँ हैं। केन्द्र में दो मूर्तियाँ एक मुकुट को लिए हुए हैं, बाकी 6

मूर्तियों में प्रत्येक के साथ अपने साथी के नितम्ब पर बैठी एक-एक मूर्ति है। इसके नीचे 13 पद्मासनवाली मूर्तियाँ हैं, जिनमें सूर्य, चन्द्र, मंगल, बुध, बृहस्पति, शुक्र, शनि, राहु और केतु नौ ग्रहों की मूर्तियाँ हैं। राहु को धड़ रहित सिर के रूप में दिखलाया गया है। मोहिनी के रूप में विष्णु ने देवों और असुरों के बीच पंच बनकर छल से अमृत देवताओं को और मदिरा असुरों को पिलाना चाहते थे। राहु ने चालाकी समझ ली, और वह देवताओं की पंक्ति में जा बैठा। पता लगते ही विष्णु ने उसका सिर धड़ से अलग कर दिया, लेकिन वह अमृत पी चुका था, इसलिए एक ही जगह राहु और केतु के रूप में उसका सिर और धड़ दो अमर व्यक्तित्वों में बँट गया। नौ ग्रह की मूर्तियों के अतिरिक्त चारों दिग्पालों की भी यहाँ मूर्तियाँ हैं। चौखट के साथ प्रवेश द्वार के दोनों तरफ खड़ी मूर्तियों की दो पंक्तियाँ हैं, जिनमें शिव के गण भी अंकित हैं। खड़ी मूर्तियों में 6 मुँह वाले षडानन (कार्तिकेय) को उनके वाहन मोर के साथ देखा जा सकता है। इन्द्र हाथ में वज्र लिए अपने ऐरावत के साथ खड़े हैं। बायीं ओर चार भुजा वाले ब्रह्मा हैं, जिनके हाथों में माला, कुम्भ और एक जोड़ा हंस हैं। भीतरी पंक्तियों में प्रत्येक में चार-चार मूर्तियाँ हैं। बायीं ओर तीन मुँह वाले विष्णु हैं, जिनके अलग-बगल वाले मुँह सिंह और वराह के हैं। दूसरी मूर्ति महिषमर्दिनी दुर्गा की है। सबसे नीचे वाली दो मूर्तियाँ गंगा-जमुना की हैं। दरवाजे के ऊपरी कोनों में तक्षधर नागों की मूर्तियाँ वैसी ही हैं, जैसी कि लक्षणा मन्दिर में। काष्ठ पर सुन्दर कारुकार्य यहाँ अद्भुत और विविध ढंग का है।

जगतसुख (कुल्लू) : 6000 फुट की ऊँचाई पर नगर से 8 मील पर यह अवस्थित है। यहाँ पहले कुल्लू की राजधानी रही। यहाँ कितने ही अभिलेख मिले हैं, पास ही नस्त के ध्वंसावशेष हैं, जहाँ कुल्लू वंश की पुरानी राजधानी रही।

जंगी : कनौर में रारंग गाँव से 10 मील आगे हिन्दुस्तान-तिब्बत सड़क पर यह गाँव है। यहाँ के पहाड़ों में जीरा पैदा होता है। तिब्बत के साथ व्यापार यहाँ के लोगों की जीविका का एक मुख्य अंग है। यहाँ के लोगों के बारे में कहावत है —'जंगपा मी मा नार्श, बोत बोटी, खोला जस् मा नार्श। फतेगार्शिग मा नार्श, लोवा श्या मा नार्श।' अर्थात् जंगी के आदमी आदमी नहीं हैं, भुना सत्तू और पानी वाला दही खाना नहीं है, लकड़ी का टुकड़ा इंधन नहीं है और न फेफड़ा मांस।' यहाँ के देवता का नाम ग्यंगमाग्युम है।

जतोग : शिमला के पश्चिमी छोर से दो मील पर अंग्रेजों के समय की यह गोरा छावनी शिमला पहाड़ की श्रेणी के एक भाग पर बसा हुआ है। इसे 1843 ई० में अंग्रेजों ने धुर्राई और टोहाल नाम के दो गाँव तथा 1921 रुपया देकर लिया था। यहाँ से पुरानी कालका-शिमला की सड़क दिखाई देती है। पहले यहाँ गोरखा सेना रखी गई थी। पीछे यहाँ गोरे सैनिक गर्मियों के दिनों में रहने लगे।

जसवान (राज्य) : इस नाम का राज्य वर्तमान होशियारपुर जिले में अवस्थित शिवालिक और हिमालय के बीच के जसवान दून के उर्वर इलाके में था। 1070 ई० में कटोचवंशी पूर्वचन्द ने इसकी स्थापना की थी। कटोच वंश की यह सबसे पहली शाखा

थी, जिसने अलग रियासत कायम की। हो सकता है, पहले यह राजकुमार को जागीर के तौर पर दी गई हो, पीछे मुसलमानों के आक्रमणों के समय वह स्वतन्त्र हो गया। राजपुरा जसवान की राजधानी है। जसवान के कटोच जसवाल के नाम से मशहूर हैं। अकबर के समय से दूसरी पहाड़ी रियासतों की तरह जसवान रियासत भी मुगलों के अधीन रही। 1572 ई० में, जब काँगड़ा के राजा जयचन्द को पकड़ कर दिल्ली भेजा गया, तो उसने अपने नाबालिग पुत्र विधिचन्द को जसवान के राजा गोविन्दचन्द के हाथ में सौंप दिया। गोविन्दचन्द ने मुगल सेना का जबर्दस्त प्रतिरोध करते हुए किले की रक्षा की। इसी समय मुगल मिर्जाओं के विद्रोह के कारण बादशाही सेना कुछ नजराना लेकर किला छोड़कर चली गई, और जसवान राजा का यश बढ़ा। जान पड़ता है, गुलेरी कटोचों की तरह का रास्ता जसवान कटोचों के नहीं अपनाया, और वह काँगड़ा के चरण-चिह्न पर चलते थे। अकबर के 13वें राज्यवर्ष (1588-89 ई०) में गोविन्दचन्द के पोते अनिरुद्धचन्द ने काँगड़ा के राजा विधिचन्द का विद्रोह में साथ दिया, जिसमें चिनाब से सतलुज तक की सभी पहाड़ी रियासतें शामिल हुईं। लेकिन, पीछे उन्होंने अधीनता स्वीकार की, और अकबर ने सम्मानपूर्वक उनके इलाकों को लौटा दिया। 1894-95 ई० के विद्रोह में भी जसवान-राजा शामिल हुआ था, और मुगल सेना उसे दबाने के लिए पहाड़ों-पहाड़ जमुना से सतलुज की ओर आई। सभी विद्रोही रियासतों ने अधीनता स्वीकार की। 'अकबरनामा' में इसके बारे में कहा गया है, "सभी जातियों में सेनावाले जमींदार जसवालों के साथ निबटना था। लेकिन, जब उन्होंने बादशाही सेना के आने की खबर सुनी और जमींदारों (पहाड़ी राजाओं) के इलाके के कम होने की बात सुनी, तो सफलतापूर्वक प्रतिरोध करने की आशा उसके मन से जाती रही, और उन्होंने झुककर अधीनता स्वीकार की।" इसके बाद जसवान की कोई बात मुस्लिम इतिहासकार नहीं लिखते, जिसका अर्थ यही है, कि रियासत ने मुगलों के अधीन रहने में ही खैरियत समझी। मुगल-शक्ति के ह्रास होने पर जसवान सिक्खों के अधीन हुई और 1786 ई० में काँगड़ा नरेश संसारचन्द की प्रभुता सारे पहाड़ पर छा जाने पर यह भी उसी के अधीन हो गयी। यद्यपि जसवान भी उसी कटोच वंश के थे, लेकिन संसारचन्द ने इसका कोई ख्याल नहीं किया, और बहुत सताये जाने पर दूसरे पहाड़ी राजाओं से मिलकर जसवान ने भी गोरखों को काँगड़ा पर आक्रमण करने का निमंत्रण दिया। इस समय उमेदसिंह जसवान का राजा था। काँगड़ा-किले पर रणजीतसिंह का अधिकार हो जाने तथा 1809 ई० में गोरखों के हट जाने पर राजा ने रणजीतसिंह की अधीनता स्वीकार की, और अन्त में 1815 ई० में रियासत को सिक्ख राज्य में मिला लिया गया। उसी साल के शरद में रणजीतसिंह ने अपनी सभी सेनाओं, अफसरों और करदों को स्यालकोट में जमा होने के लिए हुकुम दिया, और हरेक पहाड़ी राजाओं को अपनी सेना सहित वहाँ अवश्य आने के लिए कहा। नूरपुर और जसवान के राजाओं ने इस आदेश को नहीं माना, इस पर उनके ऊपर इतना अधिक जुर्माना किया गया, जिसे वह अदा नहीं कर सकते थे। राजा उमेदसिंह ने चुपचाप अपने राज्य को रणजीतसिंह के हाथ में देना ही अच्छा समझा,

और 12000 वार्षिक की जागीर प्राप्त कर अपने 800 वर्ष पुराने राजवंश को खतम कर दिया। 1848 ई० के द्वितीय सिक्ख-युद्ध में उमेदसिंह ने अंग्रेजों के खिलाफ भाग लिया, पीछे वह और उसका पुत्र जयसिंह पकड़कर कुमाऊँ (अल्मोड़ा) भेज दिए गए, जहाँ उनकी मृत्यु हुई। इसके कुछ समय बाद जम्मू के महाराजा गुलाबसिंह के कहने पर राजा जयसिंह के पुत्र राजा रणसिंह को अपने लड़के रघुनाथसिंह का ब्याह गुलाबसिंह की पोती से करने के लिए लौटने दिया गया, और उसे जम्मू में रामकोट की जागीर दी गई। उसने वहीं अपना निवासस्थान बनाया। 1877 ई० में जम्मू-कश्मीर के महाराजा रणवीरसिंह के कहने पर अंग्रेजों ने राजा रणसिंह को जसवान की जागीर लौटा दी, जिसमें जसवान दून के 21 गाँव थे, और जिन पर राजा उमेदसिंह का पहले अधिकार था। अम्ब का राजोद्यान और राजा उमेदसिंह का राजपुरा का महल भी लौटा दिया गया। रणवीरसिंह की मृत्यु 1892 ई० में हुई, जिसके बाद जागीर रघुनाथसिंह को मिली, जो 1918 ई० में मरा। उसकी जगह उसका नाबालिग पुत्र लक्ष्मणसिंह जागीरदार हुआ, जो कभी अम्ब (जसवान) और कभी रामकोट (जम्मू) में रहता था।

जुंगा : क्यूंठल रियासत की यह पहले तहसील थी।

जुब्बल : शिमला की रियासतों में 285 वर्गमील की यह एक छोटी-सी रियासत थी, जो विलयन के बाद हिमाचल प्रदेश का एक अंग बन गई। यह सिरमौर, बिसाहर और जौनसार-बाबर के बीच में पड़ती है। कूपर टिब्बा (11006 फुट), कंचू टिब्बा (11358 फुट) और चौर चोटी (11966 फुट) जुब्बल के भीतर या उसके आसपास हैं। जुब्बल राज्य का इतिहास सिरमौर के राजा उगरचन्द से शुरू होता है। उगरचन्द का ग्रीष्म-निवास हाटकोटी से ऊपर जुब्बल के उत्तर में सोनपुर में था। हाटकोटी हिमाचल प्रदेश के बहुत पवित्र और महत्त्वपूर्ण स्थानों में है। यहाँ मुख्य मन्दिर देवी का है, और वहीं एक छोटा-सा मन्दिर शिव का भी है। शायद हाटकोटी पहला स्थान है, जहाँ पहले-पहल ब्राह्मणों ने बस कर यहाँ के लोगों में अपना प्रभाव बढ़ाया। आसपास बहुत टूटे-फूटे मन्दिरों के अवशेष मिलते हैं। लोग कहते हैं, कि पहले देवता चौपड़ों (झोपड़ों) में रहते थे, फिर बौद्धों को हटा कर शंकराचार्य ने यहाँ मन्दिर बनवाये। राजा उगरचंद एक बार जल्दी-जल्दी में सोनपुर छोड़ कर अपनी राजधानी सिरमौर ले गये, और अपनी रानी को हाटकोटी के प्रमुख ब्राह्मण मीरभाट के सिपुर्द कर दिया। और कहा, कि लौट कर वह जो कुछ माँगेगा दे कर अपनी रानी को लौटा ले जायेगा, लेकिन राजा नहीं लौटाने आया। सिरमौर के प्रकरण में हम बतला आये हैं, कि किस तरह रस्सी पर नदी पार कराने वाली स्त्री को आधा राज्य देने का वचन देकर धोखे से रस्सी काट कर मरवा दिया गया था। उसने शाप देकर सिरमौर को नष्ट कर दिया, यह भी हम बतला आये हैं। राजा भी उसी बाढ़ में अपनी राजरानी के साथ मर गया। इस पर मीरभाट ने रानी को अपनी स्त्री बना लिया, और देवी की जागीर के बहुत-से इलाके को अपने हाथ में कर लिया। इस जागीर में बिसाहर की 1500 वर्गमील जमीन, जुब्बल में धार और बहराल और पंजगाँव और रवाई, ककरैहर, बतार, कटासू और

सावीरवाई थे। उग्गरचन्द से रानी का बेटा करमचन्द था, पीछे मीरभाट से उसके मूलचन्द और दुनीचन्द दो लड़के हुए। मीरभाट के मरने पर देवी की जागीर तीनों ने बाँट ली। करमचन्द ने उस भाग को पाया, जो अभी जुब्बल में है, मूलचन्द ने सैरी को और दुनीचन्द ने बाकी भाग को। करमचन्द ने वर्तमान जुब्बल राजवंश को स्थापित किया। मूलचन्द ने सैरी को, जो पीछे नष्ट हो गया और दुनीचन्द ने रवाई को। मीरभाट के अपनी पहली ब्राह्मण-स्त्री से जो पुत्र हुए, वह हाटकोटी की देवी के पुरोहित हुए। करमचन्द की पहली राजधानी सोनपुर थी, फिर वह उसे जुब्बल ले गया। करमचन्द के समय बहुत छोटे-छोटे ठाकुर थे, जिन्हें खतम करके उसके उत्तराधिकारी अमरचन्द ने अपनी शक्ति बढ़ाई। उसके बाद उसका पुत्र तरसेमचन्द, फिर उसका पुत्र कीर्तिचंद गद्दी पर बैठा।

कीर्तिचन्द के बाद भागचंद राजा हुआ। उसने बहुत-सी ठकुराइयों को नष्ट करके अपने राज्य का विस्तार किया। गढ़वाल राजा ने उसके मनसूबे को देख कर चढ़ाई की, और राणा को बन्दी बना लिया। बन्दी रहते समय गढ़वाल की राजकन्या से उसका प्रेम हो गया। कन्या के गर्भवती होने पर राजमाता ने उसे मुक्त करने का वचन दे कर ब्याह करने के लिए कहा। लेकिन, भागचन्द ने इन्कार कर दिया, और किसी तरह भाग कर जुब्बल पहुँचने में सफल हुआ। गढ़वाल की राजरानी ने अपनी लड़की के साथ ऐसे बर्ताव को न सहन करके आत्महत्या कर ली। वह सिरमौर की कन्या थी। उसने जब आत्महत्या कर ली तभी अपने मैके भागचन्द से बदला लेने के लिए सन्देश भेजा था। सिरमौर की सेना ने आक्रमण किया, लेकिन मरने से पहले भागचन्द को जीवित नहीं पकड़ सके। उसका उत्तराधिकारी नरायनचन्द भी सिरमौरियों के हाथ नहीं आया। पीछे नरायनचन्द पकड़ कर बन्दी बना जुब्बल भेज दिया गया, जहाँ वह मर गया। नरायनचन्द का पुत्र रूपचन्द ने सिरमौर की अधीनता स्वीकार कर ली। उसके पुत्र टेकचन्द ने फिर सिरमौर से विद्रोह शुरू किया। टेकचन्द के बाद गुरचन्द गद्दी पर बैठा, जिसने जुब्बल को छोड़कर देवराहा में अपनी राजधानी बनाई। जुब्बल धीरे-धीरे नष्ट हो गया।

आगे हुकुमचन्द भी बिसाहर, गढ़वाल और सिरमौर से लड़ता-भिड़ता रहा। हुकुमचन्द के बाद उसका भाई परशुचन्द गद्दी पर बैठा। परशू के मरने पर वजीर मियाँ काचरू ने राणा पूरनचन्द के अधिकार को हड़प लिया, जबकि बाप के मरने पर वह नाबालिग था। सिरमौर के राजा ने पूरनचन्द की मदद की, तो वजीर ने बिसाहर से सहायता माँगी। मियाँ काचरू सिरमौर की सेना की रसद नहीं जुटा सका, इसलिए वह उसका साथ छोड़ कर चली गई, और वजीर ने अपनी शक्ति पुनः स्थापित नहीं की। पूरनचन्द के समय गोरखों ने जुब्बल पर आक्रमण किया। गोरखों के हटने पर 18 नवम्बर, 1815 की सनद द्वारा अंग्रेजों ने पूरनचन्द को जुब्बल का राणा स्वीकार किया। उसके मरने पर उसका लड़का नाबालिग करमचन्द गद्दी पर बैठा। बाप-बेटे दोनों के समय अंग्रेज सरकार ने शासन-व्यवस्था अपने हाथ में ले ली थी। करमचंद 1877 ई० में चौपाल में मरा, और उसका

लड़का पदमचंद गद्दी पर बैठा। छोटे लड़के गम्भीरचन्द को दो हजार सालाना की जागीर मिली। पदमचन्द के समय में शासन में बहुत सुधार हुआ। इसी समय हाटकोटी मन्दिर और उसकी जमीन के लिए बिसाहर, जुब्बल और खाई में झगड़ा चला, जिसका निपटारा 1899 ई० तक नहीं हो सका। 1896 ई० में अंग्रेजों ने रवाई और ढाड़ी की छोटी रियासतों को जुब्बल को अर्पित किया। लेकिन यह अधीनता प्रतिवर्ष कुछ नजराना देने-भर की थी, नहीं तो दोनों रियासतों के ठाकुर स्वतन्त्र थे। 1898 ई० में पदमचन्द के मरने के बाद उसका पुत्र ज्ञानचन्द गद्दी पर बैठा, तो वह नाबालिग था। इस समय खानदानी वजीर भगवानदास राजकाज सँभालता रहा, जिसका रानी और गंभीरचन्द से विरोध हो गया। गम्भीरचन्द ने वजीर को मारने की कोशिश की थी। सुप्रिंटेंडेण्ट के द्वारा जाँच करने पर गम्भीरचन्द को अपनी जागीर में जाने के लिए कहा गया, पर वह जागीर में जाने की जगह कपूरथला चला गया, जहाँ कपूरथला के टिक्का से अपने लड़के की मँगनी की। इस पर उसे जाति से निकाल दिया गया। राजा ज्ञानचन्द और उसके भाई गम्भीरचन्द दोनों ने लाहौर के चीफ कालेज में शिक्षा पाई थी। 1899 ई० में ज्ञानचन्द को बाकायदा गद्दी दी गई। वजीर भगवानदास 1902 ई० में मर गया, और अंग्रेजों ने शासन-कार्य चलाने के लिए मियाँ दुर्गासिंह को नियुक्त किया।

जुब्बल की वंशावलि के बारे में यहाँ जो कहा गया है वह जुब्बल की परम्परा के अनुसार है। सिरमौर की परम्परा बतलाती है, कि गिरी की बाढ़ में जो राजा मरा था, वह उग्गरसिंह नहीं, बल्कि मदनसिंह था, और जुब्बल के राणा सिरमौर के वंशज नहीं हैं। सिरमौर के राजा जगत प्रकाश (1366-82 ई०) ने जुब्बल को अधीनता स्वीकार करने के लिए मजबूर किया। गोरखा-युद्ध में अंग्रेजी सेना के साथ रहने वाले मिस्टर फ्रेजर ने अपनी पुस्तक 'हिमाला मौटेंस' में लिखा है, कि जुब्बल हमेशा अपने पड़ोसी शक्तिशाली राजाओं के अधीन रहता था, अधिकतर सिरमौर के अधीन, किन्तु कभी-कभी बिसाहर और गढ़वाल के अधीन भी। फ्रेजर ने राणा पदमचन्द को बहुत दुबला-पतला बीमार-सा तरुण लिखा है। उस समय रियासत का राजकाज दंगी वजीर और अहलकार प्रेमू के हाथ में था। दंगी को गोरखों ने उसकी जगह पर बहाल कर रक्खा था। अंग्रेजों की सफलता को देखकर भी दंगी ने तब तक अपने को अंग्रेजों का तरफदार घोषित नहीं किया, जब तक कि चौपाल किले की गोरखा सेना ने 3 मार्च, 1895 को आत्मसमर्पण नहीं किया। फ्रेजर के अनुसार दंगी काफी समझदार आदमी था। चौपाल के पतन के बाद बिसाहर के वजीरों से मिल कर दंगी ने राइनगढ़ के मुहासिरे में भाग लिया, जहाँ फ्रेजर ने उसे देखा। वह हिन्दुस्तानी ढंग से कपड़ा पहने एक बड़ा मजबूत-लम्बा-चौड़ा सबल आदमी था। उसके साथ बहुत-से सैनिक अनुचर थे। उसके सामने उसका मालिक जुब्बल-राणा नगण्य था।

जैतक : सिरमौर में कियारदार दून से ऊपर नाहन से 5 मील पर उत्तर-पूर्व एक खड़ी पहाड़ी पर यह प्रसिद्ध किला है। गोरखा-युद्ध के समय (1814 ई० में) इसमें 2200 गोरखा सैनिक रहते थे। 1700 अंग्रेजी पलटन ने जैतक के दुर्ग पर अपनी तोपों

को लेकर आक्रमण किया, लेकिन उन्हें सफलता नहीं मिली और बहुत मुकाबले के बाद अगले साल ही अंग्रेज इस पर अधिकार कर सके। जंतक की ऊँचाई 4854 फुट है।

जोआली (काँगड़ा) : यहाँ एक पुराना गढ़ है।

ज्वालामुखी (काँगड़ा) : अक्षांश 31° 52′ और देशान्तर 76° 21′ पर 1958 फुट की ऊँचाई पर यह प्रसिद्ध मन्दिर व्यास की उपत्यका में अवस्थित है। पहाड़ के गर्भ से हलकी-सी गैस निकलकर बराबर जलती रहती है, जिसके कारण इसका 'ज्वालामुखी' नाम पड़ा, वस्तुतः यहाँ इसी का नहीं, बल्कि सारे ज्वाला निकालने वाले पहाड़ों का यह नाम है। पौराणिक परंपरा बतलाती है, कि यह ज्वाला उसी जलन्धर राक्षस के मुँह से निकलती है, जिसके कारण ही हिमालय के इस खण्ड का नाम जलन्धर खण्ड पड़ा। ज्वालामुखी का मन्दिर बहुत पुराना नहीं है। इसकी सुनहली छत और चाँदी के पत्रों वाला दरवाजा सुन्दर है। दरवाजे को सिक्ख राजा खड्गसिंह ने प्रदान किया, और सुनहली छत को 1815 ई० में महाराजा रणजीतसिंह ने बनवाया। ज्वालामुखी के आसपास एक गाँव में पुरानी बस्ती के अवशेष मिलते हैं, जिससे मालूम होता है कि नगर पहले दूर तक फैला था। मन्दिर के भीतर 3 फुट गहरा एक वर्गाकार गड्ढा है। मुख्य छिद्र के चारों तरफ पत्थर को कुछ गढ़ दिया गया है। जरा-सा आग दिखलाने पर ज्वाला बल उठती है। इस गड्ढे के कई छिद्रों से गैस निकलती रहती है, जो धीरे-धीरे जमा होती है। भक्तों के आने पर पुजारी घी से ज्वाला को कायम रखते हैं। मन्दिर में कोई मूर्ति नहीं है, और धरती से निकलने वाली ज्वाला को ही ज्वालामाई समझा जाता है। कहते हैं, ज्वालामाई का मुँह यहाँ पर और उनका धड़ भवन (काँगड़ा) में है।

मन्दिर के पास काफी सम्पत्ति है, जिसके मालिक यहाँ के भोजकी पण्डे हैं। कटोच-राजा मन्दिर की आमदनी के बड़े भाग को तुरन्त स्वयं ले लेते थे। मुस्लिम काल में यहाँ प्रति आदमी एक आना जजिया कर लगाया जाता था। आश्विन की नवरात्र (सितम्बर-अक्तूबर) महीनों में बड़ा मेला लगता है, जिसमें 50 हजार से अधिक आदमी आते हैं। दूसरा मेला चैत के नवरात्र (मार्च) में होता है। ज्वालामुखी के पास वाले भूभाग में छः तप्तकुण्ड हैं।

ठाणेदार : कोटगढ़ का यह मुख्य बाजार है, और यहाँ स्कूल, अस्पताल, डाकबँगला तथा रेलवे आउट एजेंसी हैं। कोटगुरु का सारा इलाका आजकल अपने सेबों और नाखों के लिए मशहूर है, जिसके प्रचार का श्रेय श्री सत्यानन्द स्टोक्स को है, जिन्हें अब भी लोग बड़े इज्जत से याद करते हैं। कोटगढ़-ठाणेदार शिमला से 50 मील पर है।

ठारोच : 75 वर्गमील की यह छोटी-सी रियासत टौंस और पब्बर नदियों के पश्चिम शिमला से प्राय: 40 मील पूर्व है। इसकी उत्तरी सीमा पर कंचू और चाचपुर के बीच में एक चोटी 11000 फुट ऊँची है। चाचपुर की चोटी से रियासत की सीमा कष्टागाड है, जो जा कर पब्बर में मिलती है। ठारोच को सिरमौर राजा ने किशनसिंह को दे दिया। वही यहाँ पहला ठाकुर था। इसकी 24वीं पीढ़ी में ठाकुर सूरजसिंह हुआ, जो

13 जुलाई, 1902 में अपने बाप केदारसिंह के मरने पर गद्दी पर बैठा। गोरखों पर विजय प्राप्त करके जब पहाड़ों पर अंग्रेजों का शासन शुरू हुआ, तो करमसिंह ठारोच का ठाकुर था। करमसिंह के मरने पर उसके भाई झोबू को 1819 ई० की सनद द्वारा अंग्रेजों ने ठाकुर माना। पीछे करमसिंह के पुत्र रणजीतसिंह ने 1818 ई० में गद्दी का दावा किया, जिसे 1843 ई० में अंग्रेजों ने स्वीकार कर लिया। 1877 ई० में रणजीतसिंह के मरने पर उसका पोता केदारसिंह ठाकुर बना। 13 जुलाई 1902 में इसके मरने पर उसका नाबालिग पुत्र सूरजसिंह ठारोच का ठाकुर हुआ। 1948 ई० में ठारोच रियासत हिमाचल प्रदेश में विलीन हो गई।

ठियोग : यह क्यूंठल की जैलदार (अधीन) रियासत थी, जो केवल 144 वर्ग-मील की थी। ठाकुर की राजधानी ठियोग शिमला से नारकण्डा जाने वाली मोटर-सड़क पर यह है। ठियोग का ठाकुर-वंश घुंड और मधान से मिलता है। ठाकुर के सैंज, पराला और शाली में अच्छा नया बाजार और महल हैं। सैंज और पराला गिरी नदी के दाहिने किनारे पर एक-दूसरे से दो मील पर है। शाली ठियोग डाकबँगले के सामने के पहाड़ पर है। हिन्दुस्तान-तिब्बत सड़क यहाँ से होकर जाती है। 1947 में अंग्रेजों के जाने पर ठियोग के ठाकुर ने अपने को परम स्वतन्त्र परमभट्टारक घोषित करने का अभिनय किया था।

डगशाई : कसौली से 10 मील उत्तर-पूर्व में यह एक अंग्रेजों की सैनिक-छावनी थी। डब्बी, बघटियाला, डगशाई, चुनावग और जावग के पाँच गाँवों से मिलकर बनी थी। महाराजा-पटियाला ने 1845 ई० में बिना किसी हरजाने के इन गाँवों को अंग्रेजों को छावनी बनाने के लिए दे दिया। शिमला से यह दक्षिण की तरफ है। इसका सबसे ऊँचा पहाड़ी स्थान 6087 फुट ऊँचा है। सैनिकों के रहने के लिए बहुत-से बैरक और बँगले बने हुए थे। नाहन से भी इसका सड़क द्वारा सम्बन्ध है, जो यहाँ से 40 मील दक्षिण-पूर्व में है।

डबलिंग : कनौर-चिनी तहसील में तिब्बती सीमा के पास सतलुज के बायीं ओर यह व्यम् लोगों गाँव है। यहाँ के लोगों की भाषा तिब्बती है। देवता का नाम डबला है।

डलहौसी : गोरखा-युद्ध के बाद से हिमालय के ठंडे स्थानों में अंग्रेजों ने अपनी विलास-पुरियाँ स्थापित करनी शुरू कीं, और थोड़े ही समय बाद दार्जिलिंग, मसूरी, शिमला बसे। 1851 ई० में अंग्रेजों का ध्यान इस पहाड़ी स्थान की ओर गया। इसी साल अंग्रेजों ने चम्बा से इस भूमि को माँगा। रियासत भला इन्कार कैसे कर सकती थी। कर्नल नेपियर (पीछे मगदाला का लार्ड नेपियर) ने धौलाधार के पश्चिमी छोर पर एक जगह पसन्द की। 1853 ई० में कटलाघ, पोतराई, तेराह, बकरौता और भाँगर को वार्षिक कर में दो हजार रुपये की कमी करके चंबा से अंग्रेजों ने ले लिया। इन गाँवों में स्थापित होने वाली पुरी का नाम डलहौसी रक्खा गया। 1866 ई० में बालून अधित्यका को गोरों की छावनी के लिए, और गोरखा-छावनी के लिए बकलोह को भी ले लिया

गया। इनके लिए कर में से 5 हजार रुपया और कम कर दिया गया। इसके बाद और भी कितनी ही उपयुक्त भूमियों को लेकर चंबा के वार्षिक कर में कमी करके 12 हजार की जगह चंबा को 3800 सालाना कर देना पड़ा।

डेरा-गोपीपुर (काँगड़ा) : काँगड़ा की यह तहसील 495 वर्गमील की है, जिसमें 145 गाँव हैं। डेरा-गोपीपुर, हरिपुर, ज्वालामुखी यहाँ के कस्बे हैं।

ढलियारा (कुल्लू) : भलाणा कोठी के इस गाँव में एक पुराना किला है।

ढालपुर (कुल्लू) : कुल्लू शहर के तीन मोहल्लों में से एक है, जहाँ बाजार है।

ढुंगरी (कुल्लू) : इस गाँव की हिरमादेवी कुल्लू की एक प्रसिद्ध देवी है।

तत्तापानी : शिमला के पास यह गरम पानी का चश्मा हिमाचल प्रदेश के रिवालसर, बरोट, खजियार (चम्बा) और रेणुका-सिरमौर जैसे प्राकृतिक सौन्दर्य के धनी स्थानों में है।

तत्तापानी (सुकेत) : दरहत गाँव में सतलुज के उत्तरी किनारे पर गर्म पानी का चश्मा है। वहाँ से आध मील पर पहाड़ की जड़ में दूसरा गर्म पानी का चश्मा है।

तन्दी (कुल्लू-लाहुल) : लाहुल के पट्टन (मनचत) इलाके में यह बड़ा गाँव है, जहाँ की भाषा किरातवंशी मनच है।

तरन्दा : रामपुर तहसील के अठारबीस परगने में सतलुज-उपत्यका का यह एक बड़ा गाँव है। यहाँ लोककार्य विभाग का एक बँगला है। सराहन यहाँ से 15 मील दक्षिण है। यहाँ के देवता का नाम तरसा है।

ताराब : क्यूंठल रियासत में यहाँ तारादेवी का प्रसिद्ध मन्दिर है, जहाँ आश्विन तथा दुर्गा-अष्टमी को मेला लगता है।

तिलोकपुर : सिरमौर जिले में नाहन से 8 मील उत्तर-पश्चिम एक पहाड़ के 1413 फुट ऊपर यह गाँव है। यहाँ बालासुन्दरीदेवी का मन्दिर है, जिसका मेला बैसाख के महीने में लगता है। नाहन से 6 मील नीचे कालाअंब से आने वाली सड़क पर साईंवाल से यहाँ का रास्ता जाता है। कालाअंब से भी तिलोकपुर को सड़क गई है।

तीसा (चंबा) : 32° 80′ अक्षांश और 76° 10′ देशांतर पर 5180 फुट की ऊँचाई पर अवस्थित चुराह वजारत का सदर मुकाम है। चंबा नगर के बाद यह जिले का सबसे बड़ा व्यापारिक केन्द्र है। यह चंबा से उत्तर पांगी जाने वाली सड़क पर 33 मील पर है। यहाँ डाकघर, डिस्पेंसरी, स्कूल और डाकबँगला हैं।

त्रिलोकनाथ (चंबा) : चंबा-लाहुल में (32° 40′ अक्षांश 74° 41′ देशांतर पर) समुद्र तल से 9563 फुट की ऊँचाई पर अवस्थित हिंदुओं और बौद्धों का पवित्र तीर्थ है। गाँव का नाम तुंदे है, जहाँ राणा रहता है। एक मन्दिर मैदानी मंदिरों की तरह का शिखरदार है, पर पर्वतीय शैली का मन्दिर ज्यादा पुराना है। तीर्थयात्री लोग मंदिर की बगल की जगहों में ठहरते हैं। अगस्त में यहाँ मेला लगता है, जिसमें अन्य पहाड़ी मेलों की तरह नाच-गान और शराब पीने की छूट रहती है। पशुबलि यहाँ नहीं होती, जोकि बौद्ध मंदिर होने के कारण स्वाभाविक है। पुजारी लामा है।

चम्बा का यह शिखरदार प्राचीन मन्दिर इसलिए भी बहुत महत्त्व रखता है, क्योंकि इसकी मूर्ति को हिन्दू और बौद्ध दोनों अपना देवता मान कर पूजते हैं, साधु तो सारे भारत से आया करते हैं, मूर्ति वस्तुतः लोकनाथ या अवलोकितेश्वर बोधिसत्त्व की है। त्रिलोकनाथ के पास ही काँगड़ा का लाहुल है, जहाँ अब भी बौद्ध रहते हैं, इसलिए इसके बारे में नहीं कहा जा सकता कि बौद्धहीन भूमि में यह अकेला बौद्ध-मन्दिर है। लोकनाथ की मूर्ति सफेद संगमर्मर की 6 हाथों वाली 3 फुट ऊँची है। एक दाहिना हाथ वरद मुद्रा में है, बायें वाले एक हाथ में अवलोकितेश्वर का लांछन पद्म है। मूर्ति के सिर में अमिताभ बुद्ध उत्कीर्ण हैं। किसी समय चम्बा में भी छोटे-छोटे ठाकुर और राणा रहते थे, जिनमें से पीछे बहुत-से खतम हो गये। त्रिलोकनाथ का राणा अब भी बचे हुए राणाओं में से था, जिसकी जागीर का खातमा हिमाचल प्रदेश के निर्माण के बाद हुआ। मन्दिर के पुजारी लामा की नियुक्ति त्रिलोकनाथ का राणा करता है, वही इस मन्दिर का प्रबन्धक है। लाहुल, लद्दाख और ज़ांस्कर के बौद्ध तथा पहाड़ों के हिन्दू बहुत भारी संख्या में यहाँ दर्शन करने के लिए आते हैं। मंदिर बिल्कुल मैदानी भारतीय शैली का है, और लोग अब भी इसे विहार (बौद्ध मठ) के नाम से पुकारते हैं। मन्दिर का निचला ढाँचा पत्थर का बना है, लेकिन शिखर अंशतः ईंटों द्वारा निर्मित है। दरवाजा दो खंभों के ऊपर खड़ा है, जिसमें बहुत सुन्दर कारुकार्य है। इस तोरण को एक बेढंगे मंडप से घेर दिया गया है, जिसके कारण इसका सौन्दर्य मारा गया है। ऊपर से शताब्दियों से सफेदी करते-करते कोठी कनौर के भैरव मंदिर की तरह चूने की अनेक परतों से इसका बहुत-सा हिस्सा ढँक गया है। बाहरी भीत में दो छोटे-छोटे शिखरदार मन्दिर संलग्न हैं, जिनमें कितने ही लकड़ी के चेहरे रक्खे हुए हैं। राणा-परिवार के किसी आदमी के मरने पर ऐसा एक चेहरा बना कर सदा के लिए मन्दिर में रख दिया जाता है। तीन चेहरे यहाँ ऐसे जरूर हैं, जिन्हें चार (वसन्त) के मेले के समय इस्तेमाल किया जाता है। यह गामी (पुरुष), मेज़मी (स्त्री) और कुलिज़ा (राक्षस) के चेहरे माने जाते हैं। त्रिलोकनाथ 9563 फुट की ऊँचाई पर होने से हिमाचल के बहुत ठंडे स्थानों में है, जहाँ की कठोर सर्दी लोगों को प्रिय नहीं हो सकती, और जाड़े के समाप्त होने पर जब वसन्त आता है, तो लोग आनन्द-विभोर हो उत्सव मनाते हैं। कुलिज़ा जाड़ा राक्षस है, जिसे गाँव के लोग बर्फ की गेंद बना कर मारते हुए तब तक खदेड़ते जाते हैं, जब तक कि कुलिज़ा बनने वाला आदमी अपने चेहरे को छोड़ कर गाँव से भाग नहीं जाता। इसके बाद वह गामी और मेज़मी चेहरे वालों के साथ नाच में शामिल हो जाता है। शायद इस मेले का अवलोकितेश्वर की पूजा से कोई सम्बन्ध नहीं है। त्रिलोकनाथ का वार्षिक मेला सावन के अन्त में होता है, जिसमें बौद्ध धर्म के अनुसार कितने ही पुराने विधि-विधान पूरे किये जाते हैं और वहाँ जनजातीय पशु-बलि भी दी जाती है।

त्रिलोकपुर (कुल्लू) : यहाँ एक पुराना किला है।

थावा (कुल्लू) : नगर के पास यह गाँव है, जहाँ पुराने ध्वंसावशेष मिलते हैं।

बन्-खर् (स्पिती) : यह स्पिती की राजधानी 12774 फुट पर अवस्थित है। यहाँ एक ग्ये-लुग्-पा गुम्बा (विहार) है। कुल्लू के नोनों के मकान यहाँ हैं। नवम्बर में यहाँ मेला लगता है।

ददाहू : सिरमौर की रेणुका तहसील का यह सदर मुकाम नाहन से 26 मील (मोटर सड़क) पर गिरी और जलाल नदियों के संगम पर रेणुका तहसील का सदर मुकाम है। इसके चारों तरफ पहाड़ हैं। यहाँ से दो मील पर प्रसिद्ध रेणुकासर और रेणुका सरोवर और परसराम सरोवर हैं। सती बाग से गिरी-उपत्यका का बड़ा सुन्दर दृश्य दिखाई पड़ता है। नदी के उत्तर वाले सारे पहाड़ घने जंगलों से ढँके है। ददाहू में हाई स्कूल, तहसील, डाकखाना, अस्पताल और डाकबँगला हैं।

दरकोटी : शिमला से 40 मील पूर्व 4 वर्गमील की यह छोटी-सी रियासत थी, जो 1948 में हिमाचल प्रदेश में विलीन हो गई। कोटखाई से जुब्बल जाने वाला रास्ता इस रियासत के बीच से गुजरता है। दरकोटी का राणा-वंश अपना सम्बन्ध जयपुर से बताते हैं। दुर्गासिंह इस वंश के संस्थापक थे, जिनकी 24वीं पीढ़ी में राजा रामसरन हुए। गोरखा-विजय के बाद अंग्रेजों ने पुराने राणा-वंश को फिर यहाँ बैठा दिया।

दाखे : कनौर में रांगी के बँगले से तीन मील नीचे यह द्राक्षा लताओं का स्थान है। बहुत प्राचीन काल से यहाँ की काली द्राक्षा अपनी मधुरता के लिए मशहूर रही है। रांगी के लोग जाड़ों में यहाँ उतर जाते हैं, क्योंकि नीचा होने तथा सूर्य की धूप की अनुकूलता के कारण यह स्थान गरम है। यहाँ के अंगूर की शराब सराहन की भीम कालीदेवी को जाती है।

दातारपुर : यह काँगड़ा की शाखा गुलेर की शाखा सीबा से निकली एक कटोच रियासत थी। सीबा-संस्थापक सिवर्णचन्द की सातवीं पीढ़ी में राजा मानकचन्द हुआ, जिसके नर्मदाचन्द, रामचन्द और लखदाचन्द तीन लड़के हुए। तीसरा पुत्र सीबा रियासत के दादा गाँव में रहता था। इसकी तीसरी पीढ़ी में दातारचन्द पैदा हुआ, जिसने वर्तमान होशियारपुर जिले की दसूया तहसील में दातारपुर की स्थापना की। पहले यह इलाका एक स्थानीय सामन्त के हाथ में था, जिसने दातारचन्द को अपने शत्रुओं के खिलाफ मदद देने के लिए बुलाया। शत्रुओं को हरा कर दातारचन्द ने स्वयं इलाके पर कब्जा करके 1600 ई० में अपने को राजा घोषित किया, और अपनी राजधानी को अपना नाम दिया। मूल स्थान दादा होने से यहाँ वाले राजवंशी अपने को दादवाल कहते हैं। काँगड़ा के संसारचन्द ने दातारपुर पर आधिपत्य कायम किया था। उस समय दातारचन्द का 10वाँ उत्तराधिकारी गोविन्दचन्द राजा था, जिसने गोरखों के बुलाने में अपने दूसरे पहाड़ी राजाओं का साथ दिया। 1809 ई० में इसने महाराजा रणजीतसिंह की अधीनता स्वीकार की, जिसने और रियासतों की तरह इसको भी जागीर बना दिया। 1818 ई० में गोविन्दचन्द के मरने के बाद रणजीतसिंह ने रियासत को अपने राज्य में मिलाने का निश्चय कर लिया और राजा जगतसिंह को पकड़कर रियासत की जगह जागीर लेने के लिए मजबूर किया गया। 1848 ई० तक वह दातारपुर का जागीरदार

रहा, पीछे सिक्ख-युद्ध में खिलाफ होने के कारण अंग्रेजों ने उसे कुमाऊँ में निर्वासित कर दिया, जहाँ वह 1877 ई० में मरा। मण्डी के राजा के कहने पर अंग्रेजों ने जगतसिंह के पुत्र मियाँ देवीचन्द (जन्म 1838 ई०) को काँगड़ा लौटने दिया। 1883 ई० में उसके मरने के समय उसके दो पुत्र थे, जिनमें सूरमाचन्द जम्मू में रहता था, और रघुवीरचन्द मण्डी में। तीसरे छोटे पुत्र उदर्मसिंह की सन्तान होशियारपुर जिले के पिरथीपुर में रहने लगी। रघुवीरचन्द के पुत्र मियां बलदेवचन्द का दातारपुर में भी निवास था, लेकिन देख-रेख न होने के कारण वहाँ के पुराने महल गिर-पड़ गए।

दून : महलोग का यह परगना है।

देलख : बिसाहर के मातहत यह छोटी-सी रियासत सतलुज के बायीं ओर कोटगढ़ से पूर्व में अवस्थित थी, जिसका क्षेत्रफल 3 या 4 वर्गमील से अधिक नहीं था। यहाँ के शासक की उपधि ठाकुर थी। कुम्हारसेन के राजवंश के पूर्वज कीरतसिंह के एक भाई प्रीतिसिंह ने इसकी स्थापना की थी। वर्तमान शताब्दी के आरम्भ में यहाँ के ठाकुर नरेन्द्रसिंह अपने को प्रीतिसिंह की 146वीं पीढ़ी में मानते थे।

देवीकोठी (चंबा) : यहाँ कुंड की शिलापट्टिका पर ललितवर्मा के अधीन राजानक (राणा) नागपाल का बारहवीं सदी का अभिलेख है। प्रशस्ति का रचयिता राजगुरु कमललांछन था। यहाँ देवी चामुंड़ा का मन्दिर है। देवियों और नागों के मन्दिर सारे हिमालय की तरह चम्बा में भी बहुत मिलते हैं। हाँ, यह फर्क जरूर है, कि जहाँ और जगहों पर एक या दो मर्तबे मूर्ति-भंजकों ने पहुँचकर उन्हें नष्ट-भ्रष्ट कर दिया, वहाँ चम्बा के मन्दिर अब भी केवल काल के प्रभाव में आये हैं। देवीकोठी के चामुंडा के मन्दिर को राजा उमेदसिंह ने 1754 ई० में बनवाया था, जिस पर मुगलकालीन वास्तुकला का प्रभाव दिखाई पड़ता है। भरमौर में राजा पृथिवीसिंह द्वारा बनवायी राजकीय कोठी में भी यह प्रभाव देखा जाता था, जो 4 अप्रैल, 1905 के भूकम्प में नष्ट हो गई। साच के सामने मिंघाल में चामुंडा देवी (मिंघाल देवी) और किलार के पास के छोटे-से नाग-मन्दिर में आधुनिक कारुकार्य के नमूने देखे जा सकते हैं।

द्यार (कुल्लू) : बाजौर के सामने यह गाँव है, जहाँ तिरजुगनारायण का प्रसिद्ध मन्दिर है।

द्रहाट (सुकेत) : यहाँ गर्म पानी का चश्मा सतलुज के किनारे तथा उससे आध मील पर पहाड़ की जड़ में है।

धरेच : यहाँ अठभुजा देवी का मंदिर है। क्यूंठल की यह प्रतापी देवी मानी जाती है। कटलेहर के राजा जसपाल के दो लड़के थे, उनमें से छोटे ने अष्टभुजा देवी को अपने साथ ले आकर यहाँ स्थापित किया।

धर्मशाला (काँगड़ा) : यह काँगड़ा जिले का सदर मुकाम है। अक्षांश 32° 15′ और देशान्तर 76° 22′ पर 4100 फुट की ऊँचाई पर अवस्थित है। 1846 ई० में अंग्रेजों ने जब सिक्ख-युद्ध के बाद काँगड़े पर अधिकार किया, तो उन्हें ठंडी जगह की तलाश हुई। इस प्रकार काँगड़ा को उजाड़कर इस ठंडी विलासपुरी का 1849 ई० में

आरम्भ हुआ। यहाँ पहले एक धर्मशाला थी, इसी के नाम पर नये नगर का नाम धर्मशाला पड़ गया। मार्च 1855 ई० में जिले का सदर मुकाम इसे बना दिया गया। उस समय यहाँ पर पलटन की छावनी, बाजार और अंग्रेजों के 7-8 बँगले थे, जिनमें से आधे धर्मशाला से और ऊँची जगह भामसू में थे। धर्मशाला के भाग जगे और यहाँ पर लोग बसने लगे। सड़क से मोटर-सड़क हो गई—यहाँ से खजियार होते चम्बा मोटर जाती है। जेल, पुलिस लाइन, हाई स्कूल, अस्पताल खुले। गोरखा पलटन जिस जगह रहती थी, उसके पास के बाजार को डिपो बाजार कहते हैं, इसके अलावा एक दूसरा बाजार भी है, जिससे कुछ ऊँचे डाकखाना, थाना और अस्पताल हैं। इस बाजार के ऊपर धर्मशाला का तीसरा बाजार कोतवाली बाजार है। अधिकतर सरकारी कार्यालय कोतवाली बाजार और थाना के बीच में पड़ते हैं। डिप्टी-कमिश्नर और सिविल सर्जन कोतवाली बाजार के ऊपर रहते हैं। कोतवाली बाजार से नातिदूर कुछ ऊँचाई पर जज की कचहरी का घर है। धर्मशाला से तीन मील और ऊपर दूसरी गोरखा-छावनी है, जिससे एक मील और ऊपर पहली बटालियन थी, जिसे 1890-91 ई० के हैजे के बाद 1895-96 ई० में और ऊपर ले जाया गया। छावनी के बाहर फोर्सिथगंज बाजार है। इसी सड़क पर और आगे गिरजा और मेकलोडगंज बाजार है। 1905 ई० के भूकम्प में धर्मशाला को बड़ी क्षति हुई थी। धर्मशाला के ऊपरी और निचले दो भाग हैं, जिनको मिलाने के लिए बहुत-सी सड़कें हैं, जिनमें से एक 5 मील से अधिक लम्बी है। ऊपरी नगर में तीन समतल-सी भूमि पर तीन सड़कें एक-दूसरे के समानान्तर चली गई हैं, जिनमें से सबसे नीचे वाली को माल कहते हैं, और वह दो मील लम्बी है। गिरजा एक बहुत ही सुन्दर स्थान में बनाया गया है, जिसके आँगन में लार्ड एल्गिन (मृत्यु 1863 ई०) का स्मारक है। धर्मशाला के पास ही में धर्मकोट का पहाड़ खड़ा है, जिसके ऊपर सैलानी अक्सर जाया करते हैं। भागसू नाग के रास्ते में कुछ मनोहर जलप्रपात हैं। और ऊँचे 10000 फुट की ऊँचाई पर करेरी सरोवर (डल) बड़ा ही दर्शनीय स्थान है। धर्मशाला का प्राकृतिक दृश्य हिमालय की और ग्रीष्म-पुरियों की तरह ही बहुत सुन्दर है। वह धौलाधार की एक बाही पर अवस्थित है, जहाँ बान, चील, ब्रास (गुराँस) आदि के जंगल थे। धौलाधार हिमाल श्रेणी है। उसके हिमाच्छादित शिखर यहाँ बहुत-सी जगहों से दिखाई पड़ते हैं। पहले यहाँ होशियारपुर से दक्षिण में होशियारपुर होकर और पश्चिम में पठानकोट से होकर गाड़ी की सड़कें बनाई गईं। पीछे काँगड़ा और पठानकोट से मोटर की सड़क बन गई। तार का सम्बन्ध धर्मशाला, पालमपुर होते अमृतसर से है। यहाँ वर्षा करीब-करीब उतनी ही होती है, जितनी मसूरी में। और 148 इंच साल में वर्षा होना बतलाता है, कि यहाँ मानसून का प्रभाव बहुत ज्यादा पड़ता है। वर्षा के महीनों के अतिरिक्त जनवरी, फरवरी और मार्च में भी काफी वर्षा हो जाती है।

धादी : यह छोटी-सी रियासत जुब्बल के अधीन थी, जिसके तीन या चार गाँवों में कुल 1600 एकड़ मूल्यवान जंगल थे। देहरादून का जौनसार-बाबर इलाका इसके पास पड़ता है। यहाँ के शासक को ठाकुर कहते हैं, जो ठारोच के ठाकुर-वंश से सम्बन्ध

रखता है। पहले गोरखा-युद्ध के बाद अंग्रेजों ने इसे अपने राज्य में गिन लिया था, लेकिन यह इतनी दूर और बे-लाभ वाला इलाका था कि उन्होंने रवाई की तरह घादी को अलग रियासत मान लिया। यहाँ की विशेष आमदनी अफीम की खेती थी। हाटकोटी-चकरौता-मसूरी सड़क घादी के पूर्व से अलग हो कर जाती है।

धामी : शिमला से 16 मील पश्चिम यह 26 वर्गमील की एक छोटी-सी रियासत थी। रियासत के अधिकतर गाँव केंथूधार की ढलान में थे जो जतोग से उत्तर-पश्चिम की ओर चली गई है। यहाँ के शासक को राणा कहा जाता था। यह वंश अम्बाला जिले के रायपुर से दिल्ली और वहाँ से मुसलमानों के शासनकाल के आरम्भ में यहाँ आया था। पहले यह बिलासपुर की एक करद रियासत थी, लेकिन गोरखा-युद्ध के बाद 1815 ई० में यह उससे स्वतन्त्र हो गई, और अंग्रेजों ने यहाँ के राणा गोबर्धनसिंह को सनद दी। 1857 ई० में राणा गोबर्धनसिंह ने अंग्रेजों के प्रति बड़ी वफादारी दिखलाई, जिसके लिए अंग्रेजों ने उन्हें जीवनभर के लिए आधे कर से मुक्त कर दिया। 1867 ई० में उनके मरने पर उनके लड़के फतेहसिंह गद्दी पर बैठे, जिसके मरने पर 1894 ई० में राणा हीरासिंह धामी के मालिक हुए। 1948 ई० में यह रियासत हिमाचल प्रदेश में मिल गई।

नगर (कुल्लू) : सुलतानपुर से 13 मील उत्तर 5780 फुट पर अवस्थित कुल्लू की यह पुरानी राजधानी अवस्थित है, जिसे नग्गर भी कहा जाता है। पहले कुल्लू उप-जिले का असिस्टेंट-कमिश्नर यहीं पर पुराने राजमहल की मरम्मत कराके रहता था। यहाँ के आठ मन्दिरों में गूगा का मन्दिर तथा एक टूटा-फूटा शिवालय सबसे पुरानी इमारतें हैं। त्रिपुरसुन्दरी का मन्दिर शिखरदार है, और जैसा कि नाम से पता लगेगा, किसी समय यहाँ पाशुपत-धर्म का प्रचार था। नस्त और जगतसुख के बाद नगर कुल्लू की राजधानी रही, जिसे राजा बिशुद्धपाल ने बसाया था। 1535 ई० में राजा बहादुर-सिंह ने राजधानी को यहाँ से मकराहर में हटा दिया, जिसे उजाड़ कर वह सुल्तानपुर में चली आई। नगर की तब भी मकराहर जैसी दुर्गति नहीं हुई, और यहाँ के प्राकृतिक सौन्दर्य को देख कर अंग्रेज असिस्टेंट-कमिश्नर यहीं रहने लगे। कुल्लू के राजा (रूपी के राय) के हाथ में यहाँ का पुराना महल था, जिसमें दो आँगन ऊपरी स्थान में और एक निचले स्थान में उत्तर की ओर थे। मेजर हे जब कुल्लू के असिस्टेंट-कमिश्नर थे, उसी समम 1857 ई० में मामूली दाम दे कर इस महल को सरकार ने खरीद लिया, और इसे मरम्मत करके असिस्टेंट-कमिश्नर का निवास स्थान बना दिया गया। कहते हैं, महल को बनाने के लिए राजा सिद्धसिंह ने बारागढ़ के किले के पत्थर मँगवाये थे, जो कि व्यास के परले पार 10000 फुट की ऊँचाई पर अवस्थित है। ठाकुर मुरलीधर के मन्दिर के नजदीक थावा का ध्वंसावशेष है, जहाँ पहले पुराने मन्दिर थे। असिस्टेंट-कमिश्नर के निवास और कचहरी अब ढालपुर चली आई है। यहाँ जंगल-विभाग तथा असिस्टेंट-इंजीनियर के आफिस, डाकबँगले, स्कूल हैं। प्रसिद्ध रूसी चित्रकार निकोलाय रोरिक ने नगर के सौन्दर्य से आकृष्ट हो यहीं अपना निवास बनाया था, और वह वर्षों यहीं पर

रहे।

नग्गर (सुकेत) : मंडी जिले के सुकेत तहसील में यह गाँव है, जो किसी समय सुकेत की राजधानी रहा। इसके पास एक गुफा है, जिसमें शुकदेव मुनि ने लोमश ऋषि को ज्ञान दिया था, और शुददेव के नाम पर ही इसका सुकेत नाम पड़ा। यहाँ से दो योजन या (8 कोस) उत्तर रिवालसर (मंडी) का प्रसिद्ध तीर्थ और सरोवर है।

नघाई (चम्बा) : सई के दो मील दक्षिण यह छोटा-सा गाँव है, जहाँ पर आधे दर्जन जलकुण्ड की शिलाओं पर पुराने अभिलेख मिले हैं, जिनसे चम्बा के इतिहास पर बहुत प्रकाश पड़ता है।

नचार : कनौर में अठारबीस परगने का बड़ा गाँव तिब्बत-हिन्दुतान सड़क पर अवस्थित है। यहाँ जंगलात का एक सुन्दर बँगला और बगीचा है, जिसे बिसाहर डिवीजन के डिप्टी कंजर्वेटर जी० जी० मिनिकेन ने बनवाया था। यहाँ डाकखाना और स्कूल हैं। यहाँ का देवता उखादेवी है। चारों तरफ देवदारों का जंगल है, जिसमें कस्तूरी-हिरन पाये जाते हैं।

नम्ग्या : कनौर में यह भारत का अन्तिम गाँव तिब्बती सीमान्त के पास सतलुज के बायीं ओर बसा है। यहाँ तिब्बती भाषा बोली जाती है। पहाड़ नंगे हैं, लेकिन अखरोट के दरख्तों से गरमियों में यह गाँव एक हरा-भरा बगीचा-सा मालूम होता है।

नबाही (मंडी) : मंडी नगर से 20 मील दक्षिण-पश्चिम में यह गाँव है, जहाँ नौभुजादेवी का मन्दिर है, जिसके ही कारण इसका नाम नबाही पड़ा। यह पुराना मन्दिर है, जिसका बनाने बाला महालमौरी का महाला राजपूत बतलाया जाता है। प्रधान मन्दिर के चारों ओर कितने ही छोटे-छोटे मन्दिर हैं। पुराने गोसाईं महन्तों की समाधियाँ भी यहाँ मौजूद हैं, उनको पद्मासनस्थ जमीन में दबाया गया है। जून के महीने में यहाँ एक बड़ा मेला लगता है, जिसमें आसपास के जिलों से भी यात्री आते हैं।

नस्त (कुल्लू) : जगतसुख के पास यह स्थान है, जहाँ कुल्लू की पुरानी राजधानी थी।

नादौन (काँगड़ा) : अक्षांश 31° 46′ और देशान्तर 79° 19′ पर व्यास नदी के बायें तट पर यह पुराना नगर अवस्थित है। यहाँ से काँगड़ा 20 मील पश्चिमोत्तर दिशा में है। राजा संसारचंद को यह स्थान बहुत पसन्द था। उन्होंने कस्बे से 1 मील पर व्यास के किनारे अमटार में एक महल बनवाया था। यहाँ पुराने कटोचवंशी जागीरदार रहते थे।

नालागढ़ : 256 वर्गमील की यह छोटी-सी रियासत थी। यहाँ का राजवंश बिलास (कहलूर के) राजवंश से निकला। पहले हिंदूर इसकी राजधानी थी। नालागढ़ पहाड़ की जड़ में बसा हुआ है। विलयन के समय परम्परा और सांस्कृतिक सम्बन्ध का कोई ख्याल न करके इसे पूर्वी पंजाब-रियासतों के संघ में सम्मिलित कर दिया गया। 12वीं सदी में यह रियासत कहलूर (बिलासपुर) से अलग होकर बनी। नालागढ़ की रियासत 256 वर्गमील की थी, जिसके उत्तर में बिलासपुर और होशियारपुर की रिया-

सत ऊना थी, जिसमें महलौर और बघाल की रियासतें, दक्षिण में अम्बाला की खरड़ तहसील और पश्चिम में अम्बाला की रोपड़ तहसील थीं। पहाड़ी रियासतों में नालागढ़ एक ऐसी रियासत थी, जिसका आधा भाग पहाड़ में और आधा देस (मैदान) में था। पहाड़ में कुंडलू, चलांव और रामगढ़ के तीन-तीन परगने थे। देस में धर्मपुर, नालागढ़, पलासी और गुल्लूरवाला के चार परगने थे। देस शिवालिक हिमालय के बीच की दून में अवस्थित है, इसलिए इसे पक्का देस (मैदान) नहीं दून कहा जा सकता है। देस की भूमि बड़ी उर्वर है। नालागढ़ किस तरह काहनचन्द के ज्येष्ठ पुत्र अजयचन्द द्वारा हिम्दूर के ब्राह्मण-ठाकुर के राज्य को दखल करके स्थापित हुआ, यह हम बिलासपुर के प्रकरण में बतला आये हैं।

नाहन : सिरमौर की यह राजधानी संवत् 1678 (सन् 1621 ई०) में राजा करमसिंह द्वारा स्थापित की गई। नाहन नगर के आसपास बड़ा सुन्दर प्राकृतिक दृश्य है। यहाँ से शिमला और आगे मंडी तक मोटर-सड़क रियासत के विलयन के बाद तैयार हुई। शहर में कितने ही चश्मे और तालाब हैं, जिनमें शिवपुरी का चश्मा अपने विशुद्ध जल के लिए प्रसिद्ध है। कल लग जाने से अब तालाब का पानी लोग नहीं पीते। नगर के बीच में रानी तालबाग का सुन्दर बगीचा है। स्कूल, अस्पताल, तार-डाकघर और सिरमौर जिले के दफ्तर यहाँ पर हैं। सिरमौर के राजाओं के कितने ही सुन्दर महल हैं। नाहन समुद्र तल से 3057 फुट की ऊँचाई पर है। इसलिए आबोहवा बहुत अनुकूल रहती है। गर्मियों में वह 80° से 90° डिग्री तक और जाड़ों में 60° और 65° डिग्री के बीच रहती है। जगन्नाथ मन्दिर को महाराजा महीप्रकाश ने संवत् 1738 (1681 ई० में) बाबा बनवारीदास के लिए बनवाया था। जगन्नाथ की मूर्ति पहले सिरमौर ताल के उत्तरी किनारे पर एक पीपल के पेड़ के नीचे दबी मिली थी। बाबा बनवारीदास सवत् 1673 (1616) में यहाँ आकर ठहरे थे। उनका देहांत बैसाख सुदी 11, संवत् 1733 (1676 ई०) में हुआ। नाहन के महलों के उत्तर-पूर्व में काली मन्दिर संवत् 1887 (1830 ई०) में राजा विजयप्रकाश द्वारा बनवाया गया। यहाँ की काली की मूर्ति को विजयप्रकाश की रानी ने अपनी कुमाऊँवाली रानी के साथ आई मूर्ति की कला में बनवाया। यह नाथ योगियों का मठ है।

पट्टन (कुल्लू-लाहुल) : लाहुल का चन्द्रभागा के दोनों तरफ का इलाका इस नाम से कुल्लू की भाषा में मशहूर है, इसे स्थानीय लोग मनचत् कहते हैं। लाहुल के 173 गाँवों में से 82 गाँव इस इलाके में पड़ते हैं। यहाँ की भाषा मनचत् किरात भाषा वंश की है, और दूर होने के कारण बुनान् (करदन्) की भाषा की अपेक्षा इसमें तिब्बती शब्द बहुत कम मिलते हैं।

पंडोह (मंडी) : मंडी से 12 मील पर लारजी सड़क पर यह एक व्यापारिक केंद्र और बाजार है। व्यास पार करने के लिए मोटर सड़क का यहाँ एक पुल है।

पतसेव (कुल्लू-लाहुल) : क्येलंग से साढ़े 23 मील पर शिमला से लद्दाख जाने वाली सड़क पर यह स्थान है जिसका नाम पत्थर-सेतु से बिगड़ कर बना है। यहाँ डाक-

बंगला है।

पंजगात्रा (ऊना) : बभौर में यह अपने बैसाखी मेले के लिए मशहूर है। सतलुज यहाँ बरमावती के नाम से प्रसिद्ध एक पुण्यतोया नदी मानी जाती है। एक भविष्यवाणी बतलाती है कि संवत् 1947 में हरद्वार छोड़ गंगा अपने माहात्म्य को खो देगी, उस समय बरमावती उसका स्थान ग्रहण करेगी, लेकिन यह गलत मालूम होती है, क्योंकि गंगा का माहात्म्य अब भी पूर्व जैसा है।

पठियार (कांगड़ा) : धर्मशाला से 12 मील पर यह गाँव है, लेकिन अपने ऐतिहासिक महत्त्व के कारण यह हिमालय के सबसे महत्त्वपूर्ण स्थानों में से है। यहाँ एक चट्टान पर ब्राह्मी और खरोष्टी लिपियों में दो लेख हैं, जिससे पता लगता है कि ईसा-पूर्व तीसरी शताब्दी में किसी राठी ने एक पुष्करिणी बनवाई थी। यह तहसील कांगड़ा में है। यह रक्षित स्मारक है।

परासर (मंडी) : मंडी शहर से 20 मील उत्तर-पूर्व इस स्थान में एक बड़ा सरोवर तथा उसके तट पर लकड़ी का मन्दिर है। जून (सावन) के महीने में यहाँ बड़ा मेला लगता है, जिसमें ऊन और ऊनी वस्त्रों की बड़ी बिक्री होती है।

परोल (कुल्लू) : कुल्लू के छः वजीरियों में से यह एक है, जिसका क्षेत्रफल 497 वर्गमील है। सारी ऊपरी व्यास-उपत्यका इसी वजीरी में पड़ती है।

पलासी : नालागढ़ में यह एक अच्छा गाँव है, जहाँ राजा का महल है।

पालमपुर (कांगड़ा) : इस नाम की तससील (अक्षांश 31° 49′, 32° 29′, देशान्तर 76° 23′, 77° 2′ पर क्षेत्रफल 523 वर्गमील का सदर मुकाम ऊँचाई पर अवस्थित है। इस तहसील में 113 गाँव हैं। आसपास चाय के बगीचों के कारण इस कस्बे को बढ़ने में बड़ी सहायता मिली। यहाँ रेलवे स्टेशन, सरकारी कचहरी, डाकबँगला, डाक-तारघर, हाई स्कूल और एक अच्छा बाजार है।

निमंड (कुल्लू) : सतलुज-उपत्यका में यह पुराना तीर्थस्थान है, जहाँ कई मंदिर हैं और आसपास कितने ही गाँव हैं। प्रसिद्ध मन्दिर,अम्बिकादेवी का है, जहाँ पहले किसी समय हर बारहवें वर्ष नर-बलि दी जाती थी। आज की पशु-बलि उसी का अवशेष है, जो कभी-कभी दी जाती है। इसका विस्तृत वर्णन हम महासू के प्रकरण में कर आये हैं। परशुराम के पिता यमदग्नि जमलू देवता के नाम से मलाणा-उपत्यका में पूजे जाते हैं। निमंड बहुत पुराने समय से ही एक प्रसिद्ध तीर्थ रहा है, यह इसी से मालूम होगा, कि यहाँ पर 7वीं सदी के स्पिती के राजा समुद्रसेन का ताम्र-पत्र है। स्पिती उस समय अभी भाषा और रूप और आकृति में तिब्बती नहीं हुई थी।

नूरपुर (कांगड़ा): यह नूरपुर तहसील (अक्षांश 31° 58′ 32° 24′ और देशांतर 75° 36′, 76° 9′ पर क्षेत्रफल 519 वर्ग मील) का सदर-मुकाम है, इसमें 191 गाँव हैं। इसका पुराना नाम धमेरी (धर्मगिरि) था, पीछे अपने बादशाह के प्रति भक्ति दिखाते हुए यहाँ के राणा ने धर्मगिरि को बादशाह नूरुद्दीन जहाँगीर के नाम पर नूरपुर बना दिया। नगर अक्षांश 32° 18′ और देशांतर 75° 55′ पर धर्मशाला से 37 मील पश्चिम

पठानकोट के रास्ते पर ऊँचाई पर अवस्थित है। यहाँ अब भी राजा के कुछ महल मौजूद हैं। पहले यहाँ कश्मीरी लोगों ने आकर दोशाले और शाल की दस्तकारी को बहुत उन्नत की थी। 1783 ई० में कश्मीर में अकाल पड़ने पर यह लोग यहाँ आ बसे थे। लेकिन, फ्रांस-जर्मनी के युद्ध (1838 ई०) में शाल का बाजार गिर गया, जिसके बाद शाल की दस्तकारी फिर नहीं उठ सकी। नूरपुर के राजा मुगल सल्तनत के बड़े स्तम्भ रहे, और जहाँगीर से औरंगजेब के समय तक उन्होंने बड़े-बड़े सैनिक पदों पर रहकर काबुल-कन्धार तक बादशाह की सेवा की। यहाँ एक बड़ा बाजार है, साथ ही थाना, डाकखाना, डिस्पेंसरी, डाकबँगला और कई स्कूल हैं। राजा वासुदेव का बनवाया पुराना किला अब ध्वस्त हो गया है।

नेसंग : भीतरी टुक्पा-कनौर में कनम् के सामने सतलुज के पार थड़ एक छोटा-सा गाँव है, जहाँ के लोग तिब्बती भाषा बोलते हैं।

नैनादेवी : बिलासपुर में इस नाम की ऊँची पहाड़ी पर देवी का मन्दिर है, जिसके पुजारियों के पास 7 इंच लम्बा, 3 इंच चौड़ा ताम्र शासन है।

पंगना (मंडी) : सुकेत में करसोग् के इलाके में यह पुराना स्थान है, जहाँ राजा वीरसेन ने एक किला बनाकर अपनी राजधानी कायम की थी।

पांगी : कनौर में हिन्दुस्तान-तिब्बत सड़क पर चिनी से 7 मील उत्तर यह बड़ा गाँव अवस्थित है, जहाँ लोक-कार्य विभाग का डाकबँगला है। सोनम्पाल पंगतू नेगी ने बँगले के लिए अपनी जमीन मुफ्त देते हुए यह शर्त रक्खी, कि बँगले का चौकीदार सदा हमारे घर का आदमी रहे, तब से यही बात चली आती है। यहाँ पर जंगल और सामने कैलास का दृश्य बहुत सुन्दर है। खेती सिंचाई पर निर्भर करती है, जिसके लिए लोगों ने छोटी-छोटी कूलंग (नहरियाँ) खोल रक्खी हैं। यहाँ के देवता का नाम शैशेरिंग है। यहाँ के लोगों के खेत काशंग में भी हैं।

पीलो (स्पिलो) : कनौर के शूआ परगने में लबरंग और हिन्दुस्तान-तिब्बत सड़क के नीचे यह गाँव है। नीचे होने की वजह से यह कुछ गरम स्थान में है। यहाँ की बोली को शुंगछो (किराती) कहते हैं, जो कनम्, लबरंग और स्पिलो – तीन गाँवों में बोली जाती है। यहाँ के लोगों में शिक्षा अधिक है। जिससे रियासत के अच्छे पदों पर ये रहते रहे। तिब्बत के व्यापार से भी इनको बहुत लाभ है। शुंगछो बोली की कहावत है—'कोटी रा मा नोत् छै रा नोत्' अर्थात् ईर्ष्या किसी को हानि नहीं पहुँचाती, सिवाय उसके कि जो करता है।

पुनार : क्यूंठल का एक परगना चारों ओर जुब्बल के इलाके से घिरा था। 1815 ई० में इस इलाके में होते फ्रेजर गया था। उसने अपनी पुस्तक 'हिमालया मौंटेंस' में यहाँ के लोगों की हिम्मत और बहादुरी की बड़ी दाद दी है। फ्रेजर के अनुसार पुनार ने जुब्बल की नाममात्र की अधीनता स्वीकार की थी। पुनारी एक हजार लड़ाके उस समय अपने में से तैयार कर सकते थे। गोरखों को इन्होंने बड़ा परेशान किया था, जिसका बदला गोरखों ने बड़े खूनी ढंग से लिया, फिर अंग्रेजों के साथ होकर पुनारियों ने उसका

बदला चुकाया।

पुन्नम : कनौर में पूर्वणी के नाम से भी मशहूर यह भीतरी टुक्पा का बड़ा गाँव क्वारी और रीरंग गाँवों के बीच में सतलुज के बायें किनारे नदी से प्राय: एक मील ऊपर अवस्थित है। गाँव के ऊपर बड़ी मनोहर वनश्री है। यहाँ के देवता का नाम पथोरो है।

पुरथी : पांगी (चंबा) में हिमाचल का एक अत्यन्त सुन्दर स्थान 8000 फुट की ऊँचाई पर है, जो अपने सेबों और शिकार के लिए प्रसिद्ध है।

पौंटा : जमुना के दाहिने किनारे पर अवस्थित सिरमौर जिले के इसी नाम की एक तहसील का सदर मुकाम है। गुरु गोविन्दसिंह यहाँ संवत् 1742-47 में रहे थे इसलिए यह सिक्खों का एक पवित्र तीर्थ है। यह नाहन से 26 मील है, और वहाँ से मोटर यहाँ होती जमुना किनारे तक जाती है। पौंटा से 8 मील पर भगनी है, जहाँ गुरु गोविन्दसिंह ने गढ़वाल और बिलासपुर की संयुक्त सेना को हराया था। यहाँ तहसील, डाकखाना, स्कूल, डाकबंगला और अस्पताल हैं।

प्वारी : कनौर में भीतरी टुक्पा परगना (सतलुज के बायें किनारे) में यह एक बड़ा सुन्दर गाँव बारंग और पुन्नम् (पूर्वणी) के बीच में अवस्थित है। प्वारी के प्रभावशाली वजीर बिसाहर राज्य के इतिहास में काफी प्रसिद्धि रखते हैं, खासकर वजीर रणबहादुरसिंह को तिब्बत में भी माना जाता था। दोदरा और क्वार यहाँ के वजीर की जागीर थीं, जिनके लिए रणबहादुरसिंह से काफी झगड़ा हुआ था।

फागू : क्यूंठल रियासत की एक तहसील है।

बग्गी (मंडी) : बल्ह और सराज इलाके की यह एक अच्छी मंडी है।

बघाट : यह 1948 में हिमाचल प्रदेश में विलीन होने वाली रियासतों में से एक है। सोलन इसी में था। यहाँ के राणा धारा नगरी के पँवार राजपूत वसन्त (हरिचन्द-पाल) की औलाद हैं। इस वंश की पहली राजधानी वसन्तपुर या वस्सी (सोलन से 6-7 मील पर) थी। पहले यह इलाका स्वतन्त्र कबीलेशाही सरदारों (मावी लोगों) के हाथ में था, जिनसे छीनकर वसन्तपाल ने अपना राज्य कायम किया। उसके लड़के वक्षपाल ने अपने राज्य का और विस्तार किया। आठ पीढ़ी बाद राणा भवानीपाल ने बछरंग परगने को लिया, और कसौली के राणा की भूमि पर भी अधिकार किया। 16वीं पीढ़ी में राणा इंदे-पाल ने बसाल, धार और टकसाल के परगने लिए। इसी समय बसाल से रियासत का नाम बघाट पड़ गया। 68वीं पीढ़ी में राणा जनमीपाल हुआ, जिसे मुगल-दरबार में खिलअत प्राप्त हुई। जब वह दिल्ली से लौट रहा था, तो कालका और पिंजौर के बीच में मवाना के राय ने पुराना वैर निकालते हुए उस पर आक्रमण किया। लड़ाई में राय मारा गया, और मवाना भी जयपाल के हाथ में आ गया। जनमीपाल का पोता राणा सारंग धरपाल की सिंहपुरिया सरदार से लड़ाई हुई, जिसमें पहले उसे धार और टकसाल खोना पड़ा, लेकिन फिर उसने उन्हें लौटा लिया। 72वीं पीढ़ी में राणा रघुनाथपाल हुआ, जिसने नालागढ़ के घरेलू झगड़े में समझौता कराने की कोशिश की। और बिलासपुर की ओर से होकर दूसरे दावेदार को हराया, जिस पर बिलासपुर ने गर्जसिंह को नालागढ़ की गद्दी देने में

सफलता पाई। नालागढ़ की परम्परा कुछ और ही कहती है, जिसको हम कह आये हैं। राणा रघुनाथपाल के उत्तराधिकारी राणा दलेलसिंह हुआ, जिसके बाद यहाँ के राणाओं ने पाल को छोड़ कर अपने नाम के साथ सिंह लगाना शुरू किया। दलेलसिंह का पुत्र राणा महेन्दरसिंह था। इसी समय (1790 ई० में) बघाट बिलासपुर से स्वाधीन हुआ। गोरखा-युद्ध के समय राणा महेन्दरसिंह अंग्रेजों के साथ मित्रता नहीं रखता था, इसलिए अपनी विजय के बाद उससे 8 परगने लेकर 1 लाख 30 हजार रुपए पर पटियाला को दे दिया गया। बाकी तीन परगने बसाल, भोचाली और बासल राणा महेन्दरसिंह को लौटा दिये गये। 1839 ई० में राणा के निस्संतान मरने पर रियासत को अंग्रेजों ने ले लिया; किन्तु पीछे राणा दलेलसिंह के छोटे भाई धीरजसिंह के लड़के उम्मेदसिंह के दावे को मानते हुए 1842 ई० में लार्ड एलिघम ने महेन्दरसिंह के भाई विजयसिंह को रियासत दे दी, लेकिन वह भी 1849 ई० में निस्संतान मर गया। फिर रियासत अंग्रेजी राज्य में चली गई। फिर उम्मेदसिंह ने स्वयं विलायत से इसके लिए मुकद्दमा किया, और अन्त में 1860 ई० में लार्ड केनिंग ने उम्मेदसिंह के दावे को मंजूर करते हुए अगले साल उसे रियासत दे दी।

अपने मुकद्दमे की जीत की खबर मरते वक्त उम्मेदसिंह ने सुनी, और अंग्रेज-सरकार से प्रार्थना की, कि मेरे पुत्र दलीपसिंह को गद्दी का अधिकारी माना जाये। जनवरी, 1862 ई० में दो वर्ष के बच्चे राणा दलीपसिंह के नाम की सनद जारी की गई, और वह बघाट की गद्दी पर बैठा। कसौली परगना बघाट रियासत में है, जिसे अंग्रेजों ने पाँच हजार एकमुश्त और पाँच सौ रुपया सालाना पर ले लिया। 1862 ई० में रियासत को लौटाते समय इस लगान को देना अंग्रेजों ने स्वीकार नहीं किया। 1863 ई० में पाँच सौ रुपया वार्षिक लगान पर सोलन छावनी की जमीन अंग्रेजों ने ली। सबाथू में भी राणा से जमीन ली गई। पीछे राणा ने अपनी राजधानी सोलन में परिवर्तित कर दी।

बनगाहल (काँगड़ा) : काँगड़ा का यह सुदूर उत्तर का इलाका कुल्लू (उपजिला) और चंबा के बीच में है। धौलाधार इसके दो भाग कर देती है, जिनमें से उत्तरी को बड़ा बनगाहल और दक्खिनी को छोटा बनगाहल कहते हैं। बड़ा बनगाहल के 290 वर्गमील के क्षेत्रफल में सिर्फ एक गाँव 8500 फुट की ऊँचाई पर अवस्थित है, जहाँ कुछ कनैत परिवार रहते हैं। रावी नदी का उद्गम बड़ा बनगाहल में है, जिसके दोनों किनारे 17000 से 20000 फुट तक की हिमानियों सहित हिमशिखर है। पहाड़ के निचले भाग में देवदार के घने जंगल हैं, और ऊपर की ढलानों (गाहरों) में मेषपालों का स्वर्ग। छोटा बनगाहल 10000 फुट ऊँची एक पर्वत श्रेणी द्वारा दो भागों में बँटा हुआ है, जिनमें से पूर्वी भाग के 18 टोले कनैत और दागी लोगों के हैं। उह्ल नदी यहीं से निकलती है। पश्चिमी भाग को वीर बनगाहल कहते हैं, जो कि काँगड़े की उपत्यकाओं जैसा मालूम होता है।

बनगाहल (वीर) : काँगड़ा की यह रियासत बड़ा बनगाहल, छोटा बनगाहल दो

हिस्सों में बँटी थी। बड़ा बनगाहल रावी-उपत्यका में काँगड़ा ओर कुल्लू के बीच की सारी भूमि का था, और छोटा बनगाहल काँगड़ा और कुल्लू के बीच की भूमिका। शायद पीछे मंडी रियासत में गई छोटा बनगाहल और व्यास नदी के बीच की भूमि भी पहले इसी राज्य में थी। बनगाहल की राजधानी वीर थी, इसीलिए राज्य को वीर-बनगाहल कहा जाता था। इस रियासत का संस्थापक ब्राह्मण था, जो राजा बनने के बाद राजपूत हो गया। 1728 ई० में मारे जाने वाले पृथ्वीपाल से पहले 22 पीढ़ियों तक यहाँ के राजाओं ने राज्य किया। प्रति राजा का औसत काल 20 वर्ष मान लेने पर राजवंश की स्थापना 1300 ई० के करीब हुई थी, जो इससे पहले भी हो सकती है। उससे पहले हिमालय के और भागों की तरह यहाँ भी कुल्लू, काँगड़ा और मंडी जैसे छोटे-छोटे राणा और ठाकुर राज्य करते थे। जैसा कि सुकेत की वंशावलि में कहा गया है, कि राजा मदनसेन 1240 ई० में अपनी सेना ले व्यास पार हो द्रंग और गूमा के राणाओं को अपने अधीन किया। यह दोनों राणा सम्भवतः उस समय उसी भूमि में थे, जहाँ बनगाहल राज्य स्थापित हुआ। इस वंश के पुराने राजाओं का नाम नहीं मिलता, लेकिन उनकी उपाधि पाल होती थी, और वह अपने को चन्द्रवंशी कहते थे। इस राजवंश के लोग बनगाहलिया के नाम से मशहूर हैं। पड़ोस में कुल्लू, काँगड़ा और मंडी जैसे शक्तिशाली राज्य होने के कारण राज्य की भूमि की हमेशा नोंच-खसोट होती रहती। जब मंडी ने सुकेत से व्यास के दक्षिण वाला भाग प्राप्त कर लिया, तो साहिबसेन (1554 ई०) के शासनकाल में बनगाहल पर आक्रमण हुआ, और द्रांग तथा गूमा मंडी में मिला लिये गये। चुहार और कोधसवार के पूर्व वाले इलाके भी कुल्लू की एक छोटी रियासत लाद के हाथ में चले गये। लाद जगतसिंह के समय कुल्लू में मिला लिया गया। 1637 ई० में मंडी के सूरजसेन ने अपनी सीमा को उत्तर की ओर बढ़ाने के लिए बनगाहल पर आक्रमण किया। कुल्लू के राजा जगतसिंह ने मदद की, जिससे सूरजसेन को पीछे हटना पड़ा। इस सहायता के बदले कुल्लू ने अपनी सीमा के कुछ भाग को बनगाहल से ले लिया। बनगाहल को सबसे अधिक क्षति मंडी के राजा सिद्धसेन (1684-1700 ई०) के समय उठानी पड़ी। उस समय बनगाहल का राजा पृथ्वीपाल सिद्धसेन का दामाद था, और उसकी बहन कुल्लू के राजा मानसिंह को ब्याही थी। सिद्धसेन ने धोखे से अपने दामाद की भूमि हड़पनी चाही, उसने पृथ्वीपाल को किसी बहाने मंडी बुलाया। पहले उसका बड़ा स्वागत हुआ, लेकिन एक महीने के भीतर ही दमदमा महल में रख कर उसे मार डाला गया उसके धड़ को जला दिया गया, लेकिन सिर को महल के सामने उस जगह गाड़ दिया गया, जहाँ पर तालाब के बीच में एक खम्भा गड़ा हुआ था। और जिस पर हर रात दीपक जलाया जाता था। इसके बाद सिद्धसेन ने बनगाहल पर अपनी सेना भेजी। पृथ्वीपाल की माँ ने अपने दामाद मानसिंह से मदद माँगी। कुल्लू की सेना ने आकर मंडी वालों को मार भगाया, लेकिन उसने भी अपनी इस सहायता के बदले रियासत के एक बड़े भाग को अपने राज्य में मिला लिया जिसमें बड़ा बनगाहल भी था। मंडी को गुनाहे-बेलज्जत ही मिला। इस करुणाजनक घटना का पँवाड़ा इधर पहाड़ों में मशहूर है। रघुनाथपाल (1720-35 ई०) अपने बाप की जगह बनगाहल की गद्दी

पर बैठा। उसने मंडी के दो आक्रमणों को विफल किया। राजा दलेलपाल (1735-50 ई०) अगला राजा था, जिसने मंडी से अपने राज्य की रक्षा की, लेकिन उसका बहुत-सा भाग कुल्लू ने ले लिया था, और मरने से पहले वीर का तालुका भी हाथ से निकल गया। अब मंडी की सीमा वहाँ पहुँच गई, जहाँ वह विलयन के पहले (1948) तक थी। सारा छोटा बनगाहल कुल्लू के हाथ में चला गया। चम्बा के अभिलेखागार में एक पत्र मौजूद है, जिसमें मकरसा (कुल्लू) पर हमला करके बनगाहल को आपस में बराबर बाँट देने के लिए मंडी, काँगड़ा और चम्बा के बीच समझौते का उल्लेख है। यह पत्र 1 माघ संवत् 1835 विक्रमी (1778 ई०) में लिखा गया था। मानपाल (1750 ई०) यहाँ का अन्तिम राजा था, जिसके हाथ में सिर्फ लनौघ, पपरौला और रजेहर के तालुके रह गये थे। 1750 ई० में जब वह मुगल बादशाह से सहायता माँगने के लिए दिल्ली जा रहा था, उसी समय रास्ते में मर गया। उसकी अनुपस्थिति में काँगड़ा और गुलेर के राजाओं ने जो कुछ रियासत बची हुई थी, उसे हड़प लिया—लनौघ और पपरौला को काँगड़ा ने और बाकी को गुलेर ने लिया। राजा की बड़ी सन्तानें 1854 ई० में खतम हुई, लेकिन दूसरी शाखा के लोग वीर-बनगाहल में रहते रहे, जिनका मुखिया मियाँ पृथ्वी-पाल वर्तमान शताब्दी के प्रथम पाद में मौजूद था।

बनजार (कुल्लू) : शिमले से कुल्लू जाने वाले रास्ते पर तिरथन नदी के किनारे 5000 फुट की ऊँचाई पर एक अच्छा कस्बा अवस्थित है। यहाँ डाकबँगला, डाकखाना, स्कूल और अस्पताल हैं। मोटर की सड़क यहाँ से कुल्लू जाती है, और आगे शिमला-कुल्लू वाली मोटर-सड़क भी यहीं से जायेगी।

बनैठी : सिरमौर में 4943 फुट की ऊँचाई पर नाहन से 12 मील उत्तर-पश्चिम सराहन सड़क पर यह गाँव है। यहाँ एक अच्छा डाकबँगला है। नाहन से शिमला की ओर चलने पर यह पहला पड़ाव है।

बलसान : 51 वर्गमील की यह छोटी-सी रियासत शिमला से 30 मील उत्तर अवस्थित थी। इसके राणा सिरमौर-वंश से अपना सम्बन्ध बतलाते हैं। अलकसिंह ने अपने भुज-प्रताप से जीत कर रियासत की स्थापना की। बहुत पीढ़ियों तक रियासत सिरमौर के अधीन रही। गोरखा-आक्रमण के समय भरौली और मधान के साथ-साथ बलसान भी कुम्हारसेन के राणा के अधीन थे। राणा योगराजसिंह ने गोरखा-युद्ध में अंग्रेजों की सहायता की, और नागन किले पर अधिकार करके एक हजार गोरखा-सैनिकों को गिरफ्तार कर जनरल आक्टरलोनी को दे दिया। युद्ध-समाप्ति के बाद अंग्रेजों ने उसे अपनी रियासत के अतिरिक्त भरौली परगने को भी देकर स्वतन्त्र राणा मान लिया। 1857 ई० के स्वतन्त्रता-युद्ध के समय ठाकुर योगराजसिंह ने अपनी अचल भक्ति का परिचय दिया, और शिमला से भागे हुए बहुत-से अंग्रेजों की रक्षा की। इन सेवाओं के लिए उसे मूल्यवान खिलअत और राणा की उपाधि दी गई। 1867 ई० में योगराज के मरने के बाद उसका पोता भूपसिंह गद्दी पर बैठा। 1884 ई० में भूपसिंह के मरने के बाद उसका पोता गद्दी पर बैठा, जिसका टिक्का उसका भाई अतरसिंह 1868 ई० में

पैदा हुआ था।

बाघी (9000 फुट) : शिमला से 50 मील (मोटर-सड़क) पर अवस्थित महासू जिले का एक दर्शनीय स्थान है।

बाथरी (चंबा) : पठानकोट-चंबा सड़क पर एक अच्छा बाजार है, जहाँ डाकखाना, स्कूल, डाकबँगला आदि हैं।

बासपा : कनौर में बहने वाली सतलुज की यह बड़ी शाखा नदी भागीरथी और सतलुज के बीच में बहती है। इसके किनारे के इलाके को बाहरी टुक्पा परगना कहते हैं। छितकुल, रकछम, बरसेरिंग, सांगला आदि गाँवों से होते यह किलबा से कुछ ऊपर सतलुज में आ मिलती है।

बिजौरा (कुल्लू) : सुल्तानपुर (कुल्लू) से 6 मील पर 3600 फुट की ऊँचाई पर यह कस्बा अवस्थित है, जहाँ डाकबँगला, डाक-तारघर है। इसे बाजौरा भी कहते हैं, जिसके पास हाट गाँव में एक प्राचीन शिव मन्दिर है।

बारंग : कनौर के भीतरी टुक्पा परगने में सतलुज के बायीं तरफ यह अच्छा-खासा गाँव है। यहाँ के देवता का नाम नागस है। यहाँ के कुछ परिवारों की उपाधियाँ माथस (महता), चारस, शोथा आदि हैं। तीन मील उत्तर बहुत ही सुन्दर वनों का दृश्य है।

बाल्ह (मंडी) सुकेत तहसील में रियासत के समय यह एक स्वतन्त्र तहसील थी। सुकेत की राजधानी इसी में थी।

बाशिष्टकुंड (कुल्लू) : मनाली से ऊपर यहाँ गरम पानी का चश्मा (तप्तकुण्ड) है, जहाँ लोग तीर्थयात्रा के लिए जाते हैं, और विश्वास करते हैं, कि यहाँ वसिष्ट ऋषि ने तपस्या की थी। कुल्लू से मनाली तक मोटर जाती है, जहाँ से थोड़ा ही ऊपर व्यास के तट पर यह स्थान है। पुराने पाषाण के अवशेषों से मालूम होता है, कि काफी पुराने समय से यह एक तीर्थस्थान रहा है। यहाँ का पानी गर्मियों में 132 डिग्री गरम होता है।

बिलासपुर : 448 वर्गमील की यह रियासत पहले कहलूर के नाम से प्रसिद्ध थी। 1653 ई० के आसपास राजा दीपचंद ने व्यासपुर के नाम से नई राजधानी बसाई, जिसको ही बिगाड़ कर लोग बिलासपुर कहने लगे। यह रियासत सतलुज के दोनों तटों पर वहाँ तक अवस्थित है, जहाँ वह पहाड़ों के बाँध तोड़ कर बाहर आना चाहती है। 1948 में रियासत के विलयन के समय भी उसे हिमाचल से अलग रक्खा गया और बहुत आगा-पीछ करने के बाद उसे हिमाचल प्रदेश में मिलाना स्वीकार किया गया। अभी बिलासपुर के भाई-बन्धु नालागढ़ को पूर्वी पंजाब रियासती संघ में रक्खा गया है। बिलासपुर (क्षेत्रफल 2 वर्ग मील, घर 600) सतलुज के बायें किनारे अवस्थित है। यहाँ इंटर कॉलेज, स्कूल, अस्पताल, डाकखाना आदि की इमारतें हैं। भाखरा सेतु की जलनिधि इसे डुबोने वाली है।

बिसाहर (रामपुर) : यह हिमाचल की बड़ी रियासत 1948 में विलीन हुई। इसके इतिहास के बारे में हम पहले कह आये हैं।

बीरकोट : मंडी-सुकेत वंश के पूर्वज राजा बीरसेन ने यहाँ अपना किला बनवाया था, जिसके अवशेष अब भी मौजूद है।

बुंगा (कुल्लू) : सराज तहसील में यहाँ एक पुराना गढ़ है।

बुरंगघाटी : ब्रूवे (बुरंग) कनौर के राजगाँव परगने में किलबा से 8 मील ऊपर एक गाँव है, जिससे एक घाटी को पार कर पब्बर-उपत्यका में पहुँचा जा सकता है। प्राचीन काल से कनौरी लोग इसी बुरंग घाटी से होकर पब्बर और टौंस होते कालसी (देहरादून) पहुँचते थे और आज भी कितने ही लोग अपने पशुओं को ले कर जाड़ों में वहाँ आते हैं।

बेजा : 4 वर्गमील की यह छोटी-सी रियासत कसौली पहाड़ के पश्चिमी ढलान में अवस्थित थी। यहाँ का राजवंश दिल्ली के तोमर-वंश से अपना सम्बन्ध जोड़ता है। प्रथम राजा का नाम घोलपाल था, जिसकी 37वीं पीढ़ी में शमशेरचन्द हुए, जो दिल्ली से कनखल (हरिद्वार) आये। वहाँ से उसके पोते रामचन्द ने सिरमौर के ऊपर असफल अभियान किया। फिर मंजना में रहने लगा, और वहाँ कितने ही मन्दिर बनवाये। उसके पोते गरबचंद ने भोच (बघाट की पुरानी राजधानी) के राणा पर आक्रमण किया, और उसके कितने ही भाग को ले लिया, जिसमें बेजा भी था। गरबचंद के पोते बिशनचंद को अपने कुछ इलाकों से हाथ धोना पड़ा। बहुत वर्षों तक बेजा बिलासपुर के अधीन रहा, लेकिन 1790 ई० में नालागढ़ के बिलासपुर के कितने ही हिस्सों के जीतने के समय यह स्वतन्त्र हो गया। गोरखा-आक्रमण के समय 31वीं पीढ़ी में मानचंद राजा था। उसे कुछ वैद्यक भी आती थी, और इस सहायता के लिए गोरखों ने उसे सनद दे दी थी। लेकिन, पीछे गोरखों के शासन को असह्य देखकर वह अक्टरलोनी के साथ हो गया, और विजय के बाद 4 सितम्बर, 1815 में सनद देकर अंग्रेजों ने उसे ठाकुर की उपाधि दी। ठाकुर मानचन्द का पोता उदयचन्द 1905 ई० में मरा, और उसकी जगह पर उसका 10 वर्ष का लड़का पूरनचन्द ठाकुर बना। बेजा में देवी जालपा ठाकुर की कुलदेवी है, और देवता बीजू भी बड़ा प्रभाव रखता है।

बैजनाथ (काँगड़ा) : रेलवे सड़क के पास पालमपुर-कुल्लू की मोटर-सड़क के ऊपर यह पुराना कस्बा है। प्राचीनकाल में इसका नाम कीरग्राम था। यहाँ का मन्दिर बहुत प्रसिद्ध है, जिसमें दो शिलालेख 1204 ई० के हैं। इनमें कीरग्राम के राजानक (राणा) ने अपने साथ अपने प्रभु जलन्धर (त्रिगढ़) के राजा का सम्बन्ध बतलाते हुए अपने दान का उल्लेख किया है। प्राचीन मन्दिर के पास किसी संन्यासी ने केदारनाथ का मन्दिर बनवा दिया, और वहाँ संस्कृत पाठशाला भी स्थापित कर दी। डाकबँगला खड्ड के ऊपर एक बड़ी सुन्दर जगह में अवस्थित है, जहाँ की शीतल हवा सारे जिलें में अपनी समानता नहीं रखती। उससे कुछ नीचे बिन्नून नदी के तट के ऊपर कठोग का चश्मा है। कहते हैं, राजा संसारचन्द अपने पीने के लिए यहाँ से पानी मँगवाया करता था। उससे और नीचे खीरगंगा का कुण्ड है, जिसमें स्नान करने का बड़ा महातम माना जाता है, यद्यपि नहाने वालों ने इसे इतना गन्दा कर रक्खा है कि वहाँ ठहरना मुश्किल हो जाता है।

बैरकोट (मंडी) : राजा बीरसेन ने इस किले को हमीरपुर के सीमांत से होने वाले आक्रमण की प्रतिरक्षा के लिए बनवाया था। पहले यह सुकेत के हाथ में था। 1808 ई० में मंडी के राजा ईसरीसेन ने कहलूर (बिलासपुर) के राजा की सहायता से इसे ले लिया। हाल तक इसमें मंडी रियासत की बखार रहती थी।

बैरा (मंडी) : 3470 फुट की ऊँचाई पर हमीरपुर-मंडी सड़क पर शिरखड्ड (नाला) से दो मील ऊपर यह जगह अवस्थित है। यहाँ एक छोटा-सा पुराना किला है। पहले यह हाटली के राणा के हाथ में था, जिससे सुकेत के राजा बीरसेन ने छीन लिया। मंडी के राजा गुरसेन ने कहलूर की मदद से 1667 ई० में सुकेत से इसे ले लिया। कांगड़ा के राजा संसारचंद ने हाटली इलाके को जब जीत लिया, तो बैरा को सुकेत के राजा को दे दिया, जिससे मंडी के राजा ईसरीसेन ने 1808 ई० में छीन लिया, और यहाँ राज्य की बखार रहने लगी।

ब्रह्मौर (चंबा) : ऊपरी रावी की शाखा बुद्धिल नदी की उपत्यका में चम्बा से 48 मील दक्षिण-पूर्व (अक्षांश 32° 26′ और देशान्तर, 76° 32′ पर) 6000 फुट पर अवस्थित यह बड़ा गाँव है। रियासत की कोठी (कचहरी) जिस जगह पर अवस्थित थी, वहीं पुराने राजमहल थे। यहाँ ऐतिहासिक महत्त्व की पुरानी वस्तुएँ हैं—मन्दिर और उनकी मूर्तियाँ। लक्षणा देवी और गणेश के मन्दिर पर्वतीय शैली के हैं तथा नरसिंह के शिखरदार। मणिमहेश के मन्दिर के सामने एक पूरे आकार के पीतल का नन्दी है। लक्षणा-देवी और गणेश की मूर्तियों पर तथा नन्दी के सिंहासन पर भी राजा मेरुवर्मा (680-700 ई०) के समय के आदिलेख हैं। जिस समतल भूमि पर यह मन्दिर अवस्थित है, उसे चौरासी कहा जाता है। ब्रह्मौर और आसपास की सारी भूमि को शिव भूमि तथा गदेरान कहते हैं, और इस उपत्यका के निवासियों को कुल्लू के इतिहास में हमेशा गद्दी कह कर पुकारा जाता था। मोटर-सड़क के ब्रह्मौर पहुँच जाने पर इस अनुपम सुन्दर उपत्यका को लोगों को और भी अधिक देखने का मौका मिलेगा। यहाँ जंगलात का डाकबँगला, डाकघर, मिडिल स्कूल और दूसरी इमारतें हैं। यहाँ के संत नागाबाबा ने इस इलाके के लोगों में शिक्षा-प्रचार और सुधार का बहुत काम किया है।

चम्बा की पुरानी राजधानी पहले ब्रह्मपुर में थी, जिसे राजा साहिल ने 930 ई० में हटा कर चम्बा नगर को बसाया। दो शिखरदार मन्दिरों में बड़ा मणिमहेश का शिवालय है। कहा जाता है, इसे राजा मेरुवर्मा (प्रायः 700 ई०) ने बनवाया था, लेकिन वर्तमान मन्दिर उतना पुराना नहीं मालूम होता है, यद्यपि मन्दिर के सामने पीतल के नादिया के अभिलेख से मालूम होता है, कि मेरुवर्मा ने एक शिवालय बनवाया था। शायद वह लकड़ी का बना हो, जिसके जल जाने पर वर्तमान मन्दिर को बनाया गया। या पुराना हो जाने से उसका फिर से नया करके जीर्णोद्धार किया गया। ब्रह्मौर के दूसरे अपेक्षाकृत छोटे तथा सीधे-सादे मन्दिर में नरसिंह की मूर्ति है। साहिल-पुत्र युगाकर के अभिलेख से मालूम होता है, कि इसे रानी त्रिभुवनेश्वरी ने बनवाया था। इस प्रकार यह मन्दिर 10वीं या 11वीं शताब्दी का है। 4 अप्रैल, 1905 ई० को इधर के पहाड़ों में जो

भयंकर भूकम्प आया था, उससे नरसिंह मन्दिर को काफी क्षति हुई थी। इससे यह भी मालूम होता है, कि भूकम्प के भय वाले क्षेत्र में पाषाण मन्दिरों की अपेक्षा लकड़ी के मन्दिर अधिक चिरस्थायी होते हैं। लक्षणादेवी का पुराना मन्दिर पर्वतीय शैली का है। मंदिर के सामने एक छोटा-सा सभामंडप है, जिसे मन्दिर के साथ अनगढ़ पत्थर और लकड़ी की दीवारों से ढाँक के घिरावे में डाल दिया गया है। यह घिरावा बरांडे का काम देता है। मन्दिर के सामने का भाग बड़ा ही उल्लेखनीय है। इसके सजाने की शैली कश्मीर और गन्धार वास्तुकला से अधिक समानता रखती है, और कितने ही विद्वान इस पर यवन-गन्धार कला का प्रभाव बतलाते हैं। कश्मीर के मन्दिरों की तरह यहाँ भी त्रिकोणाकार मेहराब दिखाई पड़ता है। मेहराब के भीतर सूर्य की मूर्ति है। उसके 12 हाथों में कई प्रकार के चिह्न हैं, जो शायद 12 महीनों को बतलाते हैं। त्रिकोण के आधार में 7 निहुरी हुई मूर्तियाँ शायद सातों दिनों या सूर्य के सातों घोड़ों की हैं। पाँती से तैयार की हुई शोभार्थ मूर्तियाँ भी वैसी ही हैं, जैसी कि गन्धार-कला में देखी जाती है। दरवाजे के चौकठों का अलंकरण भारतीय ढंग का है। प्रवेश द्वार के ऊपर माला लिए उड़ते गन्धर्वों की दोहरी पंक्तियाँ हैं। मूर्तियों की ऊपरी पंक्ति में अपने नितम्ब पर बैठी एक स्त्री मूर्ति देखी जाती है। देहली के दोनों तरफ गंगा और जमुना की मूर्तियाँ हाथ में जलकुंड और पद्मनाल लिए क्रमशः अपने वाहनों मकर और कच्छप पर खड़ी हैं। गंगा-जमुना की सुन्दर काष्ठ-मूर्तियाँ बेग्राम (काबुल के पास प्राचीन कपिशा) में भी मिली हैं, पुराने मन्दिर के दरवाजों पर ऐसी मूर्तियों के बनाने का आम रिवाज था।

ब्रूवे : इसे ब्रूवंग भी कहते हैं। किलबा से आठ मील ऊपर राजगाँव परगने में यह एक गाँव है। इसके विषय में बुरंग घाटी के बारे में लिखते वक्त हम बतला आये हैं।

भज्जी : सतलुज के उत्तर 96 वर्गमील की यह छोटी-सी रियासत शिमला से 24 मील पर अवस्थित थी। इसकी राजधानी सूनी है। भज्जी का राजवंश काँगड़ा से आया था। 1803-15 ई० तक भज्जी पर गोरखों ने अधिकार कर लिया था। विजय के बाद 4 सितम्बर, 1815 की सनद के समय राणा रुद्रपाल को अंग्रेजों ने भज्जी की रियासत लौटा दी। रुद्रपाल ने मरने से पहले गद्दी अपने बेटे रणबहादुर को देकर हरद्वार में धार्मिक जीवन बिताया। रणबहादुर के मरने पर 1875 ई० में दुर्गासिंह को गद्दी मिली, और उसके बाद उसके पुत्र प्रजापाल को।

भरौली : इस इलाके में सबाथू, शीवा और भरौली के तीन परगने थे, जिसे अंग्रेजों ने शुरू से ही अपने हाथ में रक्खा, क्योंकि इसके पहले के ठाकुर-वंश उच्छिन्न हो गया था, और क्यूंठल और बघाट के राणा इस पर दावा कर रहे थे। इसमें सैनिक-छावनी के लिए उचित कई स्थान थे, इसलिए भी अंग्रेजों ने इसे लेना पसन्द किया। सबाथू बहुत दिनों तक अंग्रेजी सेना की मुख्य छावनी रही, और 1842 ई० तक मसूरी बटालियन का हेड क्वार्टर था। 1842 में इस बटालियन को शिमला के पास जतोग में स्थानान्तरित कर दिया गया, और सबाथू गोरी सेना के लिए व्यवहृत होने लगा।

भवन (काँगड़ा) : काँगड़ा शहर का यह एक अंश है, जिसमें नगरकोट की देवी

का प्रसिद्ध मन्दिर है।

भवारना (कांगड़ा) : पालमपुर तहसील में यह अच्छा-खासा बाजार है, जो पालमपुर से 6 मील पर मोटर की सड़क पर अवस्थित है। बाजार के बीच से एक कुह्ल (नहर) जाती है। यहाँ पुलिस चौकी, स्कूल, डाक-तारघर हैं।

भिउली (मंडी) : मंडी में यह एक ऐतिहासिक स्थान है, जो मंडी से 4 मील पर है। मंडी से पहले यहाँ कुछ समय तक राजधानी रही।

भुज्जल : सिरमौर जिले में शिमला से तीन मंजिल पर शिमला-चकरौता सड़क पर बछियारी नदी के किनारे अवस्थित है। यहाँ से चौरचोटी दो मंजिल और नाहन छः मंजिल पर है। पर्वतीय दृश्य यहाँ बहुत सुन्दर है।

भोच : बघाट रियासत की यह राजधानी रहा, जिसे पीछे राणा ने सोलन में बदल दिया।

मकराहर (कुल्लू) : सुल्तानपुर में राजधानी के आने से पहले कुल्लू की राजधानी यहाँ रही। इससे पहले पुराने समय में भी यहाँ राजधानी थी। कुल्लू वालों को इसी के नाम पर मकराहर, मकराहा या मकरास कहा जाता था। कोठी कन्दी में पुराने नगर के ध्वंसावशेष अब भी मौजूद हैं।

मंगल : 12 वर्गमील की यह छोटी-सी रियासत शिमला की पहाड़ी रियासतों में सबसे अपरिचित इलाके में अवस्थित थी। पहले यह बिलासपुर के अधीन थी, लेकिन गोरखा-युद्ध के बाद इसे स्वतन्त्र घोषित कर दिया गया। यहाँ का राजवंश अपने को अत्रि-गोत्री राजपूत मानते हैं, और अपना उद्गम मारवाड़ से बतलाते हैं। राणा जीतसिंह 1892 ई० तक शासन करता रहा, उसके बाद तिलोकसिंह मंगल की गद्दी पर बैठा। अफीम की खेती रियासत वालों की आमदनी का एक अच्छा जरिया था। सतलुज के बायें किनारे पर अवस्थित होने से सतलुज घाटी की समृद्धि के साथ अब इसकी समृद्धि सम्बद्ध है।

मंजनकोट (कुल्लू) : यहाँ एक पुराना गढ़ है।

मणिकरण (कुल्लू) : पार्वती-उपत्यका में 5700 फुट की ऊँचाई पर यह प्राचीन पवित्र तीर्थ है। यहाँ के तप्तकुंड का पानी 185 से 201 डिग्री तक गरम रहता है। 201 डिग्री पर यहाँ की ऊँचाई में पानी उबलने लगता है, इसलिए लोग जमुनोत्री के कुंड की तरह इसमें भी आलू, रोटी या चावल उबाल लेते हैं। यहाँ स्कूल, डाकबँगला और डाकघर हैं। आसपास बहुत ही रमणीय प्राकृतिक दृश्य है।

मणिमहेश (चम्बा) : यह भी हिमालय का एक बहुत पवित्र तीर्थ (अक्षांश 32° 23′ और देशान्तर 76° 40′) 13000 फुट की ऊँचाई पर अवस्थित है। ब्रह्मौर से दो दिन में यहाँ पहुँचा जाता है। कैलास शिखर (18564 फुट) की जड़ में यहाँ एक सुन्दर सरोवर है, जिसके किनारे शिवजी की एक चौमुखी संगमर्मर की छोटी-सी मूर्ति है। आश्विन वदी अष्टमी को यहाँ मेला लगता है, जब पहाड़ नहीं, बल्कि भारत की भिन्न-भिन्न जगहों से भी तीर्थयात्री आते हैं।

मंडी : मंडी जिले का सदर मुकाम तथा मंडी के राजा की राजधानी व्यास के

बायें किनारे पर अवस्थित है। राजा बहुसेन ने 1527 ई० में इस नगर को (अक्षांश 31° 34′ और देशातन्र 76° 58′ पर 2557 फुट की ऊँचाई पर) बसाया है। पास की पहाड़ी पर नगर से 500 फुट और ऊँचे श्यामाकाली का मन्दिर है। व्यास के दोनों तरफ पुरानी और नई मंडी हैं, व्यास के ऊपर 1877 ई० में लोहे का पुल बनाया गया। पठानकोट या जोगेन्द्रनगर से कुल्लू जाने वाली मोटर-सड़क यहाँ से होकर जाती है। बाजार अच्छा है, जिसे चौहट्टा कहते हैं। बाजार के पश्चिम तरफ उसके ऊपर एक दोमंजिला मकान है, जिसे चौतरा कहते हैं। यहीं पर वजीर रहा करते थे। पास में राज-महल है। इसके सबसे पुराने भाग को दमदमा कहते हैं, जिसे 1625 ई० राजा सूरजसेन ने बनवाया था। इसी इमारत में रियासत का तोशाखाना, सिलाहखाना (अस्त्रागार) और माधवराव का मन्दिर है। तोशाखाने में कितने ही हस्तलिखित ग्रंथ भी हैं। अब इस महल में सरकारी कार्यालय और कचहरियाँ हैं। नये राजप्रासाद को नवामहल कहते हैं, जिसे वर्तमान शताब्दी से कुछ पहले बनाया गया था। यहीं पर दरबार हाल है। महल के सामने एक बड़ा सरोवर है, जिसके बीच में पत्थर का स्तम्भ है। कहते हैं, राजा सिद्ध-सेन ने अपने दामाद बनगाहल के राणा पृथवीपाल को यहीं बुलाकर धोखे से मार डाला। राणा का सिर इसी खम्भे के नीचे गड़ा है। इस पर बराबर चिराग जलाया जाता था। तालाब के दक्षिणी कोने में राजा का अस्तबल था, जिसमें किसी समय सौ घोड़े रहा करते थे। सुकेत सड़क के करीब शहर के बाहर मण्डी के पुराने राजाओं की छतरियाँ हैं, जिनमें कुछ राजाओं के साथ सती होने वाली रानियों के भी स्मारक हैं। और आगे सुकेती खड्ड पर एक झूलेवाला पुल है। व्यास के दाहिने किनारे वाले भाग ही में डाक-बँगला, नया अस्पताल तथा रेजीडेंसी सुकोधी नदी के पास में अवस्थित हैं। सुकोधी के बायें किनारे राजा सिद्धसेन का बनवाया गणपति मन्दिर है, जिसमें राजा की पुरुष प्रमाण मूर्ति है। मंडी शहर पठानकोट से 131 मील, काँगड़ा से 81 मील, जलन्धर से 124 मील, दोराहा से 106 मील और शिमले से 88 मील पर है। राजधानी के साथ-साथ भारत से कुल्लू-लद्दाख होते मध्य एशिया का मार्ग यहीं से गुजरता है, जिसके कारण यह पहले ही से एक अच्छा व्यापारिक केन्द्र था। पठानकोट से कुल्लूवाली मोटर-सड़क ने इसके महत्त्व को और अधिक बढ़ा दिया, और अब तो शिमले से पहाड़ जाने-वाली मोटर-सड़क भी यहाँ पहुँचती है।

मदौनी : शिमला से 40 मील पर हिन्दुस्तान-तिब्बत सड़क के ऊपर नारकंडा से दो मील उत्तर यह स्थान है, जहाँ जाछ देवता का लकड़ी का मन्दिर है। यहाँ का राजपूत पुजारी है।

मधान : क्यूंठल के अधीन मधान या कियारी नाम की 23 वर्गमील की छोटी-सी रियासत थी। यहाँ के ठाकुर अपने को चन्देल राजपूत मानते हैं, जो पहले गढ़वाल में बसे थे, फिर बिलासपुर आये। ठियोग और मुंड के राजवंश भी इनके भाई-बन्द हैं। मधान पहले कुम्हारसेन का बड़ा राज्य था, पीछे क्यूंठल के राणा भूपसिंह के अधीन हुआ। धरमपुर यहाँ का बड़ा गाँव है।

मनाली (कुल्लू) : 6200 फुट की ऊँचाई पर व्यास के दाहिने किनारे यह कस्बा है, जिसके आसपास बहुत-से सेब के बगीचे हैं। कुल्लू से आनेवाली मोटर यहाँ खतम हो जाती है। यहाँ डाकबँगला, डाक-तारघर और बाजार हैं।

मनोवटी : मनोवटी धारंग (मनोवटी पर्वतश्रेणी) सराहन से 6 मील उत्तर हिन्दुस्तान-तिब्बत सड़क पर है। कनौरी लोग इसे मुरथू भी कहते हैं। कनौर की यही सीमा है, यहाँ के लोग काँची (पहाड़ी) और कनौरी की मिश्रित बोली बोलते हैं। कनौरी में जिसे 'लो जाइन ला' कहते हैं, उसे मन्यौटी में 'आरू जाइन ला' (यहाँ आइए जी) कहते हैं।

ममेल (सुकेत) : मंडी जिले के (सुकेत) तहसील में यह एक बड़ा गाँव है, जो अपेक्षाकृत समतल तथा उर्बर भूमि में बसा हुआ है।

मलाणा (कुल्लू) : परोल की वजीरी में इसी नाम की नदी में यह उपत्यका है। यहाँ के लोग किरात भाषा वंश की एक बोली कनाशी बोलते हैं, जिसका बुनान, तिनान, मनचत् जैसी लाहुल की, कनौरी एवं माणा-निती की मार्छा एवं नेपाल की नेवारी, तथा सिक्किम की लेप्चा भाषा से सम्बन्ध है। किसी समय जावा-कम्बोडिया से आसाम और सारे हिमालय तक फैली हुई किरात भाषा के महाद्वीप का एक छोटा-सा अवशेष यह मलाणी भाषा भी है। मलाणा गाँव एक-दूसरे से 80 गज के फर्क पर दो टोली में बँटा हुआ है। एक टोले के लोग दूसरे टोले के लोगों से ब्याह-शादी करते हैं। कभी-कभी वह रशोल गाँव के लोगों से भी ब्याह-संबंध करते हैं। चंद्राकन्नी जोत से 3000 फुट नीचे मलाणा-उपत्यका में यह गाँव अवस्थित है। गाँव के मकान पत्थर और लकड़ी के बने हुए हैं, और छतें लकड़ी की पट्टियों की। इस गाँव में नरोई का मन्दिर, देवता का खजाना, रसोई घर, बाजे वालों के लिए एक कमरा और एक और मकान है, जिसमें मार्च के उत्सव के 15 दिन पहले जौ बोया जाता है, इस जई (जरी) को देवता पर चढ़ाया जाता है। लोग भी जरी को अपनी टोपियों में लगाते हैं। आज से 40 वर्ष पहले मलाणा गाँव में 300 आदमी बसते थे। आदमियों को रादेव और अधिकारियों को बारी कहते हैं। जिसमें एक कर्मिष्ट (खजाने का मैनेजर), दो पुजारी, गुरु और आठ जठेरे होते हैं। जठेरे गाँव के हरेक मोहल्ले के प्रतिनिधि होते हैं। जठेरे सारे मुकद्मों का फैसला करते हैं, और जहाँ जरूरत होती है, देवता अपने गुरु द्वारा उनकी सहायता करते हैं। रादेव अर्थात् मलाणा के सारे लोग, कुछ स्त्रियों, बुढ़ियों, बच्चों को छोड़ कर, मार्गशीर्ष या पूस के आरम्भ में चन्द्राकन्नी जोत को पार करके एक महीने से ज्यादा जमलू के मन्दिर वाले गाँव में रहते हैं। वह रूपी कोठी, हरकन्दी के कैस और दूसरे गाँव में भी जाते हैं, जहाँ पर कि जमलू की सम्पत्ति है। बारी (मन्दिर अधिकारी) जमलू के दूसरे स्थानों में अनेक बार जाते हैं। इस समय लोग मलाणा से आने वाले लोगों को खिलाने-पिलाने की जिम्मेवारी अपने ऊपर लेते हैं। इसके बदले मलाणा के मेले के वक्त बाहर के गाँव से आने वाले लोगों को मलाणा वाले भोजन कराते हैं। मलाणा में आये साधु या तीर्थयात्री को भोजन और जरूरत हो, तो कम्बल भी दिया जाता है। कहते हैं, जमलू के खजाने में कई

लाख रुपया, शताब्दियों से जमा होता रहा है। सोने या चाँदी का छोटा-सा हाथी या घोड़ा चढ़ावा चढ़ाया जाता है।

मलाणा की मालगुजारी देवता का कर्मिष्ट नग्गर के नेगी को देता है। मलाणा शताब्दियों-सहस्राब्दियों से बहुत दिनों तक एक स्वतंत्र गणराज्य की तरह चलता चला आया था। लेकिन अंग्रेजों को यह सहन नहीं हुआ। उनके द्वारा दबाये जाने पर जब मलाणियों ने सिर नहीं झुकाया तो 1883 ई० एक पहाड़ी तोप और सेना वहाँ भेजी गई।

मसरूर (काँगड़ा) : पठियार की तरह डेरा तहसील में यह भी एक महत्त्वपूर्ण स्थान है, जहाँ पुराने मन्दिर के कितने ही कारुकार्यवाले पाषाण पड़े हुए हैं। यह रक्षित स्मारक है।

मस्तगढ़ (काँगड़ा) : यहाँ पुराना किला है।

महलोग : शिमला से 30 मील दक्षिण-पश्चिम कुठार और नालागढ़ की रियासतों के बीच में यह 43 वर्गमील की एक छोटी-सी रियासत थी, जिसकी राजधानी पट्टा कसौली पहाड़ से 8 मील पर है। सबाथू से पट्टा 10 मील पर है। मुगल इन पहाड़ों से कर कहलूर (बिलासपुर) के राजा द्वारा वसूल करते थे। महलोग ने कर की जगह पर अपने बारहगाँव बिलासपुर को दे दिये थे, जिन्हें 1790 के करीब नालागढ़ वालों ने बिलासपुर को हराकर जीत लिया।

अयोध्या के वीरचन्द राजा ने स्वप्न में महादेव जी की आज्ञा पा कर मानसरोवर, तिब्बत की यात्रा की। वहाँ से शिवजी ने उन्हें भौआना (कालका और पिंजौर के बीच में एक स्थान) भेजा, जहाँ के मावियों को हराकर उसने अपना राज्य कायम किया। वीरचन्द के छठे उत्तराधिकारी कन्दोसीचन्द ने अपने राज्य का अधिक विस्तार किया। कहते हैं, उसकी सीमा दिल्ली तक पहुँच गई थी। सिरमौर के राजा ने कन्दोसीचन्द के पोते उत्तमचन्द को हराया, और वह अपने ससुर क्यूंठल के राणा के पास भाग गया, और उसकी मदद से अपने राज्य के 12 परगनों को लौटा पाने में सफल हुआ। इन परगनों में अधिकतर मावी (मेव, प्रजातन्त्री कुणिन्द) रहते थे, इसलिए इसका नाम महलोग कहा जाने लगा। उसने अपनी राजधानी कोट घरसी में रखा, जो अब पटियाला में है। सात पीढ़ी बाद अजितचन्द महलोग का राजा हुआ, जिसने काँगड़ा के राजा से हार खा कर अपने दस परगने खोये। काँगड़ा के राजा ने उन्हें बघाट को दे दिया। इस समय से राजा की जगह उसे राणा कहा जाने लगा। गोरखा-युद्ध के बाद अंग्रेजों ने राणा अजितचन्द को यह रियासत दी। संसारचन्द को अंग्रेजों ने ठाकुर की उपाधि दी, जिस पर उसने आपत्ति की, कि दरकोटू और बलसान जैसी छोटी रियासतों को राणा कहा जाये, और मुझे ठाकुर क्यों। संसारचन्द के पोते रघुनाथचन्द को 1890 ई० में अंग्रेजों ने वैयक्तिक तौर से राणा की उपाधि दी। 1902 ई० में उनके मरने के बाद उनका लड़का दुर्गाचन्द महलोग की गद्दी पर बैठा।

माजरा : सिरमौर जिले में नाहन से 20 मील पूर्व यह गाँव है, जहाँ 1893 ई० तक तहसील थी, जिसे पौंटा में बदल दिया गया। यहाँ स्कूल, थाना और डाकबँगला हैं।

जंगल पास में हैं। प्रसिद्ध जम्बुखाला नजदीक से बहती है। बँगला मूलतः लार्ड लिटन के लिये बनवाया गया था।

माधवपुर (मंडी) : मण्डी-सराज में यहाँ एक पुराना किला है, जिसे मण्डी के राजा ने 1688 ई० में सुकेत के एक सामन्त से छीन लिया।

मानकोट (काँगड़ा) : मान पर्वत में यहाँ एक पुराना किला है।

मानगढ़ (काँगड़ा) : यहाँ भी एक पुराना किला है। चारों ओर पहाड़ों से घिरे एक समतल जमीन पर यह गाँव बसा हुआ है। यहाँ एक पुराना हिन्दू मन्दिर है, जिसे पाँडवों या सियालकोट के राजा रसालू का बनवाया बतलाया जाता है। यह एक पुरातात्त्विक महत्त्व का स्थान है, इसमें शक नहीं।

मिघाल (चम्बा) : पांगी के इलाके में साच (अक्षांश 32° 59′ और देशान्तर 76° 27′ पर) के सामने चन्द्रभागा के बायें तट पर यह गाँव अवस्थित है, जहाँ पर चामुण्डा (मिघालवासिनी देवी) का मन्दिर है। यह मन्दिर वर्गाकार है, पर्वतीय शैली का है। मूर्ति काले पत्थर की है, भादों में यहाँ मेला लगता है, और सैकड़ों भेड़-बकरियाँ बलि दी जाती हैं। मेले में खूब नाच और शराब चलती है। गुर (पण्डा) और चेला (ओझा) दोनों ब्राह्मण हैं।

मिरकुल : चम्बा के लाहुल इलाके के इस स्थान में काली का पुराना मन्दिर है, जिसको आमतौर से मिरकुला देवी का मन्दिर कहा जाता है। मन्दिर के भीतर की मूर्ति पीतल की तथा भद्दी है, जिसके ऊपर टाँकरी लिपि में 13वीं या 14वीं सदी का अभिलेख उत्कीर्ण है। मन्दिर मूर्ति से कहीं अधिक पुराना है। परम्परा बतलाती है, कि मिरकुल और कुल्लू, मनाली के हिडिम्बा मन्दिर एक ही शिल्पी ने बनाये थे। मनाली के मन्दिर को कुल्लू के राजा बहादुरसिंह ने 1559 ई० में बनवाया था। उसमें भी काष्ठ पर कारुकार्य बहुत किया गया है, यद्यपि भद्दापन ज्यादा है। मिरकुलादेवी का मन्दिर उससे शताब्दियों पहले का मालूम होता है। तो भी वह लक्षणा (भरमौर) और शक्ति (छतराढ़ी) के मन्दिरों के जितना सुन्दर नहीं है। सम्भवतः यह 10वीं-11वीं शताब्दी में बना। सारे हिमालय में हम काष्ठ के कारुकार्य के सुन्दर नमूने अधिक से अधिक पाते हैं, यद्यपि समय बीतते-बीतते उसमें कला का ह्रास साफ दिखाई पड़ता है। लक्षणादेवी की तरह मिरकुलादेवी के मन्दिर में भी गर्भगृह के सामने मंडप और फिर दोनों को दीवारों से घेर कर बरांडा बनाया गया है। इसके ऊपर नोकदार ऊँची छत है। सभी जगह लकड़ियों पर सुन्दर कारुकार्य है। मूर्तियों से अंकित पट्टिकाओं में से एक में बुद्ध के मार-विजय का दृश्य है, जिसका काली के मन्दिर में होना आश्चर्य की बात है। बीच में शाक्यमुनि वज्र (दृढ़) आसन पर बैठे हुए हैं, और मार कन्यायें अपने हाव-भाव से उन पर कोई प्रभाव नहीं डाल रही हैं। बायीं ओर नागों द्वारा खींचे जाते रथ पर खड़ा मार सिद्धार्थ के ऊपर बाण चला रहा है। दाहिनी तरफ पराजित मार को उसी तरह रथ पर खड़ा दिखाया गया है। उसको दोनों कन्यायें उसे पकड़े हुए हैं, उसके हाथों से धनुष-बाण गिर रहे हैं, और रथ के वाहन अस्त-व्यस्त होकर पड़े हुए हैं। कुछ जगह

महाभारत और रामायण के दृश्य भी उत्कीर्ण हैं। गवाक्ष के दोनों तरफ की दो पट्टिकाओं में समुद्र मंथन और वामनावतार के दृश्य उत्कीर्ण हैं। वामनावतार में विराट की तीन पग में तीनों लोक नापने का भाव भी दिखलाया गया है।

मुल्किहार (चम्बा) : यहाँ पर कुण्ड की शिला पर बड़ा अभिलेख मिला है, जिसमें स्थानीय राणा की प्रशस्ति है, जिसका समय ईसा की 13वीं शताब्दी माना जाता है।

मोगीनन्द (मोगानन्द) : यह एक गाँव और शिवालिक की एक घाटी का भी नाम है, जिससे सधौरा से नाहन का रास्ता जाता है। नाहन यहाँ से 9 मील उत्तर-पूर्व में है। मारकण्डा-उपत्यका का जाने वाला रास्ता मोगीनन्द होकर जाता है। यहाँ के पहाड़ की ऊँचाई 2600 फुट है।

मोन्-खर : यह स्पिती में है।

मोरंग : कनौर में भीतरी टुक्पा परगने का यह सबसे बड़ा गाँव है, जिसको गिनम् भी कहते हैं। मुख्य गाँव का नाम ग्रामंग् है। गाँव के कुछ मील ऊपर टशीगंग में एक बड़ी गुम्बा है, जहाँ लोग तीर्थयात्रा के लिए जाते हैं। यहाँ के देवता का नाम और-मिग है।

रकछम् : कनम् में बाहरी टुक्पा परगने में यह एक बड़ा गाँव है। रक पत्थर को कहते हैं, और छम् पुल को, इसी से इस गाँव का नाम पड़ा। गाँव बसपा नदी के दाहिने किनारे पर बरसैरिंग और छितकुल गाँवों के बीच में है। यहाँ के देवता का नाम सनशरश (शनीचर) है।

रतेश : गिरी नदी के दाहिने किनारे पर चारों ओर क्यूंठल से घिरी चार गाँवों और तीन वर्गमील की यह छोटी-सी रियासत थी, जो क्यूंठल की करद थी। 18वीं सदी तक इसकी अवस्था बड़ी अच्छी थी, और यह सिरमौर के अधीन थी। रतेश का प्रथम राजा रायसिंह सिरमौर के राजा करम प्रकाश (1616-30 ई०) का भाई था, जिससे उसे पाँच परगने जागीर में मिले। पहाड़ में परगने बहुत छोटे-छोटे होते हैं, यह याद रखना चाहिए। रायसिंह और उसके उत्तराधिकारी अपने को कोट का राणा कहते थे। आमतौर से लोग रियासत को रतेश नहीं, बल्कि कोट कहते थे। गोरखा-आक्रमण से पहले ही क्यूंठल ने रतेश को दबाना शुरू किया। क्यूंठल के लोग कहते हैं, कि उन्होंने रतेश के गिरी के दक्षिणवाले चार परगनों को 1798 ई० में अपने अधिकार में कर लिया, और गोरखों के आने तक अपने हाथ में रखा। रतेशवालों का कहना है, कि तत्कालीन राणा जीतसिंह ने क्यूंठल के सामने सिर नहीं झुकाया, लेकिन पीछे उसकी अपनी प्रजा नाहौल के जिम्मेदारों ने विश्वासघात के साथ उसे मार डाला, और गोरखा-युद्ध की समाप्ति के बाद क्यूंठल ने गिरी के वरले पार वाले चार परगनों को हड़प लिया। यही बात बलसान में बल्लग परगने के साथ की। विजेता जनरल आक्टरलोनी के आने के समय जीतसिंह का लड़का किशनसिंह नाबालिग था तथा सिरमौर में भाग कर रह रहा था। उसकी तरफ से कहने वाला कोई नहीं था। इसलिए क्यूंठल और बलसान को अपने अधिकृत स्थानों पर रहने दिया गया। 1820 ई० में फिर यह मुकदमा उठा, और क्यूंठल ने किशनसिंह

को दो सौ रुपये की जागीर या जमीन देने के लिए कहा। किशनसिंह ने जमीन ली, और वही रतेश की रियासत हुई। बलसान ने भी 1829 ई० में किशनसिंह को जागीर देना स्वीकार किया, यदि क्यूठल भी वैसा करे, लेकिन उसने अपने वचन का पालन नहीं किया। किशनसिंह के मरने के बाद 1870 ई० में उसका बेटा रामसिंह ठाकुर हुआ। 1890 ई० में जब वह मरा, तो उसका लड़का हीरासिंह ठाकुर बना।

रवाई : जुब्बल के मातहत यहाँ एक छोटी-सी रियासत थी, जो 1948 ई० में हिमाचल प्रदेश में विलीन हो गई। रवाई वस्तुत: एक ही इलाका था, जिसका कुछ हिस्सा बिसाहर ने ले लिया और कुछ गढ़वाल (टेहरी) में रह गया। आज भी रवाई के दो टुकड़े हैं, यद्यपि उन्हें एक जगह होना चाहिए था। हिमाचली रवाई के दो खण्ड हैं, जिसमें उत्तरी भाग में छ: गाँवों का शालगवाँ और चार गांवों का रताहर परगना है। दूसरा टुकड़ा सालना गाँव का है, जिसके आसपास कुछ जंगल हैं। सालना के उत्तर और पश्चिम में घादी है, दक्षिण में ठारोच और जौनसार-बाबर, और पूर्व में टेहरी (गढ़वाल) का इलाका पब्बर के दाहिने किनारे पर है। शालगवाँ और रताहर अन्तिगाढ़ नदी के पूर्व और पश्चिम में है। यहाँ के शासक को ठाकुर कहा जाता था।

राजगढ़ : सिरमौर जिले में एक स्वाभाविक जगह पर 7115 फुट की ऊँचाई पर यह दुर्ग है, जिसमें रहकर 1814 ई० में गोरखा-सेना ने अंग्रेजों का जबर्दस्त मुकाबला किया था। इस वर्गाकार गढ़ के चारों कोने पर 40 फुट ऊँचे मीनार हैं। गोरखा-युद्ध में किला नष्ट-भ्रष्ट हो गया था, जिसकी फिर से मरम्मत कर दी गई। गढ़ से आधा मील पर बाजार, डाकखाना और अस्पताल हैं।

राजबन : पाँवटा से 8 मील पूर्व पाँवटा के घने जंगल हैं, जहाँ संवत् 1152 (1195 ई०) में सिरमौर की राजधानी राजा सुवंश प्रकाश ने स्थापित की थी।

रामपुर : क्यूंठल का यह परगना शिमला से 4 मील दक्षिण अवस्थित है।

रामपुर : 3300 फुट की ऊँचाई पर बिसाहर रियासत की राजधानी सतलुज के बायें किनारे पर अवस्थित है। पहाड़ों से घिरा होने के कारण हवा का उतना जोर नहीं रहता, इसलिए गर्मियों में यहाँ बहुत गर्मी होती है। कहावत भी मशहूर है, कि सरहना से राजधानी नई जगह पर हटाने के समय इस जगह चिराग जला कर रखा गया था, जो नहीं बुझा, इसपर इसे राजधानी बनाया गया। यह काम शायद राजा रामसिंह ने किया। रामपुर में अच्छा बाजार है। अब शिमला से यहाँ तक मोटर चल गई है। वहाँ पशमीने की चादरें भी बनती हैं। डाकखाना, अस्पताल, हाई स्कूल, डाक-तारघर हैं। सौर 22 कातिक से 1 माघ तक, 12-25 पूस तक ढाल और 22 बेसाख से 1 जेठ तक जेठ की लोई के तीन मेले लगते हैं, जिनमें कातिक का मेला बहुत बड़ा होता है। कनौरी व्यापारी तिब्बत की बहुत-सी चीजें यहाँ बेचने के लिए लाते हैं। पट्टू, पशम और ऊन के दूसरे कपड़ों के साथ-साथ नेवजा के फल, जीरा और दूसरी चीजें बिकने के लिए आती हैं। स्पिती-वाले अपने टाँघनों (घोड़ों) को बेचन के लिए लाते हैं, कुल्लू वाले व्यापारी खास तौर से पट्टू का व्यापार करते हैं। रामपुर में सतलुज पर पुल बना है, जिसके पार कांगड़ा

जिले का कुलूत इलाका है। कुल्लूवाले वहीं पर अपनी दूकानें रखते हैं। गुदमा-पट्टू के अतिरिक्त तिब्बत का सोहागा, और पशम भी आता है। पहले से भी यातायात की सुविधा के कारण मेले को हानि पहुँची थी।

रामशहर : नालागढ़ में वहाँ के राजा रामसरनसिंह का आबाद किया कस्बा है।

रिवालसर (मंडी) : मंडी शहर से 10 मील दक्षिण-पश्चिम समुद्रतल से 5000 फुट की ऊँचाई पर यह सुन्दर सरोवर है। तिब्बती बौद्धों का विश्वास है, कि सिद्ध पद्म-संभव इसी सरोवर के पद्म में पैदा हुए थे। स्कन्दपुराण में इसे लोमश ऋषि का स्थान बतलाया गया है। उन्हीं के प्रताप से गंगा और जमुना का जल इस सरोवर में आया। सरोवर का घेरा 1 मील से अधिक है, और गहराई भी बहुत ज्यादा है। इसमें कितने ही बड़े-बड़े तैरनेवाले द्वीप हैं, जिनके कारण इस सरोवर का माहात्म्य और बढ़ गया है। तिब्बत के हर बौद्ध बुद्धगया के बाद जिसके दर्शन के लिए अधिक लालायित होते हैं, वह यही रिवालसर है, जिसे वह छो-पद्मा (पद्मता) कहते हैं। यहाँ लामा का मन्दिर है, और कई धर्मशालाएँ हैं। पहली बैसाख (सौर) के दिन यहाँ एक बड़ा मेला लगता है। मोटर के पहुँच जाने से यात्रियों को आने का अब और भी सुभीता हो गया है।

रिसपा : कनौर में भीतरी टुक्पा परगना (सतलुज के बायें), यह सुन्दर गाँव रिरंग और मोरंग के बीच में है। आसपास का दृश्य बड़ा सुन्दर है। यहाँ अंगूर अच्छे होते हैं। भिक्षुणियों का यहाँ एक मठ है। देवता का नाम कुल्यो है।

रूपंग घाटी : कनौर से रोडू तहसील (पब्बर-उपत्यका) में आने की यह घाटी साँगला गाँव के सामने पड़ती है। देवदारों से आच्छादित पहाड़ों का सुन्दर दृश्य है। यह घाटी जाने-आने के लिए केवल गर्मियों में ही खुलती है।

रूपी : यह कुल्लू की छः वजीरियों में है, जिसका क्षेत्रफल 677 वर्गमील है। मलाणा नदी इसकी सीमा है। प्राकृतिक सौन्दर्य यहाँ का अद्भुत है, खासकर हुरला और सैंज नदियों के ऊपरी भाग में यह व्यास-उपत्यका के सौन्दर्य से भी बढ़ गया है। नीचे के भागों में जहाँ देवदारों के धने जंगल हैं, ऊपर घास वाले गाहरों (बुकयालों) की ढलानें हैं, जिनके ऊपर सनातन हिमानियाँ और हिमाच्छादित शिखर हैं। इस कोठी के आधे गाँव सुगम ढलानों पर हैं, बाकी बाहियों के चौरस पीठ पर बसे हुए हैं।

रूपी : रामपुर तहसील में सतलुज के दाहिने किनारे पंद्रबीस परगने में यह प्रसिद्ध गाँव है, जिसके पहाड़ों में घोराल का शिकार होता है।

रैणका : सिरमौर जिले में यह एक बड़ा पवित्र स्थान है, जहाँ परशुराम का मन्दिर है। यहाँ हर साल बहुत बड़ा मेला लगता है। दृश्य बहुत सुन्दर है। इसके बारे में हम परशुराम देवता के प्रकरण में कह आये हैं। जगाधरी से हरिपुर खोल होकर सीधे रेणुका (रैणका) पहुँचा जा सकता है। परशुराम की माँ का नाम रेणुका था, जिसके नाम पर इस सरोवर का नाम पड़ा।

रांगी : कनौर में चिनी से एक मंजिल पहले यह गाँव बड़े जंगलों से ढँके सुन्दर

पहाड़ के ऊपर तिब्बत-हिन्दुस्तान सड़क पर बसा है। यह अपने काले-मीठे अंगूरों के लिए प्रसिद्ध है। आसपास के पहाड़ों में नेवजा के पेड़ हैं। यहाँ डाकबँगला है।

रोटंग : कुल्लू से लाहुल जाते समय यह ऊँची घाटी पड़ती है। व्यास (विपाशा) नदी यहाँ से निकलती है। जाड़ों में रास्ता बन्द रहता है। लोगों के बीच यह 'रोहतंग' के नाम से प्रसिद्ध है।

रोड़ू : महासू जिले की यह तहसील जमुना की एक शाखा पब्बर की उपत्यका में पड़ती है। रोड़ू पब्बर के दाहिने किनारे एक अच्छा-खासा गाँव है। शिमला से बाघी तक मोटर का रास्ता है, जहाँ से रोड़ू बहुत दूर नहीं है। यहाँ डाकखाना, हाई स्कूल और अस्पताल हैं।

लबरंग : कनौर में कनम् के पास यह अच्छा गाँव हिन्दुस्तान-तिब्बत सड़क से कुछ ऊपर पड़ता है। यहाँ एक पुराना सातमंजिला किला है, जिसको देखकर जाना जा सकता है, कि बिसाहर के एकताबद्ध न होने के समय चार-चार गाँवों के ठाकुर किस तरह अपने रहने और प्रतिरक्षा का इन्तजाम करते थे। यहाँ के देवता का नाम छकोलिंग डम्बर है।

लाग (कुल्लू) : पहले यहाँ एक अलग राजा रहता था। इस इलाके में आजकल दो वजीरियाँ हैं—लागसारी वजीरी (क्षेत्रफल 93 वर्गमील) और लागमहाराजा वजीरी (89 वर्गमील)। लाग का इलाका व्यास के दाहिने किनारे पर है। सुल्तानपुर लागमहाराजा में पड़ता है, और राइसन लागसारी में। इसके उत्तर का मनालीवाला इलाका भी वस्तुतः लाग का ही एक भाग है, जिसे लागपरोल कहते थे। यहीं व्यास के पूर्व वाले भाग में पुरानी राजधानी नग्गर और जगतसुख थे।

लारजी (कुल्लू) : 3160 फुट की ऊँचाई पर अवस्थित यह गाँव व्यास के संगम के पास सैंज के बायें तट पर सराज तहसील में पड़ता है। यहाँ स्कूल, डाकखाना और डाकबँगला है। कुल्लू-शिमला सड़क यहाँ से होकर जाती है।

लिप्पा : कनौर के शूबा परगने में इसी नाम की सतलुज की एक शाखा नदी के बायें किनारे पर यह गाँव बसा हुआ है। यहाँ की भूमि बड़ी उर्वर है, लेकिन लोगों के लिए पर्याप्त नहीं है, और तिब्बत के साथ व्यापार यहाँ के लोगों की जीविका का एक मुख्य साधन है। यहाँ के धनी व्यापारी अपने व्यापार के सिलसिले में तिब्बत, अमृतसर और दिल्ली तक जाते हैं। देवाराम यहाँ के प्रसिद्ध ज्योतिषी थे, जिन्होंने गाँव के ऊपर एक अच्छी गुम्बा (बौद्ध-विहार) बनवाई है। खसों की कब्रें यहाँ मिली हैं, जिससे मालूम होता है, कि इस गाँव में प्रागैतिहासिक काल में भी बस्ती थी।

लियो : कनौर के तिब्बती सीमान्त हंगरंग इलाके का यह गाँव है, जहाँ के लोग तिब्बती भाषा बोलते हैं। और जिन्हें दूसरे लोग जाड़ (न्यम्) कहते हैं।

लोसर : स्पिती में यह गाँव है।

बांग : यह स्पिती से आनेवाली नदी भाबा परगने से होकर वंगतू पुल के पास सतलुज में मिलती है। निचले कनौर से स्पिती जानेवाले इसी के किनारे-किनारे जाते हैं।

वांगपी : वांग और सतलुज नदी के संगम से थोड़ा नीचे यहाँ लोहे का पुल है, जिसके बनने से पहले कनौर पहुँचना आसान नहीं था।

व्यासकुण्ड : रोटंग जोत (13000 फुट) के पास यह कुण्ड भी एक छोटा-सा तीर्थ है, जोत से निकलने वाली व्यास नदी का उद्‌गम इसी को माना जाता है।

शाहपुर (मंडी) : बैजनाथ से मंडी जानेवाली सड़क के पास ऐजू गाँव से आधा मील दक्षिण-पश्चिम और बैजनाथ से पौन मील दक्षिण-पूर्व बिन्नू और राणा नदियों के बीच की पहाड़ी के ऊपर 4885 फुट की ऊँचाई पर यह गढ़ है। पहले यह बनगाहल राणा के हाथ में था, जिसे 1534 ई० में कुल्लू के राजा मानसिंह ने छीन लिया। लेकिन कुल्लू के हाथ में यह बहुत दिनों तक नहीं रहा, और मंडी के राजा सिद्धसेन ने अपने दामाद बनगाहल के अन्तिम राणा पृथवीपाल को धोखा देकर मार कर बनगाहल के साथ इस गढ़ को भी ले लिया। यहाँ राज्य की बखार रहती थी।

शिमला : शिमला और उसका परगना पहले महाराजा पटियाला और राणा क्यूंठल की सम्मिलित सम्पत्ति थी। गोरखों पर विजय प्राप्त करने के नौ वर्ष बाद 1824 ई० में अंग्रेज (विशेष करके मैदान के रोगग्रस्त अंग्रेज) इन महासामन्तों की आज्ञा से यहाँ बसने लगे। उन्हें लगान-मुक्त जमीन मिली, जिसमें उन्होंने अपने लिए घर बनाये। शर्त यही थी, कि वह वहाँ पर गोहत्या न करें, और न भूमिपति की आज्ञा बिना लकड़ी काटें। धीरे-धीरे यह स्थान सेनिटोरियम बन गया। 1830 ई० में सरकार के आदेश पर पोलिटिकल-एजेंट मेजर कैनेडी ने पटियाला और क्यूंठल मे भूमि अर्जित करने की बातचीत चलाई। क्यूंठल को अपनी भूमि, जिसमें पंजार, शरहान, दबरिया, फगली, दलनी, कियार, बमनोई, पगाव ग, धार, कहलोग, कल्हियाना, खिलिनी इन बारह गाँवों (जिनकी वार्षिक आय 937 रुपया थी) के बदले रवाई का परगना दिया गया, जिसकी वार्षिक आमदनी 1289 रुपया थी, और जिसे विजय के बाद सैनिक-महत्त्व का स्थान समझ कर अंग्रेजों ने अपने हाथ में रक्खा था। भरौली के परगने में से अंग्रेजों ने घनौती, कलावाँ (कालावन) और घरोई के तीन गाँवों को पटियाला को दे कर उसके बदले शिमला के चार गाँवों—कैनथू, बधोग, चियोग और ऐनदारी लिये, जिनकी वार्षिक आमदनी 245 रुपये थी। 1857 ई० के स्वतन्त्रता-युद्ध का सबसे अधिक प्रभाव दिल्ली से पटना तक पड़ा था, लेकिन उसके कुछ छींटे शिमला के इलाके के ऊपर भी पड़े थे। पंजाब की विद्रोह-रिपोर्ट में इसके बारे में लिखा है, "विद्रोह के फूट निकलने के समय इन पहाड़ों पर प्रथम और द्वितीय फुज़ीलियर (गोरी सेना), नासिरी-बटालियन के नाम से मशहूर गोरखा-रेजिमेंट एवं अपने कर्मचारियों के साथ कमांडर-इन-चीफ रहते थे। सारी सेनाओं को दिल्ली की ओर बढ़ने के लिए अम्बाला जाने का हुकुम दिया गया। गोरी सेना और कमांडर-इन-चीफ ने तुरन्त प्रस्थान किया, लेकिन गोरखों ने चलने से इन्कार कर दिया। कसौली की गारद का हेडक्वार्टर जतोग में था, कसौली गारद में 80 जवान थे, जिन्होंने विद्रोह किया, और सरकारी खजाने की बहुत भारी रकम लेकर अपने जतोग के साथियों से मिलने चला गया, दिल्ली के हत्याकांड के कुछ समय पहले जात बिगाड़ने की सरकार की नीयत

के बारे में सूचनाएँ पाकर यहाँ की रेजिमेंट में उत्तेजना फैली थी। यूरोपियनों को हथियारबन्द करने की बात को उन्होंने भय का चिह्न समझा और यह भी कि वह हमारी जात और धर्म को लेने के लिए तैयारी कर रहे हैं। वह एक होकर उठ खड़े हुए, और बुरी तरह से अपनी छावनियों से 'डिपो के आदमियों' को भगा अपने अफसरों, सरकार और कमांडर-इन-चीफ के खिलाफ हल्ला-गुल्ला शुरू किया। दो बार उन्होंने खूनी हमला करना चाहा, लेकिन अधिक नरम स्वभाव वाले आदमियों ने उन्हें ऐसा करने से रोका। फिर कई घंटों तक उनके बैरकों में अकथनीय हंगामा रहा। डिप्टी-कमिश्नर लार्ड विलियम हे और उनके कमांडिग अफसर मेजर बैगोट ने अन्त में उत्तेजना को हटा कर उन्हें बात सुनने के लिए तैयार किया।

अन्त में, समझौते की बात चली। उनकी प्रार्थना स्वीकृत की गई, लेकिन कसौली-गारद को माफी नहीं मिली। जिस समय समझौते की बात चल रही थी, उसी समय शिमला के यूरोपियन निवासियों में भारी आतंक छाया हुआ था। जतोग से विद्रोहियों के आगे बढ़ने की सूचना के लिए रखी दो तोपें किसी गलती से दाब दी गईं। यूरोपियन नर-नारी बैंक-हौस में जमा थे। वह वहाँ से तुरन्त भाग खड़े हुए। आसपास के पहाड़ों पर करीब-करीब सारे अंग्रेज बिखर गये। कितनों ही ने पड़ोसी राजाओं के यहाँ शरण ली,⋯कितने ही डगशाई या सबाथू पहुँचे⋯। हुकुम के अनुसार एक या दो दिन में मार्च करके जब गोरखा पहुँचे, तब अंग्रेजों की जान में जान आई। कसौली में गारद के बलवा के कारण गड़बड़ी हुई। जब वह वहाँ से चले गये, तो पुलिस ने सरकारी खजाने पर हाथ साफ किया, लेकिन लूटे हुए माल का बहुत-सा भाग मिल गया।⋯लार्ड विलियम हे ने रिपोर्ट दी, कि पहाड़ के राजाओं ने सारे समय में सद्भाव दिखलाया, और हमारी मुश्किलें नीचे के लोगों, खास कर हिन्दुस्तानियों के कारण हुईं, जो कि बड़े-बड़े बाजारों में भरे हुए थे, और जिनको रोकने के लिए कड़ाई से काम करना पड़ा।[1]

शिमला को अंग्रेजी शासन से पहले कोई जानता नहीं था। इसका नाम अंग्रेजों से सम्बन्ध के बाद 1814 ई० से शुरू होता है। गोरखा-युद्ध के आरंभ में अंग्रेजों का ख्याल पहाड़ में अपने लिए सीधा स्थान बनाना नहीं था, बल्कि वह चाहते थे, कि पुराने राजाओं और ठाकुरों को फिर उनकी जगह पर बैठा दिया जाये। गोरखों का शासन उनके लिए कोई अनुकूल नहीं था, इसलिए करीब-करीब सभी ने उस लड़ाई में अंग्रेजों का साथ दिया। लेकिन गोरखों के हट जाने के बाद अंग्रेजों ने अपनी राय बदल दी। जिसमें राजा और ठाकुर कहीं हाथ से बेहाथ न हो जायें, इसके लिए अंग्रेजों ने यहाँ पहाड़ में सैनिक छावनी बनाने का निश्चय किया। सरकार ने अपनी पहले की नीति को बदल कर कितने ही सैनिक महत्त्व के स्थानों को भी अपने हाथ में लेने का निश्चय किया, और साथ ही यह भी आज्ञा दी, कि सभी नष्ट हुए राजपरिवारों की भूमि तथा भिन्न-भिन्न रियासतों में विवादास्पद जमीन को ब्रिटिश-सरकार ले ले। जिन जगहों को अंग्रेज सरकार ने अनुकूल

1. The Crisis in the Panjab (F., Cooper, London, 1854)

नहीं समझा, उनके बदले में भी दूसरी जमीन शिमला के आसपास ली गई। बघाट ने अंग्रेजों के साथ अच्छा सम्बन्ध नहीं रखा, और क्यूंठल ने युद्ध के खर्चे के अपने भाग को देने से इन्कार किया, इसलिए बघाट के तीन-चौथाई और क्यूंठल के एक भाग को लेकर उसमें से कुछ को अंग्रेज भक्त सिरमौर के राजा को और अधिकांश पटियाला को दे दिया, पटियाला ने उसके लिए 280000 रुपया नजराना दिया। क्यूंठल से जमीन लेकर उसे नजराना से मुक्त कर दिया गया। वर्तमान शिमला जिले को इस प्रकार कई टुकड़ों में अलग-अलग राजाओं से लिया गया।

शिमला 7984 फुट पर और देशांतर 78° 11′ और 31° 6′ उत्तरी अक्षांश पर अवस्थित है। कालका से यहाँ तक छोटी लाइन की रेलवे चली आई है। गोरखा-युद्ध 1815-16 ई० के बाद इसके कुछ हिस्से को अंग्रेजों ने अपने हाथ में रखा। पहाड़ी रियासतों के सहायक पोलिटिकल एजेंट लेफ्टिनैंट रास ने 1819 ई० में यहाँ पर एक लकड़ी का झोपड़ा बनाया। तीन साल बाद पहला स्थायी मकान रास के उत्तराधिकारी लेफ्टिनेंट कैनेडी ने बनवाया। इसके बाद अम्बाला और पास की छावनियों के अंग्रेजों ने अपने-अपने लिए निवासस्थान बनवाने शुरू किये। 1826 ई० तक इसकी प्रसिद्धि हो चली। गर्वनर-जनरल लार्ड एम्हर्स्ट ने भरतपुर के अभियानों को सफलतापूर्वक समाप्त करते हुए 1827 ई० में शिमला में अपनी गर्मियाँ बिताईं। इसी समय से शिमला का भाग्य खुला। अगले साल लार्ड कम्बरमेयर ने अपने कर्मचारियों और ऑफिस के साथ शिमला में आ कर सैनिक हेडक्वार्टर स्थापित किया। इसी समय कम्बरमेयर पुल बनाया गया। 1829 ई० में लार्ड विलियम बैंटिक के लिए एक मकान बनाया गया, और इसी समय से सबाथू के पोलिटिकल असिस्टैंट रेज़ीडेंट को मुख्य असिस्टैंट रेज़ीडेंट कहा जाने लगा। इस दर्जे पर पहले-पहल क़प्तान कैनेडी को नियुक्त किया गया। वह शिमलाभें रहने लगा।

1832 ई० में लार्ड विलियम बैंटिक पहली बार शिमला आया, और महाराजा रणजीतसिंह के भेजे प्रतिनिधि से रोपड़ में मुलाकात की। इसी साल कम्बरमेयर की जगह लार्ड डलहौसी अंग्रेजी-सेनाओं का कमांडर-इन-चीफ बन कर शिमला में आया। उसके बाद कमाण्डर-इन-चीफ अब प्राय: हर साल शिमला आने लगे, और उसके बाद ही गवर्नर-जनरलों ने भी उसका अनुसरण किया। लार्ड आकलैंड और लार्ड एलेनबरा के समय वायसराय-भवन आकलैण्ड-हाउस के नाम से बना। लार्ड हार्डिंग शायद शिमला नहीं आया। लार्ड-डलहौज़ी ने स्ट्राबरी हिल पर एक और कैनेडी-हाउस में दो गर्मियाँ बिताईं। लार्ड कैनिंग शिमला नहीं आया। लार्ड एलगिन ने 1863 ई० में पीटरहोफ में डेरा डाला, और उसके बाद 1874 ई० के अकाल को छोड़ कर वायसराय लगातार हर गर्मियों को शिमला में बिताने लगे। लार्ड आकलैंड के समय 1838 ई० में महाराजा रणजीतसिंह के प्रतिनिधियों ने मिल कर अंग्रेजों और रणजीतसिंह के बीच में और शाह सुजा के सम्बन्ध में जून 1838 ई० की सन्धि यहीं पर की। 1850 ई० तक अंग्रेजों की नजर पश्चिमी तिब्बत के ऊपर थी, जबकि कालका से हिन्दुस्तान-तिब्बत सड़क का निर्माण शुरू हुआ। पहले

गवर्नर-जनरल अपने थोड़े-से कर्मचारियों के साथ आया करते थे, लेकिन 1864 ई० में लार्ड लारेंस अपने उच्चतम कौंसिल और दूसरे विभागों के साथ आया, जिसके बाद से ही शिमला भारत-सरकार की ग्रीष्म-राजधानी बन गया—1874 ई० के अकाल के साल को छोड़ कर। पंजाब सरकार पहले-पहल 1871 ई० में गर्मियाँ बिताने शिमला गई, और उस साल वह पर्सोनेज के भवन में रही। 1872 ई० से क्रेग-कोर्ट उसका निवास स्थान बना। 1873-1874-1875 ई० में पंजाब का लेफ्टिनेंट-गवर्नर गर्मियाँ बिताने मरी में गया, लेकिन 1876 ई० में पंजाब सरकार फिर शिमला चली आई, तब से शिमला बराबर पंजाब की भी ग्रीष्म-राजधानी रहा। 1876 ई० में वह लक्कड़ बाजार के पास बेलवेडियर में रही, 1877 ई० में रीवर-व्यू और क्वैरी में, 1878 ई० में राकक्लिफ, 1879-84 ई० में क्रेग-विला, पीछे कोमीडो, 1885 ई० में स्ट्राबरी हिल, 1886-1901 ई० में बेनमोर में। 1902 ई० के बाद छोटा शिमला में एलर्स्ली के नये मकान में रहने लगी। पाकिस्तान बनने के बाद पूर्वी पंजाब की सरकार अस्थायी तौर से बारहों महीने शिमला में रहने लगी, और 1953 के उत्तरार्ध में ही उसने धीरे-धीरे चंडीगढ़ में अपने को परिवर्तित करना शुरू किया। शिमला शहर जिस भूमि पर बसा है, वह शिमला और कुसुम पट्टी की दो नगरपालिकाओं में अवस्थित है। इसके उत्तर और पश्चिम में पटियाला रियासत, दक्षिण और पूर्व में क्यूंठल के और उत्तर-पूर्व में कोटी के इलाके थे। अब ये सारी छोटी-मोटी रियासतें अपने अस्तित्व को खोकर प्रदेशों में विलीन हो गई हैं, लेकिन विलयन के समय लकीर की फकीरी छोड़ जरा भी दूरदर्शिता से काम नहीं लिया गया, पहाड़ के भाग को बन्दरबाँट करके अंग्रेजों ने जो भाग पटियाला में दिया था, उसे पूर्वी पंजाब, पटियाला की रियासतों में डाल दिया गया। यह अंधेरगर्दी बहुत दिनों तक नहीं रह सकती। अन्त में, जमुना से लेकर चम्बा के चनाव तक सारा शिवालिक और हिमालय के बीच में बसा भूभाग हिमाचल प्रदेश का अंग बन कर रहेगा। इतिहास का फैसला इसके सिवा और दूसरा नहीं हो सकता। शिमला के घर अधिकतर एक पहाड़ी की सारी लम्बाई में पूर्व से पश्चिम चन्द्राकार बने हुए हैं! इस अर्धचन्द्र की पीठ दक्षिण की ओर है। यह एक छोर से दूसरे छोर तक 6 मील लम्बा है। पूर्व की तरफ इस पहाड़ी के छोर पर 8045 फुट ऊँची जक्कू की चोटी है, जो अपने आसपास से 1000 फुट ऊँची है। इसके ऊपर देवदार, बान (बंज), बुराँस के पेड़ों का जंगल है और नीचे पाँच मील की करीब-करीब समतल सड़क है। अर्धचन्द्र के पश्चिमी छोर पर 7040 फुट ऊँची प्रास्पेक्ट-हिल की पहाड़ी है, जिसके पूर्व में निरीक्षण (आब्ज़र्वेटरी) पर्वत है, जहाँ 1840 ई० में आब्ज़र्वेटरी बन कर 1850 ई० में बन्द हो गई, और जिसके ऊपर पीछे वायसराय-भवन (वायसरिगल लॉज) बना। इस पर्वत से उत्तर की तरफ समर (ग्रीष्म) पर्वत और चडविग पर्वत हैं तथा दक्षिण की तरफ व्बालोगंज का बाजार, जो राजकीय इंजीनियर सेना के कर्नल व्बालो के नाम पर बसा। आब्ज़र्वेटरी पहाड़ से पूर्व की तरफ शिमला की प्रधान सड़क माल है, जो कि पीटरहौफ और बैंटिक-हिल का चक्कर काटती, चौड़े मैदान होती दक्षिण तरफ से उस पहाड़ी पर चढ़ती है, जिसके दक्षिण तरफ देशी बाजार है। उत्तर की तरफ

एक दूसरी पहाड़ी बाही है, जिस पर कैथू बाजार है। इसी पहाड़ी के ऊपर टाउनहाल और एक गिरजा है। गिरजा जक्कू के नीचे है। उत्तर की तरफ एलीसियम हिल की बाही के बाहर तथा उससे समानान्तर कैथू है। जक्कू के दक्षिण तरफ से होकर माल सड़क आगे बढ़ कर छोटा शिमला पहुँचती है। यहाँ से एक सड़क नीचे की तरफ कुसुम पट्टी होते निचली पहाड़ियों (डौन्स) को जाती है। छोटा शिमला से माल सड़क जक्कू के पीछे की ओर होकर संजौली में हिन्दुस्तान-तिब्बत सड़क से मिल जाती है फिर लक्कड़ बाजार होते जक्कू की परिक्रमा पूरी करती है। लक्कड़ बाजार में एलीसियम हिल के लिए एक सड़क फूट कर निकलती है। सिरमौर हो कर जमुना में आ कर मिलने वाली गिरी नदी शिमला के दक्षिण-पूर्व की ओर हो असनी नदी को लेती आगे बढ़ती है। जक्कू के पूर्व का पानी असनी में जाता है।

शिमला का प्राकृतिक दृश्य बहुत सुन्दर है। केवल गर्मियों में शीतल रहने के कारण ही उसको इतना पसन्द नहीं किया गया, बल्कि प्रकृति का सौन्दर्य भी उसका आकर्षण रखता था। इसके दोनों तरफ की उपत्यकायें करीब-करीब सीधी चढ़ाई वाली तथा घने जंगलों से ढँकी हैं। दक्षिण की तरफ सामने कसौली और सबाथू के पहाड़ आँखों के सामने आते हैं, जिनके पीछे अम्बाला का मैदान है। आसमान साफ रहने पर सतलुज साफ उस जगह दिखाई पड़ती है, जहाँ वह रोपड़ के पास पश्चिम की ओर मुड़ती है। दक्षिण-पूर्व की तरफ चेल चोटी है, जिस पर पटियाला राजा के महल खड़े हैं। उत्तर और पूर्व की तरफ पहाड़ों की श्रृंखलायें एक के ऊपर एक जाती अपने पीछे सनातन हिम से आच्छादित हिमालय की शिखर-श्रेणियों को दिखलाती हैं—उत्तर में कुल्लू और स्पिती के शिखर हैं, और पूर्वी हिमशिखरों की केन्द्रीय श्रेणी पूर्व और दक्षिण-पूर्व की तरफ जहाँ तक आँखें जाती हैं, वहाँ तक दिखाई पड़ती हैं। सबसे नजदीक का हिमशिखर 16000 फुट चैरू, कुल्लू और मंडी की सीमा पर शिमला से गगनपथ पर 27 मील पर हैं। केन्द्रीय हिमशिखरों में सबसे नजदीक का इससे दूनी दूरी पर है। नजदीक के पहाड़ों में जाली की चोटी है। उपत्यका से पार मशोबरा और महासू के पहाड़ हैं।

पहले कालका से शिमला लोग घोड़े पर, पालकी से या पैदल आया करते थे। फिर दो सड़कें बनाई गईं, जिनमें से ताँगे की सड़क आकर माल सड़क पर पहाड़ी के पास मिलती थी, और पुरानी सड़क कसौली और जतोग होकर ब्वालोगंज पहुँचती थी। हिंदुस्तान-तिब्बत सड़क माल सड़क को संजौली में छोड़ कर आगे बढ़ती है। और माल के जक्कू के चारों तरफ और माल पर ब्वालोगंज तक टाँगा चल सकते थे। उससे आगे वायसराय, पंजाब के लेफ्टिनैंट-गवर्नर और कमांडर-इन-चीफ ही पहिये वाली सवारी पर जा सकते थे। बाइसिकल पर चलना भी मना था। मालरोड छोड़ कर दूसरी सड़कों पर रिक्शा चल सकते थे। अंग्रेजों के जाने से पहले ही मोटरें यहाँ आ चुकी थीं, और कालका से रेल की जगह टैक्सी पर भी आदमी आने लगे थे। अंग्रेजों के जाने के बाद मोटरों के लिए बहुत-से बन्धन टूट गये। जब शिमला अंग्रेजी भारत की ग्रीष्म-राजधानी बन गई, तो उसके अनुरूप सचिवालय और दूसरी इमारतों के बनाने की आवश्यकता पड़ी। सचि-

वालय को गोर्टन कैसल की जमीन पर बनाया गया, जिसका निर्माण 5 नवम्बर, 1901 को शुरू हुआ, और 9 लाख 98 हजार रुपया खर्च करके 1904 ई० में यह समाप्त हुआ। पहले इसका नक्शा कर्नल स्विटन जेकब ने बनाया था, पीछे मेजर एच० एफ० चेस्नी ने फिर से उसे सुधारा। यह इमारत 400 फुट लम्बी और 150 फुट चौड़ी है। सबसे अधिक ऊँचाई 110 फुट है। इसकी दीवारें ठोस पत्थर की हैं, और छत लाल खपड़ैल की, जिस पर नोकदार मीनारें बनी हुई हैं। विदेश-विभाग की इमारत 1888 ई० में चौड़ा मैदान के पास बनाई गई। भारत-सरकार के और भी कितने ही विभागों की इमारतें बनाई गईं, जिनमें सबसे पीछे की 1897 ई० में बनी। सैनिक हेडक्वार्टर की चारमंजिला इमारत लंदन के पीबॉडी इमारत के नमूने पर 1884 ई० में बनी। डाकघर 1884 ई० में बना, जिसमें डाकखानों के डाइरेक्टर-जनरल और पंजाब के पोस्टमास्टर-जनरल के ऑफिस रखे गये थे। तारघर के डायरेक्टर-जनरल के ऑफिस के लिए इमारत 1886 ई० में बनी। सरकारी केंद्रीय प्रेस 1880-81 ई० में बना। पंजाब सरकार ने 1900-1 ई० में अपने ऑफिसों के लिए मकान बनवाये, और 1902 ई० में गृह-प्रवेश हुआ। यह छोटा शिमला में अवस्थित है, यह हम बतला आये हैं। इनके अतिरिक्त शिमला के जिलाधीश, डिप्टी-कमिश्नर की कचहरी, जिला-जज और खजाना-अफसर, नायब तहसीलदार आदि के घर भी यहाँ बनाये गये। टाउन हाल पौने चार लाख रुपया लगा कर बनाया गया। वायसराय लाज आब्जर्वेटरी पहाड़ के ऊपर 1886 ई० में बनना शुरू हुआ, और 1888 ई० में उसमें पहले-पहल लार्ड डफरिन आ कर रहे। यह शिमला की सुन्दर इमारतों में है, जो इसी इलाके के पत्थरों से मुख्य तौर से बनायी गई। इसमें तीन मकान हैं। कमाण्डर-इन-चीफ स्नाउडन नामक घर में रहते थे, जिसे सरकार ने 1873 ई० में खरीद लिया था। बार्नेस कोर्ट में पंजाब के लेफ्टिनेंट-गवर्नर रहते थे, जिसे पंजाब सरकार ने खरीदा था। कमाण्डर-इन-चीफ एडवर्ड बार्नेस 1833-34 में इस मकान में रहा था, इसीलिए इसका यह नाम पड़ा। शिमला के प्रसिद्ध स्थानों में प्रमुख इस प्रकार हैं—'अनाडेल ग्राउंड', शिमला का सबसे बड़ा मैदान, जिसमें घुड़दौड़ और दूसरे खेल हुआ करते हैं। 'आलेजियम पहाड़' के ऊपर सनातनधर्म कालेज, आकलैंड स्कूल तथा दूसरी बहुत-सी इमारतें हैं। यह गिरिजा मैदान से भराडी जाने वाले रास्ते पर पड़ता है। 'गुलेन' अनाडेल के पास देवदारों से घिरी सुन्दर भूमि है। सैलानियों के लिए यह एक आकर्षक स्थान है। शिमला का 'चडविक जलपात' सुन्दर जलपात है, जहाँ 220 फुट की ऊँचाई से पानी गिरता है। 'प्रास्पेक्ट पर्वत' बालू (तिलकवा) बाजार से कुछ मिनट के रास्ते पर है। इस टेकरी के ऊपर देवी का मंदिर है, जहाँ से सतलुज की उपत्यका दिखाई देती है। नीचे से साँप की तरह बलखाती रेल की सड़क जाती है। पहले 'गवर्नमेंट हाउस' अब राज्यपाल का निवास स्थान है। पहले राष्ट्रपति भवन का नाम 'वाइसरीगल लॉज' था। यह विशाल और खर्चीली इमारत अब साल में कभी ही राष्ट्रपति का निवास बनती है। इसकी चारमंजिला इमारत में मेहमानों के ठहरने के लिए बहुत-से कमरे हैं। सुभाष ग्राउंड पहले ईदगाह कहा जाता था। पास में बिजली का पावर हाउस है। हनुमान

मंदिर—जाकू टेकरी पर यहाँ हनुमान का मंदिर है। यहाँ से दूर-दूर शिमला के भिन्न-भिन्न भाग और दूसरी जगहें दिखाई पड़ती हैं।

डगशाई : इस इलाके में डब्बी, बघटियाला, डगशाई, चनावग और जावग के पाँच गाँव थे, जिसे महाराजा-पटियाला ने बिना किसी क्षति-पूर्ति के 1847 ई० में अंग्रेजों को छावनी बनाने के लिए दे दिया।

जतोग : शिमला से साढ़े 3 मील पर एक पहाड़ की बाही पर अवस्थित है। अंग्रेजों ने भरौली परगने के घुर्रई और टोहाल दोनों गाँवों के जमींदारों को 1931 रुपया हरजाना देकर 1843 ई० में पटियाला से प्राप्त किया।

सबाथू : गोरखा-युद्ध के अन्त में सैनिक-किले के तौर पर इस स्थान को अंग्रेजों ने अपने हाथ में रक्खा, जो पहले क्यूंठल का था। पीछे 80 रुपया वार्षिक की दर से कुठार के राणा को हरजाना देकर खालटू बाग को भी इसमें मिला लिया गया।

सनावर : 1849-61 ई० तक बघाट को निवंश समझा गया था, इसी समय 1852 ई० में अंग्रेजों ने इस भूमि पर अधिकार कर लारेंस सैनिक शरणस्थान बनवाया।

सोलन : 1963-64 ई० में बघाट के राणा से 500 रुपया वार्षिक हरजाने एवं राणा के नजराने को 2000 से 603 करके चाँदमारी के लिए यहाँ भूमि ली गयी।

कसौली : कसौली परगना और कालका तथा कुरारी के गाँव पहले शिमला ज़िले में थे, लेकिन पीछे 1899 ई० में उन्हें अम्बाला जिले में मिला दिया गया।

रवाई-ढाढ़ी : इन दोनों 32 वर्गमील के भूभाग के ठाकुरों को 1896 ई० में जुब्बल-रियासत का सामन्त घोषित किया गया।

महासू (पहाड़) : शिमला का पहाड़ जिस पर से तिब्बत-हिन्दुस्तान रोड गया है।

मशोबरा (शिमला) : शिमला से छः मील पर वृक्षों से घिरी सुभूमि, जहाँ का शीपी का मेला बहुत प्रसिद्ध है। उसे देखने के लिए अंग्रेज वायसराय भी जाया करते थे।

शिवकोट (मंडी) : यहाँ एक पुराना गढ़ा है, जहाँ पर मंडी के राजवंश का एक राजकुमार किसी समय रहता था। उसने अपने राज्य को बढ़ा कर मंडी नगर से 4 मील ऊपर भिउली में अपनी राजधानी बनाई। जहाँ से राजधानी मंडी 1527 ई० में गई। इस प्रकार शिवकोट मंडी के राजाओं का मूल स्थान है।

श्यालखर् : इसे क्यालखर भी कहते हैं। यह भी कनौर के तिब्बती सीमान्त के हंगरंग इलाके में अवस्थित तिब्बती भाषा-भाषी लोगों का गाँव है। प्राकृतिक दृश्य बड़ा सुन्दर है। खर् तिब्बती भाषा में महल को कहते हैं, और यहाँ बिसाहर के राजा का एक महल है।

श्यालप्या : कनौर में लम्बर और छितकुल गाँवों के बीच में यह महासू का सबसे ऊंचा पर्वत शिखर है। लम्बर भीतरी टुक्पा परगने में है, और छितकुल बाहरी टुक्पा की बसपा-उपत्यका में। सत कैलास की परिक्रमा करके सतलुज-उपत्यका से बसपा-उपत्यका

में जाना इसी के पास से होता है, जो सिर्फ बरसात के दिनों में थोड़े दिनों के लिए खुलता है।

श्रीकंड : पन्द्रबीस परगने में यह 1866 फुट ऊँचा शिखर है, जिसके ऊपर एक पत्थर की शिवमूर्ति है।

संगरी : शिमला हिल की रियासतों में से एक है, जो सतलुज के बायें किनारे पर 16 वर्गमील की है। यह पहले बिसाहर के अधीन थी, पीछे कुल्लू के राजा मानसिंह ने 18वीं सदी के पूर्वार्ध में इसे ले लिया। 1803 ई० में यह गोरखों के हाथ में चली आई, जिसे लेकर 1803 ई० में अंग्रेजों ने कुल्लू के राजा विक्रमसिंह को दे दिया। 1816 ई० में विक्रम के मरने पर उसके पुत्र अजीतसिंह को गद्दी मिली। काँगड़ा के राजा संसारचन्द ने गोरखों के खिलाफ महाराजा रणजीतसिंह से किस तरह मदद माँगी, यह हम बतला आये हैं। इसके कारण महाराजा रणजीतसिंह को पहाड़ में पैर बढ़ाने का मौका मिला, और उन्होंने स्वयं काँगड़ा पर हाथ साफ करना चाहा। कुल्लू के राजा से उन्होंने 40 हजार कर माँगा, जिसे सेना भेज कर 1814 ई० में जबर्दस्ती वसूल किया। 1839 ई० में जनरल वेनतुरा के अधीन रणजीतसिंह की सेना ने मंडी पर आक्रमण किया, और वहाँ से कर वसूल करने के लिए कुल्लू गई। कुल्लू के राजा अजीतसिंह को गिरिफ्तार कर लिया गया, लेकिन जब शिवराज होकर वहाँ के आसपास के किलों को समर्पित करने के लिए ले गए, तो शिवराजियों ने छापा मार कर सेना को नष्ट कर दिया। अजीतसिंह को सिक्खों का अब और भी भय लगा, और वह कुल्लू छोड़ कर संगरी चला आया। इसके बाद सिक्खों और कुल्लू वालों में झगड़े होते रहे। सिक्खों ने कुल्लू की दो रानियों—कटोचनी और क्यूंठली—को कुल्लू की राजधानी सुल्तानपुर में बन्दी बना कर रखा। राजा की मृत्यु के बाद 1841 ई० में रानियाँ भाग कर संगरी पहुँचने में सफल हुईं। फिर वह सुल्तानपुर लौटीं और सिक्खों से गद्दी के उत्तराधिकारी के लिए बातचीत करने लगीं। इसी बीच रणजीतसिंह के मरने के बाद शेरसिंह लाहौर की गद्दी पर बैठे, और उसने एक भारी कर ले-दे कर कुल्लू के राजा को वहाँ का शासन करना पसन्द किया। राजा अजीतसिंह का असली अधिकारी उसका चाचा मियाँ जग्गरसिंह था, लेकिन वह बहरा और कुछ-कुछ गूँगा तथा बुद्धि से बेकार था। इसलिए उसकी जगह पर उसके पुत्र रणधीरसिंह को लिया गया। रणधीरसिंह लाहा महाराजा शेरसिंह के हाथ से टीका लेने के लिए लाहौर जा रहा था, जबकि रास्ते में मंडी में उसकी मृत्यु हो गई। फिर अजीतसिंह के चचेरे भाई ठाकुरसिंह को उसकी जगह सिक्खों ने माना और उसे जागीर के रूप में बजीरी रूपी को दिया। भारी कर देने की शर्त पर सारे कुल्लू को वह उसे देने के लिए तैयार थे, लेकिन उसने इस जिम्मेवारी को लेना पसन्द नहीं किया। इस बीच जग्गरसिंह संगरी का स्वामी था। 1846 ई० में सिक्ख-युद्ध के बाद अंग्रेजों ने काँगड़ा की पहाड़ी रियासतों को अपने राज्य में मिला लिया। ठाकुरसिंह को नाममात्र के राजा के तौर पर अपनी जागीर में रहने दिया गया। जग्गरसिंह ने दावा किया, लेकिन उसकी सुनवाई नहीं हुई। जग्गरसिंह का पुत्र हीरा-

सिंह 1849 ई० में पैदा हुआ, और दो साल बाद दूसरा लड़का संसारसिंह पैदा हुआ। कुल्लू के मृत राजा अजीतसिंह की कटोचनी रानी ने हीरासिंह को गोद लिया, और शिवराज में अपनी जागीरी का उसे उत्तराधिकारी माना। हीरासिंह 1876 ई० में अपने पिता का उत्तराधिकारी संगरी के मियां के नाम से हुआ, जिसे 1887 ई० में खानदानी राय की उपाधि अंग्रेजों ने दी। इस प्रकार कूल्लू के पुराने और विशाल राज्य का अवशेष संगरी के रूप में रह गया था, जो 1948 में हिमाचल प्रदेश में विलीन हो गया।

सनगढ़ : सिरमौर जिले में गिरी के पार साई पर्वतश्रेणी के बहुत सुन्दर स्थान में अवस्थित है। यह 1892 ई० तक पलवी तहसील का हेडक्वार्टर था। यहाँ अस्पताल, स्कूल और डाकबँगला हैं।

सनावर : बघाट रियासत से 1852 ई० में लारेंस मिलिट्री एसाइलम के लिए इसे अंग्रेजों ने लिया। यह शिमला के पास में है।

सन्तोखगढ़ (ऊना) : यह एक अच्छा बाजार है।

सबाथू : शिमला के पास यह अंग्रेजों की फौजी छावनी का स्थान है, जिसे गोरखा-युद्ध की समाप्ति पर अंग्रेजों ने क्यूंठल से लिया। इसके पास कोठार की छोटी नदी है, जो हरिपुर के पास गम्भीर नदी से मिल जाती है। जिस पहाड़ी पर यह छावनी है, वह 4500 फुट ऊँची है। पहले अंग्रेजों की सेना में शामिल होने वाले गोरखा सैनिकों को नासिरी बटालियन के नाम से संगठित करके यहाँ रखा गया था, पीछे उसे हटा कर यहाँ गोरी पलटन रखी गई। शिमला में 1822 ई० में पहले-पहल बाकायदा बस्ती बसाने वाला कप्तान कैनेडी यहाँ का कमाण्डिग अफसर था। सबाथू अंग्रेजों के रहते ही श्रीहीन होने लगा, जब कि शिमला बढ़ने लगा। कालका से शिमला जाने वाली पुरानी सड़क पर सबाथू पड़ता है। यहाँ से रोपड़ और नालागढ़ तथा सोलन को सड़कें गई हैं। यहाँ डाकबँगला और दूकानें, स्कूल, डाकखाने आदि हैं।

सराज (कुल्लू) : सराज एक दूसरे से लगा हुआ मण्डी और सुकेत के भी कुछ भागों को कहा जाता है। यह कुल्लू उपजिले की दक्षिणी तहसील है, जो दक्षिण में सतलुज के किनारे तक फैली हुई है। इसमें दो वजीरियाँ हैं—1. भीतरी सराज 299 वर्गमील और 2. बाहरी सराज 257 वर्गमील। बाहरी सराज की दक्षिणी सीमा सतलुज है। बाहरी सराज में रगूपुर, जंजा, अनी, श्रीगढ़, चबचबाई, सराहन, नारायनगढ़, कान्धी और निर्मंड के प्रसिद्ध गाँव हैं। भीतरी सराज में शोजा, बनजार, पनिहार, सैंज, बथाड़ के प्रसिद्ध गाँव है। सैंज नदी के दक्षिणी किनारे पर अद्‌भुत सौन्दर्य रखने वाले देवदारों के जंगल हैं। तीर्थ उपत्यका हर प्रकार के वृक्षों वाले जंगलों के लिए बहुत प्रसिद्ध है, खासकर जलौरी रेंज की सुषमा अद्‌भुत है। सतलुज की ओर पहाड़ों की ढलानों में भी बहुत जंगल हैं। सराज का एक भाग रियासत के रूप में 1948 ई० तक मौजूद था, जहाँ कुल्लू के वंश का राजा शासन करता था।

सराहन (कुल्लू) : शिमला-कुल्लू सड़क पर बंजार से 23 मील पर 8000 फुट की ऊँचाई पर यह गाँव है, जहाँ डाकबँगला है।

सराहन (चम्बा) : पहाड़ में सराहन नाम का जान पड़ता है बड़ा महातम रहा। चम्बा, महासू, सिरमौर और कुल्लू में चार सराहनों का होना यही बतलाता है। चम्बा का सराहन साहो गाँव के सामने अवस्थित है। यहाँ की प्रशस्ति शारदा लिपि की सबसे पुरानी प्रशस्ति है, जो कि वहाँ गाँव के छोटे-से शिवमन्दिर में रखे एक पत्थर की पटिया के दोनों तरफ लिखी हुई है। 22 श्लोक बड़ी अच्छी संस्कृत में हैं, जिनमें राणा सत्यकी की पत्नी सोमप्रभा और उसके पुत्र भोगता की महिमा गाई गई है। सोमप्रभा किष्किन्धा के स्वामी की लड़की थी, लेकिन यह किष्किन्धा बालि-सुग्रीव की नहीं है, बल्कि हिमगिरि परगने का ही यह दूसरा नाम था। सत्यकी का बनवाया पुराना मन्दिर वही नहीं है, जो कि आजकल वहाँ एक छोटा-सा शिवालय के रूप में देखा जाता है। जिस शिव चन्द्रशेखर के मन्दिर का इसमें जिक्र है, वह साहो गांवों के उसी नाम का शिवालय है।

सराहन (महासू) : रामपुर से कुछ ऊँचाई पर यह कस्बा सतलुज के बायें काफी ऊपर अवस्थित है। यह कितने ही समय तक बिसाहर के राजाओं की राजधानी रही, और उनकी कुलदेवी अब भी वहाँ की प्रसिद्ध और प्रतापी देवी है। यहाँ डाकबँगला, डाकघर और स्कूल हैं। रामपुर से यहाँ मोटर-सड़क बनवाने की योजना पूरी हो जाने पर सराहन का महत्त्व बढ़ जाएगा।

सराहन : बिसाहर की यह पुरानी राजधानी रही। आज भी यह एक अच्छा बाजार है। यहाँ की भीमाकाली देवी बहुत प्रसिद्ध है, जिसके बारे में हम देवता के प्रकरण में कह आये हैं। यह रामपुर से 25 मील पर हिन्दुस्तान-तिब्बत सड़क के ऊपर 4000 फुट की ऊँचाई पर है। यहाँ लोक कार्य विभाग का डाकबँगला है। भीमाकाली का मन्दिर एक ऐतिहासिक चीज है, और सराहना का भी इसके कारण महत्त्व है।

सराहन : सिरमौर जिले में पछाड़ तहसील के हेडक्वार्टर का भी नाम सराहन है, जो मोटर सड़क पर तहसील थाना नाहन से 26 मील पर है। शिमला के पास डगशाई यहाँ से 21 मील पर है। यहाँ मिडिल स्कूल, डाकखाना, तहसील, थाना और अस्पताल हैं। घिन्नी और कोटाहा के निचले पहाड़ों का दृश्य यहाँ से बड़ा सुन्दर दिखाई पड़ता है। यहाँ अच्छा बाजार है।

साई : यह सिरमौर में 25 मील लम्बी उत्तर-पश्चिम से दक्षिण-पूर्व को चली गई पर्वत श्रेणी है, जो जलाल और गिरी नदियों के बीच में पड़ती है। इसकी ऊँचाई 6000 से 8000 फुट तक हैं। यहाँ की भूमि बड़ी उर्वर तथा चावल बहुत बढ़िया होता है।

सांगला : कनौर में बाहरी टुक्पा परगना (बस्पा-उपत्यका) का यह सबसे बड़ा गाँव देवदार से ढँके सुन्दर पहाड़ों के बीच में बस्पा नदी के दाहिने तट पर अवस्थित है। इसके आसपास बहुत-सी समतल भूमि है जो बड़ी उर्वर है। आबोहवा बहुत ही अनुकूल है। डाकबँगला बडे सुन्दर स्थान पर बनाया गया है। यहाँ के देवता नागस् है, जिसके बारे में पुजारी स्तुति करते हुए कहता है—"जा बितिला जा, जा खर-

कला, जा पतूला, जा थोरशा, जा छालिमचो, जा दनखेचो, दलेचा ऊपाबोचा, ची पबोचा, जा बरजा, जा शिंग खम्बलिंग, जा श्यांग ब्रालिंग, जा श्यांग खम्बलिंग।

साहो (चम्बा) : रावी उपत्यका में चम्बा के पास यह बड़ा गाँव है, जहाँ पर चन्द्रशेखर का पत्थर का एक मन्दिर है। मन्दिर उतना पुराना नहीं है, लेकिन द्वार के पास की दोनों मूर्तियाँ अपनी प्राचीनता द्वारा महत्त्व को बतलाती हैं। पास के सराहन गाँव में यहाँ के पुराने मन्दिर के बारे में शारदा लिपि का शिलालेख पाया गया है। यहाँ स्कूल, डाकखाना और डाकबँगला है। चम्बा के इस गाँव में चन्द्रशेखर शिव का एक मन्दिर है। इसके ऊपर स्लेट की ढालुआँ छत है, जिसे शायद पुरानी लकड़ी या पत्थर की छत के खराब हो जाने पर आधुनिक काल में बनवाया गया। दरवाजे के दोनों तरफ की दो सुन्दर मूर्तियाँ बतलाती हैं, कि मन्दिर बहुत पुराना है। पास के गाँव सराहन में पुरानी शारदा लिपि का एक अभिलेख मिला है, जो शायद साहो के मन्दिर से ही सम्बन्ध रखता है।

सिरमौरी ताल : पाँवटा से 10 मील उत्तर फियारदून में गिरी नदी के दाहिने किनारे सिरमौर की राजधानी थी, जिसे नदी की बाढ़ ने नष्ट करके वहाँ एक झील बना दी, जो बाद में टूट कर सूख गई। यहाँ सीमेंट फैक्टरी स्थापित करने की योजना है।

सीबा राज्य : कटोचों की यह रियासत काँगड़ा की गुलेर शाखा से निकली थी। गुलेर-राज्य-संस्थापक राजा हरिचन्द की चौथी पीढ़ी में गुलेर के तत्कालीन राजा के छोटे भाई सिवर्णचन्द ने 1470 ई० के आसपास व्यास के दक्षिण में अपना स्वतंत्र राज्य स्थापित किया, जिसकी राजधानी सीबा को उसने अपने नाम पर बसाया। राजधानी और राज्य दोनों का नाम सीबा था, जो आजकल काँगड़ा जिले का सीबा तालुका है।

इस राजवंश के लोग सिबैया कहे जाते हैं। जहाँगीर ने1662ई० में अपने काँगड़ा की यात्रा के वक्त सीबा का जिक्र किया है। सारे मुगल काल में रियासत बनी रही, और इसके उच्छेद होने के समय तक 26 राजा हुए थे। 1806 ई० तक सीबा संसारचंद के अधीन रही। उस समय यहाँ का राजा गोविन्दसिंह था। उस समय 1808 ई० में राजनीतिक दुर्व्यवस्था से लाभ उठाकर गुलेर के राजा भूपचन्द ने सीबा पर आक्रमण करके उसे अपने राज्य में मिला लिया। इसके दस साल बाद रणजीतसिंह ने इसे ले लिया, और 1830 ई० में फिर राजा गोविन्दसिंह को दे दिया। काँगड़ा की और रियासतों की तरह रणजीतसिंह ने इसका उच्छेद नहीं किया, जिसका कारण यही था, कि सिक्खों के मन्त्री राजा ध्यानसिंह ने सीबा की दो राजकुमाररियों को ब्याहा था, और उसने सीबा का पक्ष लिया। सीबा को अपने मुख्य किले को अर्पित कर 1500 सौ रुपया वार्षिक कर देना निश्चित हुआ। इसके बाद रियासत को जागीर बना कर राजा गोविन्दसिंह और उसके चचेरे भाई मियाँ देवीसिंह में बाँट दिया गया। 20 हजार आमदनी—जिसमें राज्य-कर भी शामिल था—की भूमि राजा गोविन्दसिंह को मिली, और

5 हजार का तालुका कोटला मियां देवीसिंह को। देवीसिंह के मरने पर गोविन्दसिंह की जागीर कम करके 15 हजार कर दी गई। 1845 ई० में उसके मरने पर उसके पुत्र राजा रामसिंह को जागीर मिली। द्वितीय सिक्ख-युद्ध में उसने सीबा के किले से सिक्खों को मार भगाया, और अपने चाचा देवीसिंह के पुत्र विजयसिंह की जागीर भी छीन ली, जिसे अंग्रेजों ने पीछे लौटाने के लिए मजबूर किया। रामसिंह (1874 ई०) निस्सन्तान मर गया, और उसकी जागीर भी विजयसिंह और उसके उत्तराधिकारियों को अनन्त-काल—अर्थात् 1948 के विलयन-समय—तक के लिए दे दी, और खानदानी राजा की पदवी भी प्रदान की। सीबा अब 1500 रुपया वार्षिक कर अंग्रेजों को दे दिया करता था। विजयसिंह के बाद राजा जयसिंह (मृत्यु 1920 ई०) और राजा गजेन्द्रसिंह (मृत्यु 1929 ई०) और फिर राजा शामसिंह जागीर के मालिक हुए। इस रियासत को पास के दूसरे स्थान को जोड़कर दादा सीबा कहते हैं।

सुकेत (मंडी) : यह अक्षांश 32° 13-31° 35′ और देशान्तर 76° 49′-77° 26′ पर सतलुज के उत्तरी तट पर 420 वर्गमील की एक पहाड़ी रियासत थी, 1948 ई० में विलयन होकर यह हिमाचल प्रदेश का मण्डी जिले के एक भाग बन गई। कहते हैं, शुकदेव मुनि ने यहीं पास की गुफा में लोमश ऋषि को ज्ञान दिया था, और शुकदेव का निवास स्थान होने के कारण इसका नाम सुकेत पड़ा।

सुंगनम : इसे सुंनम भी कहा जाता है। कनौर में यह सुंगनम नदी के ऊपर तिब्बत-हिन्दुस्तान सड़क से 7-8 मील पर अवस्थित बड़ा गाँव है। यहाँ की बोली साधारण कनौरी से कितना ही भेद रखती है। सुंगनम के गुदमे और दूसरे ऊनी कपड़े मशहूर हैं। लोग तिब्बत के साथ व्यापार करते हैं, यहाँ पर बौद्ध-विहार भिक्षुओं और भिक्षुणियों दोनों के हैं। सींग की नसदानियाँ, प्रार्थना करने की माणि आदि कितनी दस्तकारी की अच्छी चीजें यहाँ बनती हैं।

सुजानपुर, तिरा (काँगड़ा) : व्यास के किनारे (अक्षांश 31° 50′ और देशान्तर 76° 33′ पर) यह गाँव है। तिरा महल को कहते हैं। काँगड़ा के राजा अभयचन्द ने 1748 ई० में एक महल बनवाना शुरू किया था, जिसके कारण इसका नाम 'तिरा' पड़ा। वहीं राजा घमंडचन्द ने एक शहर बसाया, और पीछे संसारचन्द ने अपना दरबार यहाँ किया। चारों तरफ वृक्षों से घिरा एक सुन्दर चौगान वहाँ अब भी मौजूद है। कटोच-राजाओं के महल अब गिर-पड़ गए हैं। पीछे राजा तिरा (सुजानपुर) को छोड़कर लम्बा-ग्राँव में रहने लगे। तिरा और सुजानपुर में पाँच पुराने मन्दिर हैं। यहाँ एक डाकबँगला भी है।

रामपुर के नवाब गुलाम मुहम्मद ने अपने राज्य छोड़ कर राजा संसारचन्द की शरण ली थी और यहीं मरे थे। उनकी कब्र यहीं पर बनी है। राजा संसारचन्द जाड़ों में तिरा के महलों में रहते और व्यास के दूसरी तरफ बने आलमपुर के महलों में गर्मियाँ बिताते। 1793 ई० में संसारचन्द ने गौरीशंकर का मन्दिर बनवाया था, जिसके लिए 1600 रुपये आमदनी की माफी दी। 1790 ई० (संवत् 1847) में संसारचन्द ने

मुरलीमनोहर का और 1823 ई० में (संवत् 1880) में नर्मदेश्वर के मन्दिर बनवाये, जिनके लिए अलग-अलग 1100 रुपयों की माफी दी। राजा प्रमोदचन्द ने महालमोरी से 1848 ई० में सुजानपुर-तिरा में आकर अंग्रेजों के खिलाफ बगावत का झंडा उठाया। पर थुर्ल और तिरा के बीच गवाल-टिला में बार्नर्स ने हरा दिया। यहाँ स्कूल, डाकखाना और बाजार हैं।

□□

हिमाचल

एक सांस्कृतिक यात्रा

खण्ड : 2

राहुल सांकृत्यायन

वाणी प्रकाशन

वाणी प्रकाशन

4695, 21-ए, दरियागंज, नयी दिल्ली 110 002

फ़ोन : +91 11 23273167 फ़ैक्स : +91 11 23275710

शाखाएँ

अशोक राजपथ, पटना 800 004, बिहार

कॉफ़ी हाउस कैम्पस, महात्मा गांधी मार्ग, इलाहाबाद 211 001, उत्तर प्रदेश

महात्मा गांधी अन्तरराष्ट्रीय हिन्दी विश्वविद्यालय, वर्धा 442 001, महाराष्ट्र

सुल्तानिया रोड, मोतिया पार्क, भोपाल 462 001, मध्य प्रदेश

www.vaniprakashan.com
marketing@vaniprakashan.in
sales@vaniprakashan.in

HIMACHAL-2
by Rahul Sankrityayan

ISBN : 978-93-5000-069-4
Travelogue/Ethnography

संस्करण 2009, 2018
तृतीय संस्करण 2020

सम्पूर्ण (सेट) मूल्य : ₹ 1790

सिटी प्रेस, दिल्ली-110 095 में मुद्रित

वाणी प्रकाशन का लोगो मक़बूल फ़िदा हुसेन की कूची से

क्रम

हिमाचल-2

मेरी हिमाचल-यात्राएँ

सिरमौर से चंबा

नाहन और रेणका : हिमाचल की यात्रा बड़े आनन्द की चीज है, लेकिन तभी जबकि आदमी का स्वास्थ्य अच्छा हो, जवानी की शक्ति हो, अर्थात् चलने-फिरने में आलस न हो और काफी समय भी हो। मेरे पास इन तीनों चीजों का अभाव-सा था, लेकिन हिमाचल के संबंध में कोई पुस्तक लिखते हुए यात्रा का वर्णन न आना खटकने लगता है। मेरी पुस्तक 'गढ़वाल' पर किसी आलोचक ने लिखा था, कि इसमें वह रोचकता नहीं मिलती, जो कि राहुलजी की दूसरी पुस्तकों में देखी जाती है। हिमाचल पर कलम उठाने के समय मेरा ख्याल केवल रोचक यात्रा लिखने का नहीं था, बल्कि मेरा उद्देश्य था—अपने देश के इस सबसे सुन्दर और भविष्य में समृद्ध भूखंड के बारे में हमारे लोगों में जितना अज्ञान मौजूद है, उसे दूर करना।

यात्रा आरंभ करने के पहले सबसे पहली आवश्यकता थी एक साथी की। यात्रा के अच्छी तरह कटने के लिए ही इसकी आवश्यकता नहीं थी, बल्कि मधुमेह के कारण नियम से प्रतिदिन भोजन से पहले इन्सुलिन का इन्जेक्शन लेना कई सालों

से मेरा 'नितनेम' हो गया है। जैसे-कैसे हाथों से शरीर को चुभवाना अच्छा नहीं होता, यद्यपि मुझे बाजवक्त उससे भी एतराज नहीं है। कई मित्रों ने साथ चलने के लिए इच्छा प्रकट की, लेकिन मुझे अपने एक पहाड़ी मित्र शोभाकान्त ढकाल को साथ लेना कई दृष्टियों से अच्छा जान पड़ा। पहाड़ के रहनेवाले होने से उन्हें इस तरह की यात्रा के कड़वे-मीठे अनुभवों को झेलने की आदत थी। वह संस्कृत पढ़े हुए हैं, तथा पुरानी लिपियों की उनको काफी जानकारी है, और सहिष्णुता में तो पर्वतराज से उनकी उपमा दी जा सकती है। किसी समय उन्होंने आयुर्वेद की एक परीक्षा भी दे दी थी। जिस समय मैंने उन्हें साथ ले चलने का निश्चय किया था, उस समय शोभाकान्तजी के सभी गुण प्रकट नहीं हुए थे। एक महीना साथ रहने के बाद मालूम हुआ, कि ऐसे सहयात्री का प्राप्त करना बड़े सौभाग्य की बात है। 6 अप्रैल को ही शोभाकान्तजी आ गए थे और 10 को जब मसूरी से हम दोनों ने प्रस्थान किया, तो वह इंजेक्शन लगाने की विद्या में पारंगत हो गए थे।

जो आदमी बारहों महीना हिमालय में साढ़े छः हजार फुट की ऊँचाई पर रहता हो, उसका अप्रैल-मई में नीचे उतरना, पागलपन कहा जाएगा। लेकिन, दूसरा चारा नहीं था, जाड़ों में जाने पर कितने ही गंतव्य स्थानों के रास्ते बंद रहते और वर्षा में उनमें से बहुतेरे टूटे। हमने यह भी निश्चय किया था, कि हमारी यात्रा जाने और लौटने दोनों में पहाड़-ही-पहाड़ से होगी। लेकिन, पहाड़ों में भी गर्मियों में गर्मी का अभाव चार हजार फुट से ऊपर ही होता है, जबकि वैसे स्थानों में 29 दिन की यात्रा में बहुत कम ही दिन बीते।

यात्रा में आदमी को कम-से-कम चीजें साथ में ले जानी चाहिए। हमने लोहे का एक छोटा-सा ट्रंक और एक होल्डाल में दोनों के कपड़े और बिस्तरे रख लिए थे। एक-दो मामूली ऊनी कपड़ों के सिवा उनकी आवश्यकता नहीं होगी और न एक कम्बल से अधिक का जाड़ा कहीं सामने आएगा। छः हजार फुट या ऊपर की जगहों पर पूर्व-परिचितों या भावी परिचितों के मिलने की संभावना है, इसलिए भी गरम कपड़ों की बहुत आवश्यकता नहीं थी। फिर भी कुछ अपनी और कुछ शोभाकान्तजी की 'दूरदर्शिता' के कारण अनावश्यक गरमकोट, गरम पैंट रख कर व्यर्थ ही कपड़ों का बोझ दूना कर लिया। शोभाकान्तजी ने घर से चलते ही समझ लिया था, कि हमें हिमाल में बहुत-सी रातें गुजारनी पड़ेंगी, इसलिए उन्होंने सूती कपड़ों को कम-से-कम और ऊनी कपड़ों को अधिक अपने साथ बाँध लिया था।

10 अप्रैल को भोजनोपरांत डेढ़ बजे अपनी कुटिया छोड़ी, और तीन बजे की मोटर पकड़ कर हम देहरादून के लिए चल पड़े। मसूरी का सीज़न कुछ-कुछ शुरू हो गया था, इसलिए देहरादून से ऊपर आनेवाली कारों और टैक्सियों का किराया

ज्यादा था। खाली लौटने की जगह वह सस्ते किराये पर भी सवारियों को बैठा लेती हैं। चार रुपये में हम दोनों के लिए टैक्सी मिल गई। पहाड़ में मोटर-सवारी करनेवाले कितने ही वीर और वीरांगनाएँ भी होते हैं, जो टेढ़े-मेढ़े रास्ते पर मील-दो मील जाने में ही अपना सारा समय ऊर्ध्व विरेचन में लगा देते हैं। कभी-कभी तो उनका यह काम महामारी का रूप ले लेता है, जिसकी लपेट में पास-पड़ोस में बैठे कितने ही लोग भी आ जाते हैं। टैक्सी हो या बस, शायद ही कभी कोई ऐसी मिले, जिसमें ऐसे वीरों और वीरांगनाओं से साबिका न पड़े। हम दोनों उस श्रेणी में नहीं थे, नहीं तो उपवास-व्रत रखके चलना पड़ता; लेकिन, उपवास रखना इसकी गारण्टी नहीं है, कि खाली अँतड़ियाँ कंठ तक नहीं आएँगी। देहरादून पहुँचने पर आटे-चावल का भाव दूसरी तरह मालूम हो रहा था। मसूरी में गरम-से-गरम समय में भी पसीने की नौबत नहीं आती, पर समुद्रतल से दो हजार फुट ऊँचा रहने पर भी इस नगरी में सारा शरीर तर-ब-तर था। शोभाकान्तजी मुझसे ज्यादा गरमी बर्दाश्त कर सकते हैं, पर उनकी हालत भी बेहतर नहीं थी।

यात्रा के लिए यद्यपि आवश्यक चीजें रास्ते के कितने ही शहरों में मिल जातीं, लेकिन देहरादून में जितनी सस्ती मिलतीं उतनी अन्यत्र कहीं नहीं। सबसे पहले तो कैमरे के लिए कई फिल्में लेनी थीं। पेट गड़बड़ होने पर इनो फ्रूट-साल्ट की एक बोतल भी साथ रहनी जरूरी थी, और साथ ही इन्सुलिन बी, पेन्सिलिन की कुछ शीशियाँ तथा दूसरी चीजें। मधुमेह (डायबिटिस) वाले के लिए इन्सुलिन और पेन्सिलिन उतनी ही आवश्यक हैं, जितनी पुराने समय के योद्धाओं के लिए कवच और धनुषबाण। न जाने कब कोई छोटी-मोटी चोट लग जाए, और उसका मतलब है, बात का बतंगड़ बनना—डायबिटिस वस्तुतः घाव या फोड़ा-फुन्सी के समय ही बीमारी का रूप लेती है, नहीं तो वह बीमारी नहीं अंगभंग जैसी है।

इस समय दिन से भी ज्यादा भयानक रातें होती हैं—देहरादून की भी, क्योंकि उस समय मच्छरों का जबर्दस्त आक्रमण शुरू हो जाता है। हम दोनों पंडित हरनारायण मिश्र के मेहमान थे। मसहरी ने प्राण बचा लिए। 11 अप्रैल को मध्याह्न के समय हमने नाहन के लिए प्रस्थान किया। उस समय गरमी का क्या पूछना! यह जान कर सन्तोष था, कि बस हिमाचल-सरकार की है। उसमें नाहन तक का टिकट पहले ही ले लिया था। 58 मील के दो टिकटों का सात रुपया देना पडा। बस में बैठते समय पसीने की तो उतनी परवाह नहीं थी, लेकिन यह जान पड़ता था, कि खोपड़ी की सारी मज्जा आग पर रखे घी की तरह पिघल गई है। वह खुलकर सिरदर्द भी नहीं था, लेकिन परेशानी बहुत थी। देहरादून से चकरौता जाने वाली सड़क पर हमें जाना पड़ा। दून वस्तुतः हिमालय और शिवा-

लिक दोनों पहाड़ों तथा गंगा और जमुना दोनों महानदियों के बीच की समतल-सी भूमि (द्रोणी) का नाम है, जिसका अधिकांश पानी गंगा में और कुछ जमुना में भी जाता है। दोनों के पानियों का बँटवारा (जल-विभाजन) सहसपुर के पास है। पर उसके कारण सड़क को बहुत ऊँचे-नीचे चढ़ने की आवश्यकता नहीं। वस्तुतः यदि गौर से न देखा जाए, तो यह ख्याल भी नहीं आ सकता, कि यहाँ कोई जल-विभाजक है।

यद्यपि सहारनपुर-चकरौता की सड़क जहाँ देहरादून आने वाली सड़क से मिलती है, वहीं से जमुना किनारे का रास्ता जाता है, पर मुसाफिरों की खोज के लिए नाहनवाली मोटर चूहड़पुर बाजार तक जाती है। रास्ते में सड़क के दोनों तरफ कितने ही चाय के बगीचे हैं। चूहड़पुर का नाम सुनने में चाहे जितना भद्दा मालूम होता है, पर उसे वैसा नहीं समझना चाहिए। ढाई हजार बरस पुरानी कालसी (खलतिका) नगरी के सौभाग्य सिन्दूर को इसी ने लूटा। यही नहीं, इसने कालसी को सिसक-सिसक कर मरने के लिए छोड़ दिया। आज कालसी में प्रासाद जैसे अच्छे-अच्छे मकान आप मुफ्त ले सकते हैं—वही कालसी जो कि मुगलों के समय में भी कितने ही समय तक सिरमौर की राजधानी रही। उसकी जगह अब यहाँ चूहड़पुर में जंगल में मंगल हो रहा है। 11 बरस पहले भी यह अच्छी-खासी मंडी थी, पर अब तो चूहड़पुर छोटे-मोटे शहर का रूप ले रहा है। जिस तरुण के मकान में मैं उस समय अतिथि बना था, उसे मेरी आँखें ढूँढ़ने लगीं, लेकिन अब वह 11 बरस पहले का चूहड़पुर नहीं था। न मुझे वह तरुण मिला, और न उसका मकान ही। यहाँ दो-चार सवारियाँ नई चढ़ीं, जिनमें बड़ोतरु ठाकुर (हीरा लाल बडोत्रा) भी थे। हैट और कोट-पैंट में इस गोरे रंग के तरुण को देखकर मुझे उस समय क्या मालूम था, कि उनके सौजन्य का मुझे भी भागी बनना पड़ेगा। बस लौटकर फिर चौरस्ते पर आ गई, और वहाँ से उसने जमुना का रास्ता लिया। रास्ता कच्चा है, धूल खूब उड़ती है, और ऊपर से गरमियों की दुपहरी थी, लेकिन जमुना दो-तीन मील से ज्यादा दूर नहीं थी। हमारे कंपार्टमेंट में ही एक और तरुण बैठे हुए थे, जिनके अटैची केस पर 'यादव' लिखा देखकर मेरे दिमाग में तरह-तरह के ख्याल पैदा होने लगे। मैंने किसी राजपूत को अपने नाम के साथ 'यादव' लगाते नहीं देखा था। देहरादून में चढ़ते समय अपने मित्र के साथ जिस सफाई के साथ उन्होंने फारसी के कुछ वाक्य बोले थे, उसके कारण मेरी लालबुझक्कड़ी उत्तेजित हो पड़ी थी। मैंने समझा, लड़ाई के दिनों में सेना में रहते शायद वह ईरान में रह रहे हों। पीछे सारे अनुमान गलत निकले। सिरमौर के राजा अपने को यदुवंशी तथा जैसलमेर के भाटियों का सगा-संबंधी समझते हैं। इसीलिए तरुण का

अपने लिए यादव लिखना बिल्कुल उचित था। उन्होंने फारसी लेकर बी० ए० पास की थी। तीन-ही-चार पीढ़ी पहले तो नाहन में फारसी का ही बोलबाला था, इसलिए यदि वह फारसी इतनी सफाई से बोलते हों, तो इसमें क्या आश्चर्य ?

जमुना पर यहाँ पुल नहीं है। उसका बनाना बहुत व्यय-साध्य है, इसलिए कहा नहीं जा सकता, कि वह कब बन सकेगा। कहने को तो हिमाचल प्रदेश की यह बस हरद्वार-नाहन सर्विस कही जाती है, लेकिन जमुना के कारण वह पार नहीं हो सकती। आर-पार की बसें खड़ी होती हैं, और मुसाफिर बदल लिए जाते हैं। बस में जितनी तकलीफ नहीं हुई थी, उतनी जमुना के किनारे हो रही थी, क्योंकि दोपहर का सूर्य सिर पर था, और पास-पड़ोस में कहीं छाया का नाम नहीं था। हमारे यहाँ सारे कामों के करने का ढंग ऐसा है जिसमें आदमियों के दुःख-दर्द के समझने का कोई स्थान नहीं रहता। बस के आने से पहले नावों आदि का इंतजाम कर लेना मुश्किल नहीं था, लेकिन मुसाफिर दोनों किनारों पर दुपहरी का आनंद लेने के लिए छोड़ दिए गए थे। कुछ लोगों ने अपना छाता खोल लिया था, सौभाग्य से हमारे पास भी एक था। कुछ लोग ऐसे ही पत्थरों पर बैठे थे। जमुना की नीली धार बहुत तेज बह रही थी। जल बहुत ठंडा था, इसे पीकर आदमी की जान में जान आ सकती थी। शोभाकान्तजी बस की छाया में जा कर खड़े हो गए। उन्होंने अपनी विशेष टोपी लगा रखी थी। उसने अथवा इस कड़ी गरमी में काले सर्ज की अचकन ने ध्यान आकृष्ट किया। ठाकुर साहब (बड़ोत्रा) और नाहन कुमार साहब ने उनसे कुछ पूछा। मालूम हो गया, शोभाकान्त और राहुल नाहन की ओर जा रहे हैं। मैं ऐसी गलती नहीं कर सकता कि मान लूँ, सभी उत्तर भारतीय शिक्षित मेरी पुस्तकों में से किसी को जरूर पढ़े होंगे। मैं ठहरा हिन्दी का लेखक और हमारे शिक्षितों के पाठ्य ग्रंथ अंग्रेजी में होते हैं पर अखबारों में जब-तब नाम आँखों के सामने गुजर जाने से कुछ को जानकारी जरूर हो जाती है। हम समझ रहे थे, हम अब कम-से-कम शिमला-भर के लिए पांडवों की तरह अज्ञात भूमि में जा रहे हैं, किंतु वह नहीं हुआ। यादव साहब अपनी भाभी साहबा के साथ जा रहे थे। यद्यपि अब वह अंतःपुरों की असूर्यंपश्या नहीं थीं, तो भी नदी पार उतारना और पार की बस पर बिठाना काफी तरद्दुद का काम था। आर-पार लोहे का रस्सा टँगा देखकर पहले तो मेरा माथा ठनका, कि कहीं यहाँ खटोले पर तो पार नहीं कराया जाएगा। 30-40 सवारियों को यदि एक-एक, दो-दो करके खटोले पर पार कराया जाता, तो इसमें शक नहीं, इस गरमी में कितनों की जान पर आ बनती। लेकिन एक अच्छी-बड़ी नाव मौजूद थी। सभी लोग उस पर चढ़ गए। रस्से का यही काम था, कि जमुना मैया नाव को बहा कर मनमानी नहीं

करने पाएँ। उतरने पर रास्ते में थोड़ा-सा पानी भी था। मैंने तो उतार कर जूता अपने हाथों में ले लिया, और धोती ऊपर कर ली, जवाहरशाही पायजामा पहनने का मजा शोभाकान्तजी को मिला। पानी घुटने ही भर था। पर नेहरूशाही पायजामा तो ऊपर नहीं उठाया जा सकता। खैर, किसी तरह हम उस पार जा कर बस पर बैठे और थोड़ी देर में वह चल पड़ी।

अब हम यहीं से बड़ोत्राजी के मेहमान हो गए। वह जिला को-अपरेटिव सोसायटी के अफसर थे, और यहाँ अपने काम से आए हुए थे। कुछ ही मील आगे बढ़ने पर पाँवटा आया, जो सिरमौर जिले की एक तहसील है। उससे भी अधिक पाँवटा का महत्त्व इसीलिए है, कि अपनी देशभक्ति के लिए मारे-मारे फिरते गुरु गोविंद साहब यहाँ कई वर्षों तक रहे। आज पाँवटा एक तीर्थस्थान के रूप में परिणत हो गया है। जिस तरह गंगा और यमुना के बीच में देहरावाली दून है, उसी तरह जमुना के इस पार शिवालिक और हिमालय से घिरी कियास्दून है, पाँवटा साहब उसका हेडक्वार्टर है। ठाकुर साहब आज नाहन जानेवाले नहीं थे। यद्यपि उन्होंने अपने आदमी को हमारे साथ कर दिया, लेकिन आतिथ्य सत्कार किए बिना वह कैसे छोड़ सकते थे! डाकबँगले में ले गए। 60 डिग्री से ऊपर के तापमान में चाय पीना मुझे पसन्द नहीं है, इसलिए उन्होंने नहीं करने पर भी लेमनेड से सत्कार किया। पाँवटा के आसपास के गाँवों में भी कितने ही शरणार्थी आ बसे हैं, इसीलिए बहुत-सी दुर्लभ चीजें अब यहाँ सुलभ हो गई हैं लेमनेड की तो बात ही क्या?

कुछ देर बाद नाहन वाली बस ने प्रस्थान किया। सड़क अभी ठीक से नहीं बन सकी है। नाहन जानेवाले अधिकतर अम्बाला जिले के बरारा स्टेशन पर उतरते हैं, जहाँ से नाहन तक पक्की सड़क बनी है, लेकिन, अब देहरादूनवाली सड़क का भी महत्त्व बढ़ चला। अभी भी बस में दम घुट रहा था, ऊपर से वह धूल उड़ाती कच्ची सड़क पर जा रही थी, जरा भी गति के मन्द होने पर हमें धूल फाँकनी पड़ती थी। यदि सीधे पाँवटा का रास्ता लिए होते, तो भीड़ कम हो जाती, लेकिन उसे तो पहिले माजरा जाना था, जहाँ पर कभी कियार दून तहसील का हेडक्वार्टर था।

दून पारकर अब सड़क पहाड़ पर चढ़ने लगी। यहाँ से नाहन नगर पाँच मील से अधिक नहीं रहा होगा। अब झिरहिर हवा भी चल रही थी, सूरज भी अधिक नीचे उतर गए थे, इसलिए गरमी कम थी। तीन मील रह जाने पर राजकीय बाग मिला। बस के खड़े होते ही लोग दौड़ पड़े। ताजे लुकाट का ढेर लगा हुआ था, गरमी के मारे मुसाफिर उससे हलक ठंडा करना चाहते थे, राज के इस बाग में और कई तरह के फल लगे हुए थे, लेकिन इस समय लुकाट ही

मिल रहे थे। यदि मध्याह्न का समय होता, तो अभी हमारी विपदा का अन्त नहीं हुआ होता। बस ऊपर चढ़ते-चढ़ते एक जगह आ कर रुक गई। यहाँ चुंगी देना था। नाहन नगरपालिका की डेढ़ लाख की आमदनी में से सवा लाख चुंगी से आती है, और नगर की आबादी 10 हजार से बहुत अधिक नहीं है।

नाहन में

कुछ ही मिनटों में हम नाहन नगर में पहुँच गए। बस यादव साहब के मकान के पास तक गई। चाहे राजा का राज खतम हो गया हो, लेकिन लोगों में अब भी शताब्दियों से राज करते आए वंश के प्रति भक्ति जरूर है, यह इसीसे मालूम हुआ, जबकि बस वहाँ ले जाकर ड्राइवर ने कहा—इन्हीं का तो राज था, अब इतनी भी सेवा करने से क्यों बाज आयें। बड़ोत्रा साहब से परिचय संयोग से ही हुआ था। वह चंबा के रहने वाले थे, जहाँ हमें अपनी यात्रा के अंत में पहुँचना था, और जिसके बारे में अभी हमने किताबों में ही कुछ पढ़ा था। बड़ोत्रा या बड़ोतरु वंश कितनी ही पीढ़ियों तक चंबा राजा का मंत्री रहता आया था। रणजीतसिंह के समय—19वीं सदी के उत्तरार्ध में—नाथूराम बड़ोतरु बड़े ही योग्य मंत्री थे। ठाकुर हीरालाल अपने बड़ोत्रा वंश के बारे में समझते हैं, कि इसका संबंध बड़ोदा (बड़ोदरा) से है। मैंने बतलाया, कि 18वीं सदी में पेशवाओं के जमाने में जब गायकवाड़ों का भाग्य उदय हुआ, और वह बड़ोदा के शासक बने, उससे सदियों पहले आपका वंश चंबा में मौजूद था। ठाकुर साहब ने अपने आदमी को साथ कर दिया था, इसलिए उसने हमें उनके निवासस्थान पर ले जा कर ठहराया। देहरादून से ही श्री सेवालजी ने अपने छोटे भाई श्री युगल किशोर सेवाल का पता दे दिया था। हम उसी रात ढूँढ़ते-ढूँढ़ते पक्का जोहड़ के पास उनके यहाँ पहुँचे थे। जहाँगीर के अन्तिम शासन-काल में नाहन राजधानी बसी थी, इस प्रकार वह अभी सवा तीन सौ बरस की पुरानी नगरी थी। पहाड़ न होने पर भी इसके बाजार काफी घने और सैकड़ों दूकानों से भरे हैं।अनेक शहरों की तरह नाहन को भी पश्चिमी पंजाब से आए शरणार्थी भाइयों ने समृद्ध करने में हाथ बँटाया। यद्यपि राजा के राज उठ जाने का अफसोस पुराने लोग करते हैं, लेकिन जितनी दूकानें और उनमें जितनी चीजें आज बिक रही हैं, राजा के शासन-काल में शायद ही वह उतनी होंगी।

इन्सुलिन लगा कर दोपहर को भोजन कर लेना अब मैंने अपना नियम बना रखा है, लेकिन शोभाकान्तजी तो शाम को उपवास नहीं कर सकते थे? ठाकुर साहब के आदमी ने रोटी बनाने का बहुत आग्रह किया, लेकिन हमारी यात्रा

नहीं, दौड़ हो रही थी, और कम-से-कम समय में अधिक-से-अधिक देखना हमारा मंत्र था, इसलिए हमने नौकर से कह दिया, "हम शहर देखने जा रहे हैं, वहीं खाना खा कर चले आएँगे।" घूमते वक्त एक झीवर की भोजनशाला मिली। बढ़िया चावल और अज-मांस तैयार था। शोभाकान्तजी भातखोर हैं। बस, वहीं मैं देखने के लिए और वह खाने के लिए डट गए। चार आने के मांस और चार आने के चावल में ही जब शोभाकान्तजी ने 'और नहीं' कर दिया, तो हमें तो सतयुग का जमाना लौटा हुआ मालूम पड़ा। भला आठ आने में मांस-ओदन का भोजन अब कहां मिल सकता है! शोभाकान्तजी कोई चार अक्षत खानेवाले भी नहीं थे। हमने निश्चय कर लिया, कि यथासम्भव भोजन यहीं करेंगे। मेरी पोशाक तो कोई प्रभावशाली नहीं थी, लेकिन शोभाकान्तजी अचकन और नेहरूशाही पाजामा पहने हुए थे। झीवर बेचारे को संकोच हो रहा था। लेकिन, जब हम बेतकल्लुफी से उसकी चटाई पर बैठकर कहने लगे, "मेज-कुरसी नहीं खाई जाती, तुम परवाह मत ना करो," तो उसका संकोच दूर हो गया। भोजन बहुत स्वादिष्ट था—शोभाकान्त के इस वाक्य का प्रमाण अगले दिन मुझे भी मिला।

यद्यपि नाहन पहाड़ में है, लेकिन वहाँ से पहाड़ी भाषा कब की लुप्त हो चुकी है, और उसकी जगह कौरवी (थारी-म्हारी) बैठ गई है। सबसे अधिक हमें भय था रात के वक्त मच्छरों का। तीन हजार फुट की ऊँचाई होने से नाहन उष्ण स्थानों में है। ठाकुर साहब के मकान में जालियाँ लगी हुई थीं, जिसके कारण मच्छरों का प्रवेश निषिद्ध था। गरमी का डर लगने लगा था, लेकिन नौ बजे रात तक तापमान अनुकूल हो गया।

अगले दिन (12 अप्रैल को) हमने रैणका हो आने का निश्चय किया। रैणका में एक बड़ा स्वाभाविक ताल है, जिसे देखना हमने आवश्यक समझा था। लेकिन वहाँ की बस तीन बजे मिलने वाली थी। इस समय को हमने नगर-परिदर्शन में लगा दिया। कहते हैं, नाहन नाहर का बिगड़ा रूप है, जिसे भाषातत्वज्ञ स्वीकार करने के लिए तैयार नहीं हो सकते हैं। नाहन की उस समय की राजधानी सिरमौर उजड़ गई थी, अथवा पड़ोसी राजाओं से उसकी स्थिति बराबर खतरे में पड़ जाती थी। राजा उसी समय इस स्थान पर पहुँचा। उस समय जयपुरवाले बाबा बनवारीदास यहाँ के घोर जंगल में तपस्या कर रहे थे। बाबा के चारों तरफ नाहर (शेर) पालतू कुत्तों की तरह पहरा दे रहे थे। राजा डरा, लेकिन बाबा ने उसे सांत्वना दी। बाबा के ही परामर्श के अनुसार राजा ने यहीं अपनी राजधानी बनवाई, जिसका नाम नाहर या नाहन रखा गया। बाबा बनवारीदास का बनवाया जगन्नाथ मंदिर और उनकी गद्दी अब भी यहाँ मौजूद है। पिछले सवा तीन

सौ बरसों में इस गद्दी पर 10 महंत बैठे। वर्तमान महंत रामदासजी संस्कृत के विषय के आचार्य हैं। मंदिर में पुराने कागज-पत्र भी हैं, जिनमें नेपाल के एक राजा गीर्वाणविक्रम शाह का दानपत्र भी था। नेपाली शासन यहाँ से 1814-15ई० में उठा, इसलिए इस कागज को लिखे गए सवा सौ बरस से अधिक दिन हो गए। कागज को पढ़ते समय हमारे मन में ख्याल आ रहा था—कहाँ नेपाल और कहाँ नाहन ? रेलयात्रा की सुविधा होने पर भी हमें वह कितना दूर जान पड़ता है, और उस समय नेपाल से सैनिक या असैनिक लोग पहाड़-ही-पहाड़ आया करते थे। महंत रामदासजी ने बतलाया कि और भी कागज-पत्र मंदिर में थे, किसी मुकदमे में पेश किए गए हैं। बहुत कहने पर भी महंतजी ने लस्सी पिलाए बिना नहीं छोड़ा।

बाजार देखते हम महिमा पुस्तकालय गए, जो राजप्रासाद से और आगे एक अच्छी जगह पर स्थापित है। पुस्तकालय छोटा होने पर भी यहाँ काफी पुस्तकें हैं। पुस्तकाध्यक्ष तो सौजन्य की मूर्ति हैं। नाहन को मैंने नहीं देखा था, लेकिन मेरी दर्जनों पुस्तकें वहाँ पहले ही पहुँच गई थीं। मुझे भी सिरमौर के ऊपर नया प्रकाश डालने वाली पुस्तकें चाहिए थीं।

सिरमौर के राजाओं के पास शाहजहाँ के समय से लेकर कई मुगल बादशाहों के कितने ही फर्मान हैं। मैं उन्हें देखना तथा उनमें से एक-दो का फोटो लेना चाहता था। आठ-दस शताब्दियों से जो वंश राज कर रहा है, उसके पास कुछ और भी पुरानी चीजें, चित्र आदि होने की सम्भावना थी, किन्तु जो थोड़ी-बहुत चीजें हैं, वह मुहाफिज खाने में हैं, जिसकी कुंजी राजा साहब के पास देहरादून में थी। जब राजा साहब यहाँ हों, तभी वह चीजें देखी जा सकती हैं। पता नहीं वहाँ कोई असाधारण महत्त्व की चीज है भी या नहीं। मुगल फरमानों की फारसी नकल मैंने यहाँ लिखी गई एक उर्दू पुस्तक में देख ली।

राजप्रासाद से हताश होकर सोचा, शायद राज-पुरोहित से कुछ काम बने। दिन के 11 बज रहे थे, जब मैं उनकी ड्योढ़ी पर पहुँचा। वह उस वक्त पूजा में बैठे हुए थे। इतनी कृपा की, चार बजे आने के लिए आदेश दिया, पर हम तो तीन बजे रैणका जाने के लिए तैयार बैठे थे। झीवर होटल में साफ-शुद्ध चटाई पर बैठ कर हमने महाप्रसाद ग्रहण किया। यह कहने की आवश्यकता नहीं, कि शोभाकांतजी ने इन्सुलिन की सुई पहले ही लगा दी थी। नगर-परिदर्शन में श्री युगल किशोर सेवाल 10 बजे तक साथ रहे।

रैणका सिरमौर की एक तहसील भी है, जिसका सदर मुकाम ददाहू, नाहन से 25 मील पर अवस्थित है। रियासत के विलयन से पहले ही बस चलने लगी थी। हम दोनों ने पौने तीन रुपया और एक रुपया पन्द्रह आने में 25 मील की यात्रा

के दो टिकट लिए—प्रथम श्रेणी का किराया कुछ अधिक था। कितनी ही दूर तक बस उसी सड़क से गई, जिससे शिमला जाने वाले जाते हैं। नगर से थोड़ी दूर पर रोजिन (चीड़ के गुग्गुल) का जला हुआ कारखाना देखा, जिसकी खबर कुछ ही दिन पहले अखबार में पढ़ी थी। बस का रास्ता 6-7 मील तक चढ़ाई का था। शिमला वाली सड़क छोड़ने पर चढ़ाई कुछ और तीखी और सड़क सँकरी हो गई थी। पहाड़ में जिन सड़कों पर बसें चलाई जा रही हैं, उन पर मोटरें चलाना यहाँ के ड्राइवरों का ही काम है। चढ़ाई खत्म होने के बाद लंबी उतराई शुरू हुई। और सूर्यास्त के करीब हम ददाहू पहुँच गए। यह स्थान नाहन से क्या देहरादून से भी अधिक गरम है। बाजार अच्छा है, तहसील और हाई स्कूल भी हैं; इसलिए लोगों पर नागरिकता का प्रभाव देखा जाना स्वाभाविक है। इसी समय यहाँ मेला लगा था, जिसमें शायद आदमी ज्यादा रहे होंगे। हमारे पहुँचने के समय ढोल पीट कर कुश्ती हो रही थी, और रात के वक्त एक नाटक भी खेला गया। ठाकुर साहब ने हमारे साथ एक आदमी लगा दिया था, इसलिए हमें सोने के लिए अच्छी जगह मिल गई। गरमी और मच्छरों के कारण आसमान के नीचे सोना ही मैंने पसंद किया।

रैणका को नीमहकीम रेणुका कहते हैं। यह विष्णु के एक अवतार तथा क्षत्रियों को निःछत्र करने वाले परशुराम की माता का नाम है, यह सभी जानते हैं। बाप यमदग्नि की आज्ञा मानने से सभी लड़कों के इंकार करने पर परशुराम ने पिता की आज्ञा मानी और अपने फरसे से माँ के सिर को धड़ से अलग कर दिया। केवल संदेह पर ऐसा भीषण कांड कर देना उस समय के त्रिकालज्ञ ऋषियों के लिए भी कोई बात नहीं थी। लेकिन, जनसाधारण उनसे अधिक गुणग्राहक होते हैं और आज मेले के समय इस पहाड़ी दुर्गम स्थान में झील के किनारे बीसों हजार लोग जमा हो कर रैणका सरोवर में स्नान और मंदिर में रैणका देवी की पूजा करते हैं। मंदिर ददाहू से दो मील पर है, बीच में गिरी नदी पड़ती है, जिसकी धार हर जगह पार होने लायक नहीं है। ददाहू से नाहन के लिए एक ही बार आठ बजे सबेरे मोटर जाती है, हम उसे छोड़ नहीं सकते थे। पाँच बजे सबेरे अभी झुटपुटा ही था, जबकि शोभाकांत, स्थानीय एक अफसर एवं एक नौकर के साथ हम लोग ताल की ओर चल पड़े। गिरी नदी पर आरपार लोहे का तार लगा हुआ था, जिस पर दो आदमियों के बैठने लायक खटोला घिरनी के ऊपर टँगा था। नदी किनारे पहुँचे, तो देखा खटोला परले पार बँधा हुआ है। आदमी कुछ नीचे धार पार कर खटोले पर बैठ कर तार को सूतते इस पार लाया। खटोले में दोनों ओर खींचने के लिए लंबी रस्सियाँ लगी थीं। बिना मल्लाह के सहारे ही हम लोग स्वयं खटोले पर बैठ कर रस्सी से खिंचे पार हो

गए। पिछले मेले में लोगों के ठिकानों और दुकानों के निशान कुछ ही आगे से मिलने लगे। आगे एक छोटा-सा ताल मिला, जिसे परशुराम ताल कहते हैं। इसका जल घास और कीचड़ से भरा तथा कुरूप देखकर हमने सोचा—मातृहत्यारे की चीज ऐसी ही होनी चाहिए। इसी ताल के किनारे पहाड़ी पर अवस्थित परशुराम मंदिर में न जा कर सीधे रैणका ताल की ओर गए। दोनों तालों में पानी का कोई संबंध नहीं है। बीच की जगह में रेणुकाजी का मंदिर और एक शिवालय है। बहुत गौर से देखा, किन्तु कहीं कोई टूटी-फूटी पुरानी मूर्ति नहीं दिखाई दी। यह विश्वास करने को मन नहीं करता, कि इतने प्रकृत रमणीय स्थान में पुराने समय में कोई मंदिर या धार्मिक स्थान न रहा होगा। लेकिन, हमें याद रखना चाहिए, कि इन पहाड़ों में खंडित मूर्तियों और पोथियों को जल्दी-से-जल्दी 'गंगा लाभ' कराने की धुन लोगों के सिर पर सवार रहती है। रैणका ताल का घेरा तीन मील का है। एक तरफ छोटा-सा निकास छोड़ कर चारों तरफ ऊँचे-ऊँचे पहाड़ खड़े हैं, जो सिर से पैर तक हरियाली से ढँके हैं। ताल के इस छोर पर कुछ दलदली सरकंडों का जंगल-सा दीख पड़ता है, जिससे जहाँ सरोवर की शोभा में बट्टा लगता है, वहाँ तैरने तथा नौका-विहार में भी दिक्कत होती है। इसे एक नयनाभिराम आच्छोद सरोवर का रूप दिया जा सकता है, किन्तु यह कार्य बहुत व्ययसाध्य होगा। एक बार वैसा कर देने पर भी उससे आनन्द लेने वाले नर-नारी कहाँ से मिलेंगे ? विदेशों में ऐसी सौन्दर्य-राशियों को देख कर हमें सिहाने की आवश्यकता नहीं, क्योंकि उसके लिए हमारे लोगों का शिक्षा और संस्कृति का तल जहाँ ऊँचा होना चाहिए, वहाँ साथ ही जेब में पैसा भी रहना चाहिए। यह देख कर मुझे प्रसन्नता हुई, कि रैणका ताल के सौन्दर्य के वर्णन में अतिशयोक्ति से काम नहीं लिया गया। लौटते वक्त हमने परशुरामजी का भी दर्शन किया। लोगों में सुरुचि का कितना अभाव है, इसका उदाहरण यह परशुराम मंदिर है, जो टीन की छत वाले किसी दरिद्र गिरजे-सा दिखाई पड़ता था। मूर्तियाँ भी वैसी ही भद्दी थीं। लौटते वक्त हमें पार कराने के लिए ताल के पास मल्लाह मौजूद थे। रैणका का पूरा आनन्द लेने के लिए गिरी को मोटर द्वारा पार कराने का इंतजाम करना पड़ेगा। बरसात में शिमले के पास से निकलने वाली यह नदी विकराल रूप धारण करती है, इसलिए स्थायी पुल बनवाना बहुत धन-सापेक्ष है। जब हम लौटकर ददाहू आए, तो पौने आठ बज रहे थे, अर्थात् बस चलने में 15 मिनट की ही देर थी। भज्जी के तरुण श्री कुन्दनलाल ने जहाँ रात को हमें अपने यहाँ का एक जनगीत लिख कर दिया था, वहाँ इस वक्त हमारे साथ लौटते ही उन्होंने चाय का बन्दोबस्त किया। इस गरमी में चाय पीने की तो इच्छा नहीं थी, पर अब नाहन

जा कर ही कंठ के नीचे कुछ उतारने को मिलता, इसलिए दो-दो अंडों के साथ दो-दो प्याले चाय पी, फिर लारी पर चल पड़े। तीन घंटे की यात्रा थी, जिसमें हो घंटे के करीब कल की उतराई को चढ़ाई करके पार करना पड़ा।

नाहन

भोजन के समय हम नाहन में थे। उस दिन भी पाँच-छः घंटे इधर-उधर घूमने में लगे। नगर में कई तालाब हैं। पक्का जोहड़ (पक्का तालाब) इस समय साफ करवाया गया था, नहीं तो उसमें पानी रहता। रानी तालाब बगीचे के बीच में है, लेकिन उसका जल स्वच्छ नहीं है। 14 का आधा दिन अभी हमारे पास था। राजपुरोहित पंडित देवदत्त से कुछ पाने के लिए हम फिर गए, लेकिन उन्हें किसी के जन्मपत्र को तैयार करके देने की जल्दी पड़ी थी। हमने यह समझ कर संतोष कर लिया, कि इनके पास हमें दिखाने या सुनाने के लिए होगा ही क्या? बस, 'ते हि नो दिवसा गताः' का रोना रोते। महिमा पुस्तकालय को पिछले राजा ने बिना खिले ही मुरझा गई अपनी प्यारी पुत्री के स्मारक के रूप में बनवाया था। वृद्ध पुस्तकालयाध्यक्ष बालकृष्ण शर्मा हैं। उन्होंने खोज कर रखी पुस्तकें दिखलाईं और आग्रह से चाय-मिठाई खिलाई। पुस्तकालय में मेरी दो दर्जन पुस्तकें बतला रही थीं, कि नाहन पहाड़ के एक कोने में बसे रहने पर भी नई हवा का स्वागत करता है।

शिमला को

सिरमौर जिले से जो आँकड़े और दूसरी सूचनाएँ लेनी थीं, उनके मिलने में कोई दिक्कत नहीं हुई। अब हम आगे बढ़ने के लिए स्वतंत्र थे। यहाँ से शिमला को मोटर पौन बजे दोपहर को रवाना होती है और आदमी का किराया आठ रुपया है। साढ़े सात मील तक शिमला और रेंणका की सड़क एक ही है, फिर वह ऊपर चढ़ती 6 हजार फुट तक पहुँचती है। सड़क मोटर योग्य अभी हाल ही में हुई है, यद्यपि हिमाचल सरकार की बसें बड़ी साफ-सुथरी और ड्राइवर बड़े कुशल हैं, लेकिन सड़क में अभी काफी सुधार करने की आवश्यकता है। पहाड़ की रीढ़ पर हरी-भरी भूमि पर जाती सड़क का दृश्य बड़ा सुहावना है, अधिकतर बान और ठंडे मुल्कों के दूसरे दरख्त मिलते हैं। जहाँ-तहाँ पीली टोपी लगाए सड़क पर काम करनेवाले मिलते रहे। 26 मील जाने पर सराहाँ का बाजार मिला। यहाँ एक दर्जन से ऊपर दूकानें हैं। सिरमौर जिले की पछाड़ तहसील का यह सदर मुकाम है, जिसके कारण तहसील और कचहरी के आफिस, थाना, डाकखाना और हाई स्कूल भी इसकी श्रीवृद्धि में हाथ बँटाते हैं। सराहन या सराहाँ महाशू जिले और हिमाचल

के दूसरे भागों में भी मिलते हैं। यह सराहन भी मूलतः वही नाम रहा होगा, और अंग्रेजी में लिखने में दोनों में कोई फरक भी नहीं है। 'शराधान' नाम की क्या विशेषता है, इसे कहना मुश्किल है।

डाक लेने के लिए थोड़ी देर के लिए बस खड़ी हुई। इधर बस के आ जाने पर ही लोगों को टिकट मिलता है। कितने ही आदमी दूर-दूर से शिमला-यात्रा के लिए यहाँ इंतजार कर रहे थे, जिनमें से अनेकों को निराश होना पड़ा। नाहन या यहाँ के बाजार की महिलाओं पर उत्तर प्रदेश से अधिक पंजाब का असर दीख पड़ता है। नई-नवेलियाँ साड़ी से अधिक सलवार को पसंद करती हैं, और सराहाँ जैसी जगह में लिपस्टिक की झाँकी बतलाती है कि आधुनिक सभ्यता की बाढ़ को हिमालय की चोटियाँ भी नहीं रोक सकतीं। चाय की दूकानें थीं, और मिठाई की भी।

चाय पिलाकर बस रवाना हुई, फिर उसी तरह रीढ़ के आर-पार होती आगे बढ़ी। कुवागधार में आलू के बीज के उपजाने का सरकारी फार्म है। वहाँ कुछ बाबू कागज-पत्र लिए दिखाई पड़े। लेकिन सराहाँ से चलने पर दूकान नैणा टिकरी ही में मिली। चीड़ और बान के वृक्ष बहुत जगह पहाड़ों को घने जंगल का रूप दे रहे थे। रास्ता अब नीचे की ओर था और हम महाशू जिले में चल रहे थे। उतरनेवाले मुसाफिर कम थे, और उन्हीं की जगहों को पूरा करने वाले नए आदमी भीतर आ रहे थे। कुम्हार-हिट्टी पहुँचकर नाहन वाली सड़क कालका-शिमला सड़क से मिल गई। अभी तक बहुत-से सवारों की साँस सड़क को देख कर ऊपर टँग जाती थी, लेकिन अब कोलतार लगी चौड़ी सड़क आ गई, जिसे देख कर लोगों की जान में जान आई। खतरे की सड़क होने पर भी कुशल ड्राइवर अपनी या अपने सवारों की बलि नहीं दे सकते।

शाम हो रही थी। अभी शिमला काफी दूर था, लेकिन बस की चाल अब पहले से अधिक तेज थी। सामने से भी कितनी ही बसें सर्राटे के साथ चली आ रही थीं। मालूम होता था, सुनसान जंगल से हम किसी नगरोपांत में आ रहे हैं। सोलन पहले एक छोटा-सा स्थान था, लेकिन विभाजन के बाद शरणार्थियों ने आ कर इसकी कायापलट कर दी। नाना प्रकार की सैकड़ों सजी हुई दुकानें, और कितने ही रेस्तराँ मौजूद थे। कुछ लोगों ने उतर कर चाय पी। सैकड़ों आदमियों से सड़क खचाखच भरी थी, जिसके भीतर से बसों का निकलना आसान नहीं था। यह बतला रहा था कि शिमला का सीज़न शुरू हो गया है। कंडाघाट पहुँचने पर अँधेरा हो गया। 88 मील की यात्रा साढ़े सात घंटे में पूरा करके हम बस के अड्डे पर पहुँचे। अड्डे पर ही कितने ही होटल वाले आ गए थे। हमने पहले पास की

धर्मशाला में स्थान ढूँढ़ा। लेकिन बारात के सीजन में धर्मशालाओं में जगह मिलनी मुश्किल है। सौभाग्य से पास ही में रायल होटल था, हम वहाँ जा कर ठहर गए, किराया छ: रुपया प्रतिदिन था। टेलीफोन से बातचीत करने पर मालूम हुआ कि शिक्षा-मंत्री पंडित पद्मदेव इस समय शिमला में नहीं हैं। मुख्यमंत्री परमारजी से कुछ आशा नहीं थी, क्योंकि कार्याधिक्य के कारण वह हमारी चिट्ठियों का भी जवाब नहीं दे सके थे, और न 'गढ़वाल' पुस्तक की पहुँच को ही सूचित कर सके थे। हमारे साथ एक महीने का ही समय था, जिसमें हिमाचल के पूरब से पश्चिम के छोर तक की यात्रा पूरी करनी थी। मैं तो कुछ और भी समय दे सकता था, लेकिन शोभाकांत की छुट्टी इसकी इजाजत नहीं दे रही थी कि हम और अधिक समय लगाएँ। शिमला में हमने दो दिन रहने का निश्चय किया, पर चार रातें रहना पड़ा।

शिमला की यह शायद मेरी पाँचवीं यात्रा थी। शिमला पहाड़ी नगरी की जगह ऊपर-नीचे घना बसा मैदानी नगर-सा मालूम होता है, और शहर के बीच रहने वालों को सचमुच ही पहाड़ का कोई आनन्द नहीं मिल सकता। किसी समय शिमला एक अच्छा-खासा जिला था, जिसका डिप्टी-कमिश्नर आस-पास के पहाड़ी राजाओं का अधिराज होता था। अब केवल आठ वर्गमील का शहर छोड़ बाकी सारा शिमला जिला हिमाचल प्रदेश के महाशू जिले में विलीन हो गया है, लेकिन तब भी अभी यह आठ मील का टुकड़ा पंजाब में न जाने क्यों रखा गया है? स्वतन्त्र भारत में जिस तरह अंग्रेजों की खींची पुरानी रेखाओं को मिटाने में भारी मुसीबत का सामना करना पड़ रहा हैं, उससे हम अंग्रेजों को दोषी नहीं ठहरा सकते, कि उन्होंने फौरी इन्तजाम के ख्याल से मनमाने जिले और प्रदेश बना दिए।

15 अप्रैल का सबेरा हुआ। हमें अपने समय के एक-एक क्षण का इस्तेमाल करना था। सबसे पहले अपने काम के लिए दौड़-धूप करनी थी। हिमाचल प्रदेश की एसेम्बली के स्पीकर पंडित जयवंतराम के बारे में सुन चुके थे, और यह भी मालूम था, कि चम्बा के सम्बन्ध में उनका ज्ञान बहुत गहरा है, लेकिन वह इस समय अस्पताल में पड़े थे। उनके अनुज विद्यासागरजी के बारे में ज्यादा कहने की आवश्यकता नहीं। इस सारी यात्रा में उनकी सहायता अनमोल रही। वह उसके लिए किसी तरह के कष्ट को करने के लिए बराबर तैयार रहे। सबेरे चाय पी कर शोभाकान्त के साथ हम माल रोड पर होते मौंट-प्लेजेंट पहुँचे, जहाँ पर पंडित जयवन्तजी और श्री विद्यासागर शर्मा रहते थे। विद्यासागरजी हिमाचल प्रदेश के सहकार-विभाग के डिप्टी-रजिस्ट्रार हैं। वहीं स्पीकर साहब के सुपुत्र श्री शिवकुमारजी भी मौजूद थे, जो नए वकील हैं। पंडित जयवन्तजी से यद्यपि मिलने की

इजाजत नहीं थी, तो भी शिवकुमारजी के साथ हम दोनों अस्पताल गए, और उन्हें कम-से-कम कष्ट देना चाहा। वह चम्बा हाई स्कूल के मुख्याध्यापक के साथ-साथ वहाँ के भूरिसिंह म्यूजियम के क्यूरेटर भी रह चुके हैं। उनसे पुरातत्त्व और दूसरी बातों की कितनी ही जानकारी मिली। यद्यपि यह समय ठीक नहीं था, तो भी वह बातों को बड़े चाव से बतला रहे थे।

वैसे रायल होटल में कमरा बुरा नहीं था, और मोटर का अड्डा भी नजदीक में था, लेकिन हिमाचल प्रदेश-सम्बन्धी सामग्री जहाँ से मिलने वाली थी, वह स्थान दूर था। तीन-तीन, चार-चार मील का चक्कर लगाते वहाँ पहुँचने में काफी समय लग जाता। और साथ ही आज (15 अप्रैल) हिमाचल प्रदेश स्थापना-दिवस मनाया जा रहा था, जिसके उपलक्ष्य में जननृत्य, जनगीत, तथा दूसरे मनोरंजनों का आयोजन हिमाचल धाम (सचिवालय) में हो रहा था। इसलिए जब शिवकुमारजी ने अपने यहाँ रहने का निमंत्रण दिया, तो हमने सहर्ष स्वीकार कर लिया। भोजन करने के लिए हम बाजार में जा रहे थे, उस समय एक तरुण मंगोल लामा को घूमते अपने आगे-आगे जाते देखते ही याद करने में कठिनाई नहीं हुई, कि उनसे मसूरी में मिल चुके थे। नौ महीने हो गए थे, देखा, अब उनकी हिंदी कुछ और अच्छी हो गई है। ऐसे विद्वानों को भटकते देख कर अफसोस होता है। यह लोग सुदूर मंगोलिया और साइबेरिया से विद्याध्ययन के लिए तिब्बत में आते थे। विद्या समाप्ति के बाद स्वदेश लौटने पर वहाँ उनका बहुत सत्कार-सम्मान होता था। कमूनिज्म के खिलाफ पिछले तीस सालों में जितना प्रचार हुआ है, उसके शिकार यह भी बन जाते हैं, और तिब्बत में रहने या स्वदेश लौटने की जगह बाहर निकल भागना पसन्द करते हैं, जहाँ उन्हें तरह-तरह के कष्ट भोगने पड़ते हैं। उनको कौन समझावे, कि तुम्हारी विद्या का उपयोग तिब्बत और अन्तर्-मंगोलिया में अधिक हो सकता है। उनके साथ तिब्बती में बातचीत करते देख रेस्तोराँ का मालिक चकित हो मेरी ओर देखने लगा।

भोजनोपरान्त सामान लिवाकर हम मौंट-प्लेजेंट पहुँच गए। उत्सव के लिए साढ़े चार बजे हिमाचल धाम पहुँचे। जनगीत कुछ मिराशी तरुणों और स्त्रियों ने गाए, जिन्होंने कभी उसमें पक्का संगीत, और कभी गजल मिलाने की कोशिश की, जिसके कारण सारा मजा किरकिरा हो गया। सच्चा हीरा और काँच में फरक होता है, इसे समझने वालों की वहाँ कमी नहीं थी, इसलिए बार-बार अधिकारियों की ओर से टोके जाने पर वह, दूसरे नए गीतों को सुनाते। हम तो निराश ही हो चले थे, इसी समय पता लगा, कि दिल्ली में स्वतन्त्रता-दिवस में जिस नृत्य-मंडली को प्रथम पुरस्कार मिला था, वही चुराही (चम्बा) पुरुष और महिलाएँ यहाँ भी

आए हुए हैं। उस वक्त तक चिराग जल चुके थे, जब कि चुराही स्त्री-पुरुष अपनी जातीय पोशाक में अखाड़े में उतरे। उनके बाजे भी अपने थे, और गीत भी बिल्कुल शुद्ध। लोगों की अपार भीड़ टूट पड़ी थी। सचमुच ही उन्होंने समाँ बाँध दिया। आठ बजे रात के बाद भी उनका नृत्य होता रहा और लोग अतृप्त हो कर देखते रहे। लोक-नृत्य और लोक-गीतों की प्राचीन प्रणाली अब पहाड़ों में ही जहाँ-तहाँ बच रही है, मैदान में अव्वल तो वह देखने को नहीं मिलती, और जहाँ है भी, वहाँ वह विकृत हो चुकी है।

छोटा शिमला से भी कुछ बातों के मालूम होने की संभावना थी, लेकिन वहाँ जाने पर अपेक्षित सज्जन से मुलाकात नहीं हुई। हिमाचल में गुरदासपुर की पठानकोट तहसील, होशियारपुर की ऊना तहसील, दसूया के कितने ही भाग और पेप्सू का कोहदामन जिला भी हैं, इनके बारे में कुछ जानकारी प्राप्त करनी थी, पर उसे हम पुस्तकों द्वारा ही प्राप्त कर सके। भाषानुसार प्रदेशों की माँग में पंजाब के हिन्दू नेता इस बात की कोशिश कर रहे हैं, कि हिमाचल प्रदेश और पेप्सू भी उनको दे दिया जाए। उन्हें इसकी परवाह नहीं है, कि भिन्न-भिन्न भाषाओं और संस्कृतियों की परवाह न करके जबरदस्ती किसी प्रदेश को बनाने का मतलब समुन्नत भाषा-भाषी वर्ग के प्रति दूसरों का विद्वेष और घृणा मोल लेने के सिवा और कुछ नहीं हो सकता। हिमाचल प्रदेश के पहाड़ी जब नौकरियों और व्यापार में पंजाबियों का मुकाबिला नहीं कर पाते, तो वह उन्हें अपना शोषक घोषित कर देते हैं, इसमें बहुत कुछ सच्चाई का अंश है, इससे कोई इन्कार नहीं कर सकता। हिमाचल दिवस के दिन तो एक भीषण काण्ड घटित होते-होते रह गया। चुराही नृत्य को देखने के लिए कितने ही तरुण नजदीक चले गए थे, जिन्हें हटाने के लिए पुलिस ने कुछ कड़ाई की। दो-एक तरुण विद्यार्थियों का खून गरम हो गया। इस पर पुलिस के सिपाही ने रोब दिखलाते हुए कह दिया, "हम हिमाचल के नहीं, पंजाब के पुलिस हैं, समझा ?" फिर क्या था, दोनों ओर की मूँछें तन गईं और यदि उसी समय कोई अफसर बीच-बचाव करने के लिए न पहुँच गया होता, तो कुछ हो के रहता। पंजाब पुलिस जनता के प्रति अशिष्टता दिखलाने के लिए हमेशा से बदनाम रही है, क्योंकि अंग्रेजों के शासनकाल में भी कांग्रेसी मंत्रिमंडलों के आने से अन्य प्रदेशों में पुलिस के रुख में परिवर्तन हुआ, पर पंजाब में बराबर 'झोलीचुक्कों' की सरकार बनी रही, इसलिए वहाँ की पुलिस अपने को हिन्दुस्तानियों के नहीं, बल्कि सीधे गोरों के अधीन मानती थी।

शुक्रवार को गुड फ्राइडे की तातिल होने के कारण हमारे लिए सचमुच सारा गुड़ गोबर हो गया। लेकिन जहाँ तक हिमाचल प्रदेश की सामग्री का सम्बन्ध था,

विद्यासागरजी तत्पर थे। श्री पद्मदेवजी उत्सव में मौजूद थे, लेकिन हम दोनों को एक-दूसरे की उपस्थिति का पता नहीं लगा। तो भी विश्वास था, कि वह अपने विभाग की सूचनाएँ बड़ी उदारता से दे देंगे।

17 अप्रैल को आकाश कल की तरह मेघाच्छन्न नहीं था। चाय के बाद हम दोनों फिर किताबों और कबाड़ियों की दुकानें ढूँढ़ने के लिए निकल पड़े। अंग्रेजों के रहते समय कबाड़ियों की दुकानों में कभी-कभी अच्छी किताबें मिल जाती थीं। उनकी जगह लेने वालों को किताबों का उतना व्यसन नहीं है। जो थोड़े-से पुस्तक-प्रेमी हैं, वह अपनी पुस्तकों को कबाड़ियों के पास जाने नहीं देते। तो भी हमें दो उपयोगी पुस्तकें मिल गई। 1888 में छपी—'हीरोज आफ दी इंडियन इम्पायर', दूसरी मजाकिया ढंग में किसी अमेरिकन द्वारा लिखी गई 'शिमला-गाइड।' पहली पुस्तक को जहाँ-तहाँ देख कर तो मेरे मन में खयाल हो आया, कि व्याख्या के साथ इसका हिन्दी में अनुवाद कर दिया जाए। अंग्रेजी जानने वालों के लिए भी ऐसी पुस्तकें अब दुष्प्राप्य हैं। 25 बरस बाद तो उन्हें पढ़ सकने वाले भी बहुत कम रह जाएँगे। अंग्रेजों के भारतीय साम्राज्य के वीरों—क्लाइव, वारेन हेस्टिंग्स, कार्नवालिस, वेलेजली, नेपियर, लारेन्स, आउटरम, कैम्पवेल—की जीवनियाँ यही नहीं बतलातीं, कि अंग्रेजों ने कितने कौशल से सात समुन्दर पार आ कर भारत को जीता, बल्कि यह हमारी राष्ट्रीय कमजोरी को भी बतलाती हैं। कुछ भूगोल और दूसरी पुस्तकें भी ढूंढ़ने से मिलीं, शिमला ने हमें निराश नहीं किया। उसी दिन रात को आठ बजे मंत्री पंडित गौरीप्रसादजी से भी मिल आए, और अगले दिन यहाँ से प्रस्थान का निश्चय कर लिया।

मसूरी से चलते समय यह तो मालूम हो गया था, कि नाहन से शिमला और शिमला से मंडी को सीधी मोटर-बसें जाती हैं, लेकिन यह नहीं मालूम था, कि शिमला से जानेवाली सड़क कौन-से इलाकों से जाती है। जब बिलासपुर के रास्ते में पड़ने का पता लगा, तो हमने निश्चय कर लिया, कि अगला ठिकाना वहीं हो।

मंडी को

बिलासपुर : सतलुज जहाँ पहाड़ से नीचे उतरती है (अर्थात् सतलुज-द्वार) वहाँ से ऊपर कुछ मीलों तक चली गई बिलासपुर की छोटी-सी रियासत है। 18 अप्रैल के इतवार को हमने शिमला से वहाँ के लिए प्रस्थान किया। सड़क अभी-अभी मोटर के लिए खुली थी, जो शायद हिमाचल-प्रदेश की सभी सड़कों से अधिक डरावनी मालूम होती थी। लेकिन ड्राइवर बड़े कुशल हैं, इसलिए डरने की जरूरत

नहीं। माउंट-प्लेजेंट से मोटर के अड्डे पर जाना पड़ता, तो दो-ढाई मील का सफर करना पड़ता। लेकिन, श्री शिवकुमार और रामकुमार, दोनों भाइयों ने बतलाया, कि वहाँ जाने की जरूरत नहीं। बस को हम 103 नम्बर की सुरंग के पास पकड़ लेंगे। सरकारी बस होने से इतना फायदा तो है, कि सीट रिजर्व हो जाती है और संख्या से अधिक लोगों को भरा नहीं जाता। जल्दी-जल्दी करते भी देर हो गई थी। हमें तो डर लगने लगा, कि कहीं हम चूक न जाएँ। पर सात बजे बस मिल गई! अधिकतर सड़क 5-6 हजार फुट की ऊँचाई पर चलती रही, फिर उतराई शुरू हुई। नीचेपन के अनुसार पहाड़ों की हरियाली कम होती गई। रास्ते में एक जगह से अरकी की मोटर सड़क जा रही थी। आज से सौ-डेढ़ सौ बरस पहले यह रास्ते कितने दुर्गम थे! अरकी का दुर्ग नेपालियों के हाथ में अजेय दुर्ग माना जाता था। पर आधुनिक साधनों ने अब पुरानी चीजों की महिमा खतम कर दी है। कठिन पर्वत-दुर्ग पैदल सेना के लिए भले ही दुरारोह हों, किन्तु आज के बमवर्षक विमानों के लिए वह कुछ भी नहीं हैं। इधर के पुराने मंदिरों को देखकर बड़ी निराशा हुई। 35 मील पर अवस्थित डारला घाट में एक शिव का मंदिर था, पास में सुन्दर कुण्ड भी। यह माना नहीं जा सकता, कि यहाँ पुरानी मूर्तियाँ नहीं रही होंगी। लेकिन पहाड़ में खंडित मूर्तियों के दर्शन को पाप समझ कर लोग उसे जल्दी-से-जल्दी किसी नदी में बहा देते हैं।

आगे प्राड़ी की चट्टी आई, जहाँ चार-पाँच दूकानें थीं। चाय सुलभ थी, पर गरमी में हम उसे पीने के लिए तैयार नहीं थे। सौभाग्य से वहाँ दही मिल गई। खाना भी मिल सकता था, लेकिन बिलासपुर अब 18 ही मील रह गया, इसलिए हमने वहीं चल कर भोजन करने का निश्चय किया। यहाँ से आगे पहाड़ कुछ ज्यादा ढालुआँ थे, उन पर बने खेत भी अधिक चौड़े थे। गरमी के महीने में वनश्री बहुत कुम्हला जाती है, इसलिए इस समय के पहाड़ों को देखकर हम उनकी अवहेलना नहीं कर सकते। एक जगह पर ग्रामों की सामूहिक योजना का काम हो रहा था। एक जीप पड़ी हुई थी। छाया करके कुछ बेंचें रख दी गई थीं। लोगों ने बतलाया, ज्यादातर कागजी घोड़े दौड़ाए जा रहे हैं।

बारह बजकर 20 मिनट हुए थे, जब हम बिलासपुर में पहुँचे। सतलुज के बाएँ किनारे किन्तु इससे कुछ हट कर यह राजधानी समुद्र-तल से 1200 ही फुट ऊपर होने के कारण मैदान जैसी गरम मालूम होती थी। बिलासपुर चार-पाँच सौ घरों का कस्बा है। दूकानें हैं, दो-तीन चौबारे होटल बन गए हैं। हमने भी जा कर एक को अच्छा समझ वहाँ डेरा डाला। लेकिन, गरमी के मारे खोपड़ी भिन्नाने लगी। साथ ही देखा, कि भिड़ों ने वहाँ अपना छत्ता बना रखा है। भिड़ों से कटवा

कर मुँह सुजाने के लिए न मैं तैयार था, न शोभाकान्तजी। नीचे सतलुज की ताजा मछलियाँ तल कर रखी हुई थीं, पास में झीवर की भोजनशाला में मांस भी पका तैयार था, इसलिए भोजन करके ही कहीं और ठौर-ठिकाना ढूँढ़ने का हमने विचार किया। उस भयंकर गरमी में भोजन का आधा स्वाद निकल गया था। होटलों से हताश हो हमने सोचा, शायद कोई साधु का स्थान मिल जाए। अड्डे के पास ही एक विशाल बरगद का वृक्ष था, जिसके पास एक पुरातन मन्दिर खड़ा था। लेकिन, वहाँ न कोई पुजारी दीख पड़ा और न खंडित मूर्त्ति ही। घूमते-घामते बरगद की दूसरी तरफ गए, तो वहाँ एक बूढ़े साधु मिले। एक ही बड़ा-सा कमरा था, जिसके एक किनारे बाबा बैठे हुए थे। बाबा को अपना जन्म-वर्ष याद नहीं और भक्त लोग सौ-डेढ़ सौ बरस से कम के बतलाने वाले नहीं थे। मालूम हुआ, बाबा ने तरुणाई में कई सालों तक घुमक्कड़ी की। वह भारतवर्ष के बहुत-से भागों में गए हैं। उनकी भाषा सधुक्कड़ी थी—अर्थात् हिन्दी-उर्दू के अखिल भारतीय भाषा बनने के पहिले सारे भारत के साधुओं की सर्वत्र प्रचलित भाषा। जहाँगीर के समय पहले-पहल तमाखू हिन्दुस्तान आया। उससे पहले साधुओं और घुमक्कड़ों का कैसे गुजारा होता रहा होगा, यह समझना मुश्किल है। बीड़ी और सिगरेट वैयक्तिक स्वार्थ के प्रतीक हैं, पर साधुओं की लम्बी चिलम तो परमार्थमय है। कंकड़ एक बार भर दिया और 10-15 आदमी मजे से बारी-बारी से पीते सत्संग का आनन्द लेते रहे। यदि गाँजा मिल गया, तो कहना ही क्या!

किसी भी होटल से हमें बाबा का यह स्थान अधिक अच्छा लगा। शोभाकान्त डण्ड-कमण्डल वहाँ लाए। हमारे पास समय कम था, अगले ही दिन हम मंडी के लिए प्रस्थान करनेवाले थे। चाहे धूप में खोपड़ी भले ही भिन्नाए, लेकिन हम समय का उपयोग करना चाहते थे। पहले सतलुज के किनारे की ओर चले। बाजार से निकलते-निकलते एक बड़ा बाग मिला, वृक्षों पर पके हुए पीले लुकाट दिखलाई पड़े। बागबान बड़ा सहृदय मिला। उससे सेर-भर लुकाट तुलवा कर पानी में धुलवा मँगवाया, और चारपाई पर बैठ कर हम उसका रस लेने लगे। बाग में और भी फलदार वृक्ष थे, लेकिन अभी वह तैयार नहीं थे। वहाँ से उठ कर पत्थरों से बँधे निर्मल कुण्ड पर गए। लोग इसका पानी पीते हैं, हमने भी आचमन किया। नीचे सतलुज के किनारे की ओर कई पुराने मंदिर थोड़ी-थोड़ी दूर पर मिले, जिनमें अवस्थित मूर्तियाँ सभी नई थीं, कहीं खंडित मूर्ति का न पता था, और न कोई अपनी स्मृति से उनके बारे में बतला सकता था। इतिहास की ठोस सामग्री का इस तरह का अभाव बहुत खटक रहा था। बहुत दूर तक घूम-फिर कर हम फिर उसी सड़क से लौटे। लोगों ने ऊपर की ओर व्यासजी की

गुफा बतलाई, लेकिन अब हम श्रद्धा खो चुके थे, और न यह मानने के लिए तैयार थे, कि बिलासपुर व्यासपुर से बिगड़ कर बना है, और उक्त गुफा में व्यास जी की कोई चीज भी मिल सकती है।

सड़क छोड़ कर हम मुख्य बाजारों में प्रविष्ट हुए, मालूम हुआ, बहाँ रंगनाथ का मंदिर है। रंगनाथ मद्रास के श्रीरंगम् के देवता का नाम था, जो विष्णु हैं, और यहाँ का रंगनाथ मंदिर शिवालय है। और मंदिरों से निराश होने के कारण इस मंदिर से भी अधिक आशा नहीं थी, यद्यपि बनावट से यह निश्चित था, कि यह मुस्लिम-काल के पहले का है। मंदिरों में शिव-पार्वती की नई मूर्तियाँ स्थापित थीं। हमने परिक्रमा करके मंदिर को देखना चाहा। मंदिर में जड़ी कुछ पुरानी मूर्तियाँ दिखाई पड़ीं, जो खंडित होने पर भी अपनी प्राचीनता को बतला रही थीं, और सामने को छोड़कर बाकी तीन ओर लगी हुई थीं। कहा जाता है, इस मंदिर को राजा ऐलदेव या उनके पुत्र ने बनवाया था। ऐलदेव इस प्रकार 11-12 वीं सदी के हो सकते थे। वर्तमान राजवंश से शायद उनका संबंध नहीं था। वर्तमान राजवंश की राजधानी पहिले कहलूरगढ़ थी, जहाँ से बहुत पीछे मुस्लिम-काल में उसे बिलासपुर लाया गया।

बाजार में किताब की दुकान मिली, किन्तु वहाँ न जिले का भूगोल मिल सका, न कोई काम की किताब। बाजार अच्छा-खासा था, दुकानों में बहुत तरह की चीजें भरी हुई थीं। मन में यह ख्याल होने लगा : आज से तीन साल बाद यह नगर जलमग्न हो जाएगा, और रंगनाथ के मंदिर का शिखर भी नहीं दिखलाई पड़ेगा, जब कि भाखरा जलनिधि पूरी तरह से पानी से भर जाएगी। हमारे प्राचीन देश के पुराने इतिहास की सामग्रियों के लिए यह समस्या केवल बिलासपुर में ही नहीं है। सिंचाई के प्रबंध के लिए जितने बड़े-बड़े बाँध बनाए जा रहे हैं, उनमें से बहुतों के गर्भ में प्राचीन सामग्री जलमग्न हो जाएगी। आज के हमारे प्रभुओं से यह आशा नहीं की जा सकती, कि उन प्राचीन अवशेषों को वह थोड़ा-बहुत भी जमा करवा लेंगे। बिलासपुर के डिप्टी-कमिश्नर श्री महावीरसिंह कह रहे थे, कि यदि बिजली मिल जाए और कुछ पैसों का इन्तजाम हो जाए, तो रोप-वे से यहाँ की बहुत-सी चीजों को हटाकर पास की उस अधित्यका में पहुँचाया जा सकता है, जहाँ नया बिलासपुर बसने वाला है। मुझे इस बात का विश्वास नहीं है, इसलिए रंगनाथ मंदिर की प्राक्मुस्लिमकालीन मूर्तियों के लिए अफसोस हो रहा था। इतवार होने से डिप्टी-कमिश्नर साहब अपने बँगले ही में मिल सकते थे, और हम शहर की ओर उनके घर पर गए। उन्होंने एक संस्कृत-शिक्षित पुरुष के तौर पर ज्ञातव्य सूचना देने की इच्छा प्रकट की, लेकिन वह

अगले ही दिन हो सकती थी।

मोटर अड्डे के पास ही से एक बड़ा घास का समतल मैदान शुरू हो जाता है, जो बिलासपुर की शोभा है। इसी के एक ओर, इंटर कालेज, अस्पताल और दूसरी शिक्षण संस्थाएँ हैं। दूसरी ओर डाकबँगला और अस्पताल। सामने की ओर राजप्रासाद खड़े हैं, जिनमें पुराने प्रासाद को अब सरकारी दफ्तरों के तौर पर इस्तेमाल किया जाता है। नया महल वर्तमान राजा साहब ने आज 15-16 बरस पहले बनवाया था। उसके देखने से मालूम होता था, कि राजा साहब की कला के प्रति रुचि है। सीमेंट और लोहे का बना होने पर भी उसकी बाहरी बनावट भारतीयता से बिल्कुल शून्य नहीं है, और भीतर के कमरे बहुत स्वच्छ तथा सब सुखद साधनों से सम्पन्न हैं। जिस वक्त हमने अपने पैरों को प्रासाद की ओर बढ़ाया, उस वक्त सूर्य अस्ताचल पर पहुँच चुके थे। किसी से हमें यह नहीं मालूम हुआ था, कि राजा साहब आजकल यही पर हैं। वह संसद (पार्लमेंट) के सदस्य हैं, जिसके लिए उन्हें अक्सर दिल्ली में रहना पड़ता है। प्रासाद के पास जाने पर मालूम हुआ, कि राजा साहब आजकल यहीं हैं। सरदार पटेल ने रियासतों के विलयन करते समय पूरा ध्यान रखा, कि राजाओं की मान-मर्यादा और बहुत कुछ आय में भी फरक न होने पाए। नाहन में हम देख चुके थे, यद्यपि राजा साहब देहरादून में थे, लेकिन 12 बजे की धूप में भी बन्दूक उठाए सन्तरी पहरा दे रहा था। यहाँ भी नवीन प्रासाद के फाटक पर हथियारबंद तिलंगे मौजूद थे। हमने जा कर पूछा, तो मालूम हुआ, कि राजा साहब महल में हैं। अज्ञात-कुलशील आदमी का भीतर प्रवेश करना निषिद्ध था, लेकिन न जाने क्या सोच कर द्वारपाल ने हमें भीतर जाने की इजाजत दे दी। हम प्रासाद की भीतरी सीढ़ियों पर पहुँचे, और आदमियों द्वारा अपने नाम की सूचना दी। राजा साहब स्वयं जल्दी-जल्दी हँसते हुए बाहर आये और हमें यह कहते हुए एक बड़े कमरे में ले गए, कि चिट्ठी पाकर मैं आपकी ही प्रतीक्षा में यहाँ रुका हुआ था। ऐसी चिट्ठियाँ मैंने यात्रा शुरू करने से पहले और भी कितनों ही के पास भेजी थीं, लेकिन बहुत कम ने उन्हें देखने की भी तकलीफ की होगी। पहली ही भेंट में यह तो मालूम हो गया कि हम किसी माटी के राजा के सामने नहीं हैं। वह शिक्षित और समझदार व्यक्ति हैं, अपने सांस्कृतिक कर्तव्यों से अपरिचित नहीं हैं। "कहाँ ठहरे हैं"— के जवाब में जब हमने बाबा की कुटिया को बतलाया, तो उन्होंने कहा, "नहीं, आपको यहाँ ठहरना होगा।" उसी समय आदमी भेज कर हमारा असबाब मँगवा लिया गया। बिना किसी भूमिका के हमने अपनी जिज्ञासाओं को उनके सामने रखा और राजा साहब ने बिलासपुर-राज्य के बारे

में बहुत-सी बातें बतलाईं।

राजा आनन्दचंद ने अजमेर के राजकुमार कॉलेज में शिक्षा पाई थी। वह अपनी कक्षा में प्रायः हमेशा ही अव्वल रहे। उन्होंने अपनी शिक्षा और ज्ञान का इस्तेमाल बिलासपुर की रियासत के शासन में लगाया। रियासत के विलयन के समय भोपाल की तरह उन्होंने भी अपनी अलग इकाई कायम रखने का आग्रह किया। जिस समय मैं बिलासपुर में था, उस समय भी वह लोगों के हस्ताक्षर करा-कर चाहते थे, बिलासपुर के हिमाचल प्रदेश में विलयन का कानून न पास किया जाए। लेकिन डेढ़ लाख की आबादी का एक अलग प्रदेश बनाए रखना भारी खर्चे का बोझ था। उसके लिए किसी भी बड़े प्रदेश की तरह ही सारे विभाग और उनका हिसाब-किताब रखना पड़ता है। श्री महावीरसिंहजी बतला रहे थे, कि इससे तिगुने-चौगुने इलाके का तजुर्बा मुझे है। वहाँ मैं बहुत काम कर सकता था, लेकिन यहाँ तो हर एक विभाग के कागजों पर दस्तखत करने ही से फुर्सत नहीं मिलती। यह निश्चय ही था, कि बिलासपुर अलग राज नहीं रह सकता। लेकिन राजा साहब उसके लिए बड़े तत्पर थे। अगले दिन तार आ गया, कि कल ही बिलासपुर वाला कानून पेश होने वाला है। हस्ताक्षरों को समेट कर राजा साहब कार पर दिल्ली जाने के लिए तैयार हो गए। लेकिन उस रात को अभी इसका पता नहीं था, इसलिए डेढ़, दो घंटे निश्चिन्ततापूर्वक उनसे बहुत-सी बातें जानीं। मुझे यह जान कर अफसोस था, और इस विचार को मैंने उनके सामने प्रकट भी किया, कि अपनी विद्या और प्रतिभा का उपयोग केवल एक ही जगह इस्तेमाल नहीं करना चाहिए। नगण्य-सी योग्यता रखने वाले राजा और राजकुमार दिल्ली के देवताओं के कृपा भाजन होने से राजदूत तथा दूसरे पदों पर नियुक्त किए गए हैं, पर राजा आनन्दचंद का वह कोई उपयोग नहीं ले सकते; क्योंकि वह उतना झुकने के लिए तैयार नहीं हैं।

सड़क की धूल फाँकते गरमी में आने के बाद सबसे प्रिय चीज थी स्नान। सतलुज उसके लिए उपयुक्त थी, लेकिन हम वहाँ स्नान के लिए गए नहीं थे। हमारे कमरे की बगल में बाथरूम था, जिसमें आधुनिकतम ढंग की स्नानधानी (टब) और ठंडे-गरम पानी के नलके लगे हुए थे। फर्श के संगमर्मर, दीवारों की चमचमाहट और स्वच्छता के कारण स्नान करने में आनन्द आ रहा था। मुझे तो स्नान ही पर सन्तोष करना था। लेकिन शोभाकान्त ने भोजन किया। बड़ी रात तक राजा साहब के दिए हुए कागजों से मैं नोट लेता रहा। अगले दिन भिन्न-भिन्न आफिसों से जानकारी जमा करनी थी। उसी दिन तार आने से राजा साहब का सारा ध्यान दिल्ली जाने की ओर हो गया।

आठ-नौ बजे से ही धूप तेज हो गई थी, जबकि हम दोनों भिन्न-भिन्न आफिसों में दौड़-धूप करने लगे। एक तरह से दो ही घंटे का समय मिला था, लेकिन बाबू महावीरसिंहजी के सौजन्य से सभी भागों के आँकड़े और अपेक्षित सूचनाएँ मिल गईं। हिमाचल विधान सभा के अध्यक्ष पंडित जयवन्तरामजी ने सभी जगह परिचय-पत्र लिख दिए थे, जिन्होंने भी काम किया। राजा साहब के अपने पुस्तकालय में 22 आलमारियाँ किताबों से भरी थीं, जिनमें यद्यपि हिन्दी को स्थान नहीं था, पर बहुत-सी उपयोगी पुस्तकें थीं। मुझे अफसोस था, कि मैं उनका उपयोग नहीं ले सकता था। दौड़-धूप के बाद दो बजे हमने भोजन किया और राजा साहब से बिदाई ले तीन बजे के पहले ही जा कर बस पकड़ी। धूप में यात्रा करते समय नारंगी बहुत काम देती है। मोटर चलने लगी, जब मालूम हुआ, कि नारंगियों सहित एक झोला बाबा की कुटिया में ही छूट गया।

दो हजार फुट से नीचे पहाड़ में भी गरमी की संभावना थी, किन्तु आज तो वह असह्य मालूम हो रही थी, तीन बजे हमारी बस चली। सड़क कुछ-कुछ ऊपर की ओर जा रही थी। पास के पहाड़ पर अपेक्षाकृत अधिक चौरस जमीन थी, यहीं बिलासपुर उठ के जाने वाला है। भाखरा बाँध की वजह से बिलासपुर जिले के 16 हजार नर-नारी बेघरबार हो जाएँगे। हमारी योजनाएँ कितनी एकांगी होती हैं, यह इसी से मालूम होगा, कि यह जानते हुए भी, कि इतने अधिक लोग अशरण हो जाएँगे, तो भी इसके सिवा और कोई इन्तजाम नहीं किया गया है, कि उन्हें हरजाना दे दिया जाएगा। अपने खेतों पर निर्भर रहने वाले लोग हरजाने के रुपए से कितने दिन गुजारा करेंगे। उनके पुनर्वास का इन्तजाम अभी से करना चाहिए, पर नीचे से ऊपर तक लोगों को मेज पर बैठ कर कागजो पर हस्ताक्षर करने से छुट्टी मिले तब ना? कई रीढ़ों को पार करने के बाद बस सतलुज की ओर उतरने लगी, और जहाँ पर नदी की धार दोनों ओर की चट्टानों के कारण सँकरी हो गई है, वहाँ डेहर का लोहे का झूला पुल मिला। सवारियाँ उतर गईं, और खाली बस नदी पार हो गई। यह पुल भी भाखरा-जलनिधि में मग्न हो जाएगा, और मोटरों को पार करने के लिए और ऊपर दूसरा पुल बनाया जाएगा। यह विशाल जलनिधि शिवालिक और हिमालय की बीच की भूमि को डुबाती हिमालय के भीतर तीसों मील तक घुसी, एक छोटे-मोटे समुद्र-सी दिखाई पड़ेगी। लाखों एकड़ जमीन की सिंचाई और लाखों किलोवाट बिजली पैदा करके पंजाब और हरियाणा तक को यह जलनिधि मालामाल करेगी। इसका प्रभाव इस पहाड़ी भूखंड पर बहुत पड़ेगा, चाहे सिंचाई से उसका उतना लाभ न हो। भाखरा की बिजली से पानी को ऊपर चढ़ाकर बहुत-सी भूमि को सींचा जा सकता है, और

बिजली से कितने ही कुटीर-उद्योग कायम किए जा सकते हैं; पर वह दूर की बात है। भाखरा के छोटे समुद्र में सैलानी जलविहार कर सकेंगे, शायद उस समय बहुत दूर तक अग्निबोट से यात्रा हो सकेगी, पर अभी तो यहाँ के 16 हआर लोगों के सिर पर नंगी तलवार लटक रही है।

झूला-पुल पार करते ही सामने टेकरी पर पुराना किला मिला, जिसकी अब बहुत थोड़ी-सी दीवारें खड़ी हैं। किसी समय आक्रमणकारी शत्रुओं के लिए यह छोटा-सा गिरि-दुर्ग भारी बाधक था, लेकिन जैसे गरमी के आने पर जाड़े की पोशाक बेकार हो जाती है, उसी तरह नई किस्म के युद्ध हथियारों के इस्तेमाल किए जाने पर पुराने रक्षा-साधन बेकार हो जाते हैं। कुछ चढ़ाई चढ़कर पुराने दुर्ग की छाया में डेहर का बाजार मिला—दूकानें बहुत नहीं थीं। जान पड़ता है, मकानों की दीवारों को बनाने में पुराने दुर्ग के पत्थरों का इस्तेमाल किया गया। हिमालय के पहाड़ों को देखने से लोग साधारणतया समझ लेते हैं, कि सभी जगह जाड़ों में बरफ पड़ा करती होगी, और गरमियों में शीतल-मंद-सुगंध बयार बहा करती होगी। लेकिन ऐसे छः हजार फुट से ऊपर वाले स्थान बाहरी हिमालय में बहुत ही कम पाए जाते हैं। लोगों ने जंगलों को साफ करके अपने खेत और गाँव बसा लिए हैं, जिसके कारण हरियाली बहुत कम देखने में आती है। बाहरी हिमालय में जहाँ भी छः हजार फुट से अधिक ऊँचाई तथा कुछ चौरस जमीन मिली, वहाँ अंग्रेजों ने कोई न कोई छोटी-बड़ी विलासपुरी खड़ी करने की कोशिश की। हमारी बस गरम पहाड़ियों में ऊपर की ओर बढ़ती जा रही थी। इधर की सड़क उतनी सँकरी नहीं थी, तो भी कहीं-कहीं दो बसों के पार होने का स्थान नहीं था। एक जगह सामने से बस आ जाने पर हमारी बस को डेढ़-दो सौ गज पीछे हटना पड़ा। चढ़ाई कड़ी नहीं थी, इसलिए कोई डर की बात नहीं थी।

सुन्दर नगर (सुकेत) : शाम नजदीक आ रही थी, सूर्य पश्चिम क्षितिज के पास पहुँच गए थे, जबकि आमों के बगीचे हमारे दायें-बायें मिलने लगे। उन्होंने बतला दिया, कि सुकेत की राजधानी सुन्दर नगर यहाँ से बहुत दूर नहीं है। राजा का राज होता, तो हर सीमा के पार करते समय जकात (कस्टम) लेने वालों से भुगतना पड़ता। अब केवल नगरों में चुंगी वालों से सामना पड़ता है। सुकेत का सम्बन्ध शुकदेव मुनि से जोड़ना वैसा ही है, जैसाकि बिलासपुर और व्यास नदी का व्यास ऋषि से। तो भी लोग एक गुफा दिखलाकर बतलाते हैं, कि व्यास के पुत्र शुकदेव मुनि यहीं रहा करते थे। सुन्दरनगर में राजा का प्रासाद और दूसरी इमारतें, एक अच्छा-खासा बाजार। दोनों तरफ हरे-भरे वृक्षों के बीच पक्की सड़क पर चलते मालूम होने लगा, हम पहाड़ में नहीं, बल्कि मैदान में हैं। बाजार सड़क

के एक छोर पर बहुत घना बसा हुआ है। हमारी आँखें उस गरमी में सिर्फ दही को ढूँढ़ रही थीं, लेकिन उसका कहीं पता नहीं था—शाम तक दही को रखने का मतलब था, कि उसका कोई गाहक नहीं, शरणार्थी दूकानदार यहाँ भी पहुँच गए हैं, किन्तु उतनी संख्या में नहीं जितना मंडी में।

सात बजे सुन्दर नगर से बस आगे चली। अभी भी अंधेरा नहीं छाया था, और कितनी ही दूर तक दूर पर खड़े छोटे-छोटे पहाड़ों के बीच चौड़ी उपत्यका थी। इसे कहने की आवश्यकता नहीं, कि साल-भर के बरसने वाले वर्षा के पानी को इकट्ठा करके यहाँ जगह-जगह जलनिधियाँ बन सकती हैं, जिनसे बिजली और सिंचाई दोनों का प्रबन्ध हो सकता है। अँधेरा हो चुका था, जब हम नदी के किनारे एक छोटे-से बाजार के पास से गुजर पानी में होते नदी पार हुए। परले पार भी पुलिस चौकी और कितने ही घर थे। अब अँधेरा हो गया था, और आस-पास की चीजें साफ नहीं दिखाई देती थीं, तो भी यह मालूम होता था, जमीन के अधिक ढालुवाँ होने से यहाँ के खेत अधिक चौड़े और गाँव नजदीक-नजदीक हैं। सवा आठ बजे हमारी बस मंडी के बाहर चुंगी के सामने रुक गई, और फिर वहाँ से चल कर हम केन्द्र के पास वाली सड़क पर कृष्ण होटल में जा ठहरे। मंडी आने की निश्चित तिथि हमें भी नहीं मालूम थी, इसलिए अपने किसी परिचित को खबर देना मुश्किल था। सबसे पहले हमें ठहरने का इन्तजाम करना था। पहली यात्राओं से मालूम ही था, कि मोटर-अड्डे से नाति दूर कितने ही होटल मौजूद हैं। होटलों के आदमी अड्डे पर पहुँचे हुए थे। हमने अंदाज से ही कृष्ण होटल को पसंद कर लिया। नीचे दुकानें और होटल का रेस्तोराँ था, ऊपर मुसाफिरों के ठहरने की कोठरियाँ। हमें दो चारपाइयों का एक कमरा मिल गया। सामान पटक कर पहले हम अपनी प्यास बुझाने के लिए दूकानों की ओर लपके। मंडी में अब पुराने दूकानदारों से शरणार्थी दूकानदारों की संख्या अधिक है, इसलिए सभी तरह की चीजें सुलभ हैं, और रात के नौ बजे भी सेर-भर के गिलासों में बरफ डाल कर लस्सी मिलने में कोई दिक्कत नहीं हुई। दूध पीने में बहुत पिछड़े होने पर भी लस्सी पीने में मैं अपने को किसी पंजाबी से पीछे नहीं मानता।

मंडी : मंडी मोटरों का जंक्शन है। यहाँ से एक ओर जहाँ बिलासपुर-शिमला मोटरें जाती हैं, तो दूसरी ओर उसी पर होती होशियारपुर को भी मोटरें दौड़ती हैं, एक ओर की मोटर कुल्लू-उपत्यका में मनाली तक पहुँचती है। मंडी से सबसे नजदीक का रेलवे-स्टेशन योगेन्द्र नगर है, लेकिन मोटर पहाड़ पार कर पठानकोट तक पहुँचती हैं। मंडी की मेरी यह तीसरी यात्रा थी। 1933 की पहली यात्रा का मुझे धुँधला-सा स्मरण है, उस समय मंडी एक बड़े गाँव-सी थी। दूसरी यात्रा के

समय (1937) वह कुछ बड़ी थी, लेकिन उस समय के होटल पहाड़ी कुटियों जैसे थे, जिनमें न कोई विशेष फर्नीचर था, न छतें और दीवारें अच्छी थीं। बिजली पहले भी थी, लेकिन आज रात को वह जैसी आँखों में चकाचौंध कर रही थी, वैसी पहले नहीं दीख पड़ी थी। बाकायदा बनी दूकानों के अतिरिक्त सैकड़ों लकड़ी की छोटी-छोटी दूकानें शरणार्थियों की थीं। नामधारी सिक्ख अपनी मुगलकालीन पगड़ी बाँधे बहुत अधिक संख्या में दिखाई पड़ते थे।

समय का जरा भी अपव्यय न करते हुए काम में लग जाना था। हमारा प्रोग्राम था—अगले दिन (20 अप्रैल को) मंडी में रह सामग्री जमा करने का प्रबंध करना, उससे अगले दिन कुल्लू चला जाना। कुल्लू से लौट कर फिर यहीं आना था। उस समय तक सामग्री मिल जाने की संभावना थी। श्री सुन्दरलालजी से पत्र-व्यवहार था। पर उस दिन रात को हम उनका मकान ढूँढ़ने नहीं निकले थे। प्रधान बाजार में हो कर जब हम लौट रहे थे, तो एक विद्यार्थी ने देख कर टोक दिया, "आप राहुल जी तो नहीं हैं?" यद्यपि मेरी हिमाचल-यात्रा की खबर एकाध अखबारों में निकल चुकी थी, लेकिन विद्यार्थी ने शायद कहीं फोटो देखा था। पंजाब में पुरुष यद्यपि हिन्दी से अपरिचित हुआ करते थे, लेकिन पहाड़ में वह बात नहीं थी। इसलिए कोई-कोई मेरी पुस्तकें पढ़ लेते थे। मंडी में हिमाचल प्रदेश का एकमात्र डिग्री कॉलेज रियासत के विलयन के बाद बना। लड़का उसी का विद्यार्थी था। मुझे स्वीकार करना पड़ा। हम आगे बढ़े। जब घूम-घाम कर अपने डेरे पर लौटे, तो सुन्दरलालजी, हुताशन शास्त्री एकाध और मित्रों के साथ कृष्ण होटल में मौजूद थे। उन्होंने दूसरी जगह चलने के लिए बहुत आग्रह किया, पर एक जगह डेरा डाल चुकने के बाद दूसरी जगह चलना पसन्द नहीं था, और हमने कुल्लू से लौटने पर वहाँ ठहरने की बात कह कर छुट्टी पाई।

20 अप्रैल को चाय-पानी के बाद सबसे पहले यहाँ के डिप्टी-कमिश्नर से मिलना था। डिप्टी-कमिश्नर का बँगला मंडी राजा के आका अंग्रेजों का निवास था, इसलिए वह बड़े ही स्वच्छ और रमणीय स्थान में बना होगा, यह पहले से मालूम था। शहर से बाहर जा थोड़ी-सी चढ़ाई चढ़कर हम छोटे किन्तु मनोरम बँगले में पहुँचे। अभी आठ नहीं बजा था। यह समय आराम करने का हो सकता था, इसलिए हमें नौकर को सूचना भीतर पहुँचाने के लिए कहते समय झिझक हो रही थी। पर श्री अन्तानीजी ने आते ही जिस तरह खुलकर स्वागत किया, उससे हमारा भी मन खिल गया। "अर्थी दोषं न पश्यति", हम अर्थी तो थे ही, इसलिए झिड़की खाने के लिए भी तैयार थे। अन्तानीजी ने सिर्फ वचनों से ही सन्तुष्ट नहीं कर दिया, बल्कि जरूरी आँकड़ों को तैयार करके देने का भी वचन दिया और

इसके लिए ऑफिस में आने को कहा।

साढ़े दस बजे हम डिप्टी-कमिश्नर के ऑफिस में गए। पुराना राजमहल अब सरकारी कार्यालयों के रूप में परिणत कर दिया गया है। अन्तानीजी ने भिन्न-भिन्न विभागों के अधिकारियों को आँकड़े और रिपोर्ट देने के लिए कह दिया। नमक-विभाग मंडी के लिए खास महत्त्व रखता है क्योंकि भारत में पिंडदादन खाँ (ख्योड़ा) की नमक की खानों के पाकिस्तान में चले जाने के बाद अब मंडी में ही खनिज नमक निकलता है। हर साल डेढ़ लाख मन नमक बाजार में भेजना कम नहीं है। नमक-ऑफिस में प्रधान-अफसर मौजूद नहीं थे। उनके सहायक ने यह कह कर हमारे उत्साह पर घड़ों पानी गिरा दिया, कि जब तक दिल्ली से इजाजत न मिले, तब तक कोई सूचना देने के लिए हम तैयार नहीं। उनका यह कहना बिल्कुल बजा था। न जाने कौन-सा आदमी कौन-सा भेद किस मतलब के लिए लेना चाहता है। अंग्रेजों और अमेरिकनों को हमारे गुप्त-से-गुप्त सैनिक-भेद बिल्कुल प्रकट हैं। तिब्बत के सीमान्त पर के इलाकों के नक्शों को यदि हम भारतीय सर्वे-विभाग से खरीदना चाहें, तो वर्जित कह कर देने से इन्कार कर दिया जाता है, लेकिन अंग्रेज चाहे जितनी शीटें मँगा सकते हैं। बेचारे को यह मालूम नहीं था, कि मेरे जैसे आदमी से सम्पर्क रखना उसके लिए अच्छा नहीं है। कहीं भी पहुँचने से पहले ही मेरे बारे में पुलिस को खबर लग जाती और फिर वह उससे भी बड़ी तत्परता के साथ मेरे पीछे हाथ धोकर पड़ जाती, जितना कि अंग्रेजी शासन में होता था। मुझे इसका कोई ख्याल नहीं, मेरे विचार और कार्य कोई गुप्त नहीं हैं। मैं यह किसी से छिपाना नहीं चाहता कि मैं साम्यवाद (कम्युनिज्म) में विश्वास रखता हूँ, और मेरी कलम अब भी उसके बारे में लिखने से बाज नहीं आती। अंग्रेजों के समय से चली आती भारत-सरकार की खुफिया पुलिस चाहे मुझे जितना भी अछूत और संदिग्ध आदमी समझती हो, किन्तु वही बात हमारे मंत्रियों और उच्च-कर्मचारियों की नहीं है। वह समझ नहीं पाते, कि मेरे बारे में ऐसा अब भी ख्याल क्यों रखा जाता है। जिले के अफसरों पर कोई अनिष्ट न हो जाए, इसके लिए मंत्री और स्पीकर साहब की सिफारिशी चिट्ठियाँ उपयोगी थीं।

सबसे पहला काम ऑफिसों से आँकड़ों और विवरणों के लेने का था, जिसका प्रबन्ध दोपहर तक हो गया। शोभाकान्तजी ने इन्सुलिन का इंजेक्शन लगाया, और कृष्ण रेस्तोराँ के सामिष भोजन को ग्रहण कर हम फिर निकल पड़े। खाने से पहले भी बाजार में भूतनाथ के मन्दिर में हो आए थे, जहाँ की हर-गौरी की एक खंडित मूर्ति पर मेरी दृष्टि पड़ी। बाहर ला कर फोटो लेने में कोई रुकावट नहीं थी। शास्त्रीजी, सुन्दरलालजी और दूसरे कितने ही स्थानीय शिक्षित सज्जन मेरे

साथ थे। मैंने हिमालय में खंडित मूर्तियों को नदी में प्रवाहित कर डालने की प्रथा से मन में असन्तोष ला कर व्यंग्य से कहा, "खंडित मूर्ति के दर्शन से पाप लगता है। यह मूर्ति कैसे मन्दिर में रह गई ?" पुजारी जी ने अपराध स्वीकार करते हुए कहा "हम प्रवाहित करने की सोच ही रहे थे।" मुझे डर लगा, कहीं मेरे यहाँ से हटते ही प्राक्-मुस्लिम-काल की यह मूर्ति व्यास में न चली जाए। मैंने कुछ मिनटों तक लेक्चर देकर उन्हें समझाने की कोशिश की, कि हमारी संस्कृति के यह सजीव प्रतीक हैं। इनको सुरक्षित रखना हमारा धर्म हैं। इतने ही से सन्तोष नहीं हुआ, बल्कि अन्तानीजी से मैंने खासतौर से प्रार्थना की, कि महल के माधवरावजी के मन्दिर में बहुत-सी कोठरियाँ हैं, उनमें से एक में टूटी-फूटी मूर्तियों के रखने का इन्तजाम कर दें। सिर्फ एक ताला लगवा दें, और खर्च न भी किया जाए तो भी काम हो जाएगा। जब यह सैकड़ों की तादाद में जमा हो जाएँगी, तो अपने-आप अपने संग्रहालय का इन्तजाम कर लेंगी। मूर्ति ने यह भी बतला दिया, कि मुस्लिम-काल में मंडी के राजधानी बनने से पहले भी यहाँ मन्दिर थे, कोई बड़ी बस्ती थी। सामने की ओर व्यास के परले पार पुरानी मंडी तो अपने नाम ही से प्राचीन है। माधवराव का मन्दिर पुराने प्रासाद में है, लेकिन वह नया है।

सतलुज के किनारे शहर से लगे श्मशान घाट में यमराज और दूसरे मन्दिर हैं, जिनके अहाते में शिव की कुछ पुरानी मूर्तियाँ हैं। पुराने मन्दिरों में पुरानी मूर्तियों का अभाव यही बतलाता है, कि उन्हें दर्शन के लिए बुरा समझकर व्यास में डाल दिया गया। मोटरवाले पुल को पार कर सतलुज के दाहिने किनारे 'पारली-मंडी' में पहुँचे। पहले मंडी यहीं बसी थी। अब भी यहाँ कुछ थोड़े-से घर और कई पुराने मन्दिर मौजूद हैं। त्रिलोकनाथ के मन्दिर में शक 1335 का एक काफी बड़ा शिलालेख है, जिससे मालूम होता है, कि 1288 ई० में व्यास के दाहिने किनारे पर एक समृद्ध नगर था।

शाम को छ: बजे साहित्य-सदन में एक छोटी-सी गोष्ठी हुई, जिसमें कुछ बोलना पड़ा, और फिर नौ बजे रात को म्युनिसिपल ऑफिस के सामने के चौक में बड़ी सभा में भी व्याख्यान देना पड़ा था।

कुल्लू को

21 अप्रैल को सवेरे सात बजे हिमाचल सरकार की जनता बस पकड़ी। जनता बसों में एक ही दर्जा होता है, जब कि दूसरी बसों में ऊँचा-नीचा दर्जा तथा

उसी के अनुरूप कम-बेसी किराया लगता है। उसमें सीट रिजर्व नहीं होती, जो पहले आके बैठ जाए, वही सीट का मालिक है। संयोग से मुझे ड्राइवर की बगल में जगह मिल गई। गाड़ी सात बजे रवाना हुई। कुल्लू दो बार मैं जा चुका था, लेकिन पूर्व-परिचित आदमियों का अब भी वहाँ मौजूद रहना और उनके निवास का पता लगाना आसान काम नहीं था। गाड़ी चलने से जरा ही देर पहले ठाकुर निर्मल-चंद अपनी पत्नी और बच्चे के साथ पिछली सीट पर आ कर बैठे। लाहुल में उनकी गोंदला की किलेनुमा अद्भुत हवेली में मैं अतिथि रह चुका था और वह मेरे नाम से भली प्रकार परिचित थे। इस प्रकार कुल्लू के लिए प्रस्थान करते ही मेजबान मिल गए। मोटर का यह रास्ता आज से 21 बरस पहले भी मौजूद था, जिसमें अब काफी सुधार किया जा रहा है। कुल्लू को तो हरगिज पंजाब में नहीं रहना चाहिए, क्योंकि हिमाचल-प्रदेश से घिरे वहाँ का अलग शासन रखने में बहुत-सी असुविधाएँ होती हैं। एक असुविधा तो हमारे सामने थी—मंडी जिले के बाद सड़क की मरम्मत आदि के लिए पंजाब सरकार पर निर्भर रहना पड़ता है, और हिमाचल-सरकार को अपनी बस-सर्विस चलाने में भी कठिनाइयों का सामना करना पड़ रहा है। कितने ही मील जाने के बाद, सतलुज के दाहिने किनारे जा हम उस स्थान पर पहुंचे जहाँ कई मीलों तक पहाड़ की ठोस चट्टानों को काट कर व्यास (विपाशा)को अपना रास्ता बनाना पड़ा। ऐसी जगहों पर पहाड़ खड़े होते हैं, और सड़कें चट्टानों को काटकर ही बनाई जा सकती हैं।

26 मील जाने पर औट मिला। पास ही मंडी और कुल्लू की सीमा है। औट में कई दूकानें हैं। दोनों ओर की मोटरें यहीं पर एक-दूसरे को पार करती हैं। औट अपने बठूरों (खमीर के आटे की मीठी पूरियों) के लिए बहुत मशहूर है। बठूरे पहले से तैयार नहीं थे, लेकिन वहाँ के भगत ब्राह्मण दूकानदार ने मीठी-मीठी बातें करते तथा शंकर की स्तुति के कितने ही श्लोकों को गाते हमारे लिए बठूरे तुरन्त तैयार कर दिए। औट में ही शिमला से सीधे कुल्लू आनेवाली सड़क बंजार से होती आ मिलती है—हमने समझा था, बंजार मंडी-कुल्लू की सड़क पर है। मेरे पुराने मित्र डाक्टर भगवानसिंह बौद्ध आजकल बंजार के अस्पताल के इन्चार्ज थे। उन्हें और उनकी छोटी पुत्री प्रेमलता को मैं लिख चुका था, कि बंजार जरूर आऊँगा। अब दूसरी बस पर 13 मील की यात्रा करके बंजार पहुँचने के लिए समय नहीं दे सकता था। ठाकुर निर्मलचन्द ने आदमी द्वारा बंजार सन्देश भेज दिया। बंजार से नारकंडा तक मोटर की सड़क बनाना खर्चीला काम है, और सतलुज के किनारे तक का भाग पंजाब सरकार के हाथ में है, उसे शिमला से सबसे नजदीकी इस सड़क को तैयार करने की उतनी जरूरत नहीं महसूस हो सकती, जितनी हिमाचल सरकार

को। इस सड़क के बन जाने से कोटगढ़ से अनी के बहुत ऊपर तक का इलाका कुल्लू की तरह सेब और दूसरे फलों के बगीचों से ढंक जाएगा, जिसके कारण इस इलाके की समृद्धि भी बढ़ जाएगी, इसे कहने की आवश्यकता नहीं है।

जंजीर की रोक हटी और दोनों ओर की बसें आगे बढ़ीं। नौ मील जाने पर बिजौरा आया---इसका उच्चारण बजौरा भी है। यहाँ के पुराने विश्वेश्वर मन्दिर के बारे में मैं पढ़ चुका था, किन्तु अब की ही बार सड़क से कुछ दूर खेतों के बीच में उस पुराने शिखरदार मन्दिर को देखा। उसे देखना हमारे लिए जरूरी था, लेकिन इस वक्त सामान लिए-दिए यहाँ उतरना और फिर दूसरी बस में स्थान पाना आसान काम नहीं था; इसलिए हम सीधे कुल्लू शहर गए। कुल्लू शहर एक-दूसरे से लगे हुए ढालपुर, सुल्तानपुर और अखाड़ा के तीन खंड नगरों या मुहल्लों में बसा है। अखाड़ा यहाँ का मुख्य बाजार है। किसी समय बैरागी नागों के अखाड़ों के रहने के लिए यह स्थान कुल्लू के राजाओं ने दिया था। मेरी पहली यात्रा (1933) में अखाड़ा बाजार में बहुत कम मकान थे। अब तो वह पहाड़ का एक अच्छा-खासा शहर बन गया है, जहाँ हर तरह की चीजें मिल सकती हैं। सुल्तानपुर में राजा का महल और कुछ दूकानें हैं। उसके पास से बहती नदी के इस पार ढालपुर में सरकारी कचहरियाँ और एक घास का बड़ा मैदान है, जिसमें दस-हरे के समय कुल्लू का मशहूर मेला लगता है। यद्यपि समुद्रतल से कुल्लू नगर की ऊँचाई 4000 फुट से अधिक नहीं है, लेकिन हिमालय के बहुत भीतर तथा हिमाल के नजदीक होने के कारण यह ठंडा स्थान है, और हर साल काफी बरफ पड़ जाती है। ठाकुर निर्मलचन्द आबकारी के दारोगा हैं। उनका ऑफिस तथा निवास-स्थान ढालपुर ही में था। उन्होंने बड़े संकोच के साथ अपने यहाँ ठहरने का निमंत्रण दिया। हमें तो कहीं पर ठहरना ही था और यहाँ ठहरने का मतलब था, सरकारी दफ्तरों से अपेक्षित सूचनाओं के प्राप्त करने में सुभीता हो सकता है। शिमला के बाद गरम जगहों में रहते आना कारण हो या जो भी हो, हमें कुल्लू का मौसम बहुत सुखद और प्रकृति मनोरम मालूम हुआ। दोपहर का भोजन करने के बाद मंडी में मिले प्रूफ को देखकर लौटा। लाहुली भाषा के कुछ नमूने ठाकुर साहब और उनके आदमियों से लिया। शाम को चार बजे कुल्लू के असिस्टैंट-कमिश्नर के दफ्तर में गए। जब से कुल्लू अंग्रेजों के हाथ में आया था, तब से कुछ ही अपवादों के साथ सदा ही यहाँ अंग्रेज असिस्टैंट-कमिश्नर होते आए थे, जिनमें मेरे परिचित श्री शटलवर्थ भी थे। उन्होंने यहाँ रहते समय तिब्बती भाषा का अभ्यास किया था। वह समय से पहले ही अवकाश ग्रहण कर लन्दन यूनिवर्सिटी में तिब्बती भाषा के अध्यापक हो गए। दूसरे कितने

ही असिस्टैंट-कमिश्नरों ने भी कुल्लू-स्पिती-लाहुल के इतिहास, भूगोल आदि के बारे में बहुत-सी ज्ञातव्य बातें जमा की हैं। असिस्टैंट-कमिश्नर साहब ने नए आंकड़ों के देने के लिए वचन दिया और साथ ही टूरिस्ट-ब्यूरो के इंचार्ज से परिचय करा दिया, जिन्होंने सारी सूचनाओं को एकत्रित कर अगले दिन देने का भार अपने ऊपर ले लिया। कुल्लू हिमालय के अत्यन्त रमणीय स्थानों में से है और साथ ही मोटर के कारण वहाँ पहुँचना बहुत आसान है। सैलानियों को आकृष्ट करने के प्रयत्न-स्वरूप पंजाब सरकार का यह टूरिस्ट ब्यूरो यहाँ मौजूद है।

कुल्लू : ढालपुर से नदी पार हो हम सुल्तानपुर—जिसे रघुनाथपुर भी कहा जाता है—पहुँचे। कुल्लू के राजा भगवंतसिंह यहीं रहते हैं। महल नए ढंग का साधारण-सा मकान है। रणजीतसिंह ने कुल्लू को ले कर पहले ही राजा को खत्म कर दिया था। अंग्रेजों ने फिर से राजा को स्थापित नहीं किया, और केवल जीविका के तौर पर रूपी इलाके की जागीर दे 'राय' का खिताब दे दिया। यद्यपि अंग्रेज कुल्लू राजवंश के प्रमुख को 'राय' ही लिखते-कहते रहे, लेकिन लोग उन्हें 'राजा' कहकर सम्मानित करते हैं। राजा भगवंतसिंह और उनके पिता प्राचीन कुल्लू (कुलूत) वंश के उत्तराधिकारी हैं। सूचना देने पर राजा साहब अपने बैठके में आए। ठाकुर साहब ने मेरा परिचय कराया। मुझे वंशावली पूरी करनी थी, और राजा साहब ने पुरा कुरसीनामा देने का वचन दिया। अतिप्रौढ़ होने से बात-विचार में पुरानी पीढ़ी के प्रतिनिधि हैं, तो भी अपने वंश के इतिहास के बारे में वह काफी दिलचस्पी और जानकारी रखते हैं। उनके टीका (उत्तराधिकारी) मोहेन्द्र सिंह की शादी नेपाल के राणावंश (चंद्रशमशेर के पुत्र) कृष्ण शमशेर की लड़की से हुई है। इसी से मालूम होगा कि कुलूत वंश की कुलीनता को दूर-दूर के राजपूत मानते हैं। महल के पास ही रघुनाथजी का मंदिर है। रघुनाथजी की मूर्ति अयोध्या से आई है, और कुल्लू के सभी देवता रघुनाथ की अधीनता स्वीकार करते हैं। पुजारी ब्राह्मण और उनके सहायक एक घरबारी वैरागी बाबा थे। बाबा के पूर्वज बहुत पहले रघुनाथजी के साथ ही वैरागी साधु के रूप में कुलूत आए थे, लेकिन अप्सराओं के देश में वैराग्य कितने दिनों तक टिकता है? आखिर में उनके उत्तराधिकारी गृहस्थ हो गए। रघुनाथजी का मंदिर श्री-संपन्न कैसे हो सकता है, जबकि उनके भक्त का वंश आज से डेढ़ सौ बरस पहले श्री-हीन हो चुका। तब भी रघुनाथजी के पास जागीर है। अब बदलती हुई परिस्थिति में आमदनी कम हो गई है, जिसका प्रभाव मंदिर के भीतर हर जगह दिखाई देता है।

मनाली : 22 अप्रैल को हमने मोटर के अन्तिम स्थान मनाली के लिए प्रस्थान किया, जो कुल्लू से 24 मील पर है। हिमाचल प्रदेश के भीतर अब सारी बसें और

टैक्सियाँ सरकार की चलती हैं, लेकिन कुल्लू में उन पर सरकारी आधिपत्य नहीं है। साढ़े सात बजे हम टैक्सी-बस पर चले। 12 मील पर कटराई का बाजार मिला, लेकिन अब वहाँ पुलिस दोनों तरफ की बसों के आने-जाने में कंट्रोल करने के लिए नहीं थी। हाँ, समय का कुछ नियम जरूर था। कुल्लू की मुख्य उपत्यका व्यास नदी के किनारे है। नदी कितनी ही जगहों पर समतल-सी भूमि में चलती मालूम होती है। यहीं सड़क के किनारे सेब और दूसरे मेवों के बगीचे हैं, जिनके लिए कुल्लू मशहूर है। यहाँ का जलवायु तो एक तरह से अपने स्पर्श से शरीर में गुद-गुदी पैदा करता है। मनाली में हम 11 बजे से थोड़ा बाद पहुँचे। उसी टैक्सी-बस से हमें लौट आना था, और साथ ही दो मील आगे वशिष्ट कुंड के तप्त कुंड को भी देख आना था, इसलिए हम जल्दी-जल्दी व्यास को पारकर उधर लपके। लाहुल और रोटंग जोत को जाने वाली सड़क पर मील-डेढ़ मील जा कर हमें दाहिनी तरफ चढ़ना पड़ा। वहाँ कोई संकेत-सूचक साइनबोर्ड नहीं था, और रास्ते में भी कोई बतलाने वाला आदमी नहीं था, तो भी बड़ी पगडंडी को पकड़कर हम गाँव में पहुँच गए। रास्ते में जौ-गेहूँ के हरे खेत खड़े थे, जिनमें स्थलकुमुदिनी फूली हुई कश्मीर के केसर के खेतों का दृश्य उपस्थित कर रही थी। कुंड के आसपास कुछ साधारण-से घर और एक-दो दुकानें हैं। पानी बहुत गरम नहीं है। हमें आशा थी कि शायद यहाँ कुछ पुरानी मूर्तियाँ मिलें, लेकिन वह बड़ी भद्दी और नई भी थीं। यहाँ हम सात हजार फुट की ऊँचाई पर थे। गाँव के नीचे की ओर हरे-भरे खेत थे, और ऊपर देवदार के जंगल। स्त्री-पुरुषों में शुद्ध खस मुखमुद्रा देखी जाती है। रंग गोरा, नाक नुकीली, सिर लंबा, स्वस्थ तथा अस्थूल शरीर। वशिष्ट कुंड के पास शिवजी का मंदिर है और बगल में थोड़ा ऊपर राम का शिखरदार मंदिर है। स्त्रियों की पोशाक डोरू और रुमाल चंबा से सिक्कम और टोमो (चुंबी) तक चली गई है। प्राचीन काल में यह खस लोगों की पोशाक थी, या किरात लोगों की इसे कहना मुश्किल हैं। एक ऊनी चादर को शरीर से लपेट कर सूए के सहारे कंधे पर बाँध कर रखना नेवाली स्त्रियों के लिए बहुत अच्छी पोशाक तो नहीं है, इसीलिए जब दूसरी पोशाक वाले लोगों से संपर्क हुआ, तो हिमालय के बहुत जगहों पर डोरू का अखंड राज छिन्न-भिन्न हो गया। सूए या काँटे के सहारे इसी तरह सूती चादर की पोशाक पहनना सुदूर दक्षिण में कोड़गू स्त्रियों में कैसे चल पड़ा ? यद्यपि कोड़गू (कुर्ग) लोग चारों तरफ समुद्र से घिरे हैं, पर उनकी मुखमुद्रा पर खसों (आर्यों) की स्पष्ट छाप है, जो उनका सुदूर उत्तर से आना बतलाती है। मनुष्य गाँव-घर बसाकर भी स्थावर नहीं, जंगम प्राणी है, इसीलिए अनेक जातियों का समागम बना वह ऐतिहासिकों के लिए सिरदर्द का कारण बन जाता है।

स्नान करने के लिए हमारे पास कपड़े नहीं थे, यद्यपि सामने गरम कुंड को देख कर मुंह में पानी भर आया था। स्नानीय कुंड से आचमन करना बड़ी श्रद्धा के कारण ही हो सकता है, जिसका कि हम दोनों के हृदय में नितांत अभाव था। पुजारी बेचारा जब इतना प्रेम से सब चीजों को दिखला रहा हो, तब उसे दक्षिणा न देना निरी कंजूसी होती। हमारे मन में मोटर के लौटने का ख्याल था, इसलिए दूकानदार से गरी का आधा गोला खरीदा, शोभाकांतजी ने कुछ मिश्री रख छोड़ी थी, और हम मिश्री-गरी खाते नीचे की ओर तेजी से कदम बढ़ाने लगे। सड़क आने पर ख्याल आया, यहाँ से 14 मील ही पर तो रोटंग जोत है, जिसके पार लाहुल की मनोरम भूमि है। लाहुल दो बार हो आने पर भी उसका आकर्षण कम नहीं था, लेकिन हमारे पास समय नपा-तुला था।

मनाली की ओर लौटते समय डर लग रहा था कि कहीं बिना खाए ही न चलना पड़े। आज चौबीस घंटे का इंजेक्शन सबेरे ही ले लिया था, इसलिए कि बिना खाए मोटर पर बैठने पर इन्सुलिन सिर में चक्कर डाले बिना नहीं रहती। बारह बजे से कुछ पहले ही हम मनाली पहुँच गए। भोजनालय में मांस-ओदन तैयार था। ड्राइवर ने कह दिया—कोई जल्दी नहीं है। साढ़े बारह बजे हमारी टैक्सी पीछे की ओर लौटी। पहले हमारा ख्याल था, कटराई होकर नग्गर जाने का। शाम को कुल्लू के लिए बस मिल सकती थी। नग्गर उस वक्त हम गए थे, जबकि महान चित्रकार निकोलाइ रोरिक सपरिवार वहाँ रहते थे। उनके घर के संस्कृत वातावरण की स्मृतियाँ अब भी याद थीं, लेकिन अब वृद्ध कलाकार दुनिया छोड़ चुके हैं, उनके ज्येष्ठ पुत्र डॉक्टर जार्ज रोरिक ने कलिम्पोंग में रहना शुरू कर दिया और कनिष्ठ अपनी पत्नी देविकारानी के साथ अधिकतर बंगलोर में रहते हैं। दोनों की वृद्धा माता अपने बड़े लड़के के साथ रहती हैं। नग्गर की ओर जाने का ख्याल आते ही इस परिवार का ख्याल आया और मन उदास हो चला। मैंने डॉक्टर रोरिक से कहा था—नग्गर चले चलें। लेकिन देश के बँटवारे के समय कुल्लू में जो खून-खराबा हुआ था, उसका असर उनके हृदय पर बड़ा कटु हुआ था, विशेषकर उनकी माता का कोमल हृदय बहुत ही दुखित हो गया था; इसलिए वह लौटने के लिए तैयार नहीं हुए। यदि रोरिक परिवार कुल्लू लौट जाता, तो बहुत संभव है, मसूरी की जगह मैं भी नग्गर का निवासी होता। नग्गर और कटराई से ऊपर की कुल्लू-उपत्यका बड़ी सुंदर और शीतल है। पास के पहाड़ों पर देवदारों का घना जंगल सोने में सुगंध का काम देता है। टैक्सी पर बैठे-बैठे हमने नग्गर जाने का ख्याल छोड़ दिया और सीधे कुल्लू पहुँच आज ही बिजौरा देख आने का निश्चय किया।

अखाड़ा बाजार : अखाड़ा बाजार में उतर गए, जब हमें वहाँ से बिजौरा की ओर जाने वाली मोटर मिलने का पता लगा। यहीं लामा सोनम् ग्येन्छो (पुण्य-सागर) अकस्मात् मिल गए। पुण्यसागर कनौर (किन्नर) में कई महीनों हमारे साथ रहे। बहुत सीधे-सादे तथा धर्मभीरु आदमी थे। बेचारे ने लोअर-मिडिल बहुत पहले पास किया था, अब ट्रेनिंग किए मिडिल पास ही को स्कूलों में जगह मिलती है, लेकिन उत्तुंग हिमालय के परे अध्यापकों का बहुत अभाव है। बाहर से वहाँ जाने के लिए कहने पर अध्यापक अपने को काला पानी में जाना समझते हैं। लेकिन, पुण्यसागर को भाषा से परिचय और धर्म में आस्था रहने के कारण तिब्बती भाषा-भाषी स्पिती प्रदेश वैसा नहीं जान पड़ता। उन्होंने वर्धा में रहकर हाथ का कागज बनाना भी सीख लिया, लेकिन उसका भी कोई उपयोग नहीं। जाड़ों में आई उनकी चिट्ठी से मालूम हुआ था कि उन्हें नौकरी से अलग कर दिया गया हैं। किंतु, किसी और अध्यापक के न मिलने के कारण अस्थायी तौर से उन्हें स्पिती भेज दिया गया है। अप्रैल के अंतिम सप्ताह में अभी डाँड़ों की बरफ यातायात करने की इजाजत नहीं दे रही थी, वह कुल्लू में इंतजार कर रहे थे कि लोग आवा-जाही करें और वह स्पिती के लिए रवाना हों। नियमों का यांत्रिक तौर से अनु-सरण कितना भद्दा है! यहाँ एक आदमी है, जो हिन्दी-उर्दू जानता है। जिन लोगों को पढ़ाना है, उनकी भाषा से भी परिचित है। 16-17 हजार फुट ऊपर बर्फानी डाँड़ों को लाँघना उसके लिए कोई बड़ी बात नहीं है। परिवार के बंधनों से मुक्त होने के कारण वह निर्द्वंद्व हो काम कर सकता है, किंतु लोअर-मिडिल पास होने के कारण उसे स्थायी काम नहीं मिल सकता, इसलिए बेकारी की नंगी तलवार हर वक्त उसके सिर पर लटक रही है।

अखाड़ा बाजार कुल्लू का प्रधान बाजार है। कुल्लू के ऊन और पशमीने की चादरें महिलाओं का मन मोह लेती हैं—सचमुच बहुत पुराने विचारों वाली ही अब कश्मीर के शाल को पसंद करती है। माँग के कारण कितने ही छोटे-मोटे कारखाने कुल्लू की शाल तैयार करते हैं। लोग शुद्ध पशमीने की चादरें स्वयं कात-बुनकर तैयार करते हैं, लेकिन वह उतनी सिजिल नहीं होतीं, या सिजिल होने के लिए सौ से ऊपर खर्च करने की जरूरत पड़ती है। पचास से कम की तो वह मामूली भी नहीं मिलतीं। शाल के घर में आ कर एक न ले जाना अगुणग्राहकता होती। पूछने पर मालूम हुआ, कि यहाँ के सभी सुंदर शाल जापान या दूसरे देशों से आए ऊनी धागे से करघे पर बुने जाते हैं। कुल्लू के शालों में बुनते समय ही फूल निकाले जाते हैं, और ऐसे कि उनमें उल्टा-सीधा नहीं रहता। 24 रुपये में एक ऊनी शाल खरीदा। मसूरी में उसका दाम तीन-ही-चार रुपये अधिक होता, पर

हमारा ख्याल तो उसे सौगात के तौर पर लेने का था। ड्राइवर हमें अखाड़ा बाजार से बैठाकर ढालपुर लाया। सवारी पूरी नहीं हो रही थी। इसलिए पुर्जा टूट जाने का बहाना करके उसने हमें वहीं उतार दिया। प्राइवेट मोटर यातायातों का यात्रियों को कितना कड़वा अनुभव होता है, उसका यह एक उदाहरण था। यदि कुल्लू हिमाचल प्रदेश में होता, तो यातायात सरकार के हाथ में होंता और फिर सवारियों की कमी-बेशी के कारण ड्राइवर छुट्टी नहीं ले सकता था। हम निराश-से हो ठाकुर निर्मलचंद के निवास पर गए। लेकिन, हमारे मन में उत्कट इच्छा थी कि आज ही बिजौरा हो आएे, जिससे कल मंडी लौट जाना निश्चित हो जाए। ठाकुर साहब ने आ कर जोर लगाया और एक दूसरी बस में जगह मिल गई। साढ़े तीन बजे चलकर सवा चार बजे हम बिजौरा पहुँचे। सड़क से मंदिर तक खेतों के बीच से प्रशस्त रास्ता चला गया है। फोटो के लिए धूप प्रतिकूल नहीं थी।

हाट (बिजौरा) : बिजोरा (बजौरा) का ही नाम किताबों में मिलता है, लेकिन वस्तुतः यह 10वीं-11वीं सदी का सुंदर शिखरदार मंदिर हाट गाँव में है। हाट बाजार को भी कहते हैं, लेकिन गढ़वाल और कुमाऊँ में हाट का मतलब राजधानी लिया जाता है, जैसा कि द्वाराहाट आदि में पाया जाता है। हाटक सोने का नाम क्यों है? संभवतः उस पर भी राजधानी की छाप हो। कुछ भी हो, यह तो निश्चय है कि हाट गांव की भूमि एक छोटी-मोटी राजधानी होने लायक काफी चौरस और विस्तृत है। मुख्य मंदिर के आगे व्यास की ओर पाए जाते और भी कितनी ही खंडित मूर्तियाँ और शिवलिंग बतलाते हैं कि पहले हाट गाँव इतना गुमनाम नहीं था। मंदिर में किसी ओर मंडप नहीं है। द्वार व्यास की ओर है। बाकी तीन तरफ भी छज्जे के नीचे विष्णु, दुर्गा आदि की मूर्तियाँ हैं। मंदिर के गर्भ में शिवलिंग है, जो शायद पुराना नहीं है। इसके ध्वस्त और परित्यक्त होने के बारे में कहावत है : महाराजा रणजीतसिंह की सिक्ख सेना कुल्लू राजा को दंड देने के लिए जब 18वीं सदी के प्रथम पाद में यहाँ आई, उसी समय कुल्लू के विश्वेश्वर के ऊपर उसने हाथ छोड़े। सिक्ख मूर्ति तोड़ेंगे, इस पर विश्वास नहीं होता। उस समय तो सिक्खों का मूर्ति-पूजा से कोई विरोध नहीं था, और रणजीतसिंह ने स्वयं कई मंदिरों पर सोना चढ़ाए थे। कुछ का कहना है, उनकी सेना में मुसलमान सैनिक भी थे, जिन्होंने लूट-पाटकर मंदिरों को भ्रष्ट कर दिया। तब से आज तक वह पूजा के लिए इस्तेमाल नहीं होता। तीनों तरफ के गणेश, विष्णु, दुर्गा की मूर्तियाँ कला के समुन्नत काल का परिचय देती हैं। द्वार के दोनों तरफ कच्छप-वाहिनी जमुना, और मकर-वाहिनी गंगा हैं। पुरातत्व-विभाग ने काँटे से घेर कर मंदिर को रक्षित स्मारक घोषित कर दिया है। हाते में द्वार के सामने कितनी ही और खंडित

मूर्तियाँ हैं। फोटो लेकर लौटने पर गाँव की बुढ़िया ने बतलाया कि मंदिर से आगे खेतों में कुछ और भी टूटी-फूटी मूर्तियाँ हैं। यद्यपि हमें कुल्लू ले जाने वाली बस किसी समय भी आ जाने वाली है, और उसके छूटने पर शायद रात हमें यहीं बितानी पड़ती, तो भी हम एक बार फिर मंदिर होकर उस जगह जाने से अपने को रोक नहीं सके, जहाँ कुछ मूर्तियाँ और कई लकुलीश शिवलिंग थे।

साढ़े पाँच बजे बस आई। यदि उसमें जगह हो तभी स्थान मिलने की संभावना थी। संयोग से जगह मिल गई। उसी बस से एक तिब्बती लामा, उनकी वृद्धा पत्नी, पुत्र और पुत्रवधू कई आदमियों के साथ जा रहे थे। मैंने तिब्बती में पूछा, तो मालूम हुआ तिब्बत के उत्तर में ह्वांगहो नदी के पास के तिब्बती भाषाभाषी अम्दो प्रदेश के वह सिद्ध हैं, और चंबा के पांगी इलाके में मियार स्थान में एक गुंबा (बौद्धविहार) में रहते हैं। सिद्धपुत्र अधिक संस्कृत और शिक्षित मालूम होते थे। मेरे चेहरे को देख मुँह से तिब्बती भाषा सुनकर उन्होंने न जाने क्यों पूछ दिया — "आप राहुल तो नहीं हैं?" दूसरा आदमी इसे उनके अन्तर्ज्ञानी होने का प्रमाण समझता, किंतु ऐसी कोई बात नहीं थी। आधुनिक ढंग से तिब्बती-भाषियों के लिए पहले-पहल तिब्बती भाषा का व्याकरण मैंने लिखा था, जिसका प्रचार कुछ-कुछ है। तरुण लामा उसे देख रखा था। वृद्ध सिद्ध को जब यह मालूम हुआ, तो वह बड़े प्रसन्न हुए। अभी वह अपने परिवार-सहित रिवालसर में कुछ दिनों तक वास करके लौट रहे थे। कुल्लू से संभवतः वह लाहुल जाएँ, और वहाँ से चन्द्रभागा की शाखा नदी मियार की उपत्यका में अवस्थित अपनी गुंबा में चले जाएँगे। सिद्धों और सिद्धाई के बारे में मेरी आस्था प्रथम तिब्बत यात्रा (1930) में ही खत्म हो चुकी थी, लेकिन तिब्बत की भूमि का आकर्षण कभी कम नहीं हुआ। ज़ांस्कर पर्वत श्रेणी के दोनों तरफ बसने वाली तिब्बती-भाषी बस्तियों का तो अपना खास आकर्षण था। सिद्ध परिवार के साथ यात्रा करना देर तक नहीं हुआ, वह अगले गाँव में उतर गए और हम दोनों साढ़े छः बजे ढालपुर पहुँच गए। यह जानकर बड़ी प्रसन्नता हुई कि आफिसों से अपेक्षित सामग्री ठाकुर निर्मलचंद को मिल चुकी थी और अगले दिन हमारे मंडी जाने में कोई संदेह नहीं था। ठाकुर निर्मलचंद उन अकारण बंधुओं में हैं, जो मेरी दीर्घकालीन यात्रा में जब-तब बराबर मिलते रहे हैं। यात्री प्रत्युपकार क्या दे सकता है, वह केवल कृतज्ञतापूर्ण स्मृति अपने हृदय में रख सकता है।

बसें अखाड़ा बाजार से चलती हैं, और जनता श्रेणी की बसों में स्थान रिजर्व नहीं होता। ठाकुर साहब ने अपने आदमी को पहले ही भेज दिया था, वह पुण्यसागर को भी ले दो सीटों पर बैठा ढालपुर चला आया। छः बजे के बाद ठाकुर

साहब, ठकुरानी साहिबा और उनके परिवार से विदाई ले हम मोटर में रवाना हुए, और नौ बजे से पहले ही औट पहुँच गए। डॉक्टर भगवानसिंह इसी समय बंजार से मुझसे मिलने के लिए कुल्लू जा रहे थे। उनको पूरा विश्वास था, कि मैं बंजार अवश्य जाऊँगा, इसीलिए प्रेमलता को साथ नहीं लाए थे। लेकिन, मेरी परिस्थिति को देख कर उन्होंने कुछ नहीं कहा। हमें प्रसन्नता हुई, कि 1948 के बाद फिर एक बार उनसे मुलालात हो गई। डॉक्टर साहब दिसम्बर में नौकरी से अवकाश लेने वाले हैं। उसके बाद कुल्लू में बसने का विचार रखते हैं। वहाँ बच्चों की शिक्षा का प्रबंध हो सकता है। अच्छा-खासा कस्बा होने से डाक्टरी भी कर सकते हैं, साथ ही बहुत दिनों से कुल्लू शहर में एक बुद्ध-मंदिर बनवाने की उनकी साध रही है। उसके लिए जमीन भी ले ली गई है। मैंने हिचकिचाते हुए कहा, "तब शायद फिर हम मिल सकें।" कुल्लू-उपत्यका सचमुच इतनी सुन्दर और आकर्षक है, कि मुझे विश्वास नहीं होता, कि वहाँ फिर आना नहीं होगा। चार-चार आने के दो-दो बठूरे खा पानी पी कर सवा नौ बजे हम मंडी की ओर चले। व्यास ने जहाँ शिलोच्चय को जोर से काटा है, वहाँ एक जगह दूर तक स्लेटों का पहाड़ है, जहाँ से उन्हें निकालकर बाहर भेजा जाता है। पौने दो घंटे बाद (11 बजे) हम मंडी पहुँच गए। जाते वक्त इसी बस से आने के लिए हमने कह रखा था, इसलिए शास्त्रीजी, सुन्दरलालजी तथा दूसरे मित्र मोटर-अड्डे पर ही मिल गए। मास्टर जयवर्धन के यहाँ ठहरने का पहले से ही इंतजाम था। अगले दिन ही हमें यहाँ से काँगड़ा के लिए प्रस्थान करना था, इसलिए पाँच ही छः घंटे हमारे पास सामग्री-संचय के लिए रह गए थे। मेजबानों का आग्रह था कि विधिवत् भोजन बने और खा कर हम निकलें। लेकिन, मूल्यवान दो घंटों को इस तरह नष्ट करना उचित नहीं था, इसलिए मित्रों के आग्रह को ठुकराकर होटलों में जा खाना खा हम लोग श्री अन्तानीजी के ऑफिस में पहुँचे। सभी सामग्री तैयार मिली। नमकखान के इंजीनियर साहब ने भी शाम को अपेक्षित सूचना भेजी थी।

कांगड़ा को

मंडी और सुकेत रियासतें एक ही वंश की दो शाखाएँ हैं, जिन्हें विलयन के बाद मंडी जिला का नाम दे दिया गया है। मंडी शहर केन्द्रीय जगह में बसा हुआ है, जिसके कारण वह पहले भी एक व्यापारिक केन्द्र 'मंडी-बाजार' था। नमक की खानें भारत में केवल इसी जिले में मंडी शहर से नातिदूर हैं। लोहा भी यहाँ अपरम्पार है, पर लकड़ी छोड़कर और कोई इंधन नहीं था, जिसके कारण वह बाजार में विदेशी या नए कारखानों के लोहों से मुकाबला नहीं कर सकता।

फलस्वरूप लोह-उद्योग बंद हो गया। आज बिजली के जमाने में धातुओं के गलाने के लिए कोयला अनिवार्य इंधन नहीं है। जो भी हो, मंडी शहर की तरक्की पिछले एक दर्जन वर्षों में हुई है। विलयन के समय यहाँ सरदार वल्लभ भाई के नाम से वल्लभ डिग्री कॉलेज खोला गया, जिसका साइंस की ओर उतना ध्यान नहीं है। उसका एक कारण खर्चीली प्रयोगशाला का अभाव है, पर, इसमें संदेह नहीं कि इसके कारण शिक्षा का विस्तार तेजी से हो रहा है। कितने ही लोग शिक्षित ग्रेजुएटों की बेकारी के कारण अंग्रेजों के पुराने हथियार को इस्तेमाल करते हुए शिक्षा में रुकावट डालना चाहते हैं। सचमुच हमारे आज के भाग्यविधाताओं और उनके नौकरशाहों की चलती, तो परीक्षा-परिणाम 10-15 प्रतिशत से अधिक नहीं निकाला जाता और कॉलेजों के खोलने में नौ मन तेल वाली शर्त रखी जाती, लेकिन उल्टी गंगा बहाना अब संभव नहीं है। जनता को धोखा दिया जा सकता है, पर उसकी आँखों में धूल नहीं झोंकी जा सकती। बेकारी की दवा शिक्षा-प्रसार में रुकावट डालकर नहीं की जा सकती थी। शिक्षित हो या अशिक्षित किसी को बेकार नहीं रहना चाहिए। शिक्षित बेकार सरकार को कुछ करने के लिए मजबूर कर सकते हैं, इसलिए तरह-तरह के बहाने ढूंढ़े जा रहे हैं। कभी कहा जाता है, कि विद्यार्थियों में अनुशासन नहीं है। कॉलेज के विद्यार्थी दुधमुँहे बच्चे नहीं होते, कि डंडे के जोर से उनमें अनुशासन फैलाया जाए। वह आत्म-अनुशासन को ही मान सकते हैं। नवीन शिक्षा-शास्त्रियों की बात न मानें, तो मौके-बेमौके हर वक्त पुरानी सभ्यता और संस्कृति की दुहाई देने वाले अपनी प्राचीन संस्कृत मान्यता को ही देख लेते—"प्राप्तेतु षोड्शे वर्षे पुत्रे मित्रत्वमाचरेत्" (16 वर्ष के बाद लड़के के साथ मित्रता का नाता कायम करने में ही बड़ों का कल्याण है)।

रियासतों के विलयन में सबसे अधिक बल वहाँ की जनता के नवजागरण से मिला था, जो अंग्रेजों की गुड़िया इन तानाशाहों को कच्चा खा जाने के लिए तैयार थी। यह कहना निरा झूठ है, कि राजाओं ने देशभक्ति से प्रेरित हो कर अपनी रियासतों को भारत में विलीन करके भारी स्वार्थ-त्याग का परिचय दिया। वस्तुतः अंग्रेजों के चले जाने पर उनके ये धर्मपुत्र अनाथ और अत्यंत निर्बल हो गए थे। जनता के खिलाफ उन्होंने भीषण दमन का हथियार इस्तेमाल किया था, लेकिन फिर भी वह चैन से नहीं रह सके। सरदार वल्लभ भाई विलयन कराने में निमित्त मात्र थे। उन्होंने समझाया : "खुशी से रियासतों को विलीन हो जाने दो, तुम्हें अच्छी रकम पेंशन में मिला करेगी, और अच्छी बड़ी-बड़ी तनख्वाहों वाले सैनिक और असैनिक ओहदे भी तुम्हारे लिए सुरक्षित रहेंगे। यदि ऐसा नहीं करते, तो हम जनता की लगाम ढीली कर देंगे, और रियासत तो विलीन हो ही जाएगी,

साथ ही पेंशन भी तुम्हारे हाथ से जाती रहेगी, और कल ही तुम बाट के भिखारी हो जाओगे।" एक तरफ कुआँ, दूसरी तरफ खड्ड देख कर राजाओं का दिमाग ठिकाने आया।

रियासती प्रजा को आशा थी, कि राजाओं का राज हट जाने पर हम सुख का स्वप्न देखेंगे, लेकिन उनकी अभिलाषाएँ पूरी नहीं हो सकीं, जिसके कारण उनके मन में नई सरकार के प्रति दुर्भाव पैदा होने लगा। यह बात नहीं थी, कि रियासतों के विलयन से जनता को कुछ भी नहीं मिला। अन्नदाता के शासनकाल में उन्हें चीं करने का अधिकार नहीं था। विलासी राजा और उनके लग्गू-भग्गू अंग्रेज प्रभुओं की नाक के सामने उनकी छाती पर बैठे मूंग दल रहे थे। अब वह खुल कर अपने भावों को सरकार के विरुद्ध प्रकट कर सकते हैं। पहले की अपेक्षा शिक्षा-संस्थाओं और चिकित्सालयों में भी वृद्धि हुई है। सड़कों और यातायात के बनाने की ओर भी ध्यान दिया गया। खेती, सिंचाई, बागबानी आदि में तरक्की करने की कोशिश की जा रही है। यह सब होने पर भी जनता का अधिकांश भाग अब भी पहले की तरह रोटी-कपड़े के लिए मोहताज है। हाथ में आई वस्तु का मोल उतना नहीं रहता, जितना सामने दिखाई देता अभाव आदमी को अखरता है। यही कारण है, जो विलीन हुई रियासतों में जहाँ कहीं भी भूतपूर्व राजा संसद या प्रादेशिक विधान सभा के लिए खड़े हुए, वहाँ कांग्रेसी उम्मीदवारों को धूल चाटना पड़ा। अमृतकौर किस योग्यता पर केन्द्रीय सरकार की स्वास्थ्य-मंत्री बनीं, इसे दिल्ली के भाग्य-विधाता ही जानते होंगे। वहाँ तो गूँगे-बावलों की बारात जमा की गई है। मंत्रियों और उपमंत्रियों में मुश्किल से पाँच-सात ऐसे मिलेंगे, जो अपने विभागों के संचालन की योग्यता रखते हैं। हमारे शिक्षा-मंत्री उसके एक नमूने हैं और स्वास्थ्य-मंत्रिणी दूसरा। अमृतकौर को संसद में भेजना आवश्यक था, नहीं तो इतना योग्य स्वास्थ्य-मंत्री हिन्दुस्तान में कहाँ से मिलता ? लेकिन हर जगह मुकाबला कठिन होता है। उनके लिए सुरक्षित जगह मंडी को समझी गई। लेकिन मंडी के राजा भी खड़े हो गए। यह निश्चय ही था, कि राजा के सामने अमृतकौर को घोर पराजय का मुख देखना पड़ता, इसलिए दिल्ली से दौड़-धूप होने लगी। राजा को साम-दान-दंड-भेद सभी हथियार दिखाए गए। अन्त में दान का हथियार ही सफल साबित हुआ, और राजा साहब आजकल ब्राजील में भारत के राजदूत बनकर मौज कर रहे हैं। बिलासपुर में कांग्रेसी उम्मीदवार के खिलाफ वहाँ के राजा साहब खड़े हो गए और उनको संसद में जाने से कोई नहीं रोक सका। राजस्थान, पेप्सू में अब कांग्रेस ने सामंतों के साथ सीधे समझौता कर लिया। वस्तुतः इन सामंतों को असली अर्थ में सामंत नहीं कह सकते, क्योंकि थैली-

शाहों के सामने वह सिर झुकाने के लिए उसी तरह तैयार हैं, जैसे आज के शासक और पुराने नौकरशाह ; बल्कि हम कह सकते हैं, कि नौकरशाह, पुराने सामंत और थैलीशाह अब एक ही वर्ग के व्यक्ति हैं।

कांगड़ा : 24 अप्रैल को शनीचर का दिन था। उसी दिन हमें मंडी से प्रस्थान करना था। यहाँ के स्कूल के अध्यापक पंडित हुताशन शर्मा शास्त्री अपने नाम के बिल्कुल विरुद्ध शीतल शर्मा मालूम हुए। उन्होंने तथा सुन्दरलालजी ने हर वक्त सहायता देने के लिए अपने को तैयार साबित किया। सबेरे ही उन्होंने अपने श्वसुरगृह में भोजन का प्रबंध किया। श्री हुताशन शास्त्री रहनेवाले पुरानी मंडी के हैं, पर यहाँ श्वसुरगृह में निवास कर रहे थे। किसी संस्कृत के कवि ने शायद ठीक ही कहा है—

क्षीराब्धौ हरिः शेते हरः शेते हिमालये।
ब्रह्मा च पंकजे शेते, सारं श्वसुरमंदिरम्।"

सबेरे का वक्त खाने का नहीं जलपान का है, लेकिन हमने समझ लिया था, इसलिए इन्सुलिन का इंजेक्शन ले कर वहाँ गए। वहाँ मंडी के विशेष प्रकार के व्यंजन बने हुए थे। साढ़े सात बजे मोटर के अड्डे पर पहुँचना था, बस कहीं छूट न जाए, इसकी चिन्ता थी, नहीं तो भोजन और भी आनंद से किया होता। मंडी के मित्रों ने मोटर-ड्राइवर का परिचय कराया। शामलाल उनका नाम था। अभी उमर 25 वर्ष की ही थी, लेकिन वह तबला बजाने में अद्वितीय थे। आजकल के भारत में योग्य को उसके लिए उचित स्थान कहाँ मिल सकता है! आखिर रोटी-कपड़े का कोई इंतजाम तो उन्हें करना ही था, इसीलिए श्यामलाल ड्राइवरी कर रहे थे। वह एक अच्छे कलाकार ही नहीं बल्कि स्वस्थ, सुन्दर तरुण थे, और व्यवहार में बहुत कोमल। तबले पर जो अँगुलियाँ अपना कौशल दिखलाती थीं, वह पहाड़ में मोटर चलाने में भी उतनी ही चतुर थीं। खान इंजीनियर भी कुछ दूर तक हमारे साथ रहे। नमक की खानें कुछ तो रास्ते में हैं, और कुछ उससे नातिदूर। उतराई के साथ-साथ गरमी बढ़ती गई, और अन्त में बारह बजे मोटर बैजनाथ पहुँची।

बैंजनाथ हिमालय के सबसे पुराने मदिरों में है। किसी समय यहाँ एक छोटी-सी राजधानी थी, जिसके ही राजा ने इस सुंदर मंदिर को 10-11वीं सदी में बनवाया। खाना खाने के बाद शोभाकान्त के साथ मंदिर हो आना हमने जरूरी समझा। मध्याह्न का वक्त फोटो लेने के लिए बहुत अच्छा तो नहीं होता, लेकिन क्या करते? बिन्नू नदी मंदिर के पास से लेकिन काफी नीचे बहती है। 10-11वीं सदी में यह स्थान आज से भी अधिक हरा-भरा रहा होगा। स्थान के निर्वाचन में

बड़ी सुरुचि का परिचय दिया गया है, इसमें संदेह नहीं। मंदिर आज जिस रूप में खड़ा है, वह वर्तमान शताब्दी के आरंभ में मरम्मत करने के परिणामस्वरूप है। कितने ही खंडित मूर्तियों वाले पुराने मंदिरों की तरह शायद यह मंदिर भी कितने ही समय तक परित्यक्त रहा। पीछे एक साधु ने अपना डेरा डाला, और आज वह एक पवित्र पूजा स्थान माना जाता है। यह मालूम ही है, कि सारा हिमालय बहुत पीछे तक शैव धर्म का माननेवाला रहा है—आज के नकली शैव धर्म का नहीं, बल्कि असली पाशुपत धर्म का, जिसका दर्शन अद्वैत नहीं द्वैत था। अपनी वास्तुकला, मूर्तिकला और आज की अलभ्य चित्रकला से उसने हमारी संस्कृति को बहुत समृद्ध किया। अफसोस है, कि आज वह शैव धर्म दक्षिण में ही थोड़ा-सा रह गया है, और वहाँ के शैवों को भी अपनी सांप्रदायिकता से जितना प्रेम है, उतना भारत और वृहत्तर भारत में शैवधर्म की अनमोल देनों और उसके इतिहास के प्रति नहीं है। इसमें शक नहीं, बैजनाथ (प्राचीन कीर ग्राम) में शिवालय के अतिरिक्त दूसरे भी मंदिर रहे होंगे। यह मंदिर के हाते में मौजूद सूर्य और तीर्थंकर की मूर्तियाँ बतलाती हैं। बहुत संभव है, उस समय यहाँ कोई बौद्ध मंदिर भी रहा हो। मंदिर के मंडप के भीतर आमने-सामने, दो प्रशस्तियाँ शिलापट्ट पर उत्कीर्ण हैं, जिनसे मालूम होता है, कि त्रिगर्त (काँगड़ा) के राजा के सामंत ने इस मंदिर को बनवाया था।

बैजनाथ, पठियार : बैजनाथ एक अच्छा बाजार है, जिसमें दो-तीन भोजनालय हैं। यहाँ से बसें बराबर मंडी, कुल्लू, पठानकोट, काँगड़ा आदि को जाया करती हैं। हिमाचल नहीं, सारे हिमालय के दो अत्यंत प्राचीन ब्राह्मी शिलालेख काँगड़ा जिले में ही हैं, जिनमें से एक को आज ही हमें देख लेना था। दो बजे की बस से हम बैजनाथ से रवाना हुए। रास्ते में पालमपुर का अच्छा-खासा बाजार मिला, और तीन बजे हम मलाँ (मलानी शहर) के छोटे-से बाजार पर उतर गए। हमारे शिक्षितों को जितना शौक अपनी आधुनिकता दिखाने की ओर होता है, उतना अपनी संस्कृति और इतिहास के परिचय के बारे में नहीं है। हमें मालूम था, कि मौर्यकालीन एक ब्राह्मी शिलालेख यहाँ कहीं पठियार में है।

मालूम हुआ, पठियार यहाँ से ढाई मील पर है। पर हमने समझने में गलती की। पठियार एक जगह बसा गाँव नहीं, बल्कि अनेक टोलों में कोसों फैला ग्राम-समूह है, जिसके परले छोर पर हमें जाना था। शिलालेख की बात किसी को मालूम नहीं थी। सबसे अधिक सर्वज्ञ सिर्फ इतना ही बता सके, कि वह शायद पहाड़ की जड़ में अवस्थित देवी के मंदिर में हो। हम इससे हताश नहीं हुए, और अपना बक्स और बिस्तरा वहाँ हलवाई की दूकान में रख चल पड़े। राजपथ से

एक कच्ची सड़क पठियार को जा रही थी। जिलाबोर्ड से इतना भी नहीं हुआ, कि वहाँ हिमालय के सबसे पुराने अभिलेख के लिए मार्ग-संकेत लगा देता। काफी दूर जाने पर एक दूकान मिली, जिससे इतना पता लगा, कि हम पठियार गाँव में पहुँच गए हैं, किंतु शिलालेख के बारे में दूकानदार ने भी देवी के मंदिर का ही नाम लिया। और आगे जाने पर सड़क से कुछ हट कर एक उजड़ा-सा चाय का बगीचा दिखाई पड़ा। एक टोले में चाय की पत्तियों के तैयार करने का कुछ अच्छा-सा मकान था। किसी-किसी समय यहाँ चाय के बगीचेवाली लारी भी आ जाया करती है। यहाँ के दूकानदार से पुराने अभिलेख का असली पता लगा। वह पगडंडी के रास्ते करीब आध मील पर था। वहाँ कोई पथप्रदर्शक नहीं था। हम दोनों ने स्वयं कच्ची सड़क छोड़ बायीं ओर कदम बढ़ाना शुरू किया। पैर यदि स्वत: कुछ जल्दी-जल्दी पड़ रहे थे, तो इसका कारण आज ही लौटकर मलाँ पहुँच जाने की इच्छा थी। 20 घर घिर्थ (चौधरी) लोगों के एक छोटे-से टोले (क्रियाल कड) को पार कर हम खेतों में भूलकर न जाने कहाँ भटक जाते, इसी समय मानवता देवी ने हस्तावलंब दिया, और एक तरुण चौधरी नि:स्पृह भाव से हमें अभिलेख-स्थान पर पहुँचाने के लिए तैयार हो गया। उस समय तरुण को कोई आशा नहीं हो सकती थी, कि हम उसे कुछ देंगे। हमने जब बिदाई लेते उसके हाथ में रुपया रक्खा, तो उसने जबर्दस्ती करने पर ही उसे लिया। भावी पर्यटकों के हित के लिए हमें ऐसा करना आवश्यक मालूम हुआ। क्या जाने लाभ की आशा से ही कोई उनका पथप्रदर्शन कर दे—

धान की क्यारियों में उभरी एक स्वाभाविक शिला पर 'रठिदर वायुल' के आज से 2200 वर्ष पहले खुदवाये। अभिलेख में सभी भारतीय और बृहत्तर-भारतीय लिपियों की जननी ब्राह्मीलिपि में लिखा या—"वायुलस पुकरिणी"। उस समय पश्चिमी हिमालय और उत्तरापथ (पंजाब) में बायें से दाहिने लिखी जाने वाली ब्राह्मी के अतिरिक्त उर्दू की तर्ज पर उससे अधिक उच्चारणानुरूप खरोष्टी लिपि का भी प्रचार था, इसी लिए वायुल ने अपने अभिलेख को खरोष्टी में भी लिखवाया था, जिसमें उसने अपने नाम के पहिले 'रठिदर' भी लगाया था। वायुल कोई साधारण गृहस्थ नहीं रहा होगा, वह अवश्य तत्कालीन 'पठियार' का ग्रामीण (लंबरदार) या और कोई सम्मानित पुरुष रहा होगा। हो सकता है, 'रठिदर' शब्द उसके पद को बतलाता हो। रट्ठ या राष्ट्र उस समय प्रदेश या जनपद को कहते थे, जिसके कारण एक प्रदेश का नाम महाराष्ट्र पड़ा। रट्ठ के अधिकारी को रट्ठिक कहते थे। हो सकता है, रट्ठिक के लिए ही यहाँ रठिदर (राष्ट्रधर) कहा गया। यह भी याद रखने की बात है, कि आज भी चंबा और

काँगड़ा में राठी एक बहुसंख्यक और प्रभावशाली जाति है, जिसकी समाज में वही स्थिति है, जो कि मध्य हिमालय में खस और कनैत लोगों की। खुद पठियार में गाँव के 700 घरों में 100 राठी, 400 चौधरी (घिर्थ), 20 ब्राह्मण, और 100 हरिजन हैं। जिस पुष्करिणीं के बनवाने का उल्लेख इस अभिलेख में है, अब वह कहीं दिखाई नहीं पड़ती, यदि पास की कुछ गहरी-सी क्यारी का ख्याल छोड़ दिया जाए।

22 शताब्दियों बाद आज वायुल की पुष्करिणी का कैसे पता लग सकता है। वायुल ने इस पुष्करिणी को जनसाधारण के उपयोग के लिए बनाया था, यदि उसके साथ (भिक्षु-विहार) रहा होता, तो उसका उल्लेख जरूर होना चाहिए था। पर इसमें सन्देह कम है, कि काँगड़ा की इस विशाल उपत्यका में अशोक के समय बौद्धधर्म का प्रचार अवश्य हुआ होगा। उल्लेखनीय बात यह है, कि वायुल जिस 'रठिदर' विशेषण का उपयोग अपने नाम के साथ करता है, वह राठी जाति अब भी पठियार गाँव में काफी संख्या में मौजूद हैं। राठी लोग हिमालय के कनैतों और खसों की तरह अब अपने को राजपूत कहते हैं, और राठी कहने पर बुरा मानते हैं। इन पहाड़ों की एक बहुसंख्यक जाति घिर्थ है, जो अब अपने को चौधरी कहते हैं। यह पूर्वी उ० प्र० के कुर्मी और कोइरी जैसी बहुत ही मेहनती किसान जाति है। लौटते समय दूसरे टोले के दूकानदार तरुण ने गरी का गोला हमारे हाथ में बेचते हुए कहा, कि उस लेख को आज तक किसी ने नहीं पढ़ा। तरुण अशिक्षित नहीं था, और स्थायी निवासी होने से दूसरे पथिकों से भी उसका वास्ता पड़ा होगा, इसलिए उसकी शंका को हटाते हुए मैंने कापी ले ब्राह्मी अक्षरों में 'वायुलस पुष्करिणी' लिख कर बतला दिया, कि इसका अर्थ है वायुल की पुष्करिणी। वायुल स्वयं राठी था।

ठंडे-ठंडे में साढ़े पाँच बजे हम मलाँ लौट आए। यद्यपि यहाँ पक्की सड़क पर मोटरें बराबर चलती रहती हैं, लेकिन दो-तीन को भरी जाते देखकर हम निराश होने लगे। सोचने लगे, यहाँ से फिर पालमपुर लौट चलें। बोझा ढोने वाला भी कोई नहीं मिल रहा था। करीब घंटा-भर कोशिश करने के बाद एक मोटर में जगह मिली, जिस पर बैठकर सात बजे हम काँगड़ा पहुँच गए। रास्ते में काँगड़ा का बड़ा बाजार मिला। यह कहने की आवश्यकता नहीं कि शरणार्थियों ने यहाँ आ कर छोटे-छोटे बाजारों को भी बड़े बाजार का रूप दे दिया है, जिनकी सजावट ही तड़क-भड़क वाली नहीं है, बल्कि उनमें बहुत तरह की और दाम में भी सस्ती चीजें मिलती हैं। काँगड़ा में पहुँचते शाम हो गई, इसलिए पहले कहीं ठहरने का इन्तजाम करना जरूरी था। अड्डा नए काँगड़ा में है।

नया कांगड़ा और पुराना कांगड़ा यह दरअसल भ्रामक शब्द हैं, क्योंकि दोनों समकालीन हैं। कांगड़ा के वैभव के समय दोनों ही एक नगर के रूप में मौजूद थे। जिसे आजकल पुराना कांगड़ा कहते हैं, वहाँ पहाड़ के ऊपर से जड़ तक किला, राजप्रासाद थे। जिसे नया कांगड़ा कहते हैं, वहाँ कांगड़ा की प्रसिद्ध वज्रेश्वरी भवानी का मंदिर था। इसी उपनगर को भवन के नाम से लोग पुकारते थे। कांगड़ा का दूसरा नाम नगरकोट भी था, नगर वस्तुतः राजधानी का पर्याय था। आरंभ में नाम कुछ दूसरा ही रहा होगा। हमें मालूम है, कि महमूद गजनवी यहाँ से अपार सम्पत्ति लूट कर ले गया था, और साथ-साथ सोमनाथ की तरह यहाँ की देवी की मूर्ति को भी किसी मस्जिद की सीढ़ियों में रखने के लिए उठा ले गया। मूर्तियाँ श्रद्धा की प्रतीक होती हैं। लोगों में श्रद्धा तो थी ही, इसलिए पंडों-पुरोहितों ने मशहूर कर दिया, कि वज्रेश्वरी भवानी अपने-आप महमूद गजनवी के बंदीखाने से निकल कर भवन में आ जाएँगी। एक दिन जमीन के भीतर खोदने से भवानी प्रकट हो गईं, और उसे बड़े धूमधाम से ला कर मंदिर में स्थापित कर दिया गया। तब से मंदिर और मूर्तियों पर अनेक बार मुसलमानों के आक्रमण हुए होंगे। 1905 के भूकम्प ने तो सारे भवन को गिराकर पस्त कर दिया था। उस समय की मूर्ति भी यदि वही है, जो आज मंदिर में मिलती है, तो वह बहुत पीछे की बनी हुई है। बहुत समय तक भवन देवी के कारण प्रसिद्ध होने पर भी उपनगर मात्र था। लेकिन आज यही मुख्य नगर है। यहीं तहसील और कचहरियाँ, स्कूल और अस्पताल हैं, और यहीं सबसे बड़ा बाजार है।

कांगड़ा (नगरकोट) : अड्डे के पास ही कई होटल हैं, जिनके खाने की शिकायत नहीं की जा सकती; लेकिन, ठहरने की जगहें न साफ-सुथरी हैं, न आरामदेह। दरअसल वह गाँव के साधारण स्थिति के मुसाफिरों के लिए बने हैं। चारपाइयाँ किराए पर मिल जाती हैं। और एक कमरे में कई आदमी रात बिता लेते हैं। हमें कांगड़ा से ज्वालामुखी जाना था—बहुत-से लोग भवन की देवी और ज्वालामुखी को एक समझने की गलती करते हैं, पर दोनों शहरों में 24 मील का अंतर है, और इन दोनों की अधिष्ठात्रि देवी होने पर भी वह भिन्न हैं। सारा सामान ढोए ज्वालामुखी नहीं जाना चाहते थे, इसलिए हमें एक अलग कोठरी की जरूरत थी। होटलवाले ने बड़ी मेहरबानी करके पीछे की ओर एक कोठरी दे दी। यह समझ लेने में देर नहीं हुई, कि ताला बंद करके भी हम यहाँ अपने सामान को छोड़कर नहीं जा सकते; लेकिन, रात बिताने के लिए वह अच्छी थी। आदमी जब बिस्तरे को भीतर ले जा रहा था, उसी समय एक साँप सरक कर चौखट के भीतर छिप गया। यदि पुराने नीतिकारों की बात—'ससर्पे च गृहे वासो मृत्युरेव

न संशय:' मानते, तो हमें उस कोठरी में रात्रिवास के लिए तैयार नहीं होना चाहिए था, लेकिन साँप वहाँ कहीं नहीं थे। दस ही कदम बाहर उनके छिपने के लिए बहुत-सी झाड़ियाँ थीं। मैंने शोभाकान्त को कह दिया, "मृत्यु कहाँ दुबककर नहीं बैठी है, इसलिए परवाह मत करो।" इतनी दृढ़ता दिखाते भी हममें से किसी ने दरवाजे से सटाकर अपनी चारपाई रखनी नहीं चाही। भीतर एक हल्का-सा बिजली का लट्टू लगा था। सामान रखने के बाद देखा, अभी भी अँधरा नहीं हुआ है; इसलिए हम देवी के मंदिर की ओर चल पड़े। मंदिर एक पहाड़ के सानु पर है, जहाँ पहुँचने के लिए ढालुआँ सड़क है। यह और इसकी शाखा सड़कों के किनारे कितनी ही दुकानें हैं। वहाँ जो कुछ माया है, वह पिछले 48-49 वर्षों की ही है। प्राचीन खंडित मूर्तियाँ रही होंगी, लेकिन न जाने वह कितना नीचे दब चुकी हैं। कहीं-कहीं दीवारों में एकाध चिपकी भी मिलीं, लेकिन वह भी पुराने समय तक नहीं ले जाती थी। भवन की जागता देवी बहुत दिनों तक बिना मंदिर के नहीं रह सकती थीं, और उनका विशाल मंदिर भूकंप के कुछ ही वर्षों बाद फिर बनकर तैयार हो गया। उसमें जितना वैभव का प्रदर्शन किया गया है, उतना कला का नहीं। शायद हमारी वेश-भूषा और कंधे से लटके कैमरों को देखकर बहुत आशा नहीं थी, इसलिए पंडों ने पीछा नहीं किया; लेकिन, भीतर छोटी-छोटी लड़कियों और लड़कों ने दक्षिणा माँगने में कोई कसर नहीं उठा रखी। कुमारी कन्याओं को देवी का स्वरूप समझा जाता है, कुमारी-भोज का महातम सारे भारत में माना जाता है। फाटक से भीतर जाने के समय चमड़ा-मढ़े कैमरों को भीतर जाने से किसी ने रोका नहीं, और हम भी बेधड़क चले गए। लेकिन फोटो लेना अगले दिन ही हो सकता था, क्योंकि अँधेरा धीरे-धीरे फैलने लगा था। वस्तुतः कैमरे को हम अपनी दूसरी चीजों से अधिक बहुमूल्य समझते थे, इसीलिए साथ लाए। डेरे पर लौटने के बाद मैं तो चारपाई पर पड़ गया, क्योंकि तीर्थ-उपवास करना था, या कह लीजिए रात्रि-भोजन से विरक्त रहने का नियम कर रखा था, और शोभाकान्तजी जाकर भोजन कर आए। सारी यात्रा में ऐसे समय कम ही आए थे, जब कि हमें केवल घासाहार पर निर्वाह करना पड़ा हो। शिमले के बाद तो मांस कुछ सस्ता भी था।

24 अप्रैल को रविवार का दिन था, आसमान साफ़, किन्तु गर्मी सूर्योदय के बाद से ही होने लगी थी। ज्वालामुखी जाने के लिए हम साढ़े ग्यारह बजे की मोटर पकड़ने वाले थे और इस बीच काँगड़ा किले को देख आना चाहते थे। गरमी में सबसे प्रिय वस्तु दही की लस्सी होती है। हमने लस्सी पीकर पुराना काँगड़ा का रास्ता पकड़ा। मोटर सड़क नीचे-नीचे जाती है, और पैदल सड़क

ऊपर-ऊपर। जहाँ कभी राजधानी के नागरिकों के मकान रहे होंगे, वहाँ कितनी ही जगहों पर अब आम के बगीचे थे। भवन से पुराना काँगड़ा एक मील पर है। बात करते हुए वहाँ पहुँचने में हमें देर नहीं लगी। बस्ती के बाहर-ही-बाहर हम किले के पास पहुँच गए। अंग्रेजों के कब्रिस्तान के पास एक छोटी-सी भूलभुलैया की इमारत (हम्माम) है, जो देखने में मुस्लिम-काल की मालूम होती है। काँगड़ा में जहाँगीर के समय से लेकर औरंगजेब के मरने के आधी शताब्दी बाद तक मुगल फौजदार रहा करते थे। हो सकता है, उसी समय यह हम्माम बना हो। राजा का हम्माम अपने महल में रहा होगा। इतिहास में प्रसिद्ध अजेय किला काँगड़ा का एक दर्शनीय स्थान है। अंग्रेजों ने सिक्खों से छीनने के बाद कुछ समय तक अपनी सेनाएं यहाँ रखीं। पीछे उसे पुरातात्त्विक महत्त्व की इमारत घोषित कर दिया गया। किले का फाटक पहाड़ के नीचे है, जहाँ से चढ़ाई चढ़ते दुर्ग के भिन्न-स्थानों को देखा जा सकता है। फाटक में ताला लगा हुआ था, जिसकी चाबी पुरातत्त्व विभाग के चौकीदार के हाथ में थी। उसने अपने लड़के को हमारे साथ कर दिया।

1905 के भूकम्प ने भवन की तरह इस किले पर भी खूब हाथ साफ किया था। प्राक्-मुस्लिम काल की बहुत कम ही सामग्री अब बच रही है। शताब्दियों तक मुसलमान अफसर और सैनिक यहाँ रहते थे, इसलिए भीतर मस्जिद का होना आवश्यक था। मूर्तियों में संवत् 1819 (1752 ई०) वैशाख सुदी तीन गुरुवार के अभिलेख वाली एक तीर्थंकर की मूर्ति थी। 1752 ई० में यहाँ मुगल फौजदार रहता था। जान पड़ता है, उसका कोई खजांची या उच्च कर्मचारी जैन था, जिसने सूरी श्री गुणचंद्र की प्रेरणा से इस तीर्थंकर मूर्ति को स्थापित किया। औरंगजेब जैसे इस्लाम के जबर्दस्त पक्षपाती मुस्लिम शासक भी वस्तुतः वैसे नहीं थे, जैसाकि आधुनिक इतिहास लेखक उसे चित्रित करते हैं। राजनीतिक कारणों से यह मंदिरों को ध्वस्त भी करा देते थे, पर यदि औरंगजेब हिन्दू धर्म का इतना घोर शत्रु होता, तो नूरपुर और जयपुर-जोधपुर के हिंदू राजा आँख मूंदकर क्यों राजभक्ति दिखलाते? भूकम्प से पहले यहाँ की पुरातात्त्विक सामग्री को सुरक्षित रखने की कोशिश की गई थी, कुछ अनुसंधान भी हुआ था; लेकिन भूकम्प ने जब काँगड़े की इंट से इंट बजा दी, तो उन्हें जोड़ने के लिए जितनी भारी रकम की आवश्यकता थी, उतना खर्च करने के लिए कोई सरकार तैयार नहीं हो सकती थी। जहाँ छोटी-मोटी मरम्मत से काम चलनेवाला था, वह कर दी गई। ऊपर चढ़कर हम चारों तरफ नजर दौड़ा सोचने लगे, कि यह किला क्यों अजेय रहा? मुगलों की दो पीढ़ियों को इसे सर करने में अपना समय लगाना पड़ा था।

जहाँगीर को अपार प्रसन्नता हुई, जब कटोचों की ध्वजा हटाकर काँगड़ा दुर्ग पर मुगल ध्वजा फहराने लगी। दुर्ग पर फाटक की ओर छोड़ कर और किसी ओर से चढ़ना संभव नहीं था। अकबर, जहाँगीर के समय तक कटोच राजाओं ने भी अपने यहाँ छोटी-मोटी तोपें ढाल ली थीं। किला-काँगड़ा ने अपनी जेयता को बीसवीं शताब्दी के आरंभिक तीन सालों में भी पूरी तरह से कायम रखा। कौन कहता है, यदि उस समय गोरखा-वाहिनी ने राजा संसारचंद को हरा कर किला-काँगड़ा को अपने हाथ में कर लिया होता, तो भारत का इतिहास कुछ दूसरा न होता। गोरखों का संकल्प कश्मीर तक सारे शिमला को ले लेना था, लेकिन इस अजेय किले ने रास्ते में ऐसी बाधा डाली कि तीन बरस तक सारी कोशिश करके भी गोरखे इसका कुछ नहीं बिगाड़ सके, और रणजीतसिंह की सहायता पाते ही काँगड़ियों ने गोरखों को सतलुज के पूरब मार भगाया। एक समय का अजेय दुर्ग सदा के लिए अजेय नहीं रह सकता। आज बमवर्षक विमानों के सामने बेचारा किला-कांगड़ा क्या हस्ती रख सकता है !

किले से निकल कर हम फिर हम्माम के पास आए। गरम पानी का स्नानागार। एक कौतूहलवर्धक इमारत अवश्य थी, लेकिन हमें उसके पास के अंग्रेजों के कब्रिस्तान को देखना था। अपने हाथ में आने के बाद थोड़े ही दिनों तक अंग्रेजों ने जिला का सदर-मुकाम यहाँ रखा। जब पास में ही धर्मशाला जैसा ठंडा स्थान मौजूद थे, तो क्यों पंचधुनी तापने के लिए यहाँ बैठे रहते ? अंग्रेज चले गए, लेकिन अपने पुराने स्मारकों को किसी तरह सुरक्षित रखने की उनकी इच्छा अब भी कम नहीं हुई है। कितने ही कब्रिस्तानों में अभी भी चौकीदार देखे जाते हैं। जहाँ नहीं भी हैं, वहाँ इस कब्रिस्तान की तरह फाटक में ताला लगता है। मुर्दों का सम्मान करना बुरा नहीं है, लेकिन भारत में सर्वत्र बिखरे अंग्रेजी कब्रिस्तानों को सुरक्षित रखने के लिए हर साल जितने धन की आवश्यकता होगी, उतना भारत सरकार व्यय नहीं कर सकती, इंग्लैंड की सरकार भी इस बोझ को कितने सालों तक उठा सकती है ! आखिर में इन कब्रों में से अधिकांश की वही हालत होगी, जो मुस्लिम शासकों की कब्रों की देखी जाती है। हिन्दी के अमर कवि रहीभ खानखाना की गिरती-पड़ती समाधि को देख कर हमें यही अनुमान करने का मन करता है। (यद्यपि स्वतंत्र भारत में रहीम की समाधि राष्ट्रीय निधि बनकर उस अवस्था में नहीं रह सकती)। हम देखना चाहते थे, कि इस कब्रिस्तान में सबसे पुरानी कब्र कौन-सी है। हमें वह कप्तान सी०एच०डी० ब्रेड की बीवी की मालूम हुई, जो कि 29 अगस्त, 184३ में मरी थी।

लौटते वक्त हम पुराना काँगड़ा बाजार से होकर चले। नया काँगड़ा (भवन)

ने पुराने कांगड़ा को भूकम्प के बाद 'मरे को मारे मियाँ मदार' की लोकोक्ति को चरितार्थ करते हुए मार ही डाला था, और बहुत थोड़े ही लोग मरघट को अगोरे बैठे थे ; लेकिन, शरणार्थियों की बाढ़ यहाँ भी पहुँची। उन्होंने अपने लिए कई मकान खड़े कर दिए, दूकानें खोल दीं, और गलियों में अब पश्चिमी पंजाबी भाषा मुखरित होती सुनी जा सकती है। 1947 के पहले यहाँ 50 घर से ऊपर मुसल-थे, जो सभी पाकिस्तान चले गए। आधे दर्जन वर्षों तक शरणार्थियों के रहने से मालूम होता है, वह यहाँ के स्थायी निवासी हो जाएँ, पर साधन यहाँ उतने सुलभ नहीं हैं, कि वह यहाँ अपने जीवन को अच्छी तरह बिता सकेंगे। जो भी हो, हमारी तो यही इच्छा हो रही थी, कि यह हमारे भाई इस वीराने को हमेशा के लिए आबाद कर दें।

लौट कर हम भवन की वज्रेश्वरी के दर्शन के लिए नहीं, बल्कि मंदिर के फोटो के लिए गए, फिर सामान को एकान्त कोठरी से हटाकर होटल वाले की आँख के सामने रख, इंजेक्शन लगा, हमने डटकर ऋषि भोजन किया, और साढ़े ग्यारह बजे ज्वालामुखी के लिए प्रस्थान करने वाली बस पर बैठ गए। रानीताल तक पठानकोट वाली सड़क ठीक-ठाक की बनी हुई थी, फिर ज्वालामुखी की कच्ची सड़क पकड़नी पड़ी। कच्ची होने पर भी पहाड़ी होने के कारण वह बसों के चलने के लिए काफी मजबूत थी, हाँ, जब उसकी गति धीमी हो जाती, तो अवश्य मुसाफिरों को धूल फाँकनी पड़ती। शीतल स्थान के चिरनिवासी होने के कारण गरमी बहुत परेशान कर रही थी, पर दूसरा चारा नहीं था। ज्वालामुखी का ख्याल आने पर मालूम होता था, कि हम इस गरमी में ज्वालामुखी के मुख में जा रहे हैं। सचमुच यह नाम बड़ा ही भ्रमोत्पादक है। वहाँ कहीं ज्वाला नहीं है, ज्वाला की जगह कुछ मरियल-सी गैस-बत्तियाँ टिमटिमा रही हैं, जिन्हें फूँक दिया जाए, तो एक बार तो अवश्य बुझ जाएँगी पर मध्याह्न की यह गरमी अवश्य उस स्थान को ज्वालामुखी बना रही थी।

ज्वालामाई : एक बजे हमारी बस अड्डे पर जा खड़ी हुई। पास में एक नई विशाल और स्वच्छ धर्मशाला थी, पर हमें तो पहले माई का दर्शन करना था, फिर जो ही बस मिले उससे काँगड़ा लौट जाना था। मंदिर टेकरी की जड़ में है। यद्यपि यहाँ के पहाड़ नंगे नहीं हैं, पर उस गरमी में जान पड़ता था, वह हैं ही नहीं, अथवा माई की ज्वाला ने उन्हें झुलस दिया है। हम सँकरी गली के दोनों तरफ खड़ी दूकानों और पंडों के घरों की छाया की यथाशक्य ओट लेते ऊपर की ओर बढ़े। किसी पंडे का न आना हमें पसद नहीं था, क्योंकि उनसे कितनी ही मनोरंजक बातें मालूम होती हैं। भूकंप का प्रभाव यहाँ अधिक होना चाहिए था,

क्योंकि ज्वालामुखी यहाँ अवस्थित है, पर जान पड़ता है, अकबर की तरह भूकंप के मन्सूबे को भी माई ने विफल कर दिया। यह ठीक है, कि 1947 ई० के भीषण कांड के बाद कोई इस बात का संदेह नहीं कर सकता था, कि हम दोनों में से कोई मुसलमान होगा। जहाँ पूर्वी पंजाब और इधर का पहाड़ भी अब निर्मुसलमान है, पर यदि पुजारियों को मालूम हो जाए, कि हम श्रद्धाहीन या नास्तिक हैं, तो मंदिर में स्वच्छंदतापूर्वक घुस कर फोटो लेना आसान नहीं होता, इसीलिए हम हर समय अपनी श्रद्धा-भक्ति का प्रदर्शन करने के लिए तैयार थे। नई शिक्षित पीढ़ी से उसके परम सनातनी होने पर भी हमें खतरा नहीं था, जबकि मेरी पुस्तकों को पढ़ कर विचारों से परिचित होने पर भी वह बदरीनाथ जैसे धाम में राहुल के स्वागत में भोज दे सकते थे। शोभाकांत भी उतने आस्तिक नहीं थे, यह तो इसी से मालूम होगा, कि नेपाल के एक परमपुनीत शिवलिंग के पत्थर नहीं फॉसील (पथराई हड्डी) होने का संदेह होने पर उन्होंने उसमें से थोड़ा तोड़ कर किसी कॉलेज की प्रयोगशाला में भेज कर ही नहीं छोड़ा, बल्कि वहाँ के एक परम-आस्तिक संस्कृत के महापंडित से यह कहने से भी बाज नहीं आए, कि वहाँ पत्थर का शिवलिंग नहीं, बल्कि करोड़ों वर्ष पुरानी हड्डी पुज रही है। फाटक के भीतर घुसते ही शोभाकांत को आगे बढ़ा मैंने पहली बंदूक दाग दी—फुरती से झटपट कैमरे से फोटो उतारना बंदूक दागना ही है। वर्षों से अभ्यस्त होने से मैं इसके महातम को जानता हूँ। किसी पंडे-पुजारी से न पूछो न उसे बोलने का अवसर दो, गोली दाग देने पर यदि कोई नाराजी प्रकट करे, तो परम नम्रता दिखलाते अपनी अज्ञता प्रकट कर अफसोस कर दो। यहाँ नहीं, तो नेपाल के पशुपति मंदिर में एक बार ऐसा ही मैंने किया था। मंदिर के गर्भगृह में चमड़ा नहीं जाता यह कह कर पुजारी ने कैमरों को बाहर एक खूंटी पर टँगवा दिया, और हम भक्तिभाव से विनम्र हो माई के अपने श्रीकोष्ठक में पहुँचे। सचमुच इतने सालों से मैं भी कितना भ्रम में था, जो यही समझता था, कि वहाँ धाँय-धाँय आग जल रही होगी। तीन टेमें दीवार में टिमटिमा रही थीं। कुंड की दोनों बहनें कुछ सशक्त थीं, बाकी तीनों बहिनों के बारे में शोभाकांत ने एक पर हाथ घुमाकर कहा, कि इसमें हल्की-सी गैस की गंध आती है। पर वह अतिक्षीण थी। पुजारी बराबर कोई सुगंधि उन पर डालते ही रहते हैं, फिर मंदिर भीतर से क्यों न मह-मह करता रहे। दर्शन कर प्रसाद लिया। चवन्नी-दुअन्नी से भी काम चल सकता था, पर माई के चरणों में एक रुपये से कम चढ़ा अपनी श्रद्धा का अनादर कैसे कर सकते थे! पुजारी ने बतलाया : "सोने की छत महाराजा रणजीतसिंह ने चढ़वाई, और चाँदी का द्वार उनके पुत्र की भक्ति का प्रतीक है।" साथ ही उन्होंने वह कथा भी बतलाई, कि

अकबर ने माई का तेज देखने के लिए लोहे के सात मोटे-मोटे तवों से ज्वाला को ढँक कर बुझाना चाहा, पर माई सातों तवों को तोड़ कर प्रकट हो गईं। अकबर ने फिर नहर से पानी ला कर डाला, पर माई का बाल भी बाँका नहीं हो सका। हमें इन कथाओं को सुनने की आवश्यकता नहीं थीं, क्योंकि उन्हें हम पहले ही पढ़ चुके थे, और पहाड़ी महिलाओं के मधुर गीतों की उन पंक्तियों को भी सुन चुके थे, जिनमें अकबर के देवी-भक्त बन जाने की बात आई थी। हाँ, उस समय 38 साल पहले सुनी बाकू से लौटे उस तरुण साधु की बात याद आ रही थी, जो कह रहा, कि बड़ी ज्वालामाई रूस के मुलक में हैं, काँगड़ा की ज्वालामाई तो छोटी ज्वालाज़ी हैं। शायद छोटी-बड़ी से उसका ख्याल छोटी-बड़ी टेम से था, यहाँ टेमें छोटी-छोटी थीं, पर बाकू की ज्वालामाई की टेमें इससे बड़ी थीं, इसको मैं प्रत्यक्ष नहीं देख पाया। 1935 में वहाँ पहुँचने से पहले ही बड़ी ज्वालामाई सुर-धाम चली गई थीं। बोलशेविक अकबर की तरह के हृदय वाले नहीं थे। उन्होंने कहा : चारों तरफ पेट्रोल के जबर्दस्त क्षेत्र में इस गैसमयी ज्वाला का रहना खतरे से खाली नहीं है, इसलिए इसे बुझा देना ही अच्छा है, और उन्होंने वैसा ही किया। मुसलमानों के देश में किसी सोने-चाँदी से भरे मंदिर का बनवाना बुद्धि-सम्मत काम नहीं था, यदि बाकू में व्यापार करने वाले सिंधी सेठ धन खर्च करने के लिए तैयार भी होते, तो भी वैभव में बाकू की बड़ी बहिन अपनी भारतीय छोटी बहिन का मुकाबला नहीं कर सकती थीं। मंदिर के स्थान पर वहाँ चार साधारण-से खंभों पर उठी एक छतरी थी। आँगन के चारों ओर मठ की कोठ-रियाँ थीं, जिसका फाटक दुमहला तथा, उस पर उलटा लगा हिंदी का शिलालेख अवश्य आकर्षक था। दोनों ज्वालामुखियों का दर्शन करके हो नहीं सकता, कि उन घुमक्कड़ों का स्मरण न हो आता, जो कूपमंडूकता के लिए बदनाम इसी भारत में पैदा हो कर सैकड़ों वर्षों तक हजारों की तादाद में सभ्यता से भी दूर के देशों में जा गुमनाम रेत पर की रेखा की तरह विलीन-विस्मृत हो गए, पर जिनके ही खून ने हमारी धमनियों में जोर मार कर उनके पथ पर हमें बलात् डाल दिया। हमारे साधु परम घुमक्कड़ थे, और आज भी हैं। हमें आशा है, धर्म का भविष्य चाहे कुछ भी हो, पर हमारी जनता उनका सत्कार और आतिथ्य करने में कभी पीछे नहीं रहेगी।

मंदिर से निकल कर हमने किसी अखाड़े को देखना चाहा। किसी समय काँगड़ा साहसी संन्यासी, नागा, साधुओं का एक अच्छा केंद्र था, जहाँ से वह मध्य-एशिया और तिब्बत तक अपना व्यापार करते थे। हमारे मन में लालसा छिपी हुई थी, कि वहाँ शायद कोई कागज-पत्र मिल जाए। अखाड़े की जगह थोड़े-से

उदास-श्रीहीन मकान थे, जिनमें से एक की कोठरी में एक साधु धूनी रमाए कितने ही महीनों से बैठे थे। घुमक्कड़ों का वंश अभी उच्छिन्न नहीं हो सकता, यह सोच कर मन में बड़ा आनंद हुआ, और धुआँ और गरमी होने पर भी हम वहाँ बैठ कर कुछ देर तक बात करते रहे। यदि खाकर न गए होते, तो साधु के टिक्कड़ में भी शामिल हो गए होते। क्षमा माँगते रुपया उनके सामने रखा और प्रणाम कर वहाँ से उठे। घुमक्कड़ के समागम का आनंद घुमक्कड़ ही जानता है।

हम बस के बारे में कुछ निश्चिन्त-से थे, इसलिए जल्दी नहीं कर रहे थे। अड्डे पर पहुँचे तो मालूम हुआ, कि कुछ ही मिनट पहले बस चली गई। लोग यह भी बतला रहे थे, कि बस मिलने की संभावना कम ही है। हम निराश थे, इसी समय एक बस ने आ कर मुसाफिरों को ढूँढ़ना शुरू किया। हम दोनों पहले से ही उम्मीदवार थे, लेकिन जब तक काफी सीटें भर न जाएँ, सिर्फ दो आदमियों को लेकर वह थोड़े ही जा सकती थी। हम तब तक अधर में लटके रहे, जब तक कि साढ़े तीन बजे कुछ और सवारियों को लेकर बस रवाना नहीं हो गई। ड्राइवर ने कह दिया था, कि हम ज्वालामुखी रोड तक पहुँचा सकते हैं। यद्यपि काँगड़ा पहुँचने की गारंटी नहीं थी, लेकिन वहाँ रेल भी थी, और पठानकोट की सड़क पर होने से बसों का आना-जाना भी ज्यादा था। यद्यपि आशा-तंतु बहुत दुर्बल था, किन्तु कुछ ही देर की प्रतीक्षा के बाद एक बस आई, जिसमें एक ही आदमी की जगह खाली थी। पहले तो सोचा, हम में से एक ही चला जाए, लेकिन दोनों को शरण मिल गई, और सात बजे के पहले हम काँगड़ा पहुँच गए। धर्मशाला की बस के बारे में पूछने पर मालूम हुआ कि वही बस वहाँ जा रही है। जल्दी-जल्दी में सामान उठवा-कर बस में रखा और धर्मशाला की ओर चल पड़े।

धर्मशाला : काँगड़ा से धर्मशाला जाने वाली सड़क बहुत अच्छी टार की हुई है। यही नहीं कि धर्मशाला काँगड़ा जिले का सदर मुकाम है, बल्कि शिमला और मसूरी की तरह शीतल शैल पर होने से वह अंग्रेजों की ग्रीष्मपुरी रही है। लड़ाई के वक्त इस उपत्यका में बहुत-सी जगहों में सैनिकों और युद्धबन्दियों के कैम्प थे, जिसके कारण कई अच्छी सड़कें भी बन गईं। पर हमारा ड्राइवर मुख्य सड़क से न जाकर एक दूसरी सड़क से कितनी ही दूर तक गया और सवा सात बजे हम धर्मशाला के मुख्य बाजार में पहुँच गए। अटकल से कहिए, या कश्मीरी कुली की कृपा से, शिमला हिन्दू होटल में चले गए और वहाँ एक कमरा लेकर डट गए। रात को इधर-उधर घूमकर देखने की कोशिश की, किन्तु इतवार होने की वजह से बाजार पर छुट्टी का भी प्रभाव था। काँगड़ा जिले के भूगोल को प्राप्त करने की काँगड़ा में भी कोशिश की थी, और यहाँ भी, पर सफल नहीं हुए। 26

अप्रैल (सोमबार) का धर्मशाला के लिए हमारे पास एक ही दिन था, और इसमें बहुत-से काम करने और कितनी ही जगहों को देखना था। कांगड़ा जिले के डिप्टी-कमिश्नर (श्री के० एल० कपूर) को पहले भी चिट्ठी लिख कर जवाब से मरहूम रहे थे, तो भी गरजमंद थे, और चाहते थे, कि उनसे मिल कर जिले के बारे में कुछ जानकारी प्राप्त करें, कम-से-कम 19वीं सदी के मध्य से लेकर वर्तमान शताब्दी के प्रथमपाद तक की लिखी हुई जिलाधीशों की सूची को ही पूरी कर लें; पर कांगड़ा के डिप्टी-कमिश्नर पुराने नौकरशाहों के बहुत अच्छे प्रतिनिधि नहीं साबित हुए। आठ बजे उनके बँगले पर पहुँचे, कार्ड भेजा, हुक्म हुआ, दस बजे के बाद आयें। यह कहना बजा था, क्योंकि सरकारी नौकर वह 10 बजे से 4 बजे तक के लिए थे, बाकी समय उनका निजी था, जिसमें से किसी को कुछ देना उनके हाथ की बात थी। हमने सोचा; साहब बहादुर समय के बड़े पाबंद होंगे; लेकिन, जब यह मालूम हुआ, कि उनकी कचहरी बँगले में ही लगा करती है, शायद इसी का प्रतीक वहाँ झंडा भी फहरा रहा था, तो खयाल आया—कचहरी की जगह से इतनी दूर लोगों को बुलाना—वकील, मुवक्किल, मुहर्रिर, चपरासी सभी को, क्या इससे अच्छा यह नहीं था, कि वह अपनी कचहरी बँगले की जगह निश्चित स्थान पर करते? तो भी हम आशावान थे, कि दस बजे के बाद आने पर हमें जिलाधीश के दर्शन हो जाएँगे। लेकिन भागसू से पैदल चल कर आने पर मालूम हुआ, कि साहब बहादुर दौरे पर चले गए। यह बहुत आश्चर्य की बात भी नहीं थी। आजकल के जमाने में मंत्री लोग अपने महलों में फाइलों पर दस्तखत करते हैं, और सैर-सपट्टे को सबसे आवश्यक समझते हैं, तो गीता में भगवान ने झूठ थोड़े ही कहा है—'यद् यद् आचरति श्रेष्ठस्तत्तत्देवेतरो जनः' (बड़े जो कुछ करते हैं, वैसे ही दूसरे भी करते हैं।) स्वराज्य के बाद अब तो नौकरशाही की और भी पाँचों घी में हैं, क्योंकि वह किसी-न-किसी मंत्री के सगे-सम्बन्धी हैं या होने वाल हैं, फिर सात खून माफ हैं—'परम स्वतंत्र न सिर पर कोऊ' या 'सैंया भये कोत-वाल अब डर काहे का।' लेकिन यह तो हमें दोपहर को कहना-सुनना था।

हमने सोचा, चलें भागसू ही देख आएँ।

साढ़े छः आना देकर बस पर सवार हो हम धर्मशाला के और ऊँचे स्थान मेकलोडगंज पहुँचे, वहाँ से मील-भर पर भागसू कुंड था। धर्मशाला का पहले-पहल निर्माण वस्तुतः भागसू देवता के लिए ही हुआ था। आज भी भागसू कुंड के जल पर ही धर्मशाला-नगरवासी जीते हैं। पहाड़ और उपत्यका के लोग भागसू देवता के दर्शन के लिए आया करते थे। किसी भगत सेठ ने उनके ठहरने के लिए यहाँ धर्मशाला बनवा दी थी। अंग्रेजों ने जब पिछली शताब्दी के मध्य में कांगड़ा नगर

को गरम समझ यहाँ आकर डेरा डाला, तो उसी धर्मशाला के नाम पर बस्ती का नाम धर्मशाला पड़ गया। मसूरी वाले जिस तरह केम्प्टी फाल को देखे बगैर अपनी यात्रा पूर्ण नहीं समझते, उसी तरह भागसू कुंड गए बिना कोई धर्मशाला का सैलानी अपनी यात्रा को सफल नहीं मानता। यह यात्रा उतनी कठिन भी नहीं है। मेकलोडगंज तक बस पहुँचा देती है, और आगे का एक मील का रास्ता बहुत कुछ समतल जैसा है। हम चलकर वहाँ पहुँच गए। एक छोटा-सा कुंड था, जिससे निर्मल जल पाइपों द्वारा धर्मशाला ले जाया गया था। स्नान करने के लिए नीचे कुंड बना हुआ था। पर हम दर्शन से ही अपने को कृतकृत्य मानते थे। बड़ा रमणीक स्थान है। आसपास के पहाड़ बर्फानी वृक्षों के जंगलों से ढँके हैं, जिनमें देवदार ज्यादा हैं। धर्मशाला भी है, पर खाने-पीने का इन्तजाम अपने ही करके आना पड़ता है। कुंड का दर्शन करके हम भागसू मंदिर में गए। वहाँ के महन्त रामदयाल गिरि वैद्यभूषण ने अज्ञात कुलशील होने पर भी हम दोनों का बड़ा सत्कार किया। चाय पिलाए बिना छोड़ने के लिए तैयार नहीं थे। मंदिर तो छोटा-सा मामूली शिवलिंग वाला है। मध्यदेश और दक्षिणा पथ के शिवजी पशुपति होते भी पशु-बलि पसन्द नहीं करते, किन्तु पहाड़ में वह अपनी पत्नी दुर्गा का पूर्ण तौर से अनुरारण करते हैं। मंदिर के पास ही बलि दिए हुए पशुओं का खून दिखाई पड़ा। किसी समय शिवजी को बलि लेने में कोई उजुर नहीं था। किसी देवता के स्थान में आकर उसकी चरित्रगाथा सुने बिना आदमी को संतोष कैसे हो सकता है? वहाँ भागसू की सुन्दर कथा सुनने को मिली। सू संभवतः किरात भाषा का शब्द है, जिसका अर्थ देवता है। और सू अन्त वाले देवता महासू जिले में बहुत मिलते हैं। यही नहीं, इस सू शब्द का प्रचार चम्बा से लेकर गढ़वाल-कुमाऊँ तक देखने में आता है। भागसू को भागसूनाग भी कहा जाता है, नाग का जल और जल-कुंड से सम्बन्ध सारे पहाड़ में देखने में आता है। लेकिन भागसूजी देवता या नाग बनने से पहले मनुष्य थे। कथा कहने वाले बतला रहे थे: मरुभूमि—शायद बीकानेर या जोधपुर के दो छोटे-बड़े भाई थे। बड़ा पहाड़सिंह वहाँ का राजा था, और छोटा भार्गसिंह लक्ष्मण की तरह अपने बड़े भाई का अनुचर। दोनों भाइयों ने देखा, कि पानी के बिना उनका देश मरुभूमि बना हुआ है। पता लगा, उत्तराखंड से सारी बड़ी-बड़ी नदियाँ आती हैं, उन पहाड़ों का नाम जलंधर (पानी का धारण करने वाला) है, शायद इसकी भी भनक उनके कान में पड़ी थी। जो भी हो, दोनों भाई पानी ढूँढते पहाड़ों में आए। वर्तमान भागसू कुंड से डेढ़ दिन के रास्ते पर हिमाच्छादित पर्वत-श्रेणियों के बीच नागडल की अपार जलराशि का पता लगाया। सदाहरित देवदारों की सुन्दर पार्वत्यभूमि को देख कर बड़े भाई

पहाड़सिंह को ख्याल आया : ब्रह्मा की रेख में मेख लगाना हमारा काम नहीं है। यदि उसने हमारे जन्मभूमि को मरुभूमि बनाया, तो हम क्या कर सकते हैं? अनेक राज-ऋषियों के हिमवत् खंड में तपस्या करने की बातें वह सुन चुके थे, इसलिए उन्होंने यहीं पास के पहाड़ के सर्वोच्च स्थान पर तपस्या करनी शुरू कर दी, और भाई को भी उसके लिए प्रेरित किया। पर भागसू ऐसा स्वार्थी नहीं था। उसने कहा : "इतनी दूर आकर अनन्त जल को डेढ़ दिन के रास्ते पर ही अवस्थित देख अपने लक्ष्य से विमुख हो निजी लाभ के लिए तपस्या करना मुझे पसन्द नहीं है। मैं तो पानी लाकर छोड़ूंगा।" भाई तपस्या करने लगा, और भागसू नागडल की ओर बढ़ा। रास्ते में कोई वृद्ध हितैषी मिला, जिसने बतलाया : "नागडल में तो सातों समुद्रों का पानी भरा हुआ है, लेकिन पहले तो वहाँ पहुँचना ही मुश्किल है, और पहुँच जाने पर भी बिना प्राण खोए लौटना असंभव है।" "मुझे अपने प्राणों का मोह नहीं। मैं अपने लोगों के पास पानी पहुंचाना चाहता हूँ।" वृद्ध के हृदय में तरुण के प्रति करुणा भर आई, तो भी उसने समझाते हुए कहा—"वहाँ एक नहीं हजारों नागों का पहरा है। तुम्हें देखते ही वह डसकर वहीं खत्म कर देंगे। लेकिन चूंकि तुम अपने शुभ-संकल्प से बाज नहीं आना चाहते हो, इसलिए मैं एक मंत्र बतलाता हूँ। जैसे ही सहस्रों नागों को फन उठाए खड़े देखना, इस मंत्र को पढ़ देना, सभी नाग मूर्छित होकर लेट जाएँगे, और फिर अपनी इच्छा अनुसार पानी भरकर चले आना। लेकिन यह ख्याल रखना, कि मेरे मंत्र से वहाँ के नागराज पर कोई असर नहीं पड़ सकता। यदि किसी विशाल फन को तब भी खड़ा देखना, तो भागकर जैसे हो तैसे प्राण बचाना।"

भागसू ने वृद्ध के उपकार के प्रति कृतज्ञता प्रकट करते हुए नागडल का रास्ता लिया। दिन में न जा वह रात में नागडल पहुँचा। पूर्णिमा की दूध जैसी चाँदनी चारों ओर फैली हुई थी, जिसमे सभी चीजें साफ-साफ दिखलाई देती थीं। एक महान हिमाच्छादित शैल तथा बहुत-से दूसरे उसी तरह के शैलों से घिरा नागडल उसके सामने दिख रहा था। उसने अपनी कमली सम्हाली और सोचा, कम-से-कम आधा पानी तो बाँध लूँ। पर पानी के सामने देखते ही उसके चारों तरफ ऊँची शिलापट्टियों की तरह काले-काले फन दिखलाई पड़े। पहले तो उसने उसे शिला ही समझा, लेकिन जब थोड़े-बहुत हिलते तथा भीतर से चिरी हुई जीभें लपलपाती दिखाई पड़ीं, तो उसे बूढ़े की बात याद आ गई। उसने उसी वक्त मंत्र पढ़ा। पलक मारते ही सभी फण वहीं लेट गए। वह एक क्षण भी खोने के लिए तैयार नहीं था, और तुरन्त नागडल में पहुँच अपने कंबल मे आधा पानी बाँध लिया, फिर न जाने कहाँ से उसके पास इतना बल आ गया, कि उसी रात वह हवा से

बातें करता इस जगह आ पहुँचा, जहाँ पर आजकल भागसूकुंड अवस्थित है। नागराज नागकन्याओं को लिए कहीं दूर पहाड़ पर वनभोज, वन-विलास के लिए गया था। यदि वह और एक दिन वहीं रुका रहता, तो मरुभूमि का इतिहास ही दूसरा होता, साथ ही इतना तेज दौड़ने के कारण भागसू थक गया था, और आवश्यकता से अधिक आत्मविश्वास उसके मन मे भर गया था। उसने सोचा, अब कोई खतरा नहीं, थोड़ा आराम कर लें। फिर भाई से मिलकर यहाँ से देश लौट चलेंगे। उसने पानी-भरी कमली अपने सिर के नीचे रख दी और पैर पसार गहरी नींद सो गया। नागराज ने अपनी आधी सम्पत्ति लुटी देखी। रक्षक नागों को सोया देख उन्हें ठोकरें लगाईं और फिर चोर के पीछे दौड़ा। शायद मानुष गंध रास्ता बतलाने में सहायक हुई। सोए हुए चोर को पाकर नागराज ने क्रोध से पागल हो सारे वीरोचित धर्म को त्याग दिया, और उसी वक्त उसे उस खाया। भागसू की आँख खुल गई, लेकिन अब तो चिड़ियाँ खेत चुग गई थीं। उसने अंतिम क्षण में अपने इष्टदेव शंकर का स्मरण कर लेना जरूरी समझा। भोले बाबा के कान में आवाज पडते ही वह पार्वती को लिए अपने भक्त के सामने आ खड़े हुए। शिवजी जानते थे, कि यह तरुण राजपूत निष्कलुष है, इसने किसी की चोरी नहीं की है, बल्कि अन्यायपूर्ण रीति से जमा करके रखे सूमड़े की राशि को लेकर पात्रों को दान करना चाहा। उन्होंने प्रसन्न होकर भागसू से कहा : "मैं तुझसे प्रसन्न हूँ। अपने प्राण या जल दोनों चीजों में से एक को माँग ले।" "मुझे अपने प्राणों की आवश्यकता नहीं है, मैं यही चाहता हूँ, कि जो जल मैं इस सूमड़े से छीन कर लाया हूँ, वह फिर इसके पास न जाए।" भगवान् शंकर भागसू के इस निःस्वार्थ भाव को देखकर अत्यन्त प्रसन्न हुए। उन्होंने कहा : "एवमस्तु।" और नागराज को बुरा-भला कह कर भगा दिया। औढरदानी इतने से सन्तुष्ट नहीं हुए। उन्होंने स्वयं ही एक और वर तरुण को दे डाला : "अब से मैं तेरे नाम से यहाँ पर रहूँगा। लोग तेरा नाम स्मरण करते हुए हम दोनों की पूजा करेंगे, और सारी दुनिया भागसू का उपकार मानेगी।"

भागसू के मरणासन्न होने की खबर पास के पहाड़ में बैठे पहाड़सिंह को भी मिली और वह भी वहाँ चला आया। शंकर ने बड़े भाई को दूध की धार पाने का वर दिया। आज भी लोग पहाड़सिंह देवता को दूध चढ़ाते हैं। भागसू जैसे सुपुत्र विरले ही माताओं की कोख को पवित्र करते हैं। इसी भागसू के भक्तों के लिए बनाई धर्मशाला आज हिमालय की प्रधान ग्रीष्मपुरियों में से एक है। भागसू के आसपास आज भी ऐसी रमणीय स्थली है, जिसे देखने लिए लोग लालायित होकर वहाँ पहुँचते हैं।

महन्त रामदयाल गिरि ने चाय पिलाते हुए यहाँ आए एक-दूसरे सिद्ध बाबा उमेद गिरि की कथा सुनाई, जो काँगड़ा के राजा धर्मचन्द के समय में यहाँ पहुँचे थे। राजा धर्मचन्द ने बाबा की बड़ी सेवा की। चाहा, कि वह काँगड़ा नगर के आसपास कहीं विराजें, लेकिन बाबा उमेद गिरि अन्तर्ज्ञानी थे, उन्होंने परोपकारी भागसू नाग के स्थान को ही पसन्द किया। 7-8 हजार फुट की ऊँचाई पर गरमियों में भी सरदी होती है, बाबा तो जाड़ों में आए थे। राजा ने अपने आदमियों को भेज कर धूनी लगवा देने के बारे में कहा था, किन्तु रनिवास में जाकर वह उसे भूल गया। उसने बाबा उमेद गिरि को चमत्कार दिखलाने को कहा था; लेकिन, निष्पृह बाबा मदारी थोड़े ही थे। जब धूनी लगाने वाले नहीं आए, तो उन्होंने अपने तेज से वहाँ आग लगा दी। दूसरे दिन धर्मचन्द ने आकर देखा, तो अपनी भूल पर पश्चात्ताप करने लगा। बाबा ने कहा : "कोई परवाह नहीं, यहाँ के देवता मेरी सेवा के लिए तैयार हैं। दूसरा चमत्कार भी तू जल्दी ही देखेगा।" कुछ समय बाद बाबा ने उसी जगह जीवित समाधि ले ली। यही दूसरा चमत्कार था। आज भी बाबा उमेद गिरि और उनके उत्तराधिकारियों की पिंडियाँ एक कोठरी में मौजूद हैं। यदि समय होता, तो संभव है, हमें और भी सुन्दर और रोचक कथाएँ सुनने को मिलतीं, लेकिन दस बजे के बाद हमें डिप्टी-कमिश्नर के बँगले में भी जाना था। मालूम हुआ, पास ही की एक गुफा में एक नेपाली बाबा रहते हैं। हम भी दर्शन करने गए। लेकिन न वह घुमक्कड़ मालूम हुए न सिद्ध। बारह बरस से वह इसी गुफा में रहते हैं, इसका प्रभाव हमारे ऊपर नहीं पड़ सकता था, क्योंकि हम तिब्बत की मार खाए थे, जहाँ महात्मा लोग आजन्म के लिए गुफा में बन्द हो जाते हैं। अड्डे पर पहुँचने पर देखा, कुछ ही मिनट पहले बस चली गई। प्रतीक्षा के लिए समय नहीं था, न जाने कब दूसरी बस मिलती, और फिर निश्चित समय पर डिप्टी-कमिश्नर के बंगले पर पहुँचना संदिग्ध हो जाता। हमने मोटर का घूमघुमौआ रास्ता छोड़ खच्चरों का शॉर्टकट लिया। जल्दी-जल्दी पग बढ़ाते निश्चित समय पर उनके बँगले पर पहुँचे, पर मालूम हुआ साहब बहादुर दौरे पर चले गए। जब कूएँ में ही भाँग पड़ी हो, तो शिकायत किसकी करें? रोम-रोम से आशीर्वाद देते अपने होटल में पहुँचे। वहाँ डिप्टी-कमिश्नर की और भी कितनी ही गुण-गाथाएँ सुनीं, पर उसके दोहराने की यहाँ आवश्यकता नहीं, क्योंकि उससे हम अपना काम नहीं बना सकते।

खनियारा

मालूम हुआ, यहाँ सूचना-विभाग के भी अधिकारी रहते हैं। भोजनोपरान्त

सूचना-अफसर श्री मंगतराय खन्ना के ऑफिस में पहुँचे, जो काफी दूर था। डी० सी० ने जितना हमें गरम कर दिया था, खन्नाजी ने अपने भद्र व्यवहार से उतना ही शीतल कर दिया, यद्यपि उस समय उनसे हमें कोई लाभ नहीं हुआ। हम पठियार के ब्राह्मी-खरोष्टी अभिलेख को देख और पढ़ चुके थे, पर उसी काल के आसपास का एक अभिलेख यहाँ से 4 मील पर दाडी में था, जिसे गलती से पास के दूसरे गाँव के नाम पर खनियारा का लेख कहते हैं। खनियारा की सड़क धर्मशाला बाजार से जाती है, पर मील-भर की चढ़ाई चढ़कर वहाँ जाने पर भी पैरों की ही आशा थी, स्लेट ढोने वाली लारियाँ उठा ले चलेंगी, इसकी आशा नहीं थी। सोचा, पगडंडी के रास्ते ही चलें, यदि भटक गए, तो भी दिन-दिन में वहाँ पहुँच ही जाएँगे, लौट रात को भी सकते हैं। खन्नाजी ने अपने आदमी को कुछ दूर तक रास्ता दिखलाने के लिए भेज दिया। एक नाले को पार कर हम गोरखा लोगों के टोले से गुजरे। नेपाल से लड़ने के बाद अंग्रेजों ने गोरखा सैनिकों के सामरिक महत्व को समझा, और धीरे-धीरे यह भी कि गोरों के बाद यही सैनिक हैं, जो ब्रिटिश साम्राज्य के रक्षक सिपाही बन सकते हैं। गोरखा वाहिनी अंग्रेजों के भारत से बिदा हो जाने के बाद आज भी उनके साम्राज्य की रक्षा में अपना खून-पसीना एक कर रही है, यह हम मलाया में देख रहे हैं। धर्मशाला में भी हिमालय की अन्य छावनियों की तरह गोरखा सैनिक रहते थे, और आज भी हैं। कितने ही उनमें से यहीं बस गए हैं, और कितनों का भाषा छोड़ अब नेपाल से कोई सम्बन्ध नहीं रह गया है। इसमें सन्देह है, कि इस भाषा को भी नई पीढ़ी शुद्ध या अशुद्ध रूप में अधिक दिनों तक कायम रख सकेगी। श्यामनगर के पास से ही हम गुजरे थे, यदि मालूम होता कि शोभाकान्तजी को वहीं किसी से मिलने आना पड़ेगा, तो उसी समय हो लिए होते। एक और नाले के पास जाकर हमें खनियारा जाने वाली सड़क दिखाई पड़ी। पगडंडी टेढ़ी-मेढ़ी और ऊँचे-नीचे जा रही थी। रास्ता पूछने के लिए कोई आदमी नहीं था, इसलिए पहले नाक की सीध हमने उसी सड़क पर पहुँचने का निश्चय किया, पर गड्ढे में उतरते-चढ़ते नाक की सीध कायम रखना आसान काम नहीं था। उधर धूप भी दिमाग परेशान करने के लिए मौजूद थी, पर हम दोनों के पास बात की कमी नहीं थी, जिससे रास्ता कटता जा रहा था, और हम सड़क पर पहुँच अज्ञात स्थान की ओर बढ़ते एक नातिलघु नहरिया के किनारे एक वृक्ष के नीचे जा विश्राम करने लगे। कोई आता-जाता आदमी नहीं मिला। अन्त में पास के खेत में एक गद्दी बुढ़िया दिखाई पड़ी। पर पूछें क्या कहकर? अभिलेख-शिलालेख? यह निरी मूढता होती। पत्थर पर लेखा या क्या कहकर हम समझाने में समर्थ हुए, और बुढ़िया ने खेतों में से जाती एक पगडंडी पकड़ा दी। जगह-जगह

कुछ और पगडंडियाँ फूटती दिखाई पड़ीं, पर हमने सबसे मोटी रेखा का ही अनुसरण किया। सड़क से स्थान एक फलांग से अधिक नहीं था, पर हमें तो इसका पता नहीं था। खेतों में एक गद्दी प्रौढ़ा की आवाज सुन कर धैर्य बँधा, और उससे यह सुनकर और प्रसन्नता हुई, कि पास के ही खेत में फूट निकली शिला पर वह लेख है।

चारों तरफ खेत थे, जिनमें जहाँ-तहाँ ऊबड़-खाबड़ शिलाएँ निकली भैंसे की पीठ जैसी दिखाई पड़ रही थीं। उन्हीं में से एक तार से घिरी थी। न देखे ही समझ गए, यहीं लेख है। रक्षित स्मारक की सूचना ने उसे और दृढ़ कर दिया, पर क्या यह बुरा होता, यदि जिला-बोर्ड या सरकार ने सड़क पर एकाध जगह और मार्ग-संकेत लगा दिया होता। शिला पर मोटे और गहरे खुदे ब्राह्मी अक्षरों में लिखा था : 'कृष्णयशस्य आराम मादंगियस्य'। मादगी कौन थी, जिसकी सन्तान कृष्ण-यश था, जिसने यहाँ आराम बनवाया था? लिपि की आकृति और मिश्रित संस्कृत भाषा बतलाती थी, कि वायुल के लेख के बाद का है। शायद ईसा-पूर्व पहली शताब्दी का हो। खरोष्टी में उत्कीर्ण वह वाक्य हमें कुछ और बतलाने में समर्थ नहीं था। कृष्णयश कोई धनी-मानी श्रेष्ठी या सामंत था, इसके बारे में कुछ नहीं कहा जा सकता। आराम भी हमें किसी किनारे पर नहीं पहुँचाता। आराम अमराई या बाग को कहते थे, कोई जरूरी नहीं कि वह भिक्षुओं का आराम हो, क्योंकि तब उसे संघाराम कहा जाना चाहिए था। संघाराम ही मान लें, तो भी इसमें 'आगत-अनागत चातुर्दिशस्य संघस्य' भी रहना चाहिए था। सामान्य बगीचा या संघाराम जो भी यहाँ आज से दो हजार वर्ष से कुछ पहले था, अब उसका कहीं पता नहीं है। पुराने निवासी स्थान को छोड़ कर कहीं चले गए, और यह भूभाग बहुत समय तक घोर जंगल से ढँका रहा। फिर यहाँ कृषि से अल्प-परिचित सामने के हिमालय के परले पार के मेषपाल गद्दी जाड़ों में अपनी भेड़ों को चराने के लिए आते रहे, फिर उन्होंने यहीं खेत बना, बस गए। आज इनके पास भाषा और नर-नारियों की कमर में बँधी चालीस-पचास हाथ लम्बी रस्सी के सिवाय अपनी जाति का कुछ नहीं है, यदि उनके अधिक गौर वर्ण तथा तंग नासा को छोड़ दिया जाए। शोभाकान्तजी ने खड़िया चूर्ण अक्षरों के गड्ढे में बिखेरा, और हमने फोटो लिए। यात्रा सफल हुई। वहाँ दो-तीन और गद्दी किसान मिल गए, जिनसे मालूम हुआ, कि अभिलेख जिस गाँव में है, उसका नाम दाडी है, खनियारा उसके पड़ोस का गाँव है। जिस तरह हाट गाँव के विश्वेश्वर को बिजौरावालों ने दखल कर लिया, वही बात यहाँ हुई।

लौटते समय मन भी शीतल था और दिन भी अपनी गरमी को खो चुका था।

सड़क मोटर की और चढ़ाई की थी, पर थोड़ा आगे दूकान से गरी खरीद हम मुँह में डाले बड़े आराम से बढ़ने लगे। धर्मशाला के पास के नाले में पहुँचने पर देखा, कितने ही नर-नारी मेले से लौट रहे हैं। मेला खतम हो चुका था, सूर्य अस्ताचल-चूड़ावलम्बी हो चुके थे, एक गोरखा पुरुष को देख कर शोभाकान्त ने किसी नेपाली साहित्यिक का पता पूछा। मालूम हुआ, वह इस समय घर पर ही हैं। होटल पहुँच-कर वह तो उनसे मिलने चले गए, और मैं कुछ साहित्यिक तरुणों से बात-चीत करने लगा, जो मेरी पुस्तकों और विचारों से परिचित थे। सारे हिमाचल प्रदेश को एक प्रदेश का रूप देना चाहिए, इसे सभी जानकारी रखने वाले हिमालय पुत्र अच्छा समझते हैं, पर वही बात यहाँ व्यापारियों या बुद्धिजीवियों की नहीं है। वह तो चाहते हैं, काँगड़ा पंजाब में बना रहे। इसके भीतर उनकी स्वार्थलिप्सा छिपी हुई है। पूछने पर मैंने कहा : "काँगड़ा की भाषा तो पंजाबी की उपभाषा है, चाहे वह किसी समय पहाड़ी भाषा को हटाकर अपनाई गई हो।" इस पर एक तरुण ने आपत्ति की, जिसका कारण भी है, पंजाबी की उपभाषा होने पर भी उसका उच्चा-रण पहाड़ी की तरह होता है, और जात-पाँत और रीति-रिवाज में तो काँगड़ा-निवासी बिल्कुल पहाड़ी हैं।

रात को बहुत देर बाद शोभाकान्त लौटे। समझा, शायद अब भोजनशाला बन्द हो गई होगी, और पंघत चूके बैरागी की तरह उन्हें यों ही सो जाना पड़ेगा, पर वह वहाँ से पेट-पूजा कर आए थे।

चंबा को

हम अपने सीमित समय के कारण सबसे उत्सुक इस बात के लिए थे, कि चंबा देखने के लिए समय की कमी न हो जाए। 27 अप्रैल को सबेरे 5 बजे—अर्थात् सूर्योदय से काफी पहले—हमारी बस पठानकोट के लिए रवाना हुई। हम 6000 फुट की ऊँचाई से मैदान के एक शहर में जा रहे थे। पठानकोट नाम कितना भ्रामक है ? सुनने वाला यही समझेगा, कि यहाँ पठानों का कोट रहा होगा। उदुं-बरों के गण की राजधानी प्रतिष्ठान से इसका कितना अंतर है ? मुगल-काल में भी इसे पठान नहीं पैठान कहा जाता था। पहाड़ के बाहर बसे प्रतिष्ठान को अरक्षित समझ बहुत पहले ही राजधानी यहाँ से उठ कर धमेरी (धमेरिया) चली गई। शायद उदुंबर-गण के काल में नहीं, बल्कि पैठानिया राजवंश के समय। वीर उदुंबर 'स्ववीर्यगुप्ता हि मनोःप्रसूतिः' के मानने वाले थे। धमेरिया धर्मगिरि का नाम ही बतलाता है कि यह बौद्धकाल या प्राकृत-भाषा काल का नगर था। गणों का खून जिन लोगों में था उन्होंने बहुत पीछे तक वीरता को अपने हाथ से नहीं जाने

दिया, शायद इसीलिए पठानिया राजपूतों की तलवारें मुगलों के प्रताप के समय भी काबुल-कंधार ही नहीं वक्षुनदी की कछार तक अपना जौहर दिखलाती रहीं। हाँ, मुगलों की ओर से उस समय यहाँ के राजा बड़े-से-बड़े पदों पर आसीन थे। सम्राट् जहाँगीर के कितने भक्त थे, यह इसी से मालूम होगा कि उन्होंने अपनी राजधानी का नाम धमेरी से बदलकर नूरुद्दीन जहाँगीर के नाम पर नूरपुर कर दिया, जिसके ही नाम से वह आज भी मशहूर है।

साढ़े तीन रुपया देकर पठानकोट का टिकट लिया। काँगड़ा-उपत्यका को पार करते हम सवा लाख (शिवालिक) की टेकरियों में चढ़ने-उतरने लगे। चक्की नदी यहाँ की बड़ी नदी है, लेकिन उसका प्रताप सिर्फ वर्षा-काल में ही दिखाई पड़ता है। कुल्लू-काँगड़ा-धर्मशाला जाने वाली सड़क होने से यह बहुत अच्छी बनी है। शायद वर्षा में भी चलती हो, चार-पौने चार घंटा चलने के बाद पौने नौ बजे हम धर्मगिरि के नीचे से चल रहे थे। एक पथरीली टेकरी के ऊपर या जनसाधारण की भाषा में एक अकेली शिला के ऊपर पठानियों का दुर्ग बना था, जिसके कितने ही अवशेष अब भी देखे जा सकते हैं। नूरपुर कहने से सचमुच ही धर्मगिरि का पुराना इतिहास छिप जाता है। यद्यपि यहाँ की पुरातात्विक सामग्री की खोज-पड़ताल मामूली हुई है, तो भी प्राक्-मुस्लिम काल के अनेक अवशेष यहाँ मिले हैं। इस पहाड़ी किले को देख कर ही समझ में आ जाता था कि मैदान की अपनी प्राचीन राजधानी प्रतिष्ठान (पठानकोट) को क्यों छोड़कर उसे यहाँ लाया गया। अब भी नूरपुर में बाजार है, कितनी ही दूकानें हैं, और एक बहुत चलती सड़क वहाँ से गुजरती है, लेकिन इसकी आशा नहीं की जा सकती, कि धर्मगिरि का गत वैभव फिर लौट करके आएगा। उसमें सबसे बड़ी बाधा पठानकोट है, जो जम्मू-कश्मीर, चंबा और कुल्लू, अमृतसर और जलंधर के रेल और राजपथों का केन्द्र बन गया है, साथ ही पाकिस्तान की सीमा से नातिदूर होने के कारण वहाँ बहुत-सी सैनिक छावनियाँ भी हैं। पश्चिमी पाकिस्तान से आए हुए शरणार्थी भाइयों ने दूकानों और आदमियों की संख्या बढ़ाने में काफी हाथ बँटाया है। फिर नूरपुर को क्या आशा हो सकती है? तो भी हमें अफसोस था कि उतरकर धर्मगिरि को देख नहीं पाए। ड्राइवर ऐसा निष्ठुर था कि उसने फोटो के लिए एक मिनट के लिए भी गाड़ी खड़ी करनी नहीं चाही।

पठानकोट : पहाड़ दूर हट गए, समतल जमीन आ गई। कितने ही आमों के बगीचे मिले। पर गरमी के इस महीने में सारी वनस्पति भी कुम्हलाई हुई थी। दस बजे का समय आ रहा था, इसलिए गरमी भी बढ़ चली। पठानकोट में बस के खड़े होते ही हमें डलहौजी की बस पकड़ने की फिकर पड़ी, जो थोड़ी ही देर बाद

छूट रही थी। मुश्किल से हमने दही की लस्सी और कुछ नाश्ता किया और बस पर बैठ गए। आए हुए रास्ते के पश्चिम से हमारी बस पहाड़ों में घुसी। रास्ता अधिकतर चढ़ाई का था, जिसमें भार को खींचने में इंजन को काफी तकलीफ पड़ रही थी। वह बड़े जोर-जोर से साँसें भर रहा था। हमारी बस में कोई वमन करने वाला बहादुर नहीं था। दुनेरा में दोनों तरफ की बसें आकर खड़ी हुई। थोड़ा रुककर हमें आगे बढ़ने का मौका मिला। पठानकोट से आगे यद्यपि चंबा जिले की सीमा आ गई, पर अंग्रेजों ने चंबा से डलहौजी और बकलोह छीनकर पंजाब में मिला लिए थे। चंबा (हिमाचल प्रदेश) से घिरी यह दोनों बस्तियाँ आज भी पंजाब में रखी गई हैं। बनीखेत से डलहौजी पाँच मील रह जाता है। यहीं से चंबा वाली सड़क फूटती है।

डलहौजी : सरकारी बसों में यात्रियों को अधिक आनंद रहता है, यह कोई आदमी भी निजी बसों और सरकारी बसों में चढ़ कर देख सकता है। हमें डलहौजी देख कर चंबा जाना था, इसीलिए बनीखेत में न उतर उसी बस से हम डलहौजी चले गए। बनीखेत ही में गरमी ने पीछा छोड़ दिया था। और आगे तो शस्यश्यामला पहाड़ियों से बढ़ने तथा वहाँ के वायु के स्पर्श से चित्त आह्लादित हो रहा था। हिमालय की सभी विलासपुरियों को मैंने देखा है। मैं समझता हूँ, सौंदर्य में सबकी रानी डलहौजी है; मसूरी का नंबर दूसरा होगा। मसूरी के देहरादून से दिखाई देने वाले पहाड़ प्रायः नंगे हैं, डलहौजी की पहाड़ियाँ चारों ओर से हरित-वसना है, और हरा रंग भी न जाने क्यों इतना निखरा-निखरा मालूम होता है। 27 अप्रैल को ग्रीष्म काल का यौवन था। उसका प्रभाव क्यों नहीं यहाँ पड़ा? हम मन-ही-मन इसकी शोभा का वर्णन करते घुम-घुमौवा कोलतार पड़ी सड़क से साढ़े छः हजार फुट पर अवस्थित डलहौजी की ओर बढ़ रहे थे। आज भारत के प्रधान-सेनापति यहाँ आने वाले थे, इसलिए सड़क पर तोरण-बंदनवार लगे हुए थे। सैनिक तरुण अपने नेता के स्वागत के लिए कहीं-कहीं हाफ पैंट और गंजी में खड़े थे। हमें मालूम भी नहीं हुआ कि कब बस आकर अपने अड्डे पर खड़ी हो गई। भोजन नहीं कर पाए थे, इसलिए नगर-परिदर्शन से पहले हमने भोजन से निबट लेना चाहा। अड्डे के पास ही दो-तीन रसोईखाने थे, यद्यपि वहाँ अच्छी तरह बैठकर खाने के लिए स्थान नहीं था, और वस्तुतः वह सैलानी मध्यमवर्ग के लिए थे भी नहीं; किंतु, हमें तो खाना अच्छा चाहिए था। सामान वहीं रखकर हमने खाना खाया, और फिर नगरी की ओर चल पड़े। बस के लौटने में चार घंटे की देर थी, इसलिए हमारे पास समय काफी था। हम तीन घंटे तक डलहौजी की सड़कों पर घूमते रहे। डलहौजी वैसे छोटा स्थान है। एक जगह दो-चार दूकानें, दूसरी जगह

साठ-सत्तर और तीसरी जगह बड़े डाकखाने के पास एक दर्जन दूकानें होंगी। दूकानें उदास और दूकानदारों के चेहरे मुरझाए हुए, जिससे मालूम होता था, कि पिछले चार सालों में डलहौजी की हालत दूसरी विलासपुरियों से कहीं अधिक बुरी हुई है। हो सकता है, इसका कारण यह भी हो, कि अभी सैलानियों का सीजन शुरू नहीं हुआ था। चेरिंग क्रास के आगे बढ़कर हम बाजार में घुसे। यही यहाँ का सबसे बड़ा बाजार है। जिसकी अंत की आधी दुकानें 1947 के बाद नहीं खुलीं और न उनके खुलने की आशा है। एक प्रौढ़पुरुष बड़ी हसरत-भरी निगाह से देखते करुण स्वर में कह रहे थे : "पहले यह अच्छी दूकानें थीं, हिन्दू-मुस्लिम कितनी ही तरह की चीजें बेचते, इसे गुंजान किए हुए थे। मुसलमान सब कुछ छोड़कर चले गए।" पुरुष का विश्वास था, कि हिन्दू-मुसलमान आपस में लड़ न पड़े होते और मुसलमानों को अपना घरबार छोड़ कर जाना नहीं पड़ा होता, तो डलहौजी भी लुप्त नहीं हुई होती। इसमें शक नहीं, यदि पाकिस्तान न बना होता तो पंजाब की राजधानी लाहौर के सन्निकट होने के कारण डलहौजी में सैलानियों की कमी न होती। पर अंग्रेजों के चले जाने तथा मध्यमवर्ग की स्थिति के शोचनीय होने का प्रभाव डलहौजी पर न पड़ता, यह मानने लायक बात नहीं है। डलहौजी में अब न कोई मुसलमान दूकानदार दीख पड़ता है, और न बैरा-खानसामा। इसी बाजार के एक छोर पर आर्यसमाज, सनातन धर्म के मंदिर और सिक्ख गुरुद्वारा हैं, उनसे थोड़ी दूर हट कर एक मसजिद—सभी अपनी किस्मत को रो रहे हैं। बाजार के भीतर छतों के टिनों के ढहने, काँच की खिड़कियों के टूटे रहने से यह साफ मालूम होता था, कि सीजन में भी इनमें चिराग-बत्ती नहीं होती होगी। सड़क पर एक बूढ़ा जमादार मिला। कह रहा था : "क्या पूछते हैं, डलहौजी की शोभा तो साहेब लोगों के साथ चली गई।" उसका कहना अधिक ठीक था, क्योंकि साहेब लोगों की तरह मुक्त हस्त हो खर्च करने वाले दूसरे नहीं हो सकते थे। बड़े डाकखाने के पास मिला पुरुष अधिक आशावान् था। वह कह रहा था—अगले महीने (मई) के अंत में सैलानी लोग बहुत आएंगे तब यहाँ चहल-पहल होगी। लेकिन हम दूसरी विलासपुरियों के तजर्बे से जानते हैं, सैलानियों की संख्या अधिक होने पर भी दूर-दूर के रमणीय स्थानों पर बने बँगले कभी आबाद नहीं हो सकेंगे। डलहौजी वायसराय डलहौजी के नाम पर बसाई गई अंग्रेजों की असैनिक बस्ती थी, जिसे यहाँ और बकलोह में गोरों और गोरखों की छावनियाँ बना दिया गया। बैरकें अब भी आबाद हैं।

नगरी के अधिक वन और कम घर वाली सड़कों पर घूमते हम सोच रहे थे, इतनी सुंदर बस्ती को उजाड़ नहीं होना चाहिए। अमृतसर और जलंधर वालों

के लिए तो यह बहुत नजदीक पड़ती है, क्यों नहीं वहाँ के लोग गरमियों में यहाँ आते ? अमृतसर लाहौर के बाद पंजाब का दूसरा सबसे अधिक समृद्ध नगर था, व्यापारियों की तो वही राजधानी थी, फिर वहाँ वाले डलहौजी छोड़ क्यों मसूरी या शिमला जाना पसंद करते हैं ? जलंधर भी अच्छा-बड़ा शहर है। पाकिस्तान की सीमा के पास रहने के कारण अमृतसर की जनसंख्या और समृद्धि के बढ़ने की कोई आशा नहीं, लेकिन वही बात जलंधर के बारे में नहीं कही जा सकती, वह इधर बहुत बढ़ा है, और यदि औंधी खोपड़ियों ने पंजाबी भाषा के क्षेत्र से अलग चंडीगढ़ में मुहम्मद तुगलक द्वारा दौलताबाद को राजधानी बनाने जैसा दुस्साहस न किया होता, तो राजधानी के लिए जलंधर से अधिक उपयुक्त स्थान और नहीं हो सकता था, और वह दिन दूना रात चौगुना बढ़ जाता। लेकिन, समझावे कौन ? "अज्ञः सुख-माराध्यः सुखतरमाराध्यो विशेषज्ञः। ज्ञानलवदुर्विदग्धं ब्रह्मापि तं जनं न रंजयति।' (अज्ञानी आदमी अच्छी तरह से समझाया जा सकता है। विशेष जानकार और भी आसानी से, पर ज्ञान की कणिका मात्रा से अपने को विदग्ध समझने वाले आदमी को ब्रह्मा भी नहीं समझा सकता।) चंडीगढ़ को सरकारी पैसों के बल पर राजधानी बनाया जा रहा है। व्यापारियों का उसके भविष्य पर विश्वास नहीं है। तभी वह वहाँ, अपनी कोठियाँ-कारखाने खोलने के लिए आगे नहीं बढ़ रहे हैं। जिस समय पंजाबी भाषा-भाषियों का अपना प्रदेश बन जाएगा, उस समय पराई भाषा के क्षेत्र में अपनी राजधानी बनाने के लिए कौन तैयार होगा ? अस्तु, अमृतसर और जलंधर के नागरिकों से डलहौजी को आशा हो सकती थी, पर लोग ग्रीष्मपुरियों में सिर्फ गरमी से बचने ही के लिए नहीं जाते, बल्कि वहाँ उन्हें अपने मित्रों और संबंधियों से मिलने का अवसर भी मिलता है। पश्चिमी पाकिस्तान के बहुत-से उनके संबंधी अब दिल्ली के आसपास चले गए हैं, जो सामर्थ्य होने पर गरमियाँ बिताने मसूरी आते हैं, इसलिए अमृतसर और जलंधर के बहुत-से नागरिकों को भी वहाँ आना पड़ता है। जो भी हो, डलहौजी को अभी बहुत दिनों तक अच्छे दिनों की प्रतीक्षा करनी होगी।

चार बजकर 29 मिनट पर हमें लौटने वाली बस मिली। जिससे बनीखेत चले आए। चंबा यहाँ से बारह-तेरह मील पर है। सरकारी बस बहुत सुंदर थी, और वह पूरी तौर से भरी भी नहीं थी, शायद इसीलिए देर की जा रही थी। ऑफिस के कोई तरुण जब बस को चला कर कुछ पीछे की ओर चले गए, तो हमने समझा था, यही ड्राइवर होंगे। पर, नहीं। इस पतले सँकरे रास्ते पर सवारियों को बैठा कर वह मोटर चलाना सीख रहे थे। बचपन में सुन रखा था—नाई का लड़का अहीर के सिर पर बाल बनाना सीखता है। शायद कट-कूट जाने पर अहीर

उसकी परवाह नहीं करता। पर यहाँ अहीर के सिर की तरह थोड़ी-सी कट-कूट से ही छुट्टी नहीं मिलती, यदि बस-चालक हैंडल पकड़ने में गफलत कर देता। यह रहस्य हमें पीछे मालूम हुआ, जब ड्राइवर बस को चंबा की ओर ले चला। बनीखेत अच्छा-खासा बाजार है। यहाँ बहुत-सी दूकानें हैं—सैलानी यहाँ नहीं डलहौजी में जाकर ठहरते हैं, इसीलिए यहाँ भव्य इमारतों की आवश्यकता नहीं हैं।

ड्राइवर अपने काम में बड़ा कुशल था, यह चंबा तक चल कर हमने देख लिया। पर उसने अपने बगल की सीट पर एक की जगह दो आदमियों को बैठा लिया था, जो उससे बड़ी तन्मयता के साथ बातचीत कर रहे थे। यदि मैदानी भूमि में भी कोई ड्राइवर को इस तरह बातचीत करते देखता, तो मन में आशंका उठे बिना नहीं रहती। पर, यहाँ तो बस को ढाँकने की जगह से अधिक मुश्किल से एक फुट स्थान था। बनीखेत से कुछ ही मील चलने के बाद सारा रास्ता उतराई का था। यदि बस जरा भी बगल को सरकती, तो किसी की हड्डियों का भी पता न लगता। उससे भी असह्य बात उसके कंडक्टर ने कर रखी थी—उसने हमारे खाने में ले आकर मोबिल आयल के कनस्तर को रख दिया था, जिसके कारण पास बैठे आदमियों के कपड़े सन रहे थे। जब कंडक्टर साहब ने कनस्तर हटाना अपनी शान के खिलाफ समझा, तो मैंने शिकायती किताब माँगी। उसने ड्राइवर से कहा, ड्राइवर ने कहा : "हमारे पास शिकायती किताब नहीं है।" मैंने बस के भीतर लिखी हुई पाँती को दिखलाकर कहा, कि इसमें शिकायती पुस्तक के कंडक्टर के पास रहने की बात लिखी हुई है। साफ जवाब था। "हमें शिकायती किताब नहीं मिली है।" फिर न जाने क्या जानकर वह कुछ नम्र हुआ, और जब कंडक्टर को मालूम हुआ, तो उसने उसे फटकार कर कनस्तर को हटवा दिया पर उसके दोस्त बराबर बगल की सीट पर डटे बातचीत करते रहे। बस बिल्कुल नई थी, जिसके आधे भाग में साग-सब्जी से भरे नौ मन की पेटियाँ भर दी गई थीं। ऐसी लदाई से गाड़ियों का खराब होना बिल्कुल निश्चित था। चंबा चौदह मील रह गया, जबकि दोनों ओर की बसों के मिलने के स्थान पर पुलिस ने बस रोक दीया, और पूरा समय होने पर हमारी बस आगे बढ़ी। कुछ ही दूर जाने पर अंधेरा हो गया, और साढ़े आठ बजे चंबा पहुँचने तक हम उतराई में चलते रहें। बनीखेत से चंबा की सड़क सबसे संकीर्ण टेढ़ी-मेढ़ी और संकटापन्न है। समझ में नहीं आता, कि ऐसी सड़क पर रात के वक्त बस ले जाने की क्यों इजाजत दी जाती है, जहाँ कि दस ही कदम पर हर मुड़ाव के आने से आगे की कोई चीज देखी नहीं जाती। ड्राइवर में दोष चाहे जो भी हो—दोष भी नहीं कह सकता, क्योंकि मित्रों-परिचितों के साथ

रूखा बर्ताव करके बात करने से इंकार नहीं किया जा सकता। यह उन अक्ल के अन्धों को स्वयं समझना चाहिए था। यदि नहीं समझते तो, कानून किस मर्ज की दवा है? जो भी हो, मैं कहूँगा, कि 27 अप्रैल की शाम को चंबा जाने वाली बस का ड्राइवर बहुत कुशल चालक था।

चढ़ाई उतरकर रावी के सैकत में कितने मीलों तक सड़क गई है। दिन होता तो उत्तरापथ की पाँच महान् नदियों में से एक इस रावी और उसकी उपत्यका को देखने का अवसर मिलता। चंगी के लिए थोड़ी देर ठहरकर मोटर के अड्डे पर जा बस खड़ी हुई। चम्बा में राहुल सांकृत्यायन के परिचितों की कमी नहीं थी। पजाब की तरह यहाँ हिन्दी पहले से भी उपेक्षित नहीं थी, इसलिये मेरी पुस्तकों के कितने ही पाठक थे। लेकिन उस समय तो मैं अपरिचित स्थान में आया था। यह मालूम था कि यहाँ के डिप्टी कमिश्नर नेगी ठाकुरसेन मेरे परिचित हैं, पर बिना पहले से सूचना दिये उनके यहाँ जाना मुझे पसंद नहीं था। रात के समय किसी के यहाँ भी बिना पहले सूचना किये जाकर मेहमान बनना मैं ठीक नहीं मानता। पर चारा नहीं था। स्पीकर साहब पं० जयवन्तजी का मकान यहीं पर था और जब एक सहयात्री ने उनके घर तक पहुँचा देने की बात कही, तो हमने यहीं जाने का निश्चय किया। वहाँ उनके भानजे श्रीनिवासजी मौजूद थे जिन्होंने एक अच्छे कमरे में ठहरा दिया।

चम्बा: 28 अप्रैल का सबेरा हुआ। सबसे पहले हमें डाक की चिन्ता हुई। डाकखाने में तीन चिट्ठियाँ मिलीं। मैंने अपनी यात्रा में आधे दर्जन से ऊपर चिट्ठियाँ मसूरी लिखी थीं, पर उनमें से एक भी न मिलने के कारण कमला का धैर्य टूट गया और पत्र में खूब कड़वी-मीठी शिकायत की। मसूरी और देहरादून छोड़ते समय बच्ची जया को बड़ी बुरी तरह से दस्त आ रहे थे। यह पढ़ कर बहुत संतोष हुआ, कि अब वह ठीक हो गई है।

चिट्ठियों से निबटकर सबसे पहले डिप्टी-कमिश्नर साहब से मिलना था, क्योंकि चम्बा जिला-संबंधी सामग्री के बहुत-से भाग उन्हीं की सहायता से मिलने वाले थे। नेगी साहब कनौर के वासी हैं। किन्नर देश की यात्रा में उनसे मेरी मुलाकात ही नहीं हुई थी, बल्कि काफी हद तक घनिष्ठता भी। किन्नर जैसे पिछड़े देश में बहुत कम ही ग्रेजुएट मिलते हैं। नेगी साहब सुशिक्षित ही नहीं, बल्कि सुसंस्कृत, साहसी और आदर्शवादी पुरुष हैं। यद्यपि उन्हें अब तरुण नहीं कहा जा सकता, लेकिन शरीर और मन दोनों उनके तरुण हैं। पहाड़ के दुर्गम और दुरारोह स्थानों में वह हिरन की तरह से चढ़ सकते हैं। लोकहित और लोकसेवा का ध्यान भी इसका कारण हुआ, जो उन्होंने ब्याह नहीं किया। यह जान कर बड़ी प्रसन्नता हुई,

कि उन्हें अपनी क्षमता और भावना को कार्य रूप में परिणत करने का यहाँ अवसर मिला है। मिलने पर उनका आग्रह हुआ, कि मैं उनके यहाँ चला आऊँ। मैंने कह दिया, भरमौर से लौट कर आपके यहाँ ठहरूँगा। पंडित जयवन्तरामजी के यहाँ ठहरने की बात सुन कर उन्होंने आग्रह छोड़ दिया। मैंने अपेक्षित सामग्री की एक सूची दे दी। पंडित जयवन्तरामजी अपनी चिट्ठी में भी उन्हें उनके बारे में लिख चुके थे।

डिप्टी-कमिश्नर का बँगला चम्बा के अँग्रेज सर्व-सर्वा के लिए बना था। यद्यपि वह शहर से नाति दूर सटा हुआ था, पर वहाँ से रावी का दृश्य बहुत सुदर तथा उसकी शीतल हवा बड़ी सुलभ थी। डाकखाना, अस्पताल, म्यूजियम जिस चौगान के मैदान के किनारे अवस्थित हैं, वह डी०सी० के बँगले के नातिदूर है। चौगान के किनारे शरणार्थियों के लिए बहुत-सी दुकानों की कोठरियाँ बना दी गई हैं। उजड़ा पंजाब चम्बा की श्रीवृद्धि में हाथ बँटा रहा है, यह भी यहाँ देखा जा सकता था।

चम्बा प्रदेश का पहले क्या नाम था, यह कहना मुश्किल है। चम्बा नाम तो नवीं-दसवीं सदी में चम्बा के राजधानी बनने पर पड़ा। राजधानी बनने के समय के मंदिरों में लक्ष्मीनारायण मंदिर समूह सबसे पहले आते हैं। हम पहले उन्हीं को देखने चले। पुराना मंदिर होने से यह पुराने राजप्रासाद के करीब रहा होगा, पर पिछले हजार वर्षों में प्रासाद अनेक बने हैं, सबसे पिछला प्रासाद मंदिर के करीब है। एक ही आँगन में तीन पुराने मंदिर हैं, जिनमें प्रमुख लक्ष्मीनारायण का है। लेकिन इसमें संदेह है, कि पहले भी यहाँ विष्णु की प्रधानता रही होगी। हिमाचल के और कितने ही मंदिरों की तरह यहाँ भी पुरानी मूर्तियों का अभाव है। 3000 फुट की ऊँचाई पर बसी इस नगरी में मूर्तिभजकों का पहुँचना आसान था, इसलिए लूट के लिये वह अनेक बार यहाँ आए होंगे, और पहाड़ में खंडित मूर्तियों के दर्शन से पाप होता है, इस विश्वास को कार्य रूप में परिणत करने की प्रवृत्ति अधिक देखी जाती है, फिर टूटी-फूटी मूर्तियों का सुलभ होना कैसे हो सकता है। तो भी मंदिर की दीवारों में चिनी खंडित मूर्तियों का निकाल फेंकना आसान नहीं था, इसलिये वह जहाँ-तहाँ दीख पड़ती हैं। प्राचीन मूर्तियाँ अधिक सुंदर हैं, यह उस समय की मूर्ति कला के उत्कर्ष का प्रमाण थीं। ऐसी एक पुरुष मूर्ति के दाहिने हाथ में पद्म था। क्या यह पद्मपाणि अवलोकितेश्वर की बौद्ध मूर्ति है? पर चम्बा में दूसरी कोई बौद्ध मूर्ति के न मिलने पर इसे अवलोकितेश्वर का कैसे माना जा सकता है? यहाँ के शिखरदार मंदिर उसी तरह काष्ठ की छतरी से ढँके हैं, जैसे गढ़वाल में केदारनाथ और दूसरे मंदिर। जहाँ तापमान हिम-

बिंदु से नीचे चला जाता है, वहाँ काठ की छत के कारण शायद कुछ सुरक्षा होती हो, इसीलिए ऐसी छतरियों का रिवाज पहाड़ में चल पड़ा। यहाँ के चन्द्रगुप्त और त्र्यंबकेश्वर के मंदिर शिव के हैं, और पहले लकुलीश पाशुपत इनके अर्चक रहे होंगे। शायद उन्हीं के काल का अवशेष है, नन्दी की पूँछ पकड़े एक पुरुष का लटके रहना।

नगर से बाहर जालपादेवी के मंदिर की बात सुन हम वहाँ गये। उसमें बाहर 12वीं सदी की कुछ मूर्तियाँ दिखाई पड़ीं, जो चम्पानगरी के लिए कोई असंभव नहीं थीं। जाड़ों में चाहे बर्फ पड़ जाती हो, पर इस समय मध्याह्न में तो ब्रह्मांड फूट रहा था, इसलिए हम भोजन करने के लिए अपने स्थान पर लौट आए। कुछ विश्राम के बाद फिर निकले। पहले चंपेश्वरी मंदिर को देखने गए। नगर की अधिष्ठात्री देवी नगर के भीतर ही रहती है। परंपरा बतलाती है कि पिता ने अपनी प्रिय पुत्री के नाम पर उसी की इच्छा के अनुसार ब्रह्मपुर से हटाकर अपनी राजधानी यहाँ बसाई, पर संतभक्ति-परायण पुत्री पर पिता के संदेह करने पर वह यहीं अन्तर्धान हो गई। और उसकी स्मृति में यह मंदिर बना। पास की टेकरी पर उस दिन चामुंडा का मेला था। देवी की बहिन बेरवाली देवी मेहमानी में आई थी, जिसके उपलक्ष्य में बहिन ने यह मेला रचाया था। काफी ऊँचाई चढ़नी थी, इसलिए हमने ऊपर जाने का ख्याल छोड़ दिया, और चढाई की जड़ तक ही जा सके। जाने वाली अधिकांश स्त्रियाँ थीं। उनके देखने से मालूम होता था, कि चम्पा की नागरियाँ रूप-रंग-आगरियाँ हैं। कुछ ने सलवार-ओढ़नी भी लगा रखी थी, और काफी संख्या पसवाज पहनने वालियों की भी थी। पसवाज वही मुगल कालीन बेगमों की पेशवाज है, जिसे अब हमारे यहाँ नर्तकियाँ ही पहनती हैं। पहाड़ में इतने भीतर कैसे महिलाओं ने इस पोशाक को स्वीकार कर लिया? राजस्थान की अन्त:पुरिकाएँ पिछली शताब्दी तक इसे पहनती थीं, इसमें संदेह नहीं, पर वहाँ के राजा तो मुगल-दरबार के सम्मानित सामंत और भक्त-चाकर थे। इसके देखने से यह साफ मालूम होता है, कि जिसकी तपी रहती है, उसका अनुकरण करना लोग आवश्यक समझते हैं, जैसा कि आज भी अंग्रेजों का अनुकरण हो रहा है। पर साड़ी पर मेमों का स्कर्ट तो कभी विजय प्राप्त नही कर सका, और मुगलों की देन यह पसवाज अब साड़ी के लिए स्थान खाली कर रही है। पसवाज के देख लेने पर चम्बाकलम में चित्रित यहाँ की पुरानी पोशाक को समझने में दिक्कत नहीं हो सकती।

राजा बूढ़ीसिंह की अनेक कृतियों में यहाँ का बूढ़ीसिंह म्यूजियम भी है, जिसमें कितने ही दुर्लभ चित्र, मूर्तियाँ और ताम्रलेख-शिलालेख रखे हुए हैं।

हिमाचल सरकार को इसकी ओर जितना ध्यान देना चाहिए था, उतना नहीं दिया, यह खेद की बात है। शताब्दी के आरंभ से यहाँ पुरातत्त्व-इतिहास आदि-संबंधी कितनी ही पत्र-पत्रिकाएँ और पुस्तकें आया करती थीं, पर उनमें से बहुत कम बच पाई हैं। रियासती काल में जो हुआ, सो तो हुआ ही, अभी एक ही दो साल पहले कोई सज्जन एक ऐसी ही पुस्तक लेकर गए, और लौटाने का नाम नहीं लिया। सचमुच ऐसे लोग संस्कृति और समाज के शत्रु हैं, जो कि दूसरों को उनके उपयोग से वंचित रखना चाहते हैं। म्यूजियम की पुस्तकों का उपयोग हरेक को करने का अधिकार है, पर उनकी सुरक्षा के साथ। यह जानकर बड़ी प्रसन्नता हुई, कि अब उतनी ढिलाई नहीं है। मुझे भी देखने के लिए पुस्तकें तब तक नहीं मिलीं, जब तक कि डी०सी० साहब की सिफारिश नहीं आई।

29 अप्रैल को भी हमें चम्बा में ही बिताना था। सारा समय पढ़ने तथा कुछ परिदर्शन में लगा। चौगान के एक सिरे से जब हम गुजर रहे थे, तो सशस्त्र पहरेदार पुलिस ने उधर के सार्वजनिक रास्ते से जाने से रोका। हमने सोचा, शायद राजा साहब आए हों, पर वह तो डलहौजी में थे। मालूम हुआ, हिमाचल प्रदेश के न्यायाधीश आकर यहाँ विराजमान हैं। बँगले से दूर अवस्थित फाटक के बाहर जाने वाले रास्ते से भी आदमी चलने न पाया।

बसगिरि : अबकी यात्रा में हमने दो-चार मील से अधिक पैदल न चलने का निश्चय किया था, इसका कारण समय की कमी थी। पर गद्दी लोगों के प्रदेश में चम्बा की सबसे पुरानी राजधानी ब्रह्मपुर (ब्रह्मौर, भरमौर) को देखने की इच्छा को संवरण नहीं कर सके। चम्बा से 12 मील तक हाल ही में बस चलने लगी है। उसके आगे 26 मील पैदल जाना था। नेगी साहब ने दो घोड़ों का इन्तजाम कर दिया था। और वह 29 अप्रैल को ही राख के लिए रवाना हो गए थे। हल्ला कर दिया था, कि साढ़े पाँच बजे सबेरे ही बस जाती है, इसलिए हम उसी समय अड्डे पर पहुँच गए, पर बस सवा छः बजे रवाना हुई। सड़क का तल यद्यपि ठीक किया गया है, लेकिन अभी वह नई है। बस इतमीनान से चली जा रही थी। मैं ड्राइवर की बगल में बैठा था। शोभाकान्तजी मेरी पिछली सीट के बायें कोने पर और दायें कोने पर विद्याधरजी एम०एल०ए०। पीछे की सीटों में कितने ही नर-नारी भरे हुए थे। ड्राइवर की बगल में बैठे होने से मैं सामने की चीजों को देख सकता था। रावी हमारे दाहिने से बह रही थी, यद्यपि नजदीक नहीं थी। पाँच मील से कुछ ऊपर गए थे, वहाँ सड़क ऐसी जगह थी, जिसके बायें किनारे कुछ हटकर पहाड़ खड़ा था, और दाहिने तीखी ढलान 10-15 गज आगे-पीछे थी।

एकाएक मैंने देखा, हमारी बस दाहिने की ओर खिसक रही है। उस वक्त वह बहुत धीरे-धीरे जा रही थी, इसलिए खिसकना ही कहना चाहिए। अभी दिमाग ने कुछ और सोचने का अवसर नहीं पाया था, कि मैंने देखा, बस करवट गिर कर रुक गई। यह सब इतनी जल्दी-जल्दी हुआ, कि मैं कुछ नहीं सोच सका। ड्राइवर और मेरी सीट दो अलग गद्दीदार कुर्सियों जैसी थीं, जिनकी पीठ हिलने-डोलने लगी थी। ड्राइवर कुर्सी के नीचे गुमसुम पड़ा हुआ था। चाहे वह कुछ ही मिनट पड़ा रहा हो, लेकिन मुझे मालूम हुआ युग बीत गए। बाएँ से निकलने वाला रास्ता अब हमारे सिर पर था, और वह जम भी गया था। इसलिए उधर से निकला नहीं जा सकता था। ड्राइवर की तरफ का रास्ता जमीन से सट गया था।

मालूम हो गया, बस उलट गई। आगे की सीट वाले हम दोनों को कोई चोट नहीं आई थी। बाद में खून देख कर मालूम हुआ, कि मेरा बायाँ पैर जरा-सा छिल गया है। पीछे वालों की कोई चिल्लाहट न होने से निश्चित था, कि किसी को कोई चोट नहीं लगी है। मैंने ड्राइवर से कहा, "लेटे क्या हो, बाहर निकलो।" पीछे वालों के मन से भी अचानक लगे धक्के का प्रभाव दूर हो गया, और वह बस के पीछे के दरवाजे से बाहर निकलने लगे। विद्याधरजी का एक पैर ड्राइवर की सीट के नीचे दब गया था। ड्राइवर की तरह वह भी चुपचाप पड़े रहते, तो शायद हड्डी टूटने का डर था। इसलिए उन्होंने 'सर्वनाशे समुत्पन्ने, अर्धं त्यजति पंडिताः' की नीति का अनुसरण करते कोई परवाह न कर अपने पैर को जोर से खींच लिया। लेकिन उनको आसानी से छुटकारा मिलने वाला नहीं था। बस के लुढ़कने पर शोभाकान्तजी उनके ऊपर आ पड़े थे, और शोभाकान्तजी के ऊपर पीछे के चार-पाँच आदमी थे। मुझे सब चीजें साफ दिखाई पड़ रही थीं, हमारी पिछली सीट में एक के ऊपर एक पड़े दर्जन आदमियों को वह नहीं दिखाई पड़ता था। वह सचमुच खतरे से भरे घोर अंधकार में थे। उनकी न आँखें काम कर रही थीं, न दिमाग। उनमें से कितने ही विशेषकर विद्याधरजी तो यही समझ रहे थे, कि अब प्रलय आ गई है। मृत्यु से भाग निकलने का कोई रास्ता नहीं दिखाई पड़ रहा था। लेकिन जब उन्होंने कहीं भी शरीर से पीड़ा न उठते देख अपने को अक्षत शरीर देखा, और केवल ऊपर पड़े लोगों का पाँच-सात मन का बोझ ही भारी लग रहा था, तो जान में जान आई। लोग पिछली खिड़की से बाहर निकलने लगे। एक स्त्री काफी बीमार थी, लेकिन वह भी टनमन हो बाहर खड़ी हो गई थी। ड्राइवर सहित हम लोगों ने बाहर आकर देखा, बस मानो जान-बूझ कर एक समतल-सी जगह पर करवट लेट गई थी। यदि वह 10-15 हाथ आगे

या पीछे उल्टी होती, तो इसमें शक था, कि बसारोहियों में से कोई भी दुनिया देखने के लिए बचा रहता। एक अगले पहिये की कमानी टूटकर ब्रेक वाले पुरजे में घुस गई थी। जिसके कारण पहिये घुमाने वाला पुरजा काम नहीं कर रहा था। मैंने देखा, ड्राइवर बड़ी जल्दी-जल्दी पहिये को घुमा रहा है, लेकिन बस दाहिनी ओर सरकने से रुक नहीं रही है। उस वक्त गति नाममात्र की थी, और ड्राइवर ने होशियारी करके इंजन को बन्द कर दिया था। ऐसी दुर्घटनाओं में खुले इंजन के कारण पेट्रोल में आग लगने की संभावना रहती है, जिसके कारण मुसाफिरों की जान संकट में पड़ जाती है। सब यात्री हृदय से भगवान को अनेक धन्यवाद दे रहे थे। विद्याधरजी कभी नास्तिक नहीं थे, लेकिन इस वक्त तो मालूम होता था, ध्रुव की तरह उन्होंने भगवान का साक्षात् दर्शन पा लिया है। वह भगवान की महिमा गाते नहीं थकते थे। शोभाकान्त के बारे में नहीं कह सकता। लेकिन मेरी नास्तिकता इतनी उथली नहीं थी, कि इतनी-सी दुर्घटना क्या मरके जीने पर भी भगवान की महिमा गाने लगता। हाँ, इसको मैं भी मानता था, कि हमारे प्राण बुरी तरह फँसे थे।

सब लोगों को बाहर अक्षत शरीर देख कर अब वहाँ करने को कुछ नहीं रह गया था। जो असबाब और सामान लेकर बस पर सवार हुए थे, वह सामान छोड़ कर आगे नहीं बढ़ सकते थे। बस से कोई उम्मीद नहीं थी, और इस सड़क पर सिर्फ एक बस दिन में एक बार सबेरे जाती और बहुत देर बाद लौटती थी। इस लिए जब तक चम्बा खबर न जाए, तब तक दूसरी बस के आने की आशा नहीं थी। हम लोगों के पास कोई सामान नहीं था और न विद्याधरजी के पास ही। लेटी हुई बस के पास अब हमारे खड़े रहने का कोई काम नहीं था। इसी समय ख्याल आया कि राख में साईस घोड़े लिए हमारी प्रतीक्षा कर रहे हैं। हम तीनों अब अगले साढ़े छः मील के रास्ते को पैर से नापने लगे। विद्याधरजी की बात न पूछिए, मानो नैमिषारण्य के परम भक्त ऋषियों में सूतजी महाराज स्वयं ही चले आए हों। दो घंटे की यात्रा हमारी पैदल यात्रा रही और इसमें उनका बहुत-सा समय भगवान के गुणानुवाद में बीता। मैं अपने को ऐसी परिस्थिति में नहीं पाता था, कि वहाँ आस्तिकवाद का खंडन करने लगूँ। हाँ, स्वाद बदलने के लिए इधर-उधर की बातें करता चला। पैर हमारे असाधारण तेजी से आगे बढ़ रहे थे। यह भी सोचने का दिल नहीं करता था, कि यदि दुर्घटना अपने लक्ष्य में सफल हुई होती, तो क्या होता?

पैदल यात्रा : राख में डाकबँगला और आधा दर्जन दूकानें हैं। हमारे साईस तैयार थे। लेकिन अब तो भरमौर तक के लिए हम अपने या घोड़ों के पैरों के ऊपर

निर्भर करते थे। थोडी देर ऐसे हीं बैठ गए। देर नहीं लगी कि चम्बा से एक पुलिस-अफसर तथा रोडवेज के अधिकारी दूसरी बस पर आ पहुँचे। मालूम होता है, ड्राइवर ने कंडक्टर को तुरन्त दौड़ाया था, और जल्दी ही वह लोग चल पड़े थे। सरकारी बस सर्विस का यह भी एक फायदा दिखाई पड़ा। यदि प्राइवेट बस होती, तो वह इतना जल्दी इन्तजाम नहीं कर सकता था। हाँ, एक बात की हमें कमी दिखाई पड़ी, सड़क बनाने पर जहाँ लाखों रुपए खर्च किए गए, वहाँ टेलीफोन के तार लगवा देने में कौन-सा बहुत पैसा लगता ? हिमाचल सरकार को चाहिए, कि जहाँ तक मोटर सड़क जाए, वहाँ तक टेलीफोन का तार भी खिंच जाए, ताकि दुर्घटना की खबर तुरन्त मिल सके। पुलिस-अफसर ने अपना काम शुरू किया। विद्याधरजी ने अपना बयान दिया। फिर शोभाकान्त ने भी। वह सब कुछ उर्दू में लिख रहा था, जिससे पता लग रहा था, कि अभी भी हिमाचल सरकार हिन्दी को अपनाने में असमर्थ साबित हुई है। वस्तुत: बिना भय के पुरानी आदत नहीं छूट सकती। यदि इन्हीं अफसरों को डर होता, कि हिन्दी वर्णमाला न सीखने पर हमारी तरक्की रुक जाएगी या नीचे के पद पर उतार दिए जाएँगे, तो वह कब के हिन्दी में काम-काज करने लगे होते। मुझसे जब बयान देने के लिए कहा, तो मैंने देखी हुई सारी बातों को हिन्दी में लिखकर हस्ताक्षर करके दे दिया। विद्याधरजी पछता रहे थे कि मैंने भी ऐसा क्यों नहीं किया। रोडवेज अफसर ने बड़ा अफसोस प्रकट किया, लेकिन इसमें कसूर तो किसी का नहीं था।

हम राख से चल देना चाहते थे, लेकिन सलाह हुई, कुछ भोजन करके चला जाए। एक ऐसा ही वैसा होटल या रसोईखाना भी था, जो साधारण खाना पका-कर खिला देता था। उसके पास न चावल था, और न गेहूँ का आटा। किसी तरह और जगह इन्तजाम करने पर लाला बक्खूचन्द—राख के सबसे बड़े दूकान-दार—को पता लग गया, और उन्होंने आतिथ्य करने का भार आग्रहपूर्वक अपने ऊपर ले लिया। लाला बक्खचन्द पुराने युग के प्रेमी जीव हैं, जो भोजन-पान से अतिथि सेवा करना बड़ा धर्म मानते हैं। बहुत मीठी दाल और घी के चुपड़े हुए गरम-गरम फुलके खाने को मिले। वह अमृत से किसी प्रकार भी कम स्वादिष्ट नहीं थे। विद्याधरजी को तीन मील आगे चूंड़ी में जाना था। वह अपने लिए नया घर बनवा रहे थे, जिसकी छत को छाने के लिए अच्छी स्लेटें इधर की ही खानों में मिलती हैं। वह तो आगे बढ़ गए, पर हम दोनों आराम से चले।

डेढ़-दो मील आगे चलने पर एक झूलापुल से रावी को पार कर हम उसके बायें तट पर आ गए। कमखर्च बाला नशीन ऐसे पुल इधर अक्सर देखने में आते हैं। एक-डेढ़ इंच मोटे बटे हुए लोहे के तार नदी के दोनों किनारों पर पत्थर के नीचे

दबा दिए जाते हैं, और उनसे लटकते हुए छोटे तारों में हलके तख्ते जमा दिए जाते हैं। ये पुल इतने मजबूत होते हैं, कि इन पर घोड़े पार हो सकते हैं, आदमियों और भेड़-बकरियों की तो बात ही क्या। लेकिन यह झूले हिलते बहुत हैं, इन पर पहाड़ी टाँघन ही पार होने की हिम्मत कर सकते हैं। हवा चले तो यह और भी हिलने लगते हैं, यदि जोर की हवा लगे, तो उलट भी जाते हैं। किसी भी मैदानी आदमी को ऐसे झूले से नदी पार करने की इच्छा नहीं होगी, इसमें कोई सन्देह नहीं। अगले पड़ाव (चूंड़ी) में विद्याधरजी वहाँ के दूकानदार से स्लेट के बारे में बातचीत करते मिले। शायद उन्होंने चर्चा कर दी थी, इसलिए हमारे पहुँचते ही लालाजी ने असाधारण तौर से स्वागत किया।

पुल पार ही हम कुछ दूर तक घोड़े पर चढ़े थे, इधर पैदल आगे बढ़े। यद्यपि हम ऊपर की ओर जा रहे थे, पर रास्ता समतल-सी जगह पर था। जगह-जगह ऊपर जाते गद्दी नर-नारी मिल रहे थे। उनमें से कुछ भेड़-बकरियों या गाय-बैलों को हाँके जा रहे थे, और कुछ अपने सामान को पीठ पर लादे, कभी-कभी छोटे बच्चे को भी उस पर बैठाए हुए थे। ब्रह्मपुर (भरमौर, ब्रह्‌मौर) इलाके का नाम गधेरन भी है। वहाँ की सभी जात के निवासी गद्दी कहे जाते हैं। जब से इस अति शीत प्रदेश में आए, तभी से जाड़ों के 5-6 महीने लोग नीचे की गरम जगहों में बिताने के लिए मजबूर हुए। भरमौर का इलाका जाड़ों में कई फुट मोटी बरफ से ढँक जाता है। उस समय यहाँ पशुओं के लिए चारा बहुत दुर्लभ हो जाता है, और जमा किए हुए चारे पर बहुत कम पशुओं को ही पाला जा सकता है। ऐसे समय बरफ-मुक्त गरम भूमि में जाना पशुओं और प्राणियों दोनों के लिए कल्याणप्रद है। जिनके पास पशु नहीं है, वह इस समय भट्टियात जैसे गरम और घने बसे इलाके में जा मेहनत-मंजूरी करते हैं। अधिकतर गोरी और सुन्दरी गद्दिनें वहाँ कूटने-पीसने का काम करती हैं। इस तरह खा-पी कर जो कुछ बचा उससे काम की चीजें खरीद इस समय वह देश लौट रहे थे। गद्दिनों का लम्बा चोगा वस्तुतः ऊनी पेशवाज है। शायद इससे पहले गद्दिनें भी सारे हिमालय की सामान्य पोशाक—डोरू पहना करती होंगी। डोरू छः हाथ लम्बी, तीन हाथ चौड़ी ऊनी चादर है, जिसे शरीर से लपेटकर दाहिना हाथ मुक्त रखते बायें कंधे के पास सूए से बाँध दिया जाता है। चंबा के चुराह से कलिंपोंग के उत्तर तिब्बत के टोमो (चुम्बी) इलाके तक और आगे भी डोरू का प्रचार बतलाता है कि किसी समय सारे हिमालय की यही पोशाक थी। पुरुष गद्दी काफी लम्बा ऊनी चोगा पहनते हैं, पर उसे घुटने के ऊपर समेट कर कमर में रस्सी से बाँध लेते। यह रस्सी केवल बाँधने का ही काम नहीं देती, बल्कि पेट के अधिक भाग को ढाँककर वहाँ सर्दी पहुँचने नहीं देती। सर्द

मुल्कों में पेट में सर्दी न पहुँचने देने का खास ध्यान रखा जाता है। गद्दी पुरुष पैरों के नंगे रहने की कोई परवाह नहीं करता, पर पेट को अँगुली-भर मोटी 40 से 80 हाथ लम्बी काली ऊनी रस्सी से बाँध रखता है। दूर से देखने पर रस्सी की कला का पता नहीं लगता। कई पतली रस्सियों को बट देने से ही यह तैयार नहीं हो जाती, बल्कि उसे रीठे-साबुन में भिगो कर इतना माँडा जाता है, कि सारी संधियाँ ढँक जाती हैं, मालूम होता है, एक काले रंग का रबर-ट्यूब है। वह देखने में सुन्दर, चिकनी और कोमल होती है। रस्सी गद्दी नर-नारी के लिए उतनी ही अनिवार्य है, जितना ब्राह्मणों के लिए जनेऊ। रस्सीरहित होने पर परजन्म में ही गद्दी को अनिष्ट की आशंका नहीं होती, बल्कि इसी जन्म में उसे कोप-भाजन होने का डर लगता है। एक गद्दी से पूछने पर उसने बड़ी गम्भीरता से कहा : "हमारे एक-एक के पास सैकड़ों भेड़-बकरियाँ होती हैं, जिनको इन पहाड़ों में सँभाल रखना अपने बस की बात नहीं है। शंकरजी ने दया करके हमें वरदान दिया है कि जब तक कमर में यह काली रस्सी रहेगी, तब तक तुम्हारी भेड़-बकरियाँ नहीं बिखरेंगी।" भला कौन-सा अभागा गद्दी होगा, जो शंकर के वरदान की अवहेलना करेगा ? रस्सी के ऊपर चुन्नट किए चोगे में गद्दी चार-चार तक बच्चे रख सकते हैं।

चूंड़ी से 7 मील आगे गेहेर मिला। यहाँ छोटी धार के वार-पार दो जगह दूकानें हैं, अधिक पार तथा रावी के झूले के पास हैं। यहीं डाकखाना भी है। हम चंबा से 22 मील चले आए थे, जिसमें 5 मील छोड़ बाकी अधिकतर पैदल आए थे, इसलिए गेहेर में ठहरने का अधिकार था पर अभी थके नहीं थे, और दिन भी काफी था, इसलिए 5 मील और आगे दुर्गट्टी में रात बिताने का निश्चय कर आगे बढ़े। गेहेर के ऊपर वाले पहाड़ पर छतराढ़ी गाँव था, जहाँ हजार वर्ष पुरानी देवी की मूर्ति थी। हम उसे देखना चाहते थे, पर मालूम हुआ रास्ता टूट गया है, और छिपकली जैसी चढ़ाई चढ़ने वाले ही वहाँ जाने की हिम्मत कर सकते हैं। वहाँ के बँगले का चौकीदार गेहेर में मिल गया था। उसने छतराढ़ी के बँगले की सुंदरता और खाने-पीने के आराम का बहुत प्रलोभन दिया, पर हमारे ऊपर बहुत कम ही प्रभाव पड़ा। तो भी अभी हमने छतराढ़ी के प्रोग्राम को लौटती यात्रा से हटाया नहीं था। आखिर हमें दूसरे की पीठ पर जाना था—घोड़े कमजोर नहीं थे। घोड़ों को साईसों के साथ छोड़ हम पैदल ही आगे बढ़े, और 6 बजे से पहले ही दुर्गट्टी के डाकबँगले पर पहुँच गये। बँगला स्वच्छ-आरामदेह तथा मनोरम प्रकृति की गोद में अवस्थित है। पहले ही किसी ने बतला दिया था, कि वहाँ कोई दूकान नहीं है, इसलिए हम गेहेर से ही खाने का सारा सामान लेते आए थे। चौकीदार ने चाभी वहाँ किसी को दे रखी थी, इसलिए कमरा भी खुल गया,

बर्तन-भाँड़ा भी मिल गया। सबसे अधिक चिंता चारे की थी, पर उसका प्रबंध भी चौकीदार ने आकर कर दिया। मुझे तो रात्रि-उपवास करना था। साईसों ने खाना बना कर शोभाकांतजी को खिलाया, और अपने भी खाया। अब सिरमौर 12 मील रह गया था।

1 मई को साढ़े पाँच बजे सबेरे ही साइसों को जल्दी आने के लिए कहकर हम आगे चल पड़े। मालूम कर लिया था, कि आगे 3 मील पर खड़ामुख में दूकानें आएँगी, फिर मील-भर के करीब साधारण रास्ते पर चलने के बाद 2 मील की कड़ी चढ़ाई आएगी, जिसमें घोड़ों की सहायता प्रिय लगेगी। हम चाहते तो कल यहाँ आकर ठहर सकते थे, पर यहाँ बँगले का आराम न मिलता, यद्यपि दूकान का सुभीता था। झूला पुल पार कर हम चढ़ाई चढ़ते रावी की धार छोड़ने लगे। चढ़ाई सचमुच कड़ी थी। हम कुछ ही चढ़े, कि घोड़े आ गए और ऊपर सारी चढाई चढ़कर थोड़ी देर में खणी गाँव में पहुँच गए। अभी 9 भी नहीं बजा था। एक छोटे-से गड्ढे में मटमैला पानी था, जिससे गाँव के ढोर अपनी तृषा बुझा रहे थे। उसकी दूसरी तरफ एक छोटी-सी दूकान देख हम वहाँ चले गए। दूकानदार एक शरणार्थी भद्र तरुण था। निश्चय हुआ, शाम की बनी रोटी को यहीं समाप्त करके चला जाए। गड्ढे को बाँधकर उसे एक अच्छे सुंदर कुंड का रूप देना बहुत खर्चीला काम नहीं है, पर फिर ढोरों के वहाँ आकर पानी पीने की समस्या आ खड़ी होगी। गाँव नातिदूर था, और गाँव का स्कूल कुंड के दूसरे सिरे पर। यहाँ से सामने भरमौर की परली सीमा का प्रहरी हिमाल दिखाई पड़ता था। यद्यपि नीचे के लिए मानसून के आने में अभी डेढ़ महीने की देर थी, पर इन ऊँचाइयों में उसके आने की पहले ही संभावना होती है, और उसी के अनुसार किसानों का टाइम-टेबुल बना है। लोग वर्षा के देरी करने से परेशान थे, कहीं ऐसा न हो, कि उसके बिना जाड़ों के पहले का बोया जौ-गेहूँ सूख जाए।

आगे 5 मील का रास्ता हल्की चढ़ाई-उतराई का तथा ऐसा था, जिसमें घोड़े पर चढ़ा जा सकता था। भूमि सुभूमि थी। रास्ते से कुछ ऊपर हटकर देवदार के जंगल थे। एक जगह रास्ते के पास ही जंगल विभाग ने देवदार वन लगा दिए थे। बच्चे सभी के सुंदर मालूम होते हैं, पर यह देवदारशावक अपने चमकीले कोमल हरित रंग से भूमि के नहीं मालूम होते थे। आजकल खेतों की नापी का काम चल रहा था, एकाध जगह लाल झंडियाँ गाड़े अमीनों को नापी करते देखा। रास्ते के एक गाँव में नापी करने वाले कुछ बाबू अपना कागज-पत्र रखे बैठे थे। एक गाँव के भीतर से गुजरते ख्याल आया, यदि कहीं से छाछ मिलती; पर, देखा अभी कितने ही घर खुले भी नहीं हैं। यहाँ के लोग जाड़े के प्रवास से नहीं लौटे हैं। हम

एक सूखे नाले से गुजर रहे थे, वहाँ रास्ते से दो सौ गज के फासले पर सफेद बरफ देखी। आज पहली मई और यहाँ अब भी बरफ ! आखिर हम 7000 फुट से अधिक ऊँचाई पर जा रहे थे—भरमौर गाँव 7000 फुट पर बसा हुआ है। रास्ते में लगे पत्थरों को यदा-कदा देख लेने पर हमें मालूम हो जाता था, कि अब गंतव्य स्थान कितनी दूर है। प्राय: डेढ़ मील रह जाने पर ब्रह्मौर गाँव और उसका हजार वर्ष पुराना मंदिर दिखाई पड़ा। ब्रह्मौर (ब्रह्मपुर) किसी समय इस सारे हिमालय खंड की राजधानी था। उसके पास काफी संपत्ति थी। यहाँ के भव्य मंदिर और सुंदर मूर्तियाँ बतलाती हैं, कि नेपाल और दूसरे स्थानों के लोग जो अपने को म्लेच्छ आक्रमणकारियों से अजेय रहने का अभिमान करते हैं, झूठा है, यह वहाँ की नककट्टी मूर्तियाँ बतलाती हैं; पर, हिमालय का यह भूभाग (ब्रह्मपुर) निश्चय ही अपराजेय रहा। यहाँ की जैसी अब भी अपने संस्थानो में पूजी जाती पुरानी मूर्तियाँ भारत में कहीं देखने में नहीं आतीं। जिस चढ़ाई को चढ़ कर ब्रह्मपुर की उपत्यका में हम दाखिल हुए थे, वह यहाँ की दुरारोह प्राचीर था, जिसे आसानी से पार करने वाले माई के लाल उस समय पैदा नहीं हुए थे। उसके बाद भी प्राय: गेहेर तक रावी ने बड़े प्रयत्न से शिला को काट कर अपना रास्ता बनाया है, जहाँ से गुजरना शत्रु के लिए प्राणों का सौदा करना था। यहाँ के सुदूर मंदिरों और मनोरम मूर्तियों को बनाने वाले मेरुवर्मा के वंश के शासन में 1948 ई० तक रहने के बाद अब ब्रह्मपुर भारत गणराज्य का अंग है। यहाँ डाकखाना, मिडिलस्कूल, पुलिसचौकी, नायब तहसीलदारी के साथ कुछ दूकानें भी हैं। पर, रोटी-कपड़े के रूप में अभी लोग उतने भी सुखी नहीं हैं, जितने कि मेरुवर्मा के समय रहे होंगे।

प्राचीन ब्रह्मपुर : एक सुंदर नातिक्षीण फेन उछालती धार को पार कर हम भरमौर में पहुँच गए। धार में इतना पानी था, कि उससे पनचक्कियाँ चल रही थीं। भूमि भी यहाँ अधिक समतल-सी थी। किसी राजधानी को बसाने के लिए ऐसी भूमि की नितांत आवश्यकता होती है। घोड़े वाले कोठी में चले गए। इधर के पहाड़ों में कोठी किसी साहूकार की दूकान को नहीं बल्कि राजा के छोटे-मोटे कोट के लिए कहा जाता था। यहाँ की कोठी राजकीय पुरानी इमारत थी। जीर्ण हो जाने पर उसकी मरम्मत करते समय एकाध लकड़ियों को छोड़ कोई प्राचीन चिह्न बाकी नहीं रखा गया। यह सुन कर और भी दु:ख हुआ, कि दीवान बहादुर माधोराम ने यहाँ के पुराने कागज-पत्रों को जलवा दिया—यह कागजों की होली किसी अपराध को छिपाने के लिए नहीं की गई थी, जैसाकि सराहन (बिसाहर) के कागजों को 1948 में जला कर किया गया था। पुराने कागजों के ढेर को बेकार समझ उन्हें जला देने का रिवाज देखा जाता है, दीवान बहादुर ने इसे उस वक्त

करवाया था, जबकि अंग्रेजों का प्रताप-सूर्य मध्याह्न पर था, और वह स्वप्न में भी नहीं सोच सकते थे, कि भारत कभी अंग्रेजों के हाथ से निकल जाएगा।

इस ऊँचाई पर मौसम पर विश्वास नहीं किया जा सकता था, इसलिए साढ़े ग्यारह बजे की धूप होने पर भी मैंने उसका इस्तेमाल करना आवश्यक समझा। सबसे बड़े चौरस मैदान में यहाँ के पुराने मंदिर अवस्थित हैं। बीच में एक चबूतरे पर सबसे बड़ा शिखरदार हरिहर (मणिमहेश) का मंदिर है, जिसके पास का देवदार दस शताब्दियों को अवश्य देख चुका है। प्रांगण में मौजूद बड़े-बड़े तूत के वृक्ष बतलाते हैं, कि तूत के पेड़ों से यहाँ के लोग पहले भी अपरिचित नहीं थे। क्या यहाँ के लोग कभी रेशम के कीड़े भी पाला करते थे? इसकी कम संभावना है। मुख्य (हरिहर) मंदिर के सामने मेरुवर्मा द्वारा स्थापित पहाड़ी साँड के कद का पीतल का नंदी है, जिसकी पादपीठिका में लिखा है :

"ओं। प्रासादमेरुसदृशं हिमवन्तमूर्ध्नि कृत्वा स्वयं प्रवरकर्म्मशुभैरनेकैः,
तच्चन्द्रशालरचित नावनाभ नाम प्राग्रीवकैर्व्विविध मण्डपनैकचित्रैः।
तस्याग्रतो वृषभपीनकपोलकायः संश्लिष्टवक्षककुदोन्नतदेवयानः,
श्री मेरुवर्म्मचतुरोदधिकीर्तिरेषा मातापितुः सततमात्मफलानुवृद्धैः॥
कृतं कर्म्मणि गुग्गेन।"

हिमवान् के सिर पर मेरु के समान इस प्रासाद को राजा मेरुवर्मा ने (680 ई०) में बनवाया। कई बार मरम्मत किए जाने पर भी यह वही 'प्रासाद' (मंदिर) है, इसमें संदेह नहीं। सबसे पिछली बार इस 'प्रासाद' की मरम्मत नागा बाबा ने करवाई। उनका नाम मैं सुन चुका था, पर वह घुमक्कड़ तपस्वी कुंभ पर प्रयाग जाकर अभी न लौट जबलपुर की हवा खा रहे थे। नादिया के पीछे मुख्य मंदिर की ओर नरसिंह मंदिर का दरवाजा था, जिसमें मेरुवर्मा की स्थापित नरसिंह की मूर्ति थी। मंदिर शिखरदार किन्तु अपेक्षाकृत छोटा था, जिसके भीतर विशाल न होने पर भी विकराल नरसिंह की मूर्ति हिरण्यकशिपु को विदारण करने में लगी हुई थी। इस प्रासाद-प्रांगण को चौरासी कहा जाता है, जो शायद चौरासी सिद्धों के साथ संबंध जोड़ने का प्रयत्न मालूम होता है।

भरमौर का 'चौरासी' वस्तुतः राष्ट्रीय संग्रहालय है। यहाँ नरसिंह, लक्षणा-देवी और गणेश की सातवीं-आठवीं शताब्दी की धातु-मूर्तियाँ अपने ऊपर उत्कीर्ण अभिलेखों के कारण भारत में अद्वितीय हैं। नरसिंह की मूर्ति के बारे में हम बतला चुके हैं। मुख्य मंदिर के पीछे एक कोने में लक्षणादेवी का साधारण-सा दिखाई देता मंदिर न केवल अपनी देवी की मूर्ति के कारण बल्कि काठ के दरवाजे के कारु कार्य के कारण भी अद्वितीय है। संभव है, मूर्ति की तरह यह लकड़ी का दरवाजा

भी हजार बरस पुराना हो। उसके बेल-बूटे ही अत्यंत सुंदर नहीं है, बल्कि मूर्तियाँ भी अद्वितीय हैं। चिह्न पर काल का प्रभाव अवश्य पड़ा है, परन्तु उससे सौंदर्य में कोई क्षति नहीं हुई है। जापान में ऐसी मूर्ति और कारुकार्य को राष्ट्रीय निधि घोषित करके किसी मंदिर में पूजित होने पर भी आग या दूसरी आपत्तियों से रक्षा का इंतजाम किया जाता, और उनके ऊपर 'राष्ट्रीय निधि' लिख कर लगा दिया जाता। भारत सरकार के शिक्षा-विभाग से आज ऐसी आशा नहीं की जा सकती, क्योंकि राष्ट्रीय निधि के बारे में उसके धनी-धरियों का दूसरा ही विचार है। पर, हिमाचल सरकार को इसकी ओर जरूर ध्यान देना चाहिए, जिसमें इनको कोई खतरा न पहुँच सके। काष्ठ संभवतः अखरोट का है। दरवाजे के ऊपर बेल-बूटों की पाँती में किन्नर-किन्नरी उड़ते हुए दिखाई पड़ते हैं। अगल-बगल में दो पंक्तियाँ भिन्न-भिन्न देवमालाओं की हैं। मंदिर के भीतर लक्षणादेवी की मूर्ति है। शायद यह लक्ष्मी की मूर्ति हो, अथवा उमा की। संस्थापक मेरुवर्मा ने उसी कर्मी गुग्गा से उत्कीर्ण करवाया है—"श्री मेरुवर्म्मेण आत्मपुण्यवृद्धये लक्षणादेव्याच्चर्चऽकारार्पिताः।" लक्षणा देवी के मंदिर के पीछे छोटा-सा गणेश का देवालय है, जिसमें कमर से नीचे कुछ खंडित गणेश की धातु मूर्ति के अतिरिक्त सभी चीजें नई हैं। इसके अभिलेख से मालूम होता है, कि बनाने वाले वही राजा मेरुवर्मा थे।

हरिहर के मंदिर के चबूतरे पर खड़े हो उत्तर-पश्चिम की ओर देखने पर हिमाच्छादित पर्वत-श्रेणी का सुन्दर दृश्य सामने आता है। यही श्रेणी उत्तर की तरफ चली गई है, जिस पर तेरह हजार फुट की ऊँचाई पर मणीमहेश का सुन्दर सरोवर है। सावन के महीने में दूर-दूर से भक्त नर-नारी मणीमहेश के दर्शन के लिए आते हैं। इस दुर्गम हिमालय में कभी-कभी साधु भी दिखाई देते हैं। पर्वतीय लोग अपनी मनौतियों को पूरा करने के लिए सैकड़ों बकरे महादेवजी के बलिदान के लिए लाते हैं। कुछ तो अपने गाँव से प्रस्थान कर हर पड़ाव पर एक-एक बकरे की बलि देते आते हैं। गद्दी लोगों का यह देश महादेव का देश माना जाता है, उमा का यही मायका है, जिसके कारण हरेक गद्दी सुन्दरी उमा को अपने घर की बेटी मानती है। उमा-महेश्वर के सबंध में यहाँ बहुत-से लोक-गीत प्रसिद्ध हैं। कोई-कोई तो कई रातों गाने पर खत्म होते हैं। इन गीतों में उमा एक चंचल गद्दी कुमारी के रूप में चित्रित की गई हैं, और महादेव हर समय नाचने-गाने में मस्त। भरमौर के खामाराम ने उस दिन हमें एक ऐसा ही गीत सुनाया था :

"नच्चे धोड़ुवा तो मुकुटा खला रे।"

(शिव अपने जटा-मुकुट को खोले नाच रहा है।) पार्वती को धोड़ुवा का यह

नाच पसन्द नहीं है, क्योंकि शिव को अपने नाच से फुर्सत नहीं है, और यहाँ घर में चूहे डंड पेल रहे हैं। पार्वती-बेचारी पेट-पीड़ा से मर रही है—"हौं ता मर दे पेटारी पीड़ा।"

उमा एक स्वाभिमानी गद्दी कुमारी ही नहीं है, बल्कि उसके लिए गद्दी कुमारियों की तरह भेड़ चराना, मन-मन का बोझ सिर पर उठाए चलना, अस्सी हाथ लम्बी काली रस्सी बाँधना भी आवश्यक है। वह यह नहीं देख सकती, कि उसका धोड़ुवा केवल नाच ही गान में पड़ा रहे। शिव की पीठ पर वह मन-भर नहीं दो मन का बोझ लदवाती है, और उनके चोगे में चार मेमनों को भी रख देती है। भरमौर की उमा बिल्कुल मानवी है और उसके शिव भंगेड़ी भोला हैं।

यद्यपि अब पाशुपत लकुलिश सप्रदाय का यहाँ पता नहीं, किन्तु उस संप्रदाय के रेखांकित शिवलिंग अब भी यहाँ देखे जा सकते हैं। काम्बोज (कम्बोडिया) के शिवालयों के अभिलेखों से पता लगता है, कि सातवीं-आठवीं सदी में वहाँ पशुपति को पशुबलि देने का कोई रिवाज नहीं था। यहाँ पाशुपत-धर्म के रहते समय भी पशुबलि नहीं दी जाती थी, इसकी संभावना नहीं। आखिर पुरानी प्रथा के अनुसार ही यहाँ या धर्मशाला के भागसूनाथ को बकरे चढ़ाए जाते हैं। पूजा के लिए गाँव में कुछ ब्राह्मणों के घर और कितने ही क्षत्री भी हैं। इनमें एक और भी पुरानी प्रथा मौजूद है: कन्या के पिता को कन्या का शुल्क देकर ही कोई लड़की ब्याह सकता है। जिसके पास पैसा होता है, वह नगद देता है। और जो ऐसी क्षमता नहीं रखता, वह किसी घर में चार-पाँच बरस की लड़की देखने पर अपनी सेवाएँ अर्पित करता है। भावी जमाता एक नौकर की तरह दस-बारह बरस तक भावी ससुर के घर में हरेक काम करता है, लड़की के सयानी होने पर उससे ब्याह हो जाता, और वह अपने पिता के घर लौटने के लिए स्वतंत्र होता है। लड़के को वस्तुतः शुल्क पाने का कोई अधिकार नहीं होना चाहिए, जैसा कि हमारे अधिक संस्कृत हिन्दू समाज में देखा जाता है। पिता-माता ने लड़की को पाल-पोस कर बड़ा किया। अब वह हमेशा के लिए उनके हाथ से निकल जाने वाली है, इसलिए उसके बदले में धन पाने का अधिकार उन्हें होना चाहिए। तिब्बत जैसे दूसरे देशों में भी क्षीरमूल्य माता-पिता को दिया जाता है। मेरे भरमौर में जाने के समय कोई इस तरह का उम्मेदवार अपने भावी ससुर के घर में काम नहीं कर रहा था। नीचे की संस्कृति के अधिक संपर्क में आने के कारण शिक्षित लोग अब इस प्रथा को छोड़ते जा रहे हैं।

भरमौर में पहले तहसीलदार रहा करते थे, लेकिन रियासतों के तहसीलदारों का इलाका दस-बीस हजार की आबादी से अधिक का नहीं होता था। अब उनके

वेतन आदि का दर्जा भारत के अन्य भागों की तरह रखा जाने लगा है, इसलिये बहुत-सी तहसीलदारियों को नायब-तहसीलदारी बनाना पड़ा। भरमौर के नायब-तहसीलदार बाहर गये हुए थे। वह शाम को आये। श्री मुन्शीराम सर्वे के नायब-तहसीलदार वहाँ मौजूद थे, और उस दिन मध्याह्न-भोजन उन्होंने अपने यहाँ कराया। भरमौर का इलाका अपने खाने-भर के लिये अनाज पैदा नहीं करता और सरकार की ओर से वहाँ अनाज भेजने का भी कोई प्रबंध नहीं है। मोटर सड़क बनाने के लिये नापी हो चुकी है, लेकिन जैसे विकराल पत्थरों को तोड़कर उसे बनाना होगा, वह भारी व्ययसाध्य है। कहा नहीं जा सकता, मोटर कब तक यहाँ पहुँचेगी। मोटर के आ जाने पर अनाज और दूसरे खाद्य-पदार्थ सस्ते और सुलभ हो जायेंगे। जब तक वह नहीं होता, तब तक मोटर-सर्विस की तरह हिमाचल सरकार को कितने ही स्थानों में खच्चर-सर्विस शुरू करनी चाहिए। चम्बा या राख से डेढ़ दिन में आदमी भरमौर पहुँच सकता है, लेकिन यहाँ सामान की ढुलाई के लिये पहले तो आदमी का मिलना ही मुश्किल है, और मिलने पर मजूरी बहुत देनी पड़ती है। हिमाचल के और भागों की तरह यहाँ भी डाक का इन्तजाम बहुत अच्छा नहीं है। खाने के पार्सल लोग डाक से मँगवा सकते थे, लेकिन यह ठिकाना नहीं, वह कितने महीने में भरमौर पहुँचें। हिमाचल के दूसरे छोर पर ऊपरी सतलुज के चिनी के हेडमास्टर बेचारे बहुत इच्छा रखते भी वहाँ से अपना तबादला चाहते हैं, क्योंकि चिनी में डाकखाना रहने पर भी खाने-पीने की चीजें डाक पार्सल से तीन-तीन महीने में पहुँचती हैं। कम-से-कम अपने कर्मचारियों के लिये तो कुछ समुचित प्रबंध करना चाहिए, और डाक बिभाग पर जोर देना चाहिए, कि वह वैतनिक भारवाहकों या खच्चरों का प्रबंध करे। उस दिन जिस चावल का भात मैंने खाया था, वह नीचे से आया था। भरमौर में दुकान है, लेकिन माल मँगाने की शिकायत उनकी भी वैसी ही है। शाम के वक्त हम गाँव में गये। मकान अधिकतर लकड़ी के हैं(छतें भी) और अधिकतर दोमंजिले। नीचे की मंजिल में लोग अपने पशुओं को रखते हैं। कुछ खाते-पीते लोग तानीराम लिखवार की तरह जाड़ों में भी यहीं रहते हैं, किन्तु दूसरे अपने पशु-प्राणियों के साथ नीचे चले जाते हैं। मैं यह बतला चुका हूं, कि गद्दी कोई खास जात नहीं है, बल्कि भरमौर नायब-तहसीलदारी के रहने वाले ब्राह्मण, क्षत्रिय सभी गद्दी कहलाते हैं। उनकी अपनी एक कलापूर्ण जातीय पोशाक है, जिसमें ऊनी काली रस्सी कमर की शोभा मानी जाती है। इन पहाड़ों में मुनाल नामक एक सुंदर पक्षी होता है, जिसके पंख मोर की तरह लंबे नहीं होते, लेकिन उसकी चूड़ा मोर से भी ज्यादा सुंदर होती है। यहाँ के लोग अपनी पगड़ी में उसे बड़े आकर्षक ढंग से

लगाते हैं। मेरे कहने पर तानीरामजी ने अपनी जातीय पोशाक में फोटो लिवाना स्वीकार कर लिया।

फिर चम्बा : अगले दिन (2 मई) इतवार का दिन था। और मेरे मेहरबान मेजबानों को उस दिन छुट्टी होने से अधिक अवकाश था, पर दोपहर को यहाँ पहुंचने के बाद मैं इतना संलग्न हो गया कि रात तक सारा काम समाप्त हो गया, और अगले दिन रहने की जरूरत नहीं थी। मैंने अच्छा किया, जो आते ही फोटो ले लिये, नहीं तो मध्याह्न के बाद आसमान में बादल मँडराने लगे, शाम को कुछ बूदें पड़ीं, और रात को वर्षा भी हुई। अवर्षण से खड़ी खेती को मुरझाते देख किसानों के प्राण सूख गये थे। भरमौर वालों का कहना था कि यदि वर्षा हो जाये, तो कम-से-कम बीज तो घर में लौट आयेगा। हमने उस दिन सूर्योदय से पहले पाँच बजे ही प्रस्थान कर दिया, और मन में संकल्प कर लिया, कि आज ही चम्बा पहुँच जायेंगे। खणी में न ठहर कर हम उतराई उतर घोड़े पर सवार हो गये, और सवा ग्यारह बजे गेहेर पहुँच गये। यहीं भोजन कर लेना था। धार के पास पश्चिमी पंजाब के एक शरणार्थी वृद्ध ने रसोईखाना खोल रखा था, वहाँ हर वक्त भोजन तैयार तो नहीं मिल सकता था, क्योंकि उतने खाने वाले नहीं मिलते, पर पहुंचने पर उन्होंने हम चारों आदमियों के लिये भोजन तैयार कर दिया। भोजन करके भी हम थोड़ी देर विश्राम के लिये ठहर गये, क्योंकि गर्मी तेज थी। बादल जब-तब सूरज के मुख को ढाँकने-भर को ही अपना कर्त्तव्य समझते थे। पौन बजे हम फिर वहाँ से रवाना हो गये। घोड़े अच्छे और मजबूत थे, लेकिन पथरीले रास्ते में ठोकर खाना मामूली बात थी। साईस इस बात को जानते थे। पहले मेरे घोड़े ने ठोकर खाई और मैं उछलकर उसके कंधे पर पहुँच गया। यदि साथ चलते साईस ने उसी समय पकड़ न लिया होता, तो मुमकिन है, कि मैं आगे जा पड़ता। कुछ दूर और आगे चलने पर अब शोभाकांतजी की बारी आई। यह जगह और भी बुरी थी। छोटे नाले में पत्थर ही पत्थर पड़े हुए थे। घोड़े ने ठोकर खाने के लिए बड़ी बुरी जगह चुनी थी। ठोकर खाने की आवाज सुनते ही मैंने पीछे की ओर मुँह फेरा तो देखा, कि शोभाकांतजी घोड़े के कानों पर चले आए हैं। उनके मुख की रेखायें मानसिक संकट को साफ बतला रही थीं। साईस ने तुरंत दौड़ कर उनको गिरने से बचा लिया। पहाड़ की यात्रा में चाहे मोटर से चलना हो या घोड़े से, हर जगह संकट की संभावना रहती है। पहाड़ की ही क्यों शिकायत करें, क्या रेल की यात्रा निरापद है? मनुष्य तो वस्तुत: आपत्तियों के भीतर से ही आगे बढ़ा है। हम इस बात की बड़ी फिक्र में थे, कि कहीं राख पहुँचने से पहले ही बस न चली जाये। सवा चार बजे राख पहुँचने पर मालूम हुआ, बस के आने में अभी देर है।

छः बजे जब हमारी बस चली, तो बूंदाबांदी हो ने लगी थी। एक घंटे में हम चंबा पहुंच गये। पूर्व प्रतिज्ञा के अनुसार अब के हम नेगी ठाकुर सिंह के बंगले में ठहरे। पं० जयवन्तरामजी के भानजे श्री श्रीनिवासजी ने हमारे लिए कुछ सामग्री जमा कर रखी थी। यद्यपि अगले दिन के लिए कोई विशेष काम नहीं था, तो भी उस दिन हमने यहीं रहने का निश्चय किया। चम्बा नगर के कितने ही साहित्य-प्रेमी मेरे आने की खबर पा चुके थे। निवास स्थान पर ही घंटों साहित्य गोष्ठी होती रही। नगर घूमते हुए हम रंगमहल देखने गये, जो दो सौ वर्ष पहले बना था। अब वह परित्यक्त-सा है और डर है कि मरम्मत के बिना वह किसी समय गिर न जाये। इसके दो कमरों की दीवारों में चम्बा कलम के कुछ सुंदर चित्र हैं। देखते-देखते हमारी आँखों के सामने महल के साथ ये चित्र भी क्या गिर कर नष्ट होने के लिये हैं? श्री सुमनजी यहाँ के एक साहित्यकार और साहित्य-प्रेमी तरुण हैं। वह स्थानीय सनातन धर्म सभा के पुस्तकालय के मंत्री भी हैं। पुस्तकालय आज से सत्रह बरस पहले (1936 ई०) स्थापित हुआ था, जिसमें धीरे-धीरे तीन हजार से अधिक पुस्तकें एकत्रित हो गईं। उनमें से कुछ हस्तलिखित भी हैं। यजुर्वेद (वाजसनेयी संहिता) संवत् 1474 (सन् 1417 ई०) के मार्गशीर्ष शुक्लपक्ष दशमी, शुक्रवार को लिखी गई थी, जिस वक्त महाराजाधिराज सीहल का शासन था। इंच्छापुर, शुभ नगर में इंच्छराज ने इसे लिखा था। उसी संहिता का उत्तरार्ध संवत् 1564 (1507 ई०) द्वितीय आषाढ़ सुदी 12 रविवार को लिख कर समाप्त किया गया था। पुस्तकालय में 'तत्त्वचिंतामणि' का 'व्युत्पत्तिवाद' (मुद्रित) भी मौजूद था, जो बतला रहा था, कि चम्बा राजधानी में न्याय के गंभीर विद्वानों का अभाव नही था। एक ब्राह्मण घर में छन्दः शास्त्र पर लिखी एक तालपत्र की पोथी भी मौजूद है। यदि शोध की जाये, तो कुछ दुर्लभ हस्तलिखित ग्रंथ चम्बा और दूसरे स्थानों में मिल सकते हैं। हिमाचल प्रदेश के हस्तलिखित ग्रंथों की खोज का काम अभी तक नहीं-सा हुआ है, शिक्षा-विभाग को किसी तरुण को इस काम पर लगाना चाहिये। जो पुस्तकें दाम पर मिलें, उन्हें राजधानी (शिमला) के संग्रहालय या पुस्तकालय में रखना चाहिये, जो न मिलें उनका सविवरण सूचीपत्र हर साल छाप लेना चाहिये।

काँगड़ा छोड़ नेपाल से चंबा तक सभी जगह एक ही पहाड़ी भाषा की भिन्न-भिन्न बोलियाँ बोली जाती हैं, जिनमें **का** के लिये **रा**, **गा** के लिये **ला** और **है** के लिये **छे** का अधिकतर प्रयोग होता है। नेपाली में रा का अभाव है, और चंबियाली की भरमौरी बोली में छे का। सतलुज से महाकाली तक तीनों शब्दों का प्रयोग देखा जाता है। यह तीनों प्रत्यय मारवाड़ी में भी मिलते हैं। चंबा नगर की बोली

में छे ही नहीं, बल्कि रा और ला का भी अभाव आजकल देखा जाता है, और वह एक तरह की पुरानी पंजाबी-सी मालूम होती है। सनातन धर्म पुस्तकालय में पिछली शताब्दी के अंत में हचीसन ने चंबियाली की कुछ कहानियाँ उर्दू लिपि में छपवाई थीं, जिनमें रा और ला का प्रयोग साफ देखने में आता है। वृद्धों ने भी कुछ उदाहरण देकर बतलाया, कि रा और ला का इस्तेमाल हमारी भाषा से बिल्कुल लुप्त नहीं हुआ।

4 मई को हमने नेगी साहब की सहायता और आतिथ्य के लिए हृदय से धन्यवाद देते चम्बा से प्रस्थान किया। यात्रारंभ करते हमारा विचार था, कि पहाड़ के रास्ते ही लौटें। लेकिन, अब वह ठीक नहीं मालूम हो रहा था। यदि बीच में बिना रुके भी इस यात्रा को करते, तो चंबा से एक दिन पठानकोट जाने में लगता, वहाँ से दूसरे दिन मोटर पर मंडी पहुँचते, तीसरे दिन शिमला, चौथे दिन नाहन और पाँचवें दिन देहरादून। पठानकोट से सीधे जनता एक्सप्रेस से सहारनपुर पहुँचा जा सकता था, और अगले ही दिन वहाँ से देहरादून होते मसूरी आ सकते थे। पठानकोट से अमृतसर जाने का भी आकर्षण था, क्योंकि भाई साहब स्वामी हरिशरणानन्दजी और भाभीजी का उधर से ही लौटने का बहुत आग्रह था। यद्यपि मई की गर्मी में इस तरह की यात्रा सुखकर नहीं हो सकती थी, लेकिन अंत में हमने इसी को स्वीकार किया। दो-सवा दो घंटे चलकर आठ बजे हमारी बस बाथरी गाँव होते बनीखेत पहुँची। उसी बस में चंबा की एक दुल्हन विदा होकर जा रही थी। कहाँ उसे हाथ-पैर समेट कर सलीके से बैठना था, और कहाँ बस के चार चक्कर काटते ही उसकी कै का ताँता जो लगा या वह बनीखेत तक नहीं रुका। उसके चढ़ने के समय ही झगड़ा होते-होते रुका। जनता-बस में टिकट रिजर्व होता हैं, जगह पर जो जैसे आए बैठ जाता है; लेकिन, बहू के ससुर या सम्बन्धी समझते थे, उन्होंने सीट रिजर्व करवा ली है। वह हरेक को वहाँ बैठने से रोक रहे थे। बहू चंबा से आगे की किसी बस्ती में चढ़ने वाली थी। एक सरकारी कर्मचारी ने जब उस जगह पर बैठना चाहा, तो उक्त सज्जन ने फाँड़ बाँध लिया, यद्यपि उसका अर्थ पिटने के सिवा कुछ नहीं हो सकता था। संयोग से तरुण शीतल मिजाज के थे, जिससे मामला आगे बढ़ने नहीं पाया।

बनीखेत से बस शुरू नहीं होती। यदि वह डलहौजी में भर गई रहती, तो हमें जगह नहीं मिलती, इसलिए दो सीटों को वहीं से बुक करा कर लाने का इन्तजाम हो गया था। दुनेरा में दोनों ओर की बसों की क्रासिंग हो जाने के बाद गरमी में आगे बढ़ते साढ़े बारह बजे जब हम पठानकोट स्टेशन पर पहुँचे, तो अमृतसर जाने वाली ट्रेन खड़ी थी। छूटने में एकाध मिनट की ही देर थी। जल्दी-जल्दी उसमें सामान

रख हम बैठ गए। जनता-ट्रेन का यह लाभ हुआ, कि उसके पंखे ने हमारे लिए गर्मी कम कर दी। जनता-ट्रेन में चलने का यह पहला अवसर था। इसमें शक नहीं, सतयुग की ट्रेनों से इस ट्रेन के तीसरे दर्जे के मुसाफिर अधिक आराम से यात्रा कर सकते हैं। पठानकोट से अमृतसर की 67 मील की यात्रा मोटर-बस द्वारा भी की जा सकती थी, और हम भी उसी की आशा रखते थे, पर इत्तिफाक से जनता मिल गई। कहाँ हम पहाड़ों की सर्दी-गर्मी खाते बसों पर चढ़ाई-उतराई करते आ रहे थे, और कहाँ अब पंजाब के मैदानों में दौड़ रहे थे। छोटी-छोटी पहाड़ी गायों की जगह यहाँ घड़े-घड़े-भर दूध देने वाली गायें कटे गेहूँ के खेतों में चर रही थीं। पहाड़ ही नहीं, मैदान के दूसरे प्रदेशों में ढोरों को चराकर सूखा-साखा भुस सामने रख देना पर्याप्त समझते हैं, पर पंजाब के लोग अपनी गाय-भैंसों के लिए, इस गरमी के महीने में भी हरा रिज्का या लूसरन तैयार रखते हैं। रास्ते के गाँवों को हम बड़े गौर से देख रहे थे। कितनी ही जगह उजड़ी मस्जिदें मिलीं, पर वेरका छोड़ कहीं भी उनके कंगूरे साबित नहीं थे। जहाँ 7 ही साल पहले यहाँ काफी मुसलमान नर-नारी रहते थे, वहाँ अब एक भी नहीं दिखाई पड़ता। यही हालत आखिर पश्चिमी पंजाब में हिन्दुओं और उनके मन्दिरों की हुई होगी।

4 बजे स्टेशन पर उतर रिक्शे पर चढ़ हम पंजाब आयुर्वेदिक फार्मेसी में पहुँचे। यद्यपि अमृतसर में अनेक बार आकर हम भाई साहब के मेहमान रह चुके थे, पर न गली याद थी, न रास्ता। फार्मेसी से जो घर पहुँचे, तो बाहर निकलने का नाम नहीं लिया, सारा दिन सबसे निचले तल की कोठरी में पंखे के नीचे और रात को छत पर आसमान के नीचे बीता। शोभाकान्त की हिम्मत की मैं दाद दूंगा, वह अपने ही बल-बूते पर सभी दर्शनीय स्थानों को देख आए। 6 मई को 7 बजे शाम को हावड़ा मेल में लगे देहरादून के डिब्बे में बैठ अगले दिन 7 बजे सबेरे हम देहरादून में थे, और 10 अप्रैल को मसूरी से निकल 8 मई को फिर मसूरी लौट आए।

किन्नर-यात्रा

किन्नर-यात्रा के वृत्तान्त से पहले किन्नर देश पर एक ऐतिहासिक दृष्टि डाल लेना अच्छा होगा। प्रथमकाल की भौतिक सामग्री अभी हमें प्राप्त नहीं है, उसके बारे में भाषा के आधार पर ही हम कुछ कल्पना कर सकते हैं, जैसा कि हमने ऊपर किया भी और सजातीय भाषाओं के तुलनात्मक अध्ययन से कुछ और कह सकते हैं। प्राक्-भोटकाल की सामग्री से हमें अधिक बातों का पता लग सकता है, यदि इन 'खछे-रोम्खङों' की सावधानी से खोदाई और जाँच-पड़ताल की जाये। इनका पता मुझे लिप्पा से नीचे (जंगी, रारङ्, अक्पा) ही में नहीं बल्कि ऊपर कनम्, स्पू होते भोट सीमा पर अवस्थित भारत के अंतिम गाँव नम्ग्या तक मिला है। स्पू से एक मिट्टी का बर्तन भी हस्तगत हुआ। कनम् में कुछ साल पहले तिब्बत-हिंदुस्तान सड़क को नई जगह से निकालते समय कई कब्रें निकलीं, जिनके मिट्टी के बर्तनों और हड्डियों को 'खछे-रोम्खङ्' समझकर फेंक दिया गया। आश्चर्य यह है, कि इस सड़क की देख-रेख भारतीय इंजीनियर और ओवरसियर कर रहे थे, जो अनपढ़ नहीं थे। किंतु, पठित होने का अर्थ संस्कृत होना अनिवार्य नहीं है। स्वतंत्र हिमाचल-प्रदेश और उसके योग्य संस्कृत-कला-मर्मज्ञ चीफ कमिश्नर श्री एन० सी० मेहता को देखना होगा, कि अब से ऐसी बहुमूल्य ऐतिहासिक सामग्री नष्ट न होने पाये।

मृतक समाधियों की उपलब्ध सामग्री (काँसे के कटोरे और मिट्टी के मद्य-

कुतुप) से पता लगता है, कि प्राक्-भोटकाल में किन्नर लोगों का सांस्कृतिक तल आज से निम्न नहीं था, यद्यपि अभी उनके धार्मिक विश्वास अधिक प्रारंभिक थे।

भोटकाल (7वीं-13वीं सदी) : भोट-साम्राज्य-स्थापक स्रोङ्-चन्गेम्बो (630-98 ई०) का वंश 908 ई० तक शक्तिशाली रहा। अंतिम सम्राट् ओद्-स्रुङ्स (काश्यप 908-65) के समय वह छिन्न-भिन्न होने लगा, और अंत में अवस्था यहाँ तक पहुँच गई, कि ओद्-स्रुङ्स के पुत्र दपल्-खोर्-व-चन् (983 ई०) को राजधानी ल्हासा छोड़ पश्चिम की ओर भागना पड़ा। उसने पश्चिमी तिब्बत (मानसरोवर प्रांत या ङरीकोर् सुम्) को अपने अधिकार में किया। बाल्तिस्तान, लदाख, लाहुल ही नहीं वर्तमान कनौर और उत्तरकाशी (टेहरी) से नीचे तक गढ़वाल के कितने ही भाग पर भी उसका अधिकार था। किंतु उसके पुत्र ने राज्य को अपने तीन पुत्रों में बाँट दिया, जिसमें ल्दे-चुग्-गोन् को शङ्-शुङ, गूगे मिला। इसी के राज्य में कनौर, ऊपरी टेहरी और ऊपरी बदरीनाथ भी था। इसके पौत्र नागराज ने उत्तर-काशी (बारहाट) में एक बौद्ध विहार बनाया था, जिसकी सुंदर और अपेक्षाकृत विशाल बुद्ध-प्रतिमा आज भी वहाँ दत्तात्रेय के नाम से पूजी जाती है। प्रतिमा के नीचे भोट-भाषा के लेख में दानपति नागराज का स्पष्ट उल्लेख है। दपल्-खोर्-व-चन् (983 ई०) की तेरहवीं पीढ़ी अर्थात् तेरहवीं सदी के मध्य में ग्रग्स-प-दे गूगे का राजा था, उसके उत्तराधिकारी जिंदरमल, अजितमल, कलनमल, परतापमल (1320 ई० ?) के नाम बतलाते हैं, कि उन पर भारतीय प्रभाव बहुत पड़ चुका था और इसमें कनौर वालों का विशेष हाथ रहा होगा, इसमें संदेह नहीं क्योंकि गूगे की जनता में सबसे अधिक संख्या उनकी थी, और सांस्कृतिक-तल भी उनका आज की भाँति उनसे ऊँचा था।

दसवीं सदी के बाद भोट-जाति का नेतृत्व—विशेषकर सांस्कृतिक और धार्मिक क्षेत्र में—गूगे ने किया। गूगे के राजा खोर्-ल्दे (भिक्षु-नाम येशेओ) ने सतलुज तट पर थोलिङ् का महाविहार बनाया, जिसे गढ़वाली लोग आदि बदरी कहते हैं। इसमें आश्चर्य करना नहीं होगा, यदि खोज से पता लगे, कि हमारे बदरीनाथ मूलतः एक बौद्धतीर्थ और देवालय था। खोर्-ल्दे ने बौद्ध-प्रचारक बनाने के लिए 21 भोट तरुणों को कश्मीर संस्कृत पढ़ने के लिए भेजा, किंतु उनमें दो ही जीवित लौट सके, जिनमें एक था, महाभाषान्तरकार रिन्-छेन्-जङ् पो (रत्नभद्र 958-1055 ई०)। इस भाषान्तरकार ने ऐसे सैकड़ों संस्कृत ग्रंथों का भोटभाषा में अनुवाद करके सुरक्षित कर दिया, जिनमें अधिकांश संस्कृत में सर्वदा के लिए लुप्त हो चुके हैं। रिन्-छेन्-जङ् पो के बनवाये कई मंदिर कनौर, स्पिती

और लदाख में हैं। कनौर में कनम्, रिब्बा और स्पू में अब भी उसके बनाए मंदिरों का परिचय कराया जाता है, यद्यपि स्पू की बुद्ध-प्रतिमा को छोड़ कर किसी का उस समय का होना संभव नहीं है। थोलिङ्-संस्थापक येशे-ओ के प्रयत्न का ही फल था, जो उसके मरने के बाद 1042 ई० में भारतीय पंडित दीपंकर श्रीज्ञान थोलिङ् पहुँचे। यद्यपि वह कनौर (खुनू) में नहीं गए, किंतु इसमें संदेह नहीं कि ग्यारहवीं सदी की धार्मिक और साहित्यिक हलचल का कनौर पर पूरा प्रभाव पड़ा।

ऊपर के वर्णन से ज्ञात होगा, कि भोट प्रभावान्वित कनौर का इतिहास साम्राज्यीय और गूगे दो भागों में विभक्त है। सातवीं से दसवीं सदी तक भोट साम्राज्य में रहने से कनौर पर ल्हासा का प्रभुत्व रहा। यद्यपि उस समय भोट भाषा, भोट रक्त के साथ बौद्ध धर्म से परिचित होने का उसे मौका मिला, किंतु था यह विदेशी शासन और शोषण का समय। चीनी तुर्किस्तान की मरुभूमि में प्राप्त भोटिया हस्तलेखों के उदाहरण से हम जान सकते हैं, कि इन तीन सदियों में कनौर में भी भोटराज की जगह-जगह सैनिक छावनियाँ रही होंगी, मुख्य-मुख्य स्थानों पर उनके शासक रहते होंगे। सारे कनौर के शासक का निवास-स्थान चिनी ही रहा होगा, भोटिया लोग इसीलिए तो इसे राजधानी चिनी (ग्यल्-स चिने) कहते हैं। वैसे बस्पा उपत्यका का साङ्ला गाँव भी इसका दावा कर सकता है, किंतु वह विस्तृत सतलुज उपत्यका का शासन केंद्र नहीं हो सकता था। कनौर और भोट का इतना रक्त और भाषा सम्मिश्रण इन्हीं तीन सदियों में हुआ। बल्कि भाषा सम्मिश्रण कहना ही पर्याप्त नहीं होगा, इन तीन सदियों में तो मानसरोवर, लदाख, बाल्तिस्तान और स्पिती की पुरानी भाषा ही लुप्त हो गई, और उसका स्थान भोट-भाषा ने लिया। यही बात मध्य-एशिया में हम तुर्कों को करते देखते हैं। इनके दूर के संबंधी भोटियों की भाँति हूणवंशज तुर्क भी छठीं सदी में मध्य-एशिया पर अधिकार करते हैं, और चार-पाँच सदियों के बाद अपनी भाषा और अपनी जाति का वहाँ पूरा प्रभुत्व छोड़ते हैं।

इस काल में कनौरे लोग पहले और आज की भाँति कृषि और वाणिज्य पर गुजारा करते थे। यहाँ के आर्थिक ढाँचे में कोई परिवर्तन नहीं हुआ। 1921 में मिस्टर एच० एम० ग्लोवर ने 'सतलुज उपत्यका जंगल सर्वे' के विवरण में लिखा है: "कनौर की आबादी बहुत कम है, और निवासियों के लिए खेती अपर्याप्त है। ऊपरी कनौर में सिंचाई की नहरों के बिना खेती संभव नहीं है।...हाल (1912-1913 ई०) में सिंचाई की बड़ी योजना दोषपूर्ण इंजीनियरी के कारण असफल रही। कनौर में धूप वाले पर्वतगात्र पर, जहाँ पर वृक्ष और वन दुर्बल अवस्था में

हैं, खेतों की सीढ़ियाँ मिलती हैं। जान पड़ता है, कुछ शताब्दियों पहले किसी सफल तिब्बती आक्रमण में—जिसका वर्णन तिब्बती इतिहास में और स्मरण स्थानीय परंपरा में मिलता है—सिंचाई की प्रधान नहरें नष्ट कर दी गईं, जो फिर कभी नहीं बनाई जा सकीं।"

सफल तिब्बती आक्रमण सातवीं सदी का ही था, किंतु वह क्षणिक लूट के लिए नहीं बल्कि स्थायी प्रभुत्व जमाने के लिए था। हो नहीं सकता, कि जो शासन मध्य-एशिया की मरुभूमि के नगरों के जीवन को नहरों द्वारा कायम रख सका, वह कनौर की नहरों को ध्वस्त करता। देश की समृद्धि पर ही तो उसका अपना लाभ भी निर्भर करता था?

सामाजिक, सांस्कृतिक और धार्मिक जीवन में इस समय जो परिवर्तन हुआ, उसका प्रभाव आज भी कनौर में वर्तमान है। वह है, मुर्दा गाड़ने की जगह जलाने की प्रथा। तिब्बती रूप के बौद्ध धर्म के स्वीकार के साथ बहुपति विवाह (सभी भाइयों की एक पत्नी) की प्रथा को हम तिब्बत की देन नहीं कह सकते। जीवनोपयोगी सामग्री की कृच्छ्रता में खाने वाले मुखों की संख्या सीमित रखने के लिए हिमालय ही नहीं लंका के पर्वतों में भी लोगों ने बहुपतित्व को स्वीकार किया था। अर्धघुमंतू भोटिया सैनिक और शासकों ने खुलकर किन्नरियों के साथ वैध और अवैध यौन-संबंध स्थापित किए, जिसका परिणाम भाषा और रक्त-सम्मिश्रण के रूप में अब भी देखा जाता है।

दसवीं शताब्दी के आरंभ में भोट-साम्राज्य लड़खड़ाने लगा, उसके दूर-दूर के भाग स्वतंत्र होने लगे। इस समय हिमालय के सीमांत पर उसका पड़ोसी कन्नौज का गुर्जर प्रतिहार साम्राज्य था। यह हो नहीं सकता था, कि अपने पडोसी की निर्बलता से वह लाभ उठाए बिना रहता। दसवीं सदी के मध्य में किसी समय किन्नर देश पर प्रतिहारों का आधिपत्य हो गया। कहा नहीं जा सकता कि शासन सीधे कन्नौज द्वारा नियुक्त अधिकारी करता था या कोई किन्नर सामंत। कोठी में आज भी इस काल की सरस्वती, हरगौरी आदि ब्राह्मण-देवताओं की मूर्तियाँ मौजूद हैं। कोठी देवी के कायथ (लेखक) नेगी ठाकुरसिंह वहाँ की पुरानी परंपरा सुना रहे थे, जिसके अनुसार नीचे से भागकर आया कोई राजा कोठी में महल बनवाकर रहता रहा। एक दिन जब वह रानी सहित बाहर टहलने या उद्यान में चौपड़ खेलने में लगा था, तो देवी ने उसके महल में आग लगा दी और राजा को किन्नर-देश छोड़ कर भागना पड़ा। इस परंपरा की व्याख्या यही हो सकती है, कि महमूद गज़नवी के बनारस तक के आक्रमण से जर्जरित होकर जब प्रतिहार-साम्राज्य ध्वस्त हुआ तो स्वयं कन्नौज का राजा या उसका कोई राजकुमार भाग कर किन्नर-

देश में शरणार्थी हुआ। कन्नौज के बिगड़े राजवंशिक का खर्च छोटा-सा किन्नर-देश कहाँ तक वहन करता। लोगों ने विद्रोह किया और ग्यारहवीं सदी के प्रथम-पाद में भगोड़े राजा को किन्नर से भागना पड़ा। इसी राजा ने कोठी में आज भी मौजूद पाषाणकुंड के साथ एक सुंदर शिवमंदिर बनवाया। हो सकता है मंदिर काष्ठ का रहा हो और जल जाने से उसका अवशेष नहीं मिलता। लेकिन मंदिर में स्थापित दो फुट की चतुर्भुजी शिवमूर्ति आज भी कुंड पर मौजूद है। इस असाधारण सुंदर मूर्ति के साथ उतनी ही बड़ी एक दूसरी मूर्ति भी थी, जिसके प्रभामंडल का एक खंड मालाधारी किन्नर मिथुन के साथ वहाँ रखा हुआ है। बहुत संभव है, वह मूर्ति गौरी की थी। कोठी की इस अद्भुत शिवमूर्ति और दूसरी इक्कीस काष्ठपाणमयी ब्राह्मणधर्मी मूर्तियों की व्याख्या केवल इसी तरह की जा सकती है, कि प्रथम भोट-साम्राज्य के पतन (दसवीं सदी) और पश्चिमी तिब्बत के भोट-राजवंश के शक्तिशाली होने के बीच किन्नर देश पर गुर्जर प्रतिहारों का अधिकार हो गया। पश्चिमी तिब्बत के राजवंश का भी हाथ शरणार्थी प्रतिहार राजा के विरुद्ध हुआ होगा। एक प्रतिहार राजकुमार इसी समय भाग कर सिंहल गया था, और वहाँ कुछ समय उसे राज्य करने का मौका भी मिल गया था। कुल्लू के राजवंश को पालवंश की शाखा बतलाया जाता है। परंपरा कहती है कि मुसलमानों के आक्रमण से परास्त हो 11वीं सदी के तृतीय पाद में कोई राजकुमार मायापुरी (हरिद्वार) और गढ़वाल के रास्ते कुल्लू पहुँचा। मैं समझता हूँ, इस भगोड़े राजकुमार या राजा का संबंध पालवंश से जोड़ना गलत है। 11वीं सदी में पालवंश पर कोई संकट नहीं आया था। जान पड़ता है राजा के नाम के साथ पाल शब्द आने से यह भ्रम हुआ। गुर्जर प्रतिहारों में कई पाल नाम वाले राजा हुए हैं। महीपाल तो दूसरा विक्रम था। ईसा की 11वीं सदी के तृतीय पाद में कुल्लू जाने से संदेह होता है, कि कहीं वही कोठी से भगाया राजा कुल्लू तो नहीं पहुँचा।

अस्तु, किन्नर-इतिहास में गुर्जर प्रतिहार शासन का भी स्थान है।

दसवीं सदी के चतुर्थपाद में स्रोङ्चन् वंश के ही एक राजकुमार ने पश्चिमी तिब्बत में नये राज्य की स्थापना की। आगे चल कर इस वंश ने किन्नर और बरहाट (उत्तरकाशी) तक भारत की ओर अपना पैर बढ़ाया। यह भोट प्रभुता का द्वितीय युग है। राज्य पीछे लदाख, गूगे और पुरंग तीन भागों में बँट गया, यह हम पहले कह चुके हैं।

भोट-प्रभुता के द्वितीय काल (गूगे काल 10वीं से 13वीं सदी) में कनौर दूर के शासकों की शोषित जनता नहीं रह गया। यद्यपि नया वंश ल्हासा के सम्राट्वंश

की ही शाखा था, किंतु अब वह कनौर की सीमा पर आकर बस गया था और उसके लिए अपेक्षाकृत अधिक संस्कृत किन्नर-जाति की सहायता आवश्यक थी। इस समय शासन मध्य भोट से लाये शासकों और सैनिकों के बल पर नहीं चल रहा था, बल्कि उसका प्रधान आधार था राजवंश के संबंधी (साले, बहनोई, दामाद) के रूप में कनौरी भद्रवर्ग—जोवो या ठाकरस् (ठाकुर)। इस काल में विशेषकर ग्यारहवीं सदी में संस्कृत-ग्रंथों के भोट भाषा में अनुवाद तथा धार्मिक सुधार का केंद्र भी गूगे रहा। आशा रखनी चाहिए, कि इस काल में भी कनौर की आर्थिक समृद्धि में बाधा नहीं पड़ी होगी। पहाड़ों में जहाँ-तहाँ दूर तक फैले परित्यक्त खेत उस समय आबाद रहे होंगे। कनौज के गुर्जर प्रतिहारों की भाँति उनके उत्तराधिकारी गहड़वारे भी अपने उत्तरी पड़ौसियों के दुर्गम स्थानों पर चढ़ाई करने की कोशिश नहीं करते रहे होंगे, और उनके व्यापार के लाभ, सौगातों तथा भेंटों से ही संतोष कर लेते होंगे, और 'भोदृंता पिदृंत चले' की नौबत कम आती होगी।

बारहवीं सदी के अंत में गूगे के शासन में पश्चिमी हिमाचल (कुमायूँ से कुल्लू) के उत्तरी भाग में बसने वाली वह सारी जातियाँ थीं, जिनके चेहरे पर तिब्बती (मंगोलीय) मुख-मुद्रा और भाषा पर पूर्ण या अपूर्ण तिब्बती प्रभाव है।

गूगे के अंतिम राजाओं के परतापमल जैसे नाम बतलाते हैं, कि कम-से-कम राजवंश में भारतीयता का बोलबाला था, संभव है उनकी रानियाँ पहाड़ी राणाओं के घरों से आती हों। इसका परिणाम यदि ब्राह्मणों का प्रभुत्व बढ़ने के रूप में न हुआ हो, तो भी जात-पाँत का, छुआ-छूत का प्रवेश तो जरूर हुआ होगा। कनौर में बाढ़ी (बढ़ई+लोहार+सोनार+कसेरा) और कोली (चमार+कोरी) को अछूत समझा जाता है। इस काल में उपरोक्त पेशे इन्हीं लोगों के हाथ में थे, यह कहना मुश्किल है, क्योंकि यह लोग कनौरों में 5 या 10 सैकड़े की कम संख्या में रहते भी अपनी हिंदी वंश की भाषा बोलते हैं, जो आजकल की राजस्थानी और आसपास की दूसरी भाषाओं के नजदीक है। इसीलिए अपभ्रंशकाल (8वीं से 13वीं सदी में) इनका पहाड़ में जाना मुश्किल-सा मालूम होता है।

ठाकरशाही (14वीं-15वीं सदी) : बारहवीं सदी के अंत के साथ उत्तरी भारत के बौद्ध-केंद्रों नालंदा, विक्रमशिला, उदंतपुरी का अंत होता है। अंतिम भारतीय बौद्ध संघ-राज शक्यश्रीभद्र (1127-1225) शरणार्थी के तौर पर 1203 ई० में मध्यभोट में गए और वहाँ दस साल रहकर 1213 ई० में अपनी जन्मभूमि कश्मीर चले गए। कश्मीर जाने का रास्ता गूगे, कनौर और कुल्लू से ही रहा होगा, किंतु इस यात्रा का कोई विवरण देखने में नहीं आया, जिससे कि कनौर की अवस्था का विशेष परिचय प्राप्त हो सके। गूगे राजवंश की शक्ति अवश्य

उस समय क्षीण होने लगी थी और तेरहवीं सदी के अंत तक पहुँचते-पहुँचते राजवंश का प्रभुत्व थोलिंग के आसपास के कुछ गाँवों तक सीमित रह गई। ब्रिटिश शासन के उठ जाने पर अगस्त 1948 में शिमला के पास ठियोग के एक गाँव के राना ने जब अपने को स्वतंत्र घोषित करने की धृष्टता की, तो गूगे राजवंश के निर्बल होने पर उसके शासक और सामंत, जिनमें कितने ही राजा के सगे-संबंधी होने से काफी प्रभावशाली थे, क्यों न अपने को स्वतंत्र घोषित करते? गूगे राजवंश का उच्छेद नहीं निर्बल होना मैंने कहा, वंश का उच्छेद तो अब भी नहीं हुआ है, और थोलिंग के पास आज भी एक-दो गाँव का 'राजा' बनकर वह मौजूद है।

इस प्रकार चौदहवीं सदी के आरंभ में गूगे के राज्य में हर दो-दो, चार-चार गाँव के स्वतंत्र राजा बन गए, जिन्हें कनौरी भाषा में ठाकरस् कहते हैं। ठाकर, ठाकुर और ठाकरस् एक ही शब्द हैं। यह मूलतः किस भाषा का शब्द है, यह कहना मुश्किल है। यद्यपि इसका प्रयोग काठियावाड़, बंगाल से लेकर सारे भारत में कहीं सामंतों, कहीं राजपूतों, कहीं ब्राह्मणों और कहीं हजामों के लिए होता है। पुरी के जगन्नाथ को भी ठाकुरजी कहा जाता है; किंतु इससे इसका संबंध संस्कृत से नहीं जोड़ा जा सकता। मुझे तो संदेह होता है, इसकी उत्पत्ति हिमालय के इसी कोने में हुई। मूलतः यह तिब्बती शब्द ठक्-कर (श्वेत रक्त) से निकला मालूम होता है, जो राज-रक्त का पर्याय है। किंतु इस व्याख्या में एक दिक्कत है, ठक्-कर् इस अर्थ में तिब्बती साहित्य में कहीं देखने को नहीं मिलता। जो भी हो, सोलहवीं सदी के आसपास कामरू (रामपुर) राजवंश द्वारा ध्वस्त होने के पहले सारा कनौर सात ठाकरस् में विभक्त था, जिसके अधिकृत क्षेत्र को 'सात खूंद' भी कहा जाता था। सातों खूंदों के अपने-अपने ठाकरस् और अपने-अपने राजदेवता थे, जैसे —

नाम	स्थान	देवता
1. दोशो खूंद	गौरा और नाचे	बसारू
2. पंद्रहबीस खूंद	गान्मी	लाछी
3. अठारबीस खूंद	सुङ्रा	मेशू (मेशुर)
4. बङ्पोखूंद	भाबा	मेशू
5. पग्रामं (राजग्राम) खूंद	ठोलङ् (चगाँव)	मेशू
6. छुबङ् खूंद	चिनी (छुवङ्)	चंडिका (कांठी)
7. टुक्पा-खूंद	कामरू (मोने)	बदरीनाथ

आज भी कोठी की चंडिका तथा दूसरे कनौरी देवता लोगों को धमकाते हैं— हमने सातों खूंदों और अठारह गढ़ों को नष्ट कर दिया। तुम्हारी भी वही दशा

करेंगे, यदि बात नहीं मानोगे। अठारह गढ़ रामपुर से नीचे शिमला के पहाड़ी अठारह राजाओं के गिने जाते थे।

सात खूंदों में पहली को छोड़ बाकी कनौरी भाषा-क्षेत्र में पड़ती हैं, इनमें अंतिम चार ही वर्तमान चिनी तहसील के अंतर्गत अथवा मुख्य कनौर के अंग हैं। ठीक-ठीक सीमा निर्धारित करने पर नीचे (सतलुज उपत्यका में) मनोटी-धार (चौरा से 3 मील नीचे) और रूपी नाला (रूपी से 4 मील नीचे) से लेकर ऊपर भावा खड्ड (नदी) और बस्पा नदी के उद्गमों एवं श्यासो-खड्ड तक कनौर देश है। आजकल भाषा और संस्कृति का कोई विचार न कर दो कनौर भाषा-भाषी खूंदों को पहाड़ी भाषा-भाषी-हिंदी रामपुर की तहसील से जोड़ रखा गया है, जिसमें केवल शासन के सुभीते को ही ध्यान में रखा गया है।

संभव है, अपने यौवनकाल में गूगे का राज्य दोशो-खूंद (रामपुर वाले इलाके तक) रहा हो, यह भी संभव है कि ग्यारहवीं सदी में वहाँ कनौरी भाषा बोली जाती हो। गूगे-राज्य के छिन्न-भिन्न होने पर सातों खूंदों में सात ठाकरस् कायम हो गए, जिनमें राजधानी (ग्यल्स) चिनी का खूंद (छुवङ्) सबसे विस्तृत होने से पीछे कई और ठाकरसों में बँट गया इसका प्रमाण हमें लिप्पा (लितिङ्), लब्रङ्, मोरङ् (स्गिनम्) तङ् लिङ् और चोलिङ् में स्पष्ट मिलता है। इनके अतिरिक्त सुङ्नम में भी ठाकुर रहा होगा। ठाकरों के वंशजों का अब पता नहीं लगता, सिर्फ स्पिलो (लब्रङ के नीचे) में एक ठाकरवंश बतलाया जाता है।

यह ठाकरशाही कनौर के ह्रास का काल है। देश सात खूंदों ही नहीं और भी कितनी ठकरैतियों में विभक्त हो गया। हर ठाकुर दूसरे ठाकुर पर आक्रमण और लूट करना अपना हक समझता था, ऊपर से समय-समय पर उत्तरी और पूर्वी पड़ोसी भोट-भाषा-भाषी भी लूट-मार करने से बाज नहीं आते थे। अभी बारूद के हथियारों का समय नहीं था। ठाकरों ने बड़े गाँवों में छोटे-छोटे गढ़ बना रखे थे, जिनमें से कुछ आज भी लब्रङ, मोरङ् और कामरू के गढ़ों के रूप में वर्तमान हैं। यह गढ़ 30, 40 हाथ लंबे, कुछ कम चौड़े, छः-सात मंजिले काष्ठ और पाषाण खंडों के ऊँचे मकान होते थे, जो ऐसी जगह बनाये जाते थे, जहाँ आक्रमणकारियों के लिए चढ़ना आसान न हो। शत्रु का आक्रमण होने पर लोग इन गढ़ों में पनाह लेते और वहीं से शत्रुओं पर तीरों और पत्थरों की वर्षा करते थे। अपने प्राणों की रक्षा वह इस प्रकार भले ही कर सकते हों, किंतु असफल अतएव क्रुद्ध शत्रु से वह अपनी नहरों और खेतों की रक्षा नहीं कर सकते थे। ठाकरशाही का दूसरा अर्थ था घोर अशांति, धन-प्राण की अरक्षा, जिसका ही फल है, आज के जगह-जगह परित्यक्त खेत, ग्रामों और विहारों का ध्वंस। तिब्बत में भी चौदहवीं, पंद्रहवीं और

सोलहवीं सदियाँ ठाकरशाही की थीं, जिसका अंत मंगोल-सेना द्वारा भोट-विजय और उसे पाँचवें दलाईलामा के हाथ में समर्पण के साथ 1642 ई० में हुआ। कनौर में इसका अंत एक सदी या कुछ अधिक पहले हुआ।

यात्रारंभ : 3 मई (1948) को साढ़े 8 बजे सबेरे कालका मेल से प्रयाग से रवाना हुआ। कितने ही मित्र मिलने आये। दवाइयों का एक पार्सल घर पर ही छोड़ गए। कई चीजों को साथ रखने में ऐसा होता ही है। उस पार्सल में मूत्र-परीक्षा की दवाई थी। हमारे डब्बे में दो बंगाली सज्जन थे, जिनमें एक दिल्ली और दूसरे कालका तक के साथी थे। थोड़ी ही देर में हम चिरपरिचित-से हो गए। साथ में एक अंग्रेज भी चल रहे थे। वह बीस साल से दार्जिलिंग के चाय-बगानों के प्रबंधक थे। चाय-बगान भी तो अब अंग्रेजों के हाथ से निकल रहे थे। उत्तरी ईरान में चाय के बगीचे बनाये जा रहे थे। अब वह उन्हीं के लिए वहाँ बुलाए गए थे। वह चाय-बगान के कुलियों की सादगी की बड़ी प्रशंसा करते थे। क्यों न प्रशंसा करते, जबकि वह बिना कान-पूँछ हिलाए उनके इशारे पर हर वक्त काम करने के लिए तैयार रहते थे। 'बदमाश' कम्युनिस्टों से उनको जरूर शिकायत थी, क्योंकि वह कुलियों को भड़का रहे थे। दासों के युग में मनुष्य का पशु की तरह काम करना स्वामियों को स्वाभाविक मालूम होता था। आज भी करोड़ों का माल पैदा करने-वाले चाय-बगान के कुली यदि आधे पेट रह कर काम करें, तभी वह भले मालूम होते हैं।

12 बजे से 6 बजे तक चलती हुई ट्रेन में भी बड़ी गर्मी रही, खाना खाने का मन नहीं किया। 8 बजे बाद हम दिल्ली पहुँचे। दो घंटे से अधिक गाड़ी रुकी रही। सीट रिजर्व थी। चार सीटें थीं और चार ही आदमी थे, इसलिए रात को सोने का आराम रहा, और दिन में गप-शप में समय बीतते मालूम नहीं हुआ।

शिमला : 4 मई को सबेरे हम कालका पहुँच गए थे। छोटी गाड़ी पकड़नी थी। दो सूटकेसों और बिस्तरे को लगेज में भेज दिया, बाकी सामान साथ रखा। चंडीगढ़ आया। यहीं पूर्वी पंजाब की राजधानी बनने जा रही थी। यह प्रयत्न मुहम्मद तुगलक के दौलताबाद बसाने से भी बदतर था। आखिर दौलताबाद में पहले ही से देवगिरि जैसा नगर मौजूद था, और यहाँ जंगल में राजधानी बसने जा रही थी। जलंधर प्राचीन काल में भी एक बड़ी राजधानी था। आज भी एक बड़ा शहर, और उससे कुछ ही मील पर कपुरथला के महल मौजूद थे। पंजाब की राजधानी होने के लिए वह सबसे उपयुक्त था, लेकिन समझावे कौन? मालूम हुआ, कि एक मंत्री की यहाँ बहुत सारी जमीन थी, वह राजधानी के नाम पर लाखों रुपये में बिक गई। (चड़ीगढ़ की राजधानी अब सरकारी तौर से उद्घाटित

हो गई है। लेकिन, पंजाबी भाषा के छोर पर बसे इस नगर के सौभाग्य को पंजाबी भाषा किसी समय भी छीन सकती है)।

छोटी लाइन का डिब्बा और इंजन भी छोटा था। ट्रेन छोटे-छोटे पहियों से बालक की तरह धीरे-धीरे ऊपर साँप-सी टेढ़ी-मेढ़ी चढ़ रही थी। रास्ते में पहाड़ के भीतर कितनी ही सुरंगें मिलीं। चार हजार फुट की ऊँचाई पर पहुँचने के बाद गर्मी से छुट्टी मिली। यहाँ गेहूँ अब पक रहे थे। दोपहर के करीब शिमला पहुँच गए। स्टेशन पर प्रो० लाजपतराय नय्यर अपनी बहिन रजनीजी के साथ मौजूद थे। जीप पर चढ़कर ऊपर पहुँचे, फिर थोड़ी-सी चढ़ाई को पैदल पार करना पड़ा। फरग्रोव बँगले पर पहुँचने में काफी थकावट हुई। मकान बड़े सुरम्य, हरे-भरे स्थान में था। सफाई और शांति चारों ओर विराज रही थीं। रेल के लंबे सफर के बाद स्नान करना अनिवार्य है। स्नान किया, लेकिन पेट खराब था, दर्द भी था और कई पतले दस्त और एक कै भी हुई। 9 बजे रात को छुट्टी मिली। आज खाना नहीं खाया। प्रो० नय्यर पंजाब सरकार के प्रचार-विभाग के डायरेक्टर-जनरल (महानिदेशक) थे। उन्होंने कुछ फिल्में दिखलाईं, जिनमें लोक-कला के कुछ दृश्य थे, पर पेट के दर्द के मारे मन नहीं लग रहा था।

उस दिन शाम को शिमला की प्रधान सड़क—माल—पर टहलने गये थे। पंजाबी ललनाएँ सारे भारत में आधुनिकता में अव्वल रहती हैं। वह माल को पेरिस की फैशन वाली सड़क बना रही थीं। पेरिस और भारत के फैशनों का यहाँ बहुत सम्मिश्रण था। एक तन्वी ने चित्रवर्ण-सी पतली साड़ी और ब्लाउज पहनते वक्त यह ध्यान रखा था कि उदर का सौंदर्य ढँकने न पाये। यदि स्वस्थ और सुंदर होती, तो गुप्तकाल की मूर्ति-सी सुंदर मालूम होती, लेकिन थी वह बिलकुल चुड़ैल। शाम को माल पर तो मालूम होता था कि सौंदर्य और वेशभूषा की प्रदर्शनी हो रही है। ये पहाड़ी नहीं, पंजाबी तरुणियाँ थीं। तरुण पीढ़ी पिछली पीढ़ी को बहुत पीछे छोड़ गई थी। एक लड़की अपने भाई से कह रही थी : "मैं अपने मित्र के पास जा रही हूँ।" भाई ने जवाब दिया : "तुम्हारा मित्र तरुण अमुक है ना ?" बीसवीं सदी के मध्य में ही यदि यह देखा जा रहा है, तो आगे कहाँ तक पहुँचेंगे, इसे कहना मुश्किल है।

शिमला में 4 से 12 मई तक रहा। पंजाबी मुझे हमेशा ही खुले दिल के मेहमाननवाज मालूम हुए। प्रो० नय्यर में ये गुण और भी अधिक थे। उनकी पत्नी भी पति की तरह ध्यान रखती थीं। इंसुलिन को नियमपूर्वक लेना अभी मैंने शुरू नहीं किया, न भोजन में ही संयम था। आगे जाने की धुन थी। पैदल चलने की कभी-कभी हिम्मत करता था, लेकिन चढ़ाई में साँस फूलती देख कर घोड़े की

आवश्यकता मालूम होती थी। शिमला की 22 रियासतों को मिला कर हिमाचल प्रदेश बना दिया गया था, जिसके चीफ-कमिश्नर मेरे पुराने परिचित श्री एन० सी० मेहता थे। वैसे भी उनसे मिलता, किंतु अब तो उनके प्रदेश में कई महीनों के लिए जा रहा था; इसलिए यह जरूरी था। टेलीफोन किया। मेहताजी अनुपस्थित थे, अपना नंबर दे दिया, और सोचा यदि टेलीफोन आयेगा, तो मिलने चले चलेंगे। टेलीफोन आया, और 7 मई को हिमाचल सरकार के सचिवालय में उनसे मिलने गया। सचिवालय जिस इमारत में था, उसका नाम हिमाचल-धाम रखा गया था। मेहताजी मिले और व्यस्त होने पर भी उसका प्रदर्शन नहीं किया। कुछ बातें हुईं. उन्होंने कहा, "फल-उत्पादन और सड़कों का निर्माण यहाँ सबसे पहले करना है। कन्नौर में अंगूर के बगीचे हैं, जिसमें जीप द्वारा वह आ सके, सड़कों का ऐसा बंदोबस्त करना होगा। यह भी कहा कि हम लोग लोक-कला की प्रदर्शनी में एक मण्डली बाहर भेजना चाहते हैं, उसके लिए ध्यान रखेंगे।" मेरे लिए सबसे बड़ा काम यह हुआ कि उन्होंने रामपुर के उच्चाधिकारी को पत्र लिख दिया कि घोड़े, भारवाहक और डाकबंगला आदि का प्रबंध कर दें तथा ठाणादार में 13 तारीख को एक घोड़ा और दो कुली तैयार भेज दें।

8 तारीख को मेरे देवली के साथी ठाकुर गोविंदसिंह मिले। उनके साथ कनौर (स्पिलो) के ठाकुर गोपालचंद नेगी भी थे, जो इलाहाबाद में एल-एल० बी० के द्वितीय वर्ष के छात्र थे। तीसरे पुरुष शोंग निवासी नेगी ठाकुरसेन बी० एस-सी०, एल-एल० बी० थे। नेगी ठाकुरसेन कृषि के ग्रेजुएट थे, नौसेना में चले गये थे, और अब हिमाचल के लिए कुछ करना चाहते थे। मालूम हुआ कि चिनी का मिशनरी घर अब भी खाली पड़ा है, उसके एक भाग में अस्पताल है। नेगीजी ने अपने परिचितों को कई चिट्ठियाँ लिख दीं।

उसी दिन कालीबाड़ी में गये। इसकी स्थापना 1815 में उसी समय हुई हुई थी, जबकि हिमालय के भारतीय पहाड़ों को अंग्रेजों ने नेपालियों से छीना था। बंगाली सबसे पहले पश्चिमी सभ्यता के संपर्क में आये। उनके भी कुछ लोग आधुनिकता में किसी समय सरपट दौड़े, लेकिन वह समय बहुत पहले बीत चुका। अब उनमें आधुनिकता, आधुनिक सज्जा, वेश-भूषा भी है, पर गंभीरता के साथ।

शिमला घूम-फिर कर देखा। उसके दूर के बंगलों में भी गये। कुफरी में वनभोज भी किया। 12 मई के सवा 5 बजे रेस्तराँ में पंजाब के मंत्रियों ने चाय-पार्टी दी, जिसमें डा० गोपीचंद मुख्यमंत्री तथा दूसरे मंत्री भी आये। उसी दिन दोपहर को पं० भगवतदत्तजी मिले। अब भी वह उसी तरह स्वाध्यायशील हैं, और आर्यसमाज के वैसे ही पक्षपाती भी। कालिदास और समुद्रगुप्त को वह ईसवी सन्

के आरंभ में ले जाना चाहते हैं और बुद्ध को ईसा-पूर्व 7वीं सदी में। विचार-भेद कितना ही हो, किंतु हमारा वैसा ही मधुर संबंध था, जैसा 1916 में। 32 वर्षों का उन पर कोई प्रभाव नहीं है, यह जरूर ईर्ष्या की बात थी। लाहौर में वह शांतिपूर्वक मॉडल टाउन में अपने घर में रहा करते थे। निश्चित जीवन था; देश का बँटवारा हुआ। 9 अगस्त (1947) को परिवार सहित चले आये। कष्ट का जीवन है। घरबार नहीं। लड़का मध्य-एशिया म्यूज़ियम में काम कर रहा है, पत्नी अमृतसर के एक विद्यालय में अध्यापिका हो गई थीं, यही संतोष की बात है।

13 मई को साढ़े 7 बजे बस से हम रवाना हुए। 29 मील पर नारकण्डा तक बस जाती थी, जो 9000 फुट की ऊँचाई पर है। यहाँ से रामपुर 32 मील था। लेकिन, हमारे लिए घोड़ा ठाणादार में आने वाला था। संयोग से रामपुर हाईस्कूल के हेडमास्टर पं० दौलतरामजी भी इसी बस से आये थे। सामान के लिए पाँच रुपये में खच्चर किया और स्वयं पैदल चल पड़ा। पहले घंटे में रफ्तार चार मील रही, फिर कुछ सुस्त, नवें मील के पास पहुँचने पर घोड़ा आता मिला। 2 मील चल ठाणादार में डाकबँगले में ठहरे। तिब्बत में भारतीय प्रतिनिधि श्री देवीदासजी स्टोक के पुत्र श्री प्रीतमसिंह और पुराने परिचित डा० भगवानसिंह बोध मिले। मानो बिल्कुल अपनो में थे। रामपुर से आये घोड़े-खच्चर मौजूद थे।

रामपुर : अगले दिन 6 बजे चलने से पहले राय साहब देवीदासजी परौठें और फल लेकर आये। रात को पेट ठीक नहीं था, इसलिए आज उपवास करने की सोची थी। फल ले लिये। नौला और निरत होते शाम होने से पहले ही रामपुर पहुँच गये। डाकबँगला नगर से दूर था। हमने बड़ी प्रसन्नता से स्वीकार किया, जब यहाँ के उच्चाधिकारी सरदार साहब ने अपने बँगले में रहने के लिए कहा। वह क्वेटा में रेवन्यू अफसर थे। घर उजड़ने के बाद इधर चले आये। और अब इस काम पर थे। रास्ते में एक जगह घोड़े ने पत्थर से रगड़ दिया, चार जगह घाव हो गये। इंसुलिन लेना जरूरी था। हमारे मेजबान सूई देने में दक्ष निकले। 15-16 को रामपुर में ही बिताया। रास्ते के लिए कुछ चीजें खरीदीं, चिनी के बारे में कुछ जानकारी प्राप्त की। रामपुर का राजा अभी लड़का था, राजमाता दुःखी थीं। इस दिन के लिए कभी सोचा नहीं था। अब उनकी कोई पूछ नहीं थी। राजा के घोड़े और खच्चरों को भी सरकारी बनाया जा रहा था। तोशाखाने में लाखों के आभूषण रहे होंगे, लेकिन सब पर लगाकर उड़ गये, जो दो-चार हजार के थे, उन्हें रानी को दे देने में क्या आपत्ति थी? बेचारी अपने दुःखों का वर्णन करते अपने को रोक नहीं सकीं और उनकी आँखों में आँसू आ गये।

17 तारीख को सबेरे साड़े 6 बजे आगे के लिए रवाना हुए। सामान के लिए दो सरकारी खच्चर मिले थे। सवारी के घोड़े की पीठ कटी थी, यह एक मील जाने पर मालूम हुआ, उसे लौटा दिया। नौ मील पर गौरा के डाकबँगले में दोपहर के लिए ठहर गये। मार्च में अखबारों में रामपुर-बुशहर में प्रजा के विद्रोह के बारे में पढ़ा था। गौरा का डाकबँगला भी उस समय विद्रोह का एक मुख्य स्थान था। मास्टर अनुलाल और पं० सत्यदेव प्रजा के नेता थे। रियासत-वाले अपनी पुरानी चाल चलना चाहते थे। सराहन में अनुलाल को गिरफ्तार करके गौरा के डाकबँगले में लाया गया। गिरफ्तार करने वाली पुलिस स्वयं गिरफ्तार हो गई। अगले दिन रियासत के जज, पुलिस के अफसर तथा दर्जन से अधिक सिपाहियों ने गोली चलाकर काम बनाना चाहा, लेकिन उन्हें आत्मसमर्पण करना पड़ा। कितने दिनों तक रामपुर में प्रजा का राज्य रहा। मास्टर के नेतृत्व ही के कारण लूट-पाट नहीं हुई। अंत में भारत सरकार ने पुलिस भेजी और बिना गोली चलाये ही शांति स्थापित हो गई।

आज 21 मील चल कर शिमला से 19वें मील पर अवस्थित सराहन के डाकबँगले में पहुँचे। सारी यात्रा पैदल हुई थी, इसलिए थकावट थी और अंत की तीन-चार मील की चढ़ाई तो बहुत ही कठिन मालूम हुई। बँगले पर पहुँचते चूर-चूर हो गये थे। अध्यापक सोहनलालजी को पहले ही नेगीजी की चिट्ठी मिल चुकी थी। उन्होंने आराम का सारा प्रबंध किया, और 20 मील पर नचार के लिए एक घोड़ा भी कर दिया।

साईस दौलतराम को पहले ही रवाना कर दिया। घोड़ा देखने में बड़ा रोब-दार और मजबूत था। हमने सोचा था, यह चलने में हवा से बातें करेगा, पर वह वैसा साबित नहीं हुआ। शोलिडंग नाला पार कर मैं एक दुकान में बैठा था। पास के खेत में खंबा लोगों का तंबू पड़ा हुआ था। खंबा तिब्बती खानाबदोश हैं, जो जाड़ों में मानसरोवर प्रदेश और गर्मियों में दिल्ली और भारत के दूसरे शहरों में घूमा करते हैं। तिब्बती में बात करने पर मेरी ओर उसका आकर्षण हुआ। उसने चाय पीने के लिए बुलाया। चाय पीने से भी बढ़ कर मुझे तिब्बत और खंबा लोगों के बारे में जानकारी प्राप्त करने की इच्छा थी। तरुण का बौद्ध-धर्म में अनुराग था, ब्राह्मण धर्म को वह झूठा धर्म समझता था। उसकी जानकारी काफी थी। उसने कम्युनिस्ट पार्टी का भी नाम सुना था, शायद यह मालूम नहीं था कि दो साल वाद तिब्बत में कम्युनिस्ट पार्टी की दुंदुभि बजने लगेगी। वह चाहता था, भोट में भी गरीबों का शोषण बन्द हो। उस दिन 23 मील चलकर साढ़े 5 बजे

नचार पहुँच गये। चारों ओर देवदारों के सघन वन की छटा थी। इधर के जंगलों के कंजर्वेटर का कार्यालय यहीं रहता है। कंजर्वेटर ढिल्लन साहब जलंधर के रहने वाले थे। चाय पिलाकर उन्होंने अपना साग-सब्जियों का बाग दिखलाया। अभी फल कोई तैयार नहीं था। नेगी ठाकुरसिंह ने चिट्ठा यहाँ भी लिख दी थी, और बाबू अमीरचंद ने बड़ी मदद की। सबेरे की चाय ढिल्लन साहब के यहाँ पी, फिर पांगी के बाबू अमीचंद साथ-साथ चले। अगला डाकबँगला बंगपू में था, जिसके जरा ही नीचे सतलुज को पार करने के लिए लोहे का पुल था। रास्ता उतराई का था, इसलिए घोड़ा रहने पर भी उसका कोई काम नहीं था। डाकबँगले पर 9 बजे ही पहुँच गये। सड़क के इंस्पेक्टर श्री लक्ष्मीनंदन बड़े प्रेम से मिले। चार घंटा विश्राम करने के बाद उनके साथ चले। उन्होंने अपनी घोड़ी और एक आदमी रोगी तक के लिए दे दिया। बंगपू पुल सवा पाँच हजार फुट की ऊँचाई पर है। हम कितनी सर्द जगह में थे, यह आसानी से मालूम हो सकता है। कुछ दूर आगे सतलुज को सीधा रोक देने वाला पहाड़ आ गया। इसको तोड़ने में सतलुज को लाखों वर्ष लगे होंगे। पानी का रास्ता तो निकल आया, लेकिन बादलों का रास्ता उतना खुला नहीं है। चार मील जाने पर बाबू लक्ष्मीनंदन रह गये। कुछ देर सम-तल-सी जगह में चलने के बाद तीन मील की कड़ी चढ़ाई आई। घोड़ी देखने में कमजोर मालूम होती थी, लेकिन उसने पार लगा दिया। 125वें मील पर उड़नी के डाकबँगले में विश्राम किया। यहाँ वालों को स्कूल का अभाव बहुत खटकता था। हमने उनकी ओर से एक दरखास्त लिख दी। अब हम ठेठ किन्नर देश में थे। आजकल यहाँ का जीवन कितना महँगा था, यह इसी से मालूम हो जाएगा कि दोनों खच्चरों के रात के खाने के लिए 6 रुपये की घास खरीदनी पड़ी, आटा सवा रुपया सेर था, जो भी सुलभ नहीं था।

20 मई को जलपान करके सबेरे रवाना हुए। अधिकतर पैदल चलते रोगी पहुँचे। रोगी से चार मील पहले जाड़े में बर्फ के सैलाब ने बुरी तरह से सड़क को तोड़ दिया था। बेरास्ते दीवार-सी खड़ी चढ़ाई पर चढ़ना पड़ा। यदि उतराई होती, तो मेरी तो हिम्मत नहीं होती, लुढ़क जाने का डर था। रोगी में नेगी संतोखदास से मुलाकात हुई। सैलाब ने डाकबँगले को तोड़-मरोड़ कर बहुत दूर फेंक दिया था। जंगल-विभाग की मुस्तैदी के कारण यहाँ बहुत जगहों पर अच्छे देवदार वन लग गए हैं, और वनों की रक्षा भी हुई है। रोगी गाँव में सेब, खूबानी, अखरोट, अंगूर के बहुत-से बाग हैं। यहाँ का काला छोटा अंगूर शताब्दियों से मशहूर रहा है। प्राचीन काल में कन्नौज के राजाओं को भी यहाँ से लाल शराब जाती होगी। गुर्जर प्रतिहारों के समय किन्नर देश अवश्य कान्यकुब्ज साम्राज्य के

भीतर था।

चिनी : उसी दिन 5 बजे चिनी पहुँचकर जंगलात के डाकबँगले में ठहरे। कितने ही दिनों की इकट्ठा डाक मिली। उसी के पारायण में बहुत-सा समय लग गया। अब 7 अगस्त तक के लिए चिनी हमारा घर था। गाँव में 90 के करीब घर हैं। मिडिल स्कूल है, जिसके प्रधानाध्यापक पोस्ट-मास्टर भी हैं। यहाँ तहसील भी है, तहसीलदार और स्कूल के अध्यापक लोगों से परिचय हुआ। वह हर तरह से मेरी सहायता करने के लिए तैयार थे। अब मुझे मालूम हुआ, खान-पान का प्रबंध अपने जिम्मे लेना बड़े सिरदर्द का कारण होगा। यह चिंता दूर हो गई, जब अगले दिन अकारण मित्र साथ रहने के लिए अकस्मात् आ गये। वह किन्नर हैं। किन्नर लोगों में अधिकांश लोग बौद्ध हैं। वह साधु होकर अब सोनम् ग्येन्च्छो थे, जिसका अर्थ है पुण्यसागर। वह छठे दर्जे तक पढ़े, लेकिन पढ़ाई उर्दू में की थी। यदि हिंदी में होती, तो हम दोनों को ज्यादा फायदा रहता। फिर भी मेरे साथ रहते-रहते वह हिंदी काफी पढ़ने लग गये। भोजन के बारे में अब मैं निश्चित था। उस समय साग-सब्जी का बड़ा अभाव था, लेकिन खाने की चीजें, आटा-चावल वहाँ की एकमात्र दूकान से मिल जाता था। कुछ चीजों की दिक्कत जरूर थी, लेकिन भूखे रहने की नौबत नहीं थी।

21 मई को दोपहर बाद स्कूल में गये। यह बस्ती में सबसे ऊँची जगह पर अवस्थित है, जहाँ किसी समय चिनी ठाकरस (ठाकुर) का दुर्ग था। अनगढ़ पत्थरों की दीवारें बनी थीं। दीवारों का पता नहीं है, पत्थर जरूर मिलते हैं, और मिट्टी से ढँके हुए। पुराने अवशेष के भीतर क्या छिपा है, यह जानने की इच्छा प्रबल होनी स्वाभाविक है। पर जिज्ञासा की पूर्ति इतनी आसान नहीं थी। पीछे मैंने रहस्य जानने की कोशिश की, और जहाँ-तहाँ कुछ खुदवाया, पर उसमें पत्थर और जली लकड़ी मिली। यह दुर्ग वैसा ही रहा होगा, जैसा लबरंग और कामरू में, अर्थात् बहुत कुछ वर्गाकार 20-25 हाथ लंबी-चौड़ी तथा पंचमंजिला-सतमंजिला इमारत, जिसमें लकड़ी का भी कुछ-कुछ उपयोग है। धातु में लोहे का सिर्फ एक बान का फल मिला। दुर्ग की एक तरफ चिनी गाँव है और दूसरी तरफ कुछ नीचे हटकर तहसील और दूसरी सरकारी इमारतें। दुर्ग की एक ओर पहाड़ के लिए असाधारण काफी लंबा-चौड़ा एक खेत है, जो चिनी के देवता का है। स्कूल में डेढ़ सौ के करीब लड़के पढ़ते थे। दूर-दूर गाँवों के लड़के गरीबी के कारण तब तक पढ़ने खिलने के लिए नहीं आ सकते, जब तक कि उन्हें आर्थिक सहायता न मिले। खुला और ऊँचा होने से यह स्थान सर्द है, इसलिए नीचे अपेक्षाकृत कुछ गरम जगह में जाने वाला था। डाकखाने के सेविंग बैंक में एक बार साढ़े सात सौ रुपये से अधिक

जमा नहीं किया जा सकता, इसलिए दो बार में रुपयों को जमा किया।

जंगलात के डाकबँगले में हम रह सकते थे, किंतु वह मुख्यतः जंगलात के अफसरों के लिए है, इसलिए हम किसी दूसरी जगह रहना चाहते थे। रेंजर श्री देवदत्त शर्मा अमृतसर के निवासी तरुण और मिलनसार थे, वह अपनी नव-परिणीता पत्नी और बहिन के साथ बँगले के पास के क्वार्टर में रहते थे। हमारे यहाँ पैसा देने वाले अतिथि रखने का इंतजाम नहीं, स्वतंत्र प्रबंध करना तो आवश्यक था। वहाँ से कुछ फर्लांग हट कर सड़क के ऊपर मिशनरियों के मकान को देखने गये। सामने की इमारत अस्पताल के लिए थी, जिसमें वर्षों से कोई डाक्टर नहीं था, और कंपौंडर ठाकुरसिंह ही डाक्टर का काम करते थे। सबसे पीछे की कोठरियों में ठाकुरसिंह का परिवार रहता था, और बीच में अच्छे-खासे तीन-चार कमरों की एक इमारत खाली पड़ी थी। इसी को हमने पसंद किया। अगले दिन सामान लाने में आदमियों के मिलने में दिक्कत हुई, संयोग से वैशाख पूर्णिमा को बुद्ध-पूजा के लिए बहुत-सी साधुनियाँ जमा हुई थीं, उन्होंने खुशी से हमारा सामान मिशनरी बँगले में पहुँचा दिया। किसी समय यहाँ जर्मन मिशनरी रहते थे फिर साल्वेशन आर्मी वाले आये। उस समय यहाँ का फलों और फूलों का बाग बड़ी अच्छी हालत में था। माली अब भी था, किंतु बाग को कोई देखने वाला नहीं था। वृक्षों में थाला नहीं। 1926 में मैंने यहाँ गूजबरी खाई थी, जो अब उच्छिन्न हो गई थी। नासपाती हालैण्ड से मँगा कर लगाई गई थीं, अब भी उसमें बड़े-बड़े फल आते हैं। कितने शौक से इस बगीचे को लगाया गया होगा, किंतु अब यह बिल्कुल खतम हो जाने के लिए तैयार था।

22 मई को तहसीलदार मंगतराम दौरे पर से लौटे। पुराने सेब, खूबानी, और अखरोटों के साथ कुछ साग भी ले आये। रियासत के नौकर थे, घबराये हुए थे, कि अब नई सरकार रखेगी या नहीं। चीफ-कमिश्नर की सिफारिशी चिट्ठी आ गई थी, इसलिए चाहते थे कि उनके बारे में मैं सिफारिश करूँ। मैंने कहा, कि सबसे बड़ी सिफारिश यह होगी कि यहाँ के फलों, खनिज पदार्थों, दस्तकारी आदि के बारे में पूरी जानकारी पैदा करके चीफ-कमिश्नर साहब के पास भेजें।

पुण्यसागर के आने से मेरी तीन-चौथाई चिंता दूर हो गई। यह बिल्कुल संयोग था। मेरा उनसे पहले का परिचय नहीं था, लेकिन नाम शायद वह जानते थे। स्वास्थ्य की ओर ख्याल पहले गया। 23 मई को मूत्र-परीक्षा की, तो मालूम हुआ, चीनी थोड़ी है। पानमेलिटेस की गोलियाँ खाते रहे, इंसुलिन की सूई लेने को आगे पर छोड़ दिया। दूध और घी की पहाड़ में आशा की जा सकती थी, लेकिन वह भी यहाँ दुर्लभ थे। सर्दी एक कंबल और एक अरण्डी से अधिक

की नहीं थी। 24 मई से हमने दो घंटा घूमना शुरू कर दिया।

चिनी में डाक हर दूसरे दिन आती थी, किंतु रास्ता खराब होने तथा कुप्रबंध के कारण उसका समय निश्चित नहीं था।

अब चिनी में आशा रखते थे, 'मधुर स्वप्न' को लिख डालेंगे, लेकिन उसका समय साल-भर बाद आने वाला था। हाँ, उसकी सामग्री पढ़ते रहे। कनौर के लोक-गीतों की ओर भी ध्यान गया। वह अधिकतर प्रेम, सम्पत्ति, सौंदर्य, अद्‌भुत कर्म या देवता आदि के बारे में होते हैं, और हर जगह के लोक-गीतों की तरह इनकी आयु भी ज्यादा नहीं होती। एक बार तूफान की तरह वह निकलकर सारे किन्नर-देश को गुंजा देते हैं, फिर दूर जाते शब्द की तरह क्षीण होते नष्ट हो जाते हैं। शायद देवताओं के गीतों की आयु ज्यादा होती है। मैंने वहाँ रहते कितने ही गीत जमा किये। यहाँ रहते भिन्न-भिन्न लोग मिले। चंबा निवासी नेपाली रामानंद के शिष्य परमानंद चेतन चार-पाँच वर्ष से किन्नर देश में डटे थे। फक्कड़, पहाड़ों में खूब घूमे थे। घूमते-घामते यहाँ पहुँचे और किन्नरियों के फेर में पड़ गये। अब सम्मान भी नहीं रहा है, लेकिन किन्नर में सुरा बहुत सुलभ, उन्हें तो बिना दाम के मिल जाती थी। इसलिए सुरा-सुंदरी छोड़ें तभी तो किन्नर से निकलें। परमानंद चेतन कश्मीर से नेपाल तक के पहाड़ों को छाने हुए हैं। दस-बारह हजार फुट की ऊँचाई उनके लिए कुछ नहीं है। दूसरे घुमक्कड़ अम्दो के मिले। वह एक युग तिब्बत में बिता चुके थे। अब तिब्बत और भारत उनके पैरों के नीचे था। ऊपर की यात्रा में स्पू में एक और मंगोल भिक्षु मिले। तीस वर्ष पहले शायद कम्युनिस्ट-क्रांति के कारण देश छोड़ कर वह ल्हासा के डेपुंग मठ में आये। वहाँ कुछ दिन पढ़ने-लिखने के बाद फिर भारत और तिब्बत के चक्कर में लग गये थे। इस चक्कर से केवल घुमक्कड़ी की लालसा ही पूरी नहीं होती, बल्कि तीर्थयात्री होने से जीविका भी चलने लगती है। चौथे घुमक्कड़ नेपाली रंगाचार्य थे, जो तोताद्रि के रामानुजी जगद्‌गुरु के शिष्य थे। वह पूर्वी नेपाल के धनकुट्टा में पैदा हुए, फिर बर्मा जीविका की तलाश में पहुँचे। अंत में घुमक्कड़ी ने पीछा किया, और घूमते हुए मद्रास की तरफ जाकर रामानुजी साधु बने। वहाँ के कितने ही परिचित स्थानों के बारे में बतलाते थे। वह आजकल अधिकतर मोने—कामरू—में रहा करते थे, और लोग उन्हें मोनेरोला कहा करते थे, जिसका अर्थ है मोने का फकीर। उनके पैर में हमेशा ही चक्कर बँधा रहता! बहुत बीहड़ मार्गों से वह एक-दो नहीं पाँच-पाँच बार कैलास-मानसरोवर गये। 1953 में मैं काठमाण्डू गया, तो वहाँ भी किन्नर देश से पहाड़ों को कूदते-फाँदते पहुँचे थे। उनको पाठशालाओं के खुलवाने की धुन है, जिसमें अधिकारी भी प्रसन्नता से

सहायता करते हैं।

खाने की दिक्कत सबसे ज्यादा साग और तेमन की थी। 1 जून को तहसीलदार साहब ने कुछ सूखा मांस भेज दिया, और पुण्यसागर ने होशियार गृहपत्नी की तरह थोड़ा-थोड़ा करके दस दिन तक उसे चलाया। अब कुछ हरा साग मिलने लगा। फलों के मिलने में अभी एक महीने से ज्यादा की देर थी। सड़क-इंस्पेक्टर बाबू लक्ष्मीनंद ने घी भेजा, लेकिन दाम लेने से इंकार किया। यह भी आफत थी। वैसे घी का खर्च भी ज्यादा नहीं था, रोटी चुपड़ते नहीं थे, और तलने का काम तेल से चल जाता था। 3 जून की शाम को हल्का-सा ज्वर आया। पेट जब-तब गड़बड हो जाया करता था। मात्रा से भोजन करने की ओर बहुत ध्यान देने की जरूरत थी।

किसी जगह के पुराने स्थानों का पता लगाना हो, तो देश के जानकार आदमी से उन स्थानों के बारे में पूछें, जिनका पौराणिक कथाओं से संबंध जोड़ा गया हो। इधर पहाड़ में सभी प्राचीन स्थानों को पांडवों का अज्ञात निवास माना जाता है। ब्रह्मचारी परमानंद ने बतलाया कि सतलुज के इस पार हैं कोठी, कश्मीर, रारंग, लबरंग, कनम्, स्पू, डबलिंग, डुबलिंग, टशीगंग, सोमंग, नाको और सतलुज पार मोरंग, ठंगी, चारंग और बस्पा-उपत्यका में सांग्ला और कामरू।

किन्नर देश के देवता न मिट्टी-पत्थर के हैं, और न निष्क्रिय निर्जीव। वह विमानों पर ही सोते और विमानों पर ही टहलने के लिए निकलते हैं। विमान गंगाछवो छोटी-सी खुली पालकी जैसा होता है, जिसके भीतर से पाँच हाथ लंबी भुर्ज की सीधी बल्ली डाली जाती है, जो स्प्रिंग की तरह लचकती है। इसी विमान के बीच में लकड़ी की कमचियों से कुछ ऊँची-सी जगह बना दी जाती है, जिस पर रेशमी कपड़ा ढाँक कर चाँदी या गंगा-जमुनी चेहरे चिपका दिए जाते हैं। यही देवता हैं। गाँव के दुःख-सुख और हरेक काम में देवता की राय लेना जरूरी है। देवता कभी किसी के सिर पर आ करके बातें करता है, कभी चिट्ठी डालने पर अपना निर्णय देता है, पर, सबसे अधिक वाहनों के कंधे पर चढ़कर विमान के हिलने के संकेत से बात करता है। यदि विमान पूछने वाले के सामने की ओर झुका, तो उसका अर्थ हाँ है, यदि दूसरी ओर झुका तो नहीं। यदि ऊपर-नीचे उछला तो बहुत अच्छा, और अत्यधिक उछला तो देवता नाराज है। चिनी के देवता का नाम नरेनस (नारायण) है। देवता काफी धनाढ्य होते हैं, गाँव का सबसे अच्छा खेत उनका होता है। इसके अलावा वह जब चाहता है, तब नये कर वसूल करता है। खुशी से दान-दक्षिणा जो मिलती है, सो अलग। देवता के अपने समय-समय पर उत्सव हुआ करते हैं, जिनमें देवता की आमदनी पूड़े-पूड़ी और दूसरे पकवानों

को बना कर प्रसाद बाँटने में खर्च होती है। कभी-कभी देवता वनभोज के लिए भी जाता है, उस समय दो वाहनों के अतिरिक्त बाजे वालों और असिबंधकों की पूरी पलटन साथ-साथ चलती है। चिनी में कोलियों (हरिजनों) का अपना अलग विष्णु मंदिर है, जिसमें न्यम्-शू तिब्बती देवता, बुद्ध मूर्तियों के होने की संभावना है, लेकिन वह कुछ सालों बाद भंडार से निकाले जाते हैं। ये धातु की मूर्तियाँ हैं, और पुरानी परिपाटी के अनुसार इन पर हस्तलेख भी होना चाहिए।

अंडा यद्यपि अतिसुलभ नहीं था, तो भी मिल जाता था। 4 जून को पतले दस्त आये, पेचिश का संदेह हो गया। दस्त को कम करने के लिए चारपाई पर पड़ जाना आवश्यक मालूम हुआ। इस समय पुस्तक न पढ़कर जीवन पर ही दृष्टि पड़ने लगी, "जीवन निस्सार तो नहीं, यद्यपि उसको आसमान पर नहीं बैठाना चाहिए। जीवन-पथ के प्रदर्शन के लिए उपयुक्त ग्रंथों की आवश्यकता है। और समानधर्मा लेखक के होने पर वह बड़े सहायक हो सकते हैं। अतीत क्या सचमुच स्वप्न है? नहीं, उसकी स्मृति सुखद होती है, हाँ, कभी-कभी दुःखद होती है। यह बात स्वप्न के बारे में नहीं है। और वर्तमान समय में तो भोगी जाती वस्तु ठोस चीज है। वैयक्तिक तौर से एक आदमी का मन कभी अवसाद में पड़ जाता है, निराशा छा जाती है, किंतु उससे सबके जीवन का मूल्यांकन नहीं करना चाहिए। तरुणाई में आदमी के पास बहुत समय होता है, और बहुतायत के कारण आदमी उसके खर्च में मितव्ययिता भी नहीं कर पाता। यदि करता, तो उसे और भी अनुभव होता, और साहस-यात्राएँ कर सकता। पर, क्या यदि अपने अनुभव से कोई एक जीवन प्रयोग बना दे, तो दूसरे उसका उपयोग करेंगे ही? पूरी तौर से न नहीं, तो भी उससे कुछ का कल्याण जरूर होगा। बाईस साल पहले मैं यहाँ एक-दो दिन रहा था। आज रहते आधा मास हो गया। मेरे भीतर क्या अंतर है? उस समय एक तरह से पहली साहस-यात्रा करने निकला था। कश्मीर के रास्ते लदाख गया था, फिर तिब्बत के पश्चिमी भाग में घुस कर यहाँ आ निकला। अपरिचित देश था, और भाषा भी अपरिचित थी। साधन एक तरह शरीरमात्र था। पर साथ ही तरुणाई की उमंगें थीं। आज भी उमंगें कभी-कभी उठती हैं, फिर तुरंत ख्याल आता है, "पूरा करने के समय पर भी ध्यान दो।"

अगले दिन (5 जून) भी लेटे रहा। मन लगाने के लिए बाइबल पढ़ने लगा। मूसा की पाँचों पुस्तकें (तौरेत) और योशुआ की पुस्तक समाप्त कर डाली। यह यहूदी जाति का एक तरह का इतिहास है। यहूदी मसोपोतामिया से निकले, पहले फिलस्तीन गए, फिर फिलस्तीन के विजेता मिस्रियों के हाथ में पड़ कर उनके देश में चरवाही करते रहे। याकूब का ही नाम इसराइल था, जिसके कारण यहूदियों

को बनी राइल कहते हैं। याकूब का ही पुत्र यूसुफ मिस्र गया था। फिर उसके परिवार के लोग भी वहाँ पहुंचे। न जाने कितनी पीढ़ियों तक वहाँ सुख-दुख भोगते रहे, लेकिन वह सदा फिलस्तीन का स्वप्न देखते रहे। मूसा और उसके भाई हारून ने उन्हें निकाल कर फिलस्तीन पहुँचाया। मूसा राजनीतिज्ञ था, योद्धा नहीं। योशुआ योद्धा था, जो यहूदियों का त्राणकर्ता बना। कबीलाशाही समाज था। युद्ध बराबर होते रहते थे। युद्ध में स्त्रियों-बच्चों को मारने से भी वह बाज नहीं आते थे, खास तौर से वयस्क स्त्रियों को जरा भी दया दिखलाने के लिए तैयार नहीं थे। यहूदी मूर्ति-पूजा के सख्त विरोधी थे। मूर्ति बनाने के लिए अधिक उन्नत संस्कृति की आवश्यकता है। उनको वयस्क स्त्रियों से सदा डर रहता था कि वह यहाँ बाकी पूजा छोड़ कर मूर्तियों की पूजा करने लगेंगी। मूर्तियों और देवताओं को ध्वंस करना वह पुण्य का काम समझते थे। इस बात को इस्लाम ने उन्हीं से सीखा। मूसा की पाँचों पुस्तकें और भी दिलचस्प थीं, क्योंकि उनमें यहोबा और उसके बैठने की आर्क किन्नर के देवता और उनके गंगाछवो विमान जैसी ही मालूम होती थी। जब यहोबा यहूदी पैगंबरों से बात करता, तो मुझे यहाँ के देवता का अपने ज्येष्ठ कर्मचारी से बात करने की बात याद आती थी।

9 जून को पहले की तरह पाँच मील टहलने गए। बहुत थकावट और कमजोरी मालूम हुई। पेट अब भी साफ नहीं था। दिन में वही-सत्तू खाया, और शाम को सत्तू का निरामिष सूप पिया। प्यास अधिक लगती थी, यद्यपि पेशाब अधिक बार नहीं जाना पड़ता था, इसलिए पेशाब में चीनी के अधिक होने का संदेह नहीं था। 55 से ऊपर का था, उसका प्रभाव होना ही चाहिए। यदि मधुमेह नहीं होता, तो किसी दूसरे रूप में निर्बलता आती। पाचन-शक्ति की कमी और पेट का साफ न होना भी शायद उसी का लक्षण हो। तो भी संयम रखना आवश्यक था, ताकि इस जीवन से अधिक-से-अधिक काम लिया जा सके। मैं अनुभव करने लगा, एक स्थायी सहयात्री अत्यावश्यक है, जो लिखने का काम करे। आदमी तो मिल सकता है, किंतु स्थायी रहेगा, इसमें संदेह है। साथ ही मधुमेह के लिए इंसुलिन की सूई देने वाला हो, तो और अच्छा। 9 जून को लिखा था : "प्रतिवर्ष दो हजार पृष्ठ लिखने की योजना रहनी चाहिए, अथवा अगले दस सालों में बीस हजार पृष्ठ। काम न हो, तो जीने का फल क्या।"

चिनी में रहते परिभाषा के काम की ओर ध्यान लगा रहता था। काफी दिनों बाद विद्यानिवास और माचवेजी की चिट्ठियाँ कलकत्ते से आईं। सुनीति बाबू ने हमारे कार्य की प्रशंसा की और काम में सहयोग देने के लिए चिट्ठी लिखी। 'शासन शब्दकोश' टाइप कर लिया गया था, लेकिन प्रेस में भेजने से पहले उसे एक

बार देख लेना जरूरी था। इतनी दूर दोनों को बुलाना आसान नहीं था, इसलिए सोचा, जुलाई के अंत में कोटगढ़ उतर चलें। अभी गर्मी बहुत होगी, इसलिए नीचे उतरना ठीक नहीं है, वहीं बुला एक मास रह कर प्रेस-कापी का संशोधन कर डालें।

तिब्बत के सीमांत पर

किन्नर देश में वर्षा के बहुत कम होने से यात्रा करने में कोई कठिनाई नहीं थी। हमने किन्नर के छोर पर अवस्थित भारत के अंतिम गाँव नमग्या तक की यात्रा को कर लेना अच्छा समझा। 12 जून को यात्रा के लिए आवश्यक सामान को पुण्यसागर बाँधने लगे। तहसीलदार साहब ने एक चपरासी साथ दिया, और उसके लिए ऐसे आदमी को चुना, जो रास्ते में आदमी और घोड़े का प्रबंध आसानी से कर सके। 13 तारीख को सवेरे अभी पेट में कुछ गड़बड़ी थी ही, इसलिए थोड़ा दही खाकर चल पड़े। यहाँ से घोड़ा नहीं लिया, क्योंकि अगला पड़ाव पांगी छ: मील पर था, जो हमारे रोजाना के टहलने से एक ही मील दूर था। दो भारवाहक सामान लेकर चले। प्राय: समतल तिब्बत-हिंदुस्तान सड़क थी, जो शिमला से तिब्बत की सीमा तक जाती थी। अंग्रेजों ने इसे पश्चिमी तिब्बत पर हाथ साफ करने की नियत से बनवाया था, और इसीलिए इधर की सीमा को अपने नक्शों में अनिश्चित रखा था। सड़क हरे-भरे जंगलों में से जा रही थी, जिनमें देवदार और नेवजा (चिलगोजा) के दरख्त थे। देवदार की बाहरी छाल सूखी पपड़ी जैसी होती है, और नेवजा की हरी। पेड़, डालियाँ और पत्ते दोनों के सुंदर-सुंदर होते हैं, पत्तियाँ बारहों महीने हरी रहती हैं। छाल के सौंदर्य में नेवजा बढ़ कर है। नेवजा के ही फलों में से चिलगोजा निकलता है, इस प्रकार वह यहाँ अधिक मूल्यवान समझा जाए, तो कोई आश्चर्य नहीं।

पांगी शिमला से 144 मील 6 फलाँग पर है। अत में ही थोड़ी-सी चढ़ाई मिली। जरा विश्राम करके फिर आदमी लिए। आदमी की मजूरी दो आना प्रति-मील नियत है, अगले पड़ाव रारंग तक 12 आना देना चाहिए था, लेकिन मैंने एक-एक रुपया दिया। घोड़े वाला 8 मील के लिए 4 रुपया माँगता था। उसने दया जतलाते एक रुपया छोड़ने को कहा। मैंने घोड़ा नहीं लिया। सिर्फ एक जगह अधिक चढ़ाई थी, नहीं तो समतल-सी ही जमीन थी। आज 14 मील पैदल चला था, इसलिए रारंग पहुँचते-पहुँचते थक गया। पांगी और रारंग दोनों गाँवों के लोग पानी-पानी पुकार रहे थे, और पास के खड्डों में बहुत-सा पानी बेकार बह रहा था। दूसरी नहर द्वारा लाना उनके बस की बात नहीं थी।

14 जून को गाँव के भीतर मंदिरों को देखने गये। वैसे चिनी में भी बौद्ध धर्म का प्रभाव है, लेकिन रारंग तो बिल्कुल बौद्ध गाँव है। एक मंदिर में चौरासी सिद्धों के चित्र दीवार पर हाल में अंकित हुए थे। कुछ देर में घोड़ा भी आ गया और उस पर सवार होकर जंगी चले, जो यहाँ से सात मील के करीब थी। जंगी बहुत पुरानी बस्ती है, गाँव भी बड़ा है। सामने सतलुज पार मोरंग गाँव है। 'पाण्डवों' का किला दिखलाई दे रहा था, जो एक छोटी टेकरी पर था। कनौर में कई बोलियाँ बोली जाती हैं, यहाँ की भाषा भिन्न थी, लेकिन चिनी में बोली जाने वाली हम्स्कद भाषा सब जगह चलती है।

लिप्पा (8900 फुट) : लिप्पा सड़क से कुछ हट कर है, लेकिन हमने उसके बारे में जो बातें सुनी थीं, इसके कारण वहाँ जाना आवश्यक जान पड़ा। घोड़े और दो भारवाहक मिल गये। तीन मील हिंदुस्तान-तिब्बत सड़क से चले, फिर बायीं ओर का रास्ता लिया। चढ़ाई पहले दो मील की आई, और मार्ग भी कठिन था। सबसे बुरी बात तब होती थी, जब तीखी उतराई पर जाना पड़ता था, डर लगता था, कि पैर फिसला और न जाने कहाँ पहुँचे। पर्वत की यात्रा वही अच्छी तरह कर सकते हैं, जो पेड़ पर अच्छा चढ़ना जानते हैं और जिनका शरीर हलका है। इन दोनों कमियों के साथ-साथ अब आयु का बोझ भी मेरे ऊपर था। खैर, जब चल पड़ा, तो पीछे लौटना तो नहीं हो सकता था। आखिर पहाड़ की एक बाही पर पहुँचे, वहाँ से सामने लिप्पा का एक बड़ा गाँव दिखलाई पड़ रहा था। जंगलात का क्वार्टर पीछे छूटा, लकड़ी के पुल से एक नदी पार की, जो अपेक्षाकृत बड़ी थी। फिर छोटी धार के पुल पर से गुजरे। यहाँ बहुत-सी पनचक्कियाँ लगी थीं। देवाराम ज्योतिषी लिप्पा के रहने वाले थे, जिनका पंचांग लदाख और तिब्बत तक चलता है। उनके लड़के सोनम डुब्ग्ये आगवानी के लिए आए, और अपने साथ गुम्बा विहार में ले गये, जिसे कि उनके बाप ने बनवाया था। चढ़ाई कठिन थी, पर मैं घोड़े पर चढ़कर गया। गुम्बा गाँव के ऊपर बीच में है, जिसके ऊपर भी घर हैं। एक बड़ी शाला में आसन लगा, जिसमें मैत्रेय भावी बुद्ध की मूर्ति थी। पहले बड़ी प्रसन्नता हुई, जो पछतावे में बदल गई, जब रात को पिस्सुओं ने नींद हराम कर दी। सारनाथ के मंदिर की दीवारों पर जापानी चित्रकारों ने बुद्ध के जीवन-संबंधी चित्र बनाये थे, जिनके कार्ड सुलभ थे। उन्हीं को देखकर लदाखी चित्रकार ने यहाँ की दीवारों को चित्रित किया था, जो बुरा नहीं था। ल्हासा का कंजूर ग्रंथ-संग्रह रखा हुआ था, और तेर्गी का बृहत् संग्रह तंजूर आजकल रास्ते में था। नीचे गाँव से बाहर एक और भी कंजूरशाला थी, जिसमें कंजूर की पोथियाँ

रखी हुई थीं। उस दिन विशेष उत्सव था। पहले पुस्तकों को पीठ पर रखे स्त्री-पुरुषों ने जुलूस निकाला और अंत में कंजूरशाला के पास नर-नारी नृत्य करने लगे। मंदिर से शराब की सदाव्रत बँट रही थी। नाचना क्या, हाथ में हाथ मिलाये टहलना था। एक ओर स्त्रियों की पाँती थी और दूसरी ओर पुरुषों की।

16 जून को भी मैं लिप्पा में ही रहा। कनौर के सबसे धनी वंशीलालजी लिप्पा के रहने वाले यहाँ के जैलदार थे। कुछ पीढ़ियों से उनके घर में कनौर के बाहर की पहाड़ी स्त्रियों से ब्याह करने का रिवाज था, क्योंकि वह उच्चकुलीना समझी जाती थीं, उनका भी लोक-नृत्य में शामिल होना बुरा नहीं समझा जाता। उपत्यका के देखने से मालूम होता, कि पहले यहाँ बस्ती अधिक थी, बहुत पुराने खेतों के निशान मिलते थे, सामने पश्चिम वाली लान में देवदार की जड़ों के कुंदे मिलते हैं, अब वह ढलान बिल्कुल नंगी है। ऊपर एक किला है, जिसमें ओखल के पत्थर पाये जाते हैं—ओखल चावल कूटने ही के काम नहीं आती, बल्कि किसी समय उसी से आटा पीसा जाता था। इसी तरफ से जाने पर चार दिन में आदमी स्पिती पहुँच सकता है। पुराने जमाने में स्पिती वाले और मौका पड़ने पर यहाँ वाले भी लूट-मार करने जाया करते थे—एक दिन के रास्ते पर असरंग में पनचक्की के पत्थर मिलते हैं। आक्रमणकारियों के आने की सूचना जगह-जगह आग जलाकर दी जाती थी। पूछने पर पता लगा कि यहाँ पर भी खछेरोम्खंग मुसलमानी कब्र मिलती है। यहाँ के लोग यह भूल गये हैं कि मुसलमान ही नहीं, बल्कि कभी उनके पूर्वज भी मुर्दों को कब्रों में गाड़ा करते थे। पुराने मकानों की अनगढ़ पत्थरों की दीवारें भी कभी-कभी निकल आती थीं। गुम्बा बनाते वक्त तीन मिट्टी के बर्तन निकले थे। आजकल लिप्पा में न मिट्टी के बर्तन बनते हैं, न उनका व्यवहार होता है। आठ साल पहले लंबरदार के कोठे पर देवता की कोठरी में असावधानी से आग लग गई, फलस्वरूप सारा गाँव नष्ट हो गया। इन पुराने गाँवों में प्राचीनकाल की कितनी वस्तुएँ मिल सकती थीं, लेकिन मकानों में लकड़ी की बहुतायत होने से ऐसी आग जब-तब लग ही जाती है। फिर से मकान बनाने के लिए पंजीराम ने खेत में नींव खोदनी शुरू की। वहाँ मृतकघर निकल आया। पहले दीवार मालूम हुई। खजाने के लोभ से खोदने पर घर निकल आया, जिसकी दीवार में नीचे उतरने के लिए पत्थर की खुड्डियाँ थीं। घर ऊपर पत्थर से ढँका था। मेरी उत्सुकता बढ़ गई, जब मालूम हुआ कि हाल ही में पानी की कूल बनाते वक्त एक कब्र में नर-कंकाल निकला था। जाकर खुदवाया। कंकाल पानी पड़ने से बहुत कुछ गल गया था, खोपड़ी भी टूटी हुई थी, लेकिन वह दीर्घकपाल थी, अर्थात् आज के लोगों की तरह आयत-कपाल नहीं। क्या यहाँ

खस लोग रहते थे ? कनौरी लोग अपने को खोसिया भी कहते हैं, पर इनकी भाषा किरात-वंश की है । उसी वंश की, जिसकी भाषा के अवशेष चंबा से आसाम के नागाओं तक सारे हिमालय में मिलते हैं, और जिसे विद्वान् मोन-ख्मेर कहते हैं। कब्र में कोई चीज नहीं मिली । मैं नये खड़े मकान की ओर चलने की सोचने लगा । उस समय मकान-मालिक एक कांसे का अर्धगोल कटोरा और एक मिट्टी का कुतुप ले आया, जो उसी कब्र में मिले थे । शायद कोई जेवर भी रहा हो, लेकिन पंजीराम उससे इंकार करते थे । कटोरा जर्जर हो गया था, और कुतुप का मुँह इतना सँकरा था कि मेरा अंगूठा भी उसमें नहीं जा सकता था । इसमें शराब रख और कटोरे में भोजन रखकर मुर्दे के साथ गाड़ा गया था, इसमें संदेह नहीं ।

17 जून को प्रातराश जैलदार वंशीलाल के यहाँ किया । चार भाइयों में एक भाई मर गया था । वंशीलालजी स्वयं सातवें दर्जे तक पढ़े हुए हैं। मझला भाई आठवें दर्जे तक पढ़ कर घर का काम कर रहा था, सबसे छोटा रामपुर के हाई स्कूल में नवें दर्जे में पढ़ रहा था ! लक्ष्मी के साथ सरस्वती की भी आराधना करना यह घर चाहता है, यह इसी का प्रमाण था । माँ के कान-हाथ-गले सोने से पीले हो रहे थे । वह भी कोची नेची की पहाड़ी और बहू भी कोची थीं । इनका घर बहुत पुराना है, लेकिन रात को ऐसे समय आग प्रचण्ड हुई कि कागज-पत्र, मूर्तियाँ और पोथियाँ तक जल गईं, किसी तरह लोग अपना प्राण लेकर भागने में सफल हुए ।

कनम् : लिप्पा से कनम् की ओर चले । वह आठ-नौ मील से अधिक दूर नहीं है, लेकिन चढ़ाई बहुत सख्त है। कहीं-कहीं सीढ़ियाँ हैं, जिन पर घोड़े पर चढ़ कर नहीं चला जा सकता, इसलिए बहुत कुछ पैदल ही चलना पड़ा । उतराई भी इतनी कड़ी थी कि घोड़े का इस्तेमाल नहीं हो सका । डाँड़ें पर पहुँचकर वहाँ से लबरंग और कनम् के गाँव दिखलाई दे रहे थे, लेकिन वह काफी दूर थे। उतराई ही उतराई थी । अभी देवदार थे, लेकिन उतने घने नहीं थे । लबरंग का अर्थ है गुरु या लामा का महल । सातमंजिला 20 हाथ चौड़ा, 25 हाथ लंबा यहाँ का दुर्ग किसी ठाकुर का महल बतलाया जाता है । दीवार में छिले पत्थरों और लकड़ी की सुंदर जोड़ाई, भीतर बैठ कर तीर मारने के लिए छेद बने हुए थे। ऊपर की मंजिल गिर रही थी । लोगों को यहाँ के ठाकुर की बहुत क्षीण स्मृति है । मध्य-काल में लूट-पाट करने के लिए पड़ोसी तिब्बतियों और कनौरियों में होड़ लगी रहती थी । उस समय आवश्यकता पड़ने पर लोग इस दुर्ग में शरण लेते थे।

दुर्ग के पास ही सक्कनशू है, जो पत्थर का बना है। ओपंगसिंह का खानदान

बहुत पुराना है, लेकिन अब निस्संतान है। कनौर में पाण्डव-विवाह का रिवाज है, जिसके कारण जनसंख्या बढ़ने नहीं पाती, और लड़ाई या निस्संतानता से उसके घटने की संभावना रही है। लबरंग में 65 परिवार थे, पहले इससे अधिक रहे होंगे। प्राय: दो मील उतर कर हमें सड़क मिल गई, और फिर कुछ दूर चल कर कनम् का डाकबँगला मिला। कनम् 9470 फुट की ऊँचाई पर, शिमला से 170 मील 3 फर्लांग पर अवस्थित है। यहाँ भी खछेरोम्खंग मुसलमानी कब्रों के होने का पता लगा। सड़क बनाने और खेत खोदने में कई कंकाल मिले थे, लेकिन लोगों ने उन्हें मुसलमानों का समझा। उन्हें क्या मालूम था कि कंकालों से उनके इतिहास पर बड़ा प्रकाश पड़ सकता है। कंजूर देवालय में भारतीय ग्रंथों के दोनों बृहत् संग्रह—कंजूर और तंजूर—तिब्बती भाषा में रखे हुए थे। वृत्ति के लिए एक खेत भी है, जिसकी आमदनी से मकान की मरम्मत तथा साल-भर में एक बार पाठ करने वाले भिक्षुओं को भोजन मिलता है। कनम् का देवता डबला बहुत धनी और शक्तिशाली है। लौटती यात्रा में मैंने 26 जून को कनम् को अच्छी तरह देखा। उस समय नंबरदार की मध्यस्थता में डबला से बातचीत हुई थी, जो काफी रोचक थी। देवताओं के अनाचार को देवताओं की ही मदद से हटाया जा सकता है। चिनी के नीचे कोठी की देवी सारे कनौर की महामहिम देवी है। वह सैकड़ों बकरों की बलि लिया करती है, बुद्ध के धर्म को नहीं मानती। चिरकुमारी होने से उसमें बहुत क्रोध है। लौटते समय मैंने उस दिन डबला देवता से इसी नियत से बात करनी चाही, कि डबला और देवी का ब्याह हो जाये, और बौद्ध पति का पत्नी पर प्रभाव पड़े। मैं हिंदी में कहता था और नंबरदार अगरजीत उसे कनौरी भाषा में डबला से कह रहे थे। नंबरदार ने कहा, कि हमारे देवता हिंदी समझते हैं। मैं भी जानता था कि वह दुनिया की सभी भाषाओं को समझते हैं। लेकिन, देवता के सामने कोई ऐसा शब्द न निकल जाये, जिससे नाराज होने का डर हो, इसीलिए मैंने नंबरदार को ही दुभाषिया बनाया। मेरे कहे अनुसार नंबरदार ने पूछा—आप कोठी की देवी से ब्याह करेंगे ना ?

डबला ने सिर को दोनों तरफ जोर से हिलाया, जिसका अर्थ था मुझे शादी नहीं करनी है।

नंबरदार—शादी करने में हर्ज क्या है, मनुष्यों की तरह देवता भी ब्याह करते हैं। क्या आप बिल्कुल इंकार करते हैं ?

फिर सिर हिला, अर्थात् नहीं।

नंबरदार—तो किसके साथ कोठी की चण्डिका देवी की शादी हो ? वह बहुत बड़ी देवी है, उसके बराबर का कोई देवता नहीं है, न चिनी का, न

ख्वागी का, न पांगी का, न रारंग का, न जंगी का, न लिप्पा का, न लबरंग का। क्या चिनी के नरेनस से शादी करनी चाहिए ?

नहीं, सगा-संबंधी हैं, शादी नहीं हो सकती।

नंबरदार—डम्बर साहब, चिनी के देवता नारायण से नहीं, तो क्या सुंगरा के ग्रसमनसिरस से होनी चाहिए ?

नंबरदार—और कामरू के बदरीनाथ से। वह भी राज का माफीदार है और देवी भी माफीदार है।

हाँ, हो सकती है। खुश होकर उछलकर डबला ने प्रसन्नता प्रकट की।

नंबरदार के और पूछने पर डबला ने चंडिका के ब्याह की आशा दिलाई, पर जैसा कि पीछे देवी से पूछने पर मालूम हुआ कि ऐसे वह बंधन में पड़ने के लिए तैयार नहीं है। नंबरदार साथ ही डबला देवना के महामंत्री हैं। पूछने पर डबला ने आमदनी-खर्च का हिसाब माँगा और कहा कि दो साल से हिसाब नहीं हुआ है।

कनम् तिब्बत के एक प्रसिद्ध लामा लोचवा रिन्-छेन्-ज़ड्-पो-रत्नभद्र अनुवादक का गद्दी स्थान है। रत्नभद्र 11वीं शताब्दी में हुए थे, वह तिब्बत के सबसे बड़े पंडितों में थे। संस्कृत के बहुत-से गंभीर ग्रंथों का अनुवाद उन्होंने तिब्बती में किया। तिब्बत में जब महापुरुषों के अवतार मानने की परिपाटी चल गई, और हरेक विहार की गद्दी पर अवतारी महंत स्वीकार किये गये लड़कों को बैठाया जाने लगा, तो इस लोचवा का भी अवतार पैदा हुआ। लोचवा का गुंबा पिछली मर्तबा उपेक्षित-सी दिखाई पड़ी थी, किंतु अबकी वह अच्छी हालत में थी। वहाँ कुछ भिक्षु भी मिले, जिनमें से कितने ही तिब्बत में पढ़ कर आये थे।

स्पू (9200 फुट) : 18 जून को हम कनौर के दूसरे महाग्राम सुंग-नम् को देखने की लालसा से चले। कनम् के आगे कुछ ही दूर पर अब वृक्षों का अभाव हो गया। तिब्बत जैसे नंगे पहाड़ थे। रास्ता अधिकतर समतल था। सिर्फ श्याशो खड्ड के पास दो मील उतराई आई। धूप बहुत थी और यहाँ सुखद मालूम भी नहीं होती थी। खड्ड पर लोहे का पुल था। यहाँ जो नदी बह रही थी, वह भी स्पिती के सीमांत पर्वतों से आ रही थी। पुल पार हो नदी के बायें किनारे ऊपर की तरफ बढ़ने लगे। यह सड़क टूटी थी। लोग और अधिकतर स्त्रियाँ सड़क की मरम्मत कर रहे थे। दो मील के भीतर करीब जाने पर श्याशो गाँव मिला। यहीं पर भारवाहक और घोड़ा बदलना था। घोड़ा अच्छा नहीं मिला। सवार होने के सयम उसको भड़कते देख कर चढ़ने का ख्याल छोड़ना पड़ा। एक मील जाने पर मालूम हुआ, कि रास्ता बेमरम्मत और भयानक है। मैं शरीर से भी निर्बल था।

सुंग-नम् वाले बड़ी प्रतीक्षा कर रहे थे, लेकिन वहाँ जाने का ख्याल छोड़ मैं लौट कर रात के लिए श्याशो के विश्ट अमरनाथ के घर पर ठहर गया। यह पहले का बहुत धनी और प्रभावशाली घर था। सुंगनम् से ऊपर ग्यापोंग में इनका और भी अच्छा घर था। अमरनाथ के पिता चरनदास, पितामह इंदरदास और प्रपितामह नंतराम थे। नंतराम 1834 ई० में कनिंघम की लदाख-यात्रा में पथ-प्रदर्शक थे। इंदरदास राजा के प्रभावशाली अमात्य थे। उनके समय इस घर की बहुत श्रीवृद्धि हुई। बीस साल पहले तक हालत बुरी नहीं हुई थी, फिर घर में पागल होने लगे। दो भाई मर चुके थे। संसारचंद ग्यापोंग में फल्ला पागल होकर पड़ा है और अमरनाथ यहाँ। अमरनाथ की आयु उस समय 48 साल की थी, घर में कोई संतान नहीं थी। पति-पत्नी-माता तीन प्राणी थे। अब भी खाने-भर के लिए सम्पत्ति थी, लेकिन लोग जहाँ-तहाँ लूट खाते थे। वंश उच्छिन्न होने वाला है। कई पीढ़ियों से पांडव-विवाह होने के कारण घर बढ़े नहीं। आगे के लिए श्याशो के विश्ट का नामलेवा कोई नहीं रहेगा। उस घर के दरो-दीवार से हसरत बरस रही थी। अमरनाथ बड़े चाव से बातें करते थे। कभी अकल की और कभी बेअकल की। इस साल बर्फ बहुत पड़ी थी, इसलिए बगल से जाने वाली छोटी खड्ड में काफी पानी था, नहीं तो यह सूख जाया करती है। विश्ट का घर ही नहीं, बल्कि सारा गाँव श्रीहीन था।

19 जून को भारवाहकों की प्रतीक्षा किए बिना मैं चल पड़ा। चपरासी उनका प्रबंध करके साथ आने के लिए था ही, पुण्यसागर भी थे। रास्ता खड्ड के पुल तक पहला ही था, उसके बाद कुछ समतल भूमि से सड़क चली। एक डाँड़ा पार करने के लिए नदी की धार छोड़कर चढ़ाई चढ़नी पड़ी। फिर बँगले की ओर चढ़ाई रही। स्पू बड़ा गाँव है। इसमें बहुत-से टोले हैं। शिमला से 186 मील पर अवस्थित इसका स्पू नाम क्यों पड़ा ? कुछ लोग बतला रहे थे कि यह फुग का अपभ्रंश है, खुन्नू फुग का अर्थ है कनौर की गुहा। यहाँ के लोगों की बोली तिब्बती है। अब तक हिंदी से ही मैं काम चलाता था, जिसके समझने वाले कनौरी पुरुषों में सभी नहीं थे, और स्त्रियाँ तो कनौरी छोड़ दूसरी भाषा जानतीं ही नहीं। अब किसी के साथ बात करने में दुभाषिया की जरूरत नहीं थी, सबकी मातृभाषा तिब्बती थी। यद्यपि स्पू अंतिम गाँव नहीं है, किंतु इसके विशाल और हरे-भरे खेतों तथा बड़े गाँव को देख कर मोरावियन-जर्मन मिशनरियों ने इसी को 1883 ई० में अपना प्रचार-केंद्र चुना। रेस्लप् दंपती पहले आये, और यहीं मरे। और भी कितने ही मिशनरियों ने लोगों की सेवा करते अपने प्राण छोड़े। यह देखकर दुःख हो रहा था कि उनकी कब्रें अब लुप्त हो चुकी हैं, और उन पर के पत्थर बिखरे पड़े हैं।

उस समय श्याशो से इधर की सड़क नहीं बनी थी। वह 1907 ई० में बनी,

डाक बंगला 1913 ई० में। मिशनरियों ने एक छोटा-सा गिरजा बनाया था, जो अब लुप्त हो चुका है। मिशनरी बढ़ई का काम जानते थे, उन्होंने बढ़ईगीरी के साथ-साथ मोजा-स्वेटर बुनना और शिक्षा-प्रचार का भी काम किया। आज गाँव की सभी स्त्रियाँ स्वेटर-मोजा बुन लेती हैं, यह उन्हीं की कृपा है। जर्मन पादरी मार्क्स ने—जो अच्छा बढ़ई भी था—यहाँ कई बड़े कमरों का एक बँगला बनाया, जो अब भी अच्छी हालत में था, यद्यपि उसके शीशे टूट रहे थे। इसके रहते मिडिल स्कूल के लिए इमारत बनाने की जरूरत नहीं होगी, पर अभी तो यहाँ कोई स्कूल नहीं था। स्पू के लोग सभी बौद्ध हैं। यहाँ कई बौद्ध मंदिर हैं। लोचा लाखङ् अनुवादक देवालय में बुद्ध के साथ सारिपुत्र मौद्गलायन की भी मूर्तियाँ हैं। एक मिट्टी के अवलोकितेश्वर और एक लकड़ी की बोधिसत्त्व-प्रतिमा भी है। लोगों को स्त्री-पुरुष का कोई ख्याल नहीं, वह बोधिसत्त्व को श्वेत तारा मानते थे। मंदिर शताब्दियों पुराना है। अष्टसाहस्रिक प्रज्ञापालिका की हाथ की लिखी पोथी के चित्र भारतीय कलम के मालूम होते हैं। गाँव का दूसरा मंदिर दोंग्-जुर है, जिसमें करोड़ों 'ओं मणि पद्मे हुम्' मंत्र लिखे कागजों से भरी बेलनाकार विशाल मानी है। श्रद्धालु समय-समय पर वहाँ जाकर मानी को घुमाते पुण्यलाभ करते हैं। कलिपोंग के पादरी थर्चिन् स्पू में ही पैदा हुए। उनके नेत्रविहीन भाई उस समय मानी चला रहे थे, जब मैं मंदिर को देखने गया था। मानी के पीछे दो पुरानी बोधिसत्त्व-मूर्तियाँ थीं, जिनकी बनावट भारतीय मालूम होती थी, अर्थात् वह सात-आठ सौ वर्ष पुरानी होंगी। यहाँ पर भी खसों की समाधियाँ मिट्टी के बर्तनों के साथ मिलती हैं, लेकिन उनका कोई निश्चित स्थान नहीं, इसलिए फरमाइश पर खोद करके निकाला नहीं जा सकता। नंबरदार देवीचंद अब नंबरदारी से मुअत्तल थे। वह तिब्बत में काफी घूमे हुए हैं। तूची के साथ पश्चिमी तिब्बत में गए थे। उनकी इस बात पर तो विश्वास हो सकता था कि तूची ने वहाँ से बहुत-सी हस्तलिखित पुस्तकें उचित-अनुचित ढंग से प्राप्त कीं, लेकिन यह विश्वास करने के लिए मन तैयार नहीं था कि अधिक बोझ के कारण चित्रों को काट कर निकाल के पुरानी पोथियों को आग की भेंट कर दिया गया। कब्र से निकला हाथ का बना एक मिट्टी का कुतुप मिला, जिसको और लिप्पा की चीजों को भी मैंने चीफ-कमिश्नर साहब को किसी म्यूज़ियम में रखने के लिए दे दिया।

स्पू के लोगों को अब भी विश्वास था कि देश पर अंग्रेजों का ही शासन है। जब नोट और डाकखाने के टिकट अंग्रेजों के चल रहे थे, तो ये सीधे-सादे लोग कैसे विश्वास करते कि अंग्रेज अब नहीं रहे। पांगी का देवता तक इतना मूढ़ था कि वह इस बात को मानने के लिए तैयार नहीं था। संयोग से इसी समय स्वदेशी

टिकट मेरे पास पहुँच गया था, उसको भेज कर देवता को मनवाने की मैंने कोशिश की थी। देवता के मानने ही पर तो भक्त मान सकते हैं।

21 तारीख को भी हम स्पू ही में रहे। मिशनरियों के समय यहाँ डाकखाना भी था। स्कूल तो उसके बाद भी कितने ही सालों तक रहा, जिसे लड़कों की कमी के कारण तोड़ दिया गया। यहाँ के लोगों को मातृभाषा में पढ़ाया जाता, तो लड़कों की कमी नहीं हो सकती थी। हिंदी में पढ़ाने की कोशिश की जाए, तो दो-तीन साल में उनके पल्ले क्या पड़ेगा ? पहले दो साल तो यहाँ और इसके आसपास के तिब्बती-भाषी इलाके में तिब्बती भाषा को ही माध्यम बनाना चाहिए। सतलुज-उपत्यका में यहाँ स्पू, डुबलिंग, नम्ग्या, खब्, टशीगंग में तिब्बती बोली जाती है, और पास के पहाड़ के परले पार हंगरंग के चांगो, नाको, मंगलिंग, लियो, चुलिंग आदि गाँव भी तिब्बती-भाषी हैं।

नम्ग्या (9800 फुट) : स्पू से आठ मील पर सतलुज के बायें भारत का अंतिम गाँव नम्ग्या है, यहाँ से दो मील और आगे यानी शिमला से 196 मील पर एक सूखा-सा नाला है, जो तिब्बत और भारत की सीमा—अब चीन और भारत की सीमा—है। लेकिन, नम्ग्या से आगे तिब्बत के प्रथम गाँव शिप्की में सतलुज के किनारे-किनारे नहीं जाया जा सकता, उसके लिए शिप्की का डाँड़ा पार करना पड़ता है। 22 तारीख को हम स्पू से रवाना हुए और दोपहर के करीब नम्ग्या पहुँच गए। रास्ता अच्छा था, सवारी के लिए घोड़ा भी था। हाँ, तो उस सूखी-साखी पर्वतमाला में नम्ग्या इंद्रपुरी का एक टुकड़ा मालूम होता था। गाँव के आस-पास की भूमि हरियाली से ढँकी थी। खेतों में हरे-हरे नंगे जौ लगे थे। खूबानी, चुली, अखरोट के दरख्त हरे पत्तों से ढँके थे। यहाँ भी कुछ अंगूर की बेलें थीं, जो और भी बढ़ाई जा सकती थीं, और वर्षा के अत्यन्त कम होने से अंगूर बहुत मीठा होता है, इसे कहने की आवश्यकता नहीं। पूछने पर यहाँ भी खसों की समाधियों के होने की बात मालूम हुई। लोगों ने बतलाया, इन समाधियों में बर्तन जरूर मिलते हैं। बर्तन मिलने का मतलब ही है, ये मुसलमानों की कब्रें नहीं हैं, हालाँकि लोग वैसा ही विश्वास रखते हैं। गाँव से बाहर एक स्थान पर खुदवाया, तो सड़ी हड्डी निकली। गाँव कुछ ही साल पहले आग से जल गया था। उसके साथ कितनी ही ऐतिहासिक चीजें भी जली होंगी। एक परिवार के देव-भवन में नेपाल की बनी धातु की तीन अच्छी मूर्तियाँ मिलीं। हस्तलिखित बौद्ध ग्रंथ प्रायः प्रत्येक परिवार में मिल जाते हैं, और उनकी पुस्तिका में दाता और राजा का नाम भी लिखा होता है, जिससे यहाँ के इतिहास पर प्रकाश पड़ता है। नम्ग्या तीस घरों का गाँव है। पांडव-विवाह ने जन-वृद्धि का विरोध किया, नहीं तो और भी परिवार होते।

नम्ग्या वालों के दिल से कज़ाकों का भय अभी भूला नहीं था। मध्यवित्त और धनी कज़ाक बोल्शेविक-क्रांति से असंतुष्ट हो अपनी जन्मभूमि छोड़ कर सिंगक्यांग (चीनी तुर्किस्तान) में चले आए। वहाँ भी ठीक-ठिकाना न लगने पर लूटते-मारते तिब्बत में घुसे। पश्चिमी तिब्बत की कुछ गुंबाओं को भी उन्होंने लूटा। नम्ग्या की तरफ बढ़ने की खबर आ चुकी थी। नम्ग्या के तीस परिवार, अधिकतर निहत्थे या पलीतेवाली बंदूकों के साथ कैसे उन हथियारबंद खूँखारों का मुकाबला कर सकते थे। कई दिन-रात तो लोगों की नींद हराम हो गई थी। अंत में कज़ाक इधर न आकर लदाख की तरफ मुड़ गए, इस प्रकार संकट दूर हुआ। नम्ग्या के लोगों को अभी क्या मालूम था कि उनके आगे के गाँवों की जल्दी ही कायापटल होने वाली है। शिप्की के लोग भी वही बोली बोलते हैं, जो नम्ग्या के, उसी धर्म को मानते हैं, जिसे नम्ग्या वाले। उस समय दोनों के लिए 'हनोज़ देहली दूर अस्त' की बात थी। उनको यह भी नहीं पता था कि इस समय चीन में देवासुर-संग्राम मचा हुआ है, और साल ही भर में असुर-राज चांग-काई-शेक को चीन से भागना पड़ेगा। माओ के नेतृत्व में नया चीन जनम रहा है, जो साल बीतते-बीतते तिब्बत का भी नेतृत्व करेगा। उस समय दो मील पर अवस्थित सूखा नाला चीन और भारत गणराज्य की सीमा बन जाएगा। फिर तिब्बत प्रगति में सरपट दौड़ने लगेगा और भारत का छकड़ा अपनी पुरानी गति से घिसटता रहेगा। कुछ ही समय बाद नम्ग्या वाले आश्चर्य से सुनेंगे और आँख मलके देखेंगे, कि उस पार मोटरें दौड़ रही हैं, हवाई-जहाज उड़ रहे हैं, हजारों एकड़ जमीन ट्रैक्टर से जुत कर तरह-तरह के अनाज और साग-तरकारी से लहलहा रही हैं। सदियों पिछड़ा देश कुछ ही सालों में बहुत आगे बढ़ जाएगा, निरक्षरता नष्ट हो जाएगी। मैले और गंदे रहने वाले तिब्बती कपड़े और शरीर से साफ-सुथरे दिखाई पड़ने लगेंगे, और चाङ् थाङ् के उजड्ड मेषपाल संभ्रांत पुरुष दीखने लगेंगे।

23 जून को सवेरे ही दूध-रोटी खा कर हम चल दिये। साढ़े 7 मील के रास्ते में पाँच मील पैदल चले। हल्की उतराई में सवारी की जरूरत नहीं थी। रास्ते में विश्राम करने की भी जरूरत नहीं पड़ी और 9 बजे स्पू पहुँच गए। स्पू और दूसरे भी इधर के डाकबँगले सैर-सपाटा करते प्रकृति का आनंद लूटने वाले अंग्रेज सैलानियों के लिए बने थे। इन बँगलों में अंग्रेजी की काफी पुस्तकें थीं। जो भी सैलानी नई पुस्तक पढ़कर खतम करता, वह उसे बँगले में रख जाता। सभी पुस्तकें सुरक्षित हैं, यह नहीं कहा जा सकता। मैं स्पू लौट कर फिर दो दिन ठहर गया, इस समय डिकेन्स का उपन्यास 'मार्टिन चूज़ेल्वेट' को समाप्त किया। एकाध जगह कुछ चुभते वाक्य मिले, नहीं तो कोई चमत्कार नहीं था। इधर के लोगों को कनौरे

लोग जाड़ या खङ्बा कहते हैं। जाड़ का मतलब जाट है। वह नाम क्यों दिया गया ? खङ्बा का अर्थ बर्फानी लोग है, जो यथार्थ ही है।

25 जून को सबेरे चले। श्याशो के पुल तक पैदल ही आये। फिर घोड़े पर चढ़ कर सारा 16 मील का रास्ता पूरा करके दोपहर के कुछ बाद कनम् के डाक-बँगले में पहुँचे। आने पर कुछ बूंदाबाँदी हुई, ठंडक बढ़ गई। रेंजर श्री देवदत्त शर्मा आज ही सुंगनम् से आये थे। वह लिप्पा से कंडे-कंडे सुग्नम् गये थे, जिसका अर्थ है अजपथ से--बकरियों के रास्ते—गये थे। मैदानी आदमियों के लिए यह बड़ी हिम्मत की बात थी। शर्माजी बड़े मुस्तैद आदमी और हर तरह की तकलीफ उठाने के लिए तैयार थे। उनके पास से पाँच दिन पहले—20 जून—का 'ट्रिब्यून' अखबार मिला। अगले दिन कनम् ही में रहे। उसी दिन डबला देवता से बात-चीत हुई थी।

27 को सबेरे जलपान के बाद फिर नीचे की ओर बढ़े। नबरदार अगरजीत का घोड़ा कमजोर था। रिकाब भी टूट गई और जीन भी जवाब देने वाली थी। दो ही मील चढ़ कर गये, फिर लिप्पा खड्ड पर जाकर उसे लौटा दिया। दोपहर से पहले जंगी पहुँचे। भारवाहक और घोड़ा तैयार थे। भारवाहकों को भेज कर भोजन के बाद हम भी चल पड़े। घोड़ा बैठने लगा, दो मील की सवारी के बाद उसे भी लौटा दिया। रारंग में गाँव के बाहर की उसी मढ़ी में ठहरे, जिसमें पिछली बार ठहरे थे। प्रायः नौ हजार फुट की ऊँचाई पर भी मक्खियों के मारे आफत थी। मैंने मेहता साहब को कनौर के बारे में कुछ सिफारिशें लिख भेजी थीं। उन्होंने अपने जवाब में लिखा था : "फलों की बागबानी को बढ़ाने की ओर हम ध्यान दे रहे हैं। चिनी के लिए डॉक्टर भेजेंगे। तिब्बती पढ़ाई का भी शीघ्र प्रबंध करना चाहते हैं।" मैंने उन्हें दूसरी चिट्ठी लिखी, जिसमें जंगी, अक्पा, रारंग के लोगों की पानी की तकलीफ की ओर ध्यान दिलाया, और यह भी कि यहाँ पानी की नहरें आसानी से निकाली जा सकती हैं।

28 को सबेरे चले। पांगी में थोड़ी देर ठहरे। यहाँ भी किसी को घड़े में हड्डी मिली थी। यह जिज्ञासा की चीज थी। फिर चलकर 12 बजे चिनी पहुँच गये।

फिर चिनी में

हम सोलह दिन बाद चिनी लौटे थे। इसी बीच कितना परिवर्तन हो गया था। खूबानी के दरख्त अब पीले फलों से लदे हुए थे। वह खूब खाई जाने लगी थी। खूबानी कनौर के गरीबों का सबसे बड़ा सहारा है। कच्ची और खट्टी खूबानी को चटनी बनाकर खाते हैं। पकने पर उससे पेट भरने की कोशिश करते हैं।

छतों पर पीले फल सूखते हुए दूर से गाँवों को एक अजब रंग देते हैं। मैं ऊपर जाती सड़क से नीचे के गाँवों की इन पीली छतों का अर्थ नहीं जान पाया। पूछने पर पुण्यसागर ने रहस्य बतलाया। सूखी खूबानी को कोठलों में भरकर रख देते हैं। थोड़े-से अनाज के साथ यही गरीबों का प्रधान भोजन होता है। कनौर में खूबानी के पेड़ यदि बहुतायत से हों, तो अचरज क्या? हाँ, अच्छी किस्म की खूबानी नहीं पैदा करते, और सदा से अपने यहाँ लगाई जाती जात को बढ़ाते हैं।

मेहताजी ने अपने एक पत्र में लिखा था, कि अब रामपुर-बुशहर और आस-पास के कई इलाकों को मिला कर उसका नाम महासू जिला पड़ गया है। तहसील से मालूम हुआ कि सरदार बलदेवसिंह रामपुर से चले गये। महासू जिले के डिप्टी-कमिश्नर पं० करतारकृष्ण बनाये गए हैं। कई और पुराने रियासती नौकरों को पेंशन दे दी गई है। इन परिवर्तनों से जनसाधारण को क्या दिलचस्पी हो सकती है, वह तो प्रत्यक्ष यदि कुछ भला देखें, तभी मान सकते हैं।

अब फलों में चूली (खूबानी) और आलूचा बहुत मिलने लगा था, हरे साग की भी इफरात थी। बादल आते थे। लोग बड़ी लालसा से टकटकी लगाये थे, लेकिन वह बूंदों की जगह अंगूठा दिखला रहे थे। जौ-मटर की फसल कट चुकी थी गेहूँ की कहीं-कहीं खड़ी थी। कटे खेतों में फाफडा और ओगला बोये गये थे। जाड़ों में यहाँ तिब्बत की ओर से उतरहिया हवा आती है, जिससे ठंडक बढ़ जाती है, और आजकल नीचे से हवा के आने के कारण सर्दी कम रहती है। पर्वत के अन्य स्थानों की तरह यहाँ भी रतिज रोग एक बड़ी समस्या है। इससे लोहा लेने के लिए पेंसिलिन सहायक हो सकता है, लेकिन बहुत बड़े पैमाने पर इंजेक्शन देने पर ही लोगों को त्राण मिल सकता है।

आने के बाद देखा, रात को पिस्सुओं का आक्रमण होता, दिन में मक्खियाँ नाकों दम करतीं। पेट तो इस यात्रा में बार-बार हड़ताल करने के लिए तैयार रहता, पतले दस्त आते थे। यद्यपि स्वादिष्ट भोजन का लोभ नहीं था, लेकिन कभी दो कौर अन्न ज्यादा हो जाता, तो खट्टी डकार आने लगती। मैं इस सबको छप्पनशाला की बरकत समझता था। अभी तक लिखाई का काम बंद-सा था। अब 'किन्नर देश' को नियम से लिखने लगा। कोशिश करता कि रोज एक्सरसाइज बुक के 16 पृष्ठ जरूर लिखे जाएँ। कनौर के बारे में जानकारी प्राप्त करने में मित्र सहायता करते थे। तहसीलदार मंगतरामजी मेरे कहने पर यहाँ के खनिजों और फलों के नमूने जमा कर रहे थे। ताँबा, सुरमा, चाँदी, सीसा, जस्ता, सोना के होने की बातें बतलाई जाती थीं, लेकिन जब तक वह आँखों के सामने न आयें, तब तक मैं विश्वास करने के लिए तैयार नहीं था।

पहाड़ में न धोबी होता, न तेली, न हजाम, न कुम्हार। ये और दूसरे कामों को लोग अपने ही कर लेते हैं। स्कूल के हेड्मास्टर साहब ने 11 जुलाई को मेरे बाल काटे। मैंने रविवार को स्नान करने का नियम रखा था। शास्त्रों की बात मानी जाये, तो हिमालय के इस कोने की हवा ही गंगाजल का काम देती है, पर मैं अभी उतनी शक्ति नहीं रखता था। 'डॉ०' ठाकुरसिंह की बातें बड़ी मनोरंजक होती थीं। डॉक्टर के अभाव में कंपौंडर को ही डॉक्टर की उपाधि मिल गई थी। बतला रहे थे: "मैं अल्हड़ नौजवान था। मिशनरियों की कृपा से दो अक्षर पढ़े थे। साल्वेशन आर्मी के मिस्टर मार्टिमोर के फेर में पड़ गया। उन्होंने ईसाई बनने के लिए कहा, तो इकार नहीं कर सका। मार्टिमोर साहब बपतिस्मा देने के लिए शिमला ले चले।" ठाकुरसिंह समझते थे कि परमेश्वर तो सबका एक है। रास्ते में आर्यसमाजी रेंजर से मुलाकात हो गई। उसने ऊँचा-नीचा दिखलाया। फिर होश आई, लेकिन साहब के पंजे से निकलें कैसे ? रेंजर ने उपाय बतलाए—ईसाई बनने के बाद न घरवालों से तुम्हारा संबंध रहेगा, न जातिवालों से, न तुम्हें घर का एक पैसा मिलेगा, और न कोई ब्याह करेगा। पादरी के सामने ब्याह और पैसे की माँगें रखना। ठाकुरसिंह ने माँगें रखीं और ईसाई बनने से बच गये। आज-कल वह कान से कुछ कम सुनते थे, लेकिन लोगों का उनकी दवा पर पूरा विश्वास था। खर्च के कितना ही कम करने पर भी रियासत से दवाएँ कुछ आ ही जाती थीं। चोट-फेंट के लिए वह किसी डॉक्टर से कम नहीं थे। पेंसिलिन का अभी नाम नहीं सुन पाये थे और उसका मिलना नीचे भी मुश्किल था। मैं अपने लिए एक-दो शीशी ले आया था। उनके एक असाध्य बीमार को मैंने पेंसिलिन का इंजेक्शन देने के लिए कहा और सचमुच ही उसके ऊपर दवा ने रामबाण की तरह असर किया। वह रामपुर से भी जीवन से निराश होकर अपने घर में मरने के लिए आया था। इस सफलता से यदि मेरी और ठाकुरसिंह की महिमा बढ़ गई, तो ताजुब क्या।

रोक्पा से ताँबे की मिट्टी आई थी। सौ वर्ष पहले सराहन के पास का एक ठठेरा रोक्पा में काम करता था। उसने ताँबा बनाने के लिए झोपड़े बनाये थे। उस समय के बने ताँबे के बरतन अब भी सुंग्नम् की तरफ लोगों के पास हैं। जैलदार मिट्टी लेने जब खान पर गये, तो लोग मना कर रहे थे: "ऐसा मत करो, नीचे के आदमी आ जाएँगे और हम मारे जाएँगे। हम चूली से भी अपनी जिंदगी नहीं काट सकेंगे, देवता भी नाराज होंगे।" सचमुच ही लोग अपने अवचेतन में सांस्कृतिक तौर से आगे बढ़े शोषक लोगों से डरते रहते हैं। अंग्रेजों ने भी खान देखने की कोशिश की थी, लेकिन लोगों ने दूसरी जगह ले जा घटिया मिट्टी दिखा

दी। खान के पास पदुम (शुक्पा) और कुछ हटकर नेवजे के वृक्ष हैं। सचमुच ही यदि इन्हीं के कोयले से ताँबे को गलाया जाता, तो जंगलों की खैरियत नहीं थी। मिट्टी हाथ में उठाने पर भारी मालूम होती थी, किंतु इसमें कितना प्रतिशत ताँबा है, यह तो विशेषज्ञ ही बतला सकते थे।

जुलाई के मध्य में सेब का रंग भी अब लाल निखर आया था, पहले मटमैला-सा था। बेमी (छोटी जात का आड़ू) यहाँ सबसे पीछे पकती है। खाने में उसका स्वाद खट्टा-मीठा था। कनौर के लोग बड़े पारखी सुरा के अनन्य आराधक हैं। उन्होंने अर्क निकाल कर शराब बनाने का तजुर्बा सभी फलों पर किया है। उनका विश्वास है, कि सिवाय जहरीले फलों के जंगली हो या बगीचे के—सभी फलों से शराब निकाली जा सकती है। बेमी की शराब को तो लोग अंगूर से भी अच्छी बतलाते थे। जिस शराब में पूरा नशा न हो, उसका उनके लिए कोई महातम नहीं था।

नीचे की ओर—ऊँचाई में कम जगहों में—फल पहले पकने लगते हैं। फिर फलों का यह समय धीरे-धीरे ऊपर की ओर बढ़ता है। कल्पा के बँगले के सेब 17 जुलाई को आये। कुछ खट्टे थे, पर उतने नहीं, जितने कि लंदन में पिछले साल खाये थे। जाड़ों के तुरंत बाद मांस दुर्लभ हो जाता है। पुराना मांस खतम हो गया रहता है और संयोग से ही कभी कुछ सूखा मिल जाता है। इस समय नये मांस के लिए जानवर नहीं मारे जाते, क्योंकि जाड़ों में खुराक की कमी के कारण वह दुबले हो गये रहते हैं। अब वह मोटे-ताजे हो गये थे। नेगी संतोखदास ने ताजा मांस भेज दिया था। अनाज की फसल के तैयार हो जाने से अब आटे की कोई दिक्कत नहीं थी।

रामपुर के हेडमास्टर तथा इधर के स्कूल-इंस्पेक्टर पं० दौलतराम अपने पुत्र के साथ 17 जुलाई को आकर हमारे कमरे में ही ठहरे। बतला रहे थे, सारे बुशहर में इस साल सिर्फ नौ स्कूल खोले जाएँगे। हिमाचल के प्रभुओं को तब तक स्कूल खोलना नहीं पसंद है, जब तक कि ट्रेंड अध्यापक न तैयार हो जाएँ। वह साक्षरता को प्राथमिकता देना नहीं चाहते। औंधी खोपड़ी के लिए क्या कहा जाये? दौलतरामजी मेरे साथ ही शिमला से रामपुर आये थे। वह बड़े ही सज्जन और मेहनती पुरुष थे। इस समय हंगरंग की ओर जा रहे थे, यह हिम्मत का काम था। 20 जुलाई को दिन-भर वर्षा रही। लोग बहुत प्रसन्न थे, क्योंकि इससे फाफड और ओगला की फसल को बहुत फायदा होने वाला था।

डॉ० ठाकुरसिंह को रोज शाम को शराब चाहिए। अकेले शराब पीने में मजा क्या, खास करके जब वह टके सेर मिलती हो? उन्होंने पिछले साल के सूखे

सेब और नासपाती के मनों सूखे टुकड़े गोदाम में भर रखे थे। अपने ही घर में अपने हाथ से शराब बना लेते थे। उनके हमप्यालों में बूढ़े धर्मानंद भी थे। एक दिन शराब की खमीर को ठाकुरसिंह ने धर्मानंद को चखाया, उन्होंने कहा, ठीक है। फिर भपके पर चढ़ाकर अर्क खींचा गया। पीकर देखने पर मालूम हुआ, उसमें नशा नहीं। कई दिनों तक ठाकुरसिंह धर्मानंद को बुरा-भला कहते रहे। एक दिन धर्मानंद ने खूब शराब पी थी। गिरकर कई जगह घाव लगे, मुँह भी फूट गया। इसी हालत में ठाकुरसिंह के पास आये। उन्होंने मरहम-पट्टी की।

हमारा रोज का प्राय: दो घंटे का टहलना चिनी में रहते बराबर जारी रहा। उसने फायदा किया, यह नहीं मालूम होता था।

27 जुलाई तक अंगूर भी आने लगे, लेकिन अर्भी रोगी के काले-मीठे अंगूर तैयार नहीं हुए थे। तहसीलदार साहब ने जो फलों के आँकड़े जमा किए थे, उनसे मालूम हुआ, कि रोगी से जंगी तक और मोरंग से वारंग तक सतलुज के दोनों किनारे मेवों की खान है। अंगूर तो यहाँ का बेहया पौधा है। पं० देवदत्त शर्मा के यहाँ नाली में अंगूर के पौधे को देख कर मैंने पूछा : "क्या आप यहाँ अंगूर लगा रहे हैं?" उन्हें मालूम भी नहीं था, कि कब वहाँ फेंके बीज का दो बालिश्त का पौधा तैयार हो गया। 28 जुलाई को नेगी संतोखदास ने अपने यहाँ का काला छोटा अंगूर भेजा, जो बहुत मीठा था। चिनी से शिमला एक मन चीज भेजने पर बीस रुपया किराया पड़ जाता था, जाने में कई दिन भी लगते थे। इतनी महँगी चीज नीचे के बाजारों में बिक कैसे सकती? चिनी के पास के कलपा के मैदान को छोटे हवाई-जहाज के उतरने के लिए तैयार किया जाता, तो इस समय भी कनौर से दस हजार मन अंगूर दिल्ली पहुँचाया जा सकता था। इससे इस गरीब प्रदेश को आर्थिक सहायता मिलती, और वह उत्साहित हो और भी बगीचे लगा सकता। तब से आठ वर्ष बीत गए, अभी भी रामपुर से आगे मोटर नहीं गई।

श्री शिवयोगी तिवारी के 3 अगस्त के पत्र से मालूम हुआ, कि उन्हें अमेरिका जाने के लिए वीज़ा मिल गया। बड़ी मुश्किलों से इस असाधारण प्रतिभाशाली तरुण ने अपनी पढ़ाई पूरी की थी। यदि उसे अनुकूल परिस्थिति मिली होती, तो कई साल ठोकरें खानी न पड़तीं। मुझे यह जान कर प्रसन्नता हुई, कि अब शायद उनका रास्ता खुल जाए।

कोठी चिनी से दो-तीन मील नीचे और समुद्र तल से 6-7 हजार फुट से अधिक ऊँची जगह नहीं है। 23 जुलाई को श्री देवदत्त शर्मा को लेकर मैं वहाँ गया। दो मील की उतराई थी। नीचे चुलियाँ खतम हो चुकी थीं, यहाँ सुखाई जा रही थीं।

वहाँ के अवशेषों को देखने से मालूम होता था, कि किसी समय कोठी चिनी से भी अधिक महत्त्व रखती थी। शायद ऊपर दुर्ग रहा हो, और नीचे राजधानी। कोठी की एक और विशेषता है, यहाँ बौद्धों की और हिमाचल के इस भाग के जनयुगीन देवताओं की प्रधानता नहीं रही। यहाँ के देवता नीचे की तरह पत्थर और लकड़ी के थे। भैरव के मंदिर में बीस पुरानी मूर्तियाँ थीं, जिनमें चार छोड़ कर सभी पत्थर की थीं। मूर्तियाँ भी काफी अच्छी थीं। एक से अधिक वीणापाणि, एक हरगौरी और एक द्वादश भुजमूर्ति थी। नीचे कुंड के पश्चिमी तट पर पूर्वाभिमुख शिव की मूर्ति थी, जो प्रायः दो फुट ऊँची थी। बनावट बड़ी सुंदर थी। सिर के पीछे उत्फुल्ल अष्ट-दल कमल का प्रभामंडल था। कोठी के शासक तब पाशुपत धर्म वाले थे, मूर्तियाँ इसका प्रमाण हैं। पास के खेत के छोर पर रेखांकित पत्थर का शिवलिंग भी इसी बात को प्रमाणित कर रहा था। देवी ने चिट्ठी डालने पर ब्याह से इंकार कर दिया। मैंने चाहा, कि देववाहन को भी छेड़ कर देवी की राय पूछी जाए, लेकिन आदमी खिसक गया।

कनौर से वापस

8 अगस्त रविवार का दिन था। उसी दिन चिनी से प्रस्थान करना था। 10 बजे मित्रों से मिलकर हम रवाना हुए। मास्टर रामजीदास और मास्टर नारायणसिंह साथ चले। मैंने कनौर की दूसरी महानदी बस्पा की उपत्यका को भी देख लेना चाहा। बस्पा सतलुज की शाखा नदी है, जिसके और भागीरथी के बीच में सिर्फ एक पर्वतश्रेणी का अंतर है। छितकुल से भागीरथी के किनारे हर्शिल में पहुँचने का रास्ता भी है, यदि कोई हिम्मत करने के लिए तैयार हो। चिनी से हम पहले कोठी गए। रास्ते में देवदारों का जंगल था, जिसमें जगह-जगह खेतों की पत्थर की दीवारें बतला रही थीं, कि कभी आज से अधिक खेती यहाँ हुआ करती थी। कुंड पर के खंडित शिव का दर्शन किया। यह गुर्जर प्रतिहार-साम्राज्य में रहा होगा। देवी का मंदिर शायद उस स्थान पर था, जहाँ पहले राजमहल था। अब सुना है, चिनी की जगह कोठी को ही तहसील के लिए उपयुक्त समझा गया है, और यहाँ तक मोटर सड़क बनाने के लिए योजना बनी है। कोठी का दिन लौटने वाला है। देवी के मंदिर को देखने के बाद हम वहाँ से स्वांगी पहुँचे। यहीं के श्यामाचरणजी मरणासन्न हो घर आए थे, जिन्हें पेंसिलिन से फायदा हुआ था। कोठी से उतराई-ही-उतराई स्वांगी तक पड़ती है। मैं उनके घर गया, आशा थी अब वह बच जाएंगे। नीचे उतर उस जगह पहुँचे, जहाँ सतलुज पार करने के लिए लोहे

के मोटे तार पर पिंजड़ा गरारी के सहारे लटक रहा था। नदी के दोनों तट पर दो आदमी नियुक्त थे, जो आदमी के पिंजड़े में बैठ जाने पर रस्सी से उसे अपनी ओर खींच लेते थे। हम तीन-साढ़े तीन हजार फुट नीचे उतर आए थे, इसका प्रभाव साफ मालूम हो रहा था। यह स्थान ज्यादा गरम था। कोठी अधिक अनुकूल तापमान की जगह है। उसके पास बहुत-सी बस्ती के लायक जमीन भी है, लेकिन वहाँ तक मोटर-सड़क लाने में इंजीनियरों को कम दिक्कत का सामना नहीं करना पड़ेगा। उस दिन हम घाट से कुछ मील आगे चलकर शोंगठोंग (5750 फुट) में रात के लिए ठहर गए। कंजर्वेटर ढिल्लन आजकल दौरे पर निकले यहीं ठहरे थे। हमें भी जंगलात के बँगले में जगह मिली। ढिल्लन साहब ने सीसे के घुन का नमूना दिखलाया। दिन था, पास में खेत में निकाई करती औरतों का स्वर सुन कर मैं उधर गया। उन्होंने खुरपा-कुदाल सामने फेंक दी। मेरे एक रुपया देने पर चुन्नीलाल डॉक्टर का प्रसिद्ध लोक-गीत सुना दिया।

शोंगठोंग से थोड़ी ही दूर ऊपर वारंग है। वारंग के रघुवर की याद मुझे बार-बार आती, कलेजे में टीस लगती थी। रघुवर प्राइमरी तक पढ़ कर तिब्बत चले गए थे। वहाँ कई सालों तक तिब्बती भाषा में बौद्ध शास्त्र पढ़ते रहे। जब-जब मैं टशी-ल्हुन्पो पहुँचता, वह मेरे कामों में सहायता देते। बड़े समझदार और होनहार तरुण थे। उनसे बहुत आशाएँ थीं। वह अपनी जन्मभूमि में आए, पर मरने के लिए। इस समय यदि कहीं वह जीवित होते, तो कितना अच्छा होता। चिनी तहसील में भाषा के तौर पर लोग मोनख़्मेर (किरात), जाति के तौर पर खस-किरात और धर्म के तौर पर बौद्ध हैं। तिब्बत के साथ व्यापार इनकी जीविका का मुख्य साधन है। प्रायः हरेक पुरुष तिब्बती बोल सकता है। यहाँ के पचीसों तरुण साधु शिक्षा पाने के लिए तिब्बत जाते हैं। चिनी या कोठी में संस्कृत-तिब्बत-संबंधी अनुसंधान की संस्था कायम की जा सकती है, यहाँ पर तिब्बती साहित्य से जानकारी पैदा करने वाले भारतीय तरुणों को भेजा जा सकता है। एक समय सैकड़ों वर्षों तक कई सौ भारतीय-तिब्बती विद्वानों ने मिल कर जो साढ़े पाँच हजार हमारे ग्रंथों का तिब्बती में अनुवाद किया है, उनमें से सैकड़ों अत्यावश्यक ग्रंथों का फिर से हमारी भाषा में अनुवाद करने का काम भी यहाँ से पूरा किया जा सकता है। मैंने यहाँ के सुपंडित नेगी लामा के सामने यह सुझाव रखा था। वह तिब्बती साहित्य के तिब्बत में भी माने हुए महापंडित थे। लेकिन, इस बात के महत्त्व को वह समझ नहीं सकते थे।

सांगला (8500 फुट) : नाश्ते के बाद पुण्यसागर और हम 8 बजे चल पड़े। सतलुज के बायें किनारे कुछ दूर जाने पर दाहिने किनारे अंगूर की टट्टियाँ दिखाई

पड़ीं। जितनी जगह उसके लायक थी, सब में रोगी वालों ने अंगूर की लताएँ लगा रखी थीं। यहाँ के अंगूर क्यों इतने मीठे हैं? अंगूर के लिए भारत में तीन चीजों की अत्यावश्यकता होती हैं: (1) उस भूभाग में बहुत कम वर्षा होनी चाहिए, 10 इंच से कम हो तो और अच्छा, (2) अंगूरों को काफी धूप मिलनी चाहिए और (3) यदि पर्वतीय भूमि हो, तो उसकी ऊँचाई 6000 फुट से ज्यादा नहीं होनी चाहिए। विशेष खाद की तो आवश्यकता है ही। क्वेटा कुछ इसी तरह का स्थान है। वहाँ के अंगूर में 17 प्रतिशत चीनी होती है। विज्ञान प्रकृति के काम में दखल दे सकता है, इसे उसने पश्चिमी पंजाब के माउंटगोमरी में 25 प्रतिशत चीनी वाला अंगूर तैयार करके दिखा दिया। कनौर में रोगी छोड़ कर और जगहों के अंगूर उतने मीठे नहीं होते, पर नासिक की तरह खट्टे भी नहीं होते। इनकी जात सुधारने के लिए काफी गुंजाइश है।

ढाई घंटा चलने के बाद हम बस्पा नदी के पुल पर पहुँचे, और धार से उसके बाएँ किनारे से ऊपर की ओर चले। सपिनी के नंबरदार अमीनचंद ने माला पहनाई। ब्रूए में कुछ देर आराम किया, फिर आठ मील चलकर सांग्ला पहुँच गए। सारी बस्पा-उपत्यका अति मोहक हरे-भरे जंगलों से ढँके पहाड़ों वाली है। घोड़ा मिला था, पर मैं बहुत कम उस पर चढ़ा। पौने 5 बजे डाकबँगले में पहुँचे, जो नदी के बाईं तरफ है, गाँव उसके दाहिनी तरफ। बँगला बहुत आलीशान है। यहाँ की नयनाभिराम प्रकृति का आनंद लूटने के लिए ही अंग्रेजों ने जंगल-विभाग का रुपया खर्च करके इस बँगले को बनवाया था। पहाड़ के बँगलों में भंगी नहीं होते, भंगी नाम की कोई जाति भी नहीं है। इसीलिए अंग्रेजों के समय उसी आदमी को बँगले में ठहरने की इजाजत दी जाती थी, जो अपने साथ भंगी ले जाता था।

उपत्यका यहाँ बहुत चौड़ी और कोसों लंबी है। जान पड़ता है भागीरथी गंगा की हर्शिल वाली उपत्यका यहाँ चली आई है। वह है भी तो इसके सामने पहाड़ के परले पार। लेकिन, यह उससे भी कहीं अधिक देवदारों से समृद्ध है।

कामरू : 10 और 11 अगस्त को हमें सांगला ही में रहना था। लोगों की मौज है, कभी वह बड़े स्नेही दिखाई पड़ते हैं और कभी बेमुरौवत। पास का लाया आटा खतम हो गया था, और यहाँ वह मिलना मुश्किल हो गया। सबेरे 8 बजे पुण्यसागर को लेकर हम नदी पार हुए। नग्गर में बस्ती में बेरिंग नागसू ग्रामदेवता का छोटा-सा मंदिर है। और भी मंदिर हैं। यह कनौर का सबसे बड़ा गाँव है, जिसमें 227 घर हैं। इनमें 63 कोली, 4 लोहार, 5 बढ़ई, बाकी सारे खोसिया हैं। बेरिंग नागसू के पास 14 बीघा जमीन है। उसके लिए एक नया आलीशान मंदिर बन रहा था। बस्पा के देखने से पहले हमें मोने (कामरू) को देखना था, बस्पा तो

ठहरने की जगह से नजदीक था। गाँव से बाहर एक मील पर मोने रोला आते मिले। फिर क्या था, यहाँ का प्रभावशाली आदमी मिल गया था। गाँव से बाहर एक गुफा को उन्होंने अच्छे घर का रूप दे दिया था। उसे दिखला, गाँव के भीतर बदरीनाथ के मंदिर में ले गए। मंदिर के भीतर कमर में कमरबंद बाँधे बिना कोई जा नहीं सकता। वहाँ गाँव के गण्यमान्य लोग जमा थे। नेगी श्यामसुंदरदास और नेगी बुजुकसेन मंदिर के माथस (महता) भी मौजूद थे। तीन ग्रोक्स (देववाहन), बूढ़ा पुरनजीत, पालूराम और इंदरसेन से भी परिचय हुआ। पुजारेस जवानदास, कैतस (कायथ) हरिमनदास. कारदार गंगाराम तथा गोकरनदास भी वहाँ मिले। कामरू में उसी तरह का एक दुर्ग है, जैसा लबरंग में हमने देखा था। रामपुर का राजा पहले कामरू का ही ठाकुर था, जिसने बहुत-से ठाकुरों को जीत कर सारे कनौर का एक राज्य बनाया, और फिर अपने लोगों को लेकर शिमला-सतलुज-उपत्यका और जमुना की ऊपरी शाखा पब्बर-उपत्यका में अपना राज्य फैलाया। यह कई सौ वर्ष पुरानी बात है। राज्य-विस्तार के साथ राजधानी को कामरू (मोने) से हटा कर सराहन और पीछे रामपुर में ले जाना पड़ा। मोने में अब भी पुराने काल के बहुत-से रिवाज प्रचलित हैं। यहाँ के बदरीनाथ ही रामपुर-राजा के कुलदेवता थे, और वह बड़ी तड़क-भड़क से कभी-कभी गढ़वाल के बदरीनाथ के पास मुलाकात करने के लिए जाते हैं। उन्हें बड़े बदरीनाथ के साथ एक सिंहासन पर बैठाकर पूजा जाता है। संवत् 1932 (सन् 1875) में ऐसी ही एक यात्रा का जिक्र बदरीनाथ के रावल परसोतम को लिखे पत्र में था: "सोसती श्री महास्त्री बदरीस परचरजा राओल परसोतमजी, स्त्री महास्त्री परमभटारक, श्री महारजदिरज स्त्री महरजे स्त्री समसेर सिंघे पएलगणा पहुँचे। इहाँ के समाचार बले है। ताह के बले चहिए। उप्रंत इह से हमारे गदी का देवता ऋसनजी बद्रीनाथजी मारफत नेगि रोणबद्र व चोबदारी नेगी हीरामन के बद्रीजी के बेजे गए (।) सो देवतेजी को संगार पहेनाकर संगसन उप्र बठाल के पुजा मनता हच्छी तरह करणा (।) सं 1932 हड गते 27 सुब।" राजा शमशेर की दूसरी चिट्ठी में लिखा था :

"स्त्री महास्त्री परमबटारक श्री महाराजदिरज श्री महारज स्त्री समसेर सिंघे देवन वचने। कमरू देवते बद्रीनाथजी के करदारन नेगी रोणबद्र दीसे अच राम रम वचने बोल्या उप्रंत जोकी बद्रीनाथजी अबके बद्री जाने का हुकम फरमावते होगा सो देवतेजी की मरजी हुकम माफिक देवताजी बद्री क्षेत्र में बेसक ले जाणा (।) बमुजब रकम के बद्री क्षेत्र में पूजा कर देणी और स्रकारी तरफ से देवतेजी का रकम खरच अज तक मिलाकर ती सो अवबी रखम मूजब देवतेजी खरच स्रकार से मिल जाएगी (।) तुमने रखम बमुजब खरचे लगा देणी (।) तुमको स्रकार से

मुजरे मिलेगे (।) सं 1932 रेह प्रबिस्टे 31 लिख्या हुकम परमण सुभ।"

किले के भीतर कुछ आदमियों को छोड़ कर कोई नहीं जा सकता। वहाँ पुराने कागज-पत्र और कुछ दूसरी चीजों के होने का पता था। दुर्ग की प्रधानता के बारे में यही समझें, कि राजा जब तक यहाँ गद्दी पर नहीं बैठ लेता, तब तक उसको राजा नहीं समझा जाता था। भीतर कई धातु-मूर्तियाँ हैं, जिनको थनापति कहते हैं। तिब्बत की सीमा यहाँ से नजदीक है। सात दिन में पश्चिमी तिब्बत के प्राचीन और प्रसिद्ध मठ थोलिंग में पहुँचा जा सकता है। बस्पा-उपत्यका के ऊपरी भाग छितकुल आदि के लोगों की मुखमुद्रा तिब्बती है। परंपरा बतलाती है, कि किसी समय सांगला में अलग ठाकुर था, और मोने में अलग। दोनों में संघर्ष हुआ। अंत में बस्पा के ठाकुर मुखोविस्नान की स्त्री ने धोखा दिया, और पतिकुल की जगह पितृकुल को सहायता पहुँचाई। इस प्रकार धोखे से सांगला परतंत्र हुआ।

मोने के किले को मोनेगोरंग कहते हैं। यह नीचे पौने 24 हाथ लंबा-चौड़ा है। इसमें पाँच तले हैं, सबसे नीचे पाँच घर—गोदाम, गुसलखाना, कोठा, रसोई और पानी घर है। दूसरी मंजिल में तीन कोठरियाँ हैं—सबसे छोटा एक खाली कमरा है, पूजा-गृह बहुत बड़ा और तीसरा थानपति का कमरा है, जिसके बीच में राजा की गद्दी है। तीसरी मंजिल पर पाँच कमरे हैं—एक कभी नहीं खुलता, दूसरा भीमाकाली के आने पर बलिदान का, तीसरा बलि के पशु को प्रोक्षण करने का, चौथा सराहन की भीमाकाली के बैठने का और पाँचवां राजा के सामान बख्तर, बारूद, हथियार, सिक्का आदि रखने का है। चौथी मंजिल पर तीन कमरे हैं—सबसे बड़े में राजा की बैठक, छोटे में रनिवास, तीसरे में गुसलखाना, चौथे में बड़ा रसोई घर। पाँचवीं मंजिल पर सिर्फ एक कोठरी है, जिसमें दुर्ग का देवता बटकुला रहता है।

बस्पा-उपत्यका विशेषकर सांगला और नीचे के गाँव अब बौद्ध-धर्म से बहुत कम प्रभावित रह गये हैं, और ब्राह्मणों के न रहने पर भी उनका प्रभाव छाया हुआ है। टेहरी की भागीरथी-उपत्यका के ब्राह्मण आजकल यहाँ पूजा कराने तथा जन्मपत्री बनाने के लिए आये थे। मोने के बदरीनाथ मंदिर के पास ही एक छोटा-सा बुद्ध-मंदिर है, जिसमें लोगों के घरों से निकाली बहुत-सी बौद्ध प्रतिमाएँ रखी हुई हैं। इनमें एक धातु की बहुत सुंदर और प्राचीन है। यहाँ कुछ हस्तलिखित पुस्तकें भी हैं, जिनकी पुष्पिका से कुछ ऐतिहासिक बातें मालूम होती हैं।

उस दिन कितना ही समय मोने और सांगला में बिताकर हम बँगले पर चले आये। 11 तारीख को फिर देखा-सुनी में लगे। सांगला का बौद्ध-मंदिर पुराना

मालूम हुआ। उसमें शाक्यमुनि के साथ सारिपुत्त मौद्गलायन की मिट्टी की मूर्तियाँ थीं। 'अष्टसाहस्रिकाप्रज्ञापारमिता' की 26 इंच लंबी और 8 इंच चौड़ी हस्तलिखित पोथी बहुत पुरानी थी, जो उसके तालपत्र की नकल पर बने हर पत्र के दो गोल छिद्रों तथा कुछ उच्चारण रीतियों से मालूम होता था। इसकी तीन पोथियाँ रही होंगी, जिनमें दूसरी ही यहाँ है। इसमें कितने ही चित्र भी बने हुए हैं। मृतक के लिए यहाँ पुस्तक की पुष्पिकाओं के लेख से मालूम होता है, कि खुनू (कन्नौर) को बुद्ध शाक्यमुनि का उत्तम धर्मक्षेत्र माना जाता था। यहीं पर धार्मिक राजा समसेरसिंह के समय अमात्य (कलोन) रोनम धर के समय यह पुस्तक लिखी गई थी। अर्थात् पुस्तक सौ वर्ष से अधिक पुरानी नहीं थी।

छोलटू : जो चपरासी मिला था, वह बड़ा ही बेपरवाह निकला। 11 तारीख को वह लापता हुआ, तो 12 को भी वह दिखाई नहीं पड़ा। अपने ही तीन-तीन रुपये में 14 मील के लिए चार भारवाहकों को करके हम 12 अगस्त को रवाना हुए। ब्रूए तक पांगी ब्रह्मचारी परमानंद भी साथ हो गये। 8 बजे से चलकर छह घंटे में किलजा पहुँचे। सतलुज के बाएँ किनारे यह अपेक्षाकृत गरम स्थान है। सफेद अंगूर यहाँ के पककर खतम हो गये थे, और काले अधपके मिले। आड़ू भी अच्छे और स्वादिष्ट थे। उस रात वहाँ ठहरकर सबेरे जलपान के बाद चल पड़े और पाँच मील का सफर डेढ़-दो घंटे में पूरा करके हम छोलटू पहुँच गये। सतलुज के बाएँ तट पर काफी समतल भूमि में जंगल महकमा ने अच्छा-खासा बाग लगा दिया है। बहुत-से फलों के दरखत हैं, जिनके लगाने में यह ख्याल रखा गया था, कि लोगों में देखा-देखी बागबानी का शौक बढ़े। अंगूर ज्यादा थे, किंतु खट्टे और अब वह खतम हो गये थे। सरदा लगाकर भी देखा गया था, यद्यपि वह उतना मीठा नहीं था, जितना काबुल का। नासपाती बहुत अच्छी थीं, खरबूजा भी स्वादिष्ट था। फलों के क्वेटा जितना मीठे न होने का कारण वर्षा की अधिकता है। यहीं सहसराम के एक वैरागी साधु मिल गये। वह पच्चीस साल से हिमालय में ही चक्कर काट रहे थे। ऐसी बेसरोसामानी से यात्रा करना इन्हीं के बूते की बात थी। और यात्रा सिर्फ यात्रा के लिए ही करते थे। घुमक्कड़ जैसा भी हो, मेरे लिए वह स्नेह का पात्र है—'ना जाने किस रूप में नारायण मिल जाँय।' कौन जानता है, इन्हीं में गुदड़ी का लाल कोई महाघुमक्कड़ मिल जाये। उनके साथ बैठ कर खाने में मुझे आनंद आया।

सराहन : 14 अगस्त को सबेरे चल कर दा मील पर टापरी में बेगारू को बदलना था। चपरासी के जोर पर हमें आदमी मिलते थे, कोई मन से काम करने के लिए थोड़े ही आता। मन से काम करने वाले आदमियों का रखना हो

तो उसे शिमला से ही खाना और मजूरी निश्चित करके ले जाना चाहिए। टापरी से आगे जाकर पुल पार हो फिर सतलुज के बायें किनारे 11 बजे बांगतू डाकबँगले पर पहुँचे। सड़क-इंस्पेक्टर बाबू लक्ष्मीनंद मिले। कुछ दिक्कत हुई, साथ आये भारवाहक निचार के लिए तैयार हो गये। बाबू लक्ष्मीनंद की घोड़ी सवारी के लिए मिली, निचार में हम एक घंटा ठहरे। वहाँ डाकखाने से कुछ चिट्ठयाँ लीं, और फिर चल कर 7 बजे पौंडा पहुँचे। बाबू लक्ष्मीनंदजी सराहन तक के लिए हमारे साथ थे, जहाँ 15 अगस्त के इतवार के दिन हम पहुँचे। आज स्वतंत्रता दिवस था। आज ही के दिन 1947 में अंग्रेजों ने भारत का पिण्ड छोड़ा था। लेकिन, यहाँ कोई चहल-पहल नहीं थी। स्वतंत्रता जब तक साकार न हो, तब तक लोग उसके महत्त्व को कैसे समझ सकते हैं? पौंडा से 1 बजे चौरा डाक-बँगले पर पहुँचे और वहाँ डेढ़ घंटा भोजन-विश्राम के लिए ठहरकर उसी दिन 6 बजे सराहन पहुँच गये। उस वक्त वर्षा हो रही थी।

16 अगस्त को हमें सराहन ही में रहना था। कामरू के बाद और रामपुर के पहले बहुत समय तक सराहन ही राजधानी रहा। यहाँ की भीमाकाली राज्य की इष्ट देवी हैं। भीमाकाली के मंदिर में बहुत-से पुराने कागज-पत्रों, दूसरी ऐतिहासिक चीजों और सिक्कों की संभावना थी, इसीलिए मैं बड़ी लालसा के साथ यहाँ आया था। बँगले के नीचे राँवी ब्राह्मणों का गाँव है, जिसमें 24 भारद्वाज, 16 वासिष्ठ, 20 कोसल गोत्री परिवार रहते हैं। रामपुर के राजा यद्यपि अपने को चंद्रवंशी और प्रद्युम्न की संतान बतलाते हैं, और कन्नौर ठाकुरों के वंश से अपने संबंध को छिपाना चाहते हैं। पर, राँवी के ब्राह्मणों की परंपरा बतलाती है कि दो भाइयों में एक भाई राजा हुआ और दूसरे भाई की संतानें राँवी के ब्राह्मण हैं। एक पोथी बहुत छंद-बंद में रखी हुई थी। देखने की उत्सुकता हुई, लेकिन जब मालूम हुआ कि वह कागज की है, तो न देखने का पछतावा नहीं हुआ। ब्राह्मणों के पास की कितनी ही पुरानी पोथियाँ सतलुज में बहाई जा चुकी हैं, लेकिन अब भी कुछ पुस्तकें हैं। एकादश स्कंद भागवत पर दोहा-चौपाई में संवत् 1692 (1635 ई०) में चतुरदास की लिखी एक पोथी देखी। एक गीता की टीका भी पहाड़ी और हिंदी मिली-जुली भाषा में थी।

देवी के मंदिर में गये। उसके विश्ट (मैनेजर) सपनी के नेगी विद्यानंद के मुँह से यह सुनकर सन्न रह गया कि सरदार बलदेवसिंह ने यहाँ के पुराने कागजों की होली जला डाली। कागजों ने क्या अपराध किया था? हाँ, अपराध कर सकते थे, क्योंकि उस वक्त रामपुर में राजा के और सराहन में देवी के खजानों की लूट हुई थी। आतंक के मारे कोई चीं नहीं कर सकता था।

जिसको चीं करने की हिम्मत थी, उसे भी लूट में शामिल कर लिया गया था। किसी भी संस्कृत व्यक्ति या समाज के लिए यह असह्य बात थी। मैंने शिमला लौटने पर चीफ-कमिश्नर का ध्यान इधर दिलाया था। अपनी पुस्तक 'किन्नर देश में' में भी लिखा, लेकिन किसी के कानों पर जूँ तक न रेंगी। इस महाअपराध को घोलकर सभी पी गये। बँगले के एक हिस्से में रामपुर के एस० डी० ओ० साहब अपनी पत्नी के साथ ठहरे हुए थे। शिष्टाचार के नाते मैंने नमस्ते किया, लेकिन उन्हें नमस्ते लेने की फुरसत नहीं हुई। अपनी पत्नी के साथ बेचारे ताश के खेल में लीन थे। मुझे अपनी इस गुस्ताखी पर अफसोस हुआ। यहीं से पुण्यसागरजी अपने गाँव गये।

रामपुर : 17 अगस्त को पांच-पांच रुपये में तीन कुली करके 9 बजे हम रामपुर के लिए रवाना हो गये, और 5 बजे वहाँ पहुँच गये। रास्ते में एकाध बार मामूली बूँदें पड़ीं। रात को रेंज क्वार्टर में ठहरे। मच्छरों और खटमलों ने नींद हराम कर दी, जिससे बचने के लिए उठ बैठे और सारी रात लिखने-पढ़ने में बिता दी। 18 अगस्त को भी रामपुर ही में रहना था। अपनी पुस्तक के लिए कुछ और सामग्री जमा की। उस दिन सबेरे ही उठकर स्कूल में चले गये। पं० दौलतरामजी ने मसहरी का प्रबंध कर दिया। रामपुर में भी पशमीने की चादरें बनती हैं। यह अधिक शुद्ध और गरम होती हैं, पर कश्मीरी जैसी सफाई नहीं। पशमीना कीड़ों के लिए रसगुल्ले जैसा ही स्वादिष्ट होता है। गरमी में उसकी रक्षा करनी बहुत मुश्किल है, तो भी मैंने दो चादरें लीं। 19-20 तारीख को रामपुर में रहते पुस्तक के काम में अथवा मित्रों-परिचितों से मिलने-जुलने में व्यस्त रहा। श्री विद्याधर विद्यालंकार ने इस यात्रा में मेरी बड़ी सहायता की। रामपुर से किसी चीज की जरूरत होती, वह भेज दिया करते थे। वह गुरुकुल कांगड़ी के आयुर्वेद के स्नातक हैं, और यहाँ जंगलात में खजाँची का काम कर रहे थे। उनकी विद्या का कोई उपयोग नहीं था, इसलिए असंतुष्ट होना स्वाभाविक था। फ्रेजर की पुस्तक 'हिमाला माउटेंस' यहाँ पढ़ने को मिली। फ्रेजर 1814 के गोरखा-अंग्रेज-युद्ध में अंग्रेजी सेना के साथ बिसाहर और गढ़वाल में घूमा था। उसकी यह पुस्तक 1820 में लंदन में छपी थी। इसमें बहुत-सी महत्त्वपूर्ण सूचनाएँ थीं।

20 को बिसाहर की प्रजा के आंदोलन में प्रमुख भाग लेने वाले पं० सत्यदेव और मास्टर अनुलाल मिलने आये। अब वह दूध की मक्खी बन गये हैं। नौकर-शाही ढाँचे ने रियासत को जकड़ लिया है, जिसमें न प्रजा की कोई पूछ है, न उसके नेताओं की। तिब्बती सीमांत पर बसने वाले लोगों को बारूदी हथियार रखने में कोई रुकावट नहीं थी। अब उसका लेखा-जोखा हो रहा था, और सरकार हथियार

का कानून लगाने जा रही थी। अनुलाल और सत्यदेवजी ने रियासत के अत्याचारों का हिम्मत के साथ मुकाबिला ही नहीं किया था, बल्कि शक्ति हाथ में आ जाने पर भी उसका दुरुपयोग नहीं किया। कुछ दिनों के लिए यहाँ न राजा का राज्य था और न भारतीय सरकार का। उस समय लूट मच जानी आसान थी, लेकिन ये ही दोनों नेता थे, जिन्होंने शांति स्थापित की। राज्य और देवी के खजाने को लूटा गया, यह दिल्ली के देवताओं की ओर से भेजे गये नौकरशाहों का काम था। मास्टर अनुलाल और पं० सत्यदेव इसके खिलाफ आवाज नहीं उठा सकते थे, क्योंकि शिमला से गोली-गट्ठा लेकर आये सिपाही यहाँ के हर तरह के 'विद्रोह' को दबाने के लिए तैयार होकर आये थे।

नौगढ़ी : 21 अगस्त को 9 बजे नाश्ता के बाद चले। आज 23 मील की मंजिल मार के कोटगढ़ पहुँच गये। लाला खुशीराम के बारे में सुन कर मुझको उनका कारखाना देखने की इच्छा हुई। लालाजी भी साथ थे। खुशीराम के पिता जंगलात के ठेकेदार थे। काफी रुपया कमाया था, लेकिन अंत में सब बरबाद करके बेटे को दरिद्रता में फँसा के छोड़ गये। खुशीराम में सपना देखने की शक्ति थी, और हाथ-पैर से काम करने के लिए भी तैयार थे। सतलुज और नौगढ़ी के खड्डे के कोने पर काफी पड़ी जमीन थी। वह पत्थरों से ढँकी थी। पंद्रह साल पहले उन्होंने पत्थरों को साफ करना शुरू किया। नौगढी के पानी से पनचक्की के लिए एक नहर निकाली और उसपर आटे की चक्की लगा दी। धीरे-धीरे चावल कूटने की चक्की, चावल फटकने की चक्की, तेल का कोल्हू और लकड़ी चीरने का काम भी इसी जलबल से करना शुरू किया। एक डाइनमो लगाके बिजली भी पैदा करनी शुरू की, जिसका काम अभी राजा और अफसरों के रेडियो की बैटरियों में बिजली भरना और घर में बत्ती जलाना था। इस समय 25 और 10 मन आटा प्रतिदिन पीसने वाली दो चक्कियाँ चल रही थीं। अधिकांश मशीनें भारत की बनी हुई थीं। तेल का कोल्हू प्रतिदिन दो कनस्तर सरसों और चार कनस्तर खूबानी का तेल पेलता है। चावल की चक्की 40 मन धान प्रतिदिन कूटती थी। डाइनमो 110 वोल्ट का था, जिसे तीन हजार में खरीदा था। डाइनमो और तेल की मशीन को छोड़ कर सारी चीजें स्वदेशी थीं। साथ में रहने का अच्छा-खासा दोमंजिला घर था। खेत में फल और साग-सब्जी काफी हो जाती थी। नहीं से शुरू करके उस वक्त 40-50 हजार की चीज उन्होंने खड़ी कर दी। सबसे बड़ी बात यह है कि अपने इस प्रयत्न से उन्होंने दिखला दिया कि छोटे-छोटे उद्योग किस तरह सफलतापूर्वक चलाये जा सकते हैं।

मैंने उनसे पूछा कि आपके और मनसूबे क्या हैं? उन्होंने बतलाया कि पहले

तो नहर को बढ़ाकर उसे तिगुना पानी देने लायक बना देना है, जिस पर तीन हजार रुपया खर्च होगा। 220 वोल्ट के डाइनमो के लिए 10 हजार रुपया और 220 वोल्ट की मोटर के लिए 5 हजार रुपया हो, और दो हजार के दूसरे सामान, तब हम पानी से नहीं, बल्कि पानी से बनी बिजली से अपनी मशीनों को चलाने लगेंगे। 8 हजार लगाकर ऊन धोने, धुनने, रँगने और प्योनी करने की मशीन लगा के लोगों को प्योनी किया हुआ ऊन सस्ते में देने लगेंगे। 5 हजार और लगने पर ऊन की कताई-बुनाई की मशीन भी लग जाएगी। यह निश्चय है कि अगर ऊन धुला-धुना-रँगा प्योनी के रूप में लोगों को मिले, तो ऊनी कपड़े का व्यवसाय बहुत बढ़ जाएगा, और जरा-सा सुधरे हुए चरखे को लेकर लोग उससे काफी पैसा कमाने लगेंगे। 'सिर्फ 50 हजार रुपए का सवाल था। सरकार उस वक्त और अब भी करोड़ों रुपया व्यवसायियों को कर्ज दे रही है। मैंने यह बात चीफ-कमिश्नर तक पहुँचा दी थी। लेकिन, मालूम नहीं हिमाचल-प्रदेश सरकार के कानों पर जूं रेंगी या नहीं। खुशीरामजी को मैंने कहा, अपने इसी काम से अपना और दूसरों का बहुत उपकार कर सकते हैं, राजनीति के चक्कर में न पड़ना, नहीं तो दोस्तों से अधिक दुश्मन पैदा कर लोगे। खुशीराम देखने में बड़े सीधे-सादे प्रौढ़ उमर के आदमी थे। रामपुर में राजा के दरबार में पहुँचना उनके लिए आसान था, लेकिन शिमला के दरबार में वह पहुँच सकेंगे, इसमें संदेह है।

निरत: नौगढ़ी से चार मील जाने पर दत्तमंदिर मिला। जान पड़ता है, नौगढ़ी से नीचे काफी दूर तक सतलुज का यह बायाँ तट पुराने जमाने में भी बहुत महत्त्व रखता था। संभव है रामपुर की जमीन पर भी राजधानी बनने से पहले कोई पुरानी बस्ती रही हो। सतलुज का पाट कम होने से वहीं लोहे का पुल बना। परले पार पंजाब का कुल्लू है और इस पार हिमाचल-प्रदेश। हिमाचल-प्रदेश बनाते वक्त यह भी ख्याल नहीं आया कि काँगड़ा-कुल्लू को भी मिलाकर एक चक बना दिया जाए। दत्त मंदिर में कुछ दूकानें हैं, और पुराने मंदिर का अवशेष भी। चार मील चलने पर निरत में पहुँचे। यहाँ का मंदिर नवीं-दसवीं शताब्दी का मालूम होता है। बूट-धारी द्विभुज सूर्य की मूर्ति इसकी प्राचीनता बतला रही थी। बूटधारी मूर्ति शकों द्वारा प्रचारित हुई, लेकिन इस मूर्ति को ईसा की पहली तीन शताब्दियों का नहीं माना जा सकता। 'अक्षयवट' के किनारे बहुत-सी खनिज, विष्णु और हरगौरी की भी मूर्तियाँ थीं। मंदिर के भीतर धोती पहने बिना जाया नहीं जा सकता। 4 घर ब्राह्मण पुजारी हैं, जो अपने को आदिगौड़ और भारद्वाज गोत्रीय कहते 'उत्तरे मांस-भोजनम्' के शास्त्रवाक्य के मानने वाले हैं, लेकिन गरीबी के कारण छठे-छमाहे ही मांस-भोजन मिलता होगा। मंदिर की भूमि आसपास की भूमि से ज्यादा नीची है,

यह भी उसकी प्राचीनता को बतलाती है। मंदिर के बाहर मंडप (जगमोहन) है। सभी पत्थर का बना है और शिखरदार है। बगल में देवी का मंदिर है, जहाँ पशुबलि होती है। सतलुज के किनारे कई मील नीचे और ऊपर तो तिब्बत की सीमा के भीतर तक इतना प्राचीन मंदिर कोई नहीं है। मछुओं ने मछली पकड़ रखी थी, लेकिन वह बनी-बनाई नहीं थी, और हम उसे ढोकर ले जाने के लिए तैयार नहीं थे, इसलिए शतुद्रि माता के प्रसाद से वंचित हो गए।

अंत में हम उस जगह पहुँचे, जहाँ से कोटगढ़ की चढ़ाई शुरू होती है। घोड़े पर सवार थे। वर्षा हो रही थी। ठाणादार और कोटगढ़ मिली-जुली बस्ती है, बाजार का नाम ठाणादार है। सत्यानन्द स्टोक के निवास के कारण कोटगढ़ मशहूर है। बाजार से कितनी ही दूर हट कर अस्पताल है, जहाँ पर डॉ० भगवानसिंह का निवास था। हम सामान लिए-दिए वहाँ पहुँचे। डॉ० भगवानसिंह मेरे पुराने मित्र हैं। 1933 में लाहुल में जब वह डॉक्टर थे, तो उनके दर्शन हुए थे। पंजाबी हैं, किंतु बौद्ध-धर्म से प्रभावित होकर अब अपने लिए बौद्ध लिखते हैं। उनकी पत्नी लाजी जन्मजात बौद्ध हैं। अब सारा परिवार ही तथागत के धर्म को मानता है। एक तो बहुत दूर से रास्ते का थका-माँदा आया था, और फिर रोगी के लिए डॉक्टर की छाया बहुमूल्य होती है। अब पाँच दिन के लिए उन्हीं का अतिथि बन गया।

कोटगढ़ उस समय ईसाई मिशनरियों का गढ़ था। चर्च मिशन ने यहाँ बहुत-सी इमारतें खड़ी की थीं, मिडिल स्कूल बनाया था, कई धर्म-प्रचारक रहते थे। लेकिन, अंग्रेजी शासन के ऊपर सभी चीजें आधारित थीं। उनके जाने के बाद अवनति होनी आवश्यक थी। अब मिशन के इंचार्ज पादरी धनसिंह थे। लाइब्रेरी अब भी अच्छी अवस्था में थी। शिक्षा की माँग है, इसलिए मिडिल स्कूल अब हाईस्कूल में बदल गया। रंग-ढंग से मालूम होता था, कि यहाँ के मिशन की भी वही हालत होगी, जो स्पू, चिनी और केलंग की हुई। डॉक्टर साहब के निवास की बगल की इमारत अभी ही गिरने लगी थी। जिस घर में डॉक्टर बोध रहते थे, वह भी उनके ही कारण सुरक्षित था।

अगस्त में कोटगढ़ में उतनी ही सर्दी मालूम होती थी, जितनी चिनी में। यह स्थान सात हजार फुट ऊँचा है। आजकल कोटगढ़ अपने सेबों के लिए मशहूर है, जिसका सारा श्रेय स्वर्गीय सत्यानंद स्टोक को है। पादरी स्टोक अपनी जन्म-भूमि अमेरिका से पहाड़ियों को ईसाई बनाने के लिए आए थे। वह धनी परिवार के पुत्र थे, इसलिए धर्म-प्रचार उनके लिए जीविका का साधन नहीं था। यहाँ आने पर कुछ प्राचीन ईसाई परंपरा और कुछ भारतीय सम्पर्क ने उन्हें एकांतवासी योगी बना दिया। थोड़े दिनों के लिए नहीं, बल्कि सात वर्ष तक वह एक गुफा में रहते

रहे। पीछे उन्हें यह बेकार मालूम हुआ और प्रचार के काम में भी रस नहीं रहा। फिर वह एक पहाड़ी तरुणी से ब्याह करके गृहस्थ बन गए। शादी या यों ही भारतीय नारियों से संबंध स्थापित करके भारत में रह जाने वाले अनेकों यूरोपियन हुए हैं। हर्शिल के शिकारी विल्सन 1840 में आकर हिमालय के ही बन गए थे। उनकी पहाड़ी स्त्री की सतानें पिता की संस्कृति में दीक्षित हो एंग्लो-इंडियन बनीं और एकमात्र बच रही बहू के बाद उस पुरुष का नामोनिशान नहीं रहेगा। उसने गढ़वाल में पहले-पहल आलू का प्रचार किया। उसने नदियों द्वारा ऊपर के जंगलों की लकड़ी नीचे भेजने का पहले-पहल रास्ता निकाला। स्टोक अधिक दूरदर्शी थे। उन्होंने देखा, बिना इस मिट्टी से अभिन्नता स्थापित किए काम नहीं चलेगा। वह हिंदू सत्यानंद स्टोक बन गए। प्रथम महायुद्ध के जमाने में जिसने अंग्रेजी सेना में भर्ती करने का काम किया था तथा विजय के स्मारक को अपने बँगले के भीतर खड़ा किया था, वह भारत को अब भी परतंत्र रखने की अंग्रेजों की मनोवृत्ति देखकर बिद्रोही हो गया। खादी पहनी, प्रचार किया, जेल गए। अपने हाथ के बनाए विजय-स्मारक को हटा कर वहाँ छोटा-सा गीता मंदिर बना दिया। वह बढ़ई के काम में दक्ष थे। उन्होंने अपने हाथ से नागरी अक्षरों में काष्ठ पर गीता और उपनिषद् के वाक्य खोद कर उसमें लगाए। मंदिर में कोई मूर्ति नहीं, केवल गीता के प्रतीक कृष्ण और अर्जुन का चित्र है। पीछे अपने पुत्र प्रीतमचंद के आग्रह पर हवनकुंड भी बना दिया।

सत्यानंद के तीन पुत्र और तीन पुत्रियाँ हैं। प्रीतमचद सबसे बड़े, इधर से जाते वक्त पहले ही मुझे मिल चुके थे और सबसे छोटे लालचंद से 26 अगस्त को उनके घर पर घंटों बात होती रही। लालचंद का ब्याह यहाँ के सेब के बागों के सबसे बड़े स्वामी तहसीलदार अमीचंद की लड़की से हुआ। दो लड़कों का ब्याह राय साहब देवीदास की लड़कियों से हुआ। लड़कियों में एक का ज्याह किसी ऐंग्लो-इंडियन से हुआ। एक दामाद क्वेटा के वकील है, जो विस्थापित होकर भारत चले आए।

कोटगढ़ में सत्यानद स्टोक को याद करने के लिए यही बात नहीं है। वह कोटगढ़ वालों के पिता थे। जब वह मरे, तो सारे कोटगढ़ और आस-पास के लोग उनके लिए रो रहे थे, मानो अपना बाप मर गया। वह अपने बच्चों की जिम्मेदारी को समझते थे, लेकिन उनसे भी बढ़कर कोटगढ़वालों की सेवा जीवन का आदर्श मानते थे। देश-विदेश से पचासों जाति के सेबों को मँगा कर उन्होंने अपने यहाँ लगाया, और उसकी पौध तैयार करके लोगों को लगाने की प्रेरणा दी। पहाड़ में देश के बनिये पहुँच कर बुरी तरह से लोगों को लूटते हैं। एक बार उनका चढ़ा

कर्ज फिर घर-द्वार, खेत-खलिहार बिकवाकर भी नहीं उतरता। ऐसे कर्ज से स्टोक लोगों की रक्षा करते थे, स्वयं बिना सूद रुपया देते। इस प्रकार यहाँ के लोगों की जमीन बिकने नहीं दी। जब लोगों ने सेबों की फसल होती देखी और उसे अच्छे दाम पर शिमला जाकर बिकते देखा, तो उन्होंने सेबों के बाग लगाने शुरू किए। आज यह सारा इलाका सेबों के बागों से भरा है। यहाँ के सेब दिल्ली और दूसरे शहरों में जाते हैं। सुनहला सेब तो यहाँ का बहुत ही स्वादिष्ट और मीठा होता है।

डॉ० बोध कुछ ही सालों में अब नौकरी से अवकाश लेने वाले थे। डायबिटीज ने मुझे अब घुमक्कड़ होने लायक नहीं रखा था। जरा भी कहीं छिल जाए, तो लेकर महीनों बैठे रहो। यह क्या घुमक्कड़ी के लिए अनुकूल हो सकता है? डॉ० बोध ने शिमला से सीधे कुल्लू जाने वाली सड़क पर प्रायः साढ़े पाँच हजार फुट की ऊंचाई पर, अनी में आठ-दस एकड़ जमीन ले रखी थी। अभी यह सड़क मोटर लायक नहीं बनाई गई है, लेकिन उसके बनने में कोई दिक्कत नहीं है। यह दिल्ली से नाक के सीधे उत्तर जा कुल्लू पहुँच जाती है। सतलुज में लोहे का पुल है, और आगे-पीछे सड़क को चौड़ी-भर करने की देर है। उधर से 15 मील तक मोटर-सड़क बंजार आई है। हाँ, आजकल इसमें दो सरकारों का साझा है—सतलुज से दक्षिण हिमाचल-प्रदेश और सतलुज से उत्तर पंजाब सरकार का। सरकारों के साझे का काम और भी मुश्किल होता है। लेकिन, किसी समय यह मोटर-सड़क बन के रहेगी, और फिर अनी और उसके आसपास के इलाके का भाग्य चमकेगा। कुल्लू का सेब भी इसी रास्ते आएगा। अनी में मिशनरियों ने अपना अड्डा बनाया था, उनके बँगले बिक चुके हैं। मुझे भी अब कहीं ठंडी जगह में रहकर काम करने का ख्याल आ रहा था। डॉ० बोध ने अनी में अपने साथ या अलग रहने का निमंत्रण दिया। चश्मे का पानी पास था, जगल का मनोहर दृश्य और डेढ़ मील पर ही डाकघर। पाँच-छः हजार में छोटा-सा लकड़ी का बँगला बन सकता था। दिल तो मचलने लगा था।

23 को भी वर्षा हो रही थी। शिमला जाने का रास्ता बंद था। पैदल जाने में इस समय पहाड़ों से पत्थर गिरने का डर रहता था। इसलिए जब तक मौसम अनुकूल न हो जाए, तब तक यहाँ से चलने का इरादा नहीं किया जा सकता था। समय को जहाँ-तहाँ मिलने-जुलने में खर्च किया। 23 अगस्त को राय साहब अमीचंद से मिलने गए। राय साहब अभी भी तहसीलदार थे। इस साल उनका सेबों का बाग 45 हजार रुपये में बिका था। यह तब, जबकि 60-65 रुपये वाली पेटी (35 सेर) अबके 45-50 रुपये में बिकी। रास्ता ठीक न होने

से खच्चरों पर लाद कर सेब नारकंडा भेजा जाता। वैसे मौसम में कोटगढ़ में रेलवे आउट एजेंसी रहती है, जो भेजने का काम अपने जिम्मे ले लेती है। एजेंसी के इंचार्ज रमेशचंद्र बड़े उत्साही तरुण थे। उन्होंने जिम्मा ले रखा था कि जैसे ही जीप आएगी, मैं इंतजाम करूँगा। राय साहब को बगीचे के प्रबंध के लिए चिंता की जरूरत नहीं थी। उनकी पत्नी सुभद्रा देवी सब काम बड़ी दक्षता से कर लेती थीं। दंपती का एक लड़का बी० ए० में पढ़ रहा था, अकाल ही उसका देहांत हुआ। अब एक लड़का प्रकाशचंद थे, जो एम० एस-सी० कृषि में करके कुछ दिनों सरकारी नौकर रहे। लेकिन, घर छोड़ वहाँ कैसे रहते। बड़े होनहार तरुण थे। कहते अफसोस होता है, अभी पिछले साल दिसंबर 1955 में शिकम की तरफ किसी दुर्घटना में उनका देहांत हो गया। माता-पिता और तरुणी विधवा के ऊपर क्या बीती है, इसे शब्दों से कैसे कहा जा सकता है ! अभी उनकी माता की चिट्ठी आई थी, जिसमें अपनी विह्वलता और विवशता को प्रकट किया था। इससे पहले ही किसी ने मुझे इस दुर्घटना को बतलाया था, और बाद में डॉ० बोध की चिट्ठी से भी मालूम हुआ था। सब कुछ रहते भी इस वृद्ध दंपती का घर वीरान हो गया। काल कुछ मरहम का काम देगा, लेकिन घाव जीवन-भर नहीं भर सकेगा, इसमें संदेह नहीं।

डॉ० बोध के निवास के पास से नीचे उतराई की ओर देखने पर दूर फिर उठे पहाड़ दिखाई पड़ रहे थे। इसी उतराई के सबसे निचले भाग में मानसरोवर के पानी को लेकर सतलुज नीचे की ओर जा रही थी। वह पानी, जो पहले बहुत कुछ बेकार समुद्र में जाने के लिए छोड़ दिया जाता था, अब मनुष्य के हाथों भाखरा-नंगल के कृत्रिम समुद्र और विद्युत्-उत्पादन के काम में लगने वाला है। इसी उतराई के रास्ते जाने पर वह सड़क मिल जाएगी, जो कि कुल्लू को जाती है। एक बार बेबी आस्टिन को पटियाला के पहले राजा ने कुल्लू तक ले जाकर दिखला दिया था कि सड़क बनाना मुश्किल नहीं है।

पहाड़ की गरीबी बड़ी समस्या है, और यातायात भी। अंग्रेजी राज्य की एक और बड़ी देन है रतिज रोग। जहाँ-जहाँ गोरों की छावनियाँ रहीं, वहाँ-वहाँ सूजाक और आतशक की बीमारी फैली। डॉ० भगवानसिंह से बढ़कर इसके बारे में कौन बतला सकता था ? उन्होंने बतलाया, लाहुल और कोटगढ़ में 25 प्रतिशत लोग इसके मरीज हैं, कुल्लू, बागी, निमंड, कोटखाई में तो मुश्किल से 30 सैकड़े लोग रोग-मुक्त होंगे। सूजाक स्त्री-पुरुष को निस्संतान बना देता है, जिसके फलस्वरूप हर गाँव में कितने ही घर उच्छिन्न हो गए या हो रहे हैं। पेंसिलिन सूजाक की रामबाण दवाई है, लेकिन वह पूरी तौर से इस रोग को तभी उच्छिन्न कर सकती

है, जबकि संदिग्ध कोई व्यक्ति बिना इंजेक्शन का न रह जाए। आतशक पर तो उसका प्रभाव नहीं पड़ता, यद्यपि उसका संबंध कुष्ठ से नहीं बतलाया जाता, किंतु अंग-भंग तो लोग होते ही हैं।

डॉ० बोध का स्थान अनी नारकंडा से 24 मील और लुरी के पुल से 13 मील है (सतलुज पार सिर्फ 11 मील)। लुरी सतलुज के इसी पार है। वहाँ तक जीप और मोटर जा सकती है। डॉ० भगवानसिंह का बड़ा लड़का कितने ही दिनों से घर से भाग गया था। बड़ी चिंता होनी चाहिए, किंतु घुमक्कड़ क्या बिना प्रसव-वेदना के पैदा होते हैं। जवान है, दुनिया की सैर करता होगा, यद्यपि इस तरह की स्पष्टवादिता मैं डाक्टर साहब के सामने नहीं कर सकता था।

देश के बँटवारे के समय 1947 की अंतिम तिमाही में हिंदू-मुसलमानों का जो दंगा पंजाब में हुआ था, उसकी छींटें यहाँ भी पड़ी थीं। गूजर लोग अर्ध-घुमंतू मुसलमान हैं। ये भैंसे पालते, उनके बेचने तथा घी का रोजगार करते हैं। भैंसों के पीछे-पीछे बराबर एक जगह से दूसरी जगह घूमना उनका काम है। उस आँधी में इनके ऊपर भी प्रहार हुआ, और बहुतों ने हिंदू बनकर अपनी जान बचाई। अब वह फिर अपने धर्म को मानते हैं। उनके लिए एक और समस्या खड़ी हो गई। पर्वतों की पीठों की सर्द जगहों में जहाँ बड़ी अच्छी घास होती है, पहले इन चरागाहों का पहाड़ियों के लिए कोई मूल्य नहीं था, अब वह भी अपने पशुओं के चरने के लिए गोचर-भूमि माँगते हैं, और गूजरों को उससे वंचित करना चाहते हैं। गूजर वर्षों से अपने इस्तेमाल की जाती भूमि छोड़ नहीं सकते। यह बड़ा सिरदर्द है। गूजरों में चोबाण, ढिढ, देदड, गोरसी, चाड, पुसवाड, ठाकरिए, काडस, कसाणे, पटाणे आदि भेद मिलते हैं। गूजर उन्हीं कबीलों में से हैं, जो ईसवी-सन् के आरंभ में मध्य-एशिया से शकों के साथ भारत आए थे। कोटगढ़ में एक घर बतलाया गया, जिसने उस आँधी के जमाने में हिंदू बनकर अपनी जान बचाई थी। लालचंद स्टोक के मौसा नसीब अली के ऊपर भी आँच आ रही थी, लेकिन उनका नाम ही मुसलमान था, नहीं तो वह ईसाई थे। अब बूढ़े हैं, स्टोक की कृपा से थोड़ी-सी सम्पत्ति बाग-बगीचे के रूप में है, जिससे गुजारा करते हैं। नसीब अली जाति से दरद हैं, जिनकी भूमि गिलगित आजकल पाकिस्तान में है। वह खाम और तिब्बत में बहुत दूर तक घूमे हुए हैं। मन तो करता था, दो-चार दिन पास में बैठ कर उनकी यात्रा का विवरण तैयार कर लूँ। 19वीं सदी के उत्तरार्ध में हिमालय के पार के देशों का पता लगाने के लिए बहुत-से लोगों ने साहस-यात्राएँ की थीं। गिलगित से पूर्व में चीन की सीमा के भीतर तक गए हुए घुमक्कड़ की यात्रा कम मनोरंजक नहीं होगी।

कोटगढ़ छोड़ते समय मालूम हुआ, अगले अप्रैल में अनी जरूर आना होगा। डॉ० भगवानसिंह से दो एकड़ जमीन ले लेंगे, और तीन-चार हजार में लकड़ी की कुटिया बन जाएगी। कोटगढ़ रहने के लिए अनुकूल स्थान नहीं है। मई-जून में यहाँ पानी दुर्लभ हो जाता है, लकड़ी का दुःख, नौकर का दुःख तो है ही। अनी जरूर मोटर से 24 मील दूर है, जिसमें 9 मील चढ़ाई का भी पड़ता है। लेकिन, यह दिक्कत कुछ सालों बाद नहीं रहेगी, जबकि कुल्लू की मोटर-सड़क बन जाएगी। लेकिन, उस दिन की ये सब कल्पनाएँ मन के लड्डू थीं। डॉ० भगवानसिंह ने भी पेंशन लेने के बाद बच्चों की शिक्षा के लिए और अपने काम के लिए अनी से बेहतर कुल्लू को समझा।

नारकंडा (9160 फुट) : जीप का इंतजार कितने दिन करते ? 27 के 9 बजे सबेरे सामान को कुली पर रखवा कर मैं चल दिया। नारकंडा वस्तुतः नागकंडा है। कंडा पर उस नाग देवता की मढ़ी अब भी मौजूद है, जिसके कारण इस कंडा डाँड़ा, जोत, का यह नाम पड़ा।

नारकंडा जब 4 मील रह गया, तो बायीं ओर एक मोटर-सड़क 6 मील पर बागी को जाती दीख पड़ी। बागी नारकंडा से भी ऊँचा स्थान है। अभी सड़क चालू नहीं हुई थी। वह आगे बढ़ती हुई रोड़ू तक चली जाएगी, जिसके कारण जमुना की शाखा पब्बर की विशाल उपत्यका भी आधुनिक यातायात के साधनों के लिए खुल जाएगी। 12 बजके 20 मिनट पर मैं नारकंडा पहुँचा। बतलाया गया था, वहाँ जीप आती है, लेकिन जीप-सीप का कहीं पता नहीं था। यहाँ का डाकबँगला बहुत विशाल और आदर्श बँगला है। अनुमति लेने की कोई जरूरत नहीं, जो भी आए ठहर जाए, और खानसामा निश्चित दाम पर चाय, भोजन दे देता है। इसी तरह के सारे बँगले हों, तो सैलानियों को कितना आराम रहे। आज जन्माष्टमी थी। दूकानदार अपनी भक्ति और शक्ति के अनुसार उसको मना रहे थे। आज हमें यहीं रहना था, लेकिन कल की चिंता थी। इसी समय किसी को रामपुर ले जाकर लौटता रिक्शा मिल गया। उसने 22 मील आगे ठियोग तक के लिए 18 रुपये में सामान के साथ मुझे ले चलना स्वीकार किया। वहाँ से तो मोटर-बसें शिमला को जाती ही रहती हैं।

ठियोग : 28 को 7 बजे चल दिए। 22 मील में से साढ़े 17 मील मैं पैदल ही चला। वस्तुतः सामान के लिए रिक्शा की जरूरत थी, नहीं तो मैं पैदल चल सकता था। अंत में भी जल्दी चलने के लिए ही रिक्शा पर चढ़ा, क्योंकि मालूम था दो बजे मोटर चली जाती है। मोटर तैयार भी थी, लेकिन जब आदमी का किराया डेढ़ रुपया और आलू का फी मन 4 रुपया हो, तो कौन मोटरवाला आदमी को चढ़ाने

की बेवकूफी करेगा। कैलास मोटर सर्विस के ड्राइवर ने लेने से इंकार कर दिया। रंग तो यह मालूम होता था कि शायद कोई भी मोटर वाला ले जाने के लिए तैयार न होगा। प्राइवेट मोटर सर्विसों की यही हालत होती है। खैर, चार घंटे बैठना पड़ा और 6 बजे दूसरी गाड़ी में जगह मिली। उसमें भी 12-14 बोरे आलू लदे थे। रास्ते में काफी वर्षा पड़ी। रात के साढ़े 9 बजे हम मोटर से उतर कर फरग्रोव में नय्यर साहब के पास पहुँचे।

शिमला : अब पाँच दिन के लिए हम शिमलावासी हो गए। पता लगा, पाँच सितंबर को सम्मेलन कार्य समिति की बैठक है, इसलिए उस दिन वहाँ पहुँचना जरूरी था। इन पाँच दिनों को शिमला में घूमने, जहाँ-तहा लोगों से विशेषकर श्री एन० सी० मेहता से मिलने में बिताया। मेहताजी से मैंने कहा : "किन्नर देश का महत्त्व ऐसे मेवों के पैदा करने के लिए बहुत है, जिनकी भूमि क्वेटा पाकिस्तान में चली गई। वहाँ बहुत तरह की धातुएँ हैं, लेकिन इन कामों के लिए मोटर की सड़क बनाने की जरूरत होगी। चिनी के कल्पा स्थान में छोटे विमानों के लिए अवतरण-भूमि तैयार हो सकती है। चिनी के मिडिल स्कूल को हाईस्कूल बनाना चाहिए। तिब्बती भाषा-भाषी लोगों को शिक्षा तिब्बती में देनी चाहिए। इसके अतिरिक्त मैंने वहाँ के पुरातत्त्व और कोठी की मूर्तियों के बारे में भी बतलाया, और कहा कि उनकी रक्षा का प्रबंध करना चाहिए। उनके कहने से मालूम होता था कि शायद इन बातों में किसी के भी होने की संभावना नहीं। हिमाचल-प्रदेश से जो आमदनी होती थी, वह नौकरशाही के खर्च के लिए ही पर्याप्त नहीं थी। दूसरे काम सिर्फ दिल्ली के बल पर हो सकते थे। 30 अगस्त को मिलने पर ठाकुर गोविंदसिंह का भी यही कहना था कि सारे खुशामदी या दूसरे प्रांतों के अफसरों से दफ्तरों को भर दिया है। राजाओं के सामने जो खुशामदें चलती थीं, उससे भी ज्यादा अब उनका रिवाज है। एक मैट्रिक पास पुरुष रघुवीर जुब्बल के एस० डी० ओ० हैं, दूसरे उसी तरह के आदमी बुशहर में भेजे गए हैं। एक दिन का काम महीने-भर में भी नहीं होता। रोड़ू तहसील में अडहल का पानी का हौज़ बिगड़ गया, जिसके कारण नल से पानी नहीं मिलता और लोगों को तकलीफ है, लेकिन कहीं कोई सुनवाई नहीं। भज्जी का अस्पताल तोड़ दिया गया। कोई अफसर शिमला छोड़ बाहर जाने के लिए तैयार नहीं। अगर कोई दौरे पर निकलता है, तो दस आने की जगह पाँच आना सेर दूध ले लेना चाहता है। ऐसा होने पर क्यों न बहुत-से लोग समझें कि इससे राजा का राज ही अच्छा था। जब मैंने हिमालय में कहीं रहने का विचार प्रकट किया, तो मेहताजी ने चंबा के खजियार को बतलाया। यह तो मानना ही था कि यदि अपना स्थायी निवास कहीं बनाना हो, तो

वह छः हजार फुट के आसपास होना चाहिए। बाघी दस हजार फुट से ऊपर है, पर छः हजार फुट से ऊपर सेब खट्टे हो जाते हैं। कुल्लू के चंद्रकांतजी चिनी में आना चाहते थे, आते तो लिखने में जरूर मदद करते, लेकिन उन्हें तकलीफ भी होती। यहाँ शिमला में साथ घूमते रहे। बी० ए० पास करके अब कोई काम ढूंढ़ रहे थे, साहित्य का भी शौक है, लेकिन भूखे रहकर साहित्य-सेवा तो नहीं की जा सकती। (पीछे उन्होंने एम० ए० भी किया, और शायद किसी काम में लग गए)। उनके अपने खेत और बाग हैं, जिसमें जीविका चलाते हुए साहित्य-सेवा करनी मुश्किल नहीं थी, लेकिन आज के शिक्षित को ऐसा जीवन पसंद कैसे आ सकता है!

रियासतों के विलयन के समय राजकोष और राजाओं की चीजों पर किस तरह हाथ साफ किया गया, इसकी बहुत-सी बातें मालूम हुईं। रामपुर के खजाने के बारे में लिख ही चुका हूँ। और सराहन की देवी के खजाने के लुटने का कोई पता-निशान न रह जाए, इसके लिए पुराने कागजों की जो होली जलाई गई थी, वह भी बतला चुका हूँ। राजाओं के चाँदी के टी-सेट, पुराने चित्र और दूसरी कितनी ही चीजें सरकारी अफसरों ने अपनी बना लीं। कुछ महीनों के लिए तो 'राम नाम की लूट है, लूट सकै तो लूट' का नारा लगा हुआ था, लोगों ने लाखों से अपना घर भर दिया।

1 सितंबर को मित्र लोग यहाँ के फैशनेबुल रेस्तराँ डेबिको के बाल-रूम (नृत्यशाला) में ले गए। साढ़े चार रुपए में सीटें रिज़र्व थीं। खाने के साथ नृत्य और दूसरे तमाशे देखने थे। गोगिया पाशा और उसके दल ने नृत्य और करतब दिखलाए। पाशा ने ताश और सिगरेट के कुछ मनोरंजक तमाशे दिखलाए, दूसरों ने सर्कस के खेल। चार आने का टिकट लेने पर मंडली की लड़की के साथ नाचने की छूट थी। एक सिक्ख छोकरा—जो नाच कुछ भी नहीं जानता था—चार-चार आने का टिकट लेता एक तरुणी के साथ बार-बार नाचने लगा। चार आना टिकट लेकर जो कोई पीठ पर हाथ रख देता, उसके साथ नाचने के लिए सुंदरी बाध्य थी, और दूसरे नाचते आदमी को छोड़ देती। नर्तकियाँ एंग्लो-इंडियन थीं। सिक्ख छोकरे को इस तरह जल्द-जल्द टिकट लेकर हाथ रखते देख डर लगने लगा था कि कहीं यहाँ हिंदू-सिक्ख झगड़ा न हो जाए। डेबिको में पंजाबी तरुणियाँ भी यूरोपियन नाच नाचती हैं, लेकिन वह आज कम आई थीं, इसलिए न नाच सकीं।

शिमला से हम प्रयाग चले आए।

लोक-भाषा

हिमाचल प्रदेश में तीन भाषा-वंशों की भाषाएँ बोती जाती हैं: 1. तिब्बती, 2. किराती और 3. पहाड़ी (आर्य)।

तिब्बती

यह कनौर के हंगूरंगू तथा तिब्बत के सीमान्त पर अवस्थित गाँवों—नम्‌ग्या, डब्लिग्, स्पू आदि में, लाहुल के कितने ही गाँवों तथा सारी स्पिती एवं चंबा-पांगी के कितने ही गाँवों में बोली जाती है। तिब्बती भाषा हिमाचल प्रदेश में ऊपरी कनौर, स्पिती और लाहुल में बोली जाती है, लाहुल, तिब्बती-लाहुल में, ऊपरी भागा और ऊपरी चन्द्रा के गाँवों में तिब्बती बोली जाती है। प्रधान गाँवों के नाम से इन्हें कोलंग बोली और खोक्सर बोली कह सकते हैं। डॉक्टर जार्ज द रोरिक ने लाहुल की तिब्बती की छानबीन करके कहा है: Tibetica I, Dialects of Tibet : "The Tibetan Dialect of Lahul (Naggar)." (इनमें से) प्रथम को आमतौर से तोत्-स्कद् (ऊपरी भूमि की भाषा) के नाम से पुकारा जाता है। इसका सम्बन्ध लदाख में शेह से ऊपर सिन्धु-उपत्यका में बोली जाने वाली (रोङ्) बोली एवं पदम् के आस-पास बोली जाने वाली ज़ांस्कर की बोली से है। (2) खोक्सर-बोली, अपनी कितनी ही विशेषताओं में स्पिती की बोली से मिलती है, लेकिन अपने उच्चारण के ढाँचे में तिनान् और मनचती जैसी हिमालय की

(किरात) बोलियों से प्रभावित है।···इसकी उच्चारण की (किराती) प्रक्रिया को नजदीक से जाँचने पर यह ऊपरी भाग की कोलोंग बोली से समीपता रखती मालूम होती है। क्येलंग बोली के पास की पड़ौसन बुनान् बोली है। यह उल्लेखनीय बात है, कि अपनी उच्चारण-प्रक्रिया, नाम-रूपावली तथा शब्द-कोष में तिब्बत की भाषा से बहुत प्रभावित है, पर तिब्बती बोली पर इसका प्रभाव थोड़े-से उधार शब्दों तक सीमित होने से नगण्य-सा है।

आगे फैलते हुए तिब्बती लोगों का सांस्कृतिक तल ऊँचा रहा होगा, तभी तो वह पराजित पहाड़ियों (किरातों) के मुहावरों को प्रभावित कर सके। पादरी याश्के ने बुनान में तिब्बती से लिए उधार शब्दों के दो बिल्कुल निश्चित स्तरों का उल्लेख किया है।

1. जैसे उधार शब्द जो उच्चारण में तिब्बती लेखन-प्रक्रिया का अनुसरण करते हैं, और अधिकांशतया प्राचीन तिब्बती उच्चारण को कायम रखे हैं।

2. जैसे शब्द जिनका बुनानी उच्चारण शिष्ट तिब्बती उच्चारण से मिलता है। तिब्बती उधार-शब्दों का प्राचीन स्तर प्रायः 8वीं सदी के आसपास स्थानीय बोली में प्रविष्ट हुआ होगा, जबकि तिब्बती सशस्त्र टुकड़ियों ने लाहुल और कुल्लू की उपत्यकाओं पर आक्रमण किया, या हो सकता है, उससे पहले भी। इस सम्बन्ध में लोकप्रचलित परम्परा का जिक्र करना दिलचस्प है जिसके अनुसार केसर राजा की सेना ने बाजौरा तक कुल्लू को दखल कर लिया था, फिर (गरम) जलवायु के कारण रोटंग जोत के पीछे हटने के लिए मजबूर हुई। परंपरा यह भी बतलाती है, कि राजा लङ् दर्मा के बौद्ध धर्म पर अत्याचार करते समय बौद्ध धर्म-ग्रंथ लाहुल के पास-पड़ौस और कुलू के स्तूपों में गाड़ दिए गए। इससे पता लगता है कि एक समय पश्चिमी हिमालय के पहाड़ी राज्यों और महत्तर तिब्बत के देशों के बीच घनिष्ठ सम्बन्ध था।

आधुनिक उच्चारण वाले उधार शब्दों में अधिकांश 12वीं और 17वीं सदी के बीच (यहाँ की) आदिम भाषा में प्रविष्ट हुए होंगे, जबकि लाहुल पश्चिमी तिब्बती राज्य का अंग था।

प्राचीन उधार शब्द

बुनान् उच्चारण	**लाहुल-तिब्बती उच्चारण**
ग्योग्स्-प (जल्दी)	ग्योग्-प
ग्रम-प (गाल)	डम्-प
दुस (समय)	दुइ

स्तन् (आसन)	तन्
स्पु (केश)	पु
ट्रग् (शिला)	डग्
दस् (वस्त्र)	दे
मनचत्	**लाहुल-तिब्बती**
फ्यग् (हाथ)	छग्
क्योन् (हानि)	योन्

नवीन उधार शब्द

बुनान्	**लाहुल-तिब्बती**
ठिम् (विधान, कानून)	ठिम्
जुङ्-व (योनि मूल)	जुङ्-व
मनचत्	**लाहुल-तिब्बती**
चि-लब् (आशीष)	चन्-लब्
छग् छल् (नमः)	छग्-छल्

किराती

किराती : यह कश्मीर से कम्बोडिया और फिलिपीन तक फैली विशाल किरात (मोन्-ख्मेर) जातियों की भाषा चीनी-तिब्बती भाषा वंश से सम्बन्ध रखती है। इसमें यद्यपि कहीं हिन्दी-यूरोपीय और कहीं तिब्बती और कहीं-कहीं दोनों भाषाओं का बहुत अधिक सम्मिश्रण पाया जाता है, लेकिन अभी भी भाषा का किराती ढाँचा उसमें मौजूद है। इसके बारे में हम अपनी पुस्तक 'नेपाल' में विस्तार-पूर्वक कह चुके हैं, और यहाँ भी पहले कुछ लिख चुके हैं। किराती भाषा के पाँच अवशेष यहाँ मिलते हैं—कनौरी, मलाणी लाहुली (चम्बा) और कुल्लू वंश की तीन उपभाषाएँ।

मलाणी : कुल्लू तहसील में नग्गर से दक्षिण मलाणा गाँव है, यहाँ की भाषा चारों ओर पहाड़ी बोली से घिरी रहने पर भी कनौरी (किरात) भाषा से घनिष्ठ सम्बन्ध रखती है। किरात भाषा के इन दोनों अवशेषों तथा इलाके का नाम कनावर देख कर यह कहा जा सकता है, कि पहले इस भाषा का विस्तार और भी अधिक दूर तक था। किन्नर शब्द से कनौर बना है, और कनौरों का सम्बन्ध किरातों के साथ है, यह उनकी भाषा बतलाती है। प्राचीन पालि के श्लोकार्थ 'चन्दभागाय नदिया अहोसिं किन्नरी तदा।' से पता लगता है, कि ईसा-पूर्व की शताब्दियों में

किन्नर आज के कनौर और मलाणा तक ही नहीं, बल्कि वह हिमाचल प्रदेश के पश्चिमी छोर पर भी थे, जहाँ लाहुल से निकल कर आने वाली चन्द्रा और भागा नदियाँ मिलकर चन्द्रभागा बनती हैं।

किरात भाषा में पहुँच कर संस्कृत और संस्कृतज शब्द कैसा रूप लेते हैं, इसके कुछ उदाहरण नेवारी भाषा में इस प्रकार हैं :

कं—कंटक
कठु—कंठ
कपा—कपाल, ललाट
कपाय—कपास
कप्टी—कपटी, कंजूस
कयं—कंस (काँसा धातु)
कुम्हा—कुम्हार
खति—क्षति
खोह—क्षुर (खुर)
ज्याठ—ज्येष्ठ
तका—तंका, टका
तब—तमेरा
तीत—तीतर
दीं—दिन
द्योपा (ला)—देवपाल, पुजारी
धा—धार
नारि—नाड़ी
नूं—नौ (9)
पनकी—पालकी
पसल्या—पण्यशालीय (दूकानदार)
पाहाँ—पाहुना
हँसि—पनस (कटहल)
बं—वन
बंजा—वणिज (बनिया)
वस—वासस् (वस्त्र)
बुं—भूमि
भोय्—भोज (खाना)

मदं—मंडप

मांक—मरकट

मूं—मुंह

मे—महिश

स—सौ (100)

सास—साँस

सुवा—सूपकार (रसोइया)

सों—शुंड

ह्यांचा—हंस

अनेक स्वर वाले शब्दों को एक स्वरीय बनाना नेवारी की प्रवृत्ति बतलाती है, कि वह एकस्वरक है, जो संस्कृत और संस्कृतज भाषाओं के सम्पर्क में आकर कितनी ही बार बहुस्वरक बनने की कोशिश करती है। वन और दिन जैसे शब्दों में न अनुस्वार होकर रह जाता है, और आज की नेवारी की तरह टवर्ग और तवर्ग की अदला-बदली मामूली बात है।

राजी (किरात) भाषा : राजी अस्कोट (अल्मोड़ा) में बड़ी पिछड़ी अवस्था वाले लोग रहते हैं। उनकी भाषा के कुछ नमूने देखिए :

(क) क्रिया-सूची

आयो—जोत (किरात)

आयो चि बियन्—जोत आये (कि०)

ईर—गा (भविष्य)

ईस—सो जा (कि०)

ईस जियर के—सो जाते हैं (कि०)

कानि—आया ”

किन—होओ ”

कुने-चि—हाँ ”

के पुवाँन—हो गया ”

के हिन—हो गई ”

खोअन के—खुल गया ”

गा-हिन—जायेंगे ”

गुन—हैं ”

गुनी—करे ”

घत—जा ”

चि—भूतकालिक प्रत्यय (कि०)
चिकुने—हाँ "
चि-गुनी—क्या करेगा "
चि-ज़ानी—खाया "
चि-भीरे—आये हैं (कि०, तिब्बर्त
छु जी —बैठो (कि०, ति०)
छु—बैठा (कि०, ति०)
जा—खाना (ति०)
जानी—खा लिया "
जारी ति—खायेगा "
जावरे—खाता हूँ "
जिगर—जात (कि०)
ठाडी—खड़ा (हि०)
ता—लो (कि०)
तारा कौनी—हल्ला मत कर "
तु और—पीता हूँ (ति०)
तुङ्—पी (ति०)
तुवाँ बोये—पीते हो (ति०)
पीय कुनास—आ रहा है (कि०)
पुर्वान-के—हो गई (कि०)
बयाँ—दो "
बये—देते "
बयेर—देवे "
बियन—आये (कि०, किन्०)
बीयर —आता हूँ (कि०)
मेकर—माँगते हैं (कि०)
यकी—उठ (ति०)
लाप—लाओ (कि०)
लो—आ (कि०)
सीयन—मरना,!मर जायेगा (ति०)
स्यकारलम्—पहचानते हैं (कि०)
हना पोस्याँ—मँगाया "

हनावनी—मरता है तू (कि०)

हरै कोकि—पहचानते हो "

हानोन्—मारूँ (हि०)

हियन—होना (हि०)

ह्वै स्पकौनी—पहिचान (कि०)

(ख) शब्द-सूची

कपाअख—कपास (हि०)

खोत—अच्छा (कि०)

गजिरी—रात में "

गरा—धान "

घुमड़—गेहूँ (हि०)

चअना—चना "

चंजि—छोटा (ति०)

चीहणा—चीना (हि०)

तिलडू—तिल "

ती—पानी (कि०, किन्०, मलाणी)

दरो—चावल (कि०)

देव—वर्षा (हि०)

नामक—नाम (हि०)

नीक—अच्छा (हि०)

पया—लड़का (कि०)

पित्तअ—लोबिया (हि० ?)

बडहर—भटमास (हि०)

बरी—बड़ी (हि०)

बाघो—बाघ (हि०)

भाट्ट—ब्राह्मण "

भात्त—भाजन "

मँढुआ—मँडुआ "

माँअख—माष "

माखूर—मसूर "

म्हें—आग (ति०)

याङ्—राह (ति०)

हलड़ू—हल (हि०)

(ग) अव्यय, सर्वनाम

अगरा—देरी

अतर—अब

आखू—कौन (कि०)

इचैं—इतने "

कताई—किसलिए (हि०)

किनाची—कब

किनौ—कब

कीले, कीलेक—कल

कोता—वहाँ

ग्वथा—कहां

थैला चिगुनिर—क्या करता है

च्या—क्यों

जीवक—परसों

ता—मत

दे—आत (ति०)

ना—मैं "

नी—तुम "

भायर—बाहर (हि०)

माँ—से (कि०)

हाँ—नहीं "

हाँकु चि—क्यों

हित—यहाँ (हि०)

हियन—कब (कि०)

हँकताई—क्यों "

हँक—हाँ "

हा—क्या "

हाँ—क्या "

(घ) दिननाम

दे—रविवार

किलेक—सोमवार

नीव—मंगल

कुंव—बुध

पारीख—बृहस्पति

पाँच—शुक्र

खात्रव—शनिवार

(ङ) संख्या

ग—एक

नी—दो (ति०)

खुड्—तीन "

पारी—चार (हि०)

पाँच—पाँच "

तुरकौ—छ (कि०)

खात—सात (हि०)

आट्ठ—आठ "

नौव—नौ "

दख—दस "

डाक—सौ

(च) कुछ वाक्य

हित ला—यहाँ आ

कोता घत्—वहाँ जा

ग्वथा माँ चिपीयन—कहाँ से आया ?

ग्वथा जिगार—कहाँ जाते हो ?

ना बयाँ—मुझे दो (ति०, किन्०)

दे हाँ-चिजानी—आज क्या खाया ?

भात्त जा—भात खाओ (हि०, ति०)

भात्त के जानी—भात खा लिया

ती तुङ्—पानी पी (किन्०; ति०)

ठाडी किन—खड़ा

नीक चिकूने—अच्छे हो ?

म्है बया—आग दो

नी सियत्—तू मरेगा (ति०)

ह्लोना चि गुनिर—क्यों तो, क्या करेगा?

नी कुच्या इनावनी—क्यों मरता है?

भायर भाट्ट पयिकुनास—बाहर ब्राह्मण आ रहा है

हम् बयेर—क्या देवे (किन्०)

इसे हँक तै हना पौस्याँ—इन्होंने क्या मँगाया?

निम् क्यनर—तुम्हें देता हूँ (ति०, किन्०)

हाँ बया—नहीं देता (कि०, किन्०)

गाजिरी के खोअन—रात खुल गई

ती लापअ—पानी लाओ

चु जावरे—खाता हूँ

कै इस् जियर—सो जाते हैं

निङ् पया किनौ हियन्—तेरे लड़का कब हुआ?

ना बरी गुन्—हम बड़े हैं

नी चंजी गुन—तुम छोटे हो

नी हँक ची कर—तुम क्या माँगते हो?

हँक हाँ चिगा—क्यों नहीं आते?

निङ् मेताङ् कुनीले—तेरी स्त्री है

इचे कताई हना पौस्याँ—इतना किसके लिये मँगाया?

किना चि बियर—कब आयेगा?

इम् घेला चि गुनीर—क्या करता है?

आखू बियन्—कौन आया?

आखू कानि—कौन आया?

निङ् हा नामक—तेरा क्या नाम है? (ति०, किन्०, हि०)

अतर अगरा कै हिन कि लेक गहिन—अब देर हो गई, कल जावेंगे

नी चै हरँको कि—तुम पहचानते हो?

गजिरो ता घत् बामो ति जारी—रात को बाहर मत जा, बाघ खायेगा

देव लागो होनेर, भीतर ला—वर्षा हो रही है, भीतर आ

नी खोत छुजी—अच्छी तरह बैठो

राजी (राज-किरात) भाषा की कोई कथा या गीत हमारे सामने नहीं है, इसलिए हम यह नहीं कह सकते, कि इस भाषा में कितने प्रतिशत हिन्दी-आर्य,

तिब्बती और किराती भाषा के शब्द हैं। संख्यावाची 11 शब्दों में दो-- नी, खुङ् (सुङ, सुम्) और म्हे-मे (आग) तिब्बती, ती (जल) किन्नर और किरात भाषाओं में समान हैं। धातुओं में किराती बीयन आता है और किन्नर बीतोक (आयेगा) एकार्थ-वाची है। संभव है राजी भाषा के विस्तृत संग्रह में किन्नर-किरात के और भी समान शब्द मिलें। सर्वनामों में ना (मैं), नी (तुम) तमिल भाषा में मिलते हैं। यह आश्चर्य करने की बात नहीं, क्योंकि उत्तरी भारत की भाषाओं में चेल्ला, पिल्ला, मीन आदि कितने ही द्रविड़ भाषा के शब्द मौजूद हैं, और मानव-तत्त्ववेताओं के अनुसार उत्तर-प्रदेश, बिहार के लोगों में आर्य-द्रविड़ मिश्रण है।

किन्नर (कनौरी)-भाषा

किन्नर, मलाणी[1] और किरात एक ही मूल भाषा की शाखायें हैं। किन्नर कनौर-महासू जिले की चिनी तहसील में बोली जाती है, जहाँ इसके कई स्थानीय रूप हैं। सबसे अधिक चलने वाली बोली को हम्-स्कद् कहा जाता है, जो प्रायः सारे कनौर में समझी और बोली जाती है। हम्-स्कद के अतिरिक्त अब हिन्दी भी कनौर के पुरुषों में सर्व परिचित भाषा का रूप ले चुकी है।

हम्-स्कद चीनी के आसपास की भाषा है, जिसका कनम्, सुंग्-नम्, लिप्पा, अक्पा की भाषाओं से कुछ अन्तर है, यह निम्न उदाहरणों से मालूम होगा :

लिखित नाम	हम्-स्कद	तिब्बती	स्थानीय
पू	स्पू	स्पू	पुरिंग, कनम्
सुन्नम्	सुन्नम्	सुंग्नम्	सुन्नम्
लिप्पा	लित्पा	लिद्	लितिंग
जंगी	जंगे	ग्यंगपा	जंगरम्

कितने ही शब्द हैं।[2]

अग—गुफा	गजेर—मच्छर
अते—भाई	गुद्—हाथ (किन्नर)
अपी—दादी	गोलिङ्—कुदाल
ओरचस्—बढ़ई	ग्यदुर—अँगीठी
कङ्—बेटा	चीसङ्—आटा

---

1. मलाणी नगर कुल्लू से 10-12 मील दक्षिण-पूर्व में है, यहाँ के निवासी भी क..ौरी लोगों की तरह ती (पानी), ह्लिग्ज (बहिन) बोलते हैं।
2. विस्तार के लिए देखिए मेरी पुस्तक 'किन्नर देश'।

कर—बेटा
कर—भेड़
का—अखरोट
कुई—कुत्ता
कुफ—उल्लू
कुम्—तकिया
क्यङ्—चिनगारी
क्यल्मङ्—देवदार
क्युच्—चूहा
खतुच्—दुलहा
खलङ्—गाय
खस—भेड़
खो—हरिन
गस—परिधान
गारङ्—नद
डेखरस—पुरुष
डोमङ्—लोहार
तिक—चकोर
तिपलोक्च—मेंढक
तिशभ्र—जोंक
ती—जल
तुरप्यातच्—चमगादड़
तेते, को—परदादा
तेत—नाना, दादा
थितफलच—शिशु
दमस्—बैल
दाओची—बहिन
दाच्—पात
दुसरङ्—चिमनी
नङ्—थोली
नाने—मामी
पद—भुर्ज

छङ्—बालक
छटोच्—टोकरी
छतक—डाँस
छतगढ़—जलपात
छद—दामाद
छेचस्—स्त्री
छे, चाच—तरुणी, बालिका
जू—बादल
टका—बत्थू
तलङ्च—चमड़ा
ठंटी—चबूतरा
ठनङ्—बर्फ
डना—टीला
डंबर—देवता
डेखराच—तरुण
मन—मादा
ममा—फूफा
मल—चाँदी
मे-रक—अग्निपाषाण, चकमक
यङ्—मक्खी
यालू—गुलाब
रग्—पत्थर
रङ्—घोड़ा
रिग्—जूँ
रिम्—खेत
रु—मुसुर
रुजा—बूढ़ा
राँच—कस्तूरा हरिण
रोन—लोहा
लस्त—कुल्हाड़ी
लान—वायु
लानिङ्—लता

पिङ्—गाल	लानिक्—काटना
पिशी—बिल्ली	लिम्—कैलू
मुशमिक—बोना	लोमिक—ओसाना
प्याच्—धुन	लीलाच—आँधी
प्वम्—हिम	लुम—आँधी
फोच—गदहा	लेमा—गँडासा
बङ्—पैर	बन—भाप
बनिङ्—बर्तन	बल—शिखर
बरमिक्—मीसना, मसलना	शग—कंगुनी
बस—मधु	शङ्—कंकड़
बाखीर—बकरी	शू[1]—देवता
बेरशा—डंडा	श्पक—पिस्सू
बोद—छाल	सखुल—भाथी
बोम—पथ	सग—हीर
सावनिक—भूतनी	स्क्ययो—नर
सुट—खटमल	स्तुकुच—नाक
सोफोक—बिच्छू	स्पाच—पौत्र
सोत—जस्ता	होङ्—कीट
सोलिच—पौधा	होम्—रीछ
स्कन—साग	

भूतकाल

लनशिद् (किया) सभी पुरुषों और वचनों के लिए

आज्ञा (विधि)

सभी पुरुषों के लिये एक वचन में लनी (कर) और बहुवचन में लनिच (करो) है।

---

1. किन्नर की प्राचीन भाषा में शू (सू) देवता-वाचक शब्द है, जिसमें हिन्दी-आर्य 'महा' लगा कर महासू जौनसार का सबसे बड़ा तथा किन्नर का एक देवता है।

किन्नर-भाषा में वार्तालाप

यह रास्ता कहाँ जाता है ?	जु आमे हम बियोदु ?
सड़क कहाँ है ?	सोलोक हम् दु ?
तुम कहाँ जाते हो ?	कि हम् बियोतोइँ ?
मैं चिनी जाता हूँ ।	ग चिने बियोतोक ।
यह रास्ता ठीक है ?	जु ओम् निया ?
दूकान कहाँ है ?	दुकान हम् दु ?
दूकानदार कौन है ?	ब्हत् तोश ?
डाक कब आयेगी ?	डाक लेरङ् बितोक ?
हमको दूध चाहिए ।	अङ् खरेङ् ग्यमिक तो ।
यहाँ आटा मिलेगा ?	ज्वा चीमङ् पोर्यातोंबा ?
यहाँ मजूर मिलेगा ?	ज्वा कुली ?
अंडे का दाम क्या है ?	लीट् मोलङ् तेता ?
दूध का दाम क्या है ?	खेरङ् मोलङ् तेता ?
एक सेर का दाम ?	ई सेस मोलङ् ?
यहाँ कोई फल मिलेगा ?	उशोपाशो पोर्या तोंबा ?
यहाँ से गाँव कितनी दूर है ?	जिङ् च देशङ तेता बर्क दु ?
मेरे पास आओ ।	अङ नङ् जाइँ ।
तुम्हारा नाम क्या है ?	किन् नामङ् ठित ?
तुम्हारा घर कहाँ ?	किन् किम हम ?
तुम्हारे गाँव में दूकान है ?	किन् देशङ् दूकान तोचा ?
तुम्हारे गाँव में दूध मिलेगा ?	किन् देशङ् खेरङ् पोर्यातोक् ?
फल मिलेगा ?	श-उशो पोर्यातोक ?
वहाँ क्या है ?	दङ् ठदु ?
वहाँ पानी है ?	दङ् ती तोचर ?
वहाँ चश्मा है ?	वेङ् नागस ती तोचा ?
यहाँ स्कूल है ?	अङ् स्कूलदु ?
कब तक गाँव आयेगा ?	देशङो तेरङ पिशोन ?
सबेरे चलेंगे ।	सोम बिते ।
शाम को वहाँ पहुँचेंगे ।	शुया दङ् बिते ।
धूप बहुत है ।	जाँक दु ।
आज बादल हैं ।	तोरो जु जु दु ।

अभी चलो।	हुनइँ पइँ ।
अभी नहीं चलेंगे।	हुल मा वीते।
मुझे भूख लगी है।	अङ्ओन बिसेदु।
तुम्हें प्यास लगी है ?	किती स्करो तो याँ ?
उसे नींद लगी है।	दो निदरङ् तङो दू।
यहाँ से जाओ।	जङ्स बिइँ ।
उसके पास जाओ।	दोदङ् बिइँ।
यहाँ आओ।	जङ् जाइँ ।
हाँ न आअ ो।	जङ्थ जाइँ।
कुर्सी पर बैठो।	खुरसीदङ् तोशिङ्।
चारपाई पर लेटो।	मजो देन ब्रिन दिशिइँ।
हम थक गए।	कस यल शे।
हम नहीं थके।	कसेङ्-म यल शे।
चढ़ाई बहुत है।	वाली टङ् दु।
उतराई बहुत है।	वाली छुर दु।
रास्ते में खतरा है।	ओमो ब्यङ् दु।
रास्ता खतरे का है।	ब्यङ्मिक ओम दु।
सीधी चढ़ाई है।	चोपट टङ् दू।
रास्ता सीधा है।	ओम सोल्डस दु।
रास्ता आसान है।	ओम सुकङ् दु।
रास्ते में पानी है।	ओमी ती दु।
रास्ते में जंगल है।	ओमो जंगल दु।
रास्ता खराब है।	ओमो कोचङ् दु।
आज पानी बरसेगा।	तोरो लग्या तो।
कल धूप होगी।	नसोम युने द्वा तो।
कल हम रोगी में रहेंगे।	नसोम निङा होगे तोशेच।
देवता कब उठेगा ?	शूतेरङ् तोल्यातो ?
देवता का उत्सव है।	शूजतरङ्।
देवता क्या बोलता है ?	शू ठे रिङोतोशू ?
यह देवी अच्छी नहीं है।	जु शू दम मदु।
देवता का माली कौन है ?	शु ग्रोक्च हत दु ?
देवता से सवाल पूछना है।	शु ईमिक तो।

तुम्हारा धर्म क्या है ?	कि ठ मोन्या च ?
तुम बौद्ध हो ?	कि छोस्पा तोइँ ?
हम बौद्ध हैं।	निङ् छोस्पा तोच।
हम धर्म नहीं मानते।	निङ् दोरम म मन्याच्।
तुम भूत मानते हो ?	कि शुना मन्याच् ?
हम छुआछूत नहीं मानते।	निङा थन् शिमिक म मन्याच्।
मांस पकाओ = शा पइँ।	रोटी बनाओ = रोटे लनी।
चावल पकाओ = रल पइँ।	चाय उबालो = चा स्कोइँ
साग-भाजी बनाओ।	बाजी लनी।
सरसों का साग बनाओ।	शेरशो स्कम् लनी।
फाफड़े का चीला बनाओ।	वोस्तो होदा लनी।
मीठा चीला बनाओ।	थीग होदा लनी।
चुली की लपसी बनाओ।	चुल फरिङ् लनी।
यहाँ कुछ नहीं मिलता।	ज्व ठची मापोरेच्।
यहाँ सब कुछ मिलता।	जङ् चोइ पोर्यातो।
लड़के, इधर आओ।	लाठू, जङ जाइँ।
लड़की, तुम्हारा नाम क्या है ?	शुटीच, किन् नामङ् ठद् ?
भाई, तुम कहाँ जाते हो ?	अते, कि हम् व्यो तोइँ ?
हमें रास्ता बताओ।	अङ् ओम् जङ् चिइँ।
हमारे साथ चलो।	अङ् कङ् पइँ।
आपको धन्यवाद।	किन कोस्टङ्।
तुम अच्छे आदमी हो।	कि दम् मी तो कइँ।
यह तुम्हारी मजूरी है।	जु किनू मजूरी तो।
यह तुम्हारा इनाम।	जु किनू बखसीस।
हमारे पास रुपये का पैसा नहीं।	अङ्क्ष रूप्यो-पैसा गामइँ।
नोट का रुपया है ?	बोटु रुप्या तोबा ?
रुपये का पैसा भुना दोगे ?	रुप्यो पैसा गा स्क्वौल तोजाँ ?
तुम हमारे साथ रहोगे ?	कि अङ् दङ्तोश जाँ ?
हम तुम्हारे साथ रहेंगे।	निङ् किन्दङ तोशिच्।
हम तुम्हारे पास नहीं रहेंगे।	निङ् किनदङ् म तोशिच्।
हम नौकरी नहीं करेंगे।	निङ् नुकरो मलानिच्।
हम तुम्हारा काम करेंगे।	निङ् किन् कमङ् लन् तोच्।

दिन की कितनी मजूरी ?	ब्यारो मजूरी तेता ?
महीने की कितनी तनखाह ?	गोलू तन्खा तेता ?
कल काम नहीं है।	नसोम् कमङ् मैच।
आज छुट्टी है=तोरो छुट्टी।	वह आदमी सुस्त है=दो मी सुस्त।
रघुवर चालाक है।	रघुवर चलाग दू।
तुम झूठ बोलते हो ?	कि अल्कोलङ् रिङो तोइँ ?
नहीं, मैं सच बोलता हूँ।	मनिग, टोव रिङोतोक्।

लाहुली भाषा

('चंबा-लाहुली' के कुछ वाक्य)

1. का मिङ् ची शु ?	1. तेरा नाम क्या है ?
2. दि र्हँकि तैमी शूई ?	2. इस घोड़े की कितनी उमर है ?
3. काँ बाओ दोर तेमी यो तोद् ?	3. तेरे बाबा के घर कितने लड़के हैं ?
4. गैं तो ओहेतारे आन्दो।	4. मैं आज दूर से आया।
5. चुड्ह साँसी र्हान् पलांज तोद्।	5. घर में अच्छे घोड़े की जीन है।
6. दाँ थाखरी पलांज छू।	6. उसकी पीठ पर जीन कस।
7. गी दो यो हगे तेडेगादेग्।	7. मैंने उसके लड़के को बहुत मारा।
8. राओं पंज़री त्राई धुअबा पौहाले आचा़ दै।	8. वह पर्वत की चोटी पर बकरी चराता है।
9. दो लोहा ढाई टङ्।	9. उसका मोल ढाई रुपया है।
10. दोबी दी टङ्रनी कैंओ	10. उसे यह रुपया दे दो।

लाहुली (चंबा) भाषा की शब्दावली

आ—मुँह

आबी—आना

इल्ल—चील

ईबी—जाना

ओमू—लाल भालू (होम्, किन्नर)

कटु—लड़का

कत्स—भेड़ (खस्, किन्नर)

कन्ज—पैर

कर्ह—तारा

कुडी—बोलना

ऋ—कंश

खूई—कुत्ता (कुह, मोन्-ख्मेर)

गाह् से—पति

गुङ्—हाथ (गुद, किन्नर)

चुम्ह—घर

छाह—घोड़ा

जै—खाना

टङ्—रुपया

टीर—आँख

तांजी—देखना

तुमी—पीना

ती—पानी (सभी किरात भाषाओं में)

द्रोरंडी—दौड़ना

नीलम—लोहा

नीहूर—दिन

नैजी—जानना

पीपी—आना

प्या—चिड़िया (ब्य, ति०)

फुग्—देह

बङ्—बैल

बा—पिता

बैन्दी—धार

ब्रई—बैठना

मत्श—मछली

मर—घी (तिब्बती)

मीत्यो—लड़की

मैज—पत्नी

मौत—चेहरा

या—माता

याग्—याक

येगी—सूर्य

यो—पुत्र

रण्डी—देना

राह्द—गाय

रीङ्—कान

र्हिज—बकरा

र्ही—श्वेत

र्ह र्हिीं—बहन

लजा—चंद्र

लन्ह—वायु (लान, कि०)

ल्हाई—करता

ल्है—जीभ

शा—मांस (ति०)

शबी—होना

सी—मरना

सैंजी—पहिचानना

कुलू-लाहुली

हिंदी	तिनान्	बुनान्	मनचत्
1. तेरा नाम क्या है ?	कनु मिन् खे कुटी ?	हइं मिन् खन् ?	कनु मिन् ची श ?
2. इस घोड़े की कितनी उमर है ?	दि रंम्ज ब्रस् अलिग् थे शुद् ?	शैखूंकी नैसा इद्ईबिग हिन् ?	दी रांगल्ो चीश ?
3. तेरे बाप के घर में कितने पुत्र हैं ?	बेग आब क्युगुंग् ? आलिग योत्वती तोरे ?		हगाँ बोङ क्युम्बोक्इद् म ?

4. मैं आज बहुत दूर तक घूमकर आया । गे तो मस्ते होइ अम्चे अंकीता ।

5. घर में सफेद घोड़े की काठी है । क्युमुङ् शीरङ्ज़ माचा चकत ।

6. उसकी पीठ पर काठी कस दो । दोउ थल्ता तिङ्गाचा चकत ।

7. मैंने उसके बेटे को बहुत पीटा । गे रोउ योत्वरिङ् तिङ्मिन् ।

8. वह डाँड़े पर बकरी चराता है । गोउ टोक् थिङ् ला रक् पद् ।

9. इसका मोल ढाई रुपया है । दीउ लस्फेदङ् शूम टंका शुद् ।

10. वह मोल उससे ले लो । दो लस्दोउदोङ् जी थिन्त ।

11. कुएँ से पानी निकालो । छुदोङ् नङ्जी सी-ती होन्त ।

12. मेरे आगे चल । ग्य तुप्पीक् सी अम्च ।

13. इसे तुमने किससे लिया ? दी कईअत दोङ्जी हम् मिन् ?

14. गाँव के दुकानदार से खरीदा।	नगर हटीपाउ दोङ्जी रोब् मिन्।

बुनान् (लाहुल-किराती)	मन्चत् (किराती)
1. हइँ मिन् खन्?	कनु मिन् चीश?
2. थे शङ्स्कीनसी इद्विङ् हिन्?	दी राङ्‌ लो चीश?
3. हया वीइ क्युमदोक् इद्मीवच कना?	कनू बउ चुमुङ् तेमी कटुरे तातोरे?
4. थन्गी जन्द्रवइ ऐलेन्।	मे तोक् मस्ते ओइतारे जोआ अतिगा।
5. क्युमा शीश् शङ्‌ स्की शीगा इनी।	छङ से र्हाङू चिंगा चुमुङ ती।
6. जुइ ग्यब्तोम् शिगा तत् थिर।	दउ थाकरिङ् चिंगा पीडिकतू।
7. गिज़ी तइ बच ज़न्दर ख्येद् मेन्।	गे दोउकट मस्ते तेङ् रिगा।
8. लचि यर् तोग् ला र्वक् शरे।	दोइ मोउटाइची छगडो खक्चा।
9. थेइलस् फेवङ्‌ सुमी टंका इन्।	दिउ लस् जुट् टंका टंगे आठना श।
10. थज़् लस् तइ नुङ्‌ ची थिन् थिरा।	दो लस् दोउ दोरचे लेप्त।
11. कोल्डोङ् गूची सो-ती घना।	कुकारङ् जिती हुत्।
12. गी दुच्चि दोङ्।	ग्य तज़ि जउ।
13. थे हंजी सुइनुङ् ची रिद् मिन्।	दिकेइ आतुदीर चे चमी रिना।
14. लेक्सकी हटीपइनुङ् ची ग्रोग् मिन्।	नग्रो हडवाणीदोर्चे चुम् रिग्।

15. **मन्चत् (लाहुल)**—इवाजी जुटा मनिकसी पावा तोइ को। ई जिरएके वार वाङ्‌…जाते कंड रोद् ऐके वार पांग जाते। जद्यु मिन थशो आइ व रोशा फरश—य्वाते। इद्यु चुमुङ्ज़े आइद्यु चुमुङ् ताचे सुनी वर्षा अम जोइले पते।

—ठाकर देवीसिंह, गुशाल (पट्टन)

पहाड़ी (खस) भाषा

पहाड़ी (खस) भाषा जलन्धर खण्ड के सबसे अधिक लोगों की मातृभाषा है। यद्यपि यहाँ उसे नेपाल की तरह खस कुरा या खस भाषा नाम नहीं कहा जाता है। इनके लिए सम्मिलित नाम पश्चिमी पहाड़ी माना गया है, जिसकी मुख्य शाखायें हैं—1. कोची, 2. मंडियाली, 3. काँगड़ी और 4. चम्बी।

कोची (पहाड़ी) : कोची की मुख्य शाखाएँ हैं—बिसहरी, कोटगुरु (कोटगढ़ी), क्यूंठली और बघाटी।

बघाटी, क्यूंठली और कोटगढ़ी के सम्बन्ध को निम्न शब्द-सूची से जाना जा सकता है :

बघाटी	क्यूँठली (कोटखाई)	कोटगुरु	हिन्दी
बापू	बाओ	बाब	बाप

बाय्या	इजी	ई	भैया
बोब्बो	बाए	बाए	दीदी
बैह्ण	ब्यूह्ण	बैह्ण	बहिन
बगैर	बगेह्र	छोटू	पुत्र, बालक
दी			धी (कन्या)
मालिक	खोस्म	रांडू	पति
चै औरी	चेओरी	रांडी	पत्नी
जण	छिंड	जोणा, मोर्द	पुरुष
जुआणस्	चै औरी	जौणा	स्त्री
मुन्नी, छोटी			लड़की
गुआड	गुआड	फुआड, बकराडा	चरवाहा
चौर	चोर	चोर	
गोह्डा	गोह्डा	गोह्डा	
गोह्डी	गोह्डी	गोह्डी	
बोल्द	बोल्लद	बोल्द	
गाये	गाडहै	गाओ	
म्हइंश	म्युइंश	म्हेश	
बकर	बकर	बाकरो	
चिल्ट			मैमना।
चैल्टी			मैमनी
बकड़			
कुत्ता	कुक्कर	कूकर	
रीछ	बणाए, रीछ	रीछ, रीख	
सीह	सीह	सींह	चीता
गदहा	गाधा	गाधो	
सूंर	सोंर	सूंर	
मुर्गा	कुकड़ा	मुर्गी	
बराड़	गिण्डा, ब्रेली	बड़ेल्ला	बिलार
गिज्जा	लुघे	चकरे	चील्ह
आक्खी	आक्खे	आक्ख	आँख

मूंह	मूंह	मूंह	
दाँद	दाँद	दाँद	
मूंड		मूंड	
पिंडा		जिउ	शरीर
	जुवार		मैदान
चारवाई	चीश, पानी		
मेंजा	मेंजा		
गौर	गौर	गौह्‌र	घर
दरियाब	दरियाब	दरे ओ	
खोड़ा	खोड़ा	गाह्‌ड़	नाला
टिब्बा	पाह्‌ड़	लाह्‌र, पर्वत	पहाड़
बागटी		खैंच	खेत
पाणी			पानी
कणक		गीहूँ	गेहूँ
कुकड़ी			
डाल		बूट	वृक्ष
बौण	बौण	बौण	वन
मछड़ी		मत्‌छी	
फड्ड	फड्ड	फौल	छोटा अंडा
अन्नी			
गिउ	गिहू	गेओ	घी
छाछ		छा़ह	छाछ
जूण	जूह्‌ड़	ज़ौथ	चंड
पौण	बाँगुर	बाँगुर	पवन
दौं	बाँगुर	दौ	धूप
बारा	बाह्‌रा	बाह्‌रटौ	बोझा
चंगा } सोहण }			शोभन
बड्डा	ब्रोह्‌बो	बोड्डौ	बड़ा
डिल्लाँ	दविद्री	सुस्स्त	सुस्त
सिद्दा		मूरख	मूर्ख

पैन्ना	शीगा, पोएनौ	पैनो	तेज
उच्चा	उचटा	उचटौ	ऊँचा
सोहण	चौज्जरो	हतसौ	
तत्ता	तातो	नैतौ	तप्त
भौता	भौरी	बौह्‌री	बहुत
औह्‌ण	औहणौ	औणौ	होना
औण	औणू	आणौ	आना
जाणा	जाणू		
बैठणा	बैठणू	बैशणो	
लौणा	लौणू	लैणो	लेना
देणा	देणू	देणौ	
रिठना	रिठनू	लौटणौ	गिरना
सुत्तणा	सुत्तणू	सुत्तणौ	
रौणा	रौंह्‌णू	रोहणौ	रहना
टीपणा			बाँटना
पछाणना	पछाणनू		
पौच्णा / पौछणा			पूछना
नट्ठणा		बागणौ	भागना
रक्खणा	रक्खणू		
बुलाणौ	बिदणू	बेदणौ	बुलाना
मिलणा			
सुणना	शुणनू	शुणणौ	घूमना
अटणा	औटणू	औटणौ	
अटैरो ओणा	उरे आटणू	ओटेओ आणौ	लौटना
बैहणा	बौहणू	बौहणौ	बहना
आरना	हारनू	आरनौ	हारना
बीजणा	बीजूण	बौणौ	बोना
औल-बाणा	औह्‌क बाहूण	औल जाँचणाँ	हलवाहना
ख्लाण			खिलाना
पियाणा			पिलाना

चुगणा	चुंगणू	चरना
चारना	चुगाउणू	चराना

हम इन भाषाओं में अंकों को निम्न प्रकार पाते हैं :

हिंदी	बघाटी	क्यूंठली	कोटगुरु
4	चार	चार	
5	पान्ज	पान्ज़	पान्ज
6	छैं	छैं	छौ
14	चौदा	चौ़दौ	चौ़दा
16	सोला	सोलौ	सोला
19	उन्नी	उन्नी	णी
27	सताई	सताई	सताई
30	तीथ	तीह	ती
39	उन्ताली	उणताली	
40	चाली	चा़ली	चाली
47	सत्ताली	सैंताली	
49	औणुन्जा	उणुन्ज़ा	
50	पंजाह	पजाह	
59	उनाहठ		
67	सताहठ		
89	निआनवे		
99	नरिणवे		
100	शौ	शौ	शौ
पहला	पैह्‌ल्का	पैह्‌ला	पैह्‌लौ
दूसरा	दुज्जा	दुज्जा	दुज्जौ
तीसरा	तिज्जा	चिआ	चीऔ
छठा	छटूआ	छट्‌ठा	छौहऔ
सातवाँ	सतूआ	सतुआ	सतिऔ

वाक्यों की तुलना के लिए, देखिए :

बघाटी	क्यूंठली	कोटगुरु	हिन्दी
तेरा काह नाउँ आस्साँ ?	तेरा नाँ काह आ ?	तेरा नाऊँ के आ ?	तेरा नाम क्या है ?
एस् गोहलै री कित्ती उमर ओल्ली ।	एस गोह्लै री कितनी उम्मीर औ ?	एऊ गोहलै ऐ कै उमर आसा ?	इस घोड़े की उमर क्या है ?
तेरे बोआरे गरे कौ बेटे ओस्सो ।	तेरे बाओरे गोहरे केतने छोटू औ ?	थारे बाबे गौह्‌रादी कैंत्रे छोटू ?	तुम्हारे बाप के घर कितने बेटे हैं ?
औं आज बल़ी दूरा दे हण्डेरो आया ।	आज आँ बल़ी दूरो दौ हंडेओ आयाऊ ।		मैं आज बड़ी दूर से चल कर आया ।
कूएमन्झे दे पाणी निकालो ।	कूए दा चीश आणा ।	कुए का पानी गाल़ौ ।	कुएँ से पानी निकालो ।
से तुम्में कोस्दे मुल्लै लोआ ।	तोएँ कोस हागो से मोल्ले लोआ ?	सो तुमें को आका मौल लेओ ।	इसे तुमने कितने मोल में लिया ?
गाँवारे एक्कि बाणिए दे ।	गाँदा एक्कि दुकानदारादा ।	ग्राउएँ एक वाणिए का ।	गाँव के एक बनिये से ।

इन वाक्यों में **का** के लिये **रा** बघाटी और क्यूंठली दोनों में आता है, और भविष्य के लिये ला प्रत्यय राजस्थान से पहाड़ होते नेपाल तक पाया जाता है। राजस्थानी में आवला, बघाटी में औला, क्यूंठली में आओला और नेपाली में आउला इनके आपसी सम्बन्ध को बतलाता है। रा भी राजस्थानी (मारवाड़ी) में उसी तरह प्रयुक्त होता है, जैसे इन पहाड़ी भाषाओं में।

कुछ अव्यय और सर्वनाम इन तीनों भाषाओं में निम्न प्रकार हैं :

बघाटी	क्यूंठली	कोटगुरु	हिन्दी
हिब्बी	एबी	एभी	अभी
कब्बै	काद्दै	कैभी	कभी
जब्बै	जौद्दै	जैभी	जभी
आज	आज	आज	आज
पोरशू	पोशूजैए	पोरशैं	परसों
एत्थी	एथिआ	इन्धी	यहाँ
तैत्थी	तैतिआ	तिन्धी	वहाँ
कैत्थी	कैतिआ	किंधी	कहाँ
जैत्थी	जैतिआ	जिंधी	जहाँ
एत्थीखै	एत्थै ताईं	इन्धा ताईं	यहाँ तक
एत्थीदे	एथिओ	,, लै	यहाँ से
पछका	पिछौका	पाछा	पीछे
पोरे	पंडकू	पार्शा	
ओरले	अंडकू	आर्शा	
पन्दे	पान्दे	गाए	ऊपर

पश्चिमी पहाड़ी

इन भाषाओं के पारस्परिक सम्बन्ध जानने के लिए निम्न वाक्यावली देखें :

हिन्दी	मण्डी	काँगड़ी
तेरा क्या नाम है ?	तेरा क्या नाँव हा ?	तेरा क्या ना है ?
यह घोड़ा कितने वर्ष का हुआ ?	यह घोड़ा कितनी बरसा रा आ	एस घोड़े दी क्या उमर है ?
तेरे बाप के कितने पुत्र हैं ?	तेरे बाब्बेरे घरा कितने गरू हा	तेरे बूढ़े दे कितणे पुत्तर हन ?
आज मैं बड़ी दूर चलकर आया	आज हाउँ बड़े दुरागे हंडी के आया	मैं अज्ज बड़ी दूरैंते हंढी आया
घर में सफेद घोड़े की जीन है	घरा सुकेदा घोड़ेरी जीन ही	घड़े कच्छे घोड़ेदी काठी है
उसकी पीठ पर जीन कस दो	एसरी पिट्ठी प्रल्लै जीन कसीदेया	तिसदियां पिठ्ठीपर काठी पाइदेया
मैंने उसके पुत्र को बहुत पीटा	तेस्रे गमरू जो बौहत वाही	तिसदे पुत्रेजो बड़े कोरड़ मारे
सिरे पर बकरी चराता है	धारारे सिरे पर बकरी चारा हा	पहाड़ेदिया चोटिया पर बकरियाँ चारा करदा है
इसका मोल ढाई रुपया है	तिसरा मुल ढाई रुपया है	तिह्वा मूल ढाई रुपैया है
उसे यह रुपया दे दो	तिसजो इन्हाँ रुपैये दे आ	तिसजो येह रुपैया देइ दैया
वह मोल उससे ले लो	तिन्हा ढब्बै तैस्ती लेईला	सैंह रुपैया तिसते लइलेया
कुएँ से पानी निकालो	खूयेगे पाणी कड्ढ	खूव्वेते पाणी कड्ढा
मेरे आगे चल	माथे अग्गे चला	मिंजोते अग्गे चला
इसे तुमने किससे लिया	से तुसने किसते मुल्ले लेआ	सैंह तुस्साँ कुसते मुल्लै लेआँ
गाँव के दुकानदार से खरीदा	ग्राँवारे हट्टीवाले गे लेआ	गिराँयेदे इक्की हटवाणिया ते अस्से मुल्ले

	चम्बियाली	गद्दी	पंगवाली
1.	तेरा नाँ के है ?	तेरा नाँ क्या ?	तन् नाउँ कि आइ ?
2.	इस घोड़ेरी कितणी उमर है ?	इस घोड़ेरी केतरी उम्बर हा ?	इस घोड़ेरी केतरी उमर असा (अही) ?
3.	तेरे बाब्बेरे घरे कितणे पुत्तर हिन् ?	तूँदे बुढेरे घर केती गोभरू हिन् ?	तह् न बब्बे गीह कतरे कोई अहि ?
4.	हौं अज्ज़ बड़े दूरा कचा हंडी अया	औं अज्ज बड़े दूरा थौं हंढे आहूँ	ओं अज्ज बड़ा दूरा हंढा
5.	घरे हच्छे घोड़ेरी काठी है	घरे हच्छे घोड़ेरी जिन हा	गीह हच्चे घोड़े काठी अहि
6.	उसेरी पिट्ठी पर काठी कसा	तिसेरी पिट्ठिपुर काठी पा	उसे पिट्ठिपुट्ठ काठी ला
7.	मैं उसेरे पुत्रा जो मता मारे	मैं उसेरा गोभरू मता मारू	मैं उसे पुट्ठी कोआ मते कुट्टा
8.	से पर्वतरी चोटी उप्पर बकरी चारदा है	सो जोतापुर बकरी चारंदा हा	ओह जोतपुट्ठ बकरी चराता लगोरा अहि
9.	उसेरा मुल ढाई रुपैया है	उसेरा मूल ढाई रुपैया हा	इसे मुल्ल ढाई रुपैय्या असा
10.	उसजो एह रुपैया देइदेया	उसजो एह रुपैया देइ देआ	उसदी एह रुपैया दे
11.	से रुपैया उसकच्चा लेइलया	तेसथौं रुपैया लेइलेआँ	ओह रुपैया उसकणा नैं
12.	खूहै कचा पाणी कड्ढाँ	खुव्वाथों पाणी खुला	खूईकणा पाणी काढ़
13.	मेरे अग्गे चला	मेरे अग्गे चला	मण् अगर हंढ
14.	से तुसाँ कुसकचा मुल्ले लेआ	सो तैं कसथौं मुल्लें लेऊ	औह क्सक्णा मुल्ले घिना
15.	ग्राएँ रे इक्क हटवाणियें कचा	गिराँदे एक्के हटवाणियें थौं	ग्राँए हटवाणी किणा

	कुलुई	मंडियाली	काँगड़ा (हमीरपुर तहसील)
1.	तेरा क्या नाँ है ?	तेरा क्या नत्रँ ह ?	तेरा क्या नाँव है ?
2.	ऐस् घोड़ेरी केतरी उमर स ?	ऐस् घोड़ेरी कितनी उम्बर हो।	इस घोड़े दी किन्नी उमर है ?
3.	तेरे बापूरे घोरना केतरे बेटे सी ?	तेरे बाबारे घरा कितने मट्ठे हे ?	तेरे बब्बेदे घर किन्ने पूत हन।
4.	हौं अज बडी दूर से हँडि आऊ।	हँउँ, आज बड़े दूर हंडि कन्ने आया।	मैं अज्ज बड़े दूर चलिके आया।
5.	घोरागे सेत घोड़ेरी जीन स।	घराँमंझा हच्छे घोड़ेरी काट्ठी ही।	घरेच चिट्टे घोड़ेदी काठी ह।
6.	ऐइरी पट्ठिपन्दे जीनकसा।	ऐसरी पीट्ठा पर काट्ठा बान्ही देया।	इसदी पिट्ठा पर काठी लइघा।
7.	मैंने तेह्रा बेटाकू बौ मारू।	मैं ऐसरे मट्ठेजो बहोत बाह्वी।	मैं उसदे पुत्तेन बड़ा कुट्या।
8.	डोगान बकरी चारदा स।	से धारा पर बकरी चराया करआँ।	वो उस पहाड़ेपर बकरी चराँदा है।
9.	अइरी कीमत ढाई रुपया सा।	इधिरा मोल ढाइ रुपैये हे।	इसदा मुल ढाई रुपैया है।
10.	ऐसा कीमती नेइने मोगा।	से मूल तेस्ते ले लवा।	ऐ मुल उनों दे दो।
11.	कंयेना पाणी खोला।	आथे पाणी कड़ाँढ लै।	खयेंते पाणी कड्ढा।
12.	मन अग्गे चल।	माँले अगे चल।	मेरे अग्गे चल।
13.	ऐ तुसे कसाने मँग ?	ऐ तैं कैसथे लया ?	ये त किते लिया ?
14.	ग्राँवरे क्राडाने लेऊ।	ग्राँवाँरे दुकानदाराथे खरीद्या।	पिंडेदे दुकानदाराते खरीद्या।
15.	म कल जाणा।	माँ काल जाणा।	मैं कल जाँगा।

कांगड़ा तहसील)

1. नाँ
2. कितनी।
3. कितने पुत्तर।
4. बड़ी दूरेते चलि करी
5. ×
6. ×
7. मुंडुवेजो बडा मार्‌या।
8. स उत्थू चरा करदा।
9. इसादा मुल्ल ।
10. उसजो दै द्‌या।
11. कढ्‌या।
12. मिंजोते गाँ चल्ल ।
13. अेह त कुस्ते लेया ?
14. ग्रायें लेया।

चम्बा (भरमौरी)

1. तेर के नाँ ?
2. ये घोगेरी कितोणी उमर हे ?
3. तेरे बब्बेरे घेर केतरी गोबर है ?
4. हौं बड़े दूरे हंडेआ।
5. घरमंज हच्छे घोड़ेरी काठी है।
6. उसरी पिट्‌ठी पर काठी लाइ देओ।
7. व भेट्‌ठीप बकरी चारता है।
8. भइँ उसेरे गोबरजो मता मार।
9. व भेट्‌ठीप बकरी चारता है।
10. इसेरी मुल ढाई रुपया है।
11. तेस्‌ मुल उसथों लेइ लें।
12. खआँ थो पाणी कड्‌ढि लेउआ।
13. मेरे अग चल।
14. ऐ तैं काथों लेउ आ ?
15. ग्राँरे हट्‌टीवालेथों खरीचुआ।
16. म म दोत्तं गाणा।

हिन्दी के निम्न वाक्य को पड़ोस और जलन्धर-खण्ड की भिन्न-भिन्न बोलियों में निम्न प्रकार से पाया जाता है :

हिन्दी—एक समय दो विख्यात शूर-वीर थे। एक पूर्व दिशा के कोने में, दूसरा पश्चिम दिशा के कोने में रहता था। एक का नाम सुन कर दूसरा ज ल-भुन जाता था। एक के घर से दूसरे के घर जाने में बारह वर्ष का मार्ग चलना पड़ता था।

रंवाई-जौनपुरी बोली

यक्क समय मु दू बेग्या बाँक्का बीर हाँ। यक्क पूरब छोड्ड हैक्कु पच्छिम छोड्ड रों। यक्का कु नौं सुणी, हैक्कु जली-फुक्की जाउँ। यक्का का दार सि हैक्का का दार जाण मु यक्क जुग कु वाट्ट हिटण पड़ौ।

टिहरी-गढ़वाली बोली

एक बेनमा दुइ भारी नामी भैड़ छ्या। एक पूरबमा, हैक पच्छिममा राहन्दो छ्यो। एक को नाऊँ सुणी, हैक फुकँइ जान्द छ्यो। एक का घार ना हैक्का घार जाणमा बारा साल को बाट हिटण पड़दु छ्यो।

कुलुई—ऐकी घेरे दुइ नामी श्यार ती। एक पूर्वरे कोणेना रोहती, एक पछिमरे कोणेना रोहती। ऐक्कीरे नां शुणिया दूजा फुँकिया ती। ऐक्किरे घोराना दूजेरे घोराने जाणेणे बारा बरसरी बोत चलना पड़ोती।

—सोहनलाल, अखाड़ा, कुल्लू 22-4-54

मंडी—एक बारी दो नामी जोधा बहादर (माहणू) थियो। एक पुरबा बखा रहा था दूजा पच्छिमा बखा। एकीरे घराथे दूजेरे घरा जाणेणे बारा बरसारी बाट हंडनी पौहाही था।

—राजेंद्रपाल, प्रेमगली, भूतनाथ बाजार (मंडी) 23-4-54

काँगड़ी—इक बारीं दो नामी बहादर थे। एक चढ़दे बखा रहँदा था, होर एक क्रौंदे बखा रहँदा था। इकदा नाँव सुण के दुआ जली जाँदा था। एकदे घरते दुवेदे घर पुजने वासते बारा बरसदा रसता चलना पैंदा था।

—श्री मंगतराम खन्ना, धर्मशाला (काँगड़ा)

चंबियाली—एक समय दो जैले गबरू थिये। एक परबरे कोणे मंजा बैखदा था, हौर दूआ पछमदेरे कोणेमंजा बैखदा था। अक्किरा नाँ हुणि करि दूआ जालदा था। अक्किरे घराथाउँ दयेरे घराँ गा जो बारह बरिहारा बत्त थी।

—मल्लाराम, भरमौर (कुठेर)

भाषाओं की विभक्तियाँ

भाषा	को	से	का	में
जसवानी	ख	ते, औरी	को	मंझ, पुदा, छ
सिरमौरी	खे, ग, ख	दो	रो	दो, मो, पांदे
बघाटी	खे	दे	रा	मंझे, मे
क्योंठली	खे, हगे, अगे, गे	दो, हगे	रो	दो, पांदे
कुलुई	के	ना	रा	मांझे
मंडियाली	जो, कने	मे, थे	रा	मंझा
चंबियाली	जो	कछा	रा	बिच
भरमौरी	जो, बो, गो	थाँ	रा	मांझ

परस्पर संबंध : हिमाचल प्रदेश की बहुत-सी भाषाओं का परस्पर सम्बन्ध, सम्बन्धवाचक रा (का) और भविष्यवाची ला (गा) प्रत्यय से मालूम होगा। ये दोनों प्रत्यय नेपाल तक की पहाड़ी भाषाओं के संबंध को जैसे बतलाते हैं, वैसे ही मारवाड़ी के भी :

भाषा	रा	ला	विवरण
चम्बियाली	बब्बेरे (बाप का)	मारला (मारेगा)	
गद्दी	बूढ़ेरे	भोला (होगा)	
चुराही	बाब्बे रा	पोरला (मारेगा)	
बघाटी	बौआरे		
क्यूंठली (कोटखाई)	बाओरे		
कोटगुरु			
कोची (बिसहरी)			
कुलुई			
पंगवाली	बब्बे	मारल (मारेगा)	
मंडी	बाब्बेरा	हूंघा (होऊँगा)	
काँगड़ी	बूढ़े दा	औंगा	पंजाबी-कौरवी जैसा
भटेयाली	बाब्बे दा	जांघा (जायेगा)	
नेपाली	बाबू को	मारला (मारेगा)	राजस्थानी जैसा
मारवाड़ी (राजस्थानी)	जोधारा	मारला	

इसके देखने से मालूम होता है, कि चम्बा की चम्बियाली, गद्दी, पंगवाली और चुराही भाषाएँ मारवाड़ी भाषा के वंश की हैं, काँगड़ी बिल्कुल पंजाबी-कौरवी वंश की भाषा है। मंडी आधा मारवाड़ी और आधा कौरवी से सम्बन्ध रखती है,

जबकि नेपाली आधा ब्रज-अवधी से और आधा मारवाड़ी से।

चंबियाली भाषा : इस शताब्दी के आरंभ में चंबा की भाषा का नमूना यहाँ देते हैं जिसमें अब कितने ही परिवर्तन हो गए हैं :

मेरी नौई पोथी

दिक्खा[1] मेरी नौई पोथी। हउँ जानदा है जे से मिंजो[2] "खरी लग्गी इस बिच्च कितनी इदेही[3] औखी[4] गल्लां हिन, जिन्हांजो हउँ नी जानदा। अपर जे हउँ रोज-रोज इस मंझा[5] दो-चौर अक्खर सिक्खया कराँ ताँ से फिरी औखी नी बुझीली[6]। जे मेरा बेला है, इसजो हउँ खरे कम्माँ मंझ ला[7] इस करी कि ग्योरा बेला फिरी हत्थ नीं ईंदा[8]।" इस करी हउँ हर रोज नौई गल्ल-पढ्या अते सिख्या कराँ के जिस कछा रोज-रोज खरा बनदा जाँ।

....

"इक ध्याडेरी[9] गल्ल है, जे इक बड़ा कुत्ता गवाड़ी[10] अन्दर भुकारे[11] उप्पर प्योरा थिया।"[12]

चंबियाली शब्द

अग्रीण थ—मिलना

अन्ही—आँधी

अलख—आलसी

आद्र –आदर

उर्णू—मेमना

आहरी—सरसों

कणक—गेहूँ

कन्न – कान

कठोत्ती—काला भालू

कहू – जैतून वृक्ष

किट्ठा—इकट्ठा

किल्ला—अकेला

कुली—लड़की

---

1. देखिए, 2. मुझे, 3. ऐसी, 4. कठिन, 5. में, 6. मालूम होगी, 7. लाता हूँ, 8. आता, 9. दिन की, 10. गोशाला, 11. घुसके, 12. बैठा था।

कोला—लड़का

खुसणा—खोंसना, छीनना

खेत्तर—खेत

खोख—कोख

थर गरथी—कोट गामी

गलाणा—बोलना

गा—गऊ, गाय

गुप्फा—गुफा

घुंउ—घी

चरणा—चरना

चारणा—चराना

चिड़ू—चिड़िया

चूहणा—स्पर्श करना

छैल—सुंदर

जनेतर—बरात

जल्हा—गूंगा

जस—यश

जागत—लड़का

जान्हूँ—जानु, जाँघ

त्रिह्णा—तृष्णा

दन्द—दाँत

दुद्ध—दूध

दोख—दोष

घण—रेवड़

छामी—भोज

धिउ—पुत्री

धौला—सफेद

न्कक, नक्क—नाक

परोल—द्वार

परोंह्णा—पाहुना

पसाच—पिशाच

पातर—पात्र

पुजे आला—पुजारी

पुत्तर—पुत्र

पुत्त्री—पुत्री

पुहाल—मेषपाल, गड़रिया

पैंडा—रास्ता

पेना, पैन्ना—पैना, तेज

फगूड़ा—हजीर

फल—फल

फैंकू—सियार

बघुंमाड—वक

बछोड़ा—विछोह

बटोलना—बटोरना

बर्ह—वर्ष

बाड़ी—बाग

बान्दा—खुले

बाल—बाल, केश

बिआरी—ब्यालू

बिबस्था—व्यवस्था

बी—बीज

बैह्‌णा—बैठना

भनणा—तोड़ना

भविख्यत्‌ वक्ता—भविष्यवक्ता

भिआग—विहान

मुइआ—भूमि

भबू—लाल भालू

मखीर—मधु

मजा—चारपाई

मणूह—मधु

मता—बहुत

माणी—नाप

मास—मांस

मुकरणा—इन्कार करना

मौंडली—मंडली

मोरा—मरा, मृत

म्हैं—भैंस

रिक्ख—काला भालू

रूणा—रोना

लक्क—कमर

लटा—लंगड़ा

लटाफटा—संपत्ति

लाडा—दुलहा

लाडी—दुल्हन

लुड्—पत्ता

सिलला—बाली

सीहि—चीता

सुहदा—जल स्रोत

सैणा—जनसमूह

सौहरा—ससुर

हच्छा—खेत

हाख—आँख

हिऊंद---हिमकाल

पंगवाली शब्द

आसी—मुँह, आस्य

इज्जी—मा

इणा—आना

कुत्तर—कुत्ता

कुत्त्री—कुतिया

कना—करना

कुपाल—कपाल

कोआ—पुत्र

कूई, कुड़ी—पुत्री

गड्डारी—छारा, गर्त्त

गा—गाय

गुआल—ग्वाला

गोह—गृह्

घरैथ—पति

घेणा—जाना

चरणा—चरना

चराणा—चराना

जोचणा—जीतना

जोथ—पर्वत घट्ट

जोल्ली—पत्नी

जोस्न्—चंद्रमा-ज्योत्स्ना

टीर—आँखें

ढेड्—पेट

दुद्ध—दूध

दैद्दी—बड़ी बहिन

दैस्—सूर्य

नख—नाक

पुहाल—मेषपाल

फल फल

बकरू—बकरा

बब्—बाप

बर्खेआ—वर्षा

बैजू—बीज

बात—वात, वायु

बाग—खेत

बुझना—बूझना

भई—भैंस

भचभाऊ—भाई

भूणा—होना

भ्रब्बू—लाल भालू

माना—मरना

मास—मांस

माहणू—मर्द

सगाल—सियार

हेनु—देखना

अग्रीण—मिलना

लोक-गीत

हिमाचल प्रदेश में सर्वोत्कृष्ट लोक-गीत अब भी बहुत भारी परिमाण में सुरक्षित हैं, पर वह आगे भी सुरक्षित रहेंगे, इसकी बहुत कम संभावना है। हिमालय के शिक्षित तरुणों का कर्तव्य है, कि उनको वैज्ञानिक ढंग से लिपिबद्ध करके सुरक्षित रखें, तथा इस परंपरा को नष्ट होने से बचायें।

हम यहाँ उनके थोड़े-से नमूने दे रहे हैं, जिन्हें सर्वोत्कृष्ट क्या उत्कृष्ट चुनाव भी नहीं कहा जा सकता।

तिब्बती (लाहुल) गीत

कोलंग-बोली

गुर् फुब्. चे लू (तम्बू गाड़ने का गीत)
कोलंग

(1)

गुङ् तोइ. कि तोइ. दु लो, गुर्. ज्ञिग् फुब्. सो।
लू ज़ङ्. मा ले. सो, दे गुर्. जिग्. फुब्. सो।
खोङ् चि दङ् चिइ गुर् फुब् खोङ् सेर्पो दर्. गिइयुर्. जिग् फुब्
खोङ् सु दङ् सुइ चुग्. शिङ् चुग् ? खोङ् ठि. दु त्रि. मइ चुग्—शिङ् चुंग्
खोङ्, सु दङ् सुइ चम. ठग् सल् ? खोङ् कर् सल् द. वैइँ धम् थम् सल्

जर् छम्. था सल्. वेड़ क्र. शि सो।

हिन्दी

ऊँचे से ऊँचे पर्वत पर तंबू गाड़ता है।

सुंदर गीत यह, तंबू गाड़ता है।

वह कैसा तंबू गाड़ते ? वह गाड़ते हैं पोल रेशम का तंबू।

वह किसका बाँस गाड़ते हैं ? वह गाड़ते सूर्य (किरण) का बाँस।

वह किसका कमखाब फैलाते हैं ? वह सफेद चाँद का कमखाब फैलाते हैं।

(2)

थो. व रि. सुम् चे. न, गोइ. पो पुन्. सुम् दे।

नम् मि. नम्. ल चि नम् ? ज्या. पु न. छो नम्।

दोन् नि दोन्. ल चि दोन् ? दोन् नि दोन्. ल ज्या. कर् कर्पो दोन्।

क्येम् मि. क्येम्. ल चि. क्येम् ? क्येम् मि. क्येम् ल. द सन्. छङ जिम्. रु क्येम् ?

त. लि ल. ल क्र. शि सो।

ऊंचे पर्वत-त्रय पर तीन भाई वीर थे।

क्या हैं पकड़े, क्या ? पक्षी-पंख नाना प्रकार के !

लिए, क्या लिए ? लिये तो लिए चीनी का प्याला !

लेते, क्या लेते ? वे लेते अतिसुगंधित शुद्ध मदिरा।

उच्च देवताओं की जय !

खोक्सर-बोली

"ङ. रङ् नङ्. मो ञ्नु न्. टि. ल छ. चेन्। अ. ब, ङ. मुल ङ्प्. चु तोङ्. 7 नङ् मो छ. चेन" "पु. छ, ङ. ल ! मुल् भेद् ख्यो. रङ्ङि पिग्. मेद्. ल नोर् मङ पो योद, खो ल जेर्." "पिग्. मेद ङ. ल मुल्। ङब् चु तोङ्" "ख्योद्. ल. मुल् तङ्. मेन् ख्योद् छङ् थुङ्. ते मुल् छङ् म छर्. दो।"

"कल सवेरे मैं कुल्लू जाऊँगा। बापू, मुझे पचासेक रुपया दो।" "बेटा, मेरे पास पैसा नहीं है, तेरी बीवी के पास बहुत पैसा है, उसे कह ?" "पत्नी, मुझे पचास रुपया दे।" "तुझे देने को रुपया नहीं है, तू शायद पीकर सब रुपया खतम करेगा।"

किन्नर-गीत

दुनिया के लिए अल्प परिचित दूर देश का नाम सुनने पर पहले वह स्वप्न-लोक-सा मालूम होता है। फिर एकाएक वहाँ पहुँच जाने पर कुछ विस्मय, कुछ

अज्ञात आकर्षण, कुछ विचित्र नवीनता-सी मालूम होती है। वहाँ कुछ महीनों रह जाने पर उसके वर्तमान और अतीत को नजदीक से यथाविध अध्ययन करने पर उसकी रहस्यमयता जाती रहती है, आत्मीयता आ जाती है। मेरा मन भी किन्नर के बारे में इन सारी परिस्थितियों से किसी समय गुजरा। किन्नर का अतीत मेरे लिए अच्छे मनोरंजन की वस्तु है, किन्तु मैं उसके भविष्य—युगों बाद कल से शुरू होने वाले भविष्य—के साथ अधिक आत्मीयता अनुभव करता हूँ।

आदमी किन्नर-सम्बन्धी भावुक, वैज्ञानिक कल्पनाओं और गवेषणाओं में ही लीन नहीं रह सकता, जबकि उसके आसपास मेवों के उद्यान लहलहा रहे हों। उनमें छोटे से छोटे सेब वृक्ष भी फलों से इतने लदे हों, कि थून्ही लगाने पर भी शाखाओं की रक्षा संदिग्ध मालूम होती हो। सेब भी ऐसे जो आपके सामने ही छोटी-छोटी हरी बतिया से बढ़ते गंदे लाल रंग के हो एक दिन एकाएक ऐसे चमकीले रक्तवर्ण में परिणत हो जाते हों, कि उन्हें देख कर ईरानी कवि सुन्दरियों के कपोल को 'सेबसुर्ख' की उपमा देने के लिए मजबूर हों। नासपाती—यहाँ नासपाती नहीं उसकी श्रेष्ठ जाति नाखें होती है—आपके पड़ोस में हो, जो पिछले साल फल-भार से अपनी एक शाखा नहीं एक अंग को गँवा चुकी हो, और पूछने पर मालूम हो, कि यह अमृतातिशयी फल सितम्बर में पकेगा, तो आपका मन कैसा करेगा, यदि आपको अगस्त के आरम्भ ही में स्थान छोड़ना पड़े। मैं 20 मई को चिनी पहुँचा, तब तक सेबों पर फूलों की बहार खतम हो चुकी थी और छोटे-छोटे दाने लगे थे। मेरे सामने ही वे बचपन से तरुणाई की ओर अग्रसर होने लगे। मैंने चूली की तो बचपन से ही चटनी शुरू कर दी—'जोई राम सोई राम'। फिर पहला फल जो खाने को मिला, वह चूलियों (इधर की खूबानियों) का था। लेकिन सोच रहा था, क्या सेब-अंगूर को बिना चखे ही किन्नर छोड़ना पड़ेगा। पहले तो डौल कुछ ऐसा ही मालूम हुआ था, किन्तु अन्त में प्रस्थान को जुलाई के आरम्भ से अगस्त में स्थगित करना पड़ा। जुलाई के उत्तरार्ध में सेब आया—पिछले साल का रखा सेब तो बहुत बार खा चुका था। यह शर्माजी के रेंजरक्कार्टर का सेब था, जो चिनी में सबसे पहले पकता है। खट्टा तो था, किन्तु ताजा था। सुन रखा था, उसमें विटामिन 'सी' बहुत है। उसके बाद तो अलूचा भी आने लगा, और अन्त में उससे मन ऊब गया। मूसा के अनुयायियों का जब बहुत खाते-खाते स्वर्गीय भोजन 'मन्ना' से मन ऊब गया, तो आलूचा की बात ही क्या करनी? डर था, कहीं नई द्राक्षा चखे ही यहाँ से निकलना न पड़े। देवता कभी-कभी मेरी कड़वी-मीठी बातों से कितने ही पाठकों की भाँति बिदकते भी हैं, किन्तु अन्त में स्निग्धता प्रदर्शन किए बिना नहीं रहते। इस प्रकार उन्होंने 25 जुलाई को खबर

भर भेज कर दिलासा दी—नीचे नेवल (नदी तट) में अंगूर पकने लगा है। लेकिन मैं भी भारी यथार्थवादी हूँ, मैं देवताओं के दिलासे से सन्तुष्ट नहीं हो सकता। अन्त में 27 जुलाई को पके अंगूरों का गुच्छा देखने को नहीं खाने के लिए आया। उसके बाद से तो रोज ही कभी अल्पहरित और कभी काले अंगूर आ रहे हैं। अल्पहरित पहले आये, खट्टे और अमनोज्ञ गंधी होने पर भी अच्छे थे, किन्तु जब किन्नर के अपने काले मधुर अंगूर आने लगे, तो घर से कई हरितगुच्छों को हटाना पड़ा। अभी यह पहले पकने वाले अंगूर हैं, असली अंगूरों के लिए महीना-भर और ठहरने की जरूरत है। खैर, पेट भरना नहीं परिचय असल चीज है, खासकर लेखक के लिए! साक्षात् परिचय पर ही उसकी लेखनी इत्मीनान और फुरती के साथ चल सकती है।

अभी (2 अगस्त) चिनी में पाँच दिन और रहना है; और किन्नर में तो पूरे डेढ़ सप्ताह, इतने समय में और भी परिचय प्राप्त हो सकता है।

किन्नर-कंठ की प्रशंसा में जब हमारे सतयुग तक के मनीषियों ने 'नेति नेति' कहा है, तो उसके बारे में मेरी अनेक बार पुनरुक्ति, आशा है, यदि भूषण नहीं तो दूषण भी नहीं समझी जायेगी। किन्नर-कंठ मधुर है, किन्नर-गीत मधुर हैं, साथ ही वह अत्यन्त सरल और अकृत्रिम है, उसमें कोई उस्तादी कलाबाजी नहीं है। संगीत और कविता दोनों से मेरा सम्बन्ध अच्छा नहीं रहा है, मालूम नहीं किसका दोष है। संगीत सम्राट और कविपुंगव आदेश करते हैं—रसगुल्ले का पारखी हलवाई होता है और मैं कहता हूँ खानेवाला। मुझे नहीं मालूम छन्द मेरे पक्ष में अधिक है या दूसरे पक्ष में। पक्के संगीत के बारे में मेरा मतभेद हो सकता है, किन्तु जनसंगीत अधिकतर मुझे प्रिय लगते हैं। जनसंगीत में पहाड़ी संगीत मुझे बहुत मधुर मालूम होता है, और उसमें भी प्रथम स्थान मैं किन्नर संगीत को देता हूँ।

वसंतश्री अबोध-पक्षियों को मुखरित कर देती है। जान पड़ता है प्राकृतिक सुषमा और मधुर संगीत तथा मधुर कंठ का कोई नैसर्गिक सम्बन्ध है; तभी तो पहाड़िनें कोकिलकंठी होती हैं और किन्नरकंठी की इतनी महिमा गाई गई है। हिमाचल की नारियाँ कोई भी काम बिना गीत के कर नहीं सकतीं। हृदय सिहराने वाली पहाड़ी जगह में खड़ी घास काट रही हैं, और उनकी गीतध्वनि नदी की

कलकल के साथ मिश्रित हो रही है। हरे खेतों में निराई कर रही हैं, और मधुरकंठ दिगन्त को मुखरित कर रहा है। किन्नर में तो संगीत नारी का स्वाँस बन गया है। 22 जुलाई को हम टहलने जा रहे थे। बँगले से दो मील से कुछ आगे देवदारु वनस्थली में पहुँचे। एकाएक कहीं से मधुर ध्वनि आने लगी, 'ना-न-न-न-न-न-न-न-न-ना-ई। ना-न-न-न-न-न-न-न-न-नो-ो-ो-ो-ऽ" पुण्यसागर के कथनानुसार गीत था :

जङ् मोपोती बोली, "सखी, हे सखी ! चलो बिहरने कंडे[1], खेत रक्षा करें।"

कृष्णभगती बोली, "बिहरने तो कहती हो, कलेवा क्या ले चलें ?"

"कलेवा तो ले चलें रोपङ का भुना गेहूँ···। किलबा फाफड़ का आटा।

ठोकरों की काली उड़द की दाल।···"

मैं गीत की भाषा नहीं समझता था, किन्तु सुन्दर संगीत के लिए भाषा समझने की उतनी आवश्यकता भी नहीं है, यद्यपि इसका यह अर्थ नहीं कि नैसर्गिक सौंदर्य आभूषण के मूल्य को और नहीं बढ़ाता। हम सुनते हुए आगे बढ़ते गए। स्वर मधुर था, साथ ही ठोस भी, यद्यपि उसका अर्थ यह नहीं कि वह कर्कश था। धीरे-धीरे स्वर दूर होता गया, और प्रतिध्वनि अब भी कानों में गूँज रही थी। आध मील जाकर लौटे, तो देखा अब भी तरुणकंठ उसी तरह गीतमग्न है। मैंने गायिका को देखने की कोशिश पहले व्यर्थ ही की थी, किन्तु अबकी ऊँचाई की ओर सड़क के छोर पर और जाने पर प्रायः पाँच सौ फीट के ऊपर शिलातल पर कोई तरुण बंठिन (सुन्दरी) उसी तरह संगीत में लीन थी, जैसे बाण की महाश्वेता आच्छोद-सरोवर के तट पर। यहाँ पशु-पक्षी संगीत के आनन्द में विभोर हो निश्चेष्ट अचेतन-से नहीं बन गये थे—मैं नहीं समझता, हम दोनों के अतिरिक्त भी वहाँ कोई श्रोता था। यहाँ बंठिन के हाथ में वीणा नहीं थी, और न वह शुभ्र सुन्दर वेष ही, जो उस दिन महाश्वेता ने धारण किया था। वीणा का काम उसका शरीर दे रहा था—कभी वह दोड़ू को हिलाती, कभी चादर को, कभी फिर अपने पैरों को, फिर दोनों हाथों को, और वस्त्र —बहुत मलीन ऊनी चादर (दोड़ू) कन्धे पर सुई से बँधी। मैं काफी दूर और सो भी सीधे शिर के ऊपर जैसे स्थान पर, इसलिए नहीं कह सकता, कि वह रूपहीना थी या नहीं, किन्तु आयु में षोडशी नहीं तो विंशिका से अधिक नहीं थी। थोड़ी ही देर में किसी देहवासी ने उपद्रव किया और वह संगीत छोड़ दोड़ू के ऊपर दोनो कंधों को ढाँकनेवाली चदरिया उतारकर उसे देखने लगी। हम भी वहाँ से विदा हो गए।

---

1. पर्वत का ऊपरी भाग।

जहाँ संगीत इतना प्रिय हो, वहाँ गीत की अधिक माँग होना भी आवश्यक है। गीत किन्नर में बहुत बनते हैं, किन्तु अधिकांश की आयु दस-पन्द्रह साल से अधिक नहीं होती। जनगीतों के कवियों का नाम तो दुनिया में सभी जगह प्रायः अज्ञात रहता है; इसलिए यहाँ भी वही बात हो, तो कोई आश्चर्य नहीं। किन्नर-गीतों के देखने मे पता लगेगा, कि यहाँ के जनकवि का मस्तिष्क काफी विकसित है। छंद बहुत सरल हैं, और प्रायः गायत्री छंद की भाँति तीन पाद के होते हैं। छंद भी वैदिक छंदों की भाँति ही अक्षर-छंद है, जहाँ गायक को ह्रस्व-दीर्घप्लुत करने की पूरी स्वतंत्रता है। गीत में अन्तिम पद को दुहराते अगले छंद के प्रथम पाद से जोडने का वही ढंग दिखाई पड़ता है, जो भोजपुरी आदि के कितने ही जनगीतों में पाया जाता है। गीतों में नये भावों के व्यंजक शब्द भी प्रयुक्त होते हैं, जैसे 'भाव' (बहाव) शब्द ही, जो प्रेम, चाह और भावुकता के लिए प्रयुक्त होता है। संगीत सार्वजनीन वस्तु है, इसका यह अर्थ नहीं, कि यहाँ संगीत का व्यवसाय करनेवाले व्यक्ति हैं ही नहीं। मैंने कोठी की बढ़इन—हिरपोती का जिक्र कहीं किया है। उसकी दो बुआयें, जिनमें खइछो अभी भी जिन्दा है, प्रसिद्ध गायिकायें ही नहीं विख्यात जनकवयित्रियाँ भी थीं। मुझे खेद है, उनकी अच्छी कविताएँ हिरपोती को याद न थीं। लेकिन जैसा कि ऊपर कहा, यहाँ के जनगीत चिरस्थायी नहीं होते। 'मियाँ सा'ब' और 'गुरुकम्पोती' के गीत तीन पीढी पुराने हैं, और कुछ वृद्धों को ही याद हैं।

किन्नर के जिन ग्यारह गीतों को मैं यहाँ दे रहा हूँ, उन्हें आजकल के प्रचलित गीतों में सर्वश्रेष्ठ नहीं कहा जा सकता। सर्वश्रेष्ठ ग्यारह गीतों के लिए कम-से-कम दो सौ सर्वप्रिय अच्छे-अच्छे गीतों के संग्रह करने की आवश्यकता थी, जिसके लिए मेरे पास समय कहाँ था? इन जनगीतों में प्रेम का स्थान अधिक होना स्वाभाविक है। किन्तु यहाँ संगृहीत गीतों में 'रूपसिंह' (10) और 'चुन्नीलाल डागडर' (11) को ही प्रेमगीत कह सकते हैं। 'गुरुकम्पोती' (2) और 'मियाँ सा'ब' (1) एकान्तेन प्रेमगीत नहीं हैं। 'उतमबीर नेगी' (3) 'सूरजमोनी' (8) और 'व्यासमोनी' (9) किन्नर-जीवन के विभिन्न पहलुओं की झाँकी देते हैं। 'युम्दासी' (6) और 'सागरसेन' (5) पारिवारिक-सामाजिक जीवन के चित्रण के साथ करुण भावों को व्यक्त करते हैं। 'पोतिष्टङ्' (4) में कोई कला नहीं है, जहाँ तक भाषा का सम्बन्ध है, किन्तु संगीत का माधुर्य तो कंठ पर निर्भर है। हाँ, इससे यह अवश्य मालूम होगा, कि किन्नर के देवता अब भी कितनी बातों में मानवों से भेद नहीं रखते। 'बेलीराम बाबू' (7) अनियंत्रित कामुकता का निदर्शन है जिसमें यौन सम्बन्ध के कठोर प्रतिबंधवाले समाज से आये व्यक्ति के ऐसे देश में

अनाचार की सुलभता को बतलाया गया है, जहाँ यौन-स्वातंत्र्य स्वाभाविक रूप में पाया जाता है।

जनगीत माधुर्य में उत्तम संगीत होते हैं, और रस-परिपाक में सुन्दर काव्य। मानव-जीवन का जितना वास्तविक चित्रण जनगीतों में होता है, उतना और जगह मिलना कठिन है, और यथार्थवाद तो उनकी अपनी विशेषता है। इसीलिए प्रत्येक जनगीत अपने पीछे जीवन-इतिहास रखते हैं।

किन्नर जनगीत इतने अल्पायु क्यों होते हैं ? गायकों का यहाँ कोई विशेष वर्ग नहीं है, जवानी ढलने से पहले जैसे प्रत्येक किन्नरी नर्तकी है, वैसे ही वह गायिका भी है। इसीलिए वही गीत गाया जा सकता है, जो इन नारियों के हृदय को अपनी ओर आकृष्ट कर सकते हैं। जिस गीत ने एक बार उनके हृदय को आकृष्ट कर लिया, वह कुछ ही महीनों में मन्योटी-धार से हङ् रङ् के डाँड़े तक नदी तटों, जङ्गलों, खेतों और पहाड़ी डाँड़ों को मुखरित करने लगेगा। यहाँ किसी गीत को संरक्षण-प्राप्ति या कला की दुहाई देकर प्रचारित नहीं किया जा सकता। यही बातें सभी जन-गीतों के बारे में कही जा सकती हैं।

मैंने गीतों के कवियों और उनमें वर्णित घटनाओं की सच्चाई आदि के जानने के लिए थोड़ा-बहुत प्रयत्न किया। 'चुन्नीलाल डागडर' का गीत किलबा से सम्बन्ध रखता है। शर्माजी का नौकर वहीं का रहने वाला है। एक दिन उससे पूछा—क्या जङ्मोपोती अब भी है।

—हाँ, अभी उमर नहीं ढली है, दो बच्चों की माँ है।

—क्या वह इस गीत को सुनकर नाराज नहीं होती ?

—पहले नाराज होती थी, लेकिन किसका-किसका मुँह रोके ?

उसने बतलाया, जङ्मोपोती तरुण-कुमारी थी। डॉक्टर की उसके भाई से दोस्ती थी, आते-जाते उसके साथ डॉक्टर का प्रेम हो गया। गीत की कवयित्री ने जङ्मोपोती के प्रति न्याय नहीं किया है। गीत से मालूम होता है, डॉक्टर सच्चा प्रेमी था, जङ्मोपोती ने ही विश्वासघात किया। किन्तु यह कभी विश्वास करने की बात नहीं, कि एक नगर (सरगोधा, पंजाब) का शिक्षित अपने व्यवसाय में भी दक्ष डॉक्टर तरुण एक अशिक्षिता ग्रामीण साधारण तरुणी के साथ जीवन बिताना स्वीकार करता। यदि जङ्मोपोती को यह विश्वास होता, तो वह कभी उसे नहीं छोड़ती। यह भी स्मरण रहना चाहिए, कि जिन देशों में स्त्री-पुरुषों के सम्बन्ध में पूरी स्वतन्त्रता बरती जाती है, वहाँ कुमारियाँ निर्बाध प्रेम का अधिकार रखती हैं। इसे आप किन्नर ही नहीं, तिब्बत, अम्दो, मंगोलिया और जापान तक में पायेंगे। हाँ, ब्याह के बाद वह स्वच्छंदता सह्य नहीं मानी जाती।

जङ्मोपोती कुमारी थी, उसे स्वच्छंदता के उपयोग का पूरा अधिकार था, साथ ही अपने रास्ते को बदलने का भी, जबकि उसने देखा, उसका प्रेमी एक क्षण के लिए ही प्रेम का उपासक रहना चाहता है।

जङ्मोपोती को अपने प्रम का गीत पसन्द नहीं, किन्तु 'उतमबीर' की प्रेमिका 'यालू ज़ोमो' (वनफूल भिक्षुणी) सेरयङ् 60 से ऊपर साल की वृद्धा अब भी जीवित है। उसका गीत जब यहाँ चिनी के बनों में इतना प्रचलित है, तो कनम् और सुङ्नम् में कितना होगा, इसे कहने की आवश्यकता नहीं। मैंने उसके भाई जैलदार तोब्ग्याराम के पुत्र से पूछा—सेरयङ् को तुम जानते हो?

—सेरयङ्! मेरी बुआ है।—उसने बड़े इत्मीनान के साथ उत्तर दिया।

—सेरयङ् अपना गीत सुनकर खुश होती है?

—हाँ, खुश होती है।

वहाँ नाखुश होने की कोई बात नहीं है। सेरयङ् भिक्षुणी बनी थी, पीछे ब्याह कर लिया, इसे बौद्ध देशों में कहीं बुरा नहीं समझा जाता। चाहे उतमबीर की बुआ ने पचासों रस्सियों में बटी चोटी वाली बहू की जगह शिरमुन्डी 'ज़ोमो' को देखकर भले ताना दिया हो। सेरयङ् के लिए भी यह गीत प्रेम की एक मधुर-स्मृति का उद्घोषक है, इसलिए भी वह उसे प्रेम से सुनती होगी।

'मियाँ सा'ब' गीत में जनजीवन के एक-दूसरे पहलू का चित्रण किया गया है। मियाँ साहब फतेहसिंह राजा के ज्येष्ठ पुत्र होने पर भी साधारण स्त्री के पुत्र होने के कारण गद्दी से वंचित हुए। पीछे भाई राजा शमशेरसिंह से आज्ञा ले सुदूर हट्टरट् में जा राज्य से विद्रोह किया; किन्तु इस पहलू ने जनमन को अपनी ओर नहीं खींचा। उसका ध्यान अधिकतर उत्पीड़न की ओर गया। राजा शमशेरसिंह भी कनौर आते, तो उसी तरह मेट-मुखियों को 50 असबाब पर 60 बेगारू तैयार रखने पड़ते, उसी तरह घी-चावल-बकरा जमा करना पड़ता। एक तरह इस गीत में सामन्ती उत्पीड़न का अप्रत्यक्ष रूपेण विरोध है।

किन्नर के जो पुराने गीत अब भी प्राप्य हैं, उन्हें संगृहीत किया जाना चाहिए। ज़इछो की भाँति अभी भी कितनी ही वृद्धाएँ मिलेंगी, जिनसे बहुत पुराने गीत मिल सकेंगे। यदि 44 वर्ष की आयु वाली स्त्रियों से अस्सी साल पुराने गीत मिल सकते हैं, तो ज़इछो से सवा सौ वर्ष तक के गीत भी मिल सकते हैं। फिर ब्याह-उत्सव आदि के भी गीत हैं, जो और भी पुराने काल तक जायेंगे। किन्नर पाठकों की वर्तमान पीढ़ी का यह कर्त्तव्य है, कि वह इन गीतों को सर्वदा के लिए लुप्त होने से बचायें।

किन्नर भाषा का थोड़ा-सा नमूना पुस्तक के अन्त में दिया जाने वाला है।

किन्नर इतिहास पर भी सिंहावलोकन करते समय उसका जिक्र आया है, किन्नर भाषा प्रारम्भिक शिक्षा का माध्यम बनकर बहुत जल्द सारे किन्नर से निरक्षरता दूर कर सकती है, किन्तु अभी तो यह बात अरण्यरोदन-सी ही मालूम होगी। तो भी इसमें तो किसी को आपत्ति नहीं हो सकती, कि किन्नर भाषा के शब्दों का सर्वांगपूर्ण शब्द-संग्रह किया जाये। किसी समय प्रायः सारा पश्चिमी हिमालय प्राचीन किन्नर भाषा बोलता था, किन्तु धीरे-धीरे उसका क्षेत्र संकुचित होते-होते वर्तमान कनौर-भर रह गया। यहाँ भी भाषा के बहुत-से शब्द लुप्त हो गए हैं। जिनका स्थान हिन्दी और भोटिया शब्दों ने लिया है। संज्ञा और धातु ही नहीं विभक्तियाँ और सहायक-क्रियायें तक हिन्दी या भोटिया की आ पहुँची हैं — 'है' के लिए किन्नर में प्रयुक्त होने वाला शब्द 'दुग' भोटिया है; और 'गया' के लिए हिन्दी का 'ग्योश्' जिसमें 'श' विदेशी शब्द के साथ जुड़ने वाला अनुबन्ध-मात्र है, 'ग्यो' वही 'गयो' है। जैसा कि मैं पहले कह चुका हूँ, किन्नर शब्दकोश में प्रायः 25 से 52 सैकड़ा हिन्दी, 14 सैकड़ा भोटिया और 36 से 59 सैकड़ा तक शुद्ध किन्नर (शू) भाषा के शब्द हैं। वस्तुतः इन दोनों भाषाओं ने किन्नर-भाषा-प्रदेश के बहुत-से भागों को पहले ही ले लिया। शायद किन्नर-भाषा का यह छोटा द्वीप बचा भी इसीलिए, क्योंकि उसने सीमास्थ देश का रूप ले लिया। जब किसी भाषा का अधिकांश शब्दकोश ही नहीं बल्कि विभक्तियों तक का भी स्थान दूसरी भाषा लेने लगती है, तो समझ लीजिये अब वह अन्तिम घड़ियाँ गिन रही है। इसके अतिरिक्त अब शायद ही कोई किन्नर पुरुष मिले, जो काम-चलाऊ हिन्दी न जानता हो, स्त्रियों में अभी काफी ऐसी हैं, जो हिन्दी से परिचित नहीं हैं। इस प्रकार किन्नर-भाषा को चाहे कुछ दशाब्दियों-भर न भी खतरा हो, किन्तु उसके शब्दकोश को खतरा जरूर है। अभी ही पचासों हिन्दी के धातु आ चुके हैं, जिनके किन्नर पर्याय लुप्त हो चुके हैं। इसलिए किन्नर भाषा के शब्दों के बृहत् संग्रह की अत्यन्त आवश्यकता है, और इसमें जितनी ही जल्दी हो उतनी ही कम हानि की सम्भावना है। मैंने मास्टर रामजीदास को इसकी प्रेरणा तो दी है, वह हिन्दी ही नहीं भोटभाषा भी जानते हैं। संस्कृत के लिए मैंने भी सहायता देने को कहा है। देखें उन्हें अपने 'छम्' (जप-ध्यान) से इसके लिए फुर्सत होती है या नहीं। आगे तो इस पुनीत कार्य के लिए कितने ही तरुण मिलेंगे, किन्तु उनके कार्य-क्षेत्र में अवतीर्ण होते समय तक किन्नर-भाषा और भी सैकड़ों शब्दों को खो बैठेगी, जिनमें कितने ही शायद कुन्जी के शब्द हों।

किन्नर-भाषा की रक्षा का काम एक और व्यक्ति कर सकते थे, किन्तु वह प्राचीनता के इतने गह्वर-खोह में डूबे हुए हैं, जिससे उन्हें पता नहीं लग पाता, कि

भारत में भारी परिवर्तन हो चुका है, और कुछ ही सालों में और भी घोर परिवर्तन होना चाहता है। वह हैं नेगी लामा तन्जिन् ग्यल्छन्, तिब्बती-भाषा के प्रकांड विद्वान्। प्रकांड विद्वान् कहने मात्र से उनकी योग्यता का परिचय नहीं मिलेगा, मैं तिब्बत से ही जानता हूँ, भोटराजधानी ल्हासा में वहाँ के बड़े-बड़े राज पुरुष अपने लड़कों को उनके पास आग्रह के साथ भेजा करते थे। वहाँ उनका बहुत सम्मान था, किन्तु सबको लात मारकर वह काशी की घोर गर्मियों में मृत्यु-मुख में रहकर तीन साल से अपनी जन्मभूमि में आ कर लोगों में ज्ञान-धर्म का प्रसार कर रहे हैं। दूर-दूर से लोग उनका उपदेश सुनने आते हैं, जो किन्नर-भाषा में होते हैं। यदि उन्हीं उपदेशों को किन्नर-भाषा में लिखकर छपा दें (जिसके हजार-बारह सौ तक ग्राहक आसानी से मिल सकते हैं) तो इससे जहाँ उनके विचारों का प्रचार होगा, वहाँ किन्नर-भाषा भी लिपिबद्ध हो जाएगी। अभी तक पंडित टीकाराम द्वारा संगृहीत कुछ गीत (बंगाल एशिया सभा के जर्नल में प्रकाशित), एक इंजील तथा कुछ और पृष्ठ ही किन्नर-भाषा में छप पाये हैं।

इन गीतों को मैंने उनके निर्माणकाल के अनुसार रखा है। काल में भी कुछ वर्षों का अन्तर हो सकता है।

मियाँ सा'ब

कवि—अज्ञात गीतकाल—1859 ई० (?)

गायिका — [विद्याचरनी आयु—20 वर्ष : जात—कनैत, ग्राम—चिनी
कमलानंद आयु—55 वर्ष " "

लेखक— [भगतसिंह
पुण्यसागर ता० 6-6-48

विवरण—मियाँ साहेब फतेहसिंह बुशहर के अन्तिम राजा पदमसिंह (मृत्यु 1947 ई०) के पितामह महेंद्रसिंह (मृ० 1914) के बड़े भाई थे। राजकन्या के पुत्र न होने से गद्दी से वंचित रहे, और पीछे हङ्रङ् में जा राज्य से बगावत करके लोगों को इतना तंग किया कि हङ्-रङ् वालों ने पकड़ लिया। फतेहसिंह राजकन्या के पुत्र न होने से गद्दी से वंचित रहे, किन्तु उनके भतीजे राजा शमशेरसिंह के योग्य पुत्र टीका रघुनाथसिंह की मृत्यु के बाद पदमसिंह ही पुत्र रह गये थे, और वह राजकन्या के पुत्र न थे। शमशेरसिंह ने टेहरी के राजकुमार को गोद लिया, किन्तु अंग्रेजों को वह पसन्द नहीं आया, और उन्होंने पदमसिंह को ही गद्दी पर बिठाया।

खुना रामपुरो, कुमो दरबारु कुमो, नीचे रामपुर के, बीच दरबार बीच।

कुमो दरबारु, तुकुथदेन् महाराज, बीच दरबार के, तख्त ऊपर महाराज।

गिलमुदेन् शुम्गोर, गिलम् पर दरबारी।

मियाँ साबुस् लोतोश, "कोन्सस् या कोन्सस्"

ई ओरज् लन्तोक, शिरङ् लन्तोया ?"

मियाँ साहेब बोले, "छोटक ! हे छोटक !

एक अर्ज करता हूँ, स्वीकार करोगे ?"

दे लोन्निग् बेरङ महाराजुस् लोतोश्। यह कहने पर, महाराज बोले।

"किन् ठ दुआ ओरज़ी, गली ठू मरोन्चिक्।"

"हेद् ओरजी मानी, ग कनोरिङ् बीतोक्।

कनोरिङ् मुलुक् ख्यामा, नुली मशूरियू मुलुक।

"तुम्हारी क्या है अर्जी, मैं क्यों ना सुनूंगा ?"

"और अर्जी (कोई) नहीं, मैं कनौर जाऊँगा

कनौर मुल्क देखूंगा, वह मशहूर मुल्क

देव कालियु अस्थान, कैलासू ता दरशन।"

महाराज लोलितोश्, "की कनोरिङ् था देइ।

"देवता काली का स्थान, औ कैलास का दर्शन।"

महाराज बोले, "तुम कनौर न जाओ।

पोरज़ाउ तकलिफ रन्तिइ।" प्रजा को तकलीफ दोगे।"

प्रेग्नइ मश्कोतिश्, ज़ी मियाँ साबा।

"बीतो की चल्मा ओलिया पालारइँ।

बिल्कुल नहीं माना, मियाँ साहबजी ने।

"जाना चाहे तो गरीबों को पालना।

भल्या चूलारइँ।" बड़ों को नोचना।"

बुलबुली सङ्ता, हुन् बीमिक् नीयो। पौ फटते-फटते, तभी चल दिये।

"अङ् चलिया हम् तोन्, चलो चलन्दोरा।"

ढाई नीज़ा असबाब, शुम् नीज़ा बूगार।

"मेरे चलिया[1] कहाँ हो, चलो चलौवा।"

ढाई-बीस असबाब (औ) तीन-बीस बेगार।

दो रिङ् रिङ् बिन्ना, वङ्तू ना जङ्तू।

राजा जङ्-छम्देन फोयनामङ् महाराजू,

---

1. नौकर-चाकर

बाँसे ऊपर ऊपर आ, वङ्तू-जङ्तू म।
राजा के पुल पर, फोकट नाम राजा का।
वन्याशित् अङरेजू। बनाया (उसे) अंग्रेज ने।
मियाँ साबिस् लोतोश्, "मेट-मुखिया हम् तोन ?
बोरो बाथ करा, चवलस् कोनिकङ् बाखोरा।"
मियाँ साहेब बोले, "मेट-मुखिया[1] कहाँ हो ?
रसद-बात लाओ, चावल, गेहूँ बकरा।"
एक राती बेशो, शुपारी ता छीलो। एक रात बैठे, और सोपारी छीले।
बुलबुली सङ्ता, हुन बीमिक नियो। पौ फटते-फटते, तभी चल दिये।
"अङ् चलिया हम् तोन्, चलो चलन्दोरा।"
ढाइ नीज़ा असबाब, शुम नीज़ा बूगार।
"मेरे चलिया ! कहाँ हो, चलो चलौवा।"
ढाई-बीस असबाब, तीन-बीस बेगार।
दो रिङ्-रिङ् बिन्ना, डोकीचु देन् कम्बा।
मियाँ साबिस् लोतोश्, "ग (ली) कम्बा बीतोक्।
वहाँ से ऊपर-ऊपर आ, चट्टान ऊपर कम्बा।
मियाँ साहेब बोले "मैं कम्बा जाऊँगा।
दुरिगायू दर्शन, द्रोरोमा सन्ताङो[2]। दुर्गा का दर्शन, द्रारोमा देवल-अगने।
द्रोरोमा सन्ताङो, कम्बा दुरिगा याशो।"
मियाँ साबिस् रन्ग्योश्, ङ रुप्या नजराना।
मियाँ साबिस् लोतोश्, "मेट-मुखिया हम् तोन् ?
द्रारोमा देवल-अंगने, कम्बा-दुर्गा नाचती।"
मियाँ साहब ने दिया, पाँच रुपया नजराना।
मियाँ साहेब बोले, "मेट-मुखिया ! कहाँ हो ?
अङू डेरो हम् तोन् ?" हमारा डेरा कहाँ है ?"
मेट-मुखिया लोतोश् "ज़ी लो ज़ी महाराजा !
किनू डेरो कैलितोक्, डोम्बरु देवराङ।"
मियाँ साबिस् लोतोश्, "ग माबिक देवराङे।

1. गाँवों के दो अधिकारी।
2. देवालय के पास की समतल भूमि जो नाच के अखाड़े का काम देती है।

मेट-मुखिया बोले, "जी-जी, महाराजा !
आपका डेरा देंगे, देवता के देवालय में।"
मियाँ साहेब बोले, "मैं ना जाऊँ देवालय।
तन्ज्यान् कोठाल, ग्यातोक्।" तंज्यान की हवेली (मुझे) चाहिए।"
डेरो ता चुम् ग्योश्, तन्ज्यानू कोठालो।
तन्ज्यानु पेरङ् सीम्पोरू मोज़रो बिग्योश।
डेरा तो लग गया, तन्ज्यान् की हवेली में।
तन्ज्यान-परिवार सबेरे मोजरा को गया।
"सोम् मोज़रो बेरङ्, ज़ी मियाँ साबू।" "सबेरे मोजरा बेला मियाँसाहेबजी।"
गुश्कीची वादो मियाँ साबिस् लोतोश्। मुस्काते-हँसते मियाँ साहब बोले।
"तन्ज्यानू नेगानी, तन्ज्यानू नेगानी"।
किन्ना ता चेइतोइँ, मुरतू बन्ठिन् हम्बियोश् ?"
"तन्ज्यान् की नेगानी, तन्ज्यान् की नेगानी।[1]
तुम सब तो हो, मुरतू सुन्दरी कहाँ गई ?"
दे लोन्ना बेरङ्, नेगानी ता लोतोश्। यह कहने पर, नेगानी बोली।
"बोरे ता बीग्याश्, कंडे ज़मी पोरी।" "ननद तो गईं, कंडे खेत राखने।'
दे लोन्मू बेरङ्, मुरतू बन्ठिन् पोच्या।
मुरतू बन्ठिन् पोच्या सोम् मुज़रो बीग्योश्।
मियाँ साबिस् लोतोश, "या मुरतू बन्ठिन् !
यह कहने के समय, मुरतू सुन्दरी आ पहुँची।
मुरतू सुन्दरी पहुँची, भोरे मोजरा को गई।
मियाँ साहेब बोले, "हे मुरतू सुन्दरी !
कशो ओमचू बातङ्, मोरजात् हले दुया ?"
मोरज़ात् हले बीशेइँ, दो गली मानेन्मा।
हमारा प्रथम वचन, मर्याद क्या रखोगी ?"
"मर्याद क्या भूलूँगी, सो नहीं जानती।
अङ् प्राचू मुन्दी। मेरी अंगुली मुन्दरी।"
"मुरतू बन्ठिन् लोतोश्, "आम्च् बातङ् तामा।
अङ् त पोल्याशिम् बीतो," मियाँ साबिस् लोतोश्।

---

1. नेगी की स्त्री

मुरतू सुन्दरी बोली, 'प्रथम वचन रखूं तो
मुझे लज्जा आती।" मियाँ साहब बोले।
"हुन् बीमिक् नीयो, बुलबुली सङ्ता।" "अभी चलना है, पौ फटते-फटते।"
दे लोन्मू बेरङ्, मुरतू बन्ठिन् लोतोश्। यह कहने पर मुरतू सुन्दरी बोली।
"जी मियाँ साब्, की ता मुलुक मालिक।
"मियां साहेब जी, आप तो मुल्क के मालिक।
ग ता खोशियाउ चीमे।" मैं तो खशिया की बेटी।"
दे लोन्मू बेरङ् मियाँ साबुस लोतोश्। यह कहने की बेला, मियाँ साहेब बोले।
"दो मनोशिश् अङ् मइ।" "सो अज्ञात मुझे नहीं।"
मियाँसाबिस् लोतोश् "कम्बा ओरस् हम् तोन्?
मियाँ साहेब बोले, "कम्बा का बढ़ई कहाँ है?
पोलगी बुनारा।" पालकी बनादे।"
दे लोन्मू बेरङ्, मुरतू बन्ठिन् लोतोश्।
"अङ् पोलगी माशर, ग खोशिया चीमे।
यह (बात) कहने पर, मुरतू सुन्दरी बोली,
"मुझे पालकी ना शोभती, मैं[1] खशिया की बेटी।
ग पोलगी माग्याक, ग ताबा ग्यातोक्।"
"चलो चलन्दोरा, बुलबुली सङेरङ्।"
मैं पालकी ना चाहूँ, मुझे घोड़ा चाहिए।"
"चलो (फिर) चलौआ, पौ फटते सबेरे।"
"हुन् बीमिक हाचे, चलो चालन्द्रा।"
ढाई नीज़ा असबाब, शुम् नीज़ा बूगार।
"अब चलने को हुए, चलो (फिर) चलौआ।"
ढाई-बीस असबाब तीन-बीस बेगार।
दो रिङ् रिङ बिन्ना, बाटीचु उरने।
मियाँ साब फतेसिंह, उरा बङ्लो कूमो।
वहाँ से ऊपर-ऊपर आये कटोरी-सी उड़नी में।
मियाँ साहेब फतेहसिंह, उड़नी बँगले में।

---

1. पश्चिमी हिमालय में बसने वाले कनैतों का दूसरा नाम खशिया (खस) भी है। खश (कश) नाम कश्मीर और काशगर (काशगिरि) में है।

मियाँ साब लोतोश्, "मेट-मुखिया हत् तोश् ?"
मेट-मुखिया लोन्ना, उरा चारसु छाङा ।

मियाँ साहेब बोले, "मेट-मुखिया कहाँ है ?"
मेट-मुखिया कहिये, उडनी चारस् का पूत ।

नामङ्ता लोन्ना, बिसिबर बैयर । नाम तो कहिये, विश्वंभर भैया ।
बोरो बात कारोश्, चौलश्-कोनिकङ् बोखारा ।

रसद-पानी लाया, चावल, गेहूँ-बकरा ।

एक राती बेशो, उरा बङलायू । एक रात बैठे उड़नी बँगला में ।
बुलबुली सङिरङ् हुन बीमिक नीयो । पौ फटते प्रातः, तभी चल दिये ।
दो रिङ् रिङ् बिन्ना, मातोशोवाल्यङ् ।

वहाँ से ऊपर-ऊपर आ, मातो शोवाल्यङ् ।[1]

रोश्मालेयु चीने, तंबुवा चूक्योश् । रोशमाले[2] चिनी, तंबू लगवाया ।
राबायू ओमस्को । पाषाण वापी के पास ।
"रोशमालेयु चीनेयु, मेट-मुखिया हात तोश् ?"

"रोशमाले चीनी का मेट-मुखिया कहाँ हैं ?"

मेट-मुखिया लोन्ना, सुवारसु छाङा । मेट-मुखिया कहिये, सुवारस का पूत ।
सुखदास वैथारा सुखदास भैया ।
शुम् दियारो बैसो, भोलिया चुल्यायोश । तीन दिवस बैठे बड़ों को नोचा ।
ओलिया पल्यायोश् । गरीबों का पाला ।
तोंबुवा चुग्-चुग्, बुनातो तोंबूवा । तंबू लगाके, बनात का तंबू ।
राकइ बाटे डारी, दो नी तंबुवा कुमो ।
मुरतू बंठिन् मुरतू, पसम पनिम् मा नेग्यो ।

नीले सूत की डोरी, वहाँ तंबू भीतर ।
मुरतू, सुन्दरी मुरतू, पशम कातना न जाने ।

बुलबुली सङ्-रङ्, हुन् बीमिक् आये । पौ फटते प्रातः, तभी चलते हुए ।
बाटी-बेगार चल्यो, चालेन् चालेयोश् । बैंठ-बेगार चले, चला चलौवा ।
हङ्-रङ् कुमो । हङ्-रङ्के भीतर ।

---

1. चिनी के पास के इलाके का नाम, जो रोगी से पांगीखड्ड तक है, और सदा से अंगूर का केन्द्र रहा ।
2. अन्य गाँवों की भाँति यह चिनी का विशेषण है ।

हङ्रङ् कुमो, गुरमेल वेशायोश्। हङ्रङ् के भीतर, गुरमहल बनवाया।
गुरमेल् बेशायोश् डाईगोलु कुमो। गुरुमहल बनवाया, ढाई मास भीतर।
दुम्-साचे लन्ग्योश्, हङ्रङ् न्यामा। किया पंचायत, हङ्रङ् भोटों ने।
हुन् हला लन्ते, बोसेन् मा हन्शो। "अब क्या करिये, बस नहीं सकते ?"
हङ्गो डोमङ्स् लोतोश्, "मजत् किना केरइ।
हंगो का कोली बोला, "मदद तुम करो।
चुम्मिक् गस् चुमतोक्।" पकड़ने का काम तो मैं करूँगा।"
ज्बम् नाचे चुभ्ग्योश, हिलन् चे व्यङ् ग्योश्।
"अङ् दुश्मन् बीदा, अङ् किम्-शू हम् तोईं ?
झपटके पकड़ा, काँपा डरा (मियाँ)।
"मेरा दुश्मन आया, मेरे गृहदेव, कहाँ हो ?
अङ् किम्-शू हम तोईं, मामइ दुरिगा। मेरे गृहदेव, कहाँ हो, माता दुर्गा।
मामइ दुरिगा, लंगुरा वीरा! माता दुर्गा लकड़ा बीर (हे)!
चोरम् ज्रङ् राईं।" चमत्कार दिखलाओ।"
ज्रङ्ली ज्रङ्ग्योश्, पोलाच रोदङ्। दिखाया तो दिखाया, रक्त की वर्षा,
पोलाच रोदङ् रनु शोरू ज्रङु सोरप्।
रक्त की वर्षा, लोहे के ओले, सोने के सर्प।
मियाँ साबस् लोतोश्, "धीरो हङ्रङ् न्यूम्छङ्,
देखियो तमासो हुना आङ्न्यूपी कानू।"
दो शोङ् शोङ्कायोश्, श्याशो देशङ् चो।
मियाँ साहेब बोले, "ठहरो हङ्रङ् भोट्टो!
देखना तमाशा, अब तो मेरी, पीछे तुम्हारी।"
वहाँ से नीचे, नीचे लाये श्यासो गाँव में।
श्याशो विश्ट लोतोश्, "ने लनशिम् मा श्को।
श्याशो-मंत्री बोला, "ऐसा करना नहीं ठीक।
नो ली मुलुकु देवङ्।" यह भी मुलक के देव।"[1]
सिक्या खोल्यायोश् विश्टइनरदासस्। बंधन खुलवाया, मंत्री इन्द्रदास ने।
दो शोङ्-शोङ् बिन्ना धारेउ देन् पाङे।
वहाँ नीचे-नीचे आये धार पर पांगी में।
एकराती बेशो, दो शोङ्-शोङ् बिन्ना। एक रात बैठे, वहाँ से नीचे आये।
खांमाचु उरने। उड़नी उत्पत्यका।

1. राजा

युचा (ला) डेना, बरन् साबुस संत्री।

नीचे से ऊपर (आई) बर्न साहब की पुलिस।

संत्रीस् लोतोश्, "ने लन्निग् मइके।" पुलिस ने कहा, "यह करना नहीं।"

टिप्पणी—मियाँ साहेब को पुलिस पकड़कर नीचे ले गई, किन्तु फतेहसिंह शरीर से बेकार हो चुके थे। दङ्-रङ् वाले अपने ऊपर किये गये अत्याचारों से क्रुद्ध हो उन्हें ताजे चमड़े में बाँधकर लाये थे, जिससे जकड़े उनके हाथ-पैर फिर ठीक नहीं हुए। फतेहसिंह को छोड़ दिया गया, किन्तु वह अधिक दिन जीवित नहीं रहे। मुरतू सुंदरी बहुत दिनों तक अपने मायके में जीवित रही। मियाँ साहेब के बारे में पहाड़ी भाषा में भी गीत बने हैं, जिनमें से कुछ ये पद हैं :

मियाँ साहबी पालगी चाली, बीमा कालिओ खाँडो।
मियाँ चालो फतिया सिंगा, लोगी गरची खादो॥

मियाँ साहेब की पालकी चली, साथे भीमा कालि का खाँडा।
मियाँ चला फतेहसिंह, लोगों की खर्ची (जीविका) खाने॥

थड़े पाँचे काँड्डूदी, जलाँ आगियो घेटो।
ते ना जाणोगों देवी मसोइया ! मियाँ राजियो बेटो॥

थड़े के पीछे कंडे में, जलती आग की ज्वाला।
तू नहीं जानता देवी मसोई ! कि मियाँ राजा का बेटा॥

पारबाती धाडणे लाये देवियारे डंबा। पार से निकालने लगीं देवी की संदूकें।
छेबीये थालटू घाले, नोबीये जंगा॥
खाई गरचीं देवी मसोई, दलमल उई।
खाई गरची हुतडूई, रोटी लैना उई॥

छ-बीस (120) थालियाँ निकालीं, नौ-बीस कटोरे॥
देवी मसोई की खर्ची खाई, खूब मौज हुई।
हुतडू की खरची खाई, एक रोटी भी न हुई॥

गुरकम्पोती

कवि—अज्ञात गीत-काल 1870 ई० (?)
गायिका—हिरपोती, आयु—44 वर्ष, जात—बढ़ई, गाँव—कोठी
लेखक—पुण्यसागर ता० 30-7-48

विवरण—गुरकम्पोती ख्वारंगी निवासी वजीर गुरुदास की बहिन थी, जिसका ब्याह चिनी के चिनचारस् वंश के देवाराम से हुआ था। उसके पुत्र हुआ, किन्तु देवाराम ने उसे अपना पुत्र नहीं स्वीकार किया। राजा शमशेरसिंह (मृत्यु

1914 ई०) उस पर मुग्ध हुए और पालकी पर चढ़ा उसे अपने अन्तःपुर में ले गये।

दो गोल्यो दङ् शोङ्, खोनेउ रम्पूरो। वहाँ से वहाँ, रामपुर उपत्यका
कुमोदरबारो, तोगतु देन् माराज। बीच दरबार के तख्त पर महाराज।
गेलमुदेन् शम् गोर। गिलम पर दरबारी।
माराज़स् लोतोश्, "गुरदास वज़ीर हम् तोइँ ?
महाराज बोले, "गुरुदास वजीर कहाँ हो ?
अङ् ओम्म्पे जारइँ।" हमारे सम्मुख आओ।"
दे लोन्नु बेरङ् गुरदास वज़ीर। यह कहने पर, गुरुदास वजीर।
निश्[1] गुद् हथ् ज़ोरयो "ठ रिङ् तोइँ माराज़ ?"
"रिङ् मिग् ठ रिङ् तोग् किन् रिङ्जे ते दुइँ ?"
दोनों हाथ जोड़के कहा, "क्या कहते महाराज ?"
"कहना क्या कहूँ, तुम्हारी कितनी बहिनें हैं ?"
"जी (ले) ज़ी माराज ! अङ् रिङ्जे मा दुग्।"
"रिङ्ज़ मादुग् रिङो, अङ् पोय्रङ् सोत्यइँ।"
"जी, जी महाराज ! मेरी बहिन नहीं है।"
"बहिन नहीं कहते, (तो) मेरा पैर छूओ।"
"पोयूरङ् मा सोत्याक्, अङ् शुमले रिङ्ज़े।
"पैर ना छूऊँगा, मेरी तीन बहिनें।
जेश्मङ्से रिङ् जे मरखोन्यो[2] जाङ। जेठी बहिन मरखोनी जंगी में।
ज़ाङे विश्पोन् गोरे; मज़ङ् से रिङ् जे,
अक्पा-विश्टु गोरे, कोन्सङ् से रिङ् जे,
जंगी विश्पोन् (वंश) के घरे, मझुली बहिन,
अक्पा के विश्टु के[3] घरे, कनिष्ठा भगिनी,
आनेनु मय्टे, चिनेचारस् छङ् रङ्,
चिनचारसु देवाराम "अङ् छङ् मारिङो।"
अपने मैके में, चिनचारस् के पुत्र के साथ,
(थी किन्तु) चिनचारस् देवाराम बोला, "मेरा पुत्र नहीं।"

---

1. गुद कन्नौरी में हाथ को कहते हैं।

2. कनौर के गाँवों के अपने स्थायी विशेषण होते हैं, यह जंगी का विशेषण है।

3. मन्त्री, इस घर में कभी कोई मन्त्री बना होगा।

बन्ठिन् गुरकम्पोती शोङ् दरबारोजब् क्योश् ।

सुन्दरी गुरकम्पोती नीचे दरबार गई ।

खोनउ रम्पूरो, कुमो दरबारो। रामपुर उपत्यका, बीच दरबार के,

तोखतुदेन् माराज, गुरकम्पोतिस् लोतोश्:

"ज़े देव ज़े माराज़ ! ई ओर्जी लन्तोक् ।

हेद् ठ दु ओर्जी, "चिनचारस् देवरामस्

तख्त पर महाराज, गुरकम्पोती बोली,

"जय देव, जय म्हाराज ! एक अर्जी करूँगी ।

दूसरी क्या अर्जी, 'चिनचारस् देवाराम,

'अङ् छङ् मा' रिङो ।" 'मेरा पुत्र नहीं' बोलता ।"

माराज़स् लेतोश्, "रूबड़-ज़ोर्मङ् ख्याते ।"

'रूवङ् ख्यामा, चिनचारसु रूबङ् ।

महाराज बोले, "रूप-रंग देखें ।"

रूप-रंग देखा तो, चिनचारस का रूप (था) ।

माराज़स् लोतोश्, "ग कनोरिङ् बीतक् ।

महाराज बोले, "मैं कन्नौर जाऊँगा ।

कनारिङ्-तमासो। कनौर के तमाशा को।

दो रिङ्-रिङ् बीना, रोश्मालेउ चीने ।

वहाँ से ऊपर आये, रोश्माले चिनी में ।

माराज़स् लोतोश्, "गुरदास वज़ीरऽ ! महाराज बोले "गुरुदास वजीर !

पइँ सेली बीते । चलो सैर चलें ।

माज़ा कोश्टिङ्पे, मामायु दरशण । कोठी के बीच, माता का दर्शन ।

देबिउ चंडिके ।" देवी चंडिका का ।"

दो शोङ् शोङ् बीमा, थुस्को बेरासो ।

वहाँ से नीचे-नीचे आके, ऊपर भैरव का ।

जी बेरो दरशण । भैरवजी का दर्शन ।

दो शेङ्-शोङ् बीमा, कुमो देवराङ् ।

वहाँ से नीचे-नीचे आये, देवल के बीच ।

गंगाछम्बोदेन् देवियो चंडिके । देवता विमान में देवी चंडिका ।

मारज शमशेर सिङ्स, मिलाकात् लन्योश ।

दा नेस्-नेस् बीमा, जाखोल्यो ग्वारिङ् ।

महाराज शमशेरसिंह ने मुलाकात की।
उससे परे-परे आके झाड़ीवाली[1] ग्वारंगी।
विश्टू गोरिङ् देन् विश्टू पेरङ्ता। मन्त्री के घर पर, मन्त्री-परिवार मिला।
"किना तो चेइ तोई, गुरकम्पोती हम् तोश् ?"
"गुरकम्पोती तोशा, कल्पा-सेरिङ्ङो,
कल्पा-सेरिङ् ङो, ग्यम्डस्[2] तीशेदो।"
"तुम सब तो हो, गुरकम्पोती कहाँ है ?"
"गुरकम्पोती (तो,) है, कल्पा के खेत में,
कल्पा के खेत में, ओग्ला को पानी देती।"
माराज़ चल्ग्योश् कल्पा सेरिङ्ङो। महाराज चले गये, कल्पा के खेतों में।
गुरकम्पोतीयू, जम्नाचे चुम्ग्योश्। गुरकम्पोती को झट से जा पकड़ा।
हिल्नाचे ब्यङ् ग्योश। (वह) काँपी और डर गई।
"ठ बातङ् रिङ् तोइँ ?" "बात क्या कहती हो ?"
"ग चिनचारस् छङ् रङ्, उमासरन नेगी।"
माराज़स् लोतोश् "बाहा लगेदा,
"मेरे चिनचारस् पुत्र से उमाशरण नेगी।"
महाराज बोले, "भाव[3] (तुझसे) लग गया।
हुनता बीमिग् हाचे।" अब तो जाना होगा।"
"ज़ोरमङ् ता कोरमङ्, अमा रङ् बापू।
तकदिर लिख्या शिद्, अङ् (भालो) माई।"
ओम चू बेरङ् शोङ्, चिनचारस् देवाराम।
"जन्म और कर्म तो, माता और पिता।
तकदीर लिखा है, मेरे (अच्छा) लाहीं।"
पहले समय तो चिनचारस् देवाराम
"अङ् छङ्मा रिङो।" बोला (था) "मेरा पुत्र नहीं।"
जादोबेरङ् शाङ् माराजु पलगीउ। इस समय तो महाराज की पालकी पर।
बुलबुली सङ्रङ् हुन् बीमिग् हाचे। पौ फटते प्रातः अब जाना हो रहा।

---

1. ग्वारंगी गाँव का स्थायी विशेषण।
2. एक प्रकार का फाफड़ा।
3. भाव = प्रेम, चाह।

उतमबीर नेगी

कवि—अज्ञात गीतकाल—1908 (?) ई०

गायिका— विद्याचरनी, आयु—20 वर्ष, जाति—राजपूत, ग्राम—चिनी

लेखक— रतनचंद (सुङ्नम्) ता० 6-6-48

विवरण— उतमबीर नेगी कनम् के रहने वाले समृद्ध परिवार के आदमी थे। उनके घर का नाम 'गेलोङ्' था, शायद उनके पूर्वज गेलोङ् (भिक्षु से गृहस्थ) हुए थे। उतमबीर की पत्नी अब (जुलाई 1948) भी जीवित (60 वर्ष की आयु) है, किन्तु गीत का नायक कई साल पहले मर गया। सेरयङ् की बहिन ज़ोछो अपने भाई सुङ्नम् निवासी जैलदार तेब्ग्याराम के घर में भिक्षुणी है। उत्तमबीर के दो पुत्रियाँ हुईं— बुटित् ल्हामो (दीवानसेन की पत्नी) और हिरकोली। हिरकोली का पति अगरराम घर-दामाद बनकर गेलोङ् वंश को जीवित रखे हैं। गीत में कुछ कनम् की बोली के (उद्धरण चिह्न वाले) शब्द भी हैं।

दो गोलयो दङ् शोङ्जङ्चो थङ्कनम्।
जङ् चो थङ् कनम् गेलोङ् गोरिङ् देन्।

वहाँ से वहाँ जा कनम् सोने का मैदान।
कनम् सोने का मैदान, गेलोङ् (नामक) घर में।

गेलोङो छङा, उतमबीर नेगी। गेलोङ् का पूत, उतमबीर नेगी।

उतमबीर लेातोश्, "अङ् ज़ोमो नाने!
तोरोंगस् तङ् पखोली, हुन मोरछङ् हाचिशे।

उतमबीर बोला, "मेरी भिक्षुणी बुआ!
अब तक अबूझ था, अब सयाना हो गया।

पोरमी मायेच हाले, पोरमी थोग्याम् बीतोक्।
छेरेब वीयुरतो केरिङ्, नीजा ढाई-नीज़ा।

बहू बिन कैसे चले, बहू खोजने जाऊँगा।
थोड़ा द्रव्य दे, बीस ढाई-बीस।

ज़ोमो नानेस लोतोश, "बंजा उतमबीरा!
छेमा छेरेब्-छेरेब्, छेमा छेरेब्-छेरेब्?

भिक्षुणी बुआ बोली, "भांजे उतमबीर।
'क्यों थोड़ा-थोड़ा, क्यों थोड़ा-थोड़ा?

सन्दूकी ट्बायारिङ्, पेसा छ गाटा? सन्दूक ले जा, पैसे का क्या घाटा?
ओम्ची गिलटू पैसा, तु सयालखू रुङ्-रग्।

सयालखू रुङ् रग्, चुली-रेमा बराबर।

पुराना गिलट का पैसा, वह दस लाख कंकड का ढेर।

दस लाख कंकड़ का ढेर, चुली[1] गुठली के बराबर।

नर-नर ली हजार, पक्-पक् ली हजार।

गिन-गिनके हजार, नाप-नापके हजार।

देलोन्ना बेरङ् उतमबीरस् लोतोश। यह कहने पर उतमबीर बोला।

"बैठू छोपेलो हाम्तोन्, तोनू ठ बैठू ?

'ताबा' चाबीम बीरा, कोरती खोनाचा।

"बैठू[2] छोपेल ! कहाँ है, कहाँ है चाकर,

घोड़ा लाने जा, कोरती के मैदान से।

डाई-नीज़ा ताबा, बीन्या न्याकारा, ढाई बीस घोड़े (वहाँ) से बीनकर ला।

शुम् बोशङ् टुरू, काचुग् मताई गोन्मा।

तिङ् डो से ताबा, बङखोनो थोरिङ।"

तीनसाला बछेड़ा, बछेड़ी-बिन ब्यायी घोड़ी।

सुन्दर चाल का घोड़ा, पाँव के ऊपर लच्छन।"

पलवोरो बेरङ ताबा पोंच्याग्यो। पल-भर के समय में, घोड़ा आ पहुँचा।

योठङ् खातङ चो, तवा (ता) तङ् तङ्। नीचे द्वार पर घोड़े को देखके।

उतमबीर खुशी हाचि ग्योश्, खुशी हाचियोश्।

ताबा पन्होन पहन्यो, चीलडी रङ् अरगा।

माश्यो रङ् माटन, यापचे नू रोनो।

उतमबीर खुश हो गया, हो गया।

घोड़े को पहनावा पिन्हाया, घन्टी और घुंघरूँ।

झूल और जीनपोश, लोहे की रिकाब।

दङ् पीपलू अरगा। और पीतल का घुंघरूँ।

उतमबीर नेगी, ताबा 'थोरिङ्' शोकसिस्।

उतमबीरस् ताबा, गोङ् युला मा पक्सी।

उतमबीर नेगी, घोड़ा ऊपर सवार हुआ।

उतमबीर का घोड़ा गोङ् युल के योग्य।

---

1. छोटी खूबानी।

2. चाकर।

उत्तमबीर अरगा, शुम् छोओ रोन्यातो।
दोरिङ् रिङ् बीमा, थङ् लिङ् गोङ्ग्युलो।

उतमबीर का घुघरू, शुम्छो[1] में गूँजा।
वहां से ऊपर-ऊपर जा, थङ्लिङ[2] में गोङयुल के।

मारबोरिस् गोरे मारबोरिस् न्योटङ ज़ाई।
नामङ् ठ दू गयोश्, नामङ् ठ दू ग्योश् ?

मारबोरिस के घर में, मारबोरिस के दो जाई।
नाम (उनका) क्या था, नाम (उनका) क्या था ?

नामङ् तालोन्ना, ज़ीछोरङ् सेर्यङ्।
बन्ठिन् ता ज़ीछो, चालाक ता सेरयङ्।

नाम तो कहिये, ज़ीछो और सेरयङ्।
सुंदरी तो ज़ीछो, चालाक तो सेरयङ्।

ज़ीछो माइटङ् छेछाचङ्।
"अङ् भावो मा बदा, सेरयङ् यालू ज़ोमो।"
चालाकी ता ग्यासो, गोर-बनु मा पक्सी।

जीछो मायके की कन्या।
"मेरे भाव में नहीं जँची, सेरयङ् यालू[3] भिक्षुणी।"
चालाक तो चाहिए, घर-बन के योग्य।

"चालक पोरमी फीमा, गोर-बन चाल्यातो।"
उतमबीरस लोतोश्, "पन्ठङ् वङ् पेरङ् !

"चालाक बहू ले जायें, घर-बन चलायेगी"
उतमबीर बोला, "घर भर के लोगो !

कितान् ता तोच्, सेरयङ् लोन्निक् हम् तोश् ?"
"सेरयङ् ता लोन्ना, थङ् गोन्पो कुमो।
लामा चेईनो बागे, ज़ोमो चेइनू दूरे।

तुम तो हो, सेरयङ् नामक कहाँ है ?"
"सेरयङ् तो कहिये, ऊपर मठ के भीतर।
लामा सबसे पीछे, भिक्षुणी सबसे आगे।
प्रज्ञापोथी[4] पढ़ती।"

युम् पोती स्तीलो।"
गुद चुम्चुम् कातोश्, बाहरे गोन्पागू।

---

1. शुमछो—लब्रङ्, कनम् के गाँव।
2. सुङ्नम् गाँव।
3. गुलाब का फूल।
4. प्रज्ञापारमिता की पोथी।

उतमबीरस् लोतोश्, "सेरयङ् याल ज़ोमो।
हाथ पकड़े लाया, बाहर में मठ के।
उतमबीर बोला, "सेरयङ् यालू भिक्षुशी।
रिङ् ज़े या रिङ् ज़े !
बहिन हे बहिन !
मोरजात हाले दूया, काशो ओमीचू बातङ्।"
सेरयङ् ज़ोमो लोतोश्, "फाने गोनूकी मा ज़ईं।
विचार (तुम्हारा) कैसा ? हमारी पहली बात।"
सेरयङ् भिक्षुणी बोली, "पहले सबेरे नहीं आये।
हुनाग यालू ज़ोमो, 'छोसों' बरछोत् बीतोक्।
छोसो बरछोत् बन्ना, बरछोत् सिल्सिल् शेते।"
अब मैं यालू भिक्षुणी[1], धर्म में बाधा आयेगी।
धर्म में बाधा होगी, तो वारक पाठ करायेंगे।"
डसङ् मङ्चा फुलतो
विहार में भोज देंगे।
उतमबीर नेगी सेर्यङ् लिक्शिस् बीग्योश।
उतमबीर नेगी सेरयङ् को साथ ले गया।
अनेनु गोरे ज़ोमो, नाने लोतोश्।
"बन्ज़ा उतमबीर ! ज़ोमो पोरमी ठ कईं ?"
अपने घर में (जाने पर) भिक्षुणी बुआ बोली।
"भाँजे उतमबीर ! भिक्षुणी बहू क्यों लाये ?"

पोतिष्ठङ्

कवयित्री—बनाछों और खेइछों, भगिनीद्वय खइछों आयु—70 साल
गायिका —हिरपोती, आयू—44 वर्ष, जात—बढ़ई, गाँव—कोठी
लेखक—पुण्यसागर (गीतकाल—1920) ता० 30-7-48

विवरण—कोठी (कोष्टिण्ये) किन्नर का पुरातन केन्द्र है, जहाँ की देवी चंडिका सारे किन्नर में प्रसिद्ध है। चंडिका को पार्वती दुर्गा से मिलाने का प्रयत्न न कीजिये, यह पहाड़ की देवी है, जिसका अपना पृथक् वृक्षवंश है। पूजा और होम के समय का यहाँ वर्णन है।

दो गोल्यो दङ् शोङ्, माज़ो कोष्टिङ्पे। वहाँ से वहाँ, कोठी के माँझे।
देवियो चंडिके, शुम् बोर्शङ् बाहेर।

1. भिक्षुणी व्रत में।

देवी चंडिका, तीसरे वर्ष बाहर (आई)।

थुसको बैरासो। ऊपर भैरव के (आगे)।

चंडिकेस् लोतोश्, "अङ् कम्दार हम् तोइँ। अङ् ओम्पे जारइँ।"

चंडिका बोली "मेरे कामदार[1] कहाँ हो ? मेरे सम्मुख जाओ।"

दे लोन्नु बेरङ्, निश् गुद्-हथ जोर-यो।

"ठ रिङ्-तोइँ मामइ, मामइ चडीके ?"

"रिङ्म् ठ रिङ् तोक्, पोतिषङ् लन्मिग्।

यह कहने पर (कामदार ने) दोनों हाथ जोड़े।

"क्या कहती हो माता, माता चंडिका ?"

"कहना क्या, कहूँ, प्रतिष्ठा करनी (है)।

बन्जस् अरियाते। भांजे बुलाओ।"

बन्जस् अरियाते रोगे नारेनस्। भांजे बुलाओ, रोगी के नारायण को।

रङ् चीने बन्जस् बिश्नू नारेनस्। और चिनी के भांजे विष्णु नारायण को।

शीशेरिङ् डंबर,[2] रङ मरकारिङ्[3]।

रोगशू नारेनस्, कनारो थोम्यारइँ।

शिशेरिङ् देवता और मरकारिङ् को बुलाओ।

रोगी-देवता नारायण भूतों को थामें।

चिने नरेनस कैलस थोम्पारइँ। चिनी का नारायण, कैलास को थामें।

शेशरिङ् डंबर रङ् कूमो थोम्पारइँ। शेशरिङ् देवता, पर्वत बीच थामें।

मरकारिङ् डंबर डेबोरङ् थोम्पारइँ। मरकारिङ् देवता देवलोक थामें।

कालिका देवी बहेरों थोम्यारइँ। कालिका देवी भैरव को थामें।

न्योटङ् ब्रामने होम्बुकार लानो।" ब्राह्मण युगल होम कार्य करें।"

देवी चंडिके आनेनु जकु देन् तोशिस्। देवी चंडिका अपने यज्ञ में बैठी।

होम्बुकार लाने रङ् शेशोरिङ् डंबर बोक्योश।

चंडिके रोशायोश्, शीरङो में बारो।

बायङू देन् हिले दो, दम् बिन्निक् मादु।

होम कार्य करते समय शेशोरिङ् देव आया।

चंडिका रोष में आई, चेहरे से आग बली।

बाँहें हिल गईं, भला होने को नहीं;

बिगनी ता बीयो। विघ्न हो गया।

---

1. कारबारी 2. पांगी का देवता 3. ख्वारिंग का देवता।

सागरसेन

कवि—अज्ञात गीतकाल—1928 (?)

गायिका—रामदेवी आयु—19 वर्ष जात—कनैत ग्राम—चिनी

लेखक—रतनचंद विद्यार्थी छठी श्रेणी (सुङ्नम) ता० 6-6-48

विवरण—सागरसेन सुङरा का रहने वाला था, जो चिनी तहसील के बाहर के कनौर में पड़ता है। जंगल में पेड़ ढुलाई-चिराई का काम हो रहा था, उसी में लकड़ी के स्लीपर के आ गिरने से मर गया। गीत जहाँ-तहाँ अपूर्ण है।

दो गोलेङ् दङ् शोङ्, राठोली ग्रोस्नम्। वहाँ से वहाँ राठोली सुङरा।
कोदारङ् डानेउ नुस्को, लोदङ् दम्यस् गोरे।
कोदारङ् बाही से परे, लोदङ् दम्यस् घरे

पांजीतोइ या मातोइ, मातो मा बस्क्यङ्। पूत है या नहीं, की बात नहीं।
अनेनु शुम् पांज़ी, नामङ् ठ दु गयोश्?
उसके तीन पूत, नाम (उनका) क्या था?

अचो साउ नामङ् सागरसेन पिजारी। जेठे का नाम, सागरसेन पुजारी।
बेते साउ नामङ्, बुदाराम बैयर। बिचले का नाम, बुदाराम भैयार।
बइचे साउ नामङ्, मोनसुखदास बैयर।
छोटे का नाम था, मनसुखदास भैयार।

दो शुम् लिउ पांजी, हातु लौ बन्ज़स्? ये तीनों पूत (थे), किसके भांजे।
हातु लो मा लोन, छल्टूचो बन्जस्। (और) किसी के नहीं, छल्टू के भांजे?
सागरसेन गुरबई हातू द्व गयोश्? सागरसेन का मीत, कौन था?
गुरबई ता लोश्मा, स्पूलिङ् विश्ट छाङा।
मीत तो कहिये, पुलिंगी मन्त्री पूता।

नामङ् ता लोन्ना, बोदरीसेन नेगो। नाम तो कहिये, बदरीसेन नेगी।
सागरसेन पिजारिड पोरमी नलचे फनेसु ज़ाई
रुप्पी लमटू बन्जी, शिवदयाली बन्ठिन्।
सागरसेन पुजारी की बहू, नचार फनसू की जाई।
रूपी लमटू की भांजी, शिवदयाली बन्ठिन्।

बोदरीसेनस् लोतोश "गुरबई या गुरबई बदरीसेन बोला, "मीत, हे मीत!
पइँ सेली बीते, ते-ग्रोस्नम् नुस्को चलो सैर चले, बड़े सुङरा के पास।
ते-ग्रोस्नम् नीचोलु, कोनीच छुकशिम्। बड़े सुङरा अपने मीत से मिलने।
काशङ् कोनीच साथे थारू रोब्शनमू। हमारे मीत के साथ बाघ मारने।
दे लोन्मिउ बेरङ्, सागरसेनस्, लोतोश्।
"नाने, या नाने! ग कामङ् बीतोक।
नल्चे जंगलू कुमो, ढुलान चिरानु कामङ्।"

यह कहने पर, सागरसेन (बुआ से) बोला,
"बुआ, हे बुआ ! मैं काम से जाता हूँ।
नचार के जंगल भीतर, ढोने-चीरने का काम।

नाने ता लोतोश, "बन्जा सागरसेना !
की कामङ् था बीं, ढुलान कामङ् दम् मइ।
गेली गिराइ बीतोक्, शी का शिम् बीतो।

बुआ बोली, "भांजे सागरसेन !
तुम काम पर न जाओ, ढोने का काम अच्छा नहीं।
सिल्ली गिरके आयेगी, मृत्यु तेरी लायेगी।"

"पैसा चु ठ गाटा, पैसा गाटा मई ना।
बाशुरी पाटी शेतोक्, लदख चूलु बाशुरी।
पीतलु पाटी संसारु, मुलु पाटी शेतोक।

पैसे का क्या घाटा, पैसे का घाटा नहीं है।
बाँसुरी में पट्टी लगाऊँगा, लदाखी खूबानी की बाँसुरी।
पीतल पट्टी लोगों की, रूपे की पट्टी लगाऊँगा।"

शीमिक् बी ग्याशो, सागरसेनु शीमिक्
माऊस् तङ् जुम्बिक् कोखङ् मा ग्याशो।
"शिवदयाली बन्ठिन्, का तो शीरङ चाले।
सरशिम् सागरसेना, अनेनू इपटो रिङजे।
नामङ् ता लोन्ना, कुन्डा ता बन्ठिनी।"
कुन्डा बन्ठिनी ठुलठुलिउ करावो।
ठुलठुली करावो, बाशुरी ख्याउ करावो।
बाशुरी ख्याउ आनेनू युङ्जू बाशूरी।
"अङ् युङ्जे बाशुरी चांदी पाटी शेशे।
हतरङ् मा रुक्शिश्।

मौत आ गई, सागरसेन की मौत।
बिन फूले मुर्झाने से कोख ना जाये।
"शिवदयाली सुन्दरी ! तुम बैठना चाहतीं।
सागरसेन चल बसा, उसकी एकली बहिन।
नाम उसका कहिये, कुन्डा सुन्दरी।"
कुन्डा सुन्दरी छलछल (आँसू) रोती।
छल्-छल् (आँसू) रोती, बाँसुरी देख रोती।
बाँसुरी देख, अपने भाई की बाँसुरी।
"मेरे भाई की बाँसुरी, चाँदी पट्टी लगाई
किसी को न मिलती।"

युम्दासी (प्रज्ञादासी)

कवि—अज्ञात गीतकाल—1932-33 ई०

गायिका—विद्याचरनी आयु—20 साल जात—कनैत गाँव—चिनी

लेखक—भगतसिंह 2-6-48

अनोचो देना शोवङ् अनोचो देना ठ मा लोन्ना ।

अनोच के ऊपर शोवङ्, अनोच के ऊपर क्या नहीं कहें ।

ठंटीचू देना शोवङ् । चबूतरे के ऊपर शोवङ् ।

ठंटीचु देना शोवङ् माथसु गोरिङ् देन । पोरमी हम्चा दूगयोश ?

चबूतरे के ऊपर (सा) शोवङ् (गाँव), महता के घरे । पत्नी कहाँ की थी ?

पोरमी ता लोन्ना, यानी देशङ्, छेचा, हातु लो ज़ाई ?

पत्नी तो कहिये, जानी गाँव की कन्या, किसकी (थी) जाई ?

हातु लोन् मालोन्, होमङ् टो ज़ाई ?

होमङ् टो ज़ाई, नामङ् ठ दू गयोश् ?

नामङ् ता लोन्ना, बन्ठिन् कमला देवी

(और) किसी की नहीं, होमङ् टो की जाई ।

होमङ् टो की जाई, नाम (उसका) क्या था ?

नाम तो कहियें, सुन्दरी कमलादेवी ।

बन्ठिन् कमलादेवीयु, ठ कुखिङ् दू गयोश ?

ठ कुखिङ् दू गयोश आनेनू इपटी पाज़ी ।

आनेनु इपटो पाज़ी, नामङ् ठ दू गयोश ?

सुन्दरी कमलादेवी के, क्या कोख में था ?

क्या कोख में था, अपना अकेला पूत ।

अपना अकेला पूत, नाम (उसका) क्या था ?

नामङ् ता लोन्ना, रतनसींग नेगी । नाम तो कहिये, रतनसिंह नेगी ।

रतनसींग नेगियु, पोरमी हाम्च दू गयोश ?

रतनसिंह नेगी की पत्नी कहाँ की थी ?

पोरमी तो लोन्ना, ब्रू यो छेचाचेन् । पत्नी तो कहिये, ब्रूये की कन्या ।

ब्रूयो छेचाचेन, हातू लो जाई ? ब्रू ये की कन्या, किसकी (थी) जाई ।

हातूलो मानी, मेबानो ज़ाई । (और) किसी की नहीं, मेबान् की जाई ।

मेबानो ज़ाई, हातूलो बन्ज़िक् ? मेबान की जाई, किसकी भांजी ?

हातू लो मालोन् साङ्ला रेपाल्टू बनज़िक ।

साङ्ला रेपाल्टू बनज़िक, नामङ् ठ दू गयोश ?

और, किसी की नहीं, साङ्ला रेपाल्टू की भांजी।

साङ्ला रेपाल्टू की भांजी, नाम (उसका) क्या था?

नामङ् तो लोन्ना, बन्ठिन् युम्दासी। नाम तो कहिये, सुन्दरी प्रज्ञादासी।

बन्ठिन् युम्दासीयु, ठ कुखिङ् दू गयोश?

कुखिङ् यूने ज़र ज़र सुनियारु कुखिङ्।

सुन्दरी प्रज्ञादासी की, क्या कोख में था?

कोख में सूर्य उदय, सोने की कोख (थी)।

आनेनू न्योटङ् पानज़ीयु, नामङ् ठ दू गयोश?

नामङ ता लोन्ना विद्याचंद रङ् रामपाल।

उसके पूतों की जोड़ी, नाम (उनका) क्या था?

नाम तो कहिये विद्याचंद और रामपाल।

× × ×

युमे आमास् लोतोश्, "नम्शा युम्दासी।

नम्शा युम्दासी! पालेस् बीम् ग्यातो।

सासूजी बोलीं "बहू प्रज्ञादासी!

बहू प्रज्ञादासी! चरवाही जाना चाहिये।

नोरङ् देन् पालेस्। नोरङ् पर चरवाही।

नोरङ् देन् पालेस्, ब्रीमे यागानु पालेस्।

नोरङ् पर चरवाही, चमरी-चमर चराना।

ब्रीमे यागानु पालेस् बोतरङ् मर चापरिइँ।"

चमरी-चमर चराना, मट्ठा-माखन लाना।"

युम्दासिस लोतोश्, "अङ्युमे अमा! प्रज्ञादासी बोली, "(हे) मेरी सासूजी!

किनो जवाब केतोक। तुम्हें जवाब देती हूँ।

किनो जवाब केतोक्, ग पालेस् माबक।

तुम्हें जवाब देती हूँ, मैं चरवाही ना जाऊँ।

अङ् डेयङ् दम् माय, पन्ज़े सुङो शेते।

विद्याचंद रङ् रामपाल।" दे लोन्ना बेरङ्।

कमला पोतीस् लोतोश्, "नो ठवातङ् रिङ् तोइँ।

मेरी देह अच्छी नहीं, पूतों को भेज दें।

विद्याचंद और रामपाल।" यह कहने पर।

कमलावती बोली, "यह क्या बात बोलती?

नमशा युम्दासी! किनू बीम सिन्ज्याती।

हाले माबिक रिङ्तोईं, गोर छङ् ले पालेस् ।
गोरछङ ले पालेस्, हातो सिन ज्यातो ।

बहू प्रज्ञादासी, तुझे जाना होगा ।"
"क्यों नहीं जाऊँगी" कहती, "सासरे चरवाही
सासरे चरवाही, किसको नहीं जाना पड़ता ।"

"किनो सिन् ज्यातो ।
"तुझे जाना होगा ।"
बन्ठिन् युमदासी बीगयोश नो रङ् देन् पालेस् ।
नो रङ् देन पालेस्, ढाई गोली पालेस् ।
ढाई गोला दोम्या, खोरग्यु माज़न् सरसर ।

सुंदर प्रज्ञादासी गई, नोरङ् पर चहवाही ।
नोरङ् पर चरवाही, ढाई मास चरवाही ।
ाई मास पीछे, उदास असुखी पड़ी ।

डानियु देन् द्वाक्यो ।
डंडे के ऊपर निकली ।
डानियु देन द्वा-द्वा "हाह भगवान ठाकुर !
डंके के ऊपर निकली "हा भगवान ठाकुर !
युमे कुटोनो लानाशित् ।"
सास कुटनी ने कर दिया ।
कोट था छङबल, आ खा क्योदु ।
कोट का गेठि में सिर दर्द दे रहा ।
ढाई गोलो दोम्या, उख्याङ् बदारिङो ।

ढाई मास पीछे "फुलाईच[1] आई" बोले ।
शालङ् योवा चप् ग्योश ।
पशुगण नीचे उतरे ।
उख्याङ् ठंटीचु देन् ज़ये बन्ठिन् हात् तोश् ?
फुलाइच के चौतरे पर, सबसे सुंदरी कौन थी ?
ज़ये शोकिन् हात् तोश ?
सबसे शौकीन कौन थी ?
ज़ये बन्ठिन् लोन्ना, बन्ठिन् युम्दासी ।
बड़ी शोकियू छोटियु मल्डोगङ् ।

सबसे सुंदरी कहिये, सुंदरी प्रज्ञादासी ।
सबसे सुंदरी की छोटी आयु मृत्युलोक में ।

युम्दासी बलदेन् शुम् डालङ् गुलबास् ।
सम् बेला चोम्बे, निम् लाइ बरङ रिप्राची नल्ग्यो ।

---

1. एक महोत्सव

प्रज्ञादासी के सीस पर, तीन गुच्छे (थे)।
प्रातः बेला कली, सांवबेला एकदम मुरझा गई।

ठ बीछल् हाचे, हेद् बीछल् मानी।
युम्दासी आनेनो बीछल् पीरङ् पोरयातोश्
डेयङ् पीरङ् पोडेदाश, मासोके च पीरङ्।

क्या कारण हुआ ? और (कोई) कारण नहीं।
प्रज्ञदासी अपने कारण, व्याधि में पड़ी।
देह में व्याधि पड़ी, असह्य व्याधि।

मनाङ्गो मासोक्याच अपसोस। मन में असह्य अफसोस।
युम्दासिस लोतोश्, "भावोचो प्रेमी !
सच्क्यो डुब्याशे, डंबर तोल्याम् बीरइँ।"
रतनसिंह बी ग्योश्, छिल्छिल् गङ् ज़ेर गश।

प्रज्ञादासी बोली, "(हे मेरे) प्रेम के पती !
सच ही मरूँगी, देव उठाने (पूछने) जाओ।"
रतनसिंह गया, चमचम प्रकट हुआ।

गंगाछवो देन डम्बर तोल्या ग्योश। देवता, विमान[1] में देवता उठाया।
डंबर तोल्याइश शोवङ् नरेनस्।

देवता उठाया, शोवङ् का नरेनस (देव)।

डोम्बोरस् लोतोश्, "जु माजो लाये ठूल्यो। देवता बोला, "इस मध्याह्न में,
ठूल्यो जान्यो चुत् कन् पद्श ग यानीख।"
रतनसिंहिस लोतोश्, "पद्शो हाहस रिङग्योश।"

क्यों तूने उठवाया, तृण पूला मैं नहीं।"
रतनसिंह बोला, "तृणपूला किसने कहा?"

"की सोथिङो डम्बर अर्जीचु तङिस्।
अरज़ी चु तङिस्, अरजी मोन्या रइँ।
पोरमी पीरङ् पोरयाश् दोशङ् खोरया केरिङ्।"

"आप शक्तिमान देव, अरज करने के लिये।
अरज करने के लिये (उठाया), अरज स्वीकारो।
पत्नी व्याधी पड़ी, दोष-कारण (बता) देना।"

---

1. डोली जैसी देवता की सवारी (विमान)।

दोशङ् खोरयाम् बस् क्यङ् चमनङ् मा तोल्याश् ।
डोम्बरिस् लोतोश्, "अङ्तङ्शित मादुक ।

दोष-कारण बताना दूर, मुंड नहीं उट्ठा ।
देवता बोला, "मुझे (भला) नहीं दीखता ।

नो रङ् देन् यूने, रेन्निगो त्यारी — उस पर्वत पर सूर्य, डूबने को तैयार ।
होट्याशिम् माश्के । — हटा नहीं सकता ।"
रतनसिंह बीग्योश पिजिरो कुमो । — रतनसिंह गया चारदीवारी के भीतर ।
युमदासिस् लोतोश, "डम्बरस् ठ रिङश् ?"

प्रज्ञादासी बोली, "देवता क्या बोला ?"

रतनसिंह नेगिस् लोतोश्, "ठ रिङ्म् बस् क्यङ् ।
चमनङ् हि मा हिल्याश पोरमी या पोरमी !

रतनसिंह नेगी बोला, "कुछ कहना तो दूर ।
मुंड भी नहीं हिलाया, पत्नी, हे पत्नी !

कित् हाचिमिङ् मुशकल ।" — तेरा रहना मुश्किल ।"
युमदासीयु मिगो, ठुलठुली मिस्ती ।

प्रज्ञादासी की आँख में, छल-छल अँसुआ ।

ठुल्-ठुल् कराब् ग्येश् । — छल-छल रो पड़ी ।
युमदासिस् लोतोश, "अवोचा प्रैमी ।

प्रज्ञादासी बोली, "(हे मेरे) प्रेम के पती ।

हेत् लोशिश् दयलो, अङ्थुमो पांजी । — और बात रहे, मेरी गोद के बच्चे,
हातो लों गुदो । — किसके हाथ में ?
भावोची प्रैमी ! अङ्ू सुत्चेत् ना । — प्रेम के पती ! मेरा विचार करो तो ।
हास् पोरमी था फीरइँ । — दूसरी पत्नी ना लाना ।
हास् पोरमी फीमा, पञ्जियू गाटा देतो ।
फितो की चल्मा, अङ् बइचेचो फीरइँ ।
बईचें निसवबाग, पन्जे शाङ्तातो ।"

दूसरी पत्नी लाओगे तो बच्चों को कष्ट होगा ।
यदि लाना ही चाहो, तो मेरी बहिनिया लाना ।
बहिनिया निसव बाग, बच्चों को पालेगी ।"

शम्शम् तुरङ्स् युम्दासी डुब्याश् । — गोधूली बेला प्रज्ञादासी डूब गई ।
छिल्छिल् ज़रग्योश शुप्याज देस्का । — उषाकाल प्रकटे देवपक्षी जैसे ।
रालो आठङ् चप्ग्यो शुरिशङ् फुक्यायो ।

(नदी) तट के घाटे उतार पद्मकाठ से फूंक दिया ।

बेलीराम बाबू

कवि—अज्ञात गीतकाल—1936-37 ई०

गायिका—सुखदेवी, आयु—19 वर्ष जात—कनैत ग्राम—चिनी

लेखक—भगतसिंह ता० 2-6-48

योचा डेनोई तेग्यू बाबू, नामङ् ठ दू गयोश् ?

नीचे से ऊपर (आया) एक बड़ा बाबू, नाम (उसका) क्या था ?

नामङ् ता लोन्ना, बेलीराम बाबू । नाम तो कहिये, बेलीराम बाबू।

दो डेन्-डेन् बन्ना, रेशमालो चीने,

वहाँ से ऊपर-ऊपर आये, रेशम-सी चिनी में।

रेशमालो चीने, ठ ज़ागा दूगयोश् ? रेशम-सी चिनी, कैसी जगह है ?

छुनेस् क्यु ज़ागा सरानङ् दरबार देसकी।

कैसी (सुन्दर) जगह, सराहन दरबार जैसी।

रिङ्कोचङ् ख्यामा, सोमोने कैलास । ऊपर की ओर देखें, सामने कैलास।

कैलास-परबतीयू, शुम्जब डालङ्योश। शिव-पार्वती को तीन बार प्रणाम है।

लोकोचङ् ख्यामा, ठ ज़ागा दूग्योश ? उरली तरफ देखें, कौन जगह है ?

नु छावनियु मुलको। यह नगर का स्थान।

दो लो-लो बिन्ना, रग बइयू देन् शोङ् ।

रग-बइयू देन् शोङ् युगणे पानी तुङ्तुङ्।

उससे उरे-उरे आये तो पाथर-वापी ऊपरे।

पाथर, वापी ऊपरे, ठंडा पानी पीकर,

मा ग्रिक्शे ऐ तुङ्मिक्। नहीं तृप्त हो पीना।

दो नेस्-नेस् बीमा शीलसु, कोजङ् बङ्ली।

वहाँ से परे-परे जा, शीतल पांगी बँगला ?

बेलीराम बाबू, गुरवई हात् दूग्योश । बेलीराम बाबू का मीत कौन था ?

गुरवई ता लोन्ना, ख्वङ् केज़ायू छाङा ।

मीत तो कहिये, ख्वांगी के केज़ा का पूत।

नामङ् ता लोन्ना, होरू बैयारा। नाम तो कहिये, होरू भैयारा।

बेलीरामस् लोतोश्, "गुरबई या गुरबई ! बेलीराम बोले, "मीत, हे मीत !

राक् तुङ् मिक् चल्शे केज़ागू छाङा होरू।

सुरा पीना चाहते, केज़ा का पूत होरू।

क्लिगोटीयू मायी, अङ्रेज रङ् गुरबाई। तुम घटिया नहीं साहेब के मीत।
गुरबाई रङ् दरम् बाई। मीत और धरम भाई।
कुन्नीगु बीरइँ, जाखोर्‍यो ग्वारिङ्।
बुलाने वाले होके जाओ, झाड़ी वाली ग्वारंगी।
सीमंच्यानो गोरे। सीमंच्यान् के घर में।
सीमंच्यानू ज़ाई, नोरपुरी बन्ठिन्।
होरू बैयारूस् बीग्योश्, जाखोरयो ग्वारिङ्।
होरू बैयारूस् लोतोश्, "रिङ्ज़े, या रिङ्ज़े!
सीमंच्यान् की जाई, नरपुरी सुन्दरी।
होरू भैया गया, झाड़ी वाली ग्वारंगी।
होरू भैया बोला, "बहिन, रे बहिन!
कुन्नीगुमी शोचेश्, बेलीराम बाबू। बुलाने को भेजा, बेलीराम बाबू।
बीते पईं को ज़ङ्, कोज़ङ् बङला॥" चलो चलें पांगी, पांगी के बँगले को।"
नरपुरी बन्ठिन् तुरेरङ् ग्वारिङ्। नरपुरी सुन्दरी शाम होते ग्वारंगी,
शुपा कोज़ङ् बङ्लो रात पांगली बँगले।
दो नेस्-नेस् बीमा, शीलसु कोज़ङ् बङलो।
बेलीरामस् लोतोश्, "कोनीच, या कोनीच!"
वहाँ से परे-परे जा, शीतल पांगी बँगला।
बेलीराम बोला, "प्यारी, हे प्यारी!"
भावोचो पोरमी, चारपाई तोशिइँ। चाह की नारी, चारपाई पर बैठो।
भावोचो पोरमी, भावो ठ दुइया? चाह की नारी! चाह क्या है?
"ज़ा मिगू भावो दुइया, लान्चिग्यू भावो दुइया?"
नोरपुरीस् लोतोश्, "लान्चिग्यू भावो मा दुग्।
ज़ा मिक् ता ग्यातोक्, रोपङ् ज़ोदु चपटी।
"भोजन की चाह है, पहिरन की चाह है?"
नरपुरी बोली, "पहिरन की चाह नहीं है।
भोजन तो चाहिये, रोपङ् गेहूँ की चपाती।
रो-माशू पोयथङ्।" काली उड़द की दाल।"
नरपुरी बन्ठिन्, ठ पेटीये दू योश।
नरपुरी सुन्दरी, कैसी पेटू थी (वह)।
सो-निस् चपटी ज़ा ग्योश्। बारह चपाती खा गई।
शुपा कोज़ङ् बङ्लो, सङेरङ् छोज़ुरङ्,

रात को पांगी बँगले, सबेरे छोजु पर्वत,

ज़ीमुचु पोरी। खेत की रखवाली।

नोरपुरी बन्ठिन् ठ लोबी बूदा ?

हेद् लोबा मानी, रोपङ् ज़ोद् चपटी।

रो-माशु पैथङ्, चोपरङ् मार् अरपारे।

नरपुरी सुन्दरी को कितना लोभ हो गया।

और लोभ तो नहीं, रोपङ् गेहूँ की चपाती।

काली उड़द की दाली, मक्खन से सराबोर।

सूरजमनी

कवि—सूरजमनी गीतकाल—1936 ई०

गायिका—(विद्याचरनी आयु—20 साल जात—कनैत ग्राम—चिनी
ज़ोमो बागपती „ 35 साल „ „ „ „

लेखक—भगतसिंह (विद्यार्थी) और पुण्यसागर ता० 1-6-48

बल्-खोनङू स्गिनिम्, ख्यल्टूचो गोरिङो देन्। ख्यल्टूचो गोरिङो देन्।

परगने के सिरे मोरङ्, ख्यल्टू के घरे, ख्यल्टू के घरे।

ख्यल्टूचो गोरिङो देन्, ख्यल्टू इपटो ज़ाई।

ख्यल्टू इपटो ज़ाई नामङ् ठ दूगयोश् ?

नामङ् ता लेन्ना, बन्ठिन् सूरजमनी।

ख्यल्टू के घरे, ख्यल्टू की एकली जाई।

ख्यल्टू की एकली जाई, नाम (उसका) क्या था ?

नाम तो कहिये, सुन्दरी सूर्यमणि।

सूरजमनीयु सुन्चो, स्यानाजीत् दोर् बीनोकी।

बारिङ् का तोङ्गो युन्तोक्, बारिङो पस्राङो तोशक्।

सूर्यमणि (का) मन था, सेनाजीत को ब्याहना।

बाहर के ओसारे चलूंगी, बाहरली ओर बैठूंगी।

स्यानाजीतो सुन् चो सूरजमनी फीतोक्।

सूरजमनी फीसत, शीमिक् मा बच्ग्यो।

सेनाजीत (का) विचार था, सूर्यमणि को लाऊँगा।

सूर्यमणि के ब्याह तक, मृत्यु नहीं रुकी।

सेनाजीतु शीमिक्, मा-उस् तङ् ज़ुम्मिक्।

मा-उस् तङ् ज़ुम्मिक् बस् क्यङ् मा ज़ोर् मेन्निक दम् दूं।

सेनाजीत का मरना, बिन फूले मुर्झाना।

बिन फूले मुर्झाने से तो, न जनमना अच्छा।

स्यानाजीतु डब्यानो बेरङ् सूरजमोनी इल्मोप्यार लन्ग्योश्।

सूरजमोनिस् लोतोश्, "बापू या बापू !

सेनाजीत के डूबने पर, सूर्यमणि को विद्या का प्रेम हुआ।

सूर्यमणि बोली, "बापू, हे बापू !

अङ् प्रयो लोशदु अङ् प्रयो मा बीक।

ग कागली हुशोक्, ग सकूलो बीतक्।

मेरे ब्याह की कहते, मैं ब्याह न जाऊँ।

मैं पोथी सीखूँगी, मैं स्कूले जाऊँगी।

चीनो सकूलो कुमो, इलम पका लोशदु।"

"तेग्यो छावनी चीने, सकूलो मस्टर हात् तोश्?"

चिनी के स्कूल में, पक्का इलम (है) बोलते।"

"बड़े नगर चिनी में, स्कूल के मास्टर कौन हैं?"

"हातो (लो) मा लोन्, चीने ठुर्क्यानो छाङा।"

"ठुर्क्यानो छाङा, नामङ्ठ द्गयोश?"

"(और) कोई नहीं कहो, चीनी ठुक्यान का पूत।"

"ठुर्क्यान का पूत, नाम (उसका) क्या था?"

"नामङ् ता लोन्ना, जी भूपसिंह मास्टर। "नाम तो कहिये, भूपसिंह जी मास्टर।

दोगोल्यो न्युम्ची, तेले ढेखरा चन् हरीलाल मास्टर।

उनके बाद तेलंगी के पुरुष हरीलाल मास्टर।

दोगोल्यो न्युम्ची वारङ् माथसू छाङा। उनके बाद वारङ् के महता पूत?

नामङ् तो लोन्ना, सोहनलाल मास्टर। नाम तो कहिये, सोहनलाल मास्टर।

दोगोल्यो न्युम्ची, बाबू नरायनसिंह मास्टर।

ठ होशियार तोक्योश्, निश नुकरी चाल्यो।

उनके बाद बाबू नाराग्रण सिंह मास्टर।

कितने होशियार हैं, दो नौकरी चलाते।

इद् ता डाखाने बाबू, अ इद्ता सकूलो मास्टर।

एक तो डाकखाने बाबू, और एक स्कूल के मास्टर।"

बापुस् ता लोतोश्, "अङ् चीने सूरज ! बाप बोला, "मेरी बेटी सूरज !

ठ चीने बीम् ग्याच, रिदङ् सकूला बीरईं।"

"रिदङ् सकूलो कुमो, मास्टर हात् लोकिश?"

क्या चिनी जाने की जरूरत, रिदङ् स्कूले जइयो।"

"रिदङ् के स्कूल में मास्टर कौन है?"

"मास्टर ता लोन्ना गंबीरचंद मास्टर।" "मास्टर तो कहिये, गंभीरचंद मास्टर।"

सूरजमोनी लोतोश्, "गुरूजी ! परनाम।" सूर्यमणि बोली, "गुरुजी, प्रणाम।

ग सकूलो बितोक्, ग कागली हूशोक्

रोक् अखरङ् शेस्तोक्, ग नुकरी लान्तोक्

मास्टरानी हाचोक्, कन्या पाठशाला खोल्यो तोक।

मैं स्कूल में आऊँगी, मैं कागज सीखूंगी।

काले अक्षर चीन्हूँगी, मैं नौकरी करूँगी।

मास्टरानी होऊँगी, कन्या पाठशाला खोलूंगी।

हिन्दीयू परचार लान्तोक्।" हिन्दी प्रचार करूँगी।"

सूरजमोनी ठ होशियारी, स्कूलो छाङ्गनू ओस्ताद।

बन्ठिन् सूरजमोनी वन्युङ्जका बागे छेचाका दूरे।

सूर्यमणि कितनी होशियार, स्कूल के बच्चों की उस्ताद।

सुंदरी सूर्यमणि पुरुषों के पीछे स्त्रियों के आगे।

कलङ् कोलम् गुदो कतावरङ्। कान में कलम और हाथ में किताब।

सूर्यमनीयू कोनीच, बीनोलो जाई। सूर्यमणि की सखी, बीनो की जाई।

इलमो तंग सूरजमोनी, बन्ठिन् ता विदापोती।

दो न्योटङ् कोनिच रिगेन् सेरकिम् सन्तङ्।

शुम् कलङ्गो कायङ्, शुम् कलङ्गो कायङ्।

विद्या में बड़ी सूर्यमणि, सुंदरी तो विद्यावती।

वह दोनों सखियाँ, उपरले सेरकिम् नृत्यांगन में।

तेहरा नृत्य-चक्र, तेहरा नृत्य-चक्र।

नो कायङ् माजाङ्, ज्रहे दूरे हातोश्?

दूरे ता ताशा ख्यल्टू छाङ्गा ज्रवाला जीत।

उस नृत्य-चक्र मध्ये, सबसे आगे कौन बैठा?

आगे तो बैठा, ख्यल्टू पूत ज्वालाजीत।

सी-परोलु देन शोङ्, शुम् दम् मीयु छाङ्गा।

कायङ् अन्ताज्र लानो, ज्रहे बन्ठिन् हाद् तोश्?

सिंह पौरि ऊपर, तीन भलेमानुसों के पूत।

नृत्य-चक्र में ढूंढ़ते, सबसे सुन्दरी कौन है?

बन्ठिन् तो तोशा, बन्ठिन् विदापोती। सुन्दरी तो थी, सुन्दरी विद्यावती।
टानाङ्गू तेग सूरजमोनी। गहनों में बड़ी सूर्यमणि।
सूरजमोनीङ्ग गुदो, प्राचो जङो मुन्दी।
विदापोतीङ् गुदो, जोड़ी चंदीयु ठागुमा।
परताप बाबुस् लोतोश्, "न्योटङ् पलबर आरम् लानीच।
सूर्यमणि के हाथ की अँगुली में सोने की मुंदरी।
विद्यावती के हाथ में जोड़ा चांदी का कंकण।
प्रताप बाबू बोला, "दोन, पल-भर आराम करो।
कायङ् नीतो सोदाई।" नृत्त-चक्र होता सदा ही।"
सूरजमोनिस् लोतोश्, "ग आरम् मा लानिक्।
सूर्यमणि बोली, "मैं आराम ना करूंगी।
आरम् नीतो सोदाई, कायङ् नीतो ई जोब्।"
आराम होता सदा ही, नृत्य-चक्र होता एक बार।"

× ×

दो-न्योटङ् रिङ्ज़े, द्वन् लोशिश् द्वा तोश्।
पल्बर आरम लान्योश्, थङ्को ठंटीयू देन।
परतप बाबुस् लोतोश्, "जु नासपती अई।"
वह दोनों बहिनें, निकलने को तो निकल बैठीं।
पल-भर आराम करने, ऊपर के चौतरे पर।
प्रताप बाबू बोले, "यह नासपाती लो।"
सूरजमोनिस् लोतोश्, युङ्ज़े या युङ्ज़े। सूर्यमणि बोली, "भाई, हे भाई!
ग नासपती मा ग्याक्, ग नासपती मा ग्याक।
नासपती ग्यामा, अङ्युङ्जू बागीचा ओ।"
"मुझे नासपाती ना चाहिये, नासपाती ना चाहिये।
नासपाती चाहिये तो, मेरे भैया के बाग में है।"
बन्ठिन् सूरजमोनी, पकाई मनसूबो। सुन्दरी सूर्यमणि, पक्के मंसूबे की।
धीजेन् मा श्कोचोश्। फुसलावा ना माना।
हुनागु बेरङ् गुरु द्वर् परायो। इसी समय (अपने) गुरु के घर गई।
रग्चन्टो गोरे, छाङा गबीरचन्द मास्टर।
रगचन्टो के घर के पूत गंभीरचंद्र मास्टर।

व्यासमोनी

कवि - व्यासमोंनी गीतकाल—1937-38 ई०

गायिका—विद्याचरनी आयु—20 वर्ष जात—कनैत गाँव—चिनी

लेखक—भगतसिंह ता० 2-6-48

शीलस् पुन्नम् थव्क्यानु गोरिङ देन्। शीतल पूर्बणी, थबक्या के घरे।

अनेनु गुयलब पंजी, नामङ्ट दू गयोश्।

स्वयं गुयलब का पुत्र नाम उसका क्या था ?

नामङ् ता लोन्ना नाराक-सैराकु छेचा।

नाराक-सैराक ठ मालोन् खोनाचु तेले।

नाम तो कहिये, नारक-सैराक का पुरुष।

नारक-सैराक[1] क्यों नहीं बोली, मैदान की तेलंगी।

हतु लो ज़ाई हतु लो मालोन। किसकी जाई ? (और) किसी की नहीं।

थेरगज़गुज़ाई, नामङ् ठ दूगयोश।

थेरगज़ की जाई, नाम क्या था ?

नामङ् ता लोन्ना, व्यासमोनी बन्ठिन्। नाम तो कहिए, व्यासमणि सुन्दरी।

व्यासमोनीस् लोतोश्, "युङ्जे या युङ्ज़े ! व्यामणि बोली, "भाई, हे भाई !

ख्वक्च डोलङ् चोक, थ्वरवसी जरी जारइँ।

ज़रज़ामिक् बस् क्यङ् कुकुलिकङ् रन्ग्योश्।

अम्मीर चन्दु लोतोश्, "अङ् डोल्चिम् म ग्या।

नीचे सिर नवाती हूँ, स्वीकार करना।"

स्वीकार तो दूर, बुलाकर ताना मारा।

अमीरचंद बोला, "मुझे सिर नवाना नहीं चाहिए।

किन् प्रैमिचु डलङ् रइँ। अपने पति को सिर नवा।

थप्क्यानु छङ् पुरोनीच डलङ् रइँ।"

थप्क्यान के पूत, पूरन को सिर नवा।"

व्यासमोनिस् लोतोश्, 'युङ्ज़ेया युङ्जे !" व्यासमणि बोली, 'भाई, हे भाई' !

नइ छोकङ् थाकेइँ अङ् विशिद् मानी। ऐसा ताना न दो, मैं (तो) गई नहीं

मुन्बोनुशोचिशिद् गोर्छङ्। माँ-बाप ने लगा दिया सासरे।

दो (ली) मा बिशिम् मश्को। वह इन्कार नहीं हो सकता।

माबिक् की चल्मा बोन्युङ् चु ईज़त बियोदु।

तोशोगी चल्मा, अङ्भाव मा बि।

---

1. चिनी के पास के गाँवों का इलाका

नहीं जाने को विचारती, तो कुल की इज्जत जाती।
(सासरे) बैठने की सोचती, तो मेरा प्रेम नहीं है।

शीलस्सु पुन्नम् अङ्भाव मा बि।
थोरिङ् ख्यामो डोकङ् ओपङ् ख्यामो गंगा।

शीतल पूर्वणी, (किन्तु) मेरा (उससे) प्रेम नहीं।
ऊपर देखो पत्थर, नीचे देखो गंगा (सतलुज)।

नो दुश्मोन् गंगा। वह दुश्मन गंगा।

मयटे होचोख् चल्मा, अङ् पीठकेच हत् माय।
अमा लोन्निक् स्याना, बापू सर्शिस् दुर्गस्।

मायके रहना सोचती तो, मेरा सहारा कोई नहीं।
माई तो बुढ़िया, बापू सिधारे परलोक।

युङ्ज़े लोन्निक् आगे रएसी कुमो। भैया तो (गये) परराज्य-बीच।
बोरे लोन्निक् हेद्मी ख्यङ् कोअङ् ज़ाई गङ्गासोरोनी बन्ठिन्।

भाभी तो परजन, ख्वंगी कोअङ् की जाई, गङ्गासरनी सुन्दरी।

दम् चल्मा बोरे कोचङ् चल्मा हेदु मी।
फोय मुशूरिङ्, "व्यासमोनी बन्ठिन् दम् दुग्यो।

अच्छा सोचे तो भाभी, बुरा सोचे तो परजन।
फोकट में मशहूर—व्यासमणि सुन्दरी अच्छी थी।

मवनङ् चूलियु थुठ्के, कतङ् रेगु काजे।
"शय् तोशिस् पुन्नम् मय् को बियु ईमान।
हुनागु बेरङ् शीङ् को शुम्पोतनु नम्शा।"

सावन में चुली का छिलका, कातिक में बेमी की भूसी।
नहीं बेठूं पूर्वणी, नहीं (तो) जाये ईमान।
अबकी बेरा तो कश्मीर के पोत की बहुआ।"

रूपसिङ् ठाणेदार

कवि—अज्ञात गीतकाल—1940 ई०

गायिका—विद्याचरनी आयु—20 वर्ष जात—कनैत ग्राम—चिनी

लेखक—पुण्यसागर ता० 5-8-48

विवरण—नेगी रूपसिंह चिनी में थानेदार होकर कितने समय तक रहे थे। उन्हीं की प्रेमकथा इस गीत में वर्णित है।

दङ् गोल्यो दङ् शोङ् रूशमालो चीने। ततः-ततः रुश्माले चिनी।

ठ ज़गा दूगयोश् ? ज़ागा ला देमो । कैसी जगह है ? जगह तो सुन्दर ।

जागा ले देमो, पानी ले ठंडा । जगह तो सुन्दर, पानी भी ठंडा ।

ठ ज़गा दूगयोश्, गोमा शिम्ले छावनी । कैसी जगह ? शिमलानगर जैसी ।

गोमा अङ्रेज़ू मापकस्, सरना हवा चल्ले दा। डेयङ् सङ्पो वङ् रे ।

जगह अंग्रेजों जैसी, सनसन हवा चलती । देह को स्वस्थ करती ।

यूठङ् माराज़ू तासील, थोरिङ् अङ्रेजू बङ्ला ।

नीचे महाराज की तहसील, ऊपर अंग्रेज का बँगला ।

नामीशे नाज़क् सेब नास्पाती । नाना भाँति के सेब-नासपाती ।

जेन् खोरोश् बारमासी फूले । अत्यंत अच्छे बारहमासी फूल ।

ज़ेन् खोरोश् बारमासी फूले, लांचिमिगी चल् शे ।

अत्यन्त अच्छे बारहमासी फूल, लगाने को (मन) चाहे ।

रिंगेन् सीसमहलो, अफसर हात् तोश् ? शीशे के घर में अफसर कौन था ?

अफसर ता लोन्ना, कुले बोना-युङ्जा अफसर तो कहिये, कुले का पुरुष ।

कूलेयु वज़ीरू बेटा । कूले[1] के वज़ीर का बेटा ।

मन् बनू ताशित् नामङ्, ज़ी नेगी रूपसिङ् ।

बय्यारू ताशित् नामङ् ज़ी हिरदयाल सिङ् ।

माँ-बाप ने रखा नाम, नेगी रूपसिंहजी ।

भाई-बन्दों ने रखा नाम, हरदयालसिंहजी ।

ठणेदार हिरदयालसिङ् । थानेदार हरदयालसिंह ।

ठाणेदार हिरदयालसिङ् गुरबाई, नामङ् ठ दूगयोश् ?

गुरबई ता लोन्ना सुगेसरपारू वन्-युङ्जे ।

थानेदार हरदयालसिंह के मीतों का नाम क्या था ?

मीत तो कहिये, सुगेसरपार[2] का पुरुष ।

हातो लो छाड़ा ? पर्शोट्कू छाङा । किसका पूत ? पर्शोट्कू[3] का पूत ।

नामङ् ठ दूगयोश् ? कानगो फकीरचंद ।

दो गाल्यो न्युमची थङ् कमन् वन्-युङे जे ।

कनम् छुक्पोओ छाङा, मन् बनू ताशित् नामङ्,

नाम (उसका) क्या था ? कानूनगो फकीरचंद ।

उसके बाद मैदान (जैसे) कनम् का पुरुष ।

1-2-3 गाँवों के नाम ।

कनम् के छुकपो[1] का पूत, माँ-बाप ने रखा नाम।

सोनम् छेतन् नेगी। सोनम् छेतन् नेगी।

बैंयारू ताशित् ज़ी काहनसिङ् मास्टर।

दो गोल्यो न्युम्ची, यू-टुकपा बोन्-युङ्ज़।

भाई-बंदों ने रखा, काहनसिंह मास्टर।

उसके बाद, निचले टुकपा का[2] पुरुष।

शोवङ् माथासु छाङा, नामङ् बोगवानसिं नेगी।

दो शुम्ल्यो गुरबई, मोल्डू गोटङ् चू यूठङ्।

बातङू रौवा लन्नो, बीते मा बीते यूठङ नेपालू[3]।

शोवङ् महता का पूत, नाम भगवानसिंह नेगी।

ये तीनों मीत सफेदे के वृक्ष के नीचे।

(इस) बात की सलाह करते, नीचे ख्वाँगी जायँ या नहीं।

साये बहादुरे, होमङ-जोग् लोशोदू दस भादो[4] "होम यज्ञ कह रहे हैं।

दे लोन्ना बरेङ् कानसिङ् लोतोश्, यह कहने पर काहनसिंह बोले,

"गुरबइ या गुरबइ किशी बीमा बीरच्। "मीत, हे मीत, तुम्हें जाना है जाओ।

अङ् फुरसदु मादू, नौकरीरङ् बातङ्। मुझे फुर्सत् नहीं, नौकरी की बात है।

माराज़ स् दम् मा लन्चिश्, इलम गल्ती बीतो।

महाराजा अच्छा नहीं क गे, पढ़ाई खराब होगी।

नौकरी खारिंज लन् चिश्।" नौकरी से खारिज कर देंगे।"

दे लोन्ना बेरङ्, बोगवानसिङ् लोतोश्,

गुरबई या गुरबई, दो मा नेशित् अङ् मई।

यह कहने पर भगवान्सिंह बोले,

"मीत, हे मीत! यह हमें अज्ञात नहीं है।

बैंयारू हरामी, कोनीच बेमानी। भाई लोग हरामी हैं, मीत बेईमान हैं।

मा बीते चलमा न्योट्ङ् कोनीचू दरम।

बीमें लोशिश् बीग्योश्, दो शुम्ल्यो गुरबाई।

नहीं चलना सोचें तो मोती का धरम है।"

जाना कहके गये वे तीनों मीत।

यूठङ् नेपालू, सीप्रोलू देन् शोङ्। नीचे ख्वांगी में, सिंहपौर के ऊपर।

---

1. खान्दान का नाम, 2. वस्पा उपत्यका, 3. ख्वांगी का दूसरा नाम, 4. 10 सौर भाद्रपद (सितम्बर)

कोयङ् बाबू निश् गुत्-हत् जोड्याआ !

कोयङ् के बाबू ने दोनो हाथ जोड़ के (कहा)।

"पोछ्यायाँ गुरबाई ? आ गये मीत ?

पइँ किमों बीते, तमाकू तुङ् मू। आओ चलें घर, तमाकू पीयें।

दों नेस्-नेस् बीमा, कोंयङ् गोरे। ततः-ततः जाके कोयड़् के घर में।

कुमो बङ्लू तोशिश्।" बैठक के भीतर बैठ।"

दारूपोतिस लोतोश्,"पोंछ्यायाँ कोनीच्,

दारुपोती ने कहा, "आ गए मीत।

बाटीचू शराब तुङ्ङी" कटोरी में शराब पीजिए।"

ज्री रूपसिङ्, कोनिच, लम्याचू जाई, बन्ठिन् स्याम्पोती।

रूपसिंहजी की प्रेमिका, लम्पा की जाई, सुन्दरी श्यामावती।

कानसिङ् कोनिच बन्ठिन् दारुपोती।

बोगवानसिङ् कोनिच बन्ठिन् देवामोनी।

स्याम्पोतिस लोतोश्, "कोनीच या कोनीच !

काहनसिंह की प्रेमिका सुन्दरी दारुपोती !

भगवानसिंह की प्रेमिका, सुन्दरी देवमणि।

श्यामावती बोली, "सखी, हे सखी !

पइँ सोबत बीते, द्रमा सन्तङ् डोम्बरू दर्शन।

डोम्बरू दर्शन, शुम् डम्बर जोम्-जोम्।"

दौ नेस्-नेस् बीमा सिप्रोलु देन् शोङ्।

आओ सभी चलें, दूबवाले अखाड़े में।

देवता का दर्शन, तीन देवता एकत्रित।"

ततः-ततः जाके, सिंहपौर (फाटक) के ऊपर।

कुमकौ ख्यायो। भीतर को देखा।

कुमोकौ ख्यामा, शुम्लेउ ठाकुरे। भीतर देखा, तीन जने देवता।

धूरे कौ ख्यामा, स्क्योदङ् देस् स्प्रोशिश्।

आगे को देखा, बनालपक्षी-सी सजी।

देबिउ चंडिके। देवी चंडिका।

दोगाल्यो दङ्सी मारकारिङ् डम्बर। उसके बाद फिर मारकारिङ् देवता।

दो गाल्यो दङ्सी अनेन कालीयु देवी।

उसके बाद फिर, स्वयं कालीदेवी।

स्याम्पोती ठटियुदेन् तोशिश्। श्यामावती चबूतरे पर बैठी,

निश् गुतहत् जोडाइचा अर्ती शेदो।

दोनों हाथ जोड़े आरती गाने लगी।

अर्ती शेदे रङ्। आरती गाते (देख)।

जी रूपसिङ् ठाणेदार हैरान् हाचेश्। रूपसिंह थानेदार हैरान हो गया।

रूपसिङ् बीग्योश स्यम्पोतियुदङ् कायङ्।

स्यम्पोतिस् लोतोश्, "युङ् जे या युङ् जे!

रूपसिंह गये श्यामावती की नृत्य मंडलिका में।

श्यामावती बोली, "भाई, हे भाई!

अङ् कायङ् ठ पइँ, ग हौलासू चामे।

अङ् ओरङ् छाटेस्, की बजीरू बेटा।

हमारी मंडलिका में क्यों आये, मैं छोटे की बेटी।

मेरा आँचल छोटा, तुम वजीर के बेटा।

किन् पालो लामस्। तुम्हारा दामन[1] लम्बा।

देलेन्ना बेरङ्, रूपसिगिस् लोतोश्, यह कहने पर रूपसिंह बोले,।

"रिङ्जे या रिङ्जे! दो मानोशित् अङ् मइ।

"बहिन, हे बहिन! सो नहीं अज्ञात मुझे।

देलू लागेनू शुङ-शुङ।" दिल लग गया है।"

रूपसिङ् लोतोश्, "कोनीच या कोनीच। रूपसिंह बोले "मीत, हे मीत!

हुन् बीमिक् हाचे। अब जाना है।

जु हाला लन्ते, बेन्नङ् बोदेदा?" अब क्या करें, प्रेम बढ़ गया?"

स्याम्पोतिस् लोतोश्, "कोनीच, या कोनीच!

श्यामावती बोली, "मीत, हे मीत!

बेन्नङ् बोदेन्ना स्तेन्फ़च हाल्यशे।" प्रेम बढ़ा तो भेंट प्रेषण करेंगे।"

रूपसिङ् स्तेन्फच मोखमोलू चोली।

कस्तूरीचो साबुन, रङ फूलेनू तेलङ्।

रूपसिंह की भेंट (थी) मखमल की चोली।

कस्तूरी का साबुन, और फुलेल का तेल।

श्याम्पोतिस् शेतोश्, शुलरी रङ् जोद्युग्।

खकङ् मेवारो स्ताकुच दूमङ् द्वादा।

---

1. आँचल और द्रामन खानदान का संकेत है।

श्यामावती ने भेजा चिलगोचा और गेहूँ भुना।
मुँह में आग जलाते, नाक से धुआँ देने वाला।

बन्ठिन् स्यम्पोती रै द्यारू दोम्या। सुंदरी श्यामावती आठ दिन पीछे।
बेमार पोर्यातोश् डेयङु मा-सुकेच्च बेमार,
बीमार पड़ी, देह में असह्य पीड़ा।
मोनङू म-सुकेच्च अपसोस। मन में असह्य शोक।
कुखिङ् जा शङ् रन्ग्यो। कुक्षि में अत्यन्त पीड़ा करती।
शिम्शिम् गङ् तुरगस्, स्याम्पोती डूब्याश्।
सूर्यास्त होते-होते श्यामावती अस्त हुई।
शुम् द्यारू दोम्या श्यम्सरन् बाबू। तीन दिवस पीछे श्यामशरण बाबू ने।
चीठी लिख्यायो "स्याम्पोती डूब्याश्।"
चिट्ठी लिखी "श्यामावती अस्त हो गई।"
दो चीठी शेतो रूपसिङू गूदो। उस चिट्ठी को मैं भेजा रूपसिह के पास।
बच्चो कागली, "स्याम्पोती डूब्याश्।"
थसे रङ् जी रूपसिङ् ठाणेदार हेरान हाचेश्।
कागज में पढ़ा "श्यामावती अस्क हो गई।"
सुनकर रूपसिहजी थानेदार शोकाकुल हो गए।
सोङा द्यारी शोपङ्। पंद्रह दिवस तक शोक।
कानसिङ् लोतोश्, "गुरबई या गुरबई। काहनसिंह बोले, "मीत, हे मीत!
अपसोस था लन्नी। अपसोस मत करो!
कोनीच हौल्सू चामेत् की वज़ीरू बेटा।"
प्रेमिका छोटे की बेटी थी, तुम वजीर का बेटा।"
दे लोन्नू बेरङ् रूपसिगिस् लोतोश्, यह कहने पर रूपसिह बोले,
"दो मा-नेशित अङ् मई, "सो अविदित मुझे नहीं है,
हतली खोशियाउ छाङा।" हम (दोनों) खशिया की सन्तान।"

चुन्नीलाल डागडर

कवयित्री—गंगासरनी (जीवित), ग्राम—ख्वांगी गीतकाल—1940
गायिका—विद्याचरनी आयु—20 साल, जात—कनैत ग्राम—चिनी
लेखक—भगतसिंह (चिनी स्कूल) और पुण्यसागर तारीख। 1-6-48

घटना—डॉक्टर चुन्नीलाल, सरगोधा (पंजाब) निवासी 1940-1944 ई० के करीब चार साल जंगल विभाग की ओर से किलबा अस्पताल में डॉक्टर रहे, उसी समय की यह प्रेम कथा है।

बाट्यो किलिबा थोरिङ् हसपतालो।

कटोरी जैसे किलबा के नीचे अस्पताल।

डागडर बाबू हात् तौश ?

डाक्टर बाबू कौन थे ?

बाटि चुशाया कि लिम्बा, ओपङ् अङ्रेजू हस्पतालो।

ओपङ् अङ्रेजू हस्पतालो, डागडर बाबू हात् तोश् ?

कटोरी जैसे किलबा के नीचे अंग्रेजी अस्पताल।

नीचे अंग्रेजी अस्पताल, डाक्टर बाबू कौन थे ?

डागडर बाबू लोंन्ना, हात् दा-मीचो छाङा।

हात् दा-मीचो छाङा, देसो सेठो छाङा।

डाक्टर कहिए, किसी भले आदमी के पूत।

किसी भले आदमी के पूत, देश के सेठ के पूत।

देसो सेठो छाङा, नामङ् छदा दूगयोश् ?

नामङ् ता लोन्ना, चुन्नीलाल डागडर।

देश के सेठ के पूत, नाम (उनका) क्या था ?

नाम तो कहिए, चुन्नीलाल डॉक्टर।

चुन्नीलाल डागडरा, गुरबाई हात् दूगयोश् ?

गुरबाई ता लोन्ना, रोङू जैलदारो छाङा।

चुन्नीलाल डाक्टर के गीत कौन थे ?

मीत तो कहिये, रोङू जैलदार के पूत।

रोङू जेलदारो छाङा, नामङ् वादा दूगयोश् ?

नामङ् ता लोन्ना, कम्पोटा जेहरसिंह।

रोङू जैलदार के पूत, नाम (उसका) क्या था ?

नाम तो कहिए, कम्पौडर जहरसिंह।

दो न्योटङ् गुरबाईचो, बेन्नङ् (लिया) बोदी।

नुकरी च (लिया) ईपङ् किलबा हस्पतालो।

उन दोनों मीतों में, प्रेम था बहुत।

नौकरी करते एकसाथ, किलबा अस्पताल में।

चुन्नीलाल डाघडरू, कोनीच हता दूगयोश् ?

चुन्नीलाल डॉक्टर की प्रेमिका कौन थी ?

कोनीच ता लोन्ना, फयूलो छेचाचो।
फयूलो छेचाचो, हातू (लो) ज़ाई ?

प्रेमिका तो कहिये, स्वदेश की तरुणी।
स्वदेश की तरुणी, किस की (थी) जाई ?

हात् (लो) मानी, थङ् गोरो ज़ाई।
थङ्गोरो जाइयू, नामङ् छदा दूगयोश् ?
नामङ् ता लोन्ना बन्ठिन् ज़ङ्मोपोती।

(और) किसी की नहीं, थङ्गर की जाई।
थङ्गर की जाई, नाम (उसका) क्या था ?
नाम तो कहिये, सुन्दरी भद्रावती।

बन्ठिन् जङ्मोपोतिस् लोतोश्, "डागडरा बाइसाई।
डागडरा बाइसाई, ओखी-सोखी बातङ्।

सुन्दरी भद्रावती बोली, "हे डाक्टर मीत !
हे डाक्टर मीत ! दुख-सुख की बात में।

ओखी-सोखी बातङ् बाइसाइयू मोरजात तारइँ।"
दे लोशिमिगू बेरङ् परनाम लोशिश् ब्रोलशिगयोश्।

दुख-सुख की बात में, मिताई की मर्यादा (रखना)।"
यह कहकर प्रणाम बोल विदा हुई।

बन्ठिन् ज़ङ्मोपोतीउ, कोनेच हात् दूगयोश् ?

सुन्दरी भद्रावती की सखी कौन थी ?

कोनेच ता लोन्ना, यङ्वाड़ो ज़ाई।

सखी तो कहिये, यड्वङ् की जाई।

यङ्वाङो ज़ाई, नामङ् ठ दूगयोश् ?
नामङ् ता लोन्ना, बन्ठिन् किशनभगती।
जङमोपोतिस लोतोश्, "कोनिच या कोनिच !

यङ्वङ् की जाई, नाम (उसका) क्या था ?
नाम तो कहिये, सुन्दरी कृष्णभक्ति।
भद्रावती बोली, "सखी, हे सखी !

पोइँकंडे बीते, जमीयू पोरी लान्ते।

चलो कंडे विहरने खेत रक्षा करें।

जमीयू पोरी मा लन्मा, दो मन् रिङ्ज मा नर्श।

खेत रक्षा न करे, वह नारी ना समझी जाये।

दो खाटिये नाशा।"

वह खोटी समझी जाये।"

किशनभगती लोतोश्, "बीते ता रिङ्तोइँ, शिल्पुग ठ फीते ?"

क्रष्णभक्ति बोली, "विरहने तो कहती, कलेवा क्या ले चलें ?"

"शिल-पुग ता फीते, रोपङ् ज़ादू पुग।"

"शिल-पुग् ता फीते, फुल्-गस् ठ फीते ?"

"फुल् गस् ता फीते, किलबा ओल्गो तीसङ्।"

"कलेवा तो ले चलें, खेत का गेहूँ भुना।"

"कलेवा तो लेवें, भोजन-वस्त्र ले क्या चलें ?"

"भोजन-वस्त्र ले चलें, किलबा फाफड-आटा।

ठोकरो रोमशु पैंथङ्।" ठोकरों की काली उड़द की दाल।"

दो न्योटङ् कोनीच बीम् लोशिश् बीगयोश्।

कान्डेयो फ़युल् लो, ज़मीयो पोरी लानो।

जमीयो पोरी लानो, टागू ती शेदी, ब्रासो चो शालो।

वह दोनो सखियाँ, यह कहके चली गईं।

गाँव के कंडे के खेत की रक्षा करतीं।

खेत की रक्षा करतीं जौ में पानी देतीं, फाफड़ निरातीं।

बन्ठिन ज़ङ्मोपोती, खोर्‌ग्यु माज़न् सरसर।

शुम् द्यारो कुमो, जङ्मोपोती पीरङ्।

सुन्दरी भद्रावती, रोगी असुखी पड़ गई।

तीन दिनों के बीच, भद्रावती को व्याधि।

पीरङ् पोर्‌यातोश् बल् जशङ् पीरङ्।

बल् जशङ् पीरङ् डेयङो मा-सोकेच पीरङ्।

व्याधि आ पड़ी, सिरदर्द की व्याधि।

सिरदर्द की व्याधि, देह में असह्य पीड़ा।

मोनाङो-मा-सोकेच अफसोस। मन में असह्य शोक।

चिठी कुमो चेयोश्, चुन्नीलालुगुदो।

चिट्ठी लिख भेजी चुन्नीलाल के पास।

चुन्नीलालो गुदो, बन्चो कागली। चुन्नीलाल ने हाथ के कागज को बाँचा।

बन्चो कागली, व्योरा ठ दुगयोश् ?

व्योरा ता लोन्ना, कोनीच पीरङ् पोरयोश्।

कागज को बाँधा, ब्योरा (वहाँ) क्या था ?

ब्योरा तो कहिये, प्रेमिका बीमार पड़ी।

चुनीलाल डागडर, कोनीच पीरङ् थस्-थस्।

कोनीच पीरङ् थासे रङ्, स्तिङ् शूलङ् लन्‌ग्यो।

चुन्नीलाल डॉक्टर को, प्रेमिका की बीमारी सुन के।
प्रेमिका की पीड़ा सुनके, हृदय-शूल लग गया।

रातो-रात कंडे नबाग्योश्। रातो-रात कंडे दौड़ गये।

× ×

गुदो ललटिन रङ्, कंडे शेन्नङ्चु। हाथे लालटेन ले, कंड की मँड़ई को।
बेहरेङ् पोश शम्मु दे, टिन्यङ्च कुमो ख्यायोश्।
बेहरङ् इशारा रनग्योश्, शङ् पोटङ्स ठीसो।
बाहर घास पर से झरोखे भीतर झाँका।
बाहर से संकेत करते, कंकड़ियाँ फेंकीं।

जङ्मोपोती कोनीचु, इशारा थसेरङ् पीरङ् घटयाग्योश्।
जङ्मोपोतिस लोतोश्, "कोनीच या कोनीच !
भद्रावती की पीड़ा संकेत सुन घट गई।
भद्रावती बोली, "प्यारे, हे प्यारे !

ठ इशारा लन्ताइं, कुमी ठ मा बिइँ ?
कुमो जाइँ कोनीच ! खेरपोशो देन तोशी।"
क्यों संकेत करते, भीतर क्यों ना आते ?
भीतर आओ प्यारे ! आसन बैठो।"

चुन्नीलाल बिग्योश् जङ्मोपोतियु पोशुदेन।
चुन्नीलालस् लोतोश्, "कोनीच या कोनीच, डेयङ् पीरङ् हाल् तोश ?"
चुन्नीलाल गये, भद्रावती के आसन ऊपर।
चुन्नीलाल बोले, "प्यारी, हे प्यारी ! देहे पीड़ा कैसी है ?"

जङ्मोपोतिस् लोतोश् "जु पीरङ् गन्डु।
जु पीरङ् गन्डु, सचक्यु डुवेशे।"
भद्रावती बोली, "यह व्याधि बुरी व्याधि।
यह व्याधि बुरी व्याधि, सच मरूँगी।"

चुन्नीलालस् लोतोश्, "कोनीच या कोनीच !
होने कादर था जाइँ, ठिद् मठिद् लान्ते।
चुन्नीलाल बोले, 'प्यारी, हे प्यारी !
ऐसी कातर न हो, कुछ न कुछ करेंगे।

शेल्मा नू इलाज लान्ते। दवा से इलाज करेंगे।
शेल्मा नू इलाज लान्ते, पाइँ हस्पतालो बीते।
हस्पतालो बीमुं तागत दुइँ आ मा दुइँ ?"

दवा से इलाज कराने, चलो अस्पताल चलें।
अस्पताल चलने की ताकत है या नहीं ?"

जङ्मोपोतिस् लोतोश्, "कोनीच या कोनीच !
अङ्ता मादुग तागोद, हस्पतालो बीमुं।"
चुन्नीलालस् लोतोश्, "कित् तागत् मा निमा डंडी टुयाते।"

भद्रावती बोली, 'प्यारे, हे प्यारे !
मुझे नहीं ताकत, अस्पताल जाने की।"
चुन्नीलाल बोले, "तुम्हें ताकत नहीं तो डंडी बनवाते हैं।"

टुयाम् टुयायोश् पलबरू माज्ञाङो। बनाकर तैयार किया पल-भर के बीच,
रायमिचु डंडी। आठ आदमियों की डंडी।
दो शोङ्-शोङ् बी मा, कागे गोरङ्क देन्।

वहाँ से नीचे-नीचे गये, कागेगढ़ के ऊपर।

चुन्नीलालस् लोतोश्, "दसपाँचु बैयार ! चुन्नीलाल बोले, "दस-पाँच, भैया !
पलबर आराम लानिच, पलबर गस् उठायतोक्।"
दो शोङ्-शोङ् बी मा, कातो थोरिङ्ङ बँगलो।

पल-भर आराम करो, पल-भर में उठाना।"
वहाँ से नीचे-नीचे जा, लाये बँगले पर।

थोरिङ् अस्पतालो कुमो कुमाराउ, चारपाई देन्।
चुन्नीलाल लोतोश्, "कम्पोटर जेरसिह !

बँगले पर कमरे के भीतर चारपाई के ऊपर।
चुन्नीलाला बोले, "कम्पौडर जहरसिंह !

नीचलु कोनीच पोचाश, इलाज दम् लानी।
इलाज दम् लानी, कलथानङ् शुम् जब्।

अपनी प्यारी पहुँच गई, इलाज करना।
इलाज अच्छा करना, सबेरे तीन बार।

द्यार क्ति चु स्तिस् जब।" दिन को सात बार।"
जङ्मोपोतीस् लोतोश्, "कोनीच या डागडर !
जो पीरङ् होट्यामा, जु छे गोरी वस् क्यङ्

भद्रावती बोली, "प्यारे, हे डॉक्टर !
यह रोग हट जाये तो इस जन्म की बात क्या

छिमा चु ईमान तातोक् परलोक में सत् रखूंगी।"
हुनागु बे रङ् जङ्मोपोती इमान मा ताता।

छिसाचु इमान बस्क्यङ् जुछेओ मा रख्यायोश ।

इसी समय भद्रावती ने सत् नहीं रखा ।

परलोक में सत् की बात क्या, अभी नहीं दिखाया ।

हुनागु बेरङ् कोठिस्यानो नमशा ।

जोङ्मोपोतिस् लोतोश्, "अङ्भाव मा बि ।

इसी समय कोठिस्या की बहू (बन गई) ।

भद्रावती ने कहा, "मेरा प्रेम नहीं होता ।

नो देशी कोचा अङ्भावो मा बि ।"

चुन्नीलाल लोतोश्, "गंगाजीतु गुरबई !

अङ् सुन्चन् मा, मुनरिङ्जु दन्दे था लन्ताइँ, ईमान हथेरङ् बामन ।

इस देशी कोचा[1] में मेरा भाव नहीं है ।"

चुन्नीलाल बोले, "गंगाजीत मीत !

मैंने सोचा कि नारी पर विश्वास न करो, सत् होके असती ।

हेद् लोशिश् दयले, इमान मायच रंडिऊ ।

अङ् च देउ काउथङ् अङ्सोनी बितरी ।

और तो छोड़ो, सत् नहीं रंडी के पास ।

मेरी चाँदी की कंघी, मेरा सोने का कंठा !

दुनियाँ ता बेइमान, कि (ली) बेमान हाले !

ओमचु बेरङ् शोङ् ठी गोलिस् प्रानु बेन्नङ् ।

दुनिया तो बेईमान, तू बेईमान कैसे !

पहिली बेरा कैसे गले प्राण-सा प्रेम ।

हुनागु बेरङ् शोङ् पुरइ बेईमानी ।" — अबकी बेरा तो पूरी हो बेईमानी ।"

जङ्मोपतियु कनउ जड़ू गुँगरू । — भद्रावती के कान में सोने का कुंडल ।

मियन् चेय लोतोश्, "दो (ली) पीतलु गुँगरू ।

मि मा खुशिश बतङ् जङ् गुँगरू थग् छोत् ।

लोग तो बोलते, वह पीतल का कुंडल ।

लोग अप्रसन्न हो बात (करते), कुंडल तो अवश्य सोने का ।

चुन्नीलाल हिम्मत देन, जङ् मो विबिग बेरङ् ख्यायो ।

शबदङ् न्वादो चुन्नीलालु लोतोश्,

"हेद् लोशश् दयलो अङ् प्राचो मुंदरी ।"

---

1. देशी—मैदानी, कोचा—कनौर से भिन्न लोगों के लिए अपमानपूर्ण नाम ।

चुन्नीलाल ने हियाब से, भद्रा को जाते समय देखा।
(मुंह से) शब्द निकालते, चुन्नीलाल बोले—
"दूसरी बात छोड़ो, मेरी अंगुली की अँगूठी ?"

पहाड़ी गीत

(1) काची (महासू) गीत

भज्जी (शिमला)

हाडे बोले खूनियाँ परसरामजीवे बोले मानणा न बुरा।
एकी बोले भाईए ए आँगडू चोडा, दूजे बोले भाई हिया।
हिया बोले खूनियाँ परसराम, दूजे बोले फूलोला न दूणू।
फूली बोले कुरोला न फुलणुयारा, डाली बोले फूलोला न दूणू।
कली मेरी यारा बोले जिंदडी, कस बोले कसरा न शुणू।
कदी बोले तेरे नाम कुटणापीशणा, कदी बोले चाणनीना बेली।
दैंडे मेरे नाग कुटणा पीशणा बैंले बोले चाणनी न बेली।

-कुन्दनलाल (भज्जी), कोप देदाहू

(2) मंडी गीत

तेरी कोठीते पई रसियाँ।
राजेयारे राज टूटि गे, राज करण हुण कांगरेसिया।
तेरी कोठी ते बोल शिकरे, लोके बोल्या जर लगी रे।
छोर मरि ग्या तेरे फिकिरे॥
'मंडी, तहसील चिचोट, इलाका क्लिपरी, गाडा र गराँव। (बुधसिंह)

(1)

सिमले सड़काँ पाणीरा बंबा, पैन्हणी तिल्ली खोलणी बंगा।
सिमले सड़काँ पाणीरा बंबा, पाणीरा नाळ चंचला—री। देस बगाड़
सिमला सड़काँ हांडले रेता, बैठी लै धरती करीले खेल्हा।
सिमले सड़काँ टिनरी छाई, आमे शहिरे थोर विइवाई।
सिमले सड़काँ हंडला घोडा, बैठीलै धरती दिनरे थोडा।
सिमले सड़काँ हंडली मेमाँ, बैठीलै धरती खाइलै फीमा।

(2)

बाँके ल्वारा रे लोह् रटुआ, तेरे कम्बरे गजा[1]।
ठाणेदाररी जतरा लगी, देखणेरी मजा।
बाँके ल्वारा रे लोह् रटुआ, तेरे कम्बरे छुरी।
देउधारारी जतरा लगी, देखणेरी बुरी।
सीनी[2] गंगडी कुड्थी नई भली माने चाये बुरी।
रेणे दे रैणे दे मेरा बुंदा[3] भाब्बीरा देउरा लगी रा रुंदा।
छै आणे लोटड़ी ठेन् तुंदा।

(3) **लमणी**

उजे गर्हे भुजी खोडारी बूटी, दोर घडी लोकरी शोरी।
मा मतना आया छुट्टी,
उजे गर् हे जजिणी कीता झरिउँ,, की बीझणा कि पडना हिउँ।
उजे गर् हे जाम पके मघेड़ भेडा छिगी सारे गर् हे।
आपु नट्ठा रंडारे है।

(4)

हो आमिये मेले को जाणा सोगी, हो मेले को जाणा सोगी
देवाकी सूसिरा वाकल देणा, बाकरी देणी सोगी, हो बाकरी
घिरी—घिरी लो काँगड़ा देखिरा, मंडी शहरा जो जाणा,
कुल्लू शहरारे मन्दिर देखे, हो मंडी री देखणी लारी
हो आमिये मेले को जाणा सोगी, हो मेले को जाणा सोगी
—ज्ञान शर्मा द्वारा संगृहीत

चंबा के गीत : (1) भट्टियात

राजा तेरे गोरखियों ने लुट्या पहाड़।
तीसा लुट्या बैरा लुट्या। लुट्या मांदल किहोर।
पांगीदी पंगवालियाँ लुटिया लूटी बाँकी नार।
राजे तेरे गोरखियों ने लुट्या पहाड़।

---

1. खिड़की, 2. खाना, 3. बाजा

ओठाँदी मैं हटडी[1] बणानियाँ दन्दाँरा बजार।
जुल्फाँदी मैं तकडी बणानियाँ नैंना दा बपार॥
साकी[2] बिन्दी लेइ दे सजना मत्थेदा सिंगार ।
मत्थेदा सिंगार गोरीदे मत्थेदा सिंगार॥

(2)

दुख-सुख चार धियाड़े[3] हो, फिरि, असाँ[4] मण्हु[5] इणा हो।
मेरे यो पखले से मणहुओ हो, फिरितुसाँ कदी इणा हो[6] ।
मेरेयो डिमरदे[7] पाणियो, फिरि किह्‌याँ[8] पीणा हो।
तुसी मण्हु परदेसी हो, फिरि तुसाँ कदाँ मिलणा हो॥

(3)

पठरा[9] बटोर्‌या बधाक[10] बंकिया, इसा हरणीजो मत मारे हो।
इसा हरणीदा मास न खाणा, एह हरणीपेटा भारी हो॥
कच्‌याँ[11] कुआँरियाँ कने प्रीत न लाणी, ब्याही करि हुन्दे बेइमान हो॥

(4)

ढिलिये जंजीरिये ओ सौकण मेरिये, मेरा-तेरा झगड़ा हो राजेदे हजरा हो।
पंज-सत नारियाँ हो पाणीयोक उतरियाँ, यार वो निहालदे[12] सरुयेदे हेठ हो।
तन्द नहीं टुटदी पूणी नहिं मुकदी, सस नाहयो आखदी नूँहे[13] पाणियेकी।
तन्द जली टुटि गइ पूणी जली मुकि गई, ससने बी आख्या नूँहे पाणियेकी जाणी।
चिटिये त चादरे कुनि त सीति हे, कनि तेरे पर डोल्या अतर-फुलेल ।
हो भाभो चादर कतिये हो अमा चादर सीतिये, देरे इस पर डोल्या अतर-फुलेल।

(5)

ऊँचे-ऊँचे ढेढ[14] हो बंसरी बजांदा वो बैरिया, किजो तरछांदा[15] दाजिया वो बैरिया ।
हथा तेरे छतरी हो, हो जातिदा तू खतरी वो बैरिया।
सोठीदे बहाने हो, हो मिलि करि जायाँ वो बैरिया।
हत्था तेरे लोटा हो, हो मनेदा खोटा वो बैरिया ।

---

1. हाट, 2. हमको, 3. दिन, 4. हम, 5. अपरिचित, 6. आना, 7. पोखर, 8. कैं :, 9. घास, 10. बढिया, 11. कच्ची, 12. प्रतीक्षा करते, 13. बहू, 14. टेकरी, 15. तरसाता,

पानीदे बहाने हो, हो मिलि करि जायाँ वो बैरिया।
हत्था नरेल हो, हो डबिया तमाकू वो बैरिया।
आगीदे बहाने हो, हो मिलि करि जायाँ वो बैरिया।

(6)

ढकियाँ चढेदे वो सुन्दर छम-छम रोई हो।
हनियो मेरी सुन्दर लुहारिये।[1]
होरना जो दिति वो बापुये नेडे-नेड हो, मेरी सुन्दर वो दिती नदियादे पारे हो॥
हनियो मेरी सुन्दर लुहारिये॥
होरना जो दिते बापुये सूहे[2]-पीले कपड़े, मेरी सुंदर जो दिते काले-काले कपड़े॥

(1) भरमौर गायक हामा 1-5-54
नच्चें धोड़ुआ[3] तो मुकुटा[4] खलारे[5]।
हउँ ता मरदे पेटाँ री पीड़ा, घर-घर त चेला कहांदा।
त ता नच्चिया कर मेरी कारी,[6] पीढी पीड पेटे अफराणी[7]।
त ता नच्चिया कर मेरी कारी मुकुटा खलारे॥
तेरे मुकुटाँथों गंगा निकलाई, गौरी पूँछदी "तु मेरी क्या होली"।
गंगा बोलँदी "हौं सौकण तेरी", गंगा-गौरी सरोवर लडियाँ।
तुट्टे हार मोतीदेरी लडियाँ, रठी गौरा पेय्ये[8] जो जांदी।
गंगा लेइ गो भगीरथ चेला, सिव रँगो कैलम्-केला।
सिव लाइ बर्ह्मंड ताडे[9], आगे गौरा पाछे अन्नकाली[10]॥
बारा बरिया री पाई अन्नकाली।
फल-गंदल[11] भोजन खाँदी, भुजापखडीरे अंगे ओढणे लांदी।
बारुइ बरसा ताडी[12] ओघाडी, गौरा-बाजि[13] ओक्खी आई।
कोण देला भांगीरा घौटा, कोण देला मदक-पियाला।
रूठी गौरा लैणी पति याई[14], बरमा भइया हाजिरा सदाया।
"जाया बरमे गौराजो सादा[15]," "हियां बुजणा ह्युंपत देस"।
काला कागा हाजर सदाया, "जाया कागा बरमेजी सौमी[16]।

---

1. अबोध, 2. लाल, 3. शिव जी, 4. जटा, 5. बिखरे, 6. दवा, 7. अफरना, 8. पीहर, 9. समाधि लगा ली, 10. अन्न का अकाल, 11. फल-शगफा, 12. समाधि, 13. गौरा के बिना, 14. मनाना, 15. बुला लाओ, 16. साथ

डाली-डाली हुंडे काला काग, नाली-नाली हुंडे बरमा भाइया।
"अम्मा मेरिये जेठ सादा आया, आउंदे जेठाजो भोजण क्या देणा।"
सि सैंवा मेरिया रखे लाज मेरी, नीला तोता भेज्या भोले सामी।
करली झिझणीरे[1] मिंजर (डाली) पुजाई, गौरा राणी भोजण रहणांदी।
"आओ बरमे भोजण खाण," बरमा बौंदा भोजण खाणे।
गौरा बौंदी सीस गुंलाणे।
आगे बरमा पीछे गौरजा राणी, आगे लंघणी समुंदर खाँई।
मंझा नदिया होया गडाका[2] बरमा जेठा फिरी पीछे हेरें।
गौरा होइगै पैराँदी भारी, नदी वार लगी पौंदी पीड़ा।
गौरे जन्म्या कडकुटिया जैर[3], "बजिदर घोड़िये[4] तु धर मेरी बैण।
बजिदर घोड़िये तू रखे मेरी थ्योणी[5], आवै बरमा ना देणी थ्योणी।
आवै बिसुन, आवै सामी मेरा ना देणी थ्योणी।"
ओ दोड़यो आये तिया[6] करा पाया, बरमा बोले, "तू झूठ गलाणे।"
"मेरे भंगियेकने[7] मत छेड़ा, जो बोलंदी भंगी ता भतूरा[8]।
अपु बणादी चंचल नार, मिंजो बोलंदी भंगिया-धतूरा।
चल्या गौरा अपणी थ्योणीजो ल्यावणा।।

(2)

सादा रहेंडाकने जात बटाली।
पंज न कीते दस न कीते, इकी साधाकने जात बटाली।
घरी त पधरोई[9] भिक्ला बनांदे, साध रिहाड़ू फेरियाँ पांदा।
मेरिये बाँकिये परोजणू।
सुंडीरे क्वाले प्रोजणूरे घूँघरू ठुणके, साधा रिहाड़ूरी गरजी बंदूका।
होइ मेरिये बाँकिये परोजणू।
इतणे दिहाड़े प्रोजणू थालुये भत खांदी, अज किया बाटू जणकाया।
ओइ लज्जो लाणिये[10] प्रोजणू, भाइ त भतीजे राजेरी सियाई।
ओइ लज्जो लाणिये।।

---

1. चावल 2. तड़ाका, 3. कालकूट जहर, 4. शिला, 5 थाती, 6. तीसरा, 7. भंगेड़ी को, 8. भंग और धतूरा, 9. फेंक, 10. लज्जित करना

(3) गूगाजी

गौओं की रक्षा में प्राण देने वाले गूगाजी कुरु और राजस्थान के ही आराध्य वीर नहीं हैं, वह चंबा और दूसरे पहाड़ी प्रदेशों में देवता की तरह पूजे जाते हैं। गूगाजी को गुरु गोरखनाथ का शिष्य बतलाया जाता है। गूगाजी के पँवाड़े को गाने वाले आरंभ करते कहते हैं :

देवी तो सिमराँ सारदा हे, जागो मैया देगी रंगीलो ज्ञान।
बागउ सिमराँ पीरने ए, जागो मैया डिग्याँ बंधावगी धीर।

× ×

बोल्या गोरखै जोगी, अबकी तो बागड रै चालाँ।
जोगीडाँ ने नाँद तो बजाया हे, अबकी।
मेख तेरो मरियो तिसायो है।
बाछल माता न्हाण सँजोया, जोगीडांने नूत जिमावाँ है।

× ×

पैले नाँव राम को लेइये हे, छत्रियो दूजे ने वीर सूर को हे।
नगरकोट की ज्वालाँ सिमराँ हे।
ओ सरियल को भरतार हे, चेला गोरखनाथ जोगी का हे।
बण सिर पर धर दियो हाथ हे, कर लियो आपसे सवायो हे।

× ×

जाग रे झेंबर का जाया अम्माँ बाछल जगावे होया बिहाण रै
थे जाग्या थारा जोडा भाई जाग्या, गुगा राणा होया बिहाण रै।
पून रै पाणी जाग्या सरियल गोरी जागी, गूगा होया बिहाण रै।
थें जाग्या सारी दुनियाँ जागी, झेंवर का जाया होया बिहाण रै।

× ×

"सावण का सतरे गयाजी, आगी रै नवली रै तीज।
सात सहेल्याँ क झूल रै, सासूजी मेरी, जाउँगी समंद-तलाब।"
"सास की बरजी बउ ना रवैगीजी, जाउँगी समंद-तलाब।
बरजी तो हटकी ना रवैगी, सरियल गोरी जावैगी समंद-तलाब।
अपनो जोडाको बैर से, एव्वड मेरी आवैगी लखन जडाव।
किरत्याँ को सो झूलरो रै भैया मेरा टूट्यो तालके माँय।
गूगा के दुश्मन भाई अरजन-सरजन ताक में हैं—"
"घुडलाँ तो काठी मांडल्यो रै बीरा मेरा, चालांगा डूंगोडी ढाब।
भाले तो लेल्यो बीजलसार को रै बीरन मेरा, असल गैंडे की ढाल।

कमर कटारो बाँध ल्यो रै छोरो मेरो, सोरठडी रै तलवार।
बैरी को कालो कुत्तो मारिये रै बीरण मेरा, आगी सागी की नार।
कर घोडा असर कै रै भैया मेरा, गेर्या सैयाँ का मांय ।
और सहेली सब भाजगी रै मरदो मेरा, सरियल समंद-तलाब ।"
"किण राजा की बहू-बेटियाँ कहियेजी, किण घराँ की तू नार ?"
"कोई तो लागै म्हारा देवरियौ जी, कोई तो लागै जेठ ।
राजा संजय की बेटी-पोतियां कहिये जी, थारै भाई घर नार ।"
छैल बछेली काढी नो भरीकी रै, नो भलकाँकी नाथ।
परैसे आवै हीरू गूजरी रै मरदो, कोटाँ मैं पडी रै पुकार।
रोवती सी ठिणकती सी सरियल गोरी आवै सासू जी कै पास।
"बरजी तो इटकी न रही ए बउवड मेरी, क्युं गई समंद-तलाब ?"
"मेरी उठा द्यो पोमचोजी सासू मेरी, उण सिराँ की पाग।
लडूंगी रणखेत में ए सासू मेरी, जाय जोडा के साथ ।"
"गूग्यो तो सूत्यो रंगमहल में ए सरियल गोरी, कूण जगावण जाय ?"
"कै जगावै भाई-भाणजा ए सासू मेरी, कै जगावै बाछल माय ।"
दूध को भरियो बाट को भैया मेरा, गूगो जगावण जाय ।
"काईं तो ओडी पडी ए बाछल माता, काची तो नींद जगाय ।
नाई कनै ललकारिये ए बाछल माता, पाणीडो गरम कराय ।"
चंदन चौकी ढाल कर बाछल माता, हलहल न्हाण संजोय ।
"माला तो ल्या दे सोवणी ए बाछल माता, लूं साहेब का नाँव ।
लीलो तो ल्या दे सिणगार क ए माता मेरी, पाँचो ल्या दे हथियार ।"
"किण तो लीलै नै पीडियो रै मामा मेरा, कुण गरैगो भात ।
घरै छे रे बाछल माता भाणज मेरा, वाही भरैगो तेरो भात ?"
भली तो पटकी हींच मैं रै बीरा मेरा, हो ग्यो मामैके साथ ।
आगे तो मिल ग्यो रे भैया मेरे, हो रही रामो-राम ।"
"किनसा, लीलैनैं पीडियो रै गूगा राणा, किन लगाया हथियार ?"
खांडो तो ले ल्यौ बीजलसार को रै भैया मेरा, ले लो सिरोही कटार।
खांडो तो दे दे मेरै हाथ मैं रै गूगा राणा, परखीज मेरा हाथ ।"
"कइयाँ नै ल्या दूं सीपो तेजरौ रै जाहिर राणा, कइयाँ नै पकड़ाउं खाट ।"
"दगै दगै सेना मरा दिये रै जोड़ा भायो, आवैगा एक हथियार।
"सौ घोडा की गारद उंछल रै बीरन मेरा, दगैसे मत ना मराय ।"
काँ को हाली बालदी रै शामा पाली, किणकी चरावै गाय ।"

"मत नी मारै गायाँक कोरडा रै जोडा भैया, तन-तन छीजै मेरो मांस।
जो घणी चट बावडै तो जोडा मरदो, कर देगा कइयाँ की राँड।
शामा पाली की बंध बाँध ल्यो रै बीरो मेरो, कर ल्यो घोडाँ के लार।
परैस्यूं आवै हीरु गूजरी रै बाछल माता. कोटा में पडी पुकार।
चूंटै रम्है बाछरु ए बाछल माता, रीति जावै छा की आस।
मूंधा पड्या बिलोवणा माखन तेरा, कठैस्यूं ल्यावै गूगा खाय।"
जो गूगो मेरी बावडै रै हीरु बाई, दिन की करेगा रात।"
गूगा ने हमला बोल्या चाली शाही फौजाँ भागी दिल्ली की राह।
"मासी का जागा कर ल्यो बावणी रै, कर ल्यो दो-दो हाथ।"
अरजन-सरजन दोनूं मार कै रै, गूगो गाय ल्यायो साथ।

काँगड़ा के लोक-गीत

(1)

उड्याँ नी मेरी बागांदी कोयले, जाई बौयाँ बौये देश नी।
नी मेरा आना लाल पंगूडे झुट्टे, जाइ आख्याँ मेरिया माउ सुपुतिया।
धीया जो लोयाँ बुलाइ॥ नी मेरी०॥
माउने भेज्जे चार कहार, पंजमा भेज्जी दाई॥

(2)

चन्द घनेरी रात अजी रामा चन्द घनेरी रात।
मरुवे छाया कौन खडी।
तू साहूकारेदा पूत अजी रामा, मैं गरीबाँदी धी ओ खडी।
मेरा तेरा बड्डा प्यार नी गोरिये, मेरा ०।
पौडी-पौडी चढी आओ।
बडी भारी सरमाँदी बात, अजी०।
किसे नाले कही न जाय, मेरा तेरा बड्डा प्यार।
मेरे संग कही देणा।
कंड्डी गया लचकार, अजी रामा कंड्डी।
जधे बाहें शैल पई।
ओ घोडे असवार, नी गोरिये करदा मारे मार।
दाइया-माइयाकेडा घर, अबे हाँ।
अंगन चंपा रुख अजी रामा, अंगन चंपा बूट।
दाइया-माइया एही घर।

(3)

गीढे बैठी मेरी माई नी दाइये, चलो मेरे नाल।
बुलाई दाई गर्व करैं।
कर दी बोल-करार अजी रामा, कर दी बोल-करार।
जे तेरे जन्म्या पूत बधे तेरा गोत, बधे परिवार,
दाइया-माइया क्या मिलैंगा? अबे हाँ।
पंज रुपय्ये रोक नी दाइये होर सिरे जो चोप।
कन्हैया तेरी गोद खेले
जे तेरी जनमेगी धी ओ अजी रामा, दाइया-माइया क्या मिलैंगा?
जे साडे जनमेगी धीओ, घटे साडा जीओ, घटे परिवार।
एक रुपय्या रोक नी दाइये, होर डंडेदी चोट, धकके दिन्दे लोक,
पुरानी देही चोलनी, अबे हाँ।

(4)

उड्ड कालड्या कागा भाइया, उडी कर्याँ सनेहा ए।
जाइ आख्याँ मेरिया अम्मडिया, धीया ओल्लरू जाया ए।
माँ पुच्छदी भट्टाँ जोतिसियाँ, ओल्लर किस राशी जाया?
त्रेइचौहदीदा बर्त कीता, जाया पुण्या परगटिया ए।
माउ भेजीयडा सुण्ढी घडा, उप्पर धंवेदा डोरा ए।
इस खाई लेयाँ धीए पेट भरी, भुइयाँ पैर न धर्याँ ए।
सासू भेजडे बगडे चौल, उप्पर सुंढीदा बरूरा ए।
इस खाई लेइयाँ नूहे पेट भरी, उठि कम्में कमायाँ ए।
माँ दिन्दी है शीशडियाँ, धीये ज्यो फल्याँ ज्यों फल्याँ।
जिय्या दाडुए दाडु लगेजिय्या धानयेदी क्यारी ए।
सस दिन्दी है शीशडियाँ, नूहे ज्यों फल्याँ जिय्या डेकाँ द्रकानू लगें।

(5)

ए हसणू-खेलणू घर आयया, मेरे प्यारया, हसणा-खेलणा मन्दा नहीं बोलणा।
क्या लेइ जाणा संसार दा, ए हसणू।
तिन्न त बसतू मैं मंगाँ परमेसरा, दुध-पुत-अटल सुहाग भी ए, हसणू।
ये नस्तराँ मेरियाँ घ्यो चूडे प्यारया, ताणयर रिझदी खीर भी, ए हसणू।
केंचुये भिजदे जान्दे मेरे प्यारया, नीयाँदी रख सँभाल भी ए हसणू।

(6)

जी ननदा भाबोदा प्यार, दोनों चरखे कातदियाँ जी, कर दियाँ बोल-करार।

जन्मे तेरे पूत बधे तेरा गोत, बधे परिवार, कंगण मैं ताँ लेवांगी जी ।
भाबोदे जन्म्या पूत बध्या उददा गोत, बध्या परिवार, कंगण भाबो न देवेगी जी ।

हटिया बैठा मेरा बौआ, बौये फरियाद, भाबो कंगणाना देवेगी जी ।
कुल नी वंतिये मेरी नूहे, नूहे कीजो लाज नणद तेरी रुठ गई जी ।
सौरया अपणे घरतो कढाओ, सुच्चे मोती लाओ कि रतन जडाओ, कंगण दियो हत्थ वेडे साडे नी आवेगी जी ।

(7)

घर नंददे बजन बधाइयाँ,
ज्यों जन्म्या ज्यों दीपक बल्या, चाचक हो रहियाँ लोई घर नंददे ।
काहेदी तीजो गुडसत देसाँ, काहेदी है कटोरी ।
घोल पतासा गुडसत देसाँ, सोनेदी है कटोरी । घर ।
काहेदा तेरा करुआ कनाली, काहेदा है तमेडा ।
काहेदा तेरा पीढा-भंगूड़ा, काहे दियाँ हैं डोराँ ।
चंदनदा मेरा पीढा-भंगूडा, रेशमी डोराँ लाइयाँ ।
काहेदा तेरा झग्गू रे टोपू, काहे जडत जडाइयाँ ।
रेशमदा तेरा झग्गू रे टोपू, सुच्चयाँ जडत जडाइयाँ ।
आंदी जांदी बुआ झुटांदी, झुट्याँदा है बुआरी घर नंददे···।

(8)

डेकाँ फुल्लियाँ मेरिये माए, इस सुहावने खेत ।
चण्डला जन्म्या मेरिये माए, इस सुहागिनी पेट ।
चण्डला जीवे चंडोलना जीवे, चंडलेदा बाबा जीवे ।
चंडला बोलदा मेरिये माए बाहर लोक बधाइयाँ लाए ।
चंडला बोलदा मेरिये, दादी, तू बंड शक्कर पुट्ट मरादी ।
चंडला बोलदा मेरिये अम्मा, तू वंड पुट्ट पुराण्याँ दम्माँ ।
चंडला जीवे चंडोलना जीवे, चंडलेदे सारे संबंधी जीवें ।

विवाह-गीत

कांगड़ा (श्री अमरनाथ कुल्लू द्वारा संगृहीत)

(9) बूटणा (उबटना)

आण्या मैदेकेरी खारी[1], कि घिउकेरी पारी[2], कि बूटणा घोलि धरो।
बूटणे माँझे पाई हलदी, कि छपिउँलडी कि छ जरदडी।
बूटणे माँझे पाय्या घीउ, रहे हंस[3] लाडेदा[4] जीउ।
बूटणे माँझे पाय्या जीरा, रहे लाडेदा मन धीरा।
बूटणे माँझे पाय्या तेल रहे लाडे-लाडिया मेल। कि बूटणा घोलि धरो।

× ×

बूटणे मलैंदियाँ दो जणियाँ, सकियाँ बहनेडियाँ, कि दराणियाँ जठानडियाँ।
बूटणे मलैंदियाँ भैणाँ, ढलकैंदियाँ[5] बांकेयाँ नैणाँ।
बूटणा मलैंदी लाडेदी भाभी, ढलैंदी सुनेयाँ नाभी[6]। बूटणे।

(10) न्योंता

रामा किसिये देणाँ निउंद्रा ए कौन गोरी सहेत, ओ राम।
रामा गणपते देणाँ निउंद्रा ए। रिधि-सिधि गोरी सहेत, ओ राम।
रामा सुरजे देणाँ०, रसमाँ, गोरी सहेत ०।
रामा चंद्रे देणा निउंद्रा ए, रोहिणी गोरी सहेत ०।
रामा ब्रह्मे देणा निउंद्रा ए, सविता गोरी सहेत ०।
० बिष्णु ० लछमी ०। सिबजी पर्वती गोरी ०। सालिग्रामे० तुलसी०।
० जमदगिने० रेणका। ० रामचंद्रे०जानकी गोरी० क्रिष्णे० राधा गोरी ०।
० पंजे पांडवे ० द्रुपदा गोरी०। गुरुए० गुरुयाणी गोरी ०।
० प्रोहिते ० परत्याणी गोरी ०। ० राजे० राणी गोरी० '
बापुए ० माता गोरी ०। चाचा ० चाची गोरी ०।
० मामा ० मामी गोरी ०। ० भाई० भाभी गोरी ०।

(11) गहना-कपड़ा

भाउआ वे जलाहरेया बीरा, बसदा कित्थे दूर रे?
बसदा गढ काँगडे, राजेदेआ हजूर वे।
लाडेदे मन चाउ लागा, कपडे बुणि ल्याओ रे।
भाउआ वे धोबेटेआ बीरा, बसदा कित्थे दूर रे?

---

1. एक बर्तन, 2. मटकी, 3. हंस (पक्षी), 4. दुलहे का, 5. शोभा देती, 6. कर्ण भूषण

बसदा गढ कांगडे, राजेदेआ हजूर वे ।
लाडेदे मन चाउ लागा, कपडे छाँटी ल्याओ रे ।
भाउआ वे ललारिया ०, कपडे रंगी ल्याओ रे ।
दरजेटिया कपडे सींही ल्याओ रे ।
सुनरेटिया गहणे घडी ल्याओ रे ।
पटोइया सेहरा बुणि ल्याओ रे ।
तरखाणा खडाउआँ घडि ल्याओ रे ।

(12) घर बसना

ए मेरी अम्मडिये मेरी माय, एह घर कीहाँ करी बणदे ?
इन्हाँ घराँ लेइये फुल्ले कुंगुये छिडकेइरा, एह घर ईहाँ करी बणदे ।
जम्मण पुत्त र सुलच्छणे, आवण नूहाँ सुहागणी, एह०
ए मेरी अम्मडिये०, एह दीआँ कीहाँ करी बणदी ?
जम्मण धीयाँ-लडिकियाँ, आवण सरस जुँआई ।
हैंदे धोतियाँ लाई, जांदे रोटियाँ खाई,
जांदे धीयाँ बियाही, ए दीआँ ईहाँ करी बणदी ।

(13) कन्या की बिदाई

मेरी ए बागेदिये कोयले, बागे छड्डी कुत्थु चल्ली ए ?
तेरियाँ बेलाँ भैणा झाडे पत्तडियाँ, बागे छड्डी कुत्थू चल्ली ए ?
तेरा तोता सोहणा, सबनदा मनमोहणा, तुध बिन खांदा न चूरी ए ।
मेरियाँ धौलियाँ हीरा, ढालन नैनाँ नीराँ, इन्हा छड्डी तु कुत्थु चल्ली ए ।
बापुए बचनाँदी हारी, बचना बद्धी घर चल्ली । ए मेरी बागेदिये ० ।

उना के गीत

यह उना या जसवन-दुन में बोली जाती है ।

गुनाहियेदा गलाया : औंदा नाँव लछमन, बाब्बेदा नाँव सिद्धू, जातिदा राजपूत, रहने वाला बासिया गरलिया-परागपुरदा, बरेस तियाँ बरयाँदी, कित्ता जिमीनदारी ।

गलाया : औं दसाँ बरयाँदे चिरि ते साहाँदे जिच करणा बदले अपणे घरेजो छड्डी करि के लाहौरेदे एक साहे बल् कामाँ जाइ रिहा था उने अपणा काम लैंणे-देणेदी उगराहिया दा मिंजाँ सौंपी दित्ता ताँ औं जस्सी दौला चार बर्‍याँ तिनाँ

नाराँ बिच जित्थे ऊदा लेणा-देणा था, फियागाते संझा ताई फिरि करिके उधा रुपया सामियाँ कोलो उगराँधा रिहा सधारन इक्क।

(1) गीत

मेरे उधमपुरेदिया हों नगरा,
मेरे उधमपुरेदिया ओः नगरा।
लटपटि चादर गोरिया की बन्दी,
लक सोहंदा मुश्की जन घागरा।
मेरे उधमपुरे०
जम्मुयेदा राजा साटन हिसाब मँगदा,
रल-मिल दिओ हो नजराँ।

(2) गीत

मिल परदेसिया हो, ताँ मिल परदेसिया हो।
दाड़ुआँदे ढक्के हो, दाड़ूँ ताँ चोगिंदी।
ताँ चोगि पल्ले पांदी, ताँ ओढनी रंगाँदी,
ताँ ओढी मेले जाँदी, ताँ दाड़ुँआदा रसा, हो लयि घरे जाना।
घाटिया चरेंदे, ताँ गरमी जो पेन्दी,
ताँ पखेदा झोलारा हो, लयि घरे जाणा हो मिल परदेसिया,
माउ तैनूँ हुरे, ताँ बापू तैनूँ बरजे, ताँ घर मी बगाना।
औं लयि घर जाणा हो। मिल०
मुंडी तेरी बद्धी, ताँ बारी कन्ने टंगी, घर मी रोडाया ताँ।
गज़्झा ताँ बुनेरा ताँ, नहीं घा जाणा, हो मिल०

(3) गूजरी

मेरो नाँव मोठू, मेरे बाप को नाँव लखा, जात को गूजर, उमर पजाह बरियाँ दी। मेरे घर खुर्द, कम हल बाहना। मैं इन्दरसिंह को नौकर थो पतारो के बाहर कडो थो मिन्नो पिओ लभ पिओ। मैं गीजा इएपा में आप लियो, मैं घर छड आयो, फिर मैं मुड कै उथेइ आगिओ ताँ फिर दो-तीन दिन पिछों इन्दरसिंह को पता लगो, कि माहरो कडो जातो रिहो। इन्दरसिंह ने किहो, कि मेरो सुबहो इस पर है। ताँ मिन्नो पुछियो, ताँ मैं किहो, कि नहीं लिओ। इन्दरसिंह ने ठाणे तला दे दिन्नी, पियादरो आ गिओ, उसको सुबहो माह्‌रे पर थो। माह्‌रे घर टोलिओ,

मेरे घरतों कडे निक्कल आयो, मैं भूल गियो, मिन्नो छड़ दियो। बाहरों लभो थो, पतार चों नाहीं थो काढिये।

(4) लबाणी

खुआ किनारे खेलूँ म्हारा लाल, छोरो पकड मँगाओ म्हारा लाल।
खुआ किनारे खेलूँ म्हारा लाल, सीसो ले बनबारी रे।
खिलतरी कियूँ मारी म्हारा लाल, छोरो पकड मँगाओ म्हारा लाल।
मुल्तान मुंज मँगाबो म्हारा लाल, चलिगो पलंग बनाबो म्हारा लाल।
चोखी चीज मचाबो०,
कणक भरी चौल भसिभरिया, कणकजी सुसरी खा गई रे।
सक्कर भरी खंड भरी, सक्कर जो सीरो हो गियो रे।
जिनी हटरीमाँ धूपसिह ढालियो, महीं नारदी ढालियो रे।
तक्खूँ दो मैं फते बोलाई, तू मौरा मँह गरबियो रे।
जे ताँ गो फलो मुंगे तो पछाण गो औदाला रल्दा रे।
खुसिया ने नय्या बोलैओ, धूपसिंह ने दो मारी रे।
जेसो नय्या थारो धूपसिंह, तेसो नय्या माह्रो रे।
कौन सा टांडा गी तुम पनारयी, कौन सा टांडो तुमाह्रो रे।
पकडो गुलेल भन्नो उनकी घडिया, रोती सी घरको जावें रे।
सुक्खियाने दो बाराँ टांडा जोडिया, तू क्याँ सुत्तो पड्यो रे।
पंचे भय्या तुम हो जाओ तय्यार, घिओ माँह कडुली कर लिओ रे।

हिमाचल का लोक-गीत

(1)

गाड़े सड़का जाखड़ी वातों चिन्नी गाडणौं दागौ लो मोरे भाईयो।
गेरयों ऐ डंका दी भाईयो काड़ौ कुरद काव लो मारै भाईयो॥
औरे कुले समीये आये मैर चुनेना आओ लो मोरे भाईयो।
औरे कुले जैं पाछेड़ै किये आयु निरखड़ों आगे लो मोरे भाईयो॥
आगे लोटो चुनिया लाला पाछे लोरो सार्थे लो मैरे चाचेओ।
ढ़ेईआ रामा मैरी माता शाये ली मैरे फाइयाँ चुनीया लाला।
इगी बुजे जौ गरती रो कुले ग़ैऊरों मोड़े लो, मरे नाथे।
चुनीया लाला मिलद ना लोड़े लो मोरे भाइया॥
ऐकी जेला दो गुड्डये डेलके, दुजै जेबा दी गैर लो जोरु लोटो।

मैरी सेवती ल करने ना जव लो मोरे भइया चुनिया लाला।
ऐकी जेला दी वेटरे ला, दुजै गोवा दी सीसा लो, मैरे लावे मिऊँ।
हुआ उड़ट जिशौं लो मारे चुनियाँ ॥
फराँ पिछे शाड़ रो सेला लाये लो, आयु नाठो मरेअ चुनियां।
लगीया कतौ लों चुनी लाल ॥
ऐणों बाकौ चुनिया लाला गयो सुर्गा जाये लो तैप हुए गैसेबतीरा ॥
गोरू वो लेले मैरी ले ऐने ओरीले नो नारा लो।
माशटरा विद्याचंद मैरी माता ले समझाण लो।

गीत का सरलार्थ

हिमाचल के रामपुर-बुशहर से जो नई सड़क बनी है, उसमें काम करने वाले कई मजदूर सुरंग दागते समय मृत्यु के घाट उतरे हैं। ऐसी ही करुण कहानी उस युवक चुन्नीलाल की है जिसका सुरंग दागते समय स्वर्गवास हुआ।

उस दिन चुन्नीलाल के घर पर कौवा बोल रहा था, मानो वह किसी अनिष्ट की सूचना दे रहा हो, संध्याकाल बीतने पर काली रात घिर आई। तब भी चुन्नी लाल घर नहीं आया। गेरभी के (स्थान विशेष) जहाँ वह काम करने गया था-भूत का भी भय रहता है। मालूम नहीं चुन्नी लाल को भूतों ने घेर लिया, ऐसा उस के घर वाले सोचते थे। ढूँढ हुई, और घर वालों ने बहुत विलाप किया। मरने से पूर्व चुन्नी लाल ने अपनी युवा स्त्री को पति-व्रत धर्म पालन करने का आदेश दिया। उसकी स्त्री ने बिलख-बिलखकर विलाप किया। चुन्नीलाल सबका प्यारा सुन्दर युवक था। मरने से पूर्व उसने विद्याचन्द मास्टर से कहा था, "अब अन्तिम, विदाई है। सबको प्रणाम कहना, और मेरी माता को धैर्य बँधाना।"

(2)

म्हारा हिमाचलो भारतो रा ताजो।
अपणी हकूमतो आपणा गे राजो ॥

ठंडी-ठंडी हवा ठंडा गे पाणी,
एनो हिमाचली री मिठड़ी बाणी,

आपणी टोली आपणा काजो।
म्हारा हिमाचलो भारतो रा ताजो ॥

उदाँ सिरमौरो उबड़ा चम्बा,
मंडी विलासपुर जुब्बलो रा लाका,

बड़े ओसो आच्छे रीति

म्हारा हिमाचलो भारतो

होरे होरे दरखत होरी ओ

म्हारा हिमाचलो भारतो

सात भाँतो होवो मुल्को

म्हारा हिमाचो भारतो रा

खांदे कणको, चावलो रा

म्हारा हिमाचलो भारतो

घर घर लाई हिम ज्योति

म्हारा हिमाचलो भारतो र

'तुलाराम' बोलो बणाओ

म्हारा हिमाचलो भारतो